Código civil

Biblioteca de Textos Legales

Código civil

Edición preparada por
JOSÉ CARLOS ERDOZAIN LÓPEZ
Abogado y Doctor en Derecho

Bajo la dirección de
RODRIGO BERCOVITZ RODRÍGUEZ-CANO
Catedrático de Derecho Civil
de la Universidad Autónoma de Madrid

CUADRAGÉSIMA PRIMERA EDICIÓN

tecnos

1.ª edición, 1981
41.ª edición, 2022

Diseño de cubierta: J. M. Domínguez y J. Sánchez Cuenca

PAPEL DE FIBRA CERTIFICADA

ISBN: 978-84-309-8556-2
Depósito Legal: M. 21.282-2022

Printed in Spain

ÍNDICE SISTEMÁTICO

Prólogo, por Rodrigo Bercovitz Rodríguez-Cano .... *Pág.* 23
Prólogo a la cuadragésima edición, por Rodrigo Bercovitz Rodríguez-Cano 29
Prólogo: Ciento treinta años después… un Código Civil para el siglo XXI, por Rodrigo Bercovitz Rodríguez-Cano 33
Abreviaturas utilizadas 45

ANTECEDENTES DEL CÓDIGO CIVIL

Ley de Bases de 11 de mayo de 1888, por la que se autoriza al Gobierno para publicar un Código civil, con arreglo a las condiciones y bases establecidas en la misma 57

CÓDIGO CIVIL

TÍTULO PRELIMINAR. *De las normas jurídicas, su aplicación y eficacia* 71
Cap. I: Fuentes del derecho 71
Cap. II: Aplicación de las normas jurídicas 73
Cap. III: Eficacia general de las normas jurídicas 74
Cap. IV: Normas de derecho internacional privado 74
Cap. V: Ámbito de aplicación de los regímenes jurídicos civiles coexistentes en el territorio nacional 82

LIBRO PRIMERO

De las personas

TÍTULO I. *De los españoles y extranjeros* 89

TÍTULO II. *Del nacimiento y la extinción de la personalidad civil* .. 100
Cap. I: De las personas naturales 100
Cap. II: De las personas jurídicas 101

TÍTULO III. *Del domicilio* 105

TÍTULO IV. *Del matrimonio* 106
Cap. I: De la promesa de matrimonio 106
Cap. II: De los requisitos del matrimonio 107
Cap. III: De la forma de celebración del matrimonio 108
Sección primera: Disposiciones generales 108
Sección segunda: De la celebración del matrimonio 108
Sección tercera: De la celebración en forma religiosa 112
Cap. IV: De la inscripción del matrimonio en el Registro Civil 113
Cap. V: De los derechos y deberes de los cónyuges 115
Cap. VI: De la nulidad del matrimonio 115
Cap. VII: De la separación 117
Cap. VIII: De la disolución del matrimonio 119
Cap. IX: De los efectos comunes a la nulidad, separación y divorcio 121
Cap. X: De las medidas provisionales por demanda de nulidad, separación y divorcio 130
Cap. XI: Ley aplicable a la nulidad, la separación y el divorcio 133

TÍTULO V. *De la paternidad y filiación* 134
Cap. I: De la filiación y sus efectos 134
Cap. II: De la determinación y prueba de la filiación 137
Sección primera: Disposiciones generales 137
Sección segunda: De la determinación de la filiación matrimonial 138
Sección tercera: De la determinación de la filiación no matrimonial 139
Cap. III: De las acciones de filiación 142
Sección primera: Disposiciones generales 142
Sección segunda: De la reclamación 142
Sección tercera: De la impugnación 143

TÍTULO VI. *De los alimentos entre parientes* 146

TÍTULO VII. *De las relaciones paterno-filiales* 149
Cap. I: Disposiciones generales 149
Cap. II: De la representación legal de los hijos 156
Cap. III: De los bienes de los hijos y de su administración 157
Cap. IV: De la extinción de la patria potestad 159
Cap. V: De la adopción y otras formas de protección de menores 160

Sección primera: De la guarda y acogimiento de menores ... 160
Sección segunda: De la adopción 168

TÍTULO VIII. *De la ausencia* 176
Cap. I: Declaración de ausencia y sus efectos 176
Cap. II: De la declaración de fallecimiento 180
Cap. III: De la inscripción en el Registro Civil 183

TÍTULO IX. *De la tutela y de la guarda de los menores* 184
Cap. I: De la tutela 184
Sección primera: Disposiciones generales 184
Sección segunda: De la delación de la tutela y del nombramiento del tutor 186
Sección tercera: Del ejercicio de la tutela 189
Sección cuarta: De la extinción de la tutela y de la rendición final de cuentas 190
Cap. II: Del defensor judicial del menor 191
Cap. III: De la guarda de hecho del menor 192

TÍTULO X. *De la mayor edad y de la emancipación* 193

TÍTULO XI. *De las medidas de apoyo a las personas con discapacidad para el ejercicio de su capacidad jurídica* 195
Cap. I: Disposiciones generales 195
Cap. II: De las medidas voluntarias de apoyo 197
Sección primera: Disposiciones generales 197
Sección segunda: De los poderes y mandatos preventivos 198
Cap. III: De la guarda de hecho de las personas con discapacidad 200
Cap. IV: De la curatela 201
Sección primera: Disposiciones generales 201
Sección segunda: De la autocuratela y del nombramiento del curador 203
Subsección primera: De la autocuratela 203
Subsección segunda: Del nombramiento del curador 203
Sección tercera: Del ejercicio de la curatela 207
Sección cuarta: De la extinción de la curatela 210
Cap. V: Del defensor judicial de la persona con discapacidad 211
Cap. VI: Responsabilidad por daños causados a otros 212

TÍTULO XII. *Disposiciones comunes* 212

LIBRO SEGUNDO

De los animales, de los bienes, de la propiedad y de sus modificaciones

TÍTULO I. *De la clasificación de los animales y de los bienes* ... 213
Disposiciones preliminares 213
Cap. I: De los bienes inmuebles 214
Cap. II: De los bienes muebles 215
Cap. III: De los bienes según las personas a que pertenecen ... 216
Disposiciones comunes a los tres capítulos anteriores 221

TÍTULO II. *De la propiedad* 222
Cap. I: De la propiedad en general 222
Cap. II: Del derecho de accesión. Disposición general 224
Sección primera: Del derecho de accesión respecto al producto de los bienes 224
Sección segunda: Del derecho de accesión respecto a los bienes inmuebles 225
Sección tercera: Del derecho de accesión respecto a los bienes muebles 228
Cap. III: Del deslinde y amojonamiento 230
Cap. IV: Del derecho de cerrar las fincas rústicas 230
Cap. V: De los edificios ruinosos y de los árboles que amenazan caerse 231

TÍTULO III. *De la comunidad de bienes* 231

TÍTULO IV. *De algunas propiedades especiales* 236
Cap. I: De las aguas 236
Sección primera: Del dominio de las aguas 236
Sección segunda: Del aprovechamiento de las aguas públicas 238
Sección tercera: Del aprovechamiento de las aguas de dominio privado 238
Sección cuarta: De las aguas subterráneas 239
Sección quinta: Disposiciones generales 240
Cap. II: De los minerales 241
Cap. III: De la propiedad intelectual 241

TÍTULO V. *De la posesión* 245
Cap. I: De la posesión y sus especies 245
Cap. II: De la adquisición de la posesión 246
Cap. III: De los efectos de la posesión 248

TÍTULO VI. *Del usufructo, del uso y de la habitación* 252
Cap. I: Del usufructo 252
Sección primera: Del usufructo en general 252
Sección segunda: De los derechos del usufructuario 252
Sección tercera: De las obligaciones del usufructuario 256
Sección cuarta: De los modos de extinguirse el usufructo .. 261
Cap. II: Del uso y de la habitación 263

TÍTULO VII. *De las servidumbres* 265
Cap. I: De las servidumbres en general 265
Sección primera: De las diferentes clases de servidumbres que pueden establecerse sobre las fincas 265
Sección segunda: De los modos de adquirir las servidumbres 266
Sección tercera: Derechos y obligaciones de los propietarios de los predios dominante y sirviente 267
Sección cuarta: De los modos de extinguirse las servidumbres 268
Cap. II: De las servidumbres legales 269
Sección primera: Disposiciones generales 269
Sección segunda: De las servidumbres en materia de aguas 270
Sección tercera: De la servidumbre de paso 272
Sección cuarta: De la servidumbre de medianería 273
Sección quinta: De la servidumbre de luces y vistas 276
Sección sexta: Del desagüe de los edificios 277
Sección séptima: De las distancias y obras intermedias para ciertas construcciones y plantaciones 277
Cap. III: De las servidumbres voluntarias 279

TÍTULO VIII. *Del Registro de la Propiedad* 281
Cap. único 281

LIBRO TERCERO

De los diferentes modos de adquirir la propiedad

Disposición preliminar 283

TÍTULO I. *De la ocupación* 283

TÍTULO II. *De la donación* 288
Cap. I: De la naturaleza de las donaciones 288
Cap. II: De las personas que pueden hacer o recibir donaciones 289
Cap. III: De los efectos y limitación de las donaciones 290
Cap. IV: De la revocación y reducción de las donaciones 292

TÍTULO III. *De las sucesiones* 295
Disposiciones generales 295
Cap. I: De los testamentos 296
Sección primera: De la capacidad para disponer por testamento 296
Sección segunda: De los testamentos en general 297
Sección tercera: De la forma de los testamentos 298
Sección cuarta: Del testamento ológrafo 300
Sección quinta: Del testamento abierto 302
Sección sexta: Del testamento cerrado 304
Sección séptima: Del testamento militar 307
Sección octava: Del testamento marítimo 309
Sección novena: Del testamento hecho en país extranjero 311
Sección décima: De la revocación e ineficacia de los testamentos 312
Cap. II: De la herencia 314
Sección primera: De la capacidad para suceder por testamento y sin él 314
Sección segunda: De la institución de heredero 319
Sección tercera: De la sustitución 320
Sección cuarta: De la institución de heredero y del legado condicionales o a término 323
Sección quinta: De las legítimas 326
Sección sexta: De las mejoras 331

Sección séptima: Derechos del cónyuge viudo 334
Sección octava: Pago de la porción hereditaria en casos especiales 335
Sección novena: De la desheredación 336
Sección décima: De las mandas y legados 338
Sección undécima: De los albaceas o testamentarios 344
Cap. III: De la sucesión intestada 347
Sección primera: Disposiciones generales 347
Sección segunda: Del parentesco 348
Sección tercera: De la representación 349
Cap. IV: Del orden de suceder según la diversidad de líneas 350
Sección primera: De la línea recta descendente 350
Sección segunda: De la línea recta ascendente 351
Sección tercera: De la sucesión del cónyuge y de los colaterales 352
Sección cuarta: De la sucesión del Estado 353
Cap. V: Disposiciones comunes a las herencias por testamento o sin él 354
Sección primera: De las precauciones que deben adoptarse cuando la viuda queda encinta 354
Sección segunda: De los bienes sujetos a reserva 355
Sección tercera: Del derecho de acrecer 358
Sección cuarta: De la aceptación y repudiación de la herencia 359
Sección quinta: Del beneficio de inventario y del derecho de deliberar 362
Cap. VI: De la colación y partición 367
Sección primera: De la colación 367
Sección segunda: De la partición 370
Sección tercera: De los efectos de la partición 374
Sección cuarta: De la rescisión de la partición 375
Sección quinta: Del pago de las deudas hereditarias 377

LIBRO CUARTO

De las obligaciones y contratos

TÍTULO I. *De las obligaciones* 379
Cap. I: Disposiciones generales 379

Cap. II: De la naturaleza y efectos de las obligaciones 380
Cap. III: De las diversas especies de obligaciones 384
Sección primera: De las obligaciones puras y de las condicionales 384
Sección segunda: De las obligaciones a plazo 386
Sección tercera: De las obligaciones alternativas 388
Sección cuarta: De las obligaciones mancomunadas y de las solidarias 389
Sección quinta: De las obligaciones divisibles y de las indivisibles 391
Sección sexta: De las obligaciones con cláusula penal 392
Cap. IV: De la extinción de las obligaciones 392
Disposiciones generales 392
Sección primera: Del pago 393
De la imputación de pagos 396
Del pago por cesión de bienes 397
Del ofrecimiento del pago y de la consignación 397
Sección segunda: De la pérdida de la cosa debida 398
Sección tercera: De la condonación de la deuda 399
Sección cuarta: De la confusión de derechos 400
Sección quinta: De la compensación 400
Sección sexta: De la novación 402
Cap. V: De la prueba de las obligaciones 403
Disposiciones generales 403
Sección primera: De los documentos públicos 404
De los documentos privados 406
Sección segunda: De la confesión 407
Sección tercera: De la inspección personal del Juez 407
Sección cuarta: De la prueba de peritos 407
Sección quinta: De la prueba de testigos 407
Sección sexta: De las presunciones 407

TÍTULO II. *De los contratos* 408
Cap. I: Disposiciones generales 408
Cap. II: De los requisitos esenciales para la validez de los contratos 411
Disposición general 411
Sección primera: Del consentimiento 411
Sección segunda: Del objeto de los contratos 413
Sección tercera: De la causa de los contratos 414

Cap. III: De la eficacia de los contratos 414
Cap. IV: De la interpretación de los contratos 416
Cap. V: De la rescisión de los contratos 417
Cap. VI: De la nulidad de los contratos 419

TÍTULO III. *Del régimen económico matrimonial* 424
Cap. I: Disposiciones generales 424
Cap. II: De las capitulaciones matrimoniales 426
Cap. III: De las donaciones por razón de matrimonio 427
Cap. IV: De la sociedad de gananciales 429
Sección primera: Disposiciones generales 429
Sección segunda: De los bienes privativos y comunes 429
Sección tercera: De las cargas y obligaciones de la sociedad de gananciales 433
Sección cuarta: De la administración de la sociedad de gananciales 435
Sección quinta: De la disolución y liquidación de la sociedad de gananciales 438
Cap. V: Del régimen de participación 442
Cap. VI: Del régimen de separación de bienes 445

TÍTULO IV. *Del contrato de compra y venta* 447
Cap. I: De la naturaleza y forma de este contrato 447
Cap. II: De la capacidad para comprar o vender 450
Cap. III: De los efectos del contrato de compra y venta cuando se ha perdido la cosa vendida 451
Cap. IV: De las obligaciones del vendedor 452
Sección primera: Disposición general 452
Sección segunda: De la entrega de la cosa vendida 452
Sección tercera: Del saneamiento 455
§ 1.º Del saneamiento en caso de evicción 455
§ 2.º Del saneamiento por los defectos o gravámenes ocultos de la cosa vendida 457
Cap. V: De las obligaciones del comprador 461
Cap. VI: De la resolución de la venta 462
Sección primera: Del retracto convencional 462
Sección segunda: Del retracto legal 464
Cap. VII: De la transmisión de créditos y demás derechos incorporales 465
Cap. VIII: Disposición general 467

TÍTULO V. *De la permuta* 467

TÍTULO VI. *Del contrato de arrendamiento* 468
Cap. I: Disposiciones generales 468
Cap. II: De los arrendamientos de fincas rústicas y urbanas... 469
Sección primera: Disposiciones generales 469
Sección segunda: De los derechos y obligaciones del arrendador y del arrendatario 470
Sección tercera: Disposiciones especiales para los arrendamientos de predios rústicos 475
Sección cuarta: Disposiciones especiales para el arrendamiento de predios urbanos 476
Cap. III: Del arrendamiento de obras y servicios 477
Sección primera: Del servicio de criados y trabajadores asalariados 477
Sección segunda: De las obras por ajuste o precio alzado ... 478
Sección tercera: De los transportes por agua y tierra, tanto de personas como de cosas 480

TÍTULO VII. *De los censos* 482
Cap. I: Disposiciones generales 482
Cap. II: Del censo enfitéutico 486
Sección primera: Disposiciones relativas a la enfiteusis 486
Sección segunda: De los foros y otros contratos análogos al de enfiteusis 491
Cap. III: Del censo consignativo 492
Cap. IV: Del censo reservativo 493

TÍTULO VIII. *De la sociedad* 494
Cap. I: Disposiciones generales 494
Cap. II: De las obligaciones de los socios 498
Sección primera: De las obligaciones de los socios entre sí ... 498
Sección segunda: De las obligaciones de los socios para con un tercero 501
Cap. III: De los modos de extinguirse la sociedad 502

TÍTULO IX. *Del mandato* 505
Cap. I: De la naturaleza, forma y especies del mandato 505
Cap. II: De las obligaciones del mandatario 506
Cap. III: De las obligaciones del mandante 508
Cap. IV: De los modos de acabarse el mandato 508

TÍTULO X. *Del préstamo* 510
Disposición general 510
Cap. I: Del comodato 511
Sección primera: De la naturaleza del comodato 511
Sección segunda: De las obligaciones del comodatario 511
Sección tercera: De las obligaciones del comodante 512
Cap. II: Del simple préstamo 513

TÍTULO XI. *Del depósito* 514
Cap. I: Del depósito en general y de sus diversas especies . 514
Cap. II: Del depósito propiamente dicho 514
Sección primera: De la naturaleza y esencia del contrato de depósito 514
Sección segunda: Del depósito voluntario 514
Sección tercera: De las obligaciones del depositario 515
Sección cuarta: De las obligaciones del depositante 517
Sección quinta: Del depósito necesario 518
Cap. III: Del secuestro 519

TÍTULO XII. *De los contratos aleatorios o de suerte* 519
Cap. I: Disposición general 519
Cap. II: Del contrato de alimentos 520
Cap. III: Del juego y de la apuesta 521
Cap. IV: De la renta vitalicia 522

TÍTULO XIII. *De las transacciones y compromisos* 524
Cap. I: De las transacciones 524
Cap. II: De los compromisos 526

TÍTULO XIV. *De la fianza* 526
Cap. I: De la naturaleza y extensión de la fianza 526
Cap. II: De los efectos de la fianza 527
Sección primera: De los efectos de la fianza entre el fiador y el acreedor 527
Sección segunda: De los efectos de la fianza entre el deudor y el fiador 529
Sección tercera: De los efectos de la fianza entre los cofiadores 530
Cap. III: De la extinción de la fianza 531
Cap. IV: De la fianza legal y judicial 531

TÍTULO XV. *De los contratos de prenda, hipoteca y anticresis* . 532
Cap. I: Disposiciones comunes a la prenda y a la hipoteca 532
Cap. II: De la prenda 534
Cap. III: De la hipoteca 536
Cap. IV: De la anticresis 538

TÍTULO XVI. *De las obligaciones que se contraen sin convenio* 539
Cap. I: De los cuasi contratos 539
Sección primera: De la gestión de negocios ajenos 539
Sección segunda: Del cobro de lo indebido 540
Cap. II: De las obligaciones que nacen de culpa o negligencia 542

TÍTULO XVII. *De la concurrencia y prelación de créditos* 548
Cap. I: Disposiciones generales 548
Cap. II: De la clasificación de créditos 548
Cap. III: De la prelación de créditos 552

TÍTULO XVIII. *De la prescripción* 554
Cap. I: Disposiciones generales 554
Cap. II: De la prescripción del dominio y demás derechos reales 555
Cap. III: De la prescripción de las acciones 558
DISPOSICIÓN FINAL 561
DISPOSICIONES TRANSITORIAS 562
DISPOSICIONES ADICIONALES 564

MODIFICACIONES AL CÓDIGO CIVIL*

Ley de 21 de julio de 1904 reformando los artículos 688 y 732 del Código civil (*Gaceta de Madrid* núm. 206, de 24 de julio de 1904)

Real Decreto-Ley de 13 de enero de 1928 disponiendo queden redactados en la forma en que se insertan los artículos 954 al 957 del Código civil vigente (*Gaceta de Madrid* núm. 14, de 14 de enero de 1928)

Ley de 8 de septiembre de 1939 modificando el Título VIII del Libro I del Código civil (*B.O.E.* núm. 274, de 1 de octubre de 1939)

Ley de 26 de octubre de 1939 sobre construcción, gravamen y régimen de viviendas de pisos o partes determinadas (*B.O.E.* núm. 301, de 28 de octubre de 1939)

Ley de 5 de diciembre de 1941 por la que se adicionan al Código civil nuevos artículos sobre prendas sin desplazamiento o hipoteca mobiliaria (*B.O.E.* núm. 350, de 16 de diciembre de 1941)

Ley de 20 de diciembre de 1952 por la que se modifica el artículo 321 del Código civil (*B.O.E.* núm. 357, de 22 de diciembre de 1952)

Ley de 22 de diciembre de 1953 por la que se regulan los arbitrajes de Derecho Privado (*B.O.E.* núm. 358, de 24 de diciembre de 1953)

Ley de 15 de julio de 1954 por la que se reforma el Título I del Libro I del Código civil, denominado «De los españoles y extranjeros» (*B.O.E.* núm. 197, de 16 de julio de 1954)

Ley de 16 de diciembre de 1954 sobre hipoteca mobiliaria y prenda sin desplazamiento de posesión y por la que se derogan los artículos 1.863 bis al 1.873 bis del Código civil (*B.O.E.* núm. 352, de 18 de diciembre de 1954)

Ley de 24 de abril de 1958 por la que se modifican determinados artículos del Código civil (*B.O.E.* núm. 99, de 25 de abril de 1958)

Ley de 17 de julio de 1958 por la que se declaran preferentes los créditos por descubiertos en la cotización por seguros sociales y mutualismo laboral (*B.O.E.* núm. 171, de 18 de julio de 1958)

Ley 49/1960, de 21 de julio, sobre Propiedad Horizontal 569

Ley 7/1970, de 4 de julio, de modificación del Capítulo V del Título VII del Libro I del Código civil, sobre adopción (*B.O.E.* núm. 161, de 7 de julio de 1970)

Ley 31/1972, de 22 de julio, sobre modificación de los artículos 320 y 321 del Código civil y derogación del número 3 del artículo 1.880 y de los artículos 1.901 a 1.909, inclusive, de la Ley de Enjuiciamiento Civil (*B.O.E.* núm. 176, de 24 de julio de 1972)

Ley 3/1973, de 17 de marzo, de Bases para la modificación del Título Preliminar del Código civil (*B.O.E.* núm. 69, de 21 de marzo de 1973)

Decreto 1.836/1974, de 31 de mayo, por el que se sanciona con fuerza de Ley el texto articulado del Título Preliminar del Código civil (*B.O.E.* núm. 163, de 9 de julio de 1974)

Ley 14/1975, de 2 de mayo, sobre reforma de determinados artículos del Código civil y del Código de Comercio sobre la situación jurídica de la mujer casada y los derechos y deberes de los cónyuges (*B.O.E.* núm. 107, de 5 de mayo de 1975)

Ley 22/1978, de 26 de mayo, sobre despenalización del adulterio y del amancebamiento (*B.O.E.* núm. 128, de 30 de mayo de 1978; correcciones de errores en *B.O.E.* núms. 131 y 144, de 2 y 17 de junio)

Real Decreto-Ley 33/1978, de 16 de noviembre, sobre mayoría de edad (*B.O.E.* núm. 275, de 17 de noviembre de 1978)

Ley 50/1980, de 8 de octubre, de Contrato de Seguro (*B.O.E.* núm. 250, de 17 de octubre de 1980)

Ley 11/1981, de 13 de mayo, de modificación del Código civil en materia de filiación, patria potestad y régimen económico del matrimonio 604

Ley 30/1981, de 7 de julio, por la que se modifica la regulación del matrimonio en el Código civil y se determina el procedimiento a seguir en las causas de nulidad, separación y divorcio 607

Ley 51/1982, de 13 de julio, de modificación de los artículos 17 al 26 del Código civil (*B.O.E.* núm. 181, de 30 de julio de 1982)

Ley 13/1983, de 24 de octubre, de reforma del Código civil en materia de tutela 609

Ley 6/1984, de 31 de marzo, de modificación de determinados artículos de los Códigos civil y de Comercio y de las Leyes Hipotecaria, de Enjuiciamiento Criminal y de Régimen Jurídico de las Sociedades Anónimas, sobre interdicción (*B.O.E.* núm. 80, de 3 de abril de 1984)

Ley 24/1984, de 29 de junio, sobre modificación del tipo de interés legal del dinero (*B.O.E.* núm. 158, de 3 de julio; corrección de errores en *B.O.E.* núm. 159, de 4 de julio)

Ley 29/1985, de 2 de agosto, de Aguas (*B.O.E.* núm. 189, de 8 de agosto de 1985)

Ley 21/1987, de 11 de noviembre, por la que se modifican determinados artículos del Código civil y de la Ley de Enjuiciamiento Civil en materia de adopción 610

Ley 11/1990, de 15 de octubre, sobre reforma del Código civil en aplicación del principio de no discriminación por razón de sexo 616

Ley 18/1990, de 17 de diciembre, sobre reforma del Código civil en materia de nacionalidad 618

Ley 1/1991, de 7 de enero, de modificación de los Códigos civil y penal, en materia de responsabilidad civil del profesorado (*B.O.E.* núm. 7, de 8 de enero de 1991)

Ley 30/1991, de 20 de diciembre, de modificación del Código civil en materia de testamentos (*B.O.E.* núm. 306, de 23 de diciembre de 1991)

Ley 35/1994, de 23 de diciembre, de modificación del Código civil en materia de autorización del matrimonio civil por los Alcaldes (*B.O.E.* núm. 307, de 24 de diciembre de 1994)

Ley 29/1995, de 2 de noviembre, por la que se modifica el Código civil en materia de recuperación de la nacionalidad (*B.O.E.* núm. 264, de 24 de noviembre de 1995)

Ley Orgánica 1/1996, de 15 de enero, de Protección Jurídica del Menor, de modificación parcial del Código civil y de la Ley de Enjuiciamiento Civil 623

Ley 8/1999, de 6 de abril, de reforma de la Ley 49/1960, de 21 de julio, sobre Propiedad Horizontal (*B.O.E.* núm. 84, de 8 de abril de 1999)

Ley 18/1999, de 18 de mayo, de modificación del artículo 9, apartado 5, del Código civil (*B.O.E.* núm. 119, de 19 de mayo de 1999)

Ley 40/1999, de 5 de noviembre, sobre nombre y apellidos y orden de los mismos 686

Ley 4/2000, de 7 de enero, de modificación de la regulación de la declaración de fallecimiento de los desaparecidos con ocasión de naufragios y siniestros 689

Real Decreto Legislativo 1/2001, de 20 de julio, por el que se aprueba el Texto Refundido de la Ley de Aguas (*B.O.E.* núm. 176, de 24 de julio de 2001; corrección de errores en *B.O.E.* núm. 287, de 30 de noviembre)

Ley 34/2002, de 11 de julio, de servicios de la sociedad de la información y de comercio electrónico (*B.O.E.* núm. 166, de 12 de julio de 2002; corrección de errores en *B.O.E.* núm. 187, de 6 de agosto)

Ley 36/2002, de 8 de octubre, de modificación del Código civil en materia de nacionalidad 691

Ley 7/2003, de 1 de abril, de la Sociedad Limitada Nueva Empresa por la que se modifica la Ley 2/1995, de 23 de marzo, de Sociedades de Responsabilidad Limitada (*B.O.E.* núm. 79, de 2 de abril de 2003)

Ley Orgánica 11/2003, de 29 de septiembre, de medidas concretas en materia de seguridad ciudadana, violencia doméstica e integración social de los extranjeros (*B.O.E.* núm. 234, de 30 de septiembre de 2003)

Ley 41/2003, de 18 de noviembre, de protección patrimonial de las personas con discapacidad y de modificación del Código civil, de la Ley de Enjuiciamiento Civil y de la normativa tributaria con esta finalidad 694

Ley 42/2003, de 21 de noviembre, de modificación del Código civil y de la Ley de Enjuiciamiento Civil en materia de relaciones familiares de los nietos con los abuelos 715

Ley 13/2005, de 1 de julio, por la que se modifica el Código civil en materia de derecho a contraer matrimonio 718

Ley 15/2005, de 8 de julio, por la que se modifican el Código civil y la Ley de Enjuiciamiento Civil en materia de separación y divorcio 724

Ley 54/2007, de 28 de diciembre, de adopción internacional 731

Ley 12/2015, de 24 de junio, en materia de concesión de la nacionalidad española a los sefardíes originarios de España (*B.O.E.* n. 151, de 25 de junio)

Ley 15/2015, de 2 de julio, de la Jurisdicción Voluntaria (*B.O.E.* n. 158, de 3 de julio)

Ley 19/2015, de 13 de julio, de medidas de reforma administrativa en el ámbito de la Administración de Justicia y del Registro Civil (*B.O.E.* n. 167, de 15 de julio)

Ley Orgánica 8/2015, de 22 de julio, de modificación del sistema de protección a la infancia y a la adolescencia (*B.O.E.* n. 175, de 23 de julio)

Ley 26/2015, de 28 de julio, de modificación del sistema de protección a la infancia y a la adolescencia (*B.O.E.* n. 180, de 29 de julio)

Ley 42/2015, de 5 de octubre, de reforma de la Ley 1/2000, de 7 de enero, de Enjuiciamiento Civil (*B.O.E.* n. 239, de 6 de octubre).

Ley 4/2017, de 28 de junio, de modificación de la Ley 15/2015, de 2 de julio, de la Jurisdicción Voluntaria (*B.O.E.* n. 154, de 29 de junio).

Ley 8/2021, de 2 de junio, por la que se reforma la legislación civil y procesal para el apoyo a las personas con discapacidad en el ejercicio de su capacidad jurídica (*B.O.E.* n. 132, de 3 de junio de 2021) 760

Ley Orgánica 8/2021, de 4 de junio, de protección integral a la infancia y la adolescencia frente a la violencia (*B.O.E.* n. 134, de 5 de junio de 2021) 788

Ley 17/2021, de 15 de diciembre, de modificación del Código Civil, la Ley Hipotecaria y la Ley de Enjuiciamiento Civil, sobre el régimen jurídico de los animales 866

Índice analítico 873

PRÓLOGO

por
Rodrigo Bercovitz Rodríguez-Cano

Esta nueva edición del Código Civil incorpora las modificaciones introducidas en el mismo por la disposición final primera del Real Decreto-ley 24/2021, de 2 de noviembre (*B.O.E.* de 3 de noviembre), por el que se transponen a nuestro ordenamiento jurídico diversas y variopintas —por razón de la materia— Directivas, y por la Ley 17/2021, de 15 de diciembre (*B.O.E.* de 16 de diciembre), sobre el régimen jurídico de los animales. Obsérvese que en ambos casos el legislador especifica que la modificación se refiere al Código Civil de 1889, ¿por entenderlo necesario para evitar confusiones?

La mencionada disposición final primera modifica los artículos 1.922 y 1.923 CC para incluir entre los créditos preferentes con respecto a determinados bienes muebles o determinados bienes inmuebles respectivamente los créditos a favor de tenedores de bonos garantizados, a los que se refiere el Libro I del propio Real Decreto-ley. Esta modificación entra en vigor a partir del 8 de julio de 2022, al igual que dicho Libro I.

La Ley 17/2021 introduce treinta y una modificaciones en el Código, además de una en la Ley Hipotecaria y tres en la Ley de Enjuiciamiento Civil.

Estas modificaciones del Código en aras de los animales se presentan como un cambio radical en la consideración jurídica de los mismos. Hasta ahora la protección jurídica de los animales correspondía al Derecho administrativo y al Derecho penal. Ahora el legislador ha creído necesario concederles un lugar propio en el Código Civil, en reconocimiento a su naturaleza.

Expresión de dicha protección administrativa es la Ley 32/2007, de 7 de noviembre, para el cuidado de los animales, en su explotación, transporte, experimentación y sacrificio (*B.O.E.* de 8 de noviembre), cuyo objeto es establecer las normas básicas sobre explotación, transporte, experimentación y sacrificio para el cuidado de los animales, y un régimen común de infracciones y sanciones para garantizar su cumplimiento [art. 1.*a*)].

Expresión de la protección penal son los artículos 334 a 336 del Código Penal, relativos a los delitos contra la fauna, y, muy especialmente, los artículos 337 y 337 bis CP, que sancionan el maltrato y el abandono de los animales.

Nuestro legislador ha entendido necesario proclamar en el Código Civil que los animales no son cosas, sino seres vivos dotados de sensibilidad (nuevo art. 333 bis.1), sin perjuicio de que puedan ser objeto de apropiación. A pesar de poder ser objeto del derecho de propiedad, no pueden ser considerados como bienes muebles (nuevo art. 333), aunque la doctrina marcara hasta ahora la diferencia hablando de *bienes muebles semovientes*.

En el ejercicio de cualquier derecho o en la solución de cualquier conflicto que afecte a los animales habrá pues que tener en cuenta a partir de ahora esa cualidad de seres sintientes, cuyo bienestar debe quedar asegurado «conforme a las características de cada especie y respetando las limitaciones establecidas en ésta y las demás normas vigentes» (art. 333 bis.2).

A nadie se le puede ocultar el alcance de esas limitaciones legales, teniendo en cuenta que una parte sustancial (creo que la mayor parte) de los animales cuidados o capturados por los seres humanos tienen como destino el de ser transformados en alimento para nosotros; más aún si se tiene en cuenta su utilización para la experimentación, cuyos programas incluyen frecuentemente sufrimiento del animal, seguido de sacrificio del mismo.

Dentro de ese nuevo punto de vista que se adopta para abordar el trato jurídico de los animales adquieren un lugar preferente los animales de compañía, a cuyo favor se establece un deber general de cuidado con respecto a su salud tanto física como psíquica, que recae especialmente sobre su propietario, o sobre su conviviente, o sobre su cuidador (art. 333 bis.3 y 4), y que debe ser atendido en todos los conflictos que puedan afectarles.

Con esta iniciativa el legislador acompasa nuestro ordenamiento jurídico a los estándares propiciados desde diversos foros internacionales, y ya adoptados por nuestros vecinos franceses o portugueses, entre otros. En efecto, el Código Civil francés y el Código Civil portugués proclaman que «los animales son seres vivos dotados de sensibilidad» (art. 515-14 y art. 201 B respectivamente). A ello se hace referencia en el Preámbulo de la Ley.

Entre los foros internacionales aludidos destaca —también mencionado en el Preámbulo de la Ley— la Unión Europea, cuyo Tratado de Funcionamiento establece que «Al formular y aplicar las políticas de la Unión en materia de agricultura, pesca, transporte, mercado interior, investigación y desarrollo tecnológico y espacio, la Unión y los Estados miembros tendrán plenamente en cuenta las exigencias en materia de bienestar de los animales como seres sensibles, respetando al mismo tiempo las disposiciones legales o administrativas y las costumbres de los Estados miembros relativas, en particular, a ritos religiosos, tradiciones culturales y patrimonio regional» (art. 13).

En cuanto a los animales de compañía, la referencia procedente es la del Convenio Europeo sobre Protección de los mismos, de 13 de noviembre de 1987, ratificado por España (23 de junio de 2017 – *B.O.E.* de 11 de octubre). Partiendo de reconocer que «el hombre tiene la obligación moral de respetar a todas las criaturas vivas, y teniendo presentes las especiales relaciones existentes entre el hombre y los animales de compañía», cuya contribución a la «calidad de vida y su consiguiente valor para la sociedad» reconoce también en su Preámbulo, el Convenio establece que «nadie deberá infligir innecesariamente dolor, sufrimiento o angustia», ni «abandonar a un animal de compañía», y que «toda persona que tenga un animal de compañía o que haya aceptado ocuparse de él será responsable de su salud y bienestar», «deberá procurarle alojamiento, cuidados y atención que tengan en cuenta sus necesidades etológicas, de conformidad con su especie y raza», y, «en particular, proporcionarle, en cantidad suficiente, el alimento y el agua que requiera», «oportunidades de ejercicio adecuadas», y «tomar las medidas razonables para impedir que se escape».

No especificando la Ley 17/2021 el concepto de animal de compañía en las modificaciones que introduce en el Código, cabe acudir a la definición que proporciona el mencionado Convenio Europeo en su artículo 1.º: «Se entenderá por animal de compañía todo aquel que sea tenido o esté destinado a ser tenido por el hombre, en particular en su propia vivienda, para que le sirva de esparcimiento y le haga compañía».

A pesar del respaldo que los mencionados foros y que el Derecho comparado brindan a nuestro legislador, cabe cuestionar la necesidad de esta Ley 17/2021, a excepción de lo que se dirá sobre los conflictos familiares, ya que quizá habría bastado con modificar el artículo 333 en los términos en los que se hace en el artículo 311-1 de la Propuesta de Código Civil de la Asociación de Profesores de Derecho Civil, en el que, después de considerar como bienes todas las cosas corporales o incorporales susceptibles de apropiación (apartado 1) y de recoger la clasificación de los bienes en muebles e inmuebles (apartado 2), se añade que «El régimen jurídico de los bienes es aplicable a los animales en la medida en que sea compatible con su naturaleza y con las disposiciones destinadas a su protección» (apartado 3). Obsérvese que esta regla del artículo 311-1.3 de la Propuesta de Código Civil es la que recoge de inmediato el nuevo artículo 333 bis.1, después de proclamar que los animales son seres vivos dotados de sensibilidad: «Solo les será aplicable el régimen jurídico de los bienes y de las cosas en la medida en que sea compatible con su naturaleza o con las disposiciones destinadas a su protección». En rigor lo primero sobra en la medida en que no es necesario proclamar la evidencia: que los animales son seres vivos y sensibles.

La regla transcrita podría bastar, sin necesidad de las demás modificaciones introducidas en el Código por esta Ley 17/2021 —a excepción, como ya he apuntado, de las relacionadas con la situación de los animales de compañía en los supuestos de crisis matrimoniales—, habida cuenta de la previamente existente protección de los animales por las legislaciones penal y administrativa, a la que me he referido. Y es que la mayoría de las modificaciones son puramente formales, es decir, de adecuación de la terminología utilizada a la distinción a la que me he referido, previamente establecida con carácter general, entre bienes o cosas y animales (art. 333). Mientras que las pocas modificaciones que suponen un cambio sustantivo no siempre resultan claramente acertadas. Así ocurre con los párrafos que se añaden al artículo 404 en relación con la división de los animales de compañía, con lo establecido en el nuevo artículo 611 sobre los animales perdidos, abandonados o maltratados, o en el nuevo artículo 914 bis para los animales de compañía en las sucesiones intestadas.

En las crisis matrimoniales adquiere relevancia la determinación de cuál de los cónyuges conservará la custodia del animal de compañía. Lo que frecuentemente es origen de un conflicto añadido al de la propia crisis, en ocasiones intenso, habida cuenta de la concurrencia de hostilidad entre los cónyuges y lazos de afectividad intensos de los mismos con el perro o el gato (los supuestos más frecuentes en nuestra realidad social) de la familia.

Un ejemplo de tantos nos lo brinda un Auto de la Sección 12.ª de la Audiencia Provincial de Barcelona de 5 de abril de 2006 [JUR 2006, 171630], y que traigo a colación por haber sido objeto de una tribuna que publiqué en el número 15 (diciembre de 2006) de Aranzadi Civil con el título de *Historias de perros.* El Auto se ocupaba del conflicto, surgido entre los cónyuges separados, como consecuencia del incumplimiento de la obligación por parte del cónyuge propietario del perro de permitir que el otro cónyuge lo visitara cuando quisiera, previo acuerdo con el primero. El Auto revocaba los Autos de primera instancia recurridos, estimando la oposición a la ejecución despachada por éstos, al declarar la inejecutabilidad de la obligación pactada, por considerarla basada en un pacto extrajurídico. Comentaba yo críticamente en dicha tribuna el Auto en cuestión por entender que lo que el mismo venía a decir entre líneas, a pesar de su extensión y abundantes consideraciones sobre el caso, es que no entraba dentro de las funciones del tribunal decidir sobre un tema tan intrascendente.

Lo que en aquel momento, hace más de quince años, era todavía novedoso, ha pasado a constituir un problema frecuente, como decía, para el que hay que reconocer que los Tribunales carecían de regulación específica. Las modificaciones introducidas para estas situaciones en los artículos 90, 91, 92, 94 bis y 103 contemplan el destino y el cuidado de los animales de compañía cuando la misma se divide, teniendo siempre en cuenta expresamente el bienestar de los mismos. Bienestar no siempre fácil de apreciar, habida cuenta de lo variada que puede ser la fauna que sirve de compañía a las personas.

PRÓLOGO A LA CUADRAGÉSIMA EDICIÓN

por
Rodrigo Bercovitz Rodríguez-Cano

La presente edición del Código Civil recoge las modificaciones introducidas en el mismo por la Ley 8/2021, de 2 de junio (*B.O.E.* de 3 de junio), por la que se reforma la legislación civil y procesal para el apoyo a las personas con discapacidad en el ejercicio de su capacidad jurídica. Recoge también las modificaciones, mucho menores, introducidas por la disposición final segunda de la Ley Orgánica 8/2021, de 4 de junio (*B.O.E.* de 5 de junio), de protección integral a la infancia y la adolescencia frente a la violencia, en los artículos 92, 154, 158 y 172.

La atención debe centrarse lógicamente en la Ley 8/2021, que, además de numerosos artículos del Código —fundamentalmente los que se integran en los nuevos Títulos IX, X y XI del Libro I—, modifica también la Ley del Notariado, la Ley Hipotecaria, la Ley de Enjuiciamiento Civil, la Ley 41/2003, de protección patrimonial de las personas con discapacidad, la Ley del Registro Civil, la Ley de la Jurisdicción Voluntaria, el Código de Comercio y el Código Penal.

Con dicha Ley se ha querido adecuar nuestro Derecho a la Convención de Nueva York de 13 de diciembre de 2006 (ratificada por España el 23 de noviembre de 2007 —*B.O.E.* de 21 de abril de 2008—), sobre los derechos de las personas con discapacidad. Lo que se traduce en pasar de un sistema en el que predomina la sustitución en la toma de decisiones que afectan a las personas con discapacidad, a través de una representación legal de las mismos, a un sistema basado en el respeto a la voluntad de dichas personas, a quienes corresponde tomar sus propias decisiones, aunque necesiten para ello de alguna ayuda o apoyo, siempre que el mismo sea imprescindible.

Ya no procede modificar la capacidad de esas personas para el ejercicio de sus derechos, puesto que todas las personas, también las personas discapacitadas, tienen plena capacidad jurídica, sino de proporcionarles cuando sea necesario ayuda o apoyo para que la ejerzan. La regulación resultante de ese planteamiento, explicado en la Exposición de Motivos, se recoge principalmente en el nuevo Título XI (arts. 249 a 299), dedicado a las medidas de apoyo a las personas con discapacidad.

Los nuevos Títulos IX («De la tutela y de la guarda de menores»), artículos 199 a 238, y X («De la mayor edad y de la emancipación»), artículos 239 a 248, recogen básicamente la regulación anterior de la tutela (ahora circunscrita a los menores), de la mayor edad y de la emancipación.

Cabe dudar de la necesidad de una modificación tan amplia de nuestro Derecho, y muy especialmente de nuestro Código Civil, para conseguir un resultado ya alcanzable con una interpretación adecuada a los principios de la Convención de la tutela y de la curatela, tal como las mismas quedaron reguladas a partir de su reforma por la Ley 13/1983, de reforma del Código Civil en materia de tutela. Disponiendo de una tutela y de una curatela (arts. 267 y 289 anteriores) adaptable a las necesidades de la persona discapacitada, no existía ningún obstáculo para que nuestros tribunales las adaptaran, una u otra, a las necesidades de cada persona discapacitada, respetando plenamente el principio de modificar la capacidad de obrar de la misma solo en lo estrictamente necesario.

Lo que se acaba de apuntar no es una mera especulación. A partir de la sentencia de 9 de abril de 2009 [RJ 2009, 2901] nuestro Tribunal Supremo inicia una jurisprudencia encaminada a cumplimentar los principios de la Convención, que se desarrolla y consolida con ese propósito de manera ejemplar. Sentencia tras sentencia la Sala primera del Tribunal Supremo va modulando la modificación de la capacidad de las personas discapacitadas en cuestión, con un criterio marcadamente restrictivo, cumplimentado con un alcance ajustado a la misma, en lo imprescindible, de la correspondiente tutela o curatela (recurriendo más a ésta). Baste con citar las sentencias de 29 de abril de 2009 [RJ 2009, 2901], 27 de noviembre de 2014 [RJ 2014, 6032], 13 de mayo de 2015 [RJ 2015, 2023], 14 de octubre de 2015 [RJ 2015, 4755], 20 de octubre de 2015 [RJ 2015, 4900], 16 de mayo de 2017 [RJ 2017, 2207], 7 de febrero de 2018 [RJ 2018, 392], 6 de marzo de 2018 [RJ 2018, 1062], 15 de marzo de 2018 [2018, 1478], 21 de junio de 2018 [RJ 2018, 2670].

Se trata de impedir las incapacitaciones o modificaciones de la capacidad generales, con sometimiento total a un representante legal (tutor o titulares de la patria potestad prorrogada), sustituyéndolas por medidas de protección y ayuda, con o sin representación, que contemplen detallada y motivadamente las actuaciones afectadas de la persona discapacitada que las necesite.

Lo que la Ley 8/2021 complementa con un cambio de terminología. Ya no se habla de incapacidad, ni de modificación de la capacidad, sino de apoyo a las personas con discapacidad. Ya no se habla de tutela, sino solo de curatela, incluso en los casos en que la misma tenga que dar lugar a una representación legal de la persona discapacitada (se habla de curatela representativa). Cambio de terminología con el que se quiere aparentar un mayor alcance que la modificación legal que se introduce no tiene, ni puede tener, por la sencilla razón de que ni el legislador ni los tribunales pueden mediante palabras poner remedio a las limitaciones de las personas discapacitadas. Cambio de terminología que introduce confusión dogmática, al inducir a creer que los conceptos de capacidad de obrar y de estado civil carecen ya de aplicación a la situación de las personas discapacitadas que cuenten con medidas de apoyo. Cambio de terminología al que se añade además el coste de tener que modificar múltiples artículos del Código Civil con el único fin de adecuar su terminología a la misma. Modificación no exenta de errores en ocasiones, no siempre fáciles de subsanar a través de la interpretación.

Cierto que se aprovecha la ocasión para mejorar la regulación de la guarda de hecho, para introducir una regulación adecuada de las medidas de apoyo voluntarias, así como para suprimir la adopción de medida alguna de restricción de la capacidad de obrar con respecto al pródigo. En cambio resulta cuestionable la supresión de la patria potestad prorrogada, o de la sustitución ejemplar.

Salta a la vista el reto de tener que afrontar la interpretación de un número tan elevado de artículos modificados.

Lo que vuelve a plantear el acierto de una reforma tan amplia para tan escaso resultado real, ¿ha merecido la pena tanto esfuerzo del legislador? ¿Merecerá la pena tanto esfuerzo de los profesionales del Derecho? Teniendo en cuenta que el mismo resultado se podría haber alcanzado con la modificación de unos pocos artículos.

La duda me parece legítima.

Cedeira, julio de 2021

PRÓLOGO

Ciento treinta años después... un Código Civil para el siglo XXI

por
Rodrigo Bercovitz Rodríguez-Cano

Por Orden JUS/74/2019, de 28 de enero, el Ministerio de Justicia ha creado una Comisión de Trabajo para la Conmemoración del 130º Aniversario de la Promulgación del Código Civil, «encargada de programar, impulsar y coordinar las acciones y actividades que se prevean para la conmemoración de dicho evento». En su Exposición de Motivos se enaltece, como es lógico, «la significación del Código Civil para la vida de los ciudadanos».

Tan ocasional conmemoración de nuestro Código, a la que aludo en el Título de este Prólogo a la presente edición, nos obliga a rememorar la celebración de su centenario por la Asociación de Profesores de Derecho Civil, cuya constitución en el año 1988 responde precisamente a la voluntad de contribuir a dicho centenario mediante la publicación de dos volúmenes, de más de 2.100 páginas, bajo el Título de *Centenario del Código Civil*, en los que se recogían más de 80 trabajos dedicados al estudio del mismo, con la voluntad de ofrecer «un retrato fiel de lo que en el centenario, eran los cultivadores españoles del Derecho Civil dentro de la Universidad», según concluye la breve Presentación que los encabeza. Tampoco cabe olvidar el *Comentario del Código Civil*, editado por el Ministerio de Justicia en dos volúmenes, que suman más de 5.100 páginas, en las que participan 111 especialistas, cuyo homenaje pretende «seguir profundizando no solamente en su exégesis sino en su aplicación adaptativa y sensible, así como naturalmente en su perfeccionamiento, siempre que así acredite requerirlo el interés de la sociedad democrática a la que las leyes sirven», según manifiesta el entonces Ministro de Justicia al final de su Prólogo.

Tanto en la Presentación como en el Prólogo relacionados con la conmemoración del centenario, a la que acabo de referirme, cabe destacar, junto con el elogio general de nuestro Código Civil («que ha sido, durante un siglo, verdadero "buque insignia"del ordenamiento español»), por su corrección técnica y la facilidad de su lectura, por su conexión con valores que siguen siendo actuales, como la idea de libertad entre iguales y el valor de la voluntad personal, la ponderación de su facilidad para adaptarse a las nuevas necesidades derivadas de los cambios sociales, económicos y políticos que se han ido produciendo en el transcurso de un siglo. De ahí que se hayan podido introducir en él las reformas legislativas necesarias para asumir en su regulación de la persona, de la familia y de las sucesiones los nuevos principios constitucionales de igualdad y muy especialmente de no discriminación por razón de sexo. De ahí que quepa decir que «aún hoy el Código Civil encierra potencialidades no enteramente agotadas, como nos demuestra a menudo la jurisprudencia evolutiva que continúa edificándose a partir de sus principios». De ahí que se afirme que «no se ha planteado aún la necesidad de implantar un nuevo Código Civil, como tampoco prescindir del que hemos tenido hasta hoy por vía de su progresivo "despiece" o desmenuzamiento».

No obstante, en el propio Prólogo se puntualiza que no cabe «albergar una indefinida expectativa de auto-perpetuación de un Código Civil diseñado en un momento aún incipiente del liberalismo español, desde las coordenadas de nuestra balbuceante revolución industrial». Lo que nos permite decir que lo que podía mantenerse en 1989 con respecto a una deseable continuidad de nuestro Código, gracias a nuevas actualizaciones del mismo en lo pertinente, ya no se puede seguir manteniendo en la actualidad, treinta años después, en pleno siglo XXI.

Ahora España sí que necesita un nuevo Código Civil. Y a ello responde la iniciativa de la Asociación de Profesores de Derecho Civil de elaborar una Propuesta de nuevo Código Civil, cuya redacción está ya acabada, después de un intenso trabajo en el que han participado activamente más de cincuenta profesores de la Asociación, junto con otros profesores ajenos a la misma, algunos pertenecientes a otras ramas del Derecho. Dicha *Propuesta de Código Civil* está acabada, y publicada en esta misma editorial, Tecnos, además de difundirse a través de la página web de la Asociación.

Han transcurrido treinta y ocho años desde que en 1981 la Editorial Tecnos publicase por primera vez el Código Civil inaugurando con el mismo su Biblioteca de Textos Legales. Son pues treinta y ocho los años, salvo los dos últimos durante los cuales las sucesivas ediciones del Código Civil de Tecnos han ido precedidas del prólogo que redacté para aquella primera edición, y que se ha mantenido hasta la edición de 2017.

En dicho prólogo reivindicaba el permanente valor de nuestro Código Civil como primer cuerpo legal del Derecho Civil, y abogaba por una actualización del mismo en materia patrimonial, que complementase las entonces ya aprobadas modificaciones, así como las entonces pendientes de tramitación parlamentaria o anunciadas, para adecuarlo a los nuevos principios constitucionales en materia de persona, familia y sucesiones. Rechazaba pues la opción defendida por quienes creen que la época de la codificación ha pasado, y que no cabe sino aceptar la proliferación de leyes especiales para atender con la agilidad necesaria a los frecuentes cambios sociales y económicos que no cesan de producirse. Las modificaciones introducidas en sus respectivos Códigos Civiles por el legislador alemán y por el legislador francés contribuyen a rechazar esta opción, que en la práctica abocaban en nuestro caso a reducir el Código Civil a la regulación de la persona, de la familia y de las sucesiones.

Ese mismo posicionamiento a favor del permanente valor de la codificación, a pesar de los diversos fenómenos que promueven la dispersión legislativa, es el que ha propiciado el proyecto de la Asociación de Profesores de Derecho civil de elaborar una Propuesta de nuevo Código Civil; con una diferencia importante, la de considerar preferible en estos momentos optar por un nuevo Código Civil frente a la alternativa de seguir actualizando el Código vigente.

¿A qué se debe semejante cambio de opinión?

La primera razón es que nuestra doctrina se encuentra actualmente en condiciones de llevar a cabo con éxito la tarea de redacción de un Código Civil con un contenido más completo y adecuado a las necesidades de nuestra sociedad, con una ordenación sistemática y una calidad técnica superiores al Código Civil vigente.

A lo que hay que añadir que la modernización de dicho Código vigente por lo que a la materia patrimonial se refiere necesita de tales cambios, tanto en términos cuantitativos como cualitativos que no cabe pensar en un mero proceso modificador. El alcance de los cambios necesita de un nuevo molde y no de modificaciones. Baste con pensar, a modo de ejemplo en el derecho de propiedad, en las acciones de defensa del mismo, en los derechos de aprovechamiento parcial, de superficie, de vuelo, en los derechos de adquisición preferente, en las compraventas especiales, en los contratos de servicio, en los depósitos especiales, en los contratos de financiación, en el arrendamiento financiero, en los contratos de distribución, en el enriquecimiento sin causa, en la responsabilidad civil extracontractual.

Siguiendo con la conveniencia, o incluso a veces la necesidad, de modificar también partes del Código referidas a la persona, a la familia y a las sucesiones, a pesar de las sucesivas actualizaciones de las mismas que se han ido produciendo a partir de 1981, como consecuencia del rápido e intenso devenir de nuestra sociedad, de sus problemas y de la sensibilidad de la ciudadanía a la hora de afrontar su solución. Ejemplo de lo dicho puede ser la regulación de las medidas de protección de las personas discapacitadas, las personas jurídicas, la representación, la filiación, la patria potestad y el régimen económico matrimonial, el testamento mancomunado, los pactos sucesorios, las legítimas, la herencia yacente.

Siguiendo con la necesidad —porque así debe calificarse— de echar el alto a las iniciativas encaminadas a destruir el esencial papel vertebrador de todo el Derecho privado que corresponde al Código Civil, como es el caso del Anteproyecto de Código mercantil, que pretende regular todos los contratos, reduciendo a nuestro Código Civil a un papel residual en ese campo como es la alternativa de elaborar un Código de obligaciones y contratos, con la excusa de solucionar la falsa polémica sobre la regulación civil o mercantil de la contratación, dando lugar así por vía indirecta a una solución parecida a la que propugnan quienes entienden que la codificación ha dejado de tener sentido.

Siguiendo finalmente con la conveniencia de aprovechar la oportunidad para reintegrar al Código materias que se encuentran recogidas en la legislación especial, así como para subsanar algunas de las carencias que cabe apreciar en el Código vigente. Con respecto a lo primero, cabe mencionar los derechos de la personalidad, las asociaciones, las fundaciones, los contratos de consumo. Con respecto a lo segundo, son ejemplos la representación voluntaria, la usucapión, la prescripción, la caducidad.

Aprovechemos pues el momento para relanzar nuestra codificación civil mediante un nuevo Código para este siglo XXI, que contribuya a poner dique a la dispersión legislativa y a la mala técnica que la acompaña, cada vez con mayor intensidad.

Dichos trabajos de codificación llevados a cabo por la Asociación de Profesores de Derecho Civil se iniciaron en otoño del 2014, con una primera fase centrada en los Libros V y VI del Código, dedicados a obligaciones y contratos (Libro V) y a prescripción y caducidad (Libro VI), seguida de una segunda fase dedicada al resto del Código: Título Preliminar, con un contenido similar al del Código Civil vigente (fuentes del Derecho, aplicación y eficacia de las normas jurídicas, normas de Derecho internacional privado y de conflicto con respecto a los derechos civiles coexistentes en España) y Libros I a IV, dedicados a la persona (Libro I), la familia (Libro II), los bienes (Libro III) y los diferentes modos de adquirir la propiedad (Libro IV).

Todos los participantes en la elaboración de esta Propuesta de Código Civil han sido conscientes de la importancia que tiene a la hora de acometer la tarea de redactar un nuevo Código limitar semejante ambición con la prudencia. De ahí que en su redacción haya predominado un criterio conservador de cara a la innovación, introduciendo aquellos cambios en la regulación actual que puedan recibir un consenso generalizado. No se trata de lanzar un Código Civil a la aventura, sino de recoger los frutos del saber común y de la experiencia, los frutos de la doctrina y de la jurisprudencia.

Se ha optado por conservar el Título Preliminar del Código vigente, limitando los cambios que se introducen a la regulación del Derecho Internacional privado y a las normas de conflictos sobre los Derechos civiles vigentes en España. Se mantienen pues en lo sustancial los actuales artículos 1 a 7, es decir, la regulación de las fuentes del Derecho, de la aplicación y de la eficacia general de las normas jurídicas, sin perjuicio de optar por una ordenación sistemática que facilite la lectura y comprensión de todos los artículos de este Título Preliminar del Código.

Por lo que se refiere a las normas de Derecho Internacional privado, se mantiene la referencia a la ley de la nacionalidad como estatuto de las personas físicas, mientras que en el caso de las personas jurídicas rige la ley conforme a la que se hayan constituido. En materia de régimen económico matrimonial y en materia de sucesiones se recurre a los Reglamentos (UE) números 2016/1103 y 650/2012, respectivamente. También hay que destacar la incorporación de los Reglamentos (CE) números 864/2007 y 593/2008, sobre las obligaciones no contractuales y las obligaciones contractuales, respectivamente.

Se ha trasladado a este Título Preliminar la determinación de las normas de conflicto aplicables a la nulidad, separación y divorcio de los matrimonios, por entender que éste es el lugar sistemáticamente más adecuado que el que correspondería a la regulación sustantiva de dichos supuestos en el Libro II, de Familia. También por razones de sistemática se ha considerado oportuno recoger aquí las normas de conflicto en materia de contratos de consumo, trasladando aquí el contenido del actual artículo 67 del Texto Refundido de la Ley General para la Defensa de los Consumidores y Usuarios.

En las normas de conflicto sobre los Derechos civiles coexistentes en España se ha suprimido el actual artículo 13, por considerarlo innecesario, habida cuenta del artículo 149.1.8.ª de nuestra Constitución. Por otra parte se mantiene íntegramente la regulación de los actuales artículos 14 y 15 sobre la determinación de la vecindad civil, que se traslada a un Título II del Libro I, a continuación del Título I del mismo dedicado a la nacionalidad.

Éstas son las principales novedades introducidas en el Título Preliminar con respecto al actualmente vigente junto con algunos otros cambios de carácter técnico.

El Libro I comprende trece Títulos dedicados respectivamente a la nacionalidad (Título I), a la vecindad civil (Título II), al nacimiento y extinción de la personalidad (Título III), al domicilio (Título IV), a los derechos de la personalidad (Título V), a la mayor y a la menor edad (Título VI), a las medidas de protección de la persona (Título VII), a la tutela y guarda de las entidades públicas y al acogimiento (Título VIII), a la ausencia y a la declaración de fallecimiento (Título IX), a las personas jurídicas (Título X), a las asociaciones (Título XI), a las fundaciones (Título XII), y a la representación voluntaria (Título XIII).

Las diferencias más llamativas con respecto al Libro I del Código vigente, también dedicado a las personas, corresponden a las nuevas materias que se incorporan: los derechos de la personalidad, que constituye un nuevo Título V, integrado por dos Capítulos dedicados respectivamente a los derechos al nombre, al honor, intimidad y propia imagen y a los otros derechos de la personalidad; la introducción de tres Títulos dedicados a las personas jurídicas en general, a las asociaciones y a las fundaciones, a los que se traslada, actualizada y desarrollada, la regulación sustantiva de la Ley Orgánica 1/2002, reguladora del derecho de asociación, y de la Ley 50/2002, de fundaciones. Un último Título XIII dedicado a la representación voluntaria viene a subsanar la manifiesta carencia del Código vigente con respecto a este negocio jurídico.

Merecen especial consideración los Títulos dedicados a la mayor y a la menor edad, a la tutela y guarda de la entidad pública y al acogimiento, a la ausencia y a la declaración de fallecimiento. En todos ellos se han introducido modificaciones y precisiones acordes con las necesidades y sensibilidades sociales actuales.

Estrechamente relacionadas con ellas son las medidas de protección de las personas con alguna discapacidad física o psíquica, basadas en respetar escrupulosamente los principios de necesidad, subsidiariedad, proporcionalidad y autonomía personal (Título VII). Se regulan minuciosamente las diversas instituciones de apoyo que pueden valer en cada caso, según las circunstancias, para una mejor protección de la persona, dentro del mayor respeto a su autonomía y dignidad: la curatela, la tutela, la asistencia, los poderes preventivos, el defensor judicial y la guarda de hecho. Referencia obligada en la mencionada regulación ha sido su adaptación a las normas internacionales de protección y salvaguarda de las personas vulnerables, en las que destaca el Convenio de Nueva York, de Protección de las Personas con Discapacidad de 2006.

El Libro II, dedicado a la Familia, comprende seis Títulos: el matrimonio (Título I), la filiación (Título II), el parentesco (Título III), los alimentos entre parientes (Título IV), las relaciones paterno-filiales (Título V), el régimen económico matrimonial (Título VI). Se reagrupan así en un Libro materias que aparecen injustificadamente dispersas en el Código vigente, concretamente en sus Libros I, III y IV, consiguiendo así una mejor ordenación sistemática de las mismas.

Ha presidido la redacción del articulado de este Libro la máxima prudencia. Lo que quiere decir que se ha procurado recoger una regulación que responda fielmente al estado de las diversas cuestiones, teniendo en cuenta los desarrollos doctrinales y jurisprudenciales consolidados, rehuyendo de cambios que pudieran ser cuestionados por razones constitucionales o que pudieran desentonar con respecto a la sensibilidad social actualmente dominante.

Puede servir para ilustrar lo dicho la regulación de los efectos de la nulidad, de la separación y del divorcio del matrimonio, o la regulación de la filiación derivada de técnicas de reproducción asistida, en la que se incorpora al Código la parte sustantiva de la Ley 14/2006, sobre técnicas de reproducción humana asistida. No obstante, manteniendo la regulación de los tres tipos de régimen económico matrimonial actuales, de gananciales, de separación y de participación, se renuncia a establecer uno de esos regímenes como supletorio con carácter general, obligando así a los cónyuges a elegir el régimen que prefieran.

El Libro III, dedicado a los bienes, comprende trece Títulos: los bienes y sus clases (Título I), la posesión (Título II), el derecho de propiedad (Título III), la comunidad de bienes (Título IV), el derecho de usufructo (Título V), los derechos de uso y habitación (Título VI), los derechos de aprovechamiento parcial (Título VII), el derecho de superficie (Título VIII), el derecho de vuelo (Título IX), el derecho de servidumbre (Título X), los derechos de adquisición (Título XI), los derechos de garantía (Título XII), los Registros de la propiedad y de bienes muebles (Título XIII).

Constituyen novedad manifiesta la regulación de los diversos derechos reales ausentes del Libro II del Código vigente, por tratarse en la mayor parte de los casos de derechos nacidos o consolidados después de la aprobación y entrada en vigor de aquél, concretamente ya bien avanzado el siglo XX. A lo que cabe añadir una amplia regulación de los derechos de adquisición de carácter real, tanto los de origen legal (regulados en el Libro IV del Código vigente, junto con la compraventa) como los de constitución voluntaria. La regulación de la propiedad, cuyo concepto se relaciona estrechamente con su función social, de acuerdo con su reconocimiento constitucional, recibe una mayor atención a la que actualmente la reconoce el Código. Son cuatro los Capítulos dedicados a la misma: disposiciones generales, extinción, límites, acciones de protección y propiedades especiales, en las que destaca la propiedad de las aguas.

Se renuncia en cambio a una regulación, por reducida que sea, de los censos, figura jurídica en desuso, cuya función ha desaparecido, y que puede contemplarse como un obstáculo a la libre circulación de los bienes inmuebles.

El Libro IV, de los modos de adquirir la propiedad, comprende una Disposición Preliminar, sobre los diferentes modos de adquirir la propiedad y los demás derechos reales (el equivalente al actual art. 609 del Código), y seis Títulos: la tradición (Título I), la ocupación (Título II), la accesión (Título III), la usucapión (Título IV), la donación (Título V), las sucesiones (Título VI). Presenta pues la novedad de haber incluido en este Libro la tradición, desgajándola de la regulación de la compraventa, como ocurre en el Código vigente, la accesión, separada del Libro III, dedicado a los derechos reales, y, finalmente, la usucapión, desgajada así de su regulación conjunta con la prescripción.

El Título VI de este Libro IV, dedicado a las sucesiones, es lógicamente el más extenso, integrado por ocho Capítulos: disposiciones generales (Capítulo I), sucesión testamentaria (Capítulo II), pactos sucesorios (Capítulo III), fiducia sucesoria (Capítulo IV), institución de heredero y de mandas y legados (Capítulo V), sucesión legal (Capítulo VI), legítimas y otros límites a la libertad de disposición (Capítulo VII), adquisición de la herencia (Capítulo VIII).

A pesar del propósito conservador que inspira la redacción de la Propuesta en todas sus partes, al que ya me he referido, es quizá en este Título donde se aprecian cambios de mayor calado, además del cuidado que, aquí también, se ha puesto en mejorar el tratamiento sistemático de la materia y en subsanar algunas lagunas.

Para dichos cambios y mejoras técnicas se ha tenido en cuenta las soluciones ofrecidas por los Derechos civiles forales o especiales, habida cuenta de que todos ellos han procedido a una actualización importante de la materia basada en los principios constitucionales, aprovechando la competencia legislativa reconocida al respecto por la propia Constitución y los correspondientes Estatutos de Autonomía.

Cabe mencionar la introducción de los pactos sucesorios y del testamento mancomunado, además de una nueva formulación algo más estricta de la fiducia sucesoria, encaminada a reforzar la posición familiar del supérstite. También se ha aprovechado para regular directamente la invalidez de los testamentos, subsanando así la carencia de la que adolece al respecto el Código vigente.

También merece mención como novedad la anteposición del llamamiento en la sucesión legal al cónyuge viudo por delante de los ascendientes, sin perjuicio de la legítima que puede corresponder a estos últimos. Igualmente constituye novedad la supresión de la reserva troncal.

Por lo que a las legítimas se refiere se opta por una ampliación de la libertad de disposición del causante. Lo que implica una reducción cuantitativa de las legítimas, cuya extensión varía además en función de que exista un único o varios legitimarios. Se mantiene no obstante la legítima en usufructo del cónyuge viudo, con una reducción menor. Lo que se complementa con un límite temporal de veinte años en orden al cómputo de las liberalidades entre vivos. La valoración de lo donado se establece con referencia al momento de haberse producido la liberalidad y no al de fallecimiento del causante.

Se introduce una regulación expresa de la herencia yacente, de la posición de los acreedores hereditarios sobre los bienes relictos y de la comunidad hereditaria.

Se mantiene el sistema de colación por imputación de valor aunque el momento temporal elegido para la valoración de las donaciones —como ya se ha dicho— es el momento en el que las mismas hayan tenido lugar.

El Libro V, de las obligaciones y contratos, comprende diecinueve Títulos dedicados a las obligaciones en general (Título I), los contratos en general (Título II), la compraventa, las compraventas especiales y las permutas (Título III a V), el arrendamiento de cosas (Título VI), el comodato (Título VII), los contratos de servicios (Título VIII), el contrato de mandato (Título IX), los contratos de distribución (Título X), la sociedad (Título XI), los contratos de financiación (Título XII), el arrendamiento financiero (Título XIII), el depósito (Título XIV), los contratos aleatorios (Título XV), la transacción (Título XVI), la fianza (Título XVII), las obligaciones derivadas de actos lícitos no contractuales, es decir, los cuasicontratos en terminología del Código vigente (Título XVIII), y, finalmente, la responsabilidad civil extracontractual (Título XIX).

Es en este Libro donde se han aprovechado como antecedentes de carácter nacional la Propuesta de Anteproyecto de Ley de Modernización del Derecho de Obligaciones y Contratos, elaborada por la Sección de Derecho Civil de la Comisión General de Codificación (PMCC), publicada en 2009, la Propuesta de Código Mercantil elaborada por la Sección de Derecho Mercantil de la Comisión General de Codificación (PCM), publicada en 2015, así como el Anteproyecto de Ley derivado de esta última. Se han aprovechado también, como antecedentes de carácter europeo, los Principios de Derecho Contractual Europeo (PECL), el Marco Común de Referencia (*Draft Common Frame of Reference* —DCFR—) y el Proyecto Gandolfi o de Pavía sobre un Código Europeo de Contratos.

Como se deduce del contenido de los Libros anteriores al que me he referido, desaparecen de este Libro la regulación de la tradición, del retracto convencional y legal, del régimen económico matrimonial, de las garantías reales y de la usucapión, materias que han pasado a ser tratadas —ya se ha visto— en los Libros dedicados a la familia (Libro II), a los bienes (Libro III), y a los modos de adquirir la propiedad (Libro IV). También desaparecen la regulación de la prescripción, que se ha trasladado al Libro siguiente (Libro VI), y la regulación de los censos, de la que se ha prescindido totalmente.

Para la redacción de este Libro V se parte de que la división entre obligaciones y contratos civiles y obligaciones y contratos mercantiles ha dejado de tener sentido desde el momento en que la especialidad de la legislación mercantil en dicha materia ha desaparecido y, consecuentemente, carece de justificación. La distinción no es más que una fuente permanente de confusión y es fuente de un falso debate. La regulación de las obligaciones y de los contratos es sustancialmente unitaria, y así debe tratarse en aras de la claridad, es decir, de la seguridad jurídica. Tratamiento unitario que no impide que en determinados puntos concretos pueda existir alguna adaptación de la norma según nos encontremos ante una actividad profesional o una actividad no profesional. Dicho tratamiento unitario tampoco es obstáculo para integrar en este Libro la protección que en obligaciones y contratos corresponde en el mercado a los consumidores frente a los profesionales que les suministran bienes y servicios.

Superada esa división, el Libro V pretende abarcar todas las relaciones jurídico-privadas en la regulación de sus respectivas materias, incluida la responsabilidad extracontractual.

Desaparece pues —valga como ejemplo— la distinción entre compraventa civil y compraventa mercantil, entre mandato y comisión, entre arrendamientos o contratos de servicios civiles y mercantiles. Se regulan además contratos que se celebran necesariamente entre profesionales, como son los contratos de distribución y el arrendamiento financiero. El Libro V comprende pues todo tipo de contratos privados, incluidos los de consumo como se acaba de indicar. Ya no es necesario optar por una hipotética naturaleza civil o mercantil de los contratos mixtos.

Especial desarrollo es el que alcanza la regulación de los contratos de servicios. Baste con decir que el Título VIII, dedicado a los mismos, comprende seis Capítulos, en los que se regulan, además de las disposiciones generales y comunes para todo este tipo de contratos (Capítulos I y II), los contratos de obra, tanto inmobiliaria, como mobiliaria, como intelectual o industrial (Capítulo III), los contratos de servicios turísticos, tanto los de alojamiento como los de viajes combinados y de los servicios de viaje vinculados (Capítulo IV), los contratos de consultoría y asesoramiento (Capítulo V), los contratos de servicios médicos (Capítulo VI), los contratos de servicios de comunicaciones electrónicas, incluidas la comunicación audiovisual y las prestaciones de servicios de intermediación de la sociedad de la información (Capítulo VII), los contratos de mediación (Capítulo VIII).

Sólo han quedado excluidos (por el momento) aquellos contratos que disfrutan ya de una regulación unitaria en leyes especiales, como es el caso de los arrendamientos urbanos, del contrato de seguro, de los contratos publicitarios, de los contratos de transporte. Lo que no quiere decir que no pueda ser deseable su futura integración en el Código Civil.

Por lo que a la responsabilidad civil extracontractual se refiere, ha sido propósito también de los redactores del Título XIX establecer una regulación unitaria, incluyendo el contenido sustantivo actual de algunas de las diversas leyes especiales que se ocupan de la materia. Lo que significa que, de acuerdo con el creciente desarrollo de la misma, el articulado de este Título tenga una extensión manifiestamente superior al que en la actualidad ocupa en los artículos 1.902 y siguientes del Código vigente.

Se ha considerado conveniente introducir un Libro VI dedicado únicamente a la regulación de la prescripción y de la caducidad. Se trata de un Libro de extensión mucho más limitada que la de los demás Libros, cuya justificación deriva de la transversalidad que dichas figuras jurídicas tienen con respecto a todo el resto de la Propuesta. Comprende dos Títulos dedicados a la prescripción y a la caducidad, respectivamente. Son dos materias necesitadas de actualización la primera, y de una regulación general la segunda, inexistente en el Código vigente.

Como ya se ha indicado, se ha separado la regulación de la prescripción de la correspondiente a la usucapión, que se ha trasladado al Libro IV, junto con los demás modos de adquirir. Importa destacar la reducción y simplificación de los plazos de prescripción y la introducción de la figura de la suspensión como complemento de la interrupción en la prescripción.

El Título de la caducidad no hace sino recoger, sistematizar y aclarar esta materia de acuerdo con los criterios consolidados en la jurisprudencia y en la doctrina.

Tal es sucintamente expuesto el contenido de esta Propuesta de Código Civil, ya publicada, como he dicho, por la Editorial Tecnos y a través de la página web de la ASOCIACIÓN DE PROFESORES DE DERECHO CIVIL, con acceso abierto al público en general.

Cedeira, 6 de julio de 2019

ABREVIATURAS UTILIZADAS*

B.I.M.J.	*Boletín Informativo del Ministerio de Justicia.*
C.Arag.	Código del Derecho Foral de Aragón. D.Leg. 1/2011, de 22 de marzo, del Gobierno de Aragón (*B.O.A.* n. 63, de 29 de marzo de 2011).
C.Bal.	Compilación de Derecho Civil Balear. Texto Refundido aprobado por D.Leg. 79/1990, de 6 de septiembre (*B.O. Illes Balears* n. 120, de 2 de octubre).
C.c.	Código civil. R.D. de 6 de octubre de 1888 (*Gaceta* de 8 de octubre).
C.Cat.	Compilación de Derecho Civil de Cataluña. Texto Refundido aprobado por D.Leg. 1/1984, de 19 de julio (*D.O. Generalitat de Catalunya* n. 456, de 27 de julio).
C.Civ.Cat.	Código Civil de Cataluña [aprobado por Ley 29/2002, de 30 de diciembre (*B.O.E.* n. 32, de 6 de febrero de 2003, y *D.O.G.C.* n. 3.798, de 13 de enero de 2003); Ley 25/2010, de 29 de julio (*B.O.E.* n. 203, de 21 de agosto, y *D.O.G.C.* n. 5.686, de 5 de agosto); Ley 4/2008, de 24 de abril (*B.O.E.* n. 131, de 30 de mayo, y *D.O.G.C.* n. 5.123, de 8 de mayo); Ley 10/2008, de 10 de julio (*B.O.E.* n. 190, de 7 de agosto, y *D.O.G.C.* n. 5.175, de 17 de julio); y Ley 5/2006, de 10 de mayo (*B.O.E.* n. 148, de 22 de junio, y *D.O.G.C.* n. 4.640, de 24 de mayo)].
C.Com.Ven.	Convención de las Naciones Unidas sobre contratos de compraventa internacional de mercancías, hecho en Viena el 11 de abril de 1980 (*B.O.E.* n. 20, de 30 de enero de 1991).
C. de C.	Código de Comercio. R.D. de 22 de agosto de 1885 (*Gaceta* n. 289 a 328, de 16 de octubre a 24 de noviembre).
C.D.N.	Convención sobre los Derechos del Niño, adoptada por la Asamblea General de las Naciones Unidas el

* Las fechas que se asignan a las disposiciones lo son a título informativo, indicándose la fecha primera de su publicación, pero no sus modificaciones posteriores.

	20 de noviembre de 1989. Instrumento de ratificación de 30 de noviembre de 1990 (*B.O.E.* n. 313, de 31 de diciembre).
C.Gall.	Ley reguladora del Derecho civil de Galicia. Ley 2/2006, de 14 de junio (*D.O.G.* n. 124, de 29 de junio).
C.Nav.	Ley 1/1973, de 1 de marzo (*B.O.E.* n. 57 a 63, de 7 a 10 y 12 a 14 de marzo), por la que se aprueba la Compilación de Derecho Civil Foral de Navarra.
Const.	Constitución española de 27 de diciembre de 1978 (*B.O.E.* n. 311, de 29 de diciembre).
C.P.	Código penal. Ley Orgánica 10/1995, de 23 de noviembre (*B.O.E.* n. 281, de 24 de noviembre).
D.D.	Disposición Derogatoria.
D.F.	Disposición Final.
D.G.R.N.	Dirección General de los Registros y del Notariado.
Disp. Adic.	Disposición Adicional.
D.L.	Decreto-Ley.
D.Leg.	Decreto Legislativo.
D.T.	Disposición Transitoria.
E.Aut.Cat.	Estatuto de Autonomía de Cataluña. Ley Orgánica 4/1979, de 18 de diciembre (*B.O.E.* n. 306, de 22 de diciembre).
E.Aut.P.Vasc.	Estatuto de Autonomía del País Vasco. Ley Orgánica 3/1979, de 18 de diciembre (*B.O.E.* n. 306, de 22 de diciembre).
E.O.M.F.	Estatuto Orgánico del Ministerio Fiscal. Ley 50/1981, de 30 de diciembre (*B.O.E.* n. 11, de 13 de enero de 1982).
E.T.	Estatuto de los Trabajadores. Texto Refundido aprobado por R.D.Leg. 2/2015, de 23 de octubre (*B.O.E.* n. 255, de 24 de octubre).
L.Ag.	Ley de Aguas. Texto Refundido aprobado por R.D.Leg. 1/2001, de 20 de julio (*B.O.E.* n. 176, de 24 de julio; corrección de errores en *B.O.E.* n. 287, de 30 de noviembre).
L.A.I.	Ley de Adopción Internacional. Ley 54/2007, de 28 de diciembre (*B.O.E.* n. 312, de 29 de diciembre).
L.A.I.E.	Ley de Agrupaciones de Interés Económico. Ley 12/1991, de 29 de abril (*B.O.E.* n. 103, de 30 de abril).
L.Aprov.	Ley 4/2012, de 6 de julio, de contratos de aprovechamiento por turno de bienes de uso turístico, de adqui-

sición de productos vacacionales de larga duración, de reventa y de intercambio y normas tributarias (*B.O.E.* n. 162, de 7 de julio).

L.A.R. Ley de Arrendamientos Rústicos. Ley 49/2003, de 26 de noviembre (*B.O.E.* n. 284, de 27 de noviembre).

L.Arb. Ley de Arbitraje. Ley 60/2003, de 23 de diciembre (*B.O.E.* n. 309, de 26 de diciembre).

L.Asoc. Ley Reguladora del Derecho de Asociación. Ley Orgánica 1/2002, de 22 de marzo (*B.O.E.* n. 73, de 26 de marzo).

L.A.U. Ley de Arrendamientos Urbanos. Ley 29/1994, de 24 de noviembre (*B.O.E.* n. 282, de 25 de noviembre).

L.B.R.L. Ley de Bases de Régimen Local. Ley 7/1985, de 2 de abril (*B.O.E.* n. 80, de 3 de abril).

L.C.A. Ley de Contrato de Agencia. Ley 12/1992, de 27 de mayo (*B.O.E.* n. 129, de 29 de mayo).

L.Cap.Riesg. Ley 22/2014, de 12 de noviembre, por la que se regulan las entidades de capital-riesgo, otras entidades de inversión colectiva de tipo cerrado y las sociedades gestoras de entidades de inversión colectiva de tipo cerrado, y por la que se modifica la Ley 35/2003, de 4 de noviembre, de Instituciones de Inversión Colectiva (*B.O.E.* n. 275, de 13 de noviembre; corrección de errores en *B.O.E.* n. 276, de 14 de noviembre).

L.Carret. Ley de Carreteras. Ley 37/2015, de 29 de septiembre (*B.O.E.* n. 234, de 30 de septiembre).

L.Caza Ley de Caza. Ley 1/1970, de 4 de abril (*B.O.E.* n. 82, de 6 de abril).

L.C.Ch. Ley Cambiaria y del Cheque. Ley 19/1985, de 16 de julio (*B.O.E.* n. 172, de 19 de julio).

L.C.G.C. Ley sobre Condiciones Generales de la Contratación. Ley 7/1998, de 13 de abril (*B.O.E.* n. 89, de 14 de abril).

L.C.Mta. Ley de Ordenación del Comercio Minorista. Ley 7/1996, de 15 de enero (*B.O.E.* n. 15, de 17 de enero).

L.Conc. Ley Concursal. R.D.Leg. 1/2020, de 5 de mayo (*B.O.E.* n. 27, de 7 de mayo).

L.Coop. Ley de Cooperativas. Ley 27/1999, de 16 de julio (*B.O.E.* n. 170, de 17 de julio).

L.Cost. Ley de Costas. Ley 22/1988, de 28 de julio (*B.O.E.* n. 181, de 29 de julio).

L.Cre.Con.	Ley de de Contratos de Crédito al Consumo. Ley 16/2011, de 24 de junio (*B.O.E.* n. 151, de 25 de junio).
L.Cre.Inm.	Ley Reguladora de los Contratos de Crédito Inmobiliario. Ley 5/2019, de 15 de marzo (*B.O.E.* n. 65, de 16 de marzo).
L.C.S.	Ley de Contrato de Seguro. Ley 50/1980, de 8 de octubre (*B.O.E.* n. 250, de 17 de octubre).
L.C.Sec.Púb.	Ley de Contratos del Sector Público. Ley 9/2017, de 8 de noviembre (*B.O.E.* n. 272, de 9 de noviembre).
L.Def.Consum.	Ley para la Defensa de los Consumidores y otras leyes complementarias. Texto Refundido aprobado por R.D.Leg. 1/2007, de 16 de noviembre (*B.O.E.* n. 287, de 30 de noviembre).
L.Dep.	Ley del Deporte. Ley 10/1990, de 15 de octubre (*B.O.E.* n. 249, de 17 de octubre).
L.E.A.	Ley de Modernización de las Explotaciones Agrarias. Ley 19/1995, de 4 de julio (*B.O.E.* n. 159, de 5 de julio).
L.E.Cr.	Ley de Enjuiciamiento Criminal. R.D. de 4 de septiembre de 1882 (*Gaceta* n. 260 a 283, de 17 de septiembre a 10 de octubre).
L.E.F.	Ley de Expropiación Forzosa. Ley de 16 de diciembre de 1954 (*B.O.E.* n. 351, de 17 de diciembre).
L.Enj.Civ.	Ley de Enjuiciamiento Civil. Ley 1/2000, de 7 de enero (*B.O.E.* n. 7, de 8 de enero; correcciones de errores en *B.O.E.* n. 90, de 14 de abril, y en *B.O.E.* n. 180, de 28 de julio).
L.Euro	Ley sobre Introducción del Euro. Ley 46/1998, de 17 de diciembre (*B.O.E.* n. 302, de 18 de diciembre).
L.Extranj.	Ley Orgánica sobre derechos y libertades de los extranjeros en España y su integración social. L.O. 4/2000, de 11 de enero (*B.O.E.* n. 10, de 12 de enero; corrección de errores en *B.O.E.* n. 20, de 24 de enero).
L.F.M.	Ley de Fincas Manifiestamente Mejorables. Ley 34/1979, de 16 de noviembre (*B.O.E.* n. 281, de 23 de noviembre).
L.Fund.	Ley de Fundaciones. Ley 50/2002, de 26 de diciembre (*B.O.E.* n. 310, de 27 de diciembre; corrección de errores en *B.O.E.* n. 92, de 17 de abril de 2003).
L.Gob.	Ley del Gobierno. Ley 50/1997, de 27 de noviembre (*B.O.E.* n. 285, de 28 de noviembre).

L.G.P. Ley General Presupuestaria. Ley 47/2003, de 26 de noviembre (*B.O.E.* n. 284, de 27 de noviembre).

L.G.Publ. Ley General de Publicidad. Ley 34/1988, de 11 de noviembre (*B.O.E.* n. 274, de 15 de noviembre).

L.Gral.Telecom. Ley General de Telecomunicaciones. Ley 11/2022, de 28 de junio (*B.O.E.* n. 155, de 29 de junio).

L.G.S.S. Ley General de la Seguridad Social. Texto Refundido aprobado por R.D.Leg. 8/2015, de 30 de octubre (*B.O.E.* n. 261, de 31 de octubre de 2015; corrección de errores en *B.O.E.* n. 36, de 11 de febrero de 2016).

L.G.T. Ley General Tributaria. Ley 58/2003, de 17 de diciembre (*B.O.E.* n. 302, de 18 de diciembre).

L.H. Ley Hipotecaria. Ley de 8 de febrero de 1946 (*B.O.E.* n. 58, de 27 de febrero).

L.H.L. Ley Reguladora de las Haciendas Locales. Texto Refundido aprobado por R.D.Leg. 2/2004, de 5 de marzo (*B.O.E.* n. 59, de 9 de marzo).

L.H.M. Ley de Hipoteca Mobiliaria y Prenda sin Desplazamiento de Posesión. Ley de 16 de diciembre de 1954 (*B.O.E.* n. 352, de 18 de diciembre).

L.J.A. Ley del Estatuto de la Explotación Familiar Agraria y del Joven Agricultor. Ley 49/1981, de 24 de diciembre (*B.O.E.* n. 9, de 1 de enero de 1982).

L.J.C.A. Ley Reguladora de la Jurisdicción Contencioso-administrativa. Ley 29/1998, de 13 de julio (*B.O.E.* n. 167, de 14 de julio).

L.J.S. Ley 36/2011, de 10 de octubre, reguladora de la jurisdicción social (*B.O.E.* n. 245, de 11 de octubre).

L.J.V. Ley de la Jurisdicción Voluntaria. Ley 15/2015, de 2 de julio (*B.O.E.* n. 158, de 3 de julio).

L.Marc. Ley de Marcas. Ley 17/2001, de 7 de diciembre (*B.O.E.* n. 294, de 8 de diciembre).

L.Men. Ley de Protección Jurídica del Menor, de modificación parcial del Código Civil y de la Ley de Enjuiciamiento Civil. L.O. 1/1996, de 15 de enero (*B.O.E.* n. 15, de 17 de enero).

L.Min. Ley de Minas. Ley 22/1973, de 21 de julio (*B.O.E.* n. 176, de 24 de julio).

L.Mont. Ley de Montes. Ley 43/2003, de 21 de noviembre (*B.O.E.* n. 280, de 22 de noviembre).

L.M.V. Ley del Mercado de Valores. Texto Refundido aprobado por R.D.Leg. 4/2015, de 23 de octubre (*B.O.E.* n. 255, de 24 de octubre).

L.N. Ley del Notariado. Ley de 28 de mayo de 1862 (*Gaceta* n. 149, de 29 de mayo).

L.Nav.Aér. Ley de Navegación Aérea. Ley 48/1960, de 21 de julio (*B.O.E.* n. 176, de 23 de julio).

L.O.E. Ley de Ordenación de la Edificación. Ley 38/1999, de 5 de noviembre (*B.O.E.* n. 266, de 6 de noviembre).

L.O.J.M. Ley Orgánica de la Competencia y Organización de la Jurisdicción Militar. L.O. 4/1987, de 15 de julio (*B.O.E.* n. 171, de 18 de julio).

L.O.P.J. Ley Orgánica del Poder Judicial. L.O. 6/1985, de 1 de julio (*B.O.E.* n. 157, de 2 de julio).

L.O.S.P. Ley de ordenación, supervisión y solvencia de las entidades aseguradoras y reaseguradoras. Ley 20/2015, de 14 de julio (*B.O.E.* n. 168, de 15 de julio).

L.O.T.C. Ley Orgánica del Tribunal Constitucional. L.O. 2/1979, de 3 de octubre (*B.O.E.* n. 239, de 5 de octubre).

L.O.T.T. Ley de Ordenación de los Transportes Terrestres. Ley 16/1987, de 30 de julio (*B.O.E.* n. 182, de 31 de julio).

L.P.A.C.A.P. Ley del Procedimiento Administrativo Común de las Administraciones Públicas. Ley 39/2015, de 1 de octubre (*B.O.E.* n. 236, de 2 de octubre).

L.Parej.And. Ley de Parejas de Hecho de Andalucía. Ley 5/2002, de 16 de diciembre (*B.O.E.* n.11, de 13 de enero de 2003, y *B.O.J.A.* n. 153, de 28 de diciembre de 2002).

L.Parej.Bal. Ley de Parejas Estables de las Islas Baleares. Ley 18/2001, de 19 de diciembre (*B.O.E.* n. 14, de 16 de enero de 2002, y *B.O.C.A.I.B.* n. 156, de 19 de diciembre).

L.Parej.Can. Ley 5/2003, de 6 de marzo, para la regulación de las parejas de hecho en la Comunidad Autónoma de Canarias (*B.O.E.* n. 89, de 14 de abril, y *B.O. Canarias* n. 54, de 19 de marzo).

L.Parej.Cant. Ley de parejas de hecho de la Comunidad Autónoma de Cantabria. Ley 1/2005, de 16 de mayo (*B.O.E.* n. 135, de 7 de junio; *B.O. Cant.* n. 98, de 24 de mayo).

L.Parej.Eusk. Ley Reguladora de las Parejas de Hecho de Euskadi. Ley 2/2003, de 7 de mayo (*B.O.P.V.* n. 100, de 23 de mayo).

L.Parej.Extrem. Ley 5/2003, de 20 de marzo, de parejas de hecho de la Comunidad Autónoma de Extremadura (*B.O.E.* n. 111, de 9 de mayo, y *D.O. Extremadura* n. 42, de 8 de abril).

L.Parej.Mad. Ley de Uniones de Hecho de la Comunidad de Madrid. Ley 11/2001, de 19 de diciembre (*B.O.E.* n. 55, de 5 de marzo de 2002, y *B.O.C.A.M.* n. 2, de 3 de enero).

L.Parej.Nav. Ley Foral 6/2000, de 3 de julio, para la igualdad jurídica de las parejas estables (*B.O.E.* n. 214, de 6 de septiembre, y *B.O. de Navarra* n. 82, de 7 de julio).

L. Parej.Val. Ley 5/2012, de 15 de octubre, de uniones de hecho formalizadas en la Comunidad Valenciana (*B.O.E.* n. 268, de 7 de noviembre, y *D.O.C.V.* n. 6.884, de 18 de octubre).

L.P. Ley de Patentes. Ley 24/2015, de 24 de julio (*B.O.E.* n. 177, de 25 de julio).

L.Patrim.A.P. Ley del Patrimonio de las Administraciones Públicas. Ley 33/2003, de 3 de noviembrc (*B.O.E.* n. 264, de 4 de noviembre).

L.Patrim.His.E. Ley de Patrimonio Histórico Español. Ley 16/1985, de 25 de junio (*B.O.E.* n. 155, de 29 de junio).

L.Patrim.Nac. Ley de Patrimonio Nacional. Ley 23/1982, de 16 de junio (*B.O.E.* n. 148, de 22 de junio).

L.P.C.H. Ley de Protección Civil al Honor, a la Intimidad Personal y Familiar y a la Propia Imagen. L.O. 1/1982, de 5 de mayo (*B.O.E.* n. 115, de 14 de mayo).

L.Pesc.Fluv. Ley por la que se regula el Fomento y Conservación de la Pesca Fluvial. Ley de 20 de febrero de 1942 (*B.O.E.* n. 67, de 8 de marzo).

L.P.H. Ley sobre Propiedad Horizontal. Ley 49/1960, de 21 de julio (*B.O.E.* n. 176, de 23 de julio).

L.P.I. Ley de Propiedad Intelectual. Texto Refundido aprobado por R.D.Leg. 1/1996, de 12 de abril, regularizando, aclarando y armonizando las disposiciones legales vigentes sobre la materia (*B.O.E.* n. 97, de 22 de abril).

L.P.M. Ley Procesal Militar. L.O. 2/1989, de 13 de abril (*B.O.E.* n. 92, de 18 de abril).

L.Prot.Inf. Ley de modificación del sistema de protección a la infancia y a la adolescencia. Ley 26/2015, de 28 de julio (*B.O.E.* n. 180, de 29 de julio).

L.Ptos. Ley de Puertos del Estado y de la Marina Mercante. Texto Refundido aprobado por R.D.Leg. 2/2011, de 5 de septiembre (*B.O.E.* n. 253, de 20 de octubre).

L.P.Vasc. Ley 5/2015, de 25 de junio, de Derecho Civil Vasco (*B.O.E.* n. 176, de 24 de julio, y *B.O.P.V.* n. 124, de 3 de julio).

L.R.C. Ley del Registro Civil. Ley 20/2011, de 21 de julio (*B.O.E.* n. 175, de 22 de julio).

L.R.D.A. Ley de Reforma y Desarrollo Agrario. Ley 118/1973, de 12 de enero (*B.O.E.* n. 30, de 3 de febrero).

L.Rect. Ley Reguladora del Derecho de Rectificación. L.O. 2/1984, de 26 de marzo (*B.O.E.* n. 74, de 27 de marzo).

L.Rep.Asist. Ley sobre técnicas de reproducción humana asistida. Ley 14/2006, de 26 de mayo (*B.O.E.* n. 126, de 27 de mayo).

L.Resp.P.Men. Ley Orgánica reguladora de la Responsabilidad Penal de los Menores. L.O. 5/2000, de 12 de enero (*B.O.E.* n. 11, de 13 de enero).

L.Sec.Eléc. Ley 24/2013, de 26 de diciembre, del Sector Eléctrico (*B.O.E.* n. 310, de 27 de diciembre).

L.Sec.Púb. Ley de Régimen Jurídico del Sector Público. Ley 40/2015, de 1 de octubre (*B.O.E.* n. 236, de 2 de octubre; corrección de errores en *B.O.E.* n. 306, de 23 de diciembre).

L.Sec.Hidrocarb. Ley del Sector de Hidrocarburos. Ley 34/1998, de 7 de octubre (*B.O.E.* n. 241, de 8 de octubre; corrección de errores en *B.O.E.* n. 29, de 3 de febrero de 1999).

L.S.L. Ley de Sociedades Laborales y Participadas. Ley 44/2015, de 14 de octubre (*B.O.E.* n. 247, de 15 de octubre).

L.S.S.I. Ley de servicios de la sociedad de la información y de comercio electrónico. Ley 34/2002, de 11 de julio (*B.O.E.* n. 166, de 12 de julio; corrección de errores en *B.O.E.* n. 187, de 6 de agosto).

L.Subrog. Ley sobre Subrogación y Modificación de Préstamos Hipotecarios. Ley 2/1994, de 30 de marzo (*B.O.E.* n. 80, de 4 de abril).

L.Tráf. Ley sobre Tráfico, Circulación de Vehículos a Motor y Seguridad Vial. Texto Refundido aprobado por R.D.Leg. 6/2015, de 30 de octubre (*B.O.E.* n. 261, de 31 de octubre).

L.Us. Ley sobre Nulidad de los Contratos de Préstamos Usurarios. Ley de 23 de julio de 1908 (*Gaceta* de 24 de julio).

L.V.Pec. Ley de Vías Pecuarias. Ley 3/1995, de 23 de marzo (*B.O.E.* n. 71, de 24 de marzo).

L.V.Plaz. Ley de Venta a Plazos de Bienes Muebles. Ley 28/1998, de 13 de julio (*B.O.E.* n. 167, de 14 de julio).

L.V.P.O. Legislación de Viviendas de Protección Oficial. Texto Refundido aprobado por R.D. 2.960/1976, de 12 de noviembre (*B.O.E.* n. 311, de 28 de diciembre).

L.Z.M. Ley sobre Zona Militar de Costas y Fronteras. Ley 8/1975, de 12 de marzo (*B.O.E.* n. 63, de 14 de marzo).

R.B.E.L. Reglamento de Bienes de las Entidades Locales. R.D. 1.372/1986, de 13 de junio (*B.O.E.* n. 161, de 7 de julio).

R.LC.A.P. Reglamento General de la Ley de Contratos de las Administraciones Públicas. R.D. 1.098/2001, de 12 de octubre (*B.O.E.* n. 257, de 26 de octubre; correcciones de errores en *B.O.E.* n. 303, de 19 de diciembre, y en *B.O.E.* n. 34, de 8 de febrero de 2002).

R.D. Real Decreto.

R.D.L. Real Decreto-Ley.

R.D.Leg. Real Decreto Legislativo.

R.D.P.H. Reglamento del Dominio Público Hidráulico. R.D. 849/1986, de 11 de abril (*B.O.E.* n. 103, de 30 de abril).

R.E.F. Reglamento de Expropiación Forzosa. Decreto 26 de abril de 1957 (*B.O.E.* n. 160, de 20 de junio).

R.Extranj. Reglamento de la Ley Orgánica sobre Derechos y Libertades de los Extranjeros en España y su Integración Social. R.D. 864/2001, de 11 de enero (*B.O.E.* n. 174, de 21 de julio; corrección de errores en *B.O.E.* n. 240, de 6 de octubre).

R.H. Reglamento Hipotecario. Decreto de 14 de febrero de 1947 (*B.O.E.* n. 106, de 16 de abril).

R.I.T.P. Reglamento del Impuesto sobre Transmisiones Patrimoniales y Actos Jurídicos Documentados. R.D. 828/1995, de 29 de mayo (*B.O.E.* n. 148, de 22 de junio).

R.N. Reglamento Notarial. Decreto de 2 de junio de 1944 (*B.O.E.* n. 189, de 7 de julio).

R.O.F.C.L. Reglamento de Organización, Funcionamiento y Régimen Jurídico de las Corporaciones Locales. R.D. 2.568/1986, de 28 de noviembre (*B.O.E.* n. 305, de 22 de diciembre).

R.Patrim.A.P.	Reglamento General del Patrimonio de las Administraciones Públicas. R.D. 1.373/2009, de 28 de agosto (*B.O.E.* n. 226, de 18 de septiembre).
R.Patrim.Hist.E.	Reglamento de la Ley del Patrimonio Histórico Español. R.D. 111/1986, de 10 de enero (*B.O.E.* n. 24, de 28 de enero).
R.Patrim.Nac.	Reglamento de la Ley de Patrimonio Nacional. R.D. 496/ 1987, de 18 de mayo (*B.O.E.53* n. 88, de 13 de abril).
R.R.C.	Reglamento del Registro Civil. Decreto de 14 de noviembre de 1958 (*B.O.E.* n. 296, de 11 de diciembre).
R.Rec.S.S.	Reglamento de Recaudación de Recursos de la Seguridad Social. R.D. 1.637/1995, de 6 de octubre (*B.O.E.* n. 254, de 25 de octubre).
R.R.M.	Reglamento del Registro Mercantil. R.D. 1.784/1996, de 19 de julio (*B.O.E.* n. 184, de 31 de julio).
S.T.C.	Sentencia del Tribunal Constitucional.
T.C.	Tribunal Constitucional.
T.C.E.	Tratado de la Comunidad Europea, de 25 de marzo de 1957. Adhesión por Instrumentos de 20 de septiembre de 1985 y 1 de enero de 1986 (*B.O.E.* n. 1, de 1 de enero de 1986).
T.R.L.S.	Texto Refundido de la Ley de Suelo y Rehabilitación Urbana. R.D.Leg. 7/2015, de 30 de octubre (*B.O.E.* n. 261, de 31 de octubre).
T.R.L.S.Cap.	Texto Refundido de la Ley de Sociedades de Capital. R.D.Leg. 1/2010, de 2 de julio (*B.O.E.* n. 161, de 3 de julio; corrección de errores en *B.O.E.* n. 210, de 30 de agosto).
T.R.R.L.	Texto Refundido de las Disposiciones Legales Vigentes en materia de Régimen Local. R.D.Leg. 781/1986, de 18 de abril (*B.O.E.* n. 96, de 22 de abril).
T.S.	Tribunal Supremo.
U.E.	Unión Europea.

ANTECEDENTES DEL CÓDIGO CIVIL*

* Además de la Ley de Bases de 11 de mayo de 1988, que se reproduce a continuación, cabe mencionar la siguiente normativa:

— Real Decreto de 6 de octubre de 1888, disponiendo la publicación del Código civil en la *Gaceta de Madrid* (*Gaceta de Madrid* de 8 de octubre).

— Real Orden de 8 de diciembre de 1888, significando el real agrado a los miembros de la Comisión General de Codificación, que intervinieron en la redacción del Código civil (*Gaceta de Madrid* de 9 de diciembre).

— Real Decreto de 11 de febrero de 1889, por el que se prorroga el plazo de entrada en vigor del Código civil (*Gaceta de Madrid* de 12 de febrero).

— Ley de 26 de mayo de 1889, por el que se ordena hacer y publicar una edición reformada del Código civil (*Gaceta de Madrid* de 28 de mayo).

— Real Decreto de 24 de julio de 1889, disponiendo la publicación en la *Gaceta de Madrid* de la edición reformada del Código civil (*Gaceta de Madrid* de 25 de julio).

— Real Orden de 29 de julio de 1889, por la que se significa el real agrado a los miembros de la Sección primera de la Comisión General de Codificación, que redactaron las enmiendas y adiciones de la edición reformada del Código civil, y por la que se dispone la publicación en la *Gaceta de Madrid* de la «Exposición» en la que se expresan los fundamentos de las mismas (*Gaceta de Madrid* de 30 de julio).

LEY DE BASES DE 11 DE MAYO DE 1888, POR LA QUE SE AUTORIZA AL GOBIERNO PARA PUBLICAR UN CÓDIGO CIVIL, CON ARREGLO A LAS CONDICIONES Y BASES ESTABLECIDAS EN LA MISMA

(*Gaceta de Madrid* de 22 de mayo de 1888)

LEY

DON ALFONSO XIII, por la gracia de Dios y la Constitución, Rey de España, y en su nombre y durante su menor edad la REINA Regente del Reino:

A todos los que la presente vieren y entendieren, sabed: que las Cortes han decretado y Nos sancionado lo siguiente:

Artículo 1.º Se autoriza al Gobierno para publicar un Código civil con arreglo a las condiciones y bases establecidas en esta Ley.

Art. 2.º La redacción de este cuerpo legal se llevará a cabo por la Comisión de Códigos, cuya Sección de Derecho civil formulará el texto del proyecto, oyendo, en los términos que crea más expeditos y fructuosos, a todos los individuos de la Comisión, y con las modificaciones que el Gobierno crea necesarias, se publicará en la *Gaceta de Madrid.*

Art. 3.º El Gobierno, una vez publicado el Código, dará cuenta a las Cortes, si estuvieren reunidas, o en la primera reunión que celebren, con expresión clara de todos aquellos puntos en que haya modificado, ampliado o alterado en algo el proyecto redactado por la Comisión, y no empezará a regir como ley ni producirá efecto alguno legal hasta cumplirse los sesenta días siguientes a aquel en que se haya dado cuenta a las Cortes de su publicación.

Art. 4.º Por razones justificadas de utilidad pública, el Gobierno, al dar cuenta del Código a las Cortes, o por virtud de la proposición que en éstas se formule, podrá declarar prorrogado ese plazo de sesenta días.

Art. 5.º Las provincias y territorios en que subsiste derecho foral, lo conservarán por ahora en toda su integridad, sin que sufra alteración su actual régimen jurídico por la publicación del Código, que regirá tan sólo como supletorio en defecto del que lo sea en cada una de aquéllas por sus leyes especiales. El Título preliminar del Código, en cuanto establezca los efectos de las leyes y de los estatutos y las reglas generales para su aplicación, será obligatorio para todas las provincias del Reino. También lo serán las disposiciones que se dicten para el desarrollo de la base 3.ª, relativa a las formas de matrimonio.

Art. 6.º El Gobierno, oyendo a la Comisión de Códigos, presentará a las Cortes, en uno o en varios proyectos de ley, los apéndices del Código civil, en los que se contengan las instituciones forales que conviene conservar en cada una de las provincias o territorios donde hoy existen.

Art. 7.º No obstante lo dispuesto en el artículo anterior, el Código civil empezará a regir en Aragón y en las Islas Baleares al mismo tiempo que en las provincias no aforadas, en cuanto no se oponga a aquellas de sus disposiciones forales y consuetudinarias que actualmente estén vigentes.

El Gobierno, previo informe de las Diputaciones provinciales de Zaragoza, Huesca, Teruel e Islas Baleares y de los Colegios de Abogados de las capitales de las mencionadas provincias, y oyendo a la Comisión general de Codificación, presentará a la aprobación de las Cortes, en el plazo más breve posible, a contar desde la publicación del nuevo Código, el proyecto de ley en que han de contenerse las instituciones civiles de Aragón e Islas Baleares que convenga conservar.

Iguales informes deberá oír el Gobierno en lo referente a las demás provincias de legislación foral.

Art. 8.º Tanto el Gobierno como la Comisión se acomodarán en la redacción del Código civil a las siguientes bases:

Base 1.ª

El Código tomará por base el proyecto de 1851 en cuanto se halla contenido en éste el sentido y capital pensamiento de las instituciones civiles del derecho histórico patrio, debiendo formularse, por tanto, este primer cuerpo legal de nuestra codificación civil sin otro alcance y propósito que el de regularizar, aclarar y armonizar los preceptos de nuestras leyes, recoger las enseñanzas de la doctrina en la solución de las dudas suscitadas por la práctica, y atender a algunas necesidades nuevas con soluciones que tengan un fundamento científico o un precedente autorizado en legislaciones propias o extrañas, y obtenido ya común asentimiento entre nuestros jurisconsultos, o que resulten bastante justificadas, en vista de las exposiciones de principios o de método hechas en la discusión de ambos Cuerpos Colegisladores.

Base 2.ª

Los efectos de las leyes y de los estatutos, así como la nacionalidad, la naturalización y el reconocimiento y condiciones de existencia de las personas jurídicas, se ajustarán a los preceptos constitucionales y legales hoy vigentes, con las modificaciones precisas para descartar formalidades y prohibiciones ya desusadas, aclarando esos conceptos jurídicos universalmente admitidos en sus capitales fundamentos y fijando los necesarios, así para dar algunas bases seguras a las relaciones internacionales civiles, como para facilitar el enlace y aplicación del nuevo Código y de las legislaciones forales, en cuanto a las personas y bienes de los españoles en sus relaciones y cambios de residencia o vecindad en provincias de derecho diverso, inspirándose hasta donde sea conveniente en el principio y doctrina de la personalidad de los estatutos.

Base 3.ª

Se establecerán en el Código dos formas de matrimonio: el canónico, que deberán contraer todos los que profesen la religión católica, y el civil, que se celebrará del modo que determine el mismo Código, en armonía con lo prescrito en la Constitución del Estado.

El matrimonio canónico producirá todos los efectos civiles respecto de las personas y bienes de los cónyuges y sus descendientes, cuando se celebre en conformidad con las disposiciones de la Iglesia católica, admitidas en el Reino por la ley 13, Título I, Libro I de la Novísima Recopilación. Al acto de su celebración asistirá el Juez municipal u otro funcionario del Estado, con el solo fin de verificar la inmediata inscripción del matrimonio en el Registro Civil.

Base 4.ª

Las relaciones jurídicas derivadas del matrimonio en cuanto a las personas y bienes de los cónyuges y de sus descendientes, paternidad y filiación, patria potestad sucesiva del marido y de la mujer sobre sus hijos no emancipados, efectos civiles del contrato, y en suma, cuantas constituyen el derecho de familia, se determinarán de conformidad con los principios esenciales en que se funda el estado legal presente, sin perjuicio de lo dispuesto en las bases 17, 18, 22 y 25.

Base 5.ª

No se admitirá la investigación de la paternidad sino en los casos de delito o cuando exista escrito del padre en el que conste su voluntad indubitada de reconocer por suyo al hijo, deliberadamente expresada con ese fin, o cuando medie posesión de estado. Se permitirá la investigación de la maternidad, y se autorizará la legitimación bajo sus dos formas de subsiguiente matrimonio y concesión Real, limitando ésta a los casos en que medie imposibilidad absoluta de realizar la primera, y reservando a terceros perjudicados el derecho de impugnar, así los reconocimientos como las legitimaciones, cuando resulten realizados fuera de las condiciones de la ley. Se autorizará también la adopción por escritura pública, y con autorización judicial, fijándose las condiciones de edad, consentimiento y prohibiciones que se juzguen bastantes a prevenir los inconvenientes que el abuso de ese derecho pudiera traer consigo para la organización natural de la familia.

Base 6.ª

Se caracterizarán y definirán los casos de ausencia y presunción de muerte, estableciendo las garantías que aseguren los derechos del ausente y de sus herederos, y que permitan en su día el disfrute de ellos por quien pudiera adquirirlos por sucesión testamentaria o legítima, sin que la presunción de muerte llegue en ningún caso a autorizar al cónyuge presente para pasar a segundas nupcias.

Base 7.ª

La tutela de los menores no emancipados, dementes y los declarados pródigos o en interdicción civil, se podrá deferir por testamento, por la ley o por el consejo de familia, y se completará con el restablecimiento en nuestro derecho de ese consejo y con la institución del protutor.

Base 8.ª

Se fijará la mayor edad en los veintitrés años para los efectos de la legislación civil, estableciendo la emancipación por matrimonio y la voluntaria por actos entre vivos a contar desde los diez y ocho años de edad en el menor.

Base 9.ª

El Registro del estado civil comprenderá las inscripciones de nacimientos, matrimonios, reconocimientos y legitimaciones, defunciones y naturalizaciones, y estará a cargo de los Jueces municipales u otros funcionarios del orden civil en España y de los Agentes consulares o diplomáticos en el extranjero.

Las actas del Registro serán la prueba del estado civil, y sólo podrá ser suplida por otras en el caso de que no hayan existido o hubieren desaparecido los Libros del Registro, o cuando ante los Tribunales se suscite contienda.

Se mantendrá la obligación, garantida con sanción penal, de inscribir los actos o facilitar las noticias necesarias para su inscripción tan pronto como sea posible. No se dará efecto alguno legal a las naturalizaciones mientras no aparezcan inscritas en el Registro, cualquiera que sea la prueba con que se acrediten y la fecha en que hubieren sido concedidas.

Base 10

Se mantendrán el concepto de la propiedad y la división de las cosas, el principio de la accesión y de copropiedad con arreglo a los fundamentos capitales del derecho patrio, y se incluirán en el Código las bases en que descansan los conceptos especiales de determinadas propiedades como las aguas, las minas y las producciones científicas, literarias y artísticas, bajo el criterio de respetar las leyes particulares por que hoy se rigen en su sentido y disposiciones, y deducir de cada una de ellas lo que pueda estimarse como fundamento orgánico de derechos civiles y sustantivos para incluirlo en el Código.

Base 11

La posesión se definirá en sus dos conceptos, absoluto o emanado del dominio y unido a él, y limitado y nacido de una tenencia de la que se deducen hechos independientes y separados del dominio, manteniéndose las consecuencias de esa distinción en las normas y medios de adquirirla, estableciendo los peculiares a los bienes hereditarios, la unidad personal en la posesión fuera del caso de indivisión, y determinando los efectos en cuanto al amparo del hecho por la Autoridad pública, las presunciones a su favor, la percepción de frutos, según la naturaleza de éstos, el abono de expensas y mejoras y las condiciones a que debe ajustarse la pérdida del derecho posesorio en las diversas clases de bienes.

Base 12

El usufructo, el uso y la habitación se definirán y regularán como limitaciones del dominio y formas de su división, regidas en primer término por el título que las constituya, y en su defecto por la ley, como supletoria a la determinación individual; se declararán los derechos del usufructuario en cuanto a la percepción de frutos, según sus clases y situación en el momento de empezar y de terminarse el usufructo, fijando los principios que pueden servir a la resolución de las principales dudas en la práctica respecto al usufructo y uso de minas, montes, plantíos y ganados, mejoras, desperfectos, obligaciones de inventario y fianza, inscripción, pago de contribuciones, defensa de sus derechos y los del propietario en juicio y fuera de él, y modos naturales y legítimos de extinguirse todos esos derechos, con sujeción todo ello a los principios y prácticas del derecho de Castilla, modificado en algunos importantes extremos por los principios de la publicidad y de la inscripción contenidos en la legislación hipotecaria novísima.

Base 13

El título de las servidumbres contendrá su clasificación y división en continuas y discontinuas, positivas y negativas, aparentes y no aparentes por sus condiciones de ejercicio y disfrute, y legales y voluntarias por el origen de su constitución, respetándose las doctrinas hoy establecidas en cuanto a los modos de adquirirlas, derechos y obligaciones de los propietarios de los predios dominante y sirviente y modo de extinguirlas. Se definirán también en capítulos especiales las principales servidumbres fijadas por la ley en materia de aguas, en el régimen de la propiedad rústica y urbana, y se procurará, a tenor de lo establecido en la base 1.ª, la incorporación al Código del mayor número posible de disposiciones de las legislaciones de Aragón, Baleares, Cataluña, Galicia, Navarra y Provincias Vascas.

Base 14

Como uno de los medios de adquirir, se definirá la ocupación, regulando los derechos sobre los animales domésticos, hallazgo casual de tesoro y apropiación de las cosas muebles abandonadas. Les servirán de complemento las leyes especiales de Caza y Pesca, haciéndose referencia expresa a ellas en el Código.

Base 15

El tratado de las sucesiones se ajustará en sus principios capitales a los acuerdos que la Comisión general de codificación reunida en pleno con asistencia de los señores Vocales correspondientes y de los señores Senadores y Diputados, adoptó en las reuniones celebradas en noviembre de 1882, y con arreglo a ellos se mantendrá en su esencia la legislación vigente sobre los testamentos en general, su forma y solemnidades, sus diferentes clases de abierto, cerrado, militar, marítimo y hecho en país extranjero, añadiendo el ológrafo, así como todo lo relativo a la capacidad para disponer y adquirir por testamento, a la institución de heredero, la desheredación, las mandas y legados, la institución condicional o a término, los albaceas y la revocación o ineficacia de las disposiciones testamentarias, ordenando y metodizando lo existente, y completándolo con cuanto tienda a asegurar la verdad y facilidad de expresión de las últimas voluntades.

Base 16

Materia de las reformas indicadas serán en primer término las sustituciones fideicomisarias, que no pasarán, ni aun en la línea directa, de la segunda generación, a no ser que se hagan en favor de personas que todas vivan al tiempo del fallecimiento del testador.

El haber hereditario se distribuirá en tres partes iguales: una que constituirá la legítima de los hijos, otra que podrá asignar el padre a su arbitrio como mejora entre los mismos, y otra de que podrá disponer libremente. La mitad de la herencia en propiedad, adjudicada por proximidad de parentesco y sin perjuicio de las reservas, constituirá, en defecto de descendientes legítimos, la legítima de los ascendientes, quienes podrán optar entre ésta y los alimentos. Tendrán los hijos naturales reconocidos derecho a una porción hereditaria, que, si concurren con hijos legítimos, nunca podrá exceder de la mitad de lo que por su legítima corresponda a cada uno de éstos; pero podrá aumentarse esta porción cuando sólo quedaren ascendientes.

Base 17

Se establecerá a favor del viudo o viuda el usufructo que algunas de las legislaciones especiales le conceden, pero limitándolo a una cuota igual a lo que por su legítima hubiera de percibir cada uno de los hijos, si los hubiere, y determinando los casos en que ha de cesar el usufructo.

Base 18

A la sucesión intestada serán llamados: 1.º Los descendientes. 2.º Los ascendientes. 3.º Los hijos naturales. 4.º Los hermanos e hijos de éstos. 5.º El cónyuge viudo. No pasará esta sucesión del sexto grado en la línea colateral. Desaparecerá la diferencia que nuestra legislación establece respecto a los hijos naturales entre el padre y la madre, dándoseles igual derecho en la sucesión intestada de uno y otro. Sustituirán al Estado en esta sucesión, cuando a ella fuere llamado, los establecimientos de Beneficencia e instrucción gratuita del domicilio del testador; en su defecto, los de la provincia; a falta de unos y otros, los generales. Respecto de las reservas, el derecho de acrecer, la aceptación y repudiación de la herencia, el beneficio de inventario, la colación y partición, y el pago de las deudas hereditarias, se desenvolverán con la mayor precisión posible las doctrinas de la legislación vigente, explicadas y completadas por la jurisprudencia.

Base 19

La naturaleza y efectos de las obligaciones serán explicados con aquella generalidad que corresponda a una relación jurídica cuyos orígenes son muy diversos. Se mantendrá el concepto histórico de la mancomunidad, resolviendo por principios generales las cuestiones que nacen de la solidaridad de acreedores y deudores, así cuando el objeto de la obligación es una cosa divisible, como cuando es indivisible, y fijando con precisión los efectos del vínculo legal en las distintas especies de obligaciones, alternativas, condicionales, a plazo y con cláusula penal. Se simplificarán los modos de extinguirse las obligaciones, reduciéndolos a aquellos que tienen esencia diferente, y sometiendo los demás a las doctrinas admitidas respecto de los que como elementos entran en su composición. Se fijarán, en fin, principios generales sobre la prueba de las obligaciones, cuidando de armonizar esta parte del Código con las disposiciones de la moderna Ley de Enjuiciamiento Civil, respetando los preceptos formales de la legislación notarial vigente, y fijando un máximum, pasado el cual, toda obligación de dar o de restituir, de constitución de derechos, de arriendo de obras o de prestación de servicios, habrá de constar por escrito para que pueda pedirse en juicio su cumplimiento o ejecución.

Base 20

Los contratos, como fuente de las obligaciones, serán considerados como meros títulos de adquirir en cuanto tengan por objeto la traslación de dominio o de cualquier otro derecho a él semejante, y continuarán sometidos al principio de que la simple coincidencia de voluntades entre los contratantes establece el vínculo, aun en aquellos casos en que se exigen solemnidades determinadas para la transmisión de las cosas, o el otorgamiento de escritura a los efectos expresados en la base precedente. Igualmente se cuidará de fijar bien las condiciones del consentimiento, así en cuanto a la capacidad como en cuanto a la libertad de los que lo presten, estableciendo los principios consagrados por las legislaciones modernas sobre la naturaleza y el objeto de las convenciones, su causa, forma e interpretación, y sobre los motivos que las anulan y rescinden.

Base 21

Se mantendrá el concepto de los cuasi contratos, determinando las responsabilidades que puedan surgir de los distintos hechos voluntarios que les dan causa, conforme a los altos principios de justicia en que descansaba la doctrina del antiguo derecho, unánimemente seguido por los modernos Códigos, y se fijarán los efectos de la culpa y negligencia, que no constituyan delito ni falta, aun respecto de aquellos bajo cuyo cuidado o dependencia estuvieren los culpables o negligentes, siempre que sobrevenga perjuicio a tercera persona.

Las obligaciones procedentes de delito o falta quedarán sometidas a las disposiciones del Código penal, ora la responsabilidad civil deba exigirse a los reos, ora a las personas bajo cuya custodia y autoridad estuviesen constituidos.

Base 22

El contrato sobre bienes con ocasión del matrimonio tendrá por base la libertad de estipulación entre los futuros cónyuges, sin otras limitaciones que las señaladas en el Código, entendiéndose que cuando falte el contrato o sea deficiente, los esposos han querido establecerse bajo el régimen de la sociedad legal de gananciales.

Base 23

Los contratos sobre bienes con ocasión del matrimonio se podrán otorgar por los menores en aptitud de contraerlo, debiendo concurrir a su otorgamiento y completando su capacidad las personas que según el Código deben prestar su consentimiento a las nupcias; deberán constar en escritura pública si exceden de cierta suma, y en los casos que no llegue al máximum que se determine, en documento que reúna alguna garantía de autenticidad.

Base 24

Las donaciones de padres a hijos se colacionarán en los cómputos de las legítimas, y se determinarán las reglas a que hayan de sujetarse las donaciones entre esposos durante el matrimonio.

Base 25

La condición de la dote y de los bienes parafernales podrá estipularse a la constitución de la sociedad conyugal, habiendo de considerarse aquélla inestimada a falta de pacto o capitulación que otra cosa establezca. La administración de la dote corresponderá al marido, con las garantías hipotecarias para asegurar los derechos de la mujer y las que se juzguen más eficaces en la práctica para los bienes muebles y valores, a cuyo fin se fijarán reglas precisas para las enajenaciones y pignoraciones de los bienes dotales, su usufructo y cargas a que está sujeto, admitiendo en el Código los principios de la Ley Hipotecaria en todo lo que tiene de materia propiamente orgánica y legislativa, quedando a salvo los derechos de la mujer durante el matrimonio, para acudir en defensa de sus bienes y los de sus hijos contra la prodigalidad del marido, así como también los que puedan establecerse respecto al uso, disfrute y administración de cierta clase de bienes por la mujer, constante el matrimonio.

Base 26

Las formas, requisitos y condiciones de cada contrato en particular se desenvolverán y definirán con sujeción al cuadro general de las obligaciones y sus efectos, dentro del criterio de mantener por base la legislación vigente y los desenvolvimientos que sobre ella ha consagrado la jurisprudencia, y los que exija la incorporación al Código de las doctrinas propias a la Ley Hipotecaria, debidamente aclaradas en lo que ha sido materia de dudas para los Tribunales de justicia y de inseguridad para el crédito territorial. La donación se definirá fijando su naturaleza y efectos, personas que pueden dar y recibir por medio de ella, sus limitaciones, revocaciones y reducciones, las formalidades con que deben ser hechas, los respectivos deberes del donante y donatario y cuanto tienda a evitar los perjuicios que de las donaciones pudieran seguirse a los hijos del donante o sus legítimos acreedores o a los derechos de tercero. Una ley especial desarrollará el principio de la reunión de los dominios en los foros, subforos, derechos de superficie y cualesquiera otros gravámenes semejantes, constituidos sobre la propiedad inmueble.

Base 27

La disposición final derogatoria será general para todos los cuerpos legales, usos y costumbres que constituyan el derecho civil llamado de Castilla, en todas las materias que son objeto del Código, y aunque no sean contrarias a él, y quedarán sin fuerza legal alguna, así en su concepto de leyes directamente obligatorias, como en el de derecho supletorio. Las variaciones que perjudiquen derechos adquiridos no tendrán efecto retroactivo. Se establecerán, con el carácter de disposiciones adicionales, las bases orgánicas necesarias para que en períodos de diez años formule la Comisión de Códigos y eleve al Gobierno las reformas que convenga introducir como resultados definitivamente adquiridos por la experiencia en la aplicación del Código, por los progresos realizados en otros países y utilizables en el nuestro, y por la jurisprudencia del Tribunal Supremo.

Por tanto:

Mandamos a todos los Tribunales, Justicias, Jefes, Gobernadores y demás Autoridades, así civiles como militares y eclesiásticos, de cualquier clase y dignidad, que guarden y hagan guardar, cumplir y ejecutar la presente ley en todas sus partes.

Dado en Palacio a 11 de mayo de 1888.

YO LA REINA REGENTE

El Ministro de Gracia y Justicia,
MANUEL ALONSO MARTÍNEZ

CÓDIGO CIVIL

TÍTULO PRELIMINAR*

De las normas jurídicas, su aplicación y eficacia

CAPÍTULO PRIMERO

Fuentes del derecho

Artículo 1.º 1. Las fuentes del ordenamiento jurídico español son la ley, la costumbre y los principios generales del derecho.

2. Carecerán de validez las disposiciones que contradigan otra de rango superior.

3. La costumbre sólo regirá en defecto de ley aplicable, siempre que no sea contraria a la moral o al orden público y que resulte probada.

---

* Nueva redacción dada por Decreto 1.836/1974, de 31 de mayo (*B.O.E.* n. 163, de 9 de julio).

V. arts. 9.3, 81 a 96, 149.1.8.ª y 161 a 164 de la Const.

Art. 1.º, n. 1: arts. 1.1 y 10 de la Const.; 1 de la L.P.Vasc.; 111.1 de la L.C.C.Cat.; 1 de la C. Gall.; 1 de la C.Arag.; 1 y Disp. Final 1.ª de la C.Bal.; Leyes 1 y 2 de la C.Nav.; en cuanto al Derecho laboral, v. art. 3.º del E.T.; en relación con el Derecho comunitario, v. arts. 249-256 del T.C.E., así como, por un lado, la Declaración relativa a la jerarquía de los actos comunitarios y, por otro, la Declaración relativa a la aplicación del Derecho comunitario, contenidas ambas en anexos al Tratado de la Unión Europea de 7 de febrero de 1992.

Ténganse en cuenta las Declaraciones 39 y 42, sobre calidad de la redacción de la legislación comunitaria y sobre la consolidación de los Tratados, respectivamente, del Tratado de Amsterdam, por el que se modifican el Tratado de la Unión Europea, los Tratados Constitutivos de las Comunidades Europeas y determinados actos conexos. La L.O. 9/1998, de 16 de diciembre, autorizó la ratificación de dicho Tratado por parte de España (*B.O.E.* n. 301, de 17 de diciembre), lo que ha tenido lugar por Instrumento publicado en el *B.O.E.* n. 109, de 7 de mayo.

Téngase presente la L.O. 3/2001, de 6 de noviembre, por la que se autoriza la ratificación por España del Tratado de Niza, por el que se modifica el tratado de la U.E., los tratados constitutivos de las Comunidades Europeas y determinados aspectos conexos, firmado en Niza el día 26 de febrero de 2001 (*B.O.E.* n. 267, de 7 de noviembre).

N. 2: v. arts. 9.3 de la Const.; 23.3 y 25 de la L.Gob.; 37 de la L.P.A.C.A.P.; y 6 de la L.O.P.J.; en relación con la jerarquía de normas, v. asimismo art. 3 de la L.Sec. Púb.

N. 3: v. art. 125 de la Const., así como los arts. 2 del C. de C.; 32.1 y 38.1 de la L.A.R.; y 570, 571, 587, 590, 591, 902.1.º, 1.255, 1.271, 1.287, 1.328, 1.453, 1.496, 1.520, 1.552, 1.555, 1.574, 1.578, 1.579, 1.580, 1.599, 1.695, 1.750 y 1.924.2.*b*). V. también arts. 1.2 de la L.P.Vasc.; 2 de la C.Cat.; 2 de la C.Arag. y Ley 3 de la C.Nav.

Los usos jurídicos que no sean meramente interpretativos de una declaración de voluntad, tendrán la consideración de costumbre.

4. Los principios generales del derecho se aplicarán en defecto de ley o costumbre, sin perjuicio de su carácter informador del ordenamiento jurídico.

5. Las normas jurídicas contenidas en los tratados internacionales no serán de aplicación directa en España en tanto no hayan pasado a formar parte del ordenamiento interno mediante su publicación íntegra en el *Boletín Oficial del Estado.*

6. La jurisprudencia complementará el ordenamiento jurídico con la doctrina que, de modo reiterado, establezca el Tribunal Supremo al interpretar y aplicar la ley, la costumbre y los principios generales del derecho.

7. Los Jueces y Tribunales tienen el deber inexcusable de resolver en todo caso los asuntos de que conozcan, ateniéndose al sistema de fuentes establecido.

Art. 2.º 1. Las leyes entrarán en vigor a los veinte días de su completa publicación en el *Boletín Oficial del Estado*, si en ellas no se dispone otra cosa.

2. Las leyes sólo se derogan por otras posteriores. La derogación tendrá el alcance que expresamente se disponga y se extenderá siempre a todo aquello que en la ley nueva, sobre la misma materia, sea incompatible con la anterior. Por la simple derogación de una ley no recobran vigencia las que ésta hubiere derogado.

N. 4: v. arts. 5.1 de la L.O.P.J.; 38 y 40 de la L.O.T.C. y Ley 4 de la C.Nav.

N. 5: v. arts. 93 y 96 de la Const. y el D. 801/1972, sobre la ordenación de la actividad administrativa en materia de Tratados internacionales. Debe tenerse presente, asimismo, el Convenio sobre el Derecho de los Tratados, firmado en Viena el 23 de mayo de 1969. Téngase en cuenta la Ley 5/2002, de 4 de abril, reguladora de los Boletines Oficiales de las Provincias (*B.O.E.* n. 82, de 5 de abril).

N. 6: v. arts. 161 de la Const.; 38 a 40 de la L.O.T.C. y 2 de la L.P.Vasc.

N. 7: v. arts. 24, 117.3 y 120 de la Const.; 11.3 de la L.O.P.J.; 1 de la L.Enj.Civ. y 446 del C.P.

Art. 2.º, n. 1: v. arts. 9.3, 93 y 96 de la Const. y D. 801/1972, sobre ordenación administrativa en Tratados internacionales (*B.O.E.* de 8 de abril). Téngase en cuenta lo previsto en el R.D. 489/ 1997, de 14 de abril, sobre publicación de normas en las lenguas cooficiales de las Comunidades Autónomas (*B.O.E.* n. 92, de 17 de abril). V. también art. 131 de la L.P.A.C.A.P.

Téngase en cuenta el art. 254 del T.C.E.

Téngase en cuenta el R.D. 181/2008, de 8 de febrero, de ordenación del diario oficial *Boletín Oficial del Estado* (*B.O.E.* n. 37, de 12 de febrero).

3. Las leyes no tendrán efecto retroactivo, si no dispusieren lo contrario.

CAPÍTULO II

Aplicación de las normas jurídicas

Art. 3.º 1. Las normas se interpretarán según el sentido propio de sus palabras, en relación con el contexto, los antecedentes históricos y legislativos, y la realidad social del tiempo en que han de ser aplicadas, atendiendo fundamentalmente al espíritu y finalidad de aquéllas.

2. La equidad habrá de ponderarse en la aplicación de las normas, si bien las resoluciones de los Tribunales sólo podrán descansar de manera exclusiva en ella cuando la ley expresamente lo permita.

Art. 4.º 1. Procederá la aplicación analógica de las normas cuando éstas no contemplen un supuesto específico, pero regulen otro semejante entre los que se aprecie identidad de razón.

2. Las leyes penales, las excepcionales y las de ámbito temporal no se aplicarán a supuestos ni en momentos distintos de los comprendidos expresamente en ellas.

3. Las disposiciones de este Código se aplicarán como supletorias en las materias regidas por otras leyes.

Art. 5.º 1. Siempre que no se establezca otra cosa, en los plazos señalados por días, a contar de uno determinado, quedará éste excluido del cómputo, el cual deberá empezar en el día siguiente; y si los plazos estuviesen fijados por meses o años, se computarán de fecha a fecha. Cuando en el mes del vencimiento no hubiera día equivalente al inicial del cómputo, se entenderá que el plazo expira el último del mes.

2. En el cómputo civil de los plazos no se excluyen los días inhábiles.

N. 3: v. arts. 9.3, 93 y 96 de la Const., 2 de la L.Enj.Civ. y Disp. Trans. de este Código.

Art. 3.º, n. 2: v. arts. 4 de la L.Arb. 111.9 del C.Civ.Cat. y 17.3.ª de la L.P.H. Ténganse en cuenta los arts. 1.281 a 1.289, y v. arts. 165, p. 3, 445, 1.103, 1.154, 1.473, 1.690 y 1.726.

Art. 4.º, n. 1: v. Ley 5 de la C.Nav.

N. 2: v. art. 9.3 de la Const.

N. 3: v. arts. 2 y 50 del C. de C. y 13.2 de este Código.

Art. 5.º: v. arts. 60 del C. de C.; 41 y 42 de la L.C.Ch.; 133 a 136 de la L.Enj.Civ.; 30 y 31 de la L.P.A.C.A.P.; 128 de la L.J.C.A. y 109 del R.H.

CAPÍTULO III

Eficacia general de las normas jurídicas

Art. 6.º 1. La ignorancia de las leyes no excusa de su cumplimiento.

El error de derecho producirá únicamente aquellos efectos que las leyes determinen.

2. La exclusión voluntaria de la ley aplicable y la renuncia a los derechos en ella reconocidos sólo serán válidas cuando no contraríen el interés o el orden público ni perjudiquen a terceros.

3. Los actos contrarios a las normas imperativas y a las prohibitivas son nulos de pleno derecho, salvo que en ellas se establezca un efecto distinto para el caso de contravención.

4. Los actos realizados al amparo del texto de una norma que persigan un resultado prohibido por el ordenamiento jurídico, o contrario a él, se considerarán ejecutados en fraude de ley y no impedirán la debida aplicación de la norma que se hubiere tratado de eludir.

Art. 7.º 1. Los derechos deberán ejercitarse conforme a las exigencias de la buena fe.

2. La Ley no ampara el abuso del derecho o el ejercicio antisocial del mismo. Todo acto u omisión que por la intención de su autor, por su objeto o por las circunstancias en que se realice sobrepase manifiestamente los límites normales del ejercicio de un derecho, con daño para tercero, dará lugar a la correspondiente indemnización y a la adopción de las medidas judiciales o administrativas que impidan la persistencia en el abuso.

CAPÍTULO IV

Normas de derecho internacional privado*

Art. 8.º 1. Las leyes penales, las de policía y las de segu-

Art. 6.º, n. 1: v. arts. 1.266 y 1.895 a 1.901.

N. 2: v. arts. 816; 3 de la C.Arag.; 4 de la L.P.Vasc. Pueden verse sobre este tema los arts. 9 y 11 de la L.A.R., así como los arts. 4.4 y 6 de la L.A.U., 2 de la L.Def.Consum., 3 de la L.C.S., 33 de la L.H.M., 8 y 10 de la L.C.G.C y 20 de la L.Enj.Civ.

N. 3: v. art. 2 de la L.Aprov.Inm.

N. 4: v. arts. 8 de la L.A.R., 24 de la L.G.T. y 12.4 de este Código.

Art. 7.º: v. arts. 10 y 11 de la L.Def.Consum.; 11.1 de la L.O.P.J.; 433 y 1.950 de este Código; 57 del C. de C.; 247 de la L.Enj.Civ. 111.7 de la L.C.Civ.Cat. y 4, 6 y 7 de la L.G.Publ.

* V. arts. 9 a 12 de la L.J.V.

Art. 8.º: v. L.Extranj., R.Extranj. y art. 13 de la Const.

N. 1: v. arts. 3 y 36 de la L.Enj.Civ., así como el Convenio relativo a la notificación o traslado en el extranjero de documentos judiciales y extrajudiciales, en materia civil

ridad pública obligan a todos los que se hallen en territorio español.

2. [*Derogado por Ley 1/2000, de 7 de enero.*]

Art. 9.º 1. La ley personal correspondiente a las personas físicas es la determinada por su nacionalidad. Dicha ley regirá la capacidad y el estado civil, los derechos y deberes de familia y la sucesión por causa de muerte.

El cambio de ley personal no afectará a la mayoría de edad adquirida de conformidad con la ley personal anterior.

---

o comercial, hecho en La Haya el 15 de noviembre de 1965 (*B.O.E.* n. 203, del 25 de agosto de 1987); el Convenio relativo a la obtención de pruebas en el extranjero, en materia civil o mercantil, hecho en La Haya el 18 de marzo de 1970 (*B.O.E.* n. 203, de 25 de agosto de 1987), y la Convención Iberoamericana de Panamá sobre exhortos o cartas rogatorias de 30 de enero de 1975 (*B.O.E.* n. 195, de 15 de agosto de 1987).

A partir del 1 de julio de 2022, resulta aplicable el Reglamento (UE) 2020/1784 del Parlamento Europeo y del Consejo, de 25 de noviembre de 2020, relativo a la notificación y traslado en los Estados miembros de documentos judiciales y extrajudiciales en materia civil o mercantil (*D.O.U.E.* L 405, de 2 de diciembre), que deroga a partir de esa fecha el Reglamento (CE) n. 1393/2007.

A partir de 1 de julio de 2022, resulta aplicable el Reglamento (UE) 2020/1783 del Parlamento Europeo y del Consejo, de 25 de noviembre de 2020, relativo a la cooperación entre los órganos jurisdiccionales de los Estados miembros en el ámbito de la obtención de pruebas en materia civil o mercantil (*D.O.U.E.* L 405, de 2 de diciembre), que deroga el Reglamento (CE) n. 1206/2001.

Art. 9.º: Los núms. 2, 3, 5 y 8 aparecen redactados conforme a lo dispuesto en la Ley 11/1990, de reforma del C.c. El párr. 2.º del n. 2 figura redactado conforme al art. 3.º2 de la L.O. 11/2003, de 29 de septiembre, de medidas concretas en materia de seguridad ciudadana, violencia doméstica e integración social de los extranjeros (*B.O.E.* n. 234, de 30 de septiembre).

N. 1: v. El Convenio n. XXIV sobre la Ley aplicable a las obligaciones alimenticias, hecho en La Haya el 2 de octubre de 1973 (*B.O.E.* n. 222, de 16 de septiembre de 1986) y el Convenio referente al reconocimiento y a la ejecución de las resoluciones relativas a las obligaciones alimenticias, hecho en La Haya el 2 de octubre de 1973 (*B.O.E.* n. 192, de 12 de agosto de 1987).

Ténganse en cuenta el Reglamento (CE) n. 2201/2003 del Consejo, de 27 de noviembre de 2003, relativo a la competencia, el reconocimiento y la ejecución de resoluciones judiciales en materia matrimonial y de responsabilidad civil —Roma III—, por el que se deroga el Reglamento (CE) n. 1347/2000 (*D.O.* n. L 338, de 23 de diciembre), y la Decisión del Consejo, de 19 de diciembre de 2002, por la que se autoriza a los Estados miembros a firmar, en interés de la Comunidad, el Convenio de La Haya de 1996 relativo a la competencia, la ley aplicable, el reconocimiento, la ejecución y la cooperación en materia de responsabilidad parental y de medidas de protección de los niños (*D.O.* L 48, de 21 de febrero de 2003). El Reglamento (CE) n. 2201/2003 citado dejará de estar en vigor a partir del 1 de agosto de 2022, y será sustituido por el Reglamento (UE) 2019/1111 del Consejo, de 25 de junio de 2019, relativo a la competencia, el reconocimiento y la ejecución de resoluciones en materia matrimonial y de responsabilidad parental, y sobre la sustracción internacional de menores (*D.O.U.E.* n. L 178, de 2 de julio de 2019).

2. Los efectos del matrimonio se regirán por la ley personal común de los cónyuges al tiempo de contraerlo; en defecto de esta ley, por la ley personal o de la residencia habitual de cualquiera de ellos, elegida por ambos en documento auténtico otorgado antes de la celebración del matrimonio; a falta de esta elección, por la ley de la residencia habitual común inmediatamente posterior a la celebración, y, a falta de dicha residencia, por la del lugar de celebración del matrimonio.

La nulidad, la separación y el divorcio se regirán por la ley que determina el artículo 107.

3. Los pactos o capitulaciones por los que se estipule, modifique o sustituya el régimen económico del matrimonio serán válidos cuando sean conformes bien a la ley que rija los efectos del matrimonio, bien a la ley de la nacionalidad o de la residencia habitual de cualquiera de las partes al tiempo del otorgamiento.

4. La determinación y el carácter de la filiación por naturaleza se regirán por la ley de la residencia habitual del hijo en el momento del establecimiento de la filiación. A falta de residencia habitual del hijo, o si esta ley no permitiere el establecimiento de la filiación, se aplicará la ley nacional del hijo en ese momento. Si esta ley no permitiere el establecimiento de la filiación o si el hijo careciere de residencia habitual y de nacionalidad, se aplicará la ley sustantiva española. En lo relativo al establecimiento de la filiación por adopción, se estará a lo dispuesto en el apartado 5.

La ley aplicable al contenido de la filiación, por naturaleza o por adopción, y al ejercicio de la responsabilidad parental, se determinará con arreglo al Convenio de La Haya, de 19 de octubre de 1996, relativo a la competencia, la ley aplicable, el reconocimiento, la ejecución y la cooperación en materia de responsabilidad parental y de medidas de protección de los niños.

5. La adopción internacional se regirá por las normas

N. 2: v. art. 107. V. asimismo la S.T.C. 39/2002, de 14 de febrero, en relación con la redacción de este apartado antes de la reforma de 1990, y la declaración de inconstitucionalidad que hace del inciso «por la ley nacional del marido al tiempo de la celebración», en la redacción dada al precepto por el Decreto 1.836/1974.

N. 4: Redactado por el art. 2.1 de la L.Prot.Inf.

N. 5: Redactado por la L.A.I.

V. Instrumento de Ratificación del Convenio Europeo en materia de adopción de menores (revisado), hecho en Estrasburgo el 27 de noviembre de 2008 (*B.O.E.* n. 167, de 13 de julio de 2011).

contenidas en la Ley de Adopción Internacional. Igualmente, las adopciones constituidas por autoridades extranjeras surtirán efectos en España con arreglo a las disposiciones de la citada Ley de Adopción Internacional.

6. La ley aplicable a la protección de menores se determinará de acuerdo con el Convenio de La Haya, de 19 de octubre de 1996, a que se hace referencia en el apartado 4 de este artículo.

La ley aplicable a las medidas de apoyo para personas con discapacidad será la de su residencia habitual. En el caso de cambio de residencia a otro Estado, se aplicará la ley de la nueva residencia habitual, sin perjuicio del reconocimiento en España de las medidas de apoyo acordadas en otros Estados. Será de aplicación, sin embargo, la ley española para la adopción de medidas de apoyo provisionales o urgentes.

7. La ley aplicable a las obligaciones de alimentos entre

Téngase en cuenta el R.D. 165/2019, de 22 de marzo, por el que se aprueba el Reglamento de Adopción Internacional (*B.O.E.* n. 81, de 4 de abril).

N. 6: Redactado por el art. 2.1 de la L.Prot.Inf.

V. arts. 172 a 174 y 215 a 306 del C.c.; 1.3 y 10.3 de la L.Men. Ténganse en cuenta la C.D.N. y el Convenio n. X de La Haya sobre la competencia de autoridades y la Ley aplicable en materia de protección de menores, hecho en La Haya el 5 de octubre de 1961 (*B.O.E.* n. 199, de 20 de agosto de 1987).

V. Decisión del Consejo, de 19 de diciembre de 2002, por la que se autoriza a los Estados miembros a firmar, en interés de la Comunidad, el Convenio de La Haya de 1996 relativo a la competencia, la ley aplicable, el reconocimiento, la ejecución y la cooperación en materia de responsabilidad parental y de medidas de protección de los niños (*D.O.* L 48, de 21 de febrero de 2003).

En los supuestos de traslado ilícito de un menor del país de su residencia o de retención ilícita del menor en un país distinto del de su residencia habitual, v. el Convenio sobre los aspectos civiles de la sustracción internacional de menores, hecho en La Haya el 25 de octubre de 1980 (*B.O.E.* n. 202, del 24 de agosto de 1987), y el Convenio europeo relativo al reconocimiento y ejecución de decisiones en materia de custodia de menores, hecho en Luxemburgo el 20 de mayo de 1980 (*B.O.E.* n. 210, del 1 de septiembre de 1984). V. arts. 223 a 225, 231 y 622 del C.P.

Téngase en cuenta la Convención sobre los derechos de las personas con discapacidad, hecho en Nueva York el 13 de diciembre de 2006 (*B.O.E.* n. 96, de 21 de abril de 2008), ratificado mediante Instrumento de 23 de noviembre de 2007; así como el Instrumento de ratificación del Protocolo Facultativo a dicha Convención de igual fecha (*B.O.E.* n. 97, de 22 de abril).

Modificado por Ley 8/2021, de 2 de junio, por la que se reforma la legislación civil y procesal para el apoyo a las personas con discapacidad en el ejercicio de su capacidad jurídica (*B.O.E.* n. 132, de 3 de junio).

N. 7: Redactado por el art. 2.1 de la L.Prot.Inf.

V. Convenio sobre Ley aplicable a las obligaciones alimenticias, hecho en La Haya el 2 de octubre de 1973 (*B.O.E.* n. 192, de 12 de agosto de 1987), y el Convenio sobre la Ley aplicable a las obligaciones alimenticias respecto de los menores, hecho en La

parientes se determinará de acuerdo con el Protocolo de La Haya, de 23 de noviembre de 2007, sobre la ley aplicable a las obligaciones alimenticias o texto legal que lo sustituya.

8. La sucesión por causa de muerte se regirá por la ley nacional del causante en el momento de su fallecimiento, cualesquiera que sean la naturaleza de los bienes y el país donde se encuentren. Sin embargo, las disposiciones hechas en testamento y los pactos sucesorios ordenados conforme a la Ley nacional del testador o del disponente en el momento de su otorgamiento conservarán su validez, aunque sea otra la ley que rija la sucesión, si bien las legítimas se ajustarán, en su caso, a esta última. Los derechos que por ministerio de la ley se atribuyan al cónyuge supérstite se regirán por la misma ley que regule los efectos del matrimonio, a salvo siempre las legítimas de los descendientes.

9. A los efectos de este capítulo, respecto de las situaciones de doble nacionalidad previstas en las leyes españolas se estará a lo que determinen los tratados internacionales, y, si nada estableciesen, será preferida la nacionalidad coincidente con la última residencia habitual y, en su defecto, la última adquirida.

Prevalecerá en todo caso la nacionalidad española del que ostente además otra no prevista en nuestras leyes o en los tratados internacionales. Si ostentare dos o más nacionalidades y ninguna de ellas fuera la española, se estará a lo que establece el apartado siguiente.

10. Se considerará como ley personal de los que carecieren

Haya el 24 de octubre de 1956 (*B.O.E.* n. 108, de 6 de mayo de 1974). En virtud del art. 3 del primer Convenio citado es aplicable en las relaciones de España con Austria, Bélgica y Liechtenstein.

N. 8: Redacción dada por la Ley 11/ 1990, de reforma del C.c. Téngase en cuenta el Convenio del Consejo de Europa relativo al sistema de inscripción de testamentos, de 16 de mayo de 1972 (*B.O.E.* n. 239, de 5 de octubre de 1985).

V. Reglamento (UE) 650/2012 del Parlamento Europeo y del Consejo, de 4 de julio de 2012, relativo a la competencia, la ley aplicable, el reconocimiento y la ejecución de las resoluciones, a la aceptación y la ejecución de los documentos públicos en materia de sucesiones mortis causa y a la creación de un certificado sucesorio europeo (*D.O.U.E.* n.º L 201, de 27 de julio de 2012).

N. 9: v. art. 11.3 de la Const. Tener en cuenta el Convenio sobre reducción de los casos de pluralidad de nacionalidades y sobre las obligaciones militares en el caso de pluralidad de nacionalidades, hecho en Estrasburgo el 6 de mayo de 1963 (*B.O.E.* n. 203, de 25 de octubre de 1987), y art. 24 de este Código.

N. 10: Téngase en cuenta la Ley 12/ 2009, de 30 de octubre, reguladora del derecho de asilo y de la protección subsidiaria, así como el R.D. 203/1995, de 10 de febrero (*B.O.E.* n. 52, de 2 de marzo). V. Convenio de 15 de junio de 1990, ratificado por Ins-

de nacionalidad o la tuvieren indeterminada, la ley del lugar de su residencia habitual.

11. La ley personal correspondiente a las personas jurídicas es la determinada por su nacionalidad, y regirá en todo lo relativo a capacidad, constitución, representación, funcionamiento, transformación, disolución y extinción.

En la fusión de sociedades de distinta nacionalidad se tendrán en cuenta las respectivas leyes personales.

Art. 10. 1. La posesión, la propiedad, y los demás derechos sobre bienes inmuebles, así como su publicidad, se regirán por la ley del lugar donde se hallen.

La misma ley será aplicable a los bienes muebles.

A los efectos de la constitución o cesión de derechos sobre bienes en tránsito, éstos se considerarán situados en el lugar de su expedición, salvo que el remitente y el destinatario hayan convenido, expresa o tácitamente, que se consideren situados en el lugar de su destino.

2. Los buques, las aeronaves y los medios de transporte por ferrocarril, así como todos los derechos que se constituyan sobre ellos, quedarán sometidos a la ley del lugar de su abanderamiento, matrícula o registro. Los automóviles y otros medios de transporte por carretera quedarán sometidos a la ley del lugar donde se hallen.

3. La emisión de los títulos-valores se atendrá a la ley del lugar en que se produzca.

4. Los derechos de propiedad intelectual e industrial se protegerán dentro del territorio español de acuerdo con la ley española, sin perjuicio de lo establecido por los convenios y tratados internacionales en los que España sea parte.

5. Se aplicará a las obligaciones contractuales la ley a que

---

trumento de 27 de marzo de 1995, por el que se determina el Estado responsable del examen de las solicitudes de asilo presentadas en los Estados miembros de las Comunidades Europeas (*B.O.E.* n. 183, de 1 de agosto). V. también el Instrumento de ratificación del Convenio-marco para la protección de las minorías nacionales (n. 157 del Consejo de Europa), hecho en Estrasburgo el 1 de febrero de 1995 (*B.O.E.* n. 20, de 23 de enero de 1998; corrección de errores en *B.O.E.* n. 37, de 12 de febrero de 1998, y n. 39, de 14 de febrero).

N. 11: v. art. 28.

Art. 10, n. 3: v. arts. 98 a 105 y 162 a 167 de la L.C.Ch.

N. 4: v. arts. 199 a 203 de la L.P.I.

N. 5: v. arts. 1, 10 y 11 de la C.Com.Ven.

A los contratos celebrados a partir del 17 de diciembre de 2009 se aplica el Reglamento (CE) n. 593/2008, del Parlamento Europeo y del Consejo, de 17 de junio de

las partes se hayan sometido expresamente, siempre que tenga alguna conexión con el negocio de que se trate; en su defecto, la ley nacional común a las partes; a falta de ella, la de la residencia habitual común, y, en último término, la ley del lugar de celebración del contrato.

No obstante lo dispuesto en el párrafo anterior, a falta de sometimiento expreso, se aplicará a los contratos relativos a bienes inmuebles la ley del lugar donde estén sitos, y a las compraventas de muebles corporales realizadas en establecimientos mercantiles, la ley del lugar en que éstos radiquen.

6. A las obligaciones derivadas del contrato de trabajo, en defecto de sometimiento expreso de las partes y sin perjuicio de lo dispuesto en el apartado 1 del artículo 8.º, les será de aplicación la ley del lugar donde se presten los servicios.

7. Las donaciones se regirán, en todo caso, por la ley nacional del donante.

8. En los contratos celebrados entre personas que se encuentren en España, las personas físicas que gocen de capacidad de conformidad con la ley española solo podrán invocar su discapacidad resultante de la ley de otro país si, en el momento de la celebración del contrato, la otra parte hubiera conocido tal discapacidad o la hubiera ignorado en virtud de negligencia por su parte.

9. Las obligaciones no contractuales se regirán por la ley del lugar donde hubiere ocurrido el hecho de que deriven.

La gestión de negocios se regulará por la ley del lugar donde el gestor realice la principal actividad.

2008, sobre la ley aplicable a las obligaciones contractuales —Roma I— (*D. O. U. E.* n. L 177, de 4 de julio de 2008).

N. 6: v. art. 1.4 del E.T.

N. 8: Modificado por Ley 8/2021, de 2 de junio, por la que se reforma la legislación civil y procesal para el apoyo a las personas con discapacidad en el ejercicio de su capacidad jurídica (*B. O. E.* n. 132, de 3 de junio).

N. 9: Convenio sobre Ley aplicable en materia de accidentes de circulación por carretera, hecho en La Haya el 4 de mayo de 1971 (*B. O. E.* n. 264, de 4 de noviembre de 1978), y Convenio sobre la Ley aplicable a la responsabilidad por los productos, hecho en La Haya el 2 de octubre de 1973 (*B. O. E.* n. 21, de 25 de enero de 1989). En virtud del art. 11 del primer Convenio citado y del art. 11 del segundo, en las materias reguladas por uno y otro, las disposiciones respectivas sustituyen al art. 10.9 del C.c.

Téngase en cuenta el Reglamento (CE) n. 864/2007, del Parlamento Europeo y del Consejo, de 11 de julio de 2007, relativo a la ley aplicable a las obligaciones de carácter extracontractual —Roma II— (*D. O. U. E.* n. L 199, de 31 de julio de 2007), el cual se aplica a los hechos generadores de daño que se produzcan a partir del 11 de enero de 2009.

En el enriquecimiento sin causa se aplicará la ley en virtud de la cual se produjo la transferencia del valor patrimonial en favor del enriquecido.

10. La ley reguladora de una obligación se extiende a los requisitos del cumplimiento y a las consecuencias del incumplimiento, así como a su extinción. Sin embargo, se aplicará la ley del lugar de cumplimiento a las modalidades de la ejecución que requieran intervención judicial o administrativa.

11. A la representación legal se aplicará la ley reguladora de la relación jurídica de la que nacen las facultades del representante, y a la voluntaria, de no mediar sometimiento expreso, la ley del país en donde se ejerciten las facultades conferidas.

Art. 11. 1. Las formas y solemnidades de los contratos, testamentos y demás actos jurídicos se regirán por la ley del país en que se otorguen. No obstante, serán también válidos los celebrados con las formas y solemnidades exigidas por la ley aplicable a su contenido, así como los celebrados conforme a la ley personal del disponente o la común de los otorgantes. Igualmente serán válidos los actos y contratos relativos a bienes inmuebles otorgados con arreglo a las formas y solemnidades del lugar en que éstos radiquen.

Si tales actos fueren otorgados a bordo de buques o aeronaves durante su navegación, se entenderán celebrados en el país de su abanderamiento, matrícula o registro. Los navíos y las aeronaves militares se consideran

---

Art. 11: v. Convenio sobre los conflictos de leyes en materia de forma de las disposiciones testamentarias, hecho en La Haya el 5 de octubre de 1961 (*B.O.E.* n. 197, de 17 de agosto de 1988), en virtud de cuyo art. 6, en la materia regida por el mismo, se sustituye el art. 11 del C.c. Sobre requisitos y valor en juicio de documentos otorgados en otras naciones o redactados en cualquier idioma que no sea el castellano, v. arts. 3.1 y 2 de la Const., 317, 323 y 324 de la L.Enj.Civ. y nota al art. 10.3. Puede verse, además, el Convenio por el que se suprime la exigencia de legalización para los actos públicos extranjeros, hecho en La Haya el 5 de octubre de 1961 (*B.O.E.* n. 229, de 25 de septiembre 1978); el R.D. 1.497/2011, de 24 de octubre, por el que se determinan los funcionarios y autoridades competentes para realizar la legalización única o apostilla (*B.O.E.* n. 276, de 16 de noviembre), y el Convenio n. XVII de la Comisión Internacional del Estado Civil, hecho en Atenas el 15 de septiembre de 1977, sobre dispensa de la legalización de determinados documentos (*B.O.E.* n. 112, de 11 de mayo de 1981), y el Convenio Europeo de 7 de junio de 1968 (*B.O.E.* n. 206, de 28 de agosto de 1982) sobre supresión de legalización de los documentos extendidos por agentes diplomáticos y consulares. V. arts. 49, 732 y 1.012 de este Código, así como arts. 80 y ss. de la L.Sec.Púb. Téngase en cuenta el Reglamento (UE) 2016/1191 del Parlamento Europeo y del Consejo, de 6 de julio de 2016, por el que se facilita la libre circulación de los ciudadanos simplificando los requisitos de presentación de determinados documentos públicos en la Unión Europea y por el que se modifica el Reglamento (UE) n. 1024/2012 (*D.O.U.E.* n. 200, de 26 de julio de 2016), aplicable a partir del 16 de febrero de 2019.

como parte del territorio del Estado al que pertenezcan.

2. Si la ley reguladora del contenido de los actos y contratos exigiere para su validez una determinada forma o solemnidad, será siempre aplicada, incluso en el caso de otorgarse aquéllos en el extranjero.

3. Será de aplicación la ley española a los contratos, testamentos y demás actos jurídicos autorizados por funcionarios diplomáticos o consulares de España en el extranjero.

Art. 12. 1. La calificación para determinar la norma de conflicto aplicable se hará siempre con arreglo a la ley española.

2. La remisión al derecho extranjero se entenderá hecha a su ley material, sin tener en cuenta el reenvío que sus normas de conflicto puedan hacer a otra ley que no sea la española.

3. En ningún caso tendrá aplicación la ley extranjera cuando resulte contraria al orden público.

4. Se considerará como fraude de ley la utilización de una norma de conflicto con el fin de eludir una ley imperativa española.

5. Cuando una norma de conflicto remita a la legislación de un Estado en el que coexistan diferentes sistemas legislativos, la determinación del que sea aplicable entre ellos se hará conforme a la legislación de dicho Estado.

6. Los Tribunales y autoridades aplicarán de oficio las normas de conflicto del derecho español.

[*Derogado el párrafo segundo de este apartado por Ley 1/2000, de 7 de enero.*]

CAPÍTULO V

ÁMBITO DE APLICACIÓN DE LOS REGÍMENES JURÍDICOS CIVILES COEXISTENTES EN EL TERRITORIO NACIONAL*

Art. 13. 1. Las disposiciones de este Título preliminar, en

Art. 12, n. 1: v. arts. 217 y 281.2 de la L.Enj.Civ.
N. 2: v. arts. 98 y 162 de la L.C.Ch.
N. 3: Compárese con el art. 8.º1 de este Código.
N. 4: v. art. 6.4.
* Tras la entrada en vigor del Código civil, estuvieron vigentes las siguientes compilaciones de Derecho foral: Compilación de Derecho civil foral de Vizcaya y Álava, aprobada por la Ley de 30 de julio de 1959 (*B.O.E.* n. 182, de 31 de julio); Compilación de Derecho civil especial de Cataluña, aprobada por Ley de 21 de julio de 1960 (*B.O.E.*

n. 175, de 22 de julio); Compilación de Derecho civil especial de Baleares, aprobada por Ley de 19 de abril de 1961 (*B.O.E.* n. 95, de 21 de abril); Compilación del Derecho civil especial de Galicia, aprobada por Ley de 2 de diciembre de 1963 (*B.O.E.* n. 291, de 5 de diciembre); Compilación de Derecho civil de Aragón, aprobada por Ley de 8 de abril de 1967 (*B.O.E.* n. 86, de 11 de abril); Compilación de Derecho civil foral de Navarra aprobada por Ley de 1 de marzo de 1973 (*B.O.E.* n. 63, de 14 de marzo).

Tras la entrada en vigor de la Constitución y al amparo de su art. 149.1.8.ª y de su Disp. Adic. 1.ª, debe tenerse en cuenta lo siguiente:

— Ley 2/2006, de 14 de junio (*D.O.G.* n. 124, de 29 de junio), de Derecho Civil de Galicia. Téngase presente, asimismo, la Ley 5/2005, de 25 de abril, reguladora del recurso de casación en materia de derecho civil de Galicia (*B.O.E.* n. 135, de 7 de junio; *D.O.G.* n. 94, de 18 de mayo).

Ténganse en cuenta las Leyes de la Comunidad Autónoma Gallega Ley 12/2006, de 1 de diciembre (*B.O.E.* n. 14, de 16 de enero de 2007), de Fundaciones; 13/1989, de 10 de octubre (*D.O.G.* n. 202, de 20 de octubre), sobre Montes Vecinales en Mano Común, y 3/1993, de 16 de abril (*B.O.E.* n. 112, de 11 de mayo), de las aparcerías y arrendamientos rústicos históricos de Galicia.

— Ley 8/1990, de 28 de junio (*B.O.C.A.I.B.* n. 86, de 17 de julio), por la que se adopta e integra en el ordenamiento jurídico balear el texto normativo de la Compilación antes citada, introduciendo algunas modificaciones en sus preceptos, aprobándose por D.Leg. 79/1990, de 6 de septiembre (*B.O.C.A.I.B.* n. 120, de 2 de octubre), el Texto Refundido de la Compilación de Derecho Civil de las Islas Baleares. Téngase en cuenta la Ley 3/2009, de 27 de abril, de modificación del Derecho Civil balear, sobre causas de indignidad sucesoria y desheredamiento (*B.O.E.* n. 121, de 19 de mayo; *B.O.C.A.I.B.* n. 66, de 5 de mayo).

— Compilación de Derecho Civil de Navarra que se modifica por D.L. 19/1975, de 26 de diciembre (*B.O.E.* n. 7, de 8 de enero de 1976: capacidad jurídica de la mujer casada y derechos y deberes conyugales); por R.D.L. 38/1978, de 5 de diciembre (*B.O.E.* n. 291, de 6 de diciembre: art. 50); por Ley Foral 5/1987, de 1 de abril (*B.O.E.* n. 41, de 6 de abril); por Ley Foral 9/2018, de 17 de mayo, de Reforma de la Compilación de Derecho Civil de Navarra en Materia de Filiación (*B.O.E.* n. 139, de 8 de junio, y *B.O.N.* n. 98, de 23 mayo), y por Ley Foral 21/2019, de 4 de abril, de modificación y actualización de la Compilación del Derecho Civil Foral de Navarra o Fuero Nuevo (*B.O.E.* n. 138, de 8 de junio; y *B.O.N.* n. 74, de 16 de abril).

— Ley 13/1984, de 20 de marzo, del Parlamento Catalán (*D.O.C.* n. 420, de 28 de marzo), por la que se adopta e integra en el ordenamiento jurídico catalán, el texto de la compilación antes mencionada, al tiempo que se introducen ciertas modificaciones en su articulado, procediéndose mediante D.L. 1/1984, de 19 de julio, a la aprobación del Texto Refundido de la Compilación del Derecho Civil de Cataluña (*D.O.G.C.* n. 456, de 27 de julio).

También se ha legislado en materia de Derecho civil por la Ley 21/2014, de 29 de diciembre, (*B.O.E.* n. 18, de 21 de enero de 2015), del protectorado de las fundaciones y de verificación de la actividad de las asociaciones declaradas de utilidad pública; Ley 2/2005, de 4 de abril (*D.O.G.C.* n. 4.362, de 13 de abril), de contratos de integración; Ley 14/2010, de 27 de mayo (*B.O.E.* n. 156, de 28 de junio), de los derechos y las oportunidades en la infancia y la adolescencia; Ley 1/2008, de 20 de febrero, de Contratos de Cultivo de Cataluña (*B.O.E.* n. 84, de 7 de abril; *D.O.G.C.* n. 5.082, de 3 de marzo), y Ley 10/2017, de 27 de junio, de las voluntades digitales y de modificación de los libros segundo y cuarto del Código civil de Cataluña (*B.O.E.* n. 173, de 21 de julio; *D.O.G.C.* n. 7.401, de 29 de junio); y Ley 6/2019, de 23 de octubre, de modificación del libro cuarto del Código civil de Cataluña, relativo a las sucesiones, para garantizar la igual-

cuanto determinan los efectos de las leyes y las reglas generales para su aplicación, así como las del Título IV del Libro I, con excepción de las normas de este último relativas al régimen económico matrimonial, tendrán aplicación general y directa en toda España.

2. En lo demás, y con pleno respeto a los derechos especiales o forales de las provincias o te-

---

dad de derechos y la no discriminación de las personas con discapacidad sensorial (*B.O.E.* n. 264, de 2 de noviembre; y *D.O.G.C.* n. 7990, de 28 de octubre).

El Código Civil catalán queda estructurado como sigue: Libro Primero, aprobado por Ley 29/2002, de 30 de diciembre (*B.O.E.* n. 32, de 6 de febrero de 2003, y *D.O.G.C.* n. 3.798, de 13 de enero de 2003); Libro Segundo, relativo a la persona y la familia, aprobado por Ley 25/2010, de 29 de julio (*B.O.E.* n. 203, de 21 de agosto, y *D.O.G.C.* n. 5.686, de 5 de agosto); Libro Tercero, relativo a las personas jurídicas, aprobado por Ley 4/2008, de 24 de abril (*B.O.E.* n. 131, de 30 de mayo, y *D.O.G.C.* n. 5.123, de 8 de mayo); Libro Cuarto, relativo a las sucesiones, aprobado por Ley 10/2008, de 10 de julio (*B.O.E.* n. 190, de 7 de agosto, y *D.O.G.C.* n. 5.175, de 17 de julio); Libro Quinto, relativo a los derechos reales, aprobado por Ley 5/2006, de 10 de mayo (*B.O.E.* n. 148, de 22 de junio, y *D.O.G.C.* n. 4.640, de 24 de mayo).

Téngase en cuenta la Ley 5/2009, de 28 de abril, de los recursos contra la calificación negativa de los títulos o las cláusulas concretas en materia de derecho catalán que deban inscribirse en un registro de la propiedad, mercantil o de bienes muebles de Cataluña (*B.O.E.* n. 122, de 20 de mayo; *D.O.G.C.* n. 5.374, de 7 de mayo).

— Ley 6/1988, de 18 de marzo (*B.O.P.V.* n. 70, de 12 de abril), por la que se modifica parcialmente la Compilación de Derecho Civil Foral de Vizcaya, en materia de régimen económico matrimonial, derogándose la misma por Ley 3/1992, de 1 de julio (*B.O.P.V.* n. 153, de 7 de agosto), del Derecho Civil Foral del País Vasco, y ésta, a su vez, por Ley 5/2015, de 25 de junio, de Derecho Civil Vasco (*B.O.E.* n. 176, de 24 de julio, y *B.O.P.V.* n. 124, de 3 de julio).

— D.Leg. 1/2011, de 22 de marzo, del Gobierno de Aragón, por el que se aprueba, con el título de «Código del Derecho Foral de Aragón», el Texto Refundido de las Leyes civiles aragonesas (*BOA* n. 63, de 29 de marzo de 2011).

— Ley 10/2007, de 20 de marzo, de Régimen Económico Valenciano (*B.O.E.* n. 95, de 20 de abril, y *D.O.C.V.* n. 5.475, de 22 de marzo de 2007), y Ley 5/2011, de 1 de abril, de relaciones familiares de los hijos e hijas cuyos progenitores no conviven (*B.O.E.* n. 98, de 25 de abril, y *D.O.C.V.* n. 6.495, de 5 de abril).

Téngase en cuenta el art. 149.1.8.ª y Disp. Adic. 1.ª de la Const., así como el art. 2, Base 7.1 de la Ley de 17 de marzo de 1973, de Bases para la modificación del presente Título. V. también el art. 10.5 del E.Aut.P.Vasc. y el art. 9.2 del E.Aut.Cat.

Téngase también en cuenta la Instrucción de 14 de abril de 1999, de la D.G.R.N. sobre certificado de nacionalidad española (*B.O.E.* n. 103, de 30 de abril).

Sin perjuicio de las anteriores referencias, téngase en cuenta que numerosas Comunidades Autónomas carentes de Derecho civil especial o foral han regulado aspectos propiamente de Derecho civil, como las relaciones personales, patrimoniales y de sucesión entre los integrantes de parejas de hecho o convivientes sin vínculo matrimonial (como es el caso, por ejemplo, de la Comunidad Autónoma de Madrid o la Valenciana, entre otras). Las citas particulares referidas a esta legislación se encontrarán oportunamente en los artículos afectados.

N. 2: v. arts. 2 del Decreto 1.836/1974, de 31 de mayo (*B.O.E.* n. 163, de 9 de julio), por el que se sanciona con fuerza de Ley el texto articulado del Título Preliminar del

rritorios en que están vigentes, regirá el Código civil como derecho supletorio, en defecto del que lo sea en cada una de aquéllas según sus normas especiales.

Art. 14. 1. La sujeción al derecho civil común o al especial o foral se determina por la vecindad civil.

2. Tienen vecindad civil en territorio de derecho común, o en uno de los de derecho especial o foral, los nacidos de padres que tengan tal vecindad.

Por la adopción, el adoptado no emancipado adquiere la vecindad civil de los adoptantes.

3. Si al nacer el hijo, o al ser adoptado, los padres tuvieren distinta vecindad civil, el hijo tendrá la que corresponda a aquél de los dos respecto del cual la filiación haya sido determinada antes; en su defecto, tendrá la del lugar del nacimiento y, en último término, la vecindad de derecho común.

Sin embargo, los padres, o el que de ellos ejerza o le haya sido atribuida la patria potestad, podrán atribuir al hijo la vecindad civil de cualquiera de ellos en tanto no transcurran los seis meses siguientes al nacimiento o a la adopción.

La privación o suspensión en el ejercicio de la patria potestad, o el cambio de vecindad de los padres, no afectarán a la vecindad civil de los hijos.

En todo caso el hijo desde que cumpla catorce años y hasta que transcurra un año después de su emancipación podrá optar bien por la vecindad civil del lugar de su nacimiento, bien por la última vecindad de cualquiera de sus padres. Si no estuviera emancipado, habrá de ser asistido en la opción por el representante legal.

4. El matrimonio no altera la vecindad civil. No obstante, cualquiera de los cónyuges no separados, ya sea legalmente o de hecho, podrá, en todo momento, optar por la vecindad civil del otro.

5. La vecindad civil se adquiere:

C.c., y 1.976 de este Código. En lo que al Derecho civil foral o especial se refiere, v. arts. 3 de la L.P.Vasc., 111.1 del C.Civ.Cat., 1.2 de la C.Arag. y 1 de la C.Bal.

Art. 14: Redactado conforme a la Ley 11/1990, de reforma del C.c.. V. Leyes 11 a 15 de la C.Nav.; art. 11 de la L.P.Vasc. y 111.4 del C.Civ.Cat.

N. 1: Compárese con los arts. 9.1 y 18.

N. 2: v. arts. 17.1, 19 y 178.

N. 3: Compárese con los arts. 9.3, 20 y 23.

N. 4: v. la Disp. Trans. de la Ley 11/ 1990, de reforma del C.c. Compárese con el art. 22.2.*d*).

N. 5: Compárese con el art. 22 de este Código. V. art. 68 de la L.R.C. y 225 a 231 y 236 del R.R.C. Véanse, asimismo, arts. 2 de la C.Bal. y 12 y 133 de la L.P.Vasc.

1.º Por residencia continuada durante dos años, siempre que el interesado manifieste ser esa su voluntad.

2.º Por residencia continuada de diez años, sin declaración en contrario durante este plazo.

Ambas declaraciones se harán constar en el Registro Civil y no necesitan ser reiteradas.

6. En caso de duda prevalecerá la vecindad civil que corresponda al lugar de nacimiento.

Art. 15. 1. El extranjero que adquiera la nacionalidad española deberá optar, al inscribir la adquisición de la nacionalidad, por cualquiera de las vecindades siguientes:

a) La correspondiente al lugar de residencia.

b) La del lugar del nacimiento.

c) La última vecindad de cualquiera de sus progenitores o adoptantes.

d) La del cónyuge.

Esta declaración de opción se formulará, según los casos, por el propio optante, solo o con los apoyos que la persona con discapacidad, en su caso, precise, o por su representante legal. Cuando la adquisición de la nacionalidad se haga por declaración o a petición del representante legal, la autorización necesaria deberá determinar la vecindad civil por la que se ha de optar.

2. El extranjero que adquiera la nacionalidad por carta de naturaleza tendrá la vecindad civil que el Real Decreto de concesión determine, teniendo en cuenta la opción de aquél, de acuerdo con lo que dispone el apartado anterior u otras circunstancias que concurran en el peticionario.

3. La recuperación de la nacionalidad española lleva consigo la de aquella vecindad civil que ostentara el interesado al tiempo de su pérdida.

4. La dependencia personal respecto a una comarca o localidad con especialidad civil propia o distinta, dentro de la legislación especial o foral del territorio correspondiente, se regirá por las disposiciones de este artículo y las del anterior.

N. 6: Compárese con el art. 17 de este Código.

Art. 15: Redactado conforme a lo dispuesto en la Ley 18/1990, de reforma del C.c. V. arts. 20, 21 y 26 de este Código; 220 y ss. del R.R.C., y la Instrucción de la D.G.R.N. de 20 de marzo de 1991 (*B.O.E.* n. 73, de 26 de marzo), apartado 1.

Téngase en cuenta el Libro II del C.Arag. dedicado al Derecho de la familia.

N. 1, párr. 2.º: Modificado por Ley 8/2021, de 2 de junio, por la que se reforma la legislación civil y procesal para el apoyo a las personas con discapacidad en el ejercicio de su capacidad jurídica (*B.O.E.* n. 132, de 3 de junio).

Art. 16. 1. Los conflictos de leyes que puedan surgir por la coexistencia de distintas legislaciones civiles en el territorio nacional se resolverán según las normas contenidas en el capítulo IV con las siguientes particularidades:

1.ª Será ley personal la determinada por la vecindad civil.

2.ª No será aplicable lo dispuesto en los apartados 1, 2 y 3 del artículo 12 sobre calificación, remisión y orden público.

2. El derecho de viudedad regulado en la Compilación aragonesa corresponde a los cónyuges sometidos al régimen económico matrimonial de dicha Compilación, aunque después cambie su vecindad civil, con exclusión en este caso de la legítima que establezca la ley sucesoria.

El derecho expectante de viudedad no podrá oponerse al adquirente a título oneroso y de buena fe de los bienes que no radiquen en territorio donde se reconozca tal derecho, si el contrato se hubiera celebrado fuera de dicho territorio, sin haber hecho constar el régimen económico matrimonial del transmitente.

El usufructo vidual corresponde también al cónyuge supérstite cuando el premuerto tuviese vecindad civil aragonesa en el momento de su muerte.

3. Los efectos del matrimonio entre españoles se regularán por la ley española que resulte aplicable según los criterios del artículo 9 y, en su defecto, por el Código civil.

En este último caso se aplicará el régimen de separación de bienes del Código civil si conforme a una y otra ley personal de los contrayentes hubiera de regir un sistema de separación.

Art. 16: Redactado por el art. 2 de la Ley 11/1990, de reforma del C.c.

N. 1: v. arts. 8 a 12. Ténganse en cuenta los arts. 7.1 del E.Aut.Cat., 111.5 del C.Civ. Cat. y 9.º y 11 de la L.P.Vasc.

N. 2: v. arts. 19, 20 y 21 de la Ley 3/1985, de 21 de mayo, sobre modificación de la Compilación del Derecho civil de Aragón (*BOA* n. 39, de 23 de mayo).

*LIBRO PRIMERO**

De las personas

TÍTULO PRIMERO**

De los españoles y extranjeros

Art. 17. 1. Son españoles de origen:

a) Los nacidos de padre o madre españoles.

---

* V. arts. 10 a 38; 53 a 55 y 162.1.*b*) de la Const. Tener presente los arts. 2 y 41 a 58 de la L.O.T.C., así como la L.O. 1/1982, de 5 de mayo (*B.O.E.* n. 115, de 14 de mayo), de protección civil del derecho al honor, a la intimidad personal y familiar y a la propia imagen, y la 2/1984, de 26 de marzo (*B.O.E.* n. 74, de 27 de marzo), sobre derecho de rectificación. Téngase en cuenta el Convenio para la protección de las personas con respecto al tratamiento automatizado de datos de carácter personal, hecho en Estrasburgo el 28 de enero de 1981 (*B.O.E.* n. 274, de 15 de noviembre), así como la L.O. 3/2018, de 5 de diciembre, de protección de datos personales y garantía de los derechos digitales (*B.O.E.* n. 294, de 6 de diciembre), y el R.D. 428/1993, de 26 de marzo, por el que se aprueba el Estatuto de la Agencia de Protección de Datos (*B.O.E.* n. 108, de 4 de mayo).

Téngase en cuenta el Reglamento (UE) 2016/679 del Parlamento Europeo y del Consejo, de 27 de abril de 2016, relativo a la protección de las personas físicas en lo que respecta al tratamiento de datos personales y a la libre circulación de estos datos (*D.O.U.E.* n. L 119/1, de 4 de mayo de 2016). Este Reglamento de la Unión ha derogado la Directiva 95/46/CE, con efecto a partir del 25 de mayo de 2018.

V. asimismo los arts. 49 a 54 de la L.Gral.Telecom.

Téngase también en cuenta la Directiva 2002/58/CE, del Parlamento Europeo y del Consejo, de 12 de julio de 2002, relativa al tratamiento de los datos personales y a la protección de la intimidad en el sector de las comunicaciones electrónicas (*D.O.* L 201, de 31 de julio de 2002), y la Ley 2/2004, de 25 de febrero, de creación de la Agencia Vasca de protección de datos (*B.O.P.V.* n. 44, de 4 de marzo).

N.1.a): v. art. 154 e Instrucciones de la D.G.R.N. de 16 de mayo de 1983 (*B.O.E.* de 20 de mayo), apartado I, y de 20 de marzo de 1991 (*B.O.E.* n. 73, de 26 de marzo), apartado II.

En cuanto a la legislación autonómica, téngase presente la Ley 32/2010, de 1 de octubre, de la Autoridad Catalana de Protección de Datos (*B.O.E.* n. 257, de 23 de octubre, y *D.O.G.C.* n. 5.731, de 8 de octubre).

En cuanto se regula el estatuto general de la persona, en sus relaciones en el tráfico comercial, consúltense tanto el art. 51 de la Const., como la L.Def.Consum.; al respecto, v. también nota al Título II del Libro IV de este Código. Téngase en cuenta la Ley 7/1998, de 13 de abril, sobre Condiciones Generales de la Contratación (*B.O.E.* n. 89, de 14 de abril), la cual ha supuesto una modificación significativa de la L.Def.Consum.

b) Los nacidos en España de padres extranjeros si, al menos, uno de ellos hubiera nacido también en España. Se excep-

---

Consúltese también la Ley 30/1979, de 27 de octubre (*B.O.E.* n. 266, de 6 de noviembre), sobre extracción y trasplante de órganos, y la Ley 14/2006, de 26 de mayo (*B.O.E.* n. 126, de 27 de mayo), sobre técnicas de reproducción humana asistida. Téngase en cuenta el R.D. 42/2010, de 15 de enero, por el que se regula la Comisión Nacional de Reproducción Humana Asistida (*B.O.E.* n. 30, de 4 de febrero).

V. Reglamento (UE) n. 2018/1725, del Parlamento Europeo y del Consejo, de 23 de octubre de 2018, relativo a la protección de las personas físicas en lo que respecta al tratamiento de datos personales por las instituciones, órganos y organismos de la Unión y a la libre circulación de esos datos (*D.O.U.E.* n. L 295, de 21 de noviembre de 2018).

Téngase en cuenta la Directiva (UE) 2016/680 del Parlamento Europeo y del Consejo, de 27 de abril de 2016, relativa a la protección de las personas físicas en lo que respecta al tratamiento de datos personales por parte de las autoridades competentes para fines de prevención, investigación, detección o enjuiciamiento de infracciones penales o de ejecución de sanciones penales, y a la libre circulación de dichos datos y por la que se deroga la Decisión Marco 2008/977/JAI del Consejo (*D.O.U.E.* n. L 119).

** Redactados íntegramente los arts. 17 al 26, ambos inclusive, por Ley 18/1990, de reforma del C.c. La Ley 36/2002, de reforma del C.c., también ha modificado de forma importante diversos preceptos de este Título I. V. arts. 10, 11 y 13 de la Const.; 9 y 15 de este Código; 68 y 69 de la L.R.C.; 220 a 237 del R.R.C. en la redacción dada por el R.D. 1.917/1986, de 29 de agosto (*B.O.E.* n. 225, de 19 de septiembre). Téngase en cuenta la Instrucción de la D.G.R.N. de 20 de marzo de 1991 (*B.O.E.* n. 73, de 26 de marzo) y las Circulares de 22 de mayo de 1975 (*B.O.E.* n. 124, de 24 de mayo), 6 de noviembre de 1980 (*B.O.E.* n. 272, de 12 de noviembre) y 26 de noviembre de 1980 (*B.O.E.* n. 286, de 28 de noviembre) de la D.G.R.N.; L.O. 4/2000, de 11 de enero (*B.O.E.* n. 10, de 12 de enero; corrección de errores en *B.O.E.* n. 20, de 24 de enero), sobre derechos y libertades de los extranjeros en España y su integración social, y el Reglamento de esta Ley, aprobado por R.D. 864/2001, de 20 de julio (*B.O.E.* n. 174, de 21 de julio; corrección de errores en *B.O.E.* n. 240, de 6 de octubre).

V. Ley 40/2006, de 14 de diciembre, del Estatuto de la ciudadanía española en el exterior (*B.O.E.* n. 299, de 15 de diciembre; corrección de errores en *B.O.E.* n. 31, de 5 de febrero).

Téngase en cuenta el R.D. 239/2000, de 18 de febrero, por el que se establece el procedimiento para la regularización de extranjeros prevista en la Disp. Trans. 1.ª de la L.O. 4/2000, de 11 de enero, sobre derechos y libertades de los extranjeros en España y su integración social (*B.O.E.* n. 43, de 19 de febrero).

Ténganse en cuenta las importantes Disps. Trans. de la Ley 18/1990, de reforma del C.c. y la interpretación que de las mismas se hace en la Instrucción de la D.G.R.N. de 20 de marzo de 1991, apartado VIII. V. también la Ley del Parlamento de Cataluña 18/1996, de 27 de diciembre, de relaciones con las Comunidades catalanas en el exterior (*D.O.G.C.* n. 2.300, de 31 de diciembre de 1996, y *B.O.E* n. 32, de 6 de febrero de 1997).

Téngase en cuenta la Instrucción de 14 de abril de 1999, de la D.G.R.N. sobre certificado de nacionalidad española (*B.O.E.* n. 103, de 30 de abril).

Téngase asimismo presente el R.D. 178/2003, de 14 de febrero, sobre entrada y permanencia en España de nacionales de Estados miembros de la Unión Europea y de otros Estados parte en el Acuerdo sobre el Espacio Económico Europeo (*B.O.E.* n. 46, de 22 de febrero).

túan los hijos de funcionario diplomático o consular acreditado en España.

c) Los nacidos en España de padres extranjeros, si ambos carecieren de nacionalidad o si la legislación de ninguno de ellos atribuye al hijo una nacionalidad.

d) Los nacidos en España cuya filiación no resulte determinada. A estos efectos, se presumen nacidos en territorio español los menores de edad cuyo primer lugar conocido de estancia sea territorio español.

2. La filiación o el nacimiento en España, cuya determinación se produzca después de los dieciocho años de edad, no son por sí solos causa de ad-

---

V. Orden PRE/237/2002, de 8 de febrero, por la que se dictan instrucciones generales relativas al número de enlace de visado en materia de extranjería (*B.O.E.* n. 37, de 12 de febrero).

Téngase presente el Reglamento (CE) n. 1030/2002 del Consejo, de 13 de junio de 2002, por el que se establece un modelo uniforme de permiso de residencia para nacionales de terceros países (*D.O.* n. L 157, de 15 de junio), así como la Decisión del Consejo de 13 de junio de 2002, por la que se adopta un programa de acción relativo a la cooperación administrativa en los ámbitos de las fronteras exteriores, visados, asilo e inmigración (programa ARGO) (*D.O.* n. L 161, de 19 de junio).

V. el Reglamento (CE) n. 810/2009 del Parlamento Europeo y del Consejo, de 13 de julio de 2009, por el que se establece un Código comunitario sobre visados (Código de visados) (*D.O.* L 243, de 15 de septiembre).

V. la S.T.S. (Sala 3.ª) de 13 de octubre de 2003, por la que se desestima el recurso contencioso-administrativo interpuesto contra diversos artículos del R.D. 864/2001, de ejecución de la L.Extranj., sin perjuicio de la nulidad parcial del art. 138.1, según lo dispuesto en la S.T.S. (Sala 3.ª) de 20 de mayo de 2003.

V. Directiva 2003/109/CE del Consejo, de 25 de noviembre de 2003, relativa al estatuto de los nacionales de terceros países residentes de larga duración (*D.O.* n. L 16, de 23 de enero de 2004).

Art. 17: v. las Disps. Trans. 1.ª y 2.ª de la Ley 18/1990, de reforma del C.c. y art. 1 de la L.Extranj.

V. la Directiva 2013/33/UE del Parlamento Europeo y del Consejo, de 26 de junio de 2013, por la que se aprueban normas para la acogida de los solicitantes de protección internacional (*D.O.* L 180, de 29 de junio).

N.1.a): v. art. 154 e Instrucciones de la D.G.R.N. de 16 de mayo de 1983 (*B.O.E.* de 20 de mayo), apartado I, y de 20 de marzo de 1991 (*B.O.E.* n. 73, de 26 de marzo), apartado II.

N.1.c): v. art. 9, ap. 10. Téngase en cuenta el Instrumento de adhesión de España a la Convención sobre el Estatuto de los Apátridas, hecha en Nueva York el 28 de septiembre de 1954 (*B.O.E.* n. 159, de 4 de julio de 1997).

N.1.d): v. arts. 9, aps. 6, 7 y 10, 112, 113, 115, 120, 135, 172, 314, 315, 323 del C.c. y 68 de la L.R.C.

Téngase en cuenta el R.D. 865/2001, de 20 de julio, por el que se aprueba el Reglamento de reconocimiento del estatuto de apátrida (*B.O.E.* n. 174, de 21 de julio; corrección de errores en *B.O.E.* n. 276, de 17 de noviembre).

N. 2: v. la Instrucción de la D.G.R.N. de 20 de marzo de 1991 (*B.O.E.* n. 73, de 26 de marzo), apartado II.

quisición de la nacionalidad española. El interesado tiene entonces derecho a optar por la nacionalidad española de origen en el plazo de dos años a contar desde aquella determinación.

Art. 18. La posesión y utilización continuada de la nacionalidad española durante diez años, con buena fe y basada en un título inscrito en el Registro Civil, es causa de consolidación de la nacionalidad, aunque se anule el título que la originó.

Art. 19. 1. El extranjero menor de dieciocho años adoptado por un español adquiere, desde la adopción, la nacionalidad española de origen.

2. Si el adoptado es mayor de dieciocho años, podrá optar por la nacionalidad española de origen en el plazo de dos años a partir de la constitución de la adopción.

3. Sin perjuicio de lo dispuesto en el apartado 1, si de acuerdo con el sistema jurídico del país de origen el menor adoptado mantiene su nacionalidad, ésta será reconocida también en España.

Art. 20. 1. Tienen derecho a optar por la nacionalidad española:

Art. 18: Ténganse en cuenta los arts. 113 y 131 a 134 en relación con la posesión de estado en materia de filiación, así como los arts. 430, 433, 464, 1.930 y 1.950. V. arts. 7 y 22, y la Instrucción de la D.G.R.N. de 20 de marzo de 1991 (*B.O.E.* n. 73, de 26 de marzo), apartado III.

Art. 19: v. el art. 3 y las Disps. Trans. 1.ª y 2.ª de la Ley 21/1987, de reforma del C.c. y los arts. 9.4 y 5, 108 y 172 a 180. Ténganse en cuenta las Instrucciones de la D.G.R.N. de 20 de marzo de 1991 (*B.O.E.* n. 73, de 26 de marzo), apartado I, y de 28 de febrero de 2006, sobre competencia de los Registros Civiles Municipales en materia de adquisición de nacionalidad española y adopciones internacionales (*B.O.E.* n. 71, de 24 de marzo).

N. 3: Añadido por el art. 2.2 de la L.Prot.Inf.

Art. 20: Redactado conforme a la Ley 36/2002, de 8 de octubre, de modificación del C.c. en materia de nacionalidad (*B.O.E.* n. 242, de 9 de octubre). V. arts. 92, 154, 162, 172, 314, 319 y 323 de este Código, teniendo en cuenta que el trámite ante el Registro se encuentra regulado en los arts. 68 de la L.R.C. y 226 a 231 R.R.C. Debe tenerse muy presente que la Disp. Trans. única de la Ley 11/1990 y las Disps. Trans. 2.ª y 3.ª de la Ley 18/1990, de reforma del C.c., contienen tres nuevos supuestos de opción.

Téngase en cuenta la Disp. Adic. 7.ª de la Ley 52/2007, de 26 de diciembre, por la que se reconocen y amplían derechos y se establecen medidas en favor de quienes padecieron persecución o violencia durante la guerra civil y la dictadura (*B.O.E.* n. 310, de 27 de diciembre), en la que se prevé un nuevo caso de opción.

V. Resolución de 17 de marzo de 2010, de la Subsecretaría de la Presidencia, por la que se dispone la publicación del Acuerdo del Consejo de Ministros de 22 de enero de 2010, por el que se amplía un año el plazo para ejercer el derecho de optar a la nacionalidad española recogido en la Disp. Adic. 7.ª de la Ley 52/2007, de 26 de diciembre, por la que se reconocen y amplían derechos y se establecen medidas a favor de quienes

a) Las personas que estén o hayan estado sujetas a la patria potestad de un español.

b) Aquellas cuyo padre o madre hubiera sido originariamente español y nacido en España.

c) Las que se hallen comprendidas en el segundo apartado de los artículos 17 y 19.

2. La declaración de opción se formulará:

a) Por el representante legal del optante menor de catorce años. En caso de discrepancia entre los representantes legales del menor de catorce años sobre la tramitación de la declaración de opción, se tramitará el expediente de jurisdicción voluntaria previsto al efecto.

b) Por el propio interesado, asistido por su representante legal, cuando aquél sea mayor de catorce años.

c) Por el interesado, por sí solo, si está emancipado o es mayor de dieciocho años. La opción caducará a los veinte años de edad, pero si el optante no estuviera emancipado según su ley personal al llegar a los dieciocho años, el plazo para optar se prolongará hasta que transcurran dos años desde la emancipación.

d) Por el interesado con discapacidad con los apoyos y ajustes de procedimiento que, en su caso, precise.

e) Por el interesado, por sí solo, dentro de los dos años siguientes a la extinción de las medidas de apoyo que le hubieran impedido ejercitarla con anterioridad.

3. No obstante lo dispuesto en el apartado anterior, el ejercicio del derecho de opción previsto en el apartado 1.*b*) de este artículo no estará sujeto a límite alguno de edad.

Art. 21. 1. La nacionalidad española se adquiere por carta de naturaleza, otorgada

---

padecieron persecución o violencia durante la guerra civil y la dictadura (*B.O.E.* n. 72, de 24 de marzo).

N. 2: Modificado por Ley 8/2021, de 2 de junio, por la que se reforma la legislación civil y procesal para el apoyo a las personas con discapacidad en el ejercicio de su capacidad jurídica (*B.O.E.* n. 132, de 3 de junio).

N. 2.a): v. la Instrucción de la D.G.R.N. de 20 de marzo de 1991 (*B.O.E.* n. 73, de 26 de marzo), apartado IV y VIII.

Art. 21: v. Leyes 13 y 14 de la C.Nav. La tramitación del expediente se regula por los arts. 68 de la L.R.C. y 220 a 224 y 341 a 369 del R.R.C. Téngase en cuenta la Disp. Final 1.ª del citado Reglamento. V. arts. 23 de la L.Extranj. y 43 a 60 del R.Extranj.

Téngase en cuenta la Instrucción de 28 de marzo de 2007, de la D.G.R.N., sobre competencia de los Registros Civiles municipales y demás reglas relativas a los expedientes de declaración de nacionalidad española con valor de simple presunción (*B.O.E.* n. 86, de 10 de abril).

discrecionalmente mediante Real Decreto, cuando en el interesado concurran circunstancias excepcionales.

2. La nacionalidad española también se adquiere por residencia en España, en las condiciones que señala el artículo siguiente y mediante la concesión otorgada por el Ministerio de Justicia, que podrá denegarla por motivos razonados de orden público o interés nacional.

3. En uno y otro caso la solicitud podrá formularla:

a) El interesado emancipado o mayor de dieciocho años.

b) El mayor de catorce años asistido por su representante legal.

c) El representante legal del menor de catorce años. En caso de discrepancia entre los representantes legales sobre la solicitud de nacionalidad por residencia, se tramitará el expediente de jurisdicción voluntaria previsto al efecto.

d) El interesado con discapacidad con los apoyos y ajustes de procedimiento que, en su caso, precise.

En este caso y en el anterior, el representante legal sólo podrá formular la solicitud si previamente ha obtenido autorización conforme a lo previsto en la letra *a*) del apartado 2 del artículo anterior.

4. Las concesiones por carta de naturaleza o por residencia caducan a los ciento ochenta días siguientes a su notificación, si en este plazo no comparece el interesado ante funcionario competente para cumplir los requisitos del artículo 23.

Art. 22. 1. Para la concesión de la nacionalidad por resi-

Téngase también en cuenta el R.D. 1.792/2008, de 3 de noviembre, sobre concesión de la nacionalidad española a los voluntarios integrantes de las Brigadas Internacionales (*B.O.E.* n. 277, de 17 de noviembre).

N. 3.c) y d): Modificado por Ley 8/2021, de 2 de junio, por la que se reforma la legislación civil y procesal para el apoyo a las personas con discapacidad en el ejercicio de su capacidad jurídica (*B.O.E.* n. 132, de 3 de junio).

Art. 22: Redactado conforme a la Ley 36/2002, de 8 de octubre, de modificación del C.c. en materia de nacionalidad (*B.O.E.* n. 242, de 9 de octubre). V. Instrucciones de la D.G.R.N. de 16 de mayo de 1983 (*B.O.E.* de 20 de mayo) y de 20 de marzo de 1991 (*B.O.E.* n. 73, de 26 de marzo).

V. R.D. 1.004/2015, de 6 de noviembre, por el que se aprueba el Reglamento por el que se regula el procedimiento para la adquisición de la nacionalidad española por residencia (*B.O.E.* n. 267, de 7 de noviembre).

V. Reglamento (UE) n. 604/2013 del Parlamento Europeo y del Consejo, de 26 de junio de 2013, por el que se establecen los criterios y mecanismos de determinación del Estado miembro responsable del examen de una solicitud de protección internacional presentada en uno de los Estados miembros por un nacional de un tercer país o un apátrida (*D.O.* L 180, de 29 de junio).

dencia se requiere que ésta haya durado diez años. Serán suficientes cinco años para los que hayan obtenido la condición de refugiado y dos años cuando se trate de nacionales de origen de países iberoamericanos, Andorra, Filipinas, Guinea Ecuatorial o Portugal o de sefardíes.

2. Bastará el tiempo de residencia de un año para:

a) El que haya nacido en territorio español.

b) El que no haya ejercitado oportunamente la facultad de optar.

c) El que haya estado sujeto legalmente a la tutela, curatela con facultades de representación plena, guarda o acogimiento de un ciudadano o institución españoles durante dos años consecutivos, incluso si continuare en esta situación en el momento de la solicitud.

d) El que al tiempo de la solicitud llevare un año casado con español o española y no estuviere separado legalmente o de hecho.

e) El viudo o viuda de española o español, si a la muerte del cónyuge no existiera separación legal o de hecho.

f) El nacido fuera de España de padre o madre, abuelo o

V. Ley 12/2009, de 30 de octubre, reguladora del derecho de asilo y de la protección subsidiaria (*B.O.E.* n. 263, de 31 de octubre), que deroga la Ley 5/1984, de 26 de marzo.

Téngase en cuenta el R.D. 865/2001, de 20 de julio, por el que se aprueba el Reglamento de reconocimiento del estatuto de apátrida (*B.O.E.* n. 174, de 21 de julio; corrección de errores en *B.O.E.* n. 276, de 17 de noviembre).

V. arts. 220 a 224 del R.R.C. y 31 de la L.Extranj. Respecto a la referencia a los sefardíes, ténganse en cuenta el D.L. de 29 de diciembre de 1948 (*B.O.E.* n. 9, de 9 de enero de 1949) y la Disp. Final 1.ª del R.R.C.

V. R.D. 1.244/2002, de 29 de noviembre, por el que se aprueba el Reglamento de acceso de extranjeros a la condición de militar profesional de tropa y marinería (*B.O.E.* n. 287, de 30 de noviembre).

V. Instrucción de 26 de julio de 2007, de la D.G.R.N., sobre tramitación de las solicitudes de adquisición de la nacionalidad española por residencia (*B.O.E.* n. 189, de 8 de agosto).

V. Instrucción de 13 de mayo de 2015, de la D.G.R.N., sobre remisión de solicitudes de adquisición de la nacionalidad española por residencia (*B.O.E.* n. 124, de 25 de mayo).

N. 2.c): Modificado por Ley 8/2021, de 2 de junio, por la que se reforma la legislación civil y procesal para el apoyo a las personas con discapacidad en el ejercicio de su capacidad jurídica (*B.O.E.* n. 132, de 3 de junio).

N. 2.d): v. art. 14.4 de este Código y téngase presente la Disp. Trans. única de la Ley 11/1990 y Disp. Trans. única de la Ley 14/1975, de Reforma del C.c.

N. 2.e): v. la Instrucción de la D.G.R.N. de 20 de marzo de 1991 (*B.O.E.* n. 73, de 26 de marzo), apartado V.

N. 2.f): Compárese con el derecho de opción establecido en la Disp. Trans. 3.ª de la Ley 18/1990, de reforma de este Código, actualmente derogada por las Disps. Trans. 1.ª y 2.ª de la Ley 29/1995, de reforma del C.c. V. nota al art. 26.

abuela, que originariamente hubieran sido españoles.

3. En todos los casos, la residencia habrá de ser legal, continuada e inmediatamente anterior a la petición.

A los efectos de lo previsto en el párrafo *d*) del apartado anterior, se entenderá que tiene residencia legal en España el cónyuge que conviva con funcionario diplomático o consular español acreditado en el extranjero.

4. El interesado deberá justificar, en el expediente regulado por la legislación del Registro Civil, buena conducta cívica y suficiente grado de integración en la sociedad española.

5. La concesión o denegación de la nacionalidad por residencia deja a salvo la vía judicial contencioso-administrativa.

Art. 23. Son requisitos comunes para la validez de la adquisición de la nacionalidad española por opción, carta de naturaleza o residencia:

a) Que el mayor de catorce años y capaz para prestar una declaración por sí jure o prometa fidelidad al Rey y obediencia a la Constitución y a las leyes.

b) Que la misma persona declare que renuncia a su anterior nacionalidad. Quedan a salvo de este requisito los naturales de países mencionados en el apartado 1 del artículo 24 y los sefardíes originarios de España.

c) Que la adquisición se inscriba en el Registro Civil español.

N. 3: En relación con el concepto de residencia y estancia legal, téngase en cuenta los arts. 28 y ss. de la L.Extranj. V. nota al art. 27.

V. Instrucción de la D.G.R.N. de 2 de octubre de 2012, sobre determinados aspectos del plan intensivo de tramitación de los expedientes de adquisición de la nacionalidad española por residencia (*B.O.E.* n. 247, de 13 de octubre).

N. 4: v. la Instrucción de la D.G.R.N. de 20 de marzo de 1991 (*B.O.E.* n. 73, de 26 de marzo), apartado V.

Art. 23: Redactado por la Disp. Final 1.ª de la Ley 12/2015, de 24 de junio, en materia de concesión de la nacionalidad española a los sefardíes originarios de España (*B.O.E.* n. 151, de 25 de junio).

Respecto de la exigencia de renuncia a la que se refiere la letra *b*) de este artículo, consúltese el art. 18 de la Ley 52/2007, de 26 de diciembre, por la que se reconocen y amplían derechos y se establecen medidas en favor de quienes padecieron persecución o violencia durante la guerra civil y la dictadura (*B.O.E.* n. 310, de 27 de diciembre).

Consúltese la Instrucción de 4 de noviembre de 2008, de la D.G.R.N., sobre el derecho de opción a la nacionalidad española establecido en la Disp. Adic. 7.ª de la Ley 52/2007, de 26 de diciembre (*B.O.E.* n. 285, de 26 de noviembre).

V. la Instrucción de 29 de septiembre de 2015, de la Dirección General de los Registros y del Notariado, sobre la aplicación de la Ley 12/2015, de 24 de junio, en materia de concesión de la nacionalidad española a los sefardíes originarios de España (*B.O.E.* n. 234, de 30 de septiembre).

Art. 24. 1. Pierden la nacionalidad española los emancipados que, residiendo habitualmente en el extranjero, adquieran voluntariamente otra nacionalidad o utilicen exclusivamente la nacionalidad extranjera que tuvieran atribuida antes de la emancipación. La pérdida se producirá una vez que transcurran tres años, a contar, respectivamente, desde la adquisición de la nacionalidad extranjera o desde la emancipación. No obstante, los interesados podrán evitar la pérdida si dentro del plazo indicado declaran su voluntad de conservar la nacionalidad española al encargado del Registro Civil.

La adquisición de la nacionalidad de países iberoamericanos, Andorra, Filipinas, Guinea Ecuatorial o Portugal no es bastante para producir, conforme a este apartado, la pérdida de la nacionalidad española de origen.

2. En todo caso, pierden la nacionalidad española los españoles emancipados que re-

---

Art. 24: Redactado conforme a la Ley 36/2002, de 8 de octubre, de modificación del C.c. en materia de nacionalidad (*B.O.E.* n. 242, de 9 de octubre). V. Instrucciones de la D.G.R.N. de 26 de mayo de 1983 (*B.O.E.* de 20 de mayo) y de 20 de marzo de 1991 (*B.O.E.* n. 73, de 26 de marzo).

V. Disp. Adic. 2.ª de la Ley 36/2002.

V. arts. 53 y ss. de la L.Extranj.

V. art. 11, aps. 2 y 3 de la Const. Téngase en cuenta los arts. 232 a 234 del R.R.C. V. L.O. 5/2005, de 17 de noviembre, de la Defensa Nacional (*B.O.E.* n. 276, de 18 de noviembre), y R.D. 1.410/1994, de 25 de junio, por el que se aprueba el Reglamento del Servicio Militar (*B.O.E.* n. 172, de 20 de julio).

V. el Convenio sobre reducción de los casos de pluralidad de nacionalidades hecho en Estrasburgo, el 6 de mayo de 1963 (*B.O.E.* n. 203, de 25 de octubre de 1987), así como el art. 10 de la Ley 45/2015, de 14 de octubre, de Voluntariado (*B.O.E.* n. 247, de 15 de octubre). Téngase en cuenta el R.D. 1.248/1997, de 24 de julio, por el que se aprueba el Reglamento sobre convalidación de Servicios voluntarios a efectos de la prestación social sustitutoria (*B.O.E.* n. 177, de 25 de julio).

N. 1: v. la Instrucción de la D.G.R.N. de 20 de marzo de 1991 (*B.O.E.* n. 73, de 26 de marzo), apartado VI.

N. 2: v. arts. 11.3 de la Const.; 9, ap. 9 de este Código y los siguientes Convenios de doble nacionalidad.

— Honduras: Tratado de 15 de junio de 1966, ratificado por Instrumento de 23 de febrero de 1967 (*B.O.E.* n. 118, de 18 de mayo).

— Chile: Convenio de 24 de mayo de 1958, ratificado por Instrumento de 28 de octubre de 1958 (*B.O.E.* n. 273, de 14 de noviembre).

— Perú: Convenio de 16 de mayo de 1959, ratificado por Instrumento de 15 de diciembre de 1959 (*B.O.E.* n. 94, de 19 de abril de 1960).

— Paraguay: Convenio de 25 de junio de 1959, ratificado por Instrumento de 15 de diciembre de 1959 (*B.O.E.* n. 94, de 19 de abril de 1960).

— Nicaragua: Convenio de 25 de julio de 1961, ratificado por Instrumento de 25 de enero de 1962 (*B.O.E.* n. 105, de 2 de mayo). Téngase en cuenta el Protocolo Adicional entre el Reino de España y la República de Nicaragua, modificando el Conve-

nuncien expresamente a ella, si tienen otra nacionalidad y residen habitualmente en el extranjero.

3. Los que habiendo nacido y residiendo en el extranjero ostenten la nacionalidad española por ser hijos de padre o madre españoles, también nacidos en el extranjero, cuando las leyes del país donde residan les atribuyan la nacionalidad del mismo, perderán, en todo caso, la nacionalidad española si no declaran su voluntad de conservarla ante el encargado del Registro Civil en el plazo de tres años, a contar desde su mayoría de edad o emancipación.

4. No se pierde la nacionalidad española, en virtud de lo dispuesto en este precepto, si España se hallare en guerra.

Art. 25. 1. Los españoles que no lo sean de origen perderán la nacionalidad:

a) Cuando durante un período de tres años utilicen exclusivamente la nacionalidad a la que hubieran declarado renunicar al adquirir la nacionalidad española.

b) Cuando entren voluntariamente al servicio de las armas o ejerzan cargo político en un Estado extranjero contra la prohibición expresa del Gobierno.

---

nio de Doble nacionalidad anteriormente citado, hecho en Managua el 12 de noviembre de 1997 (*B.O.E.* n. 24, de 28 de enero de 1999).

— Guatemala: Convenio de 28 de julio de 1961, ratificado por Instrumento de 25 de enero de 1962 (*B.O.E.* n. 60, de 10 de marzo).

— Bolivia: Convenio de 12 de octubre de 1961, ratificado por Instrumento de 25 de enero de 1962 (*B.O.E.* n. 90, de 14 de abril de 1964).

— Ecuador: Convenio de 4 de marzo de 1964, ratificado por Instrumento de 22 de diciembre de 1964 (*B.O.E.* n. 11, de 13 de enero de 1965).

— Costa Rica: Convenio de 8 de junio de 1964, ratificado por Instrumento de 21 de enero de 1965 (*B.O.E.* n. 151, de 25 de junio).

— República Dominicana: Convenio de 15 de marzo de 1968, ratificado por Instrumento de 16 de diciembre de 1968 (*B.O.E.* n. 34, de 8 de febrero de 1969).

— República Argentina: Convenio de 14 de abril de 1969, ratificado por Instrumento de 2 de febrero de 1970 (*B.O.E.* n. 236, de 2 de octubre de 1971).

Téngase en cuenta: Canje de notas con Venezuela de 4 de julio de 1974 (*B.O.E.* n. 271, de 12 de noviembre de 1975), sobre otorgamiento recíproco de nacionalidad con ese país; Convenio con Colombia de 27 de junio de 1979, ratificado por Instrumento de 7 de mayo de 1980 (*B.O.E.* n. 287, de 29 de noviembre).

Téngase en cuenta el Convenio de nacionalidad entre el Reino de España y la República Francesa, hecho en Montauban el 15 de marzo de 2021 (*B.O.E.* n. 75, de 29 de marzo de 2022), el cual entró en vigor el 1 de abril de 2022.

Art. 25: Redactado conforme a la Ley 36/2002, de 8 de octubre, de modificación del C.c. en materia de nacionalidad (*B.O.E.* n. 242, de 9 de octubre). V. arts. 11, aps. 1 y 2 de la Const. y 232 a 235 del R.R.C. Ténganse en cuenta los arts. 53 y ss. de la L.Extranj.

N. 1.a): v. arts. 32, 33, 265, 543, 581 a 607 y 616 del C.P. y 6 n. 4 y 12 n. 4.

N. 1.b): v. art. 30 de la Const. y nota al art. 24.

2. La sentencia firme que declare que el interesado ha incurrido en falsedad, ocultación o fraude en la adquisición de la nacionalidad española produce la nulidad de tal adquisición, si bien no se derivarán de ella efectos perjudiciales para terceros de buena fe. La acción de nulidad deberá ejercitarse por el Ministerio Fiscal de oficio o en virtud de denuncia, dentro del plazo de quince años.

Art. 26. 1. Quien haya perdido la nacionalidad española podrá recuperarla cumpliendo los siguientes requisitos:

a) Ser residente legal en España. Este requisito no será de aplicación a los emigrantes ni a los hijos de emigrantes. En los demás casos podrá ser dispensado por el Ministro de Justicia cuando concurran circunstancias excepcionales.

b) Declarar ante el encargado del Registro Civil su voluntad de recuperar la nacionalidad española.

c) Inscribir la recuperación en el Registro Civil.

2. No podrán recuperar o adquirir, en su caso, la nacionalidad española sin previa habilitación concedida discrecionalmente por el Gobierno, los que se encuentren incursos en cualquiera de los supuestos previstos en el artículo anterior.

Art. 27. Los extranjeros gozan en España de los mismos derechos civiles que los españo-

---

Art. 26: Redactado conforme a la Ley 36/2002, de 8 de octubre, de modificación del C.c. en materia de nacionalidad (*B.O.E.* n. 242, de 9 de octubre).

N. 1.a): v. arts. 220 a 236 del R.R.C. y las Disps. Trans. 1.ª y 2.ª de la Ley 29/1995, de Reforma del C.c., que regulan la forma y plazo del ejercicio de la opción de recuperación de la nacionalidad española, tanto a favor de los hijos de emigrantes nacidos en España cuyos padres no conservaban en esa fecha la nacionalidad española de origen, como a favor de la mujer española que hubiese perdido su nacionalidad por razón de matrimonio, con anterioridad a la entrada en vigor de la Ley 14/1975, de Reforma del C.c. y la Instrucción de la D.G.R.N. de 29 de marzo de 1991 (*B.O.E.* n. 73, de 26 de marzo), apartados VII y VIII, y la Orden del Ministerio de Justicia de 11 de julio de 1991 (*B.O.E.* n. 176, de 24 de julio). Ténganse en cuenta los arts. 23 y ss. de la L.Extranj., y los concordantes del R.Extranj.

N. 2: v. art. 24 en relación con la L.O. 13/1991, de 20 de diciembre (*B.O.E.* n. 305, de 21 de diciembre), sobre Servicio militar, y art. 30, ap. 1, de la Const., así como los arts. 14 y 15 de la Ley 6/1996, de 15 de enero, reguladora del voluntariado social (*B.O.E.* n. 15, de 17 de enero). Téngase en cuenta la Instrucción de la D.G.R.N., de 16 de mayo de 1983 (*B.O.E.* de 20 de mayo), sobre nacionalidad española, en su punto IV, y la Instrucción de la D.G.R.N. de 20 de marzo de 1991 (*B.O.E.* n. 73, de 26 de marzo), apartados VII y VIII.

Art. 27: v. art. 13 de la Const., así como la L.Extranj., R. Extranj. y R.D. 766/1992, de 26 de junio, sobre entrada y permanencia en España de nacionales de Estados miembros de las Comunidades Europeas (*B.O.E.* n. 277, de 18 de noviembre). Ténga-

les, salvo lo dispuesto en las leyes especiales y en los Tratados.

Art. 28. Las corporaciones, fundaciones y asociaciones, reconocidas por la ley y domiciliadas en España, gozarán de la nacionalidad española, siempre que tengan el concepto de personas jurídicas con arreglo a las disposiciones del presente Código.

Las asociaciones domiciliadas en el extranjero tendrán en España la consideración y los derechos que determinen los Tratados o leyes especiales.

TÍTULO II

Del nacimiento y la extinción de la personalidad civil

CAPÍTULO PRIMERO

De las personas naturales

Art. 29. El nacimiento determina la personalidad; pero el concebido se tiene por nacido para todos los efectos que le sean favorables, siempre que nazca con las condiciones que expresa el artículo siguiente.

Art. 30. La personalidad se adquiere en el momento del nacimiento con vida, una vez producido el entero desprendimiento del seno materno.

---

se presente que esta última disposición ha sido modificada por el R.D. 1.710/1997, de 14 de noviembre, sobre régimen de entrada y permanencia en España de nacionales de Estados miembros de la Unión Europea y de otros Estados partes en el Acuerdo sobre el Espacio Económico Europeo (*B.O.E.* n. 274, de 15 de noviembre).

V. arts. 3 a 15 de la L.Extranj., así como R.D. 239/2000, de 18 de febrero, por el que se establece el procedimiento para la regularización de extranjeros prevista en la Disp. Trans. 1.ª de la L.O. 4/2000, de 11 de enero, sobre derechos y libertades de los extranjeros en España y su integración social (*B.O.E.* n. 43, de 19 de febrero).

V. Directiva 2011/98/UE del Parlamento Europeo y del Consejo, de 13 de diciembre de 2011, por la que se establece un procedimiento único de solicitud de un permiso único que autoriza a los nacionales de terceros países a residir y trabajar en el territorio de un Estado miembro y por la que se establece un conjunto común de derechos para los trabajadores de terceros países que residen legalmente en un Estado miembro (*D.O.U.E.* n. 54 L 343, de 23 de diciembre).

Art. 28, n. 2: v. el art. 41; también los arts. 8 y 9 del T.R.L.S.Cap. Ténganse en cuenta los arts. 43 a 55 del T.C.E.

Art. 29: v. la Exposición de Motivos de 29 de julio de 1889 (en el párr. 8), así como los arts. 627 y 959 a 967.

V. art. 6.2.º de la L.Enj.Civ.

Art. 30: Redactado conforme a la Disp. Final 3.ª de la Ley 20/2011, de 21 de julio, del Registro Civil (*B.O.E.* n. 175, de 22 de julio). V. arts. 44 y ss. de la L.R.C. y 165 y 171 del R.R.C. Ténganse en cuenta los arts. 144 a 146 del C.P. y la S.T.C. 53/1985, de 11 de abril (*B.O.E.* de 18 de mayo).

Art. 31. La prioridad del nacimiento, en el caso de partos dobles, da al primer nacido los derechos que la ley reconozca al primogénito.

Art. 32. La personalidad civil se extingue por la muerte de las personas.

Art. 33. Si se duda, entre dos o más personas llamadas a sucederse, quién de ellas ha muerto primero, el que sostenga la muerte anterior de una o de otra, debe probarla; a falta de prueba, se presumen muertas al mismo tiempo y no tiene lugar la transmisión de derechos de uno a otro.

Art. 34. Respecto a la presunción de muerte del ausente y sus efectos, se estará a lo dispuesto en el Título VIII de este Libro.

CAPÍTULO II

De las personas jurídicas

Art. 35. Son personas jurídicas:

1.º Las corporaciones, asociaciones y fundaciones de interés público reconocidas por la ley.

Art. 32: Suprimido su segundo párrafo por Ley 13/1983, de Reforma del C.c. V. arts. 62 y ss. de la L.R.C., 273 a 282 del R.R.C. y 193 a 197 de este Código.

V. Ley Foral 8/2011, de 24 de marzo, de derechos y garantías de la dignidad de la persona en el proceso de la muerte (*B.O.E.* n. 99, de 26 de abril, y *B.O.N.* n. 65, de 4 de abril).

V. Ley 10/2011, de 24 de marzo, de derechos y garantías de la dignidad de la persona en el proceso de morir y de la muerte de Aragón (*B.O.E.* n. 115, de 14 de mayo, y *BOA* n. 70, de 7 de abril).

Art. 33: Sobre el tema de la prueba de los hechos inscribibles en el Registro Civil, v. art. 327.

Art. 34: v. los arts. 181 a 198.

Art. 35: v. los arts. 6, 7, 22, 28 del C.c., 36 de la Const.; y Leyes 42 y ss. de la C.Nav.

V. la Ley 2/2007, de 15 de marzo, de sociedades profesionales (*B.O.E.* n. 65, de 16 de marzo).

Téngase en cuenta la S.T.S. de 24 de febrero de 2000, por la que se declaran nulos los arts. 16.2.*c*), 155.IV, 355.2, inciso final, en cuanto dice que «dicho informe será vinculante tan sólo para el Registrador que lo hubiere realizado», y la Disp. Adic. única del R.H., en la modificación dada a los mismos por el R.D. 1.867/1998, de 4 de septiembre.

N. 1.º: Véanse los arts. 84 y ss. de la L.Sec.Púb., así como la Ley 2/1974, de 13 de febrero, sobre Colegios Profesionales (*B.O.E.* n. 40, de 15 de febrero), modificada por la Ley 7/1997, de 14 de abril, sobre medidas liberalizadoras en materia de suelo y de Colegios Profesionales (*B.O.E.* n. 90, de 15 de abril). Respecto a la legislación autonómica, consúltense las siguientes Leyes:

— Ley 7/2006, de 31 de mayo, del ejercicio de profesiones tituladas y de los colegios profesionales de Cataluña (*B.O.E.* n. 160, de 6 de julio). Téngase en cuenta, asimismo, la Ley 4/2008, de 24 de abril, del Libro Tercero del Código Civil de Cataluña, relativo a las personas jurídicas (*B.O.E.* n. 131, de 30 de mayo; *D.O.G.C.* n. 5.123, de 8 de mayo), cuyos preceptos están dedicados fundamentalmente a las fundaciones y a las asociaciones.

— Ley 10/1990, de 23 de mayo, de colegios profesionales de Canarias (*B.O.E.* n. 144, de 16 de junio).

— Ley 6/1995, de 29 de diciembre, sobre consejos andaluces de colegios profesionales en Andalucía (*B.O.E.* n. 26, de 30 de enero de 1996).

— Ley 8/1997, de 8 de julio, de colegios profesionales de Castilla y León (*B.O.E.* n. 179, de 28 de julio, y *B.O. de Castilla y León* n. 131, de 10 de julio).

— Ley 18/1997, de 21 de noviembre, que regula el ejercicio de profesionales tituladas y de colegios y consejos profesionales (*B.O. del País Vasco* n. 273, de 11 de diciembre).

— Ley 6/1997, de 4 de diciembre, de consejos y colegios profesionales de la Comunidad Valenciana (*B.O.E.* n. 6, de 7 de enero de 1998).

— Ley 2/1998, de 12 de marzo, de colegios profesionales de Aragón (*B.O.E.* n. 84, de 8 de abril, y *B.O. de Aragón* n. 36, de 20 de marzo).

— Ley Foral 3/1998, de 6 de abril, de colegios profesionales de Navarra (*B.O.E.* n. 131, de 2 de junio, y *B.O. de Navarra* n. 47, de 20 de abril).

— Ley 10/1999, de 26 de mayo, de creación de colegios profesionales de Castilla-La Mancha (*B.O.E.* n. 179, de 28 de julio de 1999, y *D.O. de Castilla-La Mancha* n. 40, de 12 de junio).

— Ley 6/1999, de 4 de noviembre, de los Colegios Profesionales de la Región de Murcia (*B.O.E.* n. 23, de 27 de enero.

— Ley 1/2001, de 16 de marzo, de Colegios Profesionales de Cantabria (*B.O.E.* n. 92, de 17 de abril, y *B.O. de Cantabria* n. 59, de 26 de marzo).

— Ley 11/2001, de 18 de septiembre, de Colegios Profesionales, de la Comunidad Autónoma de Galicia (*B.O.E.* n. 253, de 22 de octubre, y *D.O. de Galicia* n. 189, de 28 de septiembre).

V. también arts. 1 a 39; Disps. Adics. 1.ª a 3.ª; Disps. Trans. 1.ª a 4.ª y Disp. Derog. de la L.Fund., por la que se unifica el régimen aplicable a todas las fundaciones. Téngase en cuenta la Ley 49/2002, de 23 de diciembre, de régimen fiscal de las entidades sin fines lucrativos y de los incentivos fiscales al mecenazgo (*B.O.E.* n. 307, de 24 de diciembre).

Respecto a la legislación autonómica, v. las siguientes Leyes:

— Ley Foral 10/1996, de 2 de julio, sobre régimen tributario de las fundaciones y de las actividades de patrocinio (*B.O. de Navarra* n. 86, de 17 de julio, y *B.O.E.* n. 244, de 9 de octubre).

— Ley 1/1998, de 2 de marzo, de fundaciones de la Comunidad Autónoma de Madrid (*B.O.C.M.* n. 57, de 9 de marzo, y *B.O.E.* n. 192, de 12 de agosto).

— Ley 2/1998, de 6 de abril, de fundaciones de Canarias (*B.O. de Canarias* n. 47, de 17 de abril, y *B.O.E.* n. 108, de 6 de mayo).

— Ley 13/2002, de 15 de julio, de fundaciones de Castilla y León (*B.O.E.* n. 183, de 1 de agosto, y *D.O.C.L.* n. 139, de 19 de julio).

— Ley 12/2006, de 1 de diciembre, de fundaciones de interés gallego (*B.O.E.* n. 14, de 16 de enero de 2007; *D.O.G.* n. 242, de 19 de diciembre de 2006).

— Ley 1/2007, de 12 de febrero, de fundaciones de La Rioja (*B.O.E.* n. 59, de 9 de marzo; y *B.O.L.R.* n. 22, de 15 de febrero).

— Ley 21/2014, de 29 de diciembre, del protectorado de las fundaciones y de la verificación de la actividad de las asociaciones declaradas de utilidad pública de Cataluña (*D.O.G.C.* n. 6.780, de 31 de diciembre de 2014, y *B.O.E.* n.18, de 21 de enero de 2015)».

Asimismo, téngase en cuenta el R.D. 589/1984, de 8 de febrero (*B.O.E.* n. 75, de 28 de marzo), sobre fundaciones religiosas de la Iglesia Católica. Conviene también tener presentes los diferentes Reglamentos que se han dictado, en el ámbito estatal, para desarrollo de la L.Fund., y que son los siguientes: R.D. 1.270/2003, de 10 de octubre, por el que se aprueba el Reglamento para la aplicación del régimen fiscal de las enti-

Su personalidad empieza desde el instante mismo en que, con arreglo a derecho, hubiesen quedado válidamente constituidas.

2.º Las asociaciones de interés particular, sean civiles, mercantiles o industriales, a las que la ley conceda personali-

---

dades sin fines lucrativos y de los incentivos fiscales al mecenazgo (*B.O.E.* n. 254, de 23 de octubre); R.D. 1.337/2005, de 11 de noviembre, por el que se aprueba el Reglamento de fundaciones de competencia estatal (*B.O.E.* n. 279, de 22 de noviembre), y R.D. 1.611/2007, de 7 de diciembre, por el que se aprueba el Reglamento del Registro de Fundaciones de competencia estatal (*B.O.E.* n. 17, de 19 de enero de 2008). V. nota al art. 38 de este Código.

Téngase en cuenta la Ley Reguladora del Derecho de Asociación, aprobada mediante L.O. 1/2002, de 22 de marzo (*B.O.E.* n. 73, de 26 de marzo); Ley 19/1977, de 1 de abril, sobre derecho de asociación sindical (*B.O.E.* n. 80, de 4 de abril); Ley 54/1978, de 4 de diciembre de partidos políticos (*B.O.E.* n. 293, de 8 de diciembre); R.D. 1.740/2003, de 19 de diciembre, sobre procedimientos relativos a asociaciones de utilidad pública (*B.O.E.* n. 11, de 13 de enero de 2004); R.D. 9/2015, de 23 de octubre, por el que se aprueba el Reglamento del Registro Nacional de Asociaciones (*B.O.E.* n. 255, de 24 de octubre), y L.Def.Consum., desarrollada por R.D. 825/1990, de 22 de junio (*B.O.E.* n. 155, de 29 de junio), sobre el derecho de representación, consulta y participación de los consumidores y usuarios a través de sus asociaciones.

V. R.D. 1.740/2003, de 19 de diciembre, sobre procedimientos relativos a asociaciones de utilidad pública (*B.O.E.* n. 11, de 13 de enero de 2004).

Respecto a la legislación autonómica en materia de asociaciones, v. las siguientes Leyes:

— Ley del Parlamento de Cataluña 18/1996, de 27 de diciembre, de relaciones con las Comunidades catalanas en el exterior (*D.O.G.C.* n. 2.300, de 31 de diciembre de 1996, y *B.O.E.* n. 32, de 6 de febrero de 1997).

— Ley del Parlamento de Cataluña 7/1997, de 18 de junio, de asociaciones (*D.O.G.C.* n. 2.423, de 1 de julio de 1997 y *B.O.E.* n. 176, de 24 de julio). Téngase en cuenta, no obstante, la Ley 4/2008, de 24 de abril, del Libro Tercero del Código Civil de Cataluña, relativo a las personas jurídicas, que deroga una parte importante del articulado de esta Ley 7/1997.

— Ley 8/2006, de 24 de octubre, del Estatuto de los andaluces en el mundo (*B.O.E.* n. 286, de 30 de noviembre, y *B.O.J.A.* n. 215, de 7 de noviembre).

— Ley 7/2007, de 22 de junio, de asociaciones de Euskadi (*B.O.E.* n. 250, de 17 de octubre de 2011, y *B.O.P.V.* n. 134, de 12 de julio de 2007).

— Ley 14/2008, de 18 de noviembre, de asociaciones de la Comunidad Autónoma Valenciana (*B.O.E.* n. 294, de 6 de diciembre; *D.O.C.V.* n. 5.900, de 25 de noviembre).

— Ley 6/2009, de 17 de diciembre, del estatuto de los extremeños en el exterior (*B.O.E.* n. 13, de 15 de enero de 2010; *D.O.E.* n. 244, de 22 de diciembre de 2009).

— Ley 7/2013, de 13 de junio, de la galleguidad (*B.O.E.* n. 172, de 19 de julio, y *D.O.G.* n. 126, de 4 de julio).

— Ley 8/2013, de 29 de octubre, de la Ciudadanía Castellana y Leonesa en el Exterior (*B.O.E.* n. 274, de 15 de noviembre, y *B.O.C.L.* n. 213, de 5 de noviembre).

— Ley 2/2018, de 23 de marzo, de los asturianos en el exterior y del reconocimiento de la asturianía (*B.O.E.* n. 108, de 4 de mayo, y *B.O.P.A.* n. 79, de 6 de abril).

N. 2.º: v. arts. 84 y ss. de la L.Sec.Púb., 116 y 119 del C. de C., 19 y ss. del T.R.L.S.Cap., 4.2. de la L.S.L., 1.7 de la L.A.I.E. y 1.665, 1.667, 1.669 y 1.670 y nota al Tít. VIII del Libro IV de este Código.

dad propia, independiente de la de cada uno de los asociados.

Art. 36. Las asociaciones a que se refiere el número 2.º del artículo anterior se regirán por las disposiciones relativas al contrato de sociedad, según la naturaleza de éste.

Art. 37. La capacidad civil de las corporaciones se regulará por las leyes que las hayan creado o reconocido; la de las asociaciones por sus estatutos; y la de las fundaciones por las reglas de su institución, debidamente aprobadas por disposición administrativa, cuando este requisito fuere necesario.

Art. 38. Las personas jurídicas pueden adquirir y poseer bienes de todas clases, así como contraer obligaciones y ejercitar acciones civiles o criminales, conforme a las leyes y reglas de su constitución.

La Iglesia se regirá en este punto por lo concordado entre ambas potestades; y los establecimientos de instrucción y beneficencia por lo que dispongan las leyes especiales.

Art. 39. Si por haber expirado el plazo durante el cual

Art. 36: v. arts. 1.665, 1.669 y nota al Tít. VIII del Libro IV.

Art. 37: v. arts. 14 a 22 de la L.Fund. y nota al art. 35.1.º

Art. 38, párr. 1.º: Ténganse en cuenta los arts. 73 de la L.O.P.J., 31 del C.P. y 6.3.º de la L.Enj.Civ. V. arts. 242, 251, 254, 515, 744 a 746, 748, 956 a 958, 993, 994 y 1.812.

Párr. 2.º: respecto a la Santa Sede, téngase en cuenta la Disp. Adic. 2.ª de la L.Fund., y que, aunque hay un Concordato de 27 de agosto de 1953, ratificado por Instrumento de 26 de octubre (*B.O.E.* n. 323 de 19 de noviembre), ha sido profundamente modificado por los Acuerdos suscritos con la misma el 3 de enero de 1979, ratificados por Instrumentos de 3 de diciembre (*B.O.E.* n. 300, de 15 de diciembre), sobre asuntos jurídicos, asuntos económicos y enseñanza y asuntos culturales, respectivamente. V. en especial el art. 1 y Disp. Trans. 1.ª del Acuerdo sobre asuntos jurídicos. Respecto a los establecimientos de instrucción y beneficencia, v. la Disp. Adic. 2.ª de la L. Fund. y Disp. Adic. 9.ª de la Ley 49/2002, de 23 de diciembre, de régimen fiscal de las entidades sin fines lucrativos y de los incentivos fiscales al mecenazgo (*B.O.E.* n. 307, de 24 de diciembre). En cuanto no se opongan a la Ley de Fundaciones de 1994 (Ley 30/1994, de 24 de noviembre), permanecen vigentes el R.D. de 14 de marzo de 1889 (*Gaceta* n. 74 a 80, de 15 a 21 de marzo), de reorganización de Servicios de la beneficencia particular; el D. 2.930/1972, de 21 de junio (*B.O.E.* de 30 de octubre), de fundaciones culturales privadas y entidades análogas y de los Servicios administrativos encargados del protectorado de las mismas; y el D. 446/1961, de 16 de marzo, sobre fundaciones laborales, y el R.D. de 20 de junio de 1926 (*Gaceta* de 21 de junio), sobre instituciones y fundaciones benéfico-docentes particulares de enseñanza agrícola, pecuaria o minera.

Art. 39: v. arts. 747 y 1.666. También los arts. 221 a 223 del C. de C. y 3, ap. 2 de la L.Asoc., 75 de la L.Coop. y 360 ss. del T.R.L.S.Cap. V. art. 31 y Disp. Trans. 1.ª de la L.Fund., en relación con los arts. 667, 670, 671 y 675 del C.c. Ténganse en cuenta los

funcionaban legalmente, o por haber realizado el fin para el cual se constituyeron, o por ser ya imposible aplicar a éste la actividad y los medios de que disponían, dejasen de funcionar las corporaciones, asociaciones y fundaciones, se dará a sus bienes la aplicación que las leyes, o los estatutos, o las cláusulas fundacionales, les hubiesen en esta previsión asignado. Si nada se hubiere establecido previamente, se aplicarán esos bienes a la realización de fines análogos, en interés de la región, provincia o Municipio que principalmente debieran recoger los beneficios de las instituciones extinguidas.

TÍTULO III

Del domicilio

Art. 40. Para el ejercicio de los derechos y el cumplimiento de las obligaciones civiles, el domicilio de las personas naturales es el lugar de su residencia habitual, y, en su caso, el que determine la Ley de Enjuiciamiento Civil.

El domicilio de los diplomáticos residentes por razón de su cargo en el extranjero, que gocen del derecho de extraterritorialidad, será el último que hubieren tenido en territorio español.

Art. 41. Cuando ni la ley que las haya creado o reconocido, ni los estatutos o las reglas de fundación fijaren el domicilio de las personas jurídicas, se entenderá que lo tienen en el lu-

---

arts. 1 y 3 de la Ley 4/1986, de 8 de enero, de cesión de bienes del patrimonio sindical acumulado (*B.O.E.* n. 12, de 14 de enero).

Art. 40: Ténganse en cuenta los arts. 18 y 19 de la Const. V. arts. 50, 51 y 155 de la L.Enj.Civ., 9 del T.R.L.S.Cap., y 3 de la L.Coop.

Téngase en cuenta lo dispuesto en el art. 52 del Convenio de Bruselas de 27 de septiembre de 1965, sobre competencia judicial y ejecución de resoluciones judiciales en materia civil y mercantil, ratificado por España mediante Instrumento de 29 de octubre de 1990 (*B.O.E.* de 28 de enero de 1991; corrección de errores en *B.O.E.* de 30 de abril de 1991). Téngase en cuenta el art. 59 del Reglamento (CE) 44/2001 del Consejo, de 22 de diciembre de 2000, relativo a la competencia judicial, el reconocimiento y la ejecución de resoluciones judiciales en materia civil y mercantil (*D.O.* n. L 12, de 16 de enero de 2001). Este Reglamento entró en vigor el 1 de marzo de 2002 y derogó el Convenio de Bruselas según lo dispuesto en el art. 68 del citado Reglamento.

Art. 41: v. arts. 9 del T.R.L.S.Cap., 4.1 y 18 de la L.S.L., 50, 51 y 155 de la L.Enj.Civ., 3 de la L.Coop., 48 del T.C.E. y nota al art. 28, así como la Ley 15 de la C.Nav.

gar en que se halle establecida su representación legal, o donde ejerzan las principales funciones de su instituto.

TÍTULO IV*

Del matrimonio

CAPÍTULO PRIMERO

DE LA PROMESA DE MATRIMONIO

Art. 42. La promesa de matrimonio no produce obligación de contraerlo ni de cumplir lo que se hubiere estipulado para el supuesto de su no celebración.

No se admitirá a trámite la demanda en que se pretenda su cumplimiento.

Art. 43. El incumplimiento sin causa de la promesa cierta de matrimonio hecha por persona mayor de edad o por menor emancipado sólo producirá la obligación de resarcir a la otra parte de los gastos hechos y las obligaciones contraídas en consideración al matrimonio prometido.

Esta acción caducará al año contado desde el día de la negativa a la celebración del matrimonio.

---

* Redactado en su totalidad por Ley 30/1981, de 7 de julio (*B.O.E.* n. 172, de 20 de julio) por la que se modifica la regulación del matrimonio en el Código civil y se determina el procedimiento a seguir en las causas de nulidad, separación y divorcio. V. los arts. 14 y 32 de la Const., y el Convenio tendente a facilitar la celebración de los matrimonios en el extranjero, firmado en París el 10 de septiembre de 1964 (*B.O.E.* n. 16, de 19 de enero de 1977).

El art. 770 de la L.Enj.Civ. señala que las demandas de separación y divorcio, salvo las previstas en el art. 777 de dicha Ley, las de nulidad del matrimonio y las demás que se formulen al amparo del título IV del libro I del Código Civil, se sustanciarán por los trámites del juicio verbal, previstos en los arts. 437 y ss. de la L.Enj.Civ.

V. también las Leyes 53 y ss. de la C.Nav.

Téngase en cuenta que en Cataluña, Comunidad Valenciana, Andalucía, Extremadura, Canarias, Navarra, Madrid, Islas Baleares, Aragón y Cantabria se han promulgado diversas leyes en virtud de las cuales se otorgan a los integrantes de situaciones de convivencia de hecho, sean de carácter heterosexual u homosexual, efectos jurídicos equiparables a los derivados del matrimonio. Dichos efectos se refieren, principalmente, a la custodia y guarda de los hijos, a la adopción, a la pensión compensatoria y a los derechos sucesorios.

Ténganse asimismo en cuenta los arts. 58 y ss. de la L.R.C., sobre inscripciones relativas al matrimonio en el Registro Civil

Art. 42: v. arts. 826, 1.451, 1.862 y 1.895 a 1.901. Compárese con el art. 127.

Art. 43, párr. 1.º: Téngase en cuenta lo dispuesto en los arts. 239, 247, 1.107, 1.334, 1.242, 1.902, 1.903 y 1.968.

CAPÍTULO II

DE LOS REQUISITOS DEL MATRIMONIO*

Art. 44. El hombre y la mujer tienen derecho a contraer matrimonio conforme a las disposiciones de este Código.

El matrimonio tendrá los mismos requisitos y efectos cuando ambos contrayentes sean del mismo o de diferente sexo.

Art. 45. No hay matrimonio sin consentimiento matrimonial.

La condición, término o modo del consentimiento se tendrá por no puesta.

Art. 46. No pueden contraer matrimonio:

1.º Los menores de edad no emancipados.

2.º Los que estén ligados con vínculo matrimonial.

Art. 47. Tampoco pueden contraer matrimonio entre sí:

1.º Los parientes en línea recta por consanguinidad o adopción.

2.º Los colaterales por consanguinidad hasta el tercer grado.

3. Los condenados por haber tenido participación en la muerte dolosa del cónyuge o persona con la que hubiera estado unida por análoga relación de afectividad a la conyugal.

---

* Véase el Convenio de Nueva York de 10 de diciembre de 1962 (*B.O.E.* n. 128, de 29 de mayo de 1969), sobre consentimiento para el matrimonio, edad mínima para contraerlo y registro del mismo.

Ténganse en cuenta los arts. 1 a 3 de la L.Conviv.Cat., 234-1 del C.Civ.Cat., 303 y ss. del C.Arag., 1 y ss. de la L.Parej.Val., 1 a 3 de la L.Parej.And., 1 a 3 de la L.Parej.Can., 1 y 2 de la L.Parej.Eusk., 1 a 3 de la L.Parej.Extrem., 1 y ss. de la L.Parej.Nav. y 11 de la L.Parej.Cant.

Asimismo, ténganse en cuenta las SS.T.C. 81/2013 y 93/2013, que declaran inconstitucionales diversos preceptos de la L.Parej.Mad. y la L.Parej.Nav.

Art. 44: v. arts. 793 de este Código y 32 de la Const.

Párr. 2.º: Redactado conforme a la Ley 13/2005, de 1 de julio, por la que se modifica el Código Civil en materia de derecho a contraer matrimonio (*B.O.E.* n. 157, de 2 de julio).

Téngase en cuenta la S.T.C. 198/2012, de 6 de noviembre, que declara constitucional el párr. 2.º del art. 44 tal cual fue reformado por la Ley 13/2005, admitiendo de ese modo el matrimonio entre personas del mismo sexo.

Art. 45, párr. 1.º: v. arts. 73, 1.º, 74 y 1.261.

Párr. 2.º: v. arts. 1.116 y 1.255.

Art. 46: v. arts. 73, n. 2, 75, 239, 243, 1.263, n. 1, y 1.338 del C.c.; y 217 del C.P.

Art. 47: Redactado por la Disp. Final 1.ª de la L.J.V.; v. arts. 178, 917 y 918.

V. también arts. 306 del C.Arag., 3 de la L.ParejAnd., 2 de la L.Parej.Can., 3 de la L.Parej.Extrem. y 234-2 del C.Civ. Cat.

Ténganse en cuenta las SS.T.C. 81/ 2013 y 93/2013, que declaran inconstitucionales diversos preceptos de la L.Parej.Mad. y la L.Parej.Nav.

Art. 48. El Juez podrá dispensar, con justa causa y a instancia de parte, mediante resolución previa dictada en expediente de jurisdicción voluntaria, los impedimentos de muerte dolosa del cónyuge o persona con la que hubiera estado unida por análoga relación de afectividad a la conyugal y de parentesco de grado tercero entre colaterales. La dispensa ulterior convalida, desde su celebración, el matrimonio cuya nulidad no haya sido instada judicialmente por alguna de las partes.

CAPÍTULO III

DE LA FORMA DE CELEBRACIÓN DEL MATRIMONIO

SECCIÓN PRIMERA

Disposiciones generales

Art. 49. Cualquier español podrá contraer matrimonio dentro o fuera de España:

1.º En la forma regulada en este Código.

2.º En la forma religiosa legalmente prevista.

También podrá contraer matrimonio fuera de España con arreglo a la forma establecida por la ley del lugar de celebración.

Art. 50. Si ambos contrayentes son extranjeros, podrá celebrarse el matrimonio en España con arreglo a la forma prescrita para los españoles o cumpliendo la establecida por la ley personal de cualquiera de ellos.

SECCIÓN SEGUNDA

*De la celebración del matrimonio**

Art. 51. 1. La competencia para constatar mediante acta o expediente el cumplimiento de los requisitos de capacidad de ambos contrayentes y la inexistencia de impedimentos o su dispensa, o cualquier género de obstáculos para contraer matrimonio corres-

---

Art. 48: Redactado por la Disp. Final 1.ª de la L.J.V.; v. arts. 74 de la L.R.C.; 240, 246, 247, 257, 260 y 261 del R.R.C., y 217 a 219 y 401 del C.P. V. asimismo el art. 9 de la L.Men.

Art. 49: v. arts. 11, 51, 52, 59 y 69, y Circular de 16 de julio de 1984 de la D.G.R.N.

V. arts. 11, 51, 52, 59 y 60, y Circular de 16 de julio de 1984 de la D.G.R.N (*B.O.E.* n. 175, de 23 de julio), sobre duplicidad de matrimonios.

Téngase en cuenta el Convenio para facilitar la celebración de los matrimonios en el extranjero, hecho en París el 10 de septiembre de 1964 (*B.O.E.* n. 16, de 19 de enero de 1977), y el Convenio relativo a la expedición de un certificado de capacidad matrimonial, hecho en Múnich el 5 de septiembre de 1980 (*B.O.E.* n. 117, de 16 de mayo de 1988).

Modificado por Disp. Final 1.ª de la L.J.V.

Art. 50: v. art. 9.1.

ponderá al Secretario judicial, Notario o Encargado del Registro Civil del lugar del domicilio de uno de los contrayentes o al funcionario diplomático o consular Encargado del Registro Civil si residiesen en el extranjero.

2. Será competente para celebrar el matrimonio:

1.º El Juez de Paz o Alcalde del municipio donde se celebre el matrimonio o concejal en quien éste delegue.

2.º El Secretario judicial o Notario libremente elegido por ambos contrayentes que sea competente en el lugar de celebración.

3.º El funcionario diplomático o consular Encargado del Registro Civil en el extranjero.

Art. 52. Podrán celebrar el matrimonio del que se halle en peligro de muerte:

1.º El Juez de Paz, Alcalde o Concejal en quien delegue, Se-

---

* Rúbrica redactada por la Disp. Final 1.ª de la L.J.V.; v. Disp. Final 2.ª de la L.R.C. y arts. 259, 267 a 272, 339 y 341 a 366 del R.R.C.

Téngase en cuenta la Instrucción de la D.G.R.N. de 10 de enero de 2013 (*B.O.E.* n. 39, de 14 de febrero), sobre lugar de celebración de matrimonios civiles por los alcaldes.

Art. 51, N. 1.º: Debe consultarse la Instrucción de 26 de enero de 1995 de la D.G.R.N. en relación con las directrices sobre autorización del matrimonio civil por los Alcaldes (*B.O.E.* n. 35, de 10 de febrero).

N. 2.º: Téngase en cuenta la Resolución de la D.G.R.N., de 14 de mayo de 1983 (*B.I.M.J.* n. 1.311, de 15 de mayo) sobre competencia del Alcalde para autorizar el matrimonio, siempre que se trate de municipios donde no resida el Juez encargado del Registro Civil. V. arts. 52 y 58; art. 11, n. 3.

Con arreglo a lo dispuesto en la Disp. Final 1.ª de la Ley 5/2018, de 11 de junio, de modificación de la Ley 1/2000, de 7 de enero, de Enjuiciamiento Civil, en relación a la ocupación ilegal de viviendas (*B.O.E.* n. 142, de 12 de junio), la entrada en vigor de la L.R.C. se pospuso a 30 de junio de 2020, excepto las Disps. Adics. 7.ª y 8.ª y las Disps. Finales 3.ª y 6.ª de dicha Ley, que entraron en vigor el día siguiente al de su publicación en el *Boletín Oficial del Estado*, y excepto los arts. 49.2 y 53 del mismo texto legal, que entraron en vigor el 30 de junio de 2017. Finalmente, la L.R.C. entró en vigor el 30 de abril de 2021, de acuerdo con lo dispuesto en la Disp. Final 10.ª de dicha Ley, según modificación introducida por la Disp. Final 5.ª de la Ley 3/2020, de 18 de septiembre, de medidas procesales y organizativas para hacer frente al COVID-19 en el ámbito de la Administración de Justicia (*B.O.E.* n. 250, de 19 de septiembre).

Lo dispuesto en el párrafo anterior se entiende sin perjuicio de la entrada en vigor el 15 de octubre de 2015 de los arts. 44, 45, 46, 47, 49.1 y 4, 64, 66, 67.3 y Disp. Adic. 9.ª de la L.R.C. 2011, en la redacción dada por el art. 2.º de la Ley 19/2015, de 13 de julio, de medidas de reforma administrativa en el ámbito de la Administración de Justicia y del Registro Civil.

Modificado por Disp. Final 1.ª de la L.J.V.

Véase Instrucción de 3 de junio de 2021, de la Dirección General de Seguridad Jurídica y Fe Pública, sobre la tramitación del procedimiento de autorización del matrimonio ante notarios (*B.O.E.* n. 133, de 4 de junio).

Modificado por Disp. Final 1.ª de la L.J.V.

Art. 52: v. arts. 58 y ss. de la L.R.C. y 253 del R.R.C.

cretario judicial, Notario o funcionario a que se refiere el artículo 51.

2.º El Oficial o Jefe superior inmediato respecto de los militares en campaña.

3.º El Capitán o Comandante respecto de los matrimonios que se celebren a bordo de nave o aeronave.

El matrimonio en peligro de muerte no requerirá para su celebración la previa tramitación del acta o expediente matrimonial, pero sí la presencia, en su celebración, de dos testigos mayores de edad y, cuando el peligro de muerte derive de enfermedad o estado físico de alguno de los contrayentes, dictamen médico sobre su capacidad para la prestación del consentimiento y la gravedad de la situación, salvo imposibilidad acreditada, sin perjuicio de lo establecido en el artículo 65.

Art. 53. La validez del matrimonio no quedará afectada por la incompetencia o falta de nombramiento del Juez de Paz, Alcalde, Concejal, Secretario judicial, Notario o funcionario ante quien se celebre, siempre que al menos uno de los cónyuges hubiera procedido de buena fe y aquellos ejercieran sus funciones públicamente.

Art. 54. Cuando concurra causa grave suficientemente probada, el Ministro de Justicia podrá autorizar el matrimonio secreto. En este caso, el expediente se tramitará reservadamente, sin la publicación de edictos o proclamas.

Art. 55. Uno de los contrayentes podrá contraer matrimonio por apoderado, a quien tendrá que haber concedido poder especial en forma auténtica, siendo siempre necesaria la asistencia personal del otro contrayente.

En el poder se determinará la persona con quien ha de celebrarse el matrimonio, con expresión de las circunstancias personales precisas para establecer su identidad, debiendo apreciar su validez el Secretario judicial, Notario, Encargado del

---

Art. 53: v. arts. 73, n. 3, 78 y 79 de este Código.

Téngase en cuenta la anotación hecha en el art. 51 en relación con la entrada en vigor de la L.R.C.

Modificado por Disp. Final 1.ª de la L.J.V.

Art. 54: v. arts. 58.7 de la L.R.C., 267 a 270 del R.R.C. y 64 del C.c.

Art. 55: v. arts. 73, n. 3, 78 y 79 de este Código.

Téngase en cuenta la anotación hecha en el art. 51 en relación con la entrada en vigor de la L.R.C.

Modificado por Disp. Final 1.ª de la L.J.V.

Registro Civil o funcionario que tramite el acta o expediente matrimonial previo al matrimonio.

El poder se extinguirá por la revocación del poderdante, por la renuncia del apoderado o por la muerte de cualquiera de ellos. En caso de revocación por el poderdante bastará su manifestación en forma auténtica antes de la celebración del matrimonio. La revocación se notificará de inmediato al Secretario judicial, Notario, Encargado del Registro Civil o funcionario que tramite el acta o expediente previo al matrimonio, y si ya estuviera finalizado a quien vaya a celebrarlo.

Art. 56. Quienes deseen contraer matrimonio acreditarán previamente en acta o expediente tramitado conforme a la legislación del Registro Civil, que reúnen los requisitos de capacidad o la inexistencia de impedimentos o su dispensa, de acuerdo con lo previsto en este Código.

El Letrado de la Administración de Justicia, Notario, Encargado del Registro Civil o funcionario que tramite el acta o expediente, cuando sea necesario, podrá recabar de las Administraciones o entidades de iniciativa social de promoción y protección de los derechos de las personas con discapacidad, la provisión de apoyos humanos, técnicos y materiales que faciliten la emisión, interpretación y recepción del consentimiento del o los contrayentes. Solo en el caso excepcional de que alguno de los contrayentes presentare una condición de salud que, de modo evidente, categórico y sustancial, pueda impedirle prestar el consentimiento matrimonial pese a las medidas de apoyo, se recabará dictamen médico sobre su aptitud para prestar el consentimiento.

Art. 57. El matrimonio tramitado por el Secretario judicial o por funcionario consular o diplomático podrá celebrarse ante el mismo u otro distinto, o ante el Juez de Paz, Alcalde o Concejal en quien éste delegue, a elección de los contrayentes. Si se hubiere tramitado por el Encargado del Registro Civil, el matrimonio deberá celebrarse ante el Juez de Paz, Alcalde o Concejal en quien éste delegue, que designen los contrayentes.

Art. 56: Véase art. único.dos de la Ley 4/2017, de 28 de junio, de modificación de la L.J.V. (*B.O.E.* n. 154, de 29 de junio); v. arts. 65, 249, 250, 1.261 y 1.263. Compárese con arts. 46, 47 y 663, y v. art. 245 del R.R.C.

Modificado por Disp. Final 1.ª de la L.J.V.

Art. 57: v. art. 40.

Modificado por Disp. Final 1.ª de la L.J.V.

Finalmente, si fuera el Notario quien hubiera extendido el acta matrimonial, los contrayentes podrán otorgar el consentimiento, a su elección, ante el mismo Notario u otro distinto del que hubiera tramitado el acta previa, el Juez de Paz, Alcalde o Concejal en quien éste delegue.

Art. 58. El Juez de Paz, Alcalde, Concejal, Secretario judicial, Notario o funcionario, después de leídos los artículos 66, 67 y 68, preguntará a cada uno de los contrayentes si consiente en contraer matrimonio con el otro y si efectivamente lo contrae en dicho acto y, respondiendo ambos afirmativamente, declarará que los mismos quedan unidos en matrimonio y extenderá el acta o autorizará la escritura correspondiente.

SECCIÓN TERCERA

De la celebración en forma religiosa

Art. 59. El consentimiento matrimonial podrá prestarse en la forma prevista por una confesión religiosa inscrita, en los términos acordados con el Estado o, en su defecto, autorizados por la legislación de éste.

Art. 60. 1. El matrimonio celebrado según las normas del Derecho canónico o en cualquiera de otras formas religiosas previstas en los acuerdos de cooperación entre el Estado y las confesiones religiosas produce efectos civiles.

2. Igualmente, se reconocen efectos civiles al matrimonio celebrado en la forma religiosa prevista por las iglesias, confesiones, comunidades religiosas

---

Art. 58: v. art. 225 del R.R.C.

Téngase en cuenta la anotación hecha en el art. 51 en relación con la entrada en vigor de la L.R.C.

Modificado por Disp. Final 1.ª de la L.J.V.

Art. 59: v. el R.D. 594/2015, de 3 de julio, por el que se regula el Registro de Entidades Religiosas (*B.O.E.* n. 183, de 1 de agosto), y nota al art. 60. Véanse las Leyes 24, 25 y 26/1992, de 10 de noviembre (*B.O.E.* n. 272, de 12 de noviembre), sobre efectos civiles de los matrimonios celebrados tanto ante ministros de culto de Iglesias Evangélicas pertenecientes a FEREDE, así como ante ministros de culto de las Comunidades Israelitas de España y de los celebrados según la forma establecida en la Ley Islámica. Téngase en cuenta la Orden JUS/577/2016, de 19 de abril, sobre inscripción en el Registro Civil de determinados matrimonios celebrados en forma religiosa y aprobación del modelo de certificado de capacidad matrimonial y de celebración de matrimonio religioso (*B.O.E.* n. 97, de 22 de abril de 2016).

Art. 60: Redactado por la Disp. Final 1.ª12 de la L.J.V.; v. el Acuerdo suscrito con la Santa Sede sobre asuntos jurídicos (*B.O.E.* n. 300, de 15 de diciembre de 1979). Téngase en cuenta lo dispuesto en los arts. 14 y 16 de la Const. V. nota al art. 59 y art. 329.

o federaciones de las mismas que, inscritas en el Registro de Entidades Religiosas, hayan obtenido el reconocimiento de notorio arraigo en España.

En este supuesto, el reconocimiento de efectos civiles requerirá el cumplimiento de los siguientes requisitos:

a) La tramitación de un acta o expediente previo de capacidad matrimonial con arreglo a la normativa del Registro Civil.

b) La libre manifestación del consentimiento ante un ministro de culto debidamente acreditado y dos testigos mayores de edad.

La condición de ministro de culto será acreditada mediante certificación expedida por la iglesia, confesión o comunidad religiosa que haya obtenido el reconocimiento de notorio arraigo en España, con la conformidad de la federación que, en su caso, hubiere solicitado dicho reconocimiento.

3. Para el pleno reconocimiento de los efectos civiles del matrimonio celebrado en forma religiosa se estará a lo dispuesto en el Capítulo siguiente.

CAPÍTULO IV

De la inscripción del matrimonio en el Registro Civil

Art. 61. El matrimonio produce efectos civiles desde su celebración.

Para el pleno reconocimiento de los mismos será necesaria su inscripción en el Registro Civil.

El matrimonio no inscrito no perjudicará los derechos adquiridos de buena fe por terceras personas.

Art. 62. La celebración del matrimonio se hará constar mediante acta o escritura pública que será firmada por aquél ante quien se celebre, los contrayentes y dos testigos.

Extendida el acta o autorizada la escritura pública, se remitirá por el autorizante copia acreditativa de la celebración del matrimonio al Registro Civil competente, para su inscripción, previa calificación por el Encargado del mismo.

Art. 63. La inscripción del matrimonio celebrado en Espa-

Art. 61, párr. 2.º: v. arts. 58 y ss. de la L.R.C. y nota al art. 60.

Art. 62: v. art. 225 del R.R.C.

Téngase en cuenta la anotación hecha en el art. 51 en relación con la entrada en vigor de la L.R.C.

Modificado por Disp. Final 1.ª de la L.J.V.

Art. 63: Redactado por la Disp. Final 1.ª14 de la L.J.V.; v. art. 256 del R.R.C. y nota al art. 61. Ténganse en cuenta las Circulares de la D.G.R.N. de 15 de febrero de 1980

ña en forma religiosa se practicará con la simple presentación de la certificación de la iglesia, o confesión, comunidad religiosa o federación respectiva, que habrá de expresar las circunstancias exigidas por la legislación del Registro Civil.

Se denegará la práctica del asiento cuando de los documentos presentados o de los asientos del Registro conste que el matrimonio no reúne los requisitos que para su validez se exigen en este título.

Art. 64. Para el reconocimiento del matrimonio secreto basta su inscripción en el Libro especial del Registro Civil Central, pero no perjudicará los derechos adquiridos de buena fe por terceras personas sino desde su publicación en el Registro Civil ordinario.

Art. 65. En los casos en que el matrimonio se hubiere celebrado sin haberse tramitado el correspondiente expediente o acta previa, si éste fuera necesario, el Secretario judicial, Notario, o el funcionario diplomático o consular Encargado del Registro Civil que lo haya celebrado, antes de realizar las actuaciones que procedan para su inscripción, deberá comprobar si concurren los requisitos legales para su validez, mediante la tramitación del acta o expediente al que se refiere este artículo.

Si la celebración del matrimonio hubiera sido realizada ante autoridad o persona competente distinta de las indicadas en el párrafo anterior, el acta de aquélla se remitirá al Encargado del Registro Civil del lugar de celebración para que proceda a la comprobación de los requisitos de validez, mediante el expediente correspondiente. Efectuada esa comprobación, el Encargado del Registro Civil procederá a su inscripción.

(*B.O.E.* n. 47, de 23 de febrero) para la inscripción en el Registro Civil de matrimonios canónicos; de 16 de julio de 1987 (*B.O.E.* n. 175, de 23 de julio) sobre duplicidad de ceremonias y lo dispuesto en el art. 3 del Convenio de Nueva York sobre consentimiento, edad mínima y registro de matrimonio de 20 de diciembre de 1962 (*B.O.E.* n. 128, de 29 de mayo de 1969). V. nota al art. 59.

Art. 64: v. arts. 58.7 de la L.R.C. y 267 a 270 del R.R.C.

Art. 65: v. arts. 256 y 257 del R.R.C.

Téngase en cuenta la anotación hecha en el art. 51 en relación con la entrada en vigor de la L.R.C.

Modificado por Disp. Final 1.ª de la L.J.V.

CAPÍTULO V

De los derechos y deberes de los cónyuges

Art. 66. Los cónyuges son iguales en derechos y deberes.

Art. 67. Los cónyuges deben respetarse y ayudarse mutuamente y actuar en interés de la familia.

Art. 68. Los cónyuges están obligados a vivir juntos, guardarse fidelidad y socorrerse mutuamente. Deberán, además, compartir las responsabilidades domésticas y el cuidado y atención de ascendientes y descendientes y otras personas dependientes a su cargo.

Art. 69. Se presume, salvo prueba en contrario, que los cónyuges viven juntos.

Art. 70. Los cónyuges fijarán de común acuerdo el domicilio conyugal y, en caso de discrepancia, resolverá el Juez, teniendo en cuenta el interés de la familia.

Art. 71. Ninguno de los cónyuges puede atribuirse la representación del otro sin que le hubiere sido conferida.

Art. 72. [*Derogado por Ley 30/1981, de 7 de julio.*]

CAPÍTULO VI

De la nulidad del matrimonio

Art. 73. Es nulo cualquiera que sea la forma de su celebración:

1.º El matrimonio celebrado sin consentimiento matrimonial.

Art. 66: Redactado conforme a la Ley 13/2005, de 1 de julio, por la que se modifica el Código Civil en materia de derecho a contraer matrimonio (*B.O.E.* n. 157, de 2 de julio). V. los arts. 14 y 32 de la Const.

Art. 67: Redactado conforme a la Ley 13/2005, de 1 de julio, por la que se modifica el Código Civil en materia de derecho a contraer matrimonio (*B.O.E.* n. 157, de 2 de julio). V. arts. 7 y ss. de la L.Rep.Asist.; arts. 39 de la Const.; 183.2 del C.Arag.; 154, 1.318 a 1.320, 1.328, 1.375 a 1.391 y 1.438, entre otros, del presente Código. Téngase en cuenta lo dispuesto en los arts. 82 y 86, así como 90 y ss. del mismo.

Art. 68: Redactado conforme a la Ley 15/2005, de 8 de julio, por la que se modifican el C.c. y la L.Enj.Civ. en materia de separación y divorcio (*B.O.E.* n. 163, de 9 de julio). V. arts. 7 y ss. de la L.Rep.Asist. y 102, 105, 852 y 855 de este Código. Ténganse en cuenta los arts. 226 a 231 del C.P.

Art. 69: v. arts. 6 de la L.Rep.Asist., 769 de la L.Enj.Civ. y 82, 86 y 87 de este Código.

Art. 70: v. art. 769 de la L.Enj.Civ. y 184 del C.Arag.

Art. 71: v. arts. 102.2.º y 1.259 de este Código. Ténganse en cuenta los arts. 1.709 a 1.739 y 1.887 a 1.894 del mismo y nota al art. 66.

Art. 73: Redactado conforme a la Ley 35/1994, de reforma del C.c.

N. 1.º: v. arts. 1.261 de este Código y 770.2.ª de la L.Enj.Civ., así como nota al art. 56.

2.º El matrimonio celebrado entre las personas a que se refieren los artículos 46 y 47, salvo los casos de dispensa conforme al artículo 48.

3.º El que se contraiga sin la intervención del Juez de Paz, Alcalde o Concejal, Secretario judicial, Notario o funcionario ante quien deba celebrarse, o sin la de los testigos.

4.º El celebrado por error en la identidad de la persona del otro contrayente o en aquellas cualidades personales que, por su entidad, hubieren sido determinantes de la prestación del consentimiento.

5.º El contraído por coacción o miedo grave.

Art. 74. La acción para pedir la nulidad del matrimonio corresponde a los cónyuges, al Ministerio Fiscal y a cualquier persona que tenga interés directo y legítimo en ella, salvo lo dispuesto en los artículos siguientes.

Art. 75. Si la causa de nulidad fuere la falta de edad, mientras el contrayente sea menor sólo podrá ejercitar la acción cualquiera de sus padres, tutores o guardadores y, en todo caso, el Ministerio Fiscal.

Al llegar a la mayoría de edad sólo podrá ejercitar la acción el contrayente menor, salvo que los cónyuges hubieren vivido juntos durante un año después de alcanzada aquélla.

Art. 76. En los casos de error, coacción o miedo grave solamente podrá ejercitar la acción de nulidad el cónyuge que hubiera sufrido el vicio.

Caduca la acción y se convalida el matrimonio si los cónyuges hubieran vivido juntos durante un año después de desvanecido el error o de haber cesado la fuerza o la causa del miedo.

Art. 77. [*Derogado por Ley 30/1981, de 7 de julio.*]

Art. 78. El Juez no acordará la nulidad de un matrimonio por defecto de forma, si al menos uno de los cónyuges lo contrajo de buena fe, salvo lo dispuesto en el número 3 del artículo 73.

N. 2.º: v. art. 770.2.ª de la L.Enj.Civ.
Modificado por Disp. Final 1.ª de la L.J.V.
N. 4.º y 5.º: v. art. 770.2.ª de la L.Enj.Civ.
Art. 74: v. arts.749 de la L.Enj.Civ. y 1.300 a 1.302 de este Código.
Art. 75: v. arts. 48.2, 162, 199, 239 y 1.300 a 1.313.
Art. 76: v. arts. 69 y 1.302.

Art. 79. La declaración de nulidad del matrimonio no invalidará los efectos ya producidos respecto de los hijos y del contrayente o contrayentes de buena fe.

La buena fe se presume.

Art. 80. Las resoluciones dictadas por los Tribunales eclesiásticos sobre nulidad de matrimonio canónico o las decisiones pontificias sobre matrimonio rato y no consumado tendrán eficacia en el orden civil, a solicitud de cualquiera de las partes, si se declaran ajustados al Derecho del Estado en resolución dictada por el Juez civil competente conforme a las condiciones a las que se refiere el artículo 954 de la Ley de Enjuiciamiento Civil.

CAPÍTULO VII

DE LA SEPARACIÓN*

Art. 81. Se decretará judicialmente la separación cuando existan hijos menores no emancipados o hijos mayores respecto de los que se hayan establecido judicialmente medidas de apoyo atribuidas a sus progenitores, cualquiera que sea la forma de celebración del matrimonio:

Art. 79: v. arts. 6.3, 98 y 1.300. Téngase en cuenta el art. 525.1 de la L.Enj.Civ., donde se establece que no son susceptibles de ejecución provisional, entre otras, las sentencias sobre nulidad de matrimonio, salvo los pronunciamientos que regulen las obligaciones y relaciones patrimoniales relacionadas con lo que sea objeto principal del proceso.

Art. 80: v. el art. VI.2 del Acuerdo con la Santa Sede de 3 de enero de 1979 sobre asuntos jurídicos (*B.O.E.* n. 300, de 15 de diciembre). V. arts. 778 de la L. Enj.Civ., 107 de este Código y 263 a 265 del R.R.C.

La referencia al art. 954 de la Ley de Enjuiciamiento Civil (de 1881) hay que entenderla, hoy día, a los arts. 41 y ss. de la Ley 29/2015, de 30 de julio, de cooperación jurídica internacional en materia civil.

* V. la Disp. Adic. 10.ª de la Ley 30/1981, de 7 de julio, por la que se redacta íntegramente el presente Título.

Ténganse en cuenta los arts. 748 y ss. de la L.Enj.Civ., que tratan sobre disposiciones generales en relación con los procesos sobre capacidad, filiación, matrimonio y menores, así como los arts. 769 y ss. de la L.Enj.Civ., sobre los procesos matrimoniales y de menores.

Art. 81: Redactado conforme a la Ley 5/2005, de 8 de julio, por la que se modifican el C.c. y la L.Enj.Civ. en materia de separación y divorcio (*B.O.E.* n. 163, de 9 de julio), excepto el párr. 1.°, redactado por la Disp. Final 1.ª de la L.J.V.

Párr. 1.º: Modificado por Ley 8/2021, de 2 de junio, por la que se reforma la legislación civil y procesal para el apoyo a las personas con discapacidad en el ejercicio de su capacidad jurídica (*B.O.E.* n. 132, de 3 de junio).

1.º A petición de ambos cónyuges o de uno con el consentimiento del otro, una vez transcurridos tres meses desde la celebración del matrimonio. A la demanda se acompañará una propuesta de convenio regulador redactada conforme al artículo 90 de este Código.

2.º A petición de uno solo de los cónyuges, una vez transcurridos tres meses desde la celebración del matrimonio. No será preciso el transcurso de este plazo para la interposición de la demanda cuando se acredite la existencia de un riesgo para la vida, la integridad física, la libertad, la integridad moral o libertad e indemnidad sexual del cónyuge demandante o de los hijos de ambos o de cualquiera de los miembros del matrimonio.

A la demanda se acompañará propuesta fundada de las medidas que hayan de regular los efectos derivados de la separación.

Art. 82. 1. Los cónyuges podrán acordar su separación de mutuo acuerdo transcurridos tres meses desde la celebración del matrimonio mediante la formulación de un convenio regulador ante el letrado de la Administración de Justicia o en escritura pública ante Notario, en el que, junto a la voluntad inequívoca de separarse, determinarán las medidas que hayan de regular los efectos derivados de la separación en los términos establecidos en el artículo 90. Los funcionarios diplomáticos o consulares, en ejercicio de las funciones notariales que tienen atribuidas, no podrán autorizar la escritura pública de separación.

Los cónyuges deberán intervenir en el otorgamiento de modo personal, sin perjuicio de que deban estar asistidos por letrado en ejercicio, prestando su consentimiento ante el letrado de la Administración de Justicia o notario. Igualmente los hijos mayores o menores emancipados deberán otorgar el consentimiento ante el letrado de la Administración de Justicia o Notario respecto de las medidas que les afecten por carecer de ingresos propios y convivir en el domicilio familiar.

2. No será de aplicación lo dispuesto en este artículo cuando existan hijos en la situación

N. 1.º: v. arts.. 750 y 777 de la L.Enj.Civ. y nota al art. 69.
N. 2.º: v. notas a los arts. 67 y 68.
Art. 82: Redactado por la Disp. Final 1.ª de la L.J.V.
Modificado por Ley 8/2021, de 2 de junio, por la que se reforma la legislación civil y procesal para el apoyo a las personas con discapacidad en el ejercicio de su capacidad jurídica (*B.O.E.* n. 132, de 3 de junio).

a la que se refiere el artículo anterior.

Art. 83. La sentencia o decreto de separación o el otorgamiento de la escritura pública del convenio regulador que la determine producen la suspensión de la vida común de los casados y cesa la posibilidad de vincular bienes del otro cónyuge en el ejercicio de la potestad doméstica.

Los efectos de la separación matrimonial se producirán desde la firmeza de la sentencia o decreto que así la declare o desde la manifestación del consentimiento de ambos cónyuges otorgado en escritura pública conforme a lo dispuesto en el artículo 82. Se remitirá testimonio de la sentencia o decreto, o copia de la escritura pública al Registro Civil para su inscripción, sin que, hasta que esta tenga lugar, se produzcan plenos efectos frente a terceros de buena fe.

Art. 84. La reconciliación pone término al procedimiento de separación y deja sin efecto ulterior lo resuelto en él, pero ambos cónyuges separadamente deberán ponerlo en conocimiento del Juez que entienda o haya entendido en el litigio. Ello no obstante, mediante resolución judicial, serán mantenidas o modificadas las medidas adoptadas en relación a los hijos, cuando exista causa que lo justifique.

Cuando la separación hubiere tenido lugar sin intervención judicial, en la forma prevista en el artículo 82, la reconciliación deberá formalizase en escritura pública o acta de manifestaciones.

La reconciliación deberá inscribirse, para su eficacia frente a terceros, en el Registro Civil correspondiente.

CAPÍTULO VIII

DE LA DISOLUCIÓN DEL MATRIMONIO*

Art. 85. El matrimonio se disuelve, sea cual fuere la forma

Art. 83: Redactado por la Disp. Final 1.ª de la L.J.V.; v. arts. 82.1, 82.5, 90 a 98, 102, 105, 177, 1.319, 1.392. 1.415 y 1.435.

Téngase en cuenta el art. 525.1 de la L.Enj.Civ., donde se establece que no son susceptibles de ejecución provisional, entre otras, las sentencias sobre nulidad de matrimonio, salvo los pronunciamientos que regulen las obligaciones y relaciones patrimoniales relacionadas con lo que sea objeto principal del proceso.

Art. 84: Redactado por la Disp. Final 1.ª de la L.J.V.; v. arts. 82.1, 91 y ss. y 154.

* Ténganse en cuenta los arts. 769 y ss. de la L.Enj.Civ.

Art. 85: v. arts. 193 a 197 de este Código, 234-4 y ss. del C.Civ.Cat., 309 del C.Arag., 6 de la L.Parej.Val., 9 de la L.Parej.Can., 12 de la L.Parej.And., 18 y 19 de la L.Parej. Eusk., 5 de la L.Parej.Extrem., 6 de la L.Parej.Bal. y 6 de la L.Parej.Mad.

y el tiempo de su celebración, por la muerte o la declaración de fallecimiento de uno de los cónyuges y por el divorcio.

Art. 86. Se decretará judicialmente el divorcio, cualquiera que sea la forma de celebración del matrimonio, a petición de uno solo de los cónyuges, de ambos o de uno con el consentimiento del otro, cuando concurran los requisitos y circunstancias exigidos en el artículo 81.

Art. 87. Los cónyuges también podrán acordar su divorcio de mutuo acuerdo mediante la formulación de un convenio regulador ante el Secretario judicial o en escritura pública ante Notario, en la forma y con el contenido regulado en el artículo 82, debiendo concurrir los mismos requisitos y circunstancias exigidas en él. Los funcionarios diplomáticos o consulares, en ejercicio de las funciones notariales que tienen atribuidas, no podrán autorizar la escritura pública de divorcio.

Art. 88. La acción de divorcio se extingue por la muerte de cualquiera de los cónyuges y por su reconciliación, que deberá ser expresa cuando se produzca después de interpuesta la demanda.

La reconciliación posterior al divorcio no produce efectos legales, si bien los divorciados podrán contraer entre sí nuevo matrimonio.

Art. 89. Los efectos de la disolución del matrimonio por divorcio se producirán desde la fir-

---

V. también las Disps. Trans. de la Ley 30/1981, de reforma del C.c., así como la L.Parej.Nav.

Ténganse en cuenta las SS.T.C. 81/2013 y 93/2013, que declaran inconstitucionales diversos preceptos de la L.Parej.Mad. y la L.Parej.Nav.

Art. 86: Redactado conforme a la Ley 15/2005, de 8 de julio, por la que se modifican el C.c. y la L.Enj.Civ. en materia de separación y divorcio (*B.O.E.* n. 163, de 9 de julio). V. art. 770.2.ª y 4.ª de la L.Enj.Civ. Ténganse en cuenta los arts. 82, 756, 852 a 855 de este Código y nota al art. 85.

Art. 87: Redactado por la Disp. Final 1.ª de la L.J.V.

En la actualidad, la referencia a Secretario judicial se entiende hecha al Letrado de la Administración de Justicia [L.O. 7/2015, de 21 de julio (*B.O.E.* n. 174, de 22 de julio)].

Art. 88: v. arts. 84, 87 y 1.443.

Art. 89: Redactado por la Disp. Final 1.ª de la L.J.V. Respecto a la inscripción de sentencias y resoluciones judiciales en el Registro Civil, v. arts. 755 de la L.Enj.Civ., 263 a 265 del R.R.C. y nota al art. 83. Compárese con el art. 61.

Téngase en cuenta el art. 525.1 de la L.Enj.Civ., donde se establece que no son susceptibles de ejecución provisional, entre otras, las sentencias sobre nulidad de matrimonio, salvo los pronunciamientos que regulen las obligaciones y relaciones patrimoniales relacionadas con lo que sea objeto principal del proceso.

meza de la sentencia o decreto que así lo declare o desde la manifestación del consentimiento de ambos cónyuges otorgado en escritura pública conforme a lo dispuesto en el artículo 87. No perjudicará a terceros de buena fe sino a partir de su respectiva inscripción en el Registro Civil.

CAPÍTULO IX

DE LOS EFECTOS COMUNES A LA NULIDAD, SEPARACIÓN Y DIVORCIO*

Art. 90. 1. El convenio regulador a que se refieren los artículos 81, 82, 83, 86 y 87 deberá contener, al menos y siempre que fueran aplicables, los siguientes extremos:

a) El cuidado de los hijos sujetos a la patria potestad de ambos, el ejercicio de ésta y, en su caso, el régimen de comunicación y estancia de los hijos con el progenitor que no viva habitualmente con ellos.

b) Si se considera necesario, el régimen de visitas y comunicación de los nietos con sus abuelos, teniendo en cuenta, siempre, el interés de aquéllos.

b) bis. El destino de los animales de compañía, en caso de

---

* Téngase en cuenta la Ley aragonesa 2/2010, de 26 de mayo, de igualdad en las relaciones familiares ante la ruptura de convivencia de los padres (*B.O.E.* n. 151, de 22 de junio; *B.O. de Aragón* n. 111, de 8 de junio).

También la Ley vasca 7/2015, de 30 de junio, de relaciones familiares en supuestos de separación o ruptura de los progenitores (*B.O.E.* n. 176, de 24 de julio, y *B.O.P.V.* n. 129, de 10 de julio).

Téngase asimismo en cuenta el art. 61 de la L.R.C.

Art. 90: Redactado por la Disp. Final 1.ª de la L.J.V.; v. arts. 66, 98, 154, 172, 174, 1.255, 1.407 y 1.814 de este Código y 777 de la L.Enj.Civ. Ténganse en cuenta los arts. 2, 3, 9 y 11 a 22 de la L.Men.; 3, 9, 18 a 20 y 27 de la C.D.N.; 310 del C.Arag., 4 de la L.Parej.Val., 234-7 del C.Civ.Cat. Véanse la L.Parej.Nav., la L.Parej.Bal., el art. 12 de la L.Parej.And., el art. 7 de la L.Parej.Extrem, el art. 6 de la L.Parej.Mad. y el art. 10 de la L.Parej.Cant.

V. Ley 5/2011, de 1 de abril, de relaciones familiares de los hijos e hijas cuyos progenitores no conviven (*B.O.E.* n. 98, de 25 de abril, y *D.O.C.V.* n. 6.495, de 5 de abril).

Véase R.D. 1.618/2007, de 7 de diciembre, sobre organización y funcionamiento del Fondo de Garantía del Pago de Alimentos (*B.O.E.* n. 299, de 14 de diciembre).

Ténganse en cuenta las SS.T.C. 81/2013 y 93/2013, que declaran inconstitucionales diversos preceptos de la L.Parej.Mad. y la L.Parej.Nav.

Apartado a): v. arts. 92, 94 y 96 del C.c., 223 a 225 y 622 del C.P. y 769.3 y 770.6.ª de la L.Enj.Civ.

Apartado b): v. arts. 15 de la L.A.U., 771.2 de la L.Enj.Civ. y 1.320 y 1.321 de este Código.

Apartado b) bis: Introducido por Ley 17/2021, de 15 de diciembre, de modificación del Código Civil, la Ley Hipotecaria y la Ley de Enjuiciamiento Civil, sobre el régimen jurídico de los animales (*B.O.E.* n. 300, de 16 de diciembre).

que existan, teniendo en cuenta el interés de los miembros de la familia y el bienestar del animal; el reparto de los tiempos de convivencia y cuidado si fuere necesario, así como las cargas asociadas al cuidado del animal.

c) La atribución del uso de la vivienda y ajuar familiar.

d) La contribución a las cargas del matrimonio y alimentos, así como sus bases de actualización y garantías en su caso.

e) La liquidación, cuando proceda, del régimen económico del matrimonio.

f) La pensión que conforme al artículo 97 correspondiere satisfacer, en su caso, a uno de los cónyuges.

2. Los acuerdos de los cónyuges adoptados para regular las consecuencias de la nulidad, separación y divorcio presentados ante el órgano judicial serán aprobados por el juez salvo si son dañosos para los hijos o gravemente perjudiciales para uno de los cónyuges.

Si fueran gravemente perjudiciales para el bienestar de los animales de compañía, la autoridad judicial ordenará las medidas a adoptar, sin perjuicio del convenio aprobado.

Si las partes proponen un régimen de visitas y comunicación de los nietos con los abuelos, el juez podrá aprobarlo previa audiencia de los abuelos en la que estos presten su consentimiento. La denegación de los acuerdos habrá de hacerse mediante resolución motivada y en este caso los cónyuges deberán someter, a la consideración del juez, nueva propuesta para su aprobación, si procede.

Cuando los cónyuges formalizasen los acuerdos ante el letrado de la Administración de Justicia o notario y éstos considerasen que, a su juicio, alguno de ellos pudiera ser dañoso o gravemente perjudicial para uno de los cónyuges o para los hijos mayores o menores emancipados afectados, o gravemente perjudiciales para el bienestar de los animales de compañía, lo advertirán a los otorgantes y darán por terminado el expediente. En este caso, los cónyuges

---

Apartado c): v. arts. 1.318, 1.362 y 1.438 de este Código y 770.1.ª, *in fine*, de la L.Enj.Civ.

Apartado d): v. arts. 1.392 y ss. de este Código y 806 a 810 de la L.Enj.Civ.

Apartado e): v. arts. 226 a 228 del C.P.

En relación con la denominación de Secretario judicial, v. nota al art. 87.

Art. 90, n. 2, 3 y 4: Los apartados 2, 3 y 4 han sido modificados por la Ley 17/2021, de 15 de diciembre, de modificación del Código Civil, la Ley Hipotecaria y la Ley de Enjuiciamiento Civil, sobre el régimen jurídico de los animales (*B.O.E.* n. 300, de 16 de diciembre).

sólo podrán acudir ante el juez para la aprobación de la propuesta de convenio regulador.

Desde la aprobación del convenio regulador o el otorgamiento de la escritura pública, podrán hacerse efectivos los acuerdos por la vía de apremio.

3. Las medidas que el juez adopte en defecto de acuerdo o las convenidas por los cónyuges judicialmente, podrán ser modificadas judicialmente o por nuevo convenio aprobado por el juez, cuando así lo aconsejen las nuevas necesidades de los hijos o el cambio de las circunstancias de los cónyuges.

Asimismo, podrá modificarse el convenio o solicitarse modificación de las medidas sobre los animales de compañía si se hubieran alterado gravemente sus circunstancias.

Las medidas que hubieran sido convenidas ante el letrado de la Administración de Justicia o en escritura pública podrán ser modificadas por un nuevo acuerdo, sujeto a los mismos requisitos exigidos en este Código.

4. El juez o las partes podrán establecer las garantías reales o personales que requiera el cumplimiento del convenio.

Art. 91. En las sentencias de nulidad, separación o divorcio, o en ejecución de las mismas, la autoridad judicial, en defecto de acuerdo de los cónyuges o en caso de no aprobación del mismo, determinará conforme a lo establecido en los artículos siguientes las medidas que hayan de sustituir a las ya adoptadas con anterioridad en relación con los hijos, la vivienda familiar, el destino de los animales de compañía, las cargas del matrimonio, liquidación del régimen económico y las cautelas o garantías respectivas, estableciendo las que procedan si para alguno de estos conceptos no se hubiera adoptado ninguna. Estas medidas podrán ser modificadas cuando se alteren sustancialmente las circunstancias.

Cuando al tiempo de la nulidad, separación o divorcio existieran hijos comunes mayores de dieciséis años que se hallasen en situación de necesitar medidas de apoyo por razón de su discapacidad, la sentencia correspondiente, previa audiencia del menor, resolverá también sobre el establecimiento y modo de ejercicio de éstas, las cuáles,

---

Art. 91: Redactado por la Ley 17/2021, de 15 de diciembre, de modificación del Código Civil, la Ley Hipotecaria y la Ley de Enjuiciamiento Civil, sobre el régimen jurídico de los animales (*B.O.E.* n. 300, de 16 de diciembre).

Sobre la provisión judicial de medidas de apoyo a las personas con discapacidad, véanse arts. 756 y ss. de la L.Enj.Civ.

en su caso, entrarán en vigor cuando el hijo alcance los dieciocho años de edad. En estos casos la legitimación para instarlas, las especialidades de prueba y el contenido de la sentencia se regirán por lo dispuesto en la Ley de Enjuiciamiento Civil acerca de la provisión judicial de medidas de apoyo a las personas con discapacidad.

Art. 92. 1. La separación, la nulidad y el divorcio no eximen a los padres de sus obligaciones para con los hijos.

2. El Juez, cuando deba adoptar cualquier medida sobre la custodia, el cuidado y la educación de los hijos menores, velará por el cumplimiento de su derecho a ser oídos y emitirá una resolución motivada en el interés superior del menor sobre esta cuestión.

3. En la sentencia se acordará la privación de la patria potestad cuando en el proceso se revele causa para ello.

4. Los padres podrán acordar en el convenio regulador o el Juez podrá decidir, en beneficio de los hijos, que la patria potestad sea ejercida total o parcialmente por uno de los cónyuges.

5. Se acordará el ejercicio compartido de la guarda y custodia de los hijos cuando así lo soliciten los padres en la propuesta de convenio regulador o cuando ambos lleguen a este acuerdo en el transcurso del procedimiento.

6. En todo caso, antes de acordar el régimen de guarda y custodia, el Juez deberá recabar informe del Ministerio Fiscal, oír a los menores que tengan suficiente juicio cuando se estime necesario de oficio o a petición del Fiscal, las partes o miembros del Equipo Técnico Judicial, o del propio menor, y valorar las alegaciones de las partes, la prueba practicada, y la relación que los padres mantengan entre sí y con sus hijos para determinar su idoneidad con el régimen de guarda.

Arts. 92, 93 y 94: Ténganse en cuenta, a efectos de interpretación, los arts. 3, 5, 9, 18 a 20 y 27 de la C.D.N. y 2, 3, 9 y 11 a 22 de la L.Men.

Art. 92: Redactado conforme a la Ley 15/2005, de 8 de julio, por la que se modifican el C.c. y la L.Enj.Civ. en materia de separación y divorcio (*B.O.E.* n. 163, de 9 de julio). V. arts. 94, 142 a 171, 1.318, 1.319, 1.362 a 1.374 y 1.438.

Téngase en cuenta el art. 771 de la L.Enj. Civ. sobre medidas provisionales previas a la demanda de nulidad, separación o divorcio.

Asimismo, téngase en cuenta la S.T.C. 185/2012, de 17 de octubre, que declaró inconstitucional el inciso «favorable» contenido en el apartado 8 de este precepto en su redacción anterior a la actual.

Modificado por la Disp. Final 2.ª de la L.O. 8/2021, de 4 de junio, de protección integral a la infancia y la adolescencia frente a la violencia (*B.O.E.* n. 134, de 5 de junio).

7. No procederá la guarda conjunta cuando cualquiera de los padres esté incurso en un proceso penal iniciado por intentar atentar contra la vida, la integridad física, la libertad, la integridad moral o la libertad e indemnidad sexual del otro cónyuge o de los hijos que convivan con ambos. Tampoco procederá cuando el juez advierta, de las alegaciones de las partes y las pruebas practicadas, la existencia de indicios fundados de violencia doméstica o de género. Se apreciará también a estos efectos la existencia de malos tratos a animales, o la amenaza de causarlos, como medio para controlar o victimizar a cualquiera de estas personas.

8. Excepcionalmente, aun cuando no se den los supuestos del apartado cinco de este artículo, el Juez, a instancia de una de las partes, con informe del Ministerio Fiscal, podrá acordar la guarda y custodia compartida fundamentándola en que solo de esta forma se protege adecuadamente el interés superior del menor.

9. El Juez, antes de adoptar alguna de las decisiones a que se refieren los apartados anteriores, de oficio o a instancia de parte, del Fiscal o miembros del Equipo Técnico Judicial, o del propio menor, podrá recabar dictamen de especialistas debidamente cualificados, relativo a la idoneidad del modo de ejercicio de la patria potestad y del régimen de custodia de las personas menores de edad para asegurar su interés superior.

10. El Juez adoptará, al acordar fundadamente el régimen de guarda y custodia, así como el de estancia, relación y comunicación, las cautelas necesarias, procedentes y adecuadas para el eficaz cumplimiento de los regímenes establecidos, procurando no separar a los hermanos.

Art. 93. El Juez, en todo caso, determinará la contribución de cada progenitor para satisfacer los alimentos y adoptará las medidas convenientes para asegurar la efectividad y acomodación de las prestaciones a las circunstancias económicas y necesidades de los hijos en cada momento.

Si convivieran en el domicilio familiar hijos mayores de edad o emancipados que carecieran de ingresos propios, el Juez, en

---

Art. 92, n. 7: Redactado el apartado 7 por Ley 17/2021, de 15 de diciembre, de modificación del Código Civil, la Ley Hipotecaria y la Ley de Enjuiciamiento Civil, sobre el régimen jurídico de los animales (*B.O.E.* n. 300, de 16 de diciembre).

Art. 93: v. arts. 142 a 171, 1.318, 1.319, 1.362 a 1.374 y 1.438 de este Código y 770.1.ª de la L.Enj.Civ. Párr. 2.º: añadido por la Ley 11/1990, de reforma del C.c. V. art. 103.3.ª

la misma resolución, fijará los alimentos que sean debidos conforme a los artículos 142 y siguientes de este Código.

Art. 94. La autoridad judicial determinará el tiempo, modo y lugar en que el progenitor que no tenga consigo a los hijos menores podrá ejercitar el derecho de visitarlos, comunicar con ellos y tenerlos en su compañía.

Respecto de los hijos con discapacidad mayores de edad o emancipados que precisen apoyo para tomar la decisión, el progenitor que no los tenga en su compañía podrá solicitar, en el mismo procedimiento de nulidad, separación o divorcio, que se establezca el modo en que se ejercitará el derecho previsto en el párrafo anterior.

La autoridad judicial adoptará la resolución prevista en los párrafos anteriores, previa audiencia del hijo y del Ministerio Fiscal. Así mismo, la autoridad judicial podrá limitar o suspender los derechos previstos en los párrafos anteriores si se dieran circunstancias relevantes que así lo aconsejen o se incumplieran grave o reiteradamente los deberes impuestos por la resolución judicial.

No procederá el establecimiento de un régimen de visita o estancia, y si existiera se suspenderá, respecto del progenitor que esté incurso en un proceso penal iniciado por atentar contra la vida, la integridad física, la libertad, la integridad moral o la libertad e indemnidad sexual del otro cónyuge o sus hijos. Tampoco procederá cuando la autoridad judicial advierta, de las alegaciones de las partes y las pruebas practicadas, la existencia de indicios fundados de violencia doméstica o de género. No obstante, la autoridad judicial podrá establecer un régimen de visita, comunicación o estancia en resolución motivada en el interés superior del menor o en la voluntad, deseos y preferencias del mayor con discapacidad necesitado de apoyos y previa evaluación de la situación de la relación paternofilial.

Art. 94: Párr. 2.º introducido por el art. 1.º3 de la Ley 42/2003, de 21 de noviembre, de modificación del C.c. y de la L.Enj.Civ. en materia de relaciones familiares de los nietos con los abuelos (*B.O.E.* n. 280, de 22 de noviembre). V. arts. 142 a 171, 1.318, 1.319, 1.362 a 1.374 y 1.438 de este Código; 75 y ss. del C. Arag. y 234-7 del C.Civ. Cat., así como la L.Parej.Nav., la L.Parej.Bal., el art. 8 de la L.Parej.And., el art. 8 de la L.Parej.Extrem. y el art. 4 de la L.Parej.Mad.

Ténganse en cuenta las SS.T.C. 81/2013 y 93/2013, que declaran inconstitucionales diversos preceptos de la L.Parej.Mad. y la L.Parej.Nav.

Modificado por Ley 8/2021, de 2 de junio, por la que se reforma la legislación civil y procesal para el apoyo a las personas con discapacidad en el ejercicio de su capacidad jurídica (*B.O.E.* n. 132, de 3 de junio).

No procederá en ningún caso el establecimiento de un régimen de visitas respecto del progenitor en situación de prisión, provisional o por sentencia firme, acordada en procedimiento penal por los delitos previstos en el párrafo anterior.

Igualmente, la autoridad judicial podrá reconocer el derecho de comunicación y visita previsto en el apartado segundo del artículo 160, previa audiencia de los progenitores y de quien lo hubiera solicitado por su condición de hermano, abuelo, pariente o allegado del menor o del mayor con discapacidad que precise apoyo para tomar la decisión, que deberán prestar su consentimiento. La autoridad judicial resolverá teniendo siempre presente el interés del menor o la voluntad, deseos y preferencias del mayor con discapacidad.

Art. 94 bis. La autoridad judicial confiará para su cuidado a los animales de compañía a uno o ambos cónyuges, y determinará, en su caso, la forma en la que el cónyuge al que no se le hayan confiado podrá tenerlos en su compañía, así como el reparto de las cargas asociadas al cuidado del animal, todo ello atendiendo al interés de los miembros de la familia y al bienestar del animal, con independencia de la titularidad dominical de este y de a quién le haya sido confiado para su cuidado. Esta circunstancia se hará constar en el correspondiente registro de identificación de animales.

Art. 95. La sentencia firme, el decreto firme o la escritura pública que formalicen el convenio regulador, en su caso, producirán, respecto de los bienes del matrimonio, la disolución o extinción del régimen económico matrimonial y aprobará su liquidación si hubiera mutuo acuerdo entre los cónyuges al respecto.

Si la sentencia de nulidad declarara la mala fe de uno solo de los cónyuges, el que hubiere obrado de buena fe podrá optar

---

Art. 94 bis: Introducido por Ley 17/2021, de 15 de diciembre, de modificación del Código Civil, la Ley Hipotecaria y la Ley de Enjuiciamiento Civil, sobre el régimen jurídico de los animales (*B.O.E.* n. 300, de 16 de diciembre).

Art. 95: Téngase en cuenta el art. 525.1 de la L.Enj.Civ., donde se establece que no son susceptibles de ejecución provisional, entre otras, las sentencias sobre nulidad de matrimonio, salvo los pronunciamientos que regulen las obligaciones y relaciones patrimoniales relacionadas con lo que sea objeto principal del proceso.

Párrs. 1.º y 2.º: Redactados por la Disp. Final 1.ª de la L.J.V.; v. arts. 945, 1.392, 1.407, 1.415 y 1.435 de este Código y 806 a 810 de la L.Enj.Civ.

Párr. 3.º: v. arts. 78, 79, 98, 1.395 y 1.902.

por aplicar en la liquidación del régimen económico matrimonial las disposiciones relativas al régimen de participación y el de mala fe no tendrá derecho a participar en las ganancias obtenidas por su consorte.

Art. 96. 1. En defecto de acuerdo de los cónyuges aprobado por la autoridad judicial, el uso de la vivienda familiar y de los objetos de uso ordinario de ella corresponderá a los hijos comunes menores de edad y al cónyuge en cuya compañía queden, hasta que todos aquellos alcancen la mayoría de edad. Si entre los hijos menores hubiera alguno en una situación de discapacidad que hiciera conveniente la continuación en el uso de la vivienda familiar después de su mayoría de edad, la autoridad judicial determinará el plazo de duración de ese derecho, en función de las circunstancias concurrentes.

A los efectos del párrafo anterior, los hijos comunes mayores de edad que al tiempo de la nulidad, separación o divorcio estuvieran en una situación de discapacidad que hiciera conveniente la continuación en el uso de la vivienda familiar, se equiparan a los hijos menores que se hallen en similar situación.

Extinguido el uso previsto en el párrafo primero, las necesidades de vivienda de los que carezcan de independencia económica se atenderán según lo previsto en el Título VI de este Libro, relativo a los alimentos entre parientes.

Cuando algunos de los hijos queden en la compañía de uno de los cónyuges y los restantes en la del otro, la autoridad judicial resolverá lo procedente.

2. No habiendo hijos, podrá acordarse que el uso de tales bienes corresponda al cónyuge no titular por el tiempo que prudencialmente se fije siempre que, atendidas las circunstancias, lo hicieran aconsejable y su interés fuera el más necesitado de protección.

3. Para disponer de todo o parte de la vivienda y bienes indicados cuyo uso haya sido atribuido conforme a los párrafos anteriores, se requerirá el consentimiento de ambos cónyuges o, en su defecto, autorización

---

Art. 96: v. arts. 523, 1.406 y 1.407.

Párr. 1.º: v. art. 15 de la L.A.U. Téngase en cuenta el art. 704 de la L.Enj.Civ.

Párr. 4.º: v. arts. 12 y 14 de la L.A.U. y 103 y 1.377.

Modificado por Ley 8/2021, de 2 de junio, por la que se reforma la legislación civil y procesal para el apoyo a las personas con discapacidad en el ejercicio de su capacidad jurídica (*B.O.E.* n. 132, de 3 de junio).

judicial. Esta restricción en la facultad dispositiva sobre la vivienda familiar se hará constar en el Registro de la Propiedad. La manifestación errónea o falsa del disponente sobre el uso de la vivienda no perjudicará al adquirente de buena fe.

Art. 97. El cónyuge al que la separación o el divorcio produzca un desequilibrio económico en relación con la posición del otro, que implique un empeoramiento en su situación anterior en el matrimonio, tendrá derecho a una compensación que podrá consistir en una pensión temporal o por tiempo indefinido, o en una prestación única, según se determine en el convenio regulador o en la sentencia.

A falta de acuerdo de los cónyuges, el Juez, en sentencia, determinará su importe teniendo en cuenta las siguientes circunstancias:

1.ª Los acuerdos a que hubieran llegado los cónyuges.

2.ª La edad y el estado de salud.

3.ª La cualificación profesional y las probabilidades de acceso a un empleo.

4.ª La dedicación pasada y futura a la familia.

5.ª La colaboración con su trabajo en las actividades mercantiles, industriales o profesionales del otro cónyuge.

6.ª La duración del matrimonio y de la convivencia conyugal.

7.ª La pérdida eventual de un derecho de pensión.

8.ª El caudal y los medios económicos y las necesidades de uno y otro cónyuge.

9.ª Cualquier otra circunstancia relevante.

En la resolución judicial o en el convenio regulador formalizado ante el Secretario judicial o el Notario se fijarán la periodicidad, la forma de pago, las bases para actualizar la pensión, la duración o el momento de cese y las garantías para su efectividad.

Art. 97: Redactado conforme a la Ley 15/2005, de 8 de julio, por la que se modifican el C.c. y la L.Enj.Civ. en materia de separación y divorcio (*B.O.E.* n. 163, de 9 de julio), excepto el párr. último, redactado por la Disp. Final 1.ª de la L.J.V.; v. arts. 90 y 142 a 147 de este Código; téngase en cuenta lo dispuesto en la Disp. Adic. 10.ª de la Ley 30/1981, de reforma del C.c. V. la L.Parej.Nav., la L.Parej.Bal. y el art. 4 de la L.Parej.Mad. Ténganse en cuenta las SS.T.C. 81/2013 y 93/2013, que declaran inconstitucionales diversos preceptos de la L.Parej.Mad. y la L.Parej.Nav.

V. arts. 776 de la L.Enj.Civ.; 234-7 y ss. del C.Civ.Cat.; 4 de la L.Parej.Val.; 12 de la L.Parej.And. y 310 del C.Arag.

N. 4.ª: v. art. 1.438.

N. 5.ª: v. arts. 1.344 y 1.392 a 1.410.

N. 8.ª: v. arts. 145.3 y 146.

Art. 98. El cónyuge de buena fe cuyo matrimonio haya sido declarado nulo tendrá derecho a una indemnización si ha existido convivencia conyugal, atendidas las circunstancias previstas en el artículo 97.

Art. 99. En cualquier momento podrá convenirse la sustitución de la pensión fijada judicialmente o por convenio regulador formalizado conforme al artículo 97 por la constitución de una renta vitalicia, el usufructo de determinados bienes o la entrega de un capital en bienes o en dinero.

Art. 100. Fijada la pensión y las bases de su actualización en la sentencia de separación o de divorcio, sólo podrá ser modificada por alteraciones en la fortuna de uno u otro cónyuge que así lo aconsejen.

La pensión y las bases de actualización fijadas en el convenio regulador formalizado ante el Secretario judicial o Notario podrán modificarse mediante nuevo convenio, sujeto a los mismos requisitos exigidos en este Código.

Art. 101. El derecho a la pensión se extingue por el cese de la causa que lo motivó, por contraer el acreedor nuevo matrimonio o por vivir maritalmente con otra persona.

El derecho a la pensión no se extingue por el solo hecho de la muerte del deudor. No obstante, los herederos de éste podrán solicitar del Juez la reducción o supresión de aquélla, si el caudal hereditario no pudiera satisfacer las necesidades de la deuda o afectara a sus derechos en la legítima.

CAPÍTULO X

DE LAS MEDIDAS PROVISIONALES POR DEMANDA DE NULIDAD, SEPARACIÓN Y DIVORCIO

Art. 102. Admitida la demanda de nulidad, separación o divorcio, se producen, por mi-

---

Art. 98: v. arts. 95 y 1.395. Compárese con los arts. 1.902 y ss. Téngase en cuenta la L.O. 1/1982, de 5 de mayo (*B.O.E.* de 14 de mayo), de protección civil del derecho al honor, a la intimidad personal y familiar y a la propia imagen.

Art. 99: Redactado por la Disp. Final 1.ª de la L.J.V. Sobre usufructo, v. arts. 467 a 522. Sobre renta vitalicia, v. arts. 1.802 a 1.808.

Art. 100: Redactado por la Disp. Final 1.ª de la L.J.V. Compárese con los arts. 146 y 147. V. arts. 90 y 91.

Art. 101: v. arts. 150, 152.2.º, 806 a 822, 834, 835, 855 y 945.

Art. 102: En relación con el n. 2 de su párr. 1.º, v. arts. 1.259 y 1.717; respecto de su párr. 2.º, v. arts. 68, 69, 83, 1.319, 1.365, 1.368 y 1.440; por último, en lo relativo a su párr. 3.º; v. arts. 61 de la L.R.C., 263 a 265 del R.R.C., 90 a 96 y 144 del R.H. y 87.6.ª del R.R.M.

nisterio de la Ley, los efectos siguientes:

1.º Los cónyuges podrán vivir separados y cesa la presunción de convivencia conyugal.

2.º Quedan revocados los consentimientos y poderes que cualquiera de los cónyuges hubiera otorgado al otro.

Asimismo, salvo pacto en contrario, cesa la posibilidad de vincular los bienes privativos del otro cónyuge en el ejercicio de la potestad doméstica.

A estos efectos, cualquiera de las partes podrá instar la oportuna anotación en el Registro Civil y, en su caso, en los de la Propiedad y Mercantil.

Art. 103. Admitida la demanda, el Juez, a falta de acuerdo de ambos cónyuges aprobado judicialmente, adoptará, con audiencia de éstos, las medidas siguientes:

1.ª Determinar, en interés de los hijos, con cuál de los cónyuges han de quedar los sujetos a la patria potestad de ambos y tomar las disposiciones apropiadas de acuerdo con lo establecido en este Código y, en particular, la forma en que el cónyuge que no ejerza la guarda y custodia de los hijos podrá cumplir el deber de velar por éstos y el tiempo, modo y lugar en que podrá comunicar con ellos y tenerlos en su compañía.

Excepcionalmente, los hijos podrán ser encomendados a los abuelos, parientes u otras personas que así lo consintieren y, de no haberlos, a una institución idónea, confiriéndoseles las funciones tutelares que ejercerán bajo la autoridad del Juez.

Cuando exista riesgo de sustracción del menor por alguno de los cónyuges o por terceras personas podrán adoptarse la medidas necesarias y, en particular, las siguientes:

V. arts. 771 a 775 de la L.Enj.Civ.

Art. 103: v. arts. 770.6.ª y 771 de la L.Enj.Civ.

Téngase en cuenta el Reglamento (CE) n. 2201/2003 del Consejo, de 27 de noviembre de 2003, relativo a la competencia, el reconocimiento y la ejecución de resoluciones judiciales en materia matrimonial y de responsabilidad civil, por el que se deroga el Reglamento (CE) n. 1.347/2000 (*D.O.* n. L 338, de 23 de diciembre).

N. 1.ª: Párr. 1.º de la medida 1.ª redactado conforme a la Ley 15/2005, de 8 de julio, por la que se modifican el C.c. y la L.Enj.Civ. en materia de separación y divorcio (*B.O.E.* n. 163, de 9 de julio), y párr. 2.º de dicha medida redactado por la Ley 42/2003, de 21 de noviembre, de modificación del C.c. y de la L.Enj.Civ. en materia de relaciones familiares de los nietos con los abuelos (*B.O.E.* n. 280, de 22 de noviembre). El último párrafo de la medida 1.ª de ese artículo fue adicionado mediante L.O. 9/2002, de 10 de diciembre, de modificación del C.P. y del C.c. sobre sustración de menores (*B.O.E.* n. 296, de 11 de diciembre). V. arts. 90, 92, 94, 172 y 215 a 285. Ténganse en cuenta tanto la C.D.N. como la L.Men. V. nota a los arts. 92, 93 y 94.

a) Prohibición de salida del territorio nacional, salvo autorización judicial previa.

b) Prohibición de expedición del pasaporte al menor o retirada del mismo si ya se hubiere expedido.

c) Sometimiento a autorización judicial previa de cualquier cambio de domicilio del menor.

1.ª bis. Determinar, atendiendo al interés de los miembros de la familia y al bienestar del animal, si los animales de compañía se confían a uno o a ambos cónyuges, la forma en que el cónyuge al que no se hayan confiado podrá tenerlos en su compañía, así como también las medidas cautelares convenientes para conservar el derecho de cada uno.

2.ª Determinar, teniendo en cuenta el interés familiar más necesitado de protección, cuál de los cónyuges ha de continuar en el uso de la vivienda familiar y asimismo, previo inventario, los bienes y objetos del ajuar que continúan en ésta y los que se ha de llevar el otro cónyuge, así como también las medidas cautelares convenientes para conservar el derecho de cada uno.

3.ª Fijar la contribución de cada cónyuge a las cargas del matrimonio, incluidas si procede las *litis expensas*, establecer las bases para la actualización de cantidades y disponer las garantías, depósitos, retenciones u otras medidas cautelares convenientes, a fin de asegurar la efectividad de lo que por estos conceptos un cónyuge haya de abonar al otro.

Se considerará contribución a dichas cargas el trabajo que uno de los cónyuges dedicará a la atención de los hijos comunes sujetos a patria potestad.

4.ª Señalar, atendidas las circunstancias, los bienes gananciales o comunes que, previo inventario, se hayan de entregar a uno u otro cónyuge y las reglas que deban observar en la administración y disposición, así como en la obligatoria rendición de cuentas sobre los bienes comunes o parte de ellos que reciban y los que adquieran en lo sucesivo.

5.ª Determinar, en su caso, el régimen de administración y disposición de aquellos bienes privativos que por capitulaciones o escritura pública estuvieran especialmente afectados a las cargas del matrimonio.

N. 1.ª bis: Introducida por Ley 17/2021, de 15 de diciembre, de modificación del Código Civil, la Ley Hipotecaria y la Ley de Enjuiciamiento Civil, sobre el régimen jurídico de los animales (*B.O.E.* n. 300, de 16 de diciembre).

N. 3.ª: v. arts. 67, 97.4, 1.318 y 1.438 de este Código y 776 de la L.Enj.Civ.

N. 4.ª: v. arts. 102.2, 1.319, 1.375 a 1.391, 1.412, 1.413 y 1.437 a 1.440.

Art. 104. El cónyuge que se proponga demandar la nulidad, separación o divorcio de su matrimonio puede solicitar los efectos y medidas a que se refieren los dos artículos anteriores.

Estos efectos y medidas sólo subsistirán si, dentro de los treinta días siguientes a contar desde que fueron inicialmente adoptados, se presenta la demanda ante el Juez o Tribunal competente.

Art. 105. No incumple el deber de convivencia el cónyuge que sale del domicilio conyugal por una causa razonable y en el plazo de treinta días presenta la demanda o solicitud a que se refieren los artículos anteriores.

Art. 106. Los efectos y medidas previstos en este capítulo terminan, en todo caso, cuando sean sustituidos por los de la sentencia estimatoria o se ponga fin al procedimiento de otro modo.

La revocación de consentimientos y poderes se entiende definitiva.

CAPÍTULO XI

Ley aplicable a la nulidad, la separación y el divorcio*

Art. 107. 1. La nulidad del matrimonio y sus efectos se determinarán de conformidad con la ley aplicable a su celebración.

2. La separación y el divorcio legal se regirán por las normas de la Unión Europea o españolas de Derecho internacional privado.

Art. 104: v. arts. 771 a 775, especialmente el art. 771.5, de la L.Enj.Civ., los cuales han venido a dejar prácticamente sin contenido este art. 104 del C.c.

Art. 105: v. arts. 68, 81, 82, 83, 86 y 102.

Art. 106: v. art. 774.5 de la L.Enj.Civ. En relación con la revocación del consentimiento, v. arts. 775 y 771 de la L.Enj.Civ.

* Rúbrica redactada por el art. 3.º1 de la L.O. 11/2003, de 29 de septiembre, de medidas concretas en materia de seguridad ciudadana, violencia doméstica e integración social de los extranjeros (*B.O.E.* n. 234, de 30 de septiembre).

Art. 107: Redactado por el art. 3.º3 de la L.O. 11/2003, de 29 de septiembre, de medidas concretas en materia de seguridad ciudadana, violencia doméstica e integración social de los extranjeros (*B.O.E.* n. 234, de 30 de septiembre), excepto el apartado 2, redactado por la Disp. Final 1.ª de la L.J.V.; v. arts. 9.2 y 80 de este Código, 41 y ss. de la Ley 29/2015, de 30 de julio, de cooperación jurídica internacional en materia civil (*B.O.E.* n. 182, de 31 de julio).

Téngase en cuenta el Reglamento (CE) n. 2201/2003 del Consejo, de 27 de noviembre de 2003, relativo a la competencia, el reconocimiento y la ejecución de resoluciones judiciales en materia matrimonial y de responsabilidad civil, por el que se deroga el Reglamento (CE) n. 1347/2000 (*D.O.* n. L 338, de 23 de diciembre).

TÍTULO V*

De la paternidad y filiación

CAPÍTULO PRIMERO

De la filiación y sus efectos**

Art. 108. La filiación puede tener lugar por naturaleza y por adopción. La filiación por naturaleza puede ser matrimonial y no matrimonial. Es matrimonial cuando el padre y la madre están casados entre sí.

La filiación matrimonial y la no matrimonial, así como la

---

* Redactado íntegramente por la Ley 11/1981, de 13 de mayo (*B.O.E.* n. 119, de 19 de mayo), de modificación del Código civil en materia de filiación, patria potestad y régimen económico del matrimonio.

Téngase en cuenta la Circular de la D.G.R.N. de 2 de junio de 1981 (*B.O.E.* n. 134, de 5 de junio) sobre consecuencias registrales del nuevo régimen legal de la filiación. V. arts. 14 y 39 de la Const., y Disps. Trans. 1.ª a 11.ª de la Ley 11/1981, de reforma del C.c.Ténganse en cuenta los arts. 16 y 17 de la L.Extranj.

Téngase asimismo en cuenta la Ley 68 de la C.Nav.

Ténganse presentes, a efectos de determinación de la filiación, los arts. 7 a 10 de la Ley 14/2006, de 26 de mayo (*B.O.E.* n. 126, de 27 de mayo), sobre técnicas de reproducción humana asistida, cuyo tenor es el siguiente, tras las modificaciones efectuadas por la Ley 19/2015, de 13 de julio, de medidas de reforma administrativa en el ámbito de la Administración de Justicia y del Registro Civil (*B.O.E.* n. 167, de 14 de julio):

«*Art. 7.º Filiación de los hijos nacidos mediante técnicas de reproducción asistida.*—1. La filiación de los nacidos con las técnicas de reproducción asistida se regulará por las Leyes civiles, a salvo de las especificaciones establecidas en los tres siguientes artículos.

2. En ningún caso, la inscripción en el Registro Civil reflejará datos de los que se pueda inferir el carácter de la generación.

3. Cuando la mujer estuviere casada, y no separada legalmente o de hecho, con otra mujer, esta última podrá manifestar conforme a lo dispuesto en la Ley del Registro Civil que consiente en que se determine a su favor la filiación respecto al hijo nacido de su cónyuge.

Art. 8.º Determinación legal de la filiación.—1. Ni la mujer progenitora ni el marido, cuando hayan prestado su consentimiento formal, previo y expreso a determinada fecundación con contribución de donante o donantes, podrán impugnar la filiación matrimonial del hijo nacido como consecuencia de tal fecundación.

2. Se considera escrito indubitado a los efectos previstos en el apartado 8 del artículo 44 de la Ley 20/2011, de 21 de julio, del Registro Civil, el documento extendido ante el centro o Servicio autorizado en el que se refleje el consentimiento a la fecundación con contribución de donante prestado por varón no casado con anterioridad a la utilización de las técnicas. Queda a salvo la reclamación judicial de paternidad.

3. La revelación de la identidad del donante en los supuestos en que proceda conforme al artículo 5.5 de esta Ley no implica en ningún caso determinación legal de la filiación.

Art. 9.º Premoriencia del marido.—1. No podrá determinarse legalmente la filiación ni reconocerse efecto o relación jurídica alguna entre el hijo nacido por la aplicación de las técnicas reguladas en esta Ley y el marido fallecido cuando el material reproductor de éste no se halle en el útero de la mujer en la fecha de la muerte del varón.

2. No obstante lo dispuesto en el apartado anterior, el marido podrá prestar su consentimiento, en el documento a que se hace referencia en el artículo 6.3, en escritura pública, en testamento o documento de instrucciones previas, para que su material reproductor pueda ser utilizado en los doce meses siguientes a su fallecimiento para fecundar a su mujer. Tal generación producirá los efectos legales que se derivan de la filiación matrimonial. El consentimiento para la aplicación de las técnicas en dichas circunstancias podrá ser revocado en cualquier momento anterior a la realización de aquéllas.

Se presume otorgado el consentimiento a que se refiere el párrafo anterior cuando el cónyuge supérstite hubiera estado sometido a un proceso de reproducción asistida ya iniciado para la transferencia de preembriones constituidos con anterioridad al fallecimiento del marido.

3. El varón no unido por vínculo matrimonial podrá hacer uso de la posibilidad prevista en el apartado anterior; dicho consentimiento servirá como título para iniciar el expediente del apartado 8 del artículo 44 de la Ley 20/2011, de 21 de julio, del Registro Civil, sin perjuicio de la acción judicial de reclamación de paternidad.

Art. 10. Gestación por sustitución.— 1. Será nulo de pleno derecho el contrato por el que se convenga la gestación, con o sin precio, a cargo de una mujer que renuncia a la filiación materna a favor del contratante o de un tercero.

2. La filiación de los hijos nacidos por gestación de sustitución será determinada por el parto.

3. Queda a salvo la posible acción de reclamación de la paternidad respecto del padre biológico, conforme a las reglas generales.»

Téngase en cuenta el R.D. 2.132/2004, de 29 de octubre, por el que se establecen los requisitos y procedimientos para solicitar el desarrollo de proyectos de investigación con células troncales obtenidas de preembriones sobrantes (*B.O.E.* n. 262, de 30 de octubre).

Por su importancia en relación con los derechos de los menores, y a efectos interpretativos, deben verse la L.O. 1/1996, de Protección Jurídica del Menor y reforma parcial del C.c., y la Convención sobre los Derechos del Niño, adoptada por la Asamblea General de las Naciones Unidas el 20 de septiembre de 1989 (*B.O.E.* n. 313, de 31 de diciembre de 1990).

Téngase en cuenta la Ley 7/2003, de 20 de octubre, por la que se regula la investigación en Andalucía con preembriones humanos no viables para la fecundación *in vitro* (*B.O.E.* n. 279, de 21 de noviembre; *B.O.J.A.* n. 210, de 31 de octubre).

Téngáse asimismo en cuenta la Directiva 2004/23/CE del Parlamento Europeo y del Consejo, de 31 de marzo de 2004, relativa al establecimiento de normas de calidad y de seguridad para la donación, la obtención, la evaluación, el procesamiento, la preservación, el almacenamiento y la distribución de células y tejidos humanos (*D.O.* n. L 102, de 7 de abril).

Téngase en cuenta el R.D. 42/2010, de 15 de enero, por el que se regula la Comisión Nacional de Reproducción Humana Asistida (*B.O.E.* n. 30, de 4 de febrero).

Por último, v. la Ley 8/1998, de 14 de abril, de ampliación del concepto de familia numerosa (*B.O.E.* n. 90, de 15 de abril).

** Véanse las Disps. Trans. 1.ª y 2.ª de la Ley 11/1981. Ténganse en cuenta las Disps. Trans. de la Ley 25/2010 por la que se aprueba el Libro Segundo del C.Civ.Cat.

adoptiva, surten los mismos efectos, conforme a las disposiciones de este Código.

Art. 109. La filiación determina los apellidos con arreglo a lo dispuesto en la ley.

Si la filiación está determinada por ambas líneas, el padre y la madre de común acuerdo podrán decidir el orden de transmisión de su respectivo primer apellido, antes de la inscripción registral. Si no se ejercita esta opción, regirá lo dispuesto en la ley.

El orden de apellidos inscrito para el mayor de los hijos regirá en las inscripciones de nacimiento posteriores de sus hermanos del mismo vínculo.

El hijo, al alcanzar la mayor edad, podrá solicitar que se altere el orden de sus apellidos.

Art. 110. El padre y la madre, aunque no ostenten la patria potestad, están obligados a velar por los hijos menores y a prestarles alimentos.

Art. 108: Suprimida, en su párrafo 2.º, la expresión «plena», referida a la adopción, por la Disp. Final 18.ª2 de la L.Men., tal y como venía exigiendo la aplicación de la Ley 21/1987, de reforma del C.c. Sobre el tema de la adopción, v. arts. 172 a 180.

Téngase en cuenta el art. 7 de la L.Rep.Asist., recogido en nota a este Título V.

Téngase asimismo en cuenta la Directiva 2003/86/CE del Consejo, de 22 de septiembre de 2003, sobre el derecho a la reagrupación familiar (*D.O.* n. L 251, de 3 de octubre).

Téngase presente la Ley 40/2003, de 18 de noviembre, de protección a las familias numerosas (*B.O.E.* n. 277, de 19 de noviembre).

También téngase en cuenta la Ley 41/2003, de 18 de noviembre, de protección patrimonial de las personas con discapacidad y de modificación del C.c., de la L.Enj.Civ. y de la normativa tributaria con esta finalidad (*B.O.E.* n. 277, de 19 de noviembre).

Art. 109: Redactado según Ley 40/1999, de reforma del C.c.

V. la Circular de 2 de junio de 1981 de la D.G.R.N. Sobre imposición de nombres y apellidos, v. arts. 52 a 57 de la L.R.C. y 192 a 204 del R.R.C. Sobre cambio de nombre y apellidos, v. arts. 44 de la L.R.C. y 205 a 219 del R.R.C. Téngase en cuenta el Convenio n.º 19 de la Comisión Internacional del Estado Civil, sobre la Ley aplicable a los nombres y apellidos, hecho en Múnich el 5 de septiembre de 1980 (*B.O.E.* n. 303, de 19 de diciembre de 1989), y el Convenio relativo a los cambios y apellidos y nombre, firmado en Estambul el 4 de septiembre de 1958 (*B.O.E.* n. 15, de 18 de enero de 1977).

Sobre determinación de líneas, v. arts. 915 y ss. de este Código. Sobre mayoría de edad, v. art. 315.

Art. 110: v. arts. 67, 92, 93, 103, 143, 169, 170 y 178.

Téngase en cuenta el Reglamento (CE) n. 2201/2003 del Consejo, de 27 de noviembre de 2003, relativo a la competencia, el reconocimiento y la ejecución de resoluciones judiciales en materia matrimonial y de responsabilidad civil, por el que se deroga el Reglamento (CE) n. 1347/2000 (*D.O.* n. L 338, de 23 de diciembre).

Art. 111. Quedará excluido de la patria potestad y demás funciones tuitivas y no ostentará derechos por ministerio de la Ley respecto del hijo o de sus descendientes, o en sus herencias, el progenitor:

1.º Cuando haya sido condenado a causa de las relaciones a que obedezca la generación, según sentencia penal firme.

2.º Cuando la filiación haya sido judicialmente determinada contra su oposición.

En ambos supuestos el hijo no ostentará el apellido del progenitor en cuestión más que si lo solicita él mismo o su representante legal.

Dejarán de producir efecto estas restricciones por determinación del representante legal del hijo aprobada judicialmente, o por voluntad del propio hijo una vez alcanzada la plena capacidad.

Quedarán siempre a salvo las obligaciones de velar por los hijos y prestarles alimentos.

CAPÍTULO II

De la determinación y prueba de la filiación*

SECCIÓN PRIMERA

Disposiciones generales

Art. 112. La filiación produce sus efectos desde que tiene lugar. Su determinación legal tiene efectos retroactivos siempre que la retroactividad sea compatible con la naturaleza de aquéllos y la Ley no dispusiere lo contrario.

En todo caso conservarán su validez los actos otorgados en nombre del hijo menor por su representante legal o, en el caso de los mayores con discapaci-

---

Art. 111: v. arts. 193 y 226 y ss. del C.P. y 170, 127 a 141 y nota al art. 110.

* Téngase en cuenta el art. 525.1 de la L.Enj.Civ., donde se establece que no son susceptibles de ejecución provisional, entre otras, las sentencias sobre nulidad de matrimonio, salvo los pronunciamientos que regulen las obligaciones y relaciones patrimoniales relacionadas con lo que sea objeto principal del proceso.

Los arts. 764 y ss. de la L.Enj.Civ. regulan los procesos sobre filiación, paternidad y maternidad.

Téngase en cuenta la Ley 3/2007, de 15 de marzo, reguladora de la rectificación registral de la mención relativa al sexo de las personas (*B.O.E.* n. 65, de 16 de marzo).

Art. 112: v. Disps. Trans. de la Ley 11/1981, de reforma del C.c., así como las Disps. Trans. 1.ª y 12.ª de este Código. Compárese con el art. 17, *in fine*, y art. 180.4. Ténganse en cuenta los arts. 7 y ss. de la L.Rep.Asist.

Párr. 2.º: Modificado por Ley 8/2021, de 2 de junio, por la que se reforma la legislación civil y procesal para el apoyo a las personas con discapacidad en el ejercicio de su capacidad jurídica (*B.O.E.* n. 132, de 3 de junio).

dad que tuvieran previstas medidas de apoyo, los realizados conforme a estas, antes de que la filiación hubiera sido determinada.

Art. 113. La filiación se acredita por la inscripción en el Registro Civil, por el documento o sentencia que la determina legalmente, por la presunción de paternidad matrimonial y, a falta de los medios anteriores, por la posesión de estado. Para la admisión de pruebas distintas a la inscripción se estará a lo dispuesto en la Ley de Registro Civil.

No será eficaz la determinación de una filiación en tanto resulte acreditada otra contradictoria.

Art. 114. Los asientos de filiación podrán ser rectificados conforme a la Ley de Registro Civil, sin perjuicio de lo especialmente dispuesto en el presente Título sobre acciones de impugnación.

Podrán también rectificarse en cualquier momento los asientos que resulten contradictorios con los hechos que una sentencia penal declare probados.

SECCIÓN SEGUNDA

De la determinación de la filiación matrimonial

Art. 115. La filiación matrimonial materna y paterna quedará determinada legalmente:

1.º Por la inscripción del nacimiento junto con la del matrimonio de los padres.

2.º Por sentencia firme.

Art. 116. Se presumen hijos del marido los nacidos después

Art. 113, párr. 1.º: v. la Circular de 2 de junio de 1981 de D.G.R.N. y arts. 327 de este Código, 767.3 de la L.Enj.Civ., 2 y 14 de la L.R.C. e Instrucción de 26 de marzo de 1963 (*B.I.M.J.* n. 586, de 5 de abril) sobre prueba de nacimiento y de filiación a falta de inscripción. V. arts. 165 a 191 del R.R.C. Ténganse en cuenta los arts. 7 y ss. de la L.Rep.Asist.

Párr. 2.º: v. arts. 44 y ss. de la L.R.C. y 314 del R.R.C. Téngase en cuenta lo dispuesto por la Circular de 2 de junio de 1981 de la D.G.R.N.

Art. 114: v. arts. 49, 57 y 90 de la L.R.C., 293 a 366 del R.R.C. y 193 del C.P.

Art. 115: v. arts. 764 de la L.Enj.Civ., 44 y ss. de la L.R.C. y 165 a 170 y 181 del R.R.C. Ténganse en cuenta los arts. 7 y ss. de la L.Rep.Asist.

Art. 116: v. arts. 8.1 y 9.1 y 2 de la L.Rep.Asist., recogidos en nota a este Título V, 767 de la L.Enj.Civ. y 235-5 del C.Civ.Cat.

V. la Circular de 2 de junio de 1981 de la D.G.R.N. y los arts. 44 y ss. de la L.R.C. y 183 del R.R.C. Téngase en cuenta lo dispuesto sobre inscripciones fuera de plazo en el art. 314 del R.R.C.; v. arts. 136 y 139.

V. arts. 7 y ss. de la L.Rep.Asist., así como arts. 235-6 y 235-7 del C.Civ.Cat. Téngase en cuenta lo dicho en nota al Capítulo I de este Título sobre las Disps. Trans. de la Ley 25/2010 por la que se aprueba el Libro Segundo del C.Civ.Cat.

de la celebración del matrimonio y antes de los trescientos días siguientes a su disolución o a la separación legal o de hecho de los cónyuges.

Art. 117. Nacido el hijo dentro de los ciento ochenta días siguientes a la celebración del matrimonio, podrá el marido destruir la presunción mediante declaración auténtica en contrario formalizada dentro de los seis meses siguientes al conocimiento del parto. Se exceptúan los casos en que hubiere reconocido la paternidad expresa o tácitamente o hubiese conocido el embarazo de la mujer con anterioridad a la celebración del matrimonio, salvo que, en este último supuesto, la declaración auténtica se hubiera formalizado, con el consentimiento de ambos, antes del matrimonio o después del mismo, dentro de los seis meses siguientes al nacimiento del hijo.

Art. 118. Aun faltando la presunción de paternidad del marido por causa de la separación legal o de hecho de los cónyuges, podrá inscribirse la filiación como matrimonial si concurre el consentimiento de ambos.

Art. 119. La filiación adquiere el carácter de matrimonial desde la fecha del matrimonio de los progenitores cuando éste tenga lugar con posterioridad al nacimiento del hijo siempre que el hecho de la filiación quede determinado legalmente conforme a lo dispuesto en la sección siguiente.

Lo establecido en el párrafo anterior aprovechará, en su caso, a los descendientes del hijo fallecido.

SECCIÓN TERCERA

De la determinación de la filiación no matrimonial

Art. 120. La filiación no matrimonial quedará determinada legalmente:

Art. 117: v. la Circular de 2 de junio de 1981 de la D.G.R.N. Téngase en cuenta lo dispuesto sobre inscripciones fuera de plazo en el art. 314 del R.R.C.; v. arts. 138 de este Código y 235-6 del C.Civ.Cat. Ténganse en cuenta los arts. 7 y ss. de la L.Rep. Asist.

Art. 118: v. art. 138. Ténganse en cuenta los arts. 7 y ss. de la L.Rep.Asist.

Art. 119: v. arts. 7 y ss. de la L.Rep.Asist. y 235-7 del C.Civ.Cat.

Art. 120: Redactado por la Disp. Final 2.ª de la Ley 19/2015, de 13 de julio, de medidas de reforma administrativa en el ámbito de la Administración de Justicia y del Registro Civil, con entrada en vigor el 15 de octubre de 2015.

1.º En el momento de la inscripción del nacimiento, por la declaración conforme realizada por el padre en el correspondiente formulario oficial a que se refiere la legislación del Registro Civil.

2.º Por el reconocimiento ante el Encargado del Registro Civil, en testamento o en otro documento público.

3.º Por resolución recaída en expediente tramitado con arreglo a la legislación del Registro Civil.

4.º Por sentencia firme.

5.º Respecto de la madre, cuando se haga constar la filiación materna en la inscripción de nacimiento practicada dentro de plazo, de acuerdo con lo dispuesto en la Ley del Registro Civil.

Art. 121. El reconocimiento otorgado por menores no emancipados necesitará para su validez aprobación judicial con audiencia del Ministerio Fiscal.

Para la validez del reconocimiento otorgado por personas mayores de edad respecto de las que hayan establecido medidas de apoyo se estará a lo que resulte de la resolución judicial o escritura pública que las haya establecido. Si nada se hubiese dispuesto y no hubiera medidas voluntarias de apoyo, se instruirá la correspondiente revisión de las medidas de apoyo judicialmente adoptadas para completarlas a este fin.

Art. 122. Cuando un progenitor hiciere el reconocimiento separadamente, no podrá mani-

---

Téngase en cuenta el Convenio n. 6 de la Comisión Internacional del Estado Civil, relativo a la determinación de la filiación materna de los hijos no matrimoniales de 12 de septiembre de 1962 (*B.O.E.* n. 92, de 17 de abril de 1984). Téngase en cuenta el Convenio sobre la extensión de la competencia de los funcionarios cualificados para autorizar el reconocimiento de hijos no matrimoniales, hecho en Roma el 14 de septiembre de 1961 (*B.O.E.* n. 192, de 12 de agosto de 1987).

V. arts. 139 y 140 de este Código, 764 de la L.Enj.Civ. y 235-9 y ss. del C.Civ.Cat.

N. 1.º: v. arts. 741 y 1.216 de este Código y Disp. Trans. 5.ª de la Ley 11/1981, de reforma del C.c., y 23 y ss. de la L.J.V.

N. 2.º: v. arts. 54 y 88 y ss. de la L.R.C. y 170, 181 a 182 y 185 a 190 del R.R.C. Ténganse en cuenta los arts. 8.2 y 9.3 de la L.Rep.Asist., recogidos en nota a este Título V.

N. 3.º: v. Disp. Trans. 6.ª de la Ley 11/1981, de reforma del C.c., y arts. 193 del C.P. y 114 y 134.2 del C.c.

N. 4.º: v. arts. 44 de la L.R.C. y 181 y 182 del R.R.C.

Art. 121: v. arts. 154.2, 162 y 1.263. Téngase en cuenta la Disp. Trans. 10.ª de la Ley 11/1981, de reforma del C.c.

Modificado por Ley 8/2021, de 2 de junio, por la que se reforma la legislación civil y procesal para el apoyo a las personas con discapacidad en el ejercicio de su capacidad jurídica (*B.O.E.* n. 132, de 3 de junio).

Art. 122: v. la Circular de 2 de junio de 1981 de la D.G.R.N., así como los arts. 113 y 120 de este Código, 44 de la L.R.C. y 181 del R.R.C.

festar en él la identidad del otro a no ser que esté ya determinada legalmente.

Art. 123. El reconocimiento de un hijo mayor de edad no producirá efectos sin su consentimiento expreso o tácito.

El consentimiento para la eficacia del reconocimiento de la persona mayor de edad con discapacidad se prestará por esta, de manera expresa o tácita, con los apoyos que requiera para ello. En caso de que exista resolución judicial o escritura pública que haya establecido medidas de apoyo, se estará a lo allí dispuesto.

Art. 124. La eficacia del reconocimiento del menor requerirá el consentimiento expreso de su representante legal o la aprobación judicial con audiencia del Ministerio Fiscal y del progenitor legalmente conocido.

No será necesario el consentimiento o la aprobación si el reconocimiento se hubiere efectuado en testamento o dentro del plazo establecido para practicar la inscripción del nacimiento. La inscripción de paternidad así practicada podrá suspenderse a simple petición de la madre durante el año siguiente al nacimiento. Si el padre solicitara la confirmación de la inscripción, será necesaria la aprobación judicial con audiencia del Ministerio Fiscal.

Art. 125. Cuando los progenitores del menor fueren hermanos o consanguíneos en línea recta, legalmente determinada la filiación respecto de uno, solo podrá quedar determinada legalmente respecto del otro previa autorización judicial, que se otorgará con audiencia del Ministerio Fiscal, cuando convenga al interés del menor.

El menor podrá, alcanzada la mayoría de edad, invalidar mediante declaración auténtica

---

Art. 123: v. arts. 137 de este Código y 235-12 del C.Civ.Cat.

Modificado por Ley 8/2021, de 2 de junio, por la que se reforma la legislación civil y procesal para el apoyo a las personas con discapacidad en el ejercicio de su capacidad jurídica (*B.O.E.* n. 132, de 3 de junio).

Art. 124: v. arts. 137, 138 y 140 del C.c. y la Disp. Trans. 10.ª de la Ley 11/1981, de reforma del C.c. Téngase en cuenta el art. 766 de la L.Enj.Civ.

Modificado por Ley 8/2021, de 2 de junio, por la que se reforma la legislación civil y procesal para el apoyo a las personas con discapacidad en el ejercicio de su capacidad jurídica (*B.O.E.* n. 132, de 3 de junio).

Art. 125: v. art. 776 de la L.Enj.Civ. y la Disp. Trans. 10.ª de la Ley 11/1981, de reforma del C.c.

Modificado por Ley 8/2021, de 2 de junio, por la que se reforma la legislación civil y procesal para el apoyo a las personas con discapacidad en el ejercicio de su capacidad jurídica (*B.O.E.* n. 132, de 3 de junio).

esta última determinación si no la hubiere consentido.

Art. 126. El reconocimiento del ya fallecido sólo surtirá efecto si lo consintieren sus descendientes por sí o por sus representantes legales.

CAPÍTULO III

DE LAS ACCIONES DE FILIACIÓN*

SECCIÓN PRIMERA

Disposiciones generales

Arts. 127 a 130. [*Derogados por Ley 1/2000, de 7 de enero.*]

SECCIÓN SEGUNDA

De la reclamación

Art. 131. Cualquier persona con interés legítimo tiene acción para que se declare la filiación manifestada por la constante posesión de estado.

Se exceptúa el supuesto en que la filiación que se reclame contradiga otra legalmente determinada.

Art. 132. A falta de la correspondiente posesión de estado, la acción de reclamación de la filiación matrimonial, que es imprescriptible, corresponde al padre, a la madre o al hijo.

Si el hijo falleciere antes de transcurrir cuatro años desde que alcanzase plena capacidad, o durante el año siguiente al descubrimiento de las pruebas en que se haya de fundar la demanda, su acción corresponde a sus herederos por el tiempo que faltare para completar dichos plazos.

Art. 133. 1. La acción de reclamación de filiación no matrimonial, cuando falte la respectiva posesión de estado, co-

---

Art. 126: v. art. 176.3 de este Código. Téngase en cuenta el art. 766 de la L.Enj.Civ.

* Disps. Trans. 1.ª, 3.ª, 6.ª y 7.ª de la Ley 11/1981, de reforma del C.c., así como Leyes 70 y ss. de la C.Nav.

Ténganse en cuenta los arts. 748 y ss. de la L.Enj.Civ., especialmente los arts. 764 a 768, donde se regulan los procesos sobre capacidad, filiación, matrimonio y menores.

Art. 131: v. arts. 113 y 180.4 de este Código y 235-20 del C.Civ.Cat.

Art. 132: v. arts. 130, 659, 661, 1.930 y 1.932 de este Código y 765.2 de la L.Enj.Civ.

Art. 133: Redactado por el art. 2.3 de la L.Prot.Inf.

V. arts. 7 y ss. de la L.Rep.Asist., así como el art. 765.2 L.Enj.Civ.

N. 1: Modificado por Ley 8/2021, de 2 de junio, por la que se reforma la legislación civil y procesal para el apoyo a las personas con discapacidad en el ejercicio de su capacidad jurídica (*B.O.E.* n. 132, de 3 de junio).

Vid. art. 250 de este Código, respecto del tipo de medidas de apoyo posibles, y 267, 291 y 298, respecto de las causas de extinción de dichas medidas.

rresponderá al hijo durante toda su vida.

Si el hijo falleciere antes de transcurrir cuatro años desde que alcanzare la mayoría de edad o desde que se eliminaren las medidas de apoyo que tuviera previstas a tales efectos, o durante el año siguiente al descubrimiento de las pruebas en que se funde la demanda, su acción corresponderá a sus herederos por el tiempo que faltare para completar dichos plazos.

2. Igualmente podrán ejercitar la presente acción de filiación los progenitores en el plazo de un año contado desde que hubieran tenido conocimiento de los hechos en que hayan de basar su reclamación.

Esta acción no será transmisible a los herederos quienes solo podrán continuar la acción que el progenitor hubiere iniciado en vida.

Art. 134. El ejercicio de la acción de reclamación, conforme a los artículos anteriores, por el hijo o el progenitor, permitirá en todo caso la impugnación de la filiación contradictoria.

Art. 135. [*Derogado por Ley 1/2000, de 7 de enero.*]

SECCIÓN TERCERA

*De la impugnación**

Art. 136. 1. El marido podrá ejercitar la acción de impugnación de la paternidad en el plazo de un año contado desde la inscripción de la filiación en el Registro Civil. Sin embargo, el plazo no correrá mientras el marido ignore el nacimiento. Fallecido el marido sin conocer el nacimiento, el año se contará desde que lo conozca el heredero.

2. Si el marido, pese a conocer el hecho del nacimiento de quien ha sido inscrito como hijo suyo, desconociera su falta de paternidad biológica, el cómputo del plazo de un año comenzará a contar desde que tuviera tal conocimiento.

Art. 134: v. arts. 7 y ss. de la L.Rep.Asist. y arts. 113 y 131 de este Código.

Téngase en cuenta que el párr. 2.º de este artículo fue derogado por la Ley 1/2000, de 7 de enero.

* Ténganse en cuenta los arts. 764 a 768 de la L.Enj.Civ., donde se regulan los procesos sobre filiación, paternidad y maternidad.

Art. 136: Redactado por el art. 2.4 de la L.Prot.Inf.

V. Disp. Trans. 4.ª de la Ley 11/1981, de reforma del C.c., así como los arts. 117, 661 y 1.969 de este Código y arts. 7 y ss. de la L.Rep.Asist. V. también arts. 44 y ss. de la L.R.C., así como 165 y ss. del R.R.C.

3. Si el marido falleciere antes de transcurrir el plazo señalado en los párrafos anteriores, la acción corresponderá a cada heredero por el tiempo que faltare para completar dicho plazo.

Art. 137. 1. La paternidad podrá ser impugnada por el hijo durante el año siguiente a la inscripción de la filiación.

Si fuere menor o persona con discapacidad con medidas de apoyo, para impugnarla, el plazo del año se contará desde la mayoría de edad o desde la extinción de las medidas de apoyo.

El ejercicio de la acción en interés del hijo que sea menor corresponderá, asimismo, durante el año siguiente a la inscripción de la filiación, a la madre que ostente la patria potestad, a su representante legal o al Ministerio Fiscal.

Si se tratare de persona con discapacidad, esta, quien preste el apoyo y se encuentre expresamente facultado para ello o, en su defecto, el Ministerio Fiscal, podrán, asimismo, ejercitar la acción de impugnación durante el año siguiente a la inscripción de la filiación.

2. Si el hijo, pese a haber transcurrido más de un año desde la inscripción en el registro, desde su mayoría de edad o desde la extinción de la medida de apoyo, desconociera la falta de paternidad biológica de quien aparece inscrito como su progenitor, el cómputo del plazo de un año comenzará a contar desde que tuviera tal conocimiento.

3. Cuando el hijo falleciere antes de transcurrir los plazos establecidos en los párrafos anteriores, su acción corresponderá a sus herederos por el tiempo que faltare para completar dichos plazos.

4. Si falta en las relaciones familiares la posesión de estado de filiación matrimonial, la demanda podrá ser interpuesta en cualquier tiempo por el hijo o sus herederos.

Art. 138. El reconocimiento y demás actos jurídicos que determinen conforme a la ley una filiación matrimonial o no matrimonial podrán ser impugnados por vicio de consentimiento

---

Art. 137: Redactado por el art. 2.5 de la L.Prot.Inf.

V. arts. 129, 132, 154 y 162 de este Código y 765 de la L.Enj.Civ.

N. 1 y 2: Modificado por Ley 8/2021, de 2 de junio, por la que se reforma la legislación civil y procesal para el apoyo a las personas con discapacidad en el ejercicio de su capacidad jurídica (*B.O.E.* n. 132, de 3 de junio).

Art. 138: Redactado por el art. 2.6 de la L.Prot.Inf.

V. arts. 108, 117, 118, 119 y 135.Ténganse en cuenta los arts. 1.231 a 1.239.

según lo dispuesto en el artículo 141. La impugnación de la paternidad por otras causas se atendrá a las normas contenidas en esta sección.

Art. 139. La mujer podrá ejercitar la acción de impugnación de su maternidad justificando la suposición del parto o no ser cierta la identidad del hijo.

Art. 140. Cuando falta en las relaciones familiares la posesión de estado, la filiación paterna o materna no matrimonial podrá ser impugnada por aquellos a quienes perjudique.

Cuando exista posesión de estado, la acción de impugnación corresponderá a quien aparece como hijo o progenitor y a quienes por la filiación puedan resultar afectados en su calidad de herederos forzosos. La acción caducará pasados cuatro años desde que el hijo, una vez inscrita la filiación, goce de la posesión de estado correspondiente.

Los hijos tendrán en todo caso acción durante un año después de alcanzar la mayoría de edad o de recobrar capacidad suficiente a tales efectos.

Art. 141. La acción de impugnación del reconocimiento realizado mediante error, violencia o intimidación corresponde a quien lo hubiere otorgado. La acción caducará al año del reconocimiento o desde que cesó el vicio de consentimiento, y podrá ser ejercitada o continuada por los herederos de aquél, si hubiere fallecido antes de transcurrir el año.

Art. 139: v. arts. 108, 135 y 960.

Art. 140: v. arts. 131 a 133 de este Código y 767 y 768 de la L.Enj.Civ.

Párr. 3.º: Redactado por el art. 2.7 de la L.Prot.Inf.

Art. 141: v. nota al art. 138 y arts. 120.1, 673, 741 y 1.301 y ss. de este Código y 765.2 de la L.Enj.Civ.

TÍTULO VI

De los alimentos entre parientes*

Art. 142. Se entiende por alimentos todo lo que es indispensable para el sustento, habitación, vestido y asistencia médica.

Los alimentos comprenden también la educación e instrucción del alimentista mientras sea menor de edad y aun después cuando no haya terminado su formación por causa que no le sea imputable. Entre los alimentos se incluirán los gastos de embarazo y parto, en cuanto no estén cubiertos de otro modo.

Art. 143. Están obligados recíprocamente a darse alimentos en toda la extensión que señala el artículo precedente:

1.º Los cónyuges.

2.º Los ascendientes y descendientes.

Los hermanos sólo se deben los auxilios necesarios para la vida, cuando los necesiten por cualquier causa que no sea imputable al alimentista, y se extenderán en su caso a los que precisen para su educación.

Art. 144. La reclamación de alimentos cuando proceda y sean dos o más los obligados a prestarlos se hará por el orden siguiente:

1.º Al cónyuge.

2.º A los descendientes de grado más próximo.

3.º A los ascendientes, también de grado más próximo.

4.º A los hermanos, pero estando obligados en último lugar los que sólo sean uterinos o consanguíneos.

---

* Véanse arts. 39, ap. 3, de la Const. y 223 a 233 del C.P. Ténganse en cuenta los arts. 237-1 del C.Civ.Cat.

Téngase en cuenta el Reglamento (CE) n. 4/2009 del Consejo, de 18 de diciembre de 2008, relativo a la competencia, la ley aplicable, el reconocimiento y la ejecución de las resoluciones y la cooperación en materia de obligaciones de alimentos (*D.O.U.E.* n. L 7, de 10 de enero de 2009).

Téngase también en cuenta lo dispuesto en los arts. 234-10 del C.Civ.Cat. y 313 del C.Arag., así como en el art. 769 de la L.Enj.Civ. y en el art. 4 de la L.Parej.Mad. Ténganse en cuenta las SS.T.C. 81/2013 y 93/2013, que declaran inconstitucionales diversos preceptos de la L.Parej.Mad. y la L.Parej.Nav.

Art. 142: Redactado conforme a la Ley 11/1981, de reforma del C.c. V. arts. 9.7, 90.*c*), 93, 103.3.ª, 128, 154, 1.319, 1.362, 1.399, 1.438, 1.440 y 1.894.

Art. 143: Redactado conforme a la Ley 11/1981, de reforma del C.c. V. arts. 9.7, 90.*c*), 93, 103.3.ª, 128, 154, 269 y 275 de este Código y 768.2 de la L.Enj.Civ.

Art. 144: Redactado conforme a la Ley 11/1981, de reforma del C.c. En cuanto al procedimiento, v. art. 250.1.8.º de la L.Enj.Civ. Ténganse en cuenta los arts. 90, 93, 97 y 98.

Párr. 2.º: v. arts. 930 a 955.

Entre los descendientes y ascendientes se regulará la gradación por el orden en que sean llamados a la sucesión legítima de la persona que tenga derecho a los alimentos.

Art. 145. Cuando recaiga sobre dos o más personas la obligación de dar alimentos, se repartirá entre ellas el pago de la pensión en cantidad proporcional a su caudal respectivo.

Sin embargo, en caso de urgente necesidad y por circunstancias especiales, podrá el Juez obligar a una sola de ellas a que los preste provisionalmente, sin perjuicio de su derecho a reclamar de los demás obligados la parte que les corresponda.

Cuando dos o más alimentistas reclamaren a la vez alimentos de una misma persona obligada legalmente a darlos, y ésta no tuviere fortuna bastante para atender a todos, se guardará el orden establecido en el artículo anterior, a no ser que los alimentistas concurrentes fuesen el cónyuge y un hijo sujeto a la patria potestad, en cuyo caso éste será preferido a aquél.

Art. 146. La cuantía de los alimentos será proporcionada al caudal o medios de quien los da y a las necesidades de quien los recibe.

Art. 147. Los alimentos, en los casos a que se refiere el artículo anterior, se reducirán o aumentarán proporcionalmente según el aumento o disminución que sufran las necesidades del alimentista y la fortuna del que hubiere de satisfacerlos.

Art. 148. La obligación de dar alimentos será exigible desde que los necesitare, para subsistir, la persona que tenga derecho a percibirlos; pero no se abonarán sino desde la fecha en que se interponga la demanda.

Se verificará el pago por meses anticipados, y, cuando fallezca el alimentista, sus herederos no estarán obligados a devolver lo que éste hubiese recibido anticipadamente.

El Juez, a petición del alimentista o del Ministerio Fiscal, ordenará con urgencia las medidas cautelares oportunas para asegurar los anticipos que

---

Art. 145: v. art. 1.137.

Art. 146: Redactado conforme a la Ley 11/1981, de reforma del C.c. V. arts. 97, 101 y 147.

Art. 147: v. arts. 90, 91, 93 y 100.

Art. 148, párrs. 1.º y 2.º: v. arts. 880 de este Código y 608 de la L.Enj.Civ.

Párr. 3.º: Redactado conforme a la Ley 11/1981, de reforma del C.c.: v. art. 1.098, 1.158, 1.159, 1.209, 1.210, 1.526 a 1.535 y 1.924.2.º F y G de este Código y 525.1, 768, 773 y 774 de la L.Enj.Civ.

haga una Entidad pública u otra persona y proveer a las futuras necesidades.

Art. 149. El obligado a prestar alimentos podrá, a su elección, satisfacerlos, o pagando la pensión que se fije, o recibiendo y manteniendo en su propia casa al que tiene derecho a ellos.

Esta elección no será posible en cuanto contradiga la situación de convivencia determinada para el alimentista por las normas aplicables o por resolución judicial. También podrá ser rechazada cuando concurra justa causa o perjudique el interés del alimentista menor de edad.

Art. 150. La obligación de suministrar alimentos cesa con la muerte del obligado, aunque los prestase en cumplimiento de una sentencia firme.

Art. 151. No es renunciable ni transmisible a un tercero el derecho a los alimentos. Tampoco pueden compensarse con lo que el alimentista deba al que ha de prestarlos.

Pero podrán compensarse y renunciarse las pensiones alimenticias atrasadas, y transmitirse a Título oneroso o gratuito el derecho a demandarlas.

Art. 152. Cesará también la obligación de dar alimentos:

1.º Por muerte del alimentista.

2.º Cuando la fortuna del obligado a darlos se hubiere reducido hasta el punto de no poder satisfacerlos sin desatender sus propias necesidades y las de su familia.

3.º Cuando el alimentista pueda ejercer un oficio, profesión o industria, o haya adquirido un destino o mejorado de fortuna, de suerte que no le sea necesaria la pensión alimenticia para su subsistencia.

4.º Cuando el alimentista, sea o no heredero forzoso, hubiese cometido alguna falta de las que dan lugar a la desheredación.

5.º Cuando el alimentista sea descendiente del obligado a dar alimentos, y la necesidad de aquél provenga de mala conducta o de falta de aplicación al trabajo, mientras subsista esta causa.

Art. 149: Redactado su párr. 2.º por la L.Men.
V. arts. 93, 94 y 103.3.º del C.c.
Art. 150: v. arts. 101 y 1.966.1.º
Art. 151, párr. 1.º: v. arts. 6.2.º, 1.195 y ss., 1.814 y 1.966.1.
Párr. 2.º: v. art. 1.200.
Art. 152: Las causas de desheredación se encuentran reguladas en los arts. 852 a 855. Compárese con el art. 101.

Art. 153. Las disposiciones que preceden son aplicables a los demás casos en que por este Código, por testamento o por pacto se tenga derecho a alimentos, salvo lo pactado, lo ordenado por el testador o lo dispuesto por la ley para el caso especial de que se trate.

TÍTULO VII*

De las relaciones paterno-filiales

CAPÍTULO PRIMERO

DISPOSICIONES GENERALES

Art. 154. Los hijos e hijas no emancipados están bajo la patria potestad de los progenitores.

La patria potestad, como responsabilidad parental, se ejercerá siempre en interés de los hijos e hijas, de acuerdo con su persona-

---

Art. 153: v. arts. 90.*c*), 96, 149 y 1.408.

* Redactado íntegramente por la Ley 11/1981, de reforma del C.c. V. las Disps. Trans. de dicha Ley y art. 39 de la Const. Ténganse en cuenta la Convención sobre los Derechos del Niño, adoptada por la Asamblea General de la O.N.U. el 20 de noviembre de 1989 (*B.O.E.* n. 313, de 31 de diciembre de 1990), y arts. 1 a 11 de la L.Men. Véanse también el Convenio de 29 de mayo de 1993, de protección del niño y cooperación en materia de adopción internacional (ratificado por Instrumento de 30 de junio de 1995, en *B.O.E.* n. 182, del 1 de agosto), y las Leyes 63 y ss. de la C.Nav.

Téngase en cuenta la Directiva 2003/86/CE del Consejo, de 22 de septiembre de 2003, sobre el derecho a la reagrupación familiar (*D.O.* n. L 251, de 3 de octubre).

Téngase presente el R.D. 1.774/2004, de 30 de julio, por el que se aprueba el Reglamento de la L.O. 5/2000, de 12 de enero, reguladora de la responsabilidad penal de los menores (*B.O.E.* n. 209, de 30 de agosto).

V. R.D. 1.621/2005, de 30 de diciembre, por el que se aprueba el Reglamento de la Ley 40/2003, de 18 de noviembre, de protecciòn a las familias numerosas (*B.O.E.* n. 15, de 18 de enero).

Por otra parte, deben tenerse presentes las numerosas leyes autonómicas que regulan esta materia, a saber:

— Ley 4/1994, de 10 de noviembre, de protección y atención a menores (*D.O. Extremadura* n. 134, de 24 de noviembre, y *B.O.E.* n. 309, de 27 de diciembre).

— Ley 1/1995, de 27 de enero, de protección del menor (*B.O. Principado de Asturias y de la Provincia* n. 32, de 9 de febrero, y *B.O.E.* n. 94, de 20 de abril).

— Ley 6/1995, de 28 de marzo, de garantías de los derechos de la infancia y la adolescencia (*B.O. Comunidad de Madrid* n. 83, de 7 de abril, y *B.O.E.* n. 183, de 2 de agosto).

— Ley 1/1997, de 7 de febrero, de atención integral a los menores (*B.O. Canarias* n. 23, de 17 de febrero, y *B.O.E.* n. 63, de 14 de marzo).

lidad, y con respeto a sus derechos, su integridad física y mental.

Esta función comprende los siguientes deberes y facultades:

— Ley 4/1997, de 10 de abril, de medidas de prevención y control de la venta y publicidad de bebidas alcohólicas para menores de edad (*B.O.E.* n. 163, de 9 de julio, y *D.O. de Extremadura* n. 57, de 17 de mayo).

— Ley 13/1997, de 19 de noviembre, de creación del Instituto Catalán del Acogimiento y la Adopción (*B.O.E.* n. 2, de 2 de enero de 1998).

— Ley 8/1997, de 18 de diciembre, de atribución de competencias a los Consejos Insulares en materia de tutela, acogimiento y adopción de menores (*B.O.E.* n. 23, de 27 de enero de 1998, y *B.O. Illes Balears* n. 157, de 20 de diciembre de 1997). Téngase en cuenta que la Ley 4/2021, abajo citada, deroga esta Ley salvo su título III, que se mantiene vigente.

— Ley 1/1998, de 20 de abril, de los derechos y la atención al menor (*B.O.E.* n. 150, de 24 de junio, y *D.O. de la Junta de Andalucía* n. 53, de 12 de mayo).

— Ley 18/1999, de 29 de abril, reguladora de los Consejos de Atención a la Infancia y la Adolescencia de la Comunidad Autónoma de Madrid (*B.O.E.* n. 195, de 16 de agosto, y *B.O.C.A.M.* n. 117, de 19 de mayo).

— Ley 12/2001, de 2 de julio, de la Infancia y la Adolescencia en Aragón (*B.O.E.* n. 189, de 8 de agosto, y *B.O. de Aragón* n. 86, de 20 de julio).

— Ley 8/2002, de 27 de noviembre, de Juventud, de la Comunidad de Madrid (*B.O.E.* n. 55, de 5 de marzo de 2003, y *B.O.C.A.M.* n. 289, de 5 de diciembre de 2002).

— Ley 3/2005, de 18 de febrero, de atención y protección a la infancia y a la adolescencia de Euskadi (*B.O.E.* n. 274, de 14 de noviembre de 2011, y *B.O.P.V.* n. 59, de 30 de marzo de 2005).

— Ley 1/2006, de 28 de febrero, de protección de menores de La Rioja (*B.O.E.* n. 70, de 23 de marzo; *B.O.L.R.* n. 33, de 9 de marzo).

— Ley 17/2006, de 13 de noviembre, integral de la atención y de los derechos de la infancia y de la adolescencia de las Illes Balears (*B.O.E.* n. 297, de 13 de diciembre; *B.O. Illes Balears* n. 163, de 18 de noviembre de 2006; corrección de errores en *B.O.E.* n. 60, de 10 de marzo de 2007).

— Ley 12/2008, de 3 de julio, de protección integral y la adolescencia de la Comunitat Valenciana (*B.O.E.* n. 200, de 19 de agosto; *D.O.C.V.* n. 5.803, de 10 de julio).

— Ley 14/2010, de 27 de mayo, de los derechos y las oportunidades en la infancia y la adolescencia (*B.O.E.* n. 156, de 28 de junio, y *D.O.G.C.* n. 5.641, de 2 de junio).

— Ley 8/2010, de 23 de diciembre, de garantía de derechos y atención a la infancia y adolescencia (*B.O.E.* n. 19, de 22 de enero de 2011, y *D.O. Cantabria* extraordinario n. 34, de 28 de diciembre de 2010).

— Ley 3/2011, de 30 de junio, de apoyo a la familia y a la convivencia de Galicia (*B.O.E.* n. 182, de 30 de julio, y *D.O. de Galicia* n. 134, de 13 de julio).

— Ley 5/2014, de 9 de octubre, de Protección Social y Jurídica de la Infancia y la Adolescencia de Castilla-La Mancha (*B.O.E.* n. 42, de 18 de febrero de 2015, y *D.O. de Castilla-La Mancha* n. 201, de 17 de octubre de 2014).

— Ley 7/2015, de 10 de abril, por la que se establece el marco regulador de los procesos de autonomía personal de menores que han sido sometidos a una medida de protección o reforma (*B.O.E.* n. 104, de 1 de mayo, y *B.O. Islas Baleares* n. 54, de 16 de abril).

— Ley 4/2021, de 27 de julio, de Infancia y Adolescencia de Andalucía (*B.O.E.* n. 189, de 9 de agosto; y *B.O.J.A.* n. 146, de 30 de julio).

— Ley Foral 12/2022, de 11 de mayo, de atención a niños, niñas y adolescentes y de promoción de sus familias, derechos e igualdad (*B.O.E.* n. 126, de 27 de mayo; *B.O.* Navarra n. 97, de 19 de mayo).

Art. 154: Redactado por el art. 2.8 de la L.Prot.Inf.

1.º Velar por ellos, tenerlos en su compañía, alimentarlos, educarlos y procurarles una formación integral.

2.º Representarlos y administrar sus bienes.

3.º Decidir el lugar de residencia habitual de la persona menor de edad, que solo podrá ser modificado con el consentimiento de ambos progenitores o, en su defecto, por autorización judicial.

Si los hijos o hijas tuvieren suficiente madurez deberán ser oídos siempre antes de adoptar decisiones que les afecten sea en procedimiento contencioso o de mutuo acuerdo. En todo caso, se garantizará que puedan ser oídas en condiciones idóneas, en términos que les sean accesibles, comprensibles y adaptados a su edad, madurez y circunstancias, recabando el auxilio de especialistas cuando ello fuera necesario.

Los progenitores podrán, en el ejercicio de su función, recabar el auxilio de la autoridad.

V. art. 71 de la L.R.C..

V. arts. 3 y 61.3 de la L.Resp.P.Men.

Ténganse en cuenta los arts. 3, 5, 9, 16, 18, 25 y 27 a 29 de la C.D.N., 1 a 8 de la L.Men., 58 del C.Arag., así como art. 236-17 del C.Civ.Cat. V. arts. 17, 19, 222, 286 y 303.

Párr. 2.º, n. 1.º: v. arts. 228 de este Código, y 617, 618 y 622 del C.P.

Por lo demás, v. arts. 12 de la C.D.N. y 9 de la L.Men.

Téngase en cuenta la Circular 3/1984, de 25 de junio, de la Fiscalía General del Estado, sobre la actuación del Ministerio Fiscal ante los Tribunales Tutelares de Menores; art. 2 de la L.O. 4/1992, de 5 de junio (*B.O.E.* n. 140, de 11 de junio), sobre reforma de la Ley reguladora de la competencia y procedimiento de los juzgados de menores, y arts. 4, 5, 7, 9 y 11 de la L.Men., otorgando amplias facultades al Ministerio Fiscal en materia de defensa de los derechos, observancia de garantías y cuidado de la integridad física y moral del menor.

Ténganse en cuenta los arts. 3, 5, 18, 19 y 34 de la C.D.N.; 2, 3, 10 y 12 a 17 de la L.Men. y 192.2 y 223 a 233 del C.P.

Téngase en cuenta la Ley Foral 20/2003, de 25 de marzo, de familias numerosas (*B.O.E.* n. 99, de 25 de abril, y *B.O. Navarra*, n. 41, de 2 de abril).

Ténganse presentes la Ley 40/2003, de 18 de noviembre, de protección a las familias numerosas (*B.O.E.* n. 277, de 19 de noviembre), y el R.D. 1.621/2005, de 30 de diciembre, por el que se aprueba su Reglamento (*B.O.E.* n. 15, de 18 de enero de 2006).

Téngase en cuenta la Ley 41/2003, de 18 de noviembre, de protección patrimonial de las personas con discapacidad y de modificación del C.c., de la L.Enj.Civ., y de la normativa tributaria con esta finalidad (*B.O.E.* n. 277, de 19 de noviembre).

Modificado por la Disp. Final 2.ª de la L.O. 8/2021, de 4 de junio, de protección integral a la infancia y la adolescencia frente a la violencia (*B.O.E.* n. 134, de 5 de junio).

Art. 155. Los hijos deben:

1.º Obedecer a sus padres mientras permanezcan bajo su potestad, y respetarles siempre.

2.º Contribuir equitativamente, según sus posibilidades, al levantamiento de las cargas de la familia mientras convivan con ella.

Art. 156. La patria potestad se ejercerá conjuntamente por ambos progenitores o por uno solo con el consentimiento expreso o tácito del otro. Serán válidos los actos que realice uno de ellos conforme al uso social y a las circunstancias o en situaciones de urgente necesidad.

Dictada una sentencia condenatoria y mientras no se extinga la responsabilidad penal o iniciado un procedimiento penal contra uno de los progenitores por atentar contra la vida, la integridad física, la libertad, la integridad moral o la libertad e indemnidad sexual de los hijos o hijas comunes menores de edad, o por atentar contra el otro progenitor, bastará el consentimiento de este para la atención y asistencia psicológica de los hijos e hijas menores de edad, debiendo el primero ser informado previamente. Lo anterior será igualmente aplicable, aunque no se haya interpuesto denuncia previa, cuando la mujer esté recibiendo asistencia en un servicio especializado de violencia de género, siempre que medie informe emitido por dicho servicio que acredite dicha situación. Si la asistencia hubiera de prestarse a los hijos e hijas mayores de dieciséis años se precisará en todo caso el consentimiento expreso de estos.

En caso de desacuerdo en el ejercicio de la patria potestad, cualquiera de los dos podrá acudir a la autoridad judicial, quien, después de oír a ambos y al hijo si tuviera suficiente madurez y, en todo caso, si fuera mayor de doce años, atribuirá la facultad de decidir a uno de los dos progenitores. Si los desacuerdos fueran reiterados o concurriera cualquier otra cau-

---

Art. 155, n. 1.º: Ténganse en cuenta los arts. 5, 18 y 29.1.*c*) de la C.D.N. y 2 de la L.Men. Compárese con los arts. 648 y 756 de este Código y 57 de la L.Resp.P.Men. V. art. 236-22 del C.Civ.Cat.

N. 2.º: v. arts. 149 y ss., 164 y 165.

Art. 156: v. arts. 236-17 y ss. del C.Civ.Cat. y 61.3 de la L.Resp.P.Men.

Párr. 2.º: El segundo párrafo fue introducido por R.D.L. 9/2018, de 3 de agosto, de medidas urgentes para el desarrollo del Pacto de Estado contra la violencia de género (*B.O.E.* n. 188, de 4 de agosto).

Párr. 3.º: Redactado por la Disp. Final 1.ª de la L.J.V.; v. Disp. Trans. 10.ª de la Ley 11/1981, de Reforma del C.C., y arts. 58 y ss. del C.Arag.

sa que entorpezca gravemente el ejercicio de la patria potestad, podrá atribuirla total o parcialmente a uno de los progenitores o distribuir entre ellos sus funciones. Esta medida tendrá vigencia durante el plazo que se fije, que no podrá nunca exceder de dos años. En los supuestos de los párrafos anteriores, respecto de terceros de buena fe, se presumirá que cada uno de los progenitores actúa en el ejercicio ordinario de la patria potestad con el consentimiento del otro.

En defecto o por ausencia o imposibilidad de uno de los progenitores, la patria potestad será ejercida exclusivamente por el otro.

Si los progenitores viven separados, la patria potestad se ejercerá por aquel con quien el hijo conviva. Sin embargo, la autoridad judicial, a solicitud fundada del otro progenitor, podrá, en interés del hijo, atribuir al solicitante la patria potestad para que la ejerza conjuntamente con el otro progenitor o distribuir entre ambos las funciones inherentes a su ejercicio.

Art. 157. El menor no emancipado ejercerá la patria potestad sobre sus hijos con la asistencia de sus padres y, a falta de ambos, de su tutor; en casos de desacuerdo o imposibilidad, con la del Juez.

Art. 158. El Juez, de oficio o a instancia del propio hijo, de cualquier pariente o del Ministerio Fiscal, dictará:

1.º Las medidas convenientes para asegurar la prestación de alimentos y proveer a las futuras necesidades del hijo, en caso de incumplimiento de este deber, por sus padres.

Párr. 6.º: v. arts. 92, 94, 103, 159 y 161 de este Código y 771 y 774.4 de la L.Enj.Civ. Modificado por Ley 8/2021, de 2 de junio, por la que se reforma la legislación civil y procesal para el apoyo a las personas con discapacidad en el ejercicio de su capacidad jurídica (*B.O.E.* n. 132, de 3 de junio).

Art. 157: v. arts. 121 y 319. Compárese con el art. 211-12 del C.Civ.Cat.

Art. 158: Redactado por la Disp. Final 4.ª de la L.Men. El apartado 3.º fue modificado mediante L.O. 9/2002, de 10 de diciembre, de modificación del C.P. y del C.c. sobre sustracción de menores (*B.O.E.* n. 296, de 11 de diciembre). El apartado 4.º y el último párrafo han sido redactados por el art. 2.9 de la L.Prot.Inf., que también ha añadido los apartados 5.º y 6.º V. arts. 11 a 22 de la citada L.O. 9/2002, Disp. Trans. 10.ª de la Ley 11/1981, de Reforma del C.c., y arts. 92 y 148 del C.c. Sobre procedimiento para solicitar tales medidas, v. Disp. Adic. 1.ª de la L.Men. y arts. 86 y ss. de la L.J.V. Téngase en cuenta el art. 3 de la L.Resp.P.Men. En relación con las medidas a las que se refiere el n. 1.º de este artículo, v. 771 y ss. de la L.Enj.Civ.

Modificado por la Disp. Final 2.ª de la L.O. 8/2021, de 4 de junio, de protección integral a la infancia y la adolescencia frente a la violencia (*B.O.E.* n. 134, de 5 de junio).

2.º Las disposiciones apropiadas a fin de evitar a los hijos perturbaciones dañosas en los casos de cambio de titular de la potestad de guarda.

3.º Las medidas necesarias para evitar la sustracción de los hijos menores por alguno de los progenitores o por terceras personas y, en particular, las siguientes:

a) Prohibición de salida del territorio nacional, salvo autorización judicial previa.

b) Prohibición de expedición del pasaporte al menor o retirada del mismo si ya se hubiere expedido.

c) Sometimiento a autorización judicial previa de cualquier cambio de domicilio del menor.

4.º La medida de prohibición a los progenitores, tutores, a otros parientes o a terceras personas de aproximarse al menor y acercarse a su domicilio o centro educativo y a otros lugares que frecuente, con respecto al principio de proporcionalidad.

5.º La medida de prohibición de comunicación con el menor, que impedirá a los progenitores, tutores, a otros parientes o a terceras personas establecer contacto escrito, verbal o visual por cualquier medio de comunicación o medio informático o telemático, con respeto al principio de proporcionalidad.

6.º La suspensión cautelar en el ejercicio de la patria potestad y/o en el ejercicio de la guarda y custodia, la suspensión cautelar del régimen de visitas y comunicaciones establecidos en resolución judicial o convenio judicialmente aprobado y, en general, las demás disposiciones que considere oportunas, a fin de apartar al menor de un peligro o de evitarle perjuicios en su entorno familiar o frente a terceras personas.

En caso de posible desamparo del menor, el Juzgado comunicará las medidas a la Entidad Pública. Todas estas medidas podrán adoptarse dentro de cualquier proceso judicial o penal o bien en un expediente de jurisdicción voluntaria, en que la autoridad judicial habrá de garantizar la audiencia de la persona menor de edad, pudiendo el Tribunal ser auxiliado por personas externas para garantizar que pueda ejercitarse este derecho por sí misma.

Art. 159. Si los padres viven separados y no decidieren de común acuerdo, el Juez decidirá, siempre en beneficio de los hijos, al cuidado de qué progenitor quedarán los hijos meno-

Arts. 159, 160 y 161: Ténganse en cuenta los arts. 2 y 3 de la L.Men. y 5 y 9 de la C.D.N.

res de edad. El Juez oirá, antes de tomar esta medida, a los hijos que tuvieran suficiente juicio y, en todo caso, a los que fueran mayores de doce años.

Art. 160. 1. Los hijos menores tienen derecho a relacionarse con sus progenitores aunque éstos no ejerzan la patria potestad, salvo que se disponga otra cosa por resolución judicial o por la Entidad Pública en los casos establecidos en el artículo 161. En caso de privación de libertad de los progenitores, y siempre que el interés superior del menor recomiende visitas a aquéllos, la Administración deberá facilitar el traslado acompañado del menor al centro penitenciario, ya sea por un familiar designado por la administración competente o por un profesional que velarán por la preparación del menor a dicha visita. Asimismo la visita a un centro penitenciario se deberá realizar fuera de horario escolar y en un entorno adecuado para el menor.

Los menores adoptados por otra persona, solo podrán relacionarse con su familia de origen en los términos previstos en el artículo 178.4.

2. No podrán impedirse sin justa causa las relaciones personales del menor con sus hermanos, abuelos y otros parientes y allegados.

En caso de oposición, el Juez, a petición del menor, hermanos, abuelos, parientes o allegados, resolverá atendidas las circunstancias. Especialmente deberá asegurar que las medidas que se puedan fijar para favorecer las relaciones entre hermanos, y entre abuelos y nietos, no faculten la infracción de las resoluciones judiciales que restrinjan o suspendan las relaciones de los menores con alguno de sus progenitores.

Art. 161. La Entidad Pública a la que, en el respectivo territorio, esté encomendada la protección de menores regulará las visitas y comunicaciones que correspondan a los progenitores, abuelos, hermanos y demás

---

Art. 159: v. arts. 234-7 del C.Civ.Cat., 77 del C.Arag. y 10 de la L.Parej.Cant., así como la L.Parej.Nav. y la L.Parej. Mad. Ténganse en cuenta las SS.T.C. 81/2013 y 93/2013, que declaran inconstitucionales diversos preceptos de la L.Parej.Mad. y la L.Parej.Nav.

Art. 160: Redactado por el art. 2.10 de la L.Prot.Inf.

N. 1: v. arts. 94, 178, 179 y 180. Téngase en cuenta los arts. 771.2 y 774.4 de la L.Enj.Civ.

N. 2: v. Disp. Trans. 10.ª de la Ley 11/1981, de reforma del C.c.

Art. 161: Redactado por el art. 2.11 de la L.Prot.Inf.

V. arts. 172 a 174.

parientes y allegados respecto a los menores en situación de desamparo, pudiendo acordar motivadamente, en interés del menor, la suspensión temporal de las mismas previa audiencia de los afectados y del menor si tuviere suficiente madurez y, en todo caso, si fuera mayor de doce años, con inmediata notificación al Ministerio Fiscal. A tal efecto, el Director del centro de acogimiento residencial o la familia acogedora u otros agentes o profesionales implicados informarán a la Entidad Pública de cualquier indicio de los efectos nocivos de estas visitas sobre el menor.

El menor, los afectados y el Ministerio Fiscal podrán oponerse a dichas resoluciones administrativas conforme a la Ley de Enjuiciamiento Civil.

CAPÍTULO II

DE LA REPRESENTACIÓN LEGAL DE LOS HIJOS*

Art. 162. Los padres que ostenten la patria potestad tienen la representación legal de sus hijos menores no emancipados.

Se exceptuán:

1.º Los actos relativos a los derechos de la personalidad que el hijo, de acuerdo con su madurez, pueda ejercitar por sí mismo.

No obstante, los responsables parentales intervendrán en estos

---

* En esta materia debe tenerse muy presente, a efectos de interpretación, la L.O. 1/1996, de Protección Jurídica del Menor y reforma parcial del C.c., que pretende impulsar un cambio en el *status* jurídico de los menores, reconociéndoles plenamente la titularidad de los derechos y la capacidad progresiva para ejercerlos, estableciendo, en su art. 2, tanto la primacía del interés de los menores sobre cualquier otro interés legítimo que pudiera concurrir, como el principio de interpretación restrictiva de las limitaciones de su capacidad de obrar.

Téngase en cuenta el R.D. 95/2009, de 6 de febrero, por el que se regula el Sistema de registros administrativos de apoyo a la Administración de Justicia (*B.O.E.* n. 33, de 7 de febrero), donde queda incluido el Registro de Sentencias de Responsabilidad Penal de los Menores.

Téngase también en cuenta la Ley 27/2001, de 31 de diciembre, de Justicia Juvenil, de Cataluña (*B.O.E.* n. 34, de 8 de febrero de 2002, y *D.O.G.C.* n. 3.553, de 15 de enero), por la que se deroga la Ley 11/1985, de 13 de junio, de protección de menores, salvo el Título V dedicado a la prevención de la delincuencia infantil y juvenil.

Téngase presente el R.D. 1.774/2004, de 30 de julio, por el que se aprueba el Reglamento de la L.O. 5/2000, de 12 de enero, reguladora de la responsabilidad penal de los menores (*B.O.E.* n. 209, de 30 de agosto).

Art. 162, párr. 1: v. arts. 71 del C.Arag. y 236-18 del C.Civ.Cat., así como el art. 61 de la L.Resp.P.Men.

Párr. 2.1.º: Redactado por el art. 2.12 de la L.Prot.Inf.; v. art. 3 de la L.P.C.H. Ténganse en cuenta los arts. 5 a 8, 12 a 16, 18, 19, 23 y 25 de la C.D.N. y 670 de este Código.

casos en virtud de sus deberes de cuidado y asistencia.

2.º Aquellos en que exista conflicto de intereses entre los padres y el hijo.

3.º Los relativos a bienes que estén excluidos de la administración de los padres.

Para celebrar contratos que obliguen al hijo a realizar prestaciones personales se requiere el previo consentimiento de éste si tuviere suficiente juicio, sin perjuicio de lo establecido en el artículo 158.

Art. 163. Siempre que en algún asunto el padre y la madre tengan un interés opuesto al de sus hijos no emancipados, se nombrará a éstos un defensor que los represente en juicio y fuera de él. Se procederá también a este nombramiento cuando los padres tengan un interés opuesto al del hijo menor emancipado cuya capacidad deban completar.

Si el conflicto de intereses existiera sólo con uno de los progenitores, corresponde al otro por Ley y sin necesidad de especial nombramiento representar al menor o completar su capacidad.

CAPÍTULO III

De los bienes de los hijos y de su administración

Art. 164. Los padres administrarán los bienes de los hijos con la misma diligencia que los suyos propios, cumpliendo las obligaciones generales de todo administrador y las especiales establecidas en la Ley Hipotecaria.

Se exceptúan de la administración paterna:

1.º Los bienes adquiridos por título gratuito cuando el disponente lo hubiere ordenado de

---

Párr. 2.2.º: v. arts. 299 a 302.

Párr. 3: v. arts. 6 y 7 del E.T. y art. 159 de este Código. Téngase en cuenta la Instrucción 2/1993, de 15 de marzo, de la Fiscalía General del Estado sobre la función del Ministerio Fiscal ante el derecho a la intimidad de los menores víctimas de un delito (*B.I.M.J.* n. 1.697, de 5 de febrero de 1994).

Art. 163: v. arts. 234 y 299 a 302 de este Código; 749, 783.4 y 790 a 805 de la L.Enj. Civ. y Disp. Adic. de la Ley 13/1983, de reforma del C.c., así como Ley 64 de la C.Nav. Suprimido su párr. 3.º por la Disp. Final 18.ª2 de la L.Men. Ténganse en cuenta los arts. 2, 3, 9 y 10 de la citada Ley. V. arts. 27 y ss. de la L.J.V.

V. art. 236-20 del C.Civ.Cat.

Art. 164: La Ley 21/1987, de reforma del C.c. y de la L.Enj.Civ., suprimió uno de los apartados del art. 164 quedando en la actualidad sólo con tres; el primero de ellos está redactado conforme a la Ley 13/2005, de 1 de julio, por la que se modifica el Código Civil en materia de derecho a contraer matrimonio (*B.O.E.* n. 157, de 2 de julio). V. Ley 65 de la C.Nav., arts. 5 y 94 del C.Arag., 236-21 del C.Civ.Cat. y 61 y ss. de la L.J.V.

Párr. 1.º: v. arts. 168, 190 y 191 de la L.H. y 250, 266 y 267 del R.H.

manera expresa. Se cumplirá estrictamente la voluntad de éste sobre la administración de estos bienes y destino de sus frutos.

2.º Los adquiridos por sucesión en que uno o ambos de los que ejerzan la patria potestad hubieran sido justamente desheredados o no hubieran podido heredar por causa de indignidad, que serán administrados por la persona designada por el causante y, en su defecto y sucesivamente, por el otro progenitor o por un Administrador judicial especialmente nombrado.

3.º Los que el hijo mayor de dieciséis años hubiera adquirido con su trabajo o industria. Los actos de administración ordinaria serán realizados por el hijo, que necesitará el consentimiento de los padres para los que excedan de ella.

Art. 165. Pertenecen siempre al hijo no emancipado los frutos de sus bienes, así como todo lo que adquiera con su trabajo o industria.

No obstante, los padres podrán destinar los del menor que viva con ambos o con uno solo de ellos, en la parte que le corresponda, al levantamiento de las cargas familiares, y no estarán obligados a rendir cuentas de lo que hubiesen consumido en tales atenciones.

Con este fin se entregarán a los padres, en la medida adecuada, los frutos de los bienes que ellos no administren. Se exceptúan los frutos de los bienes a que se refieren los números 1 y 2 del artículo anterior y los de aquellos donados o dejados a los hijos especialmente para su educación o carrera, pero si los padres carecieren de medios podrán pedir al Juez que se les entregue la parte que en equidad proceda.

Art. 166. Los padres no podrán renunciar a los derechos de que los hijos sean titulares ni enajenar o gravar sus bienes inmuebles, establecimientos mercantiles o indus-

---

Párr. 2.º, n. 1.º: v. arts. 227, 624, 642, 643 y 757.

Párr. 2.º, n. 2.º: v. arts. 108, 176, 180, 852 a 855 y 973 de este Código.

Párr. 2.º, n. 3.º: v. los arts. 6 y 7 del E.T., y art. 319.

Art. 165: La Ley 21/1987, de reforma del C.c. y de la L.Enj.Civ., incide en este artículo en la medida en que queda afectado por la supresión de uno de los apartados del art. 164.

V. arts. 3.2, 142, 155 y 319.

Art. 166: Redactado su párrafo 2.º por la Disp. Final 18.ª1 de la L.Men. V. arts. 168, 190 y 191 de la L.H.; 6.3, 163, 226, 248, 285, 287, 1.290, 1.300 y 1.810 del C.c. Ténganse especialmente en cuenta los arts. 221 y 1.459 del C.c. y los arts. 271 y 272 en relación con el 1.548 del C.c.; 2.5 de la L.H. y 178 del R.H., así como lo dispuesto en la Disp. Trans. 10.ª de la Ley 11/1981, de reforma del C.c. y los arts. 61 a 66 de la L.J.V.

triales, objetos preciosos y valores mobiliarios, salvo el derecho de suscripción preferente de acciones, sino por causas justificadas de utilidad o necesidad y previa la autorización del Juez del domicilio, con audiencia del Ministerio Fiscal.

Los padres deberán recabar autorización judicial para repudiar la herencia o legado deferidos al hijo. Si el Juez denegase la autorización, la herencia sólo podrá ser aceptada a beneficio de inventario.

No será necesaria autorización judicial si el menor hubiese cumplido dieciséis años y consintiere en documento público, ni para la enajenación de valores mobiliarios siempre que su importe se reinvierta en bienes o valores seguros.

Art. 167. Cuando la administración de los progenitores ponga en peligro el patrimonio del hijo, el Juez, a petición del propio hijo, del Ministerio Fiscal o de cualquier pariente del menor, podrá adoptar las medidas que estime necesarias para la seguridad y recaudo de los bienes, exigir caución o fianza para la continuación en la administración o incluso nombrar un Administrador.

Art. 168. Al término de la patria potestad podrán los hijos exigir a los padres la rendición de cuentas de la administración que ejercieron sobre sus bienes hasta entonces. La acción para exigir el cumplimiento de esta obligación prescribirá a los tres años.

En caso de pérdida o deterioro de los bienes por dolo o culpa grave, responderán los padres de los daños y perjuicios sufridos.

CAPÍTULO IV

DE LA EXTINCIÓN DE LA PATRIA POTESTAD

Art. 169. La patria potestad se acaba:

1.º Por la muerte o la declaración de fallecimiento de los padres o del hijo.

Párr. 2.º: v. los arts. 992 y 1.010.

Art. 167: Redactado por la Disp. Final 1.ª de la L.J.V.; v. arts. 154, 162.2 y 164 de este Código y 283 y 284 R.R.C. V. también art. 190 de la L.H.

Art. 168: v. arts. 279 a 285, 1.101 a 1.104, 1.902 y 1.932, párr. 2.º

Art. 169: v. Ley 66 de la C.Nav. y arts. 158 y 159 del C.Civ.Cat.

N. 1.º: v. arts. 193 a 197.

2.º Por la emancipación.
3.º Por la adopción del hijo.

Art. 170. El padre o la madre podrán ser privados total o parcialmente de su potestad por sentencia fundada en el incumplimiento de los deberes inherentes a la misma o dictada en causa criminal o matrimonial.

Los Tribunales podrán, en beneficio e interés del hijo, acordar la recuperación de la patria potestad cuando hubiere cesado la causa que motivó la privación.

Art. 171. [*Derogado.*]

CAPÍTULO V*

DE LA ADOPCIÓN Y OTRAS FORMAS DE PROTECCIÓN DE MENORES

SECCIÓN PRIMERA**

De la guarda y acogimiento de menores

Art. 172. 1. Cuando la Entidad Pública a la que, en el respectivo territorio, esté encomendada la protección de los menores constate que un menor se encuentra en situación de

---

N. 2.º: v. arts. 314 a 324.

N. 3.º: v. arts. 175 a 180.

Art. 170: v. arts. 92, 111, 154, 158 y 172, 177.1.2.º de este Código. Ténganse en cuenta los arts. 5, 9, 18 y 19 de la C.D.N. y 2, 3, 10, 12 a 22 y Disps. Adics. 1.ª y 3.ª de la L.Men.

Art. 171: Derogado por Ley 8/2021, de 2 de junio, por la que se reforma la legislación civil y procesal para el apoyo a las personas con discapacidad en el ejercicio de su capacidad jurídica (*B.O.E.* n. 132, de 3 de junio).

* Redactado íntegramente por la Ley 21/1987, de reforma del C.c. y alterado profundamente por la L.Men. Ténganse en cuenta los arts. 2, 3, 11 a 22, 24 y 25 de la citada Ley y 5, 9 y 18 a 21 de la C.D.N. V. arts. 39 de la Const. y 108 de este Código.

Ténganse en cuenta las Leyes 73 y 139 de la C.Nav. y el Decreto Foral 90/1986, de 25 de marzo, sobre adopciones, acogimiento familiar y atención a menores (*B.O.N.* n. 44, de 7 de abril), así como arts. 115 a 131 y 164 a 166 del C.Civ.Cat.

Téngase también presente el régimen de responsabilidad penal del menor, previsto en la L.O. 5/2000, de 12 de enero (*B.O.E.* n. 11, de 13 de enero).

** V. arts. 6.º y 7.º de la Ley 21/1987, de reforma del C.c.; 2, 3, 10 a 22, Disp. Adic. 1.ª, Disp. Trans. y Disp. Final 20.ª de la L.O. 1/1996, de reforma del C.c., y 33 y ss. de la L.J.V. Véase también art. 6 de la C.Cat.

Art. 172: Redactado por el art. 2.13 de la L.Prot.Inf.

N. 1: v. arts. 5, 9, 18 y 19 de la C.D.N.; 2, 3, 12 a 16, 18 y 23, Disps. Adics. 1.ª y 3.ª y Disp. Final 20.ª de la L.Men.; 217 a 233 del C.P.; 90, 103, 169, 170, 173, 177.2, 199 y ss. del C.c.; 56 y 61.3 de la L.Resp.P.Men.; Disp. Adic. 1.ª de la Ley 21/1987, de reforma del C.c. Téngase en cuenta el art. 763 de la L.Enj.Civ.

se encuentra en situación de desamparo, tiene por ministerio de la ley la tutela del mismo y deberá adoptar las medidas de protección necesarias para su guarda, poniéndolo en conocimiento del Ministerio Fiscal y, en su caso, del Juez que acordó la tutela ordinaria. La resolución administrativa que declare la situación de desamparo y las medidas adoptadas se notificará en legal forma a los progenitores, tutores o guardadores y al menor afectado si tuviere suficiente madurez y, en todo caso, si fuere mayor de doce años, de forma inmediata sin que sobrepase el plazo máximo de cuarenta y ocho horas. La información será clara, comprensible y en formato accesible, incluyendo las causas que dieron lugar a la intervención de la Administración y los efectos de la decisión adoptada, y en el caso del menor, adaptada a su grado de madurez. Siempre que sea posible, y especialmente en el caso del menor, esta información se facilitará de forma presencial.

Se considera como situación de desamparo la que se produce de hecho a causa del incumplimiento o del imposible o inadecuado ejercicio de los deberes de protección establecidos por las leyes para la guarda de los menores, cuando éstos queden privados de la necesaria asistencia moral o material.

La asunción de la tutela atribuida a la Entidad Pública lleva consigo la suspensión de la patria potestad o de la tutela ordinaria. No obstante, serán válidos los actos de contenido patrimonial que realicen los progenitores o tutores en representación del menor y que sean en interés de éste.

La Entidad Pública y el Ministerio Fiscal podrán promover, si procediere, la privación de la patria potestad y la remoción de la tutela.

2. Durante el plazo de dos años desde la notificación de la resolución administrativa por la que se declare la situación de desamparo, los progenitores que continúen ostentando la patria potestad pero la tengan suspendida conforme a lo previsto en el apartado 1, o los tutores que, conforme al mismo apartado, tengan suspendida la tutela, podrán solicitar a la Entidad Pública que cese la suspensión y quede revocada la declaración de situación de desamparo del menor, si, por cambio de las circunstancias que la motivaron, entienden que

---

N. 2: v. arts. 5, 9, 18 y 19 de la C.D.N.; 15, 17, 19 a 21, Disps. Adics. 1.ª y 3.ª y Disp. Final 20.ª de la L.Men. Ténganse en cuenta los arts. 39 y 41 de la Const. y 154 a 161 del C.c.

se encuentran en condiciones de asumir nuevamente la patria potestad o la tutela.

Igualmente, durante el mismo plazo podrán oponerse a las decisiones que se adopten respecto a la protección del menor.

Pasado dicho plazo decaerá el derecho de los progenitores o tutores a solicitar u oponerse a las decisiones o medidas que se adopten para la protección del menor. No obstante, podrán facilitar información a la Entidad Pública y al Ministerio Fiscal sobre cualquier cambio de las circunstancias que dieron lugar a la declaración de situación de desamparo.

En todo caso, transcurridos los dos años, únicamente el Ministerio Fiscal estará legitimado para oponerse a la resolución de la Entidad Pública.

Durante ese plazo de dos años, la Entidad Pública, ponderando la situación y poniéndola en conocimiento del Ministerio Fiscal, podrá adoptar cualquier medida de protección, incluida la propuesta de adopción, cuando exista un pronóstico fundado de imposibilidad definitiva de retorno a la familia de origen.

3. La Entidad Pública, de oficio o a instancia del Ministerio Fiscal o de persona o entidad interesada, podrá revocar la declaración de situación de desamparo y decidir el retorno del menor con su familia, siempre que se entienda que es lo más adecuado para su interés. Dicha decisión se notificará al Ministerio Fiscal.

4. En cumplimiento de la obligación de prestar la atención inmediata, la Entidad Pública podrá asumir la guarda provisional de un menor mediante resolución administrativa, y lo comunicará al Ministerio Fiscal, procediendo simultáneamente a practicar las diligencias precisas para identificar al menor, investigar sus circunstancias y constatar, en su caso, la situación real de desamparo.

Tales diligencias se realizarán en el plazo más breve posible, durante el cual deberá procederse, en su caso, a la declaración de la situación de desamparo y consecuente asunción de la tutela o a la promoción de la medida de protección procedente. Si existieran personas que, por sus relaciones con el menor o por otras circunstancias, pudie-

---

N. 3: v. nota anterior, y arts. 173, 174, 231 del C.c., así como arts. 225-1 y ss. del C.Civ.Cat. V. nota a este Capítulo V.

N. 4: v. arts. 3, 5, 9, 18 y 19 de la C.D.N.; 2, 3, 9, 11, 13 a 16 y 21 de la L.Men. Ténganse en cuenta la Disp. Adic. 4.ª de la Ley 21/1987, de reforma del C.c. y arts. 159 y 240 del C.c.

ran asumir la tutela en interés de éste, se promoverá el nombramiento de tutor conforme a las reglas ordinarias.

Cuando hubiera transcurrido el plazo señalado y no se hubiera formalizado la tutela o adoptado otra resolución, el Ministerio Fiscal promoverá las acciones procedentes para asegurar la adopción de la medida de protección más adecuada del menor por parte de la Entidad Pública.

5. La Entidad Pública cesará en la tutela que ostente sobre los menores declarados en situación de desamparo cuando constate, mediante los correspondientes informes, la desaparición de las causas que motivaron su asunción, por alguno de los supuestos previstos en el artículo 231 y cuando compruebe fehacientemente alguna de las siguientes circunstancias:

a) Que el menor se ha trasladado voluntariamente a otro país.

b) Que el menor se encuentra en el territorio de otra comunidad autónoma, en cuyo caso se procederá al traslado del expediente de protección y cuya Entidad Pública hubiere dictado resolución sobre declaración de situación de desamparo y asumido su tutela o medida de protección correspondiente, o entendiere que ya no es necesario adoptar medidas de protección a tenor de la situación del menor.

c) Que hayan transcurrido doce meses desde que el menor abandonó voluntariamente el centro de protección, encontrándose en paradero desconocido.

La guarda provisional cesará por las mismas causas que la tutela.

Art. 172 bis. 1. Cuando los progenitores o tutores, por circunstancias graves y transitorias debidamente acreditadas, no puedan cuidar al menor, podrán solicitar de la Entidad Pública que ésta asuma su guarda durante el tiempo necesario, que no podrá sobrepasar dos años como plazo máximo de cuidado temporal del menor, salvo que el interés superior del menor aconseje, excepcionalmente, la prórroga de las medi-

---

N. 5: v. arts. 173 y 247 del C.c. y 2, 11, 14 a 16 y 21 de la L.Men.

Modificado por L.O. 8/2021, de 4 de junio, de protección integral a la infancia y la adolescencia frente a la violencia (*B.O.E.* n. 134, de 5 de junio).

Téngase presente que, aunque la edición del *B.O.E.* hace referencia a los arts. 276 y 277.1, en relación con las causas de extinción de la tutela, se trata de un evidente error, puesto que dichas causas aparecen recogidas, actualmente, en el art. 231 C.c., según la redacción que le dio la Ley 8/2021, de 2 de junio. Por este motivo se corrige directamente en el texto la remisión normativa en cuestión.

Art. 172 bis: Añadido por el art. 2.14 de la L.Prot.Inf.

das. Transcurrido el plazo o la prórroga, en su caso, el menor deberá regresar con sus progenitores o tutores o, si no se dan las circunstancias adecuadas para ello, ser declarado en situación legal de desamparo.

La entrega voluntaria de la guarda se hará por escrito dejando constancia de que los progenitores o tutores han sido informados de las responsabilidades que siguen manteniendo respecto del menor, así como de la forma en que dicha guarda va a ejercerse por la Entidad Pública garantizándose, en particular a los menores con discapacidad, la continuidad de los apoyos especializados que vinieran recibiendo o la adopción de otros más adecuados a sus necesidades.

La resolución administrativa sobre las asunción de la guarda por la Entidad Pública, así como sobre cualquier variación posterior de su forma de ejercicio, será fundamentada y comunicada a los progenitores o tutores y al Ministerio Fiscal.

2. Asimismo, la Entidad Pública asumirá la guarda cuando así lo acuerde el Juez en los casos en que legalmente proceda, adoptando la medida de protección correspondiente.

Art. 172 ter. 1. La guarda se realizará mediante el acogimiento familiar y, no siendo éste posible o conveniente para el interés del menor, mediante el acogimiento residencial. El acogimiento familiar se realizará por la persona o personas que determine la Entidad Pública. El acogimiento residencial se ejercerá por el Director o responsable del centro donde esté acogido el menor, conforme a los términos establecidos en la legislación de protección de menores.

No podrán ser acogedores los que no puedan ser tutores de acuerdo con lo previsto en la ley.

La resolución de la Entidad Pública en la que se formalice por escrito la medida de guarda se notificará a los progenitores o tutores que no estuvieran privados de la patria potestad o tutela, así como al Ministerio Fiscal.

2. Se buscará siempre el interés del menor y se priorizará, cuando no sea contrario a ese interés, su reintegración en la propia familia y que la guarda de los hermanos se confíe a una

---

Art. 172 ter: Añadido por el art. 2.15 de la L.Prot.Inf.

Téngase en cuenta el R.D. 220/2022, de 29 de marzo, por el que se aprueba el Reglamento por el que se regula el sistema de acogida en materia de protección internacional (*B.O.E.* n. 76, de 30 de marzo), y Orden ISM/680/2022, de 19 de julio, por la que se desarrolla la gestión del sistema de acogida de protección internacional mediante acción concertada (*B.O.E.* n. 174, de 21 de julio).

misma institución o persona para que permanezcan unidos. La situación del menor en relación con su familia de origen, tanto en lo que se refiere a su guarda como al régimen de visitas y otras formas de comunicación, será revisada, al menos cada seis meses.

3. La Entidad Pública podrá acordar, en relación con el menor en acogida familiar o residencial, cuando sea conveniente a su interés, estancias, salidas de fines de semana o de vacaciones con familias o con instituciones dedicadas a estas funciones. A tal efecto sólo se seleccionará a personas o instituciones adecuadas a las necesidades del menor. Dichas medidas deberán ser acordadas una vez haya sido oído el menor si tuviere suficiente madurez y, en todo caso, si fuera mayor de doce años.

La delegación de guarda para estancias, salidas de fin de semana o vacaciones contendrá los términos de la misma y la información que fuera necesaria para asegurar el bienestar del menor, en especial de todas las medidas restrictivas que haya establecido la Entidad Pública o el Juez. Dicha medida será comunicada a los progenitores o tutores, siempre que no hayan sido privados del ejercicio de la patria potestad o removidos del ejercicio de la tutela, así como a los acogedores. Se preservarán los datos de estos guardadores cuando resulte conveniente para el interés del menor o concurra justa causa.

4. En los casos de declaración de situación de desamparo o de asunción de la guarda por resolución administrativa o judicial, podrá establecerse por la Entidad Pública la cantidad que deben abonar los progenitores o tutores para contribuir, en concepto de alimentos y en función de sus posibilidades, a los gastos derivados del cuidado y atención del menor, así como los derivados de la responsabilidad civil que pudiera imputarse a los menores por actos realizados por los mismos.

Art. 173. 1. El acogimiento familiar produce la plena participación del menor en la vida de familia e impone a quien lo recibe las obligaciones de velar por él, tenerlo en su compañía, alimentarlo, educarlo y procurarle una formación integral en un entorno afectivo. En el caso de menor con discapacidad, deberá continuar con los apoyos

---

Art. 173: Redactado por el art. 2.16 de la L.Prot.Inf.

N. 1: v. arts. 11, 12, 18, 20 y 21 y Disp. Adic. 1.ª de la L.Men.; 90 a 92, 154 y 158 del C.c. y Disps. Adics. 2.ª y 4.ª de la Ley 21/1987, de reforma del C.c. Ténganse en cuenta los arts. 5, 9 y 18 a 20 de la C.D.N., así como el art. 7 de la L.Parej.Eusk.

especializados que viniera recibiendo o adoptar otros más adecuados a sus necesidades.

2. El acogimiento requerirá el consentimiento de los acogedores y del menor acogido si tuviera suficiente madurez y, en todo caso, si fuera mayor de doce años.

3. Si surgieren problemas graves de convivencia entre el menor y la persona o personas a quien hubiere sido confiado la guarda en acogimiento familiar, aquél, el acogedor, el Ministerio Fiscal, los progenitores o tutor que no estuvieran privados de la patria potestad o de la tutela o cualquier persona interesada podrán solicitar a la Entidad Pública la remoción de la guarda.

4. El acogimiento familiar del menor cesará:

a) Por resolución judicial.

b) Por resolución de la Entidad Pública, de oficio o a propuesta del Ministerio Fiscal, de los progenitores, tutores, acogedores o del propio menor si tuviera suficiente madurez, cuando se considere necesario para salvaguardar el interés del mismo, oídos los acogedores, el menor, sus progenitores o tutor.

c) Por la muerte o declaración de fallecimiento del acogedor o acogedores del menor.

d) Por la mayoría de edad del menor.

5. Todas las actuaciones de formalización y cesación del acogimiento se practicarán con la obligada reserva.

Art. 173 bis. 1. El acogimiento familiar podrá tener lugar en la propia familia extensa del menor o en familia ajena, pudiendo en este último caso ser especializado.

2. El acogimiento familiar podrá adoptar las siguientes modalidades atendiendo a su duración y objetivos:

a) Acogimiento familiar de urgencia, principalmente para menores de seis años, que tendrá una duración no superior a seis meses, en tanto se decide la medida de protección familiar que corresponda.

N. 2: v. arts. 5, 9, 19 y 20 de la C.D.N.; 9, 11.2, 12 a 17 y 20 a 22 y Disps. Adics. 1.ª y 3.ª de la L.Men. Ténganse en cuenta los arts. 154, 155, 161, 177 y 1.254 a 1.289 del C.c.

N. 3: v. arts. 9 y 19 de la C.D.N.; 20 y 21 de la L.Men.; 6 y 7 y Disps. Adics. 2.ª y 4.ª de la Ley 21/1987, de reforma del C.c.

N. 4: v. art. 172.5 de este Código.

Art. 173 bis: Introducido por la Disp. Final 7.ª de la L.Men. y redactado de nuevo por el art. 2.17 de la L.Prot.Inf. V. arts. 5, 9 y 19 a 21 de la C.D.N.; 11, 12, 14 a 17 y 20 a 21 de la L.Men.; 33 y ss. de la L.J.V. y 175 a 180, 237 y ss. del C.c. Repárese en que el informe a que se refiere el apdo. 2.º es preceptivo y relativamente vinculante, mientras que en el apdo. 3.º sólo resulta preceptivo.

b) Acogimiento familiar temporal, que tendrá carácter transitorio, bien porque de la situación del menor se prevea la reintegración de éste en su propia familia, o bien en tanto se adopte una medida de protección que revista un carácter más estable como el acogimiento familiar permanente o la adopción. Este acogimiento tendrá una duración máxima de dos años, salvo que el interés superior del menor aconseje la prórroga de la medida por la previsible e inmediata reintegración familiar, o la adopción de otra medida de protección definitiva.

c) Acogimiento familiar permanente, que se constituirá bien al finalizar el plazo de dos años de acogimiento temporal por no ser posible la reintegración familiar, o bien directamente en casos de menores con necesidades especiales o cuando las circunstancias del menor y su familia así lo aconsejen. La Entidad Pública podrá solicitar del Juez que atribuya a los acogedores permanentes aquellas facultades de la tutela que faciliten el desempeño de sus responsabilidades, atendiendo, en todo caso, al interés superior del menor.

Art. 174. 1. Incumbe al Ministerio Fiscal la superior vigilancia de la tutela, acogimiento o guarda de los menores a que se refiere esta sección.

2. A tal fin, la Entidad Pública le dará noticia inmediata de los nuevos ingresos de menores y le remitirá copia de las resoluciones administrativas de formalización de la constitución, variación y cesación de las tutelas, guardas y acogimientos. Igualmente le dará cuenta de cualquier novedad de interés en las circunstancias del menor.

El Ministerio Fiscal habrá de comprobar, al menos semestralmente, la situación del menor y promoverá ante la Entidad Pública o el Juez, según proceda, las medidas de protección que estime necesarias.

3. La vigilancia del Ministerio Fiscal no eximirá a la Entidad Pública de su responsabilidad para con el menor y de su obligación de poner en conocimiento del Ministerio Fiscal las anomalías que observe.

4. Para el cumplimiento de la función de la superior vigilancia de la tutela, acogimiento o guarda de los menores, cuando sea necesario, podrá el Ministerio Fiscal recabar la elabo-

---

Art. 174: Redactado por el art. 2.18 de la L.Prot.Inf. V. arts. 3 y 23 de la L.Men.; 3 de la L.Resp.P.Men.; 7 y Disps. Adcs. 1.ª y 2.ª de la Ley 21/1987, de reforma del C.c.; 33 y ss. de la L.J.V.; 161, 222, 229, 239 y 321 del C.c.; 3.7, 4.2 y 4.3 del E.O.M.F.

Téngase presente el art. 11 de la L.Parej.Cant.

ración de informes por parte de los servicios correspondientes de las Administraciones públicas competentes.

A estos efectos, los servicios correspondientes de las Administraciones públicas competentes atenderán las solicitudes de información remitidas por el Ministerio Fiscal en el curso de las investigaciones tendentes a determinar la situación de riesgo o desamparo en la que pudiera encontrarse un menor.

SECCIÓN SEGUNDA

*De la adopción**

Art. 175. 1. La adopción requiere que el adoptante sea mayor de veinticinco años. Si son dos los adoptantes bastará con que uno de ellos haya alcanzado dicha edad. En todo caso, la diferencia de edad entre adoptante y adoptando será de, al menos, dieciséis años y no podrá ser superior a cuarenta y cinco años, salvo en los casos previstos en el artículo 176.2. Cuando fueran dos los adoptantes, será suficiente con que uno de ellos no tenga esa diferencia máxima de edad con el adoptando. Si los futuros adoptantes están en disposición de adoptar grupos de hermanos o menores con necesidades especiales, la diferencia máxima de edad podrá ser superior.

No pueden ser adoptantes los que no puedan ser tutores de acuerdo con lo previsto en este Código.

2. Únicamente podrán ser adoptados los menores no

---

* La presente Sección ha sufrido modificaciones de importancia a consecuencia de la L.Men. V. arts. 2, 3, 24, 25 y Disp. Adic. 1.ª de la misma; 6 y 7, Disps. Adics. 1.ª y 3.ª y Disps. Trans. 1.ª y 2.ª de la Ley 21/1987, de reforma del C.c.; 21 y 22 del R.R.C.; Leyes 73 y 74 de la C.Nav.; arts. 235-30 y ss. del C.Civ.Cat. Ténganse en cuenta los arts. 20 y 21 de la C.D.N. Adviértase que, según el art. 25 y la Disp. Adic. 2.ª de la L.Men., la adopción internacional tiene una tramitación especial, siendo preciso para su inscripción que el encargado del Registro aprecie la concurrencia de los requisitos del art. 9.5 del C.c. V. también, sobre este punto, el Convenio de 29 de mayo de 1993, de protección del niño y cooperación en materia de adopción internacional (ratificado por Instrumento de 30 de junio de 1995, en *B.O.E.* n. 182, del 1 de agosto). V. Instrumento de Ratificación del Convenio Europeo en materia de adopción de menores (revisado), hecho en Estrasburgo el 27 de noviembre de 2008 (*B.O.E.* n. 167, de 13 de julio de 2011).

Ténganse en cuenta los arts. 312 del C.Arag. y 8 de la L.Parej.Eusk.

V. Instrucción de 28 de febrero de 2006, de la D.G.R.N., sobre competencia de los Registros Civiles Municipales en materia de adquisición de nacionalidad española y adopciones internacionales (*B.O.E.* n. 71, de 24 de marzo).

V. arts. 33 y ss. de la L.J.V.

Art. 175: Redactado por el art. 2.19 de la L.Prot.Inf. V. arts. 9.5, 18 y 108.

N. 2: v. arts. 6.4, 108, 154, 172 y ss., 178, 303 y 314 a 324.

emancipados. Por excepción, será posible la adopción de un mayor de edad o de un menor emancipado cuando, inmediatamente antes de la emancipación, hubiere existido una situación de acogimiento con los futuros adoptantes o de convivencia estable con ellos de, al menos, un año.

3. No puede adoptarse:

1.º A un descendiente.

2.º A un pariente en segundo grado de la línea colateral por consanguinidad o afinidad.

3.º A un pupilo por su tutor hasta que haya sido aprobada definitivamente la cuenta general justificada de la tutela.

4. Nadie podrá ser adoptado por más de una persona, salvo que la adopción se realice conjunta o sucesivamente por ambos cónyuges o por una pareja unida por análoga relación de afectividad a la conyugal. El matrimonio celebrado con posterioridad a la adopción permitirá al cónyuge la adopción de los hijos de su consorte. Esta previsión será también de aplicación a las parejas que se constituyan con posterioridad. En caso de muerte del adoptante, o cuando el adoptante sufra la exclusión prevista en el artículo 179, será posible una nueva adopción del adoptado.

5. En caso de que el adoptando se encontrara en acogimiento permanente o guarda con fines de adopción de dos cónyuges o de una pareja unida por análoga relación de afectividad a la conyugal, la separación o divorcio legal o ruptura de la relación de los mismos que conste fehacientemente con anterioridad a la propuesta de adopción no impedirá que pueda promoverse la adopción conjunta siempre y cuando se acredite la convivencia efectiva del adoptando con ambos cónyuges o con la pareja unida por análoga relación de naturaleza análoga a la conyugal durante al menos dos años anteriores a la propuesta de adopción.

Art. 176. 1. La adopción se constituirá por resolución judicial, que tendrá en cuenta siempre el interés del adoptando y la idoneidad del adoptante o adoptantes para el ejercicio de la patria potestad.

N. 3: v. arts. 44 a 48, 108, 112, 113, 115, 120, 131 a 141, 178, 179, 279 y 916.
N. 4: v. Disp. Adic. 3.ª de la Ley 21/1987, de Reforma del C.c.
Art. 176: Redactado por el art. 2.20 de la L.Prot.Inf.

2. Para iniciar el expediente de adopción será necesaria la propuesta previa de la Entidad Pública a favor del adoptante o adoptantes que dicha Entidad Pública haya declarado idóneos para el ejercicio de la patria potestad. La declaración de idoneidad deberá ser previa a la propuesta.

No obstante, no se requerirá tal propuesta cuando en el adoptando concurra alguna de las circunstancias siguientes:

1.ª Ser huérfano y pariente del adoptante en tercer grado por consanguinidad o afinidad.

2.ª Ser hijo del cónyuge o de la persona unida al adoptante por análoga relación de afectividad a la conyugal.

3.ª Llevar más de un año en guarda con fines de adopción o haber estado bajo tutela del adoptante por el mismo tiempo.

4.ª Ser mayor de edad o menor emancipado.

3. Se entiende por idoneidad la capacidad, aptitud y motivación adecuadas para ejercer la responsabilidad parental, atendiendo a las necesidades de los menores a adoptar, y para asumir las peculiaridades, consecuencias y responsabilidades que conlleva la adopción.

La declaración de idoneidad por la Entidad Pública requerirá una valoración psicosocial sobre la situación personal, familiar, relacional y social de los adoptantes, así como su capacidad para establecer vínculos estables y seguros, sus habilidades educativas y su aptitud para atender a un menor en función de sus singulares circunstancias. Dicha declaración de idoneidad se formalizará mediante la correspondiente resolución.

No podrán ser declarados idóneos para la adopción quienes se encuentren privados de la patria potestad o tengan suspendido su ejercicio, ni quienes tengan confiada la guarda de su hijo a la Entidad Pública.

Las personas que se ofrezcan para la adopción deberán asistir a las sesiones informativas y de preparación organizadas por la Entidad Pública o por Entidad colaboradora autorizada.

4. Cuando concurra alguna de las circunstancias 1.ª, 2.ª o 3.ª previstas en el apartado 2 podrá constituirse la adopción, aunque el adoptante hubiere fallecido, si éste hubiese prestado ya ante el Juez su consentimiento o el mismo hubiera sido otorgado mediante documento público o

---

N. 2: v. arts. 11 y 21 de la L.Men.; Disp. Adic. 1.ª de la Ley 21/1987, de reforma del C.c.; 172, 173, 178, y 915 a 923 del C.c. Compárese con el apdo. 2.º del art. 173 bis.

N. 3: v. arts. 6.4, 108, 154, 169, 175.2 y 1.709.

en testamento. Los efectos de la resolución judicial en este caso se retrotraerán a la fecha de prestación de tal consentimiento.

Art. 176 bis. 1. La Entidad Pública podrá delegar la guarda de un menor declarado en situación de desamparo en las personas que, reuniendo los requisitos de capacidad para adoptar previstos en el artículo 175 y habiendo prestado su consentimiento, hayan sido preparadas, declaradas idóneas y asignadas para su adopción. A tal efecto, la Entidad Pública, con anterioridad a la presentación de la propuesta de adopción, delegará la guarda con fines de adopción hasta que se dicte la resolución judicial de adopción, mediante resolución administrativa debidamente motivada, previa audiencia de los afectados y del menor si tuviere suficiente madurez y, en todo caso, si fuere mayor de doce años, que se notificará a los progenitores o tutores no privados de la patria potestad o tutela.

Los guardadores con fines de adopción tendrán los mismos derechos y obligaciones que los acogedores familiares.

2. Salvo que convenga otra cosa al interés del menor, la Entidad Pública procederá a suspender el régimen de visitas y relaciones con la familia de origen cuando se inicie el período de convivencia preadoptiva a que se refiere el apartado anterior, excepto en los casos previstos en el artículo 178.4.

3. La propuesta de adopción al Juez tendrá que realizarse en el plazo más breve posible y, en todo caso, antes de transcurridos tres meses desde el día en el que se hubiera acordado la delegación de guarda con fines de adopción. No obstante, cuando la Entidad Pública considere necesario, en función de la edad y circunstancias del menor, establecer un período de adaptación del menor a la familia, dicho plazo de tres meses podrá prorrogarse hasta un máximo de un año.

En el supuesto de que el Juez no considerase procedente esa adopción, la Entidad Pública deberá determinar la medida protectora más adecuada para el menor.

Art. 176 bis: Añadido por el art. 2.21 de la L.Prot.Inf.

Art. 177. 1. Habrán de consentir la adopción, en presencia del Juez, el adoptante o adoptantes y el adoptando mayor de doce años.

2. Deberán asentir a la adopción:

1.º El cónyuge o persona unida al adoptante por análoga relación de afectividad a la conyugal salvo que medie separación o divorcio legal o ruptura de la pareja que conste fehacientemente, excepto en los supuestos en los que la adopción se vaya a formalizar de forma conjunta.

2.º Los progenitores del adoptando que no se hallare emancipado, a menos que estuvieran privados de la patria potestad por sentencia firme o incursos en causa legal para tal privación. Esta situación sólo podrá apreciarse en el procedimiento judicial contradictorio que se tramitará conforme a la Ley de Enjuiciamiento Civil.

No será necesario el asentimiento cuando los que deban prestarlo se encuentren imposibilitados para ello, imposibilidad que se apreciará motivadamente en la resolución judicial que constituya la adopción.

Tampoco será necesario el asentimiento de los progenitores que tuvieren suspendida la patria potestad cuando hubieran transcurrido dos años desde la notificación de la declaración de situación de desamparo, en los términos previstos en el artículo 172.2, sin oposición a la misma o cuando, interpuesta en plazo, hubiera sido desestimada.

El asentimiento de la madre no podrá prestarse hasta que hayan transcurrido seis semanas desde el parto.

En las adopciones que exijan propuesta previa no se admitirá que el asentimiento de los progenitores se refiera a adoptantes determinados.

3. Deberán ser oídos por el Juez:

1.º Los progenitores que no hayan sido privados de la patria potestad, cuando su asentimiento no fuera necesario para la adopción.

2.º El tutor y, en su caso, la familia acogedora, y el guardador o guardadores.

Art. 177: Redactado por el art. 2.22 de la L.Prot.Inf. Ténganse en cuenta los arts. 6 y 7 de la Ley 21/1987, de reforma del C.c. y de la L.Enj.Civ.

N. 1: v. arts. 3, 5, 9, 20 y 21 de la C.D.N.; 2, 3 y 15 de la L.Men. y 173.2, 176.1 y 1.261 a 1.270 del C.c.

N. 2: v. arts. 30, 81 a 83, 170, 172 del C.c. y 781 de la L.Enj.Civ. Ténganse en cuenta los arts. 5, 9, 20 y 21 de la C.D.N. y la Disp. Adic. 1.ª de la L.Men.

N. 3: v. arts. 3, 9 y 12 de la C.D.N.; 2, 3 y 9 de la L.Men. y 154, 169, 170, 172 del C.c. Compárese su último párrafo con el art. 173 bis.

3.º El adoptando menor de doce años de acuerdo con su edad y madurez.

4. Los consentimientos y asentimientos deberán otorgarse libremente, en la forma legal requerida y por escrito, previa información de sus consecuencias.

Art. 178. 1. La adopción produce la extinción de los vínculos jurídicos entre el adoptado y su familia de origen.

2. Por excepción subsistirán los vínculos jurídicos con la familia del progenitor que, según el caso, corresponda:

a) Cuando el adoptado sea hijo del cónyuge o de la persona unida al adoptante por análoga relación de afectividad a la conyugal, aunque el consorte o la pareja hubiera fallecido.

b) Cuando solo uno de los progenitores haya sido legalmente determinado, siempre que tal efecto hubiera sido solicitado por el adoptante, el adoptado mayor de doce años y el progenitor cuyo vínculo haya de persistir.

3. Lo establecido en los apartados anteriores se entiende sin perjuicio de lo dispuesto sobre impedimentos matrimoniales.

4. Cuando el interés del menor así lo aconseje, en razón de su situación familiar, edad o cualquier otra circunstancia significativa valorada por la Entidad Pública, podrá acordarse el mantenimiento de alguna forma de relación o contacto a través de visitas o comunicaciones entre el menor, los miembros de la familia de origen que se considere y la adoptiva, favoreciéndose especialmente, cuando ello sea posible, la relación entre los hermanos biológicos.

En estos casos el Juez, al constituir la adopción, podrá acordar el mantenimiento de dicha relación, determinando su periodicidad, duración y condiciones, a propuesta de la Entidad Pública o del Ministerio Fiscal y con el consentimiento de la familia adoptiva y del adoptando si tuviera suficiente madurez y siempre si fuere mayor de doce años. En todo caso, será oído el adoptando menor de doce años de acuerdo a su edad y madurez. Si fuere nece-

---

Art. 178: Redactado por el art. 2.23 de la L.Prot.Inf. V. arts. 6 y 7, Disp. Adic. 1.ª de la Ley 21/1987, de reforma del C.c. y de la L.Enj.Civ.

N. 1: v. arts. 108, 110, 154, 160, 180.4 y 935 de este Código; 33 de la L.J.V.; 74 de la L.R.C. y 61.3 de la L.Resp.P.Men. Véase también la Resolución de 28 de junio de 1994, que resuelve una consulta sobre nombres de padres en las certificaciones con extracto de nacimiento de adoptados (*B.I.M.J.* n. 1.719, de 15 de septiembre).

N. 2: v. 108, 110, 113, 123, 173.2, 176.2, 177.1 y 180.4.

N. 3: v. arts. 44 a 48, 108 y 159.

sario, dicha relación se llevará a cabo con la intermediación de la Entidad Pública o entidades acreditadas a tal fin. El Juez podrá acordar, también, su modificación o finalización en atención al interés superior del menor. La Entidad Pública remitirá al Juez informes periódicos sobre el desarrollo de las visitas y comunicaciones, así como propuestas de mantenimiento o modificación de las mismas durante los dos primeros años, y, transcurridos éstos, a petición del Juez.

Están legitimados para solicitar la suspensión o supresión de dichas visitas o comunicaciones la Entidad Pública, la familia adoptiva, la familia de origen y el menor si tuviere suficiente madurez y, en todo caso, si fuere mayor de doce años.

En la declaración de idoneidad deberá hacerse constar si las personas que se ofrecen a la adopción aceptarían adoptar a un menor que fuese a mantener la relación con la familia de origen.

Art. 179. 1. El Juez, a petición del Ministerio Fiscal, del adoptado o de su representante legal, acordará que el adoptante que hubiere incurrido en causa de privación de la patria potestad, quede excluido de las funciones tuitivas y de los derechos que por Ley le correspondan respecto del adoptado o sus descendientes, o en sus herencias.

2. Una vez alcanzada la plena capacidad, la exclusión sólo podrá ser pedida por el adoptado, dentro de los dos años siguientes.

3. Dejarán de producir efecto estas restricciones por determinación del propio hijo una vez alcanzada la plena capacidad.

Art. 180. 1. La adopción es irrevocable.

2. El Juez acordará la extinción de la adopción a petición de cualquiera de los progenitores que, sin culpa suya, no hubieren intervenido en el expediente en los términos expresados en el artículo 177. Será también necesario que la demanda se interponga dentro de los dos años siguientes a la adopción y que la extinción solicitada no perjudique gravemente al menor.

Arts. 179 y 180: v. arts. 6.º y 7.º de la Ley 21/1987, de reforma del C.c. y de la L.Enj.Civ.

Art. 179: v. arts. 108, 129, 154, 162, 170, 172, 177.2.2.º, 806, 807 y 968 y ss. en relación con los bienes reservables.

Art. 180, n. 1: Compárese con los arts. 644, 1.254 a 1.256 y 1.258.

N. 2: Redactado por el art. 2.24 de la L.Prot.Inf. V. art. 176.1.

Si el adoptado fuere mayor de edad, la extinción de la adopción requerirá su consentimiento expreso.

3. La extinción de la adopción no es causa de pérdida de la nacionalidad ni de la vecindad civil adquiridas, ni alcanza a los efectos patrimoniales anteriormente producidos.

4. La determinación de la filiación que por naturaleza corresponda al adoptado no afecta a la adopción.

5. Las Entidades Públicas asegurarán la conservación de la información de que dispongan relativa a los orígenes del menor, en particular la información respecto a la identidad de sus progenitores, así como la historia médica del menor y de su familia, y se conservarán durante al menos cincuenta años con posterioridad al momento en que la adopción se haya hecho definitiva. La conservación se llevará a cabo a los solos efectos de que la persona adoptada pueda ejercitar el derecho al que se refiere el apartado siguiente.

6. Las personas adoptadas, alcanzada la mayoría de edad o durante su minoría de edad a través de sus representantes legales, tendrán derecho a conocer los datos sobre sus orígenes biológicos. Las Entidades Públicas, previa notificación a las personas afectadas, prestarán a través de sus servicios especializados el asesoramiento y la ayuda que precisen para hacer efectivo este derecho.

A estos efectos, cualquier entidad privada o pública tendrá obligación de facilitar a las Entidades Públicas y al Ministerio Fiscal, cuando les sean requeridos, los informes y antecedentes necesarios sobre el menor y su familia de origen.

N. 3: V. arts. 14, 15, 18, 19, 25, 142 a 153 y 155.

N. 5: Introducido por la L.A.I y redactado de nuevo por el art. 2.24 de la L.Prot.Inf.

TÍTULO VIII*

De la ausencia

CAPÍTULO PRIMERO

DECLARACIÓN DE AUSENCIA Y SUS EFECTOS

Art. 181. En todo caso, desaparecida una persona de su domicilio o del lugar de su última residencia, sin haberse tenido en ella más noticias, podrá el Secretario judicial, a instancia de parte interesada o del Ministerio Fiscal, nombrar un defensor que ampare y represente al desaparecido en juicio o en los negocios que no admitan demora sin perjuicio grave. Se exceptúan los casos en que aquél estuviese legítimamente representado voluntariamente conforme al artículo 183.

El cónyuge presente mayor de edad no separado legalmente será el representante y defensor nato del desaparecido; y por su falta, el pariente más próximo hasta el cuarto grado, también mayor de edad. En defecto de parientes, no presencia de los mismos o urgencia notoria, el Secretario judicial nombrará persona solvente y de buenos antecedentes, previa audiencia del Ministerio fiscal.

También podrá adoptar, según su prudente arbitrio, las medidas necesarias a la conservación del patrimonio.

Art. 182. Tiene la obligación de promover e instar la declaración de ausencia legal, sin orden de preferencia: Primero. El cónyuge del ausente no separado legalmente. Segundo. Los parientes consanguíneos hasta el cuarto grado. Tercero. El Mi-

---

* Redactado íntegramente por Ley de 8 de septiembre de 1939 (*B.O.E.* de 1 de octubre). Sobre procedimiento en materia de ausencia y declaración de fallecimiento, v. arts. 67 y ss. de la L.J.V.; sobre inscripción de declaraciones de ausencia y fallecimiento, v. arts. 78 de la L.R.C.; 179 y ss. y 287, últ. párr., del R.R.C.; así como arts. 2, 4, 10 y 62 de la L.H., y 89 del R.H. Véanse también arts. 46 y ss. de la C.Gall. y 46 y ss. del C.Arag.

Téngase en cuenta el Convenio n. X de la Comisión Internacional del Estado Civil, relativo a la constatación de ciertas defunciones, firmado en Atenas el 14 de septiembre de 1966 (*B.O.E.* n. 71, de 21 de marzo de 1980).

Art. 181: Redactado por la Disp. Final 1.ª de la L.J.V.

Párr. 1.º: v. arts. 154, 162.2 y 164 de este Código y 783.4 de la L.Enj.Civ.

Párr. 2.º: v. arts. 67 y ss. de la L.J.V. y 311 del C.Arag.

Respecto a la referencia a Secretario judicial, v. nota al art. 87.

Art. 182: v. art. 68 de la L.J.V.

nisterio Fiscal de oficio o a virtud de denuncia.

Podrá, también, pedir dicha declaración cualquier persona que racionalmente estime tener sobre los bienes del desaparecido algún derecho ejercitable en vida del mismo o dependiente de su muerte.

Art. 183. Se considerará en situación de ausencia legal al desaparecido de su domicilio o de su última residencia: Primero. Pasado un año desde las últimas noticias o a falta de éstas desde su desaparición, si no hubiese dejado apoderado con facultades de administración de todos sus bienes. Segundo. Pasados tres años, si hubiese dejado encomendada por apoderamiento la administración de todos sus bienes.

La muerte o renuncia justificada del mandatario, o la caducidad del mandato, determina la ausencia legal, si al producirse aquéllas se ignorase el paradero del desaparecido y hubiere transcurrido un año desde que se tuvieron las últimas noticias, y, en su defecto, desde su desaparición. Inscrita en el Registro Civil la declaración de ausencia, quedan extinguidos de derecho todos los mandatos generales o especiales otorgados por el ausente.

Art. 184. Salvo motivo grave apreciado por el Secretario judicial, corresponde la representación del declarado ausente, la pesquisa de su persona, la protección y administración de sus bienes y el cumplimiento de sus obligaciones:

1.º Al cónyuge presente mayor de edad no separado legalmente o de hecho.

2.º Al hijo mayor de edad; si hubiese varios, serán preferidos los que convivían con el ausente y el mayor al menor.

3.º Al ascendiente más próximo de menos edad de una u otra línea.

4.º A los hermanos mayores de edad que hayan convivido familiarmente con el ausente, con preferencia del mayor sobre el menor.

En defecto de las personas expresadas, corresponde en toda su extensión a la persona solvente de buenos antecedentes que el Secretario judicial, oído el Ministerio fiscal, designe a su prudente arbitrio.

Art. 185. El representante del declarado ausente quedará

Art. 183, párr. 2.º: redactado por la Disp. Final 1.ª de la L.J.V.; v. arts. 5.º de la L.R.C. y 178, 1.732, 1.736 a 1.739.

Art. 184: Redactado por la Disp. Final 1.ª de la L.J.V.; v. arts. 67 y ss. de la L.J.V.

Art. 185: Redactado por la Disp. Final 1.ª de la L.J.V.; v. art. 73 de la L.J.V.

atenido a las obligaciones siguientes:

1.ª Inventariar los bienes muebles y describir los inmuebles de su representado.

2.ª Prestar la garantía que el Secretario judicial prudencialmente fije. Quedan exceptuados los comprendidos en los números 1.º, 2.º y 3.º del artículo precedente.

3.ª Conservar y defender el patrimonio del ausente y obtener de sus bienes los rendimientos normales de que fueren susceptibles.

4.ª Ajustarse a las normas que en orden a la posesión y administración de los bienes del ausente se establecen en la Ley Procesal Civil.

Serán aplicables a los representantes dativos del ausente, en cuanto se adapten a su especial representación, los preceptos que regulan el ejercicio de la tutela y las causas de inhabilidad, remoción y excusa de los tutores.

Art. 186. Los representantes legítimos del declarado ausente comprendidos en los números 1.º, 2.º y 3.º del artículo 184 disfrutarán de la posesión temporal del patrimonio del ausente y harán suyos los productos líquidos en la cuantía que el Secretario judicial señale, habida consideración al importe de los frutos, rentas y aprovechamientos, número de hijos del ausente y obligaciones alimenticias para con los mismos, cuidados y actuaciones que la representación requiera, afecciones que graven al patrimonio y demás circunstancias de la propia índole.

Los representantes legítimos comprendidos en el número 4.º del expresado artículo disfrutarán, también, de la posesión temporal y harán suyos los frutos, rentas y aprovechamientos en la cuantía que el Secretario judicial señale, sin que en ningún caso puedan retener más de los dos tercios de los productos líquidos, reservándose el tercio restante para el ausente, o, en su caso, para sus herederos o causahabientes.

Los poseedores temporales de los bienes del ausente no podrán venderlos, gravarlos, hipotecarlos o darlos en prenda, sino en caso de necesidad o utilidad evidente, reconocida y declarada por el Secretario judi-

---

Párr. 1.º: v. arts. 749 de la L.Enj.Civ.
Párr. 2.º: Cfr. art. 210 de este Código.
Art. 186: Redactado por la Disp. Final 1.ª de la L.J.V.
Párr. 3.º: v. arts. 181, 185, 451 y ss., 1.445, 1.457 y 1.857 de este Código y 72 de la L.J.V.

cial, quien, al autorizar dichos actos, determinará el empleo de la cantidad obtenida.

Art. 187. Si durante el disfrute de la posesión temporal o del ejercicio de la representación dativa alguno probase su derecho preferente a dicha posesión, será excluido el poseedor actual, pero aquél no tendrá derecho a los productos sino a partir del día de la presentación de la demanda.

Si apareciese el ausente, deberá restituírsele su patrimonio, pero no los productos percibidos, salvo mala fe interviniente, en cuyo caso la restitución comprenderá también los frutos percibidos y los debidos percibir a contar del día en que aquélla se produjo, según la declaración del Secretario judicial.

Art. 188. Si en el transcurso de la posesión temporal o del ejercicio de la representación dativa se probase la muerte del declarado ausente, se abrirá la sucesión en beneficio de los que en el momento del fallecimiento fuesen sus sucesores voluntarios o legítimos, debiendo el poseedor temporal hacerles entrega del patrimonio del difunto, pero reteniendo, como suyos, los productos recibidos en la cuantía señalada.

Si se presentase un tercero acreditando por documento fehaciente haber adquirido, por compra u otro título, bienes del ausente, cesará la representación respecto de dichos bienes, que quedarán a disposición de sus legítimos titulares.

Art. 189. El cónyuge del ausente tendrá derecho a la separación de bienes.

Art. 190. Para reclamar un derecho en nombre de la persona constituida en ausencia, es preciso probar que esta persona existía en el tiempo en que era necesaria su existencia para adquirirlo.

Art. 191. Sin perjuicio de lo dispuesto en el artículo ante-

Art. 187: Redactado por la Disp. Final 1.ª de la L.J.V.; v. arts. 71 y 72 de la L.J.V.
Párr. 1.º: v. arts. 431, 432, 451 a 454, 456, 457 y 463.
Párr. 2.º: v. arts. 433, 451 y 455.
Art. 188: v. art. 75 de la L.J.V.
Párr. 2.º: v. arts. 32, 34 de la L.H. y 464 del C.c.
Art. 189: Redactado por Ley 11/1981, de reforma del C.c. V. art. 1.393 en relación con los arts. 1.415 y 1.435.
Art. 190: v. arts. 363 y 364 del R.R.C., donde se regulan los mecanismos para obtener una *fe de vida o de estado.*
Art. 191: Compárese arts. 981 a 987. V. arts. 968 a 980. Téngase en cuenta el art. 991.

rior, abierta una sucesión a la que estuviere llamado un ausente, acrecerá la parte de éste a sus coherederos, al no haber persona con derecho propio para reclamarla. Los unos y los otros, en su caso, deberán hacer, con intervención del Ministerio Fiscal, inventario de dichos bienes, los cuales reservarán hasta la declaración del fallecimiento.

Art. 192. Lo dispuesto en el artículo anterior se entiende sin perjuicio de las acciones de petición de herencia u otros derechos que competan al ausente, sus representantes o causahabientes. Estos derechos no se extinguirán sino por el transcurso del tiempo fijado para la prescripción. En la inscripción que se haga en el Registro de los bienes inmuebles que acrezcan a los coherederos, se expresará la circunstancia de quedar sujetos a lo que dispone este artículo y el anterior.

CAPÍTULO II

De la declaración de fallecimiento

Art. 193. Procede la declaración de fallecimiento: Primero. Transcurridos diez años desde las últimas noticias habidas del ausente, o, a falta de éstas, desde su desaparición. Segundo. Pasados cinco años desde las últimas noticias o, en defecto de éstas, desde su desaparición, si al expirar dicho plazo hubiere cumplido el ausente setenta y cinco años.

Los plazos expresados se computarán desde la expiración del año natural en que se tuvieron las últimas noticias, o, en su defecto, del en que ocurrió la desaparición. Tercero. Cumplido un año, contado de fecha a fecha, de un riesgo inminente de muerte por causa de violencia contra la vida, en que una persona se hubiese encontrado sin haberse tenido, con posterioridad a la violencia, noticias su-

---

Art. 192: v. arts. 185, 657, 744, 750, 1.052, 1.291.2 y 1.958. V. también art. 89.2 del R.H.

Art. 193: El inciso 2.° del párrafo 2.° ha sido redactado de nuevo por Ley 4/2000, de 7 de enero, de modificación del C.c. Téngase presente que la numeración adoptada por el legislador de 2000 y 2015 no se corresponde con la incluida originariamente por el legislador de 1889, que es por la que se ha optado en esta edición y con la que concuerda fielmente. Por cuestiones de correspondencia, pues, hemos preferido seguir manteniendo el orden y la numeración elegidos en el principio.

V. art. 74 de la L.J.V. Ténganse en cuenta los arts. 78 de la L.R.C. y 273 a 282 del R.R.C.

yas. En caso de siniestro este plazo será de tres meses.

Se presume la violencia si en una subversión de orden político o social hubiese desaparecido una persona sin volverse a tener noticias suyas durante el tiempo expresado, siempre que hayan pasado seis meses desde la cesación de la subversión.

Art. 194. Procede también la declaración de fallecimiento:

Primero. De los que perteneciendo a un contingente armado o unidos a él en calidad de funcionarios auxiliares voluntarios, o en funciones informativas, hayan tomado parte en operaciones de campaña y desaparecido en ellas luego que hayan transcurrido dos años, contados desde la fecha del tratado de paz, y en caso de no haberse concertado, desde la declaración oficial del fin de la guerra.

Segundo. De los que resulte acreditado que se encontraban a bordo de una nave cuyo naufragio o desaparición por inmersión en el mar se haya comprobado, o a bordo de una aeronave cuyo siniestro se haya verificado y haya evidencias racionales de ausencia de supervivientes.

Tercero. De los que no se tuvieren noticias después de que resulte acreditado que se encontraban a bordo de una nave cuyo naufragio o desaparición por inmersión en el mar se haya comprobado o a bordo de una aeronave cuyo siniestro se haya verificado, o, en caso de haberse encontrado restos humanos en tales supuestos, y no hubieren podido ser identificados, luego que hayan transcurrido ocho días.

Cuarto. De los que se encuentren a bordo de una nave que se presuma naufragada o desaparecida por inmersión en el mar, por no llegar a su destino, o si careciendo de punto fijo de arribo, no retornase y haya evidencias racionales de ausencia de supervivientes, luego que en cualquiera de los casos haya transcurrido un mes contado desde las últimas noticias recibidas o, por falta de éstas, desde la fecha de salida de la nave del puerto inicial del viaje.

Quinto. De los que se encuentren a bordo de una aero-

Art. 194: Los párrafos Segundo a Quinto han sido redactados por la Disp. Final 1.ª de la L.J.V. En cuanto a la numeración de los párrafos, véase nota al art. 193 de este Código.

V. art. 74 de la L.J.V. Ténganse en cuenta los arts. 78 de la L.R.C. y 273 a 282 del R.R.C.

nave que se presuma siniestrada al realizar el viaje sobre mares, zonas desérticas o inhabitadas, por no llegar a su destino, o si careciendo de punto fijo de arribo, no retornase, y haya evidencias racionales de ausencia de supervivientes, luego que en cualquiera de los casos haya transcurrido un mes contado desde las últimas noticias de las personas o de la aeronave y, en su defecto, desde la fecha de inicio del viaje. Si éste se hiciere por etapas, el plazo indicado se computará desde el punto de despegue del que se recibieron las últimas noticias.

Art. 195. Por la declaración de fallecimiento cesa la situación de ausencia legal, pero mientras dicha declaración no se produzca, se presume que el ausente ha vivido hasta el momento en que deba reputársele fallecido, salvo investigaciones en contrario.

Toda declaración de fallecimiento expresará la fecha a partir de la cual se entienda sucedida la muerte, con arreglo a lo preceptuado en los artículos precedentes, salvo prueba en contrario.

Art. 196. Firme la declaración de fallecimiento del ausente, se abrirá la sucesión en los bienes del mismo, procediéndose a su adjudicación conforme a lo dispuesto legalmente.

Los herederos no podrán disponer a título gratuito hasta cinco años después de la declaración del fallecimiento.

Hasta que transcurra este mismo plazo no serán entregados los legados, si los hubiese, ni tendrán derecho a exigirlos los legatarios, salvo las mandas piadosas en sufragio del alma del testador o los legados en favor de Instituciones de beneficencia.

Será obligación ineludible de los sucesores, aunque por tratarse de uno solo no fuese necesaria partición, la de formar notarialmente un inventario detallado de los bienes muebles y una descripción de los inmuebles.

Art. 197. Si después de la declaración de fallecimiento se presentase el ausente o se pro-

---

Art. 195: Suprimido su último párrafo por Ley 30/1981, de reforma del C.c. V. arts. 74 de la L.J.V. y 85, 191, 929.

Art. 196: Redactado por la Disp. Final 1.ª de la L.J.V. Téngase en cuenta lo dispuesto en los arts. 85, 191, 991 y 1.054 de este Código, 74 de la L.J.V. y 790 a 805 de la L.Enj.Civ. V. también los arts. 26.1 y 87 de la L.H.

Art. 197: v. arts. 185 a 187, 451 a 455, 1.090 y 1.123. Ténganse en cuenta los arts. 34 de la L.H., 464 del C.c. y 179 del R.R.C.

base su existencia, recobrará sus bienes en el estado en que se encuentren y tendrá derecho al precio de los que se hubieran vendido, o a los bienes que con este precio se hayan adquirido, pero no podrá reclamar de sus sucesores rentas, frutos ni productos obtenidos con los bienes de su sucesión, sino desde el día de su presencia o de la declaración de no haber muerto.

CAPÍTULO III

De la inscripción en el Registro Civil*

Art. 198. En el Registro Civil se harán constar las declaraciones de desaparición, ausencia legal y de fallecimiento, así como las representaciones legítimas y dativas acordadas, y su extinción.

Asimismo se anotarán los inventarios de bienes muebles y descripción de inmuebles que en este título se ordenan; los decretos de concesión y las escrituras de transmisiones y gravámenes que efectúen los representantes legítimos o dativos de los ausentes; y la escritura de descripción o inventario de los bienes, así como de las escrituras de partición y adjudicación realizadas a virtud de la declaración de fallecimiento o de las actas de protocolización de los cuadernos particionales en sus respectivos casos.

---

* Rúbrica redactada por la Disp. Final 1.ª de la L.J.V.

Art. 198: Redactado por la Disp. Final 1.ª de la L.J.V. Téngase en cuenta lo dispuesto en los arts. 2.º, 4.º y 42, n. 5, de la L.H. y 206 del R.H.

V. art. 77 de la L.J.V.

TÍTULO IX*

De la tutela y de la guarda de los menores

CAPÍTULO PRIMERO

De la tutela

SECCIÓN PRIMERA

Disposiciones generales

Art. 199. Quedan sujetos a tutela:

1.º Los menores no emancipados en situación de desamparo.

2.º Los menores no emancipados no sujetos a patria potestad.

Art. 200. Las funciones tutelares constituyen un deber, se ejercerán en beneficio del tutelado y estarán bajo la salvaguarda de la autoridad judicial.

Las medidas y disposiciones previstas en el artículo 158 podrán ser acordadas también por la autoridad judicial en todos los supuestos de tutela de menores, en cuanto lo requiera el interés de estos.

Si se tratara de menores que estén bajo la tutela de una entidad pública, estas medidas solo podrán ser acordadas por la autoridad judicial de oficio o a instancia de dicha entidad, del Ministerio Fiscal o del propio menor. La entidad pública será parte en el procedimiento y las medidas acordadas serán comunicadas a esta, que dará traslado de dicha comunicación al director del centro residencial o a la familia acogedora.

Art. 201. Los progenitores podrán en testamento o documento público notarial designar tutor, establecer órganos de fiscalización de la tutela, así como designar las personas que hayan de integrarlos u ordenar cualquier otra disposición sobre la persona o bienes de sus hijos menores.

Art. 202. Las designaciones a que se refiere el artículo anterior vincularán a la autoridad judicial al constituir la

---

* Modificado todo el Título IX por Ley 8/2021, de 2 de junio, por la que se reforma la legislación civil y procesal para el apoyo a las personas con discapacidad en el ejercicio de su capacidad jurídica (*B.O.E.* n. 132, de 3 de junio).

Véanse arts. 43 y ss. de la L.J.V.

Arts. 199 a 238: Modificados por Ley 8/2021, de 2 de junio, por la que se reforma la legislación civil y procesal para el apoyo a las personas con discapacidad en el ejercicio de su capacidad jurídica (*B.O.E.* n. 132, de 3 de junio).

tutela, salvo que el interés superior del menor exija otra cosa, en cuyo caso dictará resolución motivada.

Art. 203. Cuando existieren disposiciones de los progenitores hechas en testamento o documento público notarial de los progenitores, se aplicarán unas y otras conjuntamente, en cuanto fueran compatibles. De no serlo, se adoptarán por la autoridad judicial, en decisión motivada, las que considere más convenientes para el interés superior del menor.

Art. 204. Serán ineficaces las disposiciones hechas en testamento o documento público notarial sobre la tutela si, en el momento de adoptarlas, el disponente hubiese sido privado de la patria potestad.

Art. 205. El que disponga de bienes a título gratuito en favor de un menor podrá establecer las reglas de administración y disposición de los mismos y designar la persona o personas que hayan de ejercitarlas. Las funciones no conferidas al administrador corresponden al tutor.

Art. 206. Estarán obligados a promover la constitución de la tutela, desde el momento en que conocieran el hecho que la motivare, los parientes llamados a ella y la persona física o jurídica bajo cuya guarda se encuentre el menor y, si no lo hicieren, serán responsables solidarios de la indemnización de los daños y perjuicios causados.

Art. 207. Cualquier persona podrá poner en conocimiento del Ministerio Fiscal o de la autoridad judicial el hecho determinante de la tutela, a fin de que se dé inicio al expediente a que se refiere el artículo siguiente.

Art. 208. La autoridad judicial constituirá la tutela mediante un expediente de jurisdicción voluntaria, siguiendo los trámites previstos legalmente.

Art. 209. La tutela se ejercerá bajo la vigilancia del Ministerio Fiscal, que actuará de oficio o a instancia de la persona menor de edad o de cualquier interesado.

En cualquier momento podrá exigir del tutor que le informe

Art. 204: v. art. 170 de este Código.
Art. 206: Cfr. art. 172 C.c.
Art. 207: Cfr. art. 172 C.c.
Art. 208: v. arts. 43 y ss. L.J.V.

sobre la situación del menor y del estado de la administración de la tutela.

Art. 210. La autoridad judicial podrá establecer, en la resolución por la que se constituya la tutela o en otra posterior, las medidas de vigilancia y control que estime adecuadas, en beneficio del tutelado. Asimismo, en cualquier momento podrá exigir del tutor que informe sobre la situación del menor y del estado de la administración.

SECCIÓN SEGUNDA

De la delación de la tutela y del nombramiento del tutor

Art. 211. Podrán ser tutores todas las personas físicas que, a juicio de la autoridad judicial, cumplan las condiciones de aptitud suficientes para el adecuado desempeño de su función y en ellas no concurra alguna de las causas de inhabilidad establecidas en los artículos siguientes.

Art. 212. Podrán ser tutores las fundaciones y demás personas jurídicas sin ánimo de lucro, públicas o privadas, entre cuyos fines figure la protección y asistencia de menores.

Art. 213. Para el nombramiento de tutor se preferirá:

1.º A la persona o personas designadas por los progenitores en testamento o documento público notarial.

2.º Al ascendiente o hermano que designe la autoridad judicial.

Excepcionalmente, en resolución motivada, se podrá alterar el orden del párrafo anterior o prescindir de todas las personas en él mencionadas, si el interés superior del menor así lo exigiere. Se considera beneficiosa para el menor la integración en la vida de familia del tutor.

Art. 214. En defecto de las personas mencionadas en el artículo anterior, la autoridad judicial designará tutor a quien, por sus relaciones con el tutelado y en el interés superior de este, considere más idóneo.

Art. 215. Si hubiere que designar tutor para varios hermanos, se procurará que el nombramiento recaiga en una misma persona.

Art. 216. No podrán ser tutores:

1.º Los que por resolución judicial estuvieran privados o suspendidos en el ejercicio de la

---

Art. 210: v. art. 42 bis *c*) y 46 de la L.J.V.
Art. 216.1.º: v. art. 170 del C.c.

patria potestad o, total o parcialmente, de los derechos de guarda y protección.

2.º Los que hubieren sido legalmente removidos de una tutela, curatela o guarda anterior.

Art. 217. La autoridad judicial no podrá nombrar a las personas siguientes:

1.º A quien haya sido excluido por los progenitores del tutelado.

2.º A quien haya sido condenado en sentencia firme por cualquier delito que haga suponer fundadamente que no desempeñará bien la tutela.

3.º Al administrador que hubiese sido sustituido en sus facultades de administración durante la tramitación del procedimiento concursal.

4.º A quien le sea imputable la declaración como culpable de un concurso, salvo que la tutela lo sea solo de la persona.

5.º A quien tenga conflicto de intereses con la persona sujeta a tutela.

Art. 218. La tutela se ejercerá por un solo tutor salvo:

1.º Cuando, por concurrir circunstancias especiales en la persona del tutelado o en su patrimonio, convenga separar como cargos distintos el de tutor de la persona y el de los bienes, cada uno de los cuales actuará independientemente en el ámbito de su competencia, si bien las decisiones que conciernan a ambos deberán tomarlas conjuntamente.

2.º Si se designa a alguna persona tutor de los hijos de su hermano y se considera conveniente que ejerza también la tutela el cónyuge del tutor o la persona que se halle en análoga relación de afectividad.

3.º Cuando los progenitores del tutelado hayan designado en testamento o documento público notarial más de un tutor para que ejerzan la tutela conjuntamente.

Art. 219. En el caso del numeral 3.º del artículo anterior, si los progenitores lo hubieren dispuesto de modo expreso, se podrá resolver, al efectuar el nombramiento de tutores, que estos puedan ejercitar las facultades de la tutela con carácter solidario.

De no mediar tal clase de nombramiento y, sin perjuicio de lo dispuesto en el numeral 1.º del artículo anterior, las facultades de la tutela encomendadas a varios tutores habrán de ser ejercitadas por estos conjuntamente, pero valdrá lo que se haga con el acuerdo del mayor número. A falta de tal acuerdo, la autoridad judicial, después de oír a los tutores y al tutelado si tuviere suficiente madurez, resolverá sin ulterior recurso lo que estime conveniente. Para el caso de que los desacuerdos fueran reiterados y entorpeciesen gravemente el ejercicio de la tutela, podrá la autoridad judicial reorganizar su funcionamiento e incluso nombrar nuevo tutor.

Art. 220. Si los tutores tuvieren sus facultades atribuidas conjuntamente y hubiere incompatibilidad u oposición de intereses en alguno de ellos para un acto o contrato, podrá este ser realizado por el otro tutor o, de ser varios, por los demás en forma conjunta.

Art. 221. En los casos de que por cualquier causa cese alguno de los tutores, la tutela subsistirá con los restantes a no ser que al hacer el nombramiento se hubiera dispuesto otra cosa de modo expreso.

Art. 222. La tutela de los menores que se encuentren en situación de desamparo corresponderá por ministerio de la ley a la entidad pública a la que en el respectivo territorio esté encomendada la protección de menores.

No obstante, se procederá al nombramiento de tutor conforme a las reglas ordinarias cuando existan personas físicas que, por sus relaciones con el menor o por otras circunstancias, puedan asumir la tutela en interés de este.

En el supuesto del párrafo anterior, previamente a la designación judicial de tutor, o en la misma resolución, deberá acordarse la suspensión o la privación de la patria potestad o la remoción del tutor, en su caso.

Estarán legitimados para ejercer las acciones de privación de patria potestad, promover la remoción del tutor y solicitar el nombramiento de tutor de los menores en situación de desamparo, el Ministerio Fiscal, la entidad pública y los llamados al ejercicio de la tutela.

Art. 223. Las causas y procedimientos de remoción y excusa de la tutela serán los mismos que los establecidos para la curatela.

La autoridad judicial podrá decretar la remoción a solicitud de la persona menor de edad si tuviere suficiente madurez. En todo caso será tenida en cuenta su opinión y se le dará audiencia si fuere mayor de doce años.

Declarada la remoción, se procederá al nombramiento de

Art. 220: Cfr. art. 163 del C.c.
Art. 222: v. art. 172 del C.c.
Art. 223, párr. 1.º: v. art. 49 de la L.J.V.

nuevo tutor en la forma establecida en este Código.

SECCIÓN TERCERA

Del ejercicio de la tutela

Art. 224. Serán aplicables a la tutela, con carácter supletorio, las normas de la curatela.

Art. 225. El tutor es el representante del menor, salvo para aquellos actos que este pueda realizar por si solo o para los que únicamente precise asistencia.

Art. 226. Se prohíbe al tutor:

1.º Recibir liberalidades del tutelado o de sus causahabientes, mientras no se haya aprobado definitivamente su gestión.

2.º Representar al tutelado cuando en el mismo acto intervenga en nombre propio o de un tercero y existiera conflicto de intereses.

3.º Adquirir por título oneroso bienes del tutelado o transmitirle por su parte bienes por igual título.

Art. 227. Los tutores ejercerán su cargo en interés del menor, de acuerdo con su personalidad y con respeto a sus derechos.

Cuando sea necesario para el ejercicio de la tutela podrán recabar el auxilio de la autoridad.

Art. 228. El tutor está obligado a velar por el tutelado y, en particular:

1.º A velar por él y a procurarle alimentos.

2.º A educar al menor y procurarle una formación integral.

3.º A promover su mejor inserción en la sociedad.

4.º A administrar el patrimonio del menor con la diligencia debida.

5.º A informar a la autoridad judicial anualmente sobre la situación del menor y a rendirle cuenta anual de su administración.

6.º A oír al menor antes de adoptar decisiones que le afecten.

Art. 229. El tutor tiene derecho a una retribución, siempre que el patrimonio del menor lo permita, así como al reembolso de los gastos justificados, cantidades que serán satisfechas con cargo a dicho patrimonio.

Art. 224: Sobre curatela, véanse arts. 268 y ss. del C.c.
Art. 225: Cfr. art. 162 del C.c.
Art. 228, párr. 1.º: Cfr. art. 154 del C.c.
Art. 229, párr. 1.º: v. art. 48 de la L.J.V.

Salvo que los progenitores hubieran establecido otra cosa, y sin perjuicio de que dichas previsiones puedan modificarse por la autoridad judicial si lo estimase conveniente para el interés del menor, corresponde a la autoridad judicial fijar su importe y el modo de percibirla, para lo cual tendrá en cuenta el trabajo a realizar y el valor y la rentabilidad de los bienes.

Podrá también establecerse que el tutor haga suyos los frutos de los bienes del tutelado a cambio de prestarle los alimentos, si así lo hubieren dispuesto los progenitores. La autoridad judicial podrá dejar sin efecto esta previsión o establecerla aun cuando nada hubiesen dispuesto los progenitores, si lo estimase conveniente para el interés del menor.

Art. 230. La persona que en el ejercicio de una función tutelar sufra daños y perjuicios, sin culpa por su parte, tendrá derecho a la indemnización de estos con cargo a los bienes del tutelado, de no poder obtener por otro medio su resarcimiento.

SECCIÓN CUARTA

De la extinción de la tutela y de la rendición final de cuentas

Art. 231. La tutela se extingue:

1.º Por la mayoría de edad, emancipación o concesión del beneficio de la mayoría de edad al menor.

2.º Por la adopción del menor.

3.º Por muerte o declaración de fallecimiento del menor.

4.º Cuando, habiéndose originado por privación o suspensión de la patria potestad, el titular de esta la recupere, o cuando desaparezca la causa que impedía al titular de la patria potestad ejercitarla de hecho.

Art. 232. El tutor, sin perjuicio de la obligación de rendición anual de cuentas, al cesar en sus funciones deberá rendir ante la autoridad judicial la cuenta general justificada de su administración en el plazo de tres meses, prorrogables por el tiempo que fuere necesario si concurre justa causa.

Art. 231.1.º: Sobre el n. 1, v. art. 239 del C.c.
Art. 231.2.º: Sobre el n. 2, v. arts. 175 y ss. del C.c.
Art. 231.3.º: Sobre el n. 3, vid. art. 181 y ss. del C.c.
Art. 231.4.º: Sobre el n. 4, vid. 170 del C.c.
Art. 232: Véase art. 51 de la L.J.V.
Art. 232, párr. 1.º: V. art. 51 de la L.J.V.

La acción para exigir la rendición de esta cuenta prescribe a los cinco años, contados desde la terminación del plazo establecido para efectuarla.

Antes de resolver sobre la aprobación de la cuenta, la autoridad judicial oirá también, en su caso, al nuevo tutor y a la persona que hubiera estado sometida a tutela o a sus herederos.

La aprobación judicial de las cuentas no impedirá el ejercicio de las acciones que recíprocamente puedan asistir al tutor y al menor o a sus causahabientes por razón de la tutela.

Art. 233. Los gastos necesarios de la rendición de cuentas serán a cargo del patrimonio de quien estuvo sometido a tutela.

El saldo de la cuenta general devengará el interés legal, a favor o en contra del tutor. Si el saldo es a favor del tutor, el interés legal se devengará desde el requerimiento para el pago, previa restitución de los bienes a su titular. Si es en contra del tutor, devengará el interés legal una vez transcurridos los tres meses siguientes a la aprobación de la cuenta.

Art. 234. El tutor responderá de los daños que hubiese causado al menor por su culpa o negligencia.

La acción para reclamar esta responsabilidad prescribe a los tres años contados desde la rendición final de cuentas.

CAPÍTULO II

DEL DEFENSOR JUDICIAL DEL MENOR*

Art. 235. Se nombrará un defensor judicial del menor en los casos siguientes:

1.º Cuando en algún asunto exista conflicto de intereses entre los menores y sus representantes legales, salvo en los casos en que la ley prevea otra forma de salvarlo.

2.º Cuando, por cualquier causa, el tutor no desempeñare sus funciones, hasta que cese la causa determinante o se designe otra persona.

3.º Cuando el menor emancipado requiera el complemento de capacidad previsto en los artículos 247 y 248 y a quienes corresponda prestarlo no puedan hacerlo o exista con ellos conflicto de intereses.

---

* Véanse arts. 27 y ss. de la L.J.V.

Art. 235.1.º: v. art. 163 del C.c.

Art. 236. Serán aplicables al defensor judicial del menor las normas del defensor judicial de las personas con discapacidad. El defensor judicial del menor ejercerá su cargo en interés del menor, de acuerdo con su personalidad y con respeto a sus derechos.

CAPÍTULO III

DE LA GUARDA DE HECHO DEL MENOR

Art. 237. 1. Cuando la autoridad judicial tenga conocimiento de la existencia de un guardador de hecho podrá requerirle para que informe de la situación de la persona y los bienes del menor y de su actuación en relación con los mismos, pudiendo establecer las medidas de control y vigilancia que considere oportunas.

Cautelarmente, mientras se mantenga la situación de guarda de hecho y hasta que se constituya la medida de protección adecuada, si procediera, se podrán otorgar judicialmente facultades tutelares a los guardadores. Igualmente se podrá constituir un acogimiento temporal, siendo acogedores los guardadores.

2. Procederá la declaración de situación de desamparo de los menores cuando, además de esta circunstancia, se den los presupuestos objetivos de falta de asistencia contemplados en el artículo 172.

En los demás casos, el guardador de hecho podrá promover la privación o suspensión de la patria potestad, remoción de la tutela o el nombramiento de tutor.

Art. 238. Serán aplicables a la guarda de hecho del menor, con carácter supletorio, las normas de la guarda de hecho de las personas con discapacidad.

Art. 236: Vid. arts. 295 y ss. del C.c.
Art. 237.1, párr. 1.º: v. art. 52 de la L.J.V.
Art. 238: v. arts. 263 y ss. del C.c.

TÍTULO X*

De la mayor edad y de la emancipación

Art. 239. La emancipación tiene lugar:

1.º Por la mayor edad.

2.º Por concesión de los que ejerzan la patria potestad.

3.º Por concesión judicial.

Art. 240. La mayor edad empieza a los dieciocho años cumplidos.

Para el cómputo de los años de la mayoría de edad se incluirá completo el día del nacimiento.

Art. 241. Para que tenga lugar la emancipación por concesión de quienes ejerzan la patria potestad, se requiere que el menor tenga dieciséis años cumplidos y que la consienta. Esta emancipación se otorgará por escritura pública o por comparecencia ante el encargado del Registro Civil.

Art. 242. La concesión de la emancipación habrá de inscribirse en el Registro Civil, no produciendo entre tanto efectos contra terceros.

Concedida la emancipación no podrá ser revocada.

Art. 243. Se reputará para todos los efectos como emancipado al hijo mayor de dieciséis años que, con el consentimiento de los progenitores, viviere independientemente de estos. Los progenitores podrán revocar este consentimiento.

Art. 244. La autoridad judicial podrá conceder la emancipación de los hijos mayores de dieciséis años si estos la pidieren y previa audiencia de los progenitores:

1.º Cuando quien ejerce la patria potestad contrajere nupcias o conviviere maritalmente con persona distinta del otro progenitor.

2.º Cuando los progenitores vivieren separados.

3.º Cuando concurra cualquier causa que entorpezca gra-

---

* Modificado todo el Título X por Ley 8/2021, de 2 de junio, por la que se reforma la legislación civil y procesal para el apoyo a las personas con discapacidad en el ejercicio de su capacidad jurídica (*B.O.E.* n. 132, de 3 de junio).

Arts. 239 a 248: Modificados por Ley 8/2021, de 2 de junio, por la que se reforma la legislación civil y procesal para el apoyo a las personas con discapacidad en el ejercicio de su capacidad jurídica (*B.O.E.* n. 132, de 3 de junio).

Art. 244, párr. 1.º: v. art. 53 de la L.J.V.

vemente el ejercicio de la patria potestad.

Art. 245. También podrá la autoridad judicial, previo informe del Ministerio Fiscal, conceder el beneficio de la mayor edad al sujeto a tutela mayor de dieciséis años que lo solicitare.

Art. 246. El mayor de edad puede realizar todos los actos de la vida civil, salvo las excepciones establecidas en casos especiales por este Código.

Art. 247. La emancipación habilita al menor para regir su persona y bienes como si fuera mayor; pero hasta que llegue a la mayor edad no podrá el emancipado tomar dinero a préstamo, gravar o enajenar bienes inmuebles y establecimientos mercantiles o industriales u objetos de extraordinario valor sin consentimiento de sus progenitores y, a falta de ambos, sin el de su defensor judicial.

El menor emancipado podrá por sí solo comparecer en juicio.

Lo dispuesto en este artículo es aplicable también al menor que hubiere obtenido judicialmente el beneficio de la mayor edad.

Art. 248. Para que el casado menor de edad pueda enajenar o gravar bienes inmuebles, establecimientos mercantiles u objetos de extraordinario valor que sean comunes, basta, si es mayor el otro cónyuge, el consentimiento de los dos; si también es menor, se necesitará además el de los progenitores o defensor judicial de uno y otro.

TÍTULO XI*

De las medidas de apoyo a las personas con discapacidad para el ejercicio de su capacidad jurídica

CAPÍTULO PRIMERO

Disposiciones generales

Art. 249. Las medidas de apoyo a las personas mayores de edad o menores emancipadas que las precisen para el adecuado ejercicio de su capacidad jurídica tendrán por finalidad permitir el desarrollo pleno de su personalidad y su desenvolvimiento jurídico en condiciones de igualdad. Estas medidas de apoyo deberán estar inspiradas en el respeto a la dignidad de la persona y en la tutela de sus derechos fundamentales. Las de origen legal o judicial solo procederán en defecto o insuficiencia de la voluntad de la persona de que se trate. Todas ellas deberán ajustarse a los principios de necesidad y proporcionalidad.

Las personas que presten apoyo deberán actuar atendiendo a la voluntad, deseos y preferencias de quien lo requiera. Igualmente procurarán que la persona con discapacidad pueda desarrollar su propio proceso de toma de decisiones, informándola, ayudándola en su comprensión y razonamiento y facilitando que pueda expresar sus preferencias. Asimismo, fomentarán que la persona con discapacidad pueda ejercer su capacidad jurídica con menos apoyo en el futuro.

En casos excepcionales, cuando, pese a haberse hecho un esfuerzo considerable, no sea posible determinar la voluntad, deseos y preferencias de la persona, las medidas de apoyo podrán incluir funciones representativas. En este caso, en el ejercicio de esas funciones se deberá tener en cuenta la trayectoria vital de la persona con discapacidad, sus creencias y valores, así como los factores que ella hubiera tomado en consideración, con el fin de tomar la decisión que habría adoptado la persona en caso de no requerir representación.

---

* Modificado todo el Título XI por Ley 8/2021, de 2 de junio, por la que se reforma la legislación civil y procesal para el apoyo a las personas con discapacidad en el ejercicio de su capacidad jurídica (*B.O.E.* n. 132, de 3 de junio).

Arts. 249 a 299: Modificados por Ley 8/2021, de 2 de junio, por la que se reforma la legislación civil y procesal para el apoyo a las personas con discapacidad en el ejercicio de su capacidad jurídica (*B.O.E.* n. 132, de 3 de junio).

Art. 249, párr. 2.º: v. arts. 42 bis *a*) y ss. de la L.J.V.

La autoridad judicial podrá dictar las salvaguardas que considere oportunas a fin de asegurar que el ejercicio de las medidas de apoyo se ajuste a los criterios resultantes de este precepto y, en particular, atienda a la voluntad, deseos y preferencias de la persona que las requiera.

Art. 250. Las medidas de apoyo para el ejercicio de la capacidad jurídica de las personas que lo precisen son, además de las de naturaleza voluntaria, la guarda de hecho, la curatela y el defensor judicial.

La función de las medidas de apoyo consistirá en asistir a la persona con discapacidad en el ejercicio de su capacidad jurídica en los ámbitos en los que sea preciso, respetando su voluntad, deseos y preferencias.

Las medidas de apoyo de naturaleza voluntaria son las establecidas por la persona con discapacidad, en las que designa quién debe prestarle apoyo y con qué alcance. Cualquier medida de apoyo voluntaria podrá ir acompañada de las salvaguardas necesarias para garantizar en todo momento y ante cualquier circunstancia el respeto a la voluntad, deseos y preferencias de la persona.

La guarda de hecho es una medida informal de apoyo que puede existir cuando no haya medidas voluntarias o judiciales que se estén aplicando eficazmente.

La curatela es una medida formal de apoyo que se aplicará a quienes precisen el apoyo de modo continuado. Su extensión vendrá determinada en la correspondiente resolución judicial en armonía con la situación y circunstancias de la persona con discapacidad y con sus necesidades de apoyo.

El nombramiento de defensor judicial como medida formal de apoyo procederá cuando la necesidad de apoyo se precise de forma ocasional, aunque sea recurrente.

Al determinar las medidas de apoyo se procurará evitar situaciones en las que se puedan producir conflictos de intereses o influencia indebida.

No podrán ejercer ninguna de las medidas de apoyo quienes, en virtud de una relación contractual, presten servicios asistenciales, residenciales o de naturaleza análoga a la persona que precisa el apoyo.

Art. 251. Se prohíbe a quien desempeñe alguna medida de apoyo:

Art. 250, párr. 1.º: Ténganse presentes los arts. 43 y ss. de la L.J.V.

1.º Recibir liberalidades de la persona que precisa el apoyo o de sus causahabientes, mientras que no se haya aprobado definitivamente su gestión, salvo que se trate de regalos de costumbre o bienes de escaso valor.

2.º Prestar medidas de apoyo cuando en el mismo acto intervenga en nombre propio o de un tercero y existiera conflicto de intereses.

3.º Adquirir por título oneroso bienes de la persona que precisa el apoyo o transmitirle por su parte bienes por igual título.

En las medidas de apoyo voluntarias estas prohibiciones no resultarán de aplicación cuando el otorgante las haya excluido expresamente en el documento de constitución de dichas medidas.

Art. 252. El que disponga de bienes a título gratuito en favor de una persona necesitada de apoyo podrá establecer las reglas de administración y disposición de aquellos, así como designar la persona o personas a las que se encomienden dichas facultades. Las facultades no conferidas al administrador corresponderán al favorecido por la disposición de los bienes, que las ejercitará, en su caso, con el apoyo que proceda.

Igualmente podrán establecer los órganos de control o supervisión que se estimen convenientes para el ejercicio de las facultades conferidas.

Art. 253. Cuando una persona se encuentre en una situación que exija apoyo para el ejercicio de su capacidad jurídica de modo urgente y carezca de un guardador de hecho, el apoyo se prestará de modo provisional por la entidad pública que en el respectivo territorio tenga encomendada esta función. La entidad dará conocimiento de la situación al Ministerio Fiscal en el plazo de veinticuatro horas.

CAPÍTULO II

De las medidas voluntarias de apoyo

SECCIÓN PRIMERA

Disposiciones generales

Art. 254. Cuando se prevea razonablemente en los dos años anteriores a la mayoría de edad que un menor sujeto a patria potestad o a tutela pueda, después de alcanzada aquella, precisar de apoyo en el ejercicio de su capacidad jurídica, la autoridad judicial podrá acordar, a petición del menor, de los progenitores, del tutor o del Ministerio Fiscal, si lo estima necesario, la procedencia de la adopción de la medida de apoyo que corresponda para cuando concluya la minoría de edad. Estas medidas se adoptarán si el mayor de dieciséis años no ha hecho sus propias previsiones para cuando alcance la mayoría de edad. En otro caso se dará participación al menor en el proceso, atendiendo a su voluntad, deseos y preferencias.

Art. 255. Cualquier persona mayor de edad o menor emancipada en previsión o apreciación de la concurrencia de circunstancias que puedan dificultarle el ejercicio de su capacidad jurídica en igualdad de condiciones con las demás, podrá prever o acordar en escritura pública medidas de apoyo relativas a su persona o bienes.

Podrá también establecer el régimen de actuación, el alcance de las facultades de la persona o personas que le hayan de prestar apoyo, o la forma de ejercicio del apoyo, el cual se prestará conforme a lo dispuesto en el artículo 249.

Asimismo, podrá prever las medidas u órganos de control que estime oportuno, las salvaguardas necesarias para evitar abusos, conflicto de intereses o influencia indebida y los mecanismos y plazos de revisión de las medidas de apoyo, con el fin de garantizar el respeto de su voluntad, deseos y preferencias.

El Notario autorizante comunicará de oficio y sin dilación el documento público que contenga las medidas de apoyo al Registro Civil para su constancia en el registro individual del otorgante.

Solo en defecto o por insuficiencia de estas medidas de naturaleza voluntaria, y a falta de guarda de hecho que suponga apoyo suficiente, podrá la autoridad judicial adoptar otras supletorias o complementarias.

SECCIÓN SEGUNDA

*De los poderes y mandatos preventivos**

Art. 256. El poderdante podrá incluir una cláusula que estipule que el poder subsista si en el futuro precisa apoyo en el ejercicio de su capacidad.

Art. 257. El poderdante podrá otorgar poder solo para el supuesto de que en el futuro precise apoyo en el ejercicio de su capacidad. En este caso, para acreditar que se ha producido la situación de necesidad de apoyo

Art. 255, párr. 1.º: Téngase presente el art. 247 del C.c.
* Téngase presente el art. 247 del C.c.

se estará a las previsiones del poderdante. Para garantizar el cumplimiento de estas previsiones se otorgará, si fuera preciso, acta notarial que, además del juicio del Notario, incorpore un informe pericial en el mismo sentido.

Art. 258. Los poderes a que se refieren los artículos anteriores mantendrán su vigencia pese a la constitución de otras medidas de apoyo en favor del poderdante, tanto si estas han sido establecidas judicialmente como si han sido previstas por el propio interesado.

Cuando se hubieren otorgado a favor del cónyuge o de la pareja de hecho del poderdante, el cese de la convivencia producirá su extinción automática, salvo que medie voluntad contraria del otorgante o que el cese venga determinado por el internamiento de este.

El poderdante podrá establecer, además de las facultades que otorgue, las medidas u órganos de control que estime oportuno, condiciones e instrucciones para el ejercicio de las facultades, salvaguardas para evitar abusos, conflicto de intereses o influencia indebida y los mecanismos y plazos de revisión de las medidas de apoyo, con el fin de garantizar el respeto de su voluntad, deseos y preferencias. Podrá también prever formas específicas de extinción del poder.

Cualquier persona legitimada para instar el procedimiento de provisión de apoyos y el curador, si lo hubiere, podrán solicitar judicialmente la extinción de los poderes preventivos, si en el apoderado concurre alguna de las causas previstas para la remoción del curador, salvo que el poderdante hubiera previsto otra cosa.

Art. 259. Cuando el poder contenga cláusula de subsistencia para el caso de que el poderdante precise apoyo en el ejercicio de su capacidad o se conceda solo para ese supuesto y, en ambos casos, comprenda todos los negocios del otorgante, el apoderado, sobrevenida la situación de necesidad de apoyo, quedará sujeto a las reglas aplicables a la curatela en todo aquello no previsto en el poder, salvo que el poderdante haya determinado otra cosa.

Art. 260. Los poderes preventivos a que se refieren los artículos anteriores habrán de otorgarse en escritura pública.

El Notario autorizante los comunicará de oficio y sin dilación al Registro Civil para su constancia en el registro individual del poderdante.

Art. 261. El ejercicio de las facultades representativas será personal, sin perjuicio de la posibilidad de encomendar la realización de uno o varios actos concretos a terceras personas. Aquellas facultades que tengan por objeto la protección de la persona no serán delegables.

Art. 262. Lo dispuesto en este capítulo se aplicará igualmente al caso de mandato sin poder.

CAPÍTULO III

DE LA GUARDA DE HECHO DE LAS PERSONAS CON DISCAPACIDAD

Art. 263. Quien viniere ejerciendo adecuadamente la guarda de hecho de una persona con discapacidad continuará en el desempeño de su función incluso si existen medidas de apoyo de naturaleza voluntaria o judicial, siempre que estas no se estén aplicando eficazmente.

Art. 264. Cuando, excepcionalmente, se requiera la actuación representativa del guardador de hecho, este habrá de obtener la autorización para realizarla a través del correspondiente expediente de jurisdicción voluntaria, en el que se oirá a la persona con discapacidad. La autorización judicial para actuar como representante se podrá conceder, previa comprobación de su necesidad, en los términos y con los requisitos adecuados a las circunstancias del caso. La autorización podrá comprender uno o varios actos necesarios para el desarrollo de la función de apoyo y deberá ser ejercitada de conformidad con la voluntad, deseos y preferencias de la persona con discapacidad.

En todo caso, quien ejerza la guarda de hecho deberá recabar autorización judicial conforme a lo indicado en el párrafo anterior para prestar consentimiento en los actos enumerados en el artículo 287.

No será necesaria autorización judicial cuando el guardador solicite una prestación económica a favor de la persona con discapacidad, siempre que esta no suponga un cambio significativo en la forma de vida de la persona, o realice actos jurídicos sobre bienes de esta que tengan escasa relevancia económica y carezcan de especial significado personal o familiar.

Art. 264: Véase art. 52 de la L.J.V.

La autoridad judicial podrá acordar el nombramiento de un defensor judicial para aquellos asuntos que por su naturaleza lo exijan.

Art. 265. A través de un expediente de jurisdicción voluntaria, la autoridad judicial podrá requerir al guardador en cualquier momento, de oficio, a solicitud del Ministerio Fiscal o a instancia de cualquier interesado, para que informe de su actuación, y establecer las salvaguardias que estime necesarias.

Asimismo, podrá exigir que el guardador rinda cuentas de su actuación en cualquier momento.

Art. 266. El guardador tiene derecho al reembolso de los gastos justificados y a la indemnización por los daños derivados de la guarda, a cargo de los bienes de la persona a la que presta apoyo.

Art. 267. La guarda de hecho se extingue:

1.º Cuando la persona a quien se preste apoyo solicite que este se organice de otro modo.

2.º Cuando desaparezcan las causas que la motivaron.

3.º Cuando el guardador desista de su actuación, en cuyo caso deberá ponerlo previamente en conocimiento de la entidad pública que en el respectivo territorio tenga encomendada las funciones de promoción de la autonomía y asistencia a las personas con discapacidad.

4.º Cuando, a solicitud del Ministerio Fiscal o de quien se interese por ejercer el apoyo de la persona bajo guarda, la autoridad judicial lo considere conveniente.

CAPÍTULO IV

DE LA CURATELA

SECCIÓN PRIMERA

Disposiciones generales

Art. 268. Las medidas tomadas por la autoridad judicial en el procedimiento de provisión de apoyos serán proporcionadas a las necesidades de la persona que las precise, respetarán siempre la máxima autonomía de esta en el ejercicio de su capacidad jurídica y atenderán en todo caso a su voluntad, deseos y preferencias.

Art. 265: Véase art. 52 de la L.J.V.
Art. 268: Véanse arts. 44 y ss. de la L.J.V.

Las medidas de apoyo adoptadas judicialmente serán revisadas periódicamente en un plazo máximo de tres años. No obstante, la autoridad judicial podrá, de manera excepcional y motivada, en el procedimiento de provisión o, en su caso, de modificación de apoyos, establecer un plazo de revisión superior que no podrá exceder de seis años.

Sin perjuicio de lo anterior, las medidas de apoyo adoptadas judicialmente se revisarán, en todo caso, ante cualquier cambio en la situación de la persona que pueda requerir una modificación de dichas medidas.

Art. 269. La autoridad judicial constituirá la curatela mediante resolución motivada cuando no exista otra medida de apoyo suficiente para la persona con discapacidad.

La autoridad judicial determinará los actos para los que la persona requiere asistencia del curador en el ejercicio de su capacidad jurídica atendiendo a sus concretas necesidades de apoyo.

Sólo en los casos excepcionales en los que resulte imprescindible por las circunstancias de la persona con discapacidad, la autoridad judicial determinará en resolución motivada los actos concretos en los que el curador habrá de asumir la representación de la persona con discapacidad.

Los actos en los que el curador deba prestar el apoyo deberán fijarse de manera precisa, indicando, en su caso, cuáles son aquellos donde debe ejercer la representación. El curador actuará bajo los criterios fijados en el artículo 249.

En ningún caso podrá incluir la resolución judicial la mera privación de derechos.

Art. 270. La autoridad judicial establecerá en la resolución que constituya la curatela o en otra posterior las medidas de control que estime oportunas para garantizar el respeto de los derechos, la voluntad y las preferencias de la persona que precisa el apoyo, así como para evitar los abusos, los conflictos de intereses y la influencia indebida. También podrá exigir en cualquier momento al curador que, en el ámbito de sus funciones, informe sobre la situación personal o patrimonial de aquella.

Sin perjuicio de las revisiones periódicas de estas resoluciones, el Ministerio Fiscal podrá recabar en cualquier momento la información que considere necesaria a fin de garantizar el buen funcionamiento de la curatela.

SECCIÓN SEGUNDA

De la autocuratela y del nombramiento del curador

Subsección primera

De la autocuratela

Art. 271. Cualquier persona mayor de edad o menor emancipada, en previsión de la concurrencia de circunstancias que puedan dificultarle el ejercicio de su capacidad jurídica en igualdad de condiciones con las demás, podrá proponer en escritura pública el nombramiento o la exclusión de una o varias personas determinadas para el ejercicio de la función de curador.

Podrá igualmente establecer disposiciones sobre el funcionamiento y contenido de la curatela y, en especial, sobre el cuidado de su persona, reglas de administración y disposición de sus bienes, retribución del curador, obligación de hacer inventario o su dispensa y medidas de vigilancia y control, así como proponer a las personas que hayan de llevarlas a cabo.

Art. 272. La propuesta de nombramiento y demás disposiciones voluntarias a que se refiere el artículo anterior vincularán a la autoridad judicial al constituir la curatela.

No obstante, la autoridad judicial podrá prescindir total o parcialmente de esas disposiciones voluntarias, de oficio o a instancia de las personas llamadas por ley a ejercer la curatela o del Ministerio Fiscal y, siempre mediante resolución motivada, si existen circunstancias graves desconocidas por la persona que las estableció o alteración de las causas expresadas por ella o que presumiblemente tuvo en cuenta en sus disposiciones.

Art. 273. Si al establecer la autocuratela se propone el nombramiento de sustitutos al curador y no se concreta el orden de la sustitución, será preferido el propuesto en el documento posterior. Si se proponen varios en el mismo documento, será preferido el propuesto en primer lugar.

Art. 274. Se podrá delegar en el cónyuge o en otra persona la elección del curador de entre los relacionados en escritura pública por la persona interesada.

Subsección segunda

Del nombramiento del curador

Art. 275. 1. Podrán ser curadores las personas mayores de edad que, a juicio de la auto-

Art. 275: Véanse arts. 44 y ss. de la L.J.V.

ridad judicial, sean aptas para el adecuado desempeño de su función.

Asimismo, podrán ser curadores las fundaciones y demás personas jurídicas sin ánimo de lucro, públicas o privadas, entre cuyos fines figure la promoción de la autonomía y asistencia a las personas con discapacidad.

2. No podrán ser curadores:

1.º Quienes hayan sido excluidos por la persona que precise apoyo.

2.º Quienes por resolución judicial estuvieran privados o suspendidos en el ejercicio de la patria potestad o, total o parcialmente, de los derechos de guarda y protección.

3.º Quienes hubieren sido legalmente removidos de una tutela, curatela o guarda anterior.

3. La autoridad judicial no podrá nombrar curador, salvo circunstancias excepcionales debidamente motivadas, a las personas siguientes:

1.º A quien haya sido condenado por cualquier delito que haga suponer fundadamente que no desempeñará bien la curatela.

2.º A quien tenga conflicto de intereses con la persona que precise apoyo.

3.º Al administrador que hubiese sido sustituido en sus facultades de administración durante la tramitación del procedimiento concursal.

4.º A quien le sea imputable la declaración como culpable de un concurso, salvo que la curatela lo sea solamente de la persona.

Art. 276. La autoridad judicial nombrará curador a quien haya sido propuesto para su nombramiento por la persona que precise apoyo o por la persona en quien esta hubiera delegado, salvo que concurra alguna de las circunstancias previstas en el párrafo segundo del artículo 272. La autoridad judicial estará también a lo dispuesto en el artículo 275.

En defecto de tal propuesta, la autoridad judicial nombrará curador:

1.º Al cónyuge, o a quien se encuentre en una situación de hecho asimilable, siempre que convivan con la persona que precisa el apoyo.

2.º Al hijo o descendiente. Si fueran varios, será preferido el que de ellos conviva con la persona que precisa el apoyo.

3.º Al progenitor o, en su defecto, ascendiente. Si fueren varios, será preferido el que de

---

Art. 276: Véanse arts. 44 y ss. de la L.J.V.

ellos conviva con la persona que precisa el apoyo.

4.º A la persona o personas que el cónyuge o la pareja conviviente o los progenitores hubieran dispuesto en testamento o documento público.

5.º A quien estuviera actuando como guardador de hecho.

6.º Al hermano, pariente o allegado que conviva con la persona que precisa la curatela.

7.º A una persona jurídica en la que concurran las condiciones indicadas en el párrafo segundo del apartado 1 del artículo anterior.

La autoridad judicial podrá alterar el orden del apartado anterior, una vez oída la persona que precise apoyo.

Cuando, una vez oída, no resultare clara su voluntad, la autoridad judicial podrá alterar el orden legal, nombrando a la persona más idónea para comprender e interpretar su voluntad, deseos y preferencias.

Art. 277. Se puede proponer el nombramiento de más de un curador si la voluntad y necesidades de la persona que precisa el apoyo lo justifican. En particular, podrán separarse como cargos distintos los de curador de la persona y curador de los bienes.

Cuando la curatela sea confiada a varias personas, la autoridad judicial establecerá el modo de funcionamiento, respetando la voluntad de la persona que precisa el apoyo.

Art. 278. Serán removidos de la curatela los que, después del nombramiento, incurran en una causa legal de inhabilidad, o se conduzcan mal en su desempeño por incumplimiento de los deberes propios del cargo, por notoria ineptitud de su ejercicio o cuando, en su caso, surgieran problemas de convivencia graves y continuados con la persona a la que prestan apoyo.

La autoridad judicial, de oficio o a solicitud de la persona a cuyo favor se estableció el apoyo o del Ministerio Fiscal, cuando conociere por sí o a través de cualquier interesado circunstancias que comprometan el desempeño correcto de la curatela, podrá decretar la remoción del curador mediante expediente de jurisdicción voluntaria.

Durante la tramitación del expediente de remoción la autoridad judicial podrá suspender al curador en sus funciones y, de considerarlo necesario, acordará el nombramiento de un defensor judicial.

Art. 278: Véase art. 49 de la L.J.V.

Declarada judicialmente la remoción, se procederá al nombramiento de nuevo curador en la forma establecida en este Código, salvo que fuera pertinente otra medida de apoyo.

Art. 279. Será excusable el desempeño de la curatela si resulta excesivamente gravoso o entraña grave dificultad para la persona nombrada para el ejercicio del cargo. También podrá excusarse el curador de continuar ejerciendo la curatela cuando durante su desempeño le sobrevengan los motivos de excusa.

Las personas jurídicas privadas podrán excusarse cuando carezcan de medios suficientes para el adecuado desempeño de la curatela o las condiciones de ejercicio de la curatela no sean acordes con sus fines estatutarios.

El interesado que alegue causa de excusa deberá hacerlo dentro del plazo de quince días a contar desde que tuviera conocimiento del nombramiento. Si la causa fuera sobrevenida podrá hacerlo en cualquier momento.

Mientras la autoridad judicial resuelva acerca de la excusa, el nombrado estará obligado a ejercer su función. Si no lo hiciera y fuera necesaria una actuación de apoyo, se procederá a nombrar un defensor judicial que sustituya al curador, quedando el sustituido responsable de los gastos ocasionados por la excusa, si esta fuera rechazada.

Admitida la excusa, se procederá al nombramiento de nuevo curador.

Art. 280. El curador nombrado en atención a una disposición testamentaria que se excuse de la curatela por cualquier causa, perderá lo que en consideración al nombramiento le hubiere dejado el testador.

Art. 281. El curador tiene derecho a una retribución, siempre que el patrimonio de la persona con discapacidad lo permita, así como al reembolso de los gastos justificados y a la indemnización de los daños sufridos sin culpa por su parte en el ejercicio de su función, cantidades que serán satisfechas con cargo a dicho patrimonio.

Corresponde a la autoridad judicial fijar su importe y el modo de percibirlo, para lo cual tendrá en cuenta el trabajo a realizar y el valor y la rentabilidad de los bienes.

En ningún caso, la admisión de causa de excusa o la decisión de remoción de las personas físicas o jurídicas designadas para el desempeño de los apoyos po-

---

Art. 279: Véase art. 50 de la L.J.V.

drá generar desprotección o indefensión a la persona que precisa dichos apoyos, debiendo la autoridad judicial actuar de oficio, mediante la colaboración necesaria de los llamados a ello, o bien, de no poder contar con estos, con la inexcusable colaboración de los organismos o entidades públicas competentes y del Ministerio Fiscal.

No concurrirá causa de excusa cuando el desempeño de los apoyos haya sido encomendado a entidad pública.

SECCIÓN TERCERA

Del ejercicio de la curatela

Art. 282. El curador tomará posesión de su cargo ante el letrado de la Administración de Justicia.

Una vez en el ejercicio de la curatela, estará obligado a mantener contacto personal con la persona a la que va a prestar apoyo y a desempeñar las funciones encomendadas con la diligencia debida.

El curador asistirá a la persona a la que preste apoyo en el ejercicio de su capacidad jurídica respetando su voluntad, deseos y preferencias.

El curador procurará que la persona con discapacidad pueda desarrollar su propio proceso de toma de decisiones.

El curador procurará fomentar las aptitudes de la persona a la que preste apoyo, de modo que pueda ejercer su capacidad con menos apoyo en el futuro.

Art. 283. Cuando quien desempeñe la curatela esté impedido de modo transitorio para actuar en un caso concreto, o cuando exista un conflicto de intereses ocasional entre él y la persona a quien preste apoyo, el letrado de la Administración de Justicia nombrará un defensor judicial que lo sustituya. Para este nombramiento se oirá a la persona que precise el apoyo y se respetará su voluntad, deseos y preferencias.

Si, en el caso previsto en el párrafo anterior, fueran varios los curadores con funciones homogéneas, estas serán asumidas por quien de entre ellos no esté afectado por el impedimento o el conflicto de intereses.

Si la situación de impedimento o conflicto fuera prolongada o reiterada, la autoridad judicial de oficio, a instancia del Ministerio Fiscal, de cualquier persona legitimada para instar el procedimiento de provisión de apoyos o

---

Art. 283, párr. 1.º: v. arts. 163 y 295 y ss. del C.c.

de cualquier persona que esté desempeñando la curatela y previa audiencia a la persona con discapacidad y al Ministerio Fiscal, podrá reorganizar el funcionamiento de la curatela, e incluso proceder al nombramiento de un nuevo curador.

Art. 284. Cuando la autoridad judicial lo considere necesario por concurrir razones excepcionales, podrá exigir al curador la constitución de fianza que asegure el cumplimiento de sus obligaciones y determinará la modalidad y cuantía de la misma. Una vez constituida, la fianza será objeto de aprobación judicial.

En cualquier momento la autoridad judicial podrá modificar o dejar sin efecto la garantía que se hubiese prestado.

Art. 285. El curador con facultades representativas estará obligado a hacer inventario del patrimonio de la persona en cuyo favor se ha establecido el apoyo dentro del plazo de sesenta días, a contar desde aquel en que hubiese tomado posesión de su cargo.

El inventario se formará ante el letrado de la Administración de Justicia, con citación de las personas que estime conveniente.

El letrado de la Administración de Justicia podrá prorrogar el plazo previsto en el párrafo primero si concurriere causa para ello.

El dinero, alhajas, objetos preciosos y valores mobiliarios o documentos que, a juicio del letrado de la Administración de Justicia, no deban quedar en poder del curador serán depositados en un establecimiento destinado a este efecto.

Los gastos que las anteriores medidas ocasionen correrán a cargo de los bienes de la persona en cuyo apoyo se haya establecido la curatela.

Art. 286. En el caso de que el curador no incluya en el inventario los créditos que tenga contra la persona a la que presta apoyo, se entenderá que renuncia a ellos.

Art. 287. El curador que ejerza funciones de representación de la persona que precisa el apoyo necesita autorización judicial para los actos que determine la resolución y, en todo caso, para los siguientes:

1.° Realizar actos de transcendencia personal o familiar cuando la persona afectada no pueda hacerlo por sí misma, todo ello a salvo lo dispuesto legalmente en materia de interna-

---

Art. 287, párr. 1.°: Cfr. arts. 162 y 164 del C.c.

miento, consentimiento informado en el ámbito de la salud o en otras leyes especiales.

2.º Enajenar o gravar bienes inmuebles, establecimientos mercantiles o industriales, bienes o derechos de especial significado personal o familiar, bienes muebles de extraordinario valor, objetos preciosos y valores mobiliarios no cotizados en mercados oficiales de la persona con medidas de apoyo, dar inmuebles en arrendamiento por término inicial que exceda de seis años, o celebrar contratos o realizar actos que tengan carácter dispositivo y sean susceptibles de inscripción. Se exceptúa la venta del derecho de suscripción preferente de acciones. La enajenación de los bienes mencionados en este párrafo se realizará mediante venta directa salvo que el Tribunal considere que es necesaria la enajenación en subasta judicial para mejor y plena garantía de los derechos e intereses de su titular.

3.º Disponer a título gratuito de bienes o derechos de la persona con medidas de apoyo, salvo los que tengan escasa relevancia económica y carezcan de especial significado personal o familiar.

4.º Renunciar derechos, así como transigir o someter a arbitraje cuestiones relativas a los intereses de la persona cuya curatela ostenta, salvo que sean de escasa relevancia económica. No se precisará la autorización judicial para el arbitraje de consumo.

5.º Aceptar sin beneficio de inventario cualquier herencia o repudiar esta o las liberalidades.

6.º Hacer gastos extraordinarios en los bienes de la persona a la que presta apoyo.

7.º Interponer demanda en nombre de la persona a la que presta apoyo, salvo en los asuntos urgentes o de escasa cuantía. No será precisa la autorización judicial cuando la persona con discapacidad inste la revisión de la resolución judicial en que previamente se le hubiesen determinado los apoyos.

8.º Dar y tomar dinero a préstamo y prestar aval o fianza.

9.º Celebrar contratos de seguro de vida, renta vitalicia y otros análogos, cuando estos requieran de inversiones o aportaciones de cuantía extraordinaria.

Art. 288. La autoridad judicial, cuando lo considere adecuado para garantizar la voluntad, deseos y preferencias de la persona con discapacidad, podrá autorizar al curador la realización de una pluralidad de actos de la misma naturaleza o referidos a la misma actividad económica, especificando las circunstancias y características fundamentales de dichos actos.

Art. 289. No necesitarán autorización judicial la partición de herencia o la división de cosa común realizada por el curador representativo, pero una vez practicadas requerirán aprobación judicial. Si hubiese sido nombrado un defensor judicial para la partición deberá obtener también la aprobación judicial, salvo que se hubiera dispuesto otra cosa al hacer el nombramiento.

Art. 290. Antes de autorizar o aprobar cualquiera de los actos comprendidos en los artículos anteriores, la autoridad judicial oirá al Ministerio Fiscal y a la persona con medidas de apoyo y recabará los informes que le sean solicitados o estime pertinentes.

SECCIÓN CUARTA

De la extinción de la curatela

Art. 291. La curatela se extingue de pleno derecho por la muerte o declaración de fallecimiento de la persona con medidas de apoyo.

Asimismo, la curatela se extingue por resolución judicial cuando ya no sea precisa esta medida de apoyo o cuando se adopte una forma de apoyo más adecuada para la persona sometida a curatela.

Art. 292. El curador, sin perjuicio de la obligación de rendición periódica de cuentas que en su caso le haya impuesto la autoridad judicial, al cesar en sus funciones deberá rendir ante ella la cuenta general justificada de su administración en el plazo de tres meses, prorrogables por el tiempo que fuere necesario si concurre justa causa.

La acción para exigir la rendición de esta cuenta prescribe a los cinco años, contados desde la terminación del plazo establecido para efectuarla.

Antes de resolver sobre la aprobación de la cuenta, la autoridad judicial oirá también en su caso al nuevo curador, a la persona a la que se prestó apoyo, o a sus herederos.

La aprobación judicial de las cuentas no impedirá el ejercicio de las acciones que recíprocamente puedan asistir al curador y a la persona con discapacidad que recibe el apoyo o a sus causahabientes por razón de la curatela.

Art. 293. Los gastos necesarios de la rendición de cuentas se-

---

Art. 289: Sobre partición, véanse arts. 1.051 y ss. del C.c.
Art. 292: Véase art. 51 de la L.J.V.

rán a cargo del patrimonio de la persona a la que se prestó apoyo.

El saldo de la cuenta general devengará el interés legal, a favor o en contra del curador. Si el saldo es a favor del curador, el interés legal se devengará desde el requerimiento para el pago, previa restitución de los bienes a su titular. Si es en contra del curador, devengará el interés legal una vez transcurridos los tres meses siguientes a la aprobación de la cuenta.

Art. 294. El curador responderá de los daños que hubiese causado por su culpa o negligencia a la persona a la que preste apoyo.

La acción para reclamar esta responsabilidad prescribe a los tres años contados desde la rendición final de cuentas.

CAPÍTULO V

DEL DEFENSOR JUDICIAL DE LA PERSONA CON DISCAPACIDAD

Art. 295. Se nombrará un defensor judicial de las personas con discapacidad en los casos siguientes:

1.º Cuando, por cualquier causa, quien haya de prestar apoyo no pueda hacerlo, hasta que cese la causa determinante o se designe a otra persona.

2.º Cuando exista conflicto de intereses entre la persona con discapacidad y la que haya de prestarle apoyo.

3.º Cuando, durante la tramitación de la excusa alegada por el curador, la autoridad judicial lo considere necesario.

4.º Cuando se hubiere promovido la provisión de medidas judiciales de apoyo a la persona con discapacidad y la autoridad judicial considere necesario proveer a la administración de los bienes hasta que recaiga resolución judicial.

5.º Cuando la persona con discapacidad requiera el establecimiento de medidas de apoyo de carácter ocasional, aunque sea recurrente.

Una vez oída la persona con discapacidad, la autoridad judicial nombrará defensor judicial a quien sea más idóneo para respetar, comprender e interpretar la voluntad, deseos y preferencias de aquella.

Art. 296. No se nombrará defensor judicial si el apoyo se ha encomendado a más de una persona, salvo que ninguna pueda actuar o la autoridad judicial motivadamente considere necesario el nombramiento.

Art. 295: Véanse arts. 27 y ss. de la L.J.V.

Art. 297. Serán aplicables al defensor judicial las causas de inhabilidad, excusa y remoción del curador, así como las obligaciones que a este se atribuyen de conocer y respetar la voluntad, deseos y preferencias de la persona a la que se preste apoyo.

Art. 298. En el nombramiento se podrá dispensar al defensor judicial de la venta en subasta pública, fijando un precio mínimo, y de la aprobación judicial posterior de los actos.

El defensor judicial, una vez realizada su gestión, deberá rendir cuentas de ella.

CAPÍTULO VI

Responsabilidad por daños causados a otros

Art. 299. La persona con discapacidad responderá por los daños causados a otros, de acuerdo con el Capítulo II del Título XVI del Libro Cuarto, sin perjuicio de lo establecido en materia de responsabilidad extracontractual respecto a otros posibles responsables.

Art. 299 bis. [*Derogado.*]

TÍTULO XII*

Disposiciones comunes

Art. 300. Las resoluciones judiciales y los documentos públicos notariales sobre los cargos tutelares y medidas de apoyo a personas con discapacidad habrán de inscribirse en el Registro Civil.

Arts. 301 a 324. [*Derogados.*]

Arts. 325 a 332. [*Derogados.*]

Art. 299: Véanse arts. 1.902 y ss. del C.c.

Art. 299 bis: Derogado por la Disp. Derog. única de la Ley 8/2021, de 2 de junio, por la que se reforma la legislación civil y procesal para el apoyo a las personas con discapacidad en el ejercicio de su capacidad jurídica (*B.O.E.* n. 132, de 3 de junio).

***** Se introduce un nuevo Título XII por Ley 8/2021, de 2 de junio, por la que se reforma la legislación civil y procesal para el apoyo a las personas con discapacidad en el ejercicio de su capacidad jurídica (*B.O.E.* n. 132, de 3 de junio).

Art. 301 a 324: Derogados por la Disp. Derog. Única de la Ley 8/2021, de 2 de junio, por la que se reforma la legislación civil y procesal para el apoyo a las personas con discapacidad en el ejercicio de su capacidad jurídica (*B.O.E.* n. 132, de 3 de junio).

Arts. 325 a 332: Derogados por Ley 20/2011, de 21 de julio.

*LIBRO SEGUNDO**

De los animales, de los bienes, de la propiedad y de sus modificaciones

TÍTULO PRIMERO

De la clasificación de los animales y de los bienes**

DISPOSICIONES PRELIMINARES

Art. 333. Todas las cosas que son o pueden ser objeto de apropiación se consideran como bienes muebles o inmuebles. También pueden ser objeto de apropiación los animales, con las limitaciones que se establezcan en las leyes.

Art. 333 bis. 1. Los animales son seres vivos dotados de sensibilidad. Solo les será aplicable el régimen jurídico de los bienes y de las cosas en la medida en que sea compatible con su naturaleza o con las disposiciones destinadas a su protección.

2. El propietario, poseedor o titular de cualquier otro derecho sobre un animal debe ejercer sus derechos sobre él y sus deberes de cuidado respetando su cualidad de ser sintiente, asegurando su bienestar conforme a las características de cada especie y respetando las limitaciones establecidas en ésta y las demás normas vigentes.

---

* Las rúbricas de Libro Segundo y de su Título I han sido modificadas por la Ley 17/2021, de 15 de diciembre, de modificación del Código Civil, la Ley Hipotecaria y la Ley de Enjuiciamiento Civil, sobre el régimen jurídico de los animales (*B.O.E.* n. 300, de 16 de diciembre).

** Véanse arts. 33 y 132 de la Const.

Art. 333: v. arts. 10, 437, 610, 1.271 y 1.272. Ténganse en cuenta los arts. 605 a 607 y 609 de la L.Enj.Civ.

Redactado por Ley 17/2021, de 15 de diciembre, de modificación del Código Civil, la Ley Hipotecaria y la Ley de Enjuiciamiento Civil, sobre el régimen jurídico de los animales (*B.O.E.* n. 300, de 16 de diciembre).

Art. 333 bis: Introducido por Ley 17/2021, de 15 de diciembre, de modificación del Código Civil, la Ley Hipotecaria y la Ley de Enjuiciamiento Civil, sobre el régimen jurídico de los animales (*B.O.E.* n. 300, de 16 de diciembre).

3. Los gastos destinados a la curación y al cuidado de un animal herido o abandonado son recuperables por quien los haya pagado mediante el ejercicio de acción de repetición contra el propietario del animal o, en su caso, contra la persona a la que se le hubiera atribuido su cuidado en la medida en que hayan sido proporcionados y aun cuando hayan sido superiores al valor económico de éste.

4. En el caso de que la lesión a un animal de compañía haya provocado su muerte o un menoscabo grave de su salud física o psíquica, tanto su propietario como quienes convivan con el animal tienen derecho a que la indemnización comprenda la reparación del daño moral causado.

CAPÍTULO PRIMERO

DE LOS BIENES INMUEBLES

Art. 334. 1. Son bienes inmuebles:

1.º Las tierras, edificios, caminos y construcciones de todo género adheridas al suelo.

2.º Los árboles y plantas y los frutos pendientes, mientras estuvieren unidos a la tierra o formaren parte integrante de un inmueble.

3.º Todo lo que esté unido a un inmueble de una manera fija, de suerte que no pueda separarse de él sin quebrantamiento de la materia o deterioro del objeto.

4.º Las estatuas, relieves, pinturas u otros objetos de uso u ornamentación, colocados en edificios o heredades por el dueño del inmueble en tal forma que revele el propósito de unirlos de un modo permanente al fundo.

5.º Las máquinas, vasos, instrumentos o utensilios destinados por el propietario de la finca a la industria o explotación que se realice en un edificio o heredad, y que directamente concurran a satisfacer las necesidades de la explotación misma.

6.º [...]

Art. 334: Como consecuencia de los cambios legislativos introducidos por la Ley 17/2021, de 15 de diciembre, de modificación del Código Civil, la Ley Hipotecaria y la Ley de Enjuiciamiento Civil, sobre el régimen jurídico de los animales (*B.O.E.* n. 300, de 16 de diciembre), se crea un apartado 1.º, coincidente, básicamente, con el contenido anterior del precepto, y se introduce un nuevo apartado 2.º

V. arts. 10, 346, 347, 358 a 373, 407 a 427, 1.874 y 1.963 de este Código; 1, 2, 20, 42, 45 y 106 a 120 de la L.H. y concordantes de su Reglamento. V. también Ley 347 de la C.Nav. y art. 19 de la L.P.Vasc.

N. 5.º: v. art. 21 de la L.H.M.

N. 6.º: Suprimido por Ley 17/2021, de 15 de diciembre, de modificación del Código Civil, la Ley Hipotecaria y la Ley de Enjuiciamiento Civil, sobre el régimen jurídico de los animales (*B.O.E.* n. 300, de 16 de diciembre).

7.º Los abonos destinados al cultivo de una heredad, que estén en las tierras donde hayan de utilizarse.

8.º Las minas, canteras y escoriales, mientras su materia permanece unida al yacimiento, y las aguas vivas o estancadas.

9.º Los diques y construcciones, que, aun cuando sean flotantes, estén destinados por su objeto y condiciones a permanecer en un punto fijo de un río, lago o costa.

10. Las concesiones administrativas de obras públicas y las servidumbres y demás derechos reales sobre bienes inmuebles.

2. Quedan sometidos al régimen de los bienes inmuebles los viveros de animales, palomares, colmenas, estanques de peces o criaderos análogos, cuando el propietario los haya colocado o los conserve con el propósito de mantenerlos unidos a la finca y formando parte de ella de un modo permanente, sin perjuicio de la consideración de los animales como seres sintientes y de las leyes especiales que los protegen.

CAPÍTULO II

DE LOS BIENES MUEBLES

Art. 335. Se reputan bienes muebles los susceptibles de apropiación no comprendidos en el capítulo anterior, y en general todos los que se pueden transportar de un punto a otro sin menoscabo de la cosa inmueble a que estuvieren unidos.

Art. 336. Tienen también la consideración de cosas muebles las rentas o pensiones, sean vitalicias o hereditarias, afectas a una persona o familia, siempre que no graven con carga real una cosa inmueble, los oficios enajenados, los contratos sobre servicios públicos y las cédulas y títulos representativos de préstamos hipotecarios.

Art. 337. Los bienes muebles son fungibles o no fungibles.

A la primera especie pertenecen aquellos de que no puede hacerse el uso adecuado a su naturaleza sin que se consuman; a la segunda especie corresponden los demás.

N. 8.º: v. arts. 2 y 3 de la L.Min.

N. 10: v. arts. 107.6 de la L.H. y 31, 44.6.º, 60 a 67, 175.3 y 301 del R.H.

Art. 335: v. arts. 10, 346, 347, 610, 615, 1.955 y 1.956. Ténganse en cuenta los arts. 26 a 34 de la L.Patrim.His.E.

Art. 336: v. arts. 1.802 y ss. de este Código, y 4, 5 y 6 de la L.Subrog.

Art. 337: v. arts. 303 a 310 y 311 a 324 del C. de C., 481, 482, 1.448, 1.452, 1.545, 1.740, 1.762, 1.768 y 1.770.

CAPÍTULO III

DE LOS BIENES SEGÚN LAS PERSONAS A QUE PERTENECEN

Art. 338. Los bienes son de dominio público o de propiedad privada.

Art. 339. Son bienes de dominio público:

1.º Los destinados al uso público, como los caminos, canales, ríos, torrentes, puertos y puentes construidos por el Estado, las riberas, playas, radas y otros análogos.

2.º Los que pertenecen privativamente al Estado, sin ser

Art. 338: v. arts. 33, 128 y 132 de la Const., 348 del C.c., 295 del T.C.E. y Ley 346 de la C.Nav.

Art. 339: v. arts. 407 a 429 y nota al Tít. VII del Libro II, sobre servidumbres; arts. 2.º de la L.V.Pec.; 1.º y 2.º de la L.Ag.; 2.º, 14 y ss. de la L.Mont. y concordantes del R. Mont.; 1.º a 6.º y Disp. Trans. de la L.Cost.; 5, 43 a 45, 72 y 73 L.Ptos.; 2 de la L.Min.; 1.º de la L.Sec.Hidrocarb., y preceptos que se encuentren en vigor del Reglamento de la anterior Ley de Hidrocarburos de 1974, aprobado por R.D. de 30 de junio de 1976, todo ello de acuerdo con la Disp. Trans. 2.ª de la L.Sec.Hidrocarb. Ténganse también en cuenta los arts. 3 a 9, 110 y ss. de la L.Patrim.A.P. y concordantes del R.Patrim.E.

Téngase en cuenta la Ley 10/2003, de 20 de mayo, de medidas urgentes de liberalización en el sector inmobiliario y transportes (*B.O.E.* n. 121, de 21 de mayo).

Téngase en cuenta el T.R.L.S., que establece el régimen estatal en la materia. No obstante, para completar el cuadro normativo aplicable, hay que tener presente la legislación autonómica sobre urbanismo y suelo, cuya cita fundamental es la siguiente:

Andalucía:

— Ley 13/2011, de 23 de diciembre, del Turismo de Andalucía (*B.O.E.* n. 17, de 20 de enero de 2012, y *B.O.J.A.* n. 255, de 31 de diciembre de 2011).

— Ley 13/2005, de 11 de noviembre, de medidas para la vivienda protegida y el suelo de la Comunidad Autónoma de Andalucía (*B.O.E.* n. 300, de 16 de diciembre, y *B.O.J.A.* n. 227, de 21 de noviembre).

— Ley 7/2021, de 1 de diciembre, de impulso para la sostenibilidad del territorio de Andalucía (*B.O.E.* n. 303, de 20 de diciembre, y *B.O.J.A.* n. 233, de 3 de diciembre).

Aragón:

— D.Leg. 1/2016, de 26 de julio, del Gobierno de Aragón, por el que se aprueba el Texto Refundido de la Ley del Turismo de Aragón (*B.O.E.* n. 189, de 8 de agosto, y *BOA* n. 149, de 3 de agosto).

— Ley 4/2009, de 22 de junio, de ordenación del territorio (*B.O.E.* n. 170, de 15 de julio, y *BOA* n. 124, de 30 de junio).

— Ley 3/2009, de 17 de junio, de urbanismo (*B.O.E.* n. 170, de 15 de julio, y *B.O.A.* n. 124, de 30 de junio).

— Ley 1/2008, de 4 de abril, por la que se establecen medidas urgentes para la adaptación del ordenamiento urbanístico a la Ley 8/2007, de 28 de mayo, de suelo, garantías de sostenibilidad del planeamiento urbanístico e impulso a las políticas activas de vivienda y suelo en la Comunidad Autónoma de Aragón (*B.O.E.* n. 116, de 13 de mayo de 2008, y *BOA* n. 40, de 7 de abril).

— Ley 7/1998, de 16 de julio, de directrices generales para la ordenación del territorio (*B.O.E.* n. 216, de 9 de septiembre, y *B.O.A.* n. 89, de 29 de julio).*Asturias:*

de uso común, y están destinados a algún servicio público o al fomento de la riqueza nacional, como las murallas, fortale-

— Ley 2/2004, de 29 de octubre, de medidas urgentes en materia de suelo y vivienda (*B.O.E.* n. 296, de 9 de diciembre, y *B.O.P.A.* n. 261, de 10 de noviembre).

— D.Leg, 1/2004, de 22 de abril, del Principado de Asturias, por el que se aprueba el texto refundido de las disposiciones legales vigentes en materia de ordenación del territorio y urbanismo (*B.O.E.* n. 181, de 31 de mayo).

— Ley 7/2001, de 22 de junio, de Turismo del Principado de Asturias (*B.O.E.* n. 203, de 24 de agosto, y *B.O.P.A.* n. 156, de 6 de julio).

Baleares:

— Ley 5/2018, de 19 de junio, de la vivienda de las Illes Balears (*B.O.E.* n. 169, de 13 de julio; y *B.O.I.B.* n. 78, de 26 de junio).

— Ley 2/2014, de 25 de marzo, de ordenación y uso del suelo (*B.O.E.* n. 147, de 18 de junio; *B.O.C.A.I.B.* n. 43, de 29 de marzo).

— Ley 8/2012, de 19 de julio, del Turismo de las Illes Balears (*B.O.E.* n. 189, de 8 de agosto, y *B.O.C.A.I.B.* n. 106, de 21 de julio).

— Ley 7/2012, de 13 de junio, de medidas urgentes para la ordenación urbanística sostenible (*B.O.E.* n. 168, de 14 de julio; *B.O.C.A.I.B.* n. 91, de 23 de junio).

— Ley 4/2008, de 14 de mayo, de medidas urgentes para un desarrollo territorial sostenible en las Illes Balears (*B.O.E.* n. 136, de 5 de junio, y *B.O.C.A.I.B.* n. 68, de 17 de mayo).

— Ley 11/2005, de 7 de diciembre, de medidas específicas y tributarias para las islas de Ibiza y Formentera, en materia de ordenación territorial, urbanismo y turismo (*B.O.E.* n. 310, de 28 de diciembre, y *B.O.C.A.I.B.* n. 188, de 15 de diciembre).

— Ley 2/2005, de 22 de marzo, de comercialización de estancias turísticas en viviendas (*B.O.E.* n. 101, de 28 de abril, y *B.O.C.A.I.B.* n. 54, de 7 de abril).

— Ley 8/2003, de 25 de noviembre, de Medidas Urgentes en Materia de Ordenación Territorial y Urbanismo en las Illes Balears (*B.O.E.* n. 22, de 26 de enero de 2004, y *B.O.C.A.I.B.* n. 168, de 4 de diciembre de 2003).

— Ley 14/2000, de 21 de diciembre, de Ordenación Territorial de las Islas Baleares (*B.O.E.* n. 17, de 19 de enero de 2001, y *B.O.C.A.I.B.* n. 157, de 27 de diciembre de 2000; corrección de errores en *B.O.E.* n. 79, de 2 de abril, y *B.O.C.A.I.B.* n. 24, de 23 de febrero de 2002).

— Ley 9/1999, de 6 de octubre, de medidas cautelares y de emergencia relativas a la ordenación del territorio y el urbanismo en las Illes Balears (*B.O.E.* n. 276, de 18 de noviembre, y *B.O.C.A.I.B.* n. 128, de 12 de octubre).

— Ley 6/1999, de 3 de abril, de las directrices de ordenación territorial de las Illes Balears y de medidas tributarias (*B.O.E.* n. 124, de 25 de mayo, y *B.O.C.A.I.B.* n. 48, de 17 de abril).

— Ley 6/1997, de 8 de julio, del suelo rústico (*B.O.E.* n. 192, de 12 de agosto, y *B.O.C.A.I.B.* n. 88, de 15 de julio).

— Ley 1/1991, de 30 de enero, de espacios naturales y régimen urbanístico de las áreas de especial protección (*B.O.E.* n. 92, de 17 de abril).

Canarias:

— Ley 4/2017, de 13 de julio, del Suelo y de los Espacios Naturales Protegidos de Canarias (*B.O.E.* n. 216, de 8 de septiembre, y *B.O.C.* n. 138, de 19 de julio); corrección de errores en *B.O.E.* n. 301, de 12 de diciembre, y *B.O.C.* n. 223, de 20 de noviembre.

— Ley 6/2009, de 6 de mayo, de medidas urgentes en materia de ordenación territorial para la dinamización social y la ordenación del turismo (*B.O.E.* n. 132, de 1 de junio, y *B.O.C.* n. 89, de 12 de mayo), de la que sólo se mantienen vigentes los arts. 5, 12, 17.2 y 3, 19 a 22, Disp. Adic. 5.ª, Disps. Trans. y la Disp. Final.

— Ley 2/2003, de 30 de enero, de vivienda de Canarias (*B.O.E.* n. 56, de 6 de marzo, y *B.O.C.* n. 27, de 10 de febrero).

— Ley 6/2001, de 23 de julio, de medidas urgentes en materia de ordenación del territorio y del turismo en Canarias (*B.O.E.* n. 188, de 7 de agosto de 2001, y *B.O.C.* n. 92, de 26 de julio).

Cantabria:

— Ley 2/2001, de 25 de junio, de ordenación territorial y régimen urbanístico del suelo de Cantabria (*B.O.E.* n. 206, de 28 de agosto, y *B.O.C.* n. 128, de 4 de julio).

— Ley 5/1999, de 24 de marzo, de ordenación del turismo (*B.O.E.* n. 110, de 8 de mayo, y *B.O.C.* n. 3, de 26 de enero).

Castilla-La Mancha:

— D.Leg. 1/2010, de 18 de mayo, por el que se aprueba el texto refundido de la Ley de Ordenación del Territorio y de la Actividad Urbanística (*D.O.C.L.M.* n. 97, de 21 de mayo).

— Ley 8/1999, de 26 de mayo, de ordenación del turismo (*B.O.E.* n. 179, de 28 de julio, y *D.O.C.L.M.* n. 40, de 12 de junio).

Castilla y León:

— Ley 4/2008, de 15 de septiembre, de medidas sobre urbanismo y suelo de Castilla y León (*B.O.E.* n. 243, de 8 de octubre; *B.O.C.L.* n. 181, de 18 de septiembre).

— Ley 5/1999, de 8 de abril, de urbanismo (*B.O.E.* n. 134, de 5 de junio, y *B.O.C.L.* n. 70, de 15 de abril).

— Ley 10/1998, de 5 de diciembre, de ordenación del territorio (*B.O.E.* n. 16, de 19 de enero de 1999, y *B.O.C.L.* n. 236, de 10 de diciembre).

— Ley 5/1987, de 7 de mayo, de creación de las sociedades de gestión urbanística de Castilla y León, Valladolid y Zamora (*B.O.E.* n. 133, de 4 de junio).

Cataluña:

— D.Leg. 1/2010, de 3 de agosto, por el que se aprueba el texto refundido de la Ley de urbanismo (*B.O.E.* n. 218, de 8 de septiembre, y *D.O.G.C.* n. 5.686, de 5 de agosto).

— Ley 3/2009, de 10 de marzo, de regularización y mejora de urbanizaciones con déficits urbanísticos (*B.O.E.* n. 86, de 8 de abril, y *D.O.G.C.* n. 5.342, de 19 de marzo).

— Ley 13/2002, de 21 de junio, de turismo de Cataluña (*B.O.E.* n. 169, de 16 de julio, y *D.O.G.C.* n. 3.669, de 3 de julio).

— Ley 2/1989, de 16 de febrero, de ordenación de centros recreativos turísticos (*B.O.E.* n. 54, de 4 de marzo).

Extremadura:

— Ley 10/2004, de 30 de diciembre, de regulación y bases de la Agencia Extremeña de la Vivienda, el Urbanismo y el Territorio (*B.O.E.* n. 33, de 8 de febrero de 2005, y *D.O.E.* n. 1, de 4 de enero).

— Ley 15/2001, de 14 de diciembre, del Suelo y Ordenación Territorial de Extremadura (*B.O.E.* n. 31, de 5 de febrero de 2002 y *D.O.E.* n. 1, de 3 de enero).

— Ley 11/2019, de 11 de abril, de promoción y acceso a la vivienda de Extremadura (*B.O.E.* n. 116, de 15 de mayo; y *D.O.E.* n. 75, de 17 de abril).

Galicia:

— Ley 2/2016, de 10 de febrero, del suelo de Galicia (*B.O.E.* n. 81, de 4 de abril, y *D.O.G.* n. 34, de 19 de febrero; corrección de errores en *D.O.G.* n. 51, de 15 de marzo).

— Ley 8/2012, de 29 de junio, de vivienda (*B.O.E.* n. 217, de 8 de septiembre de 2012; *D.O.G.* n. 141, de 24 de julio).

La Rioja:

— Ley 5/2006, de 2 de mayo, de Ordenación del Territorio y Urbanismo de La Rioja (*B.O.E.* n. 123, de 24 de mayo, y *B.O.L.R.* n. 59, de 4 de mayo).

— Ley 2/2001, de 31 de mayo, de Turismo de La Rioja (*B.O.E.* n. 147, de 20 de junio, y *B.O.L.R.* n. 66, de 2 de junio).

Madrid:

— Ley 9/2001, de 17 de julio, del Suelo de la Comunidad de Madrid (*B.O.E.* n. 245, de 12 de octubre, y *B.O.C.M.* n. 177, de 7 de julio).

— Ley 1/1999, de 12 de marzo, de ordenación del turismo (*B.O.E.* n. 128, de 29 de mayo, y *B.O.C.A.M.* n. 69, de 23 de marzo; corrección de errores en *B.O.C.A.M.* n. 101, de 30 de abril).

— Ley 9/1995, de 28 de marzo, sobre medidas de política territorial, suelo y urbanismo (*B.O.E.* n. 186, de 5 de agosto). Téngase en cuenta que la Ley 9/2001, de 17 de julio, del Suelo, deroga esta Ley salvo los Títulos II, III y IV, que continúan en vigor.

Murcia:

— Ley 13/2015, de 30 de marzo, de ordenación territorial y urbanística de la Región de Murcia (*B.O.E.* n. 104, de 1 de mayo, y *B.O.R.M.* n. 77, de 6 de abril; corrección de errores en *B.O.E.* n. 146, de 19 de junio, y *B.O.R.M.* n. 123, de 30 de mayo).

— Ley 6/2015, de 24 de marzo, de la vivienda de la Región de Murcia (*B.O.E.* n. 103, de 30 de abril, y *B.O.R.M.* n. 71, de 27 de marzo, y corrección de errores en *B.O.R.M.* n. 86, de 16 de abril).

Navarra:

— Decreto Foral Legislativo 1/2017, de 26 de julio, por el que se aprueba el texto refundido de la Ley Foral de Ordenación del Territorio y de Urbanismo (*B.O.E.* n. 272, de 9 de noviembre, y *B.O.N.* n. 168, de 31 de agosto).

— Ley Foral 10/2010, de 10 de mayo, del Derecho a la Vivienda en Navarra (*B.O.E.* n. 132, de 31 de mayo, y *B.O.N.* n. 60, de 17 de mayo):

— Ley Foral 7/2003, de 14 de febrero, de turismo (*B.O.E.* n. 69, de 21 de marzo, y *B.O. de Navarra* n. 23, de 21 de febrero).

— Ley Foral 6/1987, de 10 de abril, de normas urbanísticas regionales para protección y uso del territorio (*B.O.E.* n. 138, de 10 de junio).

País Vasco:

— Ley 3/2015, de 18 de junio, de vivienda (*B.O.E.* n. 166, de 13 de julio, y *B.O.P.V.* n. 119, de 26 de junio).

— Ley 2/2006, de 30 de junio, del suelo y urbanismo (*B.O.E.* n. 266, de 4 de noviembre de 2011, y *B.O.P.V.* n. 138, de 20 de julio de 2006)

— Ley 4/1990, de 31 de mayo, de ordenación del territorio (*B.O. del País Vasco* n. 131, de 3 de julio).

Comunidad Valenciana:

— Ley 5/2014, de 25 de julio, de ordenación del territorio, urbanismo y paisaje de la Comunidad Valenciana (*B.O.E.* n. 231, de 23 de septiembre, y *D.O.G.V.* n. 7.329, de 31 de julio).

V., también, art. 5.º*d)* Disp. Derog., Disp. Trans. 1.ª y Disp. Final 1.ª de la L.B.R.L.; arts. 74 a 76 del T.R.R.L.; 2.º, 3.º y 4.º del R.B.E.L., y 132, párr. 2.º, de la Const. en relación con las Leyes 10/1977, de 4 de enero, sobre Mar Territorial (*B.O.E.* n. 7, de 8 de enero) y 15/1978, de 12 de febrero, sobre Zona Económica (*B.O.E.* n. 46, de 23 de febrero). Téngase también en cuenta la Convención de las Naciones Unidas de 10 de diciembre de 1982, sobre Derecho del Mar, ratificada por Instrumento de 20 de diciembre de 1996 (*B.O.E.* n. 39, de 14 de febrero de 1997).

Téngase en cuenta el R.D. 1.737/2010, de 23 de diciembre, por el que se aprueba el Reglamento por el que se regulan las inspecciones de buques extranjeros en puertos españoles (*B.O.E.* n. 317, de 30 de diciembre).

zas y demás obras de defensa del territorio, y las minas, mientras que no se otorgue su concesión.

Art. 340. Todos los demás bienes pertenecientes al Estado, en que no concurran las circunstancias expresadas en el artículo anterior, tienen el carácter de propiedad privada.

Art. 341. Los bienes de dominio público, cuando dejen de estar destinados al uso general o a las necesidades de la defensa del territorio, pasan a formar parte de los bienes de propiedad del Estado.

Téngase presente, por último, el R.D. 1.093/1997, de 4 de julio, por el que se aprueban normas complementarias al Reglamento para la ejecución de la Ley Hipotecaria sobre inscripción en el Registro de la Propiedad de Actos de Naturaleza Urbanística (*B.O.E.* n. 175, de 23 de julio).

V. la Ley 5/2004, de 16 de noviembre, de Puertos de Cantabria (*B.O.E.* n. 298, de 11 de diciembre; *B.O.Cant.* n. 228, de 25 de noviembre); la Ley 14/2003, de 8 de abril, de Puertos de Canarias (*B.O.E.* n. 134, de 5 de junio; *B.O.Can.* n. 85, de 6 de mayo); la Ley 3/1996, de 16 de mayo, de Puertos de la Región de Murcia (*B.O.R.M.* n. 120, de 25 de mayo); la Ley 10/2005, de 21 de junio, de Puertos de las Islas Baleares (*B.O.E.* n. 179, de 28 de julio, y *B.O.C.A.I.B.* n. 100, de 2 de julio); la Ley 21/2007, de 18 de diciembre, de Régimen Jurídico y Económico de los Puertos de Andalucía (*B.O.E.* n. 45, de 21 de febrero de 2008, y *B.O.J.A.* n. 253, de 27 de diciembre de 2007) y la Ley 6/2017, de 12 de diciembre, de puertos de Galicia (*B.O.E.* n. 36, de 9 de febrero, y *D.O.G.* n. 236, de 14 de diciembre de 2017).

Téngase en cuenta la Ley 3/2004, de 23 de noviembre, de montes y ordenación forestal de Asturias (*B.O.E.* n. 7, de 8 de enero, y *B.O.P.A.* n. 281, de 3 de diciembre; corrección de errores en *B.O.E.* n. 21, de 25 de enero de 2005).

V. Ley 10/2019, de 23 de diciembre, de puertos y de transporte en aguas marítimas y continentales (*B.O.E.* n. 12, de 14 de enero; y *D.O.G.C.* n. 8032, de 30 de diciembre de 2019).

Art. 340: v. arts. 3 a 9 de la L.Patrim.A.P.

Art. 341: v. arts. 17 a 27 y 131 y ss. de la L.Patrim.A.P. y concordantes del R.Patrim.E., sobre desafectación de bienes de dominio público; 8 del R.B.E.L.; 8.º2, letras *j)* y *k)*, de la L.Patrim.Nac.; 17 a 21 del R.Patrim.Nac.; y 10 a 13 de la L.V.Pec.

Téngase en cuenta la Ley 14/2007, de 26 de noviembre, del Patrimonio Histórico de Andalucía (*B.O.E.* n. 38, de 13 de febrero de 2008; y *B.O.J.A.* n. 248, de 19 de diciembre de 2007).

Asimismo, téngase presente la Ley Foral 19/1997, de 15 de diciembre, de Vías Pecuarias de Navarra (*B.O.E.* n. 35, de 10 de febrero de 1988, y *B.O. de Navarra* n. 154, de 24 de diciembre de 1997); la Ley 8/1998, de 15 de junio, de Vías Pecuarias de la Comunidad de Madrid (*B.O.E.* n. 206, de 28 de agosto, y *B.O.C.A.M.* n. 147, de 23 de junio de 1998; corrección de errores en *B.O.C.A.M.* n. 162, de 10 de julio); la Ley 9/2003, de 20 de marzo, de vías pecuarias de Castilla-La Mancha (*B.O.E.* n. 132, de 3 de junio, y *D.O.C.M.* n. 50, de 8 de abril), y la Ley 10/2005, de 11 de noviembre, de Vías Pecuarias de Aragón (*B.O.E.* n. 294, de 9 de diciembre, y *BOA* n. 139, de 23 de noviembre).

Art. 342. Los bienes del Patrimonio Real se rigen por su ley especial; y, en lo que en ella no se halle previsto, por las disposiciones generales que sobre la propiedad particular se establecen en este Código.

Art. 343. Los bienes de las provincias y de los pueblos se dividen en bienes de uso público y bienes patrimoniales.

Art. 344. Son bienes de uso público, en las provincias y los pueblos, los caminos provinciales y los vecinales, las plazas, calles, fuentes y aguas públicas, los paseos y las obras públicas de servicio general, costeadas por los mismos pueblos o provincias.

Todos los demás bienes que unos y otros posean, son patrimoniales y se regirán por las disposiciones de este Código, salvo lo dispuesto en leyes especiales.

Art. 345. Son bienes de propiedad privada, además de los patrimoniales del Estado, de la Provincia y del Municipio, los pertenecientes a particulares, individual o colectivamente.

DISPOSICIONES COMUNES A LOS TRES CAPÍTULOS ANTERIORES

Art. 346. Cuando por disposición de la ley, o por declaración individual, se use la expresión de cosas o bienes inmuebles, o de

---

Art. 342: La normativa especial que rige hoy el Patrimonio Real es la Ley 23/1982, de 16 de junio (*B.O.E.* n. 148, de 22 de junio), sobre Patrimonio Nacional. V. art. 132.3.º de la Const.

Art. 343: Respecto a los bienes municipales, su clasificación y concepto, v. nota al art. 339. Téngase en cuenta la Ley 55/1980, de 11 de noviembre, sobre régimen de los Montes Vecinales en Mano Común (*B.O.E.* n. 280, de 21 de noviembre); la Ley 13/1989, de 10 de octubre (*B.O.E.* n. 287, de 9 de febrero de 1990), del Parlamento de Galicia, sobre montes vecinales en mano común; la Ley 15/2006, de 28 de diciembre, de Montes de Aragón (*B.O.E.* n. 44, de 20 de febrero; *BOA* n. 149, de 30 de diciembre); Ley 3/2008, de 12 de junio, de montes y gestión forestal sostenible de Castilla-La Mancha (*B.O.E.* n. 193, de 11 de agosto; *D.O.C.M.* n. 130, de 23 de junio); Ley 3/2009, de 6 de abril, de Montes de Castilla y León (*B.O.E.* n. 113, de 9 de mayo; *D.O.C.L.* n. 71, de 16 de abril), y los arts. 132 y 149 de la Const.

Art. 344, párr. 1.º: v. arts. 2 a 12 de la L.Ag.; 79 de la L.B.R.L.; 74 del T.R.R.L. y 2 a 5 del R.B.E.L.

Párr. 2.º: v. arts. 79 de la L.B.R.L.; 76 del T.R.R.L.; 7 del R.B.E.L. y 3 a 27 de la L.Patrim.A.P.

Art. 345: v. arts. 32 y 132 de la Const.

Art. 346: v. arts. 449 y 495.

El párrafo segundo ha sido modificado por la Ley 17/2021, de 15 de diciembre, de modificación del Código Civil, la Ley Hipotecaria y la Ley de Enjuiciamiento Civil, sobre el régimen jurídico de los animales (*B.O.E.* n. 300, de 16 de diciembre).

cosas o bienes muebles, se entenderán comprendidas en ella respectivamente los enumerados en el capítulo I y en el capítulo II.

Cuando se use tan solo la palabra muebles no se entenderán comprendidos el dinero, los créditos, efectos de comercio, valores, alhajas, colecciones científicas o artísticas, libros, medallas, armas, ropas de vestir, arreos de caballerías o carruajes, granos, caldos y mercancías, ni otras cosas que no tengan por principal destino amueblar o alhajar las habitaciones, salvo el caso en que del contexto de la ley o de la disposición individual resulte claramente lo contrario.

Art. 347. Cuando en venta, legado, donación u otra disposición en que se haga referencia a cosas muebles o inmuebles, se transmita su posesión o propiedad con todo lo que en ellas se halle, no se entenderán comprendidos en la transmisión el metálico, valores, créditos y acciones cuyos documentos se hallen en la cosa transmitida, a no ser que conste claramente la voluntad de extender la transmisión a tales valores y derechos.

TÍTULO II

De la propiedad*

CAPÍTULO PRIMERO

De la propiedad en general

Art. 348. La propiedad es el derecho de gozar y disponer de una cosa o de un animal, sin más limitaciones que las establecidas en las leyes.

El propietario tiene acción contra el tenedor y el poseedor de la cosa o del animal para reivindicarlo.

Art. 347: v. arts. 449 y 1.097 de este Código y 650, 674 y 703 de la L.Enj.Civ.

* V. art. 33 de la Const. En relación precisamente con la función social de la propiedad, es esencial el estudio de la S.T.C. 37/1987, de 26 de marzo (*B.O.E.* n. 89, de 14 de abril, suplemento). Ténganse en cuenta los arts. 38 y 128 a 132 de la Const. y que el contenido de este derecho se encuentra configurado en nuestro Ordenamiento, según el objeto sobre el que recae y la función social que cumple, por diversas normas a las que se hace referencia en las notas a los artículos que siguen.

Art. 348: Redactado por la Ley 17/2021, de 15 de diciembre, de modificación del Código Civil, la Ley Hipotecaria y la Ley de Enjuiciamiento Civil, sobre el régimen jurídico de los animales (*B.O.E.* n. 300, de 16 de diciembre).

Art. 349. Nadie podrá ser privado de su propiedad sino por Autoridad competente y por causa justificada de utilidad pública, previa siempre la correspondiente indemnización.

Si no precediere este requisito, los Jueces ampararán y, en su caso, reintegrarán en la posesión al expropiado.

Art. 350. El propietario de un terreno es dueño de su superficie y de lo que está debajo de ella, y puede hacer en él las obras, plantaciones y excavaciones que le convengan, salvas las servidumbres, y con sujeción a lo dispuesto en las leyes sobre Minas y Aguas y en los reglamentos de policía.

Art. 351. El tesoro oculto pertenece al dueño del terreno en que se hallare.

V. arts. 10.1, 384 a 388, 407 a 429, 464, 552, 558, 589 a 593, 1.906 a 1.909, 1.955, 1.957, 1.962 y 1.963 del C.c.; 384 a 388 y 2.061 a 2.070 de la L.E.C.; 85 del C.de C.; 26, 27 y 28 de la L.H. y 295 del T.C.E. Téngase en cuenta el art. 33, párr. 2.°, de la Const. y el T.R.L.S., actual referencia normativa en materia de derechos y deberes constitucionales relacionados con el suelo en todo el territorio estatal. Naturalmente, habrá que estar también a la legislación autonómica pertinente, sobre todo en materia de urbanismo; v. en este sentido, la cita contenida en el art. 339 de este Código.

V. también la Ley 13/1985, de 25 de junio (*B.O.E.* n. 155, de 29 de junio), de Patrimonio Histórico Español, y R.D. 111/1986, de 10 de enero (*B.O.E.* n. 24, de 28 de enero), aprobando su Reglamento.

Téngase en cuenta lo dispuesto en la Ley sobre zona militar de costas y fronteras, de 12 de marzo de 1975 (*B.O.E.* n. 63, de 14 de marzo) y en la Ley de fincas manifiestamente mejorables, de 16 de noviembre de 1979 (*B.O.E.* n. 281, de 23 de noviembre).

V. arts. 1.3 de la L.Aprov. y 16 y Disp. Adic. 5.ª de la L.O.E., así como los arts. 541.1 y ss. de la C.Civ.Cat.

Art. 349, párr. 1.º: v. arts. 33 de la Const., 1.º a 8.º de la L.E.F. y 1.3, 6.2, 23.2 y 51.1 del R.E.F. Ténganse en cuenta también los arts. 42 a 48 del T.R.L.S. Hoy día debe entenderse, de acuerdo con lo previsto en el art. 33 de la Const., que la indemnización no ha de ser necesariamente *previa*.

Ténganse en cuenta los arts. 605 a 607 y 609 de la L.Enj.Civ.

Párr. 2.º: v. arts. 446, 447 y 1.456 de este Código. Téngase en cuenta lo dispuesto en los arts. 1.560, párr. 2.º de este Código y 125 de la L.E.F.

Art. 350: v. arts. 426, 427, 530 y ss. de este Código. Téngase en cuenta la L.Ag. y el R.D. 849/1986, de 11 de abril, aprobando su Reglamento, así como la Ley 22/1973, de 21 de julio, de Minas (*B.O.E.* n. 176, de 24 de julio).

Téngase en cuenta el R.D. 1.664/1998, de 24 de julio, por el que se aprueban los Planes Hidrológicos de cuenca (*B.O.E.* n. 191, de 11 de agosto).

Téngase también en cuenta que la S.T.C. 118/1998, de 4 de junio, declara que algunos artículos del R.D. 927/1988, de 29 de julio, por el que se aprueba el Reglamento de la Administración Pública del Agua y de la Planificación Hidrológica (*B.O.E.* de 31 de julio de 1988), no son aplicables en Cantabria y País Vasco (*B.O.E.* n. 158, de 3 de julio, suplemento).

Art. 351, párr. 1.º: v. arts. 471 y 1.632.

Sin embargo, cuando fuere hecho el descubrimiento en propiedad ajena, o del Estado, y por casualidad, la mitad se aplicará al descubridor.

Si los efectos descubiertos fueren interesantes para las Ciencias o las Artes, podrá el Estado adquirirlos por su justo precio, que se distribuirá en conformidad a lo declarado.

Art. 352. Se entiende por tesoro, para los efectos de la ley, el depósito oculto e ignorado de dinero, alhajas u otros objetos preciosos, cuya legítima pertenencia no conste.

CAPÍTULO II

DEL DERECHO DE ACCESIÓN. DISPOSICIÓN GENERAL

Art. 353. La propiedad de los bienes da derecho por accesión a todo lo que ellos producen, o se les une o incorpora, natural o artificialmente.

SECCIÓN PRIMERA

Del derecho de accesión respecto al producto de los bienes

Art. 354. Pertenecen al propietario:

1.º Los frutos naturales.
2.º Los frutos industriales.
3.º Los frutos civiles.

Art. 355. Son frutos naturales las producciones espontáneas de la tierra y los productos de los animales que formen parte de una empresa agropecuaria o industrial.

Son frutos industriales los que producen los predios de cualquier especie a beneficio del cultivo o del trabajo.

Son frutos civiles el alquiler de los edificios, el precio del arrendamiento de tierras y el importe de las rentas perpetuas, vitalicias u otras análogas.

Párr. 2.º: v. arts. 471, 610 y 614.

Párr. 3.º: v. arts. 40 a 45 de la L.Patrim.His.E., 76 a 84 de la L.E.F. y 92 a 96 del R.E.F.

Art. 352: v. arts. 351, 371, 610, 615 a 617 y 1.632 de este Código y 41 de la L.Patrim.His.E.

Art. 353: v. arts. 479, 1.632 y 1.877.

Art. 354: v. arts. 187, 197, 451, 452, 472, 474 y 1.632.

Art. 355: El párrafo primero ha sido modificado por la Ley 17/2021, de 15 de diciembre, de modificación del Código Civil, la Ley Hipotecaria y la Ley de Enjuiciamiento Civil, sobre el régimen jurídico de los animales (*B.O.E.* n. 300, de 16 de diciembre).

V. arts. 451, 452, 471, 474, 1.632 y 1.633. Compárese con el art. 52.3.º de la L.H.M.

Art. 356. El que percibe los frutos tiene la obligación de abonar los gastos hechos por un tercero para su producción, recolección y conservación.

Art. 357. 1. No se reputan frutos naturales, o industriales, sino los que están manifiestos o nacidos.

2. En el caso de animales, solo en la medida en que sea compatible con las normas destinadas a su protección, las crías quedan sometidas al régimen de los frutos, desde que estén en el vientre de su madre, aunque no hayan nacido.

SECCIÓN SEGUNDA

*Del derecho de accesión respecto a los bienes inmuebles**

Art. 358. Lo edificado, plantado o sembrado en predios ajenos, y las mejoras o reparaciones hechas en ellos, pertenecen al dueño de los mismos con sujeción a lo que se dispone en los artículos siguientes.

Art. 359. Todas las obras, siembras y plantaciones se presumen hechas por el propietario y a su costa, mientras no se pruebe lo contrario.

Art. 360. El propietario del suelo que hiciere en él, por sí o por otro, plantaciones, construcciones u obras con materiales ajenos, debe abonar su valor; y, si hubiere obrado de mala fe, estará además obligado al resarcimiento de daños y perjuicios. El dueño de los materiales tendrá derecho a retirarlos sólo en el caso de que pueda hacerlo sin menoscabo de la obra construida, o sin que por ello perezcan las plantaciones, construcciones u obras ejecutadas.

Art. 361. El dueño del terreno en que se edificare, sembrare o plantare de buena fe, tendrá derecho a hacer suya la obra, siembra o plantación, previa la indemni-

---

Art. 356: v. arts. 361, 362, 1.922.6.º y 1.926.3.º

Art. 357: Redactado por Ley 17/2021, de 15 de diciembre, de modificación del Código Civil, la Ley Hipotecaria y la Ley de Enjuiciamiento Civil, sobre el régimen jurídico de los animales (*B.O.E.* n. 300, de 16 de diciembre).

* Respecto de la accesión inmobiliaria, véanse los arts. 542-3 y ss. del C.Civ.Cat.

Art. 358: v. arts. 1.877 de este Código, 109 a 113 de la L.H. y 215 del R.H. Téngase en cuenta el art. 18 del R.I.T.P.

Art. 359: v. arts. 1.250 y 1.251 del C.c.; 110 (sobre extensión de hipoteca a obras nuevas) y 208 de la L.H. y 308 del R.H.

Art. 360: v. arts. 1.101, 1.106 y 1.107. Compárese con los arts. 487, 1.589 y 1.594 y 1.923.5.

Art. 361: v. arts. 365, 383, 434, 453 y 454. V. también Ley 443 de la C.Nav.

zación establecida en los artículos 453 y 454, o a obligar al que fabricó o plantó a pagarle el precio del terreno, y al que sembró, la renta correspondiente.

Art. 362. El que edifica, planta o siembra de mala fe en terreno ajeno, pierde lo edificado, plantado o sembrado, sin derecho a indemnización.

Art. 363. El dueño del terreno en que se haya edificado, plantado o sembrado con mala fe puede exigir la demolición de la obra o que se arranque la plantación y siembra, reponiendo las cosas a su estado primitivo a costa del que edificó, plantó o sembró.

Art. 364. Cuando haya habido mala fe, no sólo por parte del que edifica, siembra o planta en terreno ajeno, sino también por parte del dueño de éste, los derechos de uno y otro serán los mismos que tendrían si hubieran procedido ambos de buena fe.

Se entiende haber mala fe por parte del dueño siempre que el hecho se hubiere ejecutado a su vista, ciencia y paciencia, sin oponerse.

Art. 365. Si los materiales, plantas o semillas pertenecen a un tercero que no ha procedido de mala fe, el dueño del terreno deberá responder de su valor subsidiariamente y en el solo caso de que el que los empleó no tenga bienes con que pagar.

No tendrá lugar esta disposición si el propietario usa del derecho que le concede el artículo 363.

Art. 366. Pertenece a los dueños de las heredades confinantes con las riberas de los ríos el acrecentamiento que aquéllas reciben paulatinamente por efecto de la corriente de las aguas.

Art. 367. Los dueños de las heredades confinantes con estanques o lagunas no adquieren el terreno descubierto por la disminución natural de las aguas, ni pierden el que éstas inundan en las crecidas extraordinarias.

Art. 368. Cuando la corriente de un río, arroyo o torren-

Art. 362: v. arts. 375, 377, 433, 434, 444, 451 a 457, 463, 1.101 a 1.107 y 1.902.
Art. 363: v. arts. 365 y 1.902.
Art. 364: v. art. 7.º
Art. 366: v. arts. 8.º y 77 de la L.Ag.
Art. 367: v. arts. 8.º, 10 y 11 de la L.Ag.
Art. 368: v. art. 8.º de la L.Ag.

te segrega de una heredad de su ribera una porción conocida de terreno y lo transporta a otra heredad, el dueño de la finca a que pertenecía la parte segregada conserva la propiedad de ésta.

Art. 369. Los árboles arrancados y transportados por la corriente de las aguas pertenecen al propietario del terreno adonde vayan a parar, si no lo reclaman dentro de un mes los antiguos dueños. Si éstos los reclaman, deberán abonar los gastos ocasionados en recogerlos o ponerlos en lugar seguro.

Art. 370. Los cauces de los ríos, que quedan abandonados por variar naturalmente el curso de las aguas, pertenecen a los dueños de los terrenos ribereños en toda la longitud respectiva a cada uno. Si el cauce abandonado separaba heredades de distintos dueños, la nueva línea divisoria correrá equidistante de unas y otras.

Art. 371. Las islas que se forman en los mares adyacentes a las costas de España y en los ríos navegables y flotables, pertenecen al Estado.

Art. 372. Cuando en un río navegable y flotable, variando naturalmente de dirección, se abre un nuevo cauce en heredad privada, este cauce entrará en el dominio público. El dueño de la heredad lo recobrará siempre que las aguas vuelvan a dejarlo en seco, ya naturalmente, ya por trabajos legalmente autorizados al efecto.

Art. 373. Las islas que por sucesiva acumulación de arrastres superiores se van formando en los ríos, pertenecen a los dueños de las márgenes u orillas más cercanas a cada una, o a los de ambas márgenes si la isla se hallase en medio del río, dividiéndose entonces longitudinalmente por mitad. Si una sola isla así formada distase de una margen más que de otra, será por completo dueño de ella el de la margen más cercana.

Art. 374. Cuando se divide en brazos la corriente del río, dejando aislada una heredad o parte de ella, el dueño de la mis-

---

Art. 370: v. art. 8.º de la L.Ag.
Art. 371: v. arts. 8.º de la L.Ag., 1 a 6 de la L.Cost. y 339 del C.c.
Art. 372: v. arts. 8.º y 77 de la L.Ag. y 1 a 6 de la L.Cost.
Art. 373: v. art. 8.º de la L.Ag.
Art. 374: v. arts. 368 del C.c. y 8.º de la L.Ag.

ma conserva su propiedad. Igualmente la conserva si queda separada de la heredad por la corriente una porción de terreno.

SECCIÓN TERCERA

*Del derecho de accesión respecto a los bienes muebles**

Art. 375. Cuando dos cosas muebles, pertenecientes a distintos dueños, se unen de tal manera que vienen a formar una sola sin que intervenga mala fe, el propietario de la principal adquiere la accesoria, indemnizando su valor al anterior dueño.

Art. 376. Se reputa principal, entre dos cosas incorporadas, aquella a que se ha unido otra por adorno, o para su uso o perfección.

Art. 377. Si no puede determinarse por la regla del artículo anterior cuál de las dos cosas incorporadas es la principal, se reputará tal el objeto de más valor, y entre dos objetos de igual valor, el de mayor volumen.

En la pintura y escultura, en los escritos, impresos, grabados y litografías, se considerará accesoria la tabla, el metal, la piedra, el lienzo, el papel o el pergamino.

Art. 378. Cuando las cosas unidas pueden separarse sin detrimento, los dueños respectivos pueden exigir la separación.

Sin embargo, cuando la cosa unida para el uso, embellecimiento o perfección de otra, es mucho más preciosa que la cosa principal, el dueño de aquélla puede exigir su separación, aunque sufra algún detrimento la otra a que se incorporó.

Art. 379. Cuando el dueño de la cosa accesoria ha hecho su incorporación de mala fe, pierde la cosa incorporada y tiene la obligación de indemnizar al propietario de la principal los perjuicios que haya sufrido.

Si el que ha procedido de mala fe es el dueño de la cosa

---

* Ténganse en cuenta el R.D. 3.390/ 1981, de 18 de diciembre (*B.O.E.* de 27 de enero de 1982), relativa al comercio de objetos usados, que contengan en su composición metales o piedras preciosas, y perlas finas; y arts. 135 y ss. de la L.Def.Consum.

Respecto de la accesión mobiliaria, véanse los arts. 542.15 y ss. de la C.Civ.Cat.

Art. 375: v. arts. 335, 353, 378, 383 y 1.106.

Art. 376: v. arts. 334 y 335.

Art. 377: v. arts. 364 y 1.097.

Art. 378: v. art. 360 y nota al mismo.

Art. 379: v. arts. 364, 382 y 434.

principal, el que lo sea de la accesoria tendrá derecho a optar entre que aquél le pague su valor o que la cosa de su pertenencia se separe, aunque para ello haya que destruir la principal; y en ambos casos, además, habrá lugar a la indemnización de daños y perjuicios.

Si cualquiera de los dueños ha hecho la incorporación a vista, ciencia y paciencia y sin oposición del otro, se determinarán los derechos respectivos en la forma dispuesta para el caso de haber obrado de buena fe.

Art. 380. Siempre que el dueño de la materia empleada sin su consentimiento tenga derecho a indemnización, puede exigir que ésta consista en la entrega de una cosa igual en especie y valor, y en todas sus circunstancias, a la empleada, o bien en el precio de ella, según tasación pericial.

Art. 381. Si por voluntad de sus dueños se mezclan dos cosas de igual o diferente especie, o si la mezcla se verifica por casualidad, y en este último caso las cosas no son separables sin detrimento, cada propietario adquirirá un derecho proporcional a la parte que le corresponda atendido el valor de las cosas mezcladas o confundidas.

Art. 382. Si por voluntad de uno solo, pero con buena fe, se mezclan o confunden dos cosas de igual o diferente especie, los derechos de los propietarios se determinarán por lo dispuesto en el artículo anterior.

Si el que hizo la mezcla o confusión obró de mala fe, perderá la cosa de su pertenencia mezclada o confundida, además de quedar obligado a la indemnización de los perjuicios causados al dueño de la cosa con que hizo la mezcla.

Art. 383. El que de buena fe empleó materia ajena en todo o en parte para formar una obra de nueva especie, hará suya la obra, indemnizando el valor de la materia al dueño de ésta.

Si ésta es más preciosa que la obra en que se empleó o superior en valor, el dueño de ella podrá, a su elección, quedarse con la nueva especie, previa indemnización del valor de la obra, o pedir indemnización de la materia.

Art. 380: v. art. 1.106.
Art. 381: v. arts. 375 y 379. Sobre comunidad de bienes, v. arts. 392 y ss.
Art. 382: v. art. 37, párr. 1.º de la L.H.M. y art. 379.
Art. 383: v. arts. 361, 377, 378, 379 y 429. Compárese con el art. 1.167.

Si en la formación de la nueva especie intervino mala fe, el dueño de la materia tiene el derecho de quedarse con la obra sin pagar nada al autor, o de exigir de éste que le indemnice el valor de la materia y los perjuicios que se le hayan seguido.

CAPÍTULO III

Del deslinde y amojonamiento*

Art. 384. Todo propietario tiene derecho a deslindar su propiedad, con citación de los dueños de los predios colindantes. La misma facultad corresponderá a los que tengan derechos reales.

Art. 385. El deslinde se hará en conformidad con los títulos de cada propietario y, a falta de títulos suficientes, por lo que resultare de la posesión en que estuvieren los colindantes.

Art. 386. Si los títulos no determinasen el límite o área perteneciente a cada propietario, y la cuestión no pudiere resolverse por la posesión o por otro medio de prueba, el deslinde se hará distribuyendo el terreno objeto de la contienda en partes iguales.

Art. 387. Si los títulos de los colindantes indicasen un espacio mayor o menor del que comprende la totalidad del terreno, el aumento o la falta se distribuirá proporcionalmente.

CAPÍTULO IV

Del derecho de cerrar las fincas rústicas

Art. 388. Todo propietario podrá cerrar o cercar sus heredades por medio de paredes, zanjas, setos vivos o muertos, o de cualquiera otro modo, sin perjuicio de las servidumbres constituidas sobre las mismas.

---

* En cuanto al procedimiento, v. los arts. 104 y ss. de la L.J.V., 12 y 73 del R.H., 15 a 27 y 50 y ss. de la L.Patrim.A.P. y 7.º a 9.º de la L.V.Pec. En relación con el deslinde y el amojonamiento, v. también Leyes 348 y 349 de la C.Nav.; y arts. 12 a 15 de la L.Mont., 82.*b*) de la L.B.R.L., 10 del T.R.R.L. y 56 a 58 del R.B.E.L.

Art. 384: v. arts. 1.965 de este Código; 246, 247 y 624 del C.P. y arts. 12 y 30 del R.H.

Art. 385: v. arts. 431, 433 y 438.

Arts. 386 y 387: v. arts. 198 a 207 de la L.H.

Art. 388: v. arts. 414, 560, 564, 572, 580, 591, 593 y 602. Ténganse en cuenta los arts. 50 de la L.A.R. y 246 y 247 del C.P.

CAPÍTULO V

De los edificios ruinosos y de los árboles que amenazan caerse

Art. 389. Si un edificio, pared, columna o cualquiera otra construcción amenazase ruina, el propietario estará obligado a su demolición, o a ejecutar las obras necesarias para evitar su caída.

Si no lo verificare el propietario de la obra ruinosa, la Autoridad podrá hacerla demoler a costa del mismo.

Art. 390. Cuando algún árbol corpulento amenazare caerse de modo que pueda causar perjuicio a una finca ajena o a los transeúntes por una vía pública o particular, el dueño del árbol está obligado a arrancarlo y retirarlo; y si no lo verificare, se hará a su costa por mandato de la Autoridad.

Art. 391. En los casos de los dos artículos anteriores, si el edificio o árbol se cayere, se estará a lo dispuesto en los artículos 1.907 y 1.908.

TÍTULO III

De la comunidad de bienes*

Art. 392. Hay comunidad cuando la propiedad de una cosa o de un derecho pertenece pro indiviso a varias personas.

Art. 389: v. arts. 1.090, 1.907, 1.908 de este Código; 250.1.6.º de la L.Enj.Civ.; 9 del T.R.L.S.; téngase también en cuenta lo expuesto en la nota al art. 339 de este Código; 10 a 28 del Reglamento de disciplina urbanística, aprobado por R.D. 2.187/1978, de 23 de junio (*B.O.E.* de 18 de septiembre); 16, 19, 24, 25 y 37 de la L.Patrim.His.E. y 28 de la L.A.U. Véase nota al art. 348.

Art. 390: v. arts. 1.090 de este Código y 250.1.6.º de la L.Enj.Civ.

* Téngase en cuenta la Ley 49/1960, de 21 de julio (*B.O.E.* n. 176, de 23 de julio), sobre propiedad horizontal, por la que se prevé un régimen especial para esta forma de comunidad de bienes.

Téngase también en cuenta la Ley 4/2012, de 6 de julio, de contratos de aprovechamiento por turno de bienes de uso turístico, de adquisición de productos vacacionales de larga duración, de reventa y de intercambio y normas tributarias (*B.O.E.* n. 162, de 7 de julio).

Téngase en cuenta la importante reforma de la L.P.H., realizada por Ley 8/1999, de 6 de abril (*B.O.E.* n. 84, de 8 de abril). V. la Disp.Trans. única y la Disp. Final única de esta Ley 8/1999.

Sobre esta cuestión, v. también Leyes 370 y ss. de la C.Nav.

V. los arts. 551-1 y ss. del C.Civ.Cat.

Art. 392: v. arts. 445, 450, 490, 548, 597, 600 a 602, 1.051, 1.522 y 1.933. Ténganse en cuenta las Leyes 55/1980, de 11 de noviembre (*B.O.E.* n. 280, de 21 de noviembre), sobre montes vecinales en mano común, y 13/1989, de 10 de octubre, del Parlamento

A falta de contratos, o de disposiciones especiales, se regirá la comunidad por las prescripciones de este título.

Art. 393. El concurso de los partícipes, tanto en los beneficios como en las cargas, será proporcional a sus respectivas cuotas.

Se presumirán iguales, mientras no se pruebe lo contrario, las porciones correspondientes a los partícipes en la comunidad.

Art. 394. Cada partícipe podrá servirse de las cosas comunes, siempre que disponga de ellas conforme a su destino y de manera que no perjudique el interés de la comunidad, ni impida a los copartícipes utilizarlas según su derecho.

Art. 395. Todo copropietario tendrá derecho para obligar a los partícipes a contribuir a los gastos de conservación de la cosa o derecho común. Sólo podrá eximirse de esta obligación el que renuncie a la parte que le pertenece en el dominio.

Art. 396. Los diferentes pisos o locales de un edificio o las partes de ellos susceptibles de aprovechamiento independiente por tener salida propia a un elemento común de aquél o a la vía pública podrán ser objeto de propiedad separada, que llevará inherente un derecho de copropiedad sobre los elementos comunes del edificio, que son todos los necesarios para su adecuado uso y disfrute, tales como el suelo, vuelo, cimentaciones y cubiertas; elementos estructurales y entre ellos los pilares, vigas, forjados y muros de carga; las fachadas, con los revestimientos exteriores de terrazas, balcones y ventanas, incluyendo su imagen o configuración, los ele-

---

de Galicia (*D.O.G.* n. 202, de 20 de octubre), sobre montes vecinales en mano común, así como el art. 14 de la C.Gall.

Compárese con los arts. 1.051 a 1.072, 1.320, 1.344, 1.355, 1.392; 1.605, 1.628 a 1.656 y 1.665 y ss. V. también arts. 45.3, 54, 68, 90.2, 91.3 y 217 del R.H.

Art. 393: v. arts. 54 y 217 del R.H. Compárese con arts. 5, 9.5, 10, 16.1.º y 20 de la L.P.H., así como arts. 1.138 y 1.689 de este Código.

Art. 394: v. arts. 445, 446, 1.522, 1.695.2 y 1.942 de este Código. Compárese con arts. 7, 8, 9 y 19 de la L.P.H.

Art. 395: v. arts. 544, 575, 1.625, 1.631, 1.664, 1.705 y 1.706. Compárese con los arts. 5, 9.1, letras *e*) y *f*), 9.2, 10, 16 y 21 de la L.P.H.

Art. 396: Téngase en cuenta que el nuevo art. 24 de la L.P.H., creado en virtud de la Ley 8/1999, de 6 de abril (*B.O.E.* n. 84, de 8 de abril), extiende el régimen previsto en este artículo a los denominados «complejos inmobiliarios privados», siempre y cuando éstos reúnan los requisitos allí mencionados.

La redacción de este artículo fue modificada por la L.P.H. Recientemente, el precepto ha vuelto a ser objeto de reforma por la Disp. Adic. única de la Ley 8/1999, anteriormente citada.

V. arts. 23 y ss. L.Aprov.

mentos de cierre que las conforman y sus revestimientos exteriores; el portal, las escaleras, porterías, corredores, pasos, muros, fosos, patios, pozos y los recintos destinados a ascensores, depósitos, contadores, telefonías o a otros servicios o instalaciones comunes, incluso aquellos que fueren de uso privativo; los ascensores y las instalaciones, conducciones y canalizaciones para el desagüe y para el suministro de agua, gas o electricidad, incluso las de aprovechamiento de energía solar; las de agua caliente sanitaria, calefacción, aire acondicionado, ventilación o evacuación de humos; las de detección y prevención de incendios; las de portero electrónico y otras de seguridad del edificio, así como las de antenas colectivas y demás instalaciones para los servicios audiovisuales o de telecomunicación, todas ellas hasta la entrada al espacio privativo; las servidumbres y cualesquiera otros elementos materiales o jurídicos que por su naturaleza o destino resulten indivisibles.

Las partes en copropiedad no son en ningún caso susceptibles de división y sólo podrán ser enajenadas, gravadas o embargadas juntamente con la parte determinada privativa de la que son anejo inseparable.

En caso de enajenación de un piso o local, los dueños de los demás, por este solo título, no tendrán derecho de tanteo ni de retracto.

Esta forma de propiedad se rige por las disposiciones legales especiales y, en lo que las mismas permitan, por la voluntad de los interesados.

Art. 397. Ninguno de los condueños podrá, sin consentimiento de los demás, hacer alteraciones en la cosa común, aunque de ellas pudieran resultar ventajas para todos.

Art. 398. Para la administración y mejor disfrute de la cosa común serán obligatorios los acuerdos de la mayoría de los partícipes.

No habrá mayoría sino cuando el acuerdo esté tomado por los partícipes que representen la mayor cantidad de los intereses que constituyan el objeto de la comunidad.

Párr. 2.º: v. arts. 107.11 de la L.H. y 94.2 y 218 del R.H.

Párr. 3.º: v. arts. 1.521 a 1.525 de este Código, 25 de la L.A.U., 22 de la L.A.R. y Disp. Trans. 2.ª de la L.P.H.

Párr. 4.º: v. arts. 4.3 del C.c. y 5 y 6 de la L.P.H.

Art. 397: v. arts. 5, 7, 10, 11 y 16 de la L.P.H. y 597 y 1.933.

Art. 398: Compárese con los arts. 10, 13,14 y 16 de la L.P.H. V. arts. 490, 597 y 1.057, párr. 2.º

Si no resultare mayoría, o el acuerdo de ésta fuere gravemente perjudicial a los interesados en la cosa común, el Juez proveerá, a instancia de parte, lo que corresponda, incluso nombrar un Administrador.

Cuando parte de la cosa perteneciere privadamente a un partícipe o a algunos de ellos, y otra fuere común, sólo a ésta será aplicable la disposición anterior.

Art. 399. Todo condueño tendrá la plena propiedad de su parte y la de los frutos y utilidades que le correspondan, pudiendo en su consecuencia enajenarla, cederla o hipotecarla, y aun sustituir otro en su aprovechamiento, salvo si se tratare de derechos personales. Pero el efecto de la enajenación o de la hipoteca con relación á los condueños estará limitado a la porción que se le adjudique en la división al cesar la comunidad.

Art. 400. Ningún copropietario estará obligado a permanecer en la comunidad. Cada uno de ellos podrá pedir en cualquier tiempo que se divida la cosa común.

Esto no obstante, será válido el pacto de conservar la cosa indivisa por tiempo determinado, que no exceda de diez años. Este plazo podrá prorrogarse por nueva convención.

Art. 401. Sin embargo de lo dispuesto en el artículo anterior, los copropietarios no podrán exigir la división de la cosa común, cuando de hacerla resulte inservible para el uso a que se destina.

Si se tratare de un edificio cuyas características lo permitan, a solicitud de cualquiera de los comuneros, la división podrá realizarse mediante la adjudicación de pisos o locales independientes, con sus elementos comunes anejos, en la forma prevista por el artículo 396.

Art. 402. La división de la cosa común podrá hacerse por los interesados, o por árbitros o ami-

---

Art. 399: v. arts. 348, 450, 490, 1.068 y 1.522 del C.c.; 3.*a*) de la L.P.H.; 107.11 de la L.H. y 1 de la L.H.M.

Art. 400: v. arts. 166, 289, 1.051 a 1.053, 1.618, 1.700, 1.705 a 1.708 y 1.965 del C.c. Ténganse en cuenta los arts. 143 del C. de C.; 126 del T.R.L.S.Cap. y 26 de la L.H. Compárese con arts. 4 y 8 de la L.P.H.

Art. 401, párr. 1.º: v. arts. 360, 381, 1.062 y 1.139.

Párr. 2.º: añadido por Ley de Propiedad Horizontal. V. arts. 8.º y 3.º de la L.P.H. y 46, 50 del R.H.

Art. 402: v. Téngase en cuenta la Ley 60/2003, de 23 de diciembre (*B.O.E.* n. 309, de 26 de diciembre). V. arts. 450, 535 y 1.280. Compárese con arts. 1.051 a 1.067.

gables componedores nombrados a voluntad de los partícipes.

En el caso de verificarse por árbitros o amigables componedores, deberán formar partes proporcionales al derecho de cada uno, evitando en cuanto sea posible los suplementos a metálico.

Art. 403. Los acreedores o cesionarios de los partícipes podrán concurrir a la división de la cosa común y oponerse a la que se verifique sin su concurso. Pero no podrán impugnar la división consumada, excepto en caso de fraude, o en el de haberse verificado no obstante la oposición formalmente interpuesta para impedirla, y salvo siempre los derechos del deudor o del cedente para sostener su validez.

Art. 404. Cuando la cosa fuere esencialmente indivisible, y los condueños no convinieren en que se adjudique a uno de ellos indemnizando a los demás, se venderá y repartirá su precio.

En caso de animales de compañía, la división no podrá realizarse mediante su venta, salvo acuerdo unánime de todos los condueños.

A falta de acuerdo unánime entre los condueños, la autoridad judicial decidirá el destino del animal, teniendo en cuenta el interés de los condueños y el bienestar del animal, pudiendo preverse el reparto de los tiempos de disfrute y cuidado del animal si fuere necesario, así como las cargas asociadas a su cuidado.

Art. 405. La división de una cosa común no perjudicará a tercero, el cual conservará los derechos de hipoteca, servidumbre u otros derechos reales que le pertenecieran antes de hacer la partición. Conservarán igualmente su fuerza, no obstante la división, los derechos personales que pertenezcan a un tercero contra la comunidad.

Art. 406. Serán aplicables a la división entre los partícipes en la comunidad las reglas concernientes a la división de la herencia.

Art. 403: v. arts. 1.082 a 1.087, 1.111, 1.297 y 1.618 del C.c. Sobre responsabilidad universal de deudor, v. arts. 1.911 y ss. del C.c.

Art. 404: La Ley 17/2021, de 15 de diciembre, de modificación del Código Civil, la Ley Hipotecaria y la Ley de Enjuiciamiento Civil, sobre el régimen jurídico de los animales (*B.O.E.* n. 300, de 16 de diciembre) añade los párrafos segundo y tercero.

V. arts. 821, 822, 1.056, 1.062, 1.139 y 1.513.

Art. 405: v. arts. 490, 534 y 535 de este Código, 123 de la L.H. y 47 a 50 y 94.2 del R.H.

Art. 406: v. arts. 1.051 a 1.081.

TÍTULO IV

De algunas propiedades especiales

CAPÍTULO PRIMERO*

DE LAS AGUAS

SECCIÓN PRIMERA

Del dominio de las aguas

Art. 407. *Son de dominio público:*

1.º Los ríos y sus cauces naturales.

2.º Las aguas continuas o discontinuas de manantiales y arroyos que corran por sus cauces naturales, y estos mismos cauces.

3.º Las aguas que nazcan continua o discontinuamente en terrenos del mismo dominio público.

4.º Los lagos y lagunas formados por la naturaleza en terrenos públicos y sus álveos.

5.º Las aguas pluviales que discurran por barrancos o ramblas, cuyo cauce sea también del dominio público.

6.º Las aguas subterráneas que existan en terrenos públicos.

7.º Las aguas halladas en la zona de trabajos de obras públicas, aunque se ejecuten por concesionario.

8.º Las aguas que nazcan continua o discontinuamente en predios de particulares, del Estado, de

---

* Téngase en cuenta que la L.Ag. de 1985 derogó los arts. 407 a 425 del C.c., en cuanto se opusieran a lo establecido en la misma. La L.Ag. de 1985 ha sido derogada por R.D.Leg. 1/2001, de 20 de julio (*B.O.E.* n. 176, de 24 de julio; corrección de errores en *B.O.E.* n. 287, de 30 de noviembre). V. Disp. Final 1.ª de la L.Ag. y sus Disps. Trans.; R.D. 849/1986, de 11 de abril (*B.O.E.* n. 103, de 30 de abril), del Reglamento del Dominio Público Hidráulico, y arts. 2 a 12 del C.c.

Téngase presente la Ley 10/2001, de 5 de julio, del Plan Hidrológico Nacional (*B.O.E.* n. 161, de 6 de julio; corrección de errores en *B.O.E.* n. 184, de 2 de agosto).

Téngase en cuenta la Directiva 2000/60/CE del Parlamento Europeo y del Consejo, de 23 de octubre de 2000, por la que se establece un marco comunitario de actuación en el ámbito de la política de aguas (*D.O.* L 227, de 22 de diciembre de 2000).

V. art. 65 de la C.Gall.

Téngase presente la Ley 9/2010, de 4 de noviembre, de aguas de Galicia (*B.O.E.* n. 292, de 3 de diciembre, y *D.O.G.* n. 222, de 18 de noviembre).

V. Ley 4/2010, de 8 de junio, de aguas de la Comunidad Autónoma de Andalucía (*B.O.E.* n. 174, de 19 de julio, y *B.O.J.A.* n. 121, de 22 de junio).

V. Ley 10/2014, de 27 de noviembre, de aguas y ríos de Aragón (*BOA* n. 241, de 10 de diciembre de 2014, y *B.O.E.* n. 8, de 9 de enero de 2015).

V. Ley 2/2022, de 18 de febrero, de Aguas de la Comunidad Autónoma de Castilla-La Mancha (*B.O.E.* n. 75, de 29 de marzo; y *D.O.C.M.* n. 40, de 28 de febrero de 2022).

Téngase también en cuenta el R.D. 1.664/1998, de 24 de julio, por el que se aprueban los Planes Hidrológicos de Cuenca (*B.O.E.* n. 191, de 11 de agosto).

la provincia o de los pueblos, desde que salgan de dichos predios.

9.º Los sobrantes de las fuentes, cloacas y establecimientos públicos.

Art. 408. *Son de dominio privado:*

1.º Las aguas continuas o discontinuas que nazcan en predios de dominio privado, mientras discurran por ellos.

2.º Los lagos y lagunas y sus álveos, formados por la naturaleza en dichos predios.

3.º Las aguas subterráneas que se hallen en éstos.

4.º Las aguas pluviales que en los mismos caigan, mientras no traspasen sus linderos.

Téngase presente, asimismo, que la S.T.C. 118/1998, de 4 de junio, declara que algunos artículos del R.D. 927/1988, de 29 de julio, por el que se aprueba el Reglamento de la Administración Pública del Agua y de la Planificación Hidrológica (*B.O.E.* de 31 de julio de 1988), no son aplicables en Cantabria y País Vasco (*B.O.E.* n. 158, de 3 de julio, suplemento).

Ténganse en cuenta el R.D. 329/2002, de 5 de abril, por el que se aprueba el Plan Nacional de Regadíos (*B.O.E.* n. 101, de 27 de abril).

Ténganse asimismo en cuenta la Ley 6/2001, de 25 de mayo, de ordenación y participación en la gestión del agua en Aragón (*B.O.E.* n. 64, de 1 de junio; corrección de errores en *B.O.E.* n. 271, de 13 de noviembre, y en *B.O. de Aragón* n. 127, de 29 de octubre), y la Ley 9/2010, de 30 de julio, de aguas para Andalucía (*B.O.E.* n. 208, de 27 de agosto, y *B.O.J.A.* n. 155, de 9 de agosto).

V. R.D. 201/2002, de 18 de febrero, por el que se aprueba la modificación del Plan Hidrológico de la cuenca del Ebro (*B.O.E.* n. 50, de 27 de febrero).

V. R.D. 435/2004, de 12 de marzo, por el que se regula el Inventario nacional de zonas húmedas (*B.O.E.* n. 73, de 25 de marzo).

Téngase en cuenta la Sentencia de 25 de enero de 2005, de la Sala Tercera del Tribunal Supremo, por la que se declara nula la frase «provisionalmente y a cuenta» que figura en el párrafo 2.º de los artículos 303 y 310 del Reglamento de Dominio Público Hidráulico, aprobado por R.D. 849/1986, de 11 de abril.

V. Ley 42/2007, de 13 de diciembre, del Patrimonio Natural y de la Biodiversidad (*B.O.E.* n. 299, de 14 de diciembre).

V. R.D. 1.514/2009, de 2 de octubre, por el que se regula la protección de las aguas subterráneas contra la contaminación y el deterioro (*B.O.E.* n. 255, de 22 de octubre).

V. R.D. 817/2015, de 11 de septiembre, por el que se establecen los criterios de seguimiento y evaluación del estado de las aguas superficiales y las normas de calidad ambiental (*B.O.E.* n. 219, de 12 de septiembre; corrección de errores en *B.O.E.* n. 285, de 28 de noviembre).

V. Disp. Final 1.ª del Texto Refundido de la Ley de prevención y control integrados de la contaminación, aprobado por R.D. Leg. 1/2016, de 16 de diciembre (*B.O.E.* n. 316, de 31 de diciembre).

Art. 407: v. arts. 339, 370 a 372 y 417 de este Código; 2 a 12, 44 y 130 de la L.Ag. y 2 de la L.Min. Pueden entenderse modificados, los núms. 3, 4, 5, 6 y 8 por la L.Ag.

Art. 408: v. arts. 412 a 419 de este Código; 2, 5, 10, 11, 12, 47, 48 y 50 ss. de la L.Ag. y 2 de la L.Min. Pueden entenderse modificados los núms. 1, 2, 3 y 5 del párr. 1.º y parcialmente alterado, su párr. 2.º por la L.Ag. V. la Disp. Adic. 1.ª de ésta.

5.º Los cauces de aguas corrientes, continuas o discontinuas, formados por aguas pluviales, y los de los arroyos que atraviesen fincas que no sean de dominio público.

En toda acequia o acueducto, el agua, el cauce, los cajeros y las márgenes serán considerados como parte integrante de la heredad o edificio a que vayan destinadas las aguas. Los dueños de los predios, por los cuales o por cuyos linderos pase el acueducto, no podrán alegar dominio sobre él, ni derecho al aprovechamiento de su cauce o márgenes, a no fundarse en títulos de propiedad expresivos del derecho o dominio que reclamen.

SECCIÓN SEGUNDA

*Del aprovechamiento de las aguas públicas**

Art. 409. *El aprovechamiento de las aguas públicas se adquiere:*

1.º Por concesión administrativa.

2.º Por prescripción de veinte años.

Los límites de los derechos y obligaciones de estos aprovechamientos serán los que resulten, en el primer caso, de los términos de la concesión, y en el segundo, del modo y forma en que se haya usado de las aguas.

Art. 410. *Toda concesión de aprovechamiento de aguas se entiende sin perjuicio de tercero.*

Art. 411. *El derecho al aprovechamiento de aguas públicas se extingue por la caducidad de la concesión y por el no uso durante veinte años.*

SECCIÓN TERCERA

Del aprovechamiento de las aguas de dominio privado

Art. 412. *El dueño de un predio en que nace un manantial o arroyo, continuo o discontinuo, puede aprovechar sus aguas mientras discurran por él; pero las sobrantes entran en la condición de públicas, y su aprovechamiento se rige por la Ley especial de Aguas.*

---

* V. arts. 1, 14 ss., 38, 50 ss. y 59 de la L.Ag. y 3.º, 23 a 26 de la L.Min.

Art. 409: v. art. 52 y Disp. Trans. 1.ª de la L.Ag. El párr. 1.º, n. 2, fue expresamente derogado por la L.Ag. de 1985.

Art. 410: v. arts. 61 y 65 ss. de la L.Ag.

Art. 411: v. arts. 52, 65 y 66 de la L.Ag. Debe entenderse parcialmente derogado por la misma.

Art. 412: v. arts. 408 de este Código; 2, 5, 48 y 54 de la L.Ag. y 23 y ss. de la L.Min.

Art. 413. *El dominio privado de los álveos de aguas pluviales no autoriza para hacer labores u obras que varíen su curso en perjuicio de tercero, ni tampoco aquellas cuya destrucción, por la fuerza de las avenidas, pueda causarlo.*

Art. 414. *Nadie puede penetrar en propiedad privada para buscar aguas o usar de ellas sin licencia de los propietarios.*

Art. 415. *El dominio del dueño de un predio sobre las aguas que nacen en él no perjudica los derechos que legítimamente hayan podido adquirir a su aprovechamiento los de los predios inferiores.*

Art. 416. *Todo dueño de un predio tiene la facultad de construir dentro de su propiedad depósitos para conservar las aguas pluviales, con tal que no cause perjuicio al público ni a tercero.*

SECCIÓN CUARTA

*De las aguas subterráneas**

Art. 417. *Sólo el propietario de un predio u otra persona con su licencia puede investigar en él aguas subterráneas.*

La investigación de aguas subterráneas en terrenos de dominio público sólo puede hacerse con licencia administrativa.

Art. 418. *Las aguas alumbradas conforme a la Ley especial de Aguas pertenecen al que las alumbró.*

Art. 419. *Si el dueño de aguas alumbradas las dejare abandonadas a su curso natural, serán de dominio público.*

Art. 413: v. arts. 5 y 54 de la L.Ag.

Art. 414: v. arts. 388 y 612 de este Código y 2, 15, 59, 61, 63, 67 y 68 de la L.Ag.

Art. 415: Debe entenderse derogado por la L.Ag. V. arts. 2, 61, 63, 67 y 68 de la misma, así como art. 410 del C.c.

Art. 416: v. arts. 5, 54, 61, 63, 67 y 68 de la L.Ag. y 408 de este Código.

***** V. arts. 2, 12 y 73 ss. de la L.Ag. y 23 a 36 de la L.Min.

Art. 417: v. arts. 12 y 73 y ss. de la L.Ag. y 388, 414 del C.c. Debe entenderse modificado por la L.Ag.

Arts. 418 y 419: Deben entenderse derogados por la L.Ag. V. Disps. Trans. 1.ª a 4.ª de la L.Ag.

Para el art. 419, no obstante, v. art. 45 de la L.Ag.

SECCIÓN QUINTA

Disposiciones generales

Art. 420. *El dueño de un predio en que existan obras defensivas para contener el agua, o en que por la variación de su curso sea necesario construirlas de nuevo, está obligado, a su elección, a hacer los reparos o construcciones necesarias o a tolerar que, sin perjuicio suyo, las hagan los dueños de los predios que experimenten o estén manifiestamente expuestos a experimentar daños.*

Art. 421. *Lo dispuesto en el artículo anterior es aplicable al caso en que sea necesario desembarazar algún predio de las materias cuya acumulación o caída impida el curso de las aguas con daño o peligro de tercero.*

Art. 422. *Todos los propietarios que participen del beneficio proveniente de las obras de que tratan los dos artículos anteriores, están obligados a contribuir a los gastos de su ejecución en proporción a su interés. Los que por su culpa hubiesen ocasionado el daño serán responsables de los gastos.*

Art. 423. *La propiedad y uso de las aguas pertenecientes a corporaciones o particulares están sujetos a la Ley de Expropiación por causa de utilidad pública.*

Art. 424. *Las disposiciones de este título no perjudican los derechos adquiridos con anterioridad, ni tampoco al dominio privado que tienen los propietarios de aguas, de acequias, fuentes o manantiales, en virtud del cual las aprovechan, venden o permutan como propiedad particular.*

Art. 425. *En todo lo que no esté expresamente prevenido por las disposiciones de este capítulo se estará a lo mandado por la Ley especial de Aguas.*

Art. 420: v. arts. 5, 6, 7, 54, 86 y 106 de la L.Ag. y 22, 23 de la Ley de Obras Hidráulicas de 7 de julio de 1911, que pueden entenderse vigentes, sin perjuicio de la asunción de competencias y legislación emanada de las Comunidades Autónomas.

Art. 421: v. nota al art. 420.

Art. 422: v. nota al art. 420 y art. 395.

Art. 423: v. arts. 51, 52, 56, 57, 59, 66 y 67 de la L.Ag. y 9 a 58 de la L.E.F.

Art. 424: v. Disps. Trans. del C.c. y art. 51, Disps. Trans. 2.ª, 3.ª y 4.ª de la L.Ag.

CAPÍTULO II

DE LOS MINERALES*

Art. 426. Todo español o extranjero podrá hacer libremente en terreno de dominio público calicatas o excavaciones que no excedan de diez metros de extensión en longitud o profundidad con objeto de descubrir minerales; pero deberá dar aviso previamente a la Autoridad local. En terrenos de propiedad privada no se podrán abrir calicatas sin que preceda permiso del dueño o del que le represente.

Art. 427. Los límites del derecho mencionado en el artículo anterior, las formalidades previas y condiciones para su ejercicio, la designacion de las materias que deben considerarse como minerales, y la determinación de los derechos que corresponden al dueño del suelo y a los descubridores de los minerales en el caso de concesión, se regirán por la Ley especial de Minería.

CAPÍTULO III

DE LA PROPIEDAD INTELECTUAL*

Art. 428. El autor de una obra literaria, científica o artís-

---

* V. la L.Min. Téngase en cuenta la Disp. Final de la citada Ley en cuanto declara en vigor los Reglamentos para el régimen de la minería y policía minera en cuanto no se opongan a la misma, y mientras no se publiquen el Reglamento general y los especiales que se estimen necesarios.

Téngase también presente la Ley 34/ 1998, de 7 de octubre, del Sector de Hidrocarburos (*B.O.E.* n. 241, de 8 de octubre; corrección de errores en *B.O.E.* n. 29, de 3 de febrero de 1999), que deroga la anterior Ley 21/1974. No obstante, el Reglamento de esta última se mantiene vigente en tanto no se dicten las disposiciones de desarrollo y siempre y cuando no se oponga a lo dispuesto por la nueva Ley.

Art. 426: v. arts. 2 y 3, ap. 2, de la L.Min. y 350.

Art. 427: v. arts. 7 a 15 sobre zonas de reserva a favor del Estado; 16 a 22 sobre aprovechamientos de recursos de la sección A; 23 a 36 sobre aprovechamientos de recursos de la sección B; 37 a 81 sobre aprovechamientos de recursos de la sección C y 89 a 101 sobre condiciones para ser titular de derechos mineros y transmisión de los mismos, todos ellos de la L.Min. V. art. 383.

* V. art. 20 de la Const.

En materia de Propiedad intelectual el texto legal de referencia es el R.D. Leg. 1/1996, de 12 de abril (*B.O.E.* n. 97, de 22 de abril), por el que se aprueba el Texto Refundido de la Ley de Propiedad Intelectual, regularizando, aclarando y armonizando las disposiciones legales vigentes.

No obstante, hay que tener presente también, entre otros, los siguientes textos normativos:

— Ley 9/1975, de 12 de marzo, del Libro (*B.O.E.* n. 63, de 14 de marzo), la cual ha quedado prácticamente derogada (salvo las Secciones 3.ª y 4.ª de su Capítulo III) por

tica, tiene el derecho de explotarla y disponer de ella a su voluntad.

Art. 429. La ley sobre propiedad intelectual determina las personas a quienes pertenece ese de-

---

la Ley 10/2007, de 22 de junio, de la lectura, del libro y de las bibliotecas (*B.O.E.* n. 150, de 23 de junio).

— R.D. de 3 de septiembre de 1880, por el que se aprueba el Reglamento para la ejecución de la L.P.I. de 1879, del cual se mantienen vigentes los Capítulos I, II, III, IV, VII, VIII, IX y X del Título I, así como los Capítulos I, II y III del Título II.

— R.D. 1.889/2011, de 30 de diciembre, por el que se regula el funcionamiento de la Comisión de Propiedad Intelectual (*B.O.E.* n. 315, de 31 de diciembre).

R.D. 1.023/2015, de 13 de noviembre, por el que se desarrolla reglamentariamente la composición, organización y ejercicio de funciones de la Sección Primera de la Comisión de Propiedad Intelectual (*B.O.E.* n. 273, de 14 de noviembre).

Ténganse en cuenta los arts. 52.11.º y 256 y ss. de la L.Enj.Civ.

La normativa sobre Propiedad intelectual nacional ha sido modificada por numerosas directivas europeas, cuya cita exhaustiva se hace en nota al art. 429 siguiente.

En materia de Propiedad Industrial, v. la Ley 24/2015, de 24 de julio, de Patentes (*B.O.E.* n. 177, de 25 de julio), y su Reglamento, aprobado mediante R.D. 317/2017, de 31 de marzo (*B.O.E.* n. 78, de 1 de abril); la Ley 17/2001, de 7 de diciembre, de Marcas (*B.O.E.* n. 294, de 8 de diciembre); la Ley 20/2003, de 7 de julio, de Protección Jurídica del Diseño Industrial (*B.O.E.* n. 162, de 8 de julio), y su Reglamento, aprobado por el R.D. 1.937/2004, de 27 de septiembre (*B.O.E.* n. 250, de 16 de octubre), así como la Ley 11/1988, de 3 de mayo, sobre protección jurídica de las topografías de los productos semiconductores (*B.O.E.* n. 108, de 5 de mayo).

V. también la Ley 2/2000, de 7 de enero, reguladora de los contratos tipo de productos agroalimentarios (*B.O.E.* n. 8, de 10 de enero); la Ley 3/2000, de 7 de enero, de régimen jurídico de la protección de las obtenciones vegetales (*B.O.E.* n. 8, de 10 de enero; corrección de errores en *B.O.E.* n. 33, de 8 de febrero), y el R.D. 1.261/2005, de 21 de octubre, por el que se aprueba el Reglamento de protección de obtenciones vegetales (*B.O.E.* n. 265, de 5 de noviembre). V. Ley 6/2015, de 12 de mayo, de denominaciones de origen e indicaciones geográficas protegidas de ámbito territorial supraautonómico (*B.O.E.* n. 114, de 13 de mayo). V. también el Reglamento (CE) n. 510/2006 del Consejo, de 20 de marzo de 2006, sobre la protección de las indicaciones geográficas y de las denominaciones de origen de los productos agrícolas y alimenticios (*D.O.U.E.* L 93, de 31 de marzo).

V. R.D. 1.335/2011, de 3 de octubre, por el que se regula el procedimiento para la tramitación de las solicitudes de inscripción de las denominaciones de origen protegidas y de las indicaciones geográficas protegidas en el registro comunitario y la oposición a ellas (*B.O.E.* n. 251, de 18 de octubre).

Téngase en cuenta el R.D. 54/2014, de 31 de enero, por el que se crea y regula la Comisión intersectorial para actuar contra las actividades vulneradoras de los derechos de propiedad industrial (*B.O.E.* n. 38, de 13 de febrero).

V. R.D. 55/2002, de 18 de enero, sobre explotación y cesión de invenciones realizadas en los entes públicos de investigación, de conformidad con lo establecido en el art. 20 de la Ley 11/1986, de 20 de marzo (*B.O.E.* n. 26, de 30 de enero).

Art. 428: v. arts. 14 a 25, 31 a 40 y 42 a 57 de la L.P.I. sobre contenido, límites y transmisión de los derechos de propiedad intelectual.

Art. 429: v. arts. de la L.P.I. 1 a 9, 86, 105, 120, 126, 128 y 129, sobre sujetos a quienes corresponde la propiedad intelectual; 144 y 145, sobre inscripción en el Registro de la Propiedad Intelectual y efectos de la misma; 26 a 41, sobre duración y límites y paso de la obra al dominio público; 42 a 57, sobre régimen general de transmisión de derechos de propiedad intelectual; 58 a 73, sobre contrato de edición; 74 a 85, sobre contrato de representación teatral y ejecución musical; 86 a 104, sobre régimen jurídico de las obras cinematográficas y programas de ordenador; 105 a 130, sobre tutela jurídica de artistas intérpretes o ejecutantes, productores de fonogramas y grabaciones audiovisuales, entidades de radiodifusión, fotografías y determinadas producciones editoriales; 133 a 137 y 203, sobre derecho sui generis sobre las bases de datos; y 138 a 143, sobre acciones y procedimientos en protección de los derechos reconocidos en la Ley. Los arts. 147 a 192 regulan diversos aspectos relativos a la gestión colectiva de los derechos reconocidos en la ley; los arts. 193 a 195 sobre la Comisión de Propiedad Intelectual; los arts. 196 a 198 sobre la protección de las medidas tecnológicas y de la información para la gestión de derechos; y los arts. 199 a 203 sobre el ámbito de aplicación de la ley.

Como normativa específica de la U.E. en esta materia, ténganse en cuenta: Directiva 93/83/CEE del Consejo, de 27 de septiembre de 1993, sobre coordinación de determinadas disposiciones relativas a los derechos de autor y otros derechos afines a los derechos de autor en el ámbito de la radiodifusión vía satélite y de la distribución por cable (*D.O.U.E.* n. 198, de 30 de julio); Directiva 96/9/CE, del Parlamento Europeo y del Consejo, de 11 de marzo de 1996, sobre la protección jurídica de las bases de datos (*D.O.* L 77, de 27 de marzo); Directiva 2001/29/CE del Parlamento Europeo y del Consejo, de 22 de mayo de 2001, relativa a la armonización de determinados aspectos de los derechos de autor y derechos afines a los derechos de autor en la sociedad de la información (*D.O.* L 167, de 22 de junio); Directiva 2001/84/ CE del Parlamento Europeo y del Consejo, de 27 de septiembre de 2001, relativa al derecho de participación en beneficio del autor de una obra de arte original (*D.O.* L 272, de 13 de octubre); Directiva 2004/48/CE del Parlamento Europeo y del Consejo, de 29 de abril de 2004, relativa al respeto de los derechos de propiedad intelectual (*D.O.* L 157, de 30 de abril; corrección de errores en *D.O.* L 195, de 2 de junio); Directiva 2006/115/CE, del Parlamento Europeo y del Consejo, de 12 de diciembre de 2006, sobre derechos de alquiler y préstamo y otros derechos afines a los derechos de autor en el ámbito de la propiedad intelectual (*D.O.U.E.* L 376, de 27 de diciembre); Directiva 2006/116/CE, del Parlamento Europeo y del Consejo, de 12 de diciembre de 2006, relativa al plazo de protección del derecho de autor y de determinados derechos afines (*D.O.U.E.* L 372, de 27 de diciembre); Directiva 2009/24/CE del Parlamento Europeo y del Consejo, de 23 de abril de 2009, sobre la protección jurídica de los programas de ordenador (*D.O.U.E.* n. L 111, de 5 de mayo); Directiva 2012/28/UE del Parlamento Europeo y del Consejo, de 25 de octubre de 2012, sobre ciertos usos autorizados de las obras huérfanas (*D.O.U.E.* n. L 299, de 27 de octubre); Directiva 2014/26/UE del Parlamento Europeo y del Consejo, de 26 de febrero de 2014, relativa a la gestión colectiva de los derechos de autor y derechos afines y a la concesión de licencias multiterritoriales de derechos sobre obras musicales para su utilización en línea en el mercado interior (*D.O.U.E.* n. L 84, de 20 de marzo); la Directiva (UE) 2017/1564, del Parlamento Europeo y del Consejo, de 13 de septiembre de 2017, sobre ciertos usos permitidos de determinadas obras y otras prestaciones protegidas por derechos de autor y derechos afines en favor de personas ciegas, con discapacidad visual o con otras dificultades para acceder a textos impresos, y por la que se modifica la Directiva 2001/29/CE relativa a la armonización de determinados aspectos de los derechos de autor y derechos afines a los derechos de autor en la sociedad de la información (*D.O.U.E.* L 242, de 20 de septiembre); la Directiva (UE) 2019/789 del Parlamento Europeo y del Consejo, de 17 de abril de 2019, por la que se establecen normas sobre el ejercicio de los derechos de autor y derechos afines aplicables a determinadas transmisiones en línea de los organismos de radiodifusión y a las retransmisiones de programas de radio y televisión, y por la que se modifica la Directiva 93/83/CEE (*D.O.U.E.* n. L 130, de 17 de mayo); y la Directiva

recho, la forma de su ejercicio y el tiempo de su duración. En casos no previstos ni resueltos por dicha ley especial se aplicarán las reglas generales establecidas en este Código sobre la propiedad.

(UE) 2019/790 del Parlamento Europeo y del Consejo, de 17 de abril de 2019, sobre los derechos de autor y derechos afines en el mercado único digital y por la que se modifican las Directivas 96/9/CE y 2001/29/CE (*D.O.U.E.* n. L 130, de 17 de mayo).

V. Directiva 98/71/CE del Parlamento Europeo y del Consejo, de 13 de octubre de 1998, sobre la protección jurídica de los dibujos y modelos (*D.O.* n. L 289, de 28 de octubre), y el Reglamento (CE) n. 6/2002 del Consejo, de 12 de diciembre de 2001, sobre los dibujos y modelos comunitarios (*D.O.* L 3, de 5 de enero de 2002).

Según la S.T.C. 196/1997, de 13 de noviembre (*B.O.E.* n. 297, suplemento de 12 de diciembre), los apartados 1.º y 3.º del art. 154 de la L.P.I. (en la actualidad, hay que entender hecha la referencia al art. 155) son competencia de las Comunidades Autónomas de Cataluña y País Vasco.

V. Ley 10/2015, de 26 de mayo, para la salvaguardia del Patrimonio Cultural Inmaterial (*B.O.E.* n. 126, de 27 de mayo).

Téngase en cuenta el R.D.-ley 2/2018, de 13 de abril, por el que se modifica el texto refundido de la Ley de Propiedad Intelectual, aprobado por el Real Decreto Legislativo 1/1996, de 12 de abril, y por el que se incorporan al ordenamiento jurídico español la Directiva 2014/26/UE del Parlamento Europeo y del Consejo, de 26 de febrero de 2014, y la Directiva (UE) 2017/1564 del Parlamento Europeo y del Consejo, de 13 de septiembre de 2017 (*B.O.E.* n. 91, de 14 de abril).

Téngase, asimismo, en cuenta el R.D.-ley 12/2017, que establece un nuevo modelo de compensación equitativa por copia privada, el cual ha sido desarrollado por R.D. 1.398/2018, de 23 de noviembre (*B.O.E.* n. 298, de 11 de diciembre), así como la Ley 2/2019, de 1 de marzo, por la que se modifica el texto refundido de la Ley de Propiedad Intelectual, aprobado por el Real Decreto Legislativo 1/1996, de 12 de abril, y por el que se incorporan al ordenamiento jurídico español la Directiva 2014/26/UE del Parlamento Europeo y del Consejo, de 26 de febrero de 2014, y la Directiva (UE) 2017/1564 del Parlamento Europeo y del Consejo, de 13 de septiembre de 2017 (*B.O.E.* n. 53, de 2 de marzo).

Téngase, por último, en cuenta R.D.-ley 24/2021, de 2 de noviembre, de transposición de directivas de la Unión Europea en las materias de bonos garantizados, distribución transfronteriza de organismos de inversión colectiva, datos abiertos y reutilización de la información del sector público, ejercicio de derechos de autor y derechos afines aplicables a determinadas transmisiones en línea y a las retransmisiones de programas de radio y televisión, exenciones temporales a determinadas importaciones y suministros, de personas consumidoras y para la promoción de vehículos de transporte por carretera limpios y energéticamente eficientes.

V. arts. 270 a 272 del C.P.

TÍTULO V

De la posesión*

CAPÍTULO PRIMERO

DE LA POSESIÓN Y SUS ESPECIES

Art. 430. Posesión natural es la tenencia de una cosa o animal, o el disfrute de un derecho por una persona. Posesión civil es esa misma tenencia o disfrute unidos a la intención de haber la cosa, animal o derecho como suyos.

Art. 431. La posesión se ejerce en las cosas, en los animales o en los derechos por la misma persona que los tiene y los disfruta, o por otra en su nombre.

Art. 432. La posesión en los bienes, en los animales y en los derechos puede tenerse en uno de dos conceptos: o en el de dueño, o en el de tenedor de la cosa, animal o derecho para conservarlos o disfrutarlos, perteneciendo el dominio a otra persona.

Art. 433. Se reputa poseedor de buena fe al que ignora que en su título o modo de adquirir exista vicio que lo invalide.

Se reputa poseedor de mala fe al que se halla en el caso contrario.

Art. 434. La buena fe se presume siempre, y al que afirma la mala fe de un poseedor corresponde la prueba.

Art. 435. La posesión adquirida de buena fe no pierde este carácter sino en el caso y

---

* V. Leyes 37, 346 y ss. y 468 y ss. de la C.Nav. y arts. 521-1 y ss. del C.Civ.Cat.

Art. 430: Redactado por Ley 17/2021, de 15 de diciembre, de modificación del Código Civil, la Ley Hipotecaria y la Ley de Enjuiciamiento Civil, sobre el régimen jurídico de los animales (*B.O.E.* n. 300, de 16 de diciembre).

V. arts. 437, 609 y 1.940.

Art. 431: Redactado por Ley 17/2021, de 15 de diciembre, de modificación del Código Civil, la Ley Hipotecaria y la Ley de Enjuiciamiento Civil, sobre el régimen jurídico de los animales (*B.O.E.* n. 300, de 16 de diciembre).

V. arts. 439, 443 y 444.

Art. 432: Redactado por Ley 17/2021, de 15 de diciembre, de modificación del Código Civil, la Ley Hipotecaria y la Ley de Enjuiciamiento Civil, sobre el régimen jurídico de los animales (*B.O.E.* n. 300, de 16 de diciembre).

V. arts. 348, 444, 447, 448, 463 y 1.942 de este Código y 35 y 36 de la L.H.

Art. 433: v. arts. 361, 362, 364, 442, 444, 464, 1.950 y 1.951.

Art. 434: v. arts. 361 y 1.951 de este Código y 385 y 386 de la L.Enj.Civ.

Art. 435: v. arts. 450 a 452, 1.950, 1.955 y 1.973.

desde el momento en que existan actos que acrediten que el poseedor no ignora que posee la cosa indebidamente.

Art. 436. Se presume que la posesión se sigue disfrutando en el mismo concepto en que se adquirió, mientras no se pruebe lo contrario.

Art. 437. Sólo pueden ser objeto de posesión las cosas y derechos que sean susceptibles de apropiación. También pueden ser objeto de posesión los animales, con las limitaciones establecidas en las leyes.

CAPÍTULO II

De la adquisición de la posesión

Art. 438. La posesión se adquiere por la ocupación material de la cosa, animal o derecho poseído, o por el hecho de quedar estos sujetos a la acción de nuestra voluntad, o por los actos propios y formalidades legales establecidas para adquirir tal derecho.

Art. 439. Puede adquirirse la posesión por la misma persona que va a disfrutarla, por su representante legal, por su mandatario y por un tercero sin mandato alguno; pero en este último caso no se entenderá adquirida la posesión hasta que la persona en cuyo nombre se haya verificado el acto posesorio lo ratifique.

Art. 440. La posesión de los bienes hereditarios se entiende transmitida al heredero sin interrupción y desde el momento de la muerte del causante, en el caso de que llegue a adirse la herencia.

El que válidamente repudia una herencia se entiende que no

Art. 436: v. arts. 432, 444, 448, 461 a 463 y 1.951 de este Código y 385 y 386 de la L.Enj.Civ.

Art. 437: Redactado por Ley 17/2021, de 15 de diciembre, de modificación del Código Civil, la Ley Hipotecaria y la Ley de Enjuiciamiento Civil, sobre el régimen jurídico de los animales (*B.O.E.* n. 300, de 16 de diciembre).

V. arts. 333, 609, 610, 1.272 y 1.936. Ténganse en cuenta los apartados 3.° a 6.° del art. 250.1 y 447.2 de la L.Enj.Civ.

Art. 438: Redactado por Ley 17/2021, de 15 de diciembre, de modificación del Código Civil, la Ley Hipotecaria y la Ley de Enjuiciamiento Civil, sobre el régimen jurídico de los animales (*B.O.E.* n. 300, de 16 de diciembre).

V. arts. 6.2, 610 a 617, 1.278 a 1.280, 1.462, 1.473 y 1.968 de este Código. Ténganse en cuenta los apartados 3.° a 6.° del art. 250.1 y 447.2 de la L.Enj.Civ.

Respecto de la ocupación, véanse los arts. 542-20 y ss. del C.Civ.Cat.

Art. 439: v. arts. 443, 1.259, 1.727 y 1.892.

Art. 440: v. arts. 657, 661, 762, 882, 989, 1.001, 1.006, 1.934 y 1.960 de este Código.

la ha poseído en ningún momento.

Art. 441. En ningún caso puede adquirirse violentamente la posesión mientras exista un poseedor que se oponga a ello. El que se crea con acción o derecho para privar a otro de la tenencia de una cosa, siempre que el tenedor resista la entrega, deberá solicitar el auxilio de la Autoridad competente.

Art. 442. El que suceda por título hereditario no sufrirá las consecuencias de una posesión viciosa de su causante, si no se demuestra que tenía conocimiento de los vicios que la afectaban; pero los efectos de la posesión de buena fe no le aprovecharán sino desde la fecha de la muerte del causante.

Art. 443. Toda persona puede adquirir la posesión de las cosas.

Los menores necesitan de la asistencia de sus representantes legítimos para usar de los derechos que de la posesión nazcan a su favor.

Las personas con discapacidad a cuyo favor se hayan establecido medidas de apoyo pueden usar de los derechos derivados de la posesión conforme a lo que resulte de estas.

Art. 444. Los actos meramente tolerados, y los ejecutados clandestinamente y sin conocimiento del poseedor de una cosa, o con violencia, no afectan a la posesión.

Art. 445. La posesión, como hecho, no puede reconocerse en dos personalidades distintas, fuera de los casos de indivisión. Si surgiere contienda sobre el hecho de la posesión, será preferido el poseedor actual; si resultaren dos poseedores, el más antiguo; si las fechas de las posesiones fueren las mismas, el que presente título; y, si todas estas condiciones fuesen iguales, se constituirá en depósito o guarda judicial la cosa, mientras se decide sobre su po-

---

Art. 441: v. arts. 444, 446, 615, 616, 885, 1.267 y 1.941 de este Código, y 237, 245, 289 y 623 del C.P.

Art. 442: v. arts. 433, 434, 659, 661, 1.934 y 1.960.

Art. 443: v. arts. 162.1.°, 267, 431, 433, 437, 439 y 609.

Modificado por Ley 8/2021, de 2 de junio, por la que se reforma la legislación civil y procesal para el apoyo a las personas con discapacidad en el ejercicio de su capacidad jurídica (*B.O.E.* n. 132, de 3 de junio).

Art. 444: v. arts. 466, 1.741 a 1.752 y 1.942 de este Código.

Art. 445: v. arts. 392, 394, 448, 450, 1.985 a 1.789 y 1.933 de este Código, así como arts. 626 y ss. y 675 de la L.Enj.Civ. sobre depósito judicial y posesión judicial, y los apartados 3.° a 6.° del art. 250.1 y 447.2 de la L.Enj.Civ.

sesión o propiedad por los trámites correspondientes.

CAPÍTULO III

De los efectos de la posesión

Art. 446. Todo poseedor tiene derecho a ser respetado en su posesión; y, si fuere inquietado en ella, deberá ser amparado o restituido en dicha posesión por los medios que las leyes de procedimientos establecen.

Art. 447. Sólo la posesión que se adquiere y se disfruta en concepto de dueño puede servir de título para adquirir el dominio.

Art. 448. El poseedor en concepto de dueño tiene a su favor la presunción legal de que posee con justo título, y no se le puede obligar a exhibirlo.

Art. 449. La posesión de una cosa raíz supone la de los muebles y objetos que se hallen dentro de ella, mientras no conste o se acredite que deben ser excluidos.

Art. 450. Cada uno de los partícipes de una cosa que se posea en común, se entenderá que ha poseído exclusivamente la parte que al dividirse le cupiere durante todo el tiempo que duró la indivisión. La interrupción en la posesión del todo o parte de una cosa poseída en común perjudicará por igual a todos.

Art. 451. El poseedor de buena fe hace suyos los frutos percibidos mientras no sea interrumpida legalmente la posesión.

Se entienden percibidos los frutos naturales e industriales desde que se alzan o separan.

Los frutos civiles se consideran producidos por días, y pertenecen al poseedor de buena fe en esa proporción.

Art. 452. Si al tiempo en que cesare la buena fe se hallaren pendientes algunos frutos naturales o industriales, tendrá el poseedor

---

Art. 446: v. arts. 349, 441, 559 y 1.560 de este Código; 675 y apartados 3.º a 6.º del art. 250.1 y 447.2 de la L.Enj.Civ.; 5, 34 y 35 de la L.H., 84 y ss. de la L.Patrim.A.P. y 125 de la L.E.F.

Art. 447: v. arts. 432 y 1.940 y ss.

Art. 448: v. arts. 436, 464 y 1.952 a 1.954 de este Código, así como arts. 385 y 386 de la L.Enj.Civ. sobre presunciones legales y judiciales.

Art. 449: v. arts. 346 y 347.

Art. 450: v. arts. 393, 399, 1.068, 1.933, 1.943 a 1.948 y 1.973 a 1.975.

Art. 451: v. arts. 435 y 1.943. Téngase en cuenta el art. 8 de la L.A.R. y los arts. 187, 355, 651, 1.049, 1.063, 1.095, 1.120, 1.295, 1.303 y 1.896 a 1.899. V. nota al art. 450.

Art. 452: v. arts. 354 a 357, 361 y 364.

derecho a los gastos que hubiese hecho para su producción, y además a la parte del producto líquido de la cosecha proporcional al tiempo de su posesión.

Las cargas se prorratearán del mismo modo entre los dos poseedores.

El propietario de la cosa puede, si quiere, conceder al poseedor de buena fe la facultad de concluir el cultivo y la recolección de los frutos pendientes, como indemnización de la parte de gastos de cultivo y del producto líquido que le pertenece; el poseedor de buena fe que por cualquier motivo no quiera aceptar esta concesión, perderá el derecho a ser indemnizado de otro modo.

Art. 453. Los gastos necesarios se abonan a todo poseedor; pero sólo el de buena fe podrá retener la cosa hasta que se le satisfagan.

Los gastos útiles se abonan al poseedor de buena fe con el mismo derecho de retención, pudiendo optar el que le hubiese vencido en su posesión por satisfacer el importe de los gastos, o por abonar el aumento de valor que por ellos haya adquirido la cosa.

Art. 454. Los gastos de puro lujo o mero recreo no son abonables al poseedor de buena fe; pero podrá llevarse los adornos con que hubiese embellecido la cosa principal si no sufriere deterioro, y si el sucesor en la posesión no prefiere abonar el importe de lo gastado.

Art. 455. El poseedor de mala fe abonará los frutos percibidos y los que el poseedor legítimo hubiera podido percibir, y sólo tendrá derecho a ser reintegrado de los gastos necesarios hechos para la conservación de la cosa. Los gastos hechos en mejoras de lujo y recreo no se abonarán al poseedor de mala fe; pero podrá éste llevarse los objetos en que esos gastos se hayan invertido, siempre que la cosa no sufra deterioro, y el poseedor legítimo no prefiera quedarse con ellos abonando el valor que tengan en el momento de entrar en la posesión.

Art. 456. Las mejoras provenientes de la naturaleza o del

Arts. 453 y 454: En relación con el art. 453, v. arts. 23 y 30 de la L.A.U.; 18 y 19 de la L.A.R.; 361, 487, 502 y 1.883. En cuanto al derecho de retención, pueden verse los arts. 522, 1.600, 1.730, 1.780, 1.866 y 1.886 del C.c. Téngase en cuenta el art. 522-2 del C.Civ.Cat.

Art. 455: v. arts. 362 a 365, 457, 1.896 y 1.897, así como la nota anterior.

Art. 456: v. art. 366 y ss.

tiempo ceden siempre en beneficio del que haya vencido en la posesión.

Art. 457. El poseedor de buena fe no responde del deterioro o pérdida de la cosa poseída, fuera de los casos en que se justifique haber procedido con dolo. El poseedor de mala fe responde del deterioro o pérdida en todo caso, y aun de los ocasionados por fuerza mayor cuando maliciosamente haya retrasado la entrega de la cosa a su poseedor legítimo.

Art. 458. El que obtenga la posesión no está obligado a abonar mejoras que hayan dejado de existir al adquirir la cosa.

Art. 459. El poseedor actual que demuestre su posesión en época anterior, se presume que ha poseído también durante el tiempo intermedio, mientras no se pruebe lo contrario.

Art. 460. El poseedor puede perder su posesión:

1. Por abandono de la cosa o del animal.
2. Por cesión hecha a otro por título oneroso o gratuito.
3. Por destrucción o pérdida total de la cosa, por muerte o pérdida del animal, o por quedar la cosa o el animal fuera del comercio.
4. Por la posesión de otro, aun contra la voluntad del antiguo poseedor, si la nueva posesión hubiese durado más de un año.

Art. 461. La posesión de la cosa mueble no se entiende perdida mientras se halle bajo el poder del poseedor, aunque éste ignore accidentalmente su paradero.

Art. 462. La posesión de las cosas inmuebles y de los derechos reales no se entiende perdida, ni transmitida para los efectos de la prescripción en perjuicio de tercero, sino con sujeción a lo dispuesto en la Ley Hipotecaria.

Art. 463. Los actos relativos a la posesión, ejecutados o con-

---

Art. 457: v. arts. 435, 451, 1.094, 1.096, 1.101, 1.182 a 1.184, 1.269, 1.295, 1.314, 1.744, 1.896 y 1.897.

Art. 459: v. arts. 440, 444, 445, 466, 1.943 y 1.960.

Art. 460: v. arts. 395, 437, 444, 599, 610, 1.942 y 1.968.1.

Redactado por Ley 17/2021, de 15 de diciembre, de modificación del Código Civil, la Ley Hipotecaria y la Ley de Enjuiciamiento Civil, sobre el régimen jurídico de los animales (*B.O.E.* n. 300, de 16 de diciembre).

Art. 461: v. arts. 464 y 615.

Art. 462: v. arts. 1.949 de este Código y 32, 38, 76 de la L.H. Sobre la llamada «prescripción *secundum tabulas*», v. art. 36 de la L.H.

Art. 463: v. arts. 432, 1.259, 1.727, 1.888 y ss. y 1.942.

sentidos por el que posee una cosa ajena como mero tenedor para disfrutarla o retenerla en cualquier concepto, no obligan ni perjudican al dueño, a no ser que éste hubiese otorgado a aquél facultades expresas para ejecutarlos o los ratificare con posterioridad.

Art. 464. La posesión de los bienes muebles, adquirida de buena fe, equivale al título. Sin embargo, el que hubiese perdido una cosa mueble o hubiese sido privado de ella ilegalmente, podrá reivindicarla de quien la posea.

Si el poseedor de la cosa mueble perdida o sustraída la hubiese adquirido de buena fe en venta pública, no podrá el propietario obtener la restitución sin reembolsar el precio dado por ella.

Tampoco podrá el dueño de cosas empeñadas en los Montes de Piedad establecidos con autorización del Gobierno obtener la restitución, cualquiera que sea la persona que la hubiese empeñado, sin reintregrar antes al Establecimiento la cantidad del empeño y los intereses vencidos.

En cuanto a las adquiridas en Bolsa, feria o mercado, o de un comerciante legalmente establecido y dedicado habitualmente al tráfico de objetos análogos, se estará a lo que dispone el Código de Comercio.

Art. 465. Los animales salvajes o silvestres sólo se poseen mientras se hallan en nuestro poder; los domesticados se asimilan a los domésticos o de compañía si conservan la costumbre de volver a la casa del poseedor o si han sido identificados como tales.

Art. 466. El que recupera, conforme a derecho, la posesión indebidamente perdida, se entiende para todos los efectos que puedan redundar en su beneficio que la ha disfrutado sin interrupción.

Art. 464: v. arts. 448, 615, 1.938, 1.955, 1.956 y 1.962 de este Código y 85, 195, 324 y 547 a 566 del C. de C. En cuanto al derecho de retención previsto en el artículo pueden verse los arts. 453, 522, 1.600, 1.730, 1.780 y 1.866 del C.c., así como art. 522-8 del C.Civ. Cat.

V. igualmente arts. 84 a 87 de la L.C.Ch., y 9, 11 y 12 de la L.M.V.

Art. 465: Redactado por Ley 17/2021, de 15 de diciembre, de modificación del Código Civil, la Ley Hipotecaria y la Ley de Enjuiciamiento Civil, sobre el régimen jurídico de los animales (*B.O.E.* n. 300, de 16 de diciembre).

V. arts. 612, 613, 1.905 y 1.906.

Art. 466: v. arts. 441, 444, 459, 1.942, 1.943, 1.946 y 1.960.

TÍTULO VI

Del usufructo, del uso y de la habitación

CAPÍTULO PRIMERO

Del usufructo*

SECCIÓN PRIMERA

Del usufructo en general

Art. 467. El usufructo da derecho a disfrutar los bienes ajenos con la obligación de conservar su forma y sustancia, a no ser que el título de su constitución o la ley autoricen otra cosa.

Art. 468. El usufructo se constituye por la ley, por la voluntad de los particulares manifestada en actos entre vivos o en última voluntad, y por prescripción.

Art. 469. Podrá constituirse el usufructo en todo o parte de los frutos de la cosa, a favor de una o varias personas, simultánea o sucesivamente, y en todo caso desde o hasta cierto día, puramente o bajo condición. También puede constituirse sobre un derecho, siempre que no sea personalísimo o intransmisible.

Art. 470. Los derechos y las obligaciones del usufructuario serán los que determine el título constitutivo del usufructo; en su defecto, o por insuficiencia de éste, se observarán las disposiciones contenidas en las dos secciones siguientes.

SECCIÓN SEGUNDA

De los derechos del usufructuario

Art. 471. El usufructuario tendrá derecho a percibir todos los frutos naturales, industriales y civiles, de los bienes usufructuados. Respecto de los tesoros

---

* Sobre el usufructo, v. Leyes 250, 253 y ss., 408 y ss. y Disp. Trans. 3.ª de la C.Nav.; arts. 54 y 192, entre otras, del C.Arag. y 561-1 y ss. del C.Civ.Cat. Ténganse también en cuenta los arts. 41 y 42 del R.I.T.P.

Téngase en cuenta el art. 1 del R.D.L. Aprov.

Art. 467: v. arts. 487, 489, 524, 1.543, 1.604 y 1.741 de este Código y 622 de la L.Enj.Civ. Compárese con arts. 523 a 529 y 1.740 a 1.757 del C.c. y 2.2 de la L.H.

Art. 468: v. arts. 609, 640, 787, 820.3.º, 834, 837, 1.940, 1.957 y 1.959.

Art. 469: v. arts. 475, 481, 486, 506, 510, 640, 659, 789, 987 del C.c. y art. 2.2 de la L.H.

Art. 470: v. arts. 493 y 515.

Art. 471: v. arts. 351, 354 a 357 y 614.

que se hallaren en la finca será considerado como extraño.

Art. 472. Los frutos naturales o industriales, pendientes al tiempo de comenzar el usufructo, pertenecen al usufructuario.

Los pendientes al tiempo de extinguirse el usufructo pertenecen al propietario.

En los precedentes casos el usufructuario, al comenzar el usufructo, no tiene obligación de abonar al propietario ninguno de los gastos hechos; pero el propietario está obligado a abonar al fin del usufructo, con el producto de los frutos pendientes, los gastos ordinarios de cultivo, simientes y otros semejantes, hechos por el usufructuario.

Lo dispuesto en este artículo no perjudica los derechos de tercero, adquiridos al comenzar o terminar el usufructo.

Art. 473. Si el usufructuario hubiere arrendado las tierras o heredades dadas en usufructo, y acabare éste antes de terminar el arriendo, sólo percibirán él o sus herederos y sucesores la parte proporcional de la renta que debiere pagar el arrendatario.

Art. 474. Los frutos civiles se entienden percibidos día por día, y pertenecen al usufructuario en proporción al tiempo que dure el usufructo.

Art. 475. Si el usufructo se constituye sobre el derecho a percibir una renta o una pensión periódica, bien consista en metálico, bien en frutos, o los intereses de obligaciones o títulos al portador, se considerará cada vencimiento como productos o frutos de aquel derecho.

Si consistiere en el goce de los beneficios que diese una participación en una explotación industrial o mercantil, cuyo reparto no tuviese vencimiento fijo, tendrán aquéllos la misma consideración.

En uno y otro caso se repartirán como frutos civiles, y se aplicarán en la forma que previene el artículo anterior.

Art. 476. No corresponden al usufructuario de un predio en que existen minas los productos de las denunciadas, concedidas o que se hallen en laboreo al principiar el usufructo, a no ser que expresamente se le conce-

---

Art. 472: Compárese con arts. 356, 452, 453 y nota correspondiente.

Art. 473: v. arts. 451 y 480 de este Código. Ténganse en cuenta los arts. 2 y 23 de la L.A.R. y 13 de la L.A.U.

Art. 474: v. arts. 355.3 y 451.

Art. 475: v. arts. 127 a 131 del T.R.L.S.Cap.

Art. 476: v. arts. 426 y 427.

dan en el título constitutivo de éste, o que sea universal.

Podrá, sin embargo, el usufructuario extraer piedras, cal y yeso de las canteras para reparaciones u obras que estuviere obligado a hacer o que fueren necesarias.

Art. 477. Sin embargo de lo dispuesto en el artículo anterior, en el usufructo legal podrá el usufructuario explotar las minas denunciadas, concedidas o en laboreo, existentes en el predio, haciendo suya la mitad de las utilidades que resulten después de rebajar los gastos, que satisfará por mitad con el propietario.

Art. 478. La calidad de usufructuario no priva al que la tiene del derecho que a todos concede la Ley de Minas para denunciar u obtener la concesión de las que existan en los predios usufructuados, en la forma y condiciones que la misma ley establece.

Art. 479. El usufructuario tendrá el derecho de disfrutar del aumento que reciba por accesión la cosa usufructuada, de las servidumbres que tenga a su favor, y en general de todos los beneficios inherentes a la misma.

Art. 480. Podrá el usufructuario aprovechar por sí mismo la cosa usufructuada, arrendarla a otro y enajenar su derecho de usufructo, aunque sea a título gratuito; pero todos los contratos que celebre como tal usufructuario se resolverán al fin del usufructo, salvo el arrendamiento de las fincas rústicas, el cual se considerará subsistente durante el año agrícola.

Art. 481. Si el usufructo comprendiera cosas que sin consumirse se deteriorasen poco a poco por el uso, el usufructuario tendrá derecho a servirse de ellas empleándolas según su destino, y no estará obligado a restituirlas al concluir el usufructo sino en el estado en que se encuentren; pero con la obligación de indemnizar al propietario del deterioro que hubieran sufrido por su dolo o negligencia.

Art. 482. Si el usufructo comprendiera cosas que no se

Art. 477: v. arts. 834 a 840.

Art. 478: v. arts. 1, 2, 16, 25, 34, 43, 64 y 89 de la L.Min.

Art. 479: v. arts. 467 en relación con los arts. 353 y 530.

Art. 480: v. arts. 469, 498, 1.548, 1.633 y 1.635 de este Código; art. 23 de la L.A.R. y 13 de la L.A.U. Ténganse en cuenta los arts. 107 y 108.2 de la L.H.

Art. 481: v. arts. 467, 497, 500 y 1.101. Compárese con arts. 1.740 a 1.757 de este Código; 21.4 y 1.561 de la L.A.U. y 3 y 8 de la L.A.R.

Art. 482: v. arts. 337 y 1.167. Compárese con arts. 1.740 a 1.757.

puedan usar sin consumirlas, el usufructuario tendrá derecho a servirse de ellas con la obligación de pagar el importe de su avalúo al terminar el usufructo, si se hubiesen dado estimadas. Cuando no se hubiesen estimado, tendrá el derecho de restituirlas en igual cantidad y calidad, o pagar su precio corriente al tiempo de cesar el usufructo.

Art. 483. El usufructuario de viñas, olivares u otros árboles o arbustos podrá aprovecharse de los pies muertos, y aun de los tronchados o arrancados por accidente, con la obligación de reemplazarlos por otros.

Art. 484. Si, a consecuencia de un siniestro o caso extraordinario, las viñas, olivares u otros árboles o arbustos hubieran desaparecido en número tan considerable que no fuese posible o resultase demasiado gravosa la reposición, el usufructuario podrá dejar los pies muertos, caídos o tronchados, a disposición del propietario, y exigir de éste que los retire y deje el suelo expedito.

Art. 485. El usufructuario de un monte disfrutará todos los aprovechamientos que pueda éste producir según su naturaleza.

Siendo el monte tallar o de maderas de construcción, podrá el usufructuario hacer en él las talas o las cortas ordinarias que solía hacer el dueño, y en su defecto las hará acomodándose en el modo, porción y épocas, a la costumbre del lugar.

En todo caso hará las talas o las cortas de modo que no perjudiquen a la conservación de la finca.

En los viveros de árboles podrá el usufructuario hacer la entresaca necesaria para que los que queden puedan desarrollarse convenientemente.

Fuera de lo establecido en los párrafos anteriores, el usufructuario no podrá cortar árboles por el pie como no sea para reponer o mejorar alguna de las cosas usufructuadas, y en este caso hará saber previamente al propietario la necesidad de la obra.

Art. 486. El usufructuario de una acción para reclamar un predio o derecho real, o un bien mueble, tiene derecho a ejercitarla y obligar al propietario de la acción a que le ceda para este

---

Art. 484: v. arts. 1.105 y 1.575.

Art. 485: v. arts. 467 C.c.; 14 de la C.Gall.; 84 del T.R.R.L.; 15, 36, 37, 39 y 61 a 66 de la L.Mont., y Ley 417 de la C.Nav.

Art. 486: v. arts. 467 y 470. Compárese con los arts. 1.209 a 1.212 y 1.526 a 1.536.

fin su representación y le facilite los elementos de prueba de que disponga. Si por consecuencia del ejercicio de la acción adquiriese la cosa reclamada, el usufructo se limitará a solos los frutos, quedando el dominio para el propietario.

Art. 487. El usufructuario podrá hacer en los bienes objeto del usufructo las mejoras útiles o de recreo que tuviere por conveniente, con tal que no altere su forma o su sustancia; pero no tendrá por ello derecho a indemnización. Podrá, no obstante, retirar dichas mejoras, si fuere posible hacerlo sin detrimento de los bienes.

Art. 488. El usufructuario podrá compensar los desperfectos de los bienes con las mejoras que en ellos hubiese hecho.

Art. 489. El propietario de bienes en que otro tenga el usufructo, podrá enajenarlos, pero no alterar su forma ni sustancia, ni hacer en ellos nada que perjudique al usufructuario.

Art. 490. El usufructuario de parte de una cosa poseída en común ejercerá todos los derechos que correspondan al propietario de ella referentes a la administración y a la percepción de frutos o intereses. Si cesare la comunidad por dividirse la cosa poseída en común, corresponderá al usufructuario el usufructo de la parte que se adjudicare al propietario o condueño.

SECCIÓN TERCERA

De las obligaciones del usufructuario

Art. 491. El usufructuario, antes de entrar en el goce de los bienes, está obligado:

1.º A formar, con citación del propietario o de su legítimo representante, inventario de todos ellos, haciendo tasar los muebles y describiendo el estado de los inmuebles.

2.º A prestar fianza, comprometiéndose a cumplir las obligaciones que le correspondan con arreglo a esta sección.

Art. 487: v. arts. 453, 454, 522, 1.573 y 1.652 de este Código y 15.1, párr. 3.º, de la L.P.H.

Art. 488: v. arts. 1.195 a 1.202.

Art. 489: v. arts. 467, 503, 595 y 1.258 del C.c. Ténganse en cuenta los arts. 107.2.º de la L.H. y 15.1, párr. 3.º, de la L.P.H.

Art. 490: v. arts. 399, 401 y 405.

Art. 491: v. arts. 470, 492, 493 y 522.

Art. 492. La disposición contenida en el número 2.º del precedente artículo no es aplicable al vendedor o donante que se hubiere reservado el usufructo de los bienes vendidos o donados ni a los padres usufructuarios de los bienes de los hijos, ni al cónyuge sobreviviente respecto de la cuota legal usufructuaria si no contrajeren los padres o el cónyuge ulterior matrimonio.

Art. 493. El usufructuario, cualquiera que sea el título del usufructo, podrá ser dispensado de la obligación de hacer inventario o de prestar fianza, cuando de ello no resultare perjuicio a nadie.

Art. 494. No prestando el usufructuario la fianza en los casos en que deba darla, podrá el propietario exigir que los inmuebles se pongan en administración, que los muebles se vendan, que los efectos públicos, títulos de crédito nominativos o al portador se conviertan en inscripciones o se depositen en un Banco o establecimiento público, y que los capitales o sumas en metálico y el precio de la enajenación de los bienes muebles se inviertan en valores seguros.

El interés del precio de las cosas muebles y de los efectos públicos y valores, y los productos de los bienes puestos en administración, pertenecen al usufructuario.

También podrá el propietario, si lo prefiere, mientras el usufructuario no preste fianza o quede dispensado de ella, retener en su poder los bienes del usufructo en calidad de administrador, y con la obligación de entregar al usufructuario su producto líquido, deducida la suma que por dicha administración se convenga o judicialmente se le señale.

Art. 495. Si el usufructuario que no haya prestado fianza reclamare, bajo caución juratoria, la entrega de los muebles necesarios para su uso, y que se le asigne habitación para él y su familia en una casa comprendida en el usufructo, podrá el Juez acceder a esta petición, consultadas las circunstancias del caso.

Lo mismo se entenderá respecto de los instrumentos, herramientas y demás bienes mue-

---

Art. 492: Redactado conforme a la Ley 11/1981, de reforma del C.c. V. arts. 507, 639, 640, 834 a 840 y 1.255 de este Código, así como 168, ap. 3 de la L.H. Compárese con los arts. 164 a 168.

Art. 493: v. arts. 6.2, 470 y 1.255.

Art. 494: v. art. 507 de este Código. Compárese con el art. 622 de la L.Enj.Civ.

Art. 495: v. art. 346.

bles necesarios para la industria a que se dedique.

Si no quiere el propietario que se vendan algunos muebles por su mérito artístico o porque tengan un precio de afección, podrá exigir que se le entreguen, afianzando el abono del interés legal del valor en tasación.

Art. 496. Prestada la fianza por el usufructuario, tendrá derecho a todos los productos desde el día en que, conforme al título constitutivo del usufructo, debió comenzar a percibirlos.

Art. 497. El usufructuario deberá cuidar las cosas dadas en usufructo como un buen padre de familia.

Art. 498. El usufructuario que enajenare o diere en arrendamiento su derecho de usufructo, será responsable del menoscabo que sufran las cosas usufructuadas por culpa o negligencia de la persona que le sustituya.

Art. 499. Si el usufructo se constituyere sobre un rebaño o piara de ganados, el usufructuario estará obligado a reemplazar con las crías las cabezas que mueran anual y ordinariamente, o falten por la depredación de otros animales.

Si el ganado sobre el que se constituyere el usufructo pereciere del todo, sin culpa del usufructuario, por efecto de una enfermedad contagiosa u otro acontecimiento no común, el usufructuario cumplirá con entregar al dueño los restos de los animales o sus rendimientos, sin perjuicio de la aplicación, en todo caso, de la regulación legal y reglamentaria de seguridad alimentaria y de sanidad animal sobre dichos productos o restos.

Si el rebaño pereciere en parte, también por un accidente, y sin culpa del usufructuario, continuará el usufructo en la parte que se conserve.

Si el usufructo fuere de ganado estéril, en cuanto a los efec-

---

Art. 496: v. arts. 470, 471, 494, ap. 3 y 1.095.

Art. 497: v. arts. 470, 481, 487, 488, 1.094 y 1.104.

Art. 498: v. arts. 470, 473, 480, 489, 1.255, 1.562 a 1.564.

Art. 499: Redactado por la Ley 17/2021, de 15 de diciembre, de modificación del Código Civil, la Ley Hipotecaria y la Ley de Enjuiciamiento Civil, sobre el régimen jurídico de los animales (*B.O.E.* n. 300, de 16 de diciembre).

V. arts. 337, 482, 484, 513, n. 5, 514, 1.101 y 1.105.

Art. 499, párr. 2.º: Sobre la legislación en materia de seguridad alimentaria, véase Ley 17/2011, de 5 de julio, de seguridad alimentaria y nutrición (*B.O.E.* n. 160, de 6 de julio), y R.D. 1.801/2003, de 26 de diciembre, sobre seguridad general de los productos (*B.O.E.* n. 9, de 10 de enero de 2004).

tos se aplicará lo dispuesto en el artículo 482.

Art. 500. El usufructuario está obligado a hacer las reparaciones ordinarias que necesiten las cosas dadas en usufructo.

Se considerarán ordinarias las que exijan los deterioros o desperfectos que procedan del uso natural de las cosas y sean indispensables para su conservación. Si no las hiciere después de requerido por el propietario, podrá éste hacerlas por sí mismo a costa del usufructuario.

Art. 501. Las reparaciones extraordinarias serán de cuenta del propietario. El usufructuario está obligado a darle aviso cuando fuere urgente la necesidad de hacerlas.

Art. 502. Si el propietario hiciere las reparaciones extraordinarias, tendrá derecho a exigir al usufructuario el interés legal de la cantidad invertida en ellas mientras dure el usufructo.

Si no las hiciere cuando fuesen indispensables para la subsistencia de la cosa, podrá hacerlas el usufructuario; pero tendrá derecho a exigir del propietario, al concluir el usufructo, el aumento de valor que tuviese la finca por efecto de las mismas obras.

Si el propietario se negare a satisfacer dicho importe, tendrá el usufructuario derecho a retener la cosa hasta reintegrarse con sus productos.

Art. 503. El propietario podrá hacer las obras y mejoras de que sea susceptible la finca usufructuada, o nuevas plantaciones en ella si fuere rústica, siempre que por tales actos no resulte disminuido el valor del usufructo, ni se perjudique el derecho del usufructuario.

Art. 504. El pago de las cargas y contribuciones anuales y el de las que se consideran gravámenes de los frutos, será de cuenta del usufructuario todo el tiempo que el usufructo dure.

Art. 505. Las contribuciones que durante el usufructo se impongan directamente sobre el capital, serán de cargo del propietario.

Arts. 500, 501 y 502: Compárese con art. 453. V. arts. 453, 467, 497, 520, 1.522, 1.554.2, 1.558 y 1.559. V. también arts. 21 a 24 y 30 de la L.A.U. y 17 a 21 de la L.A.R.

Art. 503: v. arts. 489, 595 y 1.573.

Art. 504: Compárese con arts. 452 de este Código y 20 de la L.A.U.

Art. 505: Compárese con art. 452.

Si éste las hubiese satisfecho, deberá el usufructuario abonarle los intereses correspondientes a las sumas que en dicho concepto hubiese pagado y, si las anticipare el usufructuario, deberá recibir su importe al fin del usufructo.

Art. 506. Si se constituyere el usufructo sobre la totalidad de un patrimonio, y al constituirse tuviere deudas el propietario, se aplicará, tanto para la subsistencia del usufructo como para la obligación del usufructuario a satisfacerlas, lo establecido en los artículos 642 y 643 respecto de las donaciones.

Esta misma disposición es aplicable al caso en que el propietario viniese obligado, al constituirse el usufructo, al pago de prestaciones periódicas, aunque no tuvieran capital conocido.

Art. 507. El usufructuario podrá reclamar por sí los créditos vencidos que formen parte del usufructo si tuviese dada o diere la fianza correspondiente. Si estuviese dispensado de prestar fianza o no hubiese podido constituirla, o la constituida no fuese suficiente, necesitará autorización del propietario, o del Juez en su defecto, para cobrar dichos créditos.

El usufructuario con fianza podrá dar al capital que realice el destino que estime conveniente. El usufructuario sin fianza deberá poner a interés dicho capital de acuerdo con el propietario; a falta de acuerdo entre ambos, con autorización judicial; y, en todo caso, con las garantías suficientes para mantener la integridad del capital usufructuado.

Art. 508. El usufructuario universal deberá pagar por entero el legado de renta vitalicia o pensión de alimentos.

El usufructuario de una parte alícuota de la herencia lo pagará en proporción a su cuota.

En ninguno de los dos casos quedará obligado el propietario al reembolso.

El usufructuario de una o más cosas particulares sólo pagará el legado cuando la renta o pensión estuviese constituida determinadamente sobre ellas.

Art. 506: v. arts. 1.158 y 1.210.

Art. 507: v. arts. 475, 486, 494, 1.164 y 1.895 y 1.901 de este Código y 100 y ss. de la L.J.V.

Art. 508: v. arts. 476, 797, 859 y 880.

Art. 509. El usufructuario de una finca hipotecada no estará obligado a pagar las deudas para cuya seguridad se estableció la hipoteca.

Si la finca se embargare o vendiere judicialmente para el pago de la deuda, el propietario responderá al usufructuario de lo que pierda por este motivo.

Art. 510. Si el usufructo fuere de la totalidad o de parte alícuota de una herencia, el usufructuario podrá anticipar las sumas que para el pago de las deudas hereditarias correspondan a los bienes usufructuados, y tendrá derecho a exigir del propietario su restitución, sin interés, al extinguirse el usufructo.

Negándose el usufructuario a hacer esta anticipación, podrá el propietario pedir que se venda la parte de los bienes usufructuados que sea necesaria para pagar dichas sumas, o satisfacerlas de su dinero, con derecho, en este último caso, a exigir del usufructuario los intereses correspondientes.

Art. 511. El usufructuario estará obligado a poner en conocimiento del propietario cualquier acto de un tercero, de que tenga noticia, que sea capaz de lesionar los derechos de propiedad, y responderá, si no lo hiciere, de los daños y perjuicios, como si hubieran sido ocasionados por su culpa.

Art. 512. Serán de cuenta del usufructuario los gastos, costas y condenas de los pleitos sostenidos sobre el usufructo.

SECCIÓN CUARTA

De los modos de extinguirse el usufructo

Art. 513. El usufructo se extingue:

1.º Por muerte del usufructuario.

2.º Por expirar el plazo por que se constituyó, o cumplirse la condición resolutoria consignada en el título constitutivo.

3.º Por la reunión del usufructo y la propiedad en una misma persona.

Art. 509: v. arts. 506, 1.158 del C.c.; 622 de la L.Enj.Civ.; 134 de la L.H. y 216, 217 y 231 del R.H. Compárese con el art. 1.876.

Art. 510: v. arts. 506 y 508.

Art. 511: v. arts. 1.101, 1.104 y 1.559.

Art. 512: v. art. 470 de este Código y 241 y ss., 394, 397 y 398 de la L.Enj.Civ.

Art. 513: v. arts. 469, 499, 515 y 517, 521, 781, 793, 1.113 a 1.124, 1.182 a 1.186, 1.192 a 1.194 y 1.957 de este Código. Ténganse en cuenta los arts. 107 de la L.H., 192 del R.H. y la Ley 421 de la C.Nav.

4.º Por la renuncia del usufructuario.

5.º Por la pérdida total de la cosa objeto del usufructo.

6.º Por la resolución del derecho del constituyente.

7.º Por prescripción.

Art. 514. Si la cosa dada en usufructo se perdiera sólo en parte, continuará este derecho en la parte restante.

Art. 515. No podrá constituirse el usufructo a favor de un pueblo o Corporación o Sociedad por más de treinta años. Si se hubiese constituido, y antes de este tiempo el pueblo quedara yermo, o la Corporación o la Sociedad se disolviera, se extinguirá por este hecho el usufructo.

Art. 516. El usufructo concedido por el tiempo que tarde un tercero en llegar a cierta edad, subsistirá el número de años prefijado, aunque el tercero muera antes, salvo si dicho usufructo hubiese sido expresamente concedido sólo en atención a la existencia de dicha persona.

Art. 517. Si el usufructo estuviera constituido sobre una finca de la que forme parte un edificio, y éste llegare a perecer, de cualquier modo que sea, el usufructuario tendrá derecho a disfrutar del suelo y de los materiales.

Lo mismo sucederá cuando el usufructo estuviera constituido solamente sobre un edificio y éste pereciere. Pero en tal caso, si el propietario quisiere construir otro edificio, tendrá derecho a ocupar el suelo y a servirse de los materiales, quedando obligado a pagar al usufructuario, mientras dure el usufructo, los intereses de las sumas correspondientes al valor del suelo y de los materiales.

Art. 518. Si el usufructuario concurriere con el propietario al seguro de un predio dado en usufructo, continuará aquél, en caso de siniestro, en el goce del nuevo edificio si se construyere, o percibirá los intereses del precio del seguro si la reedificación no conviniera al propietario.

Si el propietario se hubiera negado a contribuir al seguro del predio, constituyéndolo por sí solo el usufructuario, adqui-

---

Art. 514: v. art. 499.

Art. 515: Ténganse en cuenta, respecto a entidades locales los arts. 9 a 16 del R.B.E.L. V. art. 531.

Art. 516: v. art. 469.

Art. 517: v. art. 520.

Art. 518: Ténganse en cuenta respecto a la suscripción de la póliza de seguro los arts. 5 a 21 y 42 de la L.C.S.

rirá éste el derecho de recibir por entero en caso de siniestro el precio del seguro, pero con obligación de invertirlo en la reedificación de la finca.

Si el usufructuario se hubiese negado a contribuir al seguro, constituyéndolo por sí solo el propietario, percibirá éste íntegro el precio del seguro en caso de siniestro, salvo siempre el derecho concedido al usufructuario en el artículo anterior.

Art. 519. Si la cosa usufructuada fuere expropiada por causa de utilidad pública, el propietario estará obligado, o bien a subrogarla con otra de igual valor y análogas condiciones, o bien a abonar al usufructuario el interés legal del importe de la indemnización por todo el tiempo que deba durar el usufructo. Si el propietario optare por lo último, deberá afianzar el pago de los réditos.

Art. 520. El usufructo no se extingue por el mal uso de la cosa usufructuada; pero, si el abuso infiriese considerable perjuicio al propietario, podrá éste pedir que se le entregue la cosa, obligándose a pagar anualmente al usufructuario el producto líquido de la misma, después de deducir los gastos y el premio que se le asignare por su administración.

Art. 521. El usufructo constituido en provecho de varias personas vivas al tiempo de su constitución, no se extinguirá hasta la muerte de la última que sobreviviere.

Art. 522. Terminado el usufructo, se entregará al propietario la cosa usufructuada, salvo el derecho de retención que compete al usufructuario o a sus herederos por los desembolsos de que deban ser reintegrados. Verificada la entrega, se cancelará la fianza o hipoteca.

CAPÍTULO II

DEL USO Y DE LA HABITACIÓN*

Art. 523. Las facultades y obligaciones del usuario y del que tiene derecho de habitación se regularán por el título consti-

---

Art. 519: v. arts. 42 y 43 de la L.E.F. y arts. 349, 513 y 1.108.
Art. 520: Compárese con los arts. 7 y 529. V. arts. 497 y 500 a 503.
Art. 521: v. arts. 469, 637, 640 y 987.
Art. 522: v. arts. 453, 472, 502, 505 y 510. V. igualmente arts. 175.1 y 179 del R.H.
* V. arts. 1, 2 y 18 de la L.H. y concordantes de su Reglamento. Ténganse en cuenta también el art. 85 de la C.Bal. y las Leyes 423 y ss. de la C.Nav.
Art. 523: v. arts. 470, 1.406 y 1.407. Compárese con los arts. 1.543 y 1.741.

tutivo de estos derechos; y, en su defecto, por las disposiciones siguientes.

Art. 524. El uso da derecho a percibir de los frutos de la cosa ajena los que basten a las necesidades del usuario y de su familia, aunque ésta se aumente.

La habitación da a quien tiene este derecho la facultad de ocupar en una casa ajena las piezas necesarias para sí y para las personas de su familia.

Art. 525. Los derechos de uso y habitación no se pueden arrendar ni traspasar a otro por ninguna clase de título.

Art. 526. El que tuviere el uso de un rebaño o piara de ganado, podrá aprovecharse de las crías, leche y lana en cuanto baste para su consumo y el de su familia, así como también del estiércol necesario para el abono de las tierras que cultive.

Art. 527. Si el usuario consumiera todos los frutos de la cosa ajena, o el que tuviere derecho de habitación ocupara toda la casa, estará obligado a los gastos de cultivo, a los reparos ordinarios de conservación y al pago de las contribuciones, del mismo modo que el usufructuario.

Si sólo percibiera parte de los frutos o habitara parte de la casa, no deberá contribuir con nada, siempre que quede al propietario una parte de frutos o aprovechamientos bastantes para cubrir los gastos y las cargas. Si no fueren bastantes, suplirá aquél lo que falte.

Art. 528. Las disposiciones establecidas para el usufructo son aplicables a los derechos de uso y habitación, en cuanto no se opongan a lo ordenado en el presente capítulo.

Art. 529. Los derechos de uso y habitación se extinguen por las mismas causas que el usufructo y además por abuso grave de la cosa y de la habitación.

Art. 525: Téngase en cuenta lo dispuesto en el art. 108, n. 3 de la L.H.V.
Art. 527: v. arts. 500 a 505.
Art. 528: v. arts. 513, 520 y 523.
Art. 529: Compárese con los arts. 7, 513 y 520.

TÍTULO VII

De las servidumbres*

CAPÍTULO PRIMERO

DE LAS SERVIDUMBRES EN GENERAL

SECCIÓN PRIMERA

De las diferentes clases de servidumbres que pueden establecerse sobre las fincas

Art. 530. La servidumbre es un gravamen impuesto sobre un inmueble en beneficio de otro perteneciente a distinto dueño.

El inmueble a cuyo favor está constituida la servidumbre, se llama predio dominante; el que la sufre, predio sirviente.

Art. 531. También pueden establecerse servidumbres en provecho de una o más personas, o de una comunidad, a quienes no pertenezca la finca gravada.

Art. 532. Las servidumbres pueden ser continuas o discontinuas, aparentes o no aparentes.

Continuas son aquellas cuyo uso es o puede ser incesante, sin la intervención de ningún hecho del hombre.

Discontinuas son las que se usan a intervalos más o menos largos y dependen de actos del hombre.

Aparentes las que se anuncian y están continuamente a la vista por signos exteriores, que revelan el uso y aprovechamiento de las mismas.

No aparentes las que no presentan indicio alguno exterior de su existencia.

Art. 533. Las servidumbres son además positivas o negativas.

Se llama positiva la servidumbre que impone al dueño del predio sirviente la obliga-

---

* Deben distinguirse las servidumbres de aquellas otras limitaciones del dominio derivadas de los diversos estatutos del dominio en razón de la función social de la propiedad, destacando entre otros el regulado por el T.R.L.S., la L.Ag., la L.Patrim. His.E., la L.Cost., la L.Ptos. y la L.P.I.; v. arts. 1, 2, 5, 13, 36 y 108 de la L.H. y concordantes del R.H., así como la Disp. Adic. 19.ª de la L.Sec.Hidrocarb.

Ténganse también en cuenta las Leyes 393 y ss. de la C.Nav., arts. 551 y ss. del C.Arag. y 556-1 y ss. del C.Civ.Cat.

Art. 530: v. arts. 334.10, 550 del C.c. y 13.2, 108.1 de la L.H.

Art. 531: v. arts. 515 y 600 a 604.

Art. 532: v. arts. 537 a 541, 561, 564 y 573 del C.c. y 36.*b*), últ. inciso, de la L.H.

Art. 533: v. arts. 538 y 1.098.

ción de dejar hacer alguna cosa o de hacerla por sí mismo, y negativa la que prohíbe al dueño del predio sirviente hacer algo que le sería lícito sin la servidumbre.

Art. 534. Las servidumbres son inseparables de la finca a que activa o pasivamente pertenecen.

Art. 535. Las servidumbres son indivisibles. Si el predio sirviente se divide entre dos o más, la servidumbre no se modifica y cada uno de ellos tiene que tolerarla en la parte que le corresponda.

Si es el predio dominante el que se divide entre dos o más, cada porcionero puede usar por entero de la servidumbre, no alterando el lugar de su uso, ni agravándola de otra manera.

Art. 536. Las servidumbres se establecen por la ley o por la voluntad de los propietarios. Aquéllas se llaman legales y éstas voluntarias.

SECCIÓN SEGUNDA

De los modos de adquirir las servidumbres

Art. 537. Las servidumbres continuas y aparentes se adquieren en virtud de título, o por la prescripción de veinte años.

Art. 538. Para adquirir por prescripción las servidumbres a que se refiere el artículo anterior, el tiempo de la posesión se contará: en las positivas, desde el día en que el dueño del predio dominante, o el que haya aprovechado la servidumbre, hubiera empezado a ejercerla sobre el predio sirviente; y en las negativas, desde el día en que el dueño del predio dominante hubiera prohibido, por un acto formal, al del sirviente la ejecución del hecho que sería lícito sin la servidumbre.

Art. 539. Las servidumbres continuas no aparentes, y las discontinuas, sean o no aparentes, sólo podrán adquirirse en virtud de título.

Art. 534: v. art. 108, n. 1 de la L.H. y 530.

Art. 535: v. arts. 394, 405, 597 y 603 de este Código y 46 a 50 del R.H. sobre segregación y agregación de fincas.

Art. 536: v. arts. 541, 549 a 593, 594 a 604 y 609.

Art. 537: v. arts. 1.930, 1.940, 1.949, 1.957 y 1.959.

Art. 538: v. arts. 1.960.

Art. 539: v. arts. 609, 1.930 y 1.959.

Art. 540. La falta de título constitutivo de las servidumbres que no pueden adquirirse por prescripción, únicamente se puede suplir por la escritura de reconocimiento del dueño del predio sirviente, o por una sentencia firme.

Art. 541. La existencia de un signo aparente de servidumbre entre dos fincas, establecido por el propietario de ambas, se considerará, si se enajenare una, como título para que la servidumbre continúe activa y pasivamente, a no ser que, al tiempo de separarse la propiedad de las dos fincas, se exprese lo contrario en el título de enajenación de cualquiera de ellas, o se haga desaparecer aquel signo antes del otorgamiento de la escritura.

Art. 542. Al establecerse una servidumbre se entienden concedidos todos los derechos necesarios para su uso.

SECCIÓN TERCERA

Derechos y obligaciones de los propietarios de los predios dominante y sirviente

Art. 543. El dueño del predio dominante podrá hacer, a su costa, en el predio sirviente las obras necesarias para el uso y conservación de la servidumbre, pero sin alterarla ni hacerla más gravosa.

Deberá elegir para ello el tiempo y la forma convenientes a fin de ocasionar la menor incomodidad posible al dueño del predio sirviente.

Art. 544. Si fuesen varios los predios dominantes, los dueños de todos ellos estarán obligados a contribuir a los gastos de que trata el artículo anterior, en proporción al beneficio que a cada cual reporte la obra. El que no quiera contribuir podrá eximirse renunciando a la servi-

---

Art. 540: v. arts. 536, 594 y nota al art. 539.
Art. 541: v. arts. 567, 598 y nota al art. 539.
Art. 542: v. arts. 556, 557 y 598.
Art. 543: v. arts. 7 y 599. Compárese con los arts. 503 y 1.558, así como nota a los arts. 500 a 502.
Art. 544: v. arts. 575, 576, 577 y 599. Compárese con los arts. 395 y 422.

dumbre en provecho de los demás.

Si el dueño del predio sirviente se utilizare en algún modo de la servidumbre, estará obligado a contribuir a los gastos en la proporción antes expresada, salvo pacto en contrario.

Art. 545. El dueño del predio sirviente no podrá menoscabar de modo alguno el uso de la servidumbre constituida.

Sin embargo, si por razón del lugar asignado primitivamente, o de la forma establecida para el uso de la servidumbre, llegara ésta a ser muy incómoda al dueño del predio sirviente, o le privase de hacer en él obras, reparos o mejoras importantes, podrá variarse a su costa, siempre que ofrezca otro lugar o forma igualmente cómodos, y de suerte que no resulte perjuicio alguno al dueño del predio dominante o a los que tengan derecho al uso de la servidumbre.

SECCIÓN CUARTA

De los modos de extinguirse las servidumbres

Art. 546. Las servidumbres se extinguen:

1.º Por reunirse en una misma persona la propiedad del predio dominante y la del sirviente.

2.º Por el no uso durante veinte años.

Este término principiará a contarse desde el día en que hubiera dejado de usarse la servidumbre respecto a las discontinuas; y desde el día en que haya tenido lugar un acto contrario a la servidumbre respecto a las continuas.

3.º Cuando los predios vengan a tal estado que no pueda usarse de la servidumbre; pero ésta revivirá si después el estado de los predios permitiera usar de ella, a no ser que cuando sea posible el uso, haya transcurrido el tiempo suficiente para la prescripción, conforme a lo dispuesto en el número anterior.

4.º Por llegar el día o realizarse la condición, si la servidumbre fuera temporal o condicional.

5.º Por la renuncia del dueño del predio dominante.

6.º Por la redención convenida entre el dueño del predio dominante y el del sirviente.

Art. 547. La forma de prestar la servidumbre puede pres-

Art. 545: v. arts. 565, 568 y 587.

Art. 546: Téngase en cuenta lo dispuesto en los arts. 76 de la L.H.; 538, 603 y 949 de este Código; en arts. 566.1 y ss. de la C.Civ.Cat. y en la Ley 406 de la C.Nav.

Art. 547: v. arts. 598 y 1.930.

cribirse como la servidumbre misma, y de la misma manera.

Art. 548. Si el predio dominante perteneciera a varios en común, el uso de la servidumbre hecho por uno impide la prescripción respecto de los demás.

CAPÍTULO II

DE LAS SERVIDUMBRES LEGALES

SECCIÓN PRIMERA

*Disposiciones generales**

Art. 549. Las servidumbres impuestas por la ley tienen por objeto la utilidad pública o el interés de los particulares.

Art. 550. Todo lo concerniente a las servidumbres establecidas para utilidad pública o comunal se regirá por las leyes y reglamentos especiales que las determinan, y, en su defecto, por las disposiciones del presente título.

Art. 551. Las servidumbres que impone la ley en interés de los particulares, o por causa de utilidad privada, se regirán por las disposiciones del presente título, sin perjuicio de lo que dispongan las leyes, reglamentos y ordenanzas generales o locales sobre policía urbana o rural.

Estas servidumbres podrán ser modificadas por convenio de los interesados cuando no lo prohíba la ley ni resulte perjuicio a tercero.

Art. 548: v. arts. 394, 450, 535, 544 y 1.933.

* Son numerosas las normas que imponen servidumbres a la propiedad. Entre otras, cabría señalar los arts. 47 a 49 de la L.Ag.; Disp. Trans. 1.ª de la L.Mont.; 23 y 26 a 28 de la L.Cost.; 31 de la L.Carret.; la Ley 8/1972, de 10 de mayo (*B.O.E.* de 11 de mayo), sobre construcción, conservación y explotación de autopistas; la Ley 10/1986, de 18 de marzo (*B.O.E.* de 18 de diciembre), de expropiación forzosa y servidumbres de paso de instalaciones eléctricas; la L.O.T.T.; el T.R.L.S. y la L.Ptos.

Ténganse en cuenta los arts. 17 y 19 del T.R.L.S.; 43 a 48 de la L.Gral.Telecom.; 5.º, 34, 40, 57 y ss., y Disp. Adic. 4.ª de la L.Sec.Eléc. y 103 a 107 de la L.Sec.Hidrocarb.

V. también la Ley 11/1997, de 2 de diciembre, de regulación del sector eléctrico canario (*B.O. de Canarias* n. 158, de 8 de diciembre de 1997, y *B.O.E.* n. 21, de 24 de enero de 1998).

V., asimismo, arts. 44 y ss. de la L.Gral.Telecom. y R.D. 346/2011, de 11 de marzo, por el que se aprueba el Reglamento regulador de las infraestructuras comunes de telecomunicaciones para el acceso a los Servicios de telecomunicación en el interior de las edificaciones (*B.O.E.* n. 78, de 1 de abril).

Ténganse en cuenta los arts. 566-7 y ss. del C.Civ.Cat.

Art. 550: v. art. 536.

Art. 551: v. arts. 536, 563, 570, 571 y 590 de este Código y 9.1, letra *c*), de la L.P.H.

SECCIÓN SEGUNDA

*De las servidumbres en materia de aguas**

Art. 552. Los predios inferiores están sujetos a recibir las aguas que naturalmente y sin obra del hombre descienden de los predios superiores, así como la tierra o piedra que arrastran en su curso.

Ni el dueño del predio inferior puede hacer obras que impidan esta servidumbre, ni el del superior obras que la agraven.

Art. 553. Las riberas de los ríos, aun cuando sean de dominio privado, están sujetas en toda su extensión y sus márgenes, en una zona de tres metros, a la servidumbre de uso público en interés general de la navegación, la flotación, la pesca y el salvamento.

Los predios contiguos a las riberas de los ríos navegables o flotables están además sujetos a la servidumbre de camino de sirga para el servicio exclusivo de la navegación y flotación fluvial.

Si fuere necesario ocupar para ello terrenos de propiedad particular, precederá la correspondiente indemnización.

Art. 554. Cuando para la derivación o toma de aguas de un río o arroyo, o para el aprovechamiento de otras corrientes continuas o discontinuas, fuere necesario establecer una presa, y el que haya de hacerlo no sea dueño de las riberas, o terrenos en que necesite apoyarla, podrá establecer la servidumbre de estribo de presa, previa la indemnización correspondiente.

Art. 555. Las servidumbres forzosas de saca de agua y de abrevadero solamente podrán imponerse por causa de utilidad pública en favor de alguna población o caserío, previa la correspondiente indemnización.

Art. 556. Las servidumbres de saca de agua y de abrevadero llevan consigo la obligación en los predios sirvientes de dar paso a personas y ganados hasta el punto donde hayan de utilizarse aquéllas, debiendo ser extensiva a este servicio la indemnización.

---

* V. arts. 47 a 49 de la L.Ag. V. nota al capítulo I del Título IV de este Libro.
Art. 552: v. arts. 45.1 de la L.H., 16 del R.D.P.H. y 247 del C.P.
Art. 553: v. art. 7 de la L.Pesc.Fluv. V. art. 6 de la L.Ag. y 6 a 8, 41 y 47 del R.P.D.H.
Art. 555: v. arts. 388, 414 y 570.
Art. 556: v. art. 33 de la Const. y arts. 388, 414, 542 y 570.

Art. 557. Todo el que quiera servirse del agua de que pueda disponer para una finca suya, tiene derecho a hacerla pasar por los predios intermedios, con obligación de indemnizar a sus dueños, como también a los de los predios inferiores sobre los que se filtren o caigan las aguas.

Art. 558. El que pretenda usar el derecho concedido en el artículo anterior está obligado:

1.º A justificar que puede disponer del agua y que ésta es suficiente para el uso a que la destina.

2.º A demostrar que el paso que solicita es el más conveniente y menos oneroso para tercero.

3.º A indemnizar al dueño del predio sirviente en la forma que se determine por las leyes y reglamentos.

Art. 559. No puede imponerse la servidumbre de acueducto para objeto de interés privado, sobre edificios, ni sus patios o dependencias, ni sobre jardines o huertas ya existentes.

Art. 560. La servidumbre de acueducto no obsta para que el dueño del predio sirviente pueda cerrarlo y cercarlo, así como edificar sobre el mismo acueducto de manera que éste no experimente perjuicio, ni se imposibiliten las reparaciones y limpias necesarias.

Art. 561. Para los efectos legales la servidumbre de acueducto será considerada como continua y aparente, aun cuando no sea constante el paso del agua, o su uso dependa de las necesidades del predio dominante, o de un turno establecido por días o por horas.

Art. 562. El que para dar riego a su heredad o mejorarla, necesite construir parada o partidor en el cauce por donde haya de recibir el agua, podrá exigir que los dueños de las márgenes permitan su construcción, previo abono de daños y perjuicios, incluso los que se originen de la nueva servidumbre a dichos dueños y a los demás regantes.

Art. 557: v. arts. 48.5 de la L.Ag.; 18 a 40 del R.P.D.H. y 552 y 564.
Art. 559: v. art. 48 de la L.Ag.
Art. 560: v. arts. 388 y 545.
Art. 561: v. arts. 532, 537, 539 y 546.
Art. 562: v. art. 48 de la L.Ag.

Art. 563. El establecimiento, extensión, forma y condiciones de las servidumbres de aguas, de que se trata en esta sección, se regirán por la ley especial de la materia en cuanto no se halle previsto en este Código.

SECCIÓN TERCERA

*De la servidumbre de paso**

Art. 564. El propietario de una finca o heredad, enclavada entre otras ajenas y sin salida a camino público, tiene derecho a exigir paso por las heredades vecinas, previa la correspondiente indemnización.

Si esta servidumbre se constituye de manera que pueda ser continuo su uso para todas las necesidades del predio dominante estableciendo una vía permanente, la indemnización consistirá en el valor del terreno que se ocupe y en el importe de los perjuicios que se causen en el predio sirviente.

Cuando se limite al paso necesario para el cultivo de la finca enclavada entre otras y para la extracción de sus cosechas a través del predio sirviente sin vía permanente, la indemnización consistirá en el abono del perjuicio que ocasione este gravamen.

Art. 565. La servidumbre de paso debe darse por el punto menos perjudicial al predio sirviente, y, en cuanto fuere conciliable con esta regla, por donde sea menor la distancia del predio dominante al camino público.

Art. 566. La anchura de la servidumbre de paso será la que baste a las necesidades del predio dominante.

Art. 567. Si, adquirida una finca por venta, permuta o partición, quedare enclavada entre otras del vendedor, permutante o copartícipe, éstos están obligados a dar paso sin indemnización, salvo pacto en contrario.

Art. 568. Si el paso concedido a una finca enclavada deja de ser necesario por haberla reunido su dueño a otra que esté contigua al camino público, el due-

---

Art. 563: v. arts. 47 a 49 y Disp. Final 1.ª de la L.Ag., y arts. 407 a 425.

* V. sobre las servidumbres de paso los arts. 82 y ss. de la C.Gall. y 128 y ss. de la L.P.Vasc.

Arts. 565 y 566: v. arts. 7 y 542.

Art. 567: Compárese con arts. 400 y 541.

Art. 568: v. arts. 546 y 549.

ño del predio sirviente podrá pedir que se extinga la servidumbre, devolviendo lo que hubiera recibido por indemnización.

Lo mismo se entenderá en el caso de abrirse un nuevo camino que dé acceso a la finca enclavada.

Art. 569. Si fuere indispensable para construir o reparar algún edificio pasar materiales por predio ajeno, o colocar en él andamios u otros objetos para la obra, el dueño de este predio está obligado a consentirlo, recibiendo la indemnización correspondiente al perjuicio que se le irrogue.

Art. 570. Las servidumbres existentes de paso para ganados, conocidas con los nombres de cañada, cordel, vereda o cualquiera otro, y las de abrevadero, descansadero y majada, se regirán por las ordenanzas y reglamentos del ramo, y, en su defecto, por el uso y costumbre del lugar.

Sin perjuicio de los derechos legítimamente adquiridos, la cañada no podrá exceder en todo caso de la anchura de 75 metros, el cordel de 37 metros 50 centímetros, y la vereda de 20 metros.

Cuando sea necesario establecer la servidumbre forzosa de paso o la de abrevadero para ganados, se observará lo dispuesto en esta sección y en los artículos 555 y 556. En este caso la anchura no podrá exceder de 10 metros.

SECCIÓN CUARTA

*De la servidumbre de medianería**

Art. 571. La servidumbre de medianería se regirá por las disposiciones de este título y por las ordenanzas y usos locales en cuanto no se opongan a él, o no esté prevenido en el mismo.

Art. 572. Se presume la servidumbre de medianería mientras no haya un título, o signo exterior, o prueba en contrario:

Art. 569: Compárese con art. 1.558.

Art. 570: v. arts. 550, 555 y 556 de este Código y 2, 4, 7, 8, 14, 15, 20 y Disp. Trans. única de la L.V.Pec., donde tales servidumbres se califican de dominio público, se establecen sus clases y un especial régimen de inscripción, así como el plazo de prescripción de acciones civiles y la obligación de indemnización de daños y perjuicios.

* V. sobre esta cuestión los arts. 546-1 y ss. 546-1 y ss. del C.Civ.Cat.

Art. 571: v. arts. 396 y 590.

Art. 572: v. arts. 574, 593, 1.250 y 1.251.

1.º En las paredes divisorias de los edificios contiguos hasta el punto común de elevación.

2.º En las paredes divisorias de los jardines o corrales sitos en poblado o en el campo.

3.º En las cercas, vallados y setos vivos que dividen los predios rústicos.

Art. 573. Se entiende que hay signo exterior, contrario a la servidumbre de medianería:

1.º Cuando en las paredes divisorias de los edificios haya ventanas o huecos abiertos.

2.º Cuando la pared divisoria esté por un lado recta y a plomo en todo su paramento, y por el otro presente lo mismo en su parte superior, teniendo en la inferior relex o retallos.

3.º Cuando resulte construida toda la pared sobre el terreno de una de las fincas, y no por mitad entre una y otra de las dos contiguas.

4.º Cuando sufra las cargas de carreras, pisos y armaduras de una de las fincas, y no de la contigua.

5.º Cuando la pared divisoria entre patios, jardines y heredades esté construida de modo que la albardilla vierta hacia una de las propiedades.

6.º Cuando la pared divisoria, construida de mampostería, presente piedras llamadas pasaderas, que de distancia en distancia salgan fuera de la superficie sólo por un lado y no por el otro.

7.º Cuando las heredades contiguas a otras defendidas por vallados o setos vivos no se hallen cerradas.

En todos estos casos la propiedad de las paredes, vallados o setos se entenderá que pertenece exclusivamente al dueño de la finca o heredad que tenga a su favor la presunción fundada en cualquiera de los signos indicados.

Art. 574. Las zanjas o acequias abiertas entre las heredades se presumen también medianeras, si no hay título o signo que demuestre lo contrario.

Hay signo contrario a la medianería cuando la tierra o broza sacada para abrir la zanja o para su limpieza se halla de un solo lado, en cuyo caso la propiedad de la zanja pertenecerá exclusivamente al dueño de la heredad que tenga a su favor este signo exterior.

Art. 575. La reparación y construcción de las paredes medianeras y el mantenimiento de

---

Art. 573: v. arts. 388, 580 y 581.
Art. 574: v. nota al art. 572.
Art. 575: v. arts. 543 y 544. Compárese con los arts. 395 y 396.

los vallados, setos vivos, zanjas y acequias, también medianeros, se costeará por todos los dueños de las fincas que tengan a su favor la medianería, en proporción al derecho de cada uno.

Sin embargo, todo propietario puede dispensarse de contribuir a esta carga renunciando a la medianería, salvo el caso en que la pared medianera sostenga un edificio suyo.

Art. 576. Si el propietario de un edificio que se apoya en una pared medianera quisiera derribarlo, podrá igualmente renunciar a la medianería, pero serán de su cuenta todas las reparaciones y obras necesarias para evitar, por aquella vez solamente, los daños que el derribo pueda ocasionar a la pared medianera.

Art. 577. Todo propietario puede alzar la pared medianera, haciéndolo a sus expensas e indemnizando los perjuicios que se ocasionen con la obra, aunque sean temporales.

Serán igualmente de su cuenta los gastos de conservación de la pared, en lo que ésta se haya levantado o profundizado sus cimientos respecto de como estaba antes; y además la indemnización de los mayores gastos que haya que hacer para la conservación de la pared medianera por razón de la mayor altura o profundidad que se le haya dado.

Si la pared medianera no pudiese resistir la mayor elevación, el propietario que quiera levantarla tendrá obligación de reconstruirla a su costa; y, si para ello fuere necesario darle mayor espesor, deberá darlo de su propio suelo.

Art. 578. Los demás propietarios que no hayan contribuido a dar más elevación, profundidad o espesor a la pared, podrán, sin embargo, adquirir en ella los derechos de medianería, pagando proporcionalmente el importe de la obra y la mitad del valor del terreno sobre el que se le hubiese dado mayor espesor.

Art. 579. Cada propietario de una pared medianera podrá usar de ella en proporción al derecho que tenga en la mancomunidad; podrá, por tanto, edificar apoyando su obra en la pared medianera, o introduciendo vigas hasta la mitad de su espesor, pero sin impedir el uso común y respectivo de los demás medianeros.

Para usar el medianero de este derecho ha de obtener pre-

Arts. 578 y 579: v. arts. 392 a 406 y 590.

viamente el consentimiento de los demás interesados en la medianería; y, si no lo obtuviere, se fijarán por peritos las condiciones necesarias para que la nueva obra no perjudique a los derechos de aquéllos.

SECCIÓN QUINTA

*De la servidumbre de luces y vistas**

Art. 580. Ningún medianero puede sin consentimiento del otro abrir en pared medianera ventana ni hueco alguno.

Art. 581. El dueño de una pared no medianera, contigua a finca ajena, puede abrir en ella ventanas o huecos para recibir luces a la altura de las carreras, o inmediatos a los techos, y de las dimensiones de 30 centímetros en cuadro, y, en todo caso, con reja de hierro remetida en la pared y con red de alambre.

Sin embargo, el dueño de la finca o propiedad contigua a la pared en que estuvieren abiertos los huecos podrá cerrarlos si adquiere la medianería, y no se hubiera pactado lo contrario.

También podrá cubrirlos edificando en su terreno o levantando pared contigua a la que tenga dicho hueco o ventana.

Art. 582. No se puede abrir ventanas con vistas rectas, ni balcones u otros voladizos semejantes, sobre la finca del vecino, si no hay dos metros de distancia entre la pared en que se construyan y dicha propiedad.

Tampoco pueden tenerse vistas de costado u oblicuas sobre la misma propiedad, si no hay 60 centímetros de distancia.

Art. 583. Las distancias de que se habla en el artículo anterior se contarán en las vistas rectas desde la línea exterior de la pared en los huecos en que no haya voladizos, desde la línea de éstos donde los haya, y para las oblicuas desde la línea de separación de las dos propiedades.

Art. 584. Lo dispuesto en el artículo 582 no es aplicable a los edificios separados por una vía pública.

Art. 585. Cuando por cualquier título se hubiere adquirido derecho a tener vistas direc-

---

* V. sobre esta cuestión los arts. 546-10 y ss. del C.Civ.Cat.

Art. 580: v. art. 573.1.º y nota al art. 572.

Art. 582: v. art. 585.

Art. 584: v. arts. 9, 10, 16 y 17 del T.R.L.S.

Art. 585: v. arts. 536, 537, 539 y 582.

tas, balcones o miradores sobre la propiedad colindante, el dueño del predio sirviente no podrá edificar a menos de tres metros de distancia, tomándose la medida de la manera indicada en el artículo 583.

SECCIÓN SEXTA

Del desagüe de los edificios

Art. 586. El propietario de un edificio está obligado a construir sus tejados o cubiertas de manera que las aguas pluviales caigan sobre su propio suelo o sobre la calle o sitio público, y no sobre el suelo del vecino. Aun cayendo sobre el propio suelo, el propietario está obligado a recoger las aguas de modo que no causen perjuicio al predio contiguo.

Art. 587. El dueño del predio que sufra la servidumbre de vertiente de los tejados, podrá edificar recibiendo las aguas sobre su propio tejado o dándoles otra salida conforme a las ordenanzas o costumbres locales, y de modo que no resulte gravamen ni perjuicio alguno para el predio dominante.

Art. 588. Cuando el corral o patio de una casa se halle enclavado entre otras, y no sea posible dar salida por la misma casa a las aguas pluviales que en él se recojan, podrá exigirse el establecimiento de la servidumbre de desagüe, dando paso a las aguas por el punto de los predios contiguos en que sea más fácil la salida, y estableciéndose el conducto de desagüe en la forma que menos perjuicios ocasione al predio sirviente, previa la indemnización que corresponda.

SECCIÓN SÉPTIMA

De las distancias y obras intermedias para ciertas construcciones y plantaciones

Art. 589. No se podrá edificar ni hacer plantaciones cerca de las plazas fuertes o fortalezas sin sujetarse a las condiciones exigidas por las leyes, ordenanzas y reglamentos particulares de la materia.

Art. 586: v. arts. 551 y 552. Compárese con los arts. 7.1 y 9.1, letra *b*), de la L.P.H.
Art. 587: v. arts. 545 y 585.
Art. 588: v. arts. 543, 557 y 564 a 570.
Art. 589: v. Ley 8/1975, de 12 de marzo (*B.O.E.* de 14 de marzo), sobre zonas e instalaciones de interés para la defensa nacional y su Reglamento, aprobado por R.D. 689/1978, de 10 de febrero (*B.O.E.* de 14 de abril).

Art. 590. Nadie podrá construir cerca de una pared ajena o medianera pozos, cloacas, acueductos, hornos, fraguas, chimeneas, establos, depósitos de materias corrosivas, artefactos que se muevan por el vapor, o fábricas que por sí mismas o por sus productos sean peligrosas o nocivas, sin guardar las distancias prescritas por los reglamentos y usos del lugar, y sin ejecutar las obras de resguardo necesarias, con sujeción, en el modo, a las condiciones que los mismos reglamentos prescriban.

A falta de reglamento se tomarán las precauciones que se juzguen necesarias, previo dictamen pericial, a fin de evitar todo daño a las heredades o edificios vecinos.

Art. 591. No se podrá plantar árboles cerca de una heredad ajena sino a la distancia autorizada por las ordenanzas o la costumbre del lugar, y en su defecto, a la de dos metros de la línea divisoria de las heredades si la plantación se hace de árboles altos, y a la de 50 centímetros si la plantación es de arbustos o árboles bajos.

Todo propietario tiene derecho a pedir que se arranquen los árboles que en adelante se plantaren a menor distancia de su heredad.

Art. 592. Si las ramas de algunos árboles se extendieren sobre una heredad, jardines o patios vecinos, tendrá el dueño de éstos derecho a reclamar que se corten en cuanto se extiendan sobre su propiedad, y, si fueren las raíces de los árboles vecinos las que se extendiesen en suelo de otro, el dueño del suelo en que se introduzcan podrá cortarlas por sí mismo dentro de su heredad.

Art. 590: v. arts. 1.908 y 1.909 del C.c., 7 de la L.Patrim.His.E. y 9 del T.R.L.S.

V. Ley 34/2007, de 15 de noviembre, de calidad del aire y protección de la atmósfera (*B.O.E.* n. 275, de 16 de noviembre). Esta disposición legal deroga el Decreto 2.414/1961, de 30 de noviembre, por el que se aprobó el Reglamento de actividades molestas, insalubres, nocivas y peligrosas, si bien mantiene su vigencia en aquellas Comunidades y Ciudades Autónomas que no tengan aprobada una normativa en la materia y en tanto ésta no se dicte.

V. arts. 26 y ss. de la L.Gral.Telecom. y R.D. 401/2003, de 14 de mayo, por el que se aprueba el Reglamento regulador de las infraestructuras comunes de telecomunicaciones para el acceso a los Servicios de telecomunicación en el interior de los edificios y de la actividad de instalación de equipos y sistemas de telecomunicaciones (*B.O.E.* n. 58, de 9 de marzo).

Art. 591: v. Decreto 2.661/1967, de 19 de octubre (*B.O.E.* de 4 de noviembre), sobre distancias entre plantaciones y fincas colindantes. V. art. 446.

Art. 592: v. arts. 446, 1.089 y 1.098.

Art. 593. Los árboles existentes en un seto vivo medianero se presumen también medianeros, y cualquiera de los dueños tiene derecho a exigir su derribo.

Exceptúanse los árboles que sirvan de mojones, los cuales no podrán arrancarse sino de común acuerdo entre los colindantes.

CAPÍTULO III

DE LAS SERVIDUMBRES VOLUNTARIAS

Art. 594. Todo propietario de una finca puede establecer en ella las servidumbres que tenga por conveniente, y en el modo y forma que bien le pareciere, siempre que no contravenga a las leyes ni al orden público.

Art. 595. El que tenga la propiedad de una finca, cuyo usufructo pertenezca a otro, podrá imponer sobre ella, sin el consentimiento del usufructuario, las servidumbres que no perjudiquen al derecho del usufructo.

Art. 596. Cuando pertenezca a una persona el dominio directo de una finca y a otra el dominio útil, no podrá establecerse sobre ella servidumbre voluntaria perpetua sin el consentimiento de ambos dueños.

Art. 597. Para imponer una servidumbre sobre un fundo indiviso se necesita el consentimiento de todos los copropietarios.

La concesión hecha solamente por algunos, quedará en suspenso hasta tanto que la otorgue el último de todos los partícipes o comuneros.

Pero la concesión hecha por uno de los copropietarios separadamente de los otros obliga al concedente y a sus sucesores, aunque lo sean a título particular, a no impedir el ejercicio del derecho concedido.

Art. 598. El título y, en su caso, la posesión de la servidumbre adquirida por prescripción, determinan los derechos del predio dominante y las obligaciones del sirviente. En su defecto, se regirá la servidumbre

---

Art. 593: v. arts. 384, 397, 400 y 597 de este Código y 246 y 624 del C.P.
Art. 594: v. arts. 536 y 1.255.
Art. 595: v. arts. 489 y 503.
Art. 596: v. arts. 1.605 y 1.634.
Art. 597: v. arts. 397 y 399.
Art. 598: v. arts. 537 a 545 y 547. Compárese con los arts. 550, 551 y 563.

por las disposiciones del presente título que le sean aplicables.

Art. 599. Si el dueño del predio sirviente se hubiere obligado, al constituirse la servidumbre, a costear las obras necesarias para el uso y conservación de la misma, podrá librarse de esta carga abandonando su predio al dueño del dominante.

Art. 600. La comunidad de pastos sólo podrá establecerse en lo sucesivo por concesión expresa de los propietarios, que resulte de contrato o de última voluntad, y no a favor de una universalidad de individuos y sobre una universalidad de bienes, sino a favor de determinados individuos y sobre predios también ciertos y determinados.

La servidumbre establecida conforme a este artículo se regirá por el título de su institución.

Art. 601. La comunidad de pastos en terrenos públicos, ya pertenezcan a los Municipios, ya al Estado, se regirá por las leyes administrativas.

Art. 602. Si entre los vecinos de uno o más pueblos existiere comunidad de pastos, el propietario que cercare con tapia o seto una finca, la hará libre de la comunidad. Quedarán, sin embargo, subsistentes las demás servidumbres que sobre la misma estuviesen establecidas.

El propietario que cercare su finca conservará su derecho a la comunidad de pastos en las otras fincas no cercadas.

Art. 603. El dueño de terrenos gravados con la servidumbre de pastos podrá redimir esta carga mediante el pago de su valor a los que tengan derecho a la servidumbre.

A falta de convenio, se fijará el capital para la redención sobre la base del 4 por 100 del valor anual de los pastos, regulado por tasación pericial.

Art. 604. Lo dispuesto en el artículo anterior es aplicable a las servidumbres establecidas para el aprovechamiento de leñas y demás productos de los montes de propiedad particular.

Art. 599: Compárese con arts. 395 y 544. V. arts. 546.5.º y 575.

Art. 600: v. arts. 531 y 539.

Art. 601: v. arts. 79 y 80 de la L.B.R.L., 74 del T.R.R.L. y 38 a 42 del R.B.E.L. Ténganse en cuenta la Ley de 7 de octubre de 1968 (*B.O.E.* de 9 de octubre) y su Reglamento, aprobado por D. de 6 de junio de 1969 (*B.O.E.* de 25 de junio), de pastos, hierbas y rastrojeras. V. nota al art. 343.

Art. 602: v. arts. 388, 392, 394, 397 y 400.

Art. 603: v. art. 546, n. 6.

Art. 604: v. nota al art. 343.

TÍTULO VIII

Del Registro de la Propiedad*

CAPÍTULO ÚNICO

Art. 605. El Registro de la Propiedad tiene por objeto la inscripción o anotación de los actos y contratos relativos al dominio y demás derechos reales sobre bienes inmuebles.

---

* Tal Registro se encuentra regulado en la actualidad por la Ley Hipotecaria de 8 de febrero de 1946 (*B.O.E.* de 27 de febrero) y Reglamento para su aplicación, aprobado por Decreto de 14 de febrero de 1947 (*B.O.E.* de 16 de abril).

Téngase en cuenta el R.D. 1.093/1997, de 4 de julio, por el que se aprueban normas complementarias al Reglamento para la ejecución de la Ley Hipotecaria sobre inscripción en el Registro de la Propiedad de Actos de Naturaleza Urbanística (*B.O.E.* n. 175, de 23 de julio).

V. R.D.Leg. 1/2004, de 5 de marzo, por el que se aprueba el Texto Refundido de la Ley del Catastro Inmobiliario (*B.O.E.* n. 58, de 8 de marzo).

V. arts. 65 y ss. del T.R.L.S.

Por su importancia, queremos mencionar la siguiente referencia normativa:

— Orden de 23 de junio de 1999, por la que se regula el procedimiento para dar cumplimiento a la obligación establecida en la Ley 13/1996, de 30 de diciembre, sobre suministro de información a la Dirección General del Catastro por los Notarios y Registradores de la Propiedad (*B.O.E.* n. 155, de 30 de junio).

— Instrucción de 26 de mayo de 1999, de la D.G.R.N., sobre presentación de las cuentas anuales en los Registros Mercantiles mediante soporte informático y sobre recuperación de sus archivos (*B.O.E.* n. 138, de 10 de junio; corrección de errores en *B.O.E.* n. 152, de 26 de junio).

— Instrucción de 30 de diciembre de 1999, de la D.G.R.N., sobre presentación de las cuentas anuales en los Registros Mercantiles a través de procedimientos telemáticos (*B.O.E.* n. 7, de 8 de enero de 2000).

— Instrucción de 31 de diciembre de 1999, de la D.G.R.N., sobre legalización de libros en los Registros Mercantiles a través de procedimientos telemáticos (*B.O.E.* n. 7, de 8 de enero de 2000; corrección de errores en *B.O.E.* n. 17, de 20 de enero).

— Instrucción de 23 de octubre de 2001, de la Dirección General de los Registros y del Notariado, aprobando la cláusula autorizatoria para la presentación telemática de los contratos en el Registro de Bienes Muebles.

— Resolución de 12 de marzo de 2014, de la Dirección General del Catastro, por la que se aprueba la forma de remisión y la estructura, contenido y formato informático del fichero del padrón catastral y demás ficheros de intercambio de la información necesaria para la gestión del Impuesto sobre Bienes Inmuebles (*B.O.E.* n. 69, de 21 de marzo de 2014).

V. R.D. 1.464/2007, de 2 de noviembre, por el que se aprueban las normas técnicas de valoración catastral de los bienes inmuebles de características especiales (*B.O.E.* n. 278, de 20 de noviembre).

Art. 605: v. arts. 1 y 21 de la L.H.

V. Instrucción de 26 de marzo de 1999, de la D.G.R.N., sobre certificaciones catastrales descriptivas y gráficas a los efectos de constancia documental y registral de la referencia catastral (*B.O.E.* n. 91, de 16 de abril).

Art. 606. Los títulos de dominio, o de otros derechos reales sobre bienes inmuebles, que no estén debidamente inscritos o anotados en el Registro de la Propiedad, no perjudican a tercero.

Art. 607. El Registro de la Propiedad será público para los que tengan interés conocido en averiguar el estado de los bienes inmuebles o derechos reales anotados o inscritos.

Art. 608. Para determinar los títulos sujetos a inscripción o anotación, la forma, efectos y extinción de las mismas, la manera de llevar el Registro y el valor de los asientos de sus libros, se estará a lo dispuesto en la Ley Hipotecaria.

Art. 606: v. arts. 20, 24, 25 y 32 de la L.H.

Art. 607: v. arts. 38 y 221 a 237 de la L.H.

V. Resolución de 31 de julio de 2006, de la Dirección General del Catastro, por la que se aprueba la remisión a las Comunidades Autónomas del fichero de información catastral de bienes inmuebles de naturaleza rústica, urbana y de características especiales, así como su estructura, contenido y formato informático (*B.O.E.* n. 217, de 11 de septiembre de 2016).

Téngase en cuenta lo dispuesto en arts. 14 y ss. de la L.Aprov.Inm.

Téngase presente la Instrucción de 17 de febrero de 1998, de la D.G.R.N., sobre principios de publicidad formal y actuación de los Registradores de la Propiedad y Mercantiles en caso de petición en masa (*B.O.E.* n. 50, de 27 de febrero; corrección de errores en *B.O.E.* n. 72, de 25 de marzo).

V. también la Instrucción de 10 de abril de 2000, de la D.G.R.N., sobre publicidad formal e instrumental del contenido de los Registros de la Propiedad a través del correo electrónico (*B.O.E.* n. 96, de 21 de abril; corrección de errores en *B.O.E.* n. 108, de 5 de mayo.)

V. asimismo, arts. 19 a 21 del R.D. 1.828/1999, de 3 de diciembre, por el que se aprueba el Reglamento del Registro de las Condiciones Generales de la Contratación (*B.O.E.* n. 306, de 23 de diciembre). Téngase en cuenta, no obstante, la S.T.S. de 12 de febrero de 2002 (Sala 3.ª), por la que se anulan algunos incisos de los artículos mencionados, amén de otros preceptos del R.D. 1.828/1999 (*B.O.E.* n. 87, de 11 de abril).

Art. 608: v. arts. 1 a 5 y 42 a 47 de la L.H.

LIBRO TERCERO

De los diferentes modos de adquirir la propiedad

DISPOSICIÓN PRELIMINAR

Art. 609. La propiedad se adquiere por la ocupación.

La propiedad y los demás derechos sobre los bienes se adquieren y transmiten por la ley, por donación, por sucesión testada e intestada, y por consecuencia de ciertos contratos mediante la tradición.

Pueden también adquirirse por medio de la prescripción.

TÍTULO PRIMERO

De la ocupación *

Art. 610. Se adquieren por ocupación los bienes apropiables por su naturaleza que carecen de dueño, el tesoro oculto y las cosas muebles abandonadas.

Con las excepciones que puedan derivar de las normas destinadas a su identificación, protección o preservación, son susceptibles de ocupación los

---

Art. 609: v. arts. 618 a 656, 657 a 1.087, 1.095, 1.445 a 1.537, 1.538 a 1.541 y 1.930 a 1.960. V. también art. 277 de la C.Cat., así como art. 542-20 del C.Civ.Cat.

En relación con la tradición, téngase en cuenta la peculiar normativa prevista por el art. 13 del R.H. —tras reforma introducida por R.D. 1.867/1998, de 4 de septiembre (*B.O.E.* n. 233, de 29 de septiembre; corrección de errores en *B.O.E.* n. 39, de 15 de febrero de 1999)—, en donde se admite la cesión de suelo por obra futura, con la particularidad de que la contraprestación a la cesión consiste en una transmisión actual de pisos o locales del edificio a construir.

* Ténganse en cuenta los arts. 23 de la L.Patrim.A.P.; 49 y 58 a 64 del R.Patrim.E.; 14 del R.B.E.L. y nota al art. 339.

Art. 610: Redactado por la Ley 17/2021, de 15 de diciembre, de modificación del Código Civil, la Ley Hipotecaria y la Ley de Enjuiciamiento Civil, sobre el régimen jurídico de los animales (*B.O.E.* n. 300, de 16 de diciembre).

V. arts 37 de la L.Pesc.Fluv., 4 y 22 de la L.Caza, 57 de la L.Ag. y 351, 352, 437 y 465 de este Código.

animales carentes de dueño, incluidos los que pueden ser objeto de caza y pesca.

El derecho de caza y pesca se rige por las leyes especiales.

Art. 611. 1. Quien encuentre a un animal perdido deberá restituirlo a su propietario o a quien sea responsable de su cuidado, si conoce su identidad.

Art. 611: Redactado por Ley 17/2021, de 15 de diciembre, de modificación del Código Civil, la Ley Hipotecaria y la Ley de Enjuiciamiento Civil, sobre el régimen jurídico de los animales (*B.O.E.* n. 300, de 16 de diciembre).

Téngase en cuenta la Ley 30/2014, de 3 de diciembre, de Parques Nacionales (*B.O.E.* n. 293, de 4 de diciembre), y la Ley 42/2007, de 13 de diciembre, del Patrimonio Natural y de la Biodiversidad (*B.O.E.* n. 299, de 14 de diciembre), que deroga la Ley 4/1989, de 27 de marzo, de Conservación de los Espacios Naturales y de la Flora y Fauna Silvestres. V. la Ley de Caza, de 4 de abril de 1970, y su Reglamento, aprobado por Decreto 506/1971, de 25 de marzo (*B.O.E.* de 30 de marzo); la Ley de Pesca Fluvial y art. 465 de este Código.

Respecto de la legislación autonómica deben citarse las siguientes leyes:

— Ley 12/1985, de 13 de junio, de Espacios Naturales Protegidos en Cataluña (*D.O. G.C.* n. 556, de 28 de junio, y *B.O.E.* n. 166, de 12 de julio)

— Ley 2/1989, de 6 de junio, de Caza en Asturias (*B.O. Principado de Asturias y de la Provincia* n. 140, de 17 de junio, y *B.O.E.* n. 157, de 3 de julio). Téngase en cuenta que el art. 46.2 de esta Ley ha sido declarado inconstitucional, y por tanto nulo, por la S.T.C. 16/1997, de 30 de enero, al vulnerar la competencia estatal de legislación básica sobre protección del medio ambiente (*B.O.E.* n. 49, de 26 de febrero).

— Ley 2/1991, de 14 de febrero, de Protección y regulación de la Fauna y Flora silvestres en la Comunidad de Madrid (*B.O.C.A.M.* n. 54, de 5 de marzo, y *B.O.E.* n. 102, de 29 de abril).

— Ley Foral 1/1992, de 17 de febrero, de Protección de la Fauna silvestre migratoria en Navarra (*B.O.N.* n. 22, de 19 de febrero, y *B.O.E.* n. 66, de 17 de marzo).

— Ley 7/1995, de 21 de abril, de Animales silvestres, Caza y Pesca fluvial en Murcia (*B.O.R.M.* n. 232, de 6 de octubre, y *B.O.E.* n. 298, de 14 de diciembre). Téngase en cuenta la STC 166/2002, de 18 de septiembre, por la que se declaran inconstitucionales determinados preceptos de esta Ley.

— Téngase también en cuenta que la Ley 7/2003, de 12 de noviembre, de Caza y Pesca Fluvial, deroga de forma importante la mencionada Ley 7/1995 (*B.O.E.* n. 47, de 24 de febrero, y *B.O.R.M.* n. 284, de 10 de diciembre).

— Ley Foral 9/1996, de 17 de junio, de Espacios Naturales en Navarra (*B.O.N.* n. 78, de 28 de junio, y *B.O.E.* n. 243, de 8 de octubre).

— Ley 8/1998, de 26 de junio, de Conservación de la Naturaleza y de Espacios Naturales de Extremadura (*B.O.E.* n. 200, de 21 de agosto, y *D.O.E.* n. 86, de 28 de julio).

— Ley 7/1998, de 6 de julio, de Caza de Canarias (*B.O.E.* n. 182, de 31 de julio).

— Ley 2/1999, de 24 de febrero, de Pesca de Aragón (*B.O.E.* n. 83, de 7 de abril, con corrección de errores en *B.O.E.* n. 88, de 13 de abril; y *BOA* n. 26, de 4 de marzo, con corrección de errores en *BOA* n. 34, de 24 de marzo).

— Ley 9/1999, de 26 de mayo, de Conservación de la Naturaleza de Castilla-La Mancha (*B.O.E* n. 179, de 28 de julio, y *D.O.C.L.M.* n. 40, de 12 de junio).

— Ley 9/2001, de 21 de agosto, de conservación de la naturaleza de Galicia (*B.O.E.* n. 230, de 25 de septiembre).

2. Dejando a salvo lo dispuesto en el apartado anterior, en el caso de indicios fundados de que el animal hallado sea objeto de malos tratos o de abandono, el hallador estará eximido de restituirlo a su propietario o responsable de su cuidado, poniendo en conocimiento de manera inmediata dichos hechos ante las autoridades competentes.

3. Restituido el animal a su propietario, o a quien sea responsable de su cuidado, quien tras su hallazgo hubiese asumido su cuidado podrá ejercitar la correspondiente acción de repetición de los gastos destinados a la curación y al cuidado del animal, así como de los generados por su restitución, y tendrá derecho al resarcimiento de los daños que se le hayan podido causar.

4. Lo dispuesto en los apartados anteriores se entenderá sin perjuicio de lo que establezca la legislación especial que resulte de aplicación.

5. Lo dispuesto en este artículo no será aplicable a los ca-

— Ley 5/2002, de 8 de octubre, de Protección del Medio Ambiente en La Rioja (*B.O.E.* n. 253, de 22 de octubre, y *B.O.L.R.* n. 124, de 12 de octubre).

— Ley 4/2003, de 26 de marzo, de Conservación de Espacios Naturales de La Rioja (*B.O.E.* n. 87, de 11 de abril, y *B.O.L.R.* n. 39, de 1 de abril).

— Ley 13/2004, de 27 de diciembre, de Caza de la Comunidad Valenciana (*B.O.E.* n. 38, de 14 de febrero de 2005, y *D.O.C.V.* n. 4.913, de 29 de diciembre de 2004).

— Ley Foral 17/2005, de 22 de diciembre, de Caza y Pesca de Navarra (*B.O.E.* n. 17, de 20 de enero de 2006, y *B.O.N.* n. 155, de 28 de diciembre de 2005).

— Ley 2/2006, de 28 de febrero, de Pesca de La Rioja (*B.O.E.* n. 70, de 23 de marzo, y *B.O.L.R.* n. 33, de 9 de marzo).

— Ley 6/2006, de 12 de abril, de Caza y Pesca Fluvial de las Islas Baleares (*B.O.E.* n. 122, de 23 de mayo, y *B.O.C.A.I.B.* n. 61, de 27 de abril).

— Ley 12/2006, de 17 de julio, de Caza de Cantabria (*B.O.E.* n. 205, de 28 de agosto, y *D.O.C.* n. 148, de 2 de agosto).

— Ley 22/2009, de 23 de diciembre, de ordenación sostenible de la pesca en aguas continentales de Cataluña (*B.O.E.* n. 15, de 18 de enero de 2010, y *D.O.G.C.* n. 5.536, de 30 de diciembre de 2009).

— Ley 2/2010, de 18 de febrero, de pesca y acción marítimas de Cataluña (*B.O.E.* n. 63, de 10 de marzo; y *D.O.G.C.* n. 5.580, de 4 de marzo).

— Ley 11/2010, de 16 de noviembre, de pesca y acuicultura de Extremadura (*B.O.E.* n. 300, de 10 de diciembre, y *D.O.E.* n. 223, de 19 de noviembre).

— Ley 14/2010, de 9 de diciembre, de caza de Extremadura (*B.O.E.* n. 314, de 27 de diciembre, y *D.O.E.* n. 239, de 15 de diciembre).

— Ley 2/2011, de 17 de marzo, de Caza en Euskadi (*B.O.E.* n. 88, de 13 de abril, y *B.O.P.V.* n. 61, de 29 de marzo).

— Ley 9/2013, de 3 de diciembre, de Pesca de Castilla y León (*B.O.E.* n. 307, de 24 de diciembre, y *B.O.C.L.* n. 239, de 13 de diciembre).

— Ley 13/2013, de 23 de diciembre, de caza de Galicia (*B.O.E.* n. 25, de 29 de enero de 2014, y *D.O.G.* n. 4, de 8 de enero de 2014; correcciones de errores en *B.O.E.* n. 77, de 29 de marzo, y en *D.O.G.* n. 37, de 24 de febrero).

sos previstos en los artículos 612 y 613 de este Código.

Art. 612. El propietario de un enjambre de abejas tendrá derecho a perseguirlo sobre el fundo ajeno, indemnizando al poseedor de éste el daño causado. Si estuviere cercado, necesitará el consentimiento del dueño para penetrar en él.

Cuando el propietario no haya perseguido, o cese de perseguir el enjambre dos días consecutivos, podrá el poseedor de la finca ocuparlo o retenerlo.

Art. 613. Las palomas, conejos y peces, que de su respectivo criadero pasaren a otro perteneciente a distinto dueño, serán propiedad de éste, siempre que no hayan sido atraídos por medio de algún artificio o fraude.

Art. 614. El que por casualidad descubriere un tesoro oculto en propiedad ajena, tendrá el derecho que le concede el artículo 351 de este Código.

Art. 615. El que encontrare una cosa mueble, que no sea tesoro, debe restituirla a su anterior poseedor. Si éste no fuere conocido, deberá consignarla inmediatamente en poder del Alcalde del pueblo donde se hubiese verificado el hallazgo.

El Alcalde hará publicar éste, en la forma acostumbrada, dos domingos consecutivos.

— D.Leg. 1/2014, de 15 de abril, por el que se aprueba el Texto Refundido de la Ley de Conservación de la Naturaleza del País Vasco (*B.O.E.* n. 130, de 29 de mayo, y *B.O.P.V.* n. 92, de 19 de mayo).

— Ley 3/2015, de 5 de marzo, de caza de Castilla-La Mancha (*B.O.E.* n. 148, de 22 de junio, y *D.O.C.L.M.* n. 49, de 12 de marzo).

— Ley 1/2015, de 12 de marzo, de caza de Aragón (*B.O.E.* n. 114, de 13 de mayo, y *BOA* n. 58, de 25 de marzo, y corrección de errores en *BOA* n. 66, de 8 de abril).

— D.Leg. 1/2015, de 29 de julio, por el que se aprueba el Texto Refundido de la Ley de Espacios Protegidos de Aragón (*BOA* n. 151, de 6 de agosto).

— Ley 4/2021, de 1 de julio, de Caza y de Gestión Sostenible de los Recursos Cinegéticos de Castilla y León (*B.O.E.* n. 172, de 20 de julio; *B.O.C.L.* n. 131/2021, de 8 de julio).

— Ley 8/2022, de 24 de junio, de caza y gestión cinegética de La Rioja (*B.O.E.* n. 162, de 7 de julio; y *B.O.L.R.* n. 122, de 28 de junio).

Téngase en cuenta también lo dispuesto en la Disp. Derog. 1.ª*e*) C.P.

V. la Directiva 2009/147/CE del Parlamento Europeo y del Consejo, de 30 de noviembre, relativa a la conservación de las aves silvestres (*D.O.U.E.* n. L 20, de 26 de enero de 2010).

Art. 612: Suprimido el párrafo 3.º por la Ley 17/2021, de 15 de diciembre, de modificación del Código Civil, la Ley Hipotecaria y la Ley de Enjuiciamiento Civil, sobre el régimen jurídico de los animales (*B.O.E.* n. 300, de 16 de diciembre).

V. arts. 446 y 465.

Art. 614: v. arts. 351, 352 y 471.

Art. 615: arts. 253 del C.P. y 460 y 461 de este Código.

Si la cosa mueble no pudiere conservarse sin deterioro o sin hacer gastos que disminuyan notablemente su valor, se venderá en pública subasta luego que hubiesen pasado ocho días desde el segundo anuncio sin haberse presentado el dueño, y se depositará su precio.

Pasados dos años, a contar desde el día de la segunda publicación, sin haberse presentado el dueño, se adjudicará la cosa encontrada o su valor, al que la hubiese hallado.

Tanto éste como el propietario estarán obligados, cada cual en su caso, a satisfacer los gastos.

Art. 616. Si se presentare a tiempo el propietario, estará obligado a abonar, a título de premio, al que hubiese hecho el hallazgo, la décima parte de la suma o del precio de la cosa encontrada. Cuando el valor del hallazgo excediese de 2.000 pesetas, el premio se reducirá a la vigésima parte en cuanto al exceso.

Art. 617. Los derechos sobre los objetos arrojados al mar o sobre los que las olas arrojen a la playa, de cualquier naturaleza que sean, o sobre las plantas y hierbas que crezcan en su ribera, se determinan por leyes especiales.

Art. 616: Compárese con el art. 522. V. nota al mismo. Téngase en cuenta el art. 1.170 C.c. y la introducción del euro.

Art. 617: Sobre hallazgos y extracciones marítimas, véanse el art. 86 y Disp. Trans. 10.ª de la L.Ptos.; la Ley 60/1962, de 24 de diciembre (*B.O.E.* n. 310, de 27 de diciembre), sobre régimen de auxilios, salvamentos, remolques, hallazgos y extracciones marítimas, y su Reglamento, aprobado por Decreto 984/1967, de 20 de abril (*B.O.E.* n. 117, de 17 de mayo); arts. 3.1 y 5.1 de la L.Cost. y 134 a 141 de la L.Nav.Aér. Sobre recogida de algas y sargazos, véase la Orden de 20 de junio de 1972 (*B.O.E.* n. 157, de 1 de julio).

V. Ley 14/2003, de 8 de abril, de Puertos de Canarias (*B.O.E.* n. 134, de 5 de junio, y *B.O.C.* n. 85, de 6 de mayo).

Téngase en cuenta la Ley 5/1998, de 17 de abril, de Puertos, de Cataluña (*B.O.E.* n. 127, de 28 de mayo, y *D.O.G.C.* n. 2.632, de 5 de mayo; corrección de errores en *B.O.E.* n. 150, de 24 de junio, y *D.O.G.C.* n. 2.653, de 4 de junio).

V. Ley 2/2014, de 13 de junio, de puertos de la Generalitat Valenciana (*B.O.E.* n. 165, de 8 de julio; *D.O.G.V.* n. 7.298, de 18 de junio).

Téngase presente la Ley 21/2007, de 18 de diciembre, de Régimen Jurídico y Económico de los Puertos de Andalucía (*B.O.E.* n. 45, de 21 de febrero de 2008, y *B.O.J.A.* n. 253, de 27 de diciembre de 2007). Téngase también en cuenta el R.D. 1.737/2010, de 23 de diciembre, por el que se aprueba el Reglamento por el que se regulan las inspecciones de buques extranjeros en puertos españoles (*B.O.E.* n. 317, de 30 de diciembre).

TÍTULO II

De la donación*

CAPÍTULO PRIMERO

DE LA NATURALEZA DE LAS DONACIONES

Art. 618. La donación es un acto de liberalidad por el cual una persona dispone gratuitamente de una cosa en favor de otra, que la acepta.

Art. 619. Es también donación la que se hace a una persona por sus méritos o por los servicios prestados al donante, siempre que no constituyan deudas exigibles, o aquella en que se impone al donatario un gravamen inferior al valor de lo donado.

Art. 620. Las donaciones que hayan de producir sus efectos por muerte del donante participan de la naturaleza de las disposiciones de última voluntad, y se regirán por las reglas establecidas para la sucesión testamentaria.

Art. 621. Las donaciones que hayan de producir sus efectos entre vivos, se regirán por las disposiciones generales de los contratos y obligaciones en todo lo que no se halle determinado en este título.

Art. 622. Las donaciones con causa onerosa se regirán por las reglas de los contratos,

---

* Por la trascendencia de los actos regulados y su naturaleza de actos de mera liberalidad, pueden consultarse la L.Fund., así como la Ley 49/2002, de 23 de diciembre, de régimen fiscal de las entidades sin fines lucrativos y de los incentivos fiscales al mecenazgo (*B.O.E.* n. 307, de 24 de diciembre); la Ley 30/1979, de 27 de octubre (*B.O.E.* n. 266, de 6 de noviembre), de extracción y trasplante de órganos, y la Ley 14/2006, de 26 de mayo (*B.O.E.* n. 126, de 27 de mayo), sobre técnicas de reproducción humana asistida. La Ley 14/2007, de 3 de julio, de Investigación biomédica (*B.O.E.* n. 159, de 4 de julio), ha derogado la Ley 42/1988, de 28 de diciembre, de donación y utilización de embriones y fetos humanos o de sus células, tejidos u órganos (*B.O.E.* n. 314, de 31 de diciembre). Téngase Ley 19/1995, de 4 de julio, de Modernización de las Explotaciones Agrarias (*B.O.E.* n. 159, de 5 de julio). Ténganse en cuenta los arts. 21 de la L.Patrim.A.P.; 109 a 119 del R.B.E.L; 10.7 del C.c.; 340 y 341 de la C.Cat., 531-7 y ss. del C.Civ.Cat., así como las Leyes 158 y ss. de la C.Nav.

Art. 618: v. arts. 623, 629, 630, 1.120, últ. inc., 1.254, 1.274 y 1.336 a 1.343 del C.c y 2.3 de la L.Fund.

Art. 619: Compárese con los arts. 872, 873 y 1.175.

Art. 620: v. arts. 744 y ss. y 825 del C.c., 2.3 y 7 de la L.Fund., 253.3 del C.Arag., 411-8 del C.Civ.Cat. y Leyes 165 y ss. de la C.Nav.

Art. 621: v. arts. 1.088 a 1.314.

Art. 622: v. art. 1.274.

y las remuneratorias por las disposiciones del presente título en la parte que excedan del valor del gravamen impuesto.

Art. 623. La donación se perfecciona desde que el donante conoce la aceptación del donatario.

CAPÍTULO II

DE LAS PERSONAS QUE PUEDEN HACER O RECIBIR DONACIONES

Art. 624. Podrán hacer donación todos los que puedan contratar y disponer de sus bienes.

Art. 625. Podrán aceptar donaciones todos los que no estén especialmente incapacitados por la ley para ello.

Art. 626. Las personas que no pueden contratar no podrán aceptar donaciones condicionales u onerosas sin la intervención de sus legítimos representantes.

Art. 627. Las donaciones hechas a los concebidos y no nacidos podrán ser aceptadas por las personas que legítimamente los representarían, si se hubiera verificado ya su nacimiento.

Art. 628. Las donaciones hechas a personas inhábiles son nulas, aunque lo hayan sido simuladamente, bajo apariencia de otro contrato, por persona interpuesta.

Art. 629. La donación no obliga al donante, ni produce efecto, sino desde la aceptación.

Art. 630. El donatario debe, so pena de nulidad, aceptar la donación por sí, o por medio de persona autorizada con poder especial para el caso, o con poder general y bastante.

Art. 631. Las personas que acepten una donación en repre-

Art. 623: v. arts. 629, 630, 632, 633, 1.254, 1.258 y 1.262.

Art. 624: v. arts. 164, 205, 225, 226, 287, 1.263 y 1.338.

Art. 625: Tras la reforma del art. 166 de este Código por la L.Men., los padres no tienen necesidad de recabar previa autorización judicial para renunciar las donaciones ofrecidas a sus hijos. V. su redacción y nota a mismo.

Art. 626: v. arts. 631 y 1.263.

Art. 627: v. arts. 29 y 959 a 967.

Art. 628: v. arts. 221, 755, 1.275 y 1.276.

Art. 629: v. art. 623 y nota al mismo.

Art. 630: v. arts. 1.338, 1.712 y 1.713.

sentación de otras que no puedan hacerlo por sí, estarán obligadas a procurar la notificación y anotación de que habla el artículo 633.

Art. 632. La donación de cosa mueble podrá hacerse verbalmente o por escrito.

La verbal requiere la entrega simultánea de la cosa donada. Faltando este requisito, no surtirá efecto si no se hace por escrito y consta en la misma forma la aceptación.

Art. 633. Para que sea válida la donación de cosa inmueble, ha de hacerse en escritura pública, expresándose en ella individualmente los bienes donados y el valor de las cargas que deba satisfacer el donatario.

La aceptación podrá hacerse en la misma escritura de donación o en otra separada; pero no surtirá efecto si no se hiciese en vida del donante.

Hecha en escritura separada, deberá notificarse la aceptación en forma auténtica al donante, y se anotará esta diligencia en ambas escrituras.

CAPÍTULO III

DE LOS EFECTOS Y LIMITACIÓN DE LAS DONACIONES

Art. 634. La donación podrá comprender todos los bienes presentes del donante, o parte de ellos, con tal que éste se reserve, en plena propiedad o en usufructo, lo necesario para vivir en un estado correspondiente a sus circunstancias.

Art. 635. La donación no podrá comprender los bienes futuros.

Por bienes futuros se entienden aquellos de que el donante no puede disponer al tiempo de la donación.

Art. 636. No obstante lo dispuesto en el artículo 634, ninguno podrá dar ni recibir, por vía de donación, más de lo que pueda dar o recibir por testamento.

La donación será inoficiosa, en todo lo que exceda de esta medida.

Art. 637. Cuando la donación hubiere sido hecha a varias

Arts. 632 y 633: v. arts. 346, 347, 1.278 y 1.280. En relación con el art. 632, v. arts. 464 y 1.462.I.

Art. 634: v. arts. 636 y 654 del C.c. y 1 y 7 de la L.Fund.

Art. 635: v. arts. 861 y ss., 1.271 y 1.272 del C.c. y 1 y 7 de la L.Fund. Compárese con arts. 1.445 y 1.538.

Art. 636: v. arts. 651, 654 a 656, 817, 1.035 y 1.036 del C.c. y 2 y 3 de la L.Fund.

personas conjuntamente, se entenderá por partes iguales; y no se dará entre ellas el derecho de acrecer, si el donante no hubiese dispuesto otra cosa.

Se exceptúan de esta disposición las donaciones hechas conjuntamente a ambos cónyuges, entre los cuales tendrá lugar aquel derecho, si el donante no hubiese dispuesto lo contrario.

Art. 638. El donatario se subroga en todos los derechos y acciones que en caso de evicción corresponderían al donante. Éste, en cambio, no queda obligado al saneamiento de las cosas donadas, salvo si la donación fuere onerosa, en cuyo caso responderá el donante de la evicción hasta la concurrencia del gravamen.

Art. 639. Podrá reservarse el donante la facultad de disponer de algunos de los bienes donados, o de alguna cantidad con cargo a ellos; pero, si muriere sin haber hecho uso de este derecho, pertenecerán al donatario los bienes o la cantidad que se hubiese reservado.

Art. 640. También se podrá donar la propiedad a una persona y el usufructo a otra u otras, con la limitación establecida en el artículo 781 de este Código.

Art. 641. Podrá establecerse válidamente la reversión en favor de sólo el donador para cualquier caso y circunstancias, pero no en favor de otras personas sino en los mismos casos y con iguales limitaciones que determina este Código para las sustituciones testamentarias.

La reversión estipulada por el donante en favor de tercero contra lo dispuesto en el párrafo anterior, es nula; pero no producirá la nulidad de la donación.

Art. 642. Si la donación se hubiere hecho imponiendo al donatario la obligación de pagar las deudas del donante, como la cláusula no contenga

---

Art. 637, párr. 2.º: Redactado conforme a la Ley 13/2005, de 1 de julio, por la que se modifica el Código Civil en materia de derecho a contraer matrimonio (*B.O.E.* n. 157, de 2 de julio). V. arts. 393, 981 a 987, 1.339, 1.340 y 1.353. Compárese con art. 191.

Art. 638: v. art. 1.474.

Art. 639: v. arts. 489 y 659.

Art. 640: v. arts. 492 y 787.

Art. 641: v. arts. 774 a 789, 812 y 1.257.

Art. 642: v. arts. 506, 633 y 1.206.

otra declaración, sólo se entenderá aquél obligado a pagar las que apareciesen contraídas antes.

Art. 643. No mediando estipulación respecto al pago de deudas, sólo responderá de ellas el donatario cuando la donación se haya hecho en fraude de los acreedores.

Se presumirá siempre hecha la donación en fraude de los acreedores, cuando al hacerla no se haya reservado el donante bienes bastantes para pagar las deudas anteriores a ella.

CAPÍTULO IV

De la revocación y reducción de las donaciones

Art. 644. Toda donación entre vivos, hecha por persona que no tenga hijos ni descendientes, será revocable por el mero hecho de ocurrir cualquiera de los casos siguientes:

1.º Que el donante tenga, después de la donación, hijos, aunque sean póstumos.

2.º Que resulte vivo el hijo del donante que éste reputaba muerto cuando hizo la donación.

Art. 645. Rescindida la donación por la supervivencia de hijos, se restituirán al donante los bienes donados, o su valor si el donatario los hubiese vendido.

Si se hallaren hipotecados, podrá el donante liberar la hipoteca, pagando la cantidad que garantice, con derecho a reclamarla del donatario.

Cuando los bienes no pudieran ser restituidos, se apreciarán por lo que valían al tiempo de hacer la donación.

Art. 646. La acción de revocación por superveniencia o supervivencia de hijos prescribe por el transcurso de cinco años, contados desde que tuvo noticia del nacimiento del último hijo o de la existencia del que se creía muerto.

Esta acción es irrenunciable y se transmite, por muerte del donante, a los hijos y sus descendientes.

Art. 643: v. arts. 506, 1.291.3.º, 1.297 y 1.913.

Art. 644: Redactado conforme a la Ley 11/1981, de reforma del C.c. V. arts. 651, 807, 808 y 813. Compárese con arts. 108, 175 y 178.

Art. 645: v. arts. 650, 651, 1.290 a 1.299.

Art. 646: Redactado conforme a la Ley 11/1981, de reforma del C.c.

Art. 647. La donación será revocada a instancia del donante, cuando el donatario haya dejado de cumplir alguna de las condiciones que aquél le impuso.

En este caso, los bienes donados volverán al donante, quedando nulas las enajenaciones que el donatario hubiese hecho y las hipotecas que sobre ellos hubiese impuesto, con la limitación establecida, en cuanto a terceros, por la Ley Hipotecaria.

Art. 648. También podrá ser revocada la donación, a instancia del donante, por causa de ingratitud en los casos siguientes:

1.º Si el donatario cometiere algún delito contra la persona, el honor o los bienes del donante.

2.º Si el donatario imputare al donante alguno de los delitos que dan lugar a procedimientos de oficio o acusación pública, aunque lo pruebe; a menos que el delito se hubiese cometido contra el mismo donatario, su cónyuge o los hijos constituidos bajo su autoridad.

3.º Si le niega indebidamente los alimentos.

Art. 649. Revocada la donación por causa de ingratitud, quedarán, sin embargo, subsistentes las enajenaciones e hipotecas anteriores a la anotación de la demanda de revocación en el Registro de la Propiedad.

Las posteriores serán nulas.

Art. 650. En el caso a que se refiere el primer párrafo del artículo anterior, tendrá derecho el donante para exigir del donatario el valor de los bienes enajenados que no pueda reclamar de los terceros, o la cantidad en que hubiesen sido hipotecados.

Se atenderá al tiempo de la donación para regular el valor de dichos bienes.

Art. 651. Cuando se revocare la donación por alguna de las causas expresadas en el artículo 644, o por ingratitud, y cuando se redujere por inoficiosa, el donatario no devolverá los frutos sino desde la interposición de la demanda.

Art. 647: v. arts. 26, 31, 35, 36 y 37 de la L.H., y 622, 1.120, 1.123, 1.290 y 1.300.

Art. 648: Redactado conforme a la Ley 11/1990, de reforma del C.c. V. arts. 142 a 153, 652, 653 del C.c. y 207 del C.P.

Art. 649: v. arts. 37 y 42 de la L.H.

Art. 650: v. art. 645.

Art. 651: v. arts. 455 y 1.944 y ss.

Si la revocación se fundare en haber dejado de cumplirse alguna de las condiciones impuestas en la donación, el donatario devolverá, además de los bienes, los frutos que hubiese percibido después de dejar de cumplir la condición.

Art. 652. La acción concedida al donante por causa de ingratitud no podrá renunciarse anticipadamente. Esta acción prescribe en el término de un año, contado desde que el donante tuvo conocimiento del hecho y posibilidad de ejercitar la acción.

Art. 653. No se transmitirá esta acción a los herederos del donante, si éste, pudiendo, no la hubiese ejercitado.

Tampoco se podrá ejercitar contra el heredero del donatario, a no ser que a la muerte de éste se hallase interpuesta la demanda.

Art. 654. Las donaciones que, con arreglo a lo dispuesto en el artículo 636, sean inoficiosas computado el valor líquido de los bienes del donante al tiempo de su muerte, deberán ser reducidas en cuanto al exceso; pero esta reducción no obstará para que tengan efecto durante la vida del donante y para que el donatario haga suyos los frutos.

Para la reducción de las donaciones se estará a lo dispuesto en este capítulo y en los artículos 820 y 821 del presente Código.

Art. 655. Sólo podrán pedir reducción de las donaciones aquellos que tengan derecho a legítima o a una parte alícuota de la herencia, y sus herederos o causahabientes.

Los comprendidos en el párrafo anterior no podrán renunciar su derecho durante la vida del donante, ni por declaración expresa, ni prestando su consentimiento a la donación.

Los donatarios, los legatarios que no lo sean de parte alícuota y los acreedores del difunto, no podrán pedir la reducción ni aprovecharse de ella.

Art. 656. Si, siendo dos o más las donaciones, no cupieren todas en la parte disponible, se suprimirán o reducirán en cuanto al exceso las de fecha más reciente.

Art. 652: v. arts. 646, 816 y 1.969.
Art. 653: v. arts. 659 y 757.
Art. 654: v. arts. 636, 645, 650, 817, 1.035, 1.036 y 1.299.
Art. 655: v. arts. 660, 763, 816, 819, 820, 825, 864, 884 y 991 de este Código y 782 de la L.Enj.Civ.

TÍTULO III

De las sucesiones*

DISPOSICIONES GENERALES

Art. 657. Los derechos a la sucesión de una persona se transmiten desde el momento de su muerte.

Art. 658. La sucesión se defiere por la voluntad del hombre manifestada en testamento y, a falta de éste, por disposición de la ley.

La primera se llama testamentaria, y la segunda legítima.

Podrá también deferirse en una parte por voluntad del hombre, y en otra por disposición de la ley.

Art. 659. La herencia comprende todos los bienes, derechos y obligaciones de una persona, que no se extingan por su muerte.

Art. 660. Llámase heredero al que sucede a título universal, y legatario al que sucede a título particular.

Art. 661. Los herederos suceden al difunto por el hecho sólo de su muerte en todos sus derechos y obligaciones.

---

* V. arts. 33, párr. 1.º y 53 de la Const.; 9.8 y nota al capítulo V del Título Preliminar de este Código y la Disp. Trans. 8.ª de la Ley 11/1981, de reforma del C.c. Ténganse en cuenta los arts. 14 y 16 a 37 de la L.J.A.; 8, 10 y 27 de la L.A.R. y 16, 33, Disps. Trans. 2.ªB) y 3.ªB) de la L.A.U.

Deben tenerse muy presentes para toda esta materia los arts. 316 y ss. del C.Arag.; 6 a 53, 65 y 69 a 84 de la C.Bal.; 117 de la C.Gall.; 411-1 y ss. del C.Civ.Cat., y las Leyes 38, 41, 56, 57, 148 y ss., 531, 595 y Disp. Trans. 4.ª de la C.Nav. La Compilación de Derecho civil balear no se aplica uniformemente en todo el territorio de la Comunidad Autónoma: al respecto v. los arts. 6 a 53 en relación con la Isla de Mallorca, y el art. 65 en relación con las Islas de Ibiza y Formentera. V. Ley 6/2005, de 7 de julio, sobre la declaración de voluntades anticipadas en materia de la propia salud (*B.O.E.* n. 203, de 25 de agosto; *D.O.C.M.* n. 141, de 15 de julio).

Art. 657: v. arts. 196, 440, 442, 661, 759, 784, 799, 881, 882, 991 y 1.006 de este Código y 16 y 765.2 de la L.Enj.Civ.

Art. 658: Téngase en cuenta los arts. 16 a 20 y 28 a 37 de la L.J.A.; Tít. II de la L.R.D.A.; 14 de la L.H., 7 de la L.Fund. y 1.271. V. también arts. 662 y ss. y 912 y ss. de este Código, así como arts. 27 y 28 de la L.P.Vasc. y 411-4 del C.Civ.Cat.

Art. 659: v. arts. 646 y 653 de este Código y 4 y 6 de la L.P.C.H.

Art. 660: v. arts. 442, 668, 768 y 790.

Art. 661: v. arts. 659, 766, 797, 799, 991, 995, 1.003, 1.023, 1.068 y 1.742 de este Código; 16 y 765.2 de la L.Enj.Civ. y 411-2 del C.Civ.Cat.

CAPÍTULO PRIMERO

DE LOS TESTAMENTOS*

SECCIÓN PRIMERA

De la capacidad para disponer por testamento

Art. 662. Pueden testar todos aquellos a quienes la ley no lo prohíbe expresamente.

Art. 663. No pueden testar:

1.º La persona menor de catorce años.

2.º La persona que en el momento de testar no pueda conformar o expresar su voluntad ni aun con ayuda de medios o apoyos para ello.

Art. 664. El testamento hecho antes de la enajenación mental es válido.

Art. 665. La persona con discapacidad podrá otorgar testamento cuando, a juicio del Notario, pueda comprender y manifestar el alcance de sus disposiciones. El Notario procurará que la persona otorgante desarrolle su propio proceso de toma de decisiones apoyándole en su comprensión y razonamiento y facilitando, con los ajustes que resulten necesarios, que pueda expresar su voluntad, deseos y preferencias.

Art. 666. Para apreciar la capacidad del testador se atenderá únicamente al estado en que se halle al tiempo de otorgar el testamento.

---

* En relación con esta materia, v. arts. 406 y ss. del C.Arag. y 421-1 y ss. del C.Civ. Cat.

Art. 662: v. arts. 688, 708 y 709.

Art. 663: v. arts. 200, 688 y 1.263. Ténganse en cuenta los arts. 46, 48 y 56 de este Código y 760 de la L.Enj.Civ.

Modificado por Ley 8/2021, de 2 de junio, por la que se reforma la legislación civil y procesal para el apoyo a las personas con discapacidad en el ejercicio de su capacidad jurídica (*B.O.E.* n. 132, de 3 de junio).

Art. 664: v. arts. 200 y 201.

Art. 665: Redactado por Ley 30/1991, de reforma del C.c. V. arts. 685, 695 y 776 de este Código y 756 y ss. de la L.Enj.Civ.

Modificado por Ley 8/2021, de 2 de junio, por la que se reforma la legislación civil y procesal para el apoyo a las personas con discapacidad en el ejercicio de su capacidad jurídica (*B.O.E.* n. 132, de 3 de junio).

SECCIÓN SEGUNDA

*De los testamentos en general**

Art. 667. El acto por el cual una persona dispone para después de su muerte de todos sus bienes o de parte de ellos, se llama testamento.

Art. 668. El testador puede disponer de sus bienes a título de herencia o de legado.

En la duda, aunque el testador no haya usado materialmente la palabra heredero, si su voluntad está clara acerca de este concepto, valdrá la disposición como hecha a título universal o de herencia.

Art. 669. No podrán testar dos o más personas mancomunadamente, o en un mismo instrumento, ya lo hagan en provecho recíproco, ya en beneficio de un tercero.

Art. 670. El testamento es un acto personalísimo: no podrá dejarse su formación, en todo ni en parte, al arbitrio de un tercero, ni hacerse por medio de comisario o mandatario.

Tampoco podrá dejarse al arbitrio de un tercero la subsistencia del nombramiento de herederos o legatarios, ni la designación de las porciones en que hayan de suceder cuando sean instituidos nominalmente.

Art. 671. Podrá el testador encomendar a un tercero la distribución de las cantidades que deje en general a clases determinadas, como a los parientes, a los pobres o a los establecimientos de beneficencia, así como la elección de las personas o establecimientos a quienes aquéllas deban aplicarse.

Art. 672. Toda disposición que sobre institución de heredero, mandas o legados haga el

---

* Téngase en cuenta el Convenio del Consejo de Europa de 16 de mayo de 1972, relativo al establecimiento de un sistema de inscripción de testamentos, ratificado por Instrumento de 3 de junio de 1985 (*B.O.E.* n. 239, de 5 de octubre), y arts. 14, 16 y 46 de la L.H.; 147, 166 y 248 del R.H. V. arts. 181 y ss. de la C.Gall.

Art. 667: v. arts. 620 y 741 del C.c. y 21 a 26 y 28 a 37 de la L.J.A. V. la L. Fund.

Art. 668: v. arts. 660, 764 y 768.

Art. 669: v. art. 773 y Disp. Trans. 2.ª del C.c. Compárese con los arts. 406 del C.Arag., 49 y ss. de la L.P.Vasc. y las Leyes 199 y ss. de la C.Nav.

Ténganse en cuenta los arts. 8, 10 y 27 de la L.A.R. y la L.J.A.

Ténganse también en cuenta los arts. 116.1.*a*) y 311 del C.Arag.

Art. 670: v. arts. 785.4.º, 830, 831 y 1.057. Ténganse en cuenta las Leyes citadas en nota al art. 669.

Art. 671: v. arts. 747 a 749, 907 y 992. Ténganse en cuenta las disposiciones citadas en nota al art. 669. V. la L.Fund.

Art. 672: v. arts. 688 y ss. y Disp. Trans. 2.ª de este Código.

testador, refiriéndose a cédulas o papeles privados que después de su muerte aparezcan en su domicilio o fuera de él, será nula si en las cédulas o papeles no concurren los requisitos prevenidos para el testamento ológrafo.

Art. 673. Será nulo el testamento otorgado con violencia, dolo o fraude.

Art. 674. El que con dolo, fraude o violencia impidiere que una persona, de quien sea heredero abintestato, otorgue libremente su última voluntad, quedará privado de su derecho a la herencia, sin perjuicio de la responsabilidad criminal en que haya incurrido.

Art. 675. Toda disposición testamentaria deberá entenderse en el sentido literal de sus palabras, a no ser que aparezca claramente que fue otra la voluntad del testador. En caso de duda se observará lo que aparezca más conforme a la intención del testador según el tenor del mismo testamento.

El testador no puede prohibir que se impugne el testamento en los casos en que haya nulidad declarada por la ley.

SECCIÓN TERCERA

*De la forma de los testamentos**

Art. 676. El testamento puede ser común o especial.

El común puede ser ológrafo, abierto o cerrado.

Art. 677. Se consideran testamentos especiales el militar, el marítimo y el hecho en país extranjero.

Art. 678. Se llama ológrafo el testamento cuando el testador lo escribe por sí mismo en la forma y con los requisitos que se determinan en el artículo 688.

Art. 679. Es abierto el testamento siempre que el testador

Art. 673: v. arts. 756, n. 6, y 1.269. Compárese con el art. 1.265.

Art. 674: v. art. 756.5.

Art. 675: v. arts. 668, 739, 747, 749, 751, 769 y 797. Ténganse en cuenta los arts. 1.281 a 1.289. V. la L.Fund. y la Ley 49/2002, de 23 de diciembre, de régimen fiscal de las entidades sin fines lucrativos y de los incentivos fiscales al mecenazgo (*B.O.E.* n. 307, de 24 de diciembre).

* En relación con esta materia, v. art. 409 del C.Arag. y las Leyes 188 y ss. de la C.Nav.

V. la Instrucción de 22 de enero de 2008, de la D.G.R.N., sobre solicitud y expedición telemática de certificaciones del Registro de Actos de Última Voluntad (*B.O.E.* n. 27, de 31 de enero).

manifiesta su última voluntad en presencia de las personas que deben autorizar el acto, quedando enteradas de lo que en él se dispone.

Art. 680. El testamento es cerrado cuando el testador, sin revelar su última voluntad, declara que ésta se halla contenida en el pliego que presenta a las personas que han de autorizar el acto.

Art. 681. No podrán ser testigos en los testamentos:

1.º Los menores de edad, salvo lo dispuesto en el artículo 701.

2.º [*Sin contenido*.]

3.º Los que no entiendan el idioma del testador.

4.º Los que no presenten el discernimiento necesario para desarrollar la labor testifical.

5.º El cónyuge o los parientes dentro del cuarto grado de consanguinidad o segundo de afinidad del Notario autorizante y quienes tengan con éste relación de trabajo.

Art. 682. En el testamento abierto tampoco podrán ser testigos los herederos y legatarios en él instituidos, sus cónyuges, ni los parientes de aquéllos, dentro del cuarto grado de consanguinidad o segundo de afinidad.

No están comprendidos en esta prohibición los legatarios ni sus cónyuges o parientes cuando el legado sea de algún objeto mueble o cantidad de poca importancia con relación al caudal hereditario.

Art. 683. Para que un testigo sea declarado inhábil, es necesario que la causa de su incapacidad exista al tiempo de otorgarse el testamento.

Art. 684. Cuando el testador exprese su voluntad en lengua que el Notario no conozca, se requerirá la presencia de un intérprete, elegido por aquél, que traduzca la disposición testamentaria a la oficial en el lugar del otorgamiento que emplee el Notario. El instrumento se escribirá en las dos lenguas con indicación de cuál ha sido la empleada por el testador.

El testamento abierto y el acta del cerrado se escribirán en

Art. 681: Redactado por la Disp. Final 1.ª de la L.J.V.; v. art. 21 de la L.N., 182 del R.N. y 199 a 306 de este Código. Compárese con los arts. 361 y 377 de la L.Enj.Civ. La referencia a la pena de interdicción civil, que hacía el n. 6.º de este artículo, ha sido suprimida por la Ley 6/1984, de reforma del C.c.

Art. 682: Redactado conforme a la Ley de 24 de abril de 1958, de reforma del C.c.

Art. 683: v. art. 666.

Art. 684: Redactado por Ley 30/1991, de reforma del C.c. V. arts. 149, 150 del R.N.; 37 del R.H. y 688 y 698.3.º de este Código.

la lengua extranjera en que se exprese el testador y en la oficial que emplee el Notario, aun cuando éste conozca aquélla.

Art. 685. El Notario deberá conocer al testador y si no lo conociese se identificará su persona con dos testigos que le conozcan y sean conocidos del mismo Notario, o mediante la utilización de documentos expedidos por las autoridades públicas cuyo objeto sea identificar a las personas. También deberá el Notario asegurarse de que, a su juicio, tiene el testador la capacidad legal necesaria para testar.

En los casos de los artículos 700 y 701, los testigos tendrán obligación de conocer al testador y procurarán asegurarse de su capacidad.

Art. 686. Si no pudiere identificarse la persona del testador en la forma prevenida en el artículo que precede, se declarará esta circunstancia por el Notario, o por los testigos en su caso, reseñando los documentos que el testador presente con dicho objeto y las señas personales del mismo.

Si fuere impugnado el testamento por tal motivo, corresponderá al que sostenga su validez la prueba de la identidad del testador.

Art. 687. Será nulo el testamento en cuyo otorgamiento no se hayan observado las formalidades respectivamente establecidas en este capítulo.

SECCIÓN CUARTA

*Del testamento ológrafo**

Art. 688. El testamento ológrafo sólo podrá otorgarse por personas mayores de edad.

Para que sea válido este testamento deberá estar escrito todo él y firmado por el testador, con expresión del año, mes y día en que se otorgue.

Si contuviese palabras tachadas, enmendadas o entre renglones, las salvará el testador bajo su firma.

Art. 685: Redactado por Ley 30/1991, de reforma del C.c. Respecto a la identificación de los otorgantes por el notario, v. arts. 23 de la L.N., 187 a 192 del R.N. y 665, 666, 695 y 699 a 701.

Art. 687: v. arts. 662, 673, 681 y 715 y compárese con los arts. 6.3 y 1.300 y ss. Ténganse en cuenta los arts. 1.278 a 1.280.

* Sobre esta cuestión, v. arts. 411 del C.Arag. y 421-17 y ss. del C.Civ.Cat.

Art. 688: Redactado conforme a la Ley de 21 de julio de 1904, de reforma del C.c. V. art. 732.

Los extranjeros podrán otorgar testamento ológrafo en su propio idioma.

Art. 689. El testamento ológrafo deberá protocolizarse, presentándolo, en los cinco años siguientes al fallecimiento del testador, ante Notario. Éste extenderá el acta de protocolización de conformidad con la legislación notarial.

Art. 690. La persona que tenga en su poder un testamento ológrafo deberá presentarlo ante Notario competente en los diez días siguientes a aquel en que tenga conocimiento del fallecimiento del testador. El incumplimiento de este deber le hará responsable de los daños y perjuicios que haya causado.

También podrá presentarlo cualquiera que tenga interés en el testamento como heredero, legatario, albacea o en cualquier otro concepto.

Art. 691. Presentado el testamento ológrafo y acreditado el fallecimiento del testador, se procederá a su adveración conforme a la legislación notarial.

Art. 692. Adverado el testamento y acreditada la identidad de su autor, se procederá a su protocolización.

Art. 693. El Notario, si considera acreditada la autenticidad del testamento, autorizará el acta de protocolización, en la que hará constar las actuaciones realizadas y, en su caso, las observaciones manifestadas.

Si el testamento no fuera adverado, por no acreditarse suficientemente la identidad del otorgante, se procederá al archivo del expediente sin protocolizar aquél.

Autorizada o no la protocolización del testamento ológrafo, los interesados no conformes podrán ejercer sus derechos en el juicio que corresponda.

Art. 689: Redactado por la Disp. Final 1.ª de la L.J.V.; v. arts. 687, 704 y 714 de este Código y 61 y ss. de la L.N.

Art. 690: Redactado por la Disp. Final 1.ª de la L.J.V.; v. arts. 724, 736 y 1.938 de este Código y 61 y ss. de la L.N.

Art. 691: Redactado por la Disp. Final 1.ª de la L.J.V. Sobre cotejo de letras, v. arts. 349 a 351 de la L.Enj.Civ. Ténganse en cuenta los arts. 317, 318 y 322 del mismo Cuerpo legal y 62 de la L.N.

Art. 692: Redactado por la Disp. Final 1.ª de la L.J.V.

Art. 693: Redactado por la Disp. Final 1.ª de la L.J.V. Compárese con el art. 686. V. art. 63 de la L.N.

SECCIÓN QUINTA

Del testamento abierto

Art. 694. El testamento abierto deberá ser otorgado ante Notario hábil para actuar en el lugar del otorgamiento.

Sólo se exceptuarán de esta regla los casos expresamente determinados en esta misma sección.

Art. 695. El testador expresará oralmente, por escrito o mediante cualquier medio técnico, material o humano su última voluntad al Notario. Redactado por este el testamento con arreglo a ella y con expresión del lugar, año, mes, día y hora de su otorgamiento y advertido el testador del derecho que tiene a leerlo por sí, lo leerá el Notario en alta voz para que el testador manifieste si está conforme con su voluntad. Si lo estuviere, será firmado en el acto por el testador que pueda hacerlo y, en su caso, por los testigos y demás personas que deban concurrir.

Si el testador declara que no sabe o no puede firmar, lo hará por él y a su ruego uno de los testigos.

Cuando el testador tenga dificultad o imposibilidad para leer el testamento o para oír la lectura de su contenido, el Notario se asegurará, utilizando los medios técnicos, materiales o humanos adecuados, de que el testador ha entendido la información y explicaciones necesarias y de que conoce que el testamento recoge fielmente su voluntad.

Art. 696. El Notario dará fe de conocer al testador o de haberlo identificado debidamente y, en su defecto, efectuará la declaración prevista en el artículo 686. También hará constar que, a su juicio, se halla el testador con la capacidad legal necesaria para otorgar testamento.

Art. 694: Redactado por Ley 30/1991, de reforma del C.c. Sobre competencia territorial v. arts. 8 de la L.N. y 116 a 119 del R.N. V. arts. 700, 701, 722 y 734 de este Código.

Art. 695: Redactado por Ley 30/1991, de reforma del C.c. V. arts. 685, 698 de este Código; 17 y 25 de la L.N. y 167 a 169 y 193 a 196 del R.N.

Modificado por Ley 8/2021, de 2 de junio, por la que se reforma la legislación civil y procesal para el apoyo a las personas con discapacidad en el ejercicio de su capacidad jurídica (*B.O.E.* n. 132, de 3 de junio).

Arts. 696 a 699: Redactados por Ley 30/1991, de reforma del C.c. Ténganse en cuenta los arts. 167 a 169, 180 a 186 y 193 a 196 del R.N.; 681, 682, 685, 705 y 709 del C.c.; 52 de la C.Bal., 382, 401, 410 y 413 del C.Arag., y Leyes 186 y 190 de la C.Nav.

Art. 697. Al acto de otorgamiento deberán concurrir dos testigos idóneos:

1.º Cuando el testador declare que no sabe o no puede firmar el testamento.

2.º Cuando el testador o el Notario lo soliciten.

Art. 698. Al otorgamiento también deberán concurrir:

1.º Los testigos de conocimiento, si los hubiera, quienes podrán intervenir además como testigos instrumentales.

2.º Los facultativos que hubieran reconocido al testador incapacitado.

3.º El intérprete que hubiera traducido la voluntad del testador a la lengua oficial empleada por el Notario.

Art. 699. Todas las formalidades expresadas en esta sección se practicarán en un solo acto que comenzará con la lectura del testamento, sin que sea lícita ninguna interrupción, salvo la que pueda ser motivada por algún accidente pasajero.

Art. 700. Si el testador se hallare en peligro inminente de muerte, puede otorgarse el testamento ante cinco testigos idóneos, sin necesidad de Notario.

Art. 701. En caso de epidemia puede igualmente otorgarse el testamento sin intervención de Notario ante tres testigos mayores de dieciséis años.

Art. 702. En los casos de los dos artículos anteriores se escribirá el testamento, siendo posible; no siéndolo, el testamento valdrá aunque los testigos no sepan escribir.

Art. 703. El testamento otorgado con arreglo a las disposiciones de los tres artículos anteriores quedará ineficaz si pasaren dos meses desde que el testador haya salido del peligro de muerte, o cesado la epidemia.

Cuando el testador falleciere en dicho plazo, también quedará ineficaz el testamento si dentro de los tres meses siguientes al fallecimiento no se acude al Notario competente para que lo eleve a escritura pública, ya se haya otorgado por escrito, ya verbalmente.

Art. 697: Modificado por Ley 8/2021, de 2 de junio, por la que se reforma la legislación civil y procesal para el apoyo a las personas con discapacidad en el ejercicio de su capacidad jurídica (*B.O.E.* n. 132, de 3 de junio).

Art. 700: v. arts. 681, 682 y 685. Compárese con art. 720.

Art. 701: Redactado conforme a la Ley de 24 de abril de 1958, de reforma del C.c. V. arts. 681 y 685.

Arts. 703 y 704: Redactados por la Disp. Final 1.ª de la L.J.V.; v. arts. 64 y ss. de la L.J.V.

Art. 704. Los testamentos otorgados sin autorización del Notario serán ineficaces si no se elevan a escritura pública y se protocolizan en la forma prevenida en la legislación notarial.

Art. 705. Declarado nulo un testamento abierto por no haberse observado las solemnidades establecidas para cada caso, el Notario que lo haya autorizado será responsable de los daños y perjuicios que sobrevengan, si la falta procediere de su malicia, o de negligencia o ignorancia inexcusables.

SECCIÓN SEXTA

*Del testamento cerrado**

Art. 706. El testamento cerrado habrá de ser escrito.

Si lo escribiese de su puño y letra el testador pondrá al final su firma.

Si estuviese escrito por cualquier medio técnico o por otra persona a ruego del testador, este pondrá su firma en todas sus hojas y al pie del testamento. Si el testamento se ha redactado en soporte electrónico, deberá firmarse con una firma electrónica reconocida.

Cuando el testador no sepa o no pueda firmar, lo hará a su ruego al pie y en todas las hojas otra persona, expresando la causa de la imposibilidad.

En todo caso, antes de la firma se salvarán las palabras enmendadas, tachadas o escritas entre renglones.

Art. 707. En el otorgamiento del testamento cerrado se observarán las solemnidades siguientes:

1.ª El papel que contenga el testamento se pondrá dentro de una cubierta, cerrada y sellada de suerte que no pueda extraerse aquél sin romper ésta.

2.ª El testador comparecerá con el testamento cerrado y sellado, o lo cerrará y sellará en el acto, ante el Notario que haya de autorizarlo.

3.ª En presencia del Notario, manifestará el testador por

Art. 705: v. arts. 1.104 y 1.902.

* Sobre esta materia, v. arts. 421-14 y ss. del C.Civ.Cat., 405 y ss. del C.Arag. y 57 y ss. de la L.N.

Art. 706: Redactado por Ley 30/1991, de reforma del C.c. V. arts. 687 y 722.

Párr. 3.º: Modificado por Ley 8/2021, de 2 de junio, por la que se reforma la legislación civil y procesal para el apoyo a las personas con discapacidad en el ejercicio de su capacidad jurídica (*B.O.E.* n. 132, de 3 de junio).

Art. 707: Redactado por Ley 30/1991, de reforma del C.c. V. arts. 684, 685, 686, 715, 722 y 742.

sí, o por medio del intérprete previsto en el artículo 684, que el pliego que presenta contiene su testamento, expresando si se halla escrito y firmado por él o si está escrito de mano ajena o por cualquier medio mecánico y firmado al final y en todas sus hojas por él o por otra persona a su ruego.

4.ª Sobre la cubierta del testamento extenderá el Notario la correspondiente acta de su otorgamiento, expresando el número y la marca de los sellos con que está cerrado, y dando fe del conocimiento del testador o de haberse identificado su persona en la forma prevenida en los artículos 685 y 686, y de hallarse, a su juicio, el testador con la capacidad legal necesaria para otorgar testamento.

5.ª Extendida y leída el acta, la firmará el testador que pueda hacerlo y, en su caso, las personas que deban concurrir, y la autorizará el Notario con su signo y firma.

Si el testador declara que no sabe o no puede firmar, lo hará por él y a su ruego uno de los dos testigos idóneos que en este caso deben concurrir.

6.ª También se expresará en el acta esta circunstancia, además del lugar, hora, día, mes y año del otorgamiento.

7.ª Concurrirán al acto de otorgamiento dos testigos idóneos, si así lo solicitan el testador o el Notario.

Art. 708. No pueden hacer testamento cerrado las personas que no sepan o no puedan leer.

Las personas con discapacidad visual podrán otorgarlo, utilizando medios mecánicos o tecnológicos que les permitan escribirlo y leerlo, siempre que se observen los restantes requisitos de validez establecidos en este Código.

Art. 709. Las personas que no puedan expresarse verbalmente, pero sí escribir, podrán otorgar testamento cerrado, observándose lo siguiente:

1.º El testamento ha de estar firmado por el testador. En cuanto a los demás requisitos, se estará a lo dispuesto en el artículo 706.

Art. 708: v. arts. 697, 698 y 707.

Modificado por Ley 8/2021, de 2 de junio, por la que se reforma la legislación civil y procesal para el apoyo a las personas con discapacidad en el ejercicio de su capacidad jurídica (*B.O.E.* n. 132, de 3 de junio).

Art. 709: Redactado por Ley 30/1991, de reforma del C.c. V. art. 707.

Párr. 1.º: Modificado por Ley 8/2021, de 2 de junio, por la que se reforma la legislación civil y procesal para el apoyo a las personas con discapacidad en el ejercicio de su capacidad jurídica (*B.O.E.* n. 132, de 3 de junio).

2.º Al hacer su presentación, el testador escribirá en la parte superior de la cubierta, a presencia del Notario, que dentro de ella se contiene su testamento, expresando cómo está escrito y que está firmado por él.

3.º A continuación de lo escrito por el testador se extenderá el acta de otorgamiento, dando fe el Notario de haberse cumplido lo prevenido en el número anterior y lo demás que se dispone en el artículo 707 en lo que sea aplicable al caso.

Las personas con discapacidad visual, al hacer la presentación del testamento, deberán haber expresado en la cubierta, por medios mecánicos o tecnológicos que les permitan leer lo escrito, que dentro de ella se contiene su testamento, expresando el medio empleado y que el testamento está firmado por ellas.

Art. 710. Autorizado el testamento cerrado, el Notario lo entregará al testador, después de poner en el protocolo corriente copia autorizada del acta de otorgamiento.

Art. 711. El testador podrá conservar en su poder el testamento cerrado, o encomendar su guarda a persona de su confianza, o depositarlo en poder del Notario autorizante para que lo guarde en su archivo.

En este último caso el Notario dará recibo al testador y hará constar en su protocolo corriente, al margen o a continuación de la copia del acta de otorgamiento, que queda el testamento en su poder. Si lo retirare después el testador, firmará un recibo a continuación de dicha nota.

Art. 712. 1. La persona que tenga en su poder un testamento cerrado deberá presentarlo ante Notario competente en los diez días siguientes a aquel en que tenga conocimiento del fallecimiento del testador.

2. El Notario autorizante de un testamento cerrado, constituido en depositario del mismo por el testador, deberá comunicar, en los diez días siguientes a que tenga conocimiento de su fallecimiento, la existencia del testamento al cónyuge sobrevivien-

---

Párr. último: Añadido por Ley 8/2021, de 2 de junio, por la que se reforma la legislación civil y procesal para el apoyo a las personas con discapacidad en el ejercicio de su capacidad jurídica (*B.O.E.* n. 132, de 3 de junio).

Art. 710: Redactado por Ley 30/1991, de reforma del C.c. V. arts. 34 de la L.N. y 274 del R.N.

Art. 711: Redactado por Ley 30/1991, de reforma del C.c. V. arts. 1.766 y 1.769.

Art. 712: Redactado por la Disp. Final 1.ª de la L.J.V.; v. arts. 690, 736, 1.104 y 1.902 de este Código y 63, n. 22, y 5 y ss. de la L.N.

te, a los descendientes y a los ascendientes del testador y, en defecto de éstos, a los parientes colaterales hasta el cuarto grado.

3. En los dos supuestos anteriores, de no conocer la identidad o domicilio de estas personas, o si se ignorase su existencia, el Notario deberá dar la publicidad que determine la legislación notarial.

El incumplimiento de este deber, así como el de la presentación del testamento por quien lo tenga en su poder o por el Notario, le hará responsable de los daños y perjuicios causados.

Art. 713. El que con dolo deje de presentar el testamento cerrado que obre en su poder dentro del plazo fijado en el artículo anterior, además de la responsabilidad que en él se determina, perderá todo derecho a la herencia, si lo tuviere como heredero abintestato o como heredero o legatario por testamento.

En esta misma pena incurrirán el que sustrajere dolosamente el testamento cerrado del domicilio del testador o de la persona que lo tenga en guarda o depósito y el que lo oculte, rompa o inutilice de otro modo, sin perjuicio de la responsabilidad criminal que proceda.

Art. 714. Para la apertura y protocolización del testamento cerrado se observará lo previsto en la legislación notarial.

Art. 715. Es nulo el testamento cerrado en cuyo otorgamiento no se hayan observado las formalidades establecidas en esta sección; y el Notario que lo autorice será responsable de los daños y perjuicios que sobrevengan, si se probare que la falta procedió de su malicia o de negligencia o ignorancia inexcusables. Será válido, sin embargo, como testamento ológrafo, si todo él estuviere escrito y firmado por el testador y tuviere las demás condiciones propias de este testamento.

SECCIÓN SÉPTIMA

Del testamento militar

Art. 716. En tiempo de guerra, los militares en campaña,

Art. 713: Redactado por la Disp. Final 1.ª de la L.J.V.; v. arts. 1.769 de este Código y 234 a 236 y 252 a 254 del C.P.

Art. 714: Redactado por la Disp. Final 1.ª de la L.J.V.; v. arts. 57 y ss. de la L.N.

Art. 715: v. arts. 687, 688, 705 y 1.902.

Art. 716: v. arts. 11.1, 681 a 683 y 719 de este Código y art. 3.º, ap. C, del anexo II del R.N.

voluntarios, rehenes, prisioneros y demás individuos empleados en el ejército, o que sigan a éste, podrán otorgar su testamento ante un Oficial que tenga por lo menos la categoría de Capitán.

Es aplicable esta disposición a los individuos de un ejército que se halle en país extranjero.

Si el testador estuviere enfermo o herido, podrá otorgarlo ante el Capellán o el Facultativo que le asista.

Si estuviere en destacamento, ante el que lo mande, aunque sea subalterno.

En todos los casos de este artículo será siempre necesaria la presencia de dos testigos idóneos.

Art. 717. También podrán las personas mencionadas en el artículo anterior otorgar testamento cerrado ante un Comisario de guerra, que ejercerá en este caso las funciones de Notario, observándose las disposiciones de los artículos 706 y siguientes.

Art. 718. Los testamentos otorgados con arreglo a los dos artículos anteriores deberán ser remitidos con la mayor brevedad posible al Cuartel General y, por éste, al Ministerio de Defensa.

El Ministerio, si hubiese fallecido el testador, remitirá el testamento al Colegio Notarial correspondiente al último domicilio del difunto, y de no ser conocido éste, lo remitirá al Colegio Notarial de Madrid.

El Colegio Notarial remitirá el testamento al Notario correspondiente al último domicilio del testador. Recibido por el Notario deberá comunicar, en los diez días siguientes, su existencia a los herederos y demás interesados en la sucesión, para que comparezcan ante él al objeto de protocolizarlo de acuerdo con lo dispuesto legalmente.

Art. 719. Los testamentos mencionados en el artículo 716 caducarán cuatro meses después que el testador haya dejado de estar en campaña.

Art. 720. Durante una batalla, asalto, combate, y generalmente en todo peligro próximo de acción de guerra, podrá otorgarse testamento militar de palabra ante dos testigos.

Pero este testamento quedará ineficaz si el testador se salva del peligro en cuya consideración testó.

Art. 718: Redactado por la Disp. Final 1.ª de la L.J.V.; v. arts. 727 de este Código y 57 y ss. de la L.N.

Art. 719: v. arts. 730, 743 y 1.938.

Art. 720: v. arts. 700, 701 y 731.

Aunque no se salvare, será ineficaz el testamento si no se formaliza por los testigos ante el Auditor de guerra o funcionario de justicia que siga al ejército, procediéndose después en la forma prevenida en el artículo 718.

Art. 721. Si fuere cerrado el testamento militar, se observará lo prevenido en los artículos 706 y 707; pero se otorgará ante el Oficial y los dos testigos que para el abierto exige el artículo 716, debiendo firmar todos ellos el acta de otorgamiento, como asimismo el testador, si pudiere.

SECCIÓN OCTAVA

Del testamento marítimo

Art. 722. Los testamentos, abiertos o cerrados, de los que durante un viaje marítimo vayan a bordo, se otorgarán en la forma siguiente:

Si el buque es de guerra, ante el Contador o el que ejerza sus funciones, en presencia de dos testigos idóneos, que vean y entiendan al testador. El comandante del buque, o el que haga sus veces, pondrá además su V.º B.º

En los buques mercantes autorizará el testamento el Capitán, o el que haga sus veces, con asistencia de dos testigos idóneos.

En uno y otro caso los testigos se elegirán entre los pasajeros, si los hubiere; pero uno de ellos, por lo menos, ha de poder firmar, el cual lo hará por sí y por el testador, si éste no sabe o no puede hacerlo.

Si el testamento fuera abierto, se observará además lo prevenido en el artículo 695, y, si fuere cerrado, lo que se ordena en la Sección sexta de este capítulo, con exclusión de lo relativo al número de testigos e intervención del Notario.

Art. 723. El testamento del Contador del buque de guerra y el del Capitán del mercante serán autorizados por quien deba sustituirlos en el cargo, observándose para lo demás lo dispuesto en el artículo anterior.

Art. 724. Los testamentos abiertos hechos en alta mar serán custodiados por el Comandante o por el Capitán, y se hará mención de ellos en el Diario de navegación.

La misma mención se hará de los ológrafos y los cerrados.

Art. 721: v. art. 695.

Art. 722: v. arts. 735 del C.c.; 3.º, ap. C, del anexo II del R.N.; y 612.3 y 612.10 del C. de C.

Art. 725. Si el buque arribase a un puerto extranjero donde haya Agente diplomático o consular de España, el Comandante del de guerra, o el Capitán del mercante, entregará a dicho Agente copia del testamento abierto o del acta de otorgamiento del cerrado, y de la nota tomada en el Diario.

La copia del testamento o del acta deberá llevar las mismas firmas que el original, si viven y están a bordo los que lo firmaron; en otro caso será autorizada por el Contador o Capitán que hubiese recibido el testamento, o el que haga sus veces, firmando también los que estén a bordo de los que intervinieron en el testamento.

El Agente diplomático o consular hará extender por escrito diligencia de la entrega, y, cerrada y sellada la copia del testamento o la del acta del otorgamiento si fuere cerrado, la remitirá con la nota del Diario por el conducto correspondiente al Ministro de Marina, quien mandará que se deposite en el Archivo de su Ministerio.

El Comandante o Capitán que haga la entrega recogerá del Agente diplomático o consular certificación de haberlo verificado, y tomará nota de ella en el Diario de navegación.

Art. 726. Cuando el buque, sea de guerra o mercante, arribe al primer puerto del Reino, el Comandante o Capitán entregará el testamento original, cerrado y sellado, a la Autoridad marítima local, con copia de la nota tomada en el Diario; y, si hubiese fallecido el testador, certificación que lo acredite.

La entrega se acreditará en la forma prevenida en el artículo anterior, y la Autoridad marítima lo remitirá todo sin dilación al Ministro de Marina.

Art. 727. Si hubiese fallecido el testador y fuere abierto el testamento, el Ministro de Marina practicará lo que se dispone en el artículo 718.

Art. 728. Cuando el testamento haya sido otorgado por un extranjero en buque español, el Ministro de Marina remitirá el testamento al de Estado, para que por la vía diplomática se le dé el curso que corresponda.

Art. 725: En la actualidad, Ministerio de Defensa.

Art. 728: Por Ley de 30 de enero de 1938 dicho Ministerio pasó a denominarse de Asuntos Exteriores. En la actualidad, se denomina Ministerio de Asuntos Exteriores, Unión Europea y de Cooperación [v. R.D. 2/2020, de 12 de enero (*B.O.E.* n. 11, de 13 de enero)].

Art. 729. Si fuere ológrafo el testamento y durante el viaje falleciera el testador, el Comandante o Capitán recogerá el testamento para custodiarlo, haciendo mención de ello en el Diario, y lo entregará a la Autoridad marítima local, en la forma y para los efectos prevenidos en el artículo anterior, cuando el buque arribe al primer puerto del Reino.

Lo mismo se practicará cuando sea cerrado el testamento, si lo conservaba en su poder el testador al tiempo de su muerte.

Art. 730. Los testamentos, abiertos y cerrados, otorgados con arreglo a lo prevenido en esta sección, caducarán pasados cuatro meses, contados desde que el testador desembarque en un punto donde pueda testar en la forma ordinaria.

Art. 731. Si hubiere peligro de naufragio, será aplicable a las tripulaciones y pasajeros de los buques de guerra o mercantes lo dispuesto en el artículo 720.

SECCIÓN NOVENA

Del testamento hecho en país extranjero

Art. 732. Los españoles podrán testar fuera del territorio nacional, sujetándose a las formas establecidas por las leyes del país en que se hallen.

También podrán testar en alta mar durante su navegación en un buque extranjero, con sujeción a las leyes de la Nación a que el buque pertenezca.

Podrán asimismo hacer testamento ológrafo, con arreglo al artículo 688, aun en los países cuyas leyes no admitan dicho testamento.

Art. 733. No será válido en España el testamento mancomunado, prohibido por el artículo 669, que los españoles otorguen en país extranjero, aunque lo autoricen las leyes de la Nación donde se hubiese otorgado.

Art. 734. También podrán los españoles que se encuentren en país extranjero otorgar su

---

Art. 729: v. art. 724.

Art. 730: v. arts. 719 y 1.938.

Art. 732: Redactado por Ley de 21 de julio de 1904, de reforma del C.c. V. arts. 9.º, aps. 1, 11 y 12.

Art. 733: v. art. 669 y Disp. Trans. 2.ª de este Código. Téngase en cuenta la L.J.A.

Art. 734: Redactado por Ley 30/1991, de reforma del C.c. El anexo III del R.N. regula el ejercicio de la fe pública por funcionarios diplomáticos y consulares de España en el extranjero. V. arts. 694 a 715 de este Código.

testamento, abierto o cerrado, ante el funcionario diplomático o consular de España que ejerza funciones notariales en el lugar del otorgamiento.

En estos casos se observarán respectivamente todas las formalidades establecidas en las secciones quinta y sexta de este capítulo.

Art. 735. El Agente diplomático o consular remitirá, autorizada con su firma y sello, copia del testamento abierto, o del acta de otorgamiento del cerrado, al Ministerio de Estado para que se deposite en su Archivo.

Art. 736. El Agente diplomático o consular, en cuyo poder hubiese depositado su testamento ológrafo o cerrado un español, lo remitirá al Ministerio de Estado cuando fallezca el testador, con el certificado de defunción.

El Ministerio de Estado hará publicar en la *Gaceta de Madrid* la noticia del fallecimiento, para que los interesados en la herencia puedan recoger el testamento y gestionar su protocolización en la forma prevenida.

SECCIÓN DÉCIMA

*De la revocación e ineficacia de los testamentos**

Art. 737. Todas las disposiciones testamentarias son esencialmente revocables, aunque el testador exprese en el testamento su voluntad o resolución de no revocarlas.

Se tendrán por no puestas las cláusulas derogatorias de las disposiciones futuras, y aquellas en que ordene el testador que no valga la revocación del testamento si no la hiciere con ciertas palabras o señales.

Art. 735: Por Ley de 30 de enero de 1938 dicho Ministerio pasó a denominarse de Asuntos Exteriores. En la actualidad, se denomina Ministerio de Asuntos Exteriores, Unión Europea y de Cooperación [v. R.D. 2/2020, de 12 de enero (*B.O.E.* n. 11, de 13 de enero)].

V. art. 19 del anexo III del R.N.

Art. 736: Por Ley de 30 de enero de 1938 dicho Ministerio pasó a denominarse de Asuntos Exteriores. En la actualidad, se denomina Ministerio de Asuntos Exteriores, Unión Europea y de Cooperación [v. R.D. 2/2020, de 12 de enero (*B.O.E.* n. 11, de 13 de enero)].

V. art. 20 del anexo III del R.N.

* Sobre esta materia, v. arts. 422-1 y ss. del C.Civ.Cat., 421 y 424 del C.Arag., y Leyes 206 y ss. de la C.Nav. Téngase en cuenta el art. 52.4.º de la L.Enj.Civ.

Art. 737: v. Disp. Trans. 2.ª de este Código y compárese con los arts. 180, 318, 644 y ss. y 741. Téngase en cuenta el art. 22 de la L.J.A.

Art. 738. El testamento no puede ser revocado en todo ni en parte sino con las solemnidades necesarias para testar.

Art. 739. El testamento anterior queda revocado de derecho por el posterior perfecto, si el testador no expresa en éste su voluntad de que aquél subsista en todo o en parte.

Sin embargo, el testamento anterior recobra su fuerza si el testador revoca después el posterior, y declara expresamente ser su voluntad que valga el primero.

Art. 740. La revocación producirá su efecto aunque el segundo testamento caduque por incapacidad del heredero o de los legatarios en él nombrados, o por renuncia de aquél o de éstos.

Art. 741. El reconocimiento de un hijo no pierde su fuerza legal aunque se revoque el testamento en que se hizo o éste no contenga otras disposiciones, o sean nulas las demás que contuviere.

Art. 742. Se presume revocado el testamento cerrado que aparezca en el domicilio del testador con las cubiertas rotas o los sellos quebrantados, o borradas, raspadas o enmendadas las firmas que lo autoricen.

El testamento será, sin embargo, válido cuando se probare haber ocurrido el desperfecto sin voluntad ni conocimiento del testador o hallándose este afectado por alteraciones graves en su salud mental; pero si apareciere rota la cubierta o quebrantados los sellos, será necesario probar además la autenticidad del testamento para su validez.

Si el testamento se encontrare en poder de otra persona, se entenderá que el vicio procede de ella y no será aquél válido como no se pruebe su autenticidad, si estuvieren rota la cubierta o quebrantados los sellos; y si una y otros se hallaren íntegros, pero con las firmas borradas, raspadas o enmendadas, será válido el testamento, como no se justifique haber sido entregado el pliego de esta forma por el mismo testador.

Art. 738: v. art. 672.

Art. 739: v. art. 675.

Art. 740: v. arts. 745, 755, 756, 764, 766 y 912.

Art. 741: Redactado conforme a la Ley 11/1981, de reforma del C.c. V. arts. 120, n. 1, y 124 de este Código y 764 a 768 de la L.Enj.Civ. Compárese con el art. 223.

Art. 742: v. arts. 670, 707 y 713.

Párr. 2.º: Modificado por Ley 8/2021, de 2 de junio, por la que se reforma la legislación civil y procesal para el apoyo a las personas con discapacidad en el ejercicio de su capacidad jurídica (*B.O.E.* n. 132, de 3 de junio).

Art. 743. Caducarán los testamentos, o serán ineficaces en todo o en parte las disposiciones testamentarias, sólo en los casos expresamente prevenidos en este Código.

CAPÍTULO II

De la herencia*

SECCIÓN PRIMERA

De la capacidad para suceder por testamento y sin él

Art. 744. Podrán suceder por testamento o abintestato los que no estén incapacitados por la ley.

Art. 745. Son incapaces de suceder:

1.º Las criaturas abortivas, entendiéndose tales las que no reúnan las circunstancias expresadas en el artículo 30.

2.º Las asociaciones o corporaciones no permitidas por la ley.

Art. 746. Las iglesias y los cabildos eclesiásticos, las Diputaciones provinciales y las provincias, los Ayuntamientos y Municipios, los establecimientos de hospitalidad, beneficencia e instrucción pública, las asociaciones autorizadas o reconocidas por la ley y las demás personas jurídicas, pueden adquirir por testamento con sujeción a lo dispuesto en el artículo 38.

Art. 747. Si el testador dispusiere del todo o parte de sus

Art. 743: v. arts. 663, 669, 670, 673, 687, 689, 703, 704, 705, 715, 719, 720, 730, 731, 742, 750, 752 a 755, 793 y 794 y Disp. Trans. de la Ley 30/1991, de reforma del C.c.

* V. el art. 33.1 de la Const.

Téngase en cuenta la Ley 5/2003, de 9 de octubre, de declaración de voluntad vital anticipada de Andalucía (*B.O.E.* n. 279, de 21 de noviembre; *B.O.J.A.* n. 210, de 31 de octubre).

Art. 744: v. arts. 758 y 914 de este Código, 412-1 y ss. del C.Civ.Cat. y 346, 347 y 423.2 del C.Arag.

Art. 745: Sobre asociaciones ilícitas, v. arts. 22 de la Const.; 515 a 518 del C.P. y 1 y 10 de la L.Asoc. Compárese con el art. 756 de este Código. V. también Leyes 184 y ss. de la C.Nav.

Art. 746: v. arts. 752 y 994. Hay que tener en cuenta que en la actualidad el modelo en que territorialmente aparece dividido el Estado descansa no sólo sobre las Provincias y los Municipios, sino también de forma muy importante sobre las Comunidades Autónomas (cfr. art. 137 Const.). En este sentido, debe atribuirse a estos entes territoriales una similar capacidad para suceder.

Art. 747: v. arts. 39, 393, 637, 671, 788 y 797. V. también arts. 69 y ss. de la L.Sec.Púb. sobre competencias del Delegado y Subdelegado del Gobierno, figuras que, en su momento, sustituyeron a la del Gobernador Civil.

bienes para sufragios y obras piadosas en beneficio de su alma, haciéndolo indeterminadamente y sin especificar su aplicación, los albaceas venderán los bienes y distribuirán su importe, dando la mitad al Diocesano para que lo destine a los indicados sufragios y a las atenciones y necesidades de la Iglesia, y la otra mitad al Gobernador civil correspondiente para los establecimientos benéficos del domicilio del difunto, y en su defecto, para los de la provincia.

Art. 748. La institución hecha a favor de un establecimiento público bajo condición o imponiéndole un gravamen, sólo será válida si el Gobierno la aprueba.

Art. 749. Las disposiciones hechas a favor de los pobres en general, sin designación de personas ni de población, se entenderán limitadas a los del domicilio del testador en la época de su muerte, si no constare claramente haber sido otra su voluntad.

La calificación de los pobres y la distribución de los bienes se harán por la persona que haya designado el testador, en su defecto por los albaceas, y, si no los hubiere, por el Párroco, el Alcalde y el Juez municipal, los cuales resolverán, por mayoría de votos, las dudas que ocurran.

Esto mismo se hará cuando el testador haya dispuesto de sus bienes en favor de los pobres de una parroquia o pueblo determinado.

Art. 750. Toda disposición en favor de persona incierta será nula, a menos que por algún evento pueda resultar cierta.

Art. 751. La disposición hecha genéricamente en favor de los parientes del testador se entiende hecha en favor de los más próximos en grado.

Art. 752. No producirán efecto las disposiciones testamentarias que haga el testador durante su última enfermedad en favor del sacerdote que en ella le hubiese confesado, de los parientes del mismo dentro del

---

Art. 748: v. art. 994.

Art. 749: v. arts. 671 y 992.2 de este Código y 473 del C.Arag. Ténganse en cuenta los arts. 790 a 805 de la L.Enj.Civ. En virtud de la Disp. Trans. 3.ª de la L.O.P.J., los Juzgados Municipales se han visto sustituidos por los Juzgados de Primera Instancia o los Juzgados de Paz, según los casos. V. nota al art. 326.

Art. 750: v. arts. 29, 670, 772, 773, 783 y 959 y ss.

Art. 751: v. arts. 790 a 805 de la L.Enj.Civ. y 671, 765 y 915 a 923 de este Código.

Art. 752: v. arts. 475 del C.Arag., 412-5 del C.Civ.Cat. y Ley 189 de la C.Nav.

cuarto grado, o de su iglesia, cabildo, comunidad o instituto.

Art. 753. Tampoco surtirá efecto la disposición testamentaria en favor de quien sea tutor o curador representativo del testador, salvo cuando se haya hecho después de la extinción de la tutela o curatela.

Será nula la disposición hecha por las personas que se encuentran internadas por razones de salud o asistencia, a favor de sus cuidadores que sean titulares, administradores o empleados del establecimiento público o privado en el que aquellas estuvieran internadas. También será nula la disposición realizada a favor de los citados establecimientos.

Las demás personas físicas que presten servicios de cuidado, asistenciales o de naturaleza análoga al causante, solo podrán ser favorecidas en la sucesión de este si es ordenada en testamento notarial abierto.

Serán, sin embargo, válidas las disposiciones hechas en favor del tutor, curador o cuidador que sea pariente con derecho a suceder *ab intestato*.

Art. 754. El testador no podrá disponer del todo o parte de su herencia en favor del Notario que autorice su testamento, o del cónyuge, parientes o afines del mismo dentro del cuarto grado, con la excepción establecida en el artículo 682.

Esta prohibición será aplicable a los testigos del testamento abierto, otorgado con o sin Notario.

Las disposiciones de este artículo son también aplicables a los testigos y personas ante quienes se otorguen los testamentos especiales.

Art. 755. Será nula la disposición testamentaria a favor de un incapaz, aunque se la disfrace bajo la forma de contrato oneroso o se haga a nombre de persona interpuesta.

Art. 756. Son incapaces de suceder por causa de indignidad:

Art. 753: Redactado por la Disp. Final 18.ª de la L.Men. V. arts. 221.1 y 279 a 285. Modificado por Ley 8/2021, de 2 de junio, por la que se reforma la legislación civil y procesal para el apoyo a las personas con discapacidad en el ejercicio de su capacidad jurídica (*B.O.E.* n. 132, de 3 de junio).

Art. 754, párr. 1.º: Alterada su redacción por la Ley 11/1990, de reforma del C.c. V. arts. 22 y 27 a 29 de la L.N.

V. art. 423 y ss. C.Arag.

Art. 755: v. arts. 628, 745 y 760 a 762 de este Código y 756 a 763 de la L.Enj.Civ.

Art. 756: Reformado por Ley 22/1978, de 26 de mayo (*B.O.E.* de 30 de mayo) de despenalización del adulterio y amancebamiento por la que se modificó parcialmente el C.c. y que afectó a su n. 3 y derogó el 5, pasando a tener este artículo seis apartados.

1.º El que fuera condenado por sentencia firme por haber atentado contra la vida, o a pena grave por haber causado lesiones o por haber ejercido habitualmente violencia física o psíquica en el ámbito familiar al causante, su cónyuge, persona a la que esté unida por análoga relación de afectividad o alguno de sus descendientes o ascendientes.

2.º El que fuera condenado por sentencia firme por delitos contra la libertad, la integridad moral y la libertad e indemnidad sexual, si el ofendido es el causante, su cónyuge, la persona a la que esté unida por análoga relación de afectividad o alguno de sus descendientes o ascendientes.

Asimismo el condenado por sentencia firme a pena grave por haber cometido un delito contra los derechos y deberes familiares respecto de la herencia de la persona agraviada.

También el privado por resolución firme de la patria potestad, o removido del ejercicio de la tutela o acogimiento familiar de un menor o del ejercicio de la curatela de una persona con discapacidad por causa que le sea imputable, respecto de la herencia del mismo.

3.º El que hubiese acusado al causante de delito para el que la ley señala pena grave, si es condenado por denuncia falsa.

4.º El heredero mayor de edad que, sabedor de la muerte violenta del testador, no la hubiese denunciado dentro de un mes a la justicia, cuando ésta no hubiera procedido ya de oficio.

Cesará esta prohibición en los casos en que, según la ley, no hay la obligación de acusar.

5.º El que, con amenaza, fraude o violencia, obligare al testador a hacer testamento o a cambiarlo.

6.º El que por iguales medios impidiere a otro hacer testamento, o revocar el que tuviese hecho, o suplantare, ocultare o alterare otro posterior.

V. arts. 673, 674, 713 y 852 a 855 de este Código, 412-3 del C.Civ.Cat y 510 y ss. del C.Arag.

Sus párrs. 1.º, 2.º y 3.º han sido redactados por la Disp. Final 1.ª de la L.J.V.

El párr. 7.º ha sido añadido por el art. 10.1 de la Ley 41/2003, de 18 de noviembre, de protección patrimonial de las personas con discapacidad y de modificación del C.c., de la L.Enj.Civ. y de la normativa tributaria con esta finalidad (*B.O.E.* n. 277, de 19 de noviembre).

N. 2.º, párr. 3.º: Modificado por Ley 8/2021, de 2 de junio, por la que se reforma la legislación civil y procesal para el apoyo a las personas con discapacidad en el ejercicio de su capacidad jurídica (*B.O.E.* n. 132, de 3 de junio).

7.º Tratándose de la sucesión de una persona con discapacidad, las personas con derecho a la herencia que no le hubieren prestado las atenciones debidas, entendiendo por tales las reguladas en los artículos 142 y 146 del Código Civil.

Art. 757. Las causas de indignidad dejan de surtir efecto si el testador las conocía al tiempo de hacer testamento, o si habiéndolas sabido después, las remitiere en documento público.

Art. 758. Para calificar la capacidad del heredero o legatario se atenderá al tiempo de la muerte de la persona de cuya sucesión se trate.

En los casos 2.º y 3.º del artículo 756 se esperará a que se dicte la sentencia firme, y en el número 4.º a que transcurra el mes señalado para la denuncia.

Si la institución o legado fuere condicional, se atenderá además al tiempo en que se cumpla la condición.

Art. 759. El heredero o legatario que muera antes de que la condición se cumpla, aunque sobreviva al testador, no transmite derecho alguno a sus herederos.

Art. 760. El incapaz de suceder, que, contra la prohibición de los anteriores artículos, hubiese entrado en la posesión de los bienes hereditarios, estará obligado a restituirlos con sus accesiones y con todos los frutos y rentas que haya percibido.

Art. 761. Si el excluido de la herencia por incapacidad fuere hijo o descendiente del testador y tuviere hijos o descendientes, adquirirán éstos su derecho a la legítima.

Art. 762. No puede deducirse acción para declarar la incapacidad pasados cinco años desde que el incapaz esté en posesión de la herencia o legado.

N. 7.º: Modificado por Ley 8/2021, de 2 de junio, por la que se reforma la legislación civil y procesal para el apoyo a las personas con discapacidad en el ejercicio de su capacidad jurídica (*B.O.E.* n. 132, de 3 de junio).

Art. 757: v. arts. 652 y 856.

Art. 758: Modificado por Ley 22/1978, de reforma del C.c. en cuanto se suprime la remisión al n. 5 del art. 756. V. arts. 657, 790 a 805 y 1.113 y ss.

Art. 759: v. arts. 657, 661, 791, 799, 881 y 1.006.

Art. 760: v. art. 455.

Art. 761: Redactado por Ley 11/1981, de reforma del C.c. V. arts. 108.2, 176, 752, 766, 857 y 938 a 941.

Art. 762: v. art. 440.

SECCIÓN SEGUNDA

*De la institución de heredero**

Art. 763. El que no tuviere herederos forzosos puede disponer por testamento de todos sus bienes o de parte de ellos en favor de cualquiera persona que tenga capacidad para adquirirlos.

El que tuviere herederos forzosos sólo podrá disponer de sus bienes en la forma y con las limitaciones que se establecen en la sección quinta de este capítulo.

Art. 764. El testamento será válido aunque no contenga institución de heredero, o ésta no comprenda la totalidad de los bienes, y aunque el nombrado no acepte la herencia o sea incapaz de heredar.

En estos casos se cumplirán las disposiciones testamentarias hechas con arreglo a las leyes, y el remanente de los bienes pasará a los herederos legítimos.

Art. 765. Los herederos instituidos sin designación de partes heredarán por partes iguales.

Art. 766. El heredero voluntario que muere antes que el testador, el incapaz de heredar y el que renuncia a la herencia, no transmiten ningún derecho a sus herederos, salvo lo dispuesto en los artículos 761 y 857.

Art. 767. La expresión de una causa falsa de la institución de heredero o del nombramiento de legatario, será considerada como no escrita, a no ser que del testamento resulte que el testador no habría hecho tal institución o legado si hubiese conocido la falsedad de la causa.

La expresión de una causa contraria a derecho, aunque sea verdadera, se tendrá también por no escrita.

Art. 768. El heredero instituido en una cosa cierta y determinada será considerado como legatario.

---

* Sobre esta materia, v. arts. 423-1 y ss. del C.Civ.Cat., 464 y ss. del C.Arag. y Leyes 215 y ss. de la C.Nav.

Art. 763: v. arts. 806 a 822 de este Código; 32 y 41 y ss. de la L.R.D.A. y 21 a 26 y 28 a 37 y Disp. Trans. de la L.J.A.

Art. 764: v. arts. 740, 912.2.º y 1.009.

Art. 765: v. arts. 393, 637, 751, 932, 936, 947, 950, 983 y 1.353.

Art. 766: v. arts. 759, 761, 784, 799, 857 y 1.006.

Art. 767: v. arts. 644, 673, 675, 814 y 1.274 a 1.277.

Art. 768: v. arts. 660, 668 y 891.

Art. 769. Cuando el testador nombre unos herederos individualmente y otros colectivamente, como si dijere: «Instituyo por mis herederos a N. y a N. y a los hijos de N.», los colectivamente nombrados se considerarán como si lo fueran individualmente, a no ser que conste de un modo claro que ha sido otra la voluntad del testador.

Art. 770. Si el testador instituye a sus hermanos, y los tiene carnales y de padre o madre solamente, se dividirá la herencia como en el caso de morir intestado.

Art. 771. Cuando el testador llame a la sucesión a una persona y a sus hijos, se entenderán todos instituidos simultánea y no sucesivamente.

Art. 772. El testador designará al heredero por su nombre y apellidos, y cuando haya dos que los tengan iguales deberá señalar alguna circunstancia por la que se conozca al instituido.

Aunque el testador haya omitido el nombre del heredero, si lo designare de modo que no pueda dudarse quién sea el instituido, valdrá la institución.

En el testamento del adoptante, la expresión genérica hijo o hijos comprende a los adoptivos.

Art. 773. El error en el nombre, apellido o cualidades del heredero no vicia la institución cuando de otra manera puede saberse ciertamente cuál sea la persona nombrada.

Si entre personas del mismo nombre y apellido hay igualdad de circunstancias y éstas son tales que no permiten distinguir al instituido, ninguno será heredero.

SECCIÓN TERCERA

*De la sustitución**

Art. 774. Puede el testador sustituir una o más personas al

Art. 769: v. art. 675.

Art. 770: v. arts. 943 a 955.

Art. 771: v. art. 787.

Art. 772: Redactado por Ley de 24 de abril de 1958, de reforma del C.c. V. arts. 750, 751 y 814. V., *a contrario*, art. 178.1 en relación con último párrafo de este precepto.

Art. 773: v. arts. 750, 764 y 1.262, párr. 2.º

* Sobre esta materia, v. arts. 78 de la C.Bal., 425-1 del C.Civ.Cat. y 503, 519.1 y 523 del C.Arag., así como Leyes 220 y ss. de la C.Nav.

Art. 774: v. arts. 789 y 813. Ténganse en cuenta los arts. 761, 766, 1.006 y 1.022 de este Código, así como el art. 425-1 del C.Civ.Cat.

heredero o herederos instituidos para el caso en que mueran antes que él, o no quieran, o no puedan aceptar la herencia.

La sustitución simple, y sin expresión de casos, comprende los tres expresados en el párrafo anterior, a menos que el testador haya dispuesto lo contrario.

Art. 775. Los padres y demás ascendientes podrán nombrar sustitutos a sus descendientes menores de catorce años, de ambos sexos, para el caso de que mueran antes de dicha edad.

Art. 776. [*Derogado.*]

Art. 777. Las sustituciones de que hablan los dos artículos anteriores, cuando el sustituido tenga herederos forzosos, sólo serán válidas en cuanto no perjudiquen los derechos legitimarios de éstos.

Art. 778. Pueden ser sustituidas dos o más personas a una sola; y al contrario, una sola a dos o más herederos.

Art. 779. Si los herederos instituidos en partes desiguales fueren sustituidos recíprocamente, tendrán en la sustitución las mismas partes que en la institución, a no ser que claramente aparezca haber sido otra la voluntad del testador.

Art. 780. El sustituto quedará sujeto a las mismas cargas y condiciones impuestas al instituido, a menos que el testador haya dispuesto expresamente lo contrario, o que los gravámenes o condiciones sean meramente personales del instituido.

Art. 781. Las sustituciones fideicomisarias en cuya virtud se encarga al heredero que conserve y transmita a un tercero el todo o parte de la herencia, serán válidas y surtirán efecto siempre que no pasen del segundo grado, o que se hagan en favor de personas que vivan al

---

Art. 775: v. arts. 425-5 y ss. del C.Civ.Cat.

Art. 776: Derogado por Ley 8/2021, de 2 de junio, por la que se reforma la legislación civil y procesal para el apoyo a las personas con discapacidad en el ejercicio de su capacidad jurídica (*B.O.E.* n. 132, de 3 de junio).

Art. 777: v. art. 813. Ténganse en cuenta los arts. 761, 766, 775, 782, 807 a 809.

Art. 778: v. arts. 774 y 789.

Art. 779: v. art. 765 y nota al mismo.

Art. 781: v. arts. 640, 641, 743, 785.2 y 3, y 787 del C.c. Ténganse en cuenta los arts. 2.3 de la L.Fund., 82 y 178.4 del R.H., 25 y ss. de la C.Bal, 426-1 y ss. del C.Civ. Cat. y Leyes 224 y ss. de la C.Nav. Compárese esta institución con la fiducia sucesoria regulada en los arts. 439 y ss. del C.Arag.

tiempo del fallecimiento del testador.

Art. 782. Las sustituciones fideicomisarias nunca podrán gravar la legítima, salvo cuando se establezcan, en los términos establecidos en el artículo 808, en beneficio de uno o varios hijos del testador que se encuentren en una situación de discapacidad.

Si la sustitución fideicomisaria recayere sobre el tercio destinado a mejora, solo podrá establecerse a favor de los descendientes.

Art. 783. Para que sean válidos los llamamientos a la sustitución fideicomisaria, deberán ser expresos.

El fiduciario estará obligado a entregar la herencia al fideicomisario, sin otras deducciones que las que correspondan por gastos legítimos, créditos y mejoras, salvo el caso en que el testador haya dispuesto otra cosa.

Art. 784. El fideicomisario adquirirá derecho a la sucesión desde la muerte del testador, aunque muera antes que el fiduciario. El derecho de aquél pasará a sus herederos.

Art. 785. No surtirán efecto:

1.º Las sustituciones fideicomisarias que no se hagan de una manera expresa, ya dándoles este nombre, ya imponiendo al sustituido la obligación terminante de entregar los bienes a un segundo heredero.

2.º Las disposiciones que contengan prohibición perpetua de enajenar, y aun la temporal, fuera del límite señalado en el artículo 781.

3.º Las que impongan al heredero el encargo de pagar a varias personas sucesivamente, más allá del segundo grado, cierta renta o pensión.

4.º Las que tengan por objeto dejar a una persona el todo o parte de los bienes hereditarios para que los aplique o invierta según instrucciones reservadas que le hubiese comunicado el testador.

Art. 782: Redactado por el art. 10.2 de la Ley 41/2003, de 18 de noviembre, de protección patrimonial de las personas con discapacidad y de modificación del C.c., de la L.Enj.Civ. y de la normativa tributaria con esta finalidad (*B.O.E.* n. 277, de 19 de noviembre). V. arts. 777 y 813.

Modificado por Ley 8/2021, de 2 de junio, por la que se reforma la legislación civil y procesal para el apoyo a las personas con discapacidad en el ejercicio de su capacidad jurídica (*B.O.E.* n. 132, de 3 de junio).

Art. 783: v. arts. 453, 454, 457, 507, 805, 978, 987, 1.021, 1.022 y 1.632. Sobre el fideicomiso de residuo, v. art. 426-51 del C.Civ.Cat.

Art. 784: v. arts. 657, 661, 758.1.º, 759 y 799.

Art. 785: v. arts. 640, 641, 670 a 672, 744, 749, 755, 771, 783, 786, 787 y Disp. Trans. 1.ª del C.c.; 2.3, 26 y 45 de la L.H.; 172 del R.H. y 2.3 de la L.Fund.

Art. 786. La nulidad de la sustitución fideicomisaria no perjudicará a la validez de la institución ni a los herederos del primer llamamiento; sólo se tendrá por no escrita la cláusula fideicomisaria.

Art. 787. La disposición en que el testador deje a una persona el todo o parte de la herencia, y a otra el usufructo, será válida. Si llamare al usufructo a varias personas, no simultánea, sino sucesivamente, se estará a lo dispuesto en el artículo 781.

Art. 788. Será válida la disposición que imponga al heredero la obligación de invertir ciertas cantidades periódicamente en obras benéficas, como dotes para doncellas pobres, pensiones para estudiantes o en favor de los pobres o de cualquiera establecimiento de beneficencia o de instrucción pública, bajo las condiciones siguientes:

Si la carga se impusiere sobre bienes inmuebles y fuere temporal, el heredero o herederos podrán disponer de la finca gravada, sin que cese el gravamen mientras que su inscripción no se cancele.

Si la carga fuere perpetua, el heredero podrá capitalizarla e imponer el capital a interés con primera y suficiente hipoteca.

La capitalización e imposición del capital se hará interviniendo el Gobernador civil de la provincia y con audiencia del Ministerio público.

En todo caso, cuando el testador no hubiere establecido un orden para la administración y aplicación de la manda benéfica, lo hará la Autoridad administrativa a quien corresponda con arreglo a las leyes.

Art. 789. Todo lo dispuesto en este capítulo respecto a los herederos se entenderá también aplicable a los legatarios.

SECCIÓN CUARTA

*De la institución de heredero y del legado condicionales o a término**

Art. 790. Las disposiciones testamentarias, tanto a título universal como particular, podrán hacerse bajo condición.

Art. 786: v. art. 743.

Art. 787: v. arts. 506 a 508, 640 y 671.

Art. 788: v. arts. 671 y 747, así como nota al art. 38. Téngase presente, asimismo, lo dicho ya sobre la supresión de la figura del Gobernador civil en nota al art. 747.

V. igualmente arts. 157, 209 y 210 de la L.H. y 51.7, 82, últ. párr., y 309 a 311 del R.H.

Art. 789: v. arts. 660, 858 a 891.

* Sobre esta materia, v. arts. 423-12 y ss. del C.Civ.Cat. y 476 del C.Arag.

Art. 790: v. arts. 748, 759, 789, 797 y 798.

Art. 791. Las condiciones impuestas a los herederos y legatarios, en lo que no esté prevenido en esta sección, se regirán por las reglas establecidas para las obligaciones condicionales.

Art. 792. Las condiciones imposibles y las contrarias a las leyes o a las buenas costumbres se tendrán por no puestas y en nada perjudicarán al heredero o legatario, aun cuando el testador disponga otra cosa.

Art. 793. La condición absoluta de no contraer primero o ulterior matrimonio se tendrá por no puesta, a menos que lo haya sido al viudo o viuda por su difunto consorte o por los ascendientes o descendientes de éste.

Podrá, sin embargo, legarse a cualquiera el usufructo, uso o habitación, o una pensión o prestación personal, por el tiempo que permanezca soltero o viudo.

Art. 794. Será nula la disposición hecha bajo condición de que el heredero o legatario haga en su testamento alguna disposición en favor del testador o de otra persona.

Art. 795. La condición puramente potestativa impuesta al heredero o legatario ha de ser cumplida por éstos, una vez enterados de ella, después de la muerte del testador.

Exceptúase el caso en que la condición, ya cumplida, no pueda reiterarse.

Art. 796. Cuando la condición fuere casual o mixta, bastará que se realice o cumpla en cualquier tiempo, vivo o muerto el testador, si éste no hubiese dispuesto otra cosa.

Si hubiese existido o se hubiese cumplido al hacerse el testamento, y el testador lo ignoraba, se tendrá por cumplida.

Si lo sabía, sólo se tendrá por cumplida cuando fuere de tal naturaleza que no pueda ya existir o cumplirse de nuevo.

Art. 797. La expresión del objeto de la institución o legado, o la aplicación que haya de darse a lo dejado por el testa-

Art. 791: v. arts. 1.113 a 1.124.
Art. 792: v. arts. 675, 1.116 y 1.272.
Art. 793: v. arts. 44 de este Código y 32 de la Const.
Art. 794: v. art. 1.271.
Art. 795: v. arts. 798, 800 y 1.115.
Art. 796: v. arts. 1.117 a 1.119.
Art. 797: v. arts. 657, 661 y 675.

dor, o la carga que el mismo impusiere, no se entenderán como condición, a no parecer que ésta era su voluntad.

Lo dejado de esta manera puede pedirse desde luego, y es transmisible a los herederos que afiancen el cumplimiento de lo mandado por el testador, y la devolución de lo percibido con sus frutos e intereses, si faltaren a esta obligación.

Art. 798. Cuando, sin culpa o hecho propio del heredero o legatario, no pueda tener efecto la institución o el legado de que trata el artículo precedente en los mismos términos que haya ordenado el testador, deberá cumplirse en otros, los más análogos y conformes a su voluntad.

Cuando el interesado en que se cumpla, o no, impidiere su cumplimiento sin culpa o hecho propio del heredero o legatario, se considerará cumplida la condición.

Art. 799. La condición suspensiva no impide al heredero o legatario adquirir sus respectivos derechos y transmitirlos a sus herederos, aun antes de que se verifique su cumplimiento.

Art. 800. Si la condición potestativa impuesta al heredero o legatario fuere negativa, o de no hacer o no dar, cumplirán con afianzar que no harán o no darán lo que fue prohibido por el testador, y que, en caso de contravención, devolverán lo percibido, con sus frutos e intereses.

Art. 801. Si el heredero fuere instituido bajo condición suspensiva, se pondrán los bienes de la herencia en administración hasta que la condición se realice o haya certeza de que no podrá cumplirse.

Lo mismo se hará cuando el heredero o legatario no preste la fianza en el caso del artículo anterior.

Art. 802. La administración de que habla el artículo precedente se confiará al heredero o herederos instituidos sin condición, cuando entre ellos y el heredero condicional hubiere derecho de acrecer. Lo mismo se entenderá respecto de los legatarios.

Art. 798: v. arts. 675, 879, 888, 1.119 y 1.121.
Art. 799: v. arts. 759, 766, 805, 1.121 y 1.122 de este Código y 423-14 del C.Civ.Cat.
Art. 800: v. arts. 795 y 797.
Art. 801: v. arts. 799, 1.054 y 1.120 a 1.222 de este Código y 790 a 805 de la L.Enj.Civ.
Art. 802: v. arts. 981 a 987. Compárese con arts. 190, 191, 197 y 965 a 967.

Art. 803. Si el heredero condicional no tuviere coherederos, o teniéndolos no existiese entre ellos derecho de acrecer, entrará aquél en la administración, dando fianza.

Si no la diere, se conferirá la administración al heredero presunto, también bajo fianza; y, si ni uno ni otro afianzaren, los Tribunales nombrarán tercera persona, que se hará cargo de ella, también bajo fianza, la cual se prestará con intervención del heredero.

Art. 804. Los administradores tendrán los mismos derechos y obligaciones que los que lo son de los bienes de un ausente.

Art. 805. Será válida la designación de día o de tiempo en que haya de comenzar o cesar el efecto de la institución de heredero o del legado.

En ambos casos, hasta que llegue el término señalado, o cuando éste concluya, se entenderá llamado el sucesor legítimo. Mas en el primer caso, no entrará éste en posesión de los bienes sino después de prestar caución suficiente, con intervención del instituido.

SECCIÓN QUINTA

*De las legítimas**

Art. 806. Legítima es la porción de bienes de que el testador no puede disponer por haberla reservado la ley a determinados herederos, llamados por esto herederos forzosos.

Art. 807. Son herederos forzosos:

1.º Los hijos y descendientes respecto de sus padres y ascendientes.

2.º A falta de los anteriores, los padres y ascendientes respecto de sus hijos y descendientes.

3.º El viudo o viuda en la forma y medida que establece este Código.

Art. 803: v. art. 1.081 y notas a los arts. 799 a 802.

Art. 804: v. arts. 184 y ss. de este Código.

Art. 805: Ténganse en cuenta los arts. 1.125 a 1.130.

* Sobre esta materia, v. arts. 486 y ss. del C.Arag., 41 a 51 y 79 y ss. de la C.Bal., 238 y ss. de la C.Gall., 451-1 y ss. del C.Civ.Cat. y 47 y ss. de la L.P.Vasc., así como Leyes 267 y ss. de la C.Nav. Téngase en cuenta el art. 786 de la L.Enj.Civ.

Art. 806: v. arts. 813 a 816 del C.c.; 15 de la L.H. y 83 a 88 del R.H.

Art. 807: Redactado por la Ley 11/1981 de reforma del C.c. v. sus Disps. Trans. 1.ª a 3.ª y arts. 834 a 840.

Art. 808. Constituyen la legítima de los hijos y descendientes las dos terceras partes del haber hereditario de los progenitores.

Sin embargo, podrán estos disponer de una parte de las dos que forman la legítima, para aplicarla como mejora a sus hijos o descendientes.

La tercera parte restante será de libre disposición.

Cuando alguno o varios de los legitimarios se encontraren en una situación de discapacidad, el testador podrá disponer a su favor de la legítima estricta de los demás legitimarios sin discapacidad. En tal caso, salvo disposición contraria del testador, lo así recibido por el hijo beneficiado quedará gravado con sustitución fideicomisaria de residuo a favor de los que hubieren visto afectada su legítima estricta y no podrá aquel disponer de tales bienes ni a título gratuito ni por acto *mortis causa.*

Cuando el testador hubiere hecho uso de la facultad que le concede el párrafo anterior, corresponderá al hijo que impugne el gravamen de su legítima estricta acreditar que no concurre causa que la justifique.

Art. 809. Constituye la legítima de los padres o ascendientes la mitad del haber hereditario de los hijos y descendientes, salvo el caso en que concurrieren con el cónyuge viudo del descendiente causante, en cuyo supuesto será de una tercera parte de la herencia.

Art. 810. La legítima reservada a los padres se dividirá entre los dos por partes iguales: si uno de ellos hubiere muerto, recaerá toda en el sobreviviente.

Cuando el testador no deje padre ni madre, pero sí ascendientes, en igual grado, de las líneas paterna y materna, se dividirá la herencia por mitad entre ambas líneas. Si los ascendientes fueren de grado diferente, corresponderá por entero a los más próximos de una u otra línea.

Art. 808: Redactado por Ley 11/1981, de reforma del C.c. Su párr. 3.º ha sido añadido por el art. 10.3 de la Ley 41/2003, de 18 de noviembre, de protección patrimonial de las personas con discapacidad y de modificación del C.c., de la L.Enj.Civ. y de la normativa tributaria con esta finalidad (*B.O.E.* n. 277, de 19 de noviembre).

V. arts. 761, 813, 823 a 833 y 857.

Téngase en cuenta lo dispuesto en los arts. 451-1 del C.Civ.Cat., 311 del C.Arag., 4 de la L.Parej.Mad., y 9 de la L.Parej.Eusk.

Modificado por Ley 8/2021, de 2 de junio, por la que se reforma la legislación civil y procesal para el apoyo a las personas con discapacidad en el ejercicio de su capacidad jurídica (*B.O.E.* n. 132, de 3 de junio).

Art. 809: v. arts. 935 a 937 del C.c. y 168 y 184 a 189 de la L.H.

Art. 810: v. arts. 765, 915 a 923 y 925.

Art. 811. El ascendiente que heredare de su descendiente bienes que éste hubiese adquirido por título lucrativo de otro ascendiente, o de un hermano, se halla obligado a reservar los que hubiere adquirido por ministerio de la ley en favor de los parientes que estén dentro del tercer grado y pertenezcan a la línea de donde los bienes proceden.

Art. 812. Los ascendientes suceden con exclusión de otras personas en las cosas dadas por ellos a sus hijos o descendientes muertos sin posteridad, cuando los mismos objetos donados existan en la sucesión. Si hubieren sido enajenados, sucederán en todas las acciones que el donatario tuviera con relación a ellos, y en el precio si se hubieren vendido, o en los bienes con que se hayan sustituido, si los permutó o cambió.

Art. 813. El testador no podrá privar a los herederos de su legítima sino en los casos expresamente determinados por la ley.

Tampoco podrá imponer sobre ella gravamen, ni condición, ni sustitución de ninguna especie, salvo lo dispuesto en cuanto al usufructo del viudo y lo establecido en los artículos 782 y 808.

Art. 814. La preterición de un heredero forzoso no perjudica la legítima. Se reducirá la institución de heredero antes que los legados, mejoras y demás disposiciones testamentarias.

Sin embargo, la preterición no intencional de hijos o descendientes producirá los siguientes efectos:

1.º Si resultaren preteridos todos, se anularán las disposiciones testamentarias de contenido patrimonial.

2.º En otro caso, se anulará la institución de herederos, pero valdrán las mandas y mejoras ordenadas por cualquier título,

---

Art. 811: v. arts. 942, 968 a 980 de este Código; 168.2 y 184 a 189 de la L.H., 259 a 265 del R.H. y 61 y ss. de la L.P.Vasc.

Art. 812: v. art. 942. Compárese con arts. 974 a 977.

Art. 813: Párr. 2.º redactado por el art. 10.4 de la Ley 41/2003, de 18 de noviembre, de protección patrimonial de las personas con discapacidad y de modificación del C.c., de la L.Enj.Civ. y de la normativa tributaria con esta finalidad (*B.O.E.* n. 277, de 19 de noviembre). V. arts. 636, 654 a 656, 777, 782, 815, 817, 848 a 857, 1.037 y 1.056.

Párr. 2.º: Modificado por Ley 8/2021, de 2 de junio, por la que se reforma la legislación civil y procesal para el apoyo a las personas con discapacidad en el ejercicio de su capacidad jurídica (*B.O.E.* n. 132, de 3 de junio).

Art. 814: Redactado por Ley 11/1981 de reforma del C.c. V. arts. 763, 813, 817, 848 a 857, 858, 924 a 929 y 1.080 y nota al art. 767.

V. también arts. 503 y ss. del C.Arag., 46 y Disp. Trans. 1.ª del C.Bal., 451-16 y ss. del C.Civ.Cat. y 47 y ss. de la L.P.Vasc.

en cuanto unas y otras no sean inoficiosas. No obstante, la institución de heredero a favor del cónyuge sólo se anulará en cuanto perjudique a las legítimas.

Los descendientes de otro descendiente que no hubiere sido preterido, representan a éste en la herencia del ascendiente y no se consideran preteridos.

Si los herederos forzosos preteridos mueren antes que el testador, el testamento surtirá todos sus efectos.

A salvo las legítimas tendrá preferencia en todo caso lo ordenado por el testador.

Art. 815. El heredero forzoso a quien el testador haya dejado por cualquier título menos de la legítima que le corresponda, podrá pedir el complemento de la misma.

Art. 816. Toda renuncia o transacción sobre la legítima futura entre el que la debe y sus herederos forzosos es nula, y éstos podrán reclamarla cuando muera aquél; pero deberán traer a colación lo que hubiesen recibido por la renuncia o transacción.

Art. 817. Las disposiciones testamentarias que mengüen la legítima de los herederos forzosos se reducirán, a petición de éstos, en lo que fueren inoficiosas o excesivas.

Art. 818. Para fijar la legítima se atenderá al valor de los bienes que quedaren a la muerte del testador, con deducción de las deudas y cargas, sin comprender entre ellas las impuestas en el testamento.

Al valor líquido de los bienes hereditarios se agregará el de las donaciones colacionables.

Art. 819. Las donaciones hechas a los hijos, que no tengan el concepto de mejoras, se imputarán en su legítima.

Las donaciones hechas a extraños se imputarán a la parte libre de que el testador hubiese podido disponer por su última voluntad.

En cuanto fueren inoficiosas o excedieren de la cuota disponible, se reducirán según las reglas de los artículos siguientes.

Art. 815: v. nota al art. 813. Téngase en cuenta el art. 786.1 de la L.Enj.Civ.

Art. 816: v. arts. 652, 653, 1.035 y ss. y 1.271. Compárese con el art. 1.814.

Art. 817: v. arts. 636, 654 a 656 y nota al art. 813.

Art. 818: Redactado su párrafo segundo por la Ley 11/1981, de reforma del C.c. V. arts. 666, 758, 847, 1.035 a 1.050 de este Código, 49 y ss. de la L.P.Vasc. y 22 y 23 de la L.A.R.

Art. 819: v. arts. 636, 654 a 656, 823 a 833 y 847.

Art. 820. Fijada la legítima con arreglo a los dos artículos anteriores, se hará la reducción como sigue:

1.º Se respetarán las donaciones mientras pueda cubrirse la legítima, reduciendo o anulando, si necesario fuere, las mandas hechas en testamento.

2.º La reducción de éstas se hará a prorrata, sin distinción alguna.

Si el testador hubiere dispuesto que se pague cierto legado con preferencia a otros, no sufrirá aquél reducción sino después de haberse aplicado éstos por entero al pago de la legítima.

3.º Si la manda consiste en un usufructo o renta vitalicia, cuyo valor se tenga por superior a la parte disponible, los herederos forzosos podrán escoger entre cumplir la disposición testamentaria o entregar al legatario la parte de la herencia de que podía disponer libremente el testador.

Art. 821. Cuando el legado sujeto a reducción consista en una finca que no admita cómoda división, quedará ésta para el legatario si la reducción no absorbe la mitad de su valor, y en caso contrario para los herederos forzosos; pero aquél y éstos deberán abonarse su respectivo haber en dinero.

El legatario que tenga derecho a legítima podrá retener toda la finca, con tal que su valor no supere el importe de la porción disponible y de la cuota que le corresponda por legítima.

Si los herederos o legatarios no quieren usar del derecho que se les concede en este artículo se venderá la finca en pública subasta, a instancia de cualquiera de los interesados.

Art. 822. La donación o legado de un derecho de habitación sobre la vivienda habitual que su titular haga a favor de un legitimario que se encuentre en una situación de discapacidad, no se computará para el cálculo de las legítimas si en el momento del fallecimiento ambos estuvieren conviviendo en ella.

Art. 821: Redactado por el art. 10.5 de la Ley 41/2003, de 18 de noviembre, de protección patrimonial de las personas con discapacidad y de modificación del C.c., de la L.Enj.Civ. y de la normativa tributaria con esta finalidad (*B.O.E.* n. 277, de 19 de noviembre). V. arts. 768, 829, 841, 842 y 882.

Art. 822: Redactado por el art. 10.5 de la Ley 41/2003, de 18 de noviembre, de protección patrimonial de las personas con discapacidad y de modificación del C.c., de la L.Enj.Civ. y de la normativa tributaria con esta finalidad (*B.O.E.* n. 277, de 19 de noviembre). V. art. 1.062.

Párrs. 1.º y 2.º: Modificados por Ley 8/2021, de 2 de junio, por la que se reforma la legislación civil y procesal para el apoyo a las personas con discapacidad en el ejercicio de su capacidad jurídica (*B.O.E.* n. 132, de 3 de junio).

Este derecho de habitación se atribuirá por ministerio de la ley en las mismas condiciones al legitimario que se halle en la situación prevista en el párrafo anterior, que lo necesite y que estuviere conviviendo con el fallecido, a menos que el testador hubiera dispuesto otra cosa o lo hubiera excluido expresamente, pero su titular no podrá impedir que continúen conviviendo los demás legitimarios mientras lo necesiten.

El derecho a que se refieren los dos párrafos anteriores será intransmisible.

Lo dispuesto en los dos primeros párrafos no impedirá la atribución al cónyuge de los derechos regulados en los artículos 1.406 y 1.407 de este Código, que coexistirán con el de habitación.

SECCIÓN SEXTA

*De las mejoras**

Art. 823. El padre o la madre podrán disponer en concepto de mejora a favor de alguno o algunos de sus hijos o descendientes, ya lo sean por naturaleza, ya por adopción, de una de las dos terceras partes destinadas a legítima.

Art. 824. No podrán imponerse sobre la mejora otros gravámenes que los que se establezcan en favor de los legitimarios o sus descendientes.

Art. 825. Ninguna donación por contrato entre vivos, sea simple o por causa onerosa, en favor de sus hijos o descendientes, que sean herederos forzosos, se reputará mejora, si el donante no ha declarado de una manera expresa su voluntad de mejorar.

Art. 826. La promesa de mejorar o no mejorar, hecha por escritura pública en capitulaciones matrimoniales, será válida.

La disposición del testador contraria a la promesa no producirá efecto.

Art. 827. La mejora, aunque se haya verificado con en-

* Sobre esta materia, v. arts. 214 y ss. de la C.Gall.

Art. 823: Redactado por Ley 11/1981 de reforma del C.c., y alterada su redacción por la Disp. Final 18.ª2 de la L.Men., tal y como venía exigiendo la aplicación de la Ley 21/1987, de reforma del C.c. V. arts. 782, 808 y 972 del presente Código. Téngase en cuenta la Ley 49/1981, de 24 de diciembre (*B.O.E.* n. 9, de 1 de enero de 1982) del estatuto de la explotación agraria y del joven agricultor.

Art. 824: v. arts. 782, 813 y 834.

Art. 825: v. arts. 620, 808, 813, 819 y 828.

Art. 826: v. arts. 620, 658 y 667 del C.c. y en especial los arts. 42, 1.451 y 1.862.

Art. 827: v. arts. 737 a 742 y 1.325 a 1.335 y nota al art. 826.

trega de bienes, será revocable, a menos que se haya hecho por capitulaciones matrimoniales o por contrato oneroso celebrado con un tercero.

Art. 828. La manda o legado hecho por el testador a uno de los hijos o descendientes no se reputará mejora sino cuando el testador haya declarado expresamente ser ésta su voluntad, o cuando no quepa en la parte libre.

Art. 829. La mejora podrá señalarse en cosa determinada. Si el valor de ésta excediere del tercio destinado a la mejora y de la parte de legítima correspondiente al mejorado, deberá éste abonar la diferencia en metálico a los demás interesados.

Art. 830. La facultad de mejorar no puede encomendarse a otro.

Art. 831. 1. No obstante lo dispuesto en el artículo anterior, podrán conferirse facultades al cónyuge en testamento para que, fallecido el testador, pueda realizar a favor de los hijos o descendientes comunes mejoras incluso con cargo al tercio de libre disposición y, en general, adjudicaciones o atribuciones de bienes concretos por cualquier título o concepto sucesorio o particiones, incluidas las que tengan por objeto bienes de la sociedad conyugal disuelta que esté sin liquidar.

Estas mejoras, adjudicaciones o atribuciones podrán realizarse por el cónyuge en uno o varios actos, simultáneos o sucesivos. Si no se le hubiere conferido la facultad de hacerlo en su propio testamento o no se le hubiere señalado plazo, tendrá el de dos años contados desde la apertura de la sucesión o, en su caso, desde la emancipación del último de los hijos comunes.

Las disposiciones del cónyuge que tengan por objeto bienes específicos y determinados, además de conferir la propiedad al hijo o descendiente favorecido, le conferirán también la posesión por el hecho de su aceptación, salvo que en ellas se establezca otra cosa.

Art. 828: v. arts. 620 y 825.

Art. 829: v. arts. 821, 841, 851, 861 a 864, 882, 884, 1.054, 1.062, 1.379 y 1.380.

Art. 830: v. arts. 670.

Art. 831: Redactado por el art. 10.6 de la Ley 41/2003, de 18 de noviembre, de protección patrimonial de las personas con discapacidad y de modificación del C.c., de la L.Enj.Civ. y de la normativa tributaria con esta finalidad (*B.O.E.* n. 277, de 19 de noviembre). V. arts. 972, 1.057, 1.271 y 1.328.

2. Corresponderá al cónyuge sobreviviente la administración de los bienes sobre los que pendan las facultades a que se refiere el párrafo anterior.

3. El cónyuge, al ejercitar las facultades encomendadas, deberá respetar las legítimas estrictas de los descendientes comunes y las mejoras y demás disposiciones del causante en favor de ésos.

De no respetarse la legítima estricta de algún descendiente común o la cuota de participación en los bienes relictos que en su favor hubiere ordenado el causante, el perjudicado podrá pedir que se rescindan los actos del cónyuge en cuanto sea necesario para dar satisfacción al interés lesionado.

Se entenderán respetadas las disposiciones del causante a favor de los hijos o descendientes comunes y las legítimas cuando unas u otras resulten suficientemente satisfechas aunque en todo o en parte lo hayan sido con bienes pertenecientes sólo al cónyuge que ejercite las facultades.

4. La concesión al cónyuge de las facultades expresadas no alterará el régimen de las legítimas ni el de las disposiciones del causante, cuando el favorecido por unas u otras no sea descendiente común. En tal caso, el cónyuge que no sea pariente en línea recta del favorecido tendrá poderes, en cuanto a los bienes afectos a esas facultades, para actuar por cuenta de los descendientes comunes en los actos de ejecución o de adjudicación relativos a tales legítimas o disposiciones.

Cuando algún descendiente que no lo sea del cónyuge supérstite hubiera sufrido preterición no intencional en la herencia del premuerto, el ejercicio de las facultades encomendadas al cónyuge no podrá menoscabar la parte del preterido.

5. Las facultades conferidas al cónyuge cesarán desde que hubiere pasado a ulterior matrimonio o a relación de hecho análoga o tenido algún hijo no común, salvo que el testador hubiera dispuesto otra cosa.

6. Las disposiciones de los párrafos anteriores también serán de aplicación cuando las personas con descendencia común no estén casadas entre sí.

Art. 832. Cuando la mejora no hubiere sido señalada en cosa determinada, será pagada con los mismos bienes hereditarios, observándose en cuanto puedan tener lugar, las reglas establecidas en los artículos 1.061 y 1.062 para procurar la igualdad de los herederos en la partición de bienes.

Art. 833. El hijo o descendiente mejorado podrá renunciar la herencia y aceptar la mejora.

SECCIÓN SÉPTIMA*

Derechos del cónyuge viudo

Art. 834. El cónyuge que al morir su consorte no se hallase separado de éste legalmente o de hecho, si concurre a la herencia con hijos o descendientes, tendrá derecho al usufructo del tercio destinado a mejora.

Art. 835. Si entre los cónyuges separados hubiera mediado reconciliación notificada al Juzgado que conoció de la separación o al Notario que otorgó la escritura pública de separación de conformidad con el artículo 84 de este Código, el sobreviviente conservará sus derechos.

Art. 836. [*Derogado por Ley 11/1981, de 13 de mayo.*]

Art. 837. No existiendo descendientes, pero sí ascendientes, el cónyuge sobreviviente tendrá derecho al usufructo de la mitad de la herencia.

Art. 838. No existiendo descendientes ni ascendientes el cónyuge sobreviviente tendrá derecho al usufructo de los dos tercios de la herencia.

Art. 833: Redactado por Ley 11/1981, de reforma del C.c. V. arts. 890 y 1.009.

* Por Ley 11/1981, de reforma del C.c. esta Sección pasa a comprender los arts. 834 a 840. V. arts. 1.406.4, 1.407 de este Código y 35.2 de la L.R.D.A.

Téngase en cuenta el R.D. 2.960/1976, de 12 de noviembre, por el que se aprueba el Texto Refundido de la legislación de viviendas de protección oficial (*B.O.E.* n. 311, de 28 de diciembre).

V. arts. 16 de la L.A.U. y 8, 10 y 27 de la L.A.R.

Art. 834: Redactado por la Disp. Final 1.ª de la L.J.V.; v. arts. 467, 492, 839 y 943 a 945. Ténganse en cuenta arts. 81 a 84 del C.c.; 4 y 14 de la L.J.A. y 108.2 y 190 de la L.H.

V. asimismo arts. 531 y ss. del C.Arag., 72 a 88 de la C.Bal., 228 y ss. de la C.Gall., 52 de la L.P.Vasc., 441-2 y 442-3 del C.Civ.Cat. y Leyes 253 y ss. de la C.Nav.

Art. 835: Redactado por la Disp. Final 1.ª de la L.J.V.; v. nota a los arts. 82, 83 y 84.

Art. 837: Redactado por Ley 11/1981, de reforma del C.c. El párr. 2.º que tenía este artículo ha sido suprimido por la Ley 15/2005, de 8 de julio, por la que se modifican el C.c. y la L.Enj.Civ. en materia de separación y divorcio (*B.O.E.* n. 163, de 9 de julio). V. arts. 108, 492, 809 y 840 de este Código y ténganse en cuenta los arts. 14 y 39.2 de la Const.

Art. 838: Redactado por Ley 24 de abril de 1958, de reforma del C.c. V. los arts. 492 y 944.

Art. 839. Los herederos podrán satisfacer al cónyuge su parte del usufructo, asignándole una renta vitalicia, los productos de determinados bienes, o un capital en efectivo, procediendo de mutuo acuerdo y, en su defecto, por virtud de mandato judicial.

Mientras esto no se realice, estarán afectos todos los bienes de la herencia al pago de la parte del usufructo que corresponda al cónyuge.

Art. 840. Cuando el cónyuge viudo concurra con hijos sólo del causante, podrá exigir que su derecho de usufructo le sea satisfecho, a elección de los hijos, asignándole un capital en dinero o un lote de bienes hereditarios.

SECCIÓN OCTAVA*

Pago de la porción hereditaria en casos especiales

Art. 841. El testador, o el contador-partidor expresamente autorizado por aquél, podrá adjudicar todos los bienes hereditarios o parte de ellos a algunos de los hijos o descendientes, ordenando que se pague en metálico la porción hereditaria de los demás legitimarios.

También corresponderá la facultad de pago en metálico en el mismo supuesto del párrafo anterior al contador-partidor dativo a que se refiere el artículo 1.057 del Código civil.

Art. 842. No obstante lo dispuesto en el artículo anterior, cualquiera de los hijos o descendientes obligados a pagar en metálico la cuota hereditaria de sus hermanos podrá exigir que dicha cuota sea satisfecha en bienes de la herencia, debiendo observarse, en tal caso, lo prescrito por los artículos 1.058 a 1.063 de este Código.

Art. 843. Salvo confirmación expresa de todos los hijos o descendientes la partición a que se refieren los dos artículos anteriores requerirá aprobación por el Secretario judicial o Notario.

Art. 839: Redactado por Ley de 24 de abril de 1958, de reforma del C.c. V. arts. 1.404 y 1.407.

Art. 840: Redactado por la Ley 15/2005, de 8 de julio, por la que se modifican el C.c. y la L.Enj.Civ. en materia de separación y divorcio (*B.O.E.* n. 163, de 9 de julio). V. nota al art. 837.

* Redactada por Ley 11/1981, de reforma del C.c., esta Sección pasa a comprender los arts. 841 a 847, que son objeto de nueva redacción. Téngase presente el R.D. 3.215/1982, de 12 de noviembre (*B.O.E.* de 27 de noviembre) por el que se reforman determinados arts. del R.H.

Art. 841: v. arts. 829, 1.056, 1.061 y 1.062.

Art. 843: Redactado por la Disp. Final 1.ª de la L.J.V.; v. Disp. Trans. 10.ª de la Ley.

Art. 844. La decisión de pago en metálico no producirá efectos si no se comunica a los perceptores en el plazo de un año desde la apertura de la sucesión. El pago deberá hacerse en el plazo de otro año más, salvo pacto en contrario. Corresponderán al perceptor de la cantidad las garantías legales establecidas para el legatario de cantidad.

Transcurrido el plazo sin que el pago haya tenido lugar, caducará la facultad conferida a los hijos o descendientes por el testador o por el contador-partidor y se procederá a repartir la herencia según las disposiciones generales sobre la partición.

Art. 845. La opción de que tratan los artículos anteriores no afectará a los legados de cosa específica.

Art. 846. Tampoco afectará a las disposiciones particionales del testador señaladas en cosas determinadas.

Art. 847. Para fijar la suma que haya de abonarse a los hijos o descendientes se atenderá al valor que tuvieren los bienes al tiempo de liquidarles la porción correspondiente, teniendo en cuenta los frutos o rentas hasta entonces producidas. Desde la liquidación, el crédito metálico devengará el interés legal.

SECCIÓN NOVENA

*De la desheredación**

Art. 848. La desheredación sólo podrá tener lugar por alguna de las causas que expresamente señala la ley.

Art. 849. La desheredación sólo podrá hacerse en testamento, expresando en él la causa legal en que se funde.

Art. 850. La prueba de ser cierta la causa de la desheredación corresponderá a los herederos del testador si el desheredado la negare.

Art. 851. La desheredación hecha sin expresión de causa, o

Art. 844: v. arts. 657, 880, 884 y 1.051 y ss. de este Código; 48 de la L.H. y 153 y 166.6.ª del R.H.

Art. 845: v. arts. 821 y 882 del C.c., 47 de la L.H. y 151, 166.6.ª y 197.3.º del R.H.

Art. 846: v. arts. 829 y 1.056.

Art. 847: v. arts. 818, 819, 1.045, 1.108 y 1.109.

* Sobre esta materia, v. arts. 451-16 y ss. del C.Civ.Cat. y 509 y ss. del C.Arag.

Art. 849: v. arts. 757 y 814.

Art. 850: v. arts. 814 y 1.214.

Art. 851: v. art. 814.

por causa cuya certeza, si fuere contradicha, no se probare, o que no sea una de las señaladas en los cuatro siguientes artículos, anulará la institución de heredero en cuanto perjudique al desheredado; pero valdrán los legados, mejoras y demás disposiciones testamentarias en lo que no perjudiquen a dicha legítima.

Art. 852. Son justas causas para la desheredación, en los términos que específicamente determinan los artículos 853, 854 y 855, las de incapacidad por indignidad para suceder, señaladas en el artículo 756 con los números 1.º, 2.º, 3.º, 5.º y 6.º

Art. 853. Serán también justas causas para desheredar a los hijos y descendientes, además de las señaladas en el artículo 756 con los números 2.º, 3.º, 5.º y 6.º, las siguientes:

1.ª Haber negado, sin motivo legítimo, los alimentos al padre o ascendiente que le deshereda.

2.ª Haberle maltratado de obra o injuriado gravemente de palabra.

3.ª [*Derogada por Ley 11/1990, de 15 de octubre.*]

4.ª [*Derogada por Ley 6/1984, de 31 de marzo.*]

Art. 854. Serán justas causas para desheredar a los padres y ascendientes, además de las señaladas en el artículo 756 con los números 1.º, 2.º, 3.º, 5.º y 6.º, las siguientes:

1.ª Haber perdido la patria potestad por las causas expresadas en el artículo 170.

2.ª Haber negado los alimentos a sus hijos o descendientes sin motivo legítimo.

3.ª Haber atentado uno de los padres contra la vida del otro, si no hubiere habido entre ellos reconciliación.

Art. 855. Serán justas causas para desheredar al cónyu-

Art. 852: Redactado de nuevo por la Ley 22/1978, de reforma del C.c., y modificada posteriormente su redacción por la Ley 11/1990, de reforma del C.c., y por la Disp. Final 18.ª2 de L.Men., ajustando la redacción a la reforma del art. 756. V. nota al mismo.

V. art. 48 de la L.P.Vasc.

Art. 853: Su redacción se ha visto afectada por las Leyes 22/1978, 11/1981, 6/1984 y 11/1990, de reforma del C.c. La redacción actual es la dada por la Ley 11/1981, habiéndose suprimido las causas 3.ª y 4.ª por las Leyes 6/1984 y 11/1990.

V. arts. 150 y 152 del C.c. y 208 a 216 del C.P.

Art. 854: Redacción dada a su párrafo 1.º y causa 1.ª por la Ley 11/1981, de reforma del C.c.

Art. 855: Redactado por Ley 11/1981, de reforma del C.c. Fue modificado posteriormente por Ley 30/1981, de reforma del C.c., y por la Disp. Final 18.ª2 de la L.Men.,

ge, además de las señaladas en el artículo 756 con los números 2.º, 3.º, 5.º y 6.º las siguientes:

1.ª Haber incumplido grave o reiteradamente los deberes conyugales.

2.ª Las que dan lugar a la pérdida de la patria potestad conforme al artículo 170.

3.ª Haber negado alimentos a los hijos o al otro cónyuge.

4.ª Haber atentado contra la vida del cónyuge testador, si no hubiere mediado reconciliación.

Art. 856. La reconciliación posterior del ofensor y del ofendido priva a éste del derecho de desheredar, y deja sin efecto la desheredación ya hecha.

Art. 857. Los hijos o descendientes del desheredado ocuparán su lugar y conservarán los derechos de herederos forzosos respecto a la legítima.

SECCIÓN DÉCIMA

*De las mandas y legados**

Art. 858. El testador podrá gravar con mandas y legados, no sólo a su heredero, sino también a los legatarios.

Éstos no estarán obligados a responder del gravamen sino hasta donde alcance el valor del legado.

Art. 859. Cuando el testador grave con un legado a uno de los herederos, él sólo quedará obligado a su cumplimiento.

Si no gravare a ninguno en particular, quedarán obligados todos en la misma proporción en que sean herederos.

Art. 860. El obligado a la entrega del legado responderá en caso de evicción, si la cosa fuere indeterminada y se señalare sólo por género o especie.

---

para ajustarlo a la Ley 11/1981 (arts. 169 y 170) y a la Ley 30/1981 (art. 87), ambas de reforma del C.c., como exigía la aplicación de las mismas.

En relación con los deberes conyugales, v. arts. 66 a 68.

Art. 856: v. arts. 84, 88 y 757. Compárese con los arts. 854.3 y 855.4.

Art. 857: Redactado por Ley 11/1981 de reforma del C.c. V. arts. 761, 766 y 973.2.

* Sobre esta materia, v. arts. 427-1 y ss. del C.Civ.Cat. y 469 y 477 y ss. del C.Arag. y Leyes 240 y ss. de la C.Nav.

Art. 858: v. arts. 660, 668, 768, 789, 813.2, 891, 1.003, 1.023, 1.026 a 1.029.

Art. 859: Ténganse en cuenta los arts. 508 y 510.

Art. 860: v. arts. 875, 882, 884 y 1.474 a 1.483.

Art. 861. El legado de cosa ajena si el testador, al legarla, sabía que lo era, es válido. El heredero estará obligado a adquirirla para entregarla al legatario; y, no siéndole posible, a dar a éste su justa estimación.

La prueba de que el testador sabía que la cosa era ajena corresponde al legatario.

Art. 862. Si el testador ignoraba que la cosa que legaba era ajena, será nulo el legado.

Pero será válido si la adquiere después de otorgado el testamento.

Art. 863. Será válido el legado hecho a un tercero de una cosa propia del heredero o de un legatario, quienes, al aceptar la sucesión, deberán entregar la cosa legada o su justa estimación, con la limitación establecida en el artículo siguiente.

Lo dispuesto en el párrafo anterior se entiende sin perjuicio de la legítima de los herederos forzosos.

Art. 864. Cuando el testador, heredero o legatario tuviesen sólo una parte o un derecho en la cosa legada, se entenderá limitado el legado a esta parte o derecho, a menos que el testador declare expresamente que lega la cosa por entero.

Art. 865. Es nulo el legado de cosas que están fuera del comercio.

Art. 866. No producirá efecto el legado de cosa que al tiempo de hacerse el testamento fuera ya propia del legatario, aunque en ella tuviese algún derecho otra persona.

Si el testador dispone expresamente que la cosa sea liberada de este derecho o gravamen, valdrá en cuanto a esto el legado.

Art. 867. Cuando el testador legare una cosa empeñada o hipotecada para la seguridad de alguna deuda exigible, el pago de ésta quedará a cargo del heredero.

Si por no pagar el heredero lo hiciere el legatario, quedará éste

---

Art. 861: v. arts. 886 y 1.214.
Art. 862: v. arts. 657 y 1.259.
Art. 863: v. arts. 886 y 988 a 1.034.
Art. 864: v. arts. 861, 868 y 869.
Art. 865: v. arts. 1.271 y 1.272.
Art. 866: v. arts. 861 y 878.
Art. 867: v. arts. 642, 871.2, 1.210, 1.866 y 1.876.
V. igualmente arts. 142 de la L.H. y 238 a 240 y 248 del R.H.

subrogado en el lugar y derechos del acreedor para reclamar contra el heredero.

Cualquiera otra carga, perpetua o temporal, a que se halle afecta la cosa legada, pasa con ésta al legatario; pero en ambos casos las rentas y los intereses o réditos devengados hasta la muerte del testador son carga de la herencia.

Art. 868. Si la cosa legada estuviere sujeta a usufructo, uso o habitación, el legatario deberá respetar estos derechos hasta que legalmente se extingan.

Art. 869. El legado quedará sin efecto:

1.º Si el testador transforma la cosa legada, de modo que no conserve ni la forma ni la denominación que tenía.

2.º Si el testador enajena, por cualquier título o causa, la cosa legada o parte de ella, entendiéndose en este último caso que el legado queda sólo sin efecto respecto a la parte enajenada. Si después de la enajenación volviere la cosa al dominio del testador, aunque sea por la nulidad del contrato, no tendrá después de este hecho fuerza el legado, salvo el caso en que la readquisición se verifique por pacto de retroventa.

3.º Si la cosa legada perece del todo viviendo el testador, o después de su muerte sin culpa del heredero. Sin embargo, el obligado a pagar el legado responderá por evicción, si la cosa legada no hubiere sido determinada en especie, según lo dispuesto en el artículo 860.

Art. 870. El legado de un crédito contra tercero, o el de perdón o liberación de una deuda del legatario, sólo surtirá efecto en la parte del crédito o de la deuda subsistente al tiempo de morir el testador.

En el primer caso, el heredero cumplirá con ceder al legatario todas las acciones que pudieran competirle contra el deudor.

En el segundo, con dar al legatario carta de pago, si la pidiere.

En ambos casos, el legado comprenderá los intereses que por el crédito o la deuda se debieren al morir el testador.

Art. 871. Caduca el legado de que se habla en el artículo anterior si el testador, después de haberlo hecho, demandare judicialmente al deu-

---

Art. 868: v. arts. 513, 529 y 864.
Art. 869: v. arts. 649, 818, 1.182 a 1.186, 1.474, 1.507 a 1.520 y 1.583.
Art. 870: v. arts. 649, 1.187 a 1.191.
Art. 871: v. arts. 869.2, 1.857 y 1.871.

dor para el pago de su deuda, aunque éste no se haya realizado al tiempo del fallecimiento.

Por el legado hecho al deudor de la cosa empeñada sólo se entiende remitido el derecho de prenda.

Art. 872. El legado genérico de liberación o perdón de las deudas comprende las existentes al tiempo de hacerse el testamento, no las posteriores.

Art. 873. El legado hecho a un acreedor no se imputará en pago de su crédito, a no ser que el testador lo declare expresamente.

En este caso el acreedor tendrá derecho a cobrar el exceso del crédito o del legado.

Art. 874. En los legados alternativos se observará lo dispuesto para las obligaciones de la misma especie, salvas las modificaciones que se deriven de la voluntad expresa del testador.

Art. 875. El legado de cosa mueble genérica será válido aunque no haya cosas de su género en la herencia.

El legado de cosa inmueble no determinada sólo será válido si la hubiere de su género en la herencia.

La elección será del heredero, quien cumplirá con dar una cosa que no sea de la calidad inferior ni de la superior.

Art. 876. Siempre que el testador deje expresamente la elección al heredero o al legatario, el primero podrá dar, o el segundo elegir, lo que mejor les pareciere.

Art. 877. Si el heredero o legatario no pudiere hacer la elección en el caso de haberle sido concedida, pasará su derecho a los herederos; pero, una vez hecha la elección, será irrevocable.

Art. 878. Si la cosa legada era propia del legatario a la fecha del testamento, no vale el legado, aunque después haya sido enajenada.

Si el legatario la hubiese adquirido por título lucrativo

Art. 872: v. arts. 1.188 de este Código y 48 de la L.H.
Art. 873: v. art. 1.175.
Art. 874: v. arts. 1.131 a 1.136.
Art. 875: v. arts. 860, 861, 886, 1.096, 1.097, 1.132 y 1.160 del C.c., 47 de la L.H., y 151 y 81 del R.H.
Art. 876: Compárese con el art. 1.167.
Art. 877: v. art. 1.133.
Art. 878: v. arts. 861, 866, 869, 871 y 886.

después de aquella fecha, nada podrá pedir por ello; mas, si la adquisición se hubiese hecho por título oneroso, podrá pedir al heredero que le indemnice de lo que haya dado por adquirirla.

Art. 879. El legado de educación dura hasta que el legatario sea mayor de edad.

El de alimentos dura mientras viva el legatario, si el testador no dispone otra cosa.

Si el testador no hubiere señalado cantidad para estos legados, se fijará según el estado y condición del legatario y el importe de la herencia.

Si el testador acostumbró en vida dar al legatario cierta cantidad de dinero u otras cosas por vía de alimentos, se entenderá legada la misma cantidad, si no resultare en notable desproporción con la cuantía de la herencia.

Art. 880. Legada una pensión periódica o cierta cantidad anual, mensual o semanal, el legatario podrá exigir la del primer período así que muera el testador, y la de los siguientes en el principio de cada uno de ellos, sin que haya lugar a la devolución aunque el legatario muera antes que termine el período comenzado.

Art. 881. El legatario adquiere derecho a los legados puros y simples desde la muerte del testador, y lo transmite a sus herederos.

Art. 882. Cuando el legado es de cosa específica y determinada, propia del testador, el legatario adquiere su propiedad desde que aquél muere, y hace suyos los frutos o rentas pendientes, pero no las rentas devengadas y no satisfechas antes de la muerte.

La cosa legada correrá desde el mismo instante a riesgo del legatario, que sufrirá, por tanto, su pérdida o deterioro, como también se aprovechará de su aumento o mejora.

Art. 883. La cosa legada deberá ser entregada con todos sus accesorios y en el estado en que se halle al morir el testador.

Art. 879: v. arts. 142, 146, 508, 675, 880 y 1.282.

Art. 880: v. arts. 148, 508, 788 y 820.3, 1.025 y 1.026 del C.c.; 47 y 88 a 91 de la L.H. y 151, 154 y 197, regla 4.ª, del R.H. Compárese con el art. 153, párr. 2.º, del R.H. Téngase en cuenta el art. 635 de la L.Enj.Civ.

Art. 881: v. arts. 657, 661, 759, 790 a 805 y 1.006.

Art. 882: v. arts. 1.182 a 1.186, 1.379 y 1.380. Ténganse en cuenta los arts. 885 y 888 de este Código, 33.1 de la L.A.U. y 47 de la L.H.

Art. 883: v. arts. 1.094 y 1.097.

Art. 884. Si el legado no fuere de cosa específica y determinada, sino genérico o de cantidad, sus frutos e intereses desde la muerte del testador corresponderán al legatario cuando el testador lo hubiese dispuesto expresamente.

Art. 885. El legatario no puede ocupar por su propia autoridad la cosa legada, sino que debe pedir su entrega y posesión al heredero o al albacea, cuando éste se halle autorizado para darla.

Art. 886. El heredero debe dar la misma cosa legada, pudiendo hacerlo, y no cumple con dar su estimación.

Los legados en dinero deberán ser pagados en esta especie, aunque no lo haya en la herencia.

Los gastos necesarios para la entrega de cosa legada serán a cargo de la herencia, pero sin perjuicio de la legítima.

Art. 887. Si los bienes de la herencia no alcanzaren para cubrir todos los legados, el pago se hará en el orden siguiente:

1.º Los legados remuneratorios.

2.º Los legados de cosa cierta y determinada, que forme parte del caudal hereditario.

3.º Los legados que el testador haya declarado preferentes.

4.º Los de alimentos.

5.º Los de educación.

6.º Los demás a prorrata.

Art. 888. Cuando el legatario no pueda o no quiera admitir el legado, o éste, por cualquier causa, no tenga efecto, se refundirá en la masa de la herencia, fuera de los casos de sustitución y derecho de acrecer.

Art. 889. El legatario no podrá aceptar una parte del legado y repudiar la otra, si ésta fuera onerosa.

Si muriese antes de aceptar el legado dejando varios herederos, podrá uno de éstos aceptar y otro repudiar la parte que le corresponda en el legado.

Art. 890. El legatario de dos legados, de los que uno fuere oneroso, no podrá renunciar éste y aceptar el otro. Si los dos son onerosos o gratuitos, es libre para aceptarlos todos o repudiar el que quiera.

Art. 884: v. arts. 1.095 del C.c.; 48 de la L.H. y 147 a 154 del R.H.

Art. 885: v. arts. 441, 446, 1.025, 1.027 de este Código; 47, 48, 56 de la L.H. y 147 a 154 del R.H.

Art. 886: v. arts. 861, 863, 902, 903, 1.166 y 1.170.

Art. 887: v. art. 1.031.

Art. 888: v. arts. 774 a 789, 981 a 987 y 990.

Art. 890: v. arts. 833, 1.007 y 1.009.

El heredero, que sea al mismo tiempo legatario, podrá renunciar la herencia y aceptar el legado, o renunciar éste y aceptar aquélla.

Art. 891. Si toda la herencia se distribuye en legados, se prorratearán las deudas y gravámenes de ella entre los legatarios a proporción de sus cuotas, a no ser que el testador hubiera dispuesto otra cosa.

SECCIÓN UNDÉCIMA*

*De los albaceas o testamentarios***

Art. 892. El testador podrá nombrar uno o más albaceas.

Art. 893. No podrá ser albacea el que no tenga capacidad para obligarse.

El menor no podrá serlo, ni aun con la autorización del padre o del tutor.

Art. 894. El albacea puede ser universal o particular.

En todo caso, los albaceas podrán ser nombrados mancomunada, sucesiva o solidariamente.

Art. 895. Cuando los albaceas fueren mancomunados, sólo valdrá lo que todos hagan de consuno, o lo que haga uno de ellos legalmente autorizado por los demás, o lo que, en caso de disidencia, acuerde el mayor número.

Art. 896. En los casos de suma urgencia podrá uno de los albaceas mancomunados practicar, bajo su responsabilidad personal, los actos que fueren necesarios, dando cuenta inmediatamente a los demás.

Art. 897. Si el testador no establece claramente la solidaridad de los albaceas, ni fija el orden en que deben desempeñar su encargo, se entenderán nombrados mancomunadamente y desempeñarán el cargo como

---

Art. 891: v. arts. 764, 1.003, 1.029 y 1.084 del C.c. y 81 a 83 del R.H.

* Ténganse en cuenta respecto a esta sección los arts. 237 a 243, y 1.709 a 1.739 de este Código, 91 de la L.J.V., así como el art. 20 de la L.H.

** Sobre esta materia, v. arts. 484 y ss. del C.Arag., 429-1 del C.Civ.Cat., 66 y ss. de la L.N. y Leyes 296 y ss. de la C.Nav.

Ténganse también presentes los arts. 790 a 805 de la L.Enj.Civ.

Art. 892: v. arts. 909 y 1.057.

Art. 893: Redactado por Ley 14/1975 de reforma del C.c. V. arts. 154, 314 a 324 y 1.263.

Art. 894: v. arts. 897 y 1.137 a 1.139 de este Código y 795 , 797, 798 y 803 de la L.Enj.Civ.

Art. 897: v. arts. 1.137 y 1.139 de este Código y 795, 797, 798 y 803 de la L.Enj.Civ.

previenen los dos artículos anteriores.

Art. 898. El albaceazgo es cargo voluntario, y se entenderá aceptado por el nombrado para desempeñarlo si no se excusa dentro de los seis días siguientes a aquel en que tenga noticia de su nombramiento, o, si éste le era ya conocido, dentro de los seis días siguientes al en que supo la muerte del testador.

Art. 899. El albacea que acepta el cargo se constituye en la obligación de desempeñarlo; pero lo podrá renunciar alegando causa justa al criterio del Secretario Judicial o del Notario.

Art. 900. El albacea que no acepte el cargo, o lo renuncie sin justa causa, perderá lo que le hubiese dejado el testador, salvo siempre el derecho que tuviere a la legítima.

Art. 901. Los albaceas tendrán todas las facultades que expresamente les haya conferido el testador, y no sean contrarias a las leyes.

Art. 902. No habiendo el testador determinado especialmente las facultades de los albaceas, tendrán las siguientes:

1.ª Disponer y pagar los sufragios y el funeral del testador con arreglo a lo dispuesto por él en el testamento; y, en su defecto, según la costumbre del pueblo.

2.ª Satisfacer los legados que consistan en metálico, con el conocimiento y beneplácito del heredero.

3.ª Vigilar sobre la ejecución de todo lo demás ordenado en el testamento, y sostener, siendo justo, su validez en juicio y fuera de él.

4.ª Tomar las precauciones necesarias para la conservación y custodia de los bienes, con intervención de los herederos presentes.

Art. 903. Si no hubiere en la herencia dinero bastante para el pago de funerales y legados, y

---

Art. 898: Compárese con el art. 785 de la L.Enj.Civ.

Art. 899: Redactado por la Disp. Final 1.ª de la L.J.V.; v. art. 785 de la L.Enj.Civ.

Art. 900: v. arts. 813 y 911.

Art. 901: v. arts. 747, 749 y 1.459.3. Compárese con el art. 269, teniendo en cuenta el art. 675.

Art. 902: v. arts. 747, 749, 885, 959 y ss., 1.026, 1.057 del C.c., 81 del R.H. y 7.4 de la L.Fund. V. asimismo arts. 15, 20, párr. 4.º, 187 y 191 de la L.H. y 213 del R.H. Compárese con el art. 786 de la L.Enj.Civ.

Art. 903: v. arts. 166, 167, 181, 184, 186, 221, 271 a 273, 290 y 1.894, ap. 2, de este Código; 20 de la L.H. y 213 del R.H. Téngase presente el art. 803 de la L.Enj.Civ.

los herederos no lo aportaren de lo suyo, promoverán los albaceas la venta de los bienes muebles; y, no alcanzando éstos, la de los inmuebles, con intervención de los herederos.

Si estuviere interesado en la herencia algún menor, ausente, corporación o establecimiento público, la venta de los bienes se hará con las formalidades prevenidas por las leyes para tales casos.

Art. 904. El albacea, a quien el testador no haya fijado plazo, deberá cumplir su encargo dentro de un año contado desde su aceptación, o desde que terminen los litigios que se promovieren sobre la validez o nulidad del testamento o de alguna de sus disposiciones.

Art. 905. Si el testador quisiera ampliar el plazo legal, deberá señalar expresamente el de la prórroga. Si no lo hubiese señalado, se entenderá prorrogado el plazo por un año. Si, transcurrida esta prórroga, no se hubiese cumplido todavía la voluntad del testador, podrá el Secretario Judicial o el Notario conceder otra por el tiempo que fuere necesario, atendidas las circunstancias del caso.

Art. 906. Los herederos y legatarios podrán, de común acuerdo, prorrogar el plazo del albaceazgo por el tiempo que crean necesario; pero, si el acuerdo fuese sólo por mayoría, la prórroga no podrá exceder de un año.

Art. 907. Los albaceas deberán dar cuenta de su encargo a los herederos.

Si hubieren sido nombrados, no para entregar los bienes a herederos determinados, sino para darles la inversión o distribución que el testador hubiese dispuesto en los casos permitidos por derecho, rendirán sus cuentas al Juez.

Toda disposición del testador contraria a este artículo será nula.

Art. 908. El albaceazgo es cargo gratuito. Podrá, sin embargo, el testador señalar a los albaceas la remuneración que tenga por conveniente; todo sin perjuicio del derecho que les asista para cobrar lo que les corresponda por los traba-

---

Art. 904: v. arts. 898, 905 y 906.
Art. 905: Redactado por la Disp. Final 1.ª de la L.J.V.
Art. 907: v. arts. 672, 785.4, 1.058 y 1.720.
Art. 908: v. arts. 898 y 1.057.

jos de partición u otros facultativos.

Si el testador lega o señala conjuntamente a los albaceas alguna retribución, la parte de los que no admitan el cargo acrecerá a los que lo desempeñen.

Art. 909. El albacea no podrá delegar el cargo si no tuviese expresa autorización del testador.

Art. 910. Termina el albaceazgo por la muerte, imposibilidad, renuncia o remoción del albacea, y por el lapso del término señalado por el testador, por la ley y, en su caso, por los interesados. La remoción deberá ser apreciada por el Juez.

Art. 911. En los casos del artículo anterior, y en el de no haber el albacea aceptado el cargo, corresponderá a los herederos la ejecución de la voluntad del testador.

CAPÍTULO III

DE LA SUCESIÓN INTESTADA*

SECCIÓN PRIMERA

Disposiciones generales

Art. 912. La sucesión legítima tiene lugar:

1.º Cuando uno muere sin testamento, o con testamento nulo, o que haya perdido después su validez.

2.º Cuando el testamento no contiene institución de heredero en todo o en parte de los bienes, o no dispone de todos los que corresponden al testador. En este caso la sucesión legítima tendrá lugar solamente respecto de los bienes de que no hubiese dispuesto.

3.º Cuando falta la condición puesta a la institución de heredero, o éste muere antes que el testador, o repudia la herencia sin tener sustituto y sin que haya lugar al derecho de acrecer.

Art. 909: Téngase en cuenta el art. 1.721.

Art. 910: Redactado por la Disp. Final 1.ª de la L.J.V.; v. arts. 900 y 904 a 906.

Art. 911: v. art. 1.059.

* Sobre procedimiento a seguir en los abintestatos, v. arts. 55 y ss. de la L.N., así como el art. 209 bis del R.N. Sobre abintestatos en favor del Estado, v. el Decreto 2.091/1971, de 13 de agosto (*B.O.E.* de 20 de septiembre). Téngase en cuenta el título II de la L.R.D.A. y la L.J.A.

V. Disp. Trans. 8.ª de la Ley 11/1981, de reforma del C.c. y arts. 28 a 37 de la L.J.A. Deben tenerse en cuenta los arts. 516 y ss. del C.Arag.; 7, 53 y 84 de la C.Bal., 267 de la C.Gall., 441-1 del C.Civ.Cat., 110 y ss. de la L.P.Vasc. y Leyes 300 y ss. de la C.Nav. Ténganse asimismo en cuenta los arts. 790 a 805 de la L.Enj.Civ.

Art. 912: v. arts. 658, 673, 687, 689, 703, 720, 740, 743, 745, 764 y 774 a 805.

4.º Cuando el heredero instituido es incapaz de suceder.

Art. 913. A falta de herederos testamentarios, la ley defiere la herencia a los parientes del difunto, al viudo o viuda y al Estado.

Art. 914. Lo dispuesto sobre la incapacidad para suceder por testamento es aplicable igualmente a la sucesión intestada.

Art. 914 bis. A falta de disposición testamentaria relativa a los animales de compañía propiedad del causahabiente, estos se entregarán a los herederos o legatarios que los reclamen de acuerdo con las leyes.

Si no fuera posible hacerlo de inmediato, para garantizar el cuidado del animal de compañía y solo cuando sea necesario por falta de previsiones sobre su atención, se entregará al órgano administrativo o centro que tenga encomendada la recogida de animales abandonados hasta que se resuelvan los correspondientes trámites por razón de sucesión.

Si ninguno de los sucesores quiere hacerse cargo del animal de compañía, el órgano administrativo competente podrá cederlo a un tercero para su cuidado y protección.

Si más de un heredero reclama el animal de compañía y no hay acuerdo unánime sobre el destino del mismo, la autoridad judicial decidirá su destino teniendo en cuenta el bienestar del animal.

SECCIÓN SEGUNDA

Del parentesco

Art. 915. La proximidad del parentesco se determina por el número de generaciones. Cada generación forma un grado.

Art. 916. La serie de grados forma la línea, que puede ser directa o colateral.

Se llama directa la constituida por la serie de grados entre personas que descienden una de otra.

Y colateral la constituida por la serie de grados entre personas que no descienden unas de otras, pero que proceden de un tronco común.

Art. 917. Se distingue la línea recta en descendente y ascendente.

Art. 913: Redactado por Ley 11/1981, de reforma del C.c. Aunque en el texto del *B.O.E.* no se incluye «la herencia», el texto publicado en el *Boletín Oficial de las Cortes* si lo contiene. Se trata, sin duda, de un error de imprenta. V. arts. 20 y ss. de la L.Patrim.A.P.

Art. 914: v. arts. 744 a 762.

Art. 914 bis: Introducido por la Ley 17/2021, de 15 de diciembre, de modificación del Código Civil, la Ley Hipotecaria y la Ley de Enjuiciamiento Civil, sobre el régimen jurídico de los animales (*B.O.E.* n. 300, de 16 de diciembre). Compárese con art. 404 del C.c.

Art. 917: v. arts. 108.2 y 175 y ss.

La primera une al cabeza de familia con los que descienden de él.

La segunda liga a una persona con aquellos de quienes desciende.

Art. 918. En las líneas se cuentan tantos grados como generaciones o como personas, descontando la del progenitor.

En la recta se sube únicamente hasta el tronco. Así, el hijo dista del padre un grado, dos del abuelo y tres del bisabuelo.

En la colateral se sube hasta el tronco común y después se baja hasta la persona con quien se hace la computación. Por esto, el hermano dista dos grados del hermano, tres del tío, hermano de su padre o madre, cuatro del primo hermano, y así en adelante.

Art. 919. El cómputo de que trata el artículo anterior rige en todas las materias.

Art. 920. Llámase doble vínculo al parentesco por parte del padre y de la madre conjuntamente.

Art. 921. En las herencias el pariente más próximo en grado excluye al más remoto, salvo el derecho de representación en los casos en que deba tener lugar.

Los parientes que se hallaren en el mismo grado heredarán por partes iguales, salvo lo que se dispone en el artículo 949 sobre el doble vínculo.

Art. 922. Si hubiere varios parientes de un mismo grado, y alguno o algunos no quisieren o no pudieren suceder, su parte acrecerá a los otros del mismo grado, salvo el derecho de representación cuando deba tener lugar.

Art. 923. Repudiando la herencia el pariente más próximo, si es solo, o, si fueren varios, todos los parientes más próximos llamados por la ley, heredarán los del grado siguiente por su propio derecho y sin que puedan representar al repudiante.

SECCIÓN TERCERA

*De la representación**

Art. 924. Llámase derecho de representación el que tienen

Art. 919: Redactado por Ley 30/1981, de reforma del C.c.
Art. 920: v. arts. 925, 946 a 951.
Art. 921: v. arts. 924 a 929, 937 y 981.
Art. 922: v. arts. 759, 761, 928, 929 y 981 a 987.
Art. 923: v. arts. 933, 988 a 1.009.
* Sobre esta materia, v. Leyes 308 y ss. de la C.Nav.
Art. 924: v. arts. 761, 814, 857, 928, 929 y 1.038.

los parientes de una persona para sucederle en todos los derechos que tendría si viviera o hubiera podido heredar.

Art. 925. El derecho de representación tendrá siempre lugar en la línea recta descendente, pero nunca en la ascendente.

En la línea colateral sólo tendrá lugar en favor de los hijos de hermanos, bien sean de doble vínculo, bien de un solo lado.

Art. 926. Siempre que se herede por representación, la división de la herencia se hará por estirpes, de modo que el representante o representantes no hereden más de lo que heredaría su representado, si viviera.

Art. 927. Quedando hijos de uno o más hermanos del difunto, heredarán a éste por representación si concurren con sus tíos. Pero, si concurren solos, heredarán por partes iguales.

Art. 928. No se pierde el derecho de representar a una persona por haber renunciado su herencia.

Art. 929. No podrá representarse a una persona viva sino en los casos de desheredación o incapacidad.

CAPÍTULO IV

Del orden de suceder según la diversidad de líneas

SECCIÓN PRIMERA

*De la línea recta descendente**

Art. 930. La sucesión corresponde en primer lugar a la línea recta descendente.

Art. 931. Los hijos y sus descendientes suceden a sus padres y demás ascendientes sin distinción de sexo, edad o filiación.

Art. 925: v. arts. 920, 930 a 934, 944, 946, 948 y 951.

Art. 926: v. art. 1.038.

Art. 927: v. art. 948.

Art. 928: v. arts. 923, 930 a 934 y 1.038.

Art. 929: v. arts. 744 a 762, 766, 848, 857 y 923.

* Sobre esta materia, ténganse en cuenta los arts. 516 y ss. del C.Arag.; 441-1 y ss. del C.Civ.Cat.; 20 y ss., 53 y ss., y 67 y ss. de la L.P.Vasc. y Leyes 304 y ss. de la C.Nav.

Ténganse en cuenta los arts. 442-3 del C.Civ.Cat. y 4 de la L.Parej.Mad., y que las SS.T.C. 81/2013 y 93/2013 declaran inconstitucionales diversos preceptos de la L.Parej.Mad. y la L.Parej.Nav. Téngase asimismo en cuenta que la S.T.C. 81/2013 declara inconstitucional el art. 4.° de la L.Parej.Mad.

Art. 930: Compárese con arts. 807, 175 y 178.

Art. 931: Redactado por Ley 11/1981, de reforma del C.c., v. arts. 14, 39 de la Const. y 108, 175, 178 y 772.

Art. 932. Los hijos del difunto le heredarán siempre por su derecho propio, dividiendo la herencia en partes iguales.

Art. 933. Los nietos y demás descendientes heredarán por derecho de representación, y, si alguno hubiese fallecido dejando varios herederos, la porción que le corresponda se dividirá entre éstos por partes iguales.

Art. 934. Si quedaren hijos y descendientes de otros hijos que hubiesen fallecido, los primeros heredarán por derecho propio y los segundos por derecho de representación.

SECCIÓN SEGUNDA

*De la línea recta ascendente**

Art. 935. A falta de hijos y descendientes del difunto le heredarán sus ascendientes.

Art. 936. El padre y la madre heredarán por partes iguales.

Art. 937. En el caso de que sobreviva uno solo de los padres, éste sucederá al hijo en toda su herencia.

Art. 938. A falta de padre y de madre sucederán los ascendientes más próximos en grado.

Art. 939. Si hubiere varios ascendientes de igual grado pertenecientes a la misma línea, dividirán la herencia por cabezas.

Art. 940. Si los ascendientes fueren de líneas diferentes, pero de igual grado, la mitad corresponderá a los ascendientes paternos y la otra mitad a los maternos.

Art. 941. En cada línea la división se hará por cabezas.

Art. 942. Lo dispuesto en esta Sección se entiende sin perjuicio de lo ordenado en los artículos 811 y 812, que es aplicable a la sucesión intestada y a la testamentaria.

Art. 932: v. arts. 807, 808 y 1.038.
Arts. 933 y 934: v. arts. 759, 761, 766, 924 a 929 y 1.038.
* Por Ley 11/1981, de reforma del C.c., esta rúbrica pasa a comprender los arts. 935 a 942 que son objeto de nueva redacción.
Art. 935: Compárese con los arts. 175, 178 y 807.
Art. 936: Compárese con los arts. 809, 810 y 812.
Art. 937: v. arts. 33 y nota al art. anterior.
Art. 940: Compárese con el art. 810.
Art. 942: Compárese con los arts. 807 y 834 a 840.

SECCIÓN TERCERA

*De la sucesión del cónyuge y de los colaterales**

Art. 943. A falta de las personas comprendidas en las dos secciones que preceden, heredarán el cónyuge y los parientes colaterales por el orden que se establece en los artículos siguientes.

Art. 944. En defecto de ascendientes y descendientes, y antes que los colaterales, sucederá en todos los bienes del difunto el cónyuge sobreviviente.

Art. 945. No tendrá lugar el llamamiento a que se refiere el artículo anterior si el cónyuge estuviere separado legalmente o de hecho.

Art. 946. Los hermanos e hijos de hermanos suceden con preferencia a los demás colaterales.

Art. 947. Si no existieran más que hermanos de doble vínculo, éstos heredarán por partes iguales.

Art. 948. Si concurrieren hermanos con sobrinos, hijos de hermanos de doble vínculo, los primeros heredarán por cabezas y los segundos por estirpes.

Art. 949. Si concurrieren hermanos de padre y madre con medio hermanos, aquéllos tomarán doble porción que éstos en la herencia.

Art. 950. En el caso de no existir sino medio hermanos, unos por parte de padre y otros por la de la madre, heredarán todos por partes iguales, sin ninguna distinción de bienes.

Art. 951. Los hijos de los medio hermanos sucederán por cabezas o por estirpes, según las

---

* Rúbrica redactada por Ley 11/1981, de reforma del C.c., pasando a comprender la sección los arts. 943 a 955, redactándose los arts. 943 a 946 y 954 con arreglo a la misma y suprimiéndose los arts. 952 y 953. Esta sección que era antes la cuarta pasa a ser la tercera, al desaparecer la rúbrica «De los hijos naturales reconocidos».

Sobre sucesión del cónyuge y de los colaterales, v. arts. 442-3 y ss. del C.Civ.Cat. y 531 y ss. del C.Arag.

Art. 945: Redactado por la Disp. Final 1.ª de la L.J.V.; v. arts. 95, 834, 835 y notas a los mismos.

Art. 946: Redactado conforme a la Ley 15/2005, de 8 de julio, por la que se modifican el C.c. y la L.Enj.Civ. en materia de separación y divorcio (*B.O.E.* n. 163, de 9 de julio). V. arts. 920, 925.

Art. 947: v. art. 920.

Art. 948: v. arts. 14 y 39 de la Const. Compárese con el art. 837.

Art. 950: v. art. 837.

Art. 951: v. arts. 920 y 948.

reglas establecidas para los hermanos de doble vínculo.

Arts. 952 y 953. [*Derogados por Ley 11/1981, de 13 de mayo.*]

Art. 954. No habiendo cónyuge supérstite, ni hermanos ni hijos de hermanos, sucederán en la herencia del difunto los demás parientes del mismo en línea colateral hasta el cuarto grado, más allá del cual no se extiende el derecho de heredar abintestato.

Art. 955. La sucesión de estos colaterales se verificará sin distinción de líneas ni preferencia entre ellos por razón del doble vínculo.

SECCIÓN CUARTA*

De la sucesión del Estado

Art. 956. A falta de personas que tengan derecho a heredar conforme a lo dispuesto en las precedentes Secciones, heredará el Estado quien, realizada la liquidación del caudal hereditario, ingresará la cantidad resultante en el Tesoro Público, salvo que, por la naturaleza de los bienes heredados, el Consejo de Ministros acuerde darles, total o parcialmente, otra aplicación. Dos terceras partes del valor de ese caudal relicto será destinado a fines de interés social, añadiéndose a la asignación tributaria que para estos fines se realice en los Presupuestos Generales del Estado.

Art. 957. Los derechos y obligaciones del Estado serán los mismos que los de los demás herederos, pero se entenderá siempre aceptada la herencia a beneficio de inventario, sin necesidad de declaración alguna sobre ello, a los efectos que enumera el artículo 1.023.

Art. 954: v. art. 921 a 923.

Art. 955: Redactado por R.D.L. de 13 de enero de 1928, de reforma del C.c.

* Esta Sección, que antes era la quinta, pasa a ser la cuarta al desaparecer por Ley 11/1981, de reforma del C.c., la Sección tercera sobre hijos naturales reconocidos.

Téngase en cuenta los arts. 790 a 805 de la L.Enj.Civ.

V. los arts. 20 y ss. de la L.Patrim.A.P. y 55 R.Patrim.E. Por Decreto 2.091/1971, de 13 de agosto (*B.O.E.* n. 225, de 20 de septiembre; corrección de errores en *B.O.E.* n. 254, de 23 de octubre), se aprueba el régimen administrativo de la sucesión abintestato en favor del Estado.

Sobre herencias en favor del Estado de bienes sitos en el extranjero, véase el R.D. 1.373/2009, de 28 de agosto (*B.O.E.* n. 226, de 18 de septiembre).

Decreto 2.926/1965, de 23 de septiembre (*B.O.E.* n. 249, de 18 de octubre).

V. asimismo arts. 442-12 del C.Civ.Cat. y 535 del C.Arag.

Art. 956: Redactado por la Disp. Final 1.ª de la L.J.V.; v. art. 39.

Art. 957: Redactado por la Disp. Final 1.ª de la L.J.V.; v. arts. 39, 1.003 y 1.010 a 1.034 de este Código y 20 de la L.Fund.

Art. 958. Para que el Estado pueda tomar posesión de los bienes y derechos hereditarios habrá de preceder declaración administrativa de heredero, adjudicándose los bienes por falta de herederos legítimos.

CAPÍTULO V

DISPOSICIONES COMUNES A LAS HERENCIAS POR TESTAMENTO O SIN ÉL

SECCIÓN PRIMERA

De las precauciones que deben adoptarse cuando la viuda queda encinta

Art. 959. Cuando la viuda crea haber quedado encinta, deberá ponerlo en conocimiento de los que tengan a la herencia un derecho de tal naturaleza que deba desaparecer o disminuir por el nacimiento del póstumo.

Art. 960. Los interesados a que se refiere el precedente artículo podrán pedir al Juez municipal, o al de primera instancia donde lo hubiere, que dicte las providencias convenientes para evitar la suposición de parto, o que la criatura que nazca pase por viable, no siéndolo en realidad.

Cuidará el Juez de que las medidas que dicte no ataquen al pudor ni a la libertad de la viuda.

Art. 961. Háyase o no dado el aviso de que habla el artículo 959, al aproximarse la época del parto, la viuda deberá ponerlo en conocimiento de los mismos interesados. Éstos tendrán derecho a nombrar persona de su confianza, que se cerciore de la realidad del alumbramiento.

Si la persona designada fuere rechazada por la paciente, hará el Juez el nombramiento, debiendo éste recaer en Facultativo o en mujer.

Art. 962. La omisión de estas diligencias no basta por sí sola para acreditar la suposición del parto o la falta de viabilidad del nacido.

Art. 958: Redactado por la Disp. Final 1.ª de la L.J.V.; v. arts. 20 y ss. de la L.Patrim.A.P. y 55 y ss. de la L.N.

Art. 959: v. arts. 29, 627, 961 y 963.

Art. 960: v. arts. 220, 222 y 401 del C.P. y 18 de la Const. Téngase en cuenta la L.O. 1/1982, de 5 de mayo, sobre protección civil del derecho al honor, a la intimidad personal y familiar y a la propia imagen (*B.O.E.* n. 115, de 14 de mayo).

Sobre la supresión de los Juzgados municipales, v. nota al art. 326.

Art. 961: Téngase en cuenta el art. 18 Const. y nota al art. 960.

Art. 962: Redactado por Ley 11/1981, de reforma del C.c.

Art. 963. Cuando el marido hubiere reconocido en documento público o privado la certeza de la preñez de su esposa, estará ésta dispensada de dar el aviso que previene el artículo 959, pero quedará sujeta a cumplir lo dispuesto en el 961.

Art. 964. La viuda que quede encinta, aun cuando sea rica, deberá ser alimentada de los bienes hereditarios, habida consideración a la parte que en ellos pueda tener el póstumo, si naciere y fuere viable.

Art. 965. En el tiempo que medie hasta que se verifique el parto, o se adquiera la certidumbre de que éste no tendrá lugar, ya por haber ocurrido aborto, ya por haber pasado con exceso el término máximo para la gestación, se proveerá a la seguridad y administración de los bienes en la forma establecida para el juicio necesario de testamentaría.

Art. 966. La división de la herencia se suspenderá hasta que se verifique el parto o el aborto, o resulte por el transcurso del tiempo que la viuda no estaba encinta.

Sin embargo, el administrador podrá pagar a los acreedores, previo mandato judicial.

Art. 967. Verificado el parto o el aborto, o transcurrido el término de la gestación, el administrador de los bienes hereditarios cesará en su cargo y dará cuenta de su desempeño a los herederos o a sus legítimos representantes.

SECCIÓN SEGUNDA

*De los bienes sujetos a reserva**

Art. 968. Además de la reserva impuesta en el artículo 811,

Art. 963: v. arts. 117 y 126.

Art. 964: v. arts. 29, 30, 142 y 1.408.

Art. 965: La referencia al juicio de testamentaría debe entenderse hecha en la actualidad a los arts. 790 a 805 de la L.Enj.Civ., en los que se trata sobre la intervención del caudal hereditario, aunque, ciertamente, el supuesto al que se refiere este art. 965 del C.c. no es el previsto exactamente por el art. 790.1 de la L.Enj.Civ. No obstante, no vemos inconveniente en una aplicación analógica.

Compárese con los arts. 191, 196, 197 y 801 a 804 de este Código.

Art. 966: v. arts. 1.051 a 1.081. Compárese con arts. 191, 196 y 801 a 804.

Art. 967: v. arts. 627 y 1.026 de este Código y 796, 799 y 800 de la L.Enj.Civ.

* Téngase presente el R.D. 3.215/1982, de 12 de noviembre (*B.O.E.* de 27 de noviembre), por el que se reforman determinados arts. del R.H.

Sobre esta materia, también es necesario ver los arts. 411-8 y 431-22 del C.Civ.Cat., 84 y ss. de la L.P.Vasc. y Leyes 105 y ss. y 272 y ss. de la C.Nav.

Compárese con los arts. 381, 388 y 464 del C.Arag.

Art. 968: v. arts. 168.2.º, 184 a 189 de la L.H. y 259 a 263 del R.H. y 793 del C.c.

el viudo o viuda que pase a segundo matrimonio estará obligado a reservar a los hijos y descendientes del primero la propiedad de todos los bienes que haya adquirido de su difunto consorte por testamento, por sucesión intestada, donación u otro cualquier título lucrativo; pero no su mitad de gananciales.

Art. 969. La disposición del artículo anterior es aplicable a los bienes que, por los títulos en él expresados, haya adquirido el viudo o viuda de cualquiera de los hijos de su primer matrimonio, y los que haya habido de los parientes del difunto por consideración a éste.

Art. 970. Cesará la obligación de reservar cuando los hijos de un matrimonio, mayores de edad, que tengan derecho a los bienes, renuncien expresamente a él, o cuando se trate de cosas dadas o dejadas por los hijos a su padre o a su madre, sabiendo que estaban segunda vez casados.

Art. 971. Cesará además la reserva si al morir el padre o la madre que contrajo segundo matrimonio no existen hijos ni descendientes del primero.

Art. 972. A pesar de la obligación de reservar, podrá el padre, o madre, segunda vez casado, mejorar en los bienes reservables a cualquiera de los hijos o descendientes del primer matrimonio, conforme a lo dispuesto en el artículo 823.

Art. 973. Si el padre o la madre no hubiere usado, en todo o en parte, de la facultad que le concede el artículo anterior, los hijos y descendientes del primer matrimonio sucederán en los bienes sujetos a reserva conforme a las reglas prescritas para la sucesión en línea descendente, aunque a virtud de testamento hubiesen heredado desigualmente al cónyuge premuerto o hubiesen repudiado su herencia.

El hijo desheredado justamente por el padre o por la madre perderá todo derecho a la reserva pero si tuviese hijos o descendientes, se estará a lo dispuesto en el artículo 857 y en el número 2 del artículo 164.

Art. 970: v. arts. 816, 991 y 1.280.4.º
Art. 971: Redactado por Ley 11/1981, de reforma del C.c.
Art. 972: v. arts. 741, 784 y 785.
Art. 973: Redactado por Ley 11/1981, de reforma del C.c. V. arts. 641, 755 a 762, 784, 785, 848 a 857, 924 a 929, 930 a 934 y 998 a 1.009.

Art. 974. Serán válidas las enajenaciones de los bienes inmuebles reservables hechas por el cónyuge sobreviviente antes de celebrar segundas bodas, con la obligación, desde que las celebrare, de asegurar el valor de aquéllos a los hijos y descendientes del primer matrimonio.

Art. 975. La enajenación que de los bienes inmuebles sujetos a reserva hubiere hecho el viudo o la viuda después de contraer segundo matrimonio subsistirá únicamente si a su muerte no quedan hijos ni descendientes del primero, sin perjuicio de lo dispuesto en la Ley Hipotecaria.

Art. 976. Las enajenaciones de los bienes muebles hechas antes o después de contraer segundo matrimonio serán válidas, salva siempre la obligación de indemnizar.

Art. 977. El viudo o la viuda, al repetir matrimonio, hará inventariar todos los bienes sujetos a reserva, anotar en el Registro de la Propiedad la calidad de reservables de los inmuebles con arreglo a lo dispuesto en la Ley Hipotecaria, y tasar los muebles.

Art. 978. Estará además obligado el viudo o viuda, al repetir matrimonio, a asegurar con hipoteca:

1.º La restitución de los bienes muebles no enajenados en el estado que tuvieren al tiempo de su muerte.

2.º El abono de los deterioros ocasionados o que se ocasionaren por su culpa o negligencia.

3.º La devolución del precio que hubiese recibido por los bienes muebles enajenados o la entrega del valor que tenían al tiempo de la enajenación, si ésta se hubiese hecho a título gratuito.

4.º El valor de los bienes inmuebles válidamente enajenados.

Art. 979. Lo dispuesto en los artículos anteriores para el caso de segundo matrimonio rige igualmente en el tercero y ulteriores.

Art. 980. La obligación de reservar impuesta en los ante-

Art. 974: Compárese con el art. 812 y v. arts. 105 y 184 a 189 de la L.H. y 259 a 265 del R.H.

Art. 975: Redactado por Ley 11/1981 de reforma del C.c. V. arts. 34 y 37 de la L.H. y art. 971.

Art. 977: v. arts. 42.6, 46, 184 a 189 de la L.H. y 146 y 259 a 265 del R.H.

Art. 978: Redactado su n. 1 por Ley 11/ 1981, de reforma del C.c. V. nota al art. 977.

Art. 980: Redactado por Ley 11/1981 de reforma del C.c., y alterado su n. 2.º por la Disp. Final 18.ª2 de la L.Men., tal como exigía la aplicación de la Ley 21/1987, de

riores artículos será también aplicable:

1.º Al viudo que durante el matrimonio haya tenido o en estado de viudez tenga un hijo no matrimonial.

2.º Al viudo que adopte a otra persona. Se exceptúa el caso de que el adoptado sea hijo del consorte de quien descienden los que serían reservatarios.

Dicha obligación de reservar surtirá efecto, respectivamente, desde el nacimiento o la adopción del hijo.

SECCIÓN TERCERA

*Del derecho de acrecer**

Art. 981. En las sucesiones legítimas la parte del que repudia la herencia acrecerá siempre a los coherederos.

Art. 982. Para que en la sucesión testamentaria tenga lugar el derecho de acrecer, se requiere:

1.º Que dos o más sean llamados a una misma herencia, o a una misma porción de ella, sin especial designación de partes.

2.º Que uno de los llamados muera antes que el testador, o que renuncie la herencia, o sea incapaz de recibirla.

Art. 983. Se entenderá hecha la designación por partes sólo en el caso de que el testador haya determinado expresamente una cuota para cada heredero.

La frase «por mitad o por partes iguales» u otras que, aunque designen parte alícuota, no fijan ésta numéricamente o por señales que hagan a cada uno dueño de un cuerpo de bienes separado, no excluyen el derecho de acrecer.

Art. 984. Los herederos a quienes acrezca la herencia sucederán en todos los derechos y obligaciones que tendría el que no quiso o no pudo recibirla.

Art. 985. Entre los herederos forzosos el derecho de acrecer sólo tendrá lugar cuando la parte de libre disposición se deje a dos o más de ellos, o a alguno de ellos y a un extraño.

---

reforma del C.c. y de la L.Enj.Civ. V. arts. 108 y 179 de este Código, 184 a 189 de la L.H. y 89.1 del R.H.

* Sobre esta materia, v. arts. 462-1 y ss. del C.Civ.Cat.; 323, 437, 467 y 481 y ss. del C.Arag. y Leyes 312 y ss. de la C.Nav. Téngase en cuenta el art. 89.1 del R.H.

Art. 981: v. arts. 191, 192, 637, 766, 908 y 922.

Art. 982: v. arts. 670, 675, 745, 750 a 758, 761, 766, 848 a 857, 928, 985, 998 a 1.009.

Art. 983: v. arts. 660, 668 y 763 a 773. téngase en cuenta el art. 1.056, párr. 1.º

Art. 984: v. art. 780.

Art. 985: v. arts. 814, 912.3 y 924 a 929.

Si la parte repudiada fuere la legítima, sucederán en ella los coherederos por su derecho propio, y no por el derecho de acrecer.

Art. 986. En la sucesión testamentaria, cuando no tenga lugar el derecho de acrecer, la porción vacante del instituido, a quien no se hubiese designado sustituto, pasará a los herederos legítimos del testador, los cuales la recibirán con las mismas cargas y obligaciones.

Art. 987. El derecho de acrecer tendrá también lugar entre los legatarios y los usufructuarios en los términos establecidos para los herederos.

SECCIÓN CUARTA

*De la aceptación y repudiación de la herencia**

Art. 988. La aceptación y repudiación de la herencia son actos enteramente voluntarios y libres.

Art. 989. Los efectos de la aceptación y de la repudiación se retrotraen siempre al momento de la muerte de la persona a quien se hereda.

Art. 990. La aceptación o la repudiación de la herencia no podrá hacerse en parte, a plazo, ni condicionalmente.

Art. 991. Nadie podrá aceptar ni repudiar sin estar cierto de la muerte de la persona a quien haya de heredar y de su derecho a la herencia.

Art. 992. Pueden aceptar o repudiar una herencia todos los que tienen la libre disposición de sus bienes.

La aceptación de la que se deje a los pobres corresponderá a las personas designadas por el testador para calificarlos y distribuir los bienes, y en su defecto a las que señala el artículo 749, y se entenderá aceptada a beneficio de inventario.

Art. 986: v. arts. 814 y 912.3.

Art. 987: v. arts. 508 y 888.

* Sobre esta materia, v. Leyes 315 y ss. de la C.Nav. y arts. 342 y ss. del C.Arag. y 93 y ss. de la L.J.V.

Art. 988: v. arts. 889, 997, 1.001, 1.002 y 1.007 de este Código y 798 de la L.Enj. Civ. Sobre plazos para ejercitarlo, v. arts. 1.004, 1.005, 1.014, 1.015, 1.016 y 1.963 a 1.965.

Art. 989: v. arts. 440 y 661 de este Código y 411-5 y 411-9 del C.Civ.Cat.

Art. 990: v. arts. 889 y 890 de este Código y 461-1 del C.Civ.Cat.

Art. 991: v. arts. 196, 816 y 1.006.

Art. 992: Suprimido su párr. 2.º y modificado el 3.º por la Disp. Final 18.ª2 de la L.Men. V. arts. 163, 166, 225, 226, 282, 287, 631 y 996 del C.c. y 461-9 del C.Civ.Cat.

Art. 993. Los legítimos representantes de las asociaciones, corporaciones y fundaciones capaces de adquirir podrán aceptar la herencia que a las mismas se dejare; mas para repudiarla necesitan la aprobación judicial, con audiencia del Ministerio público.

Art. 994. Los establecimientos públicos oficiales no podrán aceptar ni repudiar herencia sin la aprobación del Gobierno.

Art. 995. Cuando la herencia sea aceptada sin beneficio de inventario, por persona casada y no concurra el otro cónyuge, prestando su consentimiento a la aceptación, no responderán de las deudas hereditarias los bienes de la sociedad conyugal.

Art. 996. La aceptación de la herencia por la persona con discapacidad se prestará por esta, salvo que otra cosa resulte de las medidas de apoyo establecidas.

Art. 997. La aceptación y la repudiación de la herencia, una vez hechas, son irrevocables, y no podrán ser impugnadas sino cuando adoleciesen de algunos de los vicios que anulan el consentimiento, o apareciese un testamento desconocido.

Art. 998. La herencia podrá ser aceptada pura y simplemente, o a beneficio de inventario.

Art. 999. La aceptación pura y simple puede ser expresa o tácita.

Expresa es la que se hace en documento público o privado.

Tácita es la que se hace por actos que suponen necesariamente la voluntad de aceptar, o que no habría derecho a ejecutar sino con la cualidad de heredero.

Los actos de mera conservación o administración provisio-

Art. 993: v. arts. 35 a 39, 745 y 956 de este Código; 9 a 16 del R.B.E.L.; 20 de la L.Fund. y 461-9.3 del C.Civ.Cat.

Art. 994: v. arts. 748 del C.c.; 24 de la L.Patrim.E. y 13 del R.B.E.L.

Art. 995: Redactado por Ley 14/1975, de reforma del C.c. V. arts. 1.003, 1.010 a 1.034, 1.053, 1.346.2, 1.347.2, 1.362.3 y 1.373.

Art. 996: Redactado por la Disp. Final 18.ª2 de la L.Men. V. arts. 210 y 290 del C.c. Compárese con los arts. citados en nota al art. 992.

Modificado por Ley 8/2021, de 2 de junio, por la que se reforma la legislación civil y procesal para el apoyo a las personas con discapacidad en el ejercicio de su capacidad jurídica (*B.O.E.* n. 132, de 3 de junio).

Art. 997: v. arts. 1.265 a 1.270 de este Código y 461-1.3 del C.Civ.Cat.

Art. 998: v. arts. 1.010 a 1.034.

Art. 999: v. arts. 430, 432, 1.000, 1.002, 1.005, 1.018, 1.019 y 1.280 de este Código y 461-3 del C.Civ.Cat.

nal no implican la aceptación de la herencia, si con ellos no se ha tomado el título o la cualidad de heredero.

Art. 1.000. Entiéndese aceptada la herencia:

1.º Cuando el heredero vende, dona o cede su derecho a un extraño, a todos sus coherederos o a algunos de ellos.

2.º Cuando el heredero la renuncia, aunque sea gratuitamente, a beneficio de uno o más de sus coherederos.

3.º Cuando la renuncia por precio a favor de todos sus coherederos indistintamente; pero, si esta renuncia fuere gratuita y los coherederos a cuyo favor se haga son aquellos a quienes debe acrecer la porción renunciada, no se entenderá aceptada la herencia.

Art. 1.001. Si el heredero repudia la herencia en perjuicio de sus propios acreedores, podrán éstos pedir al Juez que los autorice para aceptarla en nombre de aquél.

La aceptación sólo aprovechará a los acreedores en cuanto baste a cubrir el importe de sus créditos. El exceso, si lo hubiere, no pertenecerá en ningún caso al renunciante, sino que se adjudicará a las personas a quienes corresponda según las reglas establecidas en este Código.

Art. 1.002. Los herederos que hayan sustraído u ocultado algunos efectos de la herencia, pierden la facultad de renunciarla, y quedan con el carácter de herederos puros y simples, sin perjuicio de las penas en que hayan podido incurrir.

Art. 1.003. Por la aceptación pura y simple, o sin beneficio de inventario, quedará el heredero responsable de todas las cargas de la herencia, no sólo con los bienes de ésta, sino también con los suyos propios.

Art. 1.004. Hasta pasados nueve días después de la muerte de aquel de cuya herencia se trate, no podrá intentarse acción

---

Art. 1.000: v. arts. 430, 432, 981 a 987, 1.018, 1.531 a 1.534. Compárense los párrafos 2.º y 3.º con los arts. 998 y 1.008.

Art. 1.001: v. arts. 6.4, 982, nota al mismo, 1.111, 1.297 y 1.937 de este Código y 461-7 del C.Civ.Cat.

Art. 1.002: v. art. 1.024 de este Código.

Art. 1.003: v. arts. 661, 999, 1.010, 1.023 y 1.034 de este Código; 798 de la L.Enj.Civ.; 461-5 del C.Civ.Cat. y Ley 318 de la C.Nav.

Art. 1.004: v. art. 1.016. Compárese con el art. 16.2 de la L.Enj.Civ. y véanse las dificultades procesales que se pueden plantear con la aprobación de este último precepto.

contra el heredero para que acepte o repudie.

Art. 1.005. Cualquier interesado que acredite su interés en que el heredero acepte o repudie la herencia podrá acudir al Notario para que éste comunique al llamado que tiene un plazo de treinta días naturales para aceptar pura o simplemente, o a beneficio de inventario, o repudiar la herencia. El Notario le indicará, además, que si no manifestare su voluntad en dicho plazo se entenderá aceptada la herencia pura y simplemente.

Art. 1.006. Por muerte del heredero sin aceptar ni repudiar la herencia pasará a los suyos el mismo derecho que él tenía.

Art. 1.007. Cuando fueren varios los herederos llamados a la herencia, podrán los unos aceptarla y los otros repudiarla. De igual libertad gozará cada uno de los herederos para aceptarla pura y simplemente o a beneficio de inventario.

Art. 1.008. La repudiación de la herencia deberá hacerse ante Notario en instrumento público.

Art. 1.009. El que es llamado a una misma herencia por testamento y abintestato, y la repudia por el primer título, se entiende haberla repudiado por los dos.

Repudiándola como heredero abintestato y sin noticia de su título testamentario, podrá todavía aceptarla por éste.

SECCIÓN QUINTA

Del beneficio de inventario y del derecho de deliberar

Art. 1.010. Todo heredero puede aceptar la herencia a beneficio de inventario, aunque el testador se lo haya prohibido.

También podrá pedir la formación de inventario antes de aceptar o repudiar la herencia, para deliberar sobre este punto.

Art. 1.005: Redactado por la Disp. Final 1.ª de la L.J.V.; v. art. 1.015 de este Código y 461-12 del C.Civ.Cat. Compárese con lo dispuesto en el art. 782.4 de la L.Enj.Civ.

Art. 1.006: v. arts. 759, 761, 766, 857 y 889 de este Código; 461-13 del C.Civ.Cat. y Ley 317 de la C.Nav.

Art. 1.007: v. art. 890.

Art. 1.008: Redactado por la Disp. Final 1.ª de la L.J.V.; v. arts. 440, 888 y 1.280 de este Código; 52.4.º de la L.Enj.Civ. y 461-6 del C.Civ.Cat.

Art. 1.010: v. arts. 166, 675, 790 a 805, 992 y 1.934 de este Código y 461-14 y ss. del C.Civ.Cat., así como 355 del C.Arag.

Art. 1.011. La declaración de hacer uso del beneficio de inventario deberá hacerse ante Notario.

Art. 1.012. Si el heredero a que se refiere el artículo anterior se hallare en país extranjero, podrá hacer dicha declaración ante el Agente diplomático o consular de España que esté habilitado para ejercer las funciones de Notario en el lugar del otorgamiento.

Art. 1.013. La declaración a que se refieren los artículos anteriores no producirá efecto alguno si no va precedida o seguida de un inventario fiel y exacto de todos los bienes de la herencia, hecho con las formalidades y dentro de los plazos que se expresarán en los artículos siguientes.

Art. 1.014. El heredero que tenga en su poder la herencia o parte de ella y quiera utilizar el beneficio de inventario o el derecho de deliberar, deberá comunicarlo ante Notario y pedir en el plazo de treinta días a contar desde aquel en que supiere ser tal heredero la formación de inventario notarial con citación a los acreedores y legatarios para que acudan a presenciarlo si les conviniere.

Art. 1.015. Cuando el heredero no tenga en su poder la herencia o parte de ella, ni haya practicado gestión alguna como tal heredero, el plazo expresado en el artículo anterior se contará desde el día siguiente a aquel en que expire el plazo que se le hubiese fijado para aceptar o repudiar la herencia conforme al artículo 1.005, o desde el día en que la hubiese aceptado o hubiera gestionado como heredero.

Art. 1.016. Fuera de los casos a que se refieren los dos anteriores artículos, si no se hubiere presentado ninguna demanda contra el heredero, podrá éste aceptar a beneficio de inventario, o con el derecho de delibe-

---

Art. 1.011: Redactado por la Disp. Final 1.ª de la L.J.V.

Art. 1.012: v. Anexo III del R.N. y art. 11.3.

Art. 1.013: v. arts. 1.021 y 1.024.

Art. 1.014: Redactado por la Disp. Final 1.ª de la L.J.V.; v. arts. 991, 999 y 1.017 de este Código, así como art. 52.4.º de la L.Enj.Civ. en cuanto a la competencia judicial en cuestiones hereditarias. Compárese con lo dispuesto en los arts. 792 a 794 de la L.Enj.Civ.

Art. 1.015: Redactado por la Disp. Final 1.ª de la L.J.V.; v. arts. 991, 999 y 1.002.

Art. 1.016: v. arts. 192, 1.963, 1.964 y 1.965.

Sobre acción de petición de herencia, v. 461-12 del C.Civ.Cat. y Leyes 322 y ss. de la C.Nav.

rar, mientras no prescriba la acción para reclamar la herencia.

Art. 1.017. El inventario se principiará dentro de los treinta días siguientes a la citación de los acreedores y legatarios, y concluirá dentro de otros sesenta.

Si por hallarse los bienes a larga distancia o ser muy cuantiosos, o por otra causa justa, parecieren insuficientes dichos sesenta días, podrá el Notario prorrogar este término por el tiempo que estime necesario, sin que pueda exceder de un año.

Art. 1.018. Si por culpa o negligencia del heredero no se principiare o no se concluyere el inventario en los plazos y con las solemnidades prescritas en los artículos anteriores, se entenderá que acepta la herencia pura y simplemente.

Art. 1.019. El heredero que se hubiese reservado el derecho de deliberar, deberá manifestar al Notario, dentro de treinta días contados desde el siguiente a aquel en que se hubiese concluido el inventario, si repudia o acepta la herencia y si hace uso o no del beneficio de inventario.

Pasados los treinta días sin hacer dicha manifestación, se entenderá que la acepta pura y simplemente.

Art. 1.020. Durante la formación del inventario y hasta la aceptación de la herencia, a instancia de parte, el Notario podrá adoptar las provisiones necesarias para la administración y custodia de los bienes hereditarios con arreglo a lo que se prescribe en este Código y en la legislación notarial.

Art. 1.021. El que reclame judicialmente una herencia de que otro se halle en posesión por más de un año, si venciere en el juicio, no tendrá obligación de hacer inventario para gozar de este beneficio, y sólo responderá de las cargas de la herencia con los bienes que le sean entregados.

Art. 1.022. El inventario hecho por el heredero que después repudie la herencia, aprovechará a los sustitutos y a los herederos abintestato, respecto de

---

Art. 1.017: Redactado por la Disp. Final 1.ª de la L.J.V. Compárese con los arts. 792 a 794 de la L.Enj.Civ. y 67 y ss. de la L.N.

Art. 1.018: v. arts. 1.000 y 1.024.

Art. 1.019: Redactado por la Disp. Final 1.ª de la L.J.V.; v. arts. 1.000, 1.010 y 1.022.

Art. 1.020: Redactado por la Disp. Final 1.ª de la L.J.V.; v. arts. 67 y ss. de la L.N.

Art. 1.021: v. arts. 440 y 460.4.º, 992, 995 y 1.033. Sobre acción de petición de herencia, v. arts. 461-12 del C.Civ.Cat. Leyes 322 y ss. de la C.Nav.

los cuales los treinta días para deliberar y para hacer la manifestación que previene el artículo 1.019, se contarán desde el siguiente al en que tuvieren conocimiento de la repudiación.

Art. 1.023. El beneficio de inventario produce en favor del heredero los efectos siguientes:

1.º El heredero no queda obligado a pagar las deudas y demás cargas de la herencia sino hasta donde alcancen los bienes de la misma.

2.º Conserva contra el caudal hereditario todos los derechos y acciones que tuviera contra el difunto.

3.º No se confunden para ningún efecto, en daño del heredero, sus bienes particulares con los que pertenezcan a la herencia.

Art. 1.024. El heredero perderá el beneficio de inventario:

1.º Si a sabiendas dejare de incluir en el inventario alguno de los bienes, derechos o acciones de la herencia.

2.º Si antes de completar el pago de las deudas y legados enajenase bienes de la herencia sin autorización de todos los interesados, o no diese al precio de lo vendido la aplicación determinada al concederle la autorización.

No obstante, podrá disponer de valores negociables que coticen en un mercado secundario a través de la enajenación en dicho mercado, y de los demás bienes mediante su venta en subasta pública notarial previamente notificada a todos los interesados, especificando en ambos casos la aplicación que se dará al precio obtenido.

Art. 1.025. Durante la formación del inventario y el término para deliberar no podrán los legatarios demandar el pago de sus legados.

Art. 1.026. Hasta que resulten pagados todos los acreedores conocidos y los legatarios, se entenderá que se halla la herencia en administración.

El administrador, ya lo sea el mismo heredero, ya cualquiera otra persona, tendrá, en ese concepto, la representación de la herencia para ejercitar las acciones que a ésta competan y

---

Art. 1.023: v. arts. 659, 661, 1.003, 1.192 a 1.194, 1.195 a 1.202, 1.373 y 1.911.

Art. 1.024: Redactado por la Disp. Final 1.ª de la L.J.V.; v. arts. 1.002 a 1.005, 1.013 y 1.014.

Art. 1.025: v. arts. 885, 1.001, 1.026 y 1.027 del C.c. y 42 de la L.H. Compárese con el art. 880 de este Código.

Art. 1.026: v. arts. 1.005 a 1.035 de este Código, 790 y 796 de la L.Enj.Civ. y 213 del R.H.

contestar a las demandas que se interpongan contra la misma.

Art. 1.027. El administrador no podrá pagar los legados sino después de haber pagado a todos los acreedores.

Art. 1.028. Cuando haya juicio pendiente entre los acreedores sobre la preferencia de sus créditos, serán pagados por el orden y según el grado que señale la sentencia firme de graduación.

No habiendo juicio pendiente entre los acreedores, serán pagados los que primero se presenten; pero, constando que alguno de los créditos conocidos es preferente, no se hará el pago sin previa caución a favor del acreedor de mejor derecho.

Art. 1.029. Si después de pagados los legados aparecieren otros acreedores, éstos sólo podrán reclamar contra los legatarios en el caso de no quedar en la herencia bienes suficientes para pagarles.

Art. 1.030. Cuando para el pago de los créditos y legados sea necesaria la venta de bienes hereditarios, se realizará ésta en la forma establecida en el párrafo segundo del número 2.º del artículo 1.024 de este Código, salvo si todos los herederos, acreedores y legatarios acordaren otra cosa.

Art. 1.031. No alcanzando los bienes hereditarios para el pago de las deudas y legados, el administrador dará cuenta de su administración a los acreedores y legatarios que no hubiesen cobrado por completo, y será responsable de los perjuicios causados a la herencia por culpa o negligencia suya.

Art. 1.032. Pagados los acreedores y legatarios, quedará el heredero en el pleno goce del remanente de la herencia.

Si la herencia hubiese sido administrada por otra persona, ésta rendirá al heredero la cuenta de su administración, bajo la responsabilidad que impone el artículo anterior.

Art. 1.027: v. arts. 782.4 y 788.3 de la L.Enj.Civ. y 1.025 y 1.031 de este Código.

Art. 1.028: v. arts. 1.921 a 1.929 de este Código y 787, 788 y 803 de la L.Enj.Civ.

Art. 1.029: v. arts. 859, 891 y 1.084 de este Código y 782.4 de la L.Enj.Civ. Compárese con el art. 788.3 de esta última ley mencionada.

Art. 1.030: Redactado por la Disp. Final 1.ª de la L.J.V.; v. arts. 902 y 903.

Art. 1.031: v. arts. 887 de este Código y 785.3, 787, 788, 799 y 800 de la L.Enj.Civ.

Art. 1.032: v. arts. 1.023, 1.026 y 1.034.

Art. 1.033. Los gastos del inventario y las demás actuaciones a que dé lugar la administración de la herencia aceptada a beneficio de inventario y la defensa de sus derechos, serán de cargo de la misma herencia. Exceptúanse aquellos gastos imputables al heredero que hubiese sido condenado personalmente por su dolo o mala fe.

Lo mismo se entenderá respecto de las gastos causados para hacer uso del derecho de deliberar, si el heredero repudia la herencia.

Art. 1.034. Los acreedores particulares del heredero no podrán mezclarse en las operaciones de la herencia aceptada por éste a beneficio de inventario hasta que sean pagados los acreedores de la misma y los legatarios; pero podrán pedir la retención o embargo del remanente que pueda resultar a favor del heredero.

CAPÍTULO VI

DE LA COLACIÓN Y PARTICIÓN*

SECCIÓN PRIMERA

De la colación

Art. 1.035. El heredero forzoso que concurra, con otros que también lo sean, a una sucesión, deberá traer a la masa hereditaria los bienes o valores que hubiese recibido del causante de la herencia, en vida de éste, por dote, donación, u otro título lucrativo, para computarlo en la regulación de las legítimas y en la cuenta de partición.

Art. 1.036. La colación no tendrá lugar entre los herederos forzosos si el donante así lo hubiese dispuesto expresamente o si el donatario repudiare la herencia, salvo el caso en que la donación deba reducirse por inoficiosa.

Art. 1.033, párr. 1.º: redactado por la Disp. Final 1.ª de la L.J.V. Téngase en cuenta lo dispuesto en los arts. 241, 394 y 804 de la L.Enj.Civ.

Art. 1.034: v. aps. 3, 4 y 5 del art. 782, arts. 788.3 y 792.2 de la L.Enj.Civ. y 1.083 de este Código. Sobre la posibilidad del embargo, v. arts. 584 y ss. y 727.1.º de la L.Enj.Civ.

* Sobre esta materia, deben consultarse también los arts. 464-1 y ss. del C.Civ.Cat., 362 y ss. del C.Arag. y las Leyes 332 y ss. de la C.Nav.

Art. 1.035: v. arts. 818.2, 819, 825, 828, 1.046 y 1.324. Téngase en cuenta que la dote fue suprimida en el C.c. por la Ley 11/1981, de reforma del C.c. No obstante, es conveniente saber que la dote subsiste como institución en determinados Derechos forales; v., en este sentido, nota a este Capítulo.

Art. 1.036: v. arts. 636 a 654.

Art. 1.037. No se entiende sujeto a colación lo dejado en testamento si el testador no dispusiere lo contrario, quedando en todo caso a salvo las legítimas.

Art. 1.038. Cuando los nietos sucedan al abuelo en representación del padre, concurriendo con sus tíos o primos, colacionarán todo lo que debiera colacionar el padre si viviera, aunque no lo hayan heredado.

También colacionarán lo que hubiesen recibido del causante de la herencia durante la vida de éste, a menos que el testador hubiese dispuesto lo contrario, en cuyo caso deberá respetarse su voluntad si no perjudicare a la legítima de los coherederos.

Art. 1.039. Los padres no estarán obligados a colacionar en la herencia de sus ascendientes lo donado por éstos a sus hijos.

Art. 1.040. Tampoco se traerán a colación las donaciones hechas al consorte del hijo; pero, si hubieren sido hechas por el padre conjuntamente a los dos, el hijo estará obligado a colacionar la mitad de la cosa donada.

Art. 1.041. No estarán sujetos a colación los gastos de alimentos, educación, curación de enfermedades, aunque sean extraordinarias, aprendizaje, ni los regalos de costumbre.

Tampoco estarán sujetos a colación los gastos realizados por los progenitores y ascendientes para cubrir las necesidades especiales de sus hijos o descendientes requeridas por su situación de discapacidad.

Art. 1.042. No se traerán a colación, sino cuando el padre lo disponga o perjudiquen a la legítima, los gastos que éste hubiere hecho para dar a sus hijos una carrera profesional o artística; pero cuando proceda colacionarlos, se rebajará de ellos lo que el hijo habría gastado viviendo en la casa y compañía de sus padres.

Art. 1.037: v. arts. 620, 828 y 858.

Art. 1.038: v. arts. 813, 815, 817, 924 y ss.

Art. 1.039: v. arts. 819, 968 y 1.035.

Art. 1.040: v. arts. 637, 1.035 y 1.353.

Art. 1.041: Párr. 2.º añadido por el art. 10.7 de la Ley 41/2003, de 18 de noviembre, de protección patrimonial de las personas con discapacidad y de modificación del C.c., de la L.Enj.Civ. y de la normativa tributaria con esta finalidad (*B.O.E.* n. 277, de 19 de noviembre). V. arts. 142, 153 y 1.336.

Modificado por Ley 8/2021, de 2 de junio, por la que se reforma la legislación civil y procesal para el apoyo a las personas con discapacidad en el ejercicio de su capacidad jurídica (*B.O.E.* n. 132, de 3 de junio).

Art. 1.042: v. arts. 142, 143 y 813.

Art. 1.043. Serán colacionables las cantidades satisfechas por el padre para redimir a sus hijos de la suerte de soldado, pagar sus deudas, conseguirles un título de honor y otros gastos análogos.

Art. 1.044. Los regalos de boda, consistentes en joyas, vestidos y equipos, no se reducirán como inoficiosos sino en la parte que excedan en un décimo o más de la cantidad disponible por testamento.

Art. 1.045. No han de traerse a colación y partición las mismas cosas donadas, sino su valor al tiempo en que se evalúen los bienes hereditarios.

El aumento o deterioro físico posterior a la donación y aun su pérdida total, casual o culpable, será a cargo y riesgo o beneficio del donatario.

Art. 1.046. La dote o donación hecha por ambos cónyuges se colacionará por mitad en la herencia de cada uno de ellos. La hecha por uno solo se colacionará en su herencia.

Art. 1.047. El donatario tomará de menos en la masa hereditaria tanto como ya hubiese recibido, percibiendo sus coherederos el equivalente, en cuanto sea posible, en bienes de la misma naturaleza, especie y calidad.

Art. 1.048. No pudiendo verificarse lo prescrito en el artículo anterior, si los bienes donados fueren inmuebles, los coherederos tendrán derecho a ser igualados en metálico o valores mobiliarios al tipo de cotización; y, no habiendo dinero ni valores cotizables en la herencia, se venderán otros bienes en pública subasta en la cantidad necesaria.

Cuando los bienes donados fueren muebles, los coherederos sólo tendrán derecho a ser igualados en otros muebles de la herencia por el justo precio, a su libre elección.

Art. 1.049. Los frutos e intereses de los bienes sujetos a

Art. 1.043: A pesar de lo establecido por este precepto, debe tenerse en cuenta lo dispuesto en el art. 30 de la Const. y en los arts. 1 y 11 de la L.O. 13/1991, de 20 de diciembre, del Servicio militar, así como en el R.D. 1.107/1993, de 9 de julio, que aprueba el Reglamento de reclutamiento.

Art. 1.044: v. arts. 636 y 1.336 a 1.343.

Art. 1.045: Redactado por la Ley 11/1981, de reforma del C.c. V. art. 818 y nota al mismo.

Art. 1.046: Recuérdese que la dote fue suprimida por Ley 11/1981, de reforma del C.c.

Arts. 1.047 y 1.048: v. arts. 813, 815, 817, 841, 1.061 y 1.062.

Art. 1.049: v. arts. 657, 671 y 1.063.

colación no se deben a la masa hereditaria sino desde el día en que se abra la sucesión.

Para regularlos, se atenderá a las rentas e intereses de los bienes hereditarios de la misma especie que los colacionados.

Art. 1.050. Si entre los coherederos surgiere contienda sobre la obligación de colacionar o sobre los objetos que han de traerse a colación, no por eso dejará de proseguirse la partición, prestando la correspondiente fianza.

SECCIÓN SEGUNDA

*De la partición**

Art. 1.051. Ningún coheredero podrá ser obligado a permanecer en la indivisión de la herencia, a menos que el testador prohíba expresamente la división.

Pero, aun cuando la prohíba, la división tendrá siempre lugar mediante alguna de las causas por las cuales se extingue la sociedad.

Art. 1.052. Todo coheredero que tenga la libre administración y disposición de sus bienes podrá pedir en cualquier tiempo la partición de la herencia. Lo harán sus representantes legales si el coheredero está en situación de ausencia. Si el coheredero contase con medidas de apoyo por razón de discapacidad, se estará a lo que se disponga en estas.

Art. 1.053. Cualquiera de los cónyuges podrá pedir la partición de la herencia sin intervención del otro.

Art. 1.050: v art. 1.045.

* V. arts. 6 y 46 de la L.R.D.A. Ténganse en cuenta los arts. 23 a 35 de la L.E.A. y 782 y ss. de la L.Enj.Civ.

V. también arts. 464-1 y ss. del C.Civ.Cat., 362 y ss. del C.Arag. y Leyes 331 y ss. de la C.Nav.

Art. 1.051: A nuestro juicio, el párrafo 1.º de este artículo debe entenderse modificado a la vista de lo dispuesto en el art. 782.1 de la L.Enj.Civ. al ampliar las posibilidades por las que un coheredero o, en su caso, un legatario de parte alícuota pueden ser obligados a permanecer en indivisión.

V. arts. 400, 406, 1.700 a 1.708 y 1.965 del C.c. Ténganse en cuenta los arts. 42 y 46 de la L.H. y 146 y 209 del R.H.

Art. 1.052: v. arts. 162, 166, 191, 272, 400 y 966 de este Código, así como notas a los arts. 992 y 996 del mismo Cuerpo legal. Téngase en cuenta el art. 782.1 de la L.Enj.Civ. y lo señalado en nota al art. 1.051, que entendemos aplicable también a este precepto.

Modificado por Ley 8/2021, de 2 de junio, por la que se reforma la legislación civil y procesal para el apoyo a las personas con discapacidad en el ejercicio de su capacidad jurídica (*B.O.E.* n. 132, de 3 de junio).

Art. 1.053: Redactado por Ley 14/ 1975, de reforma del C.c. V. arts. 66, 71, 995, 1.384 y 1.390.

Art. 1.054. Los herederos bajo condición no podrán pedir la partición hasta que aquélla se cumpla. Pero podrán pedirla los otros coherederos, asegurando competentemente el derecho de los primeros para el caso de cumplirse la condición; y, hasta saberse que ésta ha faltado o no puede ya verificarse, se entenderá provisional la partición.

Art. 1.055. Si antes de hacerse la partición muere uno de los coherederos, dejando dos o más herederos, bastará que uno de éstos la pida; pero todos los que intervengan en este último concepto deberán comparecer bajo una sola representación.

Art. 1.056. Cuando el testador hiciere, por acto entre vivos o por última voluntad, la partición de sus bienes, se pasará por ella, en cuanto no perjudique a la legítima de los herederos forzosos.

El testador que en atención a la conservación de la empresa o en interés de su familia quiera preservar indivisa una explotación económica o bien mantener el control de una sociedad de capital o grupo de éstas podrá usar de la facultad concedida en este artículo, disponiendo que se pague en metálico su legítima a los demás interesados. A tal efecto, no será necesario que exista metálico suficiente en la herencia para el pago, siendo posible realizar el abono con efectivo extrahereditario y establecer por el testador o por el contador-partidor por él designado aplazamiento, siempre que éste no supere cinco años a contar desde el fallecimiento del testador; podrá ser también de aplicación cualquier otro medio de extinción de las obligaciones. Si no se hubiere establecido la forma de pago, cualquier legitimario podrá exigir su legítima en bienes de la herencia. No será de aplicación a la partición así realizada lo dispuesto en el artículo 843 y en el párrafo primero del artículo 844.

Art. 1.057. El testador podrá encomendar por acto *inter vivos* o *mortis causa* para después de su muerte la simple facultad de hacer la partición a

---

Art. 1.054: v. arts. 759, 790 a 805 y 966.

Art. 1.056: Redacción dada por Ley 7/2003, de 1 de abril, de la sociedad limitada Nueva Empresa por la que se modifica la Ley 2/1995, de 23 de marzo, de Sociedades de Responsabilidad Limitada (*B.O.E.* n. 79, de 2 de abril). V. arts. 813, 815, 817, 841 a 847, 1.062, 1.075 y 1.271 de este Código; 786.1 de la L.Enj.Civ.; 41 y 46 de la L.R.D.A.; 24 y 25 de la L.E.A.; 464-4 del C.Civ.Cat. y Leyes 338 y 339 de la C.Nav.

Art. 1.057: Redactado por la Disp. Final 1.ª de la L.J.V.; v. arts. 92 de la L.J.V. y 66 de la L.N.

cualquier persona que no sea uno de los coherederos.

No habiendo testamento, contador-partidor en él designado o vacante el cargo, el Secretario judicial o el Notario, a petición de herederos y legatarios que representen, al menos, el 50 por 100 del haber hereditario, y con citación de los demás interesados, si su domicilio fuere conocido, podrá nombrar un contador-partidor dativo, según las reglas que la Ley de Enjuiciamiento Civil y del Notariado establecen para la designación de peritos. La partición así realizada requerirá aprobación del Secretario judicial o del Notario, salvo confirmación expresa de todos los herederos y legatarios.

Lo dispuesto en este artículo y en el anterior se observará aunque entre los coherederos haya alguno sujeto a patria potestad o tutela; pero el contador-partidor deberá en estos casos inventariar los bienes de la herencia, con citación de los representantes legales de dichas personas.

Si el coheredero tuviera dispuestas medidas de apoyo, se estará a lo establecido en ellas.

Art. 1.058. Cuando el testador no hubiese hecho la partición, ni encomendado a otro esta facultad, si los herederos fueren mayores y tuvieren la libre administración de sus bienes, podrán distribuir la herencia de la manera que tengan por conveniente.

Art. 1.059. Cuando los herederos mayores de edad no se

Sobre procedimiento para elección de peritos, v. arts. 341 a 344 de la L.Enj.Civ.

V. arts. 782.1, 783 y 784 de la L.Enj.Civ.; 213 de R.H.; 272, 841 a 847, 892, 1.060 y notas a los arts. 992 y 996 de este Código, así como arts. 464-5 del C.Civ.Cat. y Leyes 340 a 344 de la C.Nav.

Téngase en cuenta la Ley 5/2003, de 9 de octubre, de declaración de voluntad vital anticipada de Andalucía (*B.O.E.* n. 279, de 21 de noviembre; *B.O.J.A.* n. 210, de 31 de octubre).

Párr. 3.º: Modificado por Ley 8/2021, de 2 de junio, por la que se reforma la legislación civil y procesal para el apoyo a las personas con discapacidad en el ejercicio de su capacidad jurídica (*B.O.E.* n. 132, de 3 de junio).

Párr. 4.º: Añadido por Ley 8/2021, de 2 de junio, por la que se reforma la legislación civil y procesal para el apoyo a las personas con discapacidad en el ejercicio de su capacidad jurídica (*B.O.E.* n. 132, de 3 de junio).

Art. 1.058: v. arts. 907, 1.051, 1.061, 1.074, 1.080, 1.081, 1.255, 1.258 de este Código, 464-6 del C.Civ.Cat. y Ley 345 de la C.Nav.

Téngase en cuenta la Ley 5/2003, de 9 de octubre, de declaración de voluntad vital anticipada de Andalucía (*B.O.E.* n. 279, de 21 de noviembre; *B.O.J.A.* n. 210, de 31 de octubre).

Art. 1.059: v. art. 786 de la L.Enj.Civ. Ténganse en cuenta los arts. 2 y ss. de la L.Arb., así como el art. 464-7 del C.Civ.Cat.

entendieren sobre el modo de hacer la partición, quedará a salvo su derecho para que le ejerciten en la forma prevenida en la Ley de Enjuiciamiento Civil.

Art. 1.060. Cuando los menores estén legalmente representados en la partición, no será necesaria la intervención ni la autorización judicial, pero el tutor necesitará aprobación judicial de la ya efectuada. El defensor judicial designado para representar a un menor en una partición, deberá obtener la aprobación de la autoridad judicial, si el Letrado de la Administración de Justicia no hubiera dispuesto otra cosa al hacer el nombramiento.

Tampoco será necesaria autorización ni intervención judicial en la partición realizada por el curador con facultades de representación. La partición una vez practicada requerirá aprobación judicial.

La partición realizada por el defensor judicial designado para actuar en la partición en nombre de un menor o de una persona a cuyo favor se hayan establecido medidas de apoyo, necesitará la aprobación judicial, salvo que se hubiera dispuesto otra cosa al hacer el nombramiento.

Art. 1.061. En la partición de la herencia se ha de guardar la posible igualdad, haciendo lotes o adjudicando a cada uno de los coherederos cosas de la misma naturaleza, calidad o especie.

Art. 1.062. Cuando una cosa sea indivisible o desmerezca mucho por su división, podrá adjudicarse a uno, a calidad de abonar a los otros el exceso en dinero.

Pero bastará que uno solo de los herederos pida su venta en pública subasta, y con admisión de licitadores extraños, para que así se haga.

Art. 1.063. Los coherederos deben abonarse recíprocamente en la partición las rentas y fru-

---

Art. 1.060: Redactado por la Disp. Final 1.ª de la L.J.V.; v. arts. 783.4 de la L.Enj.Civ. y 154.2, 162, 163, 289 y 295 de este Código. Téngase presente lo dicho en nota al art. 272.

Modificado por Ley 8/2021, de 2 de junio, por la que se reforma la legislación civil y procesal para el apoyo a las personas con discapacidad en el ejercicio de su capacidad jurídica (*B.O.E.* n. 132, de 3 de junio).

Art. 1.061: v. arts. 402, 832 y 842 de este Código y 464-8 del C.Civ.Cat. Téngase presente el art. 786 de la L.Enj.Civ.

Art. 1.062: v. arts. 401, 404, 821, 822 y 832 de este Código. Compárese con los arts. 841 a 847 y 1.056 de este Código y 786 de la L.Enj.Civ.

Art. 1.063: v. arts. 453 y 1.049.

tos que cada uno haya percibido de los bienes hereditarios, las impensas útiles y necesarias hechas en los mismos, y los daños ocasionados por malicia o negligencia.

Art. 1.064. Los gastos de partición, hechos en interés común de todos los coherederos, se deducirán de la herencia; los hechos en interés particular de uno de ellos, serán a cargo del mismo.

Art. 1.065. Los títulos de adquisición o pertenencia serán entregados al coheredero adjudicatario de la finca o fincas a que se refieran.

Art. 1.066. Cuando el mismo título comprenda varias fincas adjudicadas a diversos coherederos, o una sola que se haya dividido entre dos o más, el título quedará en poder del mayor interesado en la finca o fincas, y se facilitarán a los otros copias fehacientes, a costa del caudal hereditario. Si el interés fuere igual, el título se entregará, a falta de acuerdo, a quien por suerte corresponda.

Siendo original, aquel en cuyo poder quede deberá también exhibirlo a los demás interesados cuando lo pidieren.

Art. 1.067. Si alguno de los herederos vendiere a un extraño su derecho hereditario antes de la partición, podrán todos o cualquiera de los coherederos subrogarse en lugar del comprador, reembolsándole el precio de la compra, con tal que lo verifiquen en término de un mes, a contar desde que esto se les haga saber.

SECCIÓN TERCERA

*De los efectos de la partición**

Art. 1.068. La partición legalmente hecha confiere a cada heredero la propiedad exclusiva de los bienes que le hayan sido adjudicados.

Art. 1.064: v. art. 395.

Art. 1.065: v. arts. 782.4 y 788 de la L.Enj.Civ.

Art. 1.066: Redactado conforme a la Ley 11/1990, de reforma del C.c. Compárese con el art. 786 de la L.Enj.Civ.

Art. 1.067: v. arts. 1.521 a 1.525.

* Ténganse en cuenta los apartados 3, 4 y 5 del art. 782.3, 788.3, 792 y 793 de la L.Enj.Civ.

Art. 1.068: v. arts. 788 de la L.Enj.Civ. y 450 y 609 de este Código. Ténganse en cuenta los arts. 14 de la L.H.; 80, 83 y 209 del R.H.; 464-10 del C.Civ.Cat. y 369 y ss. del C.Arag.

Art. 1.069. Hecha la partición, los coherederos estarán recíprocamente obligados a la evicción y saneamiento de los bienes adjudicados.

Art. 1.070. La obligación a que se refiere el artículo anterior sólo cesará en los siguientes casos:

1.º Cuando el mismo testador hubiese hecho la partición, a no ser que aparezca, o racionalmente se presuma, haber querido lo contrario, y salva siempre la legítima.

2.º Cuando se hubiese pactado expresamente al hacer la partición.

3.º Cuando la evicción proceda de causa posterior a la partición, o fuere ocasionada por culpa del adjudicatario.

Art. 1.071. La obligación recíproca de los coherederos a la evicción es proporcionada a su respectivo haber hereditario; pero si alguno de ellos resultare insolvente, responderán de su parte los demás coherederos en la misma proporción, deduciéndose la parte correspondiente al que deba ser indemnizado.

Los que pagaren por el insolvente conservarán su acción contra él para cuando mejore de fortuna.

Art. 1.072. Si se adjudicare como cobrable un crédito, los coherederos no responderán de la insolvencia posterior del deudor hereditario, y sólo serán responsables de su insolvencia al tiempo de hacerse la partición.

Por los créditos calificados de incobrables no hay responsabilidad; pero, si se cobran en todo o en parte, se distribuirá lo percibido proporcionalmente entre los herederos.

SECCIÓN CUARTA

*De la rescisión de la partición**

Art. 1.073. Las particiones pueden rescindirse por las mismas causas que las obligaciones.

Art. 1.074. Podrán también ser rescindidas las particiones por causa de lesión en más de la

---

Art. 1.069: v. arts. 860 y 1.475 y ss. de este Código y 464-11 del C.Civ.Cat.

Art. 1.070: v. arts. 638, 1.056 y 1.477.

Art. 1.071: Compárese con los arts. 1.138 y 1.145 de este Código.

Art. 1.072: v. arts. 1.526 a 1.536 de este Código.

* Téngase en cuenta lo dispuesto en el art. 787 de la L.Enj.Civ.

Art. 1.073: v. arts. 1.290 y ss. de este Código, 464-13 del C.Civ.Cat. y Ley 336 de la C.Nav.

Art. 1.074: v. art. 1.293. Compárase con el art. 1.045.I.

cuarta parte, atendido el valor de las cosas cuando fueron adjudicadas.

Art. 1.075. La partición hecha por el difunto no puede ser impugnada por causa de lesión, sino en el caso de que perjudique la legítima de los herederos forzosos o de que aparezca, o racionalmente se presuma, que fue otra la voluntad del testador.

Art. 1.076. La acción rescisoria por causa de lesión durará cuatro años, contados desde que se hizo la partición.

Art. 1.077. El heredero demandado podrá optar entre indemnizar el daño o consentir que se proceda a nueva partición.

La indemnización puede hacerse en numerario o en la misma cosa en que resultó el perjuicio.

Si se procede a nueva partición, no alcanzará ésta a los que no hayan sido perjudicados ni percibido más de lo justo.

Art. 1.078. No podrá ejercitar la acción rescisoria por lesión el heredero que hubiese enajenado el todo o una parte considerable de los bienes inmuebles que le hubieran sido adjudicados.

Art. 1.079. La omisión de alguno o algunos objetos o valores de la herencia no da lugar a que se rescinda la partición por lesión, sino que se complete o adicione con los objetos o valores omitidos.

Art. 1.080. La partición hecha con preterición de alguno de los herederos no se rescindirá, a no ser que se pruebe que hubo mala fe o dolo por parte de los otros interesados; pero éstos tendrán la obligación de pagar al preterido la parte que proporcionalmente le corresponda.

Art. 1.081. La partición hecha con uno a quien se creyó heredero sin serlo, será nula.

Art. 1.075: v. arts. 675 y 1.056 de este Código y 786 de la L.Enj.Civ.
Art. 1.076: v. arts. 1.299, 1.969 y 1.973.
Art. 1.077: v. arts. 1.106, 1.294 y 1.295.
Art. 1.078: v. art. 1.295.
Art. 1.080: v. art. 814.
Art. 1.081: v. arts. 6, 1.266, 1.290 y 1.301.

SECCIÓN QUINTA

Del pago de las deudas hereditarias

Art. 1.082. Los acreedores reconocidos como tales podrán oponerse a que se lleve a efecto la partición de la herencia hasta que se les pague o afiance el importe de sus créditos.

Art. 1.083. Los acreedores de uno o más de los coherederos podrán intervenir a su costa en la partición para evitar que ésta se haga en fraude o perjuicio de sus derechos.

Art. 1.084. Hecha la partición, los acreedores podrán exigir el pago de sus deudas por entero de cualquiera de los herederos que no hubiere aceptado la herencia a beneficio de inventario, o hasta donde alcance su porción hereditaria, en el caso de haberla admitido con dicho beneficio.

En uno y otro caso el demandado tendrá derecho a hacer citar y emplazar a sus coherederos, a menos que por disposición del testador, o a consecuencia de la partición, hubiere quedado él solo obligado al pago de la deuda.

Art. 1.085. El coheredero que hubiese pagado más de lo que corresponda a su participación en la herencia, podrá reclamar de los demás su parte proporcional.

Esto mismo se observará cuando, por ser la deuda hipotecaria o consistir en cuerpo determinado, la hubiese pagado íntegramente. El adjudicatario, en este caso, podrá reclamar de sus coherederos sólo la parte proporcional, aunque el acreedor le haya cedido sus acciones y subrogádole en su lugar.

Art. 1.086. Estando alguna de las fincas de la herencia gravada con renta o carga real perpetua, no se procederá a su extinción, aunque sea redimible, sino cuando la mayor par-

---

Art. 1.082: A nuestro juicio, este artículo ha de entenderse derogado por virtud de lo dispuesto en el art. 782.4 de la L.Enj.Civ. al ampliar este último precepto el concepto de acreedor legitimado para oponerse a que se lleve a efecto la partición.

V. arts. 1.026 a 1.034 de este Código, así como apartados 3, 4 y 5 del art. 782, arts. 787, 788.3, 792 y 793 de la L.Enj.Civ. Téngase en cuenta el art. 98 de la L.Enj.Civ.

Art. 1.083: v. art. 1.034 de este Código y 540, 639, 782.5, 783.5 y 792 y ss. de la L.Enj.Civ. Téngase en cuenta el art. 16 de la L.Enj.Civ.

Art. 1.084: v. arts. 859, 891, 1.029, 1.137 a 1.148 del C.c. y 45 de la L.H. Compárese con los arts. 464-3 del C.Civ.Cat. y 370 del C.Arag.

Art. 1.085: v. arts. 440, 989, 1.049 y 1.142 a 1.148 de este Código.

Art. 1.086: v. arts. 398, 405 y 867.

te de los coherederos lo acordare.

No acordándolo así, o siendo la carga irredimible, se rebajará su valor o capital del de la finca, y ésta pasará con la carga al que le toque en lote o por adjudicación.

Art. 1.087. El coheredero acreedor del difunto puede reclamar de los otros el pago de su crédito, deducida su parte proporcional como tal heredero, y sin perjuicio de lo establecido en la sección quinta, capítulo V de este título.

Art. 1.087: v. arts. 1.023.2, 1.026 a 1.033 y 1.192.

LIBRO CUARTO

De las obligaciones y contratos*

TÍTULO PRIMERO

De las obligaciones

CAPÍTULO PRIMERO

DISPOSICIONES GENERALES

Art. 1.088. Toda obligación consiste en dar, hacer o no hacer alguna cosa.

Art. 1.089. Las obligaciones nacen de la ley, de los contratos y cuasi contratos, y de los actos y omisiones ilícitos o en que intervenga cualquier género de culpa o negligencia.

Art. 1.090. Las obligaciones derivadas de la ley no se presumen. Sólo son exigibles las expresamente determinadas en este Código o en leyes especiales, y se regirán por los preceptos de la ley que las hubiere establecido; y, en lo que ésta no hubiere previsto, por las disposiciones del presente libro.

Art. 1.091. Las obligaciones que nacen de los contratos tienen fuerza de ley entre las partes contratantes, y deben cumplirse al tenor de los mismos.

Art. 1.092. Las obligaciones civiles que nazcan de los delitos o faltas se regirán por

---

* V. arts. 149.1.18.ª de la Const.; 4.3, 13, 1.976 y nota al Capítulo V del Título Preliminar del C.c. y 50 del C. de C.

Art. 1.088: v. arts. 1.157, 1.445, 1.538, 1.542 y 1.709, entre otros.

Art. 1.089: v. arts. 592, 899, 1.101, 1.254, 1.889, 1.902 y 1.911. V. también Ley 488 de la C.Nav. y arts. 109 a 126 del C.P., dedicados a la responsabilidad civil derivada de los delitos y de las faltas.

Art. 1.091: v. arts. 1.254, 1.255, 1.258 y 1.278.

Art. 1.092: v. arts. 109 a 126 del C.P. y 100 a 117 de la L.E.Cr. V. también lo dicho en nota al art. 1.089.

las disposiciones del Código penal.

Art. 1.093. Las que se deriven de actos u omisiones en que intervenga culpa o negligencia no penadas por la ley, quedarán sometidas a las disposiciones del capítulo II del Título XVI de este Libro.

CAPÍTULO II

DE LA NATURALEZA Y EFECTOS DE LAS OBLIGACIONES

Art. 1.094. El obligado a dar alguna cosa lo está también a conservarla con la diligencia propia de un buen padre de familia.

Art. 1.095. El acreedor tiene derecho a los frutos de la cosa desde que nace la obligación de entregarla. Sin embargo, no adquirirá derecho real sobre ella hasta que le haya sido entregada.

Art. 1.096. Cuando lo que deba entregarse sea una cosa determinada, el acreedor, independientemente del derecho que le otorga el artículo 1.101, puede compeler al deudor a que realice la entrega.

Si la cosa fuere indeterminada o genérica, podrá pedir que se cumpla la obligación a expensas del deudor.

Si el obligado se constituye en mora, o se halla comprometido a entregar una misma cosa a dos o más personas diversas, serán de su cuenta los casos fortuitos hasta que se realice la entrega.

Art. 1.097. La obligación de dar cosa determinada comprende la de entregar todos sus accesorios, aunque no hayan sido mencionados.

Art. 1.098. Si el obligado a hacer alguna cosa no la hiciere, se mandará ejecutar a su costa.

Esto mismo se observará si la hiciera contraviniendo al tenor de la obligación. Además podrá decretarse que se deshaga lo mal hecho.

Art. 1.093: v. arts. 1.902 a 1.910.

Art. 1.094: v. arts. 1.746 y 1.766.

Art. 1.095: v. arts. 609, 1.452, 1.468 y nota al mismo. Ténganse en cuenta los arts. 354 a 357, 452 y 455.

Art. 1.096: v. arts. 1.167, 1.183 y 1.452 del presente Código y 923 y ss. de la L.Enj.Civ.

Art. 1.097: v. arts. 347, 1.157, 1.166, 1.167, 1.212 y 1.770 de este Código; 701 y ss. de la L.Enj.Civ. y 28 de la C.Com.Ven.

Art. 1.098: v. arts. 705 y 709 de la L.Enj.Civ.

Art. 1.099. Lo dispuesto en el párrafo segundo del artículo anterior se observará también cuando la obligación consista en no hacer y el deudor ejecutare lo que le había sido prohibido.

Art. 1.100. Incurren en mora los obligados a entregar o a hacer alguna cosa desde que el acreedor les exija judicial o extrajudicialmente el cumplimiento de su obligación.

No será, sin embargo, necesaria la intimación del acreedor para que la mora exista:

1.º Cuando la obligación o la ley lo declaren así expresamente.

2.º Cuando de su naturaleza y circunstancias resulte que la designación de la época en que había de entregarse la cosa o hacerse el servicio, fue motivo determinante para establecer la obligación.

En las obligaciones recíprocas ninguno de los obligados incurre en mora si el otro no cumple o no se allana a cumplir debidamente lo que le incumbe. Desde que uno de los obligados cumple su obligación, empieza la mora para el otro.

Art. 1.101. Quedan sujetos a la indemnización de los daños y perjuicios causados los que en el cumplimiento de sus obligaciones incurrieren en dolo, negligencia o morosidad, y los que de cualquier modo contravinieren al tenor de aquéllas.

Art. 1.102. La responsabilidad procedente del dolo es exigible en todas las obligaciones. La renuncia de la acción para hacerla efectiva es nula.

Art. 1.103. La responsabilidad que proceda de negligencia es igualmente exigible en el cumplimiento de toda clase de obligaciones; pero podrá moderarse por los Tribunales según los casos.

Art. 1.104. La culpa o negligencia del deudor consiste en la omisión de aquella diligencia que exija la naturaleza de la

---

Art. 1.099: v. arts. 706 y 710 de la L.Enj.Civ.

Art. 1.100: v. arts. 63 del C. de C., 1.590 y 1.682 del C.c. y 71, 79 y 80 de la C.Com.Ven. Compárese con el art. 1.124.

Art. 1.101: v. arts. 1.902 y ss. de este Código y 705 y ss. y 713 de la L.Enj.Civ. V. nota al art. 1.106.

Art. 1.102: v. arts. 1.269, 1.476 y 1.483 de este Código y 61.3 de la L.Resp.P.Men.

Art. 1.103: v. arts. 3.2, 6.2, 1.154, 1.255, 1.258, 1.476, 1.485, 1.726, 1.752 y 1.766 del C.c., 4 de la L.H. y 61.3 de la L.Resp.P.Men.

Art. 1.104: v. arts. 1.719 y 1.726.

obligación y corresponda a las circunstancias de las personas, del tiempo y del lugar.

Cuando la obligación no exprese la diligencia que ha de prestarse en su cumplimiento, se exigirá la que correspondería a un buen padre de familia.

Art. 1.105. Fuera de los casos expresamente mencionados en la ley, y de los en que así lo declare la obligación, nadie responderá de aquellos sucesos que no hubieran podido preverse, o que, previstos, fueran inevitables.

Art. 1.106. La indemnización de daños y perjuicios comprende, no sólo el valor de la pérdida que haya sufrido, sino también el de la ganancia que haya dejado de obtener el acreedor, salvas las disposiciones contenidas en los artículos siguientes.

Art. 1.107. Los daños y perjuicios de que responde el deudor de buena fe son los previstos o que se hayan podido prever al tiempo de constituirse la obligación y que sean consecuencia necesaria de su falta de cumplimiento.

En caso de dolo responderá el deudor de todos los que conocidamente se deriven de la falta de cumplimiento de la obligación.

Art. 1.108. Si la obligación consiste en el pago de una can-

Art. 1.105: v. arts. 484, 1.183, 1.575, 1.602 y 1.896. Ténganse en cuenta los arts. 238 de la L.Enj.Civ. y 17.8 de la L.O.E.

Art. 1.106: v. art. 713 de la L.Enj.Civ. Por su especial trascendencia en relación con la venta de productos, deben tenerse en cuenta los arts. 27 a 29 y 135 y ss. de la L.Def.Consum., y el Convenio sobre la Ley aplicable a la responsabilidad por productos, hecho en La Haya el 2 de octubre de 1973 (*B.O.E.* n. 21, de 5 de enero de 1989). Ténganse asimismo en cuenta los arts. 1.270.2, 1.486, 1.487, 1.488, 1.752, 1.779, 1.896 y 1.897 del C.c. y 74 a 80 de la C.Com.Ven.

Art. 1.107: v. art. 61.3 de la L.Resp. P.Men. y nota al art. 1.106.

Art. 1.108: El citado interés legal del dinero se fijó por Ley de 2 de agosto de 1899 y, posteriormente, por Ley de 7 de octubre de 1939. Tales normas fueron derogadas por la Ley 24/1984, de 29 de junio, de modificación del tipo de interés legal del dinero (*B.O.E.* n. 158, de 3 de julio; corrección de errores en *B.O.E.* n. 159, de 4 de julio), que también significó la supresión del segundo párrafo de este artículo. Según esta Ley, en su actual redacción dada por la Ley 13/1994, de 1 de junio (*B.O.E.* n. 131, de 2 de junio), de autonomía del Banco de España, el interés legal del dinero se determina en la Ley anual de Presupuestos Generales del Estado. Téngase presente, no obstante, que el número 2 de la Disp. Adic. 6.ª de la Ley 65/1997, de 30 de diciembre, de Presupuestos Generales del Estado para 1998 (*B.O.E.* n. 313, de 31 de diciembre de 1997; corrección de errores en *B.O.E.* n. 157, de 2 de julio de 1998), añadió un segundo párrafo al art. 1 de la Ley 24/1984 citada, según el cual el Gobierno, atendiendo a la evolución de los tipos de interés de

tidad de dinero, y el deudor incurriere en mora, la indemnización de daños y perjuicios, no habiendo pacto en contrario, consistirá en el pago de los intereses convenidos, y a falta de convenio, en el interés legal.

Art. 1.109. Los intereses vencidos devengan el interés legal desde que son judicialmente reclamados, aunque la obligación haya guardado silencio sobre este punto.

En los negocios comerciales se estará a lo que dispone el Código de Comercio.

Los Montes de Piedad y Cajas de Ahorros se regirán por sus reglamentos especiales.

Art. 1.110. El recibo del capital por el acreedor, sin reserva alguna respecto a los intereses, extingue la obligación del deudor en cuanto a éstos.

El recibo del último plazo de un débito, cuando el acreedor tampoco hiciere reservas, extinguirá la obligación en cuanto a los plazos anteriores.

Art. 1.111. Los acreedores, después de haber perseguido los bienes de que esté en posesión el deudor para realizar cuanto se les debe, pueden ejercitar todos los derechos y acciones de éste con el mismo fin, exceptuando los que sean inherentes a su persona; pueden también impugnar los actos que el deudor haya realizado en fraude de su derecho.

Art. 1.112. Todos los derechos adquiridos en virtud de una obligación son transmisi-

---

la Deuda Pública, podrá revisar el tipo de interés fijado en el ejercicio por la Ley de Presupuestos Generales del Estado.

Ténganse en cuenta los arts. 17 de la L.G.P., 574 y 576.1 de la L.Enj.Civ. y 60 y ss. de la L.G.T. Relaciónese con la Ley de represión de la usura de 23 de julio de 1908; y 7 a 11 de la L.Def.Consum. V. nota al Título X del Libro IV del C.c. y 6 y 113 de la L.C.Ch.

Téngase presente el art. 21 de la Ley 44/2002, de 22 de noviembre, de medidas de reforma del sistema financiero (*B.O.E.* n. 281, de 23 de noviembre), en relación con el dinero electrónico.

Ténganse en cuenta, por último, los arts. 15 a 22 y 32 de la L.Euro.

Según la Disp. Adic. 46.ª de la Ley 22/2021, de 28 de diciembre, de Presupuestos Generales del Estado para 2022 (*B.O.E.* n. 312, de 29 de diciembre), el interés legal del dinero queda establecido en el 3 por 100 hasta el 31 de diciembre de 2022, siendo el de demora a que se refiere el art. 26.6 de la L.G.T. del 3,75 por 100.

Art. 1.109: v. arts. 316 a 319 del C. de C.

Art. 1.110: v. arts. 1.173, 1.188, 1.189 y 1.621 del C.c. Compárese con los arts. 1.228 y 1.229.

Art. 1.111: v. arts. 1.291 de este Código, 639 de la L.Enj.Civ. y 22.1 de la L.P.H.

Art. 1.112: v. arts. 657 y 661 de este Código, 1.3 de la L.P.C.H. y 14, 42 y 43 de la L.P.I.

bles con sujeción a las leyes, si no se hubiese pactado lo contrario.

CAPÍTULO III

DE LAS DIVERSAS ESPECIES DE OBLIGACIONES

SECCIÓN PRIMERA

De las obligaciones puras y de las condicionales

Art. 1.113. Será exigible desde luego toda obligación cuyo cumplimiento no dependa de un suceso futuro o incierto, o de un suceso pasado, que los interesados ignoren.

También será exigible toda obligación que contenga condición resolutoria, sin perjuicio de los efectos de la resolución.

Art. 1.114. En las obligaciones condicionales la adquisición de los derechos, así como la resolución o pérdida de los ya adquiridos, dependerán del acontecimiento que constituya la condición.

Art. 1.115. Cuando el cumplimiento de la condición dependa de la exclusiva voluntad del deudor, la obligación condicional será nula. Si dependiere de la suerte o de la voluntad de un tercero, la obligación surtirá todos sus efectos con arreglo a las disposiciones de este Código.

Art. 1.116. Las condiciones imposibles, las contrarias a las buenas costumbres y las prohibidas por la ley anularán la obligación que de ellas dependa.

La condición de no hacer una cosa imposible se tiene por no puesta.

Art. 1.117. La condición de que ocurra algún suceso en un tiempo determinado extinguirá la obligación desde que pasare el tiempo o fuere ya indudable que el acontecimiento no tendrá lugar.

Art. 1.118. La condición de que no acontezca algún suceso en tiempo determinado hace eficaz la obligación desde que pasó el tiempo señalado o sea

---

Art. 1.113: v. arts. 1.120 a 1.123. Compárese con los arts. 748, 790 a 805 y 1.125. Ténganse en cuenta los arts. 1.128, 1.255, 1.258 y 1.278.

Art. 1.114: v. arts. 759 y 799; 9.2, 11 y 23 de la L.H. y 59 y 175.6 del R.H.

Art. 1.115: v. arts. 795, 796, 1.256 y 1.272. Ténganse en cuenta los arts. 1.790, 1.798 y ss. de este Código.

Art. 1.116: v. arts. 792, 793, 1.184 y 1.272.

Art. 1.117: v. art. 1.127.

ya evidente que el acontecimiento no puede ocurrir.

Si no hubiere tiempo fijado, la condición deberá reputarse cumplida en el que verosímilmente se hubiese querido señalar, atendida la naturaleza de la obligación.

Art. 1.119. Se tendrá por cumplida la condición cuando el obligado impidiese voluntariamente su cumplimiento.

Art. 1.120. Los efectos de la obligación condicional de dar, una vez cumplida la condición, se retrotraen al día de la constitución de aquélla. Esto no obstante, cuando la obligación imponga recíprocas prestaciones a los interesados, se entenderán compensados unos con otros los frutos e intereses del tiempo en que hubiese estado pendiente la condición. Si la obligación fuere unilateral, el deudor hará suyos los frutos e intereses percibidos, a menos que por la naturaleza y circunstancias de aquélla deba inferirse que fue otra la voluntad del que la constituyó.

En las obligaciones de hacer y de no hacer los Tribunales determinarán, en cada caso, el efecto retroactivo de la condición cumplida.

Art. 1.121. El acreedor puede, antes del cumplimiento de las condiciones, ejercitar las acciones procedentes para la conservación de su derecho.

El deudor puede repetir lo que en el mismo tiempo hubiese pagado.

Art. 1.122. Cuando las condiciones fueren puestas con el intento de suspender la eficacia de la obligación de dar, se observarán las reglas siguientes, en el caso de que la cosa mejore o se pierda o deteriore pendiente la condición:

1.ª Si la cosa se perdió sin culpa del deudor, quedará extinguida la obligación.

2.ª Si la cosa se perdió por culpa del deudor, éste queda obligado al resarcimiento de daños y perjucios.

Entiéndese que la cosa se pierde cuando perece, queda fuera del comercio o desaparece de modo que se ignora su existencia, o no se puede recobrar.

3.ª Cuando la cosa se deteriora sin culpa del deudor, el menoscabo es de cuenta del acreedor.

Art. 1.119: v. art. 798.
Art. 1.120: v. arts. 451, 452, 455, 1.195, 1.196, 1.295 y 1.303.
Art. 1.121: Compárese con los arts. 1.129 y 1.843.
Art. 1.122: v. arts. 487, 609, 1.096, 1.104, 1.147, 1.182, 1.452, 1.896 y 1.897.

4.ª Deteriorándose por culpa del deudor, el acreedor podrá optar entre la resolución de la obligación y su cumplimiento, con la indemnización de perjuicios en ambos casos.

5.ª Si la cosa se mejora por su naturaleza, o por el tiempo, las mejoras ceden en favor del acreedor.

6.ª Si se mejora a expensas del deudor, no tendrá éste otro derecho que el concedido al usufructuario.

Art. 1.123. Cuando las condiciones tengan por objeto resolver la obligación de dar, los interesados, cumplidas aquéllas, deberán restituirse lo que hubiesen percibido.

En el caso de pérdida, deterioro o mejora de la cosa, se aplicarán al que deba hacer la restitución las disposiciones que respecto al deudor contiene el artículo precedente.

En cuanto a las obligaciones de hacer y no hacer, se observará, respecto a los efectos de la resolución, lo dispuesto en el párrafo segundo del artículo 1.120.

Art. 1.124. La facultad de resolver las obligaciones se entiende implícita en las recíprocas, para el caso de que uno de los obligados no cumpliere lo que le incumbe.

El perjudicado podrá escoger entre exigir el cumplimiento o la resolución de la obligación, con el resarcimiento de daños y abono de intereses en ambos casos. También podrá pedir la resolución, aun después de haber optado por el cumplimiento, cuando éste resultare imposible.

El Tribunal decretará la resolución que se reclame, a no haber causas justificadas que le autoricen para señalar plazo.

Esto se entiende sin perjuicio de los derechos de terceros adquirentes, con arreglo a los artículos 1.295 y 1.298 y a las disposiciones de la Ley Hipotecaria.

SECCIÓN SEGUNDA

De las obligaciones a plazo

Art. 1.125. Las obligaciones para cuyo cumplimiento se haya

Art. 1.124: v. arts. 61 del C. de C.; 1.100, 1.101, 1.503, 1.504 y 1.568 y nota a los arts. 1.303 y 1.308 de este Código; 11, 23 y 37 de la L.H.; 51, 59 y 175 del R.H.; 25, 26, 45.3, 49, 57, 61.3, 64, 72 a 76 y 81 a 84 de la C.Com.Ven. y 206 a 208 de la L.C.Sec. Púb.

Art. 1.125: v. arts. 5, 1.128, 1.129 y 1.467 de este Código, 96 y 97 de la L.J.V. y 578 de la L.Enj.Civ. Compárese con los arts. 1.577, 1.581, 1.598, 1.680, 1.750 y 1.930 del C.c.; 61 a 63 del C. de C. y 43 y 46 de la L.C.Ch.

señalado un día cierto, sólo serán exigibles cuando el día llegue.

Entiéndese por día cierto aquel que necesariamente ha de venir, aunque se ignore cuándo.

Si la incertidumbre consiste en si ha de llegar o no el día, la obligación es condicional, y se regirá por las reglas de la sección precedente.

Art. 1.126. Lo que anticipadamente se hubiese pagado en las obligaciones a plazo, no se podrá repetir.

Si el que pagó ignoraba, cuando lo hizo, la existencia del plazo, tendrá derecho a reclamar del acreedor los intereses o los frutos que éste hubiese percibido de la cosa.

Art. 1.127. Siempre que en las obligaciones se designa un término, se presume establecido en beneficio del acreedor y deudor, a no ser que del tenor de aquéllas o de otras circunstancias resultara haberse puesto en favor del uno o del otro.

Art. 1.128. Si la obligación no señalare plazo, pero de su naturaleza y circunstancia se dedujere que ha querido concederse al deudor, los Tribunales fijarán la duración de aquél.

También fijarán los Tribunales la duración del plazo cuando éste haya quedado a voluntad del deudor.

Art. 1.129. Perderá el deudor todo derecho a utilizar el plazo:

1.º Cuando, después de contraída la obligación, resulte insolvente, salvo que garantice la deuda.

2.º Cuando no otorgue al acreedor las garantías a que estuviese comprometido.

3.º Cuando por actos propios hubiese disminuido aquellas garantías después de establecidas, y cuando por caso fortuito desaparecieran, a menos que sean inmediatamente sustituidas por otras nuevas e igualmente seguras.

Art. 1.130. Si el plazo de la obligación está señalado por días a contar desde uno determinado, quedará éste excluido del cómputo, que deberá empezar en el día siguiente.

Art. 1.126: v. arts. 1.121, 1.895 a 1.901.

Art. 1.127: v. arts. 1.500 y 1.581. Compárese con el art. 62 del C. de C.

Art. 1.128: v. arts. 1.113, 1.126, 1.500 y 1.581.

Art. 1.129: v. arts. 883 del C. de C.; 1.529, 1.843 y 1.945 de este Código y 693 de la L.Enj.Civ.

Art. 1.130: v. arts. 5 del C.c.; 133 de la L.Enj.Civ.; 60 del C. de C.; 39, 41 y 91 de la L.C.Ch. y 185 de la L.O.P.J.

SECCIÓN TERCERA

De las obligaciones alternativas

Art. 1.131. El obligado alternativamente a diversas prestaciones debe cumplir por completo una de éstas.

El acreedor no puede ser compelido a recibir parte de una y parte de otra.

Art. 1.132. La elección corresponde al deudor, a menos que expresamente se hubiese concedido al acreedor.

El deudor no tendrá derecho a elegir entre las prestaciones imposibles, ilícitas o que no hubieran podido ser objeto de la obligación.

Art. 1.133. La elección no producirá efecto sino desde que fuere notificada.

Art. 1.134. El deudor perderá el derecho de elección cuando de las prestaciones a que alternativamente estuviese obligado, sólo una fuere realizable.

Art. 1.135. El acreedor tendrá derecho a la indemnización de daños y perjuicios cuando por culpa del deudor hubieren desaparecido todas las cosas que alternativamente fueron objeto de la obligación, o se hubiera hecho imposible el cumplimiento de ésta.

La indemnización se fijará tomando por base el valor de la última cosa que hubiese desaparecido, o el del servicio que últimamente se hubiera hecho imposible.

Art. 1.136. Cuando la elección hubiera sido expresamente atribuida al acreedor, la obligación cesará de ser alternativa desde el día en que aquélla hubiese sido notificada al deudor.

Hasta entonces las responsabilidades del deudor se regirán por las siguientes reglas:

1.ª Si alguna de las cosas se hubiese perdido por caso fortuito, cumplirá entregando la que el acreedor elija entre las restantes, o la que haya quedado, si una sola subsistiera.

Art. 1.131: v. arts. 874 a 878 y 1.169. Compárese con los arts. 1.153, 1.166, 1.167 y 1.592 del C.c. y 45 de la L.C.Ch.

Art. 1.132: v. arts. 1.271 y 1.272 de este Código. Téngase en cuenta el art. 702 de la L.Enj.Civ.

Art. 1.133: v. art. 1.262.

Art. 1.135: v. arts. 1.101, 1.106 a 1.108 y 1.182.

Art. 1.136: v. arts. 1.104, 1.105, 1.147 y 1.183.

2.ª Si la pérdida de alguna de las cosas hubiese sobrevenido por culpa del deudor, el acreedor podrá reclamar cualquiera de las que subsistan, o el precio de la que, por culpa de aquél, hubiera desaparecido.

3.ª Si todas las cosas se hubiesen perdido por culpa del deudor, la elección del acreedor recaerá sobre su precio.

Las mismas reglas se aplicarán a las obligaciones de hacer o de no hacer, en el caso de que algunas o todas las prestaciones resultaren imposibles.

SECCIÓN CUARTA

De las obligaciones mancomunadas y de las solidarias

Art. 1.137. La concurrencia de dos o más acreedores o de dos o más deudores en una sola obligación no implica que cada uno de aquéllos tenga derecho a pedir, ni cada uno de éstos deba prestar íntegramente, las cosas objeto de la misma. Sólo habrá lugar a esto cuando la obligación expresamente lo determine, constituyéndose con el carácter de solidaria.

Art. 1.138. Si del texto de las obligaciones a que se refiere el artículo anterior no resulta otra cosa, el crédito o la deuda se presumirán divididos en tantas partes iguales como acreedores o deudores haya, reputándose créditos o deudas distintos unos de otros.

Art. 1.139. Si la división fuere imposible, sólo perjudicarán al derecho de los acreedores los actos colectivos de éstos, y sólo podrá hacerse efectiva la deuda procediendo contra todos los deudores. Si alguno de éstos resultare insolvente, no estarán los demás obligados a suplir su falta.

Art. 1.140. La solidaridad podrá existir aunque los acreedores y deudores no estén ligados del propio modo y por unos mismos plazos y condiciones.

Art. 1.141. Cada uno de los acreedores solidarios puede hacer lo que sea útil a los demás, pero no lo que les sea perjudicial.

Art. 1.137: v. arts. 897, 1.090, 1.100, 1.106, 1.258, 1.319, 1.369, 1.591, 1.698, 1.723, 1.731, 1.748, 1.837 y 1.890. Ténganse en cuenta los arts. 10 y 57 de la L.C.Ch.

Arts. 1.138 y 1.139: Compárense con los arts. 400 a 406, 895 y 896.

Art. 1.139: v. arts. 1.145 y 1.150.

Art. 1.141: v. arts. 1.101 y 1.974 del C.c. y 24 de la Const. Compárese con el art. 397.

Las acciones ejercitadas contra cualquiera de los deudores solidarios perjudicarán a todos éstos.

Art. 1.142. El deudor puede pagar la deuda a cualquiera de los acreedores solidarios; pero, si hubiere sido judicialmente demandado por alguno, a éste deberá hacer el pago.

Art. 1.143. La novación, compensación, confusión o remisión de la deuda, hechas por cualquiera de los acreedores solidarios o con cualquiera de los deudores de la misma clase, extinguen la obligación, sin perjuicio de lo dispuesto en el artículo 1.146.

El acreedor que haya ejecutado cualquiera de estos actos, así como el que cobre la deuda, responderá a los demás de la parte que les corresponde en la obligación.

Art. 1.144. El acreedor puede dirigirse contra cualquiera de los deudores solidarios o contra todos ellos simultáneamente. Las reclamaciones entabladas contra uno no serán obstáculo para las que posteriormente se dirijan contra los demás, mientras no resulte cobrada la deuda por completo.

Art. 1.145. El pago hecho por uno de los deudores solidarios extingue la obligación.

El que hizo el pago sólo puede reclamar de sus codeudores la parte que a cada uno corresponda, con los intereses del anticipo.

La falta de cumplimiento de la obligación por insolvencia del deudor solidario será suplida por sus codeudores, a prorrata de la deuda de cada uno.

Art. 1.146. La quita o remisión hecha por el acreedor de la parte que afecte a uno de los deudores solidarios, no libra a éste de su responsabilidad para con los codeudores, en el caso de que la deuda haya sido totalmente pagada por cualquiera de ellos.

Art. 1.147. Si la cosa hubiese perecido o la prestación se hubiese hecho imposible sin culpa de los deudores solidarios, la obligación quedará extinguida.

Art. 1.142: v. arts. 1.165 y 1775.

Art. 1.143: v. arts. 1.146 y 1.194.

Art. 1.144: v. art. 1.141 de este Código, 542 de la L.Enj.Civ., apartados 3 y 5 del art. 17 de la L.O.E. y 21.4 de la L.P.H. Compárese con el art. 57 de la L.C.Ch.

Art. 1.145: v. arts. 1.071, 1.157, 1.210 y 1.844. Compárese con el art. 1.139.

Art. 1.146: v. arts. 1.143 y 1.187 y ss.

Art. 1.147: v. arts. 1.122, 1.136 y 1.182.

Si hubiese mediado culpa de parte de cualquiera de ellos, todos serán responsables, para con el acreedor, del precio y de la indemnización de daños y abono de intereses, sin perjuicio de su acción contra el culpable o negligente.

Art. 1.148. El deudor solidario podrá utilizar, contra las reclamaciones del acreedor, todas las excepciones que se deriven de la naturaleza de la obligación y las que le sean personales. De las que personalmente correspondan a los demás sólo podrá servirse en la parte de deuda de que éstos fueren responsables.

SECCIÓN QUINTA

De las obligaciones divisibles y de las indivisibles

Art. 1.149. La divisibilidad o indivisibilidad de las cosas objeto de las obligaciones en que hay un solo deudor y un solo acreedor no altera ni modifica los preceptos del capítulo II de este Título.

Art. 1.150. La obligación indivisible mancomunada se resuelve en indemnizar daños y perjuicios desde que cualquiera de los deudores falta a su compromiso. Los deudores que hubiesen estado dispuestos a cumplir los suyos, no contribuirán a la indemnización con más cantidad que la porción correspondiente del precio de la cosa o del servicio en que consistiere la obligación.

Art. 1.151. Para los efectos de los artículos que preceden, se reputarán indivisibles las obligaciones de dar cuerpos ciertos y todas aquellas que no sean susceptibles de cumplimiento parcial.

Las obligaciones de hacer serán divisibles cuando tengan por objeto la prestación de un número de días de trabajo, la ejecución de obras por unidades métricas, u otras cosas análogas que por su naturaleza sean susceptibles de cumplimiento parcial.

En las obligaciones de no hacer, la divisibilidad o indivisibilidad se decidirá por el carácter de la prestación en cada caso particular.

Art. 1.148: v. arts. 1.824, 1.840, 1.853 y 1.974 de este Código y 528, 556 a 560 y 564 de la L.Enj.Civ. Compárese con el art. 67 de la L.C.Ch.

Art. 1.149: v. arts. 1.094 a 1.112.

Art. 1.150: v. arts. 1.139 y 1.147.

Art. 1.151: v. art. 1.169.

SECCIÓN SEXTA

De las obligaciones con cláusula penal

Art. 1.152. En las obligaciones con cláusula penal, la pena sustituirá a la indemnización de daños y al abono de intereses en caso de falta de cumplimiento, si otra cosa no se hubiere pactado.

Sólo podrá hacerse efectiva la pena cuando ésta fuere exigible conforme a las disposiciones del presente Código.

Art. 1.153. El deudor no podrá eximirse de cumplir la obligación pagando la pena, sino en el caso de que expresamente le hubiese sido reservado este derecho. Tampoco el acreedor podrá exigir conjuntamente el cumplimiento de la obligación y la satisfacción de la pena, sin que esta facultad le haya sido claramente otorgada.

Art. 1.154. El Juez modificará equitativamente la pena cuando la obligación principal hubiera sido en parte o irregularmente cumplida por el deudor.

Art. 1.155. La nulidad de la cláusula penal no lleva consigo la de la obligación principal.

La nulidad de la obligación principal lleva consigo la de la cláusula penal.

CAPÍTULO IV

DE LA EXTINCIÓN DE LAS OBLIGACIONES*

Disposiciones generales

Art. 1.156. Las obligaciones se extinguen:

Por el pago o cumplimiento.

Por la pérdida de la cosa debida.

Por la condonación de la deuda.

Por la confusión de los derechos de acreedor y deudor.

Por la compensación.

Por la novación.

Art. 1.152: v. arts. 1.106 a 1.109.
Art. 1.153: Compárese con el art. 56 del C. de C. V. art. 1.454.
Art. 1.154: v. art. 1.103. Compárese con la Ley 518 de la C.Nav.
Art. 1.155: v. arts. 1.190 y 1.824.
* Sobre esta materia deben consultarse también las Leyes 493 y ss. de la C.Nav.
Art. 1.156: v. arts. 94 y ss. de la L.C.Adm.Púb.

SECCIÓN PRIMERA

*Del pago**

Art. 1.157. No se entenderá pagada una deuda sino cuando completamente se hubiese entregado la cosa o hecho la prestación en que la obligación consistía.

Art. 1.158. Puede hacer el pago cualquier persona, tenga o no interés en el cumplimiento de la obligación, ya lo conozca y lo apruebe, o ya lo ignore el deudor.

El que pagare por cuenta de otro podrá reclamar del deudor lo que hubiese pagado, a no haberlo hecho contra su expresa voluntad.

En este caso sólo podrá repetir del deudor aquello en que le hubiera sido útil el pago.

Art. 1.159. El que pague en nombre del deudor, ignorándolo éste, no podrá compeler al acreedor a subrogarle en sus derechos.

Art. 1.160. En las obligaciones de dar no será válido el pago hecho por quien no tenga la libre disposición de la cosa debida y capacidad para enajenarla. Sin embargo, si el pago hubiere consistido en una cantidad de dinero o cosa fungible, no habrá repetición contra el acreedor que la hubiese gastado o consumido de buena fe.

Art. 1.161. En las obligaciones de hacer el acreedor no podrá ser compelido a recibir la prestación o el servicio de un tercero, cuando la calidad y circunstancias de la persona del deudor se hubiesen tenido en cuenta al establecer la obligación.

Art. 1.162. El pago deberá hacerse a la persona en cuyo favor estuviese constituida la obligación, o a otra autorizada para recibirla en su nombre.

Art. 1.163. El pago hecho a una persona menor de edad

---

* Ténganse en cuenta los arts. 812 y ss. de la L.Enj.Civ.

Art. 1.157: v. arts. 1.095 a 1.099.

Art. 1.158: v. arts. 1.145, 1.205, 1.210, 1.212 y 1.895 y ss. Compárese con el art. 1.823.

Art. 1.159: v. arts. 1.209 y 1.210. Téngase en cuenta el art. 1.839.

Art. 1.160: v. arts. 609, 1.094 a 1.097, 1.462 a 1.473, 1.897 y 1.899.

Art. 1.161: v. arts. 1.594, 1.595, 1.721 y 1.733 del C.c. y 262 y 279 del C. de C.

Art. 1.162: v. arts. 1.257 y 1.895.

Art. 1.163: v. arts. 200 y ss. y 1.304.

Párr. 1.º: Modificado por Ley 8/2021, de 2 de junio, por la que se reforma la legislación civil y procesal para el apoyo a las personas con discapacidad en el ejercicio de su capacidad jurídica (*B.O.E.* n. 132, de 3 de junio).

será válido en cuanto se hubiere convertido en su utilidad. Esta regla también será aplicable a los pagos realizados a una persona con discapacidad con medidas de apoyo establecidas para recibirlo y que actúe sin dichos apoyos, en caso de que el deudor o la persona que realice el pago conociera de la existencia de medidas de apoyo en el momento de la contratación o se hubiera aprovechado de otro modo de la situación de discapacidad obteniendo de ello una ventaja injusta.

También será válido el pago hecho a un tercero en cuanto se hubiere convertido en utilidad del acreedor.

Art. 1.164. El pago hecho de buena fe al que estuviere en posesión del crédito, liberará al deudor.

Art. 1.165. No será válido el pago hecho al acreedor por el deudor después de habérsele ordenado judicialmente la retención de la deuda.

Art. 1.166. El deudor de una cosa no puede obligar a su acreedor a que reciba otra diferente, aun cuando fuere de igual o mayor valor que la debida.

Tampoco en las obligaciones de hacer podrá ser sustituido un hecho por otro contra la voluntad del acreedor.

Art. 1.167. Cuando la obligación consista en entregar una cosa indeterminada o genérica, cuya calidad y circunstancias no se hubiesen expresado, el acreedor no podrá exigirla de la calidad superior, ni el deudor entregarla de la inferior.

Art. 1.168. Los gastos extrajudiciales que ocasione el pago serán de cuenta del deudor. Respecto de los judiciales, decidirá el

---

Art. 1.164: v. arts. 1.895 a 1.901, así como el 1.527.

Art. 1.165: v. arts. 1.775 y 1.785.

Art. 1.166: Compárese con el art. 1.161.

Art. 1.167: v. arts. 875 y 876 de este Código y 702 de la L.Enj.Civ. Compárense con los arts. 383, 1.273, 1.445 y 1.453 del C.c.

Art. 1.168: v. arts. 241, 394, 398, 539 y 583 de la L.Enj.Civ., 1.592 de este Código y 20 de la L.Extranj.

Ténganse en cuenta, en lo relativo a los gastos judiciales, la Ley 1/1996, de 10 de enero, de asistencia jurídica gratuita (*B.O.E.* n. 11, de 12 de enero), y su Reglamento, aprobado por R.D. 996/2003, de 25 de julio (*B.O.E.* n. 188, de 7 de agosto). V., asimismo, el Acuerdo de 18 de junio de 1996 del Tribunal Constitucional sobre asistencia jurídica gratuita en los procesos de amparo constitucional (*B.O.E.* n. 174, de 19 de julio). V. también la O. de 23 de septiembre de 1997, sobre tramitación de solicitudes de asistencia gratuita en el ámbito de la jurisdicción penal (*B.O.E.* n. 237, de 3 de octubre).

Tribunal con arreglo a la Ley de Enjuiciamiento Civil.

Art. 1.169. A menos que el contrato expresamente lo autorice, no podrá compelerse al acreedor a recibir parcialmente las prestaciones en que consista la obligación.

Sin embargo, cuando la deuda tuviere una parte líquida y otra ilíquida, podrá exigir el acreedor y hacer el deudor el pago de la primera sin esperar a que se liquide la segunda.

Art. 1.170. El pago de las deudas de dinero deberá hacerse

V. arts. 11 a 13 de la Ley 52/1997, de 27 de noviembre, sobre asistencia jurídica al Estado e Instituciones públicas (*B.O.E.* n. 285, de 28 de noviembre).

Téngase en cuenta el R.D. 997/2003, de 25 de julio, por el que se aprueba el Reglamento del Servicio Jurídico del Estado (*B.O.E.* n. 188, de 7 de agosto).

Art. 1.169: v. arts. 572 y 575 de la L.Enj.Civ.

Art. 1.170: Por Ley de 29 de enero de 1939 se priva de curso legal a las monedas de plata, ordenando su canje por billetes del Banco de España. La Ley de 9 de noviembre de 1939 dispuso que los citados billetes son, preceptivamente, medio legal de pago y tienen pleno poder liberatorio.

V. arts. 49 a 68 y 146 a 153 de la L.C.Ch.; 1.753 y 1.754 del C.c. y 312 del C. de C. Debe tenerse en cuenta al respecto la Circular del Banco de España 2/1997, de 25 de marzo, sobre información por entidades registradas sobre posición diaria en moneda extranjera (*B.O.E.* n. 81, de 4 de abril). También deben verse los arts. 520.1 y 577 de la L.Enj.Civ., sobre deuda en moneda extranjera.

Téngase presente el R.D. 2.660/1998, de 14 de diciembre, sobre el cambio de moneda extranjera en establecimientos abiertos al público distintos de las entidades de crédito (*B.O.E.* n. 299, de 15 de diciembre; corrección de errores en *B.O.E.* n. 38, de 13 de febrero).

V. art. 219 del R.H. sobre inscripción de hipoteca y la posibilidad de hacer constar en la escritura de préstamo cláusulas de estabilización de valor si se dan determinadas circunstancias.

V. art. 40 del R.I.T.P. sobre valor en moneda o divisa extranjera de los bienes o derechos transmitidos a efectos del Impuesto.

Téngase en cuenta que, a consecuencia de nuestros compromisos en materia de unificación de políticas monetarias y financieras en el ámbito de la Unión Europea, el 1 de enero de 2002 la peseta, junto con las monedas nacionales de otros Estados miembros, desapareció como moneda de curso legal, si bien se decretó un período de coexistencia de ambas monedas hasta el 28 de febrero de 2002. En este sentido, téngase presente la siguiente normativa sobre introducción y aplicación del euro en determinadas operaciones financieras:

— Reglamento (CE) 1103/97, de 17 de junio de 1997, sobre determinadas disposiciones relativas a la introducción del euro (*D.O.* L 162, de 19 de junio).

— Reglamento (CE) 924/2009 del Parlamento Europeo y del Consejo, de 16 de septiembre de 2009, relativo a los pagos transfronterizos en la Comunidad y por el que se deroga el Reglamento (CE) 2560/2001 (*D.O.* L 266, de 9 de octubre).

— L.O. 10/1998, de 17 de diciembre, complementaria de la Ley sobre Introducción del Euro (*B.O.E.* n. 302, de 18 de diciembre).

— Ley 46/1998, de 17 de diciembre, sobre Introducción del Euro (*B.O.E.* n. 302, de 18 de diciembre).

en la especie pactada, y, no siendo posible entregar la especie, en la moneda de plata u oro que tenga curso legal en España.

La entrega de pagarés a la orden, o letras de cambio u otros documentos mercantiles, sólo producirá los efectos del pago cuando hubiesen sido realizados, o cuando por culpa del acreedor se hubiesen perjudicado.

Entretanto la acción derivada de la obligación primitiva quedará en suspenso.

Art. 1.171. El pago deberá ejecutarse en el lugar que hubiese designado la obligación.

No habiéndose expresado y tratándose de entregar una cosa determinada, deberá hacerse el pago donde ésta existía en el momento de constituirse la obligación.

En cualquier otro caso, el lugar del pago será el del domicilio del deudor.

De la imputación de pagos

Art. 1.172. El que tuviese varias deudas de una misma especie en favor de un solo acreedor, podrá declarar, al tiempo de hacer el pago, a cuál de ellas debe aplicarse.

Si aceptare del acreedor un recibo en que se hiciese la aplicación del pago, no podrá reclamar contra ésta, a menos que hubiera mediado causa que invalide el contrato.

Art. 1.173. Si la deuda produce interés, no podrá estimarse hecho el pago por cuenta del capital mientras no estén cubiertos los intereses.

— R.D. 2.814/1998, de 23 de diciembre, por el que se aprueban las normas sobre los aspectos contables de la introducción del euro (*B.O.E.* n. 307, de 24 de diciembre; corrección de errores en *B.O.E.* n. 40, de 16 de febrero).

— R.D. 2.812/1998, de 23 de diciembre, por el que se adapta la normativa de seguros, planes y fondos de pensiones a la introducción del euro (*B.O.E.* n. 307, de 24 de diciembre).

— Ley 25/1998, de 31 de diciembre, de Medidas Administrativas, Fiscales y de Adaptación al Euro, de Cataluña (*B.O.E.* n. 28, de 2 de febrero).

Art. 1.171: v. arts. 10.9, 40, 41, 1.500, 1.615 y 1.774 de este Código, así como el art. 67 de la L.Def.Consum.

Téngase en cuenta que las ventas a distancia están reguladas en los arts. 38 y ss. de la L.C.Mta.

Téngase presente el R.D. 225/2006, de 24 de febrero, por el que se regulan determinados aspectos de las ventas a distancia y la inscripción en el registro de empresas de ventas a distancia (*B.O.E.* n. 72, de 25 de marzo).

Téngase presente la Directiva 2000/ 31/CE del Parlamento Europeo y del Consejo, de 8 de junio de 2000, sobre ciertos aspectos legales de los Servicios de la sociedad de la información, en particular el comercio electrónico en el mercado interior (*D.O.* L 178, de 17 de julio), y la L.S.S.I.

Art. 1.172: v. arts. 1.201, 1.262 y ss. y 1.684.

Art. 1.173: v. art. 1.110 del C.c. Compárese con el art. 318 del C. de C.

Art. 1.174. Cuando no pueda imputarse el pago según las reglas anteriores, se estimará satisfecha la deuda más onerosa al deudor entre las que estén vencidas.

Si éstas fueren de igual naturaleza y gravamen, el pago se imputará a todas a prorrata.

Del pago por cesión de bienes

Art. 1.175. El deudor puede ceder sus bienes a los acreedores en pago de sus deudas. Esta cesión, salvo pacto en contrario, sólo libera a aquél de responsabilidad por el importe líquido de los bienes cedidos. Los convenios que sobre el efecto de la cesión se celebren entre el deudor y sus acreedores se ajustarán a las disposiciones del Título XVII de este Libro, y a lo que establece la Ley de Enjuiciamiento Civil.

Del ofrecimiento del pago y de la consignación

Art. 1.176. Si el acreedor a quien se hiciere el ofrecimiento de pago conforme a las disposiciones que regulan éste, se negare, de manera expresa o de hecho, sin razón a admitirlo, a otorgar el documento justificativo de haberse efectuado o a la cancelación de la garantía, si la hubiere, el deudor quedará libre de responsabilidad mediante la consignación de la cosa debida.

La consignación por sí sola producirá el mismo efecto cuando se haga estando el acreedor ausente en el lugar en donde el pago deba realizarse, o cuando esté impedido para recibirlo en el momento en que deba hacerse, y cuando varias personas pretendan tener derecho a cobrar, sea el acreedor desconocido, o se haya extraviado el título que lleve incorporada la obligación.

En todo caso, procederá la consignación en todos aquellos supuestos en que el cumplimiento de la obligación se haga más gravoso al deudor por causas no imputables al mismo.

Art. 1.177. Para que la consignación de la cosa debida libere al obligado, deberá ser previamente anunciada a las

---

Art. 1.175: v. arts. 1.405, 1.849 y 1.911 a 1.929 del presente Código.

Téngase en cuenta el R.D.L. 6/2012, de 9 de marzo, de medidas urgentes de protección de deudores hipotecarios sin recursos (*B.O.E.* n. 60, de 10 de marzo).

Art. 1.176: Redactado por la Disp. Final 1.ª de la L.J.V.; v. arts. 1.101, 1.185 y 1.776 del C.c.; 22.4, 585 y 586 de la L.Enj.Civ.; 21.5.2.ª de la L.P.H., 98 y 99 de la L.J.V. y 46 y 48 de la L.C.Ch.

Art. 1.177: v. arts. 1.157 a 1.175.

personas interesadas en el cumplimiento de la obligación.

La consignación será ineficaz si no se ajusta estrictamente a las disposiciones que regulan el pago.

Art. 1.178. La consignación se hará por el deudor o por un tercero, poniendo las cosas debidas a disposición del Juzgado o del Notario, en los términos previstos en la Ley de Jurisdicción Voluntaria o en la legislación notarial.

Art. 1.179. Los gastos de la consignación, cuando fuere procedente, serán de cuenta del acreedor.

Art. 1.180. La aceptación de la consignación por el acreedor o la declaración judicial de que está bien hecha, extinguirá la obligación y el deudor podrá pedir que se mande cancelar la obligación y la garantía, en su caso.

Mientras tanto, el deudor podrá retirar la cosa o cantidad consignada, dejando subsistente la obligación.

Art. 1.181. Si, hecha la consignación, el acreedor autorizase al deudor para retirarla, perderá toda preferencia que tuviese sobre la cosa. Los codeudores y fiadores quedarán libres.

SECCIÓN SEGUNDA

De la pérdida de la cosa debida

Art. 1.182. Quedará extinguida la obligación que consista en entregar una cosa determinada cuando ésta se perdiere o destruyere sin culpa del deudor y antes de haberse éste constituido en mora.

Art. 1.183. Siempre que la cosa se hubiese perdido en poder del deudor, se presumirá que la pérdida ocurrió por su culpa y no por caso fortuito, salvo prueba en contrario, y sin

---

Art. 1.178: Redactado por la Disp. Final 1.ª de la L.J.V. Los depósitos y consignaciones judiciales se regulan por R.D. 467/2006, de 21 de abril (*B.O.E.* n. 113, de 12 de mayo).

Sobre depósitos, v. el R.D. 161/1997, de 7 de febrero, por el que se aprueba el Reglamento de la Caja General de Depósitos (*B.O.E.* n. 48, de 25 de febrero; corr. err. en *B.O.E.* n. 78, de 1 de abril).

V. arts. 98 y 99 de la L.J.V. y 69 y ss. de la L.N.

Téngase en cuenta la Ley 386 de la C.Nav.

Art. 1.180: Redactado por la Disp. Final 1.ª de la L.J.V.; v. art. 180 del R.H.

Art. 1.182: v. arts. 882, 1.147, 1.222, 1.307, 1.314, 1.460, 1.568 y 1.896.

Art. 1.183: v. arts. 1.104 y 1.105.

perjuicio de lo dispuesto en el artículo 1.096.

Art. 1.184. También quedará liberado el deudor en las obligaciones de hacer cuando la prestación resultare legal o físicamente imposible.

Art. 1.185. Cuando la deuda de cosa cierta y determinada procediere de delito o falta, no se eximirá el deudor del pago de su precio, cualquiera que hubiese sido el motivo de la pérdida, a menos que, ofrecida por él la cosa al que la debía recibir, éste se hubiese sin razón negado a aceptarla.

Art. 1.186. Extinguida la obligación por la pérdida de la cosa, corresponderán al acreedor todas las acciones que el deudor tuviere contra terceros por razón de ésta.

SECCIÓN TERCERA

De la condonación de la deuda

Art. 1.187. La condonación podrá hacerse expresa o tácitamente.

Una y otra estarán sometidas a los preceptos que rigen las donaciones inoficiosas. La condonación expresa deberá, además, ajustarse a las formas de la donación.

Art. 1.188. La entrega del documento privado justificativo de un crédito, hecha voluntariamente por el acreedor al deudor, implica la renuncia de la acción que el primero tenía contra el segundo.

Si para invalidar esta renuncia se pretendiere que es inoficiosa, el deudor y sus herederos podrán sostenerla probando que la entrega del documento se hizo en virtud del pago de la deuda.

Art. 1.189. Siempre que el documento privado de donde resulte la deuda se hallare en poder del deudor, se presumirá que el acreedor lo entregó voluntariamente, a no ser que se pruebe lo contrario.

Art. 1.190. La condonación de la deuda principal extinguirá las obligaciones accesorias; pero

---

Art. 1.184: v. arts. 1.116 y 1.272.
Art. 1.185: v. arts. 464, 1.092, 1.176 y 1.896.
Art. 1.186: v. art. 1.307.
Art. 1.187: v. arts. 632 y 633 (ambos sobre forma que deben adoptar determinadas donaciones).
Art. 1.188: v. art. 872. Compárese con el art. 1.110.
Art. 1.189: Compárese con el art. 1.110.

la de éstas dejará subsistente la primera.

Art. 1.191. Se presumirá remitida la obligación accesoria de prenda, cuando la cosa pignorada, después de entregarla al acreedor, se hallare en poder del deudor.

SECCIÓN CUARTA

De la confusión de derechos

Art. 1.192. Quedará extinguida la obligación desde que se reúnan en una misma persona los conceptos de acreedor y de deudor.

Se exceptúa el caso en que esta confusión tenga lugar en virtud de título de herencia, si ésta hubiese sido aceptada a beneficio de inventario.

Art. 1.193. La confusión que recae en la persona del deudor o del acreedor principal, aprovecha a los fiadores. La que se realiza en cualquiera de éstos no extingue la obligación.

Art. 1.194. La confusión no extingue la deuda mancomunada sino en la porción correspondiente al acreedor o deudor en quien concurran los dos conceptos.

SECCIÓN QUINTA

*De la compensación**

Art. 1.195. Tendrá lugar la compensación cuando dos personas, por derecho propio, sean recíprocamente acreedoras y deudoras la una de la otra.

Art. 1.196. Para que proceda la compensación, es preciso:

1.° Que cada uno de los obligados lo esté principalmente, y sea a la vez acreedor principal del otro.

2.° Que ambas deudas consistan en una cantidad de dinero, o, siendo fungibles las cosas debidas, sean de la misma especie y

---

Art. 1.191: v. art. 1.863.

Art. 1.192: v. art. 1.087. Téngase en cuenta el art. 190 del R.H.

Art. 1.193: v. art. 1.848.

Art. 1.194: Sobre obligaciones solidarias v. arts. 1.143 y 1.146.

* Téngase presente la Circular del Banco de España 1/2007, de 26 de enero, relativa a la información que debe rendir la Sociedad Española de Sistemas de Pago, Sociedad Anónima, y aprobación de su normativa (*B.O.E.* n. 32, de 6 de febrero).

V. Circular 1/2008, de 25 de enero, relativa al sistema de compensación en caso de mal funcionamiento del sistema TARGET y derogación de circulares del Servicio de Liquidación de Banco de España (S.L.B.E.) (*B.O.E.* n. 38, de 13 de febrero).

Art. 1.195: v. arts. 1.143 y 1.202 del presente Código y 528 y 556 a 558 de la L.Enj.Civ. Ténganse en cuenta los arts. 66 y 67 de la L.C.Ch.

también de la misma calidad, si ésta se hubiese designado.

3.º Que las dos deudas estén vencidas.

4.º Que sean líquidas y exigibles.

5.º Que sobre ninguna de ellas haya retención o contienda promovida por terceras personas y notificada oportunamente al deudor.

Art. 1.197. No obstante lo dispuesto en el artículo anterior, el fiador podrá oponer la compensación respecto de lo que el acreedor debiere a su deudor principal.

Art. 1.198. El deudor, que hubiere consentido en la cesión de derechos hecha por un acreedor a favor de un tercero, no podrá oponer al cesionario la compensación que le correspondería contra el cedente.

Si el acreedor le hizo saber la cesión y el deudor no la consintió, puede oponer la compensación de las deudas anteriores a ella, pero no la de las posteriores.

Si la cesión se realiza sin conocimiento del deudor, podrá éste oponer la compensación de los créditos anteriores a ella y de los posteriores hasta que hubiese tenido conocimiento de la cesión.

Art. 1.199. Las deudas pagaderas en diferentes lugares pueden compensarse mediante indemnización de los gastos de transporte o cambio al lugar del pago.

Art. 1.200. La compensación no procederá cuando alguna de las deudas proviniere de depósito o de las obligaciones del depositario o comodatario.

Tampoco podrá oponerse al acreedor por alimentos debidos por título gratuito.

Art. 1.201. Si una persona tuviere contra sí varias deudas compensables, se observará en el orden de la compensación lo dispuesto respecto a la imputación de pagos.

Art. 1.202. El efecto de la compensación es extinguir una y otra deuda en la cantidad concurrente, aunque no tengan conocimiento de ella los acreedores y deudores.

Art. 1.196, n. 5.º: v. arts. 1.200, 1.754, 1.758, 1.768, 1.780 del C.c.; 306, 307, 309 y 310 del C. de C. y 408 de la L.Enj.Civ.

Art. 1.197: v. arts. 1.832 y 1.836.

Art. 1.198: v. art. 11 y 12 de la L.Cre.Con. y 1.526 a 1.537.

Art. 1.199: v. art. 1.500.

Art. 1.200: v. arts. 151 y ss., 1.743 y 1.766 y ss., y nota al art. 1.196.5.

Art. 1.201: v. arts. 1.172 a 1.174.

Art. 1.202: v. arts. 144 de la L.H. y 240 del R.H.

SECCIÓN SEXTA

De la novación

Art. 1.203. Las obligaciones pueden modificarse:

1.º Variando su objeto o sus condiciones principales.

2.º Sustituyendo la persona del deudor.

3.º Subrogando a un tercero en los derechos del acreedor.

Art. 1.204. Para que una obligación quede extinguida por otra que la sustituya, es preciso que así se declare terminantemente, o que la antigua y la nueva sean de todo punto incompatibles.

Art. 1.205. La novación, que consiste en sustituirse un nuevo deudor en lugar del primitivo, puede hacerse sin el conocimiento de éste, pero no sin el consentimiento del acreedor.

Art. 1.206. La insolvencia del nuevo deudor, que hubiese sido aceptado por el acreedor, no hará revivir la acción de éste contra el deudor primitivo, salvo que dicha insolvencia hubiese sido anterior y pública o conocida del deudor al delegar su deuda.

Art. 1.207. Cuando la obligación principal se extinga por efecto de la novación, sólo podrán subsistir las obligaciones accesorias en cuanto aprovechen a terceros que no hubiesen prestado su consentimiento.

Art. 1.208. La novación es nula si lo fuere también la obligación primitiva, salvo que la causa de nulidad sólo pueda ser invocada por el deudor, o que la ratificación convalide los actos nulos en su origen.

Art. 1.209. La subrogación de un tercero en los derechos del acreedor no puede presumirse fuera de los casos expresamente mencionados en este Código.

En los demás será preciso establecerla con claridad para que produzca efecto.

Art. 1.210. Se presumirá que hay subrogación:

1.º Cuando un acreedor pague al otro acreedor preferente.

Art. 1.203: v. arts. 8 de la L.Cre.Con., 1.224 y 1.230 de este Código y 202 de la L.C.Sec.Púb.

Art. 1.205: v. art. 1.198.

Art. 1.206: v. art. 1.198. Compárese con el art. 1.529.

Art. 1.208: v. arts. 1.259, 1.309 a 1.313, 1.727 y 1.892.

Art. 1.209: v. art. 2 de la L.Subrog.

Art. 1.210, n. 1.º: v. arts. 1.157 y 1.925 a 1.929.

2.º Cuando un tercero, no interesado en la obligación, pague con aprobación expresa o tácita del deudor.

3.º Cuando pague el que tenga interés en el cumplimiento de la obligación, salvo los efectos de la confusión en cuanto a la porción que le corresponda.

Art. 1.211. El deudor podrá hacer la subrogación sin consentimiento del acreedor, cuando para pagar la deuda haya tomado prestado el dinero por escritura pública, haciendo constar su propósito en ella, y expresando en la carta de pago la procedencia de la cantidad pagada.

Art. 1.212. La subrogación transfiere al subrogado el crédito con los derechos a él anexos, ya contra el deudor, ya contra los terceros, sean fiadores o poseedores de las hipotecas.

Art. 1.213. El acreedor, a quien se hubiere hecho un pago parcial, puede ejercitar su derecho por el resto con preferencia al que se hubiere subrogado en su lugar a virtud del pago parcial del mismo crédito.

CAPÍTULO V

DE LA PRUEBA DE LAS OBLIGACIONES

*Disposiciones generales**

Arts. 1.214 y 1.215. [*Derogados por Ley 1/2000, de 7 de enero.*]

N. 2.º: v. arts. 1.158 y 1.159.

N. 3.º: v. arts. 1.145, 1.840 y 1.845.

Art. 1.211: v. nota a los arts. 336 y 1.209 en relación con la L.Subrog.

Art. 1.212: v. arts. 1.097, 1.117 y 1.528 del C.c.; 11 y 12 de la L.Cre.Con.; 2., párr. 2.º, de la L.Subrog. y nota al Cap. III, Tít. XV de este Libro. Téngase en cuenta el art. 231 del R.H.

Art. 1.213: v. arts. 1.166, 1.169 y 1.921.

* Sobre medios de prueba, téngase en cuenta la regulación establecida en los arts. 281 y ss. y 299 y ss. de la L.Enj.Civ., que tratan, respectivamente, de la prueba (objeto, necesidad, proposición, admisión y forma de practicarse) y de los medios de prueba y de las presunciones. En este sentido, la L.Enj.Civ. modifica sustancialmente, hasta el punto de derogar numerosos artículos de este Capítulo V del Código civil, todo lo relativo a los medios de prueba de las obligaciones. V. los arts. 301 y ss. sobre interrogatorio de las partes; 317 y ss. sobre documentos públicos; 324 y ss. sobre documentos privados; 335 y ss. sobre dictamen de peritos; 353 y ss. sobre reconocimiento judicial; 360 y ss. sobre interrogatorio de las testigos; y 385 y ss. sobre las presunciones.

Téngase en cuenta el art. 217 de la L.Enj.Civ. sobre carga de la prueba.

Téngase en cuenta que el art. 230 de la L.O.P.J. admite la posibilidad de que las comunicaciones entre los distintos órganos jurisdiccionales se desarrollen a través de medios telemáticos o electrónicos.

SECCIÓN PRIMERA

*De los documentos públicos**

Art. 1.216. Son documentos públicos los autorizados por un Notario o empleado público competente, con las solemnidades requeridas por la ley.

Art. 1.217. Los documentos en que intervenga Notario público se regirán por la legislación notarial.

Art. 1.218. Los documentos públicos hacen prueba, aun contra tercero, del hecho que motiva su otorgamiento y de la fecha de éste.

También harán prueba contra los contratantes y sus causahabientes, en cuanto a las declaraciones que en ellos hubiesen hecho los primeros.

Art. 1.219. Las escrituras hechas para desvirtuar otra escritura anterior entre los mismos interesados, sólo producirán efecto contra terceros cuando el contenido de aquéllas hubiese sido anotado en el registro público competente o al margen de la escritura matriz y del traslado o copia en cuya virtud hubiera procedido el tercero.

Art. 1.220. Las copias de los documentos públicos de que exista matriz o protocolo, impugnadas por aquellos a quienes perjudiquen, sólo tendrán fuerza probatoria cuando hayan sido debidamente cotejadas.

Si resultare alguna variante entre la matriz y la copia, se estará al contenido de la primera.

Art. 1.221. Cuando hayan desaparecido la escritura matriz, el protocolo, o los expedientes originales, harán prueba:

1.º Las primeras copias, sacadas por el funcionario público que las autorizara.

---

* Téngase en cuenta la nota a este Capítulo V. También, v. los arts. 264 y ss., sobre presentación de documentos, dictámenes, informes y otros medios e instrumentos, 317 y ss. y 517.4.º de la L.Enj.Civ.

Ténganse asimismo en cuenta el art. 3 y la Disp. Adic. 1.ª de la Ley 59/2003, de 19 de diciembre, de firma electrónica.

Art. 1.216: v. arts. 317 y 323 de la L.Enj.Civ.

Art. 1.217: v. arts. 143 y ss. del R.N.

Art. 1.218: v. arts. 318, 319 y 334 de la L.Enj.Civ.

Art. 1.219: v. arts. 1.230, 1.275 y 1.276 del presente Código y 178.1.º del R.N.

Art. 1.220: v. arts. 320 y 322 de la L.Enj.Civ. y 233 del R.N.

Art. 1.221: v. arts. 321 y 322 de la L.Enj.Civ. y 233 del R.N. En cuanto al valor probatorio de las copias de copia, téngase en cuenta el art. 319 de la L.Enj.Civ.

2.º Las copias ulteriores, libradas por mandato judicial, con citación de los interesados.

3.º Las que, sin mandato judicial, se hubiesen sacado en presencia de los interesados y con su conformidad.

A falta de las copias mencionadas, harán prueba cualesquiera otras que tengan la antigüedad de treinta o más años, siempre que hubiesen sido tomadas del original por el funcionario que lo autorizó u otro encargado de su custodia.

Las copias de menor antigüedad, o que estuviesen autorizadas por funcionario público en quien no concurran las circunstancias mencionadas en el párrafo anterior, sólo servirán como un principio de prueba por escrito.

La fuerza probatoria de las copias de copia será apreciada por los Tribunales según las circunstancias.

Art. 1.222. La inscripción, en cualquier registro público, de un documento que haya desaparecido, será apreciada según las reglas de los dos últimos párrafos del artículo precedente.

Art. 1.223. La escritura defectuosa, por incompetencia del Notario o por otra falta en la forma, tendrá el concepto de documento privado, si estuviese firmada por los otorgantes.

Art. 1.224. Las escrituras de reconocimiento de un acto o contrato nada prueban contra el documento en que éstos hubiesen sido consignados, si por exceso u omisión se apartaren de él, a menos que conste expresamente la novación del primero.

Art. 1.222: Compárese con los arts. 38.1, 225 y 240 de la L.H. V. art. 322 de la L.Enj.Civ.

Art. 1.224: Compárese con el art. 1.313. V. art. 1.219.

*De los documentos privados**

Art. 1.225. El documento privado, reconocido legalmente, tendrá el mismo valor que la escritura pública entre los que lo hubiesen suscrito y sus causahabientes.

Art. 1.226. [*Derogado por Ley 1/2000, de 7 de enero.*]

Art. 1.227. La fecha de un documento privado no se contará respecto de terceros sino desde el día en que hubiese sido incorporado o inscrito en un registro público, desde la muerte de cualquiera de los que le firmaron, o desde el día en que se entregase a un funcionario público por razón de su oficio.

Art. 1.228. Los asientos, registros y papeles privados únicamente hacen prueba contra el que los ha escrito en todo aquello que conste con claridad; pero el que quiera aprovecharse de ellos habrá de aceptarlos en la parte que le perjudiquen.

Art. 1.229. La nota escrita o firmada por el acreedor a continuación, al margen o al dorso de una escritura que obre en su poder, hace prueba en todo lo que sea favorable al deudor.

Lo mismo se entenderá de la nota escrita o firmada por el acreedor al dorso, al margen o a continuación del duplicado de un documento o recibo que se halle en poder del deudor.

En ambos casos el deudor, que quiera aprovecharse de lo que le favorezca, tendrá que pasar por lo que le perjudique.

Art. 1.230. Los documentos privados hechos para alterar lo pactado en escritura pública, no producen efecto contra tercero.

---

* Ténganse en cuenta los arts. 264 y ss., sobre presentación de documentos, dictámenes, informes y otros medios e instrumentos, y 324 y ss. de la L.Enj.Civ.

Art. 1.225: v. arts. 268 y 326 de la L.Enj.Civ.

V. Reglamento (UE) n. 910/2014 del Parlamento Europeo y del Consejo, de 23 de julio de 2014, relativo a la identificación electrónica y los Servicios de confianza para las transacciones electrónicas en el mercado interior (*D.O.U.E.* n. L 257, de 28 de agosto).

Téngase en cuenta lo dispuesto en el art. 3 de la Ley 6/2020, de 11 de noviembre, reguladora de determinados aspectos de los servicios electrónicos de confianza (*B.O.E.* n. 298, de 12 de noviembre).

Art. 1.227: v. arts. 1.222 del C.c. y 32 de la L.H. Compárese con los arts. 319 y 326 de la L.Enj.Civ.

Art. 1.228: v. art. 327 de la L.Enj.Civ.

Art. 1.230: v. arts. 1.219, 1.224, 1.275 y 1.276.

SECCIÓN SEGUNDA

De la confesión

Arts. 1.231 a 1.239. [*Derogados por Ley 1/2000, de 7 de enero.*]

SECCIÓN TERCERA

De la inspección personal del Juez

Arts. 1.240 y 1.241. [*Derogados por Ley 1/2000, de 7 de enero.*]

SECCIÓN CUARTA

De la prueba de peritos

Arts. 1.242 y 1.243. [*Derogados por Ley 1/2000, de 7 de enero.*]

SECCIÓN QUINTA

De la prueba de testigos

Arts. 1.244 a 1.248. [*Derogados por Ley 1/2000, de 7 de enero.*]

SECCIÓN SEXTA

De las presunciones

Arts. 1.249 a 1.253. [*Derogados por Ley 1/2000, de 7 de enero.*]

TÍTULO II*

De los contratos

CAPÍTULO PRIMERO

Disposiciones generales

Art. 1.254. El contrato existe desde que una o varias personas consienten en obligarse, respecto de otra u otras, a dar alguna cosa o prestar algún servicio.

---

* Contiene este título las disposiciones generales a aplicar a todos los contratos civiles ya sean típicos o atípicos. Téngase en cuenta que también el C. de C. contiene disposiciones generales para todos los contratos mercantiles en sus arts. 50 a 63. V. nota al art. 1.254 C.c., así como los arts. 38 y 149.1.8.ª de la Const.

En materia de condiciones generales de la contratación han de tenerse en cuenta:

— Directiva 93/13/CEE, del Consejo, de 5 de abril de 1993 (*D.O.* L n. 95, de 21 de abril), sobre cláusulas abusivas en los contratos celebrados con consumidores.

— Ley 7/1998, de 13 de abril, sobre condiciones generales de la contratación. (*B.O.E.* n. 89, de 14 de abril).

— R.D. 1.828/1999, de 3 de diciembre, por el que se aprueba el Reglamento del Registro de Condiciones Generales de la Contratación (*B.O.E.* n. 306, de 23 de diciembre).

— R.D.Leg. 1/2007, de 16 de noviembre, por el que se aprueba el texto refundido de la Ley General para la Defensa de los Consumidores y Usuarios y otras leyes complementarias (*B.O.E.* n. 287, de 30 de noviembre).

— Ley 50/1980, de 8 de octubre, de contrato de seguro (*B.O.E.* n. 250, de 17 de octubre): art. 3.

— Ley 16/2011, de 24 de junio, de Contratos de Crédito al Consumo (*B.O.E.* n. 151, de 25 de junio): arts. 3 y 5 a 7.

— Ley Hipotecaria de 8 de febrero de 1946: art. 258.

— R.D.Leg. 6/2004, de 29 de octubre, por el que se aprueba el texto refundido de la Ley de ordenación y supervisión de los seguros privados (*B.O.E.* n. 267, de 5 de noviembre).

Téngase presente también, por su trascendencia en relación tanto con el tráfico en masa de productos, como con determinadas operaciones:

— Ley 34/1988, de 11 de noviembre, General de Publicidad (*B.O.E.* n. 274, de 15 de noviembre).

— Ley 3/1991, de 10 de enero, sobre Competencia Desleal (*B.O.E.* n. 10, de 11 de enero).

— R.D. 894/2005, de 22 de julio, por el que se regula el Consejo de Consumidores y Usuarios (*B.O.E.* n. 204, de 26 de agosto).

— Ley 15/2007, de 3 de julio, de Defensa de la Competencia (*B.O.E.* n. 159, de 4 de julio).

— Ley 2/2009, de 31 de marzo, por la que se regula la contratación con los consumidores de préstamos o créditos hipotecarios y de Servicios de intermediación para la celebración de contratos de préstamo o crédito (*B.O.E.* n. 79, de 1 de abril).

— R.D.Leg. 4/2015, de 23 de octubre, por el que se aprueba el Texto Refundido de la Ley del Mercado de Valores (*B.O.E.* n. 255, de 24 de octubre).

Art. 1.255. Los contratantes pueden establecer los pactos, cláusulas y condiciones que tengan por conveniente, siempre

---

Respecto a la legislación autonómica, v. la siguiente normativa:

— Ley 11/1998, de 9 de julio, de protección de los consumidores y usuarios de la Comunidad Autónoma de Madrid (*B.O.E.* n. 206, de 28 de agosto, y *B.O.C.A.M.* n. 167, de 16 de julio; corrección de errores en *B.O.E.* de 15 de junio de 1999, y en *B.O.C.A.M.* n. 298, de 16 de diciembre de 1998).

— Ley 6/2001, de 24 de mayo, del Estatuto de los Consumidores de Extremadura (*B.O.E.* n. 173, de 20 de julio, y *D.O.E.* n. 72, de 23 de junio).

— Ley 11/2002, de 2 de diciembre, de los Consumidores y Usuarios de Asturias (*B.O.E.* n. 13, de 15 de enero de 2003, y *B.O. Asturias* n. 287, de 13 de diciembre de 2002).

— Ley 13/2003, de 17 de diciembre, de Defensa y Protección de los Consumidores y Usuarios de Andalucía (*B.O.E.* n. 14, de 16 de enero de 2004, y *B.O.J.A.* n. 251, de 31 de diciembre de 2003).

— Ley vasca 6/2003, de 22 de diciembre, de estatuto de las personas consumidoras y usuarias (*B.O.E.* n. 284, de 24 de noviembre de 2011; *B.O.P.V.* n. 254, de 30 de diciembre de 2003).

— Ley 1/2006, de 7 de marzo, de Defensa de los Consumidores y Usuarios de Cantabria (*B.O.E.* n. 77, de 31 de marzo, y *B.O.C.* n. 52, de 15 de marzo).

— Ley 16/2006, de 28 de diciembre, de protección y defensa de consumidores y usuarios de Aragón (*B.O.E.* n. 45, de 21 de febrero de 2007, y *BOA* n. 149, de 30 de diciembre de 2006).

— Ley 22/2010, de 20 de julio, del Código de consumo de Cataluña (*B.O.E.* n. 196, de 13 de agosto, y *D.O.G.C.* n. 5.677, de 23 de julio).

— Ley gallega 2/2012, de 28 de marzo, de protección general de las personas consumidoras y usuarias (*B.O.E.* n. 101, de 27 de abril, y *D.O.G.* n. 69, de 11 de abril, corrección de errores en *D.O.G.* n. 71, de 13 de abril).

— Ley 5/2013, de 12 de abril, para la defensa de los consumidores en la Comunidad Autónoma de La Rioja (*B.O.E.* n. 101, de 27 de abril; *B.O.L.R.* n. 49, de 19 de abril).

— Ley 7/2014, de 23 de julio, de protección de las personas consumidoras y usuarias de las Illes Balears (*B.O.E.* n. 202, de 20 de agosto, y *B.O.C.A.I.B.* n. 103, de 31 de julio).

— Ley 2/2015, de 4 de marzo, por la que se aprueba el Estatuto del Consumidor de Castilla y León (*B.O.E.* n. 74, de 27 de marzo, y *D.O.C.L.* n. 49, de 12 de marzo).

— Ley 3/2019, de 22 de marzo, del Estatuto de las Personas Consumidoras en Castilla-La Mancha (*B.O.E.* n. 110, de 8 de mayo; y *D.O.C.L.M.* n. 64, de 1 de abril).

Ténganse en cuenta los arts. 118 y ss. de la L.Def.Consum., sobre la responsabilidad del vendedor y los derechos del consumidor y usuario.

Téngase finalmente en cuenta el R.D. 817/2009, de 8 de mayo, por el que se desarrolla parcialmente la L.C.Sec.Púb. (*B.O.E.* n. 118, de 15 de mayo).

Art. 1.254: v. arts. 1.258, 1.278, 1.279, 1.445, 1.538, 1.543, 1.604, 1.665, 1.709, 1.740, 1.758, 1.790, 1.809, 1.822 y 1.857.

Art. 1.255: v. arts. 1.116 y 1.275 de este Código y 769, último párr., de la L.Enj.Civ. Ténganse en cuenta los arts. 38 y 51 de la Const.; 82 y ss. de la L.Def.Consum.; 7 y 10 de la L.C.G.C.; 3 de la L.C.S; y 53 del C. de C.

Ténganse en cuenta los pactos que rigen las situaciones convivenciales de hecho, entre personas unidas por afecto similar al marital, de acuerdo con los arts. 234-3 del C.Civ.Cat. y 307 del C.Arag.. V., asimismo, la L.Parej.Bal., la L.Parej.Val. y la L.Parej.Mad.

que no sean contrarios a las leyes, a la moral, ni al orden público.

Art. 1.256. La validez y el cumplimiento de los contratos no pueden dejarse al arbitrio de uno de los contratantes.

Art. 1.257. Los contratos sólo producen efecto entre las partes que los otorgan y sus herederos; salvo, en cuanto a éstos, el caso en que los derechos y obligaciones que proceden del contrato no sean transmisibles, o por su naturaleza, o por pacto, o por disposición de la ley.

Si el contrato contuviere alguna estipulación en favor de un tercero, éste podrá exigir su cumplimiento, siempre que hubiese hecho saber su aceptación al obligado antes de que haya sido aquélla revocada.

Art. 1.258. Los contratos se perfeccionan por el mero consentimiento, y desde entonces obligan, no sólo al cumplimiento de lo expresamente pactado, sino también a todas las consecuencias que, según su naturaleza, sean conformes a la buena fe, al uso y a la ley.

Art. 1.259. Ninguno puede contratar a nombre de otro sin estar por éste autorizado o sin que tenga por la ley su representación legal.

El contrato celebrado a nombre de otro por quien no tenga su autorización o representación legal será nulo, a no ser que lo ratifique la persona a cuyo nombre se otorgue antes de ser revocado por la otra parte contratante.

Art. 1.260. No se admitirá juramento en los contratos. Si se hiciere, se tendrá por no puesto.

Art. 1.256: v. arts. 1.115, 1.124, 1.449, 1.594 y 1.733.

Art. 1.257: v. arts. 26 y 29 de la L.Cre.Con.; 1.162, 1.218, 1.230, 1.280.2 y 5, 1.526, 1.571 y 1.865 de este Código y Ley 523 de la C.Nav.

Ténganse en cuenta los arts. 10, 12 y 20 a 22 de la L.C.G.C.

Téngase asimismo en cuenta la Ley 5/2003, de 9 de octubre, de declaración de voluntad vital anticipada de Andalucía (*B.O.E.* n. 279, de 21 de noviembre; *B.O.J.A.* n. 210, de 31 de octubre).

Art. 1.258: v. arts. 1.3, 623, 629, 1.287, 1.496, 1.574, 1.579 y 1.599. En materia de buena fe, compárese con los arts. 433, nota al mismo, 1.950. Ténganse en cuenta los arts. 8, 17, 59 y ss. y 82 y ss. de la L.Def.Consum., 58 del C. de C., 8.2 de la C.Com.Ven. y 27 de la L.C.Sec.Púb.

Art. 1.259: v. arts. 71, 1.709, 1.727, 1.732 a 1.739 y 1.888 a 1.894 del presente Código y 198.1.º del R.N.

CAPÍTULO II

DE LOS REQUISITOS ESENCIALES PARA LA VALIDEZ DE LOS CONTRATOS*

Disposición general

Art. 1.261. No hay contrato sino cuando concurren los requisitos siguientes:

1.º Consentimiento de los contratantes.

2.º Objeto cierto que sea materia del contrato.

3.º Causa de la obligación que se establezca.

SECCIÓN PRIMERA

Del consentimiento

Art. 1.262. El consentimiento se manifiesta por el concurso de la oferta y de la aceptación sobre la cosa y la causa que han de constituir el contrato.

Hallándose en lugares distintos el que hizo la oferta y el que la aceptó, hay consentimiento desde que el oferente conoce la aceptación o desde que, habiéndosela remitido el aceptante, no pueda ignorarla sin faltar a la buena fe. El contrato, en tal

---

* V. arts. 1.278 a 1.280 y 1.300 a 1.314 del C.c., 50 del C. de C. y 59 y ss. y 82 y ss. de la L.Def.Consum.

Art. 1.262: Este artículo ha sido modificado por la Disp. Adic. 4.ª de la LS.S.I.

En materia de protección de consumidores se exige que las ofertas reúnan especiales condiciones. V. arts. 8, 17, 59 y ss. y 82 y ss. de la L.Def.Consum.; 3, 6, 7, 8 y 16 de la L.Cre.Con.; 51 y 54 del C. de C. y 178.3 del R.N. Ténganse en cuenta los arts. 14 a 24 de la C.Com.Ven. Debe destacarse que, en determinadas relaciones jurídicas, no basta el mero consentimiento, sino que éste debe emitirse sobre una previa y obligatoria información. V. arts. 10 de la Ley 14/1986, de 25 de abril (*B.O.E.* n. 102, de 29 de abril), General de Sanidad, y concordantes de las disposiciones mencionadas en nota al art. 1.271.

En relación con los contratos celebrados por vía telemática, véanse los arts. 23 y ss. de la L.S.S.I.

Sobre la posibilidad de emitir facturas telemáticas, v. Orden EHA/962/2007, de 10 de abril (*B.O.E.* n. 90, de 14 de abril).

En relación con la contratación telefónica o electrónica, v. arts. 5.3, 5.4 y 23 de la L.C.G.C. Téngase en cuenta el art. 45 de la L.R.J.A.P., y el R.D. 1.671/2009, de 6 de noviembre, por el que se desarrolla parcialmente la Ley 11/2007, de 22 de junio, de acceso electrónico de los ciudadanos a los Servicios públicos (*B.O.E.* n. 278, de 18 de noviembre).

En relación con el segundo párrafo, véanse arts. 38 y ss. (especialmente art. 41) de la L.C.Mta., así como 92 y ss. de la L.Def.Consum. V. nota al art. 1.171.

Téngase en cuenta el art. 8.1 de la L.Aprov.Inm.

caso, se presume celebrado en el lugar en que se hizo la oferta.

En los contratos celebrados mediante dispositivos automáticos, hay consentimiento desde que se manifiesta la aceptación.

Art. 1.263. Los menores de edad no emancipados podrán celebrar aquellos contratos que las leyes les permitan realizar por sí mismos o con asistencia de sus representantes y los relativos a bienes y servicios de la vida corriente propios de su edad de conformidad con los usos sociales.

Art. 1.264. Lo previsto en el artículo anterior se entiende sin perjuicio de las prohibiciones legales o de los requisitos especiales de capacidad que las leyes puedan establecer.

Art. 1.265. Será nulo el consentimiento prestado por error, violencia, intimidación o dolo.

Art. 1.266. Para que el error invalide el consentimiento, deberá recaer sobre la sustancia de la cosa que fuere objeto del contrato, o sobre aquellas condiciones de la misma que principalmente hubiesen dado motivo a celebrarlo.

El error sobre la persona sólo invalidará el contrato cuando la consideración a ella hubiere sido la causa principal del mismo.

El simple error de cuenta sólo dará lugar a su corrección.

Art. 1.267. Hay violencia cuando para arrancar el consentimiento se emplea una fuerza irresistible.

Hay intimidación cuando se inspira a uno de los contratantes el temor racional y fundado de sufrir un mal inminente y grave en su persona o bienes, o en la persona o bienes de su cónyuge, descendientes o ascendientes.

Para calificar la intimidación debe atenderse a la edad y a la condición de la persona.

Art. 1.263: Redactado por el art. 2.29 de la L.Prot.Inf. V. arts. 46, 200, 222, 286, 294, 323, 1.301, 1.329, 1.330, 1.459 y 1.716 de este Código. Ténganse en cuenta las excepciones previstas en el art. 162. V. nota al mismo y los arts. 2 y 3 de la L.Men.

Modificado por Ley 8/2021, de 2 de junio, por la que se reforma la legislación civil y procesal para el apoyo a las personas con discapacidad en el ejercicio de su capacidad jurídica (*B.O.E.* n. 132, de 3 de junio).

Art. 1.264: Redactado por el art. 2.30 de la L.Prot.Inf.

Art. 1.265: v. arts. 73, 141, 673, 997, 1.081, 1.301, 1.302 y 1.817.

Art. 1.266: v. arts. 63, 673, 743, 767, 1.081, 1.301 y 1.302. Téngase en cuenta el art. 7 de la L.C.G.C.

Art. 1.267: Modificada su redacción por la Ley 11/1990, de reforma del C.c. V. arts. 620.2 del C.P. y 1.301 y 1.302 del C.c.

El temor de desagradar a las personas a quienes se debe sumisión y respeto no anulará el contrato.

Art. 1.268. La violencia o intimidación anularán la obligación, aunque se hayan empleado por un tercero que no intervenga en el contrato.

Art. 1.269. Hay dolo cuando, con palabras o maquinaciones insidiosas de parte de uno de los contratantes, es inducido el otro a celebrar un contrato que, sin ellas, no hubiera hecho.

Art. 1.270. Para que el dolo produzca la nulidad de los contratos, deberá ser grave y no haber sido empleado por las dos partes contratantes.

El dolo incidental sólo obliga al que lo empleó a indemnizar daños y perjuicios.

SECCIÓN SEGUNDA

Del objeto de los contratos

Art. 1.271. Pueden ser objeto de contrato todas las cosas que no están fuera del comercio de los hombres, aun las futuras.

Sobre la herencia futura no se podrá, sin embargo, celebrar otros contratos que aquellos cuyo objeto sea practicar entre vivos la división de un caudal y otras disposiciones particionales, conforme a lo dispuesto en el artículo 1.056.

Art. 1.268: v. art. 226 de la L.Enj.Civ.

Art. 1.269: Ténganse en cuenta, a efectos de determinar qué cláusulas son consideradas abusivas, los arts. 85 y ss. de la L.Def.Consum.

Art. 1.270: v. arts. 1.101, 1.102, 1.293, 1.302 y 1.484 a 1.499, 1.752 y 1.779.

Art. 1.271: El párr. 2.º fue modificado por la Disp. Final 1.ª de la Ley 7/2003, de 1 de abril, de la sociedad limitada Nueva Empresa. V. arts. 7 de la L.Arb., 77 R.H. y 335, 339, 794, 816, 1.036, 1.305, 1.306, 1.341, 1.813 y 1.814, y nota al Título V del Libro I de este Código. Compárese con los arts. 1.526 y 1.665.

Ténganse en cuenta, entre otras, la Ley 30/1979, de 27 de octubre (*B.O.E.* n. 266, de 6 de noviembre), de extracción y trasplante de órganos; la Ley 14/2006, de 26 de mayo (*B.O.E.* n. 126, de 27 de mayo), sobre técnicas de reproducción humana asistida, y la Ley 14/2007, de 3 de julio, de investigación biomédica (*B.O.E.* n. 159, de 4 de julio).

El art. 4.º de la L.C.G.C. prohíbe la aplicación de esta Ley a los contratos sucesorios.

En cuanto a contratos sobre herencia futura, v. arts. 128 de la C.Gall.; 405 y 422 del C.Arag.; 50, 65, 72 y ss. de la C.Bal.; 431-1 y ss. del C.Civ.Cat.; 100 y ss. de la L.P.Vasc. y Leyes 172 y ss. de la C.Nav.

Téngase en cuenta lo dispuesto en el art. 16 de la L.Parej.Arag.

Téngase asimismo en cuenta la Ley 5/2003, de 9 de octubre, de declaración de voluntad vital anticipada de Andalucía (*B.O.E.* n. 279, de 21 de noviembre; *B.O.J.A.* n. 210, de 31 de octubre).

Pueden ser igualmente objeto de contrato todos los servicios que no sean contrarios a las leyes o a las buenas costumbres.

Art. 1.272. No podrán ser objeto de contrato las cosas o servicios imposibles.

Art. 1.273. El objeto de todo contrato debe ser una cosa determinada en cuanto a su especie. La indeterminación en la cantidad no será obstáculo para la existencia del contrato, siempre que sea posible determinarla sin necesidad de nuevo convenio entre los contratantes.

SECCIÓN TERCERA

De la causa de los contratos

Art. 1.274. En los contratos onerosos se entiende por causa, para cada parte contratante, la prestación o promesa de una cosa o servicio por la otra parte; en los remuneratorios, el servicio o beneficio que se remunera, y en los de pura beneficencia, la mera liberalidad del bienhechor.

Art. 1.275. Los contratos sin causa, o con causa ilícita, no producen efecto alguno. Es ilícita la causa cuando se opone a las leyes o a la moral.

Art. 1.276. La expresión de una causa falsa en los contratos dará lugar a la nulidad, si no se probase que estaban fundados en otra verdadera y lícita.

Art. 1.277. Aunque la causa no se exprese en el contrato, se presume que existe y que es lícita mientras el deudor no pruebe lo contrario.

CAPÍTULO III

DE LA EFICACIA DE LOS CONTRATOS

Art. 1.278. Los contratos serán obligatorios, cualquiera que sea la forma en que se hayan celebrado, siempre que en ellos concurran las condiciones esenciales para su validez.

Art. 1.273: v. arts. 1.167, 1.182, 1.266, últ. párr., 1.445, 1.452 y 1.453.

Art. 1.274: v. arts. 618 y 622.

Art. 1.275: v. arts. 1.116, 1.305 y 1.306 y nota al art. 1.271.

Art. 1.276: v. arts. 628, 767, 814, 1.219 y 1.301.

Art. 1.277: v. art. 1.250.

Art. 1.278: v. arts. 645, 1.454, 1.479, 1.483, 1.486 y 1.819 de este Código y 51 y 52 del C. de C. Ténganse en cuenta los arts. 11 de la C.Com.Ven. y 27 y 28 de la L.C.Sec.Púb.

Art. 1.279. Si la ley exigiese el otorgamiento de escritura u otra forma especial para hacer efectivas las obligaciones propias de un contrato, los contratantes podrán compelerse recíprocamente a llenar aquella forma desde que hubiese intervenido el consentimiento y demás requisitos necesarios para su validez.

Art. 1.280. Deberán constar en documento público:

1.º Los actos y contratos que tengan por objeto la creación, transmisión, modificación o extinción de derechos reales sobre bienes inmuebles.

2.º Los arrendamientos de estos mismos bienes por seis o más años, siempre que deban perjudicar a tercero.

3.º Las capitulaciones matrimoniales y sus modificaciones.

4.º La cesión, repudiación y renuncia de los derechos hereditarios o de los de la sociedad conyugal.

5.º El poder para contraer matrimonio, el general para pleitos y los especiales que deban presentarse en juicio; el poder para administrar bienes, y cualquier otro que tenga por objeto un acto redactado o que deba redactarse en escritura pública, o haya de perjudicar a tercero.

6.º La cesión de acciones o derechos procedentes de un acto consignado en escritura pública.

También deberán hacerse constar por escrito, aunque sea privado, los demás contratos en

---

Art. 1.279: Compárese con el art. 708.1 de la L.Enj.Civ.

V. Reglamento (UE) n. 910/2014 del Parlamento Europeo y del Consejo, de 23 de julio de 2014, relativo a la identificación electrónica y los Servicios de confianza para las transacciones electrónicas en el mercado interior (*D.O.U.E.* n. L 257, de 28 de agosto).

Téngase en cuenta lo dispuesto en el art. 3 de la Ley 6/2020, de 11 de noviembre, reguladora de determinados aspectos de los servicios electrónicos de confianza (*B.O.E.* n. 298, de 12 de noviembre).

Art. 1.280: v. art. 1.248.

N. 1.º: Entre los actos de este tipo que requieren la forma como requisito esencial pueden verse los arts. 334, 633, 1.628, 1.667, 1.865 y 1.880 del C.c. en relación con los arts. 3 de la L.H. y 16 del R.H.

N. 2.º: v. arts. 2.5 y 34 L.H. y 271.7.º, 334, 1.549 y 1.571.

N. 3.º: Redactado conforme a la Ley 13/1981, de reforma del C.c. V. arts. 1.327 y 1.332.

N. 4.º: v. arts. 35 de la L.J.A. y 1.008.

N. 5.º: v. arts. 55, 1.219 y 1.230 de este Código, 281.3 de la L.O.P.J. y 24 y 25 de la L.Enj.Civ.

N. 6.º: v. art. 1.526.

Párr. final: v. arts. 7 de la L.Cre.Con.; 62, 63 y 111 de la L.Def.Consum., 11 de la L.C.Mta., 37 de la L.A.U. y 20 de la L.A.R. Téngase presente el art. 1.170 y la introducción del euro como moneda de curso legal.

que la cuantía de las prestaciones de uno o de los dos contratantes exceda de 1.500 pesetas.

CAPÍTULO IV

DE LA INTERPRETACIÓN DE LOS CONTRATOS*

Art. 1.281. Si los términos de un contrato son claros y no dejan duda sobre la intención de los contratantes, se estará al sentido literal de sus cláusulas.

Si las palabras parecieren contrarias a la intención evidente de los contratantes, prevalecerá ésta sobre aquéllas.

Art. 1.282. Para juzgar de la intención de los contratantes, deberá atenderse principalmente a los actos de éstos, coetáneos y posteriores al contrato.

Art. 1.283. Cualquiera que sea la generalidad de los términos de un contrato, no deberán entenderse comprendidos en él cosas distintas y casos diferentes de aquellos sobre que los interesados se propusieron contratar.

Art. 1.284. Si alguna cláusula de los contratos admitiere diversos sentidos, deberá entenderse en el más adecuado para que produzca efecto.

Art. 1.285. Las cláusulas de los contratos deberán interpretarse las unas por las otras, atribuyendo a las dudosas el sentido que resulte del conjunto de todas.

Art. 1.286. Las palabras que puedan tener distintas acepciones serán entendidas en aquella que sea más conforme a la naturaleza y objeto del contrato.

Art. 1.287. El uso o la costumbre del país se tendrán en cuenta para interpretar las ambigüedades de los contratos, supliendo en éstos la omisión de cláusulas que de ordinario suelen establecerse.

---

* Sobre interpretación de los contratos mercantiles, v. arts. 57, 58 y 59 del C. de C. Ténganse en cuenta los arts. 3 y 4 de este Código y Ley 490 de la C.Nav., así como el art. 6 de la L.C.G.C.

Art. 1.281: v. arts. 3 y 57 a 59 del C. de C. y 8 y 9 de la C.Com.Ven.

Art. 1.282: v. art. 675 del C.c. y 8 y 9 de la C.Com.Ven.

Art. 1.283: v. art. 1.258.

Art. 1.284: v. arts. 3, 346, 347 y 1.258.

Art. 1.285: v. arts. 1.229 y 1.233.

Art. 1.286: v. arts. 3, 346, 347 y 1.258.

Art. 1.287: v. arts. 2 del C. de C. y 1 y nota al art. 1.258 del C.c. Ténganse en cuenta los arts. 8 y 9 de la C.Com.Ven.

Art. 1.288. La interpretación de las cláusulas oscuras de un contrato no deberá favorecer a la parte que hubiese ocasionado la oscuridad.

Art. 1.289. Cuando absolutamente fuere imposible resolver las dudas por las reglas establecidas en los artículos precedentes, si aquéllas recaen sobre circunstancias accidentales del contrato, y éste fuere gratuito, se resolverán en favor de la menor transmisión de derechos e intereses. Si el contrato fuere oneroso, la duda se resolverá en favor de la mayor reciprocidad de intereses.

Si las dudas de cuya resolución se trata en este artículo recayesen sobre el objeto principal del contrato, de suerte que no pueda venirse en conocimiento de cuál fue la intención o voluntad de los contratantes, el contrato será nulo.

CAPÍTULO V

DE LA RESCISIÓN DE LOS CONTRATOS*

Art. 1.290. Los contratos válidamente celebrados pueden rescindirse en los casos establecidos por la ley.

Art. 1.291. Son rescindibles:

1.º Los contratos que hubieran podido celebrar sin autorización judicial los tutores o los curadores con facultades de representación, siempre que las personas a quienes representen hayan sufrido lesión en más de la cuarta parte del valor de las cosas que hubiesen sido objeto de aquellos.

2.º Los celebrados en representación de los ausentes, siempre que éstos hayan sufrido la lesión a que se refiere el número anterior.

3.º Los celebrados en fraude de acreedores, cuando éstos

Art. 1.288: v. arts. 61 y 65 de la L.Def.Consum.; 6 y 7 de la L.C.G.C.; 3 de la L.C.S.; 1.256, 1.268 y 1.302 del C.c. y 2 y 59 del C. de C.

Art. 1.289: v. arts. 1.261 y 1.271 del C.c. y 59 del C. de C.

* Sobre esta materia, v. art. 321 de la C.Cat. y Leyes 499 y ss. de la C.Nav.

Art. 1.290: v. arts. 68 y 110 de la L.Def.Consum. y 1.074 y 1.391.

Art. 1.291, n. 1.º: Alterada su redacción por la Disp. Final 18.ª de la L.Men. V. arts. 222, 267 y 270 a 272. Compárese con los arts. 168.2, 406, 1.074, 1.296, 1.410 y 1.708.

N. 1.º: Modificado por Ley 8/2021, de 2 de junio, por la que se reforma la legislación civil y procesal para el apoyo a las personas con discapacidad en el ejercicio de su capacidad jurídica (*B.O.E.* n. 132, de 3 de junio).

N. 2.º: v. arts. 184 a 186, 267 a 272 y 1.296.

N. 3.º: v. arts. 1.111, 1.293 y 1.297 del C.c. Ténganse en cuenta los arts. 643 del C.c. y 37 L.H.

no puedan de otro modo cobrar lo que se les deba.

4.º Los contratos que se refieran a cosas litigiosas, cuando hubiesen sido celebrados por el demandado sin conocimiento y aprobación de las partes litigantes o de la Autoridad judicial competente.

5.º Cualesquiera otros en que especialmente lo determine la ley.

Art. 1.292. Son también rescindibles los pagos hechos en estado de insolvencia por cuenta de obligaciones a cuyo cumplimiento no podía ser compelido el deudor al tiempo de hacerlos.

Art. 1.293. Ningún contrato se rescindirá por lesión, fuera de los casos mencionados en los números 1.º y 2.º del artículo 1.291.

Art. 1.294. La acción de rescisión es subsidiaria; no podrá ejercitarse sino cuando el perjudicado carezca de todo otro recurso legal para obtener la reparación del perjuicio.

Art. 1.295. La rescisión obliga a la devolución de las cosas que fueron objeto del contrato con sus frutos, y del precio con sus intereses; en consecuencia, sólo podrá llevarse a efecto cuando el que la haya pretendido pueda devolver aquello a que por su parte estuviese obligado.

Tampoco tendrá lugar la rescisión cuando las cosas, objeto del contrato, se hallaren legalmente en poder de terceras personas que no hubiesen procedido de mala fe.

En este caso podrá reclamarse la indemnización de perjuicios al causante de la lesión.

Art. 1.296. La rescisión de que trata el número 2.º del artículo 1.291 no tendrá lugar respecto de los contratos celebrados con autorización judicial.

Art. 1.297. Se presumen celebrados en fraude de acreedo-

N. 4.º: v. arts. 1.165, 1.535, 1.775 y 1.785 del C.c. y 110 y ss. de la L.Patrim.A.P.

N. 5.º: v. arts. 645, 1.074, 1.391, 1.433, 1.454, 1.469, 1.479, 1.483, 1.486, 1.556, 1.558, 1.595, 1.818 y 1.819. Compárese con los arts. 1.142 y 1.300, en relación con el 1.274.

Art. 1.292: v. arts. 7 y 1.911 a 1.920 del C.c., 874 a 897 del C. de C. y 257 a 259 del C.P.

Art. 1.293: v. arts. 406, 1.074, 1.410 y 1.708.

Art. 1.294: v. arts. 1.077, 1.291, 1.300 y ss.

Art. 1.295: v. arts. 37 de la L.H. y 1.078, 1.298, 1.303 y 1.307.

Art. 1.296: v. arts. 270 a 273 y 1.291.1.

Art. 1.297: v. nota al art. 1.291, n. 3, así como arts. 643.2, 1.292 y 1.378 del C.c. y 37 de la L.H.

res todos aquellos contratos por virtud de los cuales el deudor enajenare bienes a título gratuito.

También se presumen fraudulentas las enajenaciones a título oneroso, hechas por aquellas personas contra las cuales se hubiese pronunciado antes sentencia condenatoria en cualquier instancia o expedido mandamiento de embargo de bienes.

Art. 1.298. El que hubiese adquirido de mala fe las cosas enajenadas en fraude de acreedores, deberá indemnizar a éstos de los daños y perjuicios que la enajenación les hubiese ocasionado, siempre que por cualquier causa le fuere imposible devolverlas.

Art. 1.299. La acción para pedir la rescisión dura cuatro años.

Para los menores sujetos a tutela, para las personas con discapacidad provistas de medidas de apoyo que establezcan facultades de representación y para los ausentes, los cuatro años no empezarán a computarse hasta que se extinga la tutela o la medida representativa de apoyo, o cese la situación de ausencia legal.

CAPÍTULO VI*

DE LA NULIDAD DE LOS CONTRATOS

Art. 1.300. Los contratos en que concurran los requisitos que expresa el artículo 1.261 pueden ser anulados, aunque no haya lesión para los contratantes, siempre que adolezcan de alguno de los vicios que los invalidan con arreglo a la ley.

Art. 1.298: v. art. 1.896 y nota al art. 1.295.

Art. 1.299: Compárese con los arts. 1.301 y 1.938 y nota a éste. V. art. 1.969.

Párr. 2.º: Modificado por Ley 8/2021, de 2 de junio, por la que se reforma la legislación civil y procesal para el apoyo a las personas con discapacidad en el ejercicio de su capacidad jurídica (*B.O.E.* n. 132, de 3 de junio).

* Adviértase que se regulan en este Capítulo, indistintamente, tanto la nulidad de pleno derecho, como la anulabilidad. V. arts. 6, 1.255, 1.261, 1.271 y 1.275 del C.c., y distíngase de los supuestos de nulidad parcial contempladas en este Código (entre otros, arts. 672, 743, 750 y 752) y en otras normas como el art. 83 de la L.Def.Consum. y 3 de la L.C.S., así como en los arts. 34 y ss. de la L.P.A.C.A.P. respecto de los actos administrativos.

Ténganse en cuenta los arts. 225 y ss. de la L.Enj.Civ.

V. también las Leyes 19 y 489 de la C.Nav.

Art. 1.300: Compárese con los arts. 1.290 y 1.291. V. arts. 73.4 y 5, 293, 641, 673, 737, 767, 814, 862, 997, 1.116, 1.265, 1.322 y 1.335 de este Código y 31 a 36 de la L.C.Sec.Púb. Ténganse en cuenta los arts. 8 y 10 de la L.C.G.C.

Art. 1.301. La acción de nulidad caducará a los cuatro años. Ese tiempo empezará a correr:

1.º En los casos de intimidación o violencia, desde el día en que estas hubiesen cesado.

2.º En los de error, o dolo, o falsedad de la causa, desde la consumación del contrato.

3.º Cuando la acción se refiera a los contratos celebrados por los menores, desde que salieren de la patria potestad o la tutela.

4.º Cuando la acción se refiera a los contratos celebrados por personas con discapacidad prescindiendo de las medidas de apoyo previstas cuando fueran precisas, desde la celebración del contrato.

5.º Si la acción se dirigiese a invalidar actos o contratos realizados por uno de los cónyuges sin consentimiento del otro, cuando este consentimiento fuere necesario, desde el día de la disolución de la sociedad conyugal o del matrimonio salvo que antes hubiese tenido conocimiento suficiente de dicho acto o contrato.

Art. 1.302. 1. Pueden ejercitar la acción de nulidad de los contratos los obligados principal o subsidiariamente en virtud de ellos.

2. Los contratos celebrados por menores de edad podrán ser anulados por sus representantes legales o por ellos cuando alcancen la mayoría de edad. Se exceptúan aquellos que puedan celebrar válidamente por sí mismos.

3. Los contratos celebrados por personas con discapacidad provistas de medidas de apoyo para el ejercicio de su capacidad de contratar prescindiendo de dichas medidas cuando fueran precisas, podrán ser anulados por ellas, con el apoyo que precisen. También podrán ser anu-

---

Art. 1.301: Redactado conforme a la Ley 14/1975, de reforma del C.c.

Párr. 1.º: v. arts. 5, 1.299, 1.930, 1.938 y 1.969.

Párr. 2.º1: v. arts. 1.267, 1.268, 1.311 y 1.969.

Párr. 2.º2: v. arts. 76, 1.266, 1.269, 1.270, 1.311 y 1.969.

Párr. 3.º: v. arts. 162, 169, 231, 1.311 y 1.969.

Párr. 4.º: v. arts. 249 y ss., 1.320, 1.322, 1.370, 1.377, 1.378, 1.390 y 1.391 del C.c.; 93 a 96 del R.H. y 13 de la L.J.A.

Modificado por Ley 8/2021, de 2 de junio, por la que se reforma la legislación civil y procesal para el apoyo a las personas con discapacidad en el ejercicio de su capacidad jurídica (*B.O.E.* n. 132, de 3 de junio).

Art. 1.302: v. arts. 7, 1.208, 1.268, 1.270, 1.311, 1.312, 1.322, 1.824 y 1.853.

Modificado por Ley 8/2021, de 2 de junio, por la que se reforma la legislación civil y procesal para el apoyo a las personas con discapacidad en el ejercicio de su capacidad jurídica (*B.O.E.* n. 132, de 3 de junio).

lados por sus herederos durante el tiempo que faltara para completar el plazo, si la persona con discapacidad hubiere fallecido antes del transcurso del tiempo en que pudo ejercitar la acción.

Los contratos mencionados en el párrafo anterior también podrán ser anulados por la persona a la que hubiera correspondido prestar el apoyo. En este caso, la anulación solo procederá cuando el otro contratante fuera conocedor de la existencia de medidas de apoyo en el momento de la contratación o se hubiera aprovechado de otro modo de la situación de discapacidad obteniendo de ello una ventaja injusta.

4. Los contratantes no podrán alegar la minoría de edad ni la falta de apoyo de aquel con el que contrataron; ni los que causaron la intimidación o violencia o emplearon el dolo o produjeron el error, podrán fundar su acción en estos vicios del contrato.

Art. 1.303. Declarada la nulidad de una obligación, los contratantes deben restituirse recíprocamente las cosas que hubiesen sido materia del contrato, con sus frutos, y el precio con los intereses, salvo lo que se dispone en los artículos siguientes.

Art. 1.304. Cuando la nulidad proceda de la minoría de edad, el contratante menor no estará obligado a restituir sino en cuanto se enriqueció con la prestación recibida. Esta regla será aplicable cuando la nulidad proceda de haber prescindido de las medidas de apoyo establecidas cuando fueran precisas, siempre que el contratante con derecho a la restitución fuera conocedor de la existencia de medidas de apoyo en el momento de la contratación o se hubiera aprovechado de otro modo de la situación de discapacidad obteniendo de ello una ventaja injusta.

Art. 1.305. Cuando la nulidad provenga de ser ilícita la causa u objeto del contrato, si el hecho constituye un delito o fal-

---

Art. 1.303: v. arts. 354 a 357, 451 a 458, 1.120, 1.123, 1.183, 1.294, 1.298, 1.307 y 1.896 del C.c. y 34 de la L.H. Ténganse en cuenta los arts. 26 y 29 de la L.Cre.Con., 74 y 105 de la L.Def.Consum. y 1.124 del C.c.

Art. 1.304: v. arts. 7, 304, 1.163 y 1.716. Compárense con el art. 1.893.

Modificado por Ley 8/2021, de 2 de junio, por la que se reforma la legislación civil y procesal para el apoyo a las personas con discapacidad en el ejercicio de su capacidad jurídica (*B.O.E.* n. 132, de 3 de junio).

Art. 1.305: v. arts. 1.185, 1.271 y 1.272 de este Código; 110 a 126 y 128 del C.P. y Orden de 14 de julio de 1983 sobre depósitos judiciales para la conservación de piezas de convicción.

ta común a ambos contratantes, carecerán de toda acción entre sí, y se procederá contra ellos, dándose, además, a las cosas o precio que hubiesen sido materia del contrato, la aplicación prevenida en el Código penal respecto a los efectos o instrumentos del delito o falta.

Esta disposición es aplicable al caso en que sólo hubiere delito o falta de parte de uno de los contratantes; pero el no culpado podrá reclamar lo que hubiese dado, y no estará obligado a cumplir lo que hubiera prometido.

Art. 1.306. Si el hecho en que consiste la causa torpe no constituyere delito ni falta, se observarán las reglas siguientes:

1.ª Cuando la culpa esté de parte de ambos contratantes, ninguno de ellos podrá repetir lo que hubiera dado a virtud del contrato, ni reclamar el cumplimiento de lo que el otro hubiese ofrecido.

2.ª Cuando esté de parte de un solo contratante, no podrá éste repetir lo que hubiese dado a virtud del contrato, ni pedir el cumplimiento de lo que se le hubiera ofrecido. El otro, que fuera extraño a la causa torpe, podrá reclamar lo que hubiera dado, sin obligación de cumplir lo que hubiera ofrecido.

Art. 1.307. Siempre que el obligado por la declaración de nulidad a la devolución de la cosa, no pueda devolverla por haberse perdido, deberá restituir los frutos percibidos y el valor que tenía la cosa cuando se perdió, con los intereses desde la misma fecha.

Art. 1.308. Mientras uno de los contratantes no realice la devolución de aquello a que en virtud de la declaración de nulidad esté obligado, no puede el otro ser compelido a cumplir por su parte lo que le incumba.

Art. 1.309. La acción de nulidad queda extinguida desde el momento en que el contrato haya sido confirmado válidamente.

Art. 1.310. Sólo son confirmables los contratos que reúnan los requisitos expresados en el artículo 1.261.

Art. 1.311. La confirmación puede hacerse expresa o tácitamente. Se entenderá que hay confirmación tácita cuando,

---

Art. 1.306: v. arts. 1.271 y 1.275.

Art. 1.307: v. arts. 482, 652, 1.122, 1.182, 1.183, 1.303, 1.314 y 1.896.

Art. 1.308: v. arts. 1.100, 1.123 y 1.124 del C.c., 26 y 29 de la L.Cre.Con. y 104 y 105 de la L.Def.Consum. Compárese con el art. 1.259.

con conocimiento de la causa de nulidad y habiendo ésta cesado, el que tuviese derecho a invocarla ejecutase un acto que implique necesariamente la voluntad de renunciarlo.

Art. 1.312. La confirmación no necesita el concurso de aquel de los contratantes a quien no correspondiese ejercitar la acción de nulidad.

Art. 1.313. La confirmación purifica al contrato de los vicios de que adoleciera desde el momento de su celebración.

Art. 1.314. También se extinguirá la acción de nulidad de los contratos cuando la cosa, objeto de estos, se hubiese perdido por dolo o culpa del que pudiera ejercitar aquella.

Si la causa de la acción fuera la minoría de edad de alguno de los contratantes, la pérdida de la cosa no será obstáculo para que la acción prevalezca, a menos que hubiese ocurrido por dolo o culpa del reclamante después de haber alcanzado la mayoría de edad.

Si la causa de la acción fuera haber prescindido el contratante con discapacidad de las medidas de apoyo establecidas cuando fueran precisas, la pérdida de la cosa no será obstáculo para que la acción prevalezca, siempre que el otro contratante fuera conocedor de la existencia de medidas de apoyo en el momento de la contratación o se hubiera aprovechado de otro modo de la situación de discapacidad obteniendo de ello una ventaja injusta.

Art. 1.312: Compárese con los arts. 439, 1.259, 1.715, 1.727 y 1.892.

Art. 1.314: v. arts. 1.094, 1.182, 1.302 y 1.440.

Modificado por Ley 8/2021, de 2 de junio, por la que se reforma la legislación civil y procesal para el apoyo a las personas con discapacidad en el ejercicio de su capacidad jurídica (*B.O.E.* n. 132, de 3 de junio).

TÍTULO III*

Del régimen económico matrimonial

CAPÍTULO PRIMERO

DISPOSICIONES GENERALES

Art. 1.315. El régimen económico del matrimonio será el que los cónyuges estipulen en capitulaciones matrimoniales, sin otras limitaciones que las establecidas en este Código.

Art. 1.316. A falta de capitulaciones o cuando éstas sean ineficaces, el régimen será el de la sociedad de gananciales.

Art. 1.317. La modificación del régimen económico matrimonial realizada durante el matrimonio no perjudicará en ningún caso los derechos ya adquiridos por terceros.

Art. 1.318. Los bienes de los cónyuges están sujetos al levantamiento de las cargas del matrimonio.

Cuando uno de los cónyuges incumpliere su deber de contribuir al levantamiento de estas cargas, el Juez, a instancia del otro, dictará las medidas cautelares que estime convenientes a fin de asegurar su cumplimiento y los anticipos necesarios o proveer a las necesidades futuras.

Cuando un cónyuge carezca de bienes propios suficientes, los

---

* Redactado conforme a la Ley 11/1981, de reforma del C.c. Ténganse en cuenta los arts. 14, 32 y 39 de la Const. V. arts. 75 a 96 del R.H.; 60 de la L.R.C.; 238 a 272 del R.R.C. y 9.3 del C.c. En relación con este tema es esencial también la consulta de los arts. 193 y ss. del C.Arag.; 3, 4, 66 y ss. de la C.Bal.; 171 y ss. de la C.Gall.; 231-10 y ss. del C.Civ.Cat.; 125 y ss. de la L.P.Vasc. y Leyes 57 y ss. de la C.Nav.

Téngase en cuenta la Ley 35/2011, de 4 de octubre, sobre titularidad compartida de explotaciones agrarias (*B.O.E.* n. 240, de 5 de octubre).

Art. 1.315: v. arts. 1.325 a 1.335.

Art. 1.316: v. arts. 1.344 y ss. y 1.676. V. también arts. 112 de C.Gall., 94 de la L.P.Vasc. y Ley 82 de la C.Nav. En contra de esta presunción, v. art. 231-10 del C.Civ.Cat.

Art. 1.318: v. arts. 103.3 y 1.438 de este Código y 241, 394, 398, 539 y 583 de la L.Enj.Civ. La referencia a la Ley de Enjuiciamiento Civil debe entenderse hecha en la actualidad a la Ley 1/1996, de 10 de enero, de asistencia jurídica gratuita (*B.O.E.* n. 11, de 12 de enero), en cuyos arts. 3, 4 y 5 se establecen los requisitos básicos para obtenerla. Véase también el Reglamento de la citada Ley, aprobado por R.D. 996/2003, de 25 de julio (*B.O.E.* n. 188, de 7 de agosto), así como el Acuerdo de 18 de junio de 1996, del Tribunal Constitucional, sobre asistencia jurídica gratuita en los procesos de amparo constitucional (*B.O.E.* n. 174, de 19 de julio).

V. también la O. de 23 de septiembre de 1997, sobre tramitación de solicitudes de asistencia gratuita en el ámbito de la jurisdicción penal (*B.O.E.* n. 237, de 3 de octubre).

gastos necesarios causados en litigios que sostenga contra el otro cónyuge sin mediar mala fe o temeridad, o contra tercero si redundan en provecho de la familia, serán a cargo del caudal común y, faltando éste, se sufragarán a costa de los bienes propios del otro cónyuge cuando la posición económica de éste impida al primero, por imperativo de la Ley de Enjuiciamiento Civil, la obtención del beneficio de justicia gratuita.

Art. 1.319. Cualquiera de los cónyuges podrá realizar los actos encaminados a atender las necesidades ordinarias de la familia, encomendadas a su cuidado, conforme al uso del lugar y a las circunstancias de la misma.

De las deudas contraídas en el ejercicio de esta potestad responderán solidariamente los bienes comunes y los del cónyuge que contraiga la deuda y, subsidiariamente, los del otro cónyuge.

El que hubiere aportado caudales propios para satisfacción de tales necesidades tendrá derecho a ser reintegrado de conformidad con su régimen matrimonial.

Art. 1.320. Para disponer de los derechos sobre la vivienda habitual y los muebles de uso ordinario de la familia, aunque tales derechos pertenezcan a uno solo de los cónyuges, se requerirá el consentimiento de ambos o, en su caso, autorización judicial.

La manifestación errónea o falsa del disponente sobre el carácter de la vivienda no perjudicará al adquirente de buena fe.

Art. 1.321. Fallecido uno de los cónyuges, las ropas, el mobiliario y enseres que constituyan el ajuar de la vivienda habitual común de los esposos se entregarán al que sobreviva, sin computárselo en su haber.

No se entenderán comprendidos en el ajuar las alhajas, objetos artísticos, históricos y otros de extraordinario valor.

Art. 1.322. Cuando la ley requiera para un acto de administración o disposición que uno de los cónyuges actúe con el consentimiento del otro, los realizados sin él y que no hayan sido expresa o tácitamente confirmados podrán ser anulados a

---

Art. 1.319: v. arts. 1.365, 1.369 y 1.440 del C.c. y 6 a 12 del C. de C. y Ley 54 de la C.Nav.

Art. 1.320: v. la Disp. Trans. 10.ª de la Ley 11/1981, de reforma del C.c. V. arts. 12 a 15 de la L.A.U.; 91 y 144.5 del R.H.; 91, 96, 1.377, 1.378, 1.390 y 1.391 de este Código, 231-9 del C.Civ.Cat., 190 del C.Arag. y Ley 55 de la C.Nav.

Téngase en cuenta el art. 311.2 del C.Arag.

Art. 1.322: v. arts. 1.300 a 1.314, 1.320, 1.377 y 1.378.

instancia del cónyuge cuyo consentimiento se haya omitido o de sus herederos.

No obstante, serán nulos los actos a título gratuito sobre bienes comunes si falta, en tales casos, el consentimiento del otro cónyuge.

Art. 1.323. Los cónyuges podrán transmitirse por cualquier título bienes y derechos y celebrar entre sí toda clase de contratos.

Art. 1.324. Para probar entre cónyuges que determinados bienes son propios de uno de ellos, será bastante la confesión del otro, pero tal confesión por sí sola no perjudicará a los herederos forzosos del confesante, ni a los acreedores, sean de la comunidad o de cada uno de los cónyuges.

CAPÍTULO II

De las capitulaciones matrimoniales*

Art. 1.325. En capitulaciones matrimoniales podrán los otorgantes estipular, modificar o sustituir el régimen económico de su matrimonio o cualesquiera otras disposiciones por razón del mismo.

Art. 1.326. Las capitulaciones matrimoniales podrán otorgarse antes o después de celebrado el matrimonio.

Art. 1.327. Para su validez, las capitulaciones habrán de constar en escritura pública.

Art. 1.328. Será nula cualquier estipulación contraria a las Leyes o a las buenas costumbres o limitativa de la igualdad de derechos que corresponda a cada cónyuge.

Art. 1.329. El menor no emancipado que con arreglo a la Ley pueda casarse podrá otorgar capitulaciones, pero necesitará el concurso y consentimiento de sus padres o tutor, salvo que se limite a pactar el régimen de separación o el de participación.

Art. 1.323: Redactado conforme a la Ley 13/2005, de 1 de julio, por la que se modifica el Código Civil en materia de derecho a contraer matrimonio (*B.O.E.* n. 157, de 2 de julio). V. arts. 1.458 y 1.678 de este Código.

Art. 1.324: v. arts. 1.355 y 1.361 de este Código y 94.1 y 95 del R.H. Cómparese con los arts. 1.238 y 1.257.

* V. Leyes 78 y ss. de la C.Nav., 195 y ss. del C.Arag. y 231-19 y ss. del C.Civ.Cat.

Art. 1.325: v. arts. 831, 1.315 y 1.317.

Art. 1.327: v. art. 1.280, n.º 3.

Art. 1.328: v. arts. 14 y 32 de la Const. y 66 de este Código.

Art. 1.329: Redactado por la Disp. Final 18.ª2 de la L.Men. V. arts. 46, 48, 162 a 168, 1.411 y ss.

Art. 1.330. [*Derogado.*]

Art. 1.331. Para que sea válida la modificación de las capitulaciones matrimoniales deberá realizarse con la asistencia y concurso de las personas que en éstas intervinieron como otorgantes si vivieren y la modificación afectare a derechos concedidos por tales personas.

Art. 1.332. La existencia de pactos modificativos de anteriores capitulaciones se indicará mediante nota en la escritura que contenga la anterior estipulación y el Notario lo hará constar en las copias que expida.

Art. 1.333. En toda inscripción de matrimonio en el Registro Civil se hará mención, en su caso, de las capitulaciones matrimoniales que se hubieren otorgado, así como de los pactos, resoluciones judiciales y demás hechos que modifiquen el régimen económico del matrimonio. Si aquéllas o éstos afectaren a inmuebles, se tomará razón en el Registro de la Propiedad, en la forma y a los efectos previstos en la Ley Hipotecaria.

Art. 1.334. Todo lo que se estipule en capitulaciones bajo el supuesto de futuro matrimonio quedará sin efecto en el caso de no contraerse en el plazo de un año.

Art. 1.335. La invalidez de las capitulaciones matrimoniales se regirá por las reglas generales de los contratos. Las consecuencias de la anulación no perjudicarán a terceros de buena fe.

CAPÍTULO III

DE LAS DONACIONES POR RAZÓN DE MATRIMONIO*

Art. 1.336. Son donaciones por razón de matrimonio las que cualquier persona hace, antes de celebrarse, en consideración al mismo y en favor de uno o de los dos esposos.

Art. 1.330: Redactado por la Disp. Final 18.ª2 de la L.Men. V. arts. 210, 267 a 273, 286 a 293 y 1.263.

Derogado por Ley 8/2021, de 2 de junio, por la que se reforma la legislación civil y procesal para el apoyo a las personas con discapacidad en el ejercicio de su capacidad jurídica (*B.O.E.* n. 132, de 3 de junio).

Art. 1.332: v. art. 1.317.

Art. 1.333: v. arts. 102 y 1.436 de este Código, así como los arts. 58 y ss. de la L.R.C., 266 del R.R.C., 2 y 26 de L.H., 51.9.ª, 90 a 96 y 144 del R.H. y 87.6.º y 92 del R.R.M.

Art. 1.334: Compárese con los arts. 43 y 1.342. V. art. 77.2 del R.H.

Art. 1.335: v. arts. 1.295, 1.298 y 1.300 y ss.

* Sobre esta materia deben consultarse también los arts. 175 y ss. de la C.Gall., así como los arts. 231-14 del C.Civ.Cat. y Leyes 112 y ss. de la C.Nav.

Art. 1.337. Estas donaciones se rigen por las reglas ordinarias en cuanto no se modifiquen por los artículos siguientes.

Art. 1.338. El menor no emancipado que con arreglo a la Ley pueda casarse, también puede en capitulaciones matrimoniales o fuera de ellas, hacer donaciones por razón de su matrimonio, con la autorización de sus padres o del tutor. Para aceptarlas, se estará a lo dispuesto en el Título II del Libro III de este Código.

Art. 1.339. Los bienes donados conjuntamente a los esposos pertenecerán a ambos en pro indiviso ordinario y por partes iguales, salvo que el donante haya dispuesto otra cosa.

Art. 1.340. El que diere o prometiere por razón de matrimonio sólo estará obligado a saneamiento por evicción o vicios ocultos si hubiere actuado con mala fe.

Art. 1.341. Por razón de matrimonio los futuros esposos podrán donarse bienes presentes.

Igualmente podrán donarse antes del matrimonio en capitulaciones bienes futuros, sólo para el caso de muerte, y en la medida marcada por las disposiciones referentes a la sucesión testada.

Art. 1.342. Quedarán sin efecto las donaciones por razón de matrimonio si no llegara a contraerse en el plazo de un año.

Art. 1.343. Estas donaciones serán revocables por las causas comunes, excepto la supervivencia o superveniencia de hijos.

En las otorgadas por terceros, se reputará incumplimiento de cargas, además de cualesquiera otras específicas a que pudiera haberse subordinado la donación, la anulación del matrimonio por cualquier causa, la separación y el divorcio si al cónyuge donatario le fueren imputables, según la sentencia, los hechos que los causaron.

En las otorgadas por los contrayentes, se reputará incumplimiento de cargas, además de las específicas, la anulación del matrimonio si el donatario hubiere

---

Art. 1.337: v. arts. 618 a 656.

Art. 1.338: Alterada su redacción por la Disp. Final 18.ª2 de la L.Men. V. arts. 46, 48, 323 y 626.

Art. 1.339: v. arts. 637 y 1.353.

Art. 1.340: v. arts. 638 y 1.474 a 1.499.

Art. 1.341: v. arts. 620, 635 y 1.271.

Art. 1.342: v. art. 1.334.

Art. 1.343: v. arts. 647 a 653.

obrado de mala fe. Se estimará ingratitud además de los supuestos legales el que el donatario incurra en causa de desheredación del artículo 855 o le sea imputable, según la sentencia, la causa de separación o divorcio.

CAPÍTULO IV

DE LA SOCIEDAD DE GANANCIALES*

SECCIÓN PRIMERA

Disposiciones generales

Art. 1.344. Mediante la sociedad de gananciales se hacen comunes para los cónyuges las ganancias o beneficios obtenidos indistintamente por cualquiera de ellos, que les serán atribuidos por mitad al disolverse aquélla.

Art. 1.345. La sociedad de gananciales empezará en el momento de la celebración del matrimonio o, posteriormente, al tiempo de pactarse en capitulaciones.

SECCIÓN SEGUNDA

De los bienes privativos y comunes

Art. 1.346. Son privativos de cada uno de los cónyuges:

1.º Los bienes, animales y derechos que le pertenecieran al comenzar la sociedad.

2.º Los que adquiera después por título gratuito.

3.º Los adquiridos a costa o en sustitución de bienes privativos.

4.º Los adquiridos por derecho de retracto perteneciente a uno solo de los cónyuges.

5.º Los bienes y derechos patrimoniales inherentes a la persona y los no transmisibles *inter vivos.*

6.º El resarcimiento por daños inferidos a la persona de uno de los cónyuges o a sus bienes privativos.

7.º Las ropas y objetos de uso personal que no sean de extraordinario valor.

8.º Los instrumentos necesarios para el ejercicio de la profesión u oficio, salvo cuando éstos

---

* Sobre esta cuestión, v. arts. 95 y ss. de la L.P.Vasc.

Art. 1.344: Redactado conforme a la Ley 13/2005, de 1 de julio, por la que se modifica el Código Civil en materia de derecho a contraer matrimonio (*B.O.E.* n. 157, de 2 de julio). V. art. 1.316.

Art. 1.345: v. art. 1.316.

Art. 1.346: Modificado el numeral 1.º por la Ley 17/2021, de 15 de diciembre, de modificación del Código Civil, la Ley Hipotecaria y la Ley de Enjuiciamiento Civil, sobre el régimen jurídico de los animales (*B.O.E.* n. 300, de 16 de diciembre).

V. arts. 1.321, 1.324, 1.353, 1.357, 1.361 y 1.406 de este Código, 97 de la L.P.Vasc., 232-2 del C.Civ.Cat., 210 y ss. del C.Arag. y Ley 83 de la C.Nav.

sean parte integrante o pertenencias de un establecimiento o explotación de carácter común.

Los bienes mencionados en los apartados 4.º y 8.º no perderán su carácter de privativos por el hecho de que su adquisición se haya realizado con fondos comunes; pero, en este caso, la sociedad será acreedora del cónyuge propietario por el valor satisfecho.

Art. 1.347. Son bienes gananciales:

1.º Los obtenidos por el trabajo o la industria de cualquiera de los cónyuges.

2.º Los frutos, rentas o intereses que produzcan tanto los bienes privativos como los gananciales.

3.º Los adquiridos a título oneroso a costa del caudal común, bien se haga la adquisición para la comunidad, bien para uno solo de los esposos.

4.º Los adquiridos por derecho de retracto de carácter ganancial, aun cuando lo fueran con fondos privativos, en cuyo caso la sociedad será deudora del cónyuge por el valor satisfecho.

5.º Las empresas y establecimientos fundados durante la vigencia de la sociedad por uno cualquiera de los cónyuges a expensas de los bienes comunes. Si a la formación de la empresa o establecimiento concurren capital privativo y capital común, se aplicará lo dispuesto en el artículo 1.354.

Art. 1.348. Siempre que pertenezca privativamente a uno de los cónyuges una cantidad o crédito pagadero en cierto número de años, no serán gananciales las sumas que se cobren en los plazos vencidos durante el matrimonio, sino que se estimarán capital de uno u otro cónyuge, según a quien pertenezca el crédito.

Art. 1.349. El derecho de usufructo o de pensión, perteneciente a uno de los cónyuges, formará parte de sus bienes propios; pero los frutos, pensiones o intereses devengados durante el matrimonio serán gananciales.

Art. 1.350. Se reputarán gananciales las cabezas de ganado que al disolverse la sociedad excedan del número aportado por cada uno de los cónyuges con carácter privativo.

Art. 1.347: v. arts. 1.324, 1.348 a 1.351, 1.361 y 1.381 de este Código.

Art. 1.348: Redactado conforme a la Ley 13/2005, de 1 de julio, por la que se modifica el Código Civil en materia de derecho a contraer matrimonio (*B.O.E.* n. 157, de 2 de julio).

Art. 1.349: v. arts. 1.347.2 y 1.381.

Art. 1.350: v. arts. 357, 499 y 1.347.2.

Art. 1.351. Las ganancias obtenidas por cualquiera de los cónyuges en el juego o las procedentes de otras causas que eximan de la restitución pertenecerán a la sociedad de gananciales.

Art. 1.352. Las nuevas acciones u otros títulos o participaciones sociales suscritos como consecuencia de la titularidad de otros privativos serán también privativos. Asimismo lo serán las cantidades obtenidas por la enajenación del derecho a suscribir.

Si para el pago de la suscripción se utilizaren fondos comunes o se emitieran las acciones con cargo a los beneficios, se reembolsará el valor satisfecho.

Art. 1.353. Los bienes donados o dejados en testamento a los cónyuges conjuntamente y sin especial designación de partes, constante la sociedad, se entenderán gananciales, siempre que la liberalidad fuere aceptada por ambos y el donante o testador no hubiere dispuesto lo contrario.

Art. 1.354. Los bienes adquiridos mediante precio o contraprestación, en parte ganancial y en parte privativo, corresponderán pro indiviso a la sociedad de gananciales y al cónyuge o cónyuges en proporción al valor de las aportaciones respectivas.

Art. 1.355. Podrán los cónyuges, de común acuerdo, atribuir la condición de gananciales a los bienes que adquieran a título oneroso durante el matrimonio, cualquiera que sea la procedencia del precio o contraprestación y la forma y plazos en que se satisfaga.

Si la adquisición se hiciere en forma conjunta y sin atribución de cuotas, se presumirá su voluntad favorable al carácter ganancial de tales bienes.

Art. 1.356. Los bienes adquiridos por uno de los cónyuges, constante la sociedad por

---

Art. 1.351: Redactado conforme a la Ley 13/2005, de 1 de julio, por la que se modifica el Código Civil en materia de derecho a contraer matrimonio (*B.O.E.* n. 157, de 2 de julio). V. arts. 1.371 y 1.789.

Art. 1.353: Redactado conforme a la Ley 13/2005, de 1 de julio, por la que se modifica el Código Civil en materia de derecho a contraer matrimonio (*B.O.E.* n. 157, de 2 de julio). V. arts. 637 y 1.339 del C.c. y 93.1 del R.H.

Art. 1.354: v. arts. 392 y ss., 1.347.5 y 1.352 del C.c. y 91 del R.H. Ténganse en cuenta los arts. 1.323 y 1.458. Compárese con el art. 1.414.

Art. 1.355: Ténganse en cuenta los arts. 1.323, 1.324, 1.361 y 1.370.

Art. 1.356: v. art. 94 del R.H.

precio aplazado, tendrán naturaleza ganancial si el primer desembolso tuviera tal carácter, aunque los plazos restantes se satisfagan con dinero privativo. Si el primer desembolso tuviere carácter privativo, el bien será de esta naturaleza.

Art. 1.357. Los bienes comprados a plazos por uno de los cónyuges antes de comenzar la sociedad tendrán siempre carácter privativo, aun cuando la totalidad o parte del precio aplazado se satisfaga con dinero ganancial.

Se exceptúan la vivienda y ajuar familiares, respecto de los cuales se aplicará el artículo 1.354.

Art. 1.358. Cuando conforme a este Código los bienes sean privativos o gananciales, con independencia de la procedencia del caudal con que la adquisición se realice, habrá de reembolsarse el valor satisfecho a costa, respectivamente, del caudal común o del propio, mediante el reintegro de su importe actualizado al tiempo de la liquidación.

Art. 1.359. Las edificaciones, plantaciones y cualesquiera otras mejoras que se realicen en los bienes gananciales y en los privativos tendrán el carácter correspondiente a los bienes a que afecten, sin perjuicio del reembolso del valor satisfecho.

No obstante, si la mejora hecha en bienes privativos fuese debida a la inversión de fondos comunes o a la actividad de cualquiera de los cónyuges, la sociedad será acreedora del aumento del valor que los bienes tengan como consecuencia de la mejora, al tiempo de la disolución de la sociedad o de la enajenación del bien mejorado.

Art. 1.360. Las mismas re glas del artículo anterior se aplicarán a los incrementos patrimoniales incorporados a una explotación, establecimiento mercantil u otro género de empresa.

Art. 1.361. Se presumen gananciales los bienes existentes en el matrimonio mientras no se pruebe que pertenecen privativamente a uno de los dos cónyuges.

Art. 1.357: v. art. 91 del R.H.

Art. 1.358: v. art. 1.354.

Art. 1.359: v. arts. 358 y ss.

Art. 1.361: Redactado conforme a la Ley 13/2005, de 1 de julio, por la que se modifica el Código Civil en materia de derecho a contraer matrimonio (*B.O.E.* n. 157, de 2 de julio). V. arts. 95 y 96 del R.H., y 1.324.

SECCIÓN TERCERA

De las cargas y obligaciones de la sociedad de gananciales

Art. 1.362. Serán de cargo de la sociedad de gananciales los gastos que se originen por alguna de las siguientes causas:

1.ª El sostenimiento de la familia, la alimentación y educación de los hijos comunes y las atenciones de previsión acomodadas a los usos y a las circunstancias de la familia.

La alimentación y educación de los hijos de uno solo de los cónyuges correrá a cargo de la sociedad de gananciales cuando convivan en el hogar familiar. En caso contrario, los gastos derivados de estos conceptos serán sufragados por la sociedad de gananciales, pero darán lugar a reintegro en el momento de la liquidación.

2.ª La adquisición, tenencia y disfrute de los bienes comunes.

3.ª La administración ordinaria de los bienes privativos de cualquiera de los cónyuges.

4.ª La explotación regular de los negocios o el desempeño de la profesión, arte u oficio de cada cónyuge.

Art. 1.363. Serán también de cargo de la sociedad las cantidades donadas o prometidas por ambos cónyuges de común acuerdo, cuando no hubiesen pactado que hayan de satisfacerse con los bienes privativos de uno de ellos en todo o en parte.

Art. 1.364. El cónyuge que hubiere aportado bienes privativos para los gastos o pagos que sean de cargo de la sociedad tendrá derecho a ser reintegrado del valor a costa del patrimonio común.

Art. 1.365. Los bienes gananciales responderán directamente frente al acreedor de las deudas contraídas por un cónyuge.

1.º En el ejercicio de la potestad doméstica o de la gestión o disposición de gananciales, que por ley o por capítulos le corresponda.

2.º En el ejercicio ordinario de la profesión, arte u oficio o en la administración ordinaria

---

Art. 1.362: v. arts. 6.º a 12 del C. de C.; 39.2 de la Const.; 100, 149, 1.318, 1.354, 1.365 y 1.368 de este Código; 125 y ss. de la L.P.Vasc., 218 del C.Arag. y Ley 84 de la C.Nav.

Art. 1.365, párr. 2.º: Redactado conforme a la Ley 13/2005, de 1 de julio, por la que se modifica el Código Civil en materia de derecho a contraer matrimonio (*B.O.E.* n. 157, de 2 de julio). V. arts. 1.319 y 1.362 de este Código, así como los arts. 6.º a 12

de los propios bienes. Si uno de los cónyuges fuera comerciante, se estará a lo dispuesto en el Código de Comercio.

Art. 1.366. Las obligaciones extracontractuales de un cónyuge, consecuencia de su actuación en beneficio de la sociedad conyugal o en el ámbito de la administración de los bienes, serán de la responsabilidad y cargo de aquélla, salvo si fuesen debidas a dolo o culpa grave del cónyuge deudor.

Art. 1.367. Los bienes gananciales responderán en todo caso de las obligaciones contraídas por los dos cónyuges conjuntamente o por uno de ellos con el consentimiento expreso del otro.

Art. 1.368. También responderán los bienes gananciales de las obligaciones contraídas por uno solo de los cónyuges en caso de separación de hecho para atender a los gastos de sostenimiento, previsión y educación de los hijos que estén a cargo de la sociedad de gananciales.

Art. 1.369. De las deudas de un cónyuge que sean, además, deudas de la sociedad responderán también solidariamente los bienes de ésta.

Art. 1.370. Por el precio aplazado del bien ganancial adquirido por un cónyuge sin el consentimiento del otro responderá siempre el bien adquirido, sin perjuicio de la responsabilidad de otros bienes según las reglas de este Código.

Art. 1.371. Lo perdido y pagado durante el matrimonio por alguno de los cónyuges en cualquier clase de juego no disminuirá su parte respectiva de los gananciales siempre que el importe de aquella pérdida pudiere considerarse moderada con arreglo al uso y circunstancias de la familia.

Art. 1.372. De lo perdido y no pagado por alguno de los cónyuges en los juegos en que la ley concede acción para reclamar lo que se gane responden exclusivamente los bienes privativos del deudor.

---

del C. de C. Ténganse en cuenta los arts. 83, 91, 93 y 95 del C.c. y 87.6.º y 92 del R.R.M.

Art. 1.366: v. arts. 1.103 a 1.105, 1.902 y 1.911.
Art. 1.368: v. arts. 1.397 y 1.398.
Art. 1.369: v. arts. 1.137 y ss.
Art. 1.370: v. arts. 1.356 y 1.357.
Art. 1.371: v. arts. 1.351 y 1.798.
Art. 1.372: v. arts. 1.798, 1.799 y 1.801.

Art. 1.373. Cada cónyuge responde con su patrimonio personal de las deudas propias y, si sus bienes privativos no fueran suficientes para hacerlas efectivas, el acreedor podrá pedir el embargo de bienes gananciales, que será inmediatamente notificado al otro cónyuge y éste podrá exigir que en la traba se sustituyan los bienes comunes por la parte que ostenta el cónyuge deudor en la sociedad conyugal, en cuyo caso el embargo llevará consigo la disolución de aquélla.

Si se realizase la ejecución sobre bienes comunes, se reputará que el cónyuge deudor tiene recibido a cuenta de su participación el valor de aquéllos al tiempo en que los abone con otros caudales propios o al tiempo de liquidación de la sociedad conyugal.

Art. 1.374. Tras la disolución a que se refiere el artículo anterior se aplicará el régimen de separación de bienes, salvo que, en el plazo de tres meses, el cónyuge del deudor opte en documento público por el comienzo de una nueva sociedad de gananciales.

SECCIÓN CUARTA

*De la administración de la sociedad de gananciales**

Art. 1.375. En defecto de pacto en capitulaciones, la gestión y disposición de los bienes gananciales corresponde conjuntamente a los cónyuges, sin perjuicio de lo que se determina en los artículos siguientes.

Art. 1.376. Cuando en la realización de actos de administración fuere necesario el consentimiento de ambos cónyuges y uno se hallare impedido para prestarlo, o se negare injustificadamente a ello, podrá el Juez suplirlo si encontrare fundada la petición.

Art. 1.377. Para realizar actos de disposición a título oneroso sobre bienes gananciales se

---

Art. 1.373: v. arts. 1.023.3.º, 1.344 y 1.699 de este Código, 144 del R.H. y 541, 584 y 593 de la L.Enj.Civ. Téngase en cuenta el art. 704 de la L.Enj.Civ.

Art. 1.374: v. art. 1.435.

* V. arts. 100 y ss. de la L.P.Vasc., 227 y ss. del C.Arag.. y Ley 86 de la C.Nav.

Art. 1.375: v. arts. 66, 71, 1.328 y 1.376 del C.c.; 93, 94 y 178.5 del R.H. y 4.3 de la L.E.A.

Art. 1.376: v. arts. 71 y 1.709 y ss. V. también Disp. Trans. 10.ª de la Ley 11/1981, de reforma del C.c. Compárese con el art. 1.320.

Art. 1.377: Redactado por la Disp. Final 1.ª de la L.J.V.; v. arts. 71, 200, 248, 1.320, 1.322, 1.390, 1.391 y 1.709 del C.c., 90 de la L.J.V. y 93 y 178.5 del R.H. Téngase en cuenta la Disp. Trans. 10.ª de la Ley 11//1981, de reforma del C.c.

requerirá el consentimiento de ambos cónyuges.

Si uno lo negare o estuviere impedido para prestarlo, podrá el Juez autorizar uno o varios actos dispositivos cuando lo considere de interés para la familia. Excepcionalmente acordará las limitaciones o cautelas que estime convenientes.

Art. 1.378. Serán nulos los actos a título gratuito si no concurre el consentimiento de ambos cónyuges. Sin embargo, podrá cada uno de ellos realizar con los bienes gananciales liberalidades de uso.

Art. 1.379. Cada uno de los cónyuges podrá disponer por testamento de la mitad de los bienes gananciales.

Art. 1.380. La disposición testamentaria de un bien ganancial producirá todos sus efectos si fuere adjudicado a la herencia del testador. En caso contrario se entenderá legado el valor que tuviera al tiempo del fallecimiento.

Art. 1.381. Los frutos y ganancias de los patrimonios privativos y las ganancias de cualquiera de los cónyuges forman parte del haber de la sociedad y están sujetos a las cargas y responsabilidades de la sociedad de gananciales. Sin embargo, cada cónyuge, como administrador de su patrimonio privativo, podrá a este solo efecto disponer de los frutos y productos de sus bienes.

Art. 1.382. Cada cónyuge podrá, sin el consentimiento del otro, pero siempre con su conocimiento, tomar como anticipo el numerario ganancial que le sea necesario, de acuerdo con los usos y circunstancias de la familia, para el ejercicio de su profesión o la administración ordinaria de sus bienes.

Art. 1.383. Deben los cónyuges informarse recíproca y periódicamente sobre la situación y rendimiento de cualquier actividad económica suya.

Art. 1.384. Serán válidos los actos de administración de bienes y los de disposición de dinero o títulos valores realizados por el cónyuge a cuyo nombre figuren o en cuyo poder se encuentren.

Art. 1.378: v. arts. 1.322 del C.c., 93 del R.H. y 12 de la L.A.U.
Art. 1.379: Compárese con el art. 669.
Art. 1.380: v. arts. 399 y 858 a 891.
Art. 1.381: v. arts. 1.347 y 1.349.
Art. 1.382: v. art. 1.362.
Art. 1.383: v. arts. 67, 1.362.4.º y 1.393.
Art. 1.384: v. arts. 448, 1.053 y 1.376. Téngase en cuenta el art. 178.5 del R.H.

Art. 1.385. Los derechos de crédito, cualquiera que sea su naturaleza, serán ejercitados por aquel de los cónyuges a cuyo nombre aparezcan constituidos.

Cualquiera de los cónyuges podrá ejercitar la defensa de los bienes y derechos comunes por vía de acción o de excepción.

Art. 1.386. Para realizar gastos urgentes de carácter necesario, aun cuando sean extraordinarios, bastará el consentimiento de uno solo de los cónyuges.

Art. 1.387. La administración y disposición de los bienes de la sociedad de gananciales se transferirá por ministerio de la ley al cónyuge nombrado curador de su consorte con discapacidad, cuando le hayan sido atribuidas facultades de representación plena.

Art. 1.388. Los Tribunales podrán conferir la administración a uno solo de los cónyuges cuando el otro se encontrare en imposibilidad de prestar consentimiento o hubiere abandonado la familia o existiere separación de hecho.

Art. 1.389. El cónyuge en quien recaiga la administración en virtud de lo dispuesto en los dos artículos anteriores tendrá para ello plenas facultades, salvo que el Juez, cuando lo considere de interés para la familia, establezca cautelas o limitaciones.

En todo caso, para realizar actos de disposición sobre inmuebles, establecimientos mercantiles, objetos preciosos o valores mobiliarios, salvo el derecho de suscripción preferente, necesitará autorización judicial.

Art. 1.390. Si como consecuencia de un acto de administración o de disposición llevado a cabo por uno solo de los cónyuges hubiere éste obtenido un beneficio o lucro exclusivo para él u ocasionado dolosamente un daño a la sociedad, será deudor

---

Art. 1.385: v. art. 1.164.

Art. 1.387: v. arts. 1.376 y 1.377, y notas a los mismos.

Modificado por Ley 8/2021, de 2 de junio, por la que se reforma la legislación civil y procesal para el apoyo a las personas con discapacidad en el ejercicio de su capacidad jurídica (*B.O.E.* n. 132, de 3 de junio).

Art. 1.388: v. arts. 1.376 y 1.377, y notas a los mismos. V. también arts. 184, 234, 291, 1.393 y 1.394. del C.c. y 226 a 223 del C.P.

Art. 1.389: Redactado por la Disp. Final 1.ª de la L.J.V.; v. Disp. Trans. 10.ª de la Ley 11/1981, de reforma del C.c. y arts. 200 y ss. de este Código y 90 de la L.J.V.

Art. 1.390: v. arts. 1.053, 1.259, 1.322, 1.393 y 1.397 del C.c. y 12 de la L.A.U.

a la misma por su importe, aunque el otro cónyuge no impugne cuando proceda la eficacia del acto.

Art. 1.391. Cuando el cónyuge hubiere realizado un acto en fraude de los derechos de su consorte será, en todo caso, de aplicación lo dispuesto en el artículo anterior y, además, si el adquirente hubiere procedido de mala fe, el acto será rescindible.

SECCIÓN QUINTA

*De la disolución y liquidación de la sociedad de gananciales**

Art. 1.392. La sociedad de gananciales concluirá de pleno derecho:

1.º Cuando se disuelva el matrimonio.

2.º Cuando sea declarado nulo.

3.º Cuando se acuerde la separación legal de los cónyuges.

4.º Cuando los cónyuges convengan un régimen económico distinto en la forma prevenida en este Código.

Art. 1.393. También concluirá por decisión judicial la sociedad de gananciales, a petición de uno de los cónyuges, en alguno de los casos siguientes:

1.º Si respecto del otro cónyuge se hubieren dispuesto judicialmente medidas de apoyo que impliquen facultades de representación plena en la esfera patrimonial, si hubiere sido declarado ausente o en concurso, o condenado por abandono de familia. Para que la autoridad judicial acuerde la disolución bastará que el cónyuge que la pidiere presente la correspondiente resolución judicial.

2.º Venir el otro cónyuge realizando por sí solo actos dispositivos o de gestión patrimonial que entrañen fraude, daño o peligro para los derechos del otro en la sociedad.

3.º Llevar separado de hecho más de un año por acuerdo mutuo o por abandono del hogar.

Art. 1.391: v. arts. 12 de la L.A.U. y 1.291 y ss., 1.393 y 1.397.

* Sobre esta materia, v. arts. 125 y ss. de la L.P.Vasc., 244 y ss. del C.Arag. y Leyes 87 y ss. de la C.Nav.

Art. 1.392: Redactado por la Disp. Final 1.ª de la L.J.V.; v. arts. 73, 85, 1.325 y ss., 1.411 y 1.435.

Art. 1.393: Alterado su n. 1 por la Disp. Final 18.ª2 de la L.Men. V. arts. 95, 189, 200, 286, 1.373, 1.374 y 1.383 del C.c. y 226 a 333 del C.P.

N. 1.º: Modificado por Ley 8/2021, de 2 de junio, por la que se reforma la legislación civil y procesal para el apoyo a las personas con discapacidad en el ejercicio de su capacidad jurídica (*B.O.E.* n. 132, de 3 de junio).

4.º Incumplir grave y reiteradamente el deber de informar sobre la marcha y rendimientos de sus actividades económicas.

En cuanto a la disolución de la sociedad por el embargo de la parte de uno de los cónyuges por deudas propias, se estará a lo especialmente dispuesto en este Código.

Art. 1.394. Los efectos de la disolución prevista en el artículo anterior se producirán desde la fecha en que se acuerde. De seguirse pleito sobre la concurrencia de la causa de disolución, iniciada la tramitación del mismo, se practicará el inventario, y el Juez adoptará las medidas necesarias para la administración del caudal, requiriéndose licencia judicial para todos los actos que excedan de la administración ordinaria.

Art. 1.395. Cuando la sociedad de gananciales se disuelva por nulidad del matrimonio y uno de los cónyuges hubiera sido declarado de mala fe, podrá el otro optar por la liquidación del régimen matrimonial según las normas de esta sección o por las disposiciones relativas al régimen de participación, y el contrayente de mala fe no tendrá derecho a participar en las ganancias obtenidas por su consorte.

Art. 1.396. Disuelta la sociedad se procederá a su liquidación, que comenzará por un inventario del activo y pasivo de la sociedad.

Art. 1.397. Habrán de comprenderse en el activo:

1.º Los bienes gananciales existentes en el momento de la disolución.

2.º El importe actualizado del valor que tenían los bienes al ser enajenados por negocio ilegal o fraudulento si no hubieran sido recuperados.

3.º El importe actualizado de las cantidades pagadas por la sociedad que fueran de cargo sólo de un cónyuge y en general las que constituyen créditos de la sociedad contra éste.

Art. 1.398. El pasivo de la sociedad estará integrado por las siguientes partidas:

Art. 1.394: v. Disp. Trans. 10.ª de la Ley 11/1981, de reforma del C.c. y el art. 103. Compárese con el art. 1.386.

Art. 1.395: v. arts. 79, 95 y 1.411 y ss.

Art. 1.396: v. arts. 808 a 810 de la L.Enj.Civ.

Art. 1.397: v. arts. 1.390 y 1.391 de este Código y 808 y 809 de la L.Enj.Civ. Ténganse en cuenta los arts. 1.372 y 1.373.

Art. 1.398: v. art. 1.358.

1.ª Las deudas pendientes a cargo de la sociedad.

2.ª El importe actualizado del valor de los bienes privativos cuando su restitución deba hacerse en metálico por haber sido gastados en interés de la sociedad.

Igual regla se aplicará a los deterioros producidos en dichos bienes por su uso en beneficio de la sociedad.

3.ª El importe actualizado de las cantidades que, habiendo sido pagadas por uno solo de los cónyuges, fueran de cargo de la sociedad y, en general, las que constituyan créditos de los cónyuges contra la sociedad.

Art. 1.399. Terminado el inventario se pagarán en primer lugar las deudas de la sociedad, comenzando por las alimenticias que, en cualquier caso, tendrán preferencia.

Respecto de las demás, si el caudal inventariado no alcanzase para ello, se observará lo dispuesto para la concurrencia y prelación de créditos.

Art. 1.400. Cuando no hubiera metálico suficiente para el pago de las deudas podrán ofrecerse con tal fin adjudicaciones de bienes gananciales, pero si cualquier partícipe o acreedor lo pide se procederá a enajenarlos y pagar con su importe.

Art. 1.401. Mientras no se hayan pagado por entero las deudas de la sociedad, los acreedores conservarán sus créditos contra el cónyuge deudor. El cónyuge no deudor responderá con los bienes que le hayan sido adjudicados, si se hubiere formulado debidamente inventario judicial o extrajudicial.

Si como consecuencia de ello resultare haber pagado uno de los cónyuges mayor cantidad de la que le fuere imputable, podrá repetir contra el otro.

Art. 1.402. Los acreedores de la sociedad de gananciales tendrán en su liquidación los mismos derechos que le reconocen las leyes en la partición y liquidación de las herencias.

Art. 1.403. Pagadas las deudas y cargas de la sociedad se abonarán las indemnizaciones y reintegros debidos a cada cónyuge hasta donde alcance el caudal inventariado, haciendo las compensaciones que correspondan cuando el cónyuge sea deudor de la sociedad.

Art. 1.399: v. arts. 76 y ss. de la L.Conc. y 810 de la L.Enj.Civ.
Art. 1.402: v. arts. 1.082, 1.083 y 1.084.
Art. 1.403: v. arts. 1.195 a 1.202.

Art. 1.404. Hechas las deducciones en el caudal inventariado que prefijan los artículos anteriores, el remanente constituirá el haber de la sociedad de gananciales, que se dividirá por mitad entre los cónyuges o sus respectivos herederos.

Art. 1.405. Si uno de los cónyuges resultare en el momento de la liquidación acreedor personal del otro, podrá exigir que se le satisfaga su crédito adjudicándole bienes comunes, salvo que el deudor pague voluntariamente.

Art. 1.406. Cada cónyuge tendrá derecho a que se incluyan con preferencia en su haber, hasta donde éste alcance:

1.º Los bienes de uso personal no incluidos en el número 7 del artículo 1.346.

2.º La explotación económica que gestione efectivamente.

3.º El local donde hubiese venido ejerciendo su profesión.

4.º En caso de muerte del otro cónyuge, la vivienda donde tuviese la residencia habitual.

Art. 1.407. En los casos de los números 3.º y 4.º del artículo anterior podrá el cónyuge pedir, a su elección, que se le atribuyan los bienes en propiedad o que se constituya sobre ellos a su favor un derecho de uso o habitación. Si el valor de los bienes o el derecho superara al del haber del cónyuge adjudicatario, deberá éste abonar la diferencia en dinero.

Art. 1.408. De la masa común de bienes se darán alimentos a los cónyuges o, en su caso, al sobreviviente y a los hijos mientras se haga la liquidación del caudal inventariado y hasta que se les entregue su haber; pero se les rebajarán de éste en la parte que excedan de los que les hubiese correspondido en razón de frutos y rentas.

Art. 1.409. Siempre que haya de ejecutarse simultáneamente la liquidación de gananciales de dos o más matrimonios contraídos por una misma persona para determinar el capital de cada sociedad se admitirá toda clase de pruebas en defecto de inventarios.

Art. 1.404: Redactado conforme a la Ley 13/2005, de 1 de julio, por la que se modifica el Código Civil en materia de derecho a contraer matrimonio (*B.O.E.* n. 157, de 2 de julio).

Art. 1.405: v. arts. 1.175. Compárese con el art. 1.426.

Art. 1.406: El n. 2.º de este precepto fue modificado por la Disp. Final 1.ª de la Ley 7/2003, de 1 de abril, de la sociedad limitada Nueva Empresa.

Art. 1.407: v. arts. 520 a 525 y 839.

Art. 1.408: v. arts. 142 de este Código y 810 de la L.Enj.Civ.

En caso de duda se atribuirán los gananciales a las diferentes sociedades proporcionalmente, atendiendo al tiempo de su duración y a los bienes e ingresos de los respectivos cónyuges.

Art. 1.410. En todo lo no previsto en este capítulo sobre formación de inventario, reglas sobre tasación y ventas de bienes, división del caudal, adjudicaciones a los partícipes y demás que no se halle expresamente determinado, se observará lo establecido para la partición y liquidación de la herencia.

CAPÍTULO V

DEL RÉGIMEN DE PARTICIPACIÓN*

Art. 1.411. En el régimen de participación cada uno de los cónyuges adquiere derecho a participar en las ganancias obtenidas por su consorte durante el tiempo en que dicho régimen haya estado vigente.

Art. 1.412. A cada cónyuge le corresponde la administración, el disfrute y la libre disposición tanto de los bienes que le pertenecían en el momento de contraer matrimonio como de los que pueda adquirir después por cualquier título.

Art. 1.413. En todo lo no previsto en este capítulo se aplicarán, durante la vigencia del régimen de participación, las normas relativas al de separación de bienes.

Art. 1.414. Si los casados en régimen de participación adquirieran conjuntamente algún bien o derecho, les pertenece en pro indiviso ordinario.

Art. 1.415. El régimen de participación se extingue en casos prevenidos para la sociedad de gananciales, aplicándose lo dispuesto en los artículos 1.394 y 1.395.

Art. 1.416. Podrá pedir un cónyuge la terminación del régimen de participación cuando la

---

Art. 1.410: v. arts. 1.051 y ss. de este Código y 806 a 810 de la L.Enj.Civ.

* Sobre este específico régimen económico matrimonial, v. arts. 232-13 y ss. del C.Civ.Cat.

Art. 1.411: v. arts. 95 y 1.395. Ténganse en cuenta los arts. 1.665 a 1.678.

Art. 1.412: v. arts. 1.344, 1.347, 1.423 y 1.424.

Art. 1.413: v. arts. 1.435 y ss.

Art. 1.414: v. arts. 392 y 1.354. Ténganse en cuenta los arts. 1.672 a 1.677, en relación con el art. 1.323.

Art. 1.415: v. arts. 1.392 y 1.393.

Art. 1.416: v. art. 1.393.2.

irregular administración del otro comprometa gravemente sus intereses.

Art. 1.417. Producida la extinción se determinarán las ganancias por las diferencias entre los patrimonios inicial y final de cada cónyuge.

Art. 1.418. Se estimará constituido el patrimonio inicial de cada cónyuge:

1.º Por los bienes y derechos que le pertenecieran al empezar el régimen.

2.º Por los adquiridos después a título de herencia, donación o legado.

Art. 1.419. Se deducirán las obligaciones del cónyuge al empezar el régimen y, en su caso, las sucesorias o las cargas inherentes a la donación o legado, en cuanto no excedan de los bienes heredados o donados.

Art. 1.420. Si el pasivo fuese superior al activo no habrá patrimonio inicial.

Art. 1.421. Los bienes constitutivos del patrimonio inicial se estimarán según el estado y valor que tuvieran al empezar el régimen o, en su caso, al tiempo en que fueron adquiridos.

El importe de la estimación deberá actualizarse el día en que el régimen haya cesado.

Art. 1.422. El patrimonio final de cada cónyuge estará formado por los bienes y derechos de que sea titular en el momento de la terminación del régimen, con deducción de las obligaciones todavía no satisfechas.

Art. 1.423. Se incluirá en el patrimonio final el valor de los bienes de que uno de los cónyuges hubiese dispuesto a título gratuito sin el consentimiento de su consorte, salvo si se tratase de liberalidades de uso.

Art. 1.424. La misma regla se aplicará respecto de los actos realizados por uno de los cónyuges en fraude de los derechos del otro.

Art. 1.425. Los bienes constitutivos del patrimonio final se estimarán según el estado y valor que tuvieren en el momento

---

Art. 1.417: v. art. 811 de la L.Enj.Civ.

Art. 1.421: v. art. 811 de la L.Enj.Civ.

Art. 1.423: v. arts. 643, 1.251, 1.291.3, 1.035 a 1.050, 1.322, 1.378 y 1.391.

Arts. 1.423 y 1.424: v. arts. 643, 1.035 a 1.050, 1.251, 1.291, 1.322, 1.378, 1.390, 1.391, 1.433 y 1.414.

Art. 1.425: Compárese con los arts. 1.397 y 1.398 de este Código. Téngase en cuenta el art. 811 de la L.Enj.Civ.

de la terminación del régimen y los enajenados gratuita o fraudulentamente, conforme al estado que tenían el día de la enajenación y por el valor que hubieran tenido si se hubiesen conservado hasta el día de la terminación.

Art. 1.426. Los créditos que uno de los cónyuges tenga frente al otro, por cualquier título, incluso por haber atendido o cumplido obligaciones de aquél, se computarán también en el patrimonio final del cónyuge acreedor y se deducirán del patrimonio del cónyuge deudor.

Art. 1.427. Cuando la diferencia entre los patrimonios final e inicial de uno y otro cónyuge arroje resultado positivo, el cónyuge cuyo patrimonio haya experimentado menor incremento percibirá la mitad de la diferencia entre su propio incremento y el del otro cónyuge.

Art. 1.428. Cuando únicamente uno de los patrimonios arroje resultado positivo, el derecho de la participación consistirá, para el cónyuge no titular de dicho patrimonio, en la mitad de aquel incremento.

Art. 1.429. Al constituirse el régimen podrá pactarse una participación distinta de la que establecen los dos artículos anteriores, pero deberá regir por igual y en la misma proporción respecto de ambos patrimonios y en favor de ambos cónyuges.

Art. 1.430. No podrá convenirse una participación que no sea por mitad si existen descendientes no comunes.

Art. 1.431. El crédito de participación deberá ser satisfecho en dinero. Si mediaren dificultades graves para el pago inmediato, el Juez podrá conceder aplazamiento, siempre que no exceda de tres años y que la deuda y sus intereses legales queden suficientemente garantizados.

Art. 1.432. El crédito de participación podrá pagarse mediante la adjudicación de bienes concretos, por acuerdo de los interesados o si lo conce-

---

Art. 1.426: Compárese con el art. 1.405.
Art. 1.429: v. art. 66.
Art. 1.430: v. art. 806.

diese el Juez a petición fundada del deudor.

Art. 1.433. Si no hubiese bienes en el patrimonio deudor para hacer efectivo el derecho de participación en ganancias, el cónyuge acreedor podrá impugnar las enajenaciones que hubieren sido hechas a título gratuito sin su consentimiento y aquellas que hubieren sido realizadas en fraude de sus derechos.

Art. 1.434. Las acciones de impugnación a que se refiere el artículo anterior caducarán a los dos años de extinguido el régimen de participación y no se darán contra los adquirentes a título oneroso y de buena fe.

CAPÍTULO VI

DEL RÉGIMEN DE SEPARACIÓN DE BIENES*

Art. 1.435. Existirá entre los cónyuges separación de bienes:

1.º Cuando así lo hubiesen convenido.

2.º Cuando los cónyuges hubieren pactado en capitulaciones matrimoniales que no regirá entre ellos la sociedad de gananciales, sin expresar las reglas por que hayan de regirse sus bienes.

3.º Cuando se extinga, constante matrimonio, la sociedad de gananciales o el régimen de participación, salvo que por voluntad de los interesados fuesen sustituidos por otro régimen distinto.

Art. 1.436. La demanda de separación de bienes y la sentencia firme en que se declare se deberán anotar e inscribir, respectivamente, en el Registro de la Propiedad que corresponda, si recayere sobre bienes inmuebles. La sentencia firme se anotará también en el Registro Civil.

Art. 1.437. En el régimen de separación pertenecerán a cada cónyuge los bienes que tuviese en el momento inicial del mismo y los que después adquiera por cualquier título. Asimismo corresponderá a cada uno la ad-

---

Art. 1.433: v. arts. 1.111, 1.291, 1.297, 1.378, 1.390 y 1.391. Ténganse en cuenta los arts. 1.423 y 1.424.

Art. 1.434: v. art. 1.295 y nota al mismo.

* Sobre esta materia, v. Leyes 103 y ss. de la C.Nav. y arts. 232-1 del C.Civ.Cat. y 203 y ss. del C.Arag.

Art. 1.435: v. arts. 1.374, 1.393 y 1.416 de este Código.

Art. 1.436: v. arts. 77 de la L.R.C., 264 del R.R.C., 42 de la L.H., 90.2 del R.H. y 87.6.º del R.R.M.

Art. 1.437: Ténganse en cuenta los arts. 102.2 y 106 de este Código.

ministración, goce y libre disposición de tales bienes.

Art. 1.438. Los cónyuges contribuirán al sostenimiento de las cargas del matrimonio. A falta de convenio lo harán proporcionalmente a sus respectivos recursos económicos. El trabajo para la casa será computado como contribución a las cargas y dará derecho a obtener una compensación que el Juez señalará, a falta de acuerdo, a la extinción del régimen de separación.

Art. 1.439. Si uno de los cónyuges hubiese administrado o gestionado bienes o intereses del otro, tendrá las mismas obligaciones y responsabilidades que un mandatario, pero no tendrá obligación de rendir cuentas de los frutos percibidos y consumidos, salvo cuando se demuestre que los invirtió en atenciones distintas del levantamiento de las cargas del matrimonio.

Art. 1.440. Las obligaciones contraídas por cada cónyuge serán de su exclusiva responsabilidad.

En cuanto a las obligaciones contraídas en el ejercicio de la potestad doméstica ordinaria responderán ambos cónyuges en la forma determinada por los artículos 1.319 y 1.438 de este Código.

Art. 1.441. Cuando no sea posible acreditar a cuál de los cónyuges pertenece algún bien o derecho, corresponderá a ambos por mitad.

Art. 1.442. Declarado un cónyuge en concurso, serán de aplicación las disposiciones de la legislación concursal.

Art. 1.443. La separación de bienes decretada no se alterará por la reconciliación de los cónyuges en caso de separación personal o por la desaparición de cualquiera de las demás causas que la hubiesen motivado.

Art. 1.444. No obstante lo dispuesto en el artículo anterior, los cónyuges pueden acordar en capitulaciones que vuelvan a regir las mismas reglas que antes de la separación de bienes.

Art. 1.438: v. arts. 97.4.° y 1.318 de este Código y 811 de la L.Enj.Civ.
Art. 1.439: v. arts. 1.718 y ss.
Art. 1.440: v. art. 1.373.
Art. 1.441: v. arts. 393 y nota al mismo, 1.324 y 1.355.
Art. 1.442: Redactado por la Disp. Final 1.ª de la L.J.V.; v. arts. 40 y ss. de la L.Conc.
Art. 1.443: Compárese con los arts. 84 y 88.
Art. 1.444: v. arts. 1.325 y ss.

Harán constar en las capitulaciones los bienes que cada uno aporte de nuevo y se considerarán éstos privativos, aunque, en todo o en parte, hubieren tenido carácter ganancial antes de la liquidación practicada por causa de la separación.

TÍTULO IV

Del contrato de compra y venta*

CAPÍTULO PRIMERO

De la naturaleza y forma de este contrato

Art. 1.445. Por el contrato de compra y venta uno de los contratantes se obliga a entregar una cosa determinada y el otro a pagar por ella un precio cierto, en dinero o signo que lo represente.

* Sobre compraventa mercantil, v. arts. 325 a 345 del C. de C., la Ley 28/1998, de 13 de julio, de Venta a Plazos de Bienes Muebles (*B.O.E.* n. 167, de 14 de julio) y la Ley 26/1991, de 21 de noviembre (*B.O.E.* n. 283, de 26 de noviembre), sobre contratos celebrados fuera de los establecimientos mercantiles.

Debe tenerse en cuenta también la Ley 7/1996, de 15 de enero, de ordenación del comercio minorista (*B.O.E.* n. 15, de 17 de enero), que trata, entre otras, de las siguientes cuestiones: objeto, principios y sujetos afectados (arts. 1 a 6), forma de los contratos (art. 11), libertad de precios (arts. 13 a 15), pagos a proveedores (art. 17), actividades de promoción de ventas (arts. 18 a 35), venta a distancia (arts. 38 a 47), venta automática (arts. 49 a 52), venta en pública subasta (arts. 56 a 61), actividad comercial en régimen de franquicia (art. 62), infracciones y sanciones (arts. 63 a 71). Asimismo, hay que tener en consideración los arts. 59 y ss. de la L.Def.Consum., relativos a los contratos y garantías en materia de consumidores y usuarios. V. Ley 43/2007, de 13 de diciembre, de protección de los consumidores en la contratación de bienes con oferta de restitución del precio (*B.O.E.* n. 299, de 14 de diciembre).

Respecto de la legislación autonómica es preciso referirse a la siguiente:

— Ley 16/1999, de 29 de abril, de Comercio Interior de la Comunidad Autónoma de Madrid (*B.O.E.* n. 195, de 16 de agosto, y *B.O.C.A.M.* n. 116, de 18 de mayo; corrección de errores en *B.O.C.A.M.* n. 137, de 11 de junio). Téngase en cuenta que esta Ley deroga la Ley 4/1994, de 6 de junio, ya mencionada, salvo su art. 3.1.

— Ley Foral 17/2001, de 12 de julio, reguladora del Comercio en Navarra (*B.O.E.* n. 191, de 10 de agosto, y *B.O. N.* n. 86, de 16 dc julio).

— Ley 1/2002, de 26 de febrero, del Comercio de Cantabria (*B.O.E.* n. 79, de 2 de abril).

— Ley 8/2004, de 23 de diciembre, de horarios comerciales de Cataluña (*B.O.E.* n. 26, de 31 de enero de 2005, y *D.O.G.C.* n. 4.289, de 28 de diciembre de 2004).

— Ley 11/2006, de 22 de diciembre, sobre Régimen del Comercio Minorista y Plan de Equipamientos Comerciales de la Región de Murcia (*B.O.E.* n. 111, de 9 de mayo de 2007, y *B.O.R.M.* n. 2, de 3 de enero).

— Ley 13/2006, de 27 de diciembre, de horarios comerciales de Galicia (*B.O.E.* n. 29, de 2 de febrero de 2007; *D.O.G.* n. 248, de 28 de diciembre de 2006).

— Ley 2/2010, de 13 de mayo, de comercio de Castilla-La Mancha (*B.O.E.* n. 178, de 23 de julio, y *D.O.C.L.M.* n. 97, de 21 de mayo).

— Ley 9/2010, de 17 de diciembre, de comercio interior del Principado de Asturias (*B.O.E.* n. 36, de 11 de febrero de 2011, y *B.O.P.A.* n. 296, de 24 de diciembre de 2010.

— Ley 13/2010, de 17 de diciembre, del comercio interior de Galicia (*B.O.E.* n. 25, de 29 de enero de 2011, y *D.O.G.* n. 249, de 29 de diciembre de 2010).

— Ley 3/2011, de 23 de marzo, de comercio de la Comunidad Valenciana (*B.O.E.* n. 91, de 16 de abril, y *D.O.G.V.* n. 6.488, de 25 de marzo).

— D.Leg. 1/2012, de 21 de abril, por el que se aprueba el Texto Refundido de las Leyes de Ordenación de la Actividad Comercial de Canarias y reguladora de la licencia comercial (*B.O.C.* n. 81, de 25 de abril).

— Ley 3/2014, de 19 de febrero, de horarios comerciales y de medidas para determinadas actividades de promoción, de Cataluña (*B.O.E.* n. 69, de 21 de marzo, y *D.O.G.C.* n. 6.568, de 24 de febrero).

— D.Leg. 2/2014, de 28 de agosto, por el que se aprueba el Texto Refundido de la Ley de Comercio de Castilla y León (*B.O.C.L.* n. 167, de 1 de septiembre).

La S.T.C. 124/2003, de 19 de junio, estima parcialmente el recurso de inconstitucionalidad interpuesto por la Comunidad Foral de Navarra contra determinados preceptos de la L.O.C.M., y en consecuencia: i) declara constitucional el art. 6.º2 de la Ley, entendido en el sentido del último párrafo del F.J. 4.º de la sentencia; ii) declara inconstitucionales y nulos los arts. 37 y 53 de la Ley, salvo el inciso inicial de este último, según se precisa en el último párrafo del F.J. 7.º de dicha Sentencia; y iii) declara que los arts. 2.º y 3.º de la L.O. 2/1996 no tienen carácter de Ley Orgánica (*B.O.E.* n. 170, de 17 de julio).

Téngase en cuenta lo dispuesto en el R.D. 2.485/1998, de 13 de noviembre, por el que se desarrolla el art. 62 de la L.C.Mta., relativo a la regulación del régimen de franquicia, y se crea el Registro de Franquiciadores (*B.O.E.* n. 283, de 26 de noviembre).

Téngase en cuenta la Convención de las Naciones Unidas sobre los contratos de compraventa internacional de mercaderías, hecha en Viena el 11 de abril de 1980 (*B.O.E.* n. 26, de 30 de enero de 1991). Sus preceptos contienen normas sobre: interpretación (arts. 7 a 12), formación del contrato (arts. 14 a 29), obligaciones y acciones del vendedor (arts. 30 a 52), obligaciones y acciones del comprador (arts. 53 a 65), transmisión de los riesgos (arts. 66 a 70), acciones frente a incumplimientos previsibles (arts. 71 a 73), indemnización de daños y perjuicios (arts. 74 a 80), efectos de la resolución (arts. 81 a 84) y deber de conservación de las mercancías (arts. 85 a 88). Véanse también la Ley 26/1984, de 19 de julio, sobre defensa de los consumidores y usuarios (*B.O.E.* n. 176, de 24 de julio); y nota al art. 13 del C.c. Véase, asimismo, la Directiva 2011/83/UE del Parlamento Europeo y del Consejo, de 25 de octubre de 2011, sobre los derechos de los consumidores (*D.O.* L 304, de 22 de noviembre). Sobre la misma, v. nota al art. 1.171. V., por último, Leyes 563 y ss. de la C.Nav.

Téngase en cuenta la Ley 53/2007, de 28 de diciembre, sobre el control del comercio exterior de material de defensa y doble uso (*B.O.E.* n. 312, de 29 de diciembre).

Téngase presente el R.D. 679/2014, de 1 de agosto, por el que se aprueba el Reglamento de control del comercio exterior de material de defensa, de otro material y de productos y tecnologías de doble uso (*B.O.E.* n. 207, de 26 de agosto).

Téngase en cuenta la Ley 3/2005, de 14 de marzo, de Ordenación de la actividad comercial y las actividades feriales en la Comunidad Autónoma de La Rioja (*B.O.E.* n. 84, de 8 de abril; *B.O.L.R.* n. 40, de 22 de marzo).

Art. 1.445: v. arts. 1.094 a 1.097, 1.273, 1.274, 1.450, 1.461, 1.474, 1.477 y 1.539 del C.c. y 325 y 326 del C.de C.

Art. 1.446. Si el precio de la venta consistiera parte en dinero y parte en otra cosa, se calificará el contrato por la intención manifiesta de los contratantes. No constando ésta, se tendrá por permuta, si el valor de la cosa dada en parte del precio excede al del dinero o su equivalente; y por venta en el caso contrario.

Art. 1.447. Para que el precio se tenga por cierto bastará que lo sea con referencia a otra cosa cierta, o que se deje su señalamiento al arbitrio de persona determinada.

Si ésta no pudiere o no quisiere señalarlo, quedará ineficaz el contrato.

Art. 1.448. También se tendrá por cierto el precio en la venta de valores, granos, líquidos y demás cosas fungibles, cuando se señale el que la cosa vendida tuviera en determinado día, Bolsa o mercado, o se fije un tanto mayor o menor que el precio del día, Bolsa o mercado, con tal que sea cierto.

Art. 1.449. El señalamiento del precio no podrá nunca dejarse al arbitrio uno de los contratantes.

Art. 1.450. La venta se perfeccionará entre comprador y vendedor, y será obligatoria para ambos, si hubieren convenido en la cosa objeto del contrato, y en el precio, aunque ni la una ni el otro se hayan entregado.

Art. 1.451. La promesa de vender o comprar, habiendo conformidad en la cosa y en el precio, dará derecho a los contratantes para reclamar recíprocamente el cumplimiento del contrato.

Siempre que no pueda cumplirse la promesa de compra y venta, regirá para vendedor y comprador, según los casos, lo dispuesto acerca de las obligaciones y contratos en el presente libro.

Art. 1.452. El daño o provecho de la cosa vendida, después de perfeccionado el contrato, se regulará por lo dispuesto en los artículos 1.096 y 1.182.

Art. 1.446: La permuta se regula en los arts. 1.538 a 1.541. V. art. 1.281.

Arts. 1.447 y 1.448: v. arts. 17 y 59 y ss. de la L.Def.Consum., 346 del C. de C., 1 de la L.Arb. y art. 1.690 y nota al Tít. XIII del Libro IV del C.c.

Art. 1.449: v. arts. 1.115 y 1.256 del C.c., 17 y 59 y ss. de la L.Def.Consum. y 13 de la L.C.Mta.

Art. 1.450: v. arts. 609, 1.095 y 1.258.

Art. 1.451: v. arts. 43, 826, 1.088 a 1.314 y 1.862. Téngase en cuenta el art. 24 del R.I.T.P.

Art. 1.452: Compárese con los arts. 875, 1.095, 1.461, 1462, 1.468, 1.589 y 1.590 del C.c. y 333 a 335 del C. de C. V. 65 a 70 de la C.Com.Ven.

Esta regla se aplicará a la venta de cosas fungibles, hecha aisladamente y por un solo precio, o sin consideración a su peso, número o medida.

Si las cosas fungibles se vendieren por un precio fijado con relación al peso, número o medida, no se imputará el riesgo al comprador hasta que se hayan pesado, contado o medido, a no ser que éste se haya constituido en mora.

Art. 1.453. La venta hecha a calidad de ensayo o prueba de la cosa vendida, y la venta de las cosas que es costumbre gustar o probar antes de recibirlas, se presumirán hechas siempre bajo condición suspensiva.

Art. 1.454. Si hubiesen mediado arras o señal en el contrato de compra y venta, podrá rescindirse el contrato allanándose el comprador a perderlas, o el vendedor a devolverlas duplicadas.

Art. 1.455. Los gastos de otorgamiento de escritura serán de cuenta del vendedor, y los de la primera copia y los demás posteriores a la venta serán de cuenta del comprador, salvo pacto en contrario.

Art. 1.456. La enajenación forzosa por causa de utilidad pública se regirá por lo que establezcan las leyes especiales.

CAPÍTULO II

DE LA CAPACIDAD PARA COMPRAR O VENDER

Art. 1.457. Podrán celebrar el contrato de compra y venta todas las personas a quienes este Código autoriza para obligarse, salvo las modificaciones contenidas en los artículos siguientes.

Art. 1.458. Los cónyuges podrán venderse bienes recíprocamente.

Art. 1.453: v. arts. 327 y 328 del C. de C., 1.120 a 1.122 de este Código y 10 de la L.C.Mta.

Art. 1.454: v. art. 343 del C. de C. y 1.152 a 1.155. Téngase presente la Ley 467 de la C.Nav.

Art. 1.455: v. arts. 1.555.3.°, 1.728 y 1.779.

Art. 1.456: v. la L.E.F., así como arts. 33 de la Const. y 349.

Art. 1.457: v. arts. 162, 225, 246, 247, 249 y 1.254.

Art. 1.458: Redactado por la Ley 13/2005, de 1 de julio, por la que se modifica el Código Civil en materia de derecho a contraer matrimonio (*B.O.E.* n. 157, de 2 de julio). V. art. 1.323.

Art. 1.459. No podrán adquirir por compra, aunque sea en subasta pública o judicial, por sí ni por persona alguna intermedia:

1.º Los que desempeñen el cargo de tutor o funciones de apoyo, los bienes de la persona o personas a quienes representen.

2.º Los mandatarios, los bienes de cuya administración o enajenación estuviesen encargados.

3.º Los albaceas, los bienes confiados a su cargo.

4.º Los empleados públicos, los bienes del Estado, de los Municipios, de los pueblos y de los establecimientos también públicos, de cuya administración estuviesen encargados.

Esta disposición regirá para los Jueces y peritos que de cualquier modo intervinieren en la venta.

5.º Los Magistrados, Jueces, individuos del Ministerio Fiscal, Secretarios de Tribunales y Juzgados y Oficiales de justicia, los bienes y derechos que estuviesen en litigio ante el Tribunal, en cuya jurisdicción o territorio ejercieran sus respectivas funciones, extendiéndose esta prohibición al acto de adquirir por cesión.

Se exceptuará de esta regla el caso en que se trate de acciones hereditarias entre coherederos, o de cesión en pago de créditos, o de garantía de los bienes que posean.

La prohibición contenida en este número 5.º comprenderá a los Abogados y Procuradores respecto a los bienes y derechos que fueren objeto de un litigio en que intervengan por su profesión y oficio.

CAPÍTULO III

DE LOS EFECTOS DEL CONTRATO DE COMPRA Y VENTA CUANDO SE HA PERDIDO LA COSA VENDIDA

Art. 1.460. Si al tiempo de celebrarse la venta se hubiese

Art. 1.459: Redactado su n. 1.º por la Disp. Final 18.ª2 de la L.Men. V. los arts. 139 del R.N.; 88 de la L.B.R.L.; 111 del T.R.R.L.; 389 a 397 de la L.O.P.J. y 26 de la L.Fund.

N. 1.º: v. arts. 248 a 250, 252 y 253 del C.P. y 221 y 291 del C.c.

Modificado por Ley 8/2021, de 2 de junio, por la que se reforma la legislación civil y procesal para el apoyo a las personas con discapacidad en el ejercicio de su capacidad jurídica (*B.O.E.* n. 132, de 3 de junio).

N. 2.º: v. arts. 267 del C. de C.; 248 a 250, 252, 253, 439 y 440 del C.P. y 1.709, 1.714, 1.728 y 1.719 del C.c. Compárese con el art. 221.

N. 3.º: v. arts. 248 a 250, 252, 253, 439 y 440 del C.P.; 898 a 902 del C.c. y 803 de la L.Enj.Civ.

N. 4.º: Ténganse en cuenta los arts. 419 a 438 del C.P.

N. 5.º: Ténganse en cuenta los arts. 389 a 397 de la L.O.P.J.

Art. 1.460: v. arts. 1.182, 1.183 y 1.701. Cómparese con arts. 1.272, 1.275, 1.479, 1.483 y 1.486 a 1.488 del C.c.

perdido en su totalidad la cosa objeto de la misma, quedará sin efecto el contrato.

Pero si se hubiese perdido sólo en parte, el comprador podrá optar entre desistir del contrato o reclamar la parte existente, abonando su precio en proporción al total convenido.

CAPÍTULO IV

DE LAS OBLIGACIONES DEL VENDEDOR*

SECCIÓN PRIMERA

Disposición general

Art. 1.461. El vendedor está obligado a la entrega y saneamiento de la cosa objeto de la venta.

SECCIÓN SEGUNDA

De la entrega de la cosa vendida

Art. 1.462. Se entenderá entregada la cosa vendida, cuando se ponga en poder y posesión del comprador.

Cuando se haga la venta mediante escritura pública, el otorgamiento de ésta equivaldrá a la entrega de la cosa objeto del contrato, si de la misma escritura no resultare o se dedujere claramente lo contrario.

Art. 1.463. Fuera de los casos que expresa el artículo precedente, la entrega de los bienes muebles se efectuará: por la entrega de las llaves del lugar o sitio donde se hallan almacenados o guardados; y por el solo acuerdo o conformidad de los con-

---

* V. arts. 30 a 52 de la C.Com.Ven.

Art. 1.461: v. arts. 345 del C. de C. y 1.094 a 1.097, 1.445, 1.468 y 1.474 del C.c. V. los arts. 28 y 30 de la C.Com.Ven.

Arts. 1.462 y 1.463: v. arts. 609, 623 y 1.095 a 1.097 del C.c.; 339 y 340 del C. de C. y 67 a 69 de la C.Com.Ven. Ténganse en cuenta los arts. 31 a 34, 37, 38, 45 a 48, 51 y 52 de la C.Com.Ven. V. también art. 277 de la C.Cat.

En relación con la tradición, téngase en cuenta la peculiar normativa prevista por el art. 13 del R.H. [tras reforma introducida por R.D. 1.867/1998, de 4 de septiembre (*B.O.E.* n. 233, de 29 de septiembre; corrección de errores en *B.O.E.* n. 39, de 15 de febrero de 1999], en donde se admite la cesión de suelo por obra futura, con la particularidad de que la contraprestación a la cesión consiste en una transmisión actual de pisos o locales del edificio a construir.

V. la Ley 23/2001, de 31 de diciembre, de cesión de finca o de edificabilidad a cambio de construcción futura de Cataluña (*B.O.E.* n. 29, de 2 de febrero de 2002, y *D.O.G.C.* n. 3.556, de 18 de enero).

tratantes, si la cosa vendida no puede trasladarse a poder del comprador en el instante de la venta, o si éste la tenía ya en su poder por algún otro motivo.

Art. 1.464. Respecto de los bienes incorporales, regirá lo dispuesto en el párrafo segundo del artículo 1.462. En cualquier otro caso en que éste no tenga aplicación se entenderá por entrega el hecho de poner en poder del comprador los títulos de pertenencia, o el uso que haga de su derecho el mismo comprador, consintiéndolo el vendedor.

Art. 1.465. Los gastos para la entrega de la cosa vendida serán de cuenta del vendedor, y los de su transporte o traslación de cargo del comprador, salvo el caso de estipulación especial.

Art. 1.466. El vendedor no estará obligado a entregar la cosa vendida, si el comprador no le ha pagado el precio o no se ha señalado en el contrato un plazo para el pago.

Art. 1.467. Tampoco tendrá obligación el vendedor de entregar la cosa vendida cuando se haya convenido en un aplazamiento o término para el pago, si después de la venta se descubre que el comprador es insolvente, de tal suerte que el vendedor corre inminente riesgo de perder el precio.

Se exceptúa de esta regla el caso en que el comprador afiance pagar en el plazo convenido.

Art. 1.468. El vendedor deberá entregar la cosa vendida en el estado en que se hallaba al perfeccionarse el contrato.

Todos los frutos pertenecerán al comprador desde el día en que se perfeccionó el contrato.

Art. 1.469. La obligación de entregar la cosa vendida comprende la de poner en poder del comprador todo lo que exprese el contrato, mediante las reglas siguientes:

Si la venta de bienes inmuebles se hubiese hecho con expresión de su cabida, a razón de

---

Art. 1.464: v. arts. 1.526 a 1.536 del C.c. Ténganse en cuenta los arts. 63 y ss. del T.R.L.S.Cap.

Art. 1.465: v. art. 338 del C. de C. Téngase en cuenta los arts. 31 a 34, 37, 38, 45 a 48, 51 y 52 de la C.Com.Ven.

Arts. 1.466 y 1.467: v. arts. 1.100 y 1.129 del C.c. Compárese con los arts. 329, 330, 337, 339 y 341 del C. de C. y 71 y 72 de la C.Com.Ven.

Art. 1.468: v. arts. 1.095 a 1.097, 1.450 y 1.519 del C.c. y 66 a 70 de la C.Com.Ven.

Art. 1.469: v. arts. 1.131, 1.169 y 1.291.5.

un precio por unidad de medida o número, tendrá obligación el vendedor de entregar al comprador, si éste lo exige, todo cuanto se haya expresado en el contrato; pero, si esto no fuere posible, podrá el comprador optar entre una rebaja proporcional del precio o la rescisión del contrato, siempre que, en este último caso, no baje de la décima parte de la cabida la disminución de la que se le atribuyera al inmueble.

Lo mismo se hará, aunque resulte igual cabida, si alguna parte de ella no es de la calidad expresada en el contrato.

La rescisión, en este caso, sólo tendrá lugar a voluntad del comprador, cuando el menor valor de la cosa vendida exceda de la décima parte del precio convenido.

Art. 1.470. Si, en el caso del artículo precedente, resultare mayor cabida o número en el inmueble que los expresados en el contrato, el comprador tendrá la obligación de pagar el exceso de precio si la mayor cabida o número no pasa de la vigésima parte de los señalados en el mismo contrato; pero, si excedieren de dicha vigésima parte, el comprador podrá optar entre satisfacer el mayor valor del inmueble, o desistir del contrato.

Art. 1.471. En la venta de un inmueble, hecha por precio alzado y no a razón de un tanto por unidad de medida o número, no tendrá lugar el aumento o disminución del mismo, aunque resulte mayor o menor cabida o número de los expresados en el contrato.

Esto mismo tendrá lugar cuando sean dos o más fincas las vendidas por un solo precio; pero, si, además de expresarse los linderos, indispensables en toda enajenación de inmuebles, se designaren en el contrato su cabida o número, el vendedor estará obligado a entregar todo lo que se comprenda dentro de los mismos linderos, aun cuando exceda de la cabida o número expresados en el contrato; y, si no pudiere, sufrirá una disminución en el precio, proporcional a lo que falte de cabida o número, a no ser que el contrato quede anulado por no conformarse el comprador con que se deje de entregar lo que se estipuló.

Art. 1.470: v. arts. 1.290, 1.291.5 y 1.293 del C.c. y 198 a 210 de la L.H.

Art. 1.471: v. arts. 358 y ss. sobre derecho de accesión respecto de bienes inmuebles, 1.124, 1.290, 1.291.5 y 1.293. Téngase presente el art. 9.º1 de la L.H.

Art. 1.472. Las acciones que nacen de los tres artículos anteriores prescribirán a los seis meses, contados desde el día de la entrega.

Art. 1.473. Si una misma cosa se hubiese vendido a diferentes compradores, la propiedad se transferirá a la persona que primero haya tomado posesión de ella con buena fe, si fuere mueble.

Si fuere inmueble, la propiedad pertenecerá al adquiriente que antes la haya inscrito en el Registro.

Cuando no haya inscripción, pertenecerá la propiedad a quien de buena fe sea primero en la posesión; y, faltando ésta, a quien presente título de fecha más antigua, siempre que haya buena fe.

SECCIÓN TERCERA

Del saneamiento

Art. 1.474. En virtud del saneamiento a que se refiere el artículo 1.461, el vendedor responderá al comprador:

1.º De la posesión legal y pacífica de la cosa vendida.

2.º De los vicios o defectos ocultos que tuviere.

§ 1.º Del saneamiento en caso de evicción

Art. 1.475. Tendrá lugar la evicción cuando se prive al comprador, por sentencia firme y en virtud de un derecho anterior a la compra, de todo o parte de la cosa comprada.

El vendedor responderá de la evicción aunque nada se haya expresado en el contrato.

Los contratantes, sin embargo, podrán aumentar, disminuir o suprimir esta obligación legal del vendedor.

Art. 1.476. Será nulo todo pacto que exima al vendedor de responder de la evicción, siempre que hubiere mala fe de su parte.

Art. 1.477. Cuando el comprador hubiese renunciado el derecho al saneamiento para el caso de evicción, llegado que

---

Art. 1.472: v. arts. 1.095, 1.450, 1.479 y 1.961.

Art. 1.473: v. arts. 433, 445, 464, 606 y 609 del presente Código; 25, 34, 37 y 38 de la L.H. y 251 del C.P. Téngase en cuenta la Ley 566 de la C.Nav.

Art. 1.474: v. arts. 345 del C. de C. y 638, 880, 1.069 a 1.072, 1.532, 1.553 y 1.554 del C.c.

Art. 1.475: v. arts. 1.476, 1.477 y 1.480 a 1.482. Compárese con el art. 1.485. Ténganse en cuenta los arts. 125 y ss. de la L.Def.Consum.

Art. 1.476: v. art. 1.102.

Art. 1.477: v. arts. 1.445, 1.538 y 1.539.

sea éste, deberá el vendedor entregar únicamente el precio que tuviere la cosa vendida al tiempo de la evicción, a no ser que el comprador hubiese hecho la renuncia con conocimiento de los riesgos de evicción y sometiéndose a sus consecuencias.

Art. 1.478. Cuando se haya estipulado el saneamiento o cuando nada se haya pactado sobre este punto, si la evicción se ha realizado, tendrá el comprador derecho a exigir del vendedor:

1.º La restitución del precio que tuviere la cosa vendida al tiempo de la evicción, ya sea mayor o menor que el de la venta.

2.º Los frutos o rendimientos, si se le hubiere condenado a entregarlos al que le haya vencido en juicio.

3.º Las costas del pleito que haya motivado la evicción, y, en su caso, las del seguido con el vendedor para el saneamiento.

4.º Los gastos del contrato, si los hubiese pagado el comprador.

5.º Los daños e intereses y los gastos voluntarios o de puro recreo u ornato, si se vendió de mala fe.

Art. 1.479. Si el comprador perdiere, por efecto de la evicción, una parte de la cosa vendida de tal importancia con relación al todo que sin dicha parte no la hubiera comprado, podrá exigir la rescisión del contrato; pero con la obligación de devolver la cosa sin más gravámenes que los que tuviese al adquirirla.

Esto mismo se observará cuando se vendiesen dos o más cosas conjuntamente por un precio alzado, o particular para cada una de ellas, si constase claramente que el comprador no habría comprado la una sin la otra.

Art. 1.480. El saneamiento no podrá exigirse hasta que haya recaído sentencia firme, por la que se condene al comprador a la pérdida de la cosa adquirida o de parte de la misma.

Art. 1.481. El vendedor estará obligado al saneamiento que corresponda, siempre que resulte probado que se le notificó la demanda de evicción a instancia del comprador. Faltando la notificación, el vendedor no estará obligado al saneamiento.

Art. 1.478: v. arts. 1.101, 1.106 a 1.107 y 1.455. Compárese con los arts. 1.120 y 1.123.

Art. 1.479: v. arts. 1.254, 1.258, 1.289, 1.471 y 1.483. Compárese con los arts. 1.460, 1.486 a 1.488 y 1.491.

Art. 1.480: v. arts. 1.475 y 1.969.

Art. 1.482. El comprador demandado solicitará, dentro del término que la Ley de Enjuiciamiento Civil señala para contestar a la demanda, que ésta se notifique al vendedor o vendedores en el plazo más breve posible.

La notificación se hará como la misma ley establece para emplazar a los demandados.

El término de contestación para el comprador quedará en suspenso ínterin no expiren los que para comparecer y contestar a la demanda se señalen al vendedor o vendedores, que serán los mismos plazos que determina para todos los demandados la expresada Ley de Enjuiciamiento Civil, contados desde la notificación establecida por el párrafo primero de este artículo.

Si los citados de evicción no comparecieren en tiempo y forma, continuará, respecto del comprador, el término para contestar a la demanda.

Art. 1.483. Si la finca vendida estuviese gravada, sin mencionarlo la escritura, con alguna carga o servidumbre no aparente, de tal naturaleza que deba presumirse no la habría adquirido el comprador si la hubiera conocido, podrá pedir la rescisión del contrato, a no ser que prefiera la indemnización correspondiente.

Durante un año, a contar desde el otorgamiento de la escritura, podrá el comprador ejercitar la acción rescisoria, o solicitar la indemnización.

Transcurrido el año, sólo podrá reclamar la indemnización dentro de un período igual, a contar desde el día en que haya descubierto la carga o servidumbre.

§ 2.º Del saneamiento por los defectos o gravámenes ocultos de la cosa vendida*

Art. 1.484. 1. El vendedor estará obligado al saneamiento por los defectos ocultos que tuviere la cosa vendida, si la hacen impropia para el uso a que se la

---

Art. 1.482: v. arts. 404 a 407 de la L.Enj.Civ.

Art. 1.483: v. arts. 5, 8, 9, 15, 16 y 51 y ss. del T.R.L.S.; 532, 1.106, 1.107, 1.289, 1.484 y 1.553 del C.c., y 44 de la C.Com.Ven.

* V. los arts. 25 a 29 de la L.Def.Consum.; 1, 3, 5, 6 y 9 de la L.R.C.P.D.; 35 a 45 y 50 de la C.Com.Ven. y 17 de la L.O.E.

Art. 1.484: Como consecuencia de los cambios legislativos introducidos por la Ley 17/2021, de 15 de diciembre, de modificación del Código Civil, la Ley Hipotecaria y la Ley de Enjuiciamiento Civil, sobre el régimen jurídico de los animales (*B.O.E.* n. 300, de 16 de diciembre), se crea un apartado 1.º, coincidente, básicamente, con el contenido anterior del precepto, y se introduce un nuevo apartado 2.º

V. arts. 336, 342 y 345 del C. de C. y 35, 38 y 39 de la C.Com.Ven., así como el art. 12 de la L.C.Mta.

destina, o si disminuyen de tal modo este uso que, de haberlos conocido el comprador, no la habría adquirido o habría dado menos precio por ella; pero no será responsable de los defectos manifiestos o que estuvieren a la vista, ni tampoco de los que no lo estén, si el comprador es un perito que, por razón de su oficio o profesión, debía fácilmente conocerlos.

2. El vendedor de un animal responde frente al comprador por el incumplimiento de sus deberes de asistencia veterinaria y cuidados necesarios para garantizar su salud y bienestar, si el animal sufre una lesión, enfermedad o alteración significativa de la conducta que tiene origen anterior a la venta.

Art. 1.485. El vendedor responde al comprador del saneamiento por los vicios o defectos ocultos del animal o la cosa vendida, aunque los ignorase.

Esta disposición no regirá cuando se haya estipulado lo contrario, y el vendedor ignorara los vicios o defectos ocultos de lo vendido.

Art. 1.486. En los casos de los dos artículos anteriores, el comprador podrá optar entre desistir del contrato, abonándosele los gastos que pagó, o rebajar una cantidad proporcional del precio, a juicio de peritos.

Si el vendedor conocía los vicios o defectos ocultos de la cosa vendida y no los manifestó al comprador, tendrá éste la misma opción y además se le indemnizará de los daños y perjuicios, si optare por la rescisión.

Art. 1.487. Si la cosa vendida se perdiere por efecto de los vicios ocultos, conociéndolos el vendedor, sufrirá éste la pérdida, y deberá restituir el precio y abonar los gastos del contrato, con los daños y perjuicios. Si no los conocía, debe sólo restituir el precio y abonar los gastos del contrato que hubiese pagado el comprador.

Art. 1.488. Si la cosa vendida tenía algún vicio oculto al

Art. 1.485: Modificado por la Ley 17/2021, de 15 de diciembre, de modificación del Código Civil, la Ley Hipotecaria y la Ley de Enjuiciamiento Civil, sobre el régimen jurídico de los animales (*B.O.E.* n. 300, de 16 de diciembre).

V. arts. 1.100, 1.103 y 1.255 del C.c. y 36 a 40 de la C.Com.Ven. Compárese con el art. 1.476. V. también art. 12 de la L.C.Mta.

Art. 1.486: v. arts. 336 del C. de C.; 1.100, 1.102, 1.103, 1.106, 1.107 y 1.484 del C.c. y 44, 45, 49, 50, 74 a 80 y 86 de la C.Com.Ven. Compárese con los arts. 1.460 y 1.479.

Art. 1.487: v. arts. 1.106, 1.107, 1.182, 1.452 y 1.896. Compárese con los arts. 1.460 y 1.479.

Art. 1.488: v. arts. 1.102, 1.104, 1.106, 1.107 y 1.182 y 1896. Compárese con los arts. 1.460 y 1.479.

tiempo de la venta, y se pierde después por caso fortuito o por culpa del comprador, podrá éste reclamar del vendedor el precio que pagó, con la rebaja del valor que la cosa tenía al tiempo de perderse.

Si el vendedor obró de mala fe, deberá abonar al comprador los daños e intereses.

Art. 1.489. En las ventas judiciales nunca habrá lugar a la responsabilidad por daños y perjuicios; pero sí a todo lo demás dispuesto en los artículos anteriores.

Art. 1.490. Las acciones que emanen de lo dispuesto en los cinco artículos precedentes se extinguirán a los seis meses, contados desde la entrega de la cosa vendida.

Art. 1.491. Vendiéndose dos o más animales juntamente, sea en un precio alzado, sea señalándolo a cada uno de ellos, el vicio redhibitorio de cada uno dará solamente lugar a su redhibición, y no a la de los otros, a no ser que aparezca que el comprador no habría comprado el sano o sanos sin el vicioso.

Se presume esto último cuando se compra un tiro, yunta, pareja o juego, aunque se haya señalado un precio separado a cada uno de los animales que lo componen.

Art. 1.492. Lo dispuesto en el artículo anterior respecto de la venta de animales se entiende igualmente aplicable a la de las cosas.

Art. 1.493. El saneamiento por los vicios ocultos de los animales destinados a una finalidad productiva no tendrá lugar en las ventas hechas en feria o en pública subasta, o cuando sean destinados a sacrificio o matanza de acuerdo con la legislación aplicable, salvo el caso previsto en el artículo siguiente.

Art. 1.489: v. arts. 131 de la L.H. y 643 y ss. de la L.Enj.Civ. Ténganse en cuenta los arts. 56 a 61 de la L.C.Mta. sobre venta en pública subasta.

Art. 1.490: Compárese con los arts. 1.299, 1.301, 1.472, 1.964 y 1.969 del C.c. V. arts. 336 y 342 del C. de C.

Art. 1.491: v. arts. 1.479, 1.483 y 1.484.

Art. 1.492: Modificado por la Ley 17/2021, de 15 de diciembre, de modificación del Código Civil, la Ley Hipotecaria y la Ley de Enjuiciamiento Civil, sobre el régimen jurídico de los animales (*B.O.E.* n. 300, de 16 de diciembre).

Art. 1.493: Modificado por la Ley 17/2021, de 15 de diciembre, de modificación del Código Civil, la Ley Hipotecaria y la Ley de Enjuiciamiento Civil, sobre el régimen jurídico de los animales (*B.O.E.* n. 300, de 16 de diciembre).

V. arts. 82 a 84 del C. de C.

Art. 1.494. No serán objeto del contrato de venta los ganados y animales que padezcan enfermedades contagiosas. Cualquier contrato que se hiciere respecto de ellos será nulo.

También será nulo el contrato de venta de los ganados y animales, si, expresándose en el mismo contrato el servicio o uso para que se adquieren, resultaren inútiles para prestarlo.

Art. 1.495. Cuando el vicio oculto de los animales, aunque se haya practicado reconocimiento facultativo, sea de tal naturaleza que no basten los conocimientos periciales para su descubrimiento, se reputará redhibitorio.

Pero si el profesor, por ignorancia o mala fe, dejara de descubrirlo o manifestarlo, será responsable de los daños y perjuicios.

Art. 1.496. La acción redhibitoria que se funde en los vicios o defectos de los animales, deberá interponerse dentro de cuarenta días, contados desde el de su entrega al comprador, salvo que, por el uso en cada localidad, se hallen establecidos mayores o menores plazos. Esta acción en las ventas de animales sólo se podrá ejercitar respecto de los vicios y defectos de los mismos que estén determinados por la ley o por los usos locales.

Art. 1.497. Si el animal muriese a los tres días de comprado, será responsable el vendedor, siempre que la enfermedad que ocasionó la muerte existiera antes del contrato, a juicio de los Facultativos.

Art. 1.498. Resuelta la venta, el animal deberá ser devuelto en el estado en que fue vendido y entregado, siendo responsable el comprador de cualquier deterioro debido a su negligencia, y que no proceda del vicio o defecto redhibitorio.

Art. 1.499. En las ventas de animales y ganados con vicios redhibitorios, gozará también el comprador de la facultad expresada en el artículo 1.486; pero deberá usar de ella dentro del mismo término que para el ejercicio de la acción redhibitoria queda respectivamente señalado.

Art. 1.494: v. arts. 1.271 y 1.272.
Art. 1.495: v. arts. 1.101 a 1.107 y 1.484.
Art. 1.496: v. arts. 1.3, 1.258, 1.287, 1.472, 1.490 (y su nota) y 1.499.
Art. 1.497: v. arts. 1.452 y 1.487.
Art. 1.498: Compárese con los arts. 1.106, 1.107, 1.120, 1.122 y 1.486 a 1.488.

CAPÍTULO V

DE LAS OBLIGACIONES DEL COMPRADOR

Art. 1.500. El comprador está obligado a pagar el precio de la cosa vendida en el tiempo y lugar fijados por el contrato.

Si no se hubieren fijado, deberá hacerse el pago en el tiempo y lugar en que se haga la entrega de la cosa vendida.

Art. 1.501. El comprador deberá intereses por el tiempo que medie entre la entrega de la cosa y el pago del precio, en los tres casos siguientes:

1.º Si así se hubiere convenido.

2.º Si la cosa vendida y entregada produce fruto o renta.

3.º Si se hubiese constituido en mora, con arreglo al artículo 1.100.

Art. 1.502. Si el comprador fuere perturbado en la posesión o dominio de la cosa adquirida, o tuviere fundado temor de serlo por una acción reivindicatoria o hipotecaria, podrá suspender el pago del precio hasta que el vendedor haya hecho cesar la perturbación o el peligro, a no ser que afiance la devolución del precio en su caso, o se haya estipulado que, no obstante cualquiera contingencia de aquella clase, el comprador estará obligado a verificar el pago.

Art. 1.503. Si el vendedor tuviere fundado motivo para temer la pérdida de la cosa inmueble vendida y el precio, podrá promover inmediatamente la resolución de la venta. Si no existiere este motivo, se observará lo dispuesto en el artículo 1.124.

Art. 1.504. En la venta de bienes inmuebles, aun cuando se hubiera estipulado que por falta de pago del precio en el tiempo convenido tendrá lugar de pleno derecho la resolución del contrato, el comprador podrá pagar, aun después de expirado el término, ínterin no haya sido requerido judicialmente o por acta notarial. Hecho el requeri-

---

Art. 1.500: v. arts. 337 y 339 del C. de C., 1.171 y 1.199 del C.c. y 28, 53 a 59 y 78 de la C.Com.Ven.

Art. 1.501: v. arts. 341 del C. de C. y 53 a 59 y 78 de la C.Com.Ven.

Art. 1.502: Cómparese con los arts. 329 y 330 del C. de C. y 1.466, 1.467 y 1.483 del C.c. V. art. 1.100 del C.c. y 41 a 43, 45 y 71 de la C.Com.Ven.

Art. 1.503: Compárese con los arts. 1.124 y 1.129 del C.c. V. arts. 71 a 73 de la C.Com.Ven.

Art. 1.504: v. arts. 59 del R.H.; 1.100, 1.124.3, notas a los arts. 1.291 y 1.295. V. también las Leyes 486 y ss. de la C.Nav.

miento, el Juez no podrá concederle nuevo término.

Art. 1.505. Respecto de los bienes muebles, la resolución de la venta tendrá lugar de pleno derecho, en interés del vendedor, cuando el comprador, antes de vencer el término fijado para la entrega de la cosa, no se haya presentado a recibirla, o, presentándose, no haya ofrecido al mismo tiempo el precio, salvo que para el pago de éste se hubiese pactado mayor dilación.

CAPÍTULO VI

DE LA RESOLUCIÓN DE LA VENTA*

Art. 1.506. La venta se resuelve por las mismas causas que todas las obligaciones, y además por las expresadas en los capítulos anteriores, y por el retracto convencional o por el legal.

SECCIÓN PRIMERA

*Del retracto convencional***

Art. 1.507. Tendrá lugar el retracto convencional cuando el vendedor se reserve el derecho de recuperar la cosa vendida, con obligación de cumplir lo expresado en el artículo 1.518 y lo demás que se hubiese pactado.

Art. 1.508. El derecho de que trata el artículo anterior durará, a falta de pacto expreso, cuatro años contados desde la fecha del contrato.

En caso de estipulación, el plazo no podrá exceder de diez años.

Art. 1.509. Si el vendedor no cumple lo prescrito en el artículo 1.518, el comprador adquirirá irrevocablemente el dominio de la cosa vendida.

Art. 1.510. El vendedor podrá ejercitar su acción contra

Art. 1.505: Compárese con los arts. 1.124 y 1.504 del C.c. y 339 y 340 del C. de C. V. arts. 60, 61, 64, 71, 72, 85 y 88 de la C.Com.Ven.

* Ténganse en cuenta los arts. 11, 23 y 37 de la L.H. y 31.4, 51, 59 y 175 del R.H.

Art. 1.506: v. arts. 1.124 y 1.290 del C.c. y 25, 45.3, 49, 51.2, 61.3, 64, 72, 73, 75, 76 y 81 a 84 de la C.Com.Ven. Compárese con el art. 13.1 de la L.A.U.

** Compárese con los arts. 326 a 328 de la C.Cat., en la redacción dada a los mismos por la Ley 29/1991, de 13 de diciembre, en materia de venta a carta de gracia, y v. notas a este Título IV del Libro IV y al art. 13 de este Código. V. también las Leyes 475 y ss., y 576 de la C.Nav.

Art. 1.507: v. arts. 641 y 1.572 de este Código; 9.2, 13 y 23 de la L.H. y 175.6, 177, 180, 238 y 239 del R.H.

Art. 1.508: v. arts. 1.930 y 1.938.

Art. 1.510: v. arts. 37 y 107, n.os 7.º y 8.º de la L.H.

todo poseedor que traiga su derecho del comprador, aunque en el segundo contrato no se haya hecho mención del retracto convencional; salvo lo dispuesto en la Ley Hipotecaria respecto de terceros.

Art. 1.511. El comprador sustituye al vendedor en todos sus derechos y acciones.

Art. 1.512. Los acreedores del vendedor no podrán hacer uso del retracto convencional contra el comprador, sino después de haber hecho excusión en los bienes del vendedor.

Art. 1.513. El comprador con pacto de retroventa de una parte de finca indivisa que adquiera la totalidad de la misma en el caso del artículo 404, podrá obligar al vendedor a redimir el todo, si éste quiere hacer uso del retracto.

Art. 1.514. Cuando varios, conjuntamente y en un solo contrato, vendan una finca indivisa con pacto de retro, ninguno de ellos podrá ejercitar este derecho más que por su parte respectiva.

Lo mismo se observará si el que ha vendido por sí solo una finca ha dejado varios herederos, en cuyo caso cada uno de éstos sólo podrá redimir la parte que hubiese adquirido.

Art. 1.515. En los casos del artículo anterior, el comprador podrá exigir de todos los vendedores o coherederos que se pongan de acuerdo sobre la redención de la totalidad de la cosa vendida; y, si así no lo hicieren, no se podrá obligar al comprador al retracto parcial.

Art. 1.516. Cada uno de los copropietarios de una finca indivisa, que hubiese vendido separadamente su parte, podrá ejercitar, con la misma separación, el derecho de retracto por su porción respectiva, y el comprador no podrá obligarle a redimir la totalidad de la finca.

Art. 1.517. Si el comprador dejare varios herederos, la acción de retracto no podrá ejercitarse contra cada uno sino por su parte respectiva, ora se halle indivisa, ora se haya distribuido entre ellos.

Pero, si se ha dividido la herencia, y la cosa vendida se ha adjudicado a uno de los herederos, la acción de retracto podrá intentarse contra él por el todo.

Art. 1.518. El vendedor no podrá hacer uso del derecho de

Art. 1.512: v. art. 1.111.
Arts. 1.514, 1.515, 1.516 y 1.517: v. arts. 392 a 406, 1.138 y 1.522.

retracto sin reembolsar al comprador el precio de la venta, y además:

1.º Los gastos del contrato, y cualquier otro pago legítimo hecho por la venta.

2.º Los gastos necesarios y útiles hechos en la cosa vendida.

Art. 1.519. Cuando al celebrarse la venta hubiese en la finca frutos manifiestos o nacidos, no se hará abono ni prorrateo de los que hay al tiempo del retracto.

Si no los hubo al tiempo de la venta, y los hay al del retracto, se prorratearán entre el retrayente y el comprador, dando a éste la parte correspondiente al tiempo que poseyó la finca en el último año, a contar desde la venta.

Art. 1.520. El vendedor que recobre la cosa vendida, la recibirá libre de toda carga o hipoteca impuesta por el comprador, pero estará obligado a pasar por los arriendos que éste haya hecho de buena fe, y según costumbre del lugar en que radique.

SECCIÓN SEGUNDA

*Del retracto legal**

Art. 1.521. El retracto legal es el derecho de subrogarse, con las mismas condiciones estipuladas en el contrato, en lugar del que adquiere una cosa por compra o dación en pago.

Art. 1.522. El copropietario de una cosa común podrá usar del retracto en el caso de enajenarse a un extraño la parte de todos los demás condueños o de alguno de ellos.

Cuando dos o más copropietarios quieran usar del retracto, sólo podrán hacerlo a prorrata de la porción que tengan en la cosa común.

Art. 1.523. También tendrán derecho de retracto los propietarios de las tierras colindantes cuando se trate de la venta de una finca rústica cuya cabida no exceda de una hectárea.

El derecho a que se refiere el párrafo anterior no es aplicable a las tierras colindantes

---

Art. 1.519: v. arts. 357, 451 y 455.

Art. 1.520: v. arts. 1.571 y 1.572 de este Código; 11 y 37 de la L.H.; 175.6.º, 177 y 180 del R.H. y 13.1 de la L.A.U.

* Sobre esta materia deben consultarse las Leyes 445 y ss. de la C.Nav.

Art. 1.521: Compárese con los arts. 25 y 31 de la L.A.U., 8 de la L.A.R. y 1.459.5, 1.536 y 1.636 a 1.642 del C.c.

Art. 1.522: v. arts. 396 y 1.067.

Art. 1.523: v. arts. 50 y 8 de la L.A.R., 23 a 27 de la L.E.A. y 532 de este Código.

que estuvieren separadas por arroyos, acequias, barrancos, caminos y otras servidumbres aparentes en provecho de otras fincas.

Si dos o más colindantes usan del retracto al mismo tiempo será preferido el que de ellos sea dueño de la tierra colindante de menor cabida; y si las dos la tuvieran igual, el que primero lo solicite.

Art. 1.524. No podrá ejercitarse el derecho de retracto legal sino dentro de nueve días contados desde la inscripción en el Registro, y en su defecto, desde que el retrayente hubiera tenido conocimiento de la venta.

El retracto de comuneros excluye el de colindantes.

Art. 1.525. En el retracto legal tendrá lugar lo dispuesto en los artículos 1.511 y 1.518.

CAPÍTULO VII

De la transmisión de créditos y demás derechos incorporales*

Art. 1.526. La cesión de un crédito, derecho o acción no surtirá efecto contra tercero sino desde que su fecha deba tenerse por cierta en conformidad a los artículos 1.218 y 1.227.

Si se refiere a un inmueble, desde la fecha de su inscripción en el Registro.

Art. 1.527. El deudor, que antes de tener conocimiento de la cesión satisfaga al acreedor, quedará libre de la obligación.

Art. 1.528. La venta o cesión de un crédito comprende la de todos los derechos accesorios, como la fianza, hipoteca, prenda o privilegio.

Art. 1.524: v. arts. 8 de la L.A.R., 25 de la L.A.U. y 1.638 del C.c. Téngase en cuenta la S.T.C. 54/1994, de 24 de febrero (*B.O.E.* de 17 de marzo), por la que no se aprecia la inconstitucionalidad de este artículo.

* Sobre la transmisión de letras de cambio, pagarés y cheques, v. arts. 14 a 24, 96 y 120 a 130 de la L.C.Ch. Sobre transmisión de acciones, participaciones y obligaciones, v. arts. 106 a 112 y 120 a 125 del T.R.L.S.Cap. y Leyes 511 y ss. de la C.Nav.

V. la Disp. Adic. 3.ª de la Ley 1/1999, de 5 de enero, reguladora de las entidades de capital-riesgo y de sus sociedades gestoras (vigente según Disp. Derog. de la L.Cap.Riesg.), en la que se regulan aspectos de determinadas cesiones de crédito, y art. 17 de la L.Enj.Civ.

Art. 1.526: v. arts. 24 y 150 a 152 de la L.H., 346 del C.c. y 11 y 12 de la L.Cre.Con.

Art. 1.527: v. arts. 1.157, 1.164, 1.198 y 1.842 del C.c., 347 del C. de C., 31 de la L.Cre.Con., 151 de la L.H. y 242 del R.H.

Art. 1.528: Compárese con el art. 1.212 del C.c. V. art. 31 de la L.Cre.Con.

Art. 1.529. El vendedor de buena fe responderá de la existencia y legitimidad del crédito al tiempo de la venta, a no ser que se haya vendido como dudoso; pero no de la solvencia del deudor, a menos de haberse estipulado expresamente, o de que la insolvencia fuese anterior y pública.

Aun en estos casos sólo responderá del precio recibido y de los gastos expresados en el número 1.º del artículo 1.518.

El vendedor de mala fe responderá siempre del pago de todos los gastos y de los daños y perjuicios.

Art. 1.530. Cuando el cedente de buena fe se hubiese hecho responsable de la solvencia del deudor, y los contratantes no hubieran estipulado nada sobre la duración de la responsabilidad, durará ésta sólo un año, contado desde la cesión del crédito, si estaba ya vencido el plazo.

Si el crédito fuere pagadero en término o plazo todavía no vencido, la responsabilidad cesará un año después del vencimiento.

Si el crédito consistiere en una renta perpetua, la responsabilidad se extinguirá a los diez años, contados desde la fecha de la cesión.

Art. 1.531. El que venda una herencia sin enumerar las cosas de que se compone, sólo estará obligado a responder de su cualidad de heredero.

Art. 1.532. El que venda alzadamente o en globo la totalidad de ciertos derechos, rentas o productos, cumplirá con responder de la legitimidad del todo en general; pero no estará obligado al saneamiento de cada una de las partes de que se componga, salvo en el caso de evicción del todo o de la mayor parte.

Art. 1.533. Si el vendedor se hubiese aprovechado de algunos frutos o hubiese percibido alguna cosa de la herencia que vendiere, deberá abonarlos al comprador, si no se hubiese pactado lo contrario.

Art. 1.534. El comprador deberá, por su parte, satisfacer al vendedor todo lo que éste haya pagado por las deudas y cargas de la herencia y por los créditos que tenga contra la misma, salvo pacto en contrario.

Art. 1.529: v. arts. 348 del C. de C. y 1.102, 1.107, 1.129.1.º, 1.206 y 1.478 del C.c. Compárese con el art. 1.535.

Téngase en cuenta lo dispuesto en el art. 11, párr. 3.º, del R.H.

Art. 1.531: v. arts. 14 y 46 de la L.H.; 816, 1.067, 1.271, 1.280 y 1.476 y ss. de este Código y Leyes 325 y ss. de la C.Nav.

Art. 1.535. Vendiéndose un crédito litigioso, el deudor tendrá derecho a extinguirlo, reembolsando al cesionario el precio que pagó, las costas que se le hubiesen ocasionado y los intereses del precio desde el día en que éste fue satisfecho.

Se tendrá por litigioso un crédito desde que se conteste a la demanda relativa al mismo.

El deudor podrá usar de su derecho dentro de nueve días, contados desde que el cesionario le reclame el pago.

Art. 1.536. Se exceptúan de lo dispuesto en el artículo anterior la cesión o ventas hechas:

1.º A un coheredero o condueño del derecho cedido.

2.º A un acreedor en pago de su crédito.

3.º Al poseedor de una finca sujeta al derecho litigioso que se ceda.

CAPÍTULO VIII

Disposición general

Art. 1.537. Todo lo dispuesto en este título se entiende con sujeción a lo que respecto de bienes inmuebles se determina en la Ley Hipotecaria.

TÍTULO V

De la permuta*

Art. 1.538. La permuta es un contrato por el cual cada uno de los contratantes se obliga a dar una cosa para recibir otra.

Art. 1.539. Si uno de los contratantes hubiese recibido la cosa que se le prometió en permuta, y acreditase que no era

---

Art. 1.535: v. arts. 1.165, 1.291.4 y 1.785 del C.c. y 241, 394, 398, 539 y 583 de la L.Enj.Civ. Compárese con el art. 1.529.

Art. 1.537: v. art. 242 del R.H.

* V. arts. 325 a 346 del C. de C.; 19, 115 y ss., 153 y 154 de la L.Patrim.A.P.; 148 a 153 del R.Patrim.E..; 23 del R.I.T.P. y Leyes 585 y ss. de la C.Nav.

Téngase en cuenta el régimen sustantivo previsto en el art. 13 del R.H. sobre cesión de suelo por obra futura, en la que se pacta que la contraprestación a la cesión sea una transmisión actual de pisos o locales del edificio a construir.

V. la Ley 23/2001, de 31 de diciembre, de cesión de finca o de edificabilidad a cambio de construcción futura, de Cataluña (*B.O.E.* n. 29, de 2 de febrero de 2002, y *D.O.G.C.* n. 3.556, de 18 de enero).

Art. 1.538: v. arts. 346 del C. de C. y 1.446 del C.c.

Art. 1.539: Compárese con los arts. 1.100, 1.124, 1.451, 1.466, 1.502 y 1.771.

propia del que la dio, no podrá ser obligado a entregar la que él ofreció en cambio, y cumplirá con devolver la que recibió.

Art. 1.540. El que pierda por evicción la cosa recibida en permuta, podrá optar entre recuperar la que dio en cambio, o reclamar la indemnización de daños y perjuicios; pero sólo podrá usar del derecho a recuperar la cosa que él entregó mientras ésta subsista en poder del otro permutante, y sin perjuicio de los derechos adquiridos entretanto sobre ella con buena fe por un tercero.

Art. 1.541. En todo lo que no se halle especialmente determinado en este título, la permuta se regirá por las disposiciones concernientes a la venta.

TÍTULO VI

Del contrato de arrendamiento*

CAPÍTULO PRIMERO

Disposiciones generales

Art. 1.542. El arrendamiento puede ser de cosas, o de obras o servicios.

Art. 1.543. En el arrendamiento de cosas, una de las partes se obliga a dar a la otra el goce o uso de una cosa por tiempo determinado y precio cierto.

Art. 1.540: v. arts. 1.475 a 1.483 del C.c. y 34 y 37 de la L.H. Compárese con los arts. 1.094 a 1.097, 1.122 a 1.124, 1.295 y 1.298.

Art. 1.541: v. arts. 1.445 y ss. de este Código y 11 de la L.H.

* Los contratos de trabajo se rigen básicamente por el Estatuto de los Trabajadores, aprobado por R.D.Leg. 2/2015, de 23 de octubre (*B.O.E.* n. 255, de 24 de octubre). Los arrendamientos rústicos se rigen por la Ley 49/2003, de 26 de noviembre (*B.O.E.* n. 284, de 27 de noviembre); los arrendamientos urbanos, por la Ley 29/1994, de 24 de noviembre (*B.O.E.* n. 282, de 25 de noviembre). Ténganse en cuenta los arts. 122 a 128 de la L.Patrim.A.P., 172 a 184 del R.Patrim.E., 14 y 48 del R.I.T.P. y 92 del R.B.E.L.

Respecto a las viviendas de protección oficial, v. R.D.L. 31/1978, de 31 de octubre, y R.D. 3.148/1978, de 10 de noviembre, sobre política de viviendas de protección oficial. V. nota al art. 833.

Ténganse en cuenta las Leyes 588 y ss. de la C.Nav.

V. la Ley 40/2002, de 14 de noviembre, reguladora del contrato de aparcamiento de vehículos (*B.O.E.* n. 274, de 15 de noviembre).

Téngase en cuenta la Ley 4/2013, de 4 de junio, de medidas de flexibilidad y fomento del alquiler de viviendas (*B.O.E.* n. 134, de 5 de junio).

Art. 1.542: v. art. 1.655. Compárese con los arts. 1.665 y 1.709 del C.c. y 244 del C. de C.

Art. 1.543: v. arts. 1.112, 1.257, 1.447 y 1.655. Ténganse en cuenta los arts. 1.577, 1.582, 1.740 y 1.741.

Art. 1.544. En el arrendamiento de obras o servicios, una de las partes se obliga a ejecutar una obra o a prestar a la otra un servicio por precio cierto.

Art. 1.545. Los bienes fungibles que se consumen con el uso no pueden ser materia de este contrato.

CAPÍTULO II

DE LOS ARRENDAMIENTOS DE FINCAS RÚSTICAS Y URBANAS*

SECCIÓN PRIMERA

Disposiciones generales

Art. 1.546. Se llama arrendador al que se obliga a ceder el uso de la cosa, ejecutar la obra o prestar el servicio; y arrendatario al que adquiere el uso de la cosa o el derecho a la obra o servicio que se obliga a pagar.

Art. 1.547. Cuando hubiese comenzado la ejecución de un contrato de arrendamiento verbal y faltare la prueba del precio convenido, el arrendatario devolverá al arrendador la cosa arrendada, abonándole, por el tiempo que la haya disfrutado, el precio que se regule.

Art. 1.548. Los progenitores o tutores, respecto de los bienes de los menores, y los administradores de bienes que no tengan poder especial, no podrán dar en arrendamiento las cosas por término que exceda de seis años.

Art. 1.545: v. art. 337.

* Téngase en cuenta lo dispuesto en el art. 52.7.º de la L.Enj.Civ.

Ténganse presentes las especiales disposiciones legales aprobadas, como consecuencia de la pandemia del COVID-19, en el ámbito de los arrendamientos urbanos de vivienda y para uso distinto del de vivienda, que incluyen medidas no solamente de ayuda económica a colectivos vulnerables, sino también de posible solicitud de aplazamiento o rebaja de la renta pactada, o incluso de suspensión de los procesos de desahucio y lanzamiento, en los términos establecidos en dichas disposiciones que son el R.D.L. 11/2020, de 31 de marzo, por el que se adoptan medidas urgentes complementarias en el ámbito social y económico para hacer frente al COVID-19 (*B.O.E.* n. 91, de 1 de abril), y el R.D.L. 15/2020, de 21 de abril, de medidas urgentes complementarias para apoyar la economía y el empleo (*B.O.E.* n. 112, de 22 de abril).

Art. 1.547: v. arts. 37 de la L.A.U., 11 y 13 a 15 de la L.A.R. y 1.289 del C.c.

Art. 1.548: Redactado por Ley 14/1975, de reforma del C.c.; v. arts. 9 de la L.A.R. y 166, 271.7, 1.714 y 1.889 del C.c.

Modificado por Ley 8/2021, de 2 de junio, por la que se reforma la legislación civil y procesal para el apoyo a las personas con discapacidad en el ejercicio de su capacidad jurídica (*B.O.E.* n. 132, de 3 de junio).

Art. 1.549. Con relación a terceros, no surtirán efecto los arrendamientos de bienes raíces que no se hallen debidamente inscritos en el Registro de la Propiedad.

Art. 1.550. Cuando en el contrato de arrendamiento de cosas no se prohíba expresamente, podrá el arrendatario subarrendar en todo o en parte la cosa arrendada, sin perjuicio de su responsabilidad al cumplimiento del contrato para con el arrendador.

Art. 1.551. Sin perjuicio de su obligación para con el subarrendador, queda el subarrendatario obligado a favor del arrendador por todos los actos que se refieran al uso y conservación de la cosa arrendada en la forma pactada entre el arrendador y el arrendatario.

Art. 1.552. El subarrendatario queda también obligado para con el arrendador por el importe del precio convenido en el subarriendo que se halle debiendo al tiempo del requerimiento, considerando no hechos los pagos adelantados, a no haberlos verificado con arreglo a la costumbre.

Art. 1.553. Son aplicables al contrato de arrendamiento las disposiciones sobre saneamiento contenidas en el título de la compraventa.

En los casos en que proceda la devolución del precio, se hará la disminución proporcional al tiempo que el arrendatario haya disfrutado de la cosa.

SECCIÓN SEGUNDA

*De los derechos y obligaciones del arrendador y del arrendatario**

Art. 1.554. El arrendador está obligado:

1.º A entregar al arrendatario la cosa objeto del contrato.

2.º A hacer en ella durante el arrendamiento todas las reparaciones necesarias a fin de conservarla en estado de servir para el uso a que ha sido destinada.

Art. 1.549: v. arts. 2.5 y 32 a 38 de la L.H.; 1.280.2 y 1.571 del C.c.; 14 y 29 de la L.A.U. y16 de la L.A.R.

Art. 1.550: v. arts. 8, 27 y 35 de la L.A.U., así como 23 de la L.A.R.

Arts. 1.551 y 1.552: v. arts. 8 de la L.A.U. y 23 de la L.A.R.

Art. 1.553: v. arts. 1.474 a 1.499 y 1.554.3.º

* Afecta tanto al art. 1.555.1 como al art. 1.554.3.

Art. 1.554, n. 1.º: v. arts. 2 y 9 de la L.A.U. y 1 de la L.A.R.

N. 2.º: v. arts. 21, 23, 24 y 26 de la L.A.U. y 48 y 17 a 19 de la L.A.R.

3.º A mantener al arrendatario en el goce pacífico del arrendamiento por todo el tiempo del contrato.

Art. 1.555. El arrendatario está obligado:

1.º A pagar el precio del arrendamiento en los términos convenidos.

2.º A usar de la cosa arrendada como un diligente padre de familia, destinándola al uso pactado; y, en defecto de pacto, al que se infiera de la naturaleza de la cosa arrendada según la costumbre de la tierra.

3.º A pagar los gastos que ocasione la escritura del contrato.

Art. 1.556. Si el arrendador o el arrendatario no cumplieren las obligaciones expresadas en los artículos anteriores, podrán pedir la rescisión del contrato y la indemnización de daños y perjuicios, o sólo esto último, dejando el contrato subsistente.

N. 3.º: v. arts. 27.3 de la L.A.U. y 1.553 del C.c. Compárese con los arts. 500, 502, 1.474 y 1.560.

Art. 1.555, n. 1.º: v. arts. 17 y 27 de la L.A.U.; 22, 13 a 15 y 20 de la L.A.R. y 1.110, 1.188, 1.189, 1.171, 1.258, 1.574, 1.922.7 y 1.966.2 del C.c.

Téngase en cuenta, respecto de la obligación de pago del precio del arrendamiento para el arrendatario, lo dispuesto en los arts. 1 a 5 del R.D.L. 15/2020, de 21 de abril, de medidas urgentes complementarias para apoyar la economía y el empleo (*B.O.E.* n. 112, de 22 de abril), en virtud de los cuales las personas físicas o jurídicas arrendatarias de fincas urbanas para uso distinto al de vivienda que sean autónomos y pymes, y cumplan los requisitos previstos en el art. 3 de dicho R.D.L. 15/2020, podrán solicitar de la parte arrendadora el aplazamiento temporal y extraordinario en el pago de la renta, siempre que dicho aplazamiento o una rebaja de la renta no se hubiera acordado por ambas partes con carácter voluntario. En el caso de que la parte arrendadora sea una empresa, o una entidad pública de la vivienda, o un gran tenedor, entendiendo por tal la persona física o jurídica que sea titular de más de 10 inmuebles urbanos, excluyendo garajes y trasteros, o una superficie construida de más de 1.500 m^2, la petición de moratoria deberá ser aceptada por el arrendador.

Asimismo, los arts. 3 a 9 del R.D.L. 11/2020, de 31 de marzo (*B.O.E.* n. 91, de 1 de abril) establecen medidas conducentes a procurar la moratoria o aplazamiento del pago de la deuda arrendaticia destinadas a arrendatarios de vivienda habitual de fincas urbanas, que se encuentren en situación de vulnerabilidad económica, tal y como esta se define en el art. 5 del citado R.D.L. 11/2020.

N. 3.º: v. art. 1.455.

Téngase en cuenta la Orden de 4 de octubre de 1999, por la que se aprueba el modelo del contrato de arrendamiento de fincas urbanas, contemplado en el art. 12.1 del Texto Refundido del Impuesto sobre Transmisiones Patrimoniales y Actos Jurídicos Documentados (*B.O.E.* n. 257, de 27 de octubre).

Art. 1.556: v. arts. 17 a 20 y 26 de la L.A.R., 26 a 28 y 35 de la L.A.U. y 1.101, 1.124 y 1.569 del C.c.

Art. 1.557. El arrendador no puede variar la forma de la cosa arrendada.

Art. 1.558. Si durante el arrendamiento es necesario hacer alguna reparación urgente en la cosa arrendada que no pueda diferirse hasta la conclusión del arriendo, tiene el arrendatario obligación de tolerar la obra, aunque le sea muy molesta, y aunque durante ella se vea privado de una parte de la finca.

Si la reparación dura más de cuarenta días, debe disminuirse el precio del arriendo a proporción del tiempo y de la parte de la finca de que el arrendatario se vea privado.

Si la obra es de tal naturaleza que hace inhabitable la parte que el arrendatario y su familia necesitan para su habitación, puede éste rescindir el contrato.

Art. 1.559. El arrendatario está obligado a poner en conocimiento del propietario, en el más breve plazo posible, toda usurpación o novedad dañosa que otro haya realizado o abiertamente prepare en la cosa arrendada.

También está obligado a poner en conocimiento del dueño, con la misma urgencia, la necesidad de todas las reparaciones comprendidas en el número 2.º del artículo 1.554.

En ambos casos será responsable el arrendatario de los daños y perjuicios que por su negligencia se ocasionaren al propietario.

Art. 1.560. El arrendador no está obligado a responder de la perturbación de mero hecho que un tercero causare en el uso de la finca arrendada; pero el arrendatario tendrá acción directa contra el perturbador.

No existe perturbación de hecho cuando el tercero, ya sea la Administración, ya un particular, ha obrado en virtud de un derecho que le corresponde.

Art. 1.561. El arrendatario debe devolver la finca, al concluir el arriendo, tal como la recibió, salvo lo que hubiese perecido o se hubiera menoscabado por el tiempo o por causa inevitable.

Art. 1.562. A falta de expresión del estado de la finca al

Art. 1.557: v. arts. 21, 22 y 26 de la L.A.U., 8 y 11.2 de la L.A.R. y 489 y 1.554.3.º del C.c.

Art. 1.558: v. arts. 21 y 22 y 26 de la L.A.U. y 17 a 21 de la L.A.R.

Art. 1.559: v. arts. 446 y 511 del C.c. y 21 y 30 de la L.A.U.

Art. 1.560: v. arts. 446 del C.c. y 250.1.4.º de la L.Enj.Civ. Ténganse en cuenta los arts. 122 y ss. de la L.Patrim.A.P. y 125 de la L.E.F.

Art. 1.561: v. arts. 27 de la L.A.R. y 1.094 del C.c.

tiempo de arrendarla, la ley presume que el arrendatario la recibió en buen estado, salvo prueba en contrario.

Art. 1.563. El arrendatario es responsable del deterioro o pérdida que tuviere la cosa arrendada, a no ser que pruebe haberse ocasionado sin culpa suya.

Art. 1.564. El arrendatario es responsable del deterioro causado por las personas de su casa.

Art. 1.565. Si el arrendamiento se ha hecho por tiempo determinado, concluye el día prefijado sin necesidad de requerimiento.

Art. 1.566. Si al terminar el contrato, permanece el arrendatario disfrutando quince días de la cosa arrendada con aquiescencia del arrendador, se entiende que hay tácita reconducción por el tiempo que establecen los artículos 1.577 y 1.581, a menos que haya precedido requerimiento.

Art. 1.567. En el caso de la tácita reconducción, cesan respecto de ella las obligaciones otorgadas por un tercero para la seguridad del contrato principal.

Art. 1.568. Si se pierde la cosa arrendada o alguno de los contratantes falta al cumplimiento de lo estipulado, se observará respectivamente lo dispuesto en los artículos 1.182 y 1.183 y en los 1.101 y 1.124.

Art. 1.569. El arrendador podrá desahuciar judicialmente al arrendatario por alguna de las causas siguientes:

Art. 1.563: v. arts. 27.*d*) de la L.A.U., 25.*f*) de la L.A.R. y 1.101 y 1.182 del C.c.

Art. 1.564: v. arts. 1.783, 1.784, 1.903 y 1.910.

Art. 1.565: v. arts. 9, 10, 13 y 14 de la L.A.U.; 24.*b*) de la L.A.R. y 1.569, 1.577, 1.581 y 1.656 del C.c.

Art. 1.566: v. arts. 12 y 24.*b*) de la L.A.R.; 10, 27 y 28 de la L.A.U. y 1.567 y 1.569 del C.c. Téngase en cuenta lo dispuesto en el art. 357 del R.H., así como en el art. 50 de los Estatutos Generales del Colegio de Registradores de la Propiedad y Mercantiles de España, aprobados por R.D. 483/1997, de 14 de abril (*B.O.E.* n. 108, de 6 de mayo).

Art. 1.567: v. arts. 1.207 y 1.851.

Art. 1.568: En realidad, la referencia a los arts. 1.101 y 1.124 no figura en el texto original del C.c. publicado en la *Gaceta de Madrid* de 8 de octubre de 1888. V. arts. 21.1 y 28.*a*) de la L.A.U. y 24.*a*) de la L.A.R.

Art. 1.569: v. arts. 27 y 28 de la L.A.U.; 25 y 26 de la L.A.R.; 19 de la L.P.H.; 52.7.°, 439.3 y 449.1 de la L.Enj.Civ. y 1.101, 1.124, 1.555 y 1.556 de este Código.

1.ª Haber expirado el término convencional o el que se fija para la duración de los arrendamientos en los artículos 1.577 y 1.581.

2.ª Falta de pago en el precio convenido.

3.ª Infracción de cualquiera de las condiciones estipuladas en el contrato.

4.ª Destinar la cosa arrendada a usos o servicios no pactados que la hagan desmerecer; o no sujetarse en su uso a lo que se ordena en el número 2.º del artículo 1.555.

Art. 1.570. Fuera de los casos mencionados en el artículo anterior, tendrá el arrendatario derecho a aprovechar los términos establecidos en los artículos 1.577 y 1.581.

Art. 1.571. El comprador de una finca arrendada tiene derecho a que termine el arriendo vigente al verificarse la venta, salvo pacto en contrario y lo dispuesto en la Ley Hipotecaria.

Si el comprador usare de este derecho, el arrendatario podrá exigir que se le deje recoger los frutos de la cosecha que corresponda al año agrícola corriente y que el vendedor le indemnice los daños y perjuicios que se le causen.

Art. 1.572. El comprador con pacto de retraer no puede usar de la facultad de desahuciar al arrendatario hasta que haya concluido el plazo para usar del retracto.

Art. 1.573. El arrendatario tendrá, respecto de las mejoras útiles y voluntarias, el mismo derecho que se concede al usufructuario.

Art. 1.574. Si nada se hubiere pactado sobre el lugar y tiempo del pago del arrendamiento, se estará, en cuanto al lugar, a lo dispuesto en el artículo 1.171; y, en cuanto al tiempo, a la costumbre de la tierra.

Art. 1.571: v. arts. 2.5 y 34 de la L.H.; 13 del R.H.; 22 de la L.A.R.; 14, 25 y Disp. Adic. 2.ª de la L.A.U; 1.280 y 1.549 del C.c. y 22 de la L.Enj.Civ.

Art. 1.572: Ténganse en cuenta los arts. 13, 14, 25, 29 y 31 de la L.A.U. y 23 de la L.A.R. V. arts. 1.508 y 1.571 del C.c. Compárese con el art. 1.520.

Art. 1.573: Ténganse en cuenta los arts. 19, 22, 23 y 30 de la L.A.U. y 21de la L.A.R. V. arts. 487, 488, 503 y 1.561 del C.c.

Art. 1.574: v. arts. 12 a 16 de la L.A.R.

SECCIÓN TERCERA

*Disposiciones especiales para los arrendamientos de predios rústicos**

Art. 1.575. El arrendatario no tendrá derecho a rebaja de la renta por esterilidad de la tierra arrendada o por pérdida de frutos proveniente de casos fortuitos ordinarios; pero sí, en caso de pérdida de más de la mitad de frutos por casos fortuitos extraordinarios e imprevistos, salvo siempre el pacto especial en contrario.

Entiéndese por casos fortuitos extraordinarios: el incendio, guerra, peste, inundación insólita, langosta, terremoto u otro igualmente desacostumbrado, y que los contratantes no hayan podido racionalmente prever.

Art. 1.576. Tampoco tiene el arrendatario derecho a rebaja de la renta cuando los frutos se han perdido después de estar separados de su raíz o tronco.

Art. 1.577. El arrendamiento de un predio rústico, cuando no se fija su duración, se entiende hecho por todo el tiempo necesario para la recolección de los frutos que toda la finca arrendada diere en un año o pueda dar por una vez, aunque pasen dos o más años para obtenerlos.

El de tierras labrantías, divididas en dos o más hojas, se entiende por tantos años cuantas sean éstas.

Art. 1.578. El arrendatario saliente debe permitir al entrante el uso del local y demás medios necesarios para las labores preparatorias del año siguiente; y, recíprocamente, el entrante tiene obligación de permitir al colono saliente lo necesario

---

* La regulación en materia de arrendamientos rústicos fue modificada de forma importante a través de la Ley 49/2003, de 26 de noviembre (*B.O.E.* n. 284, de 27 de noviembre), por la que se derogó la anterior Ley 83/1980, de 31 de diciembre. La nueva Ley simplificó sustancialmente la regulación anterior, reduciendo su articulado a treinta y cuatro preceptos, más las pertinentes disposiciones adicionales y transitorias. El principio fundamental guió a la nueva regulación fue el de flexibilizar el régimen de los arrendamientos rústicos.

Ténganse en cuenta la Ley 1/1992, de 10 de febrero (*B.O.E.* n. 36, de 11 de febrero), sobre arrendamientos rústicos históricos, y art. 35 y Disp. Trans. 1.ª de la C.Gall., así como la Ley 1/2008, de 20 de febrero, de Contratos de Cultivo de Cataluña (*B.O.E.* n. 84, de 7 de abril; *D.O.G.C.* n. 5.082, de 3 de marzo).

Art. 1.575: v. arts. 13 a 16 de la L.A.R. y 1.104.

Art. 1.576: v. arts. 451 a 456 del C.c. Compárese con los arts. 1.183, 1.486, 1.488 y 1.489.

Art. 1.577: v. arts. 480, 1.565, 1.566 y 1.571 de este Código y 12 de la L.A.R.

para la recolección y aprovechamiento de los frutos, todo con arreglo a la costumbre del pueblo.

Art. 1.579. El arrendamiento por aparcería de tierras de labor, ganados de cría o establecimientos fabriles o industriales, se regirá por las disposiciones relativas al contrato de sociedad y por las estipulaciones de las partes, y, en su defecto, por la costumbre de la tierra.

SECCIÓN CUARTA

*Disposiciones especiales para el arrendamiento de predios urbanos**

Art. 1.580. En defecto de pacto especial, se estará a la costumbre del pueblo para las reparaciones de los predios urbanos que deban ser de cuenta del propietario. En caso de duda se entenderán de cargo de éste.

Art. 1.581. Si no se hubiese fijado plazo al arrendamiento, se entiende hecho por años cuando se ha fijado un alquiler anual, por meses cuando es mensual, por días cuando es diario.

En todo caso cesa el arrendamiento, sin necesidad de requerimiento especial, cumplido el término.

Art. 1.582. Cuando el arrendador de una casa, o de parte de ella, destinada a la habitación de una familia, o de una tienda, o almacén, o establecimiento industrial, arrienda también los muebles, el arrendamiento de éstos se

---

Art. 1.579: Las aparcerías se encuentran reguladas en los arts. 28 a 32 de la L.A.R. Ténganse en cuenta la Ley del Parlamento de Cataluña 2/2005, de 4 de abril (*D.O.G.C.* n. 4.362, de 13 de abril), de contratos de integración, y arts. 127 y ss. de la C.Gall. V. nota al art. 13. V. asimismo el art. 337 de la C.Cat.

* V. la Ley 29/1994, de 24 de noviembre (*B.O.E.* n. 282, de 25 de noviembre), sobre arrendamientos urbanos, dotando de una detallada regulación a esta relación arrendaticia, que se caracteriza, entre otras, por su naturaleza imperativa en relación con los arrendamientos de viviendas (arts. 2, 4 y 6), de los que distingue los arrendamientos para uso distinto al de vivienda (arts. 3, 4 y 29 a 35). En relación con los primeros se establece una mayor protección del arrendatario (arts. 3 y 6), concretada en una duración mínima de cinco años, o de siete años si el arrendador fuese persona jurídica (art. 9), al hablar de la prórroga forzosa, la posibilidad de que el arrendamiento continúe a favor de determinadas personas o incluso se puedan subrogar en el contrato (arts. 12, 15 y 16), el acceso a la propiedad del arrendatario (arts. 25 y 31) y una minuciosa regulación de la renta, su actualización y revisión (arts. 17 a 20), así como de las obras de conservación, gastos y mejoras (arts. 21, 24 y 30) y la resolución del contrato por incumplimiento (arts. 26 a 28 y 35).

Art. 1.580: v. arts. 21 a 24, 27.3 y 30 de la L.A.U. Compárese con el art. 1.554.2.º

Art. 1.581: v. arts. 9.2 de la L.A.U. y 1.127, 1.565 y 1.566.

Art. 1.582: v. arts. 2 y 7 de la L.A.U.

entenderá por el tiempo que dure el de la finca arrendada.

CAPÍTULO III

DEL ARRENDAMIENTO DE OBRAS Y SERVICIOS

SECCIÓN PRIMERA*

Del servicio de criados y trabajadores asalariados

Art. 1.583. Puede contratarse esta clase de servicios sin tiempo fijo, por cierto tiempo, o para una obra determinada. El arrendamiento hecho por toda la vida es nulo.

Art. 1.584. El criado doméstico destinado al servicio personal de su amo, o de la familia de éste, por tiempo determinado, puede despedirse y ser despedido antes de expirar el término; pero, si el amo despide al criado sin justa causa, debe indemnizarle pagándole el salario devengado y el de quince días más.

El amo será creído, salvo prueba en contrario:

1.º Sobre el tanto del salario del sirviente doméstico.

2.º Sobre el pago de los salarios devengados en el año corriente.

Art. 1.585. Además de lo prescrito en los artículos anteriores, se observará acerca de los amos y sirvientes lo que determinen las leyes y reglamentos especiales.

Art. 1.586. Los criados de labranza, menestrales, artesanos y demás trabajadores asalariados por cierto término para cierta obra, no pueden despedirse ni ser despedidos antes del cumplimiento del contrato, sin justa causa.

Art. 1.587. La despedida de los criados, menestrales, artesanos y demás trabajadores asalariados, a que se refieren los artículos anteriores, da derecho para desposeerles de la herramienta y edificios que ocuparen por razón de su cargo.

---

* Esta sección ha devenido inaplicable por imperativo de la legislación especial en materia de Derecho laboral, representado en la actualidad por el E.T. V. sus arts. 1 y 2, así como los arts. 311 a 318 del C.P. Sobre contrato de Servicios, v. art. 158 de la L.C.Sec.Púb.

Art. 1.583: v. arts. 1.255, 1.271 y 1.272.

Art. 1.584: v. art. 2 del E.T. y el R.D. 1.620/2011, de 14 de noviembre, por el que se regula la relación laboral de carácter especial del Servicio del hogar familiar (*B.O.E.* n. 277, de 17 de noviembre).

Art. 1.586: v. arts. 49 a 57 del E.T.

Art. 1.587: v. arts. 430, 441, 444 y 460.4 del C.c. y 54 y 56 del E.T.

SECCIÓN SEGUNDA

*De las obras por ajuste o precio alzado**

Art. 1.588. Puede contratarse la ejecución de una obra conviniendo en que el que la ejecute ponga solamente su trabajo o su industria, o que también suministre el material.

Art. 1.589. Si el que contrató la obra se obligó a poner el material, debe sufrir la pérdida en el caso de destruirse la obra antes de ser entregada, salvo si hubiese habido morosidad en recibirla.

Art. 1.590. El que se ha obligado a poner sólo su trabajo o industria, no puede reclamar ningún estipendio si se destruye la obra antes de haber sido entregada, a no ser que haya habido morosidad para recibirla, o que la destrucción haya provenido de la mala calidad de los materiales, con tal que haya advertido oportunamente esta circunstancia al dueño.

Art. 1.591. El contratista de un edificio que se arruinase por vicios de la construcción, responde de los daños y perjuicios si la ruina tuviere lugar dentro de diez años, contados desde que se concluyó la construcción; igual responsabilidad, y por el mismo tiempo, tendrá el arquitecto que la dirigiere, si se debe la ruina a vicio del suelo o de la dirección.

Si la causa fuere la falta del contratista a las condiciones del contrato, la acción de indemnización durará quince años.

Art. 1.592. El que se obliga a hacer una obra por piezas o por medida, puede exigir del dueño que la reciba por partes

---

* Ténganse en cuenta los arts. 105 y ss. y 155 de la L.C.Sec.Púb. sobre contratos de obras.

Téngase presente también la Ley 38/1999, de 5 de noviembre, de Ordenación de la Edificación (*B.O.E.* n. 266, de 6 de noviembre), que entendemos deroga implícitamente el sistema de garantías y responsabilidades en lo que se refiere a la construcción de edificios previsto en este Código.

Téngase en cuenta la Instrucción de 11 de septiembre de 2000, de la D.G.R.N., ante la consulta formulada por la Dirección General de Seguros sobre la forma de acreditar ante Notario y Registrador la constitución de las garantías a que se refiere el art. 20.1 de la L.O.E. (*B.O.E.* n. 227, de 21 de septiembre).

Art. 1.588: v. arts. 1 y 2 de la L.O.E.

Art. 1.589: Compárese con los arts. 609, 1.095, 1.096, 1.100, 1.122, 1.182, 1.459, 1.487 y 1.488. V. art. 6 de la L.O.E.

Art. 1.590: Compárese con los arts. 1.096, 1.098, 1.182 y 1.452.

Art. 1.591: v. arts. 1.095, 1.096, 1.098, 1.106, 1.107, 1.124, 1.484, 1.553, 1.909, 1.930, 1.938 y 1.964 de este Código y 3.1.*b*), 6.5, 8 y ss., 17 y Disp. Adic. 7.ª de la L.O.E.

Art. 1.592: Cómparese con el art. 1.169 de este Código y Disp. Adic. 1.ª de la L.O.E.

y que la pague en proporción. Se presume aprobada y recibida la parte satisfecha.

Art. 1.593. El arquitecto o contratista que se encarga por un ajuste alzado de la construcción de un edificio u otra obra en vista de un plano convenido con el propietario del suelo, no puede pedir aumento de precio aunque se haya aumentado el de los jornales o materiales; pero podrá hacerlo cuando se haya hecho algún cambio en el plano que produzca aumento de obra, siempre que hubiese dado su autorización el propietario.

Art. 1.594. El dueño puede desistir, por su sola voluntad, de la construcción de la obra aunque se haya empezado, indemnizando al contratista de todos sus gastos, trabajo y utilidad que pudiera obtener de ella.

Art. 1.595. Cuando se ha encargado cierta obra a una persona por razón de sus cualidades personales, el contrato se rescinde por la muerte de esta persona.

En este caso el propietario debe abonar a los herederos del constructor, a proporción del precio convenido, el valor de la parte de obra ejecutada y de los materiales preparados, siempre que de estos materiales reporte algún beneficio.

Lo mismo se entenderá si el que contrató la obra no puede acabarla por alguna causa independiente de su voluntad.

Art. 1.596. El contratista es responsable del trabajo ejecutado por las personas que ocupare en la obra.

Art. 1.597. Los que ponen su trabajo y materiales en una obra ajustada alzadamente por el contratista, no tienen acción contra el dueño de ella sino hasta la cantidad que éste adeude a aquél cuando se hace la reclamación.

Art. 1.598. Cuando se conviniere que la obra se ha de hacer a satisfacción del propietario, se entiende reservada la aprobación, a falta de conformidad, al juicio pericial correspondiente.

Art. 1.593: v. arts. 1.258, 1.445 y 1.543. Compárese con el art. 1.471.

Art. 1.594: v. art. 1.256. Compárese con los arts. 1.161 (y nota al mismo) y 1.733.

Art. 1.595: v. arts. 1.161 de este Código y 709 de la L.Enj.Civ. Compárese con los arts. 1.184, 1.732 y 1.739.

Art. 1.596: Compárese con los arts. 1.721 y 1.903. V. arts. 5, 17.3 y 17.6 de la L.O.E.

Art. 1.597: v. arts. 1.550 a 1.552, 1.922 y 1.923.3 del C.c. y Disp. Adic. 1.ª de la L.O.E., así como el art. 42 del E.T.

Art. 1.598: v. arts. 1.447, 1.453 y 1.690 de este Código y 6 de la L.O.E.

Si la persona que ha de aprobar la obra es un tercero, se estará a lo que éste decida.

Art. 1.599. Si no hubiere pacto o costumbre en contrario, el precio de la obra deberá pagarse al hacerse la entrega.

Art. 1.600. El que ha ejecutado una obra en cosa mueble, tiene el derecho de retenerla en prenda hasta que se le pague.

SECCIÓN TERCERA

*De los transportes por agua y tierra, tanto de personas como de cosas**

Art. 1.601. Los conductores de efectos por tierra o por agua están sujetos, en cuanto a la guarda y conservación de las cosas que se les confían, a las mismas obligaciones que respecto a los posaderos se determinan en los artículos 1.783 y 1.784.

Art. 1.599: v. art. 1.500.

Art. 1.600: En materia de derecho de retención, v. art. 453 y nota al mismo.

* Hay que tener en cuenta las disposiciones siguientes:

a) Transporte terrestre.

— Código de Comercio, arts. 349 a 379.

— Ley 16/1987, de 30 de julio, de Ordenación de los Transportes Terrestres (*B.O.E.* n. 182, de 31 de julio), y su Disp. Derog.

Téngase en cuenta la Ley 15/2009, de 11 de noviembre, del contrato de transporte terrestre de mercancías (*B.O.E.* n. 273, de 12 de noviembre de 2009; corrección de errores en *B.O.E.* n. 41, de 16 de febrero de 2010).

— R.D. 1.211/1990, de 28 de septiembre (*B.O.E.* n. 241, de 8 de octubre), por el que se aprobó el Reglamento de la Ley de Ordenación de los Transportes Terrestres. Ténganse en cuenta las Órdenes de 4 de febrero de 1993 (*B.O.E.* n. 40, de 16 de febrero), por la que se desarrolla el citado Reglamento en materia de autorizaciones de transporte discrecional, tanto de viajeros como de mercancías, por carretera; de 6 de mayo de 1999 por la que se desarrolla el Capítulo IV del Título IV del Reglamento de la L.O.T.T. en materia de otorgamiento de autorizaciones de transporte internacional de viajeros por carretera.

Téngase en cuenta la profunda modificación de la materia introducida por R.D. 70/2019, de 15 de febrero, por el que se modifican el Reglamento de la Ley de Ordenación de los Transportes Terrestres y otras normas reglamentarias en materia de formación de los conductores de los vehículos de transporte por carretera, de documentos de control en relación con los transportes por carretera, de transporte sanitario por carretera, de transporte de mercancías peligrosas y del Comité Nacional del Transporte por Carretera (*B.O.E.* n. 44, de 20 de febrero).

— Ley de 24 de enero de 1941 (*B.O.E.* de 28 de enero), de bases de ordenación ferroviaria y transportes por carretera. Sus bases 4.ª a 18 fueron derogadas por la Ley 16/1987, de 30 de julio, de Ordenación de los Transportes Terrestres (*B.O.E.* n. 182, de 31 de julio).

— L.O. 5/1987, de 30 de julio (*B.O.E.* n. 182, de 31 de julio), de Delegación de Facultades del Estado en las Comunidades Autónomas en relación con los transportes por carretera y por cable.

Lo dispuesto en este artículo se entiende sin perjuicio de lo que respecto a transportes por mar y tierra establece el Código de Comercio.

Art. 1.602. Responden igualmente los conductores de la pérdida y de las averías de las cosas que reciben, a no ser que prueben que la pérdida o la avería ha provenido de caso fortuito o de fuerza mayor.

Art. 1.603. Lo dispuesto en estos artículos se entiende sin perjuicio de lo que prevengan las leyes y los reglamentos especiales.

— R.D. 2.395/2004, de 30 de diciembre, por el que se aprueba el Estatuto de la entidad pública empresarial Administrador de Infraestructuras Ferroviarias (*B.O.E.* n. 315, de 31 de diciembre).

V., igualmente, la Orden INT/3.716/2004, de 28 de octubre, por la que se publican las fichas de intervención para la actuación de los Servicios operativos en situaciones de emergencia provocadas por accidentes en el transporte de mercancías peligrosas por carretera y ferrocarril (*B.O.E.* n. 276, de 16 de noviembre).

b) Transportes marítimos.

— Código de Comercio: arts. 652 a 718.

— Ley 10/2000, de 7 de julio, de Ordenación del Transporte en Aguas Marítimas y Continentales, de Cataluña (*B.O.E.* n. 203, de 24 de agosto, y *D.O.G.C.* n. 3.189, de 24 de julio), así como el R.D.-ley 23/2018, de 21 de diciembre, de transposición de directivas en materia de marcas, transporte ferroviario y viajes combinados y Servicios de viaje vinculados (*B.O.E.* n. 312, de 27 de diciembre).

— Ley 2/2008, de 6 de mayo, por la que se desarrolla la libre prestación de Servicios de transporte marítimo de personas en aguas interiores de Galicia (*B.O.E.* n. 135, de 4 de junio, y *D.O.G.* n. 90, de 12 de mayo).

c) Transportes aéreos.

— Ley 48/1960, de 21 de julio (*B.O.E.* n. 176, de 23 de julio), sobre Navegación Aérea, arts. 92 a 129.

— Convenio de Varsovia de 12 de octubre de 1929, ratificado por España el 31 de enero de 1930 (*Gaceta* n. 233, de 21 de agosto de 1931), sobre transporte aéreo internacional.

Téngase en cuenta la Ley 10/2003, de 20 de mayo, de medidas urgentes de liberalización en el sector inmobiliario y transportes (*B.O.E.* n. 121, de 21 de mayo).

V. Ley 9/2003, de 13 de junio, de la movilidad de Cataluña (*B.O.E.* n. 169, de 16 de julio; *D.O.G.C.* n. 3.913, de 27 de junio).

Téngase en cuenta la Ley 38/2015, de 29 de septiembre, del sector ferroviario (*B.O.E.* n. 234, de 30 de septiembre).

Téngase en cuenta el Reglamento (CE) n. 1008/2008, de 24 de septiembre, sobre normas comunes para la explotación de los Servicios aéreos en la Comunidad (*D.O.C.E.* n. 293, de 31 de octubre de 2008).

Art. 1.601: v. arts. 306, 355, 361, 362 y 703 del C. de C.

Art. 1.602: v. arts. 306, 361, 362 y 366 del C. de C., y 1.105 del C.c.

TÍTULO VII

De los censos*

CAPÍTULO PRIMERO

DISPOSICIONES GENERALES

Art. 1.604. Se constituye el censo cuando se sujetan algunos bienes inmuebles al pago de un canon o rédito anual en retribución de un capital que se recibe en dinero, o del dominio pleno o menos pleno que se transmite de los mismos bienes.

Art. 1.605. Es enfitéutico el censo cuando una persona cede a otra el dominio útil de una finca, reservándose el directo y el derecho a percibir del enfiteuta una pensión anual en reconocimiento de este mismo dominio.

Art. 1.606. Es consignativo el censo, cuando el censatario impone sobre un inmueble de su propiedad el gravamen del canon o pensión que se obliga a pagar al censualista por el capital que de éste recibe en dinero.

Art. 1.607. Es reservativo el censo, cuando una persona cede a otra el pleno dominio de un inmueble, reservándose el derecho a percibir sobre el mismo inmueble una pensión anual que deba pagar el censatario.

Art. 1.608. Es de la naturaleza del censo que la cesión del capital o de la cosa inmueble sea perpetua o por tiempo indefinido; sin embargo, el censatario podrá redimir el censo a su voluntad aunque se pacte lo contrario; siendo esta disposición aplicable a los censos que hoy existen.

Puede, no obstante, pactarse que la redención del censo no tenga lugar durante la vida del censualista o de una persona determinada, o que no pueda redimirse en cierto número de años,

---

* Ténganse en cuenta las Leyes de 31 de diciembre de 1945 y 26 de diciembre de 1957 en materia de censos, foros y subforos; y los arts. 55 a 63 de la C.Bal. V. nota al capítulo V del Título Preliminar del Código civil. V. también sobre esta cuestión las Leyes 32 y 542 y ss. de la C.Nav., así como el art. 27 del R.I.T.P.

Ténganse presentes los arts. 565-1 y ss. del C.Civ.Cat.

Art. 1.604: v. arts. 115, 116 y 148 de la L.H.; 216 del R.H. y 334 del C.c.

Art. 1.605: v. arts. 596, 867 y 1.628 a 1.656.

Art. 1.606: v. arts. 1.657 a 1.660.

Art. 1.607: v. arts. 1.661 a 1.664.

Art. 1.608: v. arts. 1.086, 1.651, 1.658 y 1.662 de este Código y 148 de la L.H.

que no excederá de veinte en el consignativo, ni de sesenta en el reservativo y enfitéutico.

Art. 1.609. Para llevar a efecto la redención, el censatario deberá avisarlo al censualista con un año de antelación, o anticiparle el pago de una pensión anual.

Art. 1.610. Los censos no pueden redimirse parcialmente sino en virtud de pacto expreso.

Tampoco podrán redimirse contra la voluntad del censualista, sin estar al corriente el pago de las pensiones.

Art. 1.611. Para la redención de los censos constituidos antes de la promulgación de este Código, si no fuere conocido el capital, se regulará éste por la cantidad que resulte, computada la pensión al 3 por 100.

Si la pensión se paga en frutos, se estimarán éstos, para determinar el capital, por el precio medio que hubiesen tenido en el último quinquenio.

Lo dispuesto en este artículo no será aplicable a los foros, subforos, derechos de superficie y cualesquiera otros gravámenes semejantes, en los cuales el principio de la redención de los dominios será regulado por una ley especial.

Art. 1.612. Los gastos que se ocasionen para la redención y liberación del censo serán de cuenta del censatario, salvo los que se causen por oposición temeraria, a juicio de los Tribunales.

Art. 1.613. La pensión o canon de los censos se determinará por las partes al otorgar el contrato.

Podrá consistir en dinero o frutos.

Art. 1.614. Las pensiones se pagarán en los plazos convenidos; y, a falta de convenio, si consisten en dinero, por años vencidos a contar desde la fecha del contrato; y, si en frutos, al fin de la respectiva recolección.

Art. 1.610: v. arts. 1.514 a 1.517.

Art. 1.611: En cumplimiento de lo preceptuado en este artículo se publicó el R.D.L. de 25 de junio de 1926, desarrollado por Reglamento de 3 de agosto del mismo año, derogados ambos por la Disp. Final 3.ª de la Ley 147/1963, de 2 de diciembre (*B.O.E.* n. 291, de 5 de diciembre), aprobatoria de la Compilación de Derecho Civil Especial de Galicia. La Ley del Parlamento Gallego 7/1987, de 10 de diciembre, hizo desaparecer del ámbito del Derecho foral gallego la institución de los foros y subforos. Esta Ley 7/1987 fue a su vez derogada por la Ley 4/1995, de 24 de mayo, y esta última por la Ley 2/2006, de 14 de junio, de Derecho civil de Galicia. Ténganse en cuenta los arts.1.655 del C.c.; 55 a 63 de la C.Bal. y 16 y 69 y ss. del R.H.

Art. 1.615. Si no se hubiere designado en el contrato el lugar en que hayan de pagarse las pensiones, se cumplirá esta obligación en el que radique la finca gravada con el censo, siempre que el censualista o su apoderado tuvieren su domicilio en el término municipal del mismo pueblo. No teniéndolo, y sí el censatario, en el domicilio de éste se hará el pago.

Art. 1.616. El censualista, al tiempo de entregar el recibo de cualquier pensión, puede obligar al censatario a que le dé un resguardo en que conste haberse hecho el pago.

Art. 1.617. Pueden transmitirse a título oneroso o lucrativo las fincas gravadas con censos, y lo mismo el derecho a percibir la pensión.

Art. 1.618. No pueden dividirse entre dos o más personas las fincas gravadas con censo sin el consentimiento expreso del censualista, aunque se adquieran a título de herencia.

Cuando el censualista permita la división, se designará con su consentimiento la parte del censo con que quedará gravada cada porción, constituyéndose tantos censos distintos cuantas sean las porciones en que se divida la finca.

Art. 1.619. Cuando se intente adjudicar la finca gravada con censo a varios herederos, y el censualista no preste su consentimiento para la división, se pondrá a licitación entre ellos.

A falta de conformidad, o no ofreciéndose por alguno de los interesados el precio de tasación, se venderá la finca con la carga, repartiéndose el precio entre los herederos.

Art. 1.620. Son prescriptibles tanto el capital como las pensiones de los censos, conforme a lo que se dispone en el Título XVIII de este Libro.

Art. 1.621. A pesar de lo dispuesto en el artículo 1.110, será necesario el pago de dos pensiones consecutivas para suponer satisfechas todas las anteriores.

Art. 1.622. El censatario está obligado a pagar las contri-

Art. 1.615: Compárese con el art. 1.500.
Art. 1.617: v. arts. 1.636, 1.637 y 1.644. Compárese con los arts. 480 y 525.
Art. 1.618: v. arts. 400, 405, 867 y 1.086.
Art. 1.619: v. art. 404.
Art. 1.620: v. arts. 1.963, 1.966 y 1.970.
Art. 1.622: v. arts. 504 y 505.

buciones y demás impuestos que afecten a la finca acensuada.

Al verificar el pago de la pensión podrá descontar de ella la parte de los impuestos que corresponda al censualista.

Art. 1.623. Los censos producen acción real sobre la finca gravada. Además de la acción real podrá el censualista ejercitar la personal para el pago de las pensiones atrasadas, y de los daños e intereses cuando hubiere lugar a ello.

Art. 1.624. El censatario no podrá pedir el perdón o reducción de la pensión por esterilidad accidental de la finca, ni por la pérdida de sus frutos.

Art. 1.625. Si por fuerza mayor o caso fortuito se pierde o inutiliza totalmente la finca gravada con censo, quedará éste extinguido, cesando el pago de la pensión.

Si se pierde sólo en parte, no se eximirá el censatario de pagar la pensión, a no ser que prefiera abandonar la finca al censualista.

Interviniendo culpa del censatario, quedará sujeto, en ambos casos, al resarcimiento de daños y perjuicios.

Art. 1.626. En el caso del párrafo primero del artículo anterior, si estuviere asegurada la finca, el valor del seguro quedará afecto al pago del capital del censo y de las pensiones vencidas, a no ser que el censatario prefiera invertirlo en reedificar la finca, en cuyo caso revivirá el censo con todos sus efectos, incluso el pago de las pensiones no satisfechas. El censualista podrá exigir del censatario que asegure la inversión del valor del seguro en la reedificación de la finca.

Art. 1.627. Si la finca gravada con censo fuere expropiada por causa de utilidad pública, su precio estará afecto al pago del capital del censo y de las pensiones vencidas, quedando éste extinguido.

La precedente disposición es también aplicable al caso en que la expropiación forzosa sea solamente de parte de la finca,

---

Art. 1.623: v. arts. 116 de la L.H.; 216 del R.H. y 1.659.

Art. 1.624: v. art. 1.575.

Art. 1.625: v. arts. 1.101 y 1.575.

Art. 1.626: v. arts. 517 y 518.

Art. 1.627: v. arts. 519 y 1.659 de este Código; 71 y ss. de la L.E.F. y 87 y ss. del R.E.F. Téngase en cuenta la Ley 34/1979, de 16 de noviembre, de fincas manifiestamente mejorables (*B.O.E.* n. 281, de 23 de noviembre).

cuando su precio baste para cubrir el capital del censo.

Si no bastare, continuará gravando el censo sobre el resto de la finca, siempre que su precio sea suficiente para cubrir el capital censual y un 25 por 100 más del mismo. En otro caso estará obligado el censatario a sustituir con otra garantía la parte expropiada, o a redimir el censo, a su elección, salvo lo dispuesto para el enfitéutico en el artículo 1.631.

CAPÍTULO II

DEL CENSO ENFITÉUTICO*

SECCIÓN PRIMERA

Disposiciones relativas a la enfiteusis

Art. 1.628. El censo enfitéutico sólo puede establecerse sobre bienes inmuebles y en escritura pública.

Art. 1.629. Al constituirse el censo enfitéutico se fijará en el contrato, bajo pena de nulidad, el valor de la finca y la pensión anual que haya de satisfacerse.

Art. 1.630. Cuando la pensión consista en una cantidad determinada de frutos, se fijarán en el contrato su especie y calidad.

Si consiste en una parte alícuota de los que produzca la finca, a falta de pacto expreso sobre la intervención que haya de tener el dueño directo, deberá el enfiteuta darle aviso previo, o a su representante, del día en que se proponga comenzar la recolección de cada clase de frutos, a fin de que pueda, por sí mismo o por medio de su representante, presenciar todas las operaciones hasta percibir la parte que le corresponda.

Dado el aviso, el enfiteuta podrá levantar la cosecha, aunque no concurra el dueño directo ni su representante o interventor.

Art. 1.631. En el caso de expropiación forzosa se estará a lo dispuesto en el párrafo primero del artículo 1.627, cuando sea expropiada toda la finca.

Si sólo lo fuere en parte, se distribuirá el precio de lo expropiado entre el dueño directo y el útil, recibiendo aquél la parte del capital del censo que proporcionalmente corresponda a la parte expropiada, según el

---

* Sobre esta cuestión, v. arts. 55 y ss. de la C.Bal. Ténganse presentes los arts. 565-1 y ss. del C.Civ.Cat.

Art. 1.628: v. arts. 1.279, 1.280 y 1.605.

Art. 1.631: v. arts. 1.644 a 1.646. Compárese con el art. 395 y nota al mismo.

valor que se dio a toda la finca al constituirse el censo o que haya servido de tipo para la redención, y el resto corresponderá al enfiteuta.

En este caso continuará el censo sobre el resto de la finca, con la correspondiente reducción en el capital y las pensiones, a no ser que el enfiteuta opte por la redención total o por el abandono a favor del dueño directo.

Cuando, conforme a lo pactado, deba pagarse laudemio, el dueño directo percibirá lo que por este concepto le corresponda sólo de la parte del precio que pertenezca al enfiteuta.

Art. 1.632. El enfiteuta hace suyos los productos de la finca y de sus accesiones.

Tiene los mismos derechos que corresponderían al propietario en los tesoros y minas que se descubran en la finca enfitéutica.

Art. 1.633. Puede el enfiteuta disponer del predio enfitéutico y de sus accesiones, tanto por actos entre vivos como de última voluntad, dejando a salvo los derechos del dueño directo, y con sujeción a lo que establecen los artículos que siguen.

Art. 1.634. Cuando la pensión consista en una parte alícuota de los frutos de la finca enfitéutica, no podrá imponerse servidumbre ni otra carga que disminuya los productos sin consentimiento expreso del dueño directo.

Art. 1.635. El enfiteuta podrá donar o permutar libremente la finca, poniéndolo en conocimiento del dueño directo.

Art. 1.636. Corresponden recíprocamente al dueño directo y al útil el derecho de tanteo y el de retracto, siempre que vendan o den en pago su respectivo dominio sobre la finca enfitéutica.

Esta disposición no es aplicable a las enajenaciones forzosas por causa de utilidad pública.

Art. 1.637. Para los efectos del artículo anterior, el que trate de enajenar el dominio de una finca enfitéutica deberá avisarlo al otro condueño, declarándole el precio definitivo que se le ofrezca, o en que pretenda enajenar su dominio.

Art. 1.632: v. arts. 350, 351, 353 a 358.
Art. 1.633: v. art. 480.
Art. 1.634: v. art. 596.
Art. 1.635: v. art. 480.
Art. 1.636: v. arts. 25 de la L.A.U., 8 de la L.A.R., 1.521 del C.c. y nota al mismo.

Dentro de los veinte días siguientes al del aviso podrá el condueño hacer uso del derecho de tanteo, pagando el precio indicado. Si no lo verifica, perderá este derecho y podrá llevarse a efecto la enajenación.

Art. 1.638. Cuando el dueño directo, o el enfiteuta en su caso, no haya hecho uso del derecho de tanteo a que se refiere el artículo anterior, podrá utilizar el de retracto para adquirir la finca por el precio de la enajenación.

En este caso deberá utilizarse el retracto dentro de los nueve días útiles siguientes al del otorgamiento de la escritura de venta. Si ésta se ocultare, se contará dicho término desde la inscripción de la misma en el Registro de la Propiedad.

Se presume la ocultación cuando no se presenta la escritura en el Registro dentro de los nueve días siguientes al de su otorgamiento.

Independientemente de la presunción, la ocultación puede probarse por los demás medios legales.

Art. 1.639. Si se hubiere realizado la enajenación sin el previo aviso que ordena el artículo 1.637, el dueño directo, y en su caso el útil, podrán ejercitar la acción de retracto en todo tiempo hasta que transcurra un año, contado desde que la enajenación se inscriba en el Registro de la Propiedad.

Art. 1.640. En las ventas judiciales de fincas enfitéuticas, el dueño directo y el útil, en sus casos respectivos, podrán hacer uso del derecho de tanteo dentro del término fijado en los edictos para el remate, pagando el precio que sirva de tipo para la subasta, y del retracto dentro de los nueve días útiles siguientes al del otorgamiento de la escritura.

En este caso no será necesario el aviso previo que exige el artículo 1.637.

Art. 1.641. Cuando sean varias las fincas enajenadas sujetas a un mismo censo, no podrá utilizarse el derecho de tanteo ni el de retracto respecto de unas con exclusión de las otras.

Art. 1.642. Cuando el dominio directo o el útil pertenezca pro indiviso a varias personas, cada una de ellas podrá

Art. 1.638: v. arts. 1.524 de este Código y 249.1.7.º de la L.Enj.Civ.
Art. 1.639: v. art. 1.524.
Art. 1.640: v. art. 1.521.
Art. 1.642: v. arts. 1.522 a 1.524.

hacer uso del derecho de retracto con sujeción a las reglas establecidas para el de comuneros, y con preferencia el dueño directo, si se hubiese enajenado parte del dominio útil; o el enfiteuta, si la enajenación hubiese sido del dominio directo.

Art. 1.643. Si el enfiteuta fuere perturbado en su derecho por un tercero que dispute el dominio directo o la validez de la enfiteusis, no podrá reclamar la correspondiente indemnización del dueño directo si no le cita de evicción conforme a lo prevenido en el artículo 1.481.

Art. 1.644. En las enajenaciones a título oneroso de fincas enfitéuticas sólo se pagará laudemio al dueño directo cuando se haya estipulado expresamente en el contrato de enfiteusis.

Si al pactarlo no se hubiera señalado cantidad fija, ésta consistirá en el 2 por 100 del precio de la enajenación.

En las enfiteusis anteriores a la promulgación de este Código, que estén sujetas al pago de laudemio, aunque no se haya pactado, seguirá esta prestación en la forma acostumbrada, pero no excederá del 2 por 100 del precio de la enajenación cuando no se haya contratado expresamente otra mayor.

Art. 1.645. La obligación de pagar el laudemio corresponde al adquirente, salvo pacto en contrario.

Art. 1.646. Cuando el enfiteuta hubiese obtenido del dueño directo licencia para la enajenación o le hubiese dado el aviso previo que previene el artículo 1.637, no podrá el dueño directo reclamar, en su caso, el pago del laudemio sino dentro del año siguiente al día en que se inscriba la escritura en el Registro de la Propiedad. Fuera de dichos casos, esta acción estará sujeta a la prescripción ordinaria.

Art. 1.647. Cada veintinueve años podrá el dueño directo exigir el reconocimiento de su derecho por el que se encuentre en posesión de la finca enfitéutica.

Los gastos del reconocimiento serán de cuenta del enfiteuta, sin que pueda exigírsele ninguna otra prestación por este concepto.

Art. 1.648. Caerá en comiso la finca, y el dueño directo podrá reclamar su devolución:

Art. 1.644: v. art. 1.631.
Art. 1.646: v. arts. 1.930, 1.938 y 1.964.

1.º Por falta de pago de la pensión durante tres años consecutivos.

2.º Si el enfiteuta no cumple la condición estipulada en el contrato o deteriora gravemente la finca.

Art. 1.649. En el caso primero del artículo anterior, para que el dueño directo pueda pedir el comiso, deberá requerir de pago al enfiteuta judicialmente o por medio de Notario; y, si no paga dentro de los treinta días siguientes al requerimiento, quedará expedito el derecho de aquél.

Art. 1.650. Podrá el enfiteuta librarse del comiso en todo caso, redimiendo el censo y pagando las pensiones vencidas dentro de los treinta días siguientes al requerimiento de pago o al emplazamiento de la demanda.

Del mismo derecho podrán hacer uso los acreedores del enfiteuta hasta los treinta días siguientes al en que el dueño directo haya recobrado el pleno dominio.

Art. 1.651. La redención del censo enfitéutico consistirá en la entrega en metálico, y de una vez, al dueño directo del capital que se hubiese fijado como valor de la finca al tiempo de constituirse el censo, sin que pueda exigirse ninguna otra prestación, a menos que haya sido estipulada.

Art. 1.652. En el caso de comiso, o en el de rescisión por cualquier causa del contrato de enfiteusis, el dueño directo deberá abonar las mejoras que hayan aumentado el valor de la finca, siempre que este aumento subsista al tiempo de devolverla.

Si ésta tuviese deterioros por culpa o negligencia del enfiteuta, serán compensables con las mejoras, y en lo que no basten quedará el enfiteuta obligado personalmente a su pago, y lo mismo al de las pensiones vencidas y no prescritas.

Art. 1.653. A falta de herederos testamentarios descendientes, ascendientes, cónyuge supérstite y parientes dentro del sexto grado del último enfiteuta, volverá la finca al dueño directo en el estado en que se halle, si no dispuso de ella el enfiteuta en otra forma.

Art. 1.649: v. arts. 1.124 y 1.504.

Art. 1.650: v. art. 214 del R.H.

Art. 1.652: v. arts. 487, 488 y 1.573 de este Código y 214 del R.H.

Art. 1.653: Debe entenderse cuarto grado, en consonancia con la redacción dada al art. 954 del presente Código por R.D.L. de 13 de enero de 1928, de reforma del C.c.

Art. 1.654. Queda suprimido para lo sucesivo el contrato de subenfiteusis.

SECCIÓN SEGUNDA

*De los foros y otros contratos análogos al de enfiteusis**

Art. 1.655. Los foros y cualesquiera otros gravámenes de naturaleza análoga que se establezcan desde la promulgación de este Código, cuando sean por tiempo indefinido, se regirán por las disposiciones establecidas para el censo enfitéutico en la sección que precede.

Si fueren temporales o por tiempo limitado, se estimarán como arrendamientos y se regirán por las disposiciones relativas a este contrato.

Art. 1.656. El contrato en cuya virtud el dueño del suelo cede su uso para plantar viñas por el tiempo que vivieren las primeras cepas, pagándole el cesionario una renta o pensión anual en frutos o en dinero, se regirá por las reglas siguientes:

1.ª Se tendrá por extinguido a los cincuenta años de la cesión, cuando en ésta no se hubiese fijado expresamente otro plazo.

2.ª También quedará extinguido por muerte de las primeras cepas, o por quedar infructíferas las dos terceras partes de las plantadas.

3.ª El cesionario o colono puede hacer renuevos y mugrones durante el tiempo del contrato.

4.ª No pierde su carácter este contrato por la facultad de hacer otras plantaciones en el terreno concedido, siempre que sea su principal objeto la plantación de viñas.

5.ª El cesionario puede transmitir libremente su derecho a título oneroso o gratuito, pero sin que pueda dividirse el uso de la finca, a no consentirlo expresamente su dueño.

6.ª En las enajenaciones a título oneroso, el cedente y el cesionario tendrán recíprocamente los derechos de tanteo y de retracto, conforme a lo prevenido para la enfiteusis, y con la obligación de darse el aviso previo que se ordena en el artículo 1.637.

7.ª El colono o cesionario puede dimitir o devolver la fin-

---

* V. nota al art. 1.611 y los arts. 8 de la L.H. y 69 a 74 del R.H., así como las Leyes 427 y ss. y 542 a 545 de la C.Nav.

Art. 1.656, regla 1.ª: v. art. 4 L.A.R.

Regla 5.ª: v. arts. 480, 525, 1.617 y 1.633.

Regla 7.ª: Compárese con los arts. 1.127 y 1.555 del C.c. y 9, 11 y 12 de la L.A.U.

ca al cedente cuando le convenga, abonando los deterioros causados por su culpa.

8.ª El cesionario no tendrá derecho a las mejoras que existan en la finca al tiempo de la extinción del contrato, siempre que sean necesarias o hechas en cumplimiento de lo pactado.

En cuanto a las útiles y voluntarias, tampoco tendrá derecho a su abono, a no haberlas ejecutado con consentimiento por escrito del dueño del terreno, obligándose a abonarlas. En este caso se abonarán dichas mejoras por el valor que tengan al devolver la finca.

9.ª El cedente podrá hacer uso de la acción de desahucio por cumplimiento del término del contrato.

10.ª Cuando después de terminado el plazo de los cincuenta años o el fijado expresamente por los interesados, continuare el cesionario en el uso y aprovechamiento de la finca por consentimiento tácito del cedente, no podrá aquél ser desahuciado sin el aviso previo que éste deberá darle con un año de antelación para la conclusión del contrato.

CAPÍTULO III

Del censo consignativo

Art. 1.657. Cuando se pacte el pago en frutos de la pensión del censo consignativo, deberá fijarse la especie, cantidad y calidad de los mismos, sin que pueda consistir en una parte alícuota de los que produzca la finca acensuada.

Art. 1.658. La redención del censo consignativo consistirá en la devolución al censualista, de una vez y en metálico, del capital que hubiese entregado para constituir el censo.

Art. 1.659. Cuando se proceda por acción real contra la finca acensuada para el pago de pensiones, si lo que reste del valor de la misma no fuera suficiente para cubrir el capital del censo y un 25 por 100 más del mismo, podrá el censualista obligar al censatario a que, a su elección, redima el censo o complete la garantía, o abandone el resto de la finca a favor de aquél.

Art. 1.660. También podrá el censualista hacer uso del derecho establecido en el artícu-

---

Regla 8.ª: v. arts. 487, 488, 1.573 y 1.652.
Regla 9.ª: v. art. 1.569.
Regla 10.ª: v. arts. 1.565 a 1.567.
Art. 1.657: v. art. 1.606.
Art. 1.658: v. arts. 1.608 a 1.611 y 1.622.
Arts. 1.659 y 1.660: v. arts. 1.623 y 1.648 a 1.651.

lo anterior en los demás casos en que el valor de la finca sea insuficiente para cubrir el capital del censo y un 25 por 100 más, si concurre alguna de las circunstancias siguientes:

1.ª Que haya disminuido el valor de la finca por culpa o negligencia del censatario.

En tal caso éste será además responsable de los daños y perjuicios.

2.ª Que haya dejado de pagar la pensión por dos años consecutivos.

3.ª Que el censatario haya sido declarado en quiebra, concurso o insolvencia.

CAPÍTULO IV

DEL CENSO RESERVATIVO

Art. 1.661. No puede constituirse válidamente el censo reservativo sin que preceda la valoración de la finca por estimación conforme de las partes o por justiprecio de peritos.

Art. 1.662. La redención de este censo se verificará entregando el censatario al censualista, de una vez y en metálico, el capital que se hubiese fijado conforme al artículo anterior.

Art. 1.663. La disposición del artículo 1.657 es aplicable al censo reservativo.

Art. 1.664. En los casos previstos en los artículos 1.659 y 1.660, el deudor del censo reservativo sólo podrá ser obligado a redimir el censo, o a que abandone la finca a favor del censualista.

Art. 1.661: v. art. 1.607.
Art. 1.662: v. arts. 1.608 a 1.611 y 1.658.
Art. 1.664: Compárese con el art. 395 y nota al mismo.

TÍTULO VIII

De la sociedad*

CAPÍTULO PRIMERO

DISPOSICIONES GENERALES

Art. 1.665. La sociedad es un contrato por el cual dos o más personas se obligan a poner en común dinero, bienes o industria, con ánimo de partir entre sí las ganancias.

---

* Hay que tener en cuenta los arts. 31 del C.P.; 116 a 238 del C. de C.; el T.R.L.S.Cap.; la L.Coop.; la L.S.L.; la L.Cap. Riesg., así como la Ley 7/2003, de 1 de abril, de la sociedad limitada Nueva Empresa (*B.O.E.* n. 79, de 2 de abril). En relación con esta última, véanse el R.D. 682/2003, de 7 de junio (*B.O.E.* n. 138, de 10 de junio), y la Instrucción de 30 de mayo de 2003 de la D.G.R.N. (*B.O.E.* n. 140, de 12 de junio).

V. la Ley 35/2003, de 4 de noviembre, de Instituciones de Inversión Colectiva (*B.O.E.* n. 265, de 5 de noviembre).

V. la Ley 11/2009, de 26 de octubre, por la que se regulan las Sociedades Anónimas Cotizadas de Inversión en el Mercado Inmobiliario (*B.O.E.* n. 259, de 27 de octubre).

V. la Ley 2/2007, de 15 de marzo, de sociedades profesionales (*B.O.E.* n. 65, de 16 de marzo).

Téngase en cuenta el R.D. 136/2002, de 1 de febrero, por el que se aprueba el Reglamento del Registro de Sociedades Cooperativas (*B.O.E.* n. 40, de 15 de febrero).

Téngase presente la Ley 3/2009, de 3 de abril, sobre modificaciones estructurales de las sociedades mercantiles (*B.O.E.* n. 82, de 4 de abril).

Téngase en cuenta la Orden JUS/ 3.185/2010, de 9 de diciembre, por la que se aprueban los Estatutos-tipo de las sociedades de responsabilidad limitada (*B.O.E.* n. 301, de 11 de diciembre).

La legislación autonómica en materia de cooperativas es la siguiente:

— Ley 6/1998, de 13 de mayo, de regulación del funcionamiento de las secciones de crédito de las cooperativas en Cataluña (*B.O.E.* n. 144, de 17 de junio, y *D.O.G.C.* n. 2.644, de 21 de mayo).

— Ley 5/1998, de 18 de diciembre, de cooperativas de Galicia (*B.O.E.* n. 72, de 25 de marzo de 1999, y *D.O.G.* n. 251, de 30 de diciembre).

— Ley 4/1999, de 30 de marzo, de cooperativas de la Comunidad de Madrid (*B.O.E.* n. 131, de 2 de junio, y *B.O.C.A.M.* n. 89, de 16 de abril).

— Ley 4/2001, de 2 de julio, de Cooperativas de La Rioja (*B.O.E.* n. 172, de 19 de julio, y *B.O.L.R.* n. 82, de 10 de julio; corrección de errores en *B.O.E.* n. 213, de 5 de septiembre).

— Ley 1/2003, de 20 de marzo, de cooperativas de las Illes Balears (*B.O.E.* n. 91, de 16 de abril, y *B.O.C.A.I.B.* n. 42, de 29 de marzo).

— Ley Foral 14/2006, de 11 de diciembre, de cooperativas de Navarra (*B.O.E.* n. 4, de 4 de enero de 2007, y *B.O.N.* n. 149, de 13 de diciembre de 2006).

Art. 1.666. La sociedad debe tener un objeto lícito, y establecerse en interés común de los socios.

— Ley 8/2006, de 23 de diciembre, de sociedades cooperativas especiales de Extremadura (*B.O.E.* n. 24, de 27 de enero de 2007, y *D.O.E.* n. 153, de 30 de diciembre de 2006; corrección de errores en *B.O.E.* n. 10, de 25 de enero de 2007).

— Ley 4/2010, de 29 de junio, de cooperativas de Asturias (*B.O.E.* n. 232, de 24 de septiembre, y *B.O.P.A.* n. 160, de 12 de julio).

— Ley 11/2010, de 4 de noviembre, de cooperativas de Castilla-La Mancha (*B.O.E.* n. 37, de 12 de febrero de 2011, y *D.O.C.M.* n. 221, de 16 de noviembre de 2010).

— Ley 14/2011, de 23 de diciembre, de Sociedades Cooperativas Andaluzas (*B.O.E.* n. 17, de 20 de enero de 2012, y *B.O.J.A.* n. 255, de 31 de diciembre de 2011).

— Ley 6/2013, de 6 de noviembre, de cooperativas de Cantabria (*B.O.E.* n. 284, de 27 de noviembre, y *B.O.C.* n. 221, de 18 de noviembre).

— D.Leg. 2/2014, de 29 de agosto, del Gobierno de Aragón, por el que se aprueba el texto refundido de la Ley de Cooperativas de Aragón (*BOA* n. 176, de 9 de septiembre).

— D.Leg. 2/2015, de 15 de mayo, por el que aprueba el texto refundido de la Ley de Cooperativas del la Comunidad Valenciana (*D.O.G.V.* n. 7.529, de 20 de mayo).

— Ley 12/2015, de 9 de julio, de cooperativas de Cataluña (*B.O.E.* n 194, de 14 de agosto, y *D.O.G.C.* n. 6.914, de 16 de julio; corrección de errores en *B.O.E.* n. 97, de 22 abril de 2016; y en *D.O.G.C.* n. 7042, de 21 de enero de 2016).

— Ley 11/2019, de 20 de diciembre, de cooperativas de Euskadi (*B.O.E.* n. 14, de 16 de enero; y *B.O.P.V.* n. 247, de 30 de diciembre).

Téngase en cuenta la regulación de los Clubes Deportivos y Sociedades Anónimas Deportivas contenida en los arts. 12 a 29 de la Ley 10/1990, de 15 de octubre (*B.O.E.* n. 249, de 17 de octubre), del Deporte, y en el R.D. 1.251/1999, de 16 de julio, sobre sociedades anónimas deportivas (*B.O.E.* n. 170, de 17 de julio; corrección de errores en *B.O.E* n. 174, de 22 de julio).

En lo que respecta a la legislación básica de las Comunidades Autónomas, v. la siguiente:

— Ley 4/1993, de 16 de marzo, del deporte en Aragón (*B.O.E.* n. 101, de 28 de abril).

— Ley 15/1994, de 28 de diciembre, de deportes y educación física en la Comunidad Autónoma de Madrid (*B.O.E.* n. 85, de 10 de abril de 1995).

— Ley 2/1995, de 6 de abril, del deporte en Extremadura (*B.O.E.* n. 128, de 30 de mayo).

— Ley 14/1998, de 11 de junio, del deporte en el País Vasco (*B.O.P.V.* n. 118, de 25 de junio).

— Ley 2/2000, de 3 de julio, del deporte de la Comunidad Autónoma de Cantabria (*B.O.E.* n. 177, de 25 de julio, y *B.O.C.* n. 134, de 11 de julio).

— Ley Foral 15/2001, de 5 de julio, del deporte de Navarra (*B.O.E.* n. 190, de 9 de agosto, y *B.O.N.* n. 86, de 16 de julio).

— Ley 2/2003, de 28 de marzo, del deporte de Castilla y León (*B.O.E.* n. 97, de 23 de abril, y *D.O.C.L.* n. 65, de 4 de abril).

— Ley 14/2006, de 17 de octubre, del Deporte de las Illes Balears (*B.O.E.* n. 285, de 29 de noviembre, y *B.O.C.A.I.B.* n. 151, de 26 de octubre).

Cuando se declare la disolución de una sociedad ilícita, las ganancias se destinarán a los establecimientos de beneficencia del domicilio de la sociedad, y, en su defecto, a los de la provincia.

Art. 1.667. La sociedad civil se podrá constituir en cualquiera forma, salvo que se aportaren a ella bienes inmuebles o derechos reales, en cuyo caso será necesaria la escritura pública.

Art. 1.668. Es nulo el contrato de sociedad, siempre que se aporten bienes inmuebles, si no se hace un inventario de ellos, firmado por las partes, que deberá unirse a la escritura.

Art. 1.669. No tendrán personalidad jurídica las sociedades cuyos pactos se mantengan secretos entre los socios, y en que cada uno de éstos contrate en su propio nombre con los terceros.

Esta clase de sociedad se regirá por las disposiciones relativas a la comunidad de bienes.

Art. 1.670. Las sociedades civiles, por el objeto a que se

— Ley 2/2011, de 22 de marzo, del deporte y la actividad física de la Comunidad Valenciana (*B.O.E.* n. 91, de 16 de abril, y *D.O.G.V.* n. 6.487, de 24 de marzo).

— Ley 3/2012, de 2 de abril, del deporte de Galicia (*B.O.E.* n. 101, de 27 de abril, y *D.O.G.* n. 71, de 13 de abril).

— Ley 1/2015, de 23 de marzo, del ejercicio físico y del deporte de La Rioja (*B.O.E.* n. 90, de 15 de abril, y *B.O.L.R.* n. 40, de 25 de marzo).

— Ley 8/2015, de 24 de marzo, de la actividad física y del deporte de la Región de Murcia (*B.O.E.* n. 103, de 30 de abril, y *B.O.R.M.* n. 71, de 27 de marzo).

— Ley 5/2015, de 26 de marzo, de la actividad física y del deporte de Castilla-La Mancha (*B.O.E.* n. 148, de 22 de junio, y *D.O.C.L.M.* n. 67, de 8 de abril).

— Ley 5/2016, de 19 de julio, del Deporte de Andalucía (*B.O.E.* n. 188, de 5 de agosto, y *B.O.J.A.* n. 140, de 22 de julio).

— Ley 5/2022, de 29 de junio, de actividad física y deporte en el Principado de Asturias (*B.O.E.* n. 172, de 19 de julio; y *B.O.P.A.* n. 131, de 8 de julio).

Art. 1.665: v. art. 116 del C. de C. y 35 y 36.

Art. 1.666: v. arts. 22.4 de la Const. y 39, 745, 1.271, 1.275 y 1.305.

Art. 1.667: v. arts. 119 del C. de C., 1.278 y 1.280 de este Código, 11 de la L.Cap.Riesg. y 7 y 11 de la L.Coop.

Art. 1.668: v. arts. 633, 1.279 y 1.280.

Art. 1.669: v. arts. 392 a 406 de este Código y 116 del C. de C. Téngase en cuenta el art. 35 del C.c. y nota al mismo, así como el art. 22.5 de la Const.

Téngase en cuenta la S.T.S. de 24 de febrero de 2000, por la que se declaran nulos los arts. 16.2.*c*), 155, párr. 4.º, 355.2, inciso final, en cuanto dice que «dicho informe será vinculante tan sólo para el Registrador que lo hubiere realizado», y la Disp. Adic. única del R.H., en la modificación dada a los mismos por el R.D. 1.867/1998, de 4 de septiembre.

Art. 1.670: v. arts. 1.700 del C.c. y 116 a 238 del C. de C. En cuanto a las formas que pueden revestir las sociedades, v. art. 122 de dicho Código.

consagren, pueden revestir todas las formas reconocidas por el Código de Comercio. En tal caso, les serán aplicables sus disposiciones en cuanto no se opongan a las del presente Código.

Art. 1.671. La sociedad es universal o particular.

Art. 1.672. La sociedad universal puede ser de todos los bienes presentes, o de todas las ganancias.

Art. 1.673. La sociedad de todos los bienes presentes es aquella por la cual las partes ponen en común todos los que actualmente les pertenecen, con ánimo de partirlos entre sí, como igualmente todas las ganancias que adquieran con ellos.

Art. 1.674. En la sociedad universal de todos los bienes presentes, pasan a ser propiedad común de los socios los bienes que pertenecían a cada uno, así como todas las ganancias que adquieran con ellos.

Puede también pactarse en ella la comunicación recíproca de cualesquiera otras ganancias; pero no pueden comprenderse los bienes que los socios adquieran posteriormente por herencia, legado o donación, aunque sí sus frutos.

Art. 1.675. La sociedad universal de ganancias comprende todo lo que adquieran los socios por su industria o trabajo mientras dure la sociedad.

Los bienes muebles o inmuebles que cada socio posee al tiempo de la celebración del contrato, continúan siendo de dominio particular, pasando sólo a la sociedad el usufructo.

Art. 1.676. El contrato de sociedad universal, celebrado sin determinar su especie, sólo constituye la sociedad universal de ganancias.

Art. 1.677. No pueden contraer sociedad universal entre sí las personas a quienes está prohibido otorgarse recíprocamente alguna donación o ventaja.

Art. 1.678. La sociedad particular tiene únicamente por objeto cosas determinadas, su uso, o sus frutos, o una empresa señalada, o el ejercicio de una profesión o arte.

Según el art. 2 del T.R.L.S.Cap., las sociedades de capital, cualquiera que sea su objeto, tendrán carácter mercantil. V. art. 2 de la L.Cap.Riesg.

Art. 1.676: v. art. 1.316.

Art. 1.677: v. arts. 221, 752, 1.323 y 1.459.

CAPÍTULO II

DE LAS OBLIGACIONES DE LOS SOCIOS

SECCIÓN PRIMERA

De las obligaciones de los socios entre sí

Art. 1.679. La sociedad comienza desde el momento mismo de la celebración del contrato, si no se ha pactado otra cosa.

Art. 1.680. La sociedad dura por el tiempo convenido; a falta de convenio, por el tiempo que dure el negocio que haya servido exclusivamente de objeto a la sociedad, si aquél por su naturaleza tiene una duración limitada; y en cualquier otro caso, por toda la vida de los asociados, salvo la facultad que se les reserva en el artículo 1.700 y lo dispuesto en el artículo 1.704.

Art. 1.681. Cada uno es deudor a la sociedad de lo que ha prometido aportar a ella.

Queda también sujeto a la evicción en cuanto a las cosas ciertas y determinadas que haya aportado a la sociedad, en los mismos casos y de igual modo que lo está el vendedor respecto del comprador.

Art. 1.682. El socio que se ha obligado a aportar una suma en dinero y no la ha aportado, es de derecho deudor de los intereses desde el día en que debió aportarla, sin perjuicio de indemnizar además los daños que hubiese causado.

Lo mismo tiene lugar respecto a las sumas que hubiese tomado de la caja social, principiando a contarse los intereses desde el día en que las tomó para su beneficio particular.

Art. 1.683. El socio industrial debe a la sociedad las ganancias que durante ella haya obtenido en el ramo de industria que sirve de objeto a la misma.

Art. 1.684. Cuando un socio autorizado para administrar

Art. 1.679: v. arts. 1.258 y 1.669. Cómparese con el art. 19 del T.R.L.S.Cap.

Art. 1.680: Compárese con los arts. 221 y 222 del C. de C.

Art. 1.681: v. arts. 826, 1.094 a 1.097, 1.451, 1.475 y 1.862 de este Código y 218.4 del C. de C. Compárese con los arts. 61 y ss. del T.R.L.S.Cap. y 45 a 47 de la L.Coop.

Art. 1.682: v. arts. 170 a 172 y 218 del C. de C.; 252 y 253 del C.P. y 1.095, 1.108 y 1.110 del C.c. Compárese con los arts. 73 y ss. del T.R.L.S.Cap.

Art. 1.683: v. arts. 58 del T.R.L.S.Cap., 137 y 138 del C. de C. y 1.665 del C.c.

Art. 1.684: v. arts. 134, 135 y 144 del C. de C., 1.172 y 1.174 del C.c. y Disp. Adic. 3.ª de la L.Coop.

cobra una cantidad exigible, que le era debida en su propio nombre, de una persona que debía a la sociedad otra cantidad también exigible, debe imputarse lo cobrado en los dos créditos a proporción de su importe, aunque hubiese dado el recibo por cuenta de sólo su haber; pero, si lo hubiere dado por cuenta del haber social, se imputará todo en éste.

Lo dispuesto en este artículo se entiende sin perjuicio de que el deudor pueda usar de la facultad que se le concede en el artículo 1.172, en el solo caso de que el crédito personal del socio le sea más oneroso.

Art. 1.685. El socio que ha recibido por entero su parte en un crédito social sin que hayan cobrado la suya los demás socios, queda obligado, si el deudor cae después en insolvencia, a traer a la masa social lo que recibió, aunque hubiera dado el recibo por sola su parte.

Art. 1.686. Todo socio debe responder a la sociedad de los daños y perjuicios que ésta haya sufrido por culpa del mismo y no puede compensarlos con los beneficios que por su industria le haya proporcionado.

Art. 1.687. El riesgo de las cosas ciertas y determinadas, no fungibles, que se aportan a la sociedad para que sólo sean comunes su uso y sus frutos, es del socio propietario.

Si las cosas aportadas son fungibles, o no pueden guardarse sin que se deterioren, o si se aportaron para ser vendidas, el riesgo es de la sociedad. También lo será, a falta de pacto especial, el de las cosas aportadas con estimación hecha en el inventario, y en este caso la reclamación se limitará al precio en que fueron tasadas.

Art. 1.688. La sociedad responde a todo socio de las cantidades que haya desembolsado por ella y del interés correspondiente; también le responde de las obligaciones que con buena fe haya contraído para los negocios sociales y de los riesgos inseparables de su dirección.

Art. 1.689. Las pérdidas y ganancias se repartirán en con-

Art. 1.685: Compárese con el art. 1.143.

Art. 1.686: v. arts. 1.106, 1.107, 1.195 y 1.202 del C.c.; 144 del C. de C.; y 350 y ss. del T.R.L.S.Cap.

Art. 1.687: v. arts. 61 y ss. del T.R.L.S.Cap.; 170 a 172 del C. de C. y 609, 1.095, 1.452, 1.589 y 1.590 del C.c.

Art. 1.688: v. art. 142 del C. de C.

Art. 1.689: v. arts. 138, 140 y 141 del C. de C.; y 93 a 97 del T.R.L.S.Cap.

formidad a lo pactado. Si sólo se hubiera pactado la parte de cada uno en las ganancias, será igual su parte en las pérdidas.

A falta de pacto, la parte de cada socio en las ganancias y pérdidas debe ser proporcionada a lo que haya aportado. El socio que lo fuere sólo de industria tendrá una parte igual a la del que menos haya aportado. Si además de su industria hubiere aportado capital, recibirá también la parte proporcional que por él le corresponda.

Art. 1.690. Si los socios se han convenido en confiar a un tercero la designación de la parte de cada uno en las ganancias y pérdidas, solamente podrá ser impugnada la designación hecha por él cuando evidentemente haya faltado a la equidad. En ningún caso podrá reclamar el socio que haya principiado a ejecutar la decisión del tercero, o que no la haya impugnado en el término de tres meses, contados desde que le fue conocida.

La designación de pérdidas y ganancias no puede ser encomendada a uno de los socios.

Art. 1.691. Es nulo el pacto que excluye a uno o más socios de toda parte en las ganancias o en las pérdidas.

Sólo el socio de industria puede ser eximido de toda responsabilidad en las pérdidas.

Art. 1.692. El socio, nombrado administrador en el contrato social, puede ejercer todos los actos administrativos sin embargo de la oposición de sus compañeros, a no ser que proceda de mala fe; y su poder es irrevocable sin causa legítima.

El poder otorgado después del contrato, sin que en éste se hubiera acordado conferirlo, puede revocarse en cualquier tiempo.

Art. 1.693. Cuando dos o más socios han sido encargados de la administración social sin determinarse sus funciones, o sin haberse expresado que no podrán obrar los unos sin el consentimiento de los otros, cada uno puede ejercer todos los actos de administración separadamente; pero cualquiera de ellos puede oponerse a las operaciones del otro antes de

---

Art. 1.690: v. arts. 2 y 9 de la L.Arb. y 1.256 y 1.447 del C.c.

Art. 1.691: v. arts. 140 y 141 del C. de C. y 6, 1.255, 1.665 y 1.689 del C.c.

Art. 1.692: v. arts. 96 y 97 del T.R.L.S.Cap., 131 y 132 del C. de C. y 1.733 del C.c.

Arts. 1.693 y 1.694: Compárense con los arts. 129 a 131 del C. de C. y 209 y ss. del T.R.L.S.Cap.

que éstas hayan producido efecto legal.

Art. 1.694. En el caso de haberse estipulado que los socios administradores no hayan de funcionar los unos sin el consentimiento de los otros, se necesita el concurso de todos para la validez de los actos, sin que pueda alegarse la ausencia o imposibilidad de alguno de ellos, salvo si hubiere peligro inminente de un daño grave o irreparable para la sociedad.

Art. 1.695. Cuando no se haya estipulado el modo de administrar, se observarán las reglas siguientes:

1.ª Todos los socios se considerarán apoderados, y lo que cualquiera de ellos hiciere por sí solo, obligará a la sociedad; pero cada uno podrá oponerse a las operaciones de los demás antes que hayan producido efecto legal.

2.ª Cada socio puede servirse de las cosas que componen el fondo social según costumbre de la tierra, con tal que no lo haga contra el interés de la sociedad, o de tal modo que impida el uso a que tienen derecho sus compañeros.

3.ª Todo socio puede obligar a los demás a costear con él los gastos necesarios para la conservación de las cosas comunes.

4.ª Ninguno de los socios puede, sin el consentimiento de los otros, hacer novedad en los bienes inmuebles sociales, aunque alegue que es útil a la sociedad.

Art. 1.696. Cada socio puede por sí solo asociarse un tercero en su parte; pero el asociado no ingresará en la sociedad sin el consentimiento unánime de los socios, aunque aquél sea administrador.

SECCIÓN SEGUNDA

De las obligaciones de los socios para con un tercero

Art. 1.697. Para que la sociedad quede obligada con un tercero por los actos de uno de los socios, se requiere:

1.º Que el socio haya obrado en su carácter de tal, por cuenta de la sociedad.

2.º Que tenga poder para obligar a la sociedad en virtud de un mandato expreso o tácito.

Art. 1.695: Compárese con los arts. 129 y 130 del C. de C. V. arts. 394 a 397.

Art. 1.696: v. arts. 143 y 239 a 243 del C. de C., en los que se habla de las cuentas de participación.

Art. 1.697: v. arts. 242 y ss. del T.R.L.S.Cap. y 1.714 y 1.715 del C.c. Cómparese con los arts. 128, 129, 246, 247 y 284 a 286 del C. de C.

3.º Que haya obrado dentro de los límites que le señala su poder o mandato.

Art. 1.698. Los socios no quedan obligados solidariamente respecto de las deudas de la sociedad; y ninguno puede obligar a los otros por un acto personal, si no le han conferido poder para ello.

La sociedad no queda obligada respecto a tercero por actos que un socio haya realizado en su propio nombre o sin poder de la sociedad para ejecutarlo; pero queda obligada para con el socio en cuanto dichos actos hayan redundado en provecho de ella.

Lo dispuesto en este artículo se entiende sin perjuicio de lo establecido en la regla 1.ª del artículo 1.695.

Art. 1.699. Los acreedores de la sociedad son preferentes a los acreedores de cada socio sobre los bienes sociales. Sin perjuicio de este derecho, los acreedores particulares de cada socio pueden pedir el embargo y remate de la parte de éste en el fondo social.

CAPÍTULO III

DE LOS MODOS DE EXTINGUIRSE LA SOCIEDAD

Art. 1.700. La sociedad se extingue:

1.º Cuando expira el término por que fue constituida.

2.º Cuando se pierde la cosa, o se termina el negocio que le sirve de objeto.

3.º Por muerte o concurso de cualquiera de los socios y en el caso previsto en el artículo 1.699.

4.º Por la voluntad de cualquiera de los socios, con sujeción a lo dispuesto en los artículos 1.705 y 1.707.

Art. 1.698: v. arts. 1.137 y ss., 1.163 y 1.717 del presente Código; 127, 148 y 237 del C. de C. y 1 del T.R.L.S.Cap.

Art. 1.699: v. arts. 1.111, 1.373 y 1.922 a 1.924 del C.c.; 133 del T.R.L.S.Cap. y 235 del C. de C.

Téngase en cuenta la preferencia establecida en el art. 32 de la E.T. a favor de los salarios de los trabajadores (hasta determinada cantidad) sobre cualquier otro crédito, aunque éste se encuentre garantizado con prenda o hipoteca. V., no obstante, la interpretación dada a este precepto por la Resolución de la D.G.R.N. de 3 de abril de 1998.

Art. 1.700: Redactado su n. 3 por la Disp. Final 18.ª2 de la L.Men. Compárese con los arts. 218 y 221 del C. de C.; 360 y ss. del T.R.L.S.Cap. y 70 y ss. de la L.Coop. V. arts. 200 y 286 del C.c.

N. 3.º: Modificado por Ley 8/2021, de 2 de junio, por la que se reforma la legislación civil y procesal para el apoyo a las personas con discapacidad en el ejercicio de su capacidad jurídica (*B.O.E.* n. 132, de 3 de junio).

5.º Cuando respecto de alguno de los socios se hubieren dispuesto medidas de apoyo que impliquen facultades de representación plena en la esfera patrimonial.

Se exceptúan de lo dispuesto en los números 3.º, 4.º y 5.º de este artículo las sociedades a que se refiere el artículo 1.670, en los casos en que deban subsistir con arreglo al Código de Comercio.

Art. 1.701. Cuando la cosa específica, que un socio había prometido aportar a la sociedad, perece antes de efectuada la entrega, su pérdida produce la disolución de la sociedad.

También se disuelve la sociedad en todo caso por la pérdida de la cosa, cuando, reservándose su propiedad el socio que la aporta, sólo ha transferido a la sociedad el uso o goce de la misma.

Pero no se disuelve la sociedad por la pérdida de la cosa cuando ésta ocurre después que la sociedad ha adquirido la propiedad de ella.

Art. 1.702. La sociedad constituida por tiempo determinado puede prorrogarse por consentimiento de todos los socios.

El consentimiento puede ser expreso o tácito, y se justificará por los medios ordinarios.

Art. 1.703. Si la sociedad se prorroga después de expirado el término, se entiende que se constituye una nueva sociedad. Si se prorroga antes de expirado el término, continúa la sociedad primitiva.

Art. 1.704. Es válido el pacto de que, en el caso de morir uno de los socios, continúe la sociedad entre los que sobrevivan. En este caso el heredero del que haya fallecido sólo tendrá derecho a que se haga la partición, fijándola en el día de la muerte de su causante; y no participará de los derechos y obligaciones ulteriores, sino en cuanto sean una consecuencia necesaria de lo hecho antes de aquel día.

Si el pacto fuere que la sociedad ha de continuar con el here-

---

N. 5.º: Añadido por Ley 8/2021, de 2 de junio, por la que se reforma la legislación civil y procesal para el apoyo a las personas con discapacidad en el ejercicio de su capacidad jurídica (*B.O.E.* n. 132, de 3 de junio).

Art. 1.701: v. arts. 1.460, 1.681 y 1.682.

Art. 1.702: v. arts. 223 y 224 del C. de C. y 1.680 del C.c. Compárese con el art. 370 del T.R.L.S.Cap.

Art. 1.703: v. art. 1.700.

Art. 1.704: v. arts. 1.680 y 1.700 del C.c. y 143 y 222 del C. de C.

dero, será guardado, sin perjuicio de lo que se determina en el número 4.º del artículo 1.700.

Art. 1.705. La disolución de la sociedad por la voluntad o renuncia de uno de los socios únicamente tiene lugar cuando no se ha señalado término para su duración, o no resulta éste de la naturaleza del negocio.

Para que la renuncia surta efecto, debe ser hecha de buena fe en tiempo oportuno; además debe ponerse en conocimiento de los otros socios.

Art. 1.706. Es de mala fe la renuncia cuando el que la hace se propone apropiarse para sí solo el provecho que debía ser común. En este caso el renunciante no se libra para con sus socios, y éstos tienen facultad para excluirle de la sociedad.

Se reputa hecha en tiempo inoportuno la renuncia, cuando, no hallándose las cosas íntegras, la sociedad está interesada en que se dilate su disolución. En este caso continuará la sociedad hasta la terminación de los negocios pendientes.

Art. 1.707. No puede un socio reclamar la disolución de la sociedad que, ya sea por disposición del contrato, ya por la naturaleza del negocio, ha sido constituida por tiempo determinado, a no intervenir justo motivo, como el de faltar uno de los compañeros a sus obligaciones, el de inhabilitarse para los negocios sociales, u otro semejante, a juicio de los Tribunales.

Art. 1.708. La partición entre socios se rige por las reglas de la de las herencias, así en su forma como en las obligaciones que de ellas resultan. Al socio de industria no puede aplicarse ninguna parte de los bienes aportados, sino sólo sus frutos y los beneficios, conforme a lo dispuesto en el artículo 1.689, a no haberse pactado expresamente lo contrario.

Art. 1.705: v. art. 224 del C. de C.

Art. 1.706: v. arts. 224 y 225 del C. de C.

Art. 1.707: Compárese con los arts. 218, 225 y 226 del C. de C. y 30 y 95 a 103 de la L.S.R.L.

Art. 1.708: v. arts. 1.051 a 1.087 y 1.691.

TÍTULO IX

Del mandato*

CAPÍTULO PRIMERO

De la naturaleza, forma y especies del mandato

Art. 1.709. Por el contrato de mandato se obliga una persona a prestar algún servicio o hacer alguna cosa, por cuenta o encargo de otra.

Art. 1.710. El mandato puede ser expreso o tácito.

El expreso puede darse por instrumento público o privado y aun de palabra.

La aceptación puede ser también expresa o tácita, deducida esta última de los actos del mandatario.

Art. 1.711. A falta de pacto en contrario, el mandato se supone gratuito.

Esto no obstante, si el mandatario tiene por ocupación el desempeño de servicios de la especie a que se refiera el mandato, se presume la obligación de retribuirlo.

Art. 1.712. El mandato es general o especial.

El primero comprende todos los negocios del mandante.

El segundo uno o más negocios determinados.

Art. 1.713. El mandato, concebido en términos generales, no comprende más que los actos de administración.

---

* Sobre comisión mercantil v. arts. 244 a 302 del C. de C. y Leyes 555 y ss. de la C.Nav.

V. arts. 1.542 a 1.545 y 1.583 a 1.600 de este Código y 23 y ss. de la L.Enj.Civ.

Ténganse en cuenta los arts. 1.3, letra *f)*, y 2.1, letra *f)*, del E.T. y el R.D. 1.438/1985, de 1 de agosto (*B.O.E.* n. 195, de 15 de agosto), que regula la relación laboral de carácter especial de las personas que intervengan en operaciones mercantiles por cuenta de uno o más empresarios; el R.D.L. 3/2020, de 4 de febrero, de medidas urgentes por el que se incorporan al ordenamiento jurídico español diversas directivas de la Unión Europea en el ámbito de la contratación pública en determinados sectores; de seguros privados; de planes y fondos de pensiones; del ámbito tributario y de litigios fiscales (*B.O.E.* n. 31, de 5 de febrero) y la Ley 12/1992, de 27 de mayo (*B.O.E.* n. 129, de 29 de mayo), de contrato de agencia.

Art. 1.709: v. arts. 244 del C. de C., 1.544 y 1.881 a 1.894 del C.c. y 27 de la L.Enj.Civ. Compárese con los arts. 1 y 2 de la L.C.A. y 1.583 a 1.587 del C.c.

Art. 1.710: v. arts. 1.892 de este Código y 100 del R.I.T.P.

Art. 1.711: v. arts. 277 del C. de C.; 11 a 14 de la L.C.A. y 1.544 del C.c.

Art. 1.713: v. art. 139 de la L.H. y nota al Tít. VIII de este Código, así como arts. 798 y 803 de la L.Enj.Civ.

Para transigir, enajenar, hipotecar o ejecutar cualquier otro acto de riguroso dominio, se necesita mandato expreso.

La facultad de transigir no autoriza para comprometer en árbitros o amigables componedores.

Art. 1.714. El mandatario no puede traspasar los límites del mandato.

Art. 1.715. No se consideran traspasados los límites del mandato si fuese cumplido de una manera más ventajosa para el mandante que la señalada por éste.

Art. 1.716. El menor emancipado puede ser mandatario; pero el mandante sólo tendrá acción contra él en conformidad a lo dispuesto respecto a las obligaciones de los menores.

Art. 1.717. Cuando el mandatario obra en su propio nombre, el mandante no tiene acción contra las personas con quienes el mandatario ha contratado, ni éstas tampoco contra el mandante.

En este caso el mandatario es el obligado directamente en favor de la persona con quien ha contratado, como si el asunto fuera personal suyo. Exceptúase el caso en que se trate de cosas propias del mandante.

Lo dispuesto en este artículo se entiende sin perjuicio de las acciones entre mandante y mandatario.

CAPÍTULO II

DE LAS OBLIGACIONES DEL MANDATARIO

Art. 1.718. El mandatario queda obligado por la aceptación a cumplir el mandato, y responde de los daños y perjuicios que, de no ejecutarlo, se ocasionen al mandante.

Debe también acabar el negocio que ya estuviese comenzado al morir el mandante, si hubiere peligro en la tardanza.

Art. 1.719. En la ejecución del mandato ha de arreglarse el mandatario a las instrucciones del mandante.

Art. 1.714: v. arts. 254 a 256 y 284 a 286 del C. de C. y 1.725 y 1.727 del C.c.

Art 1.715: v. arts. 1.698 y 1.893.

Art. 1.716: v. arts. 247, 1.304 y 1.717.

Art. 1.717: v. arts. 246 y 286 del C. de C. y 1.259 y 1.725 del C.c.

Art. 1.718: v. arts. 248 y 249 del C. de C., 1.737 y 1.738 del C.c. y 26 de la L.Enj.Civ. Compárese con el art. 9 de la L.C.A.

Art. 1.719: v. arts. 254 a 256 del C. de C. y 1.104 y 1.528 del C.c.

A falta de ellas, hará todo lo que, según la naturaleza del negocio, haría un buen padre de familia.

Art. 1.720. Todo mandatario está obligado a dar cuenta de sus operaciones y a abonar al mandante cuanto haya recibido en virtud del mandato, aun cuando lo recibido no se debiera al segundo.

Art. 1.721. El mandatario puede nombrar sustituto si el mandante no se lo ha prohibido; pero responde de la gestión del sustituto:

1.º Cuando no se le dio facultad para nombrarlo.

2.º Cuando se le dio esta facultad, pero sin designar la persona, y el nombrado era notoriamente incapaz o insolvente.

Lo hecho por el sustituto nombrado contra la prohibición del mandante será nulo.

Art. 1.722. En los casos comprendidos en los dos números del artículo anterior puede además el mandante dirigir su acción contra el sustituto.

Art. 1.723. La responsabilidad de dos o más mandatarios, aunque hayan sido instituidos simultáneamente, no es solidaria, si no se ha expresado así.

Art. 1.724. El mandatario debe intereses de las cantidades que aplicó a usos propios desde el día en que lo hizo, y de las que quede debiendo después de fenecido el mandato, desde que se haya constituido en mora.

Art. 1.725. El mandatario que obre en concepto de tal no es responsable personalmente a la parte con quien contrata sino cuando se obliga a ello expresamente o traspasa los límites del mandato sin darle conocimiento suficiente de sus poderes.

Art. 1.726. El mandatario es responsable, no solamente del dolo, sino también de la culpa, que deberá estimarse con más o

---

Art. 1.720: v. arts. 799 y 800 de la L.Enj.Civ., 263 del C. de C. y 252, 253 y 623 del C.P.

Art. 1.721: v. arts. 261, 262 y 296 del C. de C.

Art. 1.723: v. arts. 1.137 y 1.890.

Art. 1.724: v. arts. 263 y 264 del C. de C. Ténganse en cuenta los arts. 282 a 284 de este Código.

Art. 1.725: v. arts. 247 del C. de C. y 1.714 y 1.717 del C.c.

Art. 1.726: v. arts. 1.101 a 1.104, 1.744, 1.745, 1.766, 1.777, 1.889 y 1.891 del C.c., 297 del C. de C. y 236 y ss. del T.R.L.S.Cap.

menos rigor por los Tribunales según que el mandato haya sido o no retribuido.

CAPÍTULO III

De las obligaciones del mandante

Art. 1.727. El mandante debe cumplir todas las obligaciones que el mandatario haya contraído dentro de los límites del mandato.

En lo que el mandatario se haya excedido, no queda obligado el mandante sino cuando lo ratifica expresa o tácitamente.

Art. 1.728. El mandante debe anticipar al mandatario, si éste lo pide, las cantidades necesarias para la ejecución del mandato.

Si el mandatario las hubiera anticipado, debe reembolsarlas el mandante, aunque el negocio no haya salido bien, con tal que esté exento de culpa el mandatario.

El reembolso comprenderá los intereses de la cantidad anticipada, a contar desde el día en que se hizo la anticipación.

Art. 1.729. Debe también el mandante indemnizar al mandatario de todos los daños y perjuicios que le haya causado el cumplimiento del mandato, sin culpa ni imprudencia del mismo mandatario.

Art. 1.730. El mandatario podrá retener en prenda las cosas que son objeto del mandato hasta que el mandante realice la indemnización y reembolso de que tratan los dos artículos anteriores.

Art. 1.731. Si dos o más personas han nombrado un mandatario para un negocio común, le quedan obligadas solidariamente para todos los efectos del mandato.

CAPÍTULO IV

De los modos de acabarse el mandato

Art. 1.732. El mandato se acaba:

1.º Por su revocación.

2.º Por renuncia del mandatario.

Art. 1.727: v. arts. 463, 1.163, 1.259, 1.715 y 1.892.

Art. 1.728: v. los arts. 250 y 251 del C. de C. y 29 de la L.Enj.Civ.

Art. 1.729: v. arts. 278 del C. de C. y 1.893.

Art. 1.730: v. arts. 276 del C. de C. y 453 del C.c. y nota al mismo.

Art. 1.732: Redactado por el art. 11 de la Ley 41/2003, de 18 de noviembre, de protección patrimonial de las personas con discapacidad y de modificación del C.c., de la L.Enj.Civ. y de la normativa tributaria con esta finalidad (*B.O.E.* n. 277, de 19

3.º Por muerte o por concurso del mandante o del mandatario.

4.º Por el establecimiento en relación al mandatario de medidas de apoyo que incidan en el acto en que deba intervenir en esa condición.

5.º Por la constitución en favor del mandante de la curatela representativa como medida de apoyo para el ejercicio de su capacidad jurídica, a salvo lo dispuesto en este Código respecto de los mandatos preventivos.

Art. 1.733. El mandante puede revocar el mandato a su voluntad, y compeler al mandatario a la devolución del documento en que conste el mandato.

Art. 1.734. Cuando el mandato se haya dado para contratar con determinadas personas, su revocación no puede perjudicar a éstas si no se les ha hecho saber.

Art. 1.735. El nombramiento de nuevo mandatario para el mismo negocio produce la revocación del mandato anterior desde el día en que se hizo saber al que lo había recibido, salvo lo dispuesto en el artículo que precede.

Art. 1.736. El mandatario puede renunciar al mandato poniéndolo en conocimiento del mandante. Si éste sufriere perjuicios por la renuncia, deberá indemnizarle de ellos el mandatario, a menos que funde su renuncia en la imposibilidad de continuar desempeñando el mandato sin grave detrimento suyo.

Art. 1.737. El mandatario, aunque renuncie al mandato con justa causa, debe continuar su gestión hasta que el mandante haya podido tomar las disposiciones necesarias para ocurrir a esta falta.

Art. 1.738. Lo hecho por el mandatario, ignorando la muerte del mandante u otra cualquiera de las causas que hacen cesar el mandato, es válido y surtirá todos sus efectos respec-

---

de noviembre). Compárese con los arts. 248, 279 y 280 del C. de C. y 23 a 27 de la L.C.A. V. arts. 200 y 286 del C.c. y 30 de la L.Enj.Civ., así como art. 100.3 del R.I.T.P.

Modificado por Ley 8/2021, de 2 de junio, por la que se reforma la legislación civil y procesal para el apoyo a las personas con discapacidad en el ejercicio de su capacidad jurídica (*B.O.E.* n. 132, de 3 de junio).

Art. 1.733: v. arts. 279 del C. de C., 24 a 26 de la L.C.A. y 1.692 del C.c.

Art. 1.734: v. art. 291 del C. de C.

Art. 1.735: Compárese con el art. 739.

Art. 1.736: Compárese con los arts. 248 del C. de C. y 24 a 26 de la L.C.A.

Art. 1.737: v. art. 1.888.

Art. 1.738: v. art. 1.734.

to a los terceros que hayan contratado con él de buena fe.

Art. 1.739. En el caso de morir el mandatario, deberán sus herederos ponerlo en conocimiento del mandante y proveer entretanto a lo que las circunstancias exijan en interés de éste.

TÍTULO X

Del préstamo*

DISPOSICIÓN GENERAL

Art. 1.740. Por el contrato de préstamo, una de las partes entrega a la otra, o alguna cosa no fungible para que use de ella por cierto tiempo y se la devuelva, en cuyo caso se llama comodato, o dinero u otra cosa fungible, con condición de devolver

---

Art. 1.739: v. arts. 659, 1.089, 1.090, 1.257, 1.718 y 1.719.

* El préstamo mercantil se regula en los arts. 311 a 324 del C. de C. V. Leyes 29 y 532 y ss. de la C.Nav.

Ténganse en cuenta, en relación con las operaciones crediticias realizadas por las entidades de crédito, tanto los arts. 39 y ss. de la Ley 10/2014, de 26 de junio, de ordenación, supervisión y solvencia de entidades de crédito (*B.O.E.* n. 156, de 27 de junio), como la Circular 5/2012, de 27 de junio, a entidades de crédito y proveedores de Servicios de pago, sobre transparencia de los Servicios bancarios y responsabilidad en la concesión de préstamos (*B.O.E.* n. 161, de 6 de julio); la Ley 2/1994, sobre subrogación y modificación de préstamos hipotecarios (*B.O.E.* n. 80, de 30 de abril), así como la Orden EHA/2.899/2011, de 28 de octubre, de transparencia y protección del cliente de Servicios bancarios (*B.O.E.* n. 261, de 29 de octubre), y la Circular del Banco de España 5/1994, de 22 de julio (*B.O.E.* n. 184, de 3 de agosto), desarrollando esta última.

V. la Ley 16/2011, de 24 de junio (*B.O.E.* n. 151, de 25 de junio), de Contratos de Crédito al Consumo, cuyo propósito es incorporar la Directiva 2008/48/CE y, consecuentemente, otorgar una mayor protección en el ámbito del crédito al consumo. Esta Ley se aplica a los contratos en que el prestamista concede o se compromete a conceder a un consumidor un crédito bajo la forma de pago aplazado, préstamo, apertura de crédito o cualquier medio equivalente de financiación. Se considera consumidores sólo a las personas físicas que actúan en un ámbito ajeno a su actividad empresarial o profesional. Se establecen determinadas obligaciones de información básica precontractual. Asimismo, se introducen nuevas prácticas responsables, como la obligación del prestamista de evaluar la solvencia del prestatario con carácter previo a la celebración del contrato de crédito. Por último, debe destacarse que, en fase de ejecución del contrato, la Ley regula el derecho de las partes a poner fin a un contrato de duración indefinida, así como el derecho del consumidor al reembolso anticipado del crédito y la posición del prestatario ante la cesión de los derechos del prestamista derivados de un contrato de crédito.

V. art. 26 del R.I.T.P.

Art. 1.740: v. art. 1.711.

otro tanto de la misma especie y calidad, en cuyo caso conserva simplemente el nombre de préstamo.

El comodato es esencialmente gratuito.

El simple préstamo puede ser gratuito o con pacto de pagar interés.

CAPÍTULO PRIMERO

DEL COMODATO

SECCIÓN PRIMERA

De la naturaleza del comodato

Art. 1.741. El comodante conserva la propiedad de la cosa prestada. El comodatario adquiere el uso de ella, pero no los frutos; si interviene algún emolumento que haya de pagar el que adquiere el uso, la convención deja de ser comodato.

Art. 1.742. Las obligaciones y derechos que nacen del comodato pasan a los herederos de ambos contrayentes, a no ser que el préstamo se haya hecho en contemplación a la persona del comodatario, en cuyo caso los herederos de éste no tienen derecho a continuar en el uso de la cosa prestada.

SECCIÓN SEGUNDA

De las obligaciones del comodatario

Art. 1.743. El comodatario está obligado a satisfacer los gastos ordinarios que sean de necesidad para el uso y conservación de la cosa prestada.

Art. 1.744. Si el comodatario destina la cosa a un uso distinto de aquel para que se prestó, o la conserva en su poder por más tiempo del convenido, será responsable de su pérdida, aunque ésta sobrevenga por caso fortuito.

Art. 1.745. Si la cosa prestada se entregó con tasación y se pierde, aunque sea por caso fortuito, responderá el comodatario del precio, a no haber pacto en que expresamente se le exima de responsabilidad.

Art. 1.741: v. arts. 1.545 y 1.582 y 1.768. Compárese con el art. 444, nota al mismo y art. 523.

Art. 1.742: v. arts. 657, 661, 1.257 y 1.595.

Art. 1.744: v. arts. 252, 253 y 623 del C.P. y 1.096, 1.101 y 1.182.

Art. 1.745: v. art. 1.182. Compárese con el art. 1.102.

Art. 1.746. El comodatario no responde de los deterioros que sobrevengan a la cosa prestada por el solo efecto del uso y sin culpa suya.

Art. 1.747. El comodatario no puede retener la cosa prestada a pretexto de lo que el comodante le deba, aunque sea por razón de expensas.

Art. 1.748. Todos los comodatarios a quienes se presta conjuntamente una cosa responden solidariamente de ella, al tenor de lo dispuesto en esta sección.

SECCIÓN TERCERA

De las obligaciones del comodante

Art. 1.749. El comodante no puede reclamar la cosa prestada sino después de concluido el uso para que la prestó. Sin embargo, si antes de estos plazos tuviere el comodante urgente necesidad de ella, podrá reclamar la restitución.

Art. 1.750. Si no se pactó la duración del comodato ni el uso a que había de destinarse la cosa prestada, y éste no resulta determinado por la costumbre de la tierra, puede el comodante reclamarla a su voluntad.

En caso de duda, incumbe la prueba al comodatario.

Art. 1.751. El comodante debe abonar los gastos extraordinarios causados durante el contrato para la conservación de la cosa prestada, siempre que el comodatario lo ponga en su conocimiento antes de hacerlos, salvo cuando fueren tan urgentes que no pueda esperarse el resultado del aviso sin peligro.

Art. 1.752. El comodante que, conociendo los vicios de la cosa prestada, no los hubiere hecho saber al comodatario, responderá a éste de los daños que por aquella causa hubiese sufrido.

Art. 1.746: v. arts. 1.561 a 1.564.

Art. 1.747: v. art. 453, nota al mismo y art. 1.730.

Art. 1.748: v. arts. 1.137 y ss. Compárese con el art. 1.723.

Art. 1.749: v. arts. 1.543, 1.554.3 y 1.740.

Art. 1.750: Se alude en este precepto a la figura del precario. V. arts. 444, 1.543 y 1.554.3 de este Código.

Art. 1.751: Compárese con los arts. 453, 454, 500 a 504, 1.544.2, 1.558 y 1.559. V. arts. 21 de la L.A.U. y 17 a 21 de la L.A.R.

Art. 1.752: v. arts. 1.474 y ss.

CAPÍTULO II

DEL SIMPLE PRÉSTAMO*

Art. 1.753. El que recibe en préstamo dinero u otra cosa fungible, adquiere su propiedad, y está obligado a devolver al acreedor otro tanto de la misma especie y calidad.

Art. 1.754. La obligación del que toma dinero a préstamo se regirá por lo dispuesto en el artículo 1.170 de este Código.

Si lo prestado es otra cosa fungible, o una cantidad de metal no amonedado, el deudor debe una cantidad igual a la recibida y de la misma especie y calidad, aunque sufra alteración en su precio.

Art. 1.755. No se deberán intereses sino cuando expresamente se hubiesen pactado.

Art. 1.756. El prestatario que ha pagado intereses sin estar estipulados, no puede reclamarlos ni imputarlos al capital.

Art. 1.757. Los establecimientos de préstamos sobre prendas quedan además sujetos a los reglamentos que les conciernen.

Art. 1.753: v. arts. 313 del C. de C. y 335, 337, 1.125 a 1.130.

Art. 1.754: v. art. 312 del C. de C.

14**Art. 1.755:** v. los arts. 314 y 315 del C. de C.; la L.Us.; los arts. 6, 8, 9 y 32 de la L.Cre.Con.; arts. 354, 355, 451, 1.108 y su nota, 1.109, 1.110 y nota al mismo del C.c.

Art. 1.756: v. arts. 318 del C. de C. y 1.110 y 1.740.

Art. 1.757: v. el art. 15 de la L.Us., el Real Decreto de 12 de junio de 1909 (*Gaceta* n. 166, de 15 de junio) por el que se aprueba el Reglamento sobre casas de préstamo y establecimientos similares, y el Decreto de 14 de marzo de 1933 (*Gaceta* n. 76, de 17 de marzo), modificado por Decreto 3.330/1962, de 13 de diciembre (*B.O.E.* n. 306, de 22 de diciembre), por el que se aprueba el Estatuto de las Cajas Generales de Ahorro Popular con o sin Monte de Piedad.

V. nota a la Sección Quinta del Capítulo II de este Título XI (arts. 1.781 a 1.784).

TÍTULO XI

Del depósito*

CAPÍTULO PRIMERO

DEL DEPÓSITO EN GENERAL Y DE SUS DIVERSAS ESPECIES

Art. 1.758. Se constituye el depósito desde que uno recibe la cosa ajena con la obligación de guardarla y de restituirla.

Art. 1.759. El depósito puede constituirse judicial o extrajudicialmente.

CAPÍTULO II

DEL DEPÓSITO PROPIAMENTE DICHO

SECCIÓN PRIMERA

De la naturaleza y esencia del contrato de depósito

Art. 1.760. El depósito es un contrato gratuito, salvo pacto en contrario.

Art. 1.761. Sólo pueden ser objeto del depósito las cosas muebles.

Art. 1.762. El depósito extrajudicial es necesario o voluntario.

SECCIÓN SEGUNDA

Del depósito voluntario

Art. 1.763. Depósito voluntario es aquel en que se hace la entrega por la voluntad del depositante. También puede realizarse el depósito por dos o más personas, que se crean con derecho a la cosa depositada, en un tercero, que hará la entrega en su caso a la que corresponda.

Art. 1.764. El depósito hecho por un menor o por perso-

---

* El depósito mercantil se regula en los arts. 303 a 310 del C. de C. V. Leyes 546 y ss. de la C.Nav.

Téngase en cuenta el R.D. 467/2006, de 21 de abril, por el que se regulan los depósitos y consignaciones judiciales en metálico, de efectos o valores (*B.O.E.* n. 113, de 12 de mayo), así como el R.D. 161/1997, de 7 de febrero, por el que se aprueba el Reglamento de la Caja General de Depósitos (*B.O.E.* n. 48, de 25 de febrero; corr. err. en *B.O.E.* n. 78, de 1 de abril).

V. también el R.D. 2.606/1996, de 20 de diciembre, por el que se regulan los fondos de garantía de depósitos en entidades de crédito (*B.O.E.* n. 307, de 21 de diciembre).

Art. 1.758: v. arts. 305 y 306 del C. de C.

Art. 1.760: v. arts. 304 del C. de C. y 1.711 y 1.740.

Art. 1.761: v. arts. 335, 336, 346 y 347.

Art. 1.763: v. arts. 216 a 220 del R.N.

Art. 1.764: Modificado por Ley 8/2021, de 2 de junio, por la que se reforma la legislación civil y procesal para el apoyo a las personas con discapacidad en el ejercicio de su capacidad jurídica (*B.O.E.* n. 132, de 3 de junio).

na con discapacidad sin contar con la medida de apoyo prevista vinculará al depositario a todas las obligaciones que nacen del contrato de depósito.

Art. 1.765. Si el depósito ha sido hecho en un menor, el depositante solo tendrá acción para reivindicar la cosa depositada mientras exista en poder del depositario, o a que este le abone la cantidad en que se hubiese enriquecido con la cosa o con el precio. Esta regla también resultará de aplicación cuando el depósito haya sido hecho en una persona con discapacidad que haya prescindido de las medidas de apoyo previstas cuando fueran precisas y el depositante fuera conocedor de la existencia de medidas de apoyo en el momento de la contratación o se hubiera aprovechado de otro modo de la situación de discapacidad obteniendo de ello una ventaja injusta.

SECCIÓN TERCERA

De las obligaciones del depositario

Art. 1.766. El depositario está obligado a guardar la cosa y restituirla, cuando le sea pedida, al depositante, o a sus causahabientes, o a la persona que hubiese sido designada en el contrato. Su responsabilidad, en cuanto a la guarda y la pérdida de la cosa, se regirá por lo dispuesto en el Título I de este Libro.

Art. 1.767. El depositario no puede servirse de la cosa depositada sin permiso expreso del depositante.

En caso contrario, responderá de los daños y perjuicios.

Art. 1.768. Cuando el depositario tiene permiso para servirse o usar de la cosa depositada, el contrato pierde el concepto de depósito y se convierte en préstamo o comodato.

Art. 1.765: v. arts. 1.304 y 1.540. Compárese con los arts. 1.163 y 1.716.

Modificado por Ley 8/2021, de 2 de junio, por la que se reforma la legislación civil y procesal para el apoyo a las personas con discapacidad en el ejercicio de su capacidad jurídica (*B.O.E.* n. 132, de 3 de junio).

Art. 1.766: v. arts. 306 del C. de C., 252 y 253 del C.P. y 1.088 a 1.252.

Art. 1.767: v. art. 1.101.

Art. 1.768: v. art. 309 del C. de C.

El permiso no se presume, debiendo probarse su existencia.

Art. 1.769. Cuando la cosa depositada se entrega cerrada y sellada, debe restituirla el depositario en la misma forma, y responderá de los daños y perjuicios si hubiese sido forzado el sello o cerradura por su culpa.

Se presume la culpa en el depositario, salva la prueba en contrario.

En cuanto al valor de lo depositado, cuando la fuerza sea imputable al depositario, se estará a la declaración del depositante, a no resultar prueba en contrario.

Art. 1.770. La cosa depositada será devuelta con todos sus productos y accesiones.

Consistiendo el depósito en dinero, se aplicará al depositario lo dispuesto respecto al mandatario en el artículo 1.724.

Art. 1.771. El depositario no puede exigir que el depositante pruebe ser propietario de la cosa depositada.

Sin embargo, si llega a descubrir que la cosa ha sido hurtada y quién es su verdadero dueño, debe hacer saber a éste el depósito.

Si el dueño, a pesar de esto, no reclama en el término de un mes, quedará libre de toda responsabilidad el depositario, devolviendo la cosa depositada a aquel de quien la recibió.

Art. 1.772. Cuando sean dos o más los depositantes, si no fueren solidarios y la cosa admitiere división, no podrá pedir cada uno de ellos más que su parte.

Cuando haya solidaridad, o la cosa no admita división, regirá lo dispuesto en los artículos 1.141 y 1.142 de este Código.

Art. 1.773. Cuando el depositante, después de hacer el depósito, contara con medidas de apoyo, la devolución del depósito se ajustará a lo que resulte de aquellas.

Art. 1.774. Cuando al hacerse el depósito se designó lugar para la devolución, el depo-

---

Art. 1.769: v. arts. 306, 307, 309, 310 del C. de C. y 713, 1.182, 1.196, 1.200, 1.754, 1.758 y 1.780.

Art. 1.770: v. arts. 1.094 a 1.097 y 1.777.

Art. 1.771: v. art. 1.539.

Art. 1.772: v. art. 1.151.

Art. 1.773: v. arts. 249 y ss. y 1.163.

Modificado por Ley 8/2021, de 2 de junio, por la que se reforma la legislación civil y procesal para el apoyo a las personas con discapacidad en el ejercicio de su capacidad jurídica (*B.O.E.* n. 132, de 3 de junio).

Art. 1.774: v. arts. 1.171 y 1.463.

sitario debe llevar a él la cosa depositada; pero los gastos que ocasione la traslación serán de cargo del depositante.

No habiéndose designado lugar para la devolución, deberá ésta hacerse en el que se halle la cosa depositada, aunque no sea el mismo en que se hizo el depósito, con tal que no haya intervenido malicia de parte del depositario.

Art. 1.775. El depósito debe ser restituido al depositante cuando lo reclame, aunque en el contrato se haya fijado un plazo o tiempo determinado para la devolución.

Esta disposición no tendrá lugar cuando judicialmente haya sido embargado el depósito en poder del depositario, o se haya notificado a éste la oposición de un tercero a la restitución o traslación de la cosa depositada.

Art. 1.776. El depositario que tenga justos motivos para no conservar el depósito, podrá, aun antes del término designado, restituirlo al depositante; y, si éste lo resiste, podrá obtener del Juez su consignación.

Art. 1.777. El depositario que por fuerza mayor hubiese perdido la cosa depositada y recibido otra en su lugar, estará obligado a entregar ésta al depositante.

Art. 1.778. El heredero del depositario que de buena fe haya vendido la cosa que ignoraba ser depositada, sólo está obligado a restituir el precio que hubiese recibido o a ceder sus acciones contra el comprador en el caso de que el precio no se le haya pagado.

SECCIÓN CUARTA

De las obligaciones del depositante

Art. 1.779. El depositante está obligado a reembolsar al depositario los gastos que haya hecho para la conservación de la cosa depositada y a indemnizarle de todos los perjuicios que se le hayan seguido del depósito.

Art. 1.780. El depositario puede retener en prenda la cosa depositada hasta el completo pago de lo que se le deba por razón del depósito.

Art. 1.775: Compárese con los arts. 1.749 y 1750.
Art. 1.776: v. art. 1.176.
Art. 1.777: v. arts. 1.186 y 1.766.
Art. 1.778: v. art. 442 y compárese con el art. 1.897.
Art. 1.780: v. arts. 446, 453 y su nota, 1.094 y 1.095.

SECCIÓN QUINTA

*Del depósito necesario**

Art. 1.781. Es necesario el depósito:

1.º Cuando se hace en cumplimiento de una obligación legal.

2.º Cuando tiene lugar con ocasión de alguna calamidad, como incendio, ruina, saqueo, naufragio u otras semejantes.

Art. 1.782. El depósito comprendido en el número 1.º del artículo anterior se regirá por las disposiciones de la ley que lo establezca, y, en su defecto, por las del depósito voluntario.

El comprendido en el número 2.º se regirá por las reglas del depósito voluntario.

Art. 1.783. Se reputa también depósito necesario el de los efectos introducidos por los viajeros en las fondas y mesones. Los fondistas o mesoneros responden de ellos como tales depositarios, con tal que se hubiese dado conocimiento a los mismos, o a sus dependientes, de los efectos introducidos en su casa, y que los viajeros por su parte observen las prevenciones que dichos posaderos o sus sustitutos les hubiesen hecho sobre cuidado y vigilancia de los efectos.

Art. 1.784. La responsabilidad a que se refiere el artículo anterior comprende los daños hechos en los efectos de los viajeros, tanto por los criados o dependientes de los fondistas o mesoneros, como por los extraños; pero no los que provengan de robo a mano armada, o sean ocasionados por otro suceso de fuerza mayor.

---

* La actual regulación de la Caja General de Depósitos se encuentra en el R.D. 161/1997, de 7 de febrero (*B.O.E.* n. 48, de 25 de febrero; corr. err. en *B.O.E.* n. 78, de 1 de abril).

V. Orden de 7 de enero de 2000, desarrollando el R.D. 161/1997, de 7 de febrero, por el que se aprueba el Reglamento General de Depósitos (*B.O.E.* n. 21, de 25 de enero de 2000; corr. err. en *B.O.E.* n. 26, de 31 de enero).

Téngase en cuenta el R.D. 467/2006, de 21 de abril, por el que se regulan los depósitos y consignaciones judiciales en metálico, de efectos o valores (*B.O.E.* n. 113, de 12 de mayo).

Art. 1.781: v. arts. 445, 494, 1.089, 1.090, 1.355 y 1.870 de este Código; 15 de la L.H.; 87, 520 y ss. del R.H. y 59 de la L.H.M.

Art. 1.783: v. art. 1.601. V. Orden INT/1.922/2003, de 3 de julio, sobre libros-registro y partes de entrada de viajeros en establecimientos de hostelería y otros análogos (*B.O.E.* n. 165, de 11 de julio).

Art. 1.784: v. arts. 1.101 a 1.105. Compárese con los arts. 1.564, 1.903 y 1.910.

Ténganse en cuenta los arts. 237 y ss. del C.P., sobre los robos, y 244 sobre sustracción de vehículos.

V. Orden INT/1.922/2003, de 3 de julio, sobre libros-registro y partes de entrada de viajeros en establecimientos de hostelería y otros análogos (*B.O.E.* n. 165, de 11 de julio).

CAPÍTULO III

DEL SECUESTRO

Art. 1.785. El depósito judicial o secuestro tiene lugar cuando se decreta el embargo o el aseguramiento de bienes litigiosos.

Art. 1.786. El secuestro puede tener por objeto así los bienes muebles como los inmuebles.

Art. 1.787. El depositario de los bienes u objetos secuestrados no puede quedar libre de su encargo hasta que se termine la controversia que lo motivó, a no ser que el Juez lo ordenare por consentir en ello todos los interesados o por otra causa legítima.

Art. 1.788. El depositario de bienes secuestrados está obligado a cumplir respecto de ellos todas las obligaciones de un buen padre de familia.

Art. 1.789. En lo que no se hallare dispuesto en este Código, el secuestro judicial se regirá por las disposiciones de la Ley de Enjuiciamiento Civil.

TÍTULO XII

De los contratos aleatorios o de suerte

CAPÍTULO PRIMERO

DISPOSICIÓN GENERAL

Art. 1.790. Por el contrato aleatorio, una de las partes, o ambas recíprocamente, se obligan a dar o hacer alguna cosa en equivalencia de lo que la otra parte ha de dar o hacer para el caso de un acontecimiento incierto, o que ha de ocurrir en tiempo indeterminado.

Art. 1.785: v. arts. 1.165, 1.291.4 y 1.535 del C.c.; 626 y 627 de la L.Enj.Civ. y 91 de la L.H.M.

Téngase en cuenta el art. 690 de la L.Enj.Civ. Compárese con los arts. 630 y ss. de la L.Enj.Civ. sobre administración judicial de empresas.

Art. 1.786: v. art. 42.4.° de la L.H.

Art. 1.788: v. art. 1.094.

Art. 1.789: v. arts. 626 a 628 de la L.Enj.Civ.

Art. 1.790: v. arts. 1.113, 1.125 y 1.274.

CAPÍTULO II

Del contrato de alimentos*

Art. 1.791. Por el contrato de alimentos una de las partes se obliga a proporcionar vivienda, manutención y asistencia de todo tipo a una persona durante su vida, a cambio de la transmisión de un capital en cualquier clase de bienes y derechos.

Art. 1.792. De producirse la muerte del obligado a prestar los alimentos o de concurrir cualquier circunstancia grave que impida la pacífica convivencia de las partes, cualquiera de ellas podrá pedir que la prestación de alimentos convenida se pague mediante la pensión actualizable a satisfacer por plazos anticipados que para esos eventos hubiere sido prevista en el contrato o, de no haber sido prevista, mediante la que se fije judicialmente.

Art. 1.793. La extensión y calidad de la prestación de alimentos serán las que resulten del contrato y, a falta de pacto en contrario, no dependerá de las vicisitudes del caudal y necesidades del obligado ni de las del caudal de quien los recibe.

Art. 1.794. La obligación de dar alimentos no cesará por las causas a que se refiere el artículo 152, salvo la prevista en su apartado primero.

Art. 1.795. El incumplimiento de la obligación de alimentos dará derecho al alimentista sin perjuicio de lo dispuesto en el artículo 1.792, para optar entre exigir el cumplimiento, incluyendo el abono de los devengados con anterioridad a la demanda, o la resolución del contrato, con aplicación, en ambos casos, de las reglas generales de las obligaciones recíprocas.

En caso de que el alimentista opte por la resolución, el deudor de los alimentos deberá restituir inmediatamente los bienes que recibió por el contrato, y, en cambio, el juez podrá, en atención a las circunstancias, acordar que la restitución que, con respeto de lo que dispone el artículo siguiente, corresponda al alimentista quede total o parcialmente aplazada, en su beneficio, por el tiempo y con las garantías que se determinen.

---

* Capítulo nuevo creado por el art. 12 de la Ley 41/2003, de 18 de noviembre, de protección patrimonial de las personas con discapacidad y de modificación del C.c., de la L.Enj.Civ. y de la normativa tributaria con esta finalidad (*B.O.E.* n. 277, de 19 de noviembre).

Art. 1.796. De las consecuencias de la resolución del contrato, habrá de resultar para el alimentista, cuando menos, un superávit suficiente para constituir, de nuevo, una pensión análoga por el tiempo que le quede de vida.

Art. 1.797. Cuando los bienes o derechos que se transmitan a cambio de los alimentos sean registrables, podrá garantizarse frente a terceros el derecho del alimentista con el pacto inscrito en el que se dé a la falta de pago el carácter de condición resolutoria explícita, además de mediante el derecho de hipoteca regulado en el artículo 157 de la Ley Hipotecaria.

CAPÍTULO III

Del juego y de la apuesta*

Art. 1.798. La ley no concede acción para reclamar lo que se gana en juego de suerte, envite o azar; pero el que pierde no puede repetir lo que haya paga-

---

* Sobre juegos prohibidos véanse los arts. 305 y 308 del C.P. y 1.305, 1.306, 1.371 y 1.372.

Téngase presente la Ley 13/2011, de 27 de mayo, de regulación del juego (*B.O.E.* n. 127, de 28 de mayo), cuyo objetivo fundamental es establecer las condiciones de acceso al desarrollo de la actividad de juego y ser la norma sectorial de referencia en materia de explotación de juegos a través de medios electrónicos, informáticos e interactivos en el ámbito estatal.

V. también el Decreto 3.059/1966, de 1 de diciembre, por el que se aprueba el Texto Refundido de Tasas Fiscales (*B.O.E.* de 19 de diciembre de 1966).

Respecto de la legislación autonómica, debe tenerse en cuenta lo siguiente:

— Ley 15/1984, de 20 de marzo, del juego de Cataluña (*B.O.E.* n. 107, de 4 de mayo, y *D.O.G.C.* n. 421, de 30 de marzo).

— Ley 14/1985, de 23 de octubre, reguladora de los juegos y las apuestas en Galicia (*B.O.E.* n. 57, de 7 de marzo de 1986, y *D.O.G.* n. 222, de 20 de noviembre de 1985).

— Ley 2/1986, de 19 de abril, del juego y apuestas de Andalucía (*B.O.E.* n. 132, de 3 de junio, y *B.O.J. A.* n. 35, de 25 de abril).

— Ley 4/1988, de 3 de junio, del juego de la Comunidad Autónoma Valenciana (*B.O.E.* n. 162, de 7 de julio, y *D.O.G.V.* n. 842, de 9 de junio).

— Ley 1/1991, de 27 de febrero, reguladora del régimen sancionador del juego en Cataluña (*B.O.E.* n. 78, de 1 de abril, y *D.O.G.C.* n. 1.418, de 13 de marzo).

— Ley 4/1991, de 8 de noviembre, reguladora del juego en el País Vasco (*B.O P.V.* n. 237, de 25 noviembre).

— Ley 2/1995, de 15 de marzo, reguladora del juego y apuestas en la Región de Murcia (*B.O.E.* n. 131, de 2 de junio, y *B.O.R.M.* n. 86, de 12 de abril).

— Ley 6/1998, de 18 de junio, del juego en Extremadura (*B.O.E.* n. 193, de 13 de agosto, y *D.O.E.* n. 82, de 18 de julio).

— Ley 4/1998, de 24 de junio, reguladora del juego y las apuestas de Castilla y León (*B.O.E.* n. 197, de 18 de agosto).

— Ley 5/1999, de 13 de abril, reguladora del juego y las apuestas de la Comunidad Autónoma de La Rioja (*B.O.E.* n. 99, de 27 de abril).

do voluntariamente, a no ser que hubiese mediado dolo, o que fuera menor, o estuviera inhabilitado para administrar sus bienes.

Art. 1.799. Lo dispuesto en el artículo anterior respecto del juego es aplicable a las apuestas.

Se consideran prohibidas las apuestas que tienen analogía con los juegos prohibidos.

Art. 1.800. No se consideran prohibidos los juegos que contribuyen al ejercicio del cuerpo, como son los que tienen por objeto adiestrarse en el manejo de las armas, las carreras a pie o a caballo, las de carros, el juego de pelota y otros de análoga naturaleza.

Art. 1.801. El que pierde en un juego o apuesta de los no prohibidos queda obligado civilmente.

La Autoridad judicial puede, sin embargo, no estimar la demanda cuando la cantidad que se cruzó en el juego o en la apuesta sea excesiva, o reducir la obligación en lo que excediere de los usos de un buen padre de familia.

CAPÍTULO IV

De la renta vitalicia*

Art. 1.802. El contrato aleatorio de renta vitalicia obliga al deudor a pagar una pensión o rédito anual durante la vida de una o más personas de-

---

— Ley 2/2000, de 28 de junio, del juego de la Comunidad Autónoma de Aragón (*B.O.E.* n. 179, de 27 de julio; corrección de errores en *B.O.E.* n. 180, de 28 de julio).

— Ley 6/2001, de 3 de julio, del juego en la Comunidad de Madrid (*B.O.E.* n. 179, de 27 de julio, y *B.O.C.A.M.* n. 157, de 4 de julio; corrección de errores en *B.O.E.* n. 239, de 5 de octubre).

— Ley Foral 16/2006, de 14 de diciembre, del juego de Navarra (*B.O.E.* n. 28, de 1 de febrero de 2007, y *B.O.N.* n. 152, de 20 de diciembre de 2006).

— Ley 8/2010, de 15 de julio, de los juegos y apuestas de las Islas Canarias (*B.O.E.* n. 199, de 17 de agosto, y *B.O.C.* n. 146, de 27 de julio).

— Ley 2/2013, de 25 de abril, del juego y las apuestas de Castilla-La Mancha (*B.O.E.* n. 240, de 7 de octubre, y *D.O.C.L.M.* n. 89, de 9 de mayo).

— Ley 6/2014, de 13 de junio, de juego y apuestas del Principado de Asturias (*B.O.E.* n. 221, de 11 de septiembre, y *B.O.P.A.* n. 148, de 27 de junio).

— Ley 4/2022, de 24 de junio, de regulación del juego de Cantabria (*B.O.E.* n. 178, de 26 de julio; y *B.O.* de Cantabria n. 127, de 1 de julio).

Art. 1.798: v. arts. 210, 1.265, 1.269, 1.270, 1.304 a 1.306, 1.371, 1.372 y 1.901.

Art. 1.801: v. arts. 1.371 y 1.372.

* Sobre esta cuestión deben consultarse los arts. 147 y ss. de la C.Gall. y 565-29 del C.Civ.Cat. V. también los arts. 22 y 49 del R.I.T.P.

Art. 1.802: v. arts. 88 a 90 y 157 de la L.H.; 154 del R.H.; 83 de la L.C.S. y 99 y 1.604 a 1.606.

terminadas por un capital en bienes muebles o inmuebles, cuyo dominio se le transfiere desde luego con la carga de la pensión.

Art. 1.803. Puede constituirse la renta sobre la vida del que da el capital, sobre la de un tercero o sobre la de varias personas.

También puede constituirse a favor de aquella o aquellas personas sobre cuya vida se otorga, o a favor de otra u otras personas distintas.

Art. 1.804. Es nula la renta constituida sobre la vida de una persona muerta a la fecha del otorgamiento, o que en el mismo tiempo se halle padeciendo una enfermedad que llegue a causar su muerte dentro de los veinte días siguientes a aquella fecha.

Art. 1.805. La falta de pago de las pensiones vencidas no autoriza al perceptor de la renta vitalicia a exigir el reembolso del capital ni a volver a entrar en la posesión del predio enajenado; sólo tendrá derecho a reclamar judicialmente el pago de las rentas atrasadas y el aseguramiento de las futuras.

Art. 1.806. La renta correspondiente al año en que muere el que la disfruta, se pagará en proporción a los días que hubiese vivido; si debía satisfacerse por plazos anticipados, se pagará el importe total del plazo que durante su vida hubiese empezado a correr.

Art. 1.807. El que constituye a título gratuito una renta sobre sus bienes, puede disponer, al tiempo del otorgamiento, que no estará sujeta dicha renta a embargo por obligaciones del pensionista.

Art. 1.808. No puede reclamarse la renta sin justificar la existencia de la persona sobre cuya vida esté constituida.

Art. 1.803: v. arts. 83 de la L.C.S. y 781 y 785.
Art. 1.804: v. arts. 4 de la L.C.S. y 1.116 y 1.272.
Art. 1.805: v. arts. 1.124 y 1.648.

TÍTULO XIII

De las transacciones y compromisos*

CAPÍTULO PRIMERO

DE LAS TRANSACCIONES

Art. 1.809. La transacción es un contrato por el cual las partes, dando, prometiendo o reteniendo cada una alguna cosa, evitan la provocación de un pleito o ponen término al que había comenzado.

Art. 1.810. Para transigir sobre los bienes y derechos de los hijos bajo la patria potestad se aplicarán las mismas reglas que para enajenarlos.

Art. 1.811. El tutor y el curador con facultades de representación necesitarán autorización judicial para transigir sobre cuestiones relativas a los intereses de la persona cuya representación ostentan, salvo que se trate de asuntos de escasa relevancia económica.

---

* Los arbitrajes de Derecho privado se regulan en la actualidad por la Ley 60/2003, de 23 de diciembre, de Arbitraje (*B.O.E.* n. 309, de 26 de diciembre). Ténganse en cuenta el Protocolo sobre cláusulas de arbitraje adoptado en Ginebra el 24 de septiembre de 1923, ratificado por R.D.L. de 6 de mayo de 1926 (*Gaceta de Madrid* n. 128, de 8 de mayo); el Convenio Europeo sobre arbitraje internacional, hecho en Ginebra el 21 de abril de 1961 (*B.O.E.* n. 238, de 4 de octubre de 1975), y el Convenio de Nueva York sobre conocimiento y ejecución de sentencias arbitrales extranjeras, de 10 de junio de 1958 (*B.O.E.* n. 164, de 11 de junio de 1977). V. art. 28 del R.I.T.P.

Se discute en la doctrina si el Protocolo de Ginebra de 1923 citado se encuentra aún vigente. El argumento a favor se encuentra en el tenor literal del art. VII.2 del Convenio de Nueva York de 1958. De acuerdo con lo dispuesto en este último precepto, y en rápida conclusión, hay que entender derogado el Protocolo respecto de las relaciones recíprocas de Estados parte en el Convenio de Nueva York; para el resto de posibilidades, por el contrario, habría que entender aún vigente el Protocolo de 1923.

Ténganse en cuenta los arts. 19 y ss. y 556 de la L.Enj.Civ., así como el R.D.L. 5/2012, de 5 de marzo, de mediación en asuntos civiles y mercantiles (*B.O.E.* n. 56, de 6 de marzo).

Art. 1.809: v. art. 1.713.3.

Art. 1.810: v. art. 166.

Art. 1.811: v. art. 225, 226, 285 y 287.

Modificado por Ley 8/2021, de 2 de junio, por la que se reforma la legislación civil y procesal para el apoyo a las personas con discapacidad en el ejercicio de su capacidad jurídica (*B.O.E.* n. 132, de 3 de junio).

Art. 1.812. Las corporaciones que tengan personalidad jurídica sólo podrán transigir en la forma y con los requisitos que necesiten para enajenar sus bienes.

Art. 1.813. Se puede transigir sobre la acción civil proveniente de un delito; pero no por eso se extinguirá la acción pública para la imposición de la pena legal.

Art. 1.814. No se puede transigir sobre el estado civil de las personas, ni sobre las cuestiones matrimoniales, ni sobre alimentos futuros.

Art. 1.815. La transacción no comprende sino los objetos expresados determinadamente en ella, o que, por una inducción necesaria de sus palabras, deban reputarse comprendidos en la misma.

La renuncia general de derechos se entiende sólo de los que tienen relación con la disputa sobre que ha recaído la transacción.

Art. 1.816. La transacción tiene para las partes la autoridad de la cosa juzgada; pero no procederá la vía de apremio sino tratándose del cumplimiento de la transacción judicial.

Art. 1.817. La transacción en que intervenga error, dolo, violencia o falsedad de documentos, está sujeta a lo dispuesto en el artículo 1.265 de este Código.

Sin embargo, no podrá una de las partes oponer el error de hecho a la otra siempre que ésta se haya apartado por la transacción de un pleito comenzado.

Art. 1.818. El descubrimiento de nuevos documentos no es causa para anular o rescindir la transacción, si no ha habido mala fe.

Art. 1.819. Si estando decidido un pleito por sentencia firme, se celebrare transacción sobre él por ignorar la existencia de la sentencia firme alguna de las partes interesadas, podrá ésta pedir que se rescinda la transacción.

La ignorancia de una sentencia que pueda revocarse, no es causa para atacar la transacción.

Art. 1.812: v. arts. 110 a 114 de la L.Patrim.A.P.; 6 y 7 de la L.G.P.; 23, 28 y 180 del T.R.R.L.; 19.3 de la L.Fund. y 38 de este Código.

Art. 1.813: v. arts. 1.° y 2.° de la L.Arb., 106 y 107 de la L.E.Cr. y 1.271 y 1.305 de este Código.

Art. 1.814: v. arts. 1.° y 2.° de la L.Arb. y 151, 816 y 1.271 de este Código.

Art. 1.815: v. arts. 6.2 y 1.283.

Art. 1.816: v. arts. 144 de la L.H.; 1.203 a 1.213 y 1.252 de este Código; 19 de la L.Enj.Civ. y 43 y 44 de la L.Arb.

Arts. 1.817 y 1.818: v. arts. 1.300 y ss.

Art. 1.818: Compárese con el art. 1.796 de la L.E.C.

Art. 1.819: v. arts. 1.277, 1.300 y ss. de este Código y 1.°, 2.° y 9.° de la L.Arb.

CAPÍTULO II

DE LOS COMPROMISOS

Arts. 1.820 y 1821. [*Derogados por Ley 36/1988, de 5 de diciembre, si bien la Ley de 22 de diciembre de 1953 ya había sustituido su contenido con anterioridad.*]

TÍTULO XIV

De la fianza*

CAPÍTULO PRIMERO

DE LA NATURALEZA Y EXTENSIÓN DE LA FIANZA

Art. 1.822. Por la fianza se obliga uno a pagar o cumplir por un tercero, en el caso de no hacerlo éste.

Si el fiador se obligare solidariamente con el deudor principal se observará lo dispuesto en la sección 4.ª, capítulo III, Título I de este Libro.

Art. 1.823. La fianza puede ser convencional, legal o judicial, gratuita o a título oneroso.

Puede también constituirse, no sólo a favor del deudor principal, sino al del otro fiador, consintiéndolo, ignorándolo y aun contradiciéndolo éste.

Art. 1.824. La fianza no puede existir sin una obligación válida.

Puede, no obstante, recaer sobre una obligación cuya nulidad pueda ser reclamada a virtud de una excepción puramente personal del obligado, como la de la menor edad.

Exceptúase de la disposición del párrafo anterior el caso de préstamo hecho al hijo de familia.

---

* Sobre fianza mercantil, v. los arts. 439 a 442 del C. de C. Téngase en cuenta la regulación del aval en los arts. 35 a 37 y 131 a 133 de la L.C.Ch. V. también las Leyes 525 y ss. de la C.Nav., así como el art. 25 del R.I.T.P.

Téngase en cuenta el R.D. 1.644/1997, de 31 de octubre, relativo a las normas de autorización administrativa y requisitos de solvencia de las sociedades de reafianzamiento (*B.O.E.* n. 271, de 12 de noviembre; corrección de errores en *B.O.E.* n. 291, de 5 de diciembre de 1997, y en n. 13, de 15 de enero de 1998).

Art. 1.822: v. arts. 1.137 a 1.148 y 1.831 del C.c. y 35 de la L.C.Ch.

Art. 1.823: Compárese con el art. 1.158 de este Código.

Art. 1.824: v. art. 1.148 y nota al mismo y art. 1.155, 1.208 y 1.302 del C.c. y 37 de la L.C.Ch.

Art. 1.825. Puede también prestarse fianza en garantía de deudas futuras, cuyo importe no sea aún conocido; pero no se podrá reclamar contra el fiador hasta que la deuda sea líquida.

Art. 1.826. El fiador puede obligarse a menos, pero no a más que el deudor principal, tanto en la cantidad como en lo oneroso de las condiciones.

Si se hubiera obligado a más, se reducirá su obligación a los límites de la del deudor.

Art. 1.827. La fianza no se presume: debe ser expresa y no puede extenderse a más de lo contenido en ella.

Si fuere simple o indefinida, comprenderá no sólo la obligación principal, sino todos sus accesorios, incluso los gastos del juicio, entendiéndose, respecto de éstos, que no responderá sino de los que se hayan devengado después que haya sido requerido el fiador para el pago.

Art. 1.828. El obligado a dar fiador debe presentar persona que tenga capacidad para obligarse y bienes suficientes para responder de la obligación que garantiza. El fiador se entenderá sometido a la jurisdicción del Juez del lugar donde esta obligación deba cumplirse.

Art. 1.829. Si el fiador viniere al estado de insolvencia, puede el acreedor pedir otro que reúna las cualidades exigidas en el artículo anterior. Exceptúase el caso de haber exigido y pactado el acreedor que se le diera por fiador una persona determinada.

CAPÍTULO II

DE LOS EFECTOS DE LA FIANZA

SECCIÓN PRIMERA

De los efectos de la fianza entre el fiador y el acreedor

Art. 1.830. El fiador no puede ser compelido a pagar al acreedor sin hacerse antes excu-

---

Art. 1.825: Compárese con los arts. 1.169 y 1.271 de este Código. V. art. 572.2, últ. inc., de la L.Enj.Civ.

Art. 1.826: v. arts. 1.302, 1.824, 1.829 y 1.843. Compárense los arts. 1.830 a 1.837, con los arts. 1.137 a 1.148 de este Código, 527.2, últ. inc., de la L.Enj.Civ. Compárese con el art. 35 de la L.C.Ch.

Art. 1.827: v. arts. 440 del C. de C. y 37 de la L.C.Ch.

Art. 1.828: v. arts. 50 a 52 de la L.Enj.Civ. Ténganse en cuenta los arts. 162, 166, 210 y 294 de este Código.

Art. 1.830: v. arts. 1.111 y 1.856.

sión de todos los bienes del deudor.

Art. 1.831. La excusión no tiene lugar:

1.º Cuando el fiador haya renunciado expresamente a ella.

2.º Cuando se haya obligado solidariamente con el deudor.

3.º En el caso de quiebra o concurso del deudor.

4.º Cuando éste no pueda ser demandado judicialmente dentro del Reino.

Art. 1.832. Para que el fiador pueda aprovecharse del beneficio de la excusión, debe oponerlo al acreedor luego que éste le requiera para el pago, y señalarle bienes del deudor realizables dentro del territorio español, que sean suficientes para cubrir el importe de la deuda.

Art. 1.833. Cumplidas por el fiador todas las condiciones del artículo anterior, el acreedor negligente en la excusión de los bienes señalados es responsable, hasta donde ellos alcancen, de la insolvencia del deudor que por aquel descuido resulte.

Art. 1.834. El acreedor podrá citar al fiador cuando demande al deudor principal, pero quedará siempre a salvo el beneficio de excusión, aunque se dé sentencia contra los dos.

Art. 1.835. La transacción hecha por el fiador con el acreedor no surte efecto para con el deudor principal.

La hecha por éste tampoco surte efecto para con el fiador, contra su voluntad.

Art. 1.836. El fiador de un fiador goza del beneficio de excusión, tanto respecto del fiador como del deudor principal.

Art. 1.837. Siendo varios los fiadores de un mismo deudor y por una misma deuda, la obligación a responder de ella se divide entre todos. El acreedor no puede reclamar a cada fiador sino la parte que le corresponda satisfacer, a menos que se haya estipulado expresamente la solidaridad.

El beneficio de división contra los cofiadores cesa en los mismos casos y por las mismas causas que el de excusión contra el deudor principal.

Art. 1.831: v. arts. 6.2, 1.137 a 1.148, 1.829 y 1.911 a 1.920.
Art. 1.835: v. arts. 1.207 y 1.816.
Art. 1.836: v. art. 1.856.
Art. 1.837: v. arts. 1.137 y 1.138.

SECCIÓN SEGUNDA

De los efectos de la fianza entre el deudor y el fiador

Art. 1.838. El fiador que paga por el deudor, debe ser indemnizado por éste.

La indemnización comprende:

1.º La cantidad total de la deuda.

2.º Los intereses legales de ella desde que se haya hecho saber el pago al deudor, aunque no los produjese para el acreedor.

3.º Los gastos ocasionados al fiador después de poner éste en conocimiento del deudor que ha sido requerido para el pago.

4.º Los daños y perjuicios, cuando procedan.

La disposición de este artículo tiene lugar aunque la fianza se haya dado ignorándolo el deudor.

Art. 1.839. El fiador se subroga por el pago en todos los derechos que el acreedor tenía contra el deudor.

Si ha transigido con el acreedor, no puede pedir al deudor más de lo que realmente haya pagado.

Art. 1.840. Si el fiador paga sin ponerlo en noticia del deudor, podrá éste hacer valer contra él todas las excepciones que hubiera podido oponer al acreedor al tiempo de hacerse el pago.

Art. 1.841. Si la deuda era a plazo y el fiador la pagó antes de su vencimiento, no podrá exigir reembolso del deudor hasta que el plazo venza.

Art. 1.842. Si el fiador ha pagado sin ponerlo en noticia del deudor, y éste, ignorando el pago, lo repite por su parte, no queda al primero recurso alguno contra el segundo, pero sí contra el acreedor.

Art. 1.843. El fiador, aun antes de haber pagado, puede proceder contra el deudor principal:

1.º Cuando se ve demandado judicialmente para el pago.

Art. 1.838, párr. 2.º: v. arts. 1.158, 1.159, 1.840 y 1.842.
Art. 1.839: v. arts. 1.158, 1.159 y 1.209 a 1.213 del C.c. y 37 de la L.C.Ch.
Art. 1.840: v. arts. 1.148, 1.158, 1.159 y 1.853.
Art. 1.841: v. arts. 1.126 y 1.129.
Art. 1.842: v. arts. 1.157, 1.527 y 1.895 a 1.901.

2.º En caso de quiebra, concurso o insolvencia.

3.º Cuando el deudor se ha obligado a relevarle de la fianza en un plazo determinado, y este plazo ha vencido.

4.º Cuando la deuda ha llegado a hacerse exigible, por haber cumplido el plazo en que debe satisfacerse.

5.º Al cabo de diez años, cuando la obligación principal no tiene término fijo para su vencimiento, a menos que sea de tal naturaleza que no pueda extinguirse sino en un plazo mayor de los diez años.

En todos estos casos la acción del fiador tiende a obtener relevación de la fianza o una garantía que lo ponga a cubierto de los procedimientos del acreedor y del peligro de insolvencia en el deudor.

SECCIÓN TERCERA

De los efectos de la fianza entre los cofiadores

Art. 1.844. Cuando son dos o más los fiadores de un mismo deudor y por una misma deuda, el que de ellos la haya pagado podrá reclamar de cada uno de los otros la parte que proporcionalmente le corresponda satisfacer.

Si alguno de ellos resultare insolvente, la parte de éste recaerá sobre todos en la misma proporción.

Para que pueda tener lugar la disposición de este artículo, es preciso que se haya hecho el pago en virtud de demanda judicial, o hallándose el deudor principal en estado de concurso o quiebra.

Art. 1.845. En el caso del artículo anterior podrán los cofiadores oponer al que pagó las mismas excepciones que habrían correspondido al deudor principal contra el acreedor y que no fueren puramente personales del mismo deudor.

Art. 1.846. El subfiador, en caso de insolvencia del fiador por quien se obligó, queda responsable a los cofiadores en los mismos términos que lo estaba el fiador.

Art. 1.843, párr. 2.º: v. arts. 1.822 y 1.831.
Art. 1.844: v. arts. 1.145 y 1.837.
Art. 1.845: v. arts. 1.111, 1.148, 1.840 y 1.853.

CAPÍTULO III

DE LA EXTINCIÓN DE LA FIANZA

Art. 1.847. La obligación del fiador se extingue al mismo tiempo que la del deudor, y por las mismas causas que las demás obligaciones.

Art. 1.848. La confusión que se verifica en la persona del deudor y en la del fiador cuando uno de ellos hereda al otro, no extingue la obligación del subfiador.

Art. 1.849. Si el acreedor acepta voluntariamente un inmueble, u otros cualesquiera efectos en pago de la deuda, aunque después los pierda por evicción, queda libre el fiador.

Art. 1.850. La liberación hecha por el acreedor a uno de los fiadores sin el consentimiento de los otros, aprovecha a todos hasta donde alcance la parte del fiador a quien se ha otorgado.

Art. 1.851. La prórroga concedida al deudor por el acreedor sin el consentimiento del fiador extingue la fianza.

Art. 1.852. Los fiadores, aunque sean solidarios, quedan libres de su obligación siempre que por algún hecho del acreedor no puedan quedar subrogados en los derechos, hipotecas y privilegios del mismo.

Art. 1.853. El fiador puede oponer al acreedor todas las excepciones que competan al deudor principal y sean inherentes a la deuda; mas no las que sean puramente personales del deudor.

CAPÍTULO IV

DE LA FIANZA LEGAL Y JUDICIAL

Art. 1.854. El fiador que haya de darse por disposición de la ley o de providencia judicial, debe tener las cualidades prescritas en el artículo 1.828.

Art. 1.847: v. arts. 1.156 y ss.
Art. 1.848: v. arts. 1.192 a 1.194.
Art. 1.849: v. arts. 1.156. 1.166, 1.175, 1.521 y 1.842.
Art. 1.850: v. arts. 1.143, 1.146, 1.837 y 1.844.
Art. 1.851: v. arts. 1.203, 1.204 y 1.835.
Art. 1.852: v. art. 1.839.
Art. 1.853: v. arts. 1.148, 1.197, 1.824, 1.845 y 1.937.
Art. 1.854: v. arts. 6 y 7 de la L.G.P.; 83 y ss. de la L.C.Sec.Púb. y 737, 740 y 746 y ss. de la L.Enj.Civ.

Art. 1.855. Si el obligado a dar fianza en los casos del artículo anterior no la hallase, se le admitirá en su lugar una prenda o hipoteca que se estime bastante para cubrir su obligación.

Art. 1.856. El fiador judicial no puede pedir la excusión de bienes del deudor principal.

El subfiador, en el mismo caso, no puede pedir ni la del deudor ni la del fiador.

TÍTULO XV

De los contratos de prenda, hipoteca y anticresis*

CAPÍTULO PRIMERO

DISPOSICIONES COMUNES A LA PRENDA Y A LA HIPOTECA

Art. 1.857. Son requisitos esenciales de los contratos de prenda e hipoteca:

1.º Que se constituya para asegurar el cumplimiento de una obligación principal.

2.º Que la cosa pignorada o hipotecada pertenezca en propiedad al que la empeña o hipoteca.

3.º Que las personas que constituyan la prenda o hipoteca tengan la libre disposición de sus bienes o, en caso de no tenerla, se hallen legalmente autorizadas al efecto.

Las terceras personas extrañas a la obligación principal pueden asegurar ésta pignorando o hipotecando sus propios bienes.

Art. 1.858. Es también de esencia de estos contratos que, vencida la obligación principal, puedan ser enajenadas las cosas en que consiste la prenda o hipoteca para pagar al acreedor.

Art. 1.856: v. art. 1.831.

* Sobre esta materia ténganse en cuenta los arts. 569.3 y ss. del C.Civ.Cat. V. también arts. 25 y 44 del R.I.T.P.

Ténganse también en cuenta los arts. 681 y ss. de la L.Enj.Civ.

V. Ley 2/2009, de 31 de marzo, por la que se regula la contratación con los consumidores de préstamos o créditos hipotecarios y de Servicios de intermediación para la celebración de contratos de préstamo o crédito (*B.O.E.* n. 79, de 1 de abril).

Téngase en cuenta la Ley 5/2019, de 15 de marzo, reguladora de los contratos de crédito inmobiliario (*B.O.E.* n. 65, de 16 de marzo).

Art. 1.857: v. arts. 154, 166, 200, 222, 271, 272, 286, 324, 1.158, 1.159 y 1.824 de este Código; Disp. Trans. 3.ª de la Ley 13/1983, de reforma del C.c., y art. 138 de la L.H.

Art. 1.858: v. art. 1.872. Ténganse en cuenta los arts. 129 a 137 de la L.H.

Art. 1.859. El acreedor no puede apropiarse las cosas dadas en prenda o hipoteca, ni disponer de ellas.

Art. 1.860. La prenda y la hipoteca son indivisibles, aunque la deuda se divida entre los causahabientes del deudor o del acreedor.

No podrá, por tanto, el heredero del deudor que haya pagado parte de la deuda pedir que se extinga proporcionalentela prenda o la hipoteca mientras la deuda no haya sido satisfecha por completo.

Tampoco podrá el heredero del acreedor que recibió su parte de la deuda devolver la prenda ni cancelar la hipoteca en perjuicio de los demás herederos que no hayan sido satisfechos.

Se exceptúa de estas disposiciones el caso en que, siendo varias las cosas dadas en hipoteca o en prenda, cada una de ellas garantice solamente una porción determinada del crédito.

El deudor, en este caso, tendrá derecho a que se extingan la prenda o la hipoteca a medida que satisfaga la parte de deuda de que cada cosa responda especialmente.

Art. 1.861. Los contratos de prenda e hipoteca pueden asegurar toda clase de obligaciones, ya sean puras, ya estén sujetas a condición suspensiva o resolutoria.

Art. 1.862. La promesa de constituir prenda o hipoteca sólo produce acción personal entre los contratantes, sin perjuicio de la responsabilidad criminal en que incurriere el que defraudase a otro ofreciendo en prenda o hipoteca como libres las cosas que sabía estaban gravadas, o fingiéndose dueño de las que no le pertenecen.

Art. 1.859: v. arts. 1.869, 1.870 y 1.872 del C.c. y 4.º de la L.H.M.

Art. 1.860: v. arts. 122 a 125 de la L.H. y 405 del C.c.

Art. 1.861: v. arts. 1.113 y ss. y 1.271 de este Código y 105 y 140 de la L.H.

Art. 1.862: v. arts. 1.451, 1.473 y 1.483 de este Código; 251 del C.P. y 56 de la L.H.M.

CAPÍTULO II

De la prenda*

Art. 1.863. Además de los requisitos exigidos en el artículo 1.857, se necesita, para constituir el contrato de prenda, que se ponga en posesión de ésta al acreedor, o a un tercero de común acuerdo.

Art. 1.864. Pueden darse en prenda todas las cosas muebles que están en el comercio, con tal que sean susceptibles de posesión.

En ningún caso podrán ser objeto de prenda los animales de compañía.

Art. 1.865. No surtirá efecto la prenda contra tercero si no consta por instrumento público la certeza de la fecha.

Art. 1.866. El contrato de prenda da derecho al acreedor para retener la cosa en su poder o en el de la tercera persona a quien hubiese sido entregada, hasta que se le pague el crédito.

Si mientras el acreedor retiene la prenda, el deudor contrajese con él otra deuda exigible antes de haberse pagado la primera, podrá aquél prorrogar la retención hasta que se le satisfagan ambos créditos, aunque no se hubiese estipulado la sujeción

---

* Sobre prenda sin desplazamiento, v. la Ley de hipoteca mobiliaria y prenda sin desplazamiento de posesión, de 16 de diciembre de 1954 (*B.O.E.* n. 352, de 18 de diciembre).

La citada Ley contiene disposiciones comunes a la hipoteca mobiliaria y prenda sin desplazamiento (arts. 1 a 11) y regula la hipoteca mobiliaria (arts. 12 a 51), la prenda sin desplazamiento (arts. 52 a 66) y los procedimientos para ejecutar los créditos (arts. 81 a 95).

Además, declara expresamente vigentes en su Exposición de Motivos y en la Disp. Derog., el Real Decreto de 22 de septiembre de 1917 (*Gaceta* n. 268, de 25 de septiem bre), a excepción de su Título I y las Disps. Adics., sobre prenda agrícola y ganadera; Decreto de 29 de noviembre de 1935 (*Gaceta* n. 337, de 3 de diciembre) y Órdenes de 6 de enero de 1936 y 17 de enero del mismo año (*Gaceta* n. 19, de 19 de enero) sobre prenda aceitera; Ley de 17 de mayo de 1940 (*B.O.E.* n. 216, de 3 de agosto) sobre prenda industrial, así como el art. 194 del C. de C. que regula la prenda de resguardos de almacenes de depósitos o *warrant*.

Ténganse presentes los arts. 681 y ss. de la L.Enj.Civ.

Sobre esta materia deben tenerse en cuenta las Leyes 468 a 470 y 472 de la C.Nav. y los arts. 569.12 y ss. del C.Civ.Cat. Véase también el art. 1.191.

Art. 1.863: v. arts. 52 a 66 de la L.H.M.

Art. 1.864: Modificado por la Ley 17/2021, de 15 de diciembre, de modificación del Código Civil, la Ley Hipotecaria y la Ley de Enjuiciamiento Civil, sobre el régimen jurídico de los animales (*B.O.E.* n. 300, de 16 de diciembre).

V. arts. 132 del T.R.L.S.Cap.; 52 a 55 de la L.H.M. y 437, 1.271 y 1.272.

Art. 1.865: v. arts. 3 y 56 de la L.H.M. y 1.227 y 1.278 a 1.280.

Art. 1.866: v. arts. 59 y 60 de la L.H.M.; 918 del C. de C. y 453 y nota al mismo, 1.858, 1.871 y 1.926.1.º

de la prenda a la seguridad de la segunda deuda.

Art. 1.867. El acreedor debe cuidar de la cosa dada en prenda con la diligencia de un buen padre de familia; tiene derecho al abono de los gastos hechos para su conservación, y responde de su pérdida o deterioro conforme a las disposiciones de este Código.

Art. 1.868. Si la prenda produce intereses, compensará el acreedor los que perciba con los que se le deben; y, si no se le deben, o en cuanto excedan de los legítimamente debidos, los imputará al capital.

Art. 1.869. Mientras no llegue el caso de ser expropiado de la cosa dada en prenda, el deudor sigue siendo dueño de ella.

Esto no obstante, el acreedor podrá ejercitar las acciones que competan al dueño de la cosa pignorada para reclamarla o defenderla contra tercero.

Art. 1.870. El acreedor no podrá usar la cosa dada en prenda sin autorización del dueño, y si lo hiciere o abusare de ella en otro concepto, puede el segundo pedir que se la constituya en depósito.

Art. 1.871. No puede el deudor pedir la restitución de la prenda contra la voluntad del acreedor mientras no pague la deuda y sus intereses, con las expensas en su caso.

Art. 1.872. El acreedor a quien oportunamente no hubiese sido satisfecho su crédito, podrá proceder ante Notario a la enajenación de la prenda. Esta enajenación habrá de hacerse precisamente en subasta pública y con citación del deudor y del dueño de la prenda en su caso. Si en la primera subasta no hubiese sido enajenada la prenda, podrá celebrarse una segunda con iguales formalidades; y, si tampoco diere resultado, podrá el acreedor hacerse dueño de la prenda. En este caso estará obligado a dar carta de pago de la totalidad de su crédito.

Si la prenda consistiere en valores cotizables, se venderán en la forma prevenida por el Código de Comercio.

Art. 1.867: v. arts. 61 y 62 de la L.H.M. y 1.094 a 1.096 y 1.182.

Art. 1.868: v. art. 1.173.

Art. 1.869: v. arts. 59 de la L.H.M.; 324 del C. de C. y 446 y 1.623.

Art. 1.870: v. arts. 62 a 64 de la L.H.M. y 1.859.

Art. 1.871: v. arts. 502 y nota al mismo, 1.866 de este Código, 58 de la L.H.M. y 686 y 692 de la L.Enj.Civ.

Art. 1.872: v. arts. 197 y 323 del C. de C., 94 y 95 de la L.H.M. y 685, 689 y 694 de la L.Enj.Civ.

Art. 1.873. Respecto a los Montes de Piedad y demás establecimientos públicos, que por instituto o profesión prestan sobre prendas, se observarán las leyes y reglamentos especiales que les conciernan y subsidiariamente las disposiciones de este título.

CAPÍTULO III

DE LA HIPOTECA*

Art. 1.874. Sólo podrán ser objeto del contrato de hipoteca:

1.º Los bienes inmuebles.

Art. 1.873: v. art. 15 de la L.Us., el R.D. de 12 de junio de 1909 (*Gaceta* n. 166, de 16 de junio), por el que se aprueba el Reglamento sobre casas de préstamo y establecimientos similares, y el Decreto de 14 de marzo de 1933 (*Gaceta* n. 76, de 17 de marzo), modificado por Decreto 3.330/1962, de 13 de diciembre (*B.O.E.* n. 306, de 22 de diciembre), por el que se aprueba el Estatuto de las Cajas Generales de Ahorro Popular con o sin Monte de Piedad.

* El presente Código sólo admite el supuesto de la hipoteca inmobiliaria; téngase en cuenta, sin embargo, que por Ley de 16 de diciembre de 1954 se creó y reguló la hipoteca mobiliaria.

Hay que tener en cuenta la regulación contenida en la Ley Hipotecaria de 8 de febrero de 1946 (*B.O.E.* n. 58, de 27 de febrero), en especial sus arts. 104 a 197, y los arts. 215 a 271 de su Reglamento, aprobado por Decreto de 14 de febrero de 1947 (*B.O.E.* n. 106, de 16 de abril). La Ley de 21 de agosto de 1893 (*Gaceta* n. 235, de 23 de agosto) de Hipoteca Naval fue derogada por la Ley 14/2014, de 24 de julio (*B.O.E.* n. 180, de 25 de julio), de Navegación Marítima, con entrada en vigor a los dos meses de su publicación en el *B.O.E.* De esta última Ley, v. Tít. II, Cap. VII, Secc. 2.ª («De la hipoteca naval», arts. 126 a 144).

Téngase en cuenta el R.D.L. 6/2012, de 9 de marzo, de medidas urgentes de protección de deudores hipotecarios sin recursos (*B.O.E.* n. 60, de 10 de marzo).

Asimismo, téngase en cuenta el Instrumento de adhesión de España al Convenio internacional sobre los privilegios marítimos y la hipoteca naval, 1993, hecho en Ginebra el 6 de mayo de 1993 (*B.O.E.* n. 99, de 23 de abril).

V. la Ley 2/1994, de 30 de marzo (*B.O.E.* n. 80, de 30 de abril), sobre subrogación y modificación de préstamos hipotecarios; la Orden EHA/2.899/2011, de 28 de octubre, de transparencia y protección del cliente de Servicios bancarios (*B.O.E.* n. 261, de 29 de octubre), y la Circular del Banco de España 5/1994, de 22 de julio (*B.O.E.* n. 184, de 3 de agosto), que desarrollan aquélla.

Ténganse en cuenta los arts. 569-1 y ss. del C.Civ.Cat.

Por su interés, téngase en cuenta la Ley 8/2012, de 30 de octubre, sobre saneamiento y venta de activos inmobiliarios del sector financiero (*B.O.E.* n. 262, de 31 de octubre).

Asimismo, v. la Ley 1/2013, de 14 de mayo, de medidas para reforzar la protección a los deudores hipotecarios, reestructuración de deuda y alquiler social (*B.O.E.* n. 116, de 15 de mayo).

Téngase en cuenta, asimismo, el R.D.L. 1/2015, de 27 de febrero, de mecanismo de segunda oportunidad, reducción de carga financiera y otras medidas de orden social (*B.O.E.* n. 51, de 28 de febrero), así como el R.D.L. 5/2017, de 17 de marzo (*B.O.E.* n. 66, de 18 de marzo).

También, el R.D.L. 1/2017, de 20 de enero, de medidas urgentes de protección de consumidores en materia de cláusulas suelo (*B.O.E.* n. 18, de 21 de enero).

Art. 1.874: v. arts. 106 a 108 de la L.H. y 12 de la L.H.M.

2.º Los derechos reales enajenables con arreglo a las leyes, impuestos sobre bienes de aquella clase.

Art. 1.875. Además de los requisitos exigidos en el artículo 1.857, es indispensable, para que la hipoteca quede válidamente constituida, que el documento en que se constituya sea inscrito en el Registro de la Propiedad.

Las personas a cuyo favor establece hipoteca la ley, no tienen otro derecho que el de exigir el otorgamiento e inscripción del documento en que haya de formalizarse la hipoteca, salvo lo que dispone la Ley Hipotecaria en favor del Estado, las provincias y los pueblos, por el importe de la última anualidad de los tributos, así como de los aseguradores por el premio del seguro.

Art. 1.876. La hipoteca sujeta directa e inmediatamente los bienes sobre que se impone, cualquiera que sea su poseedor, al cumplimiento de la obligación para cuya seguridad fue constituida.

Art. 1.877. La hipoteca se extiende a las accesiones naturales, a las mejoras, a los frutos pendientes y rentas no percibidas al vencer la obligación, y al importe de las indemnizaciones concedidas o debidas al propietario por los aseguradores de los bienes hipotecados, o en virtud de expropiación por causa de utilidad pública, con las declaraciones, ampliaciones y limitaciones establecidas por la ley, así en el caso de permanecer la finca en poder del que la hipotecó, como en el de pasar a manos de un tercero.

Art. 1.878. El crédito hipotecario puede ser enajenado o cedido a un tercero en todo o en parte, con las formalidades exigidas por la ley.

Art. 1.879. El acreedor podrá reclamar del tercer poseedor

Art. 1.875: v. arts. 145, 158, 193 a 197 de la L.H., 3 de la L.H.M. y 1.858, 1.862 de este Código.

Art. 1.876: v. arts. 104 de la L.H. y 16 de la L.H.M.

Art. 1.877: v. arts. 109 a 113 de la L.H.; 5 y 23 de la L.H.M., 40 a 42 de la L.C.S. y 355 a 357 y 366 a 374 de este Código.

Art. 1.878: v. arts. 149 a 152 de la L.H.; 175.4.º, 176 y 242 a 244 del R.H.; 8 de la L.H.M. y 1.526 a 1.536 de este Código. Ténganse en cuenta los arts. 1.112, 1.212 y nota al mismo.

Art. 1.879: v. arts. 126 , 127, 132 y 134 de la L.H.; 221 y 231 del R.H. y 81 y ss. de la L.H.M.

de los bienes hipotecados el pago de la parte de crédito asegurada con los que el último posee, en los términos y con las formalidades que la ley establece.

Art. 1.880. La forma, extensión y efectos de la hipoteca, así como lo relativo a su constitución, modificación y extinción y a lo demás que no haya sido comprendido en este capítulo, queda sometido a las prescripciones de la Ley Hipotecaria, que continúa vigente.

CAPÍTULO IV

DE LA ANTICRESIS

Art. 1.881. Por la anticresis el acreedor adquiere el derecho de percibir los frutos de un inmueble de su deudor con la obligación de aplicarlos al pago de los intereses, si se debieren, y después al del capital de su crédito.

Art. 1.882. El acreedor, salvo pacto en contrario, está obligado a pagar las contribuciones y cargas que pesen sobre la finca.

Lo está asimismo a hacer los gastos necesarios para su conservación y reparación.

Se deducirán de los frutos las cantidades que emplee en uno y otro objeto.

Art. 1.883. El deudor no puede readquirir el goce del inmueble sin haber pagado antes enteramente lo que debe a su acreedor.

Pero éste, para librarse de las obligaciones que le impone el artículo anterior, puede siempre obligar al deudor a que entre de nuevo en el goce de la finca, salvo pacto en contrario.

Art. 1.884. El acreedor no adquiere la propiedad del inmueble por falta de pago de la deuda dentro del plazo convenido.

Todo pacto en contrario será nulo. Pero el acreedor en este caso podrá pedir, en la forma que previene la Ley de Enjuiciamiento Civil, el pago de la deuda o la venta del inmueble.

Art. 1.881: v. art. 216 del R.H. Ténganse en cuenta los arts. 569.23 y ss. del C.Civ.Cat.

Art. 1.882: v. arts. 356, 500, 503 y 504.

Art. 1.883: v. arts. 453, 1.857, 1.886 y 1.871.

Art. 1.884: v. arts. 1.858, 1.859, 1.869 y 1.872 de este Código y 538 y ss., 655 y ss. y 701 y ss. de la L.Enj.Civ., que tratan sobre la ejecución, las subastas de inmuebles, y la ejecución no dineraria, respectivamente.

Art. 1.885. Los contratantes pueden estipular que se compensen los intereses de la deuda con los frutos de la finca dada en anticresis.

Art. 1.886. Son aplicables a este contrato el último párrafo del artículo 1.857, el párrafo segundo del artículo 1.866, y los artículos 1.860 y 1.861.

TÍTULO XVI

De las obligaciones que se contraen sin convenio

CAPÍTULO PRIMERO

DE LOS CUASI CONTRATOS

Art. 1.887. Son cuasi contratos los hechos lícitos y puramente voluntarios, de los que resulta obligado su autor para con un tercero y a veces una obligación recíproca entre los interesados.

SECCIÓN PRIMERA

De la gestión de negocios ajenos

Art. 1.888. El que se encarga voluntariamente de la agencia o administración de los negocios de otro, sin mandato de éste, está obligado a continuar su gestión hasta el término del asunto y sus incidencias, o a requerir al interesado para que le sustituya en la gestión, si se hallase en estado de poder hacerlo por sí.

Art. 1.889. El gestor oficioso debe desempeñar su encargo con toda la diligencia de un buen padre de familia, e indemnizar los perjuicios que por su culpa o negligencia se irroguen al dueño de los bienes o negocios que gestione.

Los Tribunales, sin embargo, podrán moderar la importancia de la indemnización según las circunstancias del caso.

Art. 1.890. Si el gestor delegare en otra persona todos o algunos de los deberes de su

---

Art. 1.885: v. art. 1.868.

Art. 1.887: v. arts. 1.089 y 1.090.

Art. 1.888: v. arts. 1.259, 1.718, 1.736 y 1.737 del C.c. Ténganse en cuenta los arts. 244 a 302 del C. de C.

Art. 1.889: v. arts. 1.103, 1.104, 1.719 y 1.726.

Art. 1.890: v. arts. 1.721 a 1.723.

cargo, responderá de los actos del delegado, sin perjuicio de la obligación directa de éste para con el propietario del negocio.

La responsabilidad de los gestores, cuando fueren dos o más, será solidaria.

Art. 1.891. El gestor de negocios responderá del caso fortuito cuando acometa operaciones arriesgadas que el dueño no tuviese costumbre de hacer, o cuando hubiese pospuesto el interés de éste al suyo propio.

Art. 1.892. La ratificación de la gestión por parte del dueño del negocio produce los efectos del mandato expreso.

Art. 1.893. Aunque no hubiese ratificado expresamente la gestión ajena, el dueño de bienes o negocios que aproveche las ventajas de la misma será responsable de las obligaciones contraídas en su interés, e indemnizará al gestor los gastos necesarios y útiles que hubiese hecho y los perjuicios que hubiese sufrido en el desempeño de su cargo.

La misma obligación le incumbirá cuando la gestión hubiera tenido por objeto evitar algún perjuicio inminente y manifiesto, aunque de ella no resultase provecho alguno.

Art. 1.894. Cuando, sin conocimiento del obligado a prestar alimentos, los diese un extraño, éste tendrá derecho a reclamarlos de aquél, a no constar que los dio por oficio de piedad y sin ánimo de reclamarlos.

Los gastos funerarios proporcionados a la calidad de la persona y a los usos de la localidad deberán ser satisfechos, aunque el difunto no hubiese dejado bienes, por aquellos que en vida habrían tenido la obligación de alimentarle.

SECCIÓN SEGUNDA

*Del cobro de lo indebido**

Art. 1.895. Cuando se recibe alguna cosa que no había dere-

Art. 1.891: v. arts. 1.105, 1.718 y 1.726.

Art. 1.892: v. arts. 1.208, 1.259, 1.310 a 1.314, 1.710, 1.712 y 1.727.

Art. 1.893: v. arts. 1.304, 1.715, 1.727 y 1.729.

Art. 1.894: v. arts. 142 a 153 y 1.901. Compárese con los arts. 1.158, 1.159 y 1.209 a 1.213.

* Sobre esta cuestión, v. Leyes 508 y ss. de la C.Nav.

Art. 1.895: v. arts. 1.094 a 1.097, 1.120, 1.123, 1.758 y 1.766 a 1.778. Ténganse en cuenta los arts. 1.126, 1.158, 1.162, 1.165, 1.756, 1.798 y 1.842. Compárese con los arts. 6.3 y 1.300 y ss.

cho a cobrar, y que por error ha sido indebidamente entregada, surge la obligación de restituirla.

Art. 1.896. El que acepta un pago indebido, si hubiera procedido de mala fe, deberá abonar el interés legal cuando se trate de capitales, o los frutos percibidos o debidos percibir cuando la cosa recibida los produjere.

Además responderá de los menoscabos que la cosa haya sufrido por cualquier causa, y de los perjuicios que se irrogaren al que la entregó, hasta que la recobre. No se prestará el caso fortuito cuando hubiese podido afectar del mismo modo a las cosas hallándose en poder del que las entregó.

Art. 1.897. El que de buena fe hubiera aceptado un pago indebido de cosa cierta y determinada, sólo responderá de las desmejoras o pérdidas de ésta y de sus accesiones, en cuanto por ellas se hubiere enriquecido. Si la hubiese enajenado, restituirá el precio o cederá la acción para hacerlo efectivo.

Art. 1.898. En cuanto al abono de mejoras y gastos hechos por el que indebidamente recibió la cosa, se estará a lo dispuesto en el Título V del Libro II.

Art. 1.899. Queda exento de la obligación de restituir el que, creyendo de buena fe que se hacía el pago por cuenta de un crédito legítimo y subsistente, hubiese inutilizado el título, o dejado prescribir la acción, o abandonado las prendas, o cancelado las garantías de su derecho. El que pagó indebidamente sólo podrá dirigirse contra el verdadero deudor o los fiadores respecto de los cuales la acción estuviese viva.

Art. 1.900. La prueba del pago incumbe al que pretende haberlo hecho. También corre a su cargo la del error con que lo realizó, a menos que el demandado negare haber recibido la cosa que se le reclame. En este caso, justificada por el demandante la entrega, queda relevado de toda otra prueba. Esto no limita el derecho del demandado para acreditar que le era debido lo que se supone que recibió.

Art. 1.896: v. arts. 451, 455 y 457 del C.c. y 13 de la L.Cre.Con. Compárese con los arts. 1.096, 1.101, 1.105, 1.182, 1.766, 1.777 y nota al art. 1.895.

Art. 1.897: v. arts. 451, 455, 457 y 1.778 del C.c. y 13 de la L.Cre.Con.

Art. 1.898: v. arts. 430 a 465.

Art. 1.899: v. arts. 1.158, 1.159 y 1.209 a 1.212.

Art. 1.900: v. art. 1.164. Compárese con los arts. 1.189 y 1.191.

Art. 1.901. Se presume que hubo error en el pago cuando se entregó cosa que nunca se debió o que ya estaba pagada; pero aquel a quien se pida la devolución puede probar que la entrega se hizo a título de liberalidad o por otra causa justa.

CAPÍTULO II

DE LAS OBLIGACIONES QUE NACEN DE CULPA O NEGLIGENCIA*

Art. 1.902. El que por acción u omisión causa daño a otro, interviniendo culpa o negligencia, está obligado a reparar el daño causado.

Art. 1.901: v. arts. 1.276, 1.277, 1.756, 1.798 y 1.895.

* Téngase en cuenta que la responsabilidad del Estado se regula por la Ley 39/2015, de 1 de octubre, del Procedimiento Administrativo Común de las Administraciones Públicas (*B.O.E.* n. 236, de 2 de octubre; corrección de errores en *B.O.E.* n. 306, de 23 de diciembre), y que la responsabilidad civil derivada de delito se regula en los arts. 110 a 113, 116, 122 a 126, 451 y 454 del C.P. y 100 a 117 de la L.E.Cr.

Por la alteración de los principios de este Código y por su importancia en materia de responsabilidad extracontractual, deben consultarse los arts. 51 de la L.Pesc.Fluv.; 115 a 125 de la L.Nav.Aér.; 145 y ss. de la Ley 12/2011, de 27 de mayo, sobre responsabilidad civil por daños nucleares o producidos por materiales radiactivos (*B.O.E.* n. 127, de 28 de mayo); 33 de la L.Caza, y Anexo del R.D.Leg. 8/2004, de 29 de octubre, por el se aprueba el texto refundido de la Ley sobre responsabilidad civil y seguro en la circulación de vehículos a motor (*B.O.E.* n. 267, de 5 de noviembre). V. nota al Cap. II, Tít. XII, Libro IV del C.c.

Por su importancia en relación con el tráfico en masa y la responsabilidad por daños, ténganse en cuenta los arts. 128 y ss. de la L.Def.Consum.

Ténganse en cuenta el art. 10.9 de este Código y el Convenio sobre la Ley aplicable a la responsabilidad de los productos, hecho en La Haya el 2 de octubre de 1973 (*B.O.E.* n. 21, de 25 de enero de 1974).

Téngase asimismo en cuenta el R.D.Leg. 7/2004, de 29 de octubre, por el que se aprueba el texto refundido del Estatuto Legal del Consorcio de Compensación de Seguros (*B.O.E.* n. 267, de 5 de noviembre), y el R.D.Leg. 8/2004, de 29 de octubre, por el que se aprueba el texto refundido de la Ley sobre responsabilidad civil y seguro en la circulación de vehículos a motor (*B.O.E.* n. 267, de 5 de noviembre).

Art. 1.902: v. arts. 1.089, 1.093, 1.101, 1.102, 1.103, 1.104, 1.366 y 1.968 de este Código; 826 a 838 del C. de C.; 109 a 126 del C.P. y 100 a 117 de la L.E.Cr.

Téngase en cuenta lo dispuesto en el art. 17 de la L.O.E.

V. R.D. 1.507/2008, de 12 de septiembre, por el que se aprueba el Reglamento del seguro obligatorio de responsabilidad civil en la circulación de vehículos a motor (*B.O.E.* n. 222, de 13 de septiembre).

V. Reglamento (UE) n. 376/2014 del Parlamento Europeo y del Consejo, de 3 de abril de 2014, relativo a la notificación de sucesos en la aviación civil (*D.O.* L 122, de 24 de abril).

Art. 1.903. La obligación que impone el artículo anterior es exigible, no sólo por los actos u omisiones propios, sino por los de aquellas personas de quienes se debe responder.

Los padres son responsables de los daños causados por los hijos que se encuentren bajo su guarda.

Los tutores lo son de los perjuicios causados por los menores que están bajo su autoridad y habitan en su compañía.

Los curadores con facultades de representación plena lo son de los perjuicios causados por la persona a quien presten apoyo, siempre que convivan con ella.

Lo son igualmente los dueños o directores de un establecimiento o empresa respecto de los perjuicios causados por sus dependientes en el servicio de los ramos en que los tuvieran empleados, o con ocasión de sus funciones.

Las personas o entidades que sean titulares de un centro docente de enseñanza no superior responderán por los daños y perjuicios que causen sus alumnos menores de edad durante los períodos de tiempo en que los mismos se hallen bajo el control o vigilancia del profesorado del centro, desarrollando actividades escolares o extraescolares y complementarias.

Art. 1.903: La responsabilidad civil del Estado se determina en el art. 67 de la L.P.A.C.A.P., así como en los arts. 292 a 297 de la L.O.P.J. V. arts. 106 y 121 de la Const., 109 a 126 del C.P. y 223 del R.O.F.C.L.

Téngase en cuenta el R.D. 95/2009, de 6 de febrero, por el que se regula el Sistema de registros administrativos de apoyo a la Administración de Justicia (*B.O.E.* n. 33, de 7 de febrero), donde queda incluido el Registro de Sentencias de Responsabilidad Penal de los Menores.

Párr. 1.º: v. arts. 1.564, 1.596, 1.721 y 1.784 del C.c. y 67 de la L.P.A.C.A.P.

Párr. 2.º: Redactado conforme a la Ley 11/ 1981, de reforma del C.c. V. arts. 118 y 119 del C.P. y 154, 162 y 1.366 del C.c., así como arts. 3, 5, 6 y 61 y ss. de la L.Resp.P.Men.

Téngase en cuenta la Ley 27/2001, de 31 de diciembre, de Justicia Juvenil de Cataluña (*B.O.E.* n. 34, de 8 de febrero de 2002, y *D.O.G.C.* n. 3.553, de 15 de enero), por la que se deroga la Ley 11/1985, de 13 de junio, de protección de menores, salvo el Título V, dedicado a la prevención de la delincuencia infantil y juvenil.

Párr. 3.º: v. arts. 118 y 119 del C.P. y 215, 220, 222, 267, 270, 274 y 303 del C.c.

Modificado por Ley 8/2021, de 2 de junio, por la que se reforma la legislación civil y procesal para el apoyo a las personas con discapacidad en el ejercicio de su capacidad jurídica (*B.O.E.* n. 132, de 3 de junio).

Párr. 4.º: Añadido por Ley 8/2021, de 2 de junio, por la que se reforma la legislación civil y procesal para el apoyo a las personas con discapacidad en el ejercicio de su capacidad jurídica (*B.O.E.* n. 132, de 3 de junio).

Párr. 5.º: v. arts. 120 del C.P. y 1.596, 1.601 y 1.784 del C.c.

Párr. 6.º: Redactado conforme a la Ley 1/1991, de reforma del C.c. V. art. 120 del C.P.

La responsabilidad de que trata este artículo cesará cuando las personas en él mencionadas prueben que emplearon toda la diligencia de un buen padre de familia para prevenir el daño.

Art. 1.904. El que paga el daño causado por sus dependientes puede repetir de éstos lo que hubiese satisfecho.

Cuando se trate de centros docentes de enseñanza no superior, sus titulares podrán exigir de los profesores las cantidades satisfechas, si hubiesen incurrido en dolo o culpa grave en el ejercicio de sus funciones que fuesen causa del daño.

Art. 1.905. El poseedor de un animal, o el que se sirve de él, es responsable de los perjuicios que causare, aunque se le escape o extravíe. Sólo cesará esta responsabilidad en el caso de que el daño proviniera de fuerza mayor o de culpa del que lo hubiese sufrido.

Art. 1.906. El propietario de una heredad de caza responderá del daño causado por ésta en las fincas vecinas, cuando no haya hecho lo necesario para impedir su multiplicación o cuando haya dificultado la acción de los dueños de dichas fincas para perseguirla.

Art. 1.907. El propietario de un edificio es responsable de los daños que resulten de la ruina de todo o parte de él, si ésta sobreviniere por falta de las reparaciones necesarias.

Párr. 7.º: v. arts. 118 y 119 del C.P. y 1.101 y 1.104 del C.c.

Art. 1.904: Redactado conforme a la Ley 1/1991, de reforma del C.c. V. arts. 1.146, 1.158, 1.159, 1.838 y 1.839.

Téngase en cuenta el R.D. 1.774/2004, de 30 de julio, por el que se aprueba el Reglamento de la L.O. 5/2000, de 12 de enero, reguladora de la responsabilidad penal de los menores (*B.O.E.* n. 209, de 30 de agosto).

Art. 1.905: Compárese con los arts. 465, 590, 612, 1.908 y 1.909.

Ténganse en cuenta la Ley 50/1999, de 23 de diciembre, sobre el régimen jurídico de la tenencia de animales potencialmente peligrosos (*B.O.E.* n. 307, de 24 de diciembre), y su Reglamento, aprobado por R.D. 287/2002, de 22 de marzo (*B.O.E.* n. 74, de 27 de marzo).

En cuanto a la legislación autonómica, v. la Ley 10/1999, de 30 de julio, del Parlamento de Cataluña, sobre tenencia de perros considerados potencialmente peligrosos (*B.O.E.* n. 202, de 24 de agosto).

Art. 1.906: v. arts. 33 de la L.Caza y 35 de su Reglamento, aprobado por D. 506/1971, de 25 de marzo (*B.O.E.* n.os 76 y 77, de 30 y 31 de marzo; corrección de errores en *B.O.E.* n. 112, de 11 de mayo).

Art. 1.907: v. arts. 389, 391 y 1.909 del presente Código y 245.1 del T.R.L.S., artículo que ha sido declarado expresamente en vigor por el número 1 de la Disp. Derog. única de la L.Suel.

Art. 1.908. Igualmente responderán los propietarios de los daños causados:

1.º Por la explosión de máquinas que no hubiesen sido cuidadas con la debida diligencia, y la inflamación de sustancias explosivas que no estuviesen colocadas en lugar seguro y adecuado.

Art. 1.908: v. Ley 34/2007, de 15 de noviembre, de calidad del aire y protección de la atmósfera (*B.O.E.* n. 275, de 16 de noviembre). Esta disposición legal deroga el Decreto 2.414/1961, de 30 de noviembre, por el que se aprobó el Reglamento de actividades molestas, insalubres, nocivas y peligrosas, si bien mantiene su vigencia en aquellas Comunidades y Ciudades Autónomas que no tengan aprobada una normativa en la materia y en tanto ésta no se dicte.

V. arts. 390, 391 y 590 del C.c.; 84 a 100 de la L.Ag.; y 9 a 12 de la Ley 21/1992, de 16 de junio (*B.O.E.* n. 176, de 23 de julio), de Industria. Ténganse en cuenta los arts. 325 a 331 y 338 a 340 del C.P., sobre delitos contra los recursos naturales y el medio ambiente. Compárese con el art. 7.2 de la L.P.H.

Téngase en cuenta el R.D.Leg. 2/2011, de 5 de septiembre, por el que se aprueba el Texto Refundido de la Ley de Puertos del Estado y de la Marina Mercante (*B.O.E.* n. 253, de 20 de octubre de 2011; corrección de errores en *B.O.E.* n. 73, de 26 de marzo de 2012).

V. arts. 100 ss. de la L.Ag.

Debe tenerse en cuenta la Ley 9/2003, de 25 de abril, por la que se establece el régimen jurídico de la utilización confinada, liberación voluntaria y comercialización de organismos modificados genéticamente (*B.O.E.* n. 100, de 26 de abril).

V. Convención de 20 de septiembre de 1994, de Seguridad Nuclear, ratificada por Instrumento de 19 de junio de 1995 (*B.O.E.* n. 95, de 21 de abril).

Téngase en cuenta, además, la Ley 12/2011, de 27 de mayo, sobre responsabilidad civil por daños nucleares o producidos por materiales radiactivos (*B.O.E.* n. 127, de 28 de mayo).

Asimismo, conviene tener presente la Ley 11/1997, de 24 de abril, de envases y residuos de envases (*B.O.E.* n. 99, de 25 de abril).

Téngase en cuenta la Directiva 2008/ 98/CE del Parlamento Europeo y del Consejo, de 19 de noviembre de 2008, sobre los residuos y por la que se derogan determinadas Directivas (*D.O.* L 312, de 22 de noviembre).

V. R.D. 102/2011, de 28 de enero, relativo a la mejora de la calidad del aire (*B.O.E.* n. 25, de 29 de enero).

V. Ley 7/2022, de 8 de abril, de residuos y suelos contaminados para una economía circular (*B.O.E.* n. 85, de 9 de abril), y el R.D. 815/2013, de 18 de octubre, por el que se aprueba el Reglamento de emisiones industriales y de desarrollo de la Ley 16/2002, de 1 de julio, de prevención y control integrados de la contaminación (*B.O.E.* n. 251, de 19 de octubre).

V. Ley 6/2021, de 17 de febrero, de residuos y suelos contaminados de Galicia (*B.O.E.* n. 78, de 1 de abril; y *D.O.G.* n. 52, de 17 de marzo de 2021).

V. Instrumento de adhesión de España al Protocolo de 1992 que enmienda el Convenio Internacional sobre la constitución de un fondo internacional de indemnización de daños debidos a contaminación por hidrocarburos, de 18 de diciembre de 1971, hecho en Londres el 27 de diciembre de 1992 (*B.O.E.* n. 244, de 11 de octubre de 1997).

V. Protocolo de 18 de noviembre de 1991, ratificado por Instrumento de 25 de enero de 1994, sobre la contaminación atmosférica transfronteriza a larga distancia, relativo a la lucha contra las emisiones de compuestos orgánicos volátiles o sus flujos transfronterizos (*B.O.E.* n. 225, de 19 de septiembre de 1997).

V. Convenio de 25 de febrero de 1991, ratificado por Instrumento de 1 de septiembre de 1992, sobre evaluación del impacto en el medio ambiente en un contexto transfronterizo (*B.O.E.* n. 261, de 31 de octubre de 1997).

V. Instrumento de Ratificación del Convenio para la Protección del medio ambiente marino del Atlántico del Nordeste, hecho en París el 22 de septiembre de 1992 (*B.O.E.* n. 150, de 24 de junio de 1998).

V. Instrumento de Ratificación del Protocolo al Convenio de 1979 sobre contaminación atmosférica transfronteriza a larga distancia, relativo a reducciones adicionales de las emisiones de azufre, hecho en Oslo el 14 de junio de 1994 (*B.O.E.* n. 150, de 24 de junio de 1998).

Téngase en cuenta el R.D. 1.737/2010, de 23 de diciembre, por el que se aprueba el Reglamento por el que se regulan las inspecciones de buques extranjeros en puertos españoles (*B.O.E.* n. 317, de 30 de diciembre).

V. Ley 41/2010, de 29 de diciembre, de protección del medio marino (*B.O.E.* n. 317, de 30 de diciembre).

Téngase en cuenta el R.D. 646/2020, de 7 de julio, por el que se regula la eliminación de residuos mediante depósito en vertedero (*B.O.E.* n. 187, de 8 de julio).

Ténganse en cuenta la Ley 21/2003, de 7 de julio, de Seguridad Aérea (*B.O.E.* n. 162, de 8 de julio), y el R.D. 57/2002, de 19 de enero, por el que se aprueba el Reglamento de Circulación Aérea (*B.O.E.* n. 17, de 19 de enero).

V. Directiva 2010/31/UE del Parlamento Europeo y del Consejo, de 19 de mayo de 2010, relativa a la eficiencia energética de los edificios (*D.O.* L 153, de 18 de junio).

V. Reglamento (UE) n. 376/2014 del Parlamento Europeo y del Consejo, de 3 de abril de 2014, relativo a la notificación de sucesos en la aviación civil (*D.O.* L 122, de 24 de abril).

Téngase presente la Ley 37/2003, de 17 de noviembre, del Ruido (*B.O.E.* n. 276, de 18 de noviembre), y su desarrollo reglamentario por medio del R.D. 1.513/2005, de 16 de diciembre, en lo referente a la evaluación y gestión del ruido ambiental (*B.O.E.* n. 301, de 17 de diciembre).

V. el R.D. 1.546/2004, de 25 de junio, por el que se aprueba el Plan Básico de Emergencia Nuclear (*B.O.E.* n. 169, de 14 de julio).

Téngase en cuenta el R.D.Ley 5/2004, de 27 de agosto, por el que se regula el régimen del comercio de derechos de emisión de gases de efecto invernadero (*B.O.E.* n. 208, de 28 de agosto).

Téngase presente la Ley 1/2005, de 9 de marzo, por la que se regula el régimen del comercio de derechos de emisión de gases de efecto invernadero (*B.O.E.* n. 59, de 10 de marzo).

También téngase presente el R.D. 1.367/2007, de 19 de octubre, de desarrollo de la Ley 37/2003, de 17 de noviembre, del Ruido, en lo referente a zonificación acústica, objetivos de calidad y emisiones acústicas (*B.O.E.* n. 254, de 23 de octubre).

V. Ley 26/2007, de 23 de octubre, de responsabilidad medioambiental (*B.O.E.* n. 255, de 24 de octubre).

Téngase en cuenta la Ley 42/2007, de 13 de diciembre, del Patrimonio Natural y de la Biodiversidad (*B.O.E.* n. 299, de 14 de diciembre).

V. el R.D. 1.795/2008, de 3 de noviembre, por el que se dictan normas sobre la cobertura de la responsabilidad civil por daños causados por la contaminación de los hidrocarburos para combustible de los buques (*B.O.E.* n. 278, de 18 de noviembre).

2.º Por los humos excesivos, que sean nocivos a las personas o a las propiedades.

3.º Por la caída de árboles colocados en sitios de tránsito, cuando no sea ocasionada por fuerza mayor.

4.º Por las emanaciones de cloacas o depósitos de materias infectantes, construidos sin las precauciones adecuadas al lugar en que estuviesen.

Art. 1.909. Si el daño de que tratan los dos artículos anteriores resultare por defecto de construcción, el tercero que lo sufra sólo podrá repetir contra el arquitecto, o, en su caso, contra el constructor, dentro del tiempo legal.

Art. 1.910. El cabeza de familia que habita una casa o parte de ella, es responsable de los daños causados por las cosas que se arrojaren o cayeren de la misma.

Respecto a la legislación autonómica, v. la siguiente normativa:

— Ley 1/1999, de 29 de enero, de residuos de Canarias (*B.O.E.* n. 46, de 23 de febrero).

— Ley 10/2000, de 12 de diciembre, de residuos de la Comunidad Valenciana (*B.O.E.* n. 5, de 5 de enero de 2001, y *D.O. de la Comunidad Valenciana* n. 3.898, de 15 de diciembre de 2000).

— Ley 16/2002, de 28 de junio, de Protección contra la Contaminación Acústica de Cataluña (*B.O.E.* n. 177, de 25 de julio, y *D.O.G.C.* n. 3.675, de 11 de julio).

— Ley 5/2004, de 16 de noviembre, de Puertos de Cantabria (*B.O.E.* n. 298, de 11 de diciembre; *B.O.Cant.* n. 228, de 25 de noviembre).

— Ley 10/2008, de 3 de noviembre, de residuos de Galicia (*B.O.E.* n.294, de 6 de diciembre, y *D.O.G.* n. 224, de 18 de noviembre).

— Ley 5/2009, de 4 de junio, del ruido de Castilla y León (*B.O.E.* n. 162, de 6 de julio, y *B.O.C.L.* n. 107, de 9 de junio; correccion de errores en *B.O.C.L.* n. 115, de 19 de junio).

— Ley 20/2009, de 4 de diciembre, de prevención y control ambiental de las actividades de Cataluña (*B.O.E.* n. 12, de 14 de enero de 2010, y *D.O.G.C.* n. 5.524, de 11 de diciembre de 2009).

— Ley 7/2010, de 18 de noviembre, de protección contra la contaminación acústica (*B.O.E.* n. 7, de 8 de enero de 2011, y *BOA* n. 237, de 3 de diciembre de 2010).

— Ley 10/2014, de 27 de noviembre, de Aguas y Ríos de Aragón (*B.O.E.* n. 8, de 9 de enero de 2015, y *BOA* n. 241, de 10 de diciembre de 2014).

— Ley 14/2018, de 18 de junio, de residuos y su fiscalidad (*B.O.E.* n. 157, de 29 de junio, y *B.O.N.* n. 120, de 22 de junio).

Art. 1.909: v. arts. 1.591 y 1.968.

Art. 1.910: v. arts. 1.564, 1.783 y 1.784.

TÍTULO XVII

De la concurrencia y prelación de créditos*

CAPÍTULO PRIMERO

Disposiciones generales

Art. 1.911. Del cumplimiento de las obligaciones responde el deudor con todos sus bienes, presentes y futuros.

Arts. 1.912 a 1.920. [*Derogados por Ley 22/2003, de 9 de julio.*]

CAPÍTULO II

De la clasificación de créditos

Art. 1.921. Los créditos se clasificarán, para su graduación y pago, por el orden y en los términos que en este capítulo se establecen.

En caso de concurso, la clasificación y graduación de los créditos se regirá por lo establecido en la Ley Concursal.

---

* Ténganse presentes los arts. 99 y ss. de la L.Conc. y 257 a 261 del C.P.

Téngase presente que la Ley 22/2003, de 9 de julio, Concursal (*B.O.E.* n. 164, de 10 de julio), modificó el art. 1.921 y derogó los arts. 1.912 a 1.920 y párrafos *a*) y *g*) del apdo. 2 del art. 1.924 C.c., con efectos a partir de 1 de septiembre de 2004.

Téngase en cuenta el art. 98 de la L.Enj.Civ.

Véanse, en relación con los procedimientos concursales, los arts. 192 y ss. de la L.Conc.

Téngase en cuenta la L.O. 8/2003, de 9 de julio, para la Reforma Concursal, por la que se modifica la L.O. 6/1985, de 1 de julio, del Poder Judicial (*B.O.E.* n. 164, de 10 de julio).

Téngase asimismo en cuenta el Instrumento de adhesión de España al Convenio internacional sobre los privilegios marítimos y la hipoteca naval, 1993, hecho en Ginebra el 6 de mayo de 1993 (*B.O.E.* n. 99, de 23 de abril).

V. el Reglamento (CE) n. 1346/2000 del Consejo, de 29 de mayo de 2000, sobre procedimientos de insolvencia (*D.O.* L 160, de 30 de junio).

Art. 1.911: Téngase en cuenta la Ley 25/2015, de 28 de julio, de mecanismo de segunda oportunidad, reducción de la carga financiera y otras medidas de orden social (*B.O.E.* n. 180, de 29 de julio).

Art. 1.921: Véanse arts. 269 y ss. L.Conc.

Art. 1.922. Con relación a determinados bienes muebles del deudor, gozan de preferencia:

1.º Los créditos por construcción, reparación, conservación o precio de venta de bienes muebles que estén en poder del deudor, hasta donde alcance el valor de los mismos.

2.º Los garantizados con prenda que se halle en poder del acreedor, sobre la cosa empeñada y hasta donde alcance su valor.

3.º Los garantizados con fianza de efectos o valores, constituida en establecimiento público o mercantil, sobre la fianza y por el valor de los efectos de la misma.

4.º Los créditos por transporte, sobre los efectos transportados, por el precio del mismo, gastos y derechos de conducción y conservación, hasta la entrega y durante treinta días después de ésta.

5.º Los de hospedaje, sobre los muebles del deudor existentes en la posada.

6.º Los créditos por semillas y gastos de cultivo y recolección anticipados al deudor, sobre los frutos de la cosecha para que sirvieron.

7.º Los créditos por alquileres y rentas de un año, sobre los bienes muebles del arrendatario existentes en la finca arrendada y sobre los frutos de la misma.

8.º Los créditos a favor de los tenedores de bonos garantizados, respecto de los préstamos y créditos, y otros activos que los garanticen, integrados en el conjunto de cobertura, conforme al Real Decreto-ley 24/2021, de 2 de noviembre, de transposición de directivas de la Unión Europea en las materias de bonos garantizados, distribución transfronteriza de organismos de inversión colectiva, datos abiertos y reutilización de la información del sector público, ejercicio de derechos de autor y derechos afines aplicables a determinadas transmisiones en línea y a las retransmisiones de programas de radio y televisión, exenciones temporales a determinadas importaciones y suministros, de personas consumidoras y para la promoción de vehículos de transporte por carretera limpios y energéticamente eficientes, hasta donde alcance su valor.

Art. 1.922: v. arts. 276, 340, 356, 375 y 704 del C. de C.; 10, 41, 56 y 66 de la L.H.M. y 1.917 y 1.600 y nota a éste. Ténganse en cuenta los arts. 89 y ss. de la L.Conc. Compárese el último párrafo con los arts. 464 y 1.111.

Modificado por la Disp. Final 1.ª del R.D.L. 24/2021, de 2 de noviembre (*B.O.E.* n. 263, de 4 de noviembre).

Si los bienes muebles sobre que recae la preferencia hubieren sido sustraídos, el acreedor podrá reclamarlos de quien los tuviese, dentro del término de treinta días, contados desde que ocurrió la sustracción.

Art. 1.923. Con relación a determinados bienes inmuebles y derechos reales del deudor, gozan de preferencia:

1.º Los créditos a favor del Estado, sobre los bienes de los contribuyentes, por el importe de la última anualidad, vencida y no pagada, de los impuestos que graviten sobre ellos.

2.º Los créditos de los aseguradores, sobre los bienes asegurados, por los premios del seguro de dos años; y, si fuere el seguro mutuo, por los dos últimos dividendos que se hubiesen repartido.

3.º Los créditos hipotecarios y los refaccionarios, anotados e inscritos en el Registro de la Propiedad, sobre los bienes hipotecados o que hubiesen sido objeto de la refacción.

4.º Los créditos preventivamente anotados en el Registro de la Propiedad, en virtud de mandamiento judicial, por embargos, secuestros o ejecución de sentencias, sobre los bienes anotados, y sólo en cuanto a créditos posteriores.

5.º Los refaccionarios no anotados ni inscritos, sobre los inmuebles a que la refacción se refiera y sólo respecto a otros créditos distintos de los expresados en los cuatro números anteriores.

6.º Los créditos a favor de los tenedores de bonos garantizados, respecto de los préstamos y créditos hipotecarios, y otros activos que los garanticen, integrados en el conjunto de cobertura, conforme al Real Decreto-ley 24/2021, de 2 de noviembre, de transposición de directivas de la Unión Europea en las materias de bonos garantizados, distribución transfronteriza de organismos de inversión colectiva, datos abiertos y reutilización de la información del sector público, ejercicio de derechos de autor y derechos afines aplicables a determinadas transmisiones en línea y a las retransmisiones de programas de radio y televisión, exenciones temporales a determi-

---

Art. 1.923: v. arts. 77 de la L.G.T.; 10 de la L.G.P.; 44, 55, 64, 121, 168 y 194 a 197 de la L.H.; 271 del R.H.; 9.1, letra *e*), de la L.P.H.; 105 y ss. de la L.B.R.L.; 6 y 15 y ss. de la L.H.L.; y 124 a 130, 151 a 153 y 159 a 161 del R.G.R. Ténganse en cuenta los arts. 89 y ss. de la L.Conc.

Modificado por la Disp. Final 1.ª del R.D.L. 24/2021, de 2 de noviembre (*B.O.E.* n. 263, de 4 de noviembre).

nadas importaciones y suministros, de personas consumidoras y para la promoción de vehículos de transporte por carretera limpios y energéticamente eficientes, hasta donde alcance su valor.

Art. 1.924. Con relación a los demás bienes muebles e inmuebles del deudor, gozan de preferencia:

1.º Los créditos a favor de la provincia o del Municipio, por los impuestos de la última anualidad vencida y no pagada, no comprendidos en el artículo 1.923, número 1.º

2.º Los devengados:

A. [*Letra derogada por Ley 22/2003, de 9 de julio*.]

B. Por los funerales del deudor, según el uso del lugar, y también los de su cónyuge y los de sus hijos constituidos bajo su patria potestad, si no tuviesen bienes propios.

C. Por gastos de la última enfermedad de las mismas personas, causados en el último año, contado hasta el día del fallecimiento.

D. Por los salarios y sueldos de los trabajadores por cuenta ajena y del servicio doméstico correspondientes al último año.

E. Por la cuotas correspondientes a los regímenes obligatorios de subsidios, seguros sociales y mutualismo laboral por el mismo período de tiempo que señala el apartado anterior, siempre que no tengan reconocida mayor preferencia con arreglo al artículo precedente.

F. Por anticipaciones hechas al deudor, para sí y su familia constituida bajo su autoridad, en comestibles, vestido o calzado, en el mismo período de tiempo.

G. [*Letra derogada por Ley 22/2003, de 9 de julio*.]

3.º Los créditos que sin privilegio especial consten:

A. En escritura pública.

B. Por sentencia firme, si hubiesen sido objeto de litigio.

Estos créditos tendrán preferencia entre sí por el orden de antigüedad de las fechas de las escrituras y de las sentencias.

Art. 1.925. No gozarán de preferencia los créditos de cualquier otra clase, o por cualquiera otro título, no comprendidos en los artículos anteriores.

Art. 1.924: Redacción dada conforme a la Ley 17 de julio de 1958, de reforma del C.c., siendo alterada la correspondiente a su párr. primero-2.ºB por Ley 11/1990, de reforma del C.c.

Ténganse en cuenta los arts. 9.5 de la L.P.H., 147 de la L.H. y 56 de la L.H.M.

V. arts. 913 y 914 del C. de C., 32 y 33 del E.T., 25 de la L.G.S.S. y 29 del R.Rec.S.S.

CAPÍTULO III

DE LA PRELACIÓN DE CRÉDITOS

Art. 1.926. Los créditos que gozan de preferencia con relación a determinados bienes muebles, excluyen a todos los demás hasta donde alcance el valor del mueble a que la preferencia se refiere.

Si concurren dos o más respecto a determinados muebles, se observarán, en cuanto a la prelación para su pago, las reglas siguientes:

1.ª El crédito pignoraticio excluye a los demás hasta donde alcance el valor de la cosa dada en prenda.

2.ª En el caso de fianza, si estuviere ésta legítimamente constituida a favor de más de un acreedor, la prelación entre ellos se determinará por el orden de fechas de la prestación de la garantía.

3.ª Los créditos por anticipo de semillas, gastos de cultivo y recolección, serán preferidos a los alquileres y rentas sobre los frutos de la cosecha para que aquéllos sirvieron.

4.ª En los demás casos el precio de los muebles se distribuirá a prorrata entre los créditos que gocen de especial preferencia con relación a los mismos.

Art. 1.927. Los créditos que gocen de preferencia con relación a determinados bienes inmuebles o derechos reales, excluyen a todos los demás por su importe hasta donde alcance el valor del inmueble o derecho real a que la preferencia se refiera.

Si concurrieren dos o más créditos respecto a determinados inmuebles o derechos reales, se observarán, en cuanto a su respectiva prelación, las reglas siguientes:

1.ª Serán preferidos, por su orden, los expresados en los números 1.º y 2.º del artículo 1.923 a los comprendidos en los demás números del mismo.

2.ª Los hipotecarios y refaccionarios, anotados o inscritos, que se expresan en el número 3.º del citado artículo 1.923 y los comprendidos en el número 4.º del mismo, gozarán de prelación entre sí por el orden de antigüedad de las respectivas inscripciones o anotaciones en el Registro de la Propiedad.

Art. 1.926: v. arts. 10 y 66 de la L.H.M. Compárese con los arts. 356, 1.028, 1.858 y 1.872. Ténganse en cuenta los arts. 89 y ss. de la L.Conc.

Art. 1.927: v. arts. 194 de la L.H., 271 del R.H., 8 de la L.E.F. y 41 y 56 de la L.H.M. Ténganse en cuenta los arts. 89 y ss. de la L.Conc.

3.ª Los refaccionarios no anotados ni inscritos en el Registro a que se refiere el número 5.º del artículo 1.923, gozarán de prelación entre sí por el orden inverso de su antigüedad.

Art. 1.928. El remanente del caudal del deudor, después de pagados los créditos que gocen de preferencia con relación a determinados bienes, muebles o inmuebles, se acumulará a los bienes libres que aquél tuviere para el pago de los demás créditos.

Los que, gozando de preferencia con relación a determinados bienes, muebles o inmuebles, no hubiesen sido totalmente satisfechos con el importe de éstos, lo serán, en cuanto al déficit, por el orden y en el lugar que les corresponda según su respectiva naturaleza.

Art. 1.929. Los créditos que no gocen de preferencia con relación a determinados bienes, y los que la gozaren, por la cantidad no realizada, o cuando hubiese prescrito el derecho a la preferencia, se satisfarán conforme a las reglas siguientes:

1.ª Por el orden establecido en el artículo 1.924.

2.ª Los preferentes por fechas, por el orden de éstas, y los que la tuviesen común, a prorrata.

3.ª Los créditos comunes a que se refiere el artículo 1.925, sin consideración a sus fechas.

TÍTULO XVIII

De la prescripción*

CAPÍTULO PRIMERO

DISPOSICIONES GENERALES

Art. 1.930. Por la prescripción se adquieren, de la manera y con las condiciones determinadas en la ley, el dominio y demás derechos reales.

También se extinguen del propio modo por la prescripción los derechos y las acciones, de cualquier clase que sean.

Art. 1.931. Pueden adquirir bienes o derechos por medio de la prescripción las personas capaces para adquirirlos por los demás modos legítimos.

Art. 1.932. Los derechos y acciones se extinguen por la prescripción en perjuicio de toda clase de personas, inclusas las jurídicas, en los términos prevenidos por la ley.

Queda siempre a salvo a las personas impedidas de administrar sus bienes el derecho para reclamar contra sus representantes legítimos, cuya negligencia hubiese sido causa de la prescripción.

Art. 1.933. La prescripción ganada por un copropietario o comunero aprovecha a los demás.

Art. 1.934. La prescripción produce sus efectos jurídicos a favor y en contra de la herencia antes de haber sido aceptada y durante el tiempo concedido para hacer inventario y para deliberar.

Art. 1.935. Las personas con capacidad para enajenar pueden renunciar la prescripción ganada; pero no el derecho de prescribir para lo sucesivo.

Entiéndese tácitamente renunciada la prescripción cuando la renuncia resulta de actos que hacen suponer el abandono del derecho adquirido.

---

* V. arts. 942 a 954 del C. de C.; 19 y 25 de la L.Patrim.A.P.; 64 de la L.G.T.; 40 y 41 de la L.G.P. y 14 del R.B.E.L.

Art. 1.930: v. arts. 468, 513, 537, 546, 609, 1.620 y 1.965.

Art. 1.931: v. arts. 443, 625 y 1.457.

Art. 1.932: v. arts. 168, 269 y 282, 1.241.1 y 1.294.

Art. 1.933: v. arts. 450 y 548. Compárese con los arts. 1.148 y 1.974.

Art. 1.934: v. arts. 440, 1.004, 1.005 y 1.010.

Art. 1.935: v. arts. 6.2 y 286 a 298. Compárese con el art. 151.

Art. 1.936. Son susceptibles de prescripción todas las cosas que están en el comercio de los hombres.

Art. 1.937. Los acreedores, y cualquier otra persona interesada en hacer valer la prescripción, podrán utilizarla a pesar de la renuncia expresa o tácita del deudor o propietario.

Art. 1.938. Las disposiciones del presente título se entienden sin perjuicio de lo que en este Código o en leyes especiales se establezca respecto a determinados casos de prescripción.

Art. 1.939. La prescripción comenzada antes de la publicación de este Código se regirá por las leyes anteriores al mismo; pero si desde que fuere puesto en observancia transcurriese todo el tiempo en él exigido para la prescripción, surtirá ésta su efecto, aunque por dichas leyes anteriores se requiriese mayor lapso de tiempo.

CAPÍTULO II

DE LA PRESCRIPCIÓN DEL DOMINIO Y DEMÁS DERECHOS REALES

Art. 1.940. Para la prescripción ordinaria del dominio y demás derechos reales se necesita poseer las cosas con buena fe y justo título por el tiempo determinado en la ley.

Art. 1.941. La posesión ha de ser en concepto de dueño, pública, pacífica y no interrumpida.

Art. 1.942. No aprovechan para la posesión los actos de carácter posesorio, ejecutados en virtud de licencia o por mera tolerancia del dueño.

Art. 1.943. La posesión se interrumpe, para los efectos de la prescripción, natural o civilmente.

Art. 1.944. Se interrumpe naturalmente la posesión cuan-

Art. 1.936: v. arts. 333, 338 a 345 y 1.271 a 1.273.

Art. 1.937: v. arts. 1.001 y 1.111.

Art. 1.938: v. arts. 88, 89, 96, 157 y 158 de la L.C.Ch.; 23 de la L.C.S.; 140.3 de la L.P.I.; 66 a 70 de la L.Ptos. y 279, 513.7.°, 646, 652, 762, 1.076, 1, 472 y 1.620 del C.c. Compárese con los arts. 76, 141, 369, 460.4.°, 546, 612, 652, 762, 1.299, 1.301 y 1.490.

Art. 1.939: v. Disp. Trans. 4.ª del C.c.

Art. 1.941: v. arts. 432, 436, 441, 444, 447, 460, 462 y 466.

Art. 1.942: v. arts. 444 y 463.

Arts. 1.943 y 1.944: v. arts. 451, 452 y 460.

do por cualquier causa se cesa en ella por más de un año.

Art. 1.945. La interrupción civil se produce por la citación judicial hecha al poseedor, aunque sea por mandato de Juez incompetente.

Art. 1.946. Se considerará no hecha y dejará de producir interrupción la citación judicial:

1.º Si fuere nula por falta de solemnidades legales.

2.º Si el actor desistiere de la demanda o dejare caducar la instancia.

3.º Si el poseedor fuere absuelto de la demanda.

Art. 1.947. También se produce interrupción civil por el acto de conciliación, siempre que dentro de dos meses de celebrado se presente ante el Juez la demanda sobre posesión o dominio de la cosa cuestionada.

Art. 1.948. Cualquier reconocimiento expreso o tácito que el poseedor hiciere del derecho del dueño interrumpe asimismo la posesión.

Art. 1.949. Contra un título inscrito en el Registro de la Propiedad no tendrá lugar la prescripción ordinaria del dominio o derechos reales en perjuicio de tercero, sino en virtud de otro título igualmente inscrito, debiendo empezar a correr el tiempo desde la inscripción del segundo.

Art. 1.950. La buena fe del poseedor consiste en la creencia de que la persona de quien recibió la cosa era dueño de ella, y podía transmitir su dominio.

Art. 1.951. Las condiciones de la buena fe exigidas para la posesión en los artículos 433, 434, 435 y 436 de este Código, son igualmente necesarias para la determinación de aquel re-

---

Art. 1.945: v. arts. 944 del C.de C. y 1.973. Compárese con los arts. 36.2 de la L.H., y 149 a 168 de la L.Enj.Civ., sobre actos de comunicación judicial, así como arts. 50 a 53 de la L.Enj.Civ., sobre criterios de determinación de la competencia judicial.

Art. 1.946: Respecto del n. 1.º, v. art. 166 de la L.Enj.Civ. Ténganse en cuenta también los arts. 399 y ss. sobre requisitos de la demanda, de la contestación a la demanda y, en su caso, de la reconvención.

Respecto del n. 2.º, v. arts. 400, 401, 403, 415, 442, 450, 452, 457, 470, 479 y 492 de la L.Enj.Civ.

Art. 1.947: v. arts. 415 de la L.Enj.Civ. y 1.973 de este Código.

Art. 1.949: v. arts. 35 y 36 de la L.H.

La S.T.S. de 21 de enero de 2014 declara que este precepto ha de entenderse derogado por el art. 36 de la L.H. por ser Ley posterior.

Art. 1.950: v. art. 433 y nota al mismo.

quisito en la prescripción del dominio y demás derechos reales.

Art. 1.952. Entiéndese por justo título el que legalmente baste para transferir el dominio o derecho real de cuya prescripción se trate.

Art. 1.953. El título para la prescripción ha de ser verdadero y válido.

Art. 1.954. El justo título debe probarse; no se presume nunca.

Art. 1.955. El dominio de los bienes muebles se prescribe por la posesión no interrumpida de tres años con buena fe.

También se prescribe el dominio de las cosas muebles por la posesión no interrumpida de seis años, sin necesidad de ninguna otra condición.

En cuanto al derecho del dueño para reivindicar la cosa mueble perdida o de que hubiese sido privado ilegalmente, así como respecto a las adquiridas en venta pública, en Bolsa, feria o mercado, o de comerciante legalmente establecido y dedicado habitualmente al tráfico de objetos análogos, se estará a lo dispuesto en el artículo 464 de este Código.

Art. 1.956. Las cosas muebles hurtadas o robadas no podrán ser prescritas por los que las hurtaron o robaron, ni por los cómplices o encubridores, a no haber prescrito el delito o falta, o su pena, y la acción para exigir la responsabilidad civil, nacida del delito o falta.

Art. 1.957. El dominio y demás derechos reales sobre bienes inmuebles se prescriben por la posesión durante diez años entre presentes y veinte entre ausentes, con buena fe y justo título.

Art. 1.958. Para los efectos de la prescripción se considera ausente al que reside en el extranjero o en Ultramar.

Si parte del tiempo estuvo presente y parte ausente, cada dos años de ausencia se reputa-

---

Art. 1.952: v. arts. 464 y 609 de este Código, así como el 35 de la L.H. Ténganse en cuenta los arts. 1.462 y ss.

Art. 1.953: v. arts. 6.3, 1.219, 1.275, 1.276 y 1.300. del C.c. y 33 de la L.H.

Art. 1.954: v. arts. 448 y 1.249 a 1.253 del C.c. y 35 de la L.H.

Art. 1.955: v. arts. 85 del C. de C. y 1.962.

Art. 1.956: v. arts. 111 y 130 a 135 del C.P.; 112, 115 y 116 de la L.E.Cr. y 441, 442, 444, 446, 460 y 464.

Art. 1.957: Ténganse en cuenta los arts. 342 de la C.Cat. y 568 y ss. del C.Arag.

rán como uno para completar los diez de presente.

La ausencia que no fuere de un año entero y continuo, no se tomará en cuenta para el cómputo.

Art. 1.959. Se prescriben también el dominio y demás derechos reales sobre los bienes inmuebles por su posesión no interrumpida durante treinta años, sin necesidad de título ni de buena fe, y sin distinción entre presentes y ausentes, salvo la excepción determinada en el artículo 539.

Art. 1.960. En la computación del tiempo necesario para la prescripción se observarán las reglas siguientes:

1.ª El poseedor actual puede completar el tiempo necesario para la prescripción, uniendo al suyo el de su causante.

2.ª Se presume que el poseedor actual, que lo hubiera sido en época anterior, ha continuado siéndolo durante el tiempo intermedio, salvo prueba en contrario.

3.ª El día en que comienza a contarse el tiempo se tiene por entero; pero el último debe cumplirse en su totalidad.

CAPÍTULO III

DE LA PRESCRIPCIÓN DE LAS ACCIONES*

Art. 1.961. Las acciones prescriben por el mero lapso del tiempo fijado por la ley.

Art. 1.962. Las acciones reales sobre bienes muebles prescriben a los seis años de perdida la posesión, salvo que el poseedor haya ganado por menos término el dominio, conforme al artículo 1.955, y excepto los casos de extravío y venta pública, y los de hurto o robo, en que se estará a lo dispuesto en el párrafo 3.º del mismo artículo citado.

Art. 1.963. Las acciones reales sobre bienes inmuebles prescriben a los treinta años.

Entiéndese esta disposición sin perjuicio de lo establecido para la adquisición del dominio o derechos reales por prescripción.

Art. 1.959: v. arts. 36 de la L.H. y 444 y 447.
Art. 1.960: v. arts. 440, 442, 450, 466 y 1.068.
* Sobre esta materia, v. art. 344 de la C.Cat. y Leyes 26 y ss. de la C.Nav.
Art. 1.962: v. arts. 460 y 1.943 a 1.949.
Art. 1.963: v. arts. 1.957 a 1.960 y compárese con el art. 1.940.

Art. 1.964. 1. La acción hipotecaria prescribe a los veinte años.

2. Las acciones personales que no tengan plazo especial prescriben a los cinco años desde que pueda exigirse el cumplimiento de la obligación. En las obligaciones continuadas de hacer o no hacer, el plazo comenzará cada vez que se incumplan.

Art. 1.965. No prescribe entre coherederos, condueños o propietarios de fincas colindantes la acción para pedir la partición de la herencia, la división de la cosa común o el deslinde de las propiedades contiguas.

Art. 1.966. Por el transcurso de cinco años prescriben las acciones para exigir el cumplimiento de las obligaciones siguientes:

1.ª La de pagar pensiones alimenticias.

2.ª La de satisfacer el precio de los arriendos, sean éstos de fincas rústicas o de fincas urbanas.

3.ª La de cualesquiera otros pagos que deban hacerse por años o en plazos más breves.

Art. 1.967. Por el transcurso de tres años prescriben las acciones para el cumplimiento de las obligaciones siguientes:

1.ª La de pagar a los Jueces, Abogados, Registradores, Notarios, Escribanos, peritos, agentes y curiales sus honorarios y derechos, y los gastos y desembolsos que hubiesen realizado en el desempeño de sus cargos u oficios en los asuntos a que las obligaciones se refieran.

2.ª La de satisfacer a los Farmacéuticos las medicinas que suministraron; a los Profesores y Maestros sus honorarios y estipendios por la enseñanza

---

Art. 1.964: Redactado conforme a la Disp. Final 1.ª de la Ley 42/2015, de 5 de octubre, de reforma de la Ley 1/2000, de 7 de enero, de Enjuiciamiento Civil (*B.O.E.* n. 239, de 6 de octubre), cuya Disp. Trans. 5.ª establece:

«*Régimen de prescripción aplicable a las relaciones ya existentes.*—El tiempo de prescripción de las acciones personales que no tengan señalado término especial de prescripción, nacidas antes de la fecha de entrada en vigor de esta Ley, se regirá por lo dispuesto en el artículo 1.939 del Código Civil.»

V. arts. 128 de la L.H.; 49 de la L.H.N.; 11 de la L.H.M. y 88, 89, 96, 157 y 158 de la L.C.Ch. Ténganse en cuenta los arts. 17 y 18 de la L.O.E.

Art. 1.965: v. arts. 384, 400, 1.016, 1.051 y 1.052.

Art. 1.966: v. arts. 142, 1.620 y 1.755.

Art. 1.967, párr. 1.º, regla 3.ª: v. art. 57 del E.T.

En las ediciones anteriores a la publicación de la edición reformada del Código civil, por Ley de 26 de mayo de 1889, el último párrafo de este artículo aparece redactado en esta forma. La Colección legislativa, y según parece para subsanar un defecto, al publicar la edición reformada, habla de cuatro párrafos y no de tres.

que dieron, o por el ejercicio de su profesión, arte u oficio.

3.ª La de pagar a los menestrales, criados y jornaleros el importe de sus servicios, y el de los suministros o desembolsos que hubiesen hecho concernientes a los mismos.

4.ª La de abonar a los posaderos la comida y habitación, y a los mercaderes el precio de los géneros vendidos a otros que no lo sean, o que siéndolo se dediquen a distinto tráfico.

El tiempo para la prescripción de las acciones a que se refieren los tres párrafos anteriores se contará desde que dejaron de prestarse los respectivos servicios.

Art. 1.968. Prescriben por el transcurso de un año:

1.º La acción para recobrar o retener la posesión.

2.º La acción para exigir la responsabilidad civil por injuria o calumnia, y por las obligaciones derivadas de la culpa o negligencia de que se trata en el artículo 1.902, desde que lo supo el agraviado.

Art. 1.969. El tiempo para la prescripción de toda clase de acciones, cuando no haya disposición especial que otra cosa determine, se contará desde el día en que pudieron ejercitarse.

Art. 1.970. El tiempo para la prescripción de las acciones, que tienen por objeto reclamar el cumplimiento de obligaciones de capital con interés o renta, corre desde el último pago de la renta o del interés.

Lo mismo se entiende respecto al capital del censo consignativo.

En los censos enfitéutico y reservativo se cuenta asimismo el tiempo de la prescripción desde el último pago de la pensión o renta.

Art. 1.971. El tiempo de la prescripción de las acciones para exigir el cumplimiento de obligaciones declaradas por sentencia, comienza desde que la sentencia quedó firme.

Art. 1.972. El término de la prescripción de las acciones

Art. 1.968: v. arts. 131 del C.P. y 460.4, 652, 1.483, 1.646 y 1.813 de este Código y 250.1.4.º de la L.Enj.Civ. Ténganse en cuenta los arts. 17 y 18 de la L.O.E.

Art. 1.969: v. arts. 652, 1.113, 1.125, 1.472 y 1.490 de este Código y 18 de la L.O.E. Compárese con los arts. 1.299 y 1.301.

Art. 1.970: v. arts. 1.604 a 1.608, 1.612, 1.620, 1.802 y 1.966.

Art. 1.971: v. arts. 245 de la L.O.P.J. y 207.2 de la L.Enj.Civ.

Art. 1.972: v. arts. 168, 279, 1.032 y 1.720.

para exigir rendición de cuentas corre desde el día en que cesaron en sus cargos los que debían rendirlas.

El correspondiente a la acción por el resultado de las cuentas, desde la fecha en que fue éste reconocido por conformidad de las partes interesadas.

Art. 1.973. La prescripción de las acciones se interrumpe por su ejercicio ante los Tribunales, por reclamación extrajudicial del acreedor y por cualquier acto de reconocimiento de la deuda por el deudor.

Art. 1.974. La interrupción de la prescripción de acciones en las obligaciones solidarias aprovecha o perjudica por igual a todos los acreedores y deudores.

Esta disposición rige igualmente respecto a los herederos del deudor en toda clase de obligaciones.

En las obligaciones mancomunadas, cuando el acreedor no reclame de uno de los deudores más que la parte que le corresponda, no se interrumpe por ello la prescripción respecto a los otros codeudores.

Art. 1.975. La interrupción de la prescripción contra el deudor principal por reclamación judicial de la deuda, surte efecto también contra su fiador; pero no perjudicará a éste la que se produzca por reclamaciones extrajudiciales del acreedor o reconocimientos privados del deudor.

DISPOSICIÓN FINAL

Art. 1.976. Quedan derogados todos los cuerpos legales, usos y costumbres que constituyen el Derecho civil común en todas las materias que son objeto de este Código, y quedarán sin fuerza y vigor, así en su concepto de leyes directamente obligatorias, como en el de derecho supletorio. Esta disposición no es aplicable a las leyes que en este Código se declaran subsistentes.

Art. 1.973: v. arts. 944 del C. de C.; 89 y 158 de la L.C.Ch.; 339 y ss. de la L.Enj.Civ. y 1.943 a 1.948 de este Código.

Art. 1.974: v. arts. 1.139, 1.143, 1.146, 1.148, 1.150 y 1.933.

Art. 1.975: v. arts. 1.834 y 1.835.

DISPOSICIONES TRANSITORIAS*

Las variaciones introducidas por este Código, que perjudiquen derechos adquiridos según la legislación civil anterior, no tendrán efecto retroactivo.

Para aplicar la legislación que corresponda, en los casos que no están expresamente determinados en el Código, se observarán las reglas siguientes:

1.ª Se regirán por la legislación anterior al Código los derechos nacidos, según ella, de hechos realizados bajo su régimen, aunque el Código los regule de otro modo o no los reconozca. Pero si el derecho apareciere declarado por primera vez en el Código, tendrá efecto desde luego, aunque el hecho que lo origine se verificara bajo la legislación anterior, siempre que no perjudique a otro derecho adquirido, de igual origen.

2.ª Los actos y contratos celebrados bajo el régimen de la legislación anterior, y que sean válidos con arreglo a ella, surtirán todos sus efectos según la misma, con las limitaciones establecidas en estas reglas. En su consecuencia serán válidos los testamentos aunque sean mancomunados, los poderes para testar y las memorias testamentarias que se hubiesen otorgado o escrito antes de regir el Código, y producirán su efecto las cláusulas *ad cautelam*, los fideicomisos para aplicar los bienes según instrucciones reservadas del testador y cualesquiera otros actos permitidos por la legislación precedente; pero la revocación o modificación de estos actos o de cualquiera de las cláusulas contenidas en ellos no podrá verificarse, después de regir el Código, sino testando con arreglo al mismo.

3.ª Las disposiciones del Código que sancionan con penalidad civil o privación de derechos actos u omisiones que carecían de sanción en las leyes anteriores, no son aplicables al que, cuando éstas se hallaban vigentes, hubiese incurrido en la omisión o ejecutado el acto prohibido por el Código.

Cuando la falta esté también penada por la legislación anterior, se aplicará la disposición más benigna.

4.ª Las acciones y los derechos nacidos y no ejercitados

* En la primera edición del Código civil no existen estas disposiciones. V. al respecto la Exposición de Motivos de las reformas introducidas al Código civil, publicada por Real Orden de 29 de julio de 1889.

antes de regir el Código subsistirán con la extensión y en los términos que les reconociera la legislación precedente; pero sujetándose, en cuanto a su ejercicio, duración y procedimientos para hacerlos valer, a lo dispuesto en el Código. Si el ejercicio del derecho o de la acción se hallara pendiente de procedimientos oficiales empezados bajo la legislación anterior, y éstos fuesen diferentes de los establecidos por el Código, podrán optar los interesados por unos o por otros.

5.ª Quedan emancipados y fuera de la patria potestad los hijos que hubiesen cumplido veintitrés años al empezar a regir el Código; pero si continuaren viviendo en la casa y a expensas de sus padres, podrán éstos conservar el usufructo, la administración y los demás derechos que estén disfrutando sobre los bienes de su peculio, hasta el tiempo en que los hijos deberían salir de la patria potestad según la legislación anterior.

6.ª El padre que voluntariamente hubiese emancipado a un hijo, reservándose algún derecho sobre sus bienes adventicios, podrá continuar disfrutándolo hasta el tiempo en que el hijo debería salir de la patria potestad con arreglo a la legislación anterior.

7.ª Los padres, las madres y los abuelos que se hallen ejerciendo la curatela de sus descendientes, no podrán retirar las fianzas que tengan constituidas, ni ser obligados a constituirlas si no las hubieran prestado, ni a completarlas si resultaren insuficientes las prestadas.

8.ª Los tutores y curadores nombrados bajo el régimen de la legislación anterior y con sujeción a ella, conservarán su cargo, pero sometiéndose, en cuanto a su ejercicio, a las disposiciones del Código.

Esta regla es también aplicable a los poseedores y a los administradores interinos de bienes ajenos, en los casos en que la ley los establece.

9.ª Las tutelas y curatelas, cuya constitución definitiva esté pendiente de la resolución de los Tribunales al empezar a regir el Código, se constituirán con arreglo a la legislación anterior, sin perjuicio de lo dispuesto en la regla que precede.

10.ª Los Jueces y los Fiscales municipales no procederán de oficio al nombramiento de los consejos de familia sino respecto a los menores cuya tutela no estuviere aún definitivamente constituida al empezar a regir el Código. Cuando el tutor o curador hubiere comenzado ya a ejercer su cargo, no se procederá al nombramiento del consejo hasta que lo solicite alguna de las personas que deban formar parte de él, o el mismo tutor o curador existente; y entretanto quedará en suspenso el nombramiento del protutor.

11.ª Los expedientes de adopción, los de emancipación voluntaria y los de dispensa de ley pendientes ante el Gobierno o los Tribunales, seguirán su curso con arreglo a la legislación anterior, a menos que los padres o solicitantes de la gracia desistan de seguir este procedimiento y prefieran el establecido en el Código.

12.ª Los derechos a la herencia del que hubiese fallecido, con testamento o sin él, antes de hallarse en vigor el Código, se regirán por la legislación anterior. La herencia de los fallecidos después, sea o no con testamento, se adjudicará y repartirá con arreglo al Código; pero cumpliendo, en cuanto éste lo permita, las disposiciones testamentarias. Se respetarán, por tanto, las legítimas, las mejoras y los legados; pero reduciendo su cuantía, si de otro modo no se pudiera dar a cada partícipe en la herencia lo que le corresponda según el Código.

13.ª Los casos no comprendidos directamente en las disposiciones anteriores, se resolverán aplicando los principios que les sirven de fundamento.

DISPOSICIONES ADICIONALES

1.ª El Presidente del Tribunal Supremo y los de las Audiencias territoriales elevarán al Ministerio de Gracia y Justicia, al fin de cada año, una Memoria, en la que, refiriéndose a los negocios de que hayan conocido durante el mismo las Salas de lo civil, señalen las deficiencias y dudas que hayan encontrado al aplicar este Código. En ella harán constar detalladamente las cuestiones y puntos de derecho controvertidos y los artículos u omisiones del Código que han dado ocasión a las dudas del Tribunal.

2.ª El Ministerio de Gracia y Justicia pasará estas Memorias y un ejemplar de la Estadística civil del mismo año a la Comisión general de Codificación.

3.ª En vista de estos datos, de los progresos realizados en otros países que sean utilizables en el nuestro, y de la jurisprudencia del Tribunal Supremo, la comisión de codificación formulará y elevará al Gobierno cada diez años las reformas que convenga introducir.

4.ª La referencia a la discapacidad que se realiza en los artículos 96, 756 número 7.º, 782, 808, 822 y 1041, se entenderá hecha al concepto definido en la Ley 41/2003, de 18 de noviembre, de protección patrimonial de las personas con discapacidad y de modificación del Código Civil, de la Ley de Enjuiciamiento Civil y de la Normativa Tributaria con esta finalidad, y a las personas que están en situación de dependencia de grado II o III de acuerdo con la Ley 39/2006, de 14 de diciembre, de Promoción de la Autonomía Personal y Atención a las personas en situación de dependencia.

A los efectos de los demás preceptos de este Código, salvo que otra cosa resulte de la dicción del artículo de que se trate, toda referencia a la discapacidad habrá de ser entendida a aquella que haga precisa la provisión de medidas de apoyo para el ejercicio de la capacidad jurídica.

Disp. Adic. 4.ª: Añadida por el art. 13 de la Ley 41/2003, de 18 de noviembre, de protección patrimonial de las personas con discapacidad y de modificación del C.c., de la L.Enj.Civ. y de la normativa tributaria con esta finalidad (*B.O.E.* n. 277, de 19 de noviembre).

Modificado por Ley 8/2021, de 2 de junio, por la que se reforma la legislación civil y procesal para el apoyo a las personas con discapacidad en el ejercicio de su capacidad jurídica (*B.O.E.* n. 132, de 3 de junio).

MODIFICACIONES AL CÓDIGO CIVIL

LEY 49/1960, DE 21 DE JULIO, SOBRE PROPIEDAD HORIZONTAL

(*B.O.E.* núm. 176, de 23 de julio de 1960)

Si en términos generales toda ordenación jurídica no puede concebirse ni instaurarse a espaldas de las exigencias de la realidad social a que va destinada, tanto más ha de ser así cuando versa sobre una institución que, como la propiedad horizontal, ha adquirido, sobre todo en los últimos años, tan pujante vitalidad, pese a no encontrar más apoyo normativo que el abiertamente insuficiente representado por el artículo 396 del Código civil. La presente Ley pretende, pues, seguir la realidad social de los hechos. Pero no en el simple sentido de convertir en norma cualquier dato obtenido de la práctica, sino con un alcance más amplio y profundo. De un lado, a causa de la dimensión de futuro inherente a la ordenación jurídica, que impide entenderla como mera sanción de lo que hoy acontece y obliga a la previsión de lo que puede acontecer. Y de otro lado, porque si bien el punto de partida y el destino inmediato de las normas es regir las relaciones humanas, para lo cual importa mucho su adecuación a las concretas e históricas exigencias y contingencias de la vida, no hay que olvidar tampoco que su finalidad última, singularmente cuando se concibe el Derecho positivo en función del Derecho natural, es lograr un orden de convivencia presidido por la idea de la justicia, la cual, como virtud moral, se sobrepone tanto a la realidad de los hechos como a las determinaciones del legislador, que siempre han de hallarse limitadas y orientadas por ella.

Hay un hecho social básico que en los tiempos modernos ha influido sobremanera en la ordenación de la propiedad urbana. Se manifiesta a través de un factor constante, cual es la insuprimible necesidad de las edificaciones, tanto para la vida de la persona y la familia como para el desarrollo de fundamentales actividades, constituidas por el comercio, la industria y, en general, el ejercicio de las profesiones. Junto a ese factor, que es constante en el sentido de ser connatural a todo sistema de vida y de convivencia dentro de una elemental civilización, se ofrece hoy, provocado por muy diversas determinaciones, otro factor que se exterioriza en términos muy acusados, y es el representado por las dificultades que entraña la adquisición, la disponibilidad y el disfrute de los locales habitables. La acción del Estado ha considerado y atendido a esta situación real en tres esferas, aunque diversas, muy directamente relacionadas: en la esfera de la construcción impulsándola a virtud de medidas indirectas e incluso, en ocasiones, afrontando de modo directo la empresa; en la esfera del arrendamiento, a través de una legislación frecuentemente renovada, que restringe el poder autónomo de la voluntad con el fin de asegurar una permanencia en el disfrute de las viviendas y los locales de negocio en condiciones económicas sometidas a un sistema de intervención y revisión, y en la esfera de la propiedad, a virtud principalmente de la llamada propiedad horizontal, que proyecta esta titularidad sobre determinados espacios de la edificación. La esencial razón de ser del régimen de la propiedad horizontal descansa en la finalidad de lograr el acceso a la propiedad urbana mediante una inversión de capital que, al poder quedar circunscrita al espacio y elementos indispensables para atender a las propias necesidades, es menos cuantiosa y, por lo mismo, más asequible a todos y la única posible para grandes sectores de personas. Siendo ello así, el régimen de la propiedad horizontal no sólo precisa ser reconocido, sino que además requiere que se le aliente y encauce, dotándole de una ordenación completa y eficaz. Y más aún si se observa que, por otra parte, mientras las disposiciones legislativas vigentes en materia de arrendamientos urbanos no pasan de ser remedios ocasionales, que resuelven el conflicto de intereses de un modo imperfecto, puesto que el fortalecimiento de la institución arrendaticia se consigue imponiendo a la propiedad una carga que difícilmente puede sobrellevar; en cambio, conjugando las medidas dirigidas al incremento de la construcción con un bien organizado régimen de la propiedad horizontal, se afronta el problema de la vivienda y los conexos a él en un plano más adecuado, que permite soluciones estables; y ello a la larga redundará en ventaja del propio régimen arrendaticio, que podrá, sin la presión de unas exigencias acuciantes, liberalizarse y cumplir normalmente su función económico-social.

La Ley representa, más que una reforma de la legalidad vigente, la ordenación *ex novo*, de manera completa, de la propiedad por pisos. Se lleva a cabo mediante una Ley de carácter general, en el sentido de ser de aplicación a todo el territorio nacional. El artículo 396 del Código civil, como ocurre en supuestos análogos, recoge las notas esenciales de este régimen de propiedad y, por lo demás, queda reducido a norma de remisión. El carácter general de la Ley viene aconsejado, sobre todo, por la razón de política legislativa derivada de que la necesidad a que sirve se manifiesta por igual en todo el territorio; pero también se ha tenido en cuenta una razón de técnica legislativa, como es la de que las disposiciones en que se traduce, sin descender a lo reglamentario, son a veces de una circunstanciada concreción que excede de la tónica propia de un Código civil.

La propiedad horizontal hizo su irrupción en los ordenamientos jurídicos como una modalidad de la comunidad de bienes. El progresivo desenvolvimiento de la institución ha tendido principalmente a subrayar los perfiles que la independizan de la comunidad. La modificación que introdujo la Ley de 26 de octubre de 1939 en el texto del artículo 396 del Código civil ya significó un avance en ese sentido, toda vez que reconoció la propiedad privativa o singular del piso o local, quedando la comunidad, como accesoria, circunscrita a lo que se ha venido llamando elementos comunes. La Ley —que recoge el material preparado con ponderación y cuidado por la Comisión de Códigos—, dando un paso más, pretende llevar al máximo posible la individualización de la propiedad desde el punto de vista del objeto. A tal fin, a este objeto de la relación, constituido por el piso o local, se incorpora el propio inmueble, sus pertenencias y servicios. Mientras sobre el piso *stricto sensu*, o espacio delimitado y de aprovechamiento independiente, el uso y disfrute son privativos, sobre el «inmueble», edificación, pertenencias y servicios —abstracción hecha de los particulares espacios— tales uso y disfrute han de ser, naturalmente, compartidos; pero unos y otros derechos, aunque distintos en su alcance, se reputan inseparablemente unidos, unidad que también se mantiene respecto de la facultad de disposición. Con base en la misma idea se regula el coeficiente o cuota, que no es ya la participación en lo anteriormente denominado elementos comunes, sino que expresa, activa y también pasivamente, como módulo para cargas, el valor proporcional del piso y a cuanto él se considera unido en el conjunto del inmueble, el cual, al mismo tiempo que se divide física y jurídicamente en pisos o locales se divide así económicamente en fracciones o cuotas.

En este propósito individualizador no hay que ver una preocupación dogmática y mucho menos la consagración de una ideología de signo individualista. Se trata de que no olvidando la ya aludida función social que cumple esta institución, cabe entender que el designio de simplificar y facilitar el régimen de la propiedad horizontal se realiza así de modo más satisfactorio. Con el alejamiento del sistema de la comunidad de bienes resulta ya no sólo congruente, sino tranquilizadora la expresa eliminación de los derechos de tanteo y retracto, reconocidos, con ciertas peculiaridades, en la hasta ahora vigente redacción del mencionado artículo 396. Ahora bien: tampoco en este caso ha sido esa sola consideración técnica la que ha guiado la Ley. Decisivo influjo han ejercido tanto la notoria experiencia de que actualmente se ha hecho casi cláusula de estilo la exclusión de tales derechos como el pensamiento de que no se persigue aquí una concentración de la propiedad de los pisos o locales, sino, por el contrario, su más amplia difusión.

Motivo de especial estudio ha sido lo concerniente a la constitución del régimen de la propiedad horizontal y a la determinación del conjunto de deberes y derechos que lo integran. Hasta ahora, y ello tiene una justificación histórica, esta materia ha estado entregada casi de modo total, en defecto de normas legales, a la autonomía privada reflejada en los Estatutos. Éstos, frecuentemente, no eran fruto de las libres determinaciones recíprocas de los contratantes, sino que, de ordinario, los dictaba, con sujeción a ciertos tipos generalizados por la práctica, el promotor de la empresa de construcción, limitándose a prestar su adhesión las personas que ingresaban en el régimen de la propiedad horizontal. La Ley brinda una regulación que, por un lado, es suficiente por sí —con las salvedades dejadas a la iniciativa privada— para constituir, en lo esencial, el sistema jurídico que presida y gobierne esta clase de relaciones, y, por otro lado, admite que, por obra de la voluntad, se especifiquen, completen y hasta modifiquen ciertos derechos y deberes, siempre que no se contravengan las normas de derecho necesario, claramente deducibles de los mismos términos de la Ley. De ahí que la formulación de Estatutos no resultará indispensable, si bien podrán éstos cumplir la función de desarrollar la ordenación legal y adecuarla a las concretas circunstancias de los diversos casos y situaciones.

El sistema de derechos y deberes en el seno de la propiedad horizontal aparece estructurado en razón de los intereses en juego.

Los derechos de disfrute tienden a atribuir al titular las máximas posibilidades de utilización, con el límite representado tanto por la concurrencia de los derechos de igual clase de los demás cuanto por el interés general, que se encarna en la conservación del edificio y en la subsistencia del régimen de propiedad horizontal, que requiere una base material y objetiva. Por lo mismo, íntimamente unidos a los derechos de disfrute aparecen los deberes de igual naturaleza. Se ha tratado de configurarlos con criterios inspirados en las relaciones de vecindad, procurando dictar unas normas dirigidas a asegurar que el ejercicio del derecho propio no se traduzca en perjuicio del ajeno ni en menoscabo del conjunto, para así dejar establecidas las bases de una convivencia normal y pacífica.

Además de regular los derechos y deberes correspondientes al disfrute, la Ley se ocupa de aquellos otros que se refieren a los desembolsos económicos a que han de atender conjuntamente los titulares, bien por derivarse de las instalaciones y servicios de carácter general, o bien por constituir cargas o tributos que afectan a la totalidad del edificio. El criterio básico tenido en cuenta para determinar la participación de cada uno en el desembolso a realizar es la expresada cuota o coeficiente asignado al piso o local, cuidándose de significar que la no utilización del servicio generador del gasto no exime de la obligación correspondiente.

Una de las más importantes novedades que contiene la Ley es la de vigorizar en todo lo posible la fuerza vinculante de los deberes impuestos a los titulares, así por lo que concierne al disfrute del apartamento, cuanto por lo que se refiere al abono de gastos. Mediante la aplicación de las normas generales vigentes en la materia, el incumplimiento de las obligaciones genera la acción dirigida a exigir judicialmente su cumplimiento, bien de modo específico, esto es, imponiendo a través de la coacción lo que voluntariamente no se ha observado, o bien en virtud de la pertinente indemnización. Pero esta normal sanción del incumplimiento puede no resultar suficientemente eficaz en casos como los aquí considerados, y ello por diversas razones: una es la de que la inobservancia del deber trae repercusiones sumamente perturbadoras para grupos extensos de personas, al paso que dificulta el funcionamiento del régimen de propiedad horizontal; otra razón es la de que, en lo relativo a los deberes de disfrute, la imposición judicial del cumplimiento específico es prácticamente imposible por el carácter negativo de la obligación, y la indemnización no cubre la finalidad que se persigue de armonizar la convivencia. Por eso se prevé la posibilidad de la privación judicial del disfrute del piso o local cuando concurran circunstancias taxativamente señaladas, y por otra parte se asegura la contribución a los gastos comunes con una afectación real del piso o local al pago de este crédito considerado preferente.

La concurrencia de una colectividad de personas en la titularidad de derechos que, sin perjuicio de su sustancial individualización, recaen sobre fraciones de un mismo edificio y dan lugar a relaciones de interdependencia que afectan a los respectivos titulares, ha hecho indispensable en la práctica la creación de órganos de gestión y administración. La Ley, que en todo momento se ha querido mostrar abierta a las enseñanzas de la experiencia, la ha tenido muy especialmente en cuenta en esta materia. Y fruto de ella, así como de la detenida ponderación de los diversos problemas, ha sido confiar normalmente el adecuado funcionamiento del régimen de propiedad horizontal a tres órganos: la Junta, el Presidente de la misma y el Administrador. La Junta, compuesta de todos los titulares, tiene los cometidos propios de un órgano rector colectivo, ha de reunirse preceptivamente una vez al año, y para la adopción de acuerdos válidos se requiere, por regla general, el voto favorable tanto de la mayoría numérica o personal cuanto de la económica, salvo cuando la trascendencia de la materia requiera la unanimidad, o bien cuando, por el contrario, por la relativa importancia de aquélla, y para que la simple pasividad de los propietarios no entorpezca el funcionamiento de la institución, sea suficiente la simple mayoría de los asistentes. El cargo de Presidente, que ha de ser elegido del seno de la Junta, lleva implícita la representación de todos los titulares en juicio y fuera de él, con lo que se resuelve el delicado problema de legitimación que se ha venido produciendo. Y, finalmente, el Administrador, que ha de ser designado por la Junta y es amovible, sea o no miembro de ella, ha de actuar siempre en dependencia de la misma, sin perjuicio de cumplir en todo caso las obligaciones que directamente se le imponen.

Por otra parte se ha dado a esto una cierta flexibilidad para que el número de estas personas encargadas de la representación y gestión sea mayor o menor según la importancia y necesidad de la colectividad.

Por último, debe señalarse que la economía del sistema establecido tiene interesantes repercusiones en cuanto afecta al Registro de la Propiedad y exige una breve reforma en la legislación hipotecaria. Se ha partido, en un afán de claridad, de la conveniencia de agregar dos párrafos al artículo 8.º de la vigente Ley Hipotecaria, el cuarto y el quinto, que sancionan, en principio, la posibilidad de la inscripción del edificio en su conjunto, sometido al régimen de propiedad horizontal, y al mismo tiempo la del piso o local como finca independiente, con folio registral propio.

El número cuarto del mencionado artículo 8.º prevé la hipótesis normal de constitución del régimen de propiedad horizontal, es decir, la construcción de un edificio por un titular que lo destine precisamente a la enajenación de pisos, y el caso, menos frecuente, de que varios propietarios de un edificio traten de salir de la indivisión de mutuo acuerdo, o construyan un edificio con ánimo de distribuirlo, *ab initio*, entre ellos mismos, transformándose en propietarios singulares de apartamentos o fracciones independientes. A título excepcional, y con el mismo propósito de simplificar los asientos, se permite inscribir a la vez la adjudicación concreta de los repetidos apartamentos a favor de sus respectivos titulares, siempre que así lo soliciten todos ellos.

Y el número quinto del mismo artículo 8.º permite crear el folio autónomo e independiente de cada piso o local, siempre que consten previamente inscritos el inmueble y la constitución del régimen de propiedad horizontal.

En su virtud, y de conformidad con la propuesta elaborada por las Cortes Españolas,

DISPONGO:

CAPÍTULO PRIMERO

DISPOSICIONES GENERALES

Artículo 1.º La presente Ley tiene por objeto la regulación de la forma especial de propiedad establecida en el artículo 396 del

Código Civil, que se denomina propiedad horizontal.

A efectos de esta Ley tendrán también la consideración de locales aquellas partes de un edificio que sean susceptibles de aprovechamiento independiente por tener salida a un elemento común de aquél o a la vía pública.

Art. 2.º Esta Ley será de aplicación:

a) A las comunidades de propietarios constituidas con arreglo a lo dispuesto en el artículo 5.

b) A las comunidades que reúnan los requisitos establecidos en el artículo 396 del Código Civil y no hubiesen otorgado el título constitutivo de la propiedad horizontal.

Estas comunidades se regirán, en todo caso, por las disposiciones de esta Ley en lo relativo al régimen jurídico de la propiedad, de sus partes privativas y elementos comunes, así como en cuanto a los derechos y obligaciones recíprocas de los comuneros.

c) A los complejos inmobiliarios privados, en los términos establecidos en esta Ley.

d) A las subcomunidades, entendiendo por tales las que resultan cuando, de acuerdo con lo dispuesto en el título constitutivo, varios propietarios disponen, en régimen de comunidad, para su uso y disfrute exclusivo, de determinados elementos o servicios comunes dotados de unidad e independencia funcional o económica.

e) A las entidades urbanísticas de conservación en los casos en que así lo dispongan sus estatutos.

CAPÍTULO II

DEL RÉGIMEN DE LA PROPIEDAD POR PISOS O LOCALES*

Art. 3.º En el régimen de propiedad establecido en el artículo 396 del Código Civil corresponde a cada piso o local:

Art. 2.º: Letras *d*) y *e*) adicionadas por la Ley 8/2013, de 26 de junio, de rehabilitación, regeneración y renovación urbanas (*B.O.E.* n. 153, de 27 de junio).

* Rúbrica redactada según lo dispuesto en la Ley 8/1999, de 6 de abril (*B.O.E.* n. 84, de 8 de abril).

Art. 3.º: Redactado por la Ley 8/2013, de 26 de junio, de rehabilitación, regeneración y renovación urbanas (*B.O.E.* n. 153, de 27 de junio).

En relación con la letra *b*) de su primer párrafo, v. arts. 392 y 393 del C.c., 8.4 de la L.H. y 5.º y 9.º1.*e*) de esta Ley. Compárese con los arts. 358 y ss. del C.c. sobre derecho de accesión sobre bienes inmuebles.

a) El derecho singular y exclusivo de propiedad sobre un espacio suficientemente delimitado y susceptible de aprovechamiento independiente, con los elementos arquitectónicos e instalaciones de todas clases, aparentes o no, que estén comprendidos dentro de sus límites y sirvan exclusivamente al propietario, así como el de los anejos que expresamente hayan sido señalados en el título, aunque se hallen situados fuera del espacio delimitado.

b) La copropiedad, con los demás dueños de pisos o locales, de los restantes elementos, pertenencias y servicios comunes.

A cada piso o local se atribuirá una cuota de participación con relación al total del valor del inmueble y referida a centésimas del mismo. Dicha cuota servirá de módulo para determinar la participación en las cargas y beneficios por razón de la comunidad. Las mejoras o menoscabos de cada piso o local no alterarán la cuota atribuida, que sólo podrá variarse de acuerdo con lo establecido en los artículos 10 y 17 de esta Ley.

Cada propietario puede libremente disponer de su derecho, sin poder separar los elementos que lo integran y sin que la transmisión del disfrute afecte a las obligaciones derivadas de este régimen de propiedad.

Art. 4.º La acción de división no procederá para hacer cesar la situación que regula esta Ley. Sólo podrá ejercitarse por cada propietario *pro indiviso* sobre un piso o local determinado, circunscrita al mismo, y siempre que la pro indivisión no haya sido establecida de intento para el servicio o utilidad común de todos los propietarios.

Art. 5.º El título constitutivo de la propiedad por pisos o locales describirá, además del inmueble en su conjunto, cada uno de aquéllos, al que se asignará número correlativo. La descripción del inmueble habrá de expresar las circunstancias exigidas en la legislación hipotecaria y los servicios e instalaciones con que cuente el mismo. La de cada piso o local expresará su extensión, linderos, planta en la que se hallare y los anejos, tales como garaje, buhardilla o sótano.

En el mismo título se fijará la cuota de participación que corresponde a cada piso o local,

---

Art. 4.º: Compárese con los arts. 400 y 1.051 del C.c.
Art. 5.º, párr. 1: v. arts. 8.4 de la L.H. y 16 y 308.2.º del R.H.
Párr. 2: v. arts. 1.º y 2.º de la L.Arb.; 606 del C.c. y 32 de la L.H.

determinada por el propietario único del edificio al iniciar su venta por pisos, por acuerdo de todos los propietarios existentes, por laudo o por resolución judicial. Para su fijación se tomará como base la superficie útil de cada piso o local en relación con el total del inmueble, su emplazamiento interior o exterior, su situación y el uso que se presuma racionalmente que va a efectuarse de los servicios o elementos comunes.

El título podrá contener, además, reglas de constitución y ejercicio del derecho y disposiciones no prohibidas por la Ley en orden al uso o destino del edificio, sus diferentes pisos o locales, instalaciones y servicios, gastos, administración y gobierno, seguros, conservación y reparaciones, formando un estatuto privativo que no perjudicará a terceros si no ha sido inscrito en el Registro de la Propiedad.

En cualquier modificación del título y a salvo lo que se dispone sobre validez, se observarán los mismos requisitos que para la constitución.

Art. 6.º Para regular los detalles de la convivencia y la adecuada utilización de los servicios y cosas comunes, y dentro de los límites establecidos por la Ley y los estatutos, el conjunto de propietarios podrá fijar normas de régimen interior, que obligarán a todo titular mientras no sean modificadas en la forma prevista para tomar acuerdos sobre la administración.

Art. 7.º 1. El propietario de cada piso o local podrá modificar los elementos arquitectónicos, instalaciones o servicios de aquél cuando no menoscabe o altere la seguridad del edificio, su estructura general, su configuración o estado exteriores, o perjudique los derechos de otro propietario, debiendo dar cuenta de tales obras previamente a quien represente a la comunidad.

Art. 6.º: v. art. 1.089 del C.c.

Art. 7.º: Este artículo ha sido redactado según lo dispuesto en la Ley 8/1999, de 6 de abril (*B.O.E.* n. 84, de 8 de abril).

N. 1: v. arts. 7.1 del C.c.; 27.2, letra *e*) de la L.A.U. y 19 de esta Ley. Téngase en cuenta el R.D.L. 1/1998, de 27 de febrero, sobre infraestructuras comunes en los edificios para el acceso a los Servicios de telecomunicación (*B.O.E.* n. 51, de 28 de febrero). Com. y R.D. 346/2011, de 11 de marzo, por el que se aprueba el Reglamento regulador de las infraestructuras comunes de telecomunicaciones para el acceso a los Servicios de telecomunicación en el interior de las edificaciones (*B.O.E.* n. 78, de 1 de abril), así como la Orden ITC/1.644/2011, de 10 de junio (*B.O.E.* n. 143, de 16 de junio), por lo desarrolla.

V. art. 12 de esta Ley.

En el resto del inmueble no podrá realizar alteración alguna y si advirtiere la necesidad de reparaciones urgentes deberá comunicarlo sin dilación al administrador.

2. Al propietario y al ocupante del piso o local no les está permitido desarrollar en él o en el resto del inmueble actividades prohibidas en los estatutos, que resulten dañosas para la finca o que contravengan las disposiciones generales sobre actividades molestas, insalubres, nocivas, peligrosas o ilícitas.

El presidente de la comunidad, a iniciativa propia o de cualquiera de los propietarios u ocupantes, requerirá a quien realice las actividades prohibidas por este apartado la inmediata cesación de las mismas, bajo apercibimiento de iniciar las acciones judiciales procedentes.

Si el infractor persistiere en su conducta el Presidente, previa autorización de la Junta de propietarios, debidamente convocada al efecto, podrá entablar contra él acción de cesación que, en lo no previsto expresamente por este artículo, se sustanciará a través del juicio ordinario.

Si la sentencia fuese estimatoria podrá disponer, además de la cesación definitiva de la actividad prohibida y la indemnización de daños y perjuicios que proceda, la privación del derecho al uso de la vivienda o local por tiempo no superior a tres años, en función de la gravedad de la infracción y de los perjuicios ocasionados a la comunidad. Si el infractor no fuese el propietario, la sentencia podrá declarar extinguidos definitivamente todos sus derechos relativos a la vivienda o local, así como su inmediato lanzamiento.

Art. 8.º [...]

N. 2: El párrafo 3.º de este apartado 2 ha sido introducido por la Disp. Final 1.ª de la L.Enj.Civ. V. art. 1.908 del C.c.

V. Ley 34/2007, de 15 de noviembre, de calidad del aire y protección de la atmósfera (*B.O.E.* n. 275, de 16 de noviembre). Esta disposición legal deroga el Decreto 2.414/1961, de 30 de noviembre, por el que se aprobó el Reglamento de actividades molestas, insalubres, nocivas y peligrosas, si bien mantiene su vigencia en aquellas Comunidades y Ciudades Autónomas que no tengan aprobada una normativa en la materia y en tanto ésta no se dicte.

Sobre competencia en materia de propiedad horizontal, v. art. 52.8.º de la L.Enj.Civ. Sobre ejecución de sentencias de no hacer, v. art. 710 de la L.Enj.Civ.

Art. 8.º: Derogado por la Ley 8/2013, de 26 de junio, de rehabilitación, regeneración y renovación urbanas (*B.O.E.* n. 153, de 27 de junio).

Art. 9.º 1. Son obligaciones de cada propietario:

a) Respetar las instalaciones generales de la comunidad y demás elementos comunes, ya sean de uso general o privativo de cualquiera de los propietarios, estén o no incluidos en su piso o local, haciendo un uso adecuado de los mismos y evitando en todo momento que se causen daños o desperfectos.

b) Mantener en buen estado de conservación su propio piso o local e instalaciones privativas, en términos que no perjudiquen a la comunidad o a los otros propietarios, resarciendo los daños que ocasione por su descuido o el de las personas por quienes deba responder.

c) Consentir en su vivienda o local las reparaciones que exija el servicio del inmueble y permitir en él las servidumbres imprescindibles requeridas para la realización de obras, actuaciones o la creación de servicios comunes llevadas a cabo o acordadas conforme a lo establecido en la presente Ley, teniendo derecho a que la comunidad le resarza de los daños y perjuicios ocasionados.

d) Permitir la entrada en su piso o local a los efectos prevenidos en los tres apartados anteriores.

e) Contribuir, con arreglo a la cuota de participación fijada en el título o a lo especialmente establecido, a los gastos generales para el adecuado sostenimiento del inmueble, sus servicios, cargas y responsabilidades que no sean susceptibles de individualización.

Los créditos a favor de la comunidad derivados de la obligación de contribuir al sostenimiento de los gastos generales correspondientes a las cuotas imputables a la parte vencida de la anualidad en curso y los tres años anteriores tienen la condición de preferentes a efectos del artículo 1.923 del Código Civil y preceden, para su satisfacción, a los citados en los números 3.º, 4.º y 5.º de dicho precepto, sin perjuicio de la preferencia establecida a favor de los créditos

---

Art. 9.º: Este artículo ha sido redactado según lo dispuesto en la Ley 8/1999, de 6 de abril (*B.O.E.* n. 84, de 8 de abril).

N. 1, letra a): Compárese con el art. 396.I del C.c.

N. 1, letra b): Ténganse en cuenta los arts. 1.564, 1.907 y 1.910 del C.c. y 16 de la L.O.E.

N. 1, letra c): Redactada por la Ley 8/2013, de 26 de junio, de rehabilitación, regeneración y renovación urbanas (*B.O.E.* n. 153, de 27 de junio).

V. arts. 530 y ss. del C.c. y 21 de la L.A.U.

N. 1, letra e): Redactada por la Ley 8/2013, de 26 de junio, de rehabilitación, regeneración y renovación urbanas (*B.O.E.* n. 153, de 27 de junio).

V. arts. 3, párr. 2.º, de esta Ley; 1.923 del C.c., así como el apdo. 2 de este art. 9.

salariales en el texto refundido de la Ley del Estatuto de los Trabajadores, aprobado por el Real Decreto Legislativo 1/1995, de 24 de marzo.

El adquirente de una vivienda o local en régimen de propiedad horizontal, incluso con título inscrito en el Registro de la Propiedad, responde con el propio inmueble adquirido de las cantidades adeudadas a la comunidad de propietarios para el sostenimiento de los gastos generales por los anteriores titulares hasta el límite de los que resulten imputables a la parte vencida de la anualidad en la cual tenga lugar la adquisición y a los tres años naturales anteriores. El piso o local estará legalmente afecto al cumplimiento de esta obligación.

En el instrumento público mediante el que se transmita, por cualquier título, la vivienda o local el transmitente, deberá declarar hallarse al corriente en el pago de los gastos generales de la comunidad de propietarios o expresar los que adeude. El transmitente deberá aportar en este momento certificación sobre el estado de deudas con la comunidad coincidente con su declaración, sin la cual no podrá autorizarse el otorgamiento del documento público, salvo que fuese expresamente exonerado de esta obligación por el adquirente. La certificación será emitida en el plazo máximo de siete días naturales desde su solicitud por quien ejerza las funciones de secretario, con el visto bueno del presidente, quienes responderán, en caso de culpa o negligencia, de la exactitud de los datos consignados en la misma y de los perjuicios causados por el retraso en su emisión.

f) Contribuir, con arreglo a su respectiva cuota de participación, a la dotación del fondo de reserva que existirá en la comunidad de propietarios para atender las obras de conservación, de reparación y de rehabilitación de la finca, la realización de las obras de accesibilidad recogidas en el artículo diez.1.*b*) de esta ley, así como la realización de las obras de accesibilidad y eficiencia energética recogidas en el artículo diecisiete.2 de esta ley.

El fondo de reserva, cuya titularidad corresponde a todos los efectos a la comunidad, estará dotado con una cantidad que en ningún caso podrá ser inferior al 10 por 100 de su último presupuesto ordinario.

N. 1, letra f): Redactada por la Ley 10/2022, de 14 de junio, de medidas urgentes para impulsar la actividad de rehabilitación edificatoria en el contexto del Plan de Recuperación, Transformación y Resiliencia (*B.O.E.* n. 142, de 15 de junio).

V. arts. 10, 24.3.*c*) y Disp. Adic. de esta Ley.

Con cargo al fondo de reserva la comunidad podrá suscribir un contrato de seguro que cubra los daños causados en la finca o bien concluir un contrato de mantenimiento permanente del inmueble y sus instalaciones generales.

g) Observar la diligencia debida en el uso del inmueble y en sus relaciones con los demás titulares y responder ante éstos de las infracciones cometidas y de los daños causados.

h) Comunicar a quien ejerza las funciones de secretario de la comunidad, por cualquier medio que permita tener constancia de su recepción, el domicilio en España a efectos de citaciones y notificaciones de toda índole relacionadas con la comunidad. En defecto de esta comunicación se tendrá por domicilio para citaciones y notificaciones el piso o local perteneciente a la comunidad, surtiendo plenos efectos jurídicos las entregadas al ocupante del mismo.

Si intentada una citación o notificación al propietario fuese imposible practicarla en el lugar prevenido en el párrafo anterior, se entenderá realizada mediante la colocación de la comunicación correspondiente en el tablón de anuncios de la comunidad, o en lugar visible de uso general habilitado al efecto, con diligencia expresiva de la fecha y motivos por los que se procede a esta forma de notificación, firmada por quien ejerza las funciones de secretario de la comunidad, con el visto bueno del presidente. La notificación practicada de esta forma producirá plenos efectos jurídicos en el plazo de tres días naturales.

i) Comunicar a quien ejerza las funciones de secretario de la comunidad, por cualquier medio que permita tener constancia de su recepción, el cambio de titularidad de la vivienda o local.

Quien incumpliere esta obligación seguirá respondiendo de las deudas con la comunidad devengadas con posterioridad a la transmisión de forma solidaria con el nuevo titular, sin perjuicio del derecho de aquél a repetir sobre éste.

Lo dispuesto en el párrafo anterior no será de aplicación cuando cualquiera de los órganos de gobierno establecidos en el artículo 13 haya tenido conocimiento del cambio de titularidad de la vivienda o local por cualquier otro medio o por actos concluyentes del nuevo propietario, o bien cuando dicha transmisión resulte notoria.

N. 1, letra g): v. art. 6 de esta Ley.

N. 1, letra h): Sobre funciones del Secretario v. art. 13.5 de esta Ley. En relación con la determinación del domicilio, compárese con lo dispuesto en los arts. 50, 51 y 155 de la L.Enj.Civ.

2. Para la aplicación de las reglas del apartado anterior se reputarán generales los gastos que no sean imputables a uno o varios pisos o locales, sin que la no utilización de un servicio exima del cumplimiento de las obligaciones correspondientes, sin perjuicio de lo establecido en el artículo 17.4.

Art. 10. 1. Tendrán carácter obligatorio y no requerirán de acuerdo previo de la Junta de propietarios, impliquen o no modificación del título constitutivo o de los estatutos, y vengan impuestas por las Administraciones Públicas o solicitadas a instancia de los propietarios, las siguientes actuaciones:

a) Los trabajos y las obras que resulten necesarias para el adecuado mantenimiento y cumplimiento del deber de conservación del inmueble y de sus servicios e instalaciones comunes, incluyendo en todo caso, las necesarias para satisfacer los requisitos básicos de seguridad, habitabilidad y accesibilidad universal, así como las condiciones de ornato y cualesquiera otras derivadas de la imposición, por parte de la Administración, del deber legal de conservación.

b) Las obras y actuaciones que resulten necesarias para garantizar los ajustes razonables en materia de accesibilidad universal y, en todo caso, las requeridas a instancia de los propietarios en cuya vivienda o local vivan, trabajen o presten servicios voluntarios, personas con discapacidad, o mayores de setenta años, con el objeto de asegurarles un uso adecuado a sus necesidades de los elementos comunes, así como la instalación de rampas, ascensores u otros dispositivos mecánicos y electrónicos que favorezcan la orientación o su comunicación con el exterior, siempre que el importe repercutido anualmente de las mismas, una vez descontadas las subvenciones o ayudas públicas, no exceda de doce mensualidades ordinarias de gastos comunes. No eliminará el carácter obligatorio de estas obras el hecho de que el resto de su coste, más allá de las

---

N. 2: Redactado por la Ley 8/2013, de 26 de junio, de rehabilitación, regeneración y renovación urbanas (*B.O.E.* n. 153, de 27 de junio).

Art. 10: Redactado por la Ley 8/2013, de 26 de junio, de rehabilitación, regeneración y renovación urbanas (*B.O.E.* n. 153, de 27 de junio).

Sobre ejercicio de los derechos de buena fe y prohibición de ejercicio abusivo o antisocial de los derechos, v. art. 7.º del C.c.

Sobre arbitraje, téngase en cuenta lo dispuesto en los arts. 1.809 y ss. del C.c. y en la Ley 60/2003, de 23 de diciembre, de arbitraje (*B.O.E.* n. 309, de 26 de diciembre).

V. art. 16 de la L.O.E.

citadas mensualidades, sea asumido por quienes las hayan requerido.

También será obligatorio realizar estas obras cuando las ayudas públicas a las que la comunidad pueda tener acceso alcancen el 75 por 100 del importe de las mismas.

c) La ocupación de elementos comunes del edificio o del complejo inmobiliario privado durante el tiempo que duren las obras a las que se refieren las letras anteriores.

d) La construcción de nuevas plantas y cualquier otra alteración de la estructura o fábrica del edificio o de las cosas comunes, así como la constitución de un complejo inmobiliario, tal y como prevé el artículo 17.4 del texto refundido de la Ley de Suelo, aprobado por el Real Decreto Legislativo 2/2008, de 20 de junio, que resulten preceptivos a consecuencia de la inclusión del inmueble en un ámbito de actuación de rehabilitación o de regeneración y renovación urbana.

e) Los actos de división material de pisos o locales y sus anejos para formar otros más reducidos e independientes, el aumento de su superficie por agregación de otros colindantes del mismo edificio, o su disminución por segregación de alguna parte, realizados por voluntad y a instancia de sus propietarios, cuando tales actuaciones sean posibles a consecuencia de la inclusión del inmueble en un ámbito de actuación de rehabilitación o de regeneración y renovación urbanas.

2. Teniendo en cuenta el carácter de necesarias u obligatorias de las actuaciones referidas en las letras *a*) a *d*) del apartado anterior, procederá lo siguiente:

a) Serán costeadas por los propietarios de la correspondiente comunidad o agrupación de comunidades, limitándose el acuerdo de la Junta a la distribución de la derrama pertinente y a la determinación de los términos de su abono.

b) Los propietarios que se opongan o demoren injustificadamente la ejecución de las órdenes dictadas por la autoridad competente responderán individualmente de las sanciones que puedan imponerse en vía administrativa.

c) Los pisos o locales quedarán afectos al pago de los gastos derivados de la realización de dichas obras o actuaciones en los mismos términos y condiciones que los establecidos en el artículo 9 para los gastos generales.

3. Requerirán autorización administrativa, en todo caso:

a) La constitución y modificación del complejo inmobiliario a que se refiere el artículo 17.6 del texto refundido de la Ley de Suelo, aprobado por el Real Decreto

Legislativo 2/2008, de 20 de junio, en sus mismos términos.

b) Cuando así se haya solicitado, previa aprobación por las tres quintas partes del total de los propietarios que, a su vez, representen las tres quintas partes de las cuotas de participación, la división material de los pisos o locales y sus anejos, para formar otros más reducidos e independientes; el aumento de su superficie por agregación de otros colindantes del mismo edificio o su disminución por segregación de alguna parte; la construcción de nuevas plantas y cualquier otra alteración de la estructura o fábrica del edificio, incluyendo el cerramiento de las terrazas y la modificación de la envolvente para mejorar la eficiencia energética, o de las cosas comunes, cuando concurran los requisitos a que alude el artículo 17.6 del texto refundido de la Ley de Suelo, aprobado por el Real Decreto Legislativo 2/2008, de 20 de junio.

En estos supuestos deberá constar el consentimiento de los titulares afectados y corresponderá a la Junta de Propietarios, de común acuerdo con aquéllos, y por mayoría de tres quintas partes del total de los propietarios, la determinación de la indemnización por daños y perjuicios que corresponda. La fijación de las nuevas cuotas de participación, así como la determinación de la naturaleza de las obras que se vayan a realizar, en caso de discrepancia sobre las mismas, requerirá la adopción del oportuno acuerdo de la Junta de Propietarios, por idéntica mayoría. A este respecto también podrán los interesados solicitar arbitraje o dictamen técnico en los términos establecidos en la Ley.

Art. 11. [...]

Art. 12. [...]

Art. 13. 1. Los órganos de gobierno de la comunidad son los siguientes:

a) La Junta de propietarios.

b) El presidente y, en su caso, los vicepresidentes.

c) El secretario.

d) El administrador.

En los estatutos, o por acuerdo mayoritario de la Junta de propietarios, podrán establecerse otros órganos de gobierno de la comunidad, sin que

---

Art. 11: Derogado por la Ley 8/2013, de 26 de junio, de rehabilitación, regeneración y renovación urbanas (*B.O.E.* n. 153, de 27 de junio).

Art. 12: Derogado por la Ley 8/2013, de 26 de junio, de rehabilitación, regeneración y renovación urbanas (*B.O.E.* n. 153, de 27 de junio).

Art. 13: Este artículo ha sido redactado según lo dispuesto en la Ley 8/1999, de 6 de abril (*B.O.E.* n. 84, de 8 de abril).

Téngase en cuenta lo dispuesto en el art. 5.º de esta Ley.

ello pueda suponer menoscabo alguno de las funciones y responsabilidades frente a terceros que esta Ley atribuye a los anteriores.

2. El presidente será nombrado, entre los propietarios, mediante elección o, subsidiariamente, mediante turno rotatorio o sorteo. El nombramiento será obligatorio, si bien el propietario designado podrá solicitar su relevo al juez dentro del mes siguiente a su acceso al cargo, invocando las razones que le asistan para ello. El juez, a través del procedimiento establecido en el artículo 17.7.ª, resolverá de plano lo procedente, designando en la misma resolución al propietario que hubiera de sustituir, en su caso, al presidente en el cargo hasta que se proceda a nueva designación en el plazo que se determine en la resolución judicial.

Igualmente podrá acudirse al juez cuando, por cualquier causa, fuese imposible para la Junta designar presidente de la comunidad.

3. El presidente ostentará legalmente la representación de la comunidad, en juicio y fuera de él, en todos los asuntos que la afecten.

4. La existencia de vicepresidentes será facultativa. Su nombramiento se realizará por el mismo procedimiento que el establecido para la designación del presidente.

Corresponde al vicepresidente, o a los vicepresidentes por su orden, sustituir al presidente en los casos de ausencia, vacante o imposibilidad de éste, así como asistirlo en el ejercicio de sus funciones en los términos que establezca la Junta de propietarios.

5. Las funciones del secretario y del administrador serán ejercidas por el presidente de la comunidad, salvo que los estatutos o la Junta de propietarios por acuerdo mayoritario, dispongan la provisión de dichos cargos separadamente de la presidencia.

6. Los cargos de secretario y administrador podrán acumularse en una misma persona o bien nombrarse independientemente.

El cargo de administrador y, en su caso, el de secretario-administrador podrá ser ejercido por cualquier propietario, así como por personas físicas con cualificación profesional suficiente y legalmente reconocida para ejercer dichas funciones.

Art. 13.2: Redactado conforme a la Disp. Final 2.ª de la Ley 42/2015, de 5 de octubre, de reforma de la Ley 1/2000, de 7 de enero, de Enjuiciamiento Civil (*B.O.E.* n. 239, de 6 de octubre).

También podrá recaer en corporaciones y otras personas jurídicas en los términos establecidos en el ordenamiento jurídico.

7. Salvo que los estatutos de la comunidad dispongan lo contrario, el nombramiento de los órganos de gobierno se hará por el plazo de un año.

Los designados podrán ser removidos de su cargo antes de la expiración del mandato por acuerdo de la Junta de propietarios, convocada en sesión extraordinaria.

8. Cuando el número de propietarios de viviendas o locales en un edificio no exceda de cuatro podrán acogerse al régimen de administración del artículo 398 del Código Civil, si expresamente lo establecen los estatutos.

Art. 14. Corresponde a la Junta de propietarios:

a) Nombrar y remover a las personas que ejerzan los cargos mencionados en el artículo anterior y resolver las reclamaciones que los titulares de los pisos o locales formulen contra la actuación de aquéllos.

b) Aprobar el plan de gastos e ingresos previsibles y las cuentas correspondientes.

c) Aprobar los presupuestos y la ejecución de todas las obras de reparación de la finca, sean ordinarias o extraordinarias, y ser informada de las medidas urgentes adoptadas por el administrador de conformidad con lo dispuesto en el artículo 20.*c*).

d) Aprobar o reformar los estatutos y determinar las normas de régimen interior.

e) Conocer y decidir en los demás asuntos de interés general para la comunidad, acordando las medidas necesarias o convenientes para el mejor servicio común.

Art. 15. 1. La asistencia a la Junta de propietarios será personal o por representación legal o voluntaria, bastando para acreditar ésta un escrito firmado por el propietario.

Si algún piso o local perteneciese *pro indiviso* a diferentes propietarios éstos nombrarán un representante para asistir y votar en las juntas.

Art. 14: Este artículo ha sido redactado según lo dispuesto en la Ley 8/1999, de 6 de abril (*B.O.E.* n. 84, de 8 de abril).

Art. 15: Este artículo ha sido redactado según lo dispuesto en la Ley 8/1999, de 6 de abril (*B.O.E.* n. 84, de 8 de abril).

N. 1: Respecto de lo dispuesto en el párrafo primero, v. arts. 1.709, 1.710 y 1.713 del C.c.; respecto de lo dispuesto en el párrafo segundo, v. arts. 392, 397 y 398 del C.c.; respecto de lo dispuesto en el tercer párrafo, compárese con los arts. 467, 470 y 471 del C.c.

Si la vivienda o local se hallare en usufructo, la asistencia y el voto corresponderá al nudo propietario, quien, salvo manifestación en contrario, se entenderá representado por el usufructuario, debiendo ser expresa la delegación cuando se trate de los acuerdos a que se refiere la regla primera del artículo 17 o de obras extraordinarias y de mejora.

2. Los propietarios que en el momento de iniciarse la junta no se encontrasen al corriente en el pago de todas las deudas vencidas con la comunidad y no hubiesen impugnado judicialmente las mismas o procedido a la consignación judicial o notarial de la suma adeudada, podrán participar en sus deliberaciones si bien no tendrán derecho de voto. El acta de la Junta reflejará los propietarios privados del derecho de voto, cuya persona y cuota de participación en la comunidad no será computada a efectos de alcanzar las mayorías exigidas en esta Ley.

Art. 16. 1. La Junta de propietarios se reunirá por lo menos una vez al año para aprobar los presupuestos y cuentas y en las demás ocasiones que lo considere conveniente el presidente o lo pidan la cuarta parte de los propietarios, o un número de éstos que representen al menos el 25 por 100 de las cuotas de participación.

2. La convocatoria de las Juntas la hará el presidente y, en su defecto, los promotores de la reunión, con indicación de los asuntos a tratar, el lugar, día y hora en que se celebrará en primera o, en su caso, en segunda convocatoria, practicándose las citaciones en la forma establecida en el artículo 9. La convocatoria contendrá una relación de los propietarios que no estén al corriente en el pago de las deudas vencidas a la comunidad y advertirá de la privación del derecho de voto si se dan los supuestos previstos en el artículo 15.2.

Cualquier propietario podrá pedir que la Junta de propietarios estudie y se pronuncie sobre cualquier tema de interés para la comunidad; a tal efecto dirigirá escrito, en el que especifique claramente los asuntos que

---

N. 2: Téngase en cuenta lo dispuesto en los arts. 16 y 17 de esta Ley.

Art. 16: Este artículo ha sido redactado según lo dispuesto en la Ley 8/1999, de 6 de abril (*B.O.E.* n. 84, de 8 de abril).

Compárese su primer apartado con el art. 11.3 de la L.Asoc.

La regulación prevista en el apartado segundo se introdujo, básicamente, por la Ley 2/1988, de 23 de febrero (*B.O.E.* n. 50, de 27 de febrero).

pide sean tratados, al presidente, el cual los incluirá en el orden del día de la siguiente Junta que se celebre.

Si a la reunión de la Junta no concurriesen, en primera convocatoria, la mayoría de los propietarios que representen, a su vez, la mayoría de las cuotas de participación se procederá a una segunda convocatoria de la misma, esta vez sin sujeción a quórum.

La Junta se reunirá en segunda convocatoria en el lugar, día y hora indicados en la primera citación, pudiendo celebrarse el mismo día si hubiese transcurrido media hora desde la anterior. En su defecto, será nuevamente convocada, conforme a los requisitos establecidos en este artículo, dentro de los ocho días naturales siguientes a la Junta no celebrada, cursándose en este caso las citaciones con una antelación mínima de tres días.

3. La citación para la Junta ordinaria anual se hará, cuando menos, con seis días de antelación, y para las extraordinarias, con la que sea posible para que pueda llegar a conocimiento de todos los interesados. La Junta podrá reunirse válidamente aun sin la convocatoria del presidente, siempre que concurran la totalidad de los propietarios y así lo decidan.

Art. 17. Los acuerdos de la Junta de propietarios se sujetarán a las siguientes reglas:

1. La instalación de las infraestructuras comunes para el acceso a los servicios de teleco-

---

Art. 17: Redactado por la Ley 8/2013, de 26 de junio, de rehabilitación, regeneración y renovación urbanas (*B.O.E.* n. 153, de 27 de junio).

Aunque, en principio, la nueva regulación sobre impugnabilidad de acuerdos parece inclinarse por la anulabilidad de los que sean contrarios a la L.P.H., la más autorizada doctrina estima, por el contrario, que también cabe la nulidad de pleno derecho de tales acuerdos cuando resulten opuestos a los principios fundamentales del régimen de propiedad horizontal.

N. 1: v. arts. 218 del R.H. y 3.*a*) de la L.O.E.

Debemos advertir que el inciso segundo de este n. 1 fue redactado según la Ley 3/1990, de 21 de junio (*B.O.E.* n. 149, de 22 de junio).

Debe tenerse en cuenta sobre eliminación de barreras arquitectónicas para personas discapaces la siguiente normativa:

— Ley 3/1993, de 4 de mayo, para la mejora de la accesibilidad y de la supresión de las barreras arquitectónicas en Baleares (*B.O.C.A.I.B.* n. 62, de 20 de mayo, y *B.O.E.* n. 197, de 18 de agosto).

— Ley 8/1993, de 22 de junio, de promoción de la accesibilidad y supresión de barreras arquitectónicas en Madrid (*B.O. C.M.* n. 152, de 29 de junio, y *B.O.E.* n. 203, de 25 de agosto).

— Ley 1/1994, de 24 de mayo, de accesibilidad y eliminación de barreras en Castilla-La Mancha (*D.O.C.L.M.* n. 32, de 24 de junio, y *B.O.E.* n. 34, de 9 de febrero).

municación regulados en el Real Decreto-ley 1/1998, de 27 de febrero, sobre infraestructuras comunes en los edificios para el

---

— Ley 5/1994, de 19 de julio, de supresión de barreras arquitectónicas y promoción de la accesibilidad en La Rioja (*B.O.L.R.* n. 91, de 23 de julio, y *B.O.E.* n. 205, de 27 de agosto).

— Ley 8/1995, de 6 de abril, de accesibilidad y supresión de barreras físicas y de la comunicación en Canarias (*B.O.Ca.* n. 50, de 24 de abril, y *B.O.E.* n. 122, de 23 de mayo).

— Ley 5/1995, de 6 de abril, de promoción de la accesibilidad y supresión de barreras en Asturias (*B.O.P.A.* n. 89, de 19 de abril, y *B.O.E.* n. 149, de 23 de junio).

Téngase en cuenta, además, la Ley 2/2020, de 23 de diciembre, reguladora del derecho de acceso al entorno de las personas usuarias de perros de asistencia (*B.O.E.* n. 10, de 12 de enero de 2021, y *B.O.P.A.* n. 250, de 30 de diciembre de 2020), que deroga los arts. 31 y 32 de la anterior Ley.

— Ley 5/1995, de 7 de abril, de condiciones de habitabilidad en edificios de viviendas y de promoción de la accesibilidad general en Murcia (*B.O.R.M.* n. 102, de 4 de mayo, y *B.O.E.* n. 131, de 2 de junio).

— Ley 15/1995, de 30 de mayo, de límites del dominio sobre inmuebles para eliminar barreras arquitectónicas a las personas con discapacidad (*B.O.E.* n. 129, de 31 de mayo).

— Ley 3/1996, de 24 de septiembre, de accesibilidad y supresión de barreras arquitectónicas, urbanísticas y de la comunicación en Cantabria (*B.O.C.* n. 198, de 2 de octubre, y *B.O.E.* n. 272, de 11 de noviembre).

— Ley 1/1998, de 5 de mayo, de accesibilidad y supresión de barreras arquitectónicas, urbanísticas y de la comunicación en la Comunidad Valenciana (*D.O.G.V.* n. 3.237, de 7 de mayo, y *B.O.E.* n. 137, de 9 de junio).

— Ley 3/1998, de 24 de junio, de accesibilidad y supresión de barreras en Castilla y León (*B.O.C.L.*, n. 123, de 1 de julio, y *B.O.E.* n. 197, de 18 de agosto).

— Ley 5/1998, de 23 de noviembre, relativa al uso en Andalucía de perros guía por personas con disfunciones visuales (*B.O.E.* n. 7, de 8 de enero de 1999).

— Ley 4/2017, de 25 de septiembre, de los Derechos y Atención a las Personas con Discapacidad en Andalucía (*B.O.E.* n. 250, de 17 de octubre, y *B.O.J.A.* n. 191, de 4 de octubre; corrección de errores en *B.O.E.* n. 292, de 1 de diciembre, y *B.O.J.A.* n. 215, de 9 de noviembre).

— Ley 1/2000, de 31 de mayo, de perros guía acompañantes de personas con deficiencia visual de la Comunidad Autónoma de La Rioja (*B.O.E.* n. 165, de 11 de julio).

— Ley 10/2003, de 26 de diciembre, sobre el acceso al entorno de las personas con discapacidad acompañadas de perros de asistencia (*B.O.E.* n. 25, de 29 de enero de 2004, y *D.O.G.* n. 253, de 31 de diciembre).

— R.D. 505/2007, de 20 de abril, por el que se aprueban las condiciones básicas de accesibilidad y no discriminación de las personas con discapacidad para el acceso y utilización de los espacios públicos urbanizados y edificaciones (*B.O.E.* n. 113, de 11 de mayo).

— Ley 10/2007, de 29 de junio, sobre Perros de Asistencia para la Atención a Personas con Discapacidad, de Euskadi (*B.O.E.* n. 258, de 26 de octubre de 2011, y *B.O.P.V.* n. 140, de 20 de julio de 2007).

— Ley catalana 19/2009, de 26 de noviembre, del acceso al entorno de las personas acompañadas de perros de asistencia (*B.O.E.* n. 309, de 24 de diciembre, y *D.O.G.C.* n. 5.519, de 3 de diciembre).

— Ley Foral 12/2018, de 14 de junio, de accesibilidad universal de Navarra (*B.O.E.* n. 157, de 29 de junio; y *B.O.N.* n. 120, de 22 de junio).

acceso a los servicios de telecomunicación, o la adaptación de los existentes, así como la instalación de sistemas comunes o privativos, de aprovechamiento de energías renovables, o bien de las infraestructuras necesarias para acceder a nuevos suministros energéticos colectivos, podrá ser acordada, a petición de cualquier propietario, por un tercio de los integrantes de la comunidad que representen, a su vez, un tercio de las cuotas de participación.

La comunidad no podrá repercutir el coste de la instalación o adaptación de dichas infraestructuras comunes, ni los derivados de su conservación y mantenimiento posterior, sobre aquellos propietarios que no hubieren votado expresamente en la Junta a favor del acuerdo. No obstante, si con posterioridad solicitasen el acceso a los servicios de telecomunicaciones o a los suministros energéticos, y ello requiera aprovechar las nuevas infraestructuras o las adaptaciones realizadas en las preexistentes, podrá autorizárseles siempre que abonen el importe que les hubiera correspondido,

---

— R.D.Leg. 1/2013, de 29 de noviembre, por el que se aprueba el Texto Refundido de la Ley General de derechos de las personas discapacitadas y de su inclusión social (*B.O.E.* n. 289, de 3 de diciembre).

— Ley 1/2014, de 21 de febrero, de perros de asistencia de las Islas Baleares (*B.O.E.* n. 86, de 9 de abril, y *B.O.C.A.I.B.* n. 29, de 1 de marzo).

— Ley 13/2014, de 30 de octubre, de accesibilidad de Cataluña (*D.O.G.C.* n. 6.742, de 4 de noviembre, y *B.O.E.* n. 281, de 20 de noviembre).

— Ley 7/2014, de 13 de noviembre, de los derechos de las personas con discapacidad en Castilla-La Mancha (*D.O.C.L.M.* n. 233, de 2 de diciembre, y *B.O.E.* n. 42, de 18 de febrero de 2015).

— Ley 10/2014, de 3 de diciembre, de accesibilidad de Galicia (*B.O.E.* n. 60, de 11 de marzo de 2015, y *D.O.G.* n. 241, de 17 de diciembre de 2014).

— Ley 11/2014, de 9 de diciembre, de accesibilidad universal de Extremadura (*D.O.E.* n. 239, de 12 de diciembre, y *B.O.E.* n. 315, de 30 de diciembre).

— Ley Foral 3/2015, de 2 de febrero, reguladora de la libertad de acceso al entorno, de deambulación y permanencia en espacios abiertos y otros delimitados, de personas con discapacidad acompañadas de perros de asistencia (*B.O.E.* n. 55 de 5 de marzo, y *B.O.N.* n. 32, de 17 de febrero).

— Ley 4/2015, de 3 de marzo, de perros de asistencia para personas con discapacidad de la Región de Murcia (*B.O.R.M.* n. 53, de 5 de marzo, y *B.O.E.* n. 74, de 27 de marzo).

— Ley 2/2015, de 10 de marzo, de acceso al entorno de personas con discapacidad que precisan el acompañamiento de perros de asistencia de la Comunidad de Madrid (*B.O.E.* n. 132, de 3 de junio, y *B.O.C.M.* n. 61, de 13 de marzo).

— Ley 5/2019, de 21 de marzo, de derechos y garantías de las personas con discapacidad en Aragón (*B.O.E.* n. 125, de 25 de mayo; *BOA* n. 70, de 10 de abril).

— Ley 11/2019, de 3 de abril, de acceso al entorno de las personas usuarias de perro de asistencia en la Comunidad de Castilla y León (*B.O.E.* n. 107, de 4 de mayo; *D.O.C.L.* n. 68/2019, de 8 de abril).

debidamente actualizado, aplicando el correspondiente interés legal.

No obstante lo dispuesto en el párrafo anterior respecto a los gastos de conservación y mantenimiento, la nueva infraestructura instalada tendrá la consideración, a los efectos establecidos en esta Ley, de elemento común.

2. Sin perjuicio de lo establecido en el artículo 10.1.*b*), la realización de obras o el establecimiento de nuevos servicios comunes que tengan por finalidad la supresión de barreras arquitectónicas que dificulten el acceso o movilidad de personas con discapacidad y, en todo caso, el establecimiento de los servicios de ascensor, incluso cuando impliquen la modificación del título constitutivo, o de los estatutos, requerirá el voto favorable de la mayoría de los propietarios, que, a su vez, representen la mayoría de las cuotas de participación.

Cuando se adopten válidamente acuerdos para la realización de obras de accesibilidad, la comunidad quedará obligada al pago de los gastos, aun cuando su importe repercutido anualmente exceda de doce mensualidades ordinarias de gastos comunes.

La realización de obras o actuaciones que contribuyan a la mejora de la eficiencia energética acreditables a través de certificado de eficiencia energética del edificio o la implantación de fuentes de energía renovable de uso común, así como la solicitud de ayudas y subvenciones, préstamos o cualquier tipo de financiación por parte de la comunidad de propietarios a entidades públicas o privadas para la realización de tales obras o actuaciones, requerirá el voto favorable de la mayoría simple de los propietarios, que, a su vez, representen la mayoría simple de las cuotas de participación, siempre que su importe repercutido anualmente, una vez descontadas las subvenciones o ayudas públicas y aplicada en su caso la financiación, no supere la cuantía de doce mensualidades ordinarias de gastos comunes. El propietario disidente no tendrá el derecho reconocido en el apartado 4 de este artículo y el coste de estas obras, o las

---

N. 2: Redactado por la Ley 10/2022, de 14 de junio, de medidas urgentes para impulsar la actividad de rehabilitación edificatoria en el contexto del Plan de Recuperación, Transformación y Resiliencia (*B.O.E.* n. 142, de 15 de junio). Sobre repercusión del gasto por instalación o adaptación de las instalaciones comunes a que se refiere esta norma 2.ª, v. art. 9.º1.*e*) y *f*) de esta Ley.

Sobre interés legal, v. nota al art. 1.108 del C.c.

cantidades necesarias para sufragar los préstamos o financiación concedida para tal fin, tendrán la consideración de gastos generales a los efectos de la aplicación de las reglas establecidas en la letra *e*) del artículo noveno.1 de esta ley.

3. El establecimiento o supresión de los servicios de portería, conserjería, vigilancia u otros servicios comunes de interés general, supongan o no modificación del título constitutivo o de los estatutos, requerirán el voto favorable de las tres quintas partes del total de los propietarios que, a su vez, representen las tres quintas partes de las cuotas de participación.

Idéntico régimen se aplicará al arrendamiento de elementos comunes que no tengan asignado un uso específico en el inmueble y el establecimiento o supresión de equipos o sistemas, no recogidos en el apartado 1, que tengan por finalidad mejorar la eficiencia energética o hídrica del inmueble. En este último caso, los acuerdos válidamente adoptados con arreglo a esta norma obligan a todos los propietarios. No obstante, si los equipos o sistemas tienen un aprovechamiento privativo, para la adopción del acuerdo bastará el voto favorable de un tercio de los integrantes de la comunidad que representen, a su vez, un tercio de las cuotas de participación, aplicándose, en este caso, el sistema de repercusión de costes establecido en dicho apartado.

4. Ningún propietario podrá exigir nuevas instalaciones, servicios o mejoras no requeridos para la adecuada conservación, habitabilidad, seguridad y accesibilidad del inmueble, según su naturaleza y características.

No obstante, cuando por el voto favorable de las tres quintas partes del total de los propietarios que, a su vez, representen las tres quintas partes de las cuotas de participación, se adopten válidamente acuerdos, para realizar innovaciones, nuevas instalaciones, servicios o mejoras no requeridos para la adecuada conservación, habitabilidad, seguridad y accesibilidad del inmueble, no exigibles y cuya cuota de instalación exceda del importe de tres mensualidades ordinarias de gastos comunes, el disidente no resultará obligado, ni se modificará su cuota, incluso en el caso de que no pueda privársele de la mejora o ventaja. Si el disidente desea, en cualquier tiempo, participar de las ventajas de la innovación, habrá de abonar su cuota en los gastos

N. 3: Sobre resolución en equidad, v. art. 3.º2 del C.c.

de realización y mantenimiento, debidamente actualizados mediante la aplicación del correspondiente interés legal.

No podrán realizarse innovaciones que hagan inservible alguna parte del edificio para el uso y disfrute de un propietario, si no consta su consentimiento expreso.

5. La instalación de un punto de recarga de vehículos eléctricos para uso privado en el aparcamiento del edificio, siempre que éste se ubique en una plaza individual de garaje, sólo requerirá la comunicación previa a la comunidad. El coste de dicha instalación y el consumo de electricidad correspondiente serán asumidos íntegramente por el o los interesados directos en la misma.

6. Los acuerdos no regulados expresamente en este artículo, que impliquen la aprobación o modificación de las reglas contenidas en el título constitutivo de la propiedad horizontal o en los estatutos de la comunidad, requerirán para su validez la unanimidad del total de los propietarios que, a su vez, representen el total de las cuotas de participación.

7. Para la validez de los demás acuerdos bastará el voto de la mayoría del total de los propietarios que, a su vez, representen la mayoría de las cuotas de participación. En segunda convocatoria serán válidos los acuerdos adoptados por la mayoría de los asistentes, siempre que ésta represente, a su vez, más de la mitad del valor de las cuotas de los presentes.

Cuando la mayoría no se pudiere lograr por los procedimientos establecidos en los apartados anteriores, el Juez, a instancia de parte deducida en el mes siguiente a la fecha de la segunda Junta, y oyendo en comparecencia los contradictores previamente citados, resolverá en equidad lo que proceda dentro de veinte días, contados desde la petición, haciendo pronunciamiento sobre el pago de costas.

8. Salvo en los supuestos expresamente previstos en los que no se pueda repercutir el coste de los servicios a aquellos propietarios que no hubieren votado expresamente en la Junta a favor del acuerdo, o en los casos en los que la modificación o reforma se haga para aprovechamiento privativo, se computarán como votos favorables los de aquellos propietarios ausentes de la Junta, debidamente citados, quienes una vez informados del acuerdo adoptado por los presentes, conforme al procedimiento establecido en el artículo 9, no manifiesten su discrepancia mediante comunicación a quien ejerza las funciones de secretario de la comunidad en el plazo de treinta días

naturales, por cualquier medio que permita tener constancia de la recepción.

9. Los acuerdos válidamente adoptados con arreglo a lo dispuesto en este artículo obligan a todos los propietarios.

10. En caso de discrepancia sobre la naturaleza de las obras a realizar resolverá lo procedente la Junta de propietarios. También podrán los interesados solicitar arbitraje o dictamen técnico en los términos establecidos en la Ley.

11. Las derramas para el pago de mejoras realizadas o por realizar en el inmueble serán a cargo de quien sea propietario en el momento de la exigibilidad de las cantidades afectas al pago de dichas mejoras.

12. El acuerdo por el que se limite o condicione el ejercicio de la actividad a que se refiere la letra *e*) del artículo 5 de la Ley 29/1994, de 24 de noviembre, de Arrendamientos Urbanos, en los términos establecidos en la normativa sectorial turística, suponga o no modificación del título constitutivo o de los estatutos, requerirá el voto favorable de las tres quintas partes del total de los propietarios que, a su vez, representen las tres quintas partes de las cuotas de participación. Asimismo, esta misma mayoría se requerirá para el acuerdo por el que se establezcan cuotas especiales de gastos o un incremento en la participación de los gastos comunes de la vivienda donde se realice dicha actividad, siempre que estas modificaciones no supongan un incremento superior al 20 por 100. Estos acuerdos no tendrán efectos retroactivos.

Art. 18. 1. Los acuerdos de la Junta de Propietarios serán impugnables ante los tribunales de conformidad con lo establecido en la legislación procesal general, en los siguientes supuestos:

a) Cuando sean contrarios a la ley o a los estatutos de la comunicación de propietarios.

b) Cuando resulten gravemente lesivos para los intereses de la propia comunidad en beneficio de uno o varios propietarios.

c) Cuando supongan un grave perjuicio para algún propietario que no tenga obligación jurídica de soportarlo o se hayan adoptado con abuso de derecho.

2. Estarán legitimados para la impugnación de estos acuer-

Art. 18: Este artículo ha sido redactado según lo dispuesto en la Ley 8/ 1999, de 6 de abril (*B.O.E.* n. 84, de 8 de abril).

N. 1: v. arts. 5.º1 y 7.º1 del C.c.

N. 2: Compárese con el art. 15.2 de esta Ley.

dos los propietarios que hubiesen salvado su voto en la Junta, los ausentes por cualquier causa y los que indebidamente hubiesen sido privados de su derecho de voto. Para impugnar los acuerdos de la Junta el propietario deberá estar al corriente en el pago de la totalidad de las deudas vencidas con la comunidad o proceder previamente a la consignación judicial de las mismas. Esta regla no será de aplicación para la impugnación de los acuerdos de la Junta relativos al establecimiento o alteración de las cuotas de participación a que se refiere el artículo 9 entre los propietarios.

3. La acción caducará a los tres meses de adoptarse el acuerdo por la Junta de propietarios, salvo que se trate de actos contrarios a la ley o a los estatutos, en cuyo caso la acción caducará al año. Para los propietarios ausentes dicho plazo se computará a partir de la comunicación del acuerdo conforme al procedimiento establecido en el artículo 9.

4. La impugnación de los acuerdos de la Junta no suspenderá su ejecución, salvo que el juez así lo disponga con carácter cautelar, a solicitud del demandante, oída la comunidad de propietarios.

Art. 19. 1. Los acuerdos de la Junta de propietarios se reflejarán en un Libro de actas diligenciado por el Registrador de la Propiedad en la forma que reglamentariamente se disponga.

2. El acta de cada reunión de la Junta de propietarios deberá expresar, al menos, las siguientes circunstancias:

a) La fecha y el lugar de celebración.

b) El autor de la convocatoria y, en su caso, los propietarios que la hubiesen promovido.

c) Su carácter ordinario o extraordinario y la indicación sobre su celebración en primera o segunda convocatoria.

d) Relación de todos los asistentes y sus respectivos cargos, así como de los propietarios representados, con indicación, en todo caso, de sus cuotas de participación.

e) El orden del día de la reunión.

f) Los acuerdos adoptados, con indicación, en caso de que ello fuera relevante para la validez del acuerdo, de los nombres

---

N. 3: Téngase en cuenta lo dispuesto en el art. 19 de esta Ley.

Art. 19: Este artículo ha sido redactado según lo dispuesto en la Ley 8/1999, de 6 de abril (*B.O.E.* n. 84, de 8 de abril).

V. art. 415 de. R.H.

de los propietarios que hubieren votado a favor y en contra de los mismos, así como de las cuotas de participación que respectivamente representen.

3. El acta deberá cerrarse con las firmas del presidente y del secretario al terminar la reunión o dentro de los diez días naturales siguientes. Desde su cierre los acuerdos serán ejecutivos, salvo que la Ley previere lo contrario.

El acta de las reuniones se remitirá a los propietarios de acuerdo con el procedimiento establecido en el artículo 9.

Serán subsanables los defectos o errores del acta siempre que la misma exprese inequívocamente la fecha y lugar de celebración, los propietarios asistentes, presentes o representados, y los acuerdos adoptados, con indicación de los votos a favor y en contra, así como las cuotas de participación que respectivamente suponga y se encuentre firmada por el presidente y el secretario. Dicha subsanación deberá efectuarse antes de la siguiente reunión de la Junta de propietarios, que deberá ratificar la subsanación.

4. El secretario custodiará los Libros de actas de la Junta de propietarios. Asimismo deberá conservar, durante el plazo de cinco años, las convocatorias, comunicaciones, apoderamientos y demás documentos relevantes de las reuniones.

Art. 20. Corresponde al administrador:

a) Velar por el buen régimen de la casa, sus instalaciones y servicios, y hacer a estos efectos las oportunas advertencias y apercibimientos a los titulares.

b) Preparar con la debida antelación y someter a la Junta el plan de gastos previsibles, proponiendo los medios necesarios para hacer frente a los mismos.

c) Atender a la conservación y entretenimiento de la casa, disponiendo las reparaciones y medidas que resulten urgentes, dando inmediata cuenta de ellas al presidente o, en su caso, a los propietarios.

d) Ejecutar los acuerdos adoptados en materia de obras y efectuar los pagos y realizar los cobros que sean procedentes.

e) Actuar, en su caso, como secretario de la Junta y custodiar a disposición de los titulares la documentación de la comunidad.

f) Todas las demás atribuciones que se confieran por la Junta.

Art. 20: Este artículo ha sido redactado según lo dispuesto en la Ley 8/1999, de 6 de abril (*B.O.E.* n. 84, de 8 de abril).

Art. 21. *Impago de los gastos comunes, medidas preventivas de carácter convencional, reclamación judicial de la deuda y mediación y arbitraje.*—1. La junta de propietarios podrá acordar medidas disuasorias frente a la morosidad por el tiempo en que se permanezca en dicha situación, tales como el establecimiento de intereses superiores al interés legal o la privación temporal del uso de servicios o instalaciones, siempre que no puedan reputarse abusivas o desproporcionadas o que afecten a la habitabilidad de los inmuebles. Estas medidas no podrán tener en ningún caso carácter retroactivo y podrán incluirse en los estatutos de la comunidad. En todo caso, los créditos a favor de la comunidad devengarán intereses desde el momento en que deba efectuarse el pago correspondiente y éste no se haga efectivo.

2. La comunidad podrá, sin perjuicio de la utilización de otros procedimientos judiciales, reclamar del obligado al pago todas las cantidades que le sean debidas en concepto de gastos comunes, tanto si son ordinarios como extraordinarios, generales o individualizables, o fondo de reserva, y mediante el proceso monitorio especial aplicable a las comunidades de propietarios de inmuebles en régimen de propiedad horizontal. En cualquier caso, podrá ser demandado el titular registral, a efectos de soportar la ejecución sobre el inmueble inscrito a su nombre. El secretario administrador profesional, si así lo acordare la junta de propietarios, podrá exigir judicialmente la obligación del pago de la deuda a través de este procedimiento.

3. Para instar la reclamación a través del procedimiento monitorio habrá de acompañarse a la demanda un certificado del acuerdo de liquidación de la deuda emitido por quien haga las funciones de secretario de la comunidad con el visto bueno del presidente, salvo que el primero sea un secretario-administrador con cualificación profesional necesaria y legalmente reconocida que no vaya a intervenir profesionalmente en la reclamación judicial de la deuda, en cuyo caso no será precisa la firma del presidente. En este certificado deberá constar el importe adeudado y su desglose.

Art. 21: Redactado por la Ley 10/2022, de 14 de junio, de medidas urgentes para impulsar la actividad de rehabilitación edificatoria en el contexto del Plan de Recuperación, Transformación y Resiliencia (*B.O.E.* n. 142, de 15 de junio).

N. 1: Sobre proceso monitorio, v. arts. 812 a 818 de la L.Enj.Civ. Sobre reglas de determinación de la competencia, v. art. 52.8.º de ese mismo Cuerpo legal. Téngase en cuenta el art. 449.4 de la L.Enj.Civ. en materia de recursos.

N. 2: v. apartados 2 y 3 del art. 19 de esta Ley.

Además del certificado deberá aportarse, junto con la petición inicial del proceso monitorio, el documento acreditativo en el que conste haberse notificado al deudor, pudiendo también hacerse de forma subsidiaria en el tablón de anuncios o lugar visible de la comunidad durante un plazo de, al menos, tres días. Se podrán incluir en la petición inicial del procedimiento monitorio las cuotas aprobadas que se devenguen hasta la notificación de la deuda, así como todos los gastos y costes que conlleve la reclamación de la deuda, incluidos los derivados de la intervención del secretario administrador, que serán a cargo del deudor.

4. Cuando el deudor se oponga a la petición inicial del proceso monitorio, la comunidad podrá solicitar el embargo preventivo de bienes suficientes de aquél, para hacer frente a la cantidad reclamada, los intereses y las costas.

El tribunal acordará, en todo caso, el embargo preventivo sin necesidad de que el acreedor preste caución. No obstante, el deudor podrá enervar el embargo prestando las garantías establecidas en la Ley procesal.

5. Cuando en la solicitud inicial del proceso monitorio se utilizaren los servicios profesionales de abogado y/o procurador para reclamar las cantidades debidas a la Comunidad, el deudor deberá pagar, con sujeción en todo caso a los límites establecidos en el apartado tercero del artículo 394 de la Ley de Enjuiciamiento Civil, los honorarios y derechos que devenguen ambos por su intervención, tanto si aquél atendiere el requerimiento de pago como si no compareciere ante el tribunal, incluidos los de ejecución, en su caso. En los casos en que exista oposición, se seguirán las reglas generales en materia de costas, aunque si la comunidad obtuviere una sentencia totalmente favorable a su pretensión se deberán incluir en ellas los honorarios del abogado y los derechos del procurador derivados de su intervención, aunque no hubiera sido preceptiva.

6. La reclamación de los gastos de comunidad y del fondo de reserva o cualquier cuestión relacionada con la obligación de contribuir en ellos, también po-

---

N. 4: v. arts. 1.137 y 1.144 del C.c.

N. 5: v. arts. 584 y ss. de la L.Enj.Civ., sobre embargo de bienes. Compárese con el art. 818 de la L.Enj.Civ.

N. 6: Téngase en cuenta que, según el art. 814.2 de la L.Enj.Civ., para la presentación de la petición inicial del procedimiento monitorio no es preciso valerse de procurador y abogado. En relación con las reglas generales en materia de costas, v. arts. 241, 394, 398, 539 y 583 de la L.Enj.Civ.

drá ser objeto de mediación-conciliación o arbitraje, conforme a la legislación aplicable.

Art. 22. 1. La comunidad de propietarios responderá de sus deudas frente a terceros con todos los fondos y créditos a su favor. Subsidiariamente y previo requerimiento de pago al propietario respectivo, el acreedor podrá dirigirse contra cada propietario que hubiese sido parte en el correspondiente proceso por la cuota que le corresponda en el importe insatisfecho.

2. Cualquier propietario podrá oponerse a la ejecución si acredita que se encuentra al corriente en el pago de la totalidad de las deudas vencidas con la comunidad en el momento de formularse el requerimiento a que se refiere el apartado anterior.

Si el deudor pagase en el acto de requerimiento, serán de su cargo las costas causadas hasta ese momento en la parte proporcional que le corresponda.

Art. 23. El régimen de propiedad horizontal se extingue:

1.º Por la destrucción del edificio, salvo pacto en contrario. Se estimará producida aquélla cuando el coste de la reconstrucción exceda del 50 por 100 del valor de la finca al tiempo de ocurrir el siniestro, a menos que el exceso de dicho coste esté cubierto por un seguro.

2.º Por conversión en propiedad o copropiedad ordinarias.

CAPÍTULO III*

DEL RÉGIMEN DE LOS COMPLEJOS INMOBILIARIOS PRIVADOS

Art. 24. 1. El régimen especial de propiedad establecido en el artículo 396 del Código Civil será aplicable a aquellos complejos inmobiliarios privados que reúnan los siguientes requisitos:

a) Estar integrados por dos o más edificaciones o parcelas independientes entre sí cuyo destino principal sea la vivienda o locales.

Art. 22: Este artículo ha sido redactado según lo dispuesto en la Ley 8/1999, de 6 de abril (*B.O.E.* n. 84, de 8 de abril).

Nótese la peculiar acción subrogatoria que ha introducido el legislador en el apartado 1. Compárese con lo previsto en el art. 1.111, primer inciso, del C.c.

Art. 23, n. 1.º: v. art. 28 y Disp. Adic. 8.ª de la L.A.U. y art. 15 del R.H.

N. 2.º: v. arts. 392 y ss. del C.c.

* Capítulo añadido por la Ley 8/ 1999, de 6 de abril (*B.O.E.* n. 84, de 8 de abril).

Art. 24: Este artículo ha sido redactado según lo dispuesto en la Ley 8/1999, de 6 de abril (*B.O.E.* n. 84, de 8 de abril).

b) Participar los titulares de estos inmuebles, o de las viviendas o locales en que se encuentren divididos horizontalmente, con carácter inherente a dicho derecho, en una copropiedad indivisible sobre otros elementos inmobiliarios, viales, instalaciones o servicios.

2. Los complejos inmobiliarios privados a que se refiere el apartado anterior podrán:

a) Constituirse en una sola comunidad de propietarios a través de cualquiera de los procedimientos establecidos en el párrafo segundo del artículo 5. En este caso quedarán sometidos a las disposiciones de esta Ley, que les resultarán íntegramente de aplicación.

b) Constituirse en una agrupación de comunidades de propietarios. A tal efecto, se requerirá que el título constitutivo de la nueva comunidad agrupada sea otorgado por el propietario único del complejo o por los presidentes de todas las comunidades llamadas a integrar aquélla, previamente autorizadas por acuerdo mayoritario de sus respectivas Juntas de propietarios. El título constitutivo contendrá la descripción del complejo inmobiliario en su conjunto y de los elementos, viales, instalaciones y servicios comunes. Asimismo fijará la cuota de participación de cada una de las comunidades integradas, las cuales responderán conjuntamente de su obligación de contribuir al sostenimiento de los gastos generales de la comunidad agrupada. El título y los estatutos de la comunidad agrupada serán inscribibles en el Registro de la Propiedad.

3. La agrupación de comunidades a que se refiere el apartado anterior gozará, a todos los efectos, de la misma situación jurídica que las comunidades de propietarios y se regirá por las disposiciones de esta Ley, con las siguientes especialidades:

a) La Junta de propietarios estará compuesta, salvo acuerdo en contrario, por los presidentes de las comunidades integradas en la agrupación, los cuales ostentarán la representación del conjunto de los propietarios de cada comunidad.

b) La adopción de acuerdos para los que la ley requiera mayorías cualificadas exigirá, en todo caso, la previa obtención de la mayoría de que se trate en cada una de las Juntas de propietarios de las comunidades que integran la agrupación.

c) Salvo acuerdo en contrario de la Junta no será aplicable a la comunidad agrupada lo dispuesto en el artículo 9 de esta Ley sobre el fondo de reserva.

La competencia de los órganos de gobierno de la comunidad agrupada únicamente se extiende a los elementos inmobiliarios, viales, instalaciones y servicios comunes. Sus acuerdos no podrán menoscabar en ningún caso las facultades que corresponden a los órganos de gobierno de las comunidades de propietarios integradas en la agrupación de comunidades.

4. A los complejos inmobiliarios privados que no adopten ninguna de las formas jurídicas señaladas en el apartado 2 les serán aplicables, supletoriamente respecto de los pactos que establezcan entre sí los copropietarios, las disposiciones de esta Ley, con las mismas especialidades señaladas en el apartado anterior.

DISPOSICIÓN ADICIONAL*

1. Sin perjuicio de las disposiciones que en uso de sus competencias adopten las Comunidades Autónomas, la constitución del fondo de reserva regulado en el artículo 9.1.*f*) se ajustará a las siguientes reglas:

a) El fondo deberá constituirse en el momento de aprobarse por la Junta de propietarios el presupuesto ordinario de la comunidad correspondiente al ejercicio anual inmediatamente posterior a la entrada en vigor de la presente disposición.

Las nuevas comunidades de propietarios constituirán el fondo de reserva al aprobar su primer presupuesto ordinario.

b) En el momento de su constitución el fondo estará dotado con una cantidad no inferior al 2,5 por 100 del presupuesto ordinario de la comunidad. A tal efecto, los propietarios deberán efectuar previamente las aportaciones necesarias en función de su respectiva cuota de participación.

c) Al aprobarse el presupuesto ordinario correspondiente al ejercicio anual inmediatamente posterior a aquel en que se constituya el fondo de reserva, la dotación del mismo deberá alcanzar la cuantía mínima establecida en el artículo 9.

2. La dotación del fondo de reserva no podrá ser inferior, en ningún momento del ejercicio presupuestario, al mínimo legal establecido.

Las cantidades detraídas del fondo durante el ejercicio presupuestario para atender los gastos de las obras o actuaciones incluidas en el artículo 10 se computarán como parte inte-

---

* Añadida por la Ley 8/1999, de 6 de abril (*B.O.E.* n. 84, de 8 de abril).

N. 2: Redactado por la Ley 8/2013, de 26 de junio, de rehabilitación, regeneración y renovación urbanas (*B.O.E.* n. 153, de 27 de junio).

grante del mismo a efectos del cálculo de su cuantía mínima.

Al inicio del siguiente ejercicio presupuestario se efectuarán las aportaciones necesarias para cubrir las cantidades detraídas del fondo de reserva conforme a lo señalado en el párrafo anterior.

DISPOSICIONES TRANSITORIAS*

1.ª La presente Ley regirá todas las comunidades de propietarios, cualquiera que sea el momento en que fueron creadas y el contenido de sus estatutos, que no podrán ser aplicados en contradicción con lo establecido en la misma.

En el plazo de dos años, a contar desde la publicación de esta Ley en el *Boletín Oficial del Estado*, las comunidades de propietarios deberán adaptar sus estatutos a lo dispuesto en ella, en lo que estuviere en contradicción con sus preceptos.

Transcurridos los dos años, cualquiera de los propietarios podrá instar judicialmente la adaptación prevenida en la presente disposición por el procedimiento señalado en el número 2 del artículo 16.

2.ª En los actuales estatutos reguladores de la propiedad por pisos, en los que esté establecido el derecho de tanteo y retracto en favor de los propietarios, se entenderán los mismos modificados en el sentido de quedar sin eficacia tal derecho, salvo que en nueva junta, y por mayoría que represente, al menos, el 80 por 100 de los titulares, se acordase el mantenimiento de los citados derechos de tanteo y retracto en favor de los miembros de la comunidad.

DISPOSICIÓN FINAL**

Quedan derogadas cuantas disposiciones se opongan a lo establecido en esta Ley.

* Ha de tenerse muy en cuenta la Disp. Final única de la Ley 8/1999.

** Ha de tenerse muy en cuenta la Disp. Final única de la Ley 8/1999.

LEY 11/1981, DE 13 DE MAYO, DE MODIFICACIÓN DEL CÓDIGO CIVIL EN MATERIA DE FILIACIÓN, PATRIA POTESTAD Y RÉGIMEN ECONÓMICO DEL MATRIMONIO

(*B.O.E.* núm. 119, de 19 de mayo de 1981)

Artículo 1.º Se modifica el Título V del Libro I del Código civil, con los artículos 108 a 141 comprendidos en el mismo, cuya redacción será la siguiente:

Art. 2.º Se modifica el Título VII del Libro I del Código civil con los artículos 154 a 171 comprendidos en el mismo, cuya redacción será la siguiente:

Art. 3.º El Título III del Libro IV del Código civil y los artículos 1.315 a 1.444 comprendidos en él quedarán redactados de la siguiente forma:

Art. 4.º Los artículos del Código civil que se insertan a continuación quedan redactados en la forma que se expresa:
142 a 144; 146; 176; 177; 179; 184; 189; 206; 211; 220; 227; 229; 302; 314 a 324; 492; 644; 646; 741; 761; 807; 808; 814; 823; 831; 833; 836; 837; 840; 841 a 847; 857; 913; 931; 935 a 946; 952 a 954; 962; 971; 973; 975; 980; 1.045; 1.057; 1.060; 1.458; 1.810 y 1.811.

Art. 5.º Se modifican en los párrafos que se precisan los artículos que se indican a continuación:

Art. 148. Se le agrega un nuevo párrafo.

Art. 172. Se suprime el párrafo 4.º y se redacta de otra forma el supuesto 3.º del párrafo 5.º

Art. 173. Se le da nueva redacción a su último párrafo.

Art. 174. Se le da nueva redacción al apartado *b*) del párrafo 2.º

Art. 178. Se le da nueva redacción al primer párrafo.

Art. 180. Se le da nueva redacción al párrafo 1.º El tercer párrafo queda sustituido por otros dos.

Art. 225. Se le da nueva redacción al párrafo 2.º

Art. 692. Se le da nueva redacción al primer párrafo.

Art. 818. Se le da nueva redacción al párrafo 2.º

Art. 853. Se le da nueva redacción al párrafo 1.º

Art. 854. Se le da nueva redacción al párrafo 1.º

Art. 978. Se le da nueva redacción al número 1.º

Art. 1.280. Se le da nueva redacción al número 3.º

Art. 1.903. Se le da nueva redacción al párrafo 2.º

Art. 6.º Los artículos 834 a 840, 841 a 847, 935 a 942, 943 a 955 y 956 a 958 serán precedidos, respectivamente de las rúbricas siguientes: «Sección séptima. Derechos del cónyuge viudo», «Sección octava. Pago de la porción hereditaria en casos especiales», «Sección segunda. De la línea recta ascendente», «Sección tercera. De la sucesión del cónyuge y de los colaterales» y «Sección cuarta. De la sucesión del Estado».

El Título XI del Libro I cambia la rúbrica por la siguiente: «De la mayor edad y de la emancipación». Se suprime en él la división en capítulos y sus rúbricas.

DISPOSICIONES TRANSITORIAS

1.ª La filiación de las personas, así como los efectos que haya de producir a partir de la entrada en vigor de la presente Ley, se regirán por ella con independencia de la fecha de nacimiento y del momento en que la filiación haya quedado legalmente determinada.

2.ª Los hijos legitimados por concesión tendrán los mismos derechos sucesorios y de alimentos que los establecidos en esta Ley para los hijos cuya filiación no sea matrimonial.

3.ª Las acciones concernientes a la filiación nacidas conforme a la legislación anterior durarán el tiempo que señale esta legislación, salvo que por la nueva tuvieren mayor plazo.

4.ª A salvo lo dispuesto en la disposición anterior, cuando el hijo hubiere nacido con anterioridad a la entrada en vigor de la presente Ley y en este momento no gozare en las relaciones familiares de la posesión de estado de hijo respecto del marido de la madre, éste podrá impugnar su paternidad dentro del primer año de vigencia de la nueva Ley.

5.ª El reconocimiento de un hijo que, según la legislación anterior, tuviere la condición de ilegítimo no natural, determinará su filiación con los efectos que le atribuye la presente Ley, siempre que resulten ya cumplidos los requisitos que ésta exige.

6.ª Las sentencias firmes sobre filiación no impedirán que pueda ejercitarse de nuevo la acción que se funde en pruebas o hechos sólo previstos por la legislación nueva.

7.ª Las acciones de filiación se regirán exclusivamente por la legislación anterior cuando el progenitor cuestionado o el hijo hubiere fallecido al entrar en vigor la presente Ley.

8.ª Las sucesiones abiertas antes de entrar en vigor esta Ley se regirán por la legislación anterior y las abiertas después por la nueva legislación.

9.ª La atribución de la patria potestad y su ejercicio se regirán por la presente Ley, a partir de su entrada en vigor, cualquiera que sea la fecha del nacimiento del hijo.

10.ª Mientras no se modifique la Ley de Enjuiciamiento Civil, se aplicarán las normas de la Jurisdicción voluntaria a las actuaciones que se sigan:

1.º Para otorgar las autorizaciones judiciales previstas en la presente Ley.

2.º Para resolver las controversias surgidas en el ejercicio de la patria potestad y en las relaciones personales y patrimoniales de los cónyuges cuando por su propia naturaleza exijan una resolución urgente.

En el indicado procedimiento, los recursos se admitirán, en todo caso, en un solo efecto.

Quedará siempre a salvo el ejercicio de las acciones correspondientes en la vía judicial ordinaria.

11.ª Los Organismos tutelares ya constituidos no quedarán modificados por las disposiciones de la presente Ley, pero las ulteriores alteraciones se ajustarán a lo dispuesto en ella.

DISPOSICIÓN FINAL

El Gobierno, en el plazo de seis meses, dispondrá la creación y puesta en marcha del número de Juzgados de Primera Instancia necesarios, en las capitales en que se hallase separada la jurisdicción civil de la penal, que por su población y número de actuaciones relativas al derecho de familia lo requieran, los cuales conocerán de forma exclusiva, por vía de reparto, de las actuaciones judiciales previstas en el Título VII del Libro I del Código civil.

LEY 30/1981, DE 7 DE JULIO, POR LA QUE SE MODIFICA LA REGULACIÓN DEL MATRIMONIO EN EL CÓDIGO CIVIL Y SE DETERMINA EL PROCEDIMIENTO A SEGUIR EN LAS CAUSAS DE NULIDAD, SEPARACIÓN Y DIVORCIO*

(*B.O.E.* núm. 172, de 20 de julio de 1981)

Artículo 1.º El Título IV del Libro I del Código civil quedará redactado de la siguiente forma:

Comprende los artículos 42 a 107, ambos inclusive.

Art. 2.º Los artículos del Código civil que a continuación se indican quedan modificados en la forma que se expresa:

Art. 176. Suprimido.

Art. 195. Se suprime su último párrafo.

Art. 855. Se le da nueva redacción a la causa primera.

Art. 919. Se le da nueva redacción.

DISPOSICIONES TRANSITORIAS

1.ª Los divorciados por sentencia firme al amparo de la Ley de Divorcio de 2 de marzo de 1932 podrán contraer nuevo matrimonio, salvo si la sentencia fue anulada judicialmente.

2.ª Los hechos que hubieren tenido lugar o las situaciones creadas con anterioridad a la entrada en vigor de la presente Ley producirán los efectos que les reconocen los capítulos VI, VII y VIII del Título IV del Libro I del Código civil.

Serán computables los períodos de tiempo transcurridos a efectos de demandar la separación o el divorcio conforme a lo establecido en el mismo.

DISPOSICIONES ADICIONALES

En tanto no se modifique la Ley de Enjuiciamiento Civil, se

* La S.T.C. 125/2003, de 19 de junio, declara inconstitucional la norma 5 de la Disp. Adic. 10.ª de la Ley 30/1982, de 7 de julio, en su referencia a la concreta causa de extinción establecida en el art. 101 del Código civil de «vivir maritalmente con otra persona» (*B.O.E.* n. 170, de 17 de julio). Dicha norma 5 había sido derogada expresamente por la Ley 24/2001, de 27 de diciembre, de Medidas Fiscales, Administrativas y del Orden Social (*B.O.E.* n. 313, de 31 de diciembre).

observarán las siguientes normas procesales:

1.ª a 9.ª [*Derogadas por Ley 1/2000, de 7 de enero.*]

10.ª Con carácter provisional en tanto se dé una regulación definitiva en la correspondiente legislación, en materia de pensiones y Seguridad Social, regirán las siguientes normas:

1.ª A las prestaciones de la Seguridad Social, sin perjuicio de lo que se establece en materia de pensiones en esta disposición adicional, tendrán derecho el cónyuge y los descendientes que hubieran sido beneficiarios por razón de matrimonio o filiación, con independencia de que sobrevenga separación judicial o divorcio.

2.ª Quienes no hubieran podido contraer matrimonio, por impedírselo la legislación vigente hasta la fecha, pero hubieran vivido como tal acaecido el fallecimiento de uno de ellos con anterioridad a la vigencia de esta Ley, el otro tendrá derecho a los beneficios a que se hace referencia en el apartado primero de esta disposición y a la pensión correspondiente conforme a lo que se establece en el apartado siguiente.

3.ª El derecho a la pensión de viudedad y demás derechos pasivos o prestaciones por razón de fallecimiento corresponderá a quien sea o haya sido cónyuge legítimo y en cuantía proporcional al tiempo vivido con el cónyuge fallecido, con independencia de las causas que hubieran determinado la separación o el divorcio.

4.ª Los que se encuentren en situación legal de separación tendrán los mismos derechos pasivos respecto de sus ascendientes o descendientes que los que les corresponderían de estar disuelto su matrimonio.

5.ª [...]

DISPOSICIÓN FINAL

Una vez creados los Juzgados de Familia, asumirán las funciones atribuidas en la presente Ley a los de Primera Instancia.

DISPOSICIÓN DEROGATORIA

Queda derogada la Ley 76/1980, de 23 de diciembre, por la que se determina el procedimiento a seguir en las causas de separación matrimonial.

LEY 13/1983, DE 24 DE OCTUBRE, DE REFORMA DEL CÓDIGO CIVIL EN MATERIA DE TUTELA

(*B.O.E.* núm. 256, de 26 de octubre de 1983)

Artículo 1.º Los Títulos IX y X del Libro I del Código civil quedarán redactados en la siguiente forma:

Art. 2.º 1. Queda suprimido el apartado segundo del artículo 32 del Código civil.

2. Queda derogado el Decreto de 3 de julio de 1931.

Art. 3.º Quedan sin contenido los artículos 307 a 313 del Código civil.

Art. 4.º El párrafo primero del artículo 171 del Código civil quedará redactado como sigue:

«La patria potestad sobre los hijos que hubieran sido incapacitados quedará prorrogada, por ministerio de la Ley, al llegar aquéllos a la mayor edad. Si el hijo mayor de edad soltero que viviere en compañía de sus padres o de cualquiera de ellos fuere incapacitado, no se constituirá tutela sino que se rehabilitará la patria potestad, que será ejercida por quien correspondiere si el hijo fuera menor de edad. La patria potestad prorrogada en cualquiera de estas dos formas se ejercerá con sujeción a lo especialmente dispuesto en la resolución de incapacitación y, subsidiariamente, en las reglas del presente Título.»

Art. 5.º El artículo 176 del Código civil quedará redactado conforme al texto del mismo que fue aprobado por la Ley 11/1981, de 13 de mayo.

DISPOSICIÓN ADICIONAL

Entre tanto no se proceda a regular de otra manera en la Ley de Enjuiciamiento Civil serán aplicables al procedimiento de incapacitación y al de declaración de prodigalidad las normas del juicio declarativo de menor cuantía, no admitiéndose el allanamiento a la demanda ni la transacción. Los demás procedimientos derivados de los Títulos IX y X del Libro I del Código civil se tramitarán por las disposiciones de la Ley de Enjuiciamiento Civil sobre jurisdicción voluntaria.

DISPOSICIONES TRANSITORIAS

1.ª Los tutores nombrados bajo la vigencia de la legislación anterior y con sujeción a ella conservarán su cargo, pero sometiéndose en cuanto a su ejercicio a las disposiciones de esta Ley.

2.ª Las tutelas de los pródigos actualmente constituidas se regirán en lo sucesivo por lo establecido en esta Ley para la curatela.

3.ª *En cuanto subsista la pena de interdicción civil, la tutela de los condenados a ella corresponderá a las personas que determinan los artículos 234 y 235 de este Código, y se regirán en adelante por sus preceptos. Estas mismas normas serán de aplicación para las interdicciones ya firmes al tiempo de su entrada en vigor, continuando como tutor el que entonces lo sea.*

DISPOSICIÓN FINAL

El Gobierno, en el plazo de seis meses, remitirá al Congreso de los Diputados un proyecto de Ley de reforma de las normas que en el propio Código civil o en otros cuerpos legales deban modificarse para tener la necesaria concordancia con las contenidas en el nuevo texto de los Títulos IX y X del Código civil.

LEY 21/1987, DE 11 DE NOVIEMBRE, POR LA QUE SE MODIFICAN DETERMINADOS ARTÍCULOS DEL CÓDIGO CIVIL Y DE LA LEY DE ENJUICIAMIENTO CIVIL EN MATERIA DE ADOPCIÓN

(*B.O.E.* núm. 275, de 17 de noviembre de 1987)

PREÁMBULO

La regulación de la adopción ha sido objeto en España de sucesivas reformas hasta llegar a la Ley 7/1970, de 4 de julio, con los ligeros retoques que introdujeron las Leyes 11/1981, de 13 de mayo, y 30/1981, de 7 de julio. Pese a la modernización que pudo suponer la modificación del Código civil operada en 1970 y a los buenos propósitos del legislador, es preciso reconocer

---

Disp. Trans. 3.ª: Derogada por la Disp. Derog. única de Ley 29/1995, de Reforma del C.c., que estableció un nuevo plazo para el ejercicio de la opción, hasta el 7 de enero de 1997.

que el régimen hasta ahora vigente no ha llegado a satisfacer plenamente la función social que debe cumplir esta institución, a causa de la existencia de una serie de defectos e insuficiencias normativas que la experiencia acumulada con el paso de los años ha puesto de relieve.

Se acusaba, sobre todo, en la legislación anterior una falta casi absoluta de control de las actuaciones que preceden a la adopción, necesario si se quiere que ésta responda a su verdadera finalidad social de protección a los menores privados de una vida familiar normal. Esta ausencia de control permitía en ocasiones el odioso tráfico de niños, denunciado en los medios de comunicación, y daba lugar, otras veces, a una inadecuada selección de los adoptantes. Desde otro punto de vista, resultaba inapropiado el tratamiento dado a los supuestos de abandono de menores, porque, debido a su rigidez, impedía o dificultaba en la práctica la realización de adopciones a todas luces recomendables. También pueden citarse, como otros inconvenientes, la posibilidad indiscriminada de adopción de los mayores de edad y la misma pervivencia de la figura de la adopción simple, reducida a una forma residual de escasa trascendencia jurídica y que sólo se utilizaba en la mayoría de las ocasiones para fines marginales no merecedores de una protección especial.

Se ha estimado, en fin, que aquel sistema no estaba suficientemente fundado en la necesaria primacía de interés del adoptado, que debe prevalecer, sin prescindir totalmente de ellos, sobre los demás intereses en juego en el curso de la adopción, como son los de los adoptantes y los de los padres o guardadores del adoptado.

La presente Ley pretende, por el contrario, basar la adopción en dos principios fundamentales: la configuración de la misma como un instrumento de integración familiar, referido esencialmente a quienes más la necesitan, y el beneficio del adoptado que se sobrepone, con el necesario equilibrio, a cualquier otro interés legítimo subyacente en el proceso de constitución. Tales finalidades de integración familiar y de consecución, con carácter prioritario, del interés del menor, son servidas en el texto legal mediante la consagración de la completa ruptura del vínculo jurídico que el adoptado mantenía con su familia anterior, y la creación *ope legis* de una relación de filiación a la que resultan aplicables las normas generales de filiación contenidas en los artículos 108 y siguientes del Código civil.

El primero de estos principios lleva consigo que en el futuro la adopción sólo cabrá, salvo supuestos muy excepcionales, para los menores de edad y que, como figura previa, no imprescindible, pero que se espera se utilice con frecuencia, se regula el acogimiento familiar con especial detalle. Esta última es una novedad importante, que tiene su parangón en diversos Derechos europeos y que supone dar rango legal de primer orden a una institución hasta hoy regulada por dispersas normas administrativas. Se ha estimado que la figura posee la sustantividad necesaria para ser digna de incluirse en el Código civil, con lo que también se logrará unificar prácticas divergentes y difundir su aplicación. La Ley procura dotar de un contenido jurídico, de carácter esencialmente personal, a la relación que se crea entre el menor y la persona o personas a quienes se le confía, no olvidando los derechos de los padres por naturaleza. En fin, es de resaltar que, aunque el acogimiento se formaliza en el plano administrativo, no deja de estar sometido, ya desde su iniciación, a la vigilancia del Ministerio Fiscal y al necesario control judicial.

Como complemento del acogimiento familiar y de la adopción y como paso previo para la regulación más clara de ambas instituciones, la presente Ley da normas sobre la tutela y la guarda de los menores desamparados. Cambiando el criterio a que respondía el anterior artículo 239, se ha estimado, atendiendo a la urgencia del caso, que la situación de desamparo debe dar origen a una tutela automática a cargo de la Entidad pública a la que corresponda en el territorio la protección de los menores. La guarda de éstos, siempre bajo la superior vigilancia del Fiscal, quien podrá proponer al Juez las medidas de protección que estime necesarias, se confía a la propia Entidad, que podrá actuar bien a través de los Directores de los establecimientos públicos o privados que de ella dependen, bien a las personas que formalicen el acogimiento familiar.

La primacía del interés del menor, a que antes se ha hecho referencia, tiene su reflejo, por ejemplo, en la necesidad de contar con su consentimiento, para la adopción o para el acogimiento, a partir de los doce años, lo que implicará también, indudablemente, la especial valoración de su negativa cuando, aun siendo menor de dicha edad, tenga suficiente juicio. Pero, además, el mismo principio inspira a todas las diversas garantías que acompañan al procedimiento constituyente del acogimiento o de la adopción. Cabe señalar que, con esta mira, la adopción no será ya un simple negocio privado entre el adoptante y los progenitores por naturaleza, sino que se procura la adecuada selección de aquél de modo objetivo, con lo que también se contribuirá a la supresión de intermediarios poco fiables bien o mal intencionados.

En esta misma línea, pieza clave de la nueva Ley son las instituciones públicas o las privadas que colaboren con ellas y a las que se encomienda, de modo casi exclusivo, las propuestas de adopción y, en todo caso, la colocación de niños en régimen de acogimiento familiar. Respecto de las Entidades privadas colaboradoras, el control de la Administración y la fijación de unos requisitos imprescindibles para la calificación como tales se señalan ya, sin perjuicio de otro desarrollo reglamentario, en una disposición adicional. No se oculta, desde luego, que el éxito de la reforma vendrá en gran parte condicionado por el buen funcionamiento de estas instituciones. Aunque toda novedad legislativa entraña peligro, y más cuando el sistema cambia totalmente, se ha estimado que el camino elegido es el único viable para dar seriedad y seguridad al procedimiento de la adopción.

Este procedimiento, por lo demás, sigue siendo de carácter judicial y se mantiene la necesaria intervención del Ministerio Público. El procedimiento, en cualquier caso, se simplifica porque desaparece la etapa final notarial y porque, sin mengua de las necesarias garantías, la Ley permite prescindir, si no del consentimiento básico del adoptante y adoptado, si de otros asentimientos de las personas especialmente vinculadas con uno y otro.

Sería prolijo enumerar otros varios detalles de la nueva regulación, para la cual se han tenido siempre presentes los perfeccionamientos técnicos que ofrece el Derecho comparado y las reformas muy recientes en distintas legislaciones. Quizá cabría destacar en este punto el fortalecimiento de la adopción, derivado de la reducción de los casos en los que es posible decretar la extinción por vía judicial. En cuanto a la eliminación de la adopción simple, es una obligada consecuencia de la nueva ideología a que responde este instituto.

Complemento obligado de la presente Ley es la modificación del apartado correspondiente del artículo 9 del Código civil sobre Derecho Internacional Privado. Se ha buscado en ellos, además de eliminar discriminaciones hirientes contra la mujer, establecer una regulación más clara y de fácil aplicación práctica. Con esta finalidad se ha distinguido entre los efectos de toda filiación, incluida la adoptiva, que deben regirse por la ley personal del hijo, como persona más necesitada de protección, y la constitución de la filiación adoptiva. En este segundo aspecto, las adopciones constituidas en España se rigen por regla general por la Ley española; las excepciones, fácilmente comprensibles, tienden a la mejor protección del adoptado. Respecto de las adopciones constituidas en el extranjero, se delimitan, de un lado, las competencias de los Cónsules de España, y se arbitra, de otro lado, un sistema para que las adopciones formalizadas ante autoridades extranjeras competentes puedan alcanzar plenitud de efectos en el ordenamiento español.

Finalmente, las cuestiones de Derecho transitorio tienen su solución adecuada en dos breves disposiciones de este carácter, que pretenden resolver con claridad los espinosos problemas que lleva consigo la renovación legislativa.

Se espera, en definitiva, que la presente Ley reconduzca la adopción al cumplimiento pleno de su importantísima función social en beneficio de los más necesitados que hoy demanda unánimemente la comunidad española.

Artículo 1.º Los apartados 4 y 5 del artículo 9 del Código civil quedarán redactados así:

....

Art. 2.º El capítulo V del Título VII del Libro I del Código civil, que comprende los artículos 172 a 180, inclusive, quedará redactado, bajo la rúbrica «De la adopción y otras formas de protección de menores», con el siguiente contenido:

....

Art. 3.º En el texto del Código civil y demás disposiciones legales, la llamada «adopción plena» se entiende sustituida, en lo sucesivo, por la adopción que regula esta Ley.

Art. 4.º Los artículos 160, 161, 164 y 165 del Código civil tendrán la siguiente redacción:

....

Art. 5.º Los artículos 222, 229, 232, 239 y 321 del Código civil quedarán redactados del modo siguiente:

....

Art. 6.º El texto de la regla 16 del artículo 63 de la Ley de Enjuiciamiento Civil será el siguiente:

....

Art. 7.º El Título II del Libro III de la Ley de Enjuiciamiento Civil quedará redactado así:

....

DISPOSICIONES ADICIONALES

1.ª Las entidades públicas mencionadas en esta Ley son los organismos del Estado, de las Comunidades Autónomas o de las Entidades Locales a las que, con arreglo a las leyes, corresponda, en el territorio respectivo, la protección de menores.

Las Comunidades Autónomas, en virtud de su competencia en materia de protección de menores, podrán habilitar, en su territorio, como instituciones colaboradoras de integración familiar, a aquellas Asociaciones o Fundaciones no lucrativas, constituidas conforme a las Leyes que les sean aplicables, en cuyos estatutos o reglas figure como fin la protección de menores y siempre que dispongan de los medios materiales y equipos pluridisciplinares necesarios para el desarrollo de las funciones encomendadas.

Estas instituciones colaboradoras podrán intervenir sólo en funciones de guarda y mediación con las limitaciones que la entidad pública señale, estando siempre sometidas a las directrices, inspección y control de la autoridad que las habilite.

Ninguna otra persona o entidad podrá intervenir en funciones de mediación para acogimientos familiares o adopciones.

La habilitación se otorgará previo expediente. Podrá ser privada de efectos la habilitación si la Asociación o Fundación dejare de reunir los requisitos exigidos o infringiere en su actuación las normas legales.

Incumbe al Ministerio de Justicia la coordinación con fines de información y colaboración, estadísticas y relaciones internacionales, para lo cual las Comunidades Autónomas deberán facilitar la información necesaria.

Las personas que presten servicios en las entidades públicas o en las Instituciones colaboradoras, están obligadas a guardar secreto de la información obtenida y de los datos de filiación de los acogidos o adoptados, evitando, en particular, que la familia de origen conozca a la de adopción.

Desde que una persona es seleccionada por la entidad pública como adoptante, podrá solicitar que la entidad le proporcione los datos que posea sobre la salud del menor.

2.ª Para las funciones judiciales previstas en esta Ley será competente el Juez de Primera Instancia y, en su caso, el que corresponda, con arreglo a lo dispuesto en el artículo 98 de la Ley Orgánica del Poder Judicial.

3.ª Las referencias de esta Ley a la capacidad de los cónyuges para adoptar simultáneamente a un menor serán también aplicables al hombre y la mujer integrantes de una pareja unida de forma permanente por relación de afectividad análoga a la conyugal.

4.ª El menor confiado en acogimiento legal a un titular o beneficiario del derecho de asistencia sanitaria en cualquier régimen del sistema de la Seguridad Social, tendrá derecho a recibir dicha prestación durante el tiempo que dure el acogimiento.

DISPOSICIONES TRANSITORIAS

1.ª En los expedientes de adopción plena pendientes ante los Tribunales a la entrada en vigor de esta Ley regirá en todo, la legislación anterior, a menos que los solicitantes interesen la aplicación de la nueva Ley. Quedarán sobreseídos los expedientes de adopción simple en los que no haya recaído resolución judicial.

2.ª Las adopciones simples o menos plenas, subsistirán con los efectos que les reconozca la legislación anterior, sin perjuicio de que pueda llevarse a cabo la adopción regulada por esta Ley si para ello se cumplen los requisitos exigidos en la misma.

DISPOSICIÓN FINAL

Las normas procedimentales sobre medidas de protección de menores serán aplicadas con las adaptaciones exigidas por el Código civil y por la presente Ley.

LEY 11/1990, DE 15 DE OCTUBRE, SOBRE REFORMA DEL CÓDIGO CIVIL EN APLICACIÓN DEL PRINCIPIO DE NO DISCRIMINACIÓN POR RAZÓN DE SEXO

(*B.O.E.* núm. 250, de 18 de octubre de 1990)

PREÁMBULO

Las Leyes 11/1981, de 13 de mayo, y 30/1981, de 7 de julio, llevaron a cabo sustanciales reformas del Código civil en materia de patria potestad, filiación y relaciones conyugales, adaptando sus preceptos, entre otros, al principio de igualdad proclamado en los artículos 14 y 32 del texto constitucional.

Pese a la modernización que han representado las citadas leyes, así como la Ley 21/1987, de 11 de noviembre, en materia de adopción, el Código civil sigue acogiendo mandatos cuyo contenido es contrario a la plena efectividad del principio de igualdad subsistiendo preceptos en los que, para determinar la eficacia de ciertas relaciones y situaciones jurídicas, se atiende a criterios que encierran o una preferencia o trato inadecuado por razón de sexo.

La presente Ley pretende eliminar las discriminaciones que por razón de sexo aún perduran en la legislación civil y perfeccionar el desarrollo normativo del principio constitucional de igualdad.

Artículo 1.º Los apartados 2, 3, 5 y 8 del artículo 9 del Código civil tendrán la siguiente redacción:

....

Art. 2.º Los artículos 14, 16, 1.066 y 1.267 del Código civil tendrán la siguiente redacción:

....

Art. 3.º Al artículo 93 del Código civil se le añade un segundo párrafo, en los siguientes términos:

....

Art. 4.º El artículo 159 del Código civil tendrá la siguiente redacción:

....

Art. 5.º En el artículo 648.1.º del Código civil se sustituyen los términos «la honra» por «el honor».

En los artículos 648.2.º y 1.924.2.ºB del Código civil se sustituye el término «mujer» por «cónyuge».

E igualmente en el artículo 754, párrafo primero, se sustituyen los términos «de la esposa» por «del cónyuge».

Art. 6.º El número 1 del artículo 756 del Código civil tendrá la siguiente redacción:

....

Art. 7.º Queda suprimido el último inciso del artículo 852 del Código civil.

Art. 8.º Queda suprimida la causa 3.ª del artículo 853 del Código civil.

DISPOSICIÓN TRANSITORIA

La mujer casada que hubiere perdido su vecindad por seguir la condición del marido, podrá recuperarla declarándolo así ante el Registro Civil en el plazo de un año a partir de la publicación de esta Ley.

LEY 18/1990, DE 17 DE DICIEMBRE, SOBRE REFORMA DEL CÓDIGO CIVIL EN MATERIA DE NACIONALIDAD

(*B.O.E.* núm. 302, de 18 de diciembre de 1990)

PREÁMBULO

Las normas que regulan la nacionalidad son para cada Estado de una importancia capital, pues delimitan el elemento personal insustituible de aquél. Este carácter fundamental de las normas exige, más aún que en cualquier otra disposición legal, la claridad y coherencia de criterios, de tal forma que la Administración pueda saber en todo momento quiénes son sus ciudadanos y que éstos no se vean sorprendidos por la aplicación o interpretación de preceptos oscuros o contradictorios. El propósito de la presente Ley es precisamente acabar con las dificultades hermenéuticas que ha planteado la Ley 51/1982, de 13 de julio, y establecer un sistema más armónico y claro, tanto en sus principios como en su aplicación práctica.

Se respetan, desde luego, las líneas esenciales de la regulación de 1982, en cuanto ésta tuvo en cuenta, como no podía ser de otro modo, los preceptos de la Constitución española y, sobre todo, su artículo 11, dedicado específicamente a la materia. No se observarán, pues, grandes diferencias en los principios inspiradores de la adquisición originaria y sobrevenida de la nacionalidad española, o de su pérdida, conservación y recuperación, pero en cada uno de estos grandes apartados se ha procurado corregir una serie de deficiencias, lagunas y contradicciones, denunciadas por la experiencia.

Así, en la atribución de la nacionalidad española de origen, el nuevo artículo 17 del Código civil, además de otros retoques técnicos, busca solucionar el problema de los nacidos en España, cuando su filiación no pueda, por muy diversos motivos, inscribirse en Registro Civil Municipal competente. Para que la nacionalidad española sea atribuida a estas personas es preciso no sólo que el nacimiento haya ocurrido, o así se presuma, en territorio español, sino también que la filiación no esté acreditada conforme a lo previsto en el artículo 113 del Código. La expresión «filiación desconocida» se prestaba a equívocos si se la equiparaba con «filiación no inscrita», pues no ha de ser español el hijo de padres extranjeros y que siga la nacionalidad de éstos por la sola circunstancia de que la filiación, aunque probada legalmente, no figure en el Registro.

Mención especial merece el último párrafo del artículo 17, que difiere radicalmente del hasta ahora vigente. Se estima que la atribución automática de la nacionalidad española por filiación o por nacimiento en España es una consecuencia excesiva, y perturbadora muchas veces para el interesado, cuando tales hechos se descubren después de los dieciocho años de edad, por poder afectar entonces a personas cuya vinculación con España sea inexistente o muy escasa. Más respetuoso con la realidad y con el interés del afectado es limitar el derecho de éste a una eventual adquisición de la nacionalidad española por opción.

Este criterio de evitar cambios bruscos y automáticos de la nacionalidad de una persona es el que inspira la redacción del nuevo artículo 18. Si se llega a demostrar que, quien estaba beneficiándose de la nacionalidad española *iure sanguinis* o *iure soli*, no era en realidad español, al ser nulo el título de atribución respectivo, no parece justo que la eficacia retroactiva de la nulidad se lleve a sus últimas consecuencias en materia de nacionalidad. Para evitar este resultado se introduce una nueva forma de adquisición de la ciudadanía española por posesión de estado, lo que no es una novedad en Derecho comparado europeo. Tal posesión requiere las condiciones tradicionales de justo título, prolongación durante cierto tiempo y buena fe. Este último requisito, por cierto, debe conectarse con el apartado 2 del artículo 25, y de su relación resulta con claridad que la posesión de estado podrá beneficiar también en ciertos casos a los que adquieran la nacionalidad española después de su nacimiento.

En la regulación de la opción se mantiene, como uno de los presupuestos para su ejercicio, el caso de quien esté o haya estado sujeto a la patria potestad de un español. Una vez suprimida desde 1982 la adquisición por dependencia familiar, la sola voluntad de los interesados es el camino indicado, si se formula en ciertos plazos, para que consigan la nacionalidad española los hijos de quienes la hayan adquirido de modo sobrevenido. En cambio, no se ven motivos suficientes de conexión con España para que esa voluntad baste para que beneficie la opción a los sujetos a tutela de un español. Por ello, esta hipótesis pasa a integrar uno de los casos de plazo abreviado de residencia de un año en territorio español, si bien se formula con una expresión más amplia que comprende todas las formas de guarda. Por lo demás, se suprimen en la opción las referencias a su mecánica registral, perfectamente regulada por las normas generales de la legislación del Registro Civil; se señalan con mayor precisión los plazos de caducidad para su ejercicio y se permite, en fin, que el representante legal del menor de catorce años o del incapacitado pueda optar en nombre de éstos. Esta última posibilidad viene a colmar un vacío de la legislación anterior y remediar una situación injusta, pues no es comprensible que no existan términos hábiles para que una persona, incapaz para emitir por sí una declaración de voluntad, no pueda adquirir la nacionalidad española que, quizá, es ya la de todos sus familiares. En cualquier caso, esta opción en nombre de otro, por suponer un cambio profundo de su estado civil, queda sujeta a una autorización del encargado del Registro Civil, previo dictamen del Ministerio Fiscal, como ocurre ya en otros muchos casos de intervenciones semejantes del menor o incapaz.

En materia de pérdida de la nacionalidad española por adquisición de otra nacionalidad, la nueva redacción del artículo 24 quiere resolver algunos de los graves problemas interpretativos a que daba lugar la regulación anterior. No existen ya regímenes radicalmente diversos en atención a la sola circunstancia de la edad del interesado en el momento en que adquiere la nacionalidad extranjera. El plazo que se establece de tres años corre igual para unos y otros, aunque su momento inicial de cómputo haya de diferir, y, una vez transcurrido el término, la recuperación de la nacionalidad española está especialmente facilitada para los emigrantes y sus hijos por virtud de la especial referencia a unos y otros que se contiene en el artículo 26. Por otra parte, el hecho de que la pérdida requiera, en todo caso, la residencia habitual en el extranjero, responde a la finalidad de evitar declaraciones de renuncia formuladas en España cuya eficacia admitía la legislación que ahora se deroga y que podían envolver propósitos cuasi fraudulentos.

Se respeta, en fin, como no podía ser de otro modo, el régimen especial de pérdida establecido por la Constitución, respecto de los españoles de origen que adquieren la nacionalidad de países particularmente vinculados con España, según una lista que no difiere de la que ya había fijado el artículo 23 del Código en su anterior redacción.

Por lo demás, la adquisición de la nacionalidad española por carta de naturaleza y por residencia se mantiene con sus rasgos tradicionales. Hay, no obstante, algunas variaciones de fácil explicación, como la posibilidad de que, con las debidas garantías, puedan menores e incapaces acogerse a una u otra forma de concesión, o la exigencia de que el matrimonio responda o haya respondido a una situación normal de convivencia entre los cónyuges, para que el extranjero se beneficie con un plazo breve de residencia de la nacionalidad española de su consorte.

El régimen de la recuperación sigue igualmente los criterios hasta ahora vigentes, pero con una simplificación de sus requisitos, que resulta patente con el simple cotejo de los respectivos textos. Es de destacar en este punto la eliminación de las extrañas dispensas obligatorias del requisito de la residencia legal en España.

Alguna explicación merecen las disposiciones transitorias que acompañan a la Ley.

Si el principio general de irretroactividad de las leyes constituye la regla (disposición primera), ésta queda matizada en las dos disposiciones siguientes, que obedecen al propósito de favorecer la adquisición de la nacionalidad española para situaciones producidas con anterioridad. Como ya se ha apuntado, los emigrantes y sus hijos, cuando hayan llegado a ostentar la nacionalidad española, pueden recuperarla por el mecanismo privilegiado del artículo 26, pero esas dos disposiciones transitorias avanzan un paso más porque benefician, sobre todo, a los hijos de emigrantes que, al nacer, ya no eran españoles. Se estima así que, por medio de la opción que se concede, quedarán solucionadas las últimas secuelas perjudiciales de un proceso histórico —la emigración masiva de españoles—, hoy difícilmente repetible.

Con estas disposiciones transitorias y con los demás preceptos de la Ley se persigue, en definitiva, que la nacionalidad española quede regulada en lo sucesivo de un modo unitario y coherente, sin que se superpongan regímenes escalonados y de difícil encaje entre ellos.

Ha de señalarse, por último, que la modificación operada en el artículo 15 del Código civil es un complemento necesario de la reforma. Todo extranjero que adquiere la nacionalidad española ha de adquirir también determinada vecindad civil. Los criterios para fijar ésta tendrán en cuenta, en lo sucesivo, en la medida de lo posible, la voluntad del interesado, suprimiéndose la preferencia injustificada hasta ahora otorgada a la vecindad civil común.

Artículo único. Los artículos 15, 17, 18, 19, 20, 21, 22, 23, 24, 25 y 26 del Código civil quedarán redactados del siguiente modo:

....

DISPOSICIÓN ADICIONAL

El artículo 35 de la Ley del Notariado de 28 de mayo de 1862 quedará redactado en los siguientes términos:

«Salvo que otra cosa dispongan los convenios internacionales, las comisiones rogatorias extrajudiciales, de carácter civil o mercantil, que tengan por objeto la notificación o entrega de documentos, podrán practicarse notarialmente en los términos que reglamentariamente se establezcan».

DISPOSICIONES TRANSITORIAS

1.ª La adquisición o la pérdida de la nacionalidad española, conforme a la legislación anterior, mantienen su efecto, aunque la causa de adquisición o de pérdida no esté prevista en la ley actual.

2.ª Quienes no sean españoles a la entrada en vigor de esta Ley, y lo serían por aplicación de los artículos 17 ó 19 del Código civil, podrán optar por la nacionalidad española de origen en el plazo de dos años a partir de la entrada en vigor de la presente Ley, y en las demás condiciones previstas en los artículos 20 y 23 de dicho Código.

3.ª [...]

LEY ORGÁNICA 1/1996, DE 15 DE ENERO, DE PROTECCIÓN JURÍDICA DEL MENOR, DE MODIFICACIÓN PARCIAL DEL CÓDIGO CIVIL Y DE LA LEY DE ENJUICIAMIENTO CIVIL

(*B.O.E.* núm. 15, de 17 de enero de 1996)

EXPOSICIÓN DE MOTIVOS

1

La Constitución Española de 1978 al enumerar, en el capítulo III del Título I, los principios rectores de la política social y económica, hace mención en primer lugar a la obligación de los Poderes Públicos de asegurar la protección social, económica y jurídica de la familia y dentro de ésta, con carácter singular, la de los menores.

Esta preocupación por dotar al menor de un adecuado marco jurídico de protección trasciende también de diversos Tratados Internacionales ratificados en los últimos años por España y, muy especialmente, de la Convención de Derechos del Niño, de Naciones Unidas, de 20 de noviembre de 1989, ratificada por España el 30 de noviembre de 1990, que marca el inicio de una nueva filosofía en relación con el menor, basada en un mayor reconocimiento del papel que éste desempeña en la sociedad y en la exigencia de un mayor protagonismo para el mismo.

Esta necesidad ha sido compartida por otras instancias internacionales, como el Parlamento Europeo que, a través de la Resolución A 3-0172/92, aprobó la Carta Europea de los Derechos del Niño.

Consecuente con el mandato constitucional y con la tendencia general apuntada, se ha llevado a cabo, en los últimos años, un importante proceso de renovación de nuestro ordenamiento jurídico en materia de menores.

Primero fue la Ley 11/1981, de 13 de mayo, de modificación de la Filiación, Patria Potestad y Régimen Económico del Matrimonio, que suprimió la distinción entre filiación legítima e ilegítima, equiparó al padre y a la madre a efectos del ejercicio de la patria potestad e introdujo la investigación de la paternidad.

Después se han promulgado, entre otras, las Leyes 13/1983, de 24 de octubre, sobre la tutela; la Ley 21/1987, de 11 de noviembre, por la que se modifican determinados artículos del Código civil y de la Ley de Enjuiciamiento Civil en materia de adopción; la Ley Orgánica 5/1988, de 9 de junio, sobre exhibicionismo y provocación sexual en relación con los menores; la Ley Orgánica 4/1992, de 5 de junio, sobre reforma de la Ley reguladora de la competencia y el procedimiento de los Juzgados de Menores; y la Ley 25/1994, de 12 de julio, por la que se incorpora al ordenamiento jurídico español la Directiva 89/552/CEE, sobre la coordinación de disposiciones legales reglamentarias y administrativas de los Estados miembros relativas al ejercicio de actividades de radiodifusión televisiva.

De las Leyes citadas, la 21/1987, de 11 de noviembre, es la que, sin duda, ha introducido cambios más sustanciales en el ámbito de la protección del menor.

A raíz de la misma, el anticuado concepto de abandono fue sustituido por la institución del desamparo, cambio que ha dado lugar a una considerable agilización de los procedimientos de protección del menor al permitir la asunción automática, por parte de la entidad pública competente, de la tutela de aquél en los supuestos de desprotección grave del mismo.

Asimismo, introdujo la consideración de la adopción como un elemento de plena integración familiar, la configuración del acogimiento familiar como una nueva institución de protección del menor, la generalización del interés superior del menor como principio inspirador de todas las actuaciones relacionadas con aquél, tanto administrativas como judiciales; y el incremento de las facultades del Ministerio Fiscal en relación con los menores, así como de sus correlativas obligaciones.

No obstante, y pese al indudable avance que esta Ley supuso y a las importantes innovaciones que introdujo, su aplicación ha ido poniendo de manifiesto determinadas lagunas, a la vez que el tiempo transcurrido desde su promulgación ha hecho surgir nuevas necesidades y demandas en la sociedad.

Numerosas instituciones, tanto públicas como privadas —las dos Cámaras Parlamentarias, el Defensor del Pueblo, el Fiscal General del Estado y diversas asociaciones relacionadas con los menores—, se han hecho eco de estas demandas, trasladando al Gobierno la necesidad de adecuar el ordenamiento a la realidad de nuestra sociedad actual.

2

La presente Ley pretende ser la primera respuesta a estas demandas, abordando una reforma en profundidad de las tradicionales instituciones de protección del menor reguladas en el Código civil.

En este sentido —y aunque el núcleo central de la Ley lo constituye, como no podía ser de otra forma, la modificación de los correspondientes preceptos del citado Código—, su contenido trasciende los límites de éste para construir un amplio marco jurídico de protección que vincula a todos los Poderes Públicos, a las instituciones específicamente relacionadas con los menores, a los padres y familiares y a los ciudadanos en general.

Las transformaciones sociales y culturales operadas en nuestra sociedad han provocado un cambio en el *status* social del niño y como consecuencia de ello se ha dado un nuevo enfoque a la construcción del edificio de los derechos humanos de la infancia.

Este enfoque reformula la estructura del derecho a la protección de la infancia vigente en España y en la mayoría de los países desarrollados desde finales del siglo XX, y consiste fundamentalmente en el reconocimiento pleno de la titularidad de derechos en los menores de edad y de una capacidad progresiva para ejercerlos.

El desarrollo legislativo postconstitucional refleja esta tendencia, introduciendo la condición de sujeto de derechos a las personas menores de edad. Así, el concepto «ser escuchado si tuviere suficiente juicio» se ha ido trasladando a todo el ordenamiento jurídico en todas aquellas cuestiones que le afectan. Este concepto introduce la dimensión del desarrollo evolutivo en el ejercicio directo de sus derechos.

Las limitaciones que pudieran derivarse del hecho evolutivo deben interpretarse de forma restrictiva. Más aún, esas limitaciones deben centrarse más en los procedimientos, de tal manera que se adoptarán aquellos que sean más adecuados a la edad del sujeto.

El ordenamiento jurídico, y esta Ley en particular, va reflejando progresivamente una concepción de las personas menores de edad como sujetos activos, participativos y creativos, con capacidad de modificar su propio medio personal y social; de participar en la búsqueda y satisfacción de sus necesidades y en la satisfacción de las necesidades de los demás.

El conocimiento científico actual nos permite concluir que no existe una diferencia tajante entre las necesidades de protección y las necesidades relacionadas con la autonomía del sujeto, sino que la mejor forma de garantizar social y jurídicamente la protección a la infancia es promover su autonomía como sujetos. De esta manera podrán ir construyendo progresivamente una percepción de control acerca de su situación personal y de su proyección de futuro. Éste es el punto crítico de todos los sistemas de protección a la infancia en la actualidad. Y, por tanto, es el reto para todos los ordenamientos jurídicos y los dispositivos de promoción y protección de las personas menores de edad. Ésta es la concepción del sujeto sobre la que descansa la presente Ley: las necesidades de los menores como eje de sus derechos y de su protección.

El Título I comienza enunciando un reconocimiento general de derechos contenidos en los Tratados Internacionales de los que España es parte, que además deben ser utilizados como mecanismo de interpretación de las distintas normas de aplicación a las personas menores de edad.

Por otra parte, del conjunto de derechos de los menores, se ha observado la necesidad de matizar algunos de ellos, combinando, por una parte, la posibilidad de su ejercicio con la necesaria protección que, por razón de la edad, los menores merecen.

Así, con el fin de reforzar los mecanismos de garantía previstos en la Ley Orgánica 1/1982, de 5 de mayo, de Protección Civil del Derecho al Honor, a la Intimidad Personal y Familiar y a la Propia Imagen, se prohíbe la difusión de datos o imágenes referidos a menores de edad en los medios de comunicación cuando sea contrario a su interés, incluso cuando conste el consentimiento del menor. Con ello se pretende proteger al menor, que puede ser objeto de manipulación incluso por sus propios representantes legales o grupos en que se mueve. Completa esta modificación la legitimación activa al Ministerio Fiscal.

El derecho a la participación de los menores también se ha recogido expresamente en el articulado, con referencia al derecho a formar parte de asociaciones y a promover asociaciones infantiles y juveniles, con ciertos requisitos, que se completa con el derecho a participar en reuniones públicas y manifestaciones pacíficas, estableciéndose el requisito de la autorización de los padres, tutores o guardadores.

La Ley regula los principios generales de actuación frente a situaciones de desprotección social, incluyendo la obligación de la entidad pública de investigar los hechos que conozca para corregir la situación mediante la intervención de los Servicios

Sociales o, en su caso, asumiendo la tutela del menor por ministerio de la ley.

De igual modo, se establece la obligación de toda persona que detecte una situación de riesgo o posible desamparo de un menor, de prestarle auxilio inmediato y de comunicar el hecho a la autoridad o sus agentes más próximos. Con carácter específico se prevé, asimismo, el deber de los ciudadanos de comunicar a las autoridades públicas competentes la ausencia del menor, de forma habitual o sin justificación, del centro escolar.

De innovadora se puede calificar la distinción, dentro de las situaciones de desprotección social del menor, entre situaciones de riesgo y de desamparo que dan lugar a un grado distinto de intervención de la entidad pública. Mientras en las situaciones de riesgo, caracterizadas por la existencia de un perjuicio para el menor que no alcanza la gravedad suficiente para justificar su separación del núcleo familiar, la citada intervención se limita a intentar eliminar, dentro de la institución familiar, los factores de riesgo, en las situaciones de desamparo, donde la gravedad de los hechos aconseja la extracción del menor de la familia, aquélla se concreta en la asunción por la entidad pública de la tutela del menor y la consiguiente suspensión de la patria potestad o tutela ordinaria.

Subyace a lo largo de la Ley una preocupación basada en la experiencia extraída de la aplicación de la Ley 21/1987, por agilizar y clarificar los trámites de los procedimientos administrativos y judiciales que afectan al menor, con la finalidad de que éste no quede indefenso o desprotegido en ningún momento.

Ésta es la razón por la que, además de establecerse como principio general, el de que toda actuación habrá de tener fundamentalmente en cuenta el interés del menor y no interferir en su vida escolar, social o laboral, se determina que las resoluciones que aprecien la existencia de la situación de desamparo deberán notificarse a los padres, tutores y guardadores, en un plazo de cuarenta y ocho horas, informándoles, asimismo, y, a ser posible, de forma presencial y de modo claro y comprensible, de las causas que dieron lugar a la intervención de la Administración y de los posibles efectos de la decisión adoptada.

Respecto a las medidas que los Jueces pueden adoptar para evitar situaciones perjudiciales para los hijos, que contempla actualmente el Código civil en el artículo 158, se amplían a todos los menores, y a situaciones que exceden del ámbito de las relaciones paterno-filiales, haciéndose extensivas a las derivadas de la tutela y de la guarda, y se establece la posibilidad de que el Juez las adopte con carácter cautelar al inicio o en el curso de cualquier proceso civil o penal.

En definitiva, se trata de consagrar un principio de agilidad e inmediatez en todos los procedimientos tanto administrativos como judiciales que afectan a menores para evitar perjuicios innecesarios que puedan derivar de la rigidez de aquéllos.

Mención especial merece el acogimiento familiar, figura que introdujo la Ley 21/1987. Éste puede constituirse por la entidad pública competente cuando concurre el consentimiento de los padres. En otro caso, debe dirigirse al Juez para que sea éste quien constituya el acogimiento. La aplicación de este precepto ha obligado, hasta ahora, a las entidades públicas a internar a los menores en algún centro, incluso en aquellos casos en los que la familia extensa ha manifestado su intención de acoger al menor, por no contar con la voluntad de los padres con el consiguiente perjuicio psicológico y emocional que ello lleva consigo para los niños, que se ven privados innecesariamente de la permanencia en un ambiente familiar.

Para remediar esta situación, la presente Ley recoge la posibilidad de que la entidad pública pueda acordar en interés del menor un acogimiento provisional en familia. Éste podrá ser acordado por la entidad pública cuando los padres no consientan o se opongan al acogimiento, y subsistirá mientras se tramita el necesario expediente, en tanto no se produzca resolución judicial. De esta manera, se facilita la constitución del acogimiento de aquellos niños sobre los que sus padres han mostrado el máximo desinterés.

Hasta ahora, la legislación concebía el acogimiento como una situación temporal y por tanto la regulación del mismo no hacía distinciones respecto a las distintas circunstancias en que podía encontrarse el menor, dando siempre a la familia acogedora una autonomía limitada en cuanto al cuidado del menor.

Una reflexión que actualmente se está haciendo en muchos países es si las instituciones jurídicas de protección de menores dan respuesta a la diversidad de situaciones de desprotección en la que éstos se encuentran. La respuesta es que tanto la diversificación de instituciones jurídicas como la flexibilización de las prácticas profesionales, son indispensables para mejorar cualitativamente los sistemas de protección a la infancia. Esta Ley opta en esta dirección, flexibilizando la acogida familiar y adecuando el marco de relaciones entre los acogedores y el menor acogido en función de la estabilidad de la acogida.

Atendiendo a la finalidad del mismo, se recogen tres tipos de acogimiento. Junto al acogimiento simple, cuando se dan las condiciones de temporalidad, en las que es relativamente previsible el retorno del menor a su familia, se introduce la posibilidad de constituirlo con carácter permanente, en aquellos casos en los que la edad u otras circunstancias del menor o su familia aconsejan dotarlo de una mayor estabilidad, ampliando la autonomía de la familia acogedora respecto a las funciones derivadas del cuidado del menor, mediante la atribución por el Juez de aquellas facultades de la tutela que faciliten el desempeño de sus responsabilidades.

También se recoge expresamente la modalidad del acogimiento preadoptivo que en la Ley 21/1987 aparecía únicamente en la exposición de motivos, y que también existe en otras legislaciones. Esta Ley prevé la posibilidad de establecer un período preadoptivo, a través de la formalización de un acogimiento con esta finalidad, bien sea porque la entidad pública eleve la propuesta de adopción de un menor o cuando considere necesario establecer un período de adaptación del menor a la familia antes de elevar al Juez dicha propuesta.

Con ello, se subsanan las insuficiencias de que adolecía el artículo 173.1 del Código civil diferenciando entre los distintos tipos de acogimiento en función de que la situación de la familia pueda mejorar y que el retorno del menor no implique riesgos para éste, que las circunstancias aconsejen que se constituya con carácter permanente, o que convenga constituirlo con carácter preadoptivo. También se contemplan los extremos que deben recogerse en el documento de formalización que el Código civil exige.

En materia de adopción, la Ley introduce la exigencia del requisito de idoneidad de los adoptantes, que habrá de ser apreciado por la entidad pública, si es ésta la que formula la propuesta, o directamente por el Juez, en otro caso. Este requisito, si bien no estaba expresamente establecido en nuestro derecho positivo, su exigencia aparece explícitamente en la Convención de los Derechos del Niño y en el Convenio de La Haya sobre protección de menores y cooperación en materia de adopción internacional y se tenía en cuenta en la práctica en los procedimientos de selección de familias adoptantes.

La Ley aborda la regulación de la adopción internacional.

En los últimos años se ha producido un aumento considerable de las adopciones de niños extranjeros por parte de adoptantes españoles. En el momento de la elaboración de la Ley 21/1987 no era un fenómeno tan extendido y no había suficiente perspectiva para abordarlo en dicha reforma. La Ley diferencia las funciones que han de ejercer directamente las entidades públicas de aquellas funciones de mediación que puedan delegar en agencias privadas que gocen de la correspondiente acreditación. Asimismo, establece las condiciones y requisitos para la acreditación de estas agencias, entre los que es de destacar la ausencia de fin de lucro por parte de las mismas.

Además se modifica el artículo 9.º5 del Código civil estableciendo la necesidad de la idoneidad de los adoptantes para la eficacia en nuestro país de las adopciones constituidas en el extranjero, dando de esta manera cumplimiento al compromiso adquirido en el momento de la ratificación de la Convención de Derechos del Niño de Naciones Unidas que obliga a los Estados Parte a velar porque los niños o niñas que sean adoptados en otro país gocen de los mismos derechos que los nacionales en la adopción.

Finalmente, se abordan también en la presente Ley, algunos aspectos de la tutela, desarrollando aquellos artículos del Código civil que requieren matizaciones cuando afecten a menores de edad. Así, la tutela de un menor de edad debe tender, cuando sea posible, a la integración del menor en la familia del tutor. Además se introduce como causa de remoción la existencia de graves y reiterados problemas de convivencia y se da en este procedimiento audiencia al menor.

En todo el texto aparece reforzada la intervención del Ministerio Fiscal, siguiendo la tendencia iniciada con la Ley 21/1987, ampliando los cauces de actuación de esta institución, a la que, por su propio Estatuto, corresponde la representación de los menores e incapaces que carezcan de representación legal.

Otra cuestión que se aborda en la Ley es el internamiento del menor en centro psiquiátrico y que con el objetivo de que se realice con las máximas garantías por tratarse de un menor de edad, se somete a la autorización judicial previa y a las reglas del artículo 211 del Código civil, con informe preceptivo del Ministerio Fiscal, equiparando, a estos efectos, el menor al presunto incapaz y no considerando válido el consentimiento de sus padres para que el internamiento se considere voluntario, excepción hecha del internamiento de urgencia.

3

La Ley pretende ser respetuosa con el reparto constitucional y estatutario de competencias entre Estado y Comunidades Autónomas.

En este sentido, la Ley regula aspectos relativos a la legislación civil y procesal y a la Administración de Justicia, para los que goza de habilitación constitucional específica en los apartados 5.º, 6.º y 8.º del artículo 149.1.

No obstante, se dejan a salvo, en una disposición final específica, las competencias de las Comunidades Autónomas que dispongan de Derecho civil, Foral o especial propio, para las que la Ley se declara subsidiaria respecto de las disposiciones específicas vigentes en aquéllas.

Asimismo, cuando se hace referencia a competencias de carácter administrativo, se especifica que las mismas corresponden a las Comunidades Autónomas y a las ciudades de Ceuta y Melilla, de conformidad con el reparto constitucional de competencias y las asumidas por aquéllas en sus respectivos Estatutos.

4

Por último se incorpora a la Ley la modificación de una serie de artículos del Código civil con el fin de depurar los desajustes gramaticales y de contenido producidos por las sucesivas reformas parciales operadas en el Código.

Al margen de otras reformas que tan sólo afectaron tangencialmente a la institución de la tutela, la Ley 13/1983, de 24 de octubre, modificó el Título X del Libro I del Código civil, rubricado «De la tutela, de la curatela y de la guarda de los menores o incapacitados» y mejoró el régimen de la tutela ordinaria que ya contemplaba el Código civil. Asimismo, la Ley 21/1987, de 11 de noviembre, dio una nueva redacción a los artículos que regulan la tutela asumida por ministerio de la Ley por las entidades públicas y cuya reforma ahora se aborda.

La coexistencia de estas dos vertientes de la institución de la tutela demanda una armonía interna en el Código civil que la sección 1.ª, de Derecho Privado, de la Comisión General de Codificación ha cubierto a través de la modificación de los artículos citados que, tras la reforma de 1983, ya resultaban incoherentes o de compleja aplicación práctica.

De este modo, y dado que la Ley tiene como objetivo básico la protección de los menores de edad a través de la tutela administrativa se ha incorporado la modificación de otros artículos en su gran mayoría conexos con esta materia.

TÍTULO PRIMERO

De los derechos y deberes de los menores*

CAPÍTULO PRIMERO

ÁMBITO E INTERÉS SUPERIOR DEL MENOR**

Artículo 1.º *Ámbito de aplicación.*—La presente Ley y sus disposiciones de desarrollo son de aplicación a los menores de dieciocho años que se encuentren en territorio español, salvo que en virtud de la Ley que les sea aplicable hayan alcanzado anteriormente la mayoría de edad.

Art. 2.º *Interés superior del menor.*—1. Todo menor tiene derecho a que su interés superior sea valorado y considerado como primordial en todas las acciones y decisiones que le conciernan, tanto en el ámbito público como privado. En la aplicación de la presente ley y demás normas que le afecten, así como en las medidas concernientes a los menores que adopten las instituciones, públicas o privadas, los Tribunales, o los órganos legislativos primará el interés superior de los mismos sobre cualquier otro interés legítimo que pudiera concurrir.

Las limitaciones a la capacidad de obrar de los menores se interpretarán de forma restrictiva y, en todo caso, siempre en el interés superior del menor.

2. A efectos de la interpretación y aplicación en cada caso del interés superior del menor, se tendrán en cuenta los siguientes criterios generales, sin perjuicio de los establecidos en la legislación específica aplicable, así como de aquellos otros que puedan estimarse adecuados atendiendo a las circunstancias concretas del supuesto:

a) La protección del derecho a la vida, supervivencia y

---

* Rúbrica redactada por el art. 1.1 de la L.Prot.Inf.

** Rúbrica redactada por el art. 1.1 de la L.O. 8/2015, de 22 de julio, de modificación del sistema de protección a la infancia y a la adolescencia (*B.O.E.* n. 175, de 23 de julio).

Art. 2.º: Redactado por el art. 1.2 de la L.O. 8/2015, de 22 de julio, de modificación del sistema de protección a la infancia y a la adolescencia (*B.O.E.* n. 175, de 23 de julio).

desarrollo del menor y la satisfacción de sus necesidades básicas, tanto materiales, físicas y educativas como emocionales y afectivas.

b) La consideración de los deseos, sentimientos y opiniones del menor, así como su derecho a participar progresivamente, en función de su edad, madurez, desarrollo y evolución personal, en el proceso de determinación de su interés superior.

c) La conveniencia de que su vida y desarrollo tenga lugar en un entorno familiar adecuado y libre de violencia. Se priorizará la permanencia en su familia de origen y se preservará el mantenimiento de sus relaciones familiares, siempre que sea posible y positivo para el menor. En caso de acordarse una medida de protección, se priorizará el acogimiento familiar frente al residencial. Cuando el menor hubiera sido separado de su núcleo familiar, se valorarán las posibilidades y conveniencia de su retorno, teniendo en cuenta la evolución de la familia desde que se adoptó la medida protectora y primando siempre el interés y las necesidades del menor sobre las de la familia.

d) La preservación de la identidad, cultura, religión, convicciones, orientación e identidad sexual o idioma del menor, así como la no discriminación del mismo por éstas o cualesquiera otras condiciones, incluida la discapacidad, garantizando el desarrollo armónico de su personalidad.

3. Estos criterios se ponderarán teniendo en cuenta los siguientes elementos generales:

a) La edad y madurez del menor.

b) La necesidad de garantizar su igualdad y no discriminación por su especial vulnerabilidad, ya sea por la carencia de entorno familiar, sufrir maltrato, su discapacidad, su orientación e identidad sexual, su condición de refugiado, solicitante de asilo o protección subsidiaria, su pertenencia a una minoría étnica, o cualquier otra característica o circunstancia relevante.

c) El irreversible efecto del transcurso del tiempo en su desarrollo.

d) La necesidad de estabilidad de las soluciones que se adopten para promover la efectiva integración y desarrollo del menor en la sociedad, así como de minimizar los riesgos que cualquier cambio de situación material o emocional pueda ocasionar en su personalidad y desarrollo futuro.

e) La preparación del tránsito a la edad adulta e independiente, de acuerdo con sus capacidades y circunstancias personales.

f) Aquellos otros elementos de ponderación que, en el supuesto concreto, sean considerados pertinentes y respeten los derechos de los menores.

Los anteriores elementos deberán ser valorados conjuntamente, conforme a los principios de necesidad y proporcionalidad, de forma que la medida que se adopte en el interés superior del menor no restrinja o limite más derechos que los que ampara.

4. En caso de concurrir cualquier otro interés legítimo junto al interés superior del menor deberán priorizarse las medidas que, respondiendo a este interés, respeten también los otros intereses legítimos presentes.

En caso de que no puedan respetarse todos los intereses legítimos concurrentes, deberá primar el interés superior del menor sobre cualquier otro interés legítimo que pudiera concurrir.

Las decisiones y medidas adoptadas en interés superior del menor deberán valorar en todo caso los derechos fundamentales de otras personas que pudieran verse afectados.

5. Toda resolución de cualquier orden jurisdiccional y toda medida en el interés superior de la persona menor de edad deberá ser adoptada respetando las debidas garantías del proceso y, en particular:

a) Los derechos del menor a ser informado, oído y escuchado, y a participar en el proceso de acuerdo con la normativa vigente.

b) La intervención en el proceso de profesionales cualificados o expertos. En caso necesario, estos profesionales han de contar con la formación suficiente para determinar las específicas necesidades de los niños con discapacidad. En las decisiones especialmente relevantes que afecten al menor se contará con el informe colegiado de un grupo técnico y multidisciplinar especializado en los ámbitos adecuados.

c) La participación de progenitores, tutores o representantes legales del menor o de un defensor judicial si hubiera conflicto de interés o discrepancia con ellos y del Ministerio Fiscal en el proceso en defensa de sus intereses. Se presumirá que existe un conflicto de interés cuando la opinión de la persona menor de edad sea contraria a la medida que se adopte sobre ella o suponga una restricción de sus derechos.

d) La adopción de una decisión que incluya en su motivación los criterios utilizados, los elementos aplicados al ponderar

---

N. 5 y c): Modificado por la Disp. Final 8.ª de la L.O. 8/2021, de 4 de junio, de protección integral a la infancia y la adolescencia frente a la violencia (*B.O.E.* n. 134, de 5 de junio).

los criterios entre sí y con otros intereses presentes y futuros, y las garantías procesales respetadas.

e) La existencia de recursos que permitan revisar la decisión adoptada que no haya considerado el interés superior del menor como primordial o en el caso en que el propio desarrollo del menor o cambios significativos en las circunstancias que motivaron dicha decisión hagan necesario revisarla. Los menores gozarán del derecho a la asistencia jurídica gratuita en los casos legalmente previstos.

CAPÍTULO II

Derechos del menor

Art. 3.º *Referencia a Instrumentos Internacionales.*—Los menores gozarán de los derechos que les reconoce la Constitución y los Tratados Internacionales de los que España sea parte, especialmente la Convención de Derechos del Niño de Naciones Unidas y la Convención de Derechos de las Personas con Discapacidad, y de los demás derechos garantizados en el ordenamiento jurídico, sin discriminación alguna por razón de nacimiento, nacionalidad, raza, sexo, discapacidad o enfermedad, religión, lengua, cultura, opinión o cualquier otra circunstancia personal, familiar o social.

La presente ley, sus normas de desarrollo y demás disposiciones legales relativas a las personas menores de edad, se interpretarán de conformidad con los Tratados Internacionales de los que España sea parte y, especialmente, de acuerdo con la Convención de los Derechos del Niño de Naciones Unidas y la Convención de Derechos de las Personas con Discapacidad.

Los poderes públicos garantizarán el respeto de los derechos de los menores y adecuarán sus actuaciones a la presente ley y a la mencionada normativa internacional.

Art. 4.º *Derecho al honor, a la intimidad y a la propia imagen.*—1. Los menores tienen derecho al honor, a la intimidad personal y familiar y a la propia imagen. Este derecho comprende también la inviolabilidad del

---

Art. 3.º: Redactado por el art. 1.3 de la L.O. 8/2015, de 22 de julio, de modificación del sistema de protección a la infancia y a la adolescencia (*B.O.E.* n. 175, de 23 de julio).

Téngase en cuenta el Instrumento de Ratificación del Protocolo facultativo de la Convención sobre los Derechos del Niño, sobre la participación de niños en conflictos armados, hecho en Nueva York el 25 de mayo de 2000 (*B.O.E.* n. 92, de 17 de abril de 2002).

domicilio familiar y de la correspondencia, así como del secreto de las comunicaciones.

2. La difusión de información o la utilización de imágenes o nombre de los menores en los medios de comunicación que pueden implicar una intromisión ilegítima en su intimidad, honra o reputación, o que sea contraria a sus intereses, determinará la intervención del Ministerio Fiscal, que instará de inmediato las medidas cautelares y de protección previstas en la Ley y solicitará las indemnizaciones que correspondan por los perjuicios causados.

3. Se considera intromisión ilegítima en el derecho al honor, a la intimidad personal y familiar y a la propia imagen del menor, cualquier utilización de su imagen o su nombre en los medios de comunicación que pueda implicar menoscabo de su honra o reputación, o que sea contraria a sus intereses incluso si consta el consentimiento del menor o de sus representantes legales.

4. Sin perjuicio de las acciones de las que sean titulares los representantes legales del menor, corresponde en todo caso al Ministerio Fiscal su ejercicio, que podrá actuar de oficio o a instancia del propio menor o de cualquier persona interesada, física, jurídica o entidad pública.

5. Los padres o tutores y los poderes públicos respetarán estos derechos y los protegerán frente a posibles ataques de terceros.

Art. 5.º *Derecho a la información.*—1. Los menores tienen derecho a buscar, recibir y utilizar la información adecuada a su desarrollo.

Se prestará especial atención a la alfabetización digital y mediática, de forma adaptada a cada etapa evolutiva, que permita a los menores actuar en línea con seguridad y responsabilidad y, en particular, identificar situaciones de riesgo derivadas de la utilización de las nuevas tecnologías de la información y la comunicación así como las herramientas y estrategias para afrontar dichos riesgos y protegerse de ellos.

2. Los padres o tutores y los poderes públicos velarán porque la información que reciban los menores sea veraz, plural y respetuosa con los principios constitucionales.

3. Las Administraciones públicas incentivarán la producción y difusión de materiales informativos y otros destinados a los menores, que respeten los criterios enunciados, al mismo tiempo

---

Art. 5.º1 y 3: Apartados redactados por el art. 1.2 de la L.Prot.Inf.

que facilitarán el acceso de los menores a los servicios de información, documentación, bibliotecas y demás servicios culturales incluyendo una adecuada sensibilización sobre la oferta legal de ocio y cultura en Internet y sobre la defensa de los derechos de propiedad intelectual.

En particular, velarán porque los medios de comunicación en sus mensajes dirigidos a menores promuevan los valores de igualdad, solidaridad, diversidad y respeto a los demás, eviten imágenes de violencia, explotación en las relaciones interpersonales, o que reflejen un trato degradante o sexista, o un trato discriminatorio hacia las personas con discapacidad. En el ámbito de la autorregulación, las autoridades y organismos competentes impulsarán entre los medios de comunicación, la generación y supervisión del cumplimiento de códigos de conducta destinados a salvaguardar la promoción de los valores anteriormente descritos, limitando el acceso a imágenes y contenidos digitales lesivos para los menores, a tenor de lo contemplado en los códigos de autorregulación de contenidos aprobados. Se garantizará la accesibilidad, con los ajustes razonables precisos, de dichos materiales y servicios, incluidos los de tipo tecnológico, para los menores con discapacidad.

Los poderes públicos y los prestadores fomentarán el disfrute pleno de la comunicación audiovisual para los menores con discapacidad y el uso de buenas prácticas que evite cualquier discriminación o repercusión negativa hacia dichas personas.

4. Para garantizar que la publicidad o mensajes dirigidos a menores o emitidos en la programación dirigida a éstos, no les perjudique moral o físicamente, podrá ser regulada por normas especiales.

5. Sin perjuicio de otros sujetos legitimados, corresponde en todo caso al Ministerio Fiscal y a las Administraciones públicas competentes en materia de protección de menores el ejercicio de las acciones de cese y rectificación de publicidad ilícita.

Art. 6.º *Libertad ideológica.*—1. El menor tiene derecho a la libertad de ideología, conciencia y religión.

2. El ejercicio de los derechos dimanantes de esta libertad tiene únicamente las limitaciones prescritas por la Ley y el respeto de los derechos y libertades fundamentales de los demás.

3. Los padres o tutores tienen el derecho y el deber de cooperar para que el menor ejerza esta libertad de modo que contribuya a su desarrollo integral.

Art. 7.º *Derecho de participación, asociación y reunión.*—1. Los menores tienen derecho a participar plenamente en la vida social, cultural, artística y recreativa de su entorno, así como a una incorporación progresiva a la ciudadanía activa.

Los poderes públicos promoverán la constitución de órganos de participación de los menores y de las organizaciones sociales de infancia y adolescencia.

Se garantizará la accesibilidad de los entornos y la provisión de ajustes razonables para que los menores con discapacidad puedan desarrollar su vida social, cultural, artística y recreativa.

2. Los menores tienen el derecho de asociación que, en especial, comprende:

a) El derecho a formar parte de asociaciones y organizaciones juveniles de los partidos políticos y sindicatos, de acuerdo con la Ley y los Estatutos.

b) El derecho a promover asociaciones infantiles y juveniles e inscribirlas de conformidad con la Ley. Los menores podrán formar parte de los órganos directivos de estas asociaciones.

Para que las asociaciones infantiles y juveniles puedan obligarse civilmente, deberán haber nombrado, de acuerdo con sus Estatutos, un representante legal con plena capacidad.

Cuando la pertenencia de un menor o de sus padres a una asociación impida o perjudique al desarrollo integral del menor, cualquier interesado, persona física o jurídica, o entidad pública, podrá dirigirse al Ministerio Fiscal para que promueva las medidas jurídicas de protección que estime necesarias.

3. Los menores tienen derecho a participar en reuniones públicas y manifestaciones pacíficas, convocadas en los términos establecidos por la Ley.

En iguales términos, tienen también derecho a promoverlas y convocarlas con el consentimiento expreso de sus padres, tutores o guardadores.

Art. 8.º *Derecho a la libertad de expresión.*—1. Los menores gozan del derecho a la libertad de expresión en los términos constitucionalmente previstos. Esta libertad de expresión tiene también su límite en la protección de la intimidad y la imagen del propio menor recogida en el artículo 4.º de esta Ley.

2. En especial, el derecho a la libertad de expresión de los menores se extiende:

Art. 7.º1: Redactado por el art. 1.3 de la L.Prot.Inf.

a) A la publicación y difusión de sus opiniones.

b) A la edición y producción de medios de difusión.

c) Al acceso a las ayudas que las Administraciones públicas establezcan con tal fin.

3. El ejercicio de este derecho podrá estar sujeto a las restricciones que prevea la Ley para garantizar el respeto de los derechos de los demás o la protección de la seguridad, salud, moral u orden público.

Art. 9.º *Derecho a ser oído y escuchado.*—1. El menor tiene derecho a ser oído y escuchado sin discriminación alguna por edad, discapacidad o cualquier otra circunstancia, tanto en el ámbito familiar como en cualquier procedimiento administrativo, judicial o de mediación en que esté afectado y que conduzca a una decisión que incida en su esfera personal, familiar o social, teniéndose debidamente en cuenta sus opiniones, en función de su edad y madurez. Para ello, el menor deberá recibir la información que le permita el ejercicio de este derecho en un lenguaje comprensible, en formatos accesibles y adaptados a sus circunstancias.

En los procedimientos judiciales o administrativos, las comparecencias o audiencias del menor tendrán carácter preferente, y se realizarán de forma adecuada a su situación y desarrollo evolutivo, con la asistencia, si fuera necesario, de profesionales cualificados o expertos, cuidando preservar su intimidad y utilizando un lenguaje que sea comprensible para él, en formatos accesibles y adaptados a sus circunstancias informándole tanto de lo que se le pregunta como de las consecuencias de su opinión, con pleno respeto a todas las garantías del procedimiento.

2. Se garantizará que el menor, cuando tenga suficiente madurez, pueda ejercitar este derecho por sí mismo o a través de la persona que designe para que le represente. La madurez habrá de valorarse por personal especializado, teniendo en cuenta tanto el desarrollo evolutivo del menor como su capacidad para comprender y evaluar el asunto concreto a tratar en cada caso. Se considera, en todo caso, que tiene suficiente madurez cuando tenga doce años cumplidos.

Para garantizar que el menor pueda ejercitar este derecho por

---

Art. 9.º: Redactado por el art. 1.4 de la L.O. 8/2015, de 22 de julio, de modificación del sistema de protección a la infancia y a la adolescencia (*B.O.E.* n. 175, de 23 de julio).

sí mismo será asistido, en su caso, por intérpretes. El menor podrá expresar su opinión verbalmente o a través de formas no verbales de comunicación.

No obstante, cuando ello no sea posible o no convenga al interés del menor se podrá conocer la opinión del menor por medio de sus representantes legales, siempre que no tengan intereses contrapuestos a los suyos, o a través de otras personas que, por su profesión o relación de especial confianza con él, puedan transmitirla objetivamente.

3. Siempre que en vía administrativa o judicial se deniegue la comparecencia o audiencia de los menores directamente o por medio de persona que le represente, la resolución será motivada en el interés superior del menor y comunicada al Ministerio Fiscal, al menor y, en su caso, a su representante, indicando explícitamente los recursos existentes contra tal decisión. En las resoluciones sobre el fondo habrá de hacerse constar, en su caso, el resultado de la audiencia al menor, así como su valoración.

CAPÍTULO III*

Deberes del menor

Art. 9.º bis. *Deberes de los menores.*—1. Los menores, de acuerdo a su edad y madurez, deberán asumir y cumplir los deberes, obligaciones y responsabilidades inherentes o consecuentes a la titularidad y al ejercicio de los derechos que tienen reconocidos en todos los ámbitos de la vida, tanto familiar, escolar como social.

2. Los poderes públicos promoverán la realización de acciones dirigidas a fomentar el conocimiento y cumplimiento de los deberes y responsabilidades de los menores en condiciones de igualdad, no discriminación y accesibilidad universal.

Art. 9.º ter. *Deberes relativos al ámbito familiar.*—1. Los menores deben participar en la vida familiar respetando a sus progenitores y hermanos así como a otros familiares.

2. Los menores deben participar y corresponsabilizarse en el cuidado del hogar y en la realización de las tareas domésticas

* Capítulo añadido, junto con sus arts. 9 bis a 9 quáter, por el art. 1.4 de la L.Prot.Inf.

de acuerdo con su edad, con su nivel de autonomía personal y capacidad, y con independencia de su sexo.

Art. 9.º quáter. *Deberes relativos al ámbito escolar.*— 1. Los menores deben respetar las normas de convivencia de los centros educativos, estudiar durante las etapas de enseñanza obligatoria y tener una actitud positiva de aprendizaje durante todo el proceso formativo.

2. Los menores tienen que respetar a los profesores y otros empleados de los centros escolares, así como al resto de sus compañeros, evitando situaciones de conflicto y acoso escolar en cualquiera de sus formas, incluyendo el ciberacoso.

3. A través del sistema educativo se implantará el conocimiento que los menores deben tener de sus derechos y deberes como ciudadanos, incluyendo entre los mismos aquellos que se generen como consecuencia de la utilización en el entorno docente de las Tecnologías de la Información y Comunicación.

Art. 9.º quinquies. *Deberes relativos al ámbito social.*— 1. Los menores deben respetar a las personas con las que se relacionan y al entorno en el que se desenvuelven.

2. Los deberes sociales incluyen, en particular:

a) Respetar la dignidad, integridad e intimidad de todas las personas con las que se relacionen con independencia de su edad, nacionalidad, origen racial o étnico, religión, sexo, orientación e identidad sexual, discapacidad, características físicas o sociales o pertenencia a determinados grupos sociales, o cualquier otra circunstancia personal o social.

b) Respetar las leyes y normas que les sean aplicables y los derechos y libertades fundamentales de las otras personas, así como asumir una actitud responsable y constructiva en la sociedad.

c) Conservar y hacer un buen uso de los recursos e instalaciones y equipamientos públicos o privados, mobiliario urbano y cualesquiera otros en los que desarrollen su actividad.

d) Respetar y conocer el medio ambiente y los animales, y colaborar en su conservación dentro de un desarrollo sostenible.

CAPÍTULO IV

Medidas y principios rectores de la acción administrativa

Art. 10. *Medidas para facilitar el ejercicio de los derechos.*— 1. Los menores tienen derecho a recibir de las Administraciones públicas, o a través de sus entidades colaboradoras, la información en formato accesible y asistencia adecuada para el efectivo ejercicio de sus derechos, así como a que se garantice su respeto.

2. Para la defensa y garantía de sus derechos el menor puede:

a) Solicitar la protección y tutela de la entidad pública competente.

b) Poner en conocimiento del Ministerio Fiscal las situaciones que considere que atentan contra sus derechos con el fin de que éste promueva las acciones oportunas.

c) Plantear sus quejas ante el Defensor del Pueblo o ante las instituciones autonómicas homólogas. A tal fin, uno de los Adjuntos del Defensor del Pueblo se hará cargo de modo permanente de los asuntos relacionados con los menores facilitándoles el acceso a mecanismos adecuados y adaptados a sus necesidades y garantizándoles la confidencialidad.

d) Solicitar los recursos sociales disponibles de las Administraciones públicas.

e) Solicitar asistencia legal y el nombramiento de un defensor judicial, en su caso, para emprender las acciones judiciales y administrativas necesarias encaminadas a la protección y defensa de sus derechos e intereses. En todo caso el Ministerio Fiscal podrá actuar en defensa de los derechos de los menores.

f) Presentar denuncias individuales al Comité de Derechos del Niño, en los términos de la Convención sobre los Derechos del Niño y de la normativa que la desarrolle.

3. Los menores extranjeros que se encuentren en España tienen derecho a la educación, asistencia sanitaria y servicios y prestaciones sociales básicas, en las mismas condiciones que

---

Art. 10.1: Redactado por el art. 1.5 de la L.Prot.Inf.

Art. 10.2.c) y e): Letras modificada y añadida, respectivamente, por el art. 1.5 de la L.O. 8/2015, de 22 de julio, de modificación del sistema de protección a la infancia y a la adolescencia (*B.O.E.* n. 175, de 23 de julio).

Art. 10.2.f): Letra añadida por el art. 1.5 de la L.Prot.Inf.

Art. 10.3: Redactado por el art. 1.5 de la L.Prot.Inf.

los menores españoles. Las Administraciones públicas velarán por los grupos especialmente vulnerables como los menores extranjeros no acompañados, los que presenten necesidades de protección internacional, los menores con discapacidad y los que sean víctimas de abusos sexuales, explotación sexual, pornografía infantil, de trata o de tráfico de seres humanos, garantizando el cumplimiento de los derechos previstos en la ley.

Los poderes públicos, en el diseño y elaboración de las políticas públicas, tendrán como objetivo lograr la plena integración de los menores extranjeros en la sociedad española, mientras permanezcan en el territorio del Estado español, en los términos establecidos en la Ley Orgánica 4/2000, de 11 de enero, sobre derechos y libertades de los extranjeros en España y su integración social.

4. Cuando la Entidad Pública asuma la tutela de un menor extranjero que se encuentre en España, la Administración General del Estado le facilitará, si no la tuviere, a la mayor celeridad, y junto con la presentación del certificado de tutela expedido por dicha Entidad Pública, la documentación acreditativa de su situación y la autorización de residencia, una vez que haya quedado acreditada la imposibilidad de retorno con su familia o al país de origen, y según lo dispuesto en la normativa vigente en materia de extranjería e inmigración.

5. Respecto de los menores tutelados o guardados por las Entidades Públicas, el reconocimiento de su condición de asegurado en relación con la asistencia sanitaria se realizará de oficio, previa presentación de la certificación de su tutela o guarda expedida por la Entidad Pública, durante el período de duración de las mismas.

Art. 11. *Principios rectores de la acción administrativa.*—1. Las Administraciones públicas facilitarán a los menores la asistencia adecuada para el ejercicio de sus derechos, incluyendo los recursos de apoyo que precisen.

Las Administraciones públicas, en los ámbitos que les son propios, articularán políticas integrales encaminadas al desarrollo de la infancia y la adolescencia y, de modo especial, las referidas a los derechos enumerados en esta ley. Los menores tendrán derecho a acceder a ta-

---

Art. 10.4 y 5: Apartados añadidos por el art. 1.°5 de la L.Prot.Inf.
Art. 11: Redactado por el art. 1.6 de la L.Prot.Inf.

les servicios por sí mismos o a través de sus progenitores, tutores, guardadores o acogedores, quienes a su vez tendrán el deber de utilizarlos en interés de los menores.

Se impulsarán políticas compensatorias dirigidas a corregir las desigualdades sociales. En todo caso, el contenido esencial de los derechos del menor no podrá quedar afectado por falta de recursos sociales básicos. Se garantizará a los menores con discapacidad y a sus familias los servicios sociales especializados que su discapacidad precise.

Las Administraciones públicas deberán tener en cuenta las necesidades de los menores al ejercer sus competencias, especialmente en materia de control sobre productos alimenticios, consumo, vivienda, educación, sanidad, servicios sociales, cultura, deporte, espectáculos, medios de comunicación, transportes, tiempo libre, juego, espacios libres y nuevas tecnologías (TICs).

Las Administraciones públicas tendrán particularmente en consideración la adecuada regulación y supervisión de aquellos espacios, centros y servicios en los que permanezcan habitualmente menores, en lo que se refiere a sus condiciones físico-ambientales, higiénico-sanitarias, de accesibilidad y diseño universal y de recursos humanos, así como a sus proyectos educativos inclusivos, a la participación de los menores y a las demás condiciones que contribuyan a asegurar sus derechos.

2. Serán principios rectores de la actuación de los poderes públicos en relación con los menores:

a) La supremacía de su interés superior.

b) El mantenimiento en su familia de origen, salvo que no sea conveniente para su interés, en cuyo caso se garantizará la adopción de medidas de protección familiares y estables priorizando, en estos supuestos, el acogimiento familiar frente al institucional.

c) Su integración familiar y social.

d) La prevención y la detección precoz de todas aquellas situaciones que puedan perjudicar su desarrollo personal.

e) La sensibilización de la población ante situaciones de desprotección.

f) El carácter educativo de todas las medidas que se adopten.

g) La promoción de la participación, voluntariado y solidaridad social.

h) La objetividad, imparcialidad y seguridad jurídica en la actuación protectora, garantizando el carácter colegiado e interdisciplinar en la adopción de medidas que les afecten.

i) La protección contra toda forma de violencia, incluido el maltrato físico o psicológico, los castigos físicos humillantes y denigrantes, el descuido o trato negligente, la explotación, la realizada a través de las nuevas tecnologías, los abusos sexuales, la corrupción, la violencia de género o en el ámbito familiar, sanitario, social o educativo, incluyendo el acoso escolar, así como la trata y el tráfico de seres humanos, la mutilación genital femenina y cualquier otra forma de abuso.

j) La igualdad de oportunidades y no discriminación por cualquier circunstancia.

k) La accesibilidad universal de los menores con discapacidad y los ajustes razonables, así como su inclusión y participación plenas y efectivas.

l) El libre desarrollo de su personalidad conforme a su orientación e identidad sexual.

m) El respeto y la valoración de la diversidad étnica y cultural.

3. Los poderes públicos desarrollarán actuaciones encaminadas a la sensibilización, prevención, detección, notificación, asistencia y protección de cualquier forma de violencia contra la infancia y la adolescencia mediante procedimientos que aseguren la coordinación y la colaboración entre las distintas Administraciones, entidades colaboradoras y servicios competentes, tanto públicos como privados, para garantizar una actuación integral.

4. Las Entidades Públicas dispondrán de programas y recursos destinados al apoyo y orientación de quienes, estando en acogimiento, alcancen la mayoría de edad y queden fuera del sistema de protección, con especial atención a los que presentan discapacidad.

TÍTULO II

Actuaciones en situación de desprotección social del menor e instituciones de protección de menores

CAPÍTULO PRIMERO

ACTUACIONES EN SITUACIONES DE DESPROTECCIÓN SOCIAL DEL MENOR

Art. 12. *Actuaciones de protección.*—1. La protección de los menores por los poderes públicos se realizará mediante la prevención, detección y reparación de situaciones de riesgo, con el establecimiento de los servicios y recursos adecuados para tal fin, el ejercicio de la guarda y, en los casos de declaración de desamparo, la asunción de la tutela por ministerio de la ley. En las actuaciones de protección deberán primar, en todo caso, las medidas familiares frente a las residenciales, las estables frente a las temporales y las consensuadas frente a las impuestas.

2. Los poderes públicos velarán para que los progenitores, tutores, guardadores o acogedores, desarrollen adecuadamente sus responsabilidades y les facilitarán servicios accesibles de prevención, asesoramiento y acompañamiento en todas las áreas que afectan al desarrollo de los menores.

3. Cuando los menores se encuentren bajo la patria potestad, tutela, guarda o acogimiento de una víctima de violencia de género o doméstica, las actuaciones de los poderes públicos estarán encaminadas a garantizar el apoyo necesario para procurar la permanencia de los menores, con independencia de su edad, con aquella, así como su protección, atención especializada y recuperación.

4. Cuando no pueda ser establecida la mayoría de edad de una persona, será considerada menor de edad a los efectos de lo previsto en esta ley, en tanto se determina su edad. A tal efecto, el Fiscal deberá realizar un juicio de proporcionalidad que pondere adecuadamente las razones por las que se considera que el pasaporte o documento equivalente de identidad presentado, en su caso, no es fiable. La realización de pruebas médicas para la

---

Art. 12: Redactado por el art. 1.7 de la L.Prot.Inf.

Modificado por la Disp. Final 8.ª de la L.O. 8/2021, de 4 de junio, de protección integral a la infancia y la adolescencia frente a la violencia (*B.O.E.* n. 134, de 5 de junio).

determinación de la edad de los menores se someterá al principio de celeridad, exigirá el previo consentimiento informado del afectado y se llevará a cabo con respeto a su dignidad y sin que suponga un riesgo para su salud, no pudiendo aplicarse indiscriminadamente. No podrán realizarse, en ningún caso, desnudos integrales, exploraciones genitales u otras pruebas médicas especialmente invasivas.

Asimismo, una vez adoptada la medida de guarda o tutela respecto a personas menores de edad que hayan llegado solas a España, las Entidades Públicas comunicarán la adopción de dicha medida al Ministerio del Interior, a efectos de inscripción en el Registro Estatal correspondiente.

5. Las Entidades Públicas garantizarán los derechos reconocidos en esta ley a las personas menores de edad desde el momento que accede por primera vez a un recurso de protección y proporcionarán una atención inmediata integral y adecuada a sus necesidades, evitando la prolongación de las medidas de carácter provisional y de la estancia en los recursos de primera acogida.

6. Cualquier medida de protección no permanente que se adopte respecto de menores de tres años se revisará cada tres meses, y respecto de mayores de esa edad se revisará cada seis meses. En los acogimientos permanentes la revisión tendrá lugar el primer año cada seis meses y, a partir del segundo año, cada doce meses.

7. Además, de las distintas funciones atribuidas por ley, la Entidad Pública remitirá al Ministerio Fiscal informe justificativo de la situación de un determinado menor cuando este se haya encontrado en acogimiento residencial o acogimiento familiar temporal durante un periodo superior a dos años, debiendo justificar la Entidad Pública las causas por las que no se ha adoptado una medida protectora de carácter más estable en ese intervalo,

8. Los poderes públicos garantizarán los derechos y obligaciones de los menores con discapacidad en lo que respecta a su custodia, tutela, guarda, adopción o instituciones similares, velando al máximo por el interés superior del menor. Asimismo, garantizarán que los menores con discapacidad tengan los mismos derechos respecto a la vida en familia. Para hacer efectivos estos derechos y a fin de prevenir su ocultación, abandono, negligencia o segregación velarán porque se proporcione con anticipación información, servicios y apoyo generales a los menores con discapacidad y a sus familias.

Art. 13. *Obligaciones de los ciudadanos y deber de reserva.*—1. Toda persona o autoridad, especialmente aquellas que por su profesión, oficio o actividad detecten una situación de riesgo o posible desamparo de una persona menor de edad, lo comunicarán a la autoridad o sus agentes más próximos, sin perjuicio de prestarle el auxilio inmediato que precise.

2. Cualquier persona o autoridad que tenga conocimiento de que un menor no está escolarizado o no asiste al centro escolar de forma habitual y sin justificación, durante el período obligatorio, deberá ponerlo en conocimiento de las autoridades públicas competentes, que adoptarán las medidas necesarias para su escolarización.

3. Las autoridades y las personas que por su profesión o función conozcan el caso actuarán con la debida reserva.

En las actuaciones se evitará toda interferencia innecesaria en la vida del menor.

Art. 14. *Atención inmediata.*—Las autoridades y servicios públicos tendrán la obligación de prestar la atención inmediata que precise cualquier menor, de actuar si corresponde a su ámbito de competencias o de dar traslado en otro caso al órgano competente y de poner los hechos en conocimiento de los representantes legales del menor o, cuando sea necesario, de la Entidad Pública y del Ministerio Fiscal.

La Entidad Pública podrá asumir, en cumplimiento de la obligación de prestar la atención inmediata, la guarda provisional de un menor prevista en el artículo 172.4 del Código Civil, que será comunicada al Ministerio Fiscal, procediendo simultáneamente a practicar las diligencias precisas para identificar al menor, investigar sus circunstancias y constatar, en su caso, la situación real de desamparo.

Art. 14 bis. *Actuaciones en casos de urgencia.*—1. Cuando la urgencia del caso lo requiera, sin perjuicio de la guarda provisional a la que se refiere el artículo anterior y el artículo

---

Art. 13.1: Redactado por el art. 1.8 de la L.Prot.Inf.

N. 1: Modificado por la Disp. Final 8.ª de la L.O. 8/2021, de 4 de junio, de protección integral a la infancia y la adolescencia frente a la violencia (*B.O.E.* n. 134, de 5 de junio).

Art. 14: Redactado por el art. 1.9 de la L.Prot.Inf.

Art. 14 bis: Introducido por la Disp. Final 8.ª de la L.O. 8/2021, de 4 de junio, de protección integral a la infancia y la adolescencia frente a la violencia (*B.O.E.* n. 134, de 5 de junio).

172.4 del Código Civil, la actuación de los servicios sociales será inmediata.

2. La atención en casos de urgencia a que se refiere este artículo no está sujeta a requisitos procedimentales ni de forma, y se entiende en todo caso sin perjuicio del deber de prestar a las personas menores de edad el auxilio inmediato que precisen.

Art. 15. *Principio de colaboración.*—En toda intervención se procurará contar con la colaboración del menor y su familia y no interferir en su vida escolar, social o laboral.

Art. 16. *Evaluación de la situación.*—Las entidades públicas competentes en materia de protección de menores estarán obligadas a verificar la situación denunciada y a adoptar las medidas necesarias para resolverla en función del resultado de aquella actuación.

Art. 17. *Actuaciones en situación de riesgo.*—1. Se considerará situación de riesgo aquella en la que, a causa de circunstancias, carencias o conflictos familiares, sociales o educativos, la persona menor de edad se vea perjudicada en su desarrollo personal, familiar, social o educativo, en su bienestar o en sus derechos de forma que, sin alcanzar la entidad, intensidad o persistencia que fundamentarían su declaración de situación de desamparo y la asunción de la tutela por ministerio de la ley, sea precisa la intervención de la administración pública competente, para eliminar, reducir o compensar las dificultades o inadaptación que le afectan y evitar su desamparo y exclusión social, sin tener que ser separado de su entorno familiar.

2. Serán considerados como indicadores de riesgo, entre otros:

a) La falta de atención física o psíquica del niño, niña o adolescente por parte de los progenitores, o por las personas que ejerzan la tutela, guarda, o acogimiento, que comporte un perjuicio leve para la salud física o emocional del niño, niña o adolescente cuando se estime, por la naturaleza o por la repetición de los episodios, la posibilidad de su persistencia o el agravamiento de sus efectos.

b) La negligencia en el cuidado de las personas menores

Art. 17: Redactado por el art. 1.10 de la L.Prot.Inf.

N. 1 y 2: Modificados por la Disp. Final 8.ª de la L.O. 8/2021, de 4 de junio, de protección integral a la infancia y la adolescencia frente a la violencia (*B.O.E.* n. 134, de 5 de junio).

de edad y la falta de seguimiento médico por parte de los progenitores, o por las personas que ejerzan la tutela, guarda o acogimiento.

c) La existencia de un hermano o hermana declarado en situación de riesgo o desamparo, salvo que las circunstancias familiares hayan cambiado de forma evidente.

d) La utilización, por parte de los progenitores, o de quienes ejerzan funciones de tutela, guarda o acogimiento, del castigo habitual y desproporcionado y de pautas de corrección violentas que, sin constituir un episodio severo o un patrón crónico de violencia, perjudiquen su desarrollo.

e) La evolución negativa de los programas de intervención seguidos con la familia y la obstrucción a su desarrollo o puesta en marcha.

f) Las prácticas discriminatorias, por parte de los responsables parentales, contra los niños, niñas y adolescentes que conlleven un perjuicio para su bienestar y su salud mental y física, en particular:

1.º Las actitudes discriminatorias que por razón de género, edad o discapacidad puedan aumentar las posibilidades de confinamiento en el hogar, la falta de acceso a la educación, las escasas oportunidades de ocio, la falta de acceso al arte y a la vida cultural, así como cualquier otra circunstancia que por razón de género, edad o discapacidad, les impidan disfrutar de sus derechos en igualdad.

2.º La no aceptación de la orientación sexual, identidad de género o las características sexuales de la persona menor de edad.

g) El riesgo de sufrir ablación, mutilación genital femenina o cualquier otra forma de violencia en el caso de niñas y adolescentes basadas en el género, las promesas o acuerdos de matrimonio forzado.

h) La identificación de las madres como víctimas de trata.

i) Las niñas y adolescentes víctimas de violencia de género en los términos establecidos en el artículo 1.1 de la Ley Orgánica 1/2004, de 28 de diciembre, de medidas de protección integral contra la violencia de género.

j) Los ingresos múltiples de personas menores de edad en distintos hospitales con síntomas recurrentes, inexplicables y/o que no se confirman diagnósticamente.

k) El consumo habitual de drogas tóxicas o bebidas alcohólicas por las personas menores de edad.

l) La exposición de la persona menor de edad a cualquier situación de violencia doméstica o de género.

m) Cualquier otra circunstancia que implique violencia sobre las personas menores de edad que, en caso de persistir, pueda evolucionar y derivar en el desamparo del niño, niña o adolescente.

3. La intervención en la situación de riesgo corresponde a la administración pública competente conforme a lo dispuesto en la legislación estatal y autonómica aplicable, en coordinación con los centros escolares y servicios sociales y sanitarios y, en su caso, con las entidades colaboradoras del respectivo ámbito territorial o cualesquiera otras.

4. La valoración de la situación de riesgo conllevará la elaboración y puesta en marcha de un proyecto de intervención social y educativo familiar que deberá recoger los objetivos, actuaciones, recursos y previsión de plazos, promoviendo los factores de protección del menor y manteniendo a éste en su medio familiar. Se procurará la participación de los progenitores, tutores, guardadores o acogedores en la elaboración del proyecto. En cualquier caso, será oída y tenida en cuenta la opinión de éstos en el intento de consensuar el proyecto, que deberá ser firmado por las partes, para lo que se les comunicará de manera comprensible y en formato accesible. También se comunicará y consultará con el menor si tiene suficiente madurez y, en todo caso, a partir de los doce años.

5. Los progenitores, tutores, guardadores o acogedores, dentro de sus respectivas funciones, colaborarán activamente, según su capacidad, en la ejecución de las medidas indicadas en el referido proyecto. La omisión de la colaboración prevista en el mismo dará lugar a la declaración de la situación de riesgo del menor.

6. La situación de riesgo será declarada por la administración pública competente conforme a lo dispuesto en la legislación estatal y autonómica aplicable mediante una resolución administrativa motivada, previa audiencia a los progenitores, tutores, guardadores o acogedores y del menor si tiene suficiente madurez y, en todo caso, a partir de los doce años. La resolución administrativa incluirá las medidas tendentes a corregir la situación de riesgo del menor, incluidas las atinentes a los deberes al respecto de los progenitores, tutores, guardadores o acogedores. Frente a la resolución administrativa que declare la situación de riesgo del menor, se podrá interponer recurso conforme a la Ley de Enjuiciamiento Civil.

7. Cuando la administración pública competente esté

desarrollando una intervención ante una situación de riesgo de un menor y tenga noticia de que va a ser trasladado al ámbito de otra entidad territorial, la administración pública de origen lo pondrá en conocimiento de la de destino al efecto de que, si procede, ésta continúe la intervención que se venía realizando, con remisión de la información y documentación necesaria. Si la administración pública de origen desconociera el lugar de destino, podrá solicitar el auxilio de las Fuerzas y Cuerpos de Seguridad a fin de que procedan a su averiguación. Una vez conocida la localización del menor, se pondrá en conocimiento de la Entidad Pública competente en dicho territorio, que continuará la intervención.

8. En los supuestos en que la administración pública competente para apreciar e intervenir en la situación de riesgo estime que existe una situación de desprotección que puede requerir la separación del menor de su ámbito familiar o cuando, concluido el período previsto en el proyecto de intervención o convenio, no se hayan conseguido cambios en el desempeño de los deberes de guarda que garanticen que el menor cuenta con la necesaria asistencia moral o material, lo pondrá en conocimiento de la Entidad Pública a fin de que valore la procedencia de declarar la situación de desamparo, comunicándolo al Ministerio Fiscal.

Cuando la Entidad Pública considere que no procede declarar la situación de desamparo, pese a la propuesta en tal sentido formulada por la administración pública competente para apreciar la situación de riesgo, lo pondrá en conocimiento de la administración pública que haya intervenido en la situación de riesgo y del Ministerio Fiscal. Este último hará una supervisión de la situación del menor, pudiendo para ello recabar la colaboración de los centros escolares y los servicios sociales, sanitarios o cualesquiera otros.

9. La administración pública competente para intervenir en la situación de riesgo adoptará, en colaboración con los servicios de salud correspondientes, las medidas adecuadas de prevención, intervención y seguimiento, de las situaciones de posible riesgo prenatal, a los efectos de evitar con posterioridad una eventual declaración de situación de riesgo o desamparo del recién nacido. A tales efectos, se entenderá por situación de riesgo prenatal la falta de cuidado físico de la mujer gestante o el consumo abusivo de sustancias con potencial adictivo, así como cualquier otra ac-

ción propia de la mujer o de terceros tolerada por ésta, que perjudique el normal desarrollo o pueda provocar enfermedades o anomalías físicas, mentales o sensoriales al recién nacido. Los servicios de salud y el personal sanitario deberán notificar esta situación a la administración pública competente, así como al Ministerio Fiscal. Tras el nacimiento se mantendrá la intervención con el menor y su unidad familiar para que, si fuera necesario, se declare la situación de riesgo o desamparo del menor para su adecuada protección.

10. La negativa de los progenitores, tutores, guardadores o acogedores a prestar el consentimiento respecto de los tratamientos médicos necesarios para salvaguardar la vida o integridad física o psíquica de un menor constituye una situación de riesgo. En tales casos, las autoridades sanitarias, pondrán inmediatamente en conocimiento de la autoridad judicial, directamente o a través del Ministerio Fiscal, tales situaciones a los efectos de que se adopte la decisión correspondiente en salvaguarda del mejor interés del menor.

Art. 17 bis. *Personas menores de catorce años en conflicto con la ley*.—Las personas a las que se refiere el artículo 3 de la Ley Orgánica 5/2000, de 12 de enero, de responsabilidad penal de los menores serán incluidas en un plan de seguimiento que valore su situación socio-familiar diseñado y realizado por los servicios sociales competentes de cada comunidad autónoma.

Si el acto violento pudiera ser constitutivo de un delito contra la libertad o indemnidad sexual o de violencia de género, el plan de seguimiento deberá incluir un módulo formativo en igualdad de género.

Art. 18. *Actuaciones en situación de desamparo*.—1. Cuando la Entidad Pública constate que el menor se encuentra en situación de desamparo, actuará en la forma prevista en el artículo 172 y siguientes del Código Civil, asumiendo la tutela de aquél por ministerio de la ley, adoptando las oportunas medidas de protección y poniéndolo en conocimiento del Ministerio Fiscal y, en su caso, del Juez que acordó la tutela ordinaria.

Art. 17 bis: Introducido por la Disp. Final 8.ª de la L.O. 8/2021, de 4 de junio, de protección integral a la infancia y la adolescencia frente a la violencia (*B.O.E.* n. 134, de 5 de junio).

Art. 18: Redactado por el art. 1.11 de la L.Prot.Inf.

2. De acuerdo con lo establecido en el artículo 172 y siguientes del Código Civil, se considerará situación de desamparo la que se produce de hecho a causa del incumplimiento, o del imposible o inadecuado ejercicio de los deberes de protección establecidos por las leyes para la guarda de los menores, cuando éstos queden privados de la necesaria asistencia moral o material.

La situación de pobreza de los progenitores, tutores o guardadores no podrá ser tenida en cuenta para la valoración de la situación de desamparo. Asimismo, en ningún caso se separará a un menor de sus progenitores en razón de una discapacidad del menor, de ambos progenitores o de uno de ellos.

Se considerará un indicador de desamparo, entre otros, el tener un hermano declarado en tal situación, salvo que las circunstancias familiares hayan cambiado de forma evidente.

En particular se entenderá que existe situación de desamparo cuando se dé alguna o algunas de las siguientes circunstancias con la suficiente gravedad que, valoradas y ponderadas conforme a los principios de necesidad y proporcionalidad, supongan una amenaza para la integridad física o mental del menor:

a) El abandono del menor, bien porque falten las personas a las que por ley corresponde el ejercicio de la guarda, o bien porque éstas no quieran o no puedan ejercerla.

b) El transcurso del plazo de guarda voluntaria, bien cuando sus responsables legales se encuentren en condiciones de hacerse cargo de la guarda del menor y no quieran asumirla, o bien cuando, deseando asumirla, no estén en condiciones para hacerlo, salvo los casos excepcionales en los que la guarda voluntaria pueda ser prorrogada más allá del plazo de dos años.

c) El riesgo para la vida, salud e integridad física del menor. En particular cuando se produzcan malos tratos físicos graves, abusos sexuales o negligencia grave en el cumplimiento de las obligaciones alimentarias y de salud por parte de las personas de la unidad familiar o de terceros con consentimiento de aquellas; también cuando el menor sea identificado como víctima de trata de seres humanos y haya un conflicto de intereses con los progenitores, tutores y guardadores; o cuando exista un consumo reiterado de sustancias con potencial adictivo o la ejecución de otro tipo de conductas adictivas de manera reiterada por parte del menor con el conocimiento, consentimiento o la tolerancia de los progenitores, tutores o guardadores. Se entiende que existe tal consentimiento o tolerancia cuando no se hayan realizado los esfuerzos necesarios para paliar estas conductas, como la solicitud de asesoramiento o el no haber colaborado suficientemente con el tratamiento, una vez conocidas las mismas. También se entiende que existe desamparo cuando se produzcan perjuicios graves al recién nacido causados por maltrato prenatal.

d) El riesgo para la salud mental del menor, su integridad moral y el desarrollo de su personalidad debido al maltrato psicológico continuado o a la falta de atención grave y crónica de sus necesidades afectivas o educativas por parte de progenitores, tutores o guardadores. Cuando esta falta de atención esté condicionada por un trastorno mental grave, por un consumo habitual de sustancias con potencial adictivo o por otras conductas adictivas habituales, se valorará como un indicador de desamparo la ausencia de tratamiento por parte de progenitores, tutores o guardadores o la falta de colaboración suficiente durante el mismo.

e) El incumplimiento o el imposible o inadecuado ejercicio de los deberes de guarda como consecuencia del grave deterioro del entorno o de las condiciones de vida familiares, cuando den lugar a circunstancias o comportamientos que perjudiquen el desarrollo del menor o su salud mental.

f) La inducción a la mendicidad, delincuencia o prostitución, o cualquier otra explotación del menor de similar naturaleza o gravedad.

g) La ausencia de escolarización o falta de asistencia reiterada y no justificada adecuadamente al centro educativo y la permisividad continuada o la inducción al absentismo escolar durante las etapas de escolarización obligatoria.

h) Cualquier otra situación gravemente perjudicial para el menor que traiga causa del incumplimiento o del imposible o inadecuado ejercicio de la patria potestad, la tutela o la guarda, cuyas consecuencias no puedan ser evitadas mientras permanezca en su entorno de convivencia.

3. Cada Entidad Pública designará al órgano que ejercerá la tutela de acuerdo con sus estructuras orgánicas de funcionamiento.

4. En caso de traslado permanente de residencia de un menor sujeto a una medida de protección desde la Comunidad Autónoma que la adoptó a otra distinta, corresponde a ésta asumir aquella medida o adoptar la que proceda en un plazo máxi-

mo de tres meses desde que esta última sea informada por la primera de dicho traslado. No obstante lo anterior, cuando la familia de origen del menor permanezca en la Comunidad Autónoma de origen y sea previsible una reintegración familiar a corto o medio plazo, se mantendrá la medida adoptada y la Entidad Pública del lugar de residencia del menor colaborará en el seguimiento de la evolución de éste. Tampoco será necesaria la adopción de nuevas medidas de protección en los casos de traslado temporal de un menor a un centro residencial ubicado en otra Comunidad Autónoma o cuando se establezca un acogimiento con familia residente en ella, con el acuerdo de ambas Comunidades Autónomas.

5. En los supuestos en los que se detecte una situación de posible desprotección de un menor de nacionalidad española que se encuentre fuera del territorio nacional, para su protección en España será competente la Entidad Pública correspondiente a la Comunidad Autónoma en la que residan los progenitores o tutores del menor. En su defecto, será competente la Entidad Pública correspondiente a la Comunidad Autónoma con la cual el menor o sus familiares tuvieren mayores vínculos. Cuando, conforme a tales criterios, no pudiere determinarse la competencia, será competente la Entidad Pública de la Comunidad Autónoma en la que el menor o sus familiares hubieran tenido su última residencia habitual.

En todo caso, cuando el menor que se encuentra fuera de España hubiera sido objeto de una medida de protección previamente a su desplazamiento, será competente la Entidad Pública que ostente su guarda o tutela.

Los posibles conflictos de competencia que pudieran originarse habrán de resolverse conforme a los principios de celeridad y de interés superior del menor, evitando dilaciones en la toma de decisiones que pudieran generar perjuicios al mismo.

La Administración General del Estado se encargará del traslado del menor a España. La Comunidad Autónoma que corresponda asumirá la competencia desde el momento en que el menor se encuentre en España.

6. En los supuestos en que las medidas de protección adoptadas en un Estado extranjero deban cumplirse en España, se atenderá, en primer lugar, a lo previsto en el Reglamento (CE) n.º 2201/2003 del Consejo, de 27 de noviembre de 2003, relativo a la competencia, el reconocimiento y la ejecu-

ción de las resoluciones judiciales en materia matrimonial y de responsabilidad parental, por el que se deroga el Reglamento (CE) n.º 1347/2000, o norma europea que lo sustituya. En los casos no regulados por la normativa europea, se estará a los Tratados y Convenios internacionales en vigor para España y, en especial, al Convenio relativo a la competencia, la ley aplicable, el reconocimiento, la ejecución y la cooperación en materia de responsabilidad parental y de medidas de protección de los niños, hecho en La Haya el 19 de octubre de 1996, o convenio que lo sustituya. En defecto de toda normativa internacional, se estará a las normas españolas de producción interna sobre eficacia en España de medidas de protección de menores.

Art. 19. *Guarda de menores.*—1. Además de la guarda de los menores tutelados por encontrarse en situación de desamparo, la Entidad Pública deberá asumir la guarda en los términos previstos en el artículo 172 bis del Código Civil, cuando los progenitores o tutores no puedan cuidar de un menor por circunstancias graves y transitorias o cuando así lo acuerde el Juez en los casos en que legalmente proceda.

2. La guarda voluntaria tendrá una duración máxima de dos años, salvo que el interés superior del menor aconseje, excepcionalmente, la prórroga de la medida por la previsible reintegración familiar en un plazo breve de tiempo.

En estos supuestos de guarda voluntaria será necesario el compromiso de la familia de someterse, en su caso, a la intervención profesional.

Art. 19 bis. *Disposiciones comunes a la guarda y tutela.*—1. Cuando la Entidad Pública asuma la tutela o guarda del menor elaborará un plan individualizado de protección que establecerá los objetivos, la previsión y el plazo de las medidas de intervención a adoptar con su familia de origen, incluido, en su caso, el programa de reintegración familiar.

En el caso de tratarse de un menor con discapacidad, la Entidad Pública garantizará la continuidad de los apoyos que viniera recibiendo o la adopción de otros más adecuados para sus necesidades.

2. Cuando del pronóstico se derive la posibilidad de retorno a la familia de origen, la Enti-

---

Art. 19: Redactado por el art. 1.12 de la L.Prot.Inf.
Art. 19 bis: Añadido por el art. 1.13 de la L.Prot.Inf.

dad Pública aplicará el programa de reintegración familiar, todo ello sin perjuicio de lo dispuesto en la normativa relativa a los menores extranjeros no acompañados.

3. Para acordar el retorno del menor desamparado a su familia de origen será imprescindible que se haya comprobado una evolución positiva de la misma, objetivamente suficiente para restablecer la convivencia familiar, que se hayan mantenido los vínculos, que concurra el propósito de desempeñar las responsabilidades parentales adecuadamente y que se constate que el retorno con ella no supone riesgos relevantes para el menor a través del correspondiente informe técnico. En los casos de acogimiento familiar, deberá ponderarse, en la toma de decisión sobre el retorno, el tiempo transcurrido y la integración en la familia de acogida y su entorno, así como el desarrollo de vínculos afectivos con la misma.

4. Cuando se proceda a la reunificación familiar, la Entidad Pública realizará un seguimiento posterior de apoyo a la familia del menor.

5. En el caso de los menores extranjeros no acompañados, se procurará la búsqueda de su familia y el restablecimiento de la convivencia familiar, iniciando el procedimiento correspondiente, siempre que se estime que dicha medida responde a su interés superior y no coloque al menor o a su familia en una situación que ponga en riesgo su seguridad.

6. Las menores y las jóvenes sujetas a medidas de protección que estén embarazadas, recibirán el asesoramiento y el apoyo adecuados a su situación. En el plan individual de protección se contemplará esta circunstancia, así como la protección del recién nacido.

Art. 20. *Acogimiento familiar.*—1. Cuando no sea posible la permanencia en el entorno familiar de origen, el acogimiento familiar, de acuerdo con su finalidad y con independencia del procedimiento en que se acuerde, revestirá las modalidades establecidas en el Código Civil y, en razón de la vinculación del menor con la familia acogedora, podrá tener lugar, de acuerdo al interés superior

---

Art. 20: Redactado por el art. 1.14 de la L.Prot.Inf.

N. 1: Modificado por la Disp. Final 8.ª de la L.O. 8/2021, de 4 de junio, de protección integral a la infancia y la adolescencia frente a la violencia (*B.O.E.* n. 134, de 5 de junio).

del menor, en la propia familia extensa del menor o en familia ajena.

El acogimiento familiar podrá ser especializado, entendiendo por tal el que se desarrolla en una familia en la que alguna o algunas de las personas que integran la unidad familiar dispone de cualificación, experiencia o formación específica para desempeñar esta función respecto de menores con necesidades o circunstancias especiales, pudiendo percibir por ello una compensación.

El acogimiento especializado podrá ser de dedicación exclusiva cuando así se determine por la Entidad Pública por razón de las necesidades y circunstancias especiales del menor en situación de ser acogido, percibiendo en tal caso la persona o personas designadas como acogedoras una compensación en atención a dicha dedicación.

2. El acogimiento familiar se formalizará por resolución de la Entidad Pública que tenga la tutela o la guarda, previa valoración de la adecuación de la familia para el acogimiento. En esta valoración se tendrá en cuenta su situación familiar y aptitud educadora, su capacidad para atender adecuadamente las necesidades de toda índole del menor o menores de que se trate, la congruencia entre su motivación y la naturaleza y finalidad del acogimiento según su modalidad, así como la disposición a facilitar el cumplimiento de los objetivos del plan individual de atención y, si lo hubiera, del programa de reintegración familiar, propiciando la relación del menor con su familia de procedencia. El régimen de visitas podrá tener lugar en los puntos de encuentro familiar habilitados, cuando así lo aconseje el interés superior del menor y el derecho a la privacidad de las familias de procedencia y acogedora. Cuando el tipo de acogimiento así lo aconseje, se valorará la adecuación de la edad de los acogedores con la del menor acogido, así como la relación previa entre ellos, priorizando, salvo que el interés del menor aconseje otra cosa, a las personas que, perteneciendo a su familia extensa, reúnan condiciones adecuadas para el acogimiento.

3. A la resolución de formalización del acogimiento familiar a que se refiere el apartado anterior, acordada conforme a los términos previstos en el Código Civil, se acompañará un documento anexo que incluirá los siguientes extremos:

a) La identidad del acogedor o acogedores y del acogido.

b) Los consentimientos y audiencias necesarias.

c) La modalidad del acogimiento, duración prevista para el mismo, así como su carácter de acogimiento en familia extensa o en familia ajena en razón de la vinculación del menor con la familia o persona acogedora.

d) Los derechos y deberes de cada una de las partes, y en particular:

1.º El régimen de visitas, estancia, relación o comunicación, en los supuestos de declaración de desamparo, por parte de la familia de origen, que podrá modificarse por la Entidad Pública en atención al interés superior del menor.

2.º El sistema de cobertura por parte de la Entidad Pública de los daños que sufra el menor o de los que pueda causar a terceros.

3.º La asunción por parte de los acogedores de los gastos de manutención, educación y atención sociosanitaria.

e) El contenido del seguimiento que, en función de la finalidad del acogimiento, vaya a realizar la Entidad Pública y el compromiso de colaboración con dicho seguimiento por parte de la familia acogedora.

f) En el caso de menores con discapacidad, los recursos de apoyo que precisa.

g) La compensación económica, apoyos técnicos y otro tipo de ayudas que, en su caso, vayan a recibir los acogedores.

h) El plazo en el cual la medida vaya a ser revisada.

La resolución y el documento anexo se remitirán al Ministerio Fiscal en el plazo máximo de un mes.

Art. 20 bis. *Derechos y deberes de los acogedores familiares.*—1. Los acogedores familiares tendrán derecho a:

a) Recibir información acerca de la naturaleza y efectos del acogimiento, así como preparación previa, seguimiento y apoyo técnico especializado durante y al término del mismo. En el caso de menores con discapacidad, los acogedores tendrán derecho a orientación, acompañamiento y apoyo adaptados a la discapacidad del menor.

b) Ser oídos por la Entidad Pública antes de que ésta adopte cualquier resolución que afecte al menor, especialmente antes de modificar o suspender temporalmente el régimen de visitas o de relación o comunicación con la familia de origen.

c) Ser informados del plan individual de protección así

Art. 20 bis: Añadido por el art. 1.15 de la L.Prot.Inf.

como de las medidas de protección relacionadas con el acogimiento que se adopten respecto al menor acogido, de las revisiones periódicas y a obtener información del expediente de protección del menor que les resulte necesaria para el ejercicio de sus funciones, a excepción de aquellas cuestiones relacionadas con el derecho a la intimidad de terceros y a la protección de datos de carácter personal.

d) Ser parte en todos los procesos de oposición a las medidas de protección y a la declaración de situación de desamparo del menor acogido y en todos los procesos de oposición relacionados con la medida de acogimiento familiar permanente con funciones de tutela que tenga formalizada.

e) Cooperar con la Entidad Pública en los planes de actuación y seguimiento establecidos para el acogimiento.

f) Disponer de la documentación identificativa, sanitaria y educativa del menor que acogen.

g) Ejercer todos los derechos inherentes a la guarda.

h) Ser respetados por el menor acogido.

i) Recabar el auxilio de la Entidad Pública en el ejercicio de sus funciones.

j) Realizar viajes con el menor siempre que se informe a la Entidad Pública y no exista oposición de ésta.

k) Percibir una compensación económica y otro tipo de ayuda que se hubiera estipulado, en su caso.

l) Facilitar al menor acogido las mismas condiciones que a los hijos biológicos o adoptados, a fin de hacer uso de derechos u obligaciones familiares durante el tiempo que el menor conviva con ellos.

m) Relacionarse con el menor al cesar el acogimiento, si la Entidad Pública entiende que conviniere a su interés superior y lo consintieren la familia de origen o, en su caso, la familia adoptiva o de acogimiento permanente, y el menor si tuviere suficiente madurez y, en todo caso, si fuera mayor de doce años.

n) Ser protegidos sus datos personales respecto de la familia de origen, de acuerdo con la legislación vigente.

ñ) Formular formalmente quejas o sugerencias ante la Entidad Pública que deberán ser tramitadas en un plazo inferior a los treinta días y, en caso de solicitar audiencia, ser escuchado con anterioridad a dicho plazo.

o) La familia acogedora tendrá los mismos derechos que la Administración reconoce al resto de unidades familiares.

2. Los acogedores familiares tendrán los siguientes deberes:

a) Velar por el bienestar y el interés superior del menor, tenerlo en su compañía, alimentarlo, educarlo y procurarle una formación integral en un entorno afectivo. En el caso de menor con discapacidad, deberá continuar prestando los apoyos especializados que viniera recibiendo o adoptar otros más adecuados a sus necesidades.

b) Oír al menor siempre antes de tomar decisiones que le afecten, si tuviere suficiente madurez y, en todo caso, si fuera mayor de doce años, sin exclusión alguna por discapacidad, y a transmitir a la Entidad Pública las peticiones que éste pueda realizar dentro de su madurez.

c) Asegurar la plena participación del menor en la vida de familia.

d) Informar a la Entidad Pública de cualquier hecho de trascendencia en relación con el menor.

e) Respetar y facilitar las relaciones con la familia de origen del menor, en la medida de las posibilidades de los acogedores familiares, en el marco del régimen de visitas establecido a favor de aquella y la reintegración familiar, en su caso.

f) Colaborar activamente con las Entidades Públicas en el desarrollo de la intervención individualizada con el menor y seguimiento de la medida, observando las indicaciones y orientaciones de la misma.

g) Respetar la confidencialidad de los datos relativos a los antecedentes personales y familiares del menor.

h) Comunicar a la Entidad Publica cualquier cambio en la situación familiar relativo a los datos y circunstancias que se tomaron en consideración como base para el acogimiento.

i) Garantizar el derecho a la intimidad y a la identidad de los menores acogidos y el respeto a su propia imagen, así como velar por el cumplimiento de sus derechos fundamentales.

j) Participar en las acciones formativas que se propongan.

k) Colaborar en el tránsito de la medida de protección del menor a la reintegración a su entorno de origen, la adopción, u otra modalidad de acogimiento, o al entorno que se establezca tras la adopción de una medida de protección más estable.

l) Los acogedores familiares tendrán las mismas obligaciones respecto del menor acogido que aquellos que la ley establece para los titulares de la patria potestad.

Art. 20 ter. *Tramitación de las solicitudes de acogimiento transfronterizo de personas menores de edad en España remitidas por un Estado miembro de la Unión Europea o por un Estado parte del Convenio de La Haya de 1996.*—1. El Ministerio de Justicia, en su calidad de Autoridad Central Española, será la autoridad competente para recibir las solicitudes de acogimiento transfronterizo de personas menores de edad procedentes de un Estado miembro de la Unión Europea o de un Estado parte del Convenio de La Haya de 1996. Dichas solicitudes deberán ser remitidas por la Autoridad Central del Estado requirente al objeto de obtener la preceptiva autorización de las autoridades españolas competentes con carácter previo a que se pueda producir el acogimiento.

2. Las solicitudes de acogimiento deberán realizarse por escrito y acompañarse de los documentos que la Autoridad Central española requiera para valorar la idoneidad de la medida en beneficio de la persona menor de edad y la aptitud del establecimiento o familia para llevar a cabo dicho acogimiento. En todo caso, además de la requerida por la normativa internacional aplicable, deberá aportarse un informe sobre el niño, niña o adolescente, los motivos de su propuesta de acogimiento, la modalidad de acogimiento, la duración del mismo y cómo se prevé hacer seguimiento de la medida.

3. Recibida la solicitud de acogimiento transfronterizo, la Autoridad Central española comprobará que la solicitud reúne el contenido y los requisitos según lo previsto en el apartado anterior y la transmitirá a la Administración autonómica competente para su aprobación.

4. La Administración autonómica competente, una vez evaluada la solicitud, remitirá su decisión a la Autoridad Central española que la hará llegar a la Autoridad Central del Estado requirente. Únicamente en caso de ser favorable, las autoridades competentes de dicho Estado dictarán una resolución que ordene el acogimiento en España, notificarán a todas las partes interesadas y solicitarán su reconocimiento y ejecución en España directamente ante el Juzgado o Tribunal español territorialmente competente.

Art. 20 ter: Introducido por la Disp. Final 8.ª de la L.O. 8/2021, de 4 de junio, de protección integral a la infancia y la adolescencia frente a la violencia (*B.O.E.* n. 134, de 5 de junio).

5. El plazo máximo para la tramitación y respuesta de la solicitud será de tres meses.

6. Las solicitudes de acogimiento y sus documentos adjuntos deberán acompañarse de una traducción legalizada en español.

Art. 20 quáter. *Motivos de denegación de las solicitudes de acogimiento transfronterizo de personas menores de edad en España.*—1. La Autoridad Central española rechazará las solicitudes de acogimiento transfronterizo cuando:

a) El objeto o finalidad de la solicitud de acogimiento no garantice el interés superior de la persona menor de edad para lo cual se tendrá especialmente en cuenta la existencia de vínculos con España.

b) La solicitud no reúna los requisitos exigidos para su tramitación. En este caso, se devolverá a la Autoridad Central requirente indicando los motivos concretos de la devolución con el fin de que pueda subsanarlos.

c) Se solicite el desplazamiento de una persona menor de edad incursa en un procedimiento penal o sancionador o que haya sido condenada o sancionada por la comisión de cualquier ilícito penal o administrativo.

d) No se haya respetado el derecho fundamental de la persona menor de edad a ser oída y escuchada, así como a mantener contactos con sus progenitores o representantes legales, salvo si ello es contrario a su superior interés.

Art. 20 quinquies. *Del procedimiento para la transmisión de las solicitudes de acogimiento transfronterizo de personas menores de edad desde España a otro Estado miembro de la Unión Europea o a un Estado parte del Convenio de La Haya de 1996.*—1. Las solicitudes de acogimiento transfronterizo que soliciten las Autoridades competentes en materia de protección de personas menores de edad se remitirán por escrito a la Autoridad Central española, que las transmitirá a las autoridades competentes del Estado miembro requerido para su tramitación.

Art. 20 quáter: Introducido por la Disp. Final 8.ª de la L.O. 8/2021, de 4 de junio, de protección integral a la infancia y la adolescencia frente a la violencia (*B.O.E.* n. 134, de 5 de junio).

Art. 20 quinquies: Introducido por la Disp. Final 8.ª de la L.O. 8/2021, de 4 de junio, de protección integral a la infancia y la adolescencia frente a la violencia (*B.O.E.* n. 134, de 5 de junio).

2. La tramitación y aprobación de dichas solicitudes se regirá por el Derecho Nacional del Estado miembro requerido.

3. La Autoridad Central española remitirá la decisión del acogimiento requerido a la Autoridad solicitante.

4. Las solicitudes de acogimiento y los documentos adjuntos que se dirijan a una autoridad extranjera deberán acompañarse de una traducción a una lengua oficial del Estado requerido o aceptada por este.

Art. 21. *Acogimiento residencial.*—1. En relación con los menores en acogimiento residencial, las Entidades Públicas y los servicios y centros donde se encuentren deberán actuar conforme a los principios rectores de esta ley, con pleno respeto a los derechos de los menores acogidos, y tendrán las siguientes obligaciones básicas:

a) Asegurarán la cobertura de las necesidades de la vida cotidiana y garantizarán los derechos de los menores adaptando su proyecto general a las características personales de cada menor, mediante un proyecto socio-educativo individual, que persiga el bienestar del menor, su desarrollo físico, psicológico, social y educativo en el marco del plan individualizado de protección que defina la Entidad Pública.

b) Contarán con el plan individual de protección de cada menor que establezca claramente la finalidad del ingreso, los objetivos a conseguir y el plazo para su consecución, en el cual se preverá la preparación del menor, tanto a la llegada como a la salida del centro.

c) Adoptarán todas sus decisiones en relación con el acogimiento residencial de los menores en interés de los mismos.

d) Fomentarán la convivencia y la relación entre hermanos siempre que ello redunde en interés de los menores y procurarán la estabilidad residencial de los menores, así como que el acogimiento tenga lugar preferentemente en un centro ubicado en la provincia de origen del menor.

e) Promoverán la relación y colaboración familiar, programándose, al efecto, los recursos necesarios para posibilitar el retorno a su familia de origen, si se considera que ese es el interés del menor.

f) Potenciarán la educación integral e inclusiva de los meno-

---

Art. 21: Redactado por el art. 1.16 de la L.Prot.Inf.

res, con especial consideración a las necesidades de los menores con discapacidad, y velarán por su preparación para la vida plena, de manera especial su escolarización y formación.

En el caso de los menores de dieciséis a dieciocho años uno de los objetivos prioritarios será la preparación para la vida independiente, la orientación e inserción laboral.

g) Poseerán una normativa interna de funcionamiento y convivencia que responda a las necesidades educativas y de protección, y tendrán recogido un procedimiento de formulación de quejas y reclamaciones.

h) Administrarán los medicamentos que, en su caso, precisen los menores bajo prescripción y seguimiento médico, de acuerdo con la praxis profesional sanitaria. A estos efectos se llevará un registro con la historia médica de cada uno de los menores.

i) Revisarán periódicamente el plan individual de protección con el objeto de valorar la adecuación del recurso residencial a las circunstancias personales del menor.

j) Potenciarán las salidas de los menores en fines de semana y períodos vacacionales con sus familias de origen o, cuando ello no fuese posible o procedente, con familias alternativas.

k) Promoverán la integración normalizada de los menores en los servicios y actividades de ocio, culturales y educativas que transcurran en el entorno comunitario en el que se encuentran.

l) Establecerán los necesarios mecanismos de coordinación con los servicios sociales especializados para el seguimiento y ajuste de las medidas de protección.

m) Velarán por la preparación para la vida independiente, promoviendo la participación en las decisiones que le afecten, incluida la propia gestión del centro, la autonomía y la asunción progresiva de responsabilidades.

n) Establecerán medidas educativas y de supervisión que garanticen la protección de los datos personales del menor al acceder a las tecnologías de la información y de la comunicación y a las redes sociales.

2. Todos los centros de acogimiento residencial que presten servicios dirigidos a menores en el ámbito de la protección deberán estar siempre habilitados administrativamente por la Entidad Pública, debiendo respetar el régimen de habilitación lo dispuesto en la Ley 20/2013, de 9 de diciembre, de garantía de la unidad de mercado. Además, deberán existir estándares de calidad y

accesibilidad por cada tipo de servicio.

La Entidad Pública regulará el régimen de funcionamiento de los centros de acogimiento residencial e inscribirá en el registro correspondiente a las entidades de acuerdo con sus disposiciones, prestando especial atención a la seguridad, sanidad, accesibilidad para personas con discapacidad, número, ratio y cualificación profesional de su personal, proyecto educativo, participación de los menores en su funcionamiento interno y demás condiciones que contribuyan a asegurar sus derechos.

Asimismo, la Entidad Pública promoverá modelos de acogimiento residencial con núcleos reducidos de menores que convivan en condiciones similares a las familiares.

3. Con el fin de favorecer que la vida del menor se desarrolle en un entorno familiar, prevalecerá la medida de acogimiento familiar sobre la de acogimiento residencial para cualquier menor, especialmente para menores de seis años. No se acordará el acogimiento residencial para menores de tres años salvo en supuestos de imposibilidad, debidamente acreditada, de adoptar en ese momento la medida de acogimiento familiar o cuando esta medida no convenga al interés superior del menor. Esta limitación para acordar el acogimiento residencial se aplicará también a los menores de seis años en el plazo más breve posible. En todo caso, y con carácter general, el acogimiento residencial de estos menores no tendrá una duración superior a tres meses.

4. A los efectos de asegurar la protección de los derechos de los menores, la Entidad Pública deberá realizar la inspección y supervisión de los centros y servicios semestralmente y siempre que así lo exijan las circunstancias.

5. Asimismo, el Ministerio Fiscal deberá ejercer la vigilancia sobre las decisiones de acogimiento residencial que se adopten, así como la inspección sobre todos los servicios y centros de acogimiento residencial, analizando, entre otros, los Proyectos Educativos Individualizados, el Proyecto Educativo del Centro y el Reglamento Interno.

6. La administración pública competente podrá adoptar las medidas adecuadas para garantizar la convivencia del centro, actuando sobre aquellas conductas con medidas de carácter educativo, que no podrán atentar, en ningún caso, contra la dignidad de los menores. En casos graves de perturbación de la convivencia, podrán limitarse las salidas del centro de aco-

gida. Estas medidas deberán ejercerse de forma inmediata y proporcional a la conducta de los menores, teniendo en cuenta las circunstancias personales de éstos, su actitud y los resultados derivados de su comportamiento.

7. De aquellas medidas que se impusieran por conductas o actitudes que fueren atentatorias contra la convivencia en el ámbito residencial, se dará cuenta inmediata a los progenitores, tutores o representantes legales del menor y al Ministerio Fiscal.

Art. 21 bis. *Derechos de los menores acogidos.*—1. El menor acogido, con independencia de la modalidad de acogimiento en que se encuentre, tendrá derecho a:

a) Ser oído en los términos del artículo 9 y, en su caso, ser parte en el proceso de oposición a las medidas de protección y declaración en situación de desamparo de acuerdo con la normativa aplicable, y en función de su edad y madurez. Para ello tiene derecho a ser informado y notificado de todas las resoluciones de formalización y cese del acogimiento.

b) Ser reconocido beneficiario del derecho de asistencia jurídica gratuita cuando se encuentre en situación de desamparo.

c) Dirigirse directamente a la Entidad Pública y ser informado de cualquier hecho trascendente relativo al acogimiento.

d) Relacionarse con su familia de origen en el marco del régimen de visitas, relación y comunicación establecido por la Entidad Pública.

e) Conocer progresivamente su realidad socio-familiar y sus circunstancias para facilitar la asunción de las mismas.

f) Recibir con la suficiente anticipación la información, los servicios y los apoyos generales que sean necesarios para hacer efectivos los derechos de los menores con discapacidad.

g) Poner en conocimiento del Ministerio Fiscal las reclamaciones o quejas que considere, sobre las circunstancias de su acogimiento.

h) Recibir el apoyo educativo y psicoterapéutico por parte de la Entidad Pública, para superar trastornos psicosociales de origen, medida esta aplicable tanto en acogimiento residencial, como en acogimiento familiar.

i) Recibir el apoyo educativo y psicoterapéutico que sea necesario.

Art. 21 bis: Añadido por el art. 1.17 de la L.Prot.Inf.

j) Acceder a su expediente y conocer los datos sobre sus orígenes y parientes biológicos, una vez alcanzada la mayoría de edad.

2. En los supuestos de acogimiento familiar, tiene, además, los siguientes derechos:

a) Participar plenamente en la vida familiar del acogedor.

b) Mantener relación con la familia de acogida tras el cese del acogimiento si la Entidad Pública entiende que conviniere a su interés superior y siempre que lo consintieren el menor si tuviere suficiente madurez y, en todo caso, si fuera mayor de doce años, la familia de acogida y la de origen o, en su caso, la familia adoptiva o de acogimiento permanente.

c) Solicitar información o pedir, por sí mismo si tuviera suficiente madurez, el cese del acogimiento familiar.

3. En los supuestos de acogimiento residencial, tiene, además, los siguientes derechos:

a) Respeto a la privacidad y a conservar sus pertenencias personales siempre que no sean inadecuadas para el contexto educativo.

b) Participar en la elaboración de la programación de actividades del centro y en el desarrollo de las mismas.

c) Ser escuchado en caso de queja y ser informado de todos los sistemas de atención y reclamación que tienen a su alcance, incluido el derecho de audiencia en la Entidad Pública.

Art. 21 ter. *Medidas para garantizar la convivencia y la seguridad en los centros de protección a la infancia y la adolescencia.*—1. Las medidas adoptadas para garantizar la convivencia y la seguridad en los centros de protección a la infancia y la adolescencia, consistirán en medidas de carácter preventivo y de desescalada, pudiéndose también adoptar excepcionalmente y como último recurso, medidas de contención física del menor.

Se prohíbe la contención mecánica, consistente en la sujeción de una persona menor de edad o a una cama articulada o a un objeto fijo o anclado a las instalaciones o a objetos muebles.

2. Toda medida que se aplique en un centro de protección a la infancia y la adolescencia para garantizar la convivencia y seguridad se regirá por los prin-

Art. 21 ter: Introducido por la Disp. Final 8.ª de la L.O. 8/2021, de 4 de junio, de protección integral a la infancia y la adolescencia frente a la violencia (*B.O.E.* n. 134, de 5 de junio).

cipios de legalidad, necesidad, individualización, proporcionalidad, idoneidad, graduación, transparencia y buen gobierno.

Asimismo, la ejecución de las medidas de contención se regirá por los principios rectores de excepcionalidad, mínima intensidad posible y tiempo estrictamente necesario, y se llevarán a cabo con el respeto debido a la dignidad, a la privacidad y a los derechos de la persona menor de edad.

3. Las medidas de desescalada y de contención deberán aplicarse por personal especializado con formación en materia de derechos de la infancia y la adolescencia, así como en resolución de conflictos y técnicas de sujeción personal.

4. Las medidas de desescalada consistirán en todas aquellas técnicas verbales de gestión emocional conducentes a la reducción de la tensión u hostilidad del menor que se encuentre en estado de alteración y/o agitación con inminente y grave peligro para su vida e integridad o para la de otras personas.

5. Las medidas de contención física podrán consistir en la interposición entre el menor y la persona u objeto que se encuentra en peligro, la restricción física de espacios o movimientos y, en última instancia, bajo un estricto protocolo, la inmovilización física del menor por personal especializado del centro.

Como medida excepcional y únicamente aplicable en centros de protección de menores con trastornos de conducta, la medida de contención física podrá consistir en la sujeción de las muñecas del menor con equipos homologados, que se aplicará con las garantías previstas en el artículo 28 de esta ley.

6. Las medidas de contención aplicadas en los centros de protección a la infancia y la adolescencia deberán ser comunicadas con carácter inmediato a la Entidad Pública y al Ministerio Fiscal. Asimismo, se anotarán en el Libro Registro de Incidencias, que será supervisado por parte de la dirección del centro y en el expediente individualizado del menor, que debe mantenerse actualizado.

La aplicación de medidas de contención requerirá, en todos los casos en que se hiciera uso de la fuerza, la exploración física del menor por facultativo médico en el plazo máximo de cuarenta y ocho horas, extendiéndose el correspondiente parte médico.

7. Las medidas de contención no podrán aplicarse a personas menores de catorce años, a las menores gestantes, a las menores hasta seis meses después de la terminación del em-

barazo, a las madres lactantes, a las personas que tengan hijos e hijas consigo, ni a quienes se encuentren convalecientes por enfermedad grave, salvo que de la actuación de aquellos pudiera derivarse un inminente y grave peligro para su vida e integridad o para la de otras personas.

Corresponde al Director del Centro o persona en la que este haya delegado, la adopción de decisiones sobre las medidas de contención física consistentes en la restricción de espacios y movimientos o la inmovilización del menor, que deberán ser motivadas y habrán de notificarse con carácter inmediato a la Entidad Pública y al Ministerio Fiscal.

Art. 22. *Información a los familiares.*—La entidad pública que tenga menores bajo su guarda o tutela deberá informar a los padres, tutores o guardadores sobre la situación de aquéllos cuando no exista resolución judicial que lo prohíba.

Art. 22 bis. *Programas de preparación para la vida independiente.*—Las Entidades Públicas ofrecerán programas de preparación para la vida independiente dirigidos a los jóvenes que estén bajo una medida de protección, particularmente en acogimiento residencial o en situación de especial vulnerabilidad, desde dos años antes de su mayoría de edad, una vez cumplida esta, siempre que lo necesiten, con el compromiso de participación activa y aprovechamiento por parte de los mismos. Los programas deberán propiciar seguimiento socioeducativo, alojamiento, inserción sociolaboral, apoyo psicológico y ayudas económicas.

Art. 22 ter. *Sistema de información sobre la protección a la infancia y a la adolescencia.*—Las Comunidades Autónomas y la Administración General del Estado establecerán un sistema de información compartido que permita el conocimiento uniforme de la situación de la protección a la infancia y a la adolescencia en España, y de ofrecimientos para el acogimiento y la adopción, con datos desagregados por género y discapacidad, tanto a efectos de seguimiento de las medidas concretas de protección de menores como a efectos estadísticos. A estos mismos efectos se desarrollará el Registro Unificado de Maltrato Infantil.

Art. 22 bis: Añadido por el art. 1.18 de la L.Prot.Inf.
Art. 22 ter: Añadido por el art. 1.19 de la L.Prot.Inf.

Art. 22 quáter. *Tratamiento de datos de carácter personal.*—1. Para el cumplimiento de las finalidades previstas en el capítulo I del Título II de esta ley, las Administraciones públicas competentes podrán proceder, sin el consentimiento del interesado, a la recogida y tratamiento de los datos que resulten necesarios para valorar la situación del menor, incluyendo tanto los relativos al mismo como los relacionados con su entorno familiar o social.

Los profesionales, las Entidades Públicas y privadas y, en general, cualquier persona facilitarán a las Administraciones públicas los informes y antecedentes sobre los menores, sus progenitores, tutores, guardadores o acogedores, que les sean requeridos por ser necesarios para este fin, sin precisar del consentimiento del afectado.

2. Las entidades a las que se refiere el artículo 13 podrán tratar sin consentimiento del interesado la información que resulte imprescindible para el cumplimiento de las obligaciones establecidas en dicho precepto con la única finalidad de poner dichos datos en conocimiento de las Administraciones públicas competentes o del Ministerio Fiscal.

3. Los datos recabados por las Administraciones públicas podrán utilizarse única y exclusivamente para la adopción de las medidas de protección establecidas en la presente ley, atendiendo en todo caso a la garantía del interés superior del menor y sólo podrán ser comunicados a las Administraciones públicas que hubieran de adoptar las resoluciones correspondientes, al Ministerio Fiscal y a los órganos judiciales.

4. Los datos podrán ser igualmente cedidos sin consentimiento del interesado al Ministerio Fiscal, que los tratará para el ejercicio de las funciones establecidas en esta ley y en la normativa que le es aplicable.

5. En todo caso, el tratamiento de los mencionados datos quedará sometido a lo dispuesto en la Ley Orgánica 15/1999, de 13 de diciembre, de Protección de Datos de Carácter Personal y sus disposición de desarrollo, siendo exigible la implantación de las medidas de seguridad de nivel alto previstas en dicha normativa.

Art. 22 quáter: Añadido por el art. 1.20 de la L.Prot.Inf.

Art. 22 quáter.5: La referencia a la L.O. 15/1999 debe entenderse hecha hoy día a la L.O. 3/2018, de protección de datos personales y garantía de los derechos digitales (*B.O.E.* n. 294, de 6 de diciembre).

Art. 22 quinquies. *Impacto de las normas en la infancia y en la adolescencia.*—Las memorias del análisis de impacto normativo que deben acompañar a los anteproyectos de ley y a los proyectos de reglamentos incluirán el impacto de la normativa en la infancia y en la adolescencia.

CAPÍTULO II

De la tutela

Art. 23. *Índice de tutelas.*—Para el ejercicio de la función de vigilancia atribuida al Ministerio Fiscal en el Código Civil respecto de la tutela asumida por la Entidad Pública por ministerio de la ley, se llevará en cada Fiscalía un Índice de Tutelas de Menores.

CAPÍTULO III

De la adopción

Art. 24. *Adopción de menores.*—La adopción nacional e internacional se ajustará a lo establecido por la legislación civil aplicable.

CAPÍTULO IV*

Centros de protección específicos de menores con problemas de conducta

Art. 25. *Acogimiento residencial en centros de protección específicos de menores con problemas de conducta.*—1. Se someterán a las disposiciones previstas en este capítulo, los ingresos, actuaciones e intervenciones en centros de protección específicos de menores con problemas de conducta dependientes de las Entidades Públicas o de entidades privadas colaboradoras de aquellas, en los que esté prevista la utilización de medidas de seguridad y de restricción de libertades o derechos fundamentales.

Estos centros, sometidos a estándares internacionales y a control de calidad, estarán destinados al acogimiento residencial de menores que estén en situación de guarda o tutela de la Entidad Pública, diagnostica-

---

Art. 22 quinquies: Añadido por el art. 1.21 de la L.Prot.Inf.
Art. 23: Redactado por el art. 1.22 de la L.Prot.Inf.
Art. 24: Redactado por el art. 1.23 de la L.Prot.Inf.
* Capítulo añadido, con sus arts. 25 a 35, por el art. 1.6 de la L.O. 8/2015, de 22 de julio, de modificación del sistema de protección a la infancia y a la adolescencia (*B.O.E.* n. 175, de 23 de julio).

dos con problemas de conducta, que presenten conductas disruptivas o disociales recurrentes, transgresoras de las normas sociales y los derechos de terceros, cuando además así esté justificado por sus necesidades de protección y determinado por una valoración psicosocial especializada.

2. El acogimiento residencial en estos centros se realizará exclusivamente cuando no sea posible la intervención a través de otras medidas de protección, y tendrá como finalidad proporcionar al menor un marco adecuado para su educación, la normalización de su conducta, su reintegración familiar cuando sea posible, y el libre y armónico desarrollo de su personalidad, en un contexto estructurado y con programas específicos en el marco de un proyecto educativo. Así pues, el ingreso del menor en estos centros y las medidas de seguridad que se apliquen en el mismo se utilizarán como último recurso y tendrán siempre carácter educativo.

3. En los supuestos de guarda voluntaria prevista en el artículo 19, será necesario el compromiso de la familia a someterse a la intervención profesional.

4. Estos centros dispondrán de una ratio adecuada entre el número de menores y el personal destinado a su atención para garantizar un tratamiento individualizado a cada menor.

5. En el caso de menores con discapacidad, se continuará con los apoyos especializados que vinieran recibiendo o se adoptarán otros más adecuados, incorporando en todo caso medidas de accesibilidad en los centros de ingreso y en las actuaciones que se lleven a cabo.

Art. 26. *Ingreso en centros de protección específicos de menores con problemas de conducta.*—1. La Entidad Pública que ostente la tutela o guarda de un menor, y el Ministerio Fiscal, estarán legitimados para solicitar la autorización judicial para el ingreso del menor en los centros de protección específicos de menores con problemas de conducta. Esta solicitud de ingreso estará motivada y fundamentada en informes psicosociales emitidos previamente por personal especializado en protección de menores.

2. No podrán ser ingresados en estos centros los menores que presenten enfermedades o trastornos mentales que requieran un tratamiento específico por parte de los servicios competentes en materia de salud mental o de atención a las personas con discapacidad.

3. Para el ingreso de un menor en estos centros será ne-

cesario que la Entidad Pública o el Ministerio Fiscal recaben previamente la correspondiente autorización judicial, garantizando, en todo caso, el derecho del menor a ser oído según lo establecido en el artículo 9. Dicha autorización se otorgará tras la tramitación del procedimiento regulado en el artículo 778 bis de la Ley 1/2000, de 7 de enero, de Enjuiciamiento Civil, y deberá pronunciarse sobre la posibilidad de aplicarles medidas de seguridad, así como de limitarles temporalmente el régimen de visitas, de comunicaciones y de salidas que pudieran adoptarse.

No obstante, si razones de urgencia, convenientemente motivadas, hicieren necesaria la inmediata adopción del ingreso, la Entidad Pública o el Ministerio Fiscal podrá acordarlo previamente a la autorización judicial, debiendo comunicarlo al Juzgado competente lo antes posible y, en todo caso, dentro del plazo de veinticuatro horas, a los efectos de que se proceda a la preceptiva ratificación del mismo para lo que deberá aportar la información de que disponga y justificante del ingreso inmediato. El Juzgado resolverá en el plazo máximo de setenta y dos horas desde que reciba la comunicación, dejándose de inmediato sin efecto el ingreso en caso de que no lo autorice.

4. Los menores recibirán a su ingreso en el centro, información escrita sobre sus derechos y deberes, las normas de funcionamiento del centro, las cuestiones de organización general, el régimen educativo, el régimen disciplinario y los medios para formular peticiones, quejas y recursos. Dicha información se transmitirá de forma que se garantice su comprensión en atención a la edad y a las circunstancias del menor.

5. Los menores no permanecerán en el centro más tiempo del estrictamente necesario para atender a sus necesidades específicas. El cese será acordado por el órgano judicial que esté conociendo del ingreso, de oficio o a propuesta de la Entidad Pública o del Ministerio Fiscal. Esta propuesta estará fundamentada en un informe psicosocial.

Art. 27. *Medidas de seguridad.*—1. Las medidas de segu-

Art. 27: Modificado por la Disp. Final 8.ª de la L.O. 8/2021, de 4 de junio, de protección integral a la infancia y la adolescencia frente a la violencia (*B.O.E.* n. 134, de 5 de junio).

ridad podrán consistir en la contención del menor, en su aislamiento provisional o en registros personales y materiales. Las medidas de seguridad solo podrán utilizarse fracasadas las medidas preventivas y de desescalada, que tendrán carácter prioritario.

2. Las medidas de seguridad deberán aplicarse por personal especializado y con formación en materia de derechos de la infancia y la adolescencia, resolución de conflictos y técnicas de sujeción. Este personal solo podrá usar medidas de seguridad con los menores como último recurso, en casos de intentos de fuga, resistencia activa que suponga una alteración grave de la convivencia o una vulneración grave a los derechos de otros menores o riesgo directo de autolesión, de lesiones a otros o daños graves a las instalaciones.

3. Corresponde al Director del Centro o persona en la que este haya delegado, la adopción de decisiones sobre las medidas de seguridad, que deberán ser motivadas y habrán de notificarse con carácter inmediato a la Entidad Pública y al Ministerio Fiscal y podrán ser recurridas por el menor, el Ministerio Fiscal y la Entidad Pública, ante el órgano judicial que esté conociendo del ingreso, el cual resolverá tras recabar informe del centro y previa audiencia del menor y del Ministerio Fiscal.

4. Las medidas de seguridad aplicadas deberán registrarse en el Libro Registro de Incidencias, que será supervisado por parte de la dirección del centro.

Art. 28. *Medidas de contención.*—1. Las medidas de contención se adoptarán en atención a las circunstancias en presencia y en la forma en que se establece en los apartados siguientes del presente artículo.

2. El personal de los centros únicamente podrá utilizar medidas de contención previo intento de restauración de la convivencia y de la seguridad a través de medidas de desescalada.

3. La contención física solo podrá consistir en la interposición entre el menor y la persona o el objeto que se encuentra en peligro, la restricción física de espacios y movimientos y, en última instancia, bajo un estricto protocolo, la inmovilización fí-

---

Art. 28: Modificado por la Disp. Final 8.ª de la L.O. 8/2021, de 4 de junio, de protección integral a la infancia y la adolescencia frente a la violencia (*B.O.E.* n. 134, de 5 de junio).

sica por personal especializado del centro.

En los centros de protección específicos de menores con problemas de conducta, será admisible únicamente y con carácter excepcional la sujeción de las muñecas del menor con equipos homologados, siempre y cuando se realice bajo un estricto protocolo y no sea posible evitar por otros medios la puesta en grave riesgo de la vida o la integridad física del menor o de terceros. Esta medida excepcional solo podrá aplicarse por el tiempo mínimo imprescindible, que no podrá ser superior a una hora. Durante este tiempo, la persona menor de edad estará acompañada presencialmente y de forma continua, o supervisada de manera permanente, por un educador u otro profesional del equipo educativo o técnico del centro.

La aplicación de esta medida se comunicará de manera inmediata a la Entidad Pública, al Ministerio Fiscal y al órgano judicial que esté conociendo del ingreso.

4. La contención mecánica está prohibida en los términos establecidos en el artículo 21 ter de esta Ley.

Art. 29. *Aislamiento del menor.*—1. El aislamiento provisional de un menor mediante su permanencia en un espacio adecuado del que se impida su salida solo podrá utilizarse en prevención de actos violentos, autolesiones, lesiones a otros menores residentes en el centro, al personal del mismo o a terceros, así como de daños graves a sus instalaciones. Se aplicará puntualmente en el momento en el que sea preciso y en ningún caso como medida disciplinaria.

2. El aislamiento no podrá exceder de tres horas consecutivas sin perjuicio del derecho al descanso del menor. Durante el periodo de tiempo en que el menor permanezca en aislamiento estará acompañado presencialmente y de forma continua o supervisado de manera permanente por un educador u otro profesional del equipo educativo o técnico del centro.

Art. 30. *Registros personales y materiales.*—1. Los re-

Art. 29: Modificado por la Disp. Final 8.ª de la L.O. 8/2021, de 4 de junio, de protección integral a la infancia y la adolescencia frente a la violencia (*B.O.E.* n. 134, de 5 de junio).

Art. 30: Modificado por la Disp. Final 8.ª de la L.O. 8/2021, de 4 de junio, de protección integral a la infancia y la adolescencia frente a la violencia (*B.O.E.* n. 134, de 5 de junio).

gistros personales y materiales se llevarán a cabo con el respeto debido a la dignidad, privacidad y a los derechos fundamentales de la persona, con el fin de evitar situaciones de riesgo producidas por la introducción o salida del centro de objetos, instrumentos o sustancias que por sí mismos o por su uso inadecuado pueden resultar peligrosos o perjudiciales.

Se utilizarán preferentemente medios electrónicos.

2. El registro personal y cacheo del menor se efectuará por el personal indispensable que requerirá, al menos dos profesionales del centro del mismo sexo que el menor. Cuando implique alguna exposición corporal esta será parcial, se realizará en lugar adecuado, sin la presencia de otros menores y preservando en todo lo posible la intimidad del menor.

3. El personal del centro podrá realizar el registro de las pertenencias del menor, pudiendo retirarle aquellos objetos que se encuentren en su posesión que pudieran ser de ilícita procedencia, resultar dañinos para sí, para otros o para las instalaciones del centro o que no estén autorizados para menores de edad. Los registros materiales se deberán comunicar previamente al menor siempre que no pudieran efectuarse en su presencia.

Art. 31. *Régimen disciplinario.*—1. El régimen disciplinario en estos centros se fundará siempre en el proyecto socio-educativo del centro y en el individualizado de cada menor, al cual se informará del mismo.

2. El procedimiento disciplinario será el último recurso a utilizar, dando prioridad a los sistemas restaurativos de resolución de conflictos e interacción educativa. No podrán establecerse restricciones de igual o mayor entidad que las previstas en la legislación reguladora de la responsabilidad penal de los menores.

3. En ningún caso podrán utilizarse las medidas contenidas en los artículos 27 a 30 con fines disciplinarios.

4. La regulación autonómica sobre régimen disciplinario deberá ser suficiente y adecuada a los principios de la Constitución, de esta ley y del Título IX de la Ley 30/1992, de 26 de noviembre, de Régimen Jurídico de las Administraciones Públicas y del Procedimiento Admi-

Art. 31.4: La referencia a la Ley 30/1992 debe entenderse hecha hoy día a la Ley 30/2015, de 1 de octubre, de procedimiento administrativo común de las Administraciones Públicas (*B.O.E.* n. 236, de 2 de octubre).

nistrativo Común, garantizando al menor la asistencia legal de un abogado independiente, respetando en todo momento la dignidad y los derechos de los menores y sin que en ningún caso se les pueda privar de los mismos.

Art. 32. *Supervisión y control.*—Con independencia de las inspecciones de los centros que puedan efectuar el Defensor del Pueblo, las instituciones autonómicas equivalentes y el Ministerio Fiscal, la medida de ingreso del menor en el centro de protección específico deberá revisarse al menos trimestralmente por la Entidad Pública, debiendo remitir al órgano judicial competente que autorizó el ingreso y al Ministerio Fiscal, con esa periodicidad, el oportuno informe motivado de seguimiento que incluya las entradas del Libro de Registro de Incidencias.

A los efectos de las inspecciones e informes a los que se refiere el párrafo anterior, el Libro de Registro de Incidencias deberá respetar, respecto a los cesionarios de datos, la adopción de las medidas de seguridad de nivel medio establecidas en la legislación vigente en materia de protección de datos de carácter personal.

Art. 33. *Administración de medicamentos.*—1. La administración de medicamentos a los menores, cuando sea necesario para su salud, deberá tener lugar de acuerdo con la praxis profesional sanitaria, respetando las disposiciones sobre consentimiento informado, y en los términos y condiciones previstas en la Ley 41/2002, de 14 de noviembre, básica reguladora de la autonomía del paciente y de derechos y obligaciones en materia de información y documentación clínica.

2. En todo caso, deberá ser un facultativo médico autorizado quien recete medicamentos sujetos a prescripción médica y realice el seguimiento de su correcta administración y de la evolución del tratamiento. A estos efectos se llevará un registro con la historia médica de cada uno de los menores.

Art. 34. *Régimen de visitas y permisos de salida.*—1. Las visitas de familiares y otras personas allegadas sólo podrán ser restringidas o suspendidas en interés del menor por el Director del centro, de manera motivada, cuando su tratamiento educativo lo aconseje y conforme a los términos recogidos en la autorización judicial de ingreso.

El derecho de visitas no podrá ser restringido por la aplicación de medidas disciplinarias.

2. El Director del centro de protección específico de meno-

res con problemas de conducta podrá restringir o suprimir las salidas de las personas ingresadas en el mismo, siempre en interés del menor y de manera motivada, cuando su tratamiento educativo lo aconseje, conforme a los términos recogidos en la autorización judicial de ingreso.

3. Las medidas limitativas del régimen de visitas y de los permisos de salida deberán ser notificadas a las personas interesadas, al menor y al Ministerio Fiscal de acuerdo con la legislación aplicable.

Dichas medidas podrán ser recurridas por el Ministerio Fiscal y por el menor al que se garantizará asistencia legal de abogado independiente, ante el órgano judicial que esté conociendo el ingreso, el cual resolverá tras recabar informe del centro y previa audiencia de las personas interesadas, del menor y del Ministerio Fiscal.

Art. 35. *Régimen de comunicaciones del menor.*—1. Los menores ingresados en los centros tendrán derecho a remitir quejas de forma confidencial al Ministerio Fiscal, a la autoridad judicial competente y al Defensor del Pueblo o ante las instituciones autonómicas homólogas. Este derecho no podrá ser restringido por la aplicación de medidas disciplinarias.

2. Las comunicaciones del menor con familiares y otras personas allegadas serán libres y secretas.

Sólo podrán ser restringidas o suspendidas por el Director del centro en interés del menor, de manera motivada, cuando su tratamiento educativo lo aconseje y conforme a los términos recogidos en la autorización judicial de ingreso. La restricción o suspensión del derecho a mantener comunicaciones o del secreto de las mismas deberá ser adoptada de acuerdo con la legislación aplicable y notificada a las personas interesadas, al menor y al Ministerio Fiscal, quienes podrán recurrirla ante el órgano jurisdiccional que autorizó el ingreso, el cual resolverá tras recabar informe del centro y previa audiencia de las personas interesadas, del menor y del Ministerio Fiscal.

DISPOSICIONES ADICIONALES

1.ª Se aplicarán las normas de la jurisdicción voluntaria a las actuaciones que se sigan:

1.º Para adoptar las medidas previstas en el artículo 158 del Código civil.

2.º Contra las resoluciones que declaren el desamparo y la asunción de la tutela por ministerio de la Ley y la idoneidad de los solicitantes de adopción.

3.º Para cualesquiera otras reclamaciones frente a resoluciones de las entidades públicas que surjan con motivo del ejercicio de sus funciones en materia de tutela o guarda de menores.

En el indicado procedimiento, los recursos se admitirán, en todo caso, en un solo efecto.

Quedará siempre a salvo el ejercicio de las acciones en la vía judicial ordinaria.

2.ª Para la inscripción en el Registro español de las adopciones constituidas en el extranjero, el encargado del Registro apreciará la concurrencia de los requisitos del artículo 9.º5 del Código civil.

3.ª Con excepción de las declaraciones de incapacitación y de prodigalidad, las demás actuaciones judiciales previstas en los Títulos IX y X del Libro I del Código civil se ajustarán al procedimiento previsto para la jurisdicción voluntaria, con las siguientes particularidades:

1.ª Tanto el Juez como el Ministerio Fiscal actuarán de oficio en interés del menor o incapaz, adoptando y proponiendo las medidas, diligencias y pruebas que estimen oportunas. Suplirán la pasividad de los particulares y les asesorarán sobre sus derechos y sobre el modo de subsanar los defectos de sus solicitudes.

2.ª No será necesaria la intervención de Abogado ni de Procurador.

3.ª La oposición de algún interesado se ventilará en el mismo procedimiento, sin convertirlo en contencioso.

DISPOSICIÓN TRANSITORIA

Única. Los procedimientos iniciados con anterioridad a la entrada en vigor de esta Ley se regirán por la normativa anterior.

DISPOSICIÓN DEROGATORIA

Única. Queda derogado el Decreto de 2 de julio de 1948 por el que se aprueba el texto refundido de la Legislación sobre Protección de Menores y cuantas normas se opongan a la presente Ley.

DISPOSICIONES FINALES

1.ª El artículo 9.º4 del Código civil tendrá la siguiente redacción:

....

2.ª El artículo 9.º5 del Código civil, párrafos 3.º, 4.º y 5.º, tendrá la siguiente redacción:

....

3.ª El artículo 149 del Código civil tendrá la siguiente redacción:

....

4.ª El artículo 158 del Código civil tendrá la siguiente redacción:

....

5.ª El artículo 172 del Código civil queda redactado como sigue:

....

6.ª El artículo 173 del Código civil tendrá la siguiente redacción:

....

7.ª Se introduce en el Código civil un nuevo artículo con el número 173 bis, con la siguiente redacción:

....

8.ª El artículo 174.2 del Código civil queda redactado como sigue:

....

9.ª El artículo 175.1 del Código civil queda redactado como sigue:

....

10.ª El artículo 176 del Código civil quedará redactado como sigue:

....

11.ª El artículo 177 del Código civil quedará redactado como sigue:

....

12.ª El primer párrafo del artículo 211 del Código civil tendrá la siguiente redacción:

....

13.ª El artículo 216 del Código civil tendrá un segundo párrafo con la siguiente redacción:

....

14.ª El artículo 234 del Código civil tendrá un último párrafo con la siguiente redacción:

....

15.ª El artículo 247 del Código civil tendrá la siguiente redacción:

....

16.ª El artículo 248 del Código civil tendrá la siguiente redacción:

....

17.ª Se añade un segundo párrafo al artículo 260 del Código civil con la siguiente redacción:

....

18.ª 1. Los artículos del Código civil que se relacionan a continuación quedarán redactados como sigue:

....

Párrafo segundo del artículo 166:

....

Párrafo segundo del artículo 185:

....

Artículo 271:

....

Artículo 272:

....

Artículo 273:

....

Artículo 300:

....

Artículo 753:

....

Artículo 996:

....

Párrafo tercero del artículo 1.057:

....

Artículo 1.329:

....

Artículo 1.330:

....

Número 1.º del artículo 1.459:

....

Número 3.º del artículo 1.700:

....

Número 3.º del artículo 1.732:

....

2. Quedan modificados los siguientes artículos del Código civil:

En los artículos 108, 823 y 980 quedan suprimidas, respectivamente, las palabras «plena» y «plenamente».

En los artículos 323 y 324 se sustituyen, respectivamente, las palabras «tutor» y «tutores» por «curador» y «curadores».

Queda suprimido el párrafo tercero del artículo 163.

En el primer párrafo del artículo 171 se eliminan las palabras «no se constituirá la tutela, sino que».

Al final del último párrafo de este mismo artículo 171 se agrega la frase «o curatela, según proceda».

El número 1.º del artículo 234 se sustituye por el siguiente:

«Al cónyuge que conviva con el tutelado.»

En el artículo 852 se sustituye «y 5.º» por, «5.º y 6.º».

En el artículo 855 se sustituye «y 6.º» por «5.º y 6.º»; «169» por «170», y se suprime su último párrafo.

Queda suprimido el párrafo segundo del artículo 992 y en el tercero, que pasará a ser segundo, se elimina la palabra «también».

Se agrega un segundo párrafo al artículo 1.060 del siguiente tenor:

El número 2.º del artículo 1.263 queda sustituido por el siguiente:

«Los incapacitados».

En el número 1.º del artículo 1.291 las palabras «sin autorización judicial» sustituyen a «sin autorización del consejo de familia».

En el artículo 1.338 se sustituyen las palabras «El menor» por «El menor no emancipado».

En el número 1.º del artículo 1.393 se sustituyen las palabras «declarado ausente» por «declarado pródigo».

19.ª La Ley de Enjuiciamiento Civil quedará modificada en el siguiente sentido:

1. Los actuales artículos 1.910 a 1.918 de la Ley de Enjuiciamiento Civil pasarán a integrar la sección tercera del Título IV del Libro III, titulada «Medidas provisionales en relación con los hijos de familia».

2. La sección segunda del Título IV del Libro III, se denominará «Medidas relativas al retorno de menores en los supuestos de sustracción internacional» y comprenderá los artículos 1.901 a 1.909, ambos inclusive, con el siguiente contenido:

....

20.ª El Ministerio Fiscal velará para que, incoado un procedimiento sobre reclamación frente a las resoluciones de las entidades públicas que surjan con motivo del ejercicio de sus funciones en materia de tutela o de guarda, se resuelvan en el mismo expediente todas las acciones e incidencias que afecten a un mismo menor. A tal efecto, promoverá ante los órganos jurisdiccionales las actuaciones oportunas previstas en la legislación procesal.

21.ª 1. El artículo 5.º, en sus apartados 3.º y 4.º; el artículo 7.º en su apartado 1.º; el artículo 8.º, en su apartado 2.º letra *c*); el artículo 10, en sus apartados 1.º y 2.º, letras *a*), *b*), y *d*); los artículos 11, 12, 13, 15, 16, 17, 18 en su apartado 2.º, 21 en sus apartados 1.º, 2.º y 3.º, y el artículo 22, son legislación supletoria de la que dicten las Comunidades Autónomas con competencia en materia de asistencia social.

2. El artículo 10, en su apartado 3.º, el artículo 21, en su apartado 4.º, el artículo 23,

las disposiciones adicionales 1.ª, 2.ª y 3.ª, la disposición transitoria única y las disposiciones finales 19.ª y 20.ª, se dictan al amparo del artículo 149.1.2.ª, 5.ª y 6.ª de la Constitución.

3. Los restantes preceptos no orgánicos de la Ley, así como las revisiones al Código civil contenidas en la misma, se dictan al amparo del artículo 149.1.8.ª de la Constitución y se aplicarán sin perjuicio de la normativa que dicten las Comunidades Autónomas con competencia en materia de Derecho Civil, Foral o Especial.

22.ª Las entidades públicas mencionadas en esta Ley son las designadas por las Comunidades Autónomas y las ciudades de Ceuta y Melilla, de acuerdo con sus respectivas normas de organización.

23.ª Tienen carácter de ley ordinaria los artículos 1; 5, apartados 3 y 4; 7, apartado 1; 8, apartado 2, párrafo *c*); 9 bis; 9 ter; 9 quáter; 9 quinquies; 10, apartados 1, 2, párrafos *a*), *b*) y *d*), 3, 4 y 5; 11, 12, 13, 14, 15, 16, 17, 18, 19, 19 bis, 20, 20 bis, 20 ter, 21, 22, 22 bis, 22 ter, 22 quáter, 22 quinquies, 23 y 24; las disposiciones adicionales primera, segunda y tercera; la disposición transitoria; la disposición derogatoria, y las disposiciones finales primera a vigésima segunda y vigésima cuarta.

Los preceptos relacionados en el párrafo anterior se aplicarán según lo previsto en la disposición final vigésima primera.

24.ª La presente Ley entrará en vigor a los treinta días de su publicación en el *Boletín Oficial del Estado.*

Disp. Adic. 23.ª: Redactada por el art. 1.7 de la L.O. 8/2015, de 22 de julio, de modificación del sistema de protección a la infancia y a la adolescencia (*B.O.E.* n. 175, de 23 de julio).

LEY 40/1999, DE 5 DE NOVIEMBRE, SOBRE NOMBRE Y APELLIDOS Y ORDEN DE LOS MISMOS

(*B.O.E.* núm. 266, de 6 de noviembre de 1999)

EXPOSICIÓN DE MOTIVOS

La regulación existente en el Código Civil y en la Ley del Registro Civil en materia de orden de inscripción de apellidos ha venido a establecer hasta el momento presente la regla general de que, determinando la filiación los apellidos, el orden de éstos será el paterno y materno; se reconoce también la posibilidad de modificar esta situación por el hijo una vez que haya alcanzado la mayoría de edad.

Esta situación, que ya intentó ser cambiada con ocasión de la modificación del Código Civil operada por la Ley 11/1981, de 13 de mayo, es la que se pretende modificar a la luz del principio de igualdad reconocido en nuestra Constitución y en atención a distintas decisiones de ámbito internacional adoptadas sobre esta materia. Baste recordar, en este punto, que el artículo 16 de la Convención de Naciones Unidades de 18 de diciembre de 1979 prevé que los Estados signatarios tomen las medidas necesarias para hacer desaparecer toda disposición sexista en el derecho del nombre; que el Comité de Ministros del Consejo de Europa, desde 1978, establece en la Resolución 78/37 la recomendación a los Estados miembros de que hicieran desaparecer toda discriminación entre el hombre y la mujer en el régimen jurídico del nombre y que el Tribunal Europeo de Derechos Humanos ha sancionado, en la sentencia de 22 de febrero de 1994 en el caso Burghartz C. Suisse, las discriminaciones sexistas en la elección de los apellidos.

Es, por tanto, más justo y menos discriminatorio para la mujer permitir que ya inicialmente puedan los padres de común acuerdo decidir el orden de los apellidos de sus hijos, en el bien entendido de que su decisión para el primer hijo habrá de valer también para los hijos futuros de igual vínculo, lo cual no impide que, ante el no ejercicio de la opción posible, deba regir lo dispuesto en la Ley.

Por otra parte, transcurridos más de veinte años desde la aprobación de la Ley 17/1977, de 4 de enero, sobre reforma del artículo 54 de la Ley del Registro Civil, que establecía la posibilidad de sustituir el nombre propio por su equivalente onomástico en cualquiera de las lenguas del Estado español, nos encontramos con que cualquier ciudadano que alcance la mayoría de edad y tenga inscrito su nombre en lengua castellana en el Registro Civil, se ve privado de la posibilidad de que su nombre propio sea traducido a otra lengua española oficial.

Por todo ello, la Ley que se aprueba facilita el uso normal de las diferentes lenguas del Estado español y la obtención de un estatuto jurídico que respete su riqueza idiomática.

Asimismo, y por las mismas razones, la Ley permite regularizar ortográficamente los apellidos cuando la forma inscrita en el Registro no se adecue a la gramática y fonética de la lengua española correspondiente.

Por lo demás, la presente Ley se completa con una disposición transitoria que prevé el supuesto de existencia de hijos menores de edad en el momento de la entrada en vigor de aquélla. La alteración del orden de sus apellidos se subordina a la necesaria audiencia, si tuvieran suficiente juicio.

Artículo 1.º El artículo 109 del Código Civil queda redactado en los siguientes términos.

....

Art. 2.º El artículo 54 de la Ley de 8 de junio de 1957, del Registro Civil, queda redactado en los siguientes términos:

«En la inscripción se expresará el nombre que se da al nacido, si bien no podrá consignarse más de un nombre compuesto, ni más de dos simples.

Quedan prohibidos los nombres que objetivamente perjudiquen a la persona, así como los diminutivos o variantes familiares y coloquiales que no hayan alcanzado sustantividad, los que hagan confusa la identificación y los que induzcan en su conjunto a error en cuanto al sexo.

No puede imponerse al nacido nombre que ostente uno de sus hermanos, a no ser que hubiera fallecido, así como tampoco su traducción usual a otra lengua.

A petición del interesado o de su representante legal, el encargado del Registro sustituirá el nombre propio de aquél por su equivalente onomástico en cualquiera de las lenguas españolas.»

Art. 3.º El artículo 55 de la Ley de 8 de junio de 1957, del Registro Civil, queda redactado en los siguientes términos:

«La filiación determina los apellidos.

En los supuestos de nacimiento con una sola filiación reconocida, ésta determina los apellidos, pudiendo el progenitor que reconozca su condición de tal determinar, al tiempo de la inscripción, el orden de los apellidos.

El orden de los apellidos establecido para la primera inscripción de nacimiento determina el orden para la inscripción de los posteriores nacimientos con idéntica filiación.

Alcanzada la mayoría de edad, se podrá solicitar la alteración del orden de los apellidos.

El encargado del Registro impondrá un nombre y unos apellidos de uso corriente al nacido cuya filiación no pueda determinarlos.

El encargado del Registro, a petición del interesado o de su representante legal, procederá a regularizar ortográficamente los apellidos cuando la forma inscrita en el Registro no se adecue a la gramática y fonética de la lengua española correspondiente.»

Art. 4.º Se añade una disposición adicional segunda a la Ley del Registro Civil con el siguiente texto:

«En todas las peticiones y expedientes relativos a la nacionalidad y al nombre y a los apellidos, las solicitudes de los interesados no podrán entenderse estimadas por silencio administrativo.»

DISPOSICIÓN TRANSITORIA

Única. Si en el momento de entrar en vigor esta Ley los padres tuvieran hijos menores de edad de un mismo vínculo podrán, de común acuerdo, decidir la anteposición del apellido materno para todos los hermanos. Ahora bien, si éstos tuvieran suficiente juicio, la alteración del orden de los apellidos de los menores de edad requerirá aprobación en expediente registral, en el que éstos habrán de ser oídos conforme al artículo 9 de la Ley Orgánica 1/1996, de 15 de enero.

DISPOSICIÓN DEROGATORIA

Única. Queda derogado el artículo segundo de la Ley 17/1977, de 4 de enero, sobre reforma del artículo 54 de la Ley del Registro Civil. Asimismo quedan derogadas cuantas disposiciones generales se opongan a lo establecido en la presente Ley.

DISPOSICIÓN FINAL

Única. La presente Ley entratá en vigor a los tres meses de su publicación en el *Boletín Oficial del Estado.* Dentro del plazo indicado, el Gobierno procederá a modificar el Reglamento del Registro Civil en lo que resulte necesario para adecuarlo a lo previsto en la presente Ley.

LEY 4/2000, DE 7 DE ENERO, DE MODIFICACIÓN DE LA REGULACIÓN DE LA DECLARACIÓN DE FALLECIMIENTO DE LOS DESAPARECIDOS CON OCASIÓN DE NAUFRAGIOS Y SINIESTROS

(*B.O.E.* núm. 8, de 10 de enero de 2000)

EXPOSICIÓN DE MOTIVOS

El ejercicio de las actividades marítimas y aéreas tanto de transporte como de pesca extractiva, conforman un sector de la vida económica que se desarrolla en un medio físico natural como es el mar.

Ello implica que se produce un mayor índice de dificultad, penosidad y, principalmente, de mayor riesgo para la vida y la integridad física de los trabajadores de dicho sector.

La actividad marítima y aérea, tanto de trasporte como de pesca, está sometida a elevados riesgos como averías, incendios, hundimientos de los buques y principalmente a las adversidades climatológicas que suelen acarrear siniestros y graves consecuencias cuando se manifiestan en alta mar.

Todo este cúmulo de circunstancias ocasionan, tanto en la actividad de transporte marítimo y principalmente en la pesca extractiva, por razón de la dimensión de los buques, que sean actividades laborales de elevado riesgo en las que desgraciadamente se producen con mayor frecuencia que la deseada, pérdidas de vidas humanas, tanto de carácter colectivo con ocasión del naufragio de buques, como individuales por caídas al mar y la inmersión en el agua de la persona, con su posterior desaparición física.

La desaparición de una persona en el mar origina principalmente un gran drama humano para sus familiares y suscita paralelamente diversos problemas de orden personal, asistencial, administrativo y económico, que requieren de un marco legislativo eficaz, operativo y ajustado a la realidad, que ayude a paliar el gran problema humano provocado por la desaparición en el mar de un familiar.

Acaecido un hecho de esta naturaleza, la legislación de Seguridad Social ha establecido mecanismos protectores, tanto para hacer frente a las indemnizaciones por accidente de trabajo, como al reconocimiento, en su caso, de las pensiones de viudedas y orfandad.

No obstante, para el resto de cuestiones de carácter jurídico, privado y patrimonial (transmisión de bienes inmuebles, cuentas corrientes, créditos hipotecarios y personales, de cobro de seguros, etc.), la legislación vigente establece unos plazos de dos o tres años dependiendo de las circunstancias de la desaparición para poder abordar y solucionar todas las cuestiones hereditarias, a través de la figura jurídica de la declaración de fallecimiento.

Mediante la declaración judicial de fallecimiento se efectúa una presunción de la muerte de una persona, por la cual se permite que se puedan producir los mismos efectos jurídicos que con la muerte comprobada.

En definitiva, se trata de un mecanismo jurídico dirigido a dar seguridad, estabilidad, solución a las cuestiones y problemas administrativos, patrimoniales y económicos que se suscitan en los familiares de los desaparecidos.

El Código Civil en su artículo 194 establece unos plazos de dos y tres años para los supuestos de siniestro, accidente aéreo y naufragio marítimo en virtud de los cuales se realiza un juicio de probabilidad, y una presunción legal de muerte, a todos los efectos, de los desaparecidos en la mar.

La experiencia práctica de los siniestros y naufragios ocurridos nos enseña que, para intentar paliar con sensibilidad e inmediatez los graves daños que en las familias originan la desaparición de seres queridos en la mar, es necesaria una modificación puntual que adecue a la realidad los artículos reseñados, de manera que se acorten los plazos establecidos para efectuar la declaración de fallecimiento.

Igualmente, además de todo lo expuesto, se producen otros tipos de siniestros, bien por accidentes laborales, explosiones o catástrofes naturales (inundaciones o tormentas de montaña), u otros similares que suelen ocasionar desgraciadamente la desaparición de personas sin dejar rastro alguno, motivo por el cual procede también modificar puntualmente el artículo 193 del reseñado Código.

Artículo 1.º Se modifica el párrafo primero del apartado tercero del artículo 193 del Código Civil, que quedará redactado en los siguientes términos:

....

Art. 2.º Se modifican los apartados 2.º y 3.º del artículo 194 del Código Civil, que quedan redactados en los siguientes términos:

....

DISPOSICIÓN FINAL

Única. La presente Ley entrará en vigor el día siguiente al de su publicación en el *Boletín Oficial del Estado.*

LEY 36/2002, DE 8 DE OCTUBRE, DE MODIFICACIÓN DEL CÓDIGO CIVIL EN MATERIA DE NACIONALIDAD

(*B.O.E.* núm. 242, de 9 de octubre de 2002)

EXPOSICIÓN DE MOTIVOS

I

Desde la promulgación del Código Civil en 1889, la regulación jurídica de la nacionalidad, concebida como vínculo político y jurídico que liga a una persona física con su Estado, ha sido objeto de sucesivas reformas, motivadas, unas veces, por la necesidad de adaptar la legislación a nuevas realidades que han ido surgiendo, y otras, a partir de 1978, por la exigencia de dar cumplimiento a los mandatos de la Constitución Española. En concreto, ha de tenerse bien presente el encargo que contiene el artículo 42 de la misma cuando encomienda al Estado la misión de velar por la salvaguardia de los derechos económicos y sociales de los trabajadores españoles en el extranjero, a la que añade la obligación de orientar su política hacia su retorno. Facilitar la conservación y transmisión de la nacionalidad española es, sin duda, una forma eficaz de cumplir este mandato y éste es el principal objetivo de la presente Ley.

II

En este sentido, se ha introducido en el artículo 20 la posibilidad de que las personas cuyo padre o madre hubiera sido originariamente español y nacido en España puedan optar por la nacionalidad española sin limite de edad. De este modo, se da cumplida respuesta, por un lado, a la recomendación contenida en el informe publicado en el *Boletín Oficial de las Cortes Generales* el 27 de febrero de 1998, elaborado por la Subcomisión del Congreso de los Diputados, creada para el estudio de la situación de los españoles que residen en el extranjero y, por otro, a las reclamaciones que éstos han hecho llegar al Consejo de la Emigración pidiendo se superara el sistema de plazos preclusivos de opción establecidos sucesivamente por las Leyes 18/1990, 15/1993 y 29/1995.

En el mismo orden de cosas, se ha modificado el artículo 24 para establecer un sistema que permitiera al que se hallara en alguno de los supuestos contemplados en el apartado 1 de ese artículo, y antes de que se cumpliera el plazo establecido en el 2, impedir la pérdida que, de otra forma, se producía automáticamente al transcurrir el plazo establecido. En coherencia con todo ello, se ha reformado igualmente el artículo 25, del que además ha desaparecido el supuesto de pérdida de la nacionalidad como pena, al no contemplarse ya la misma en el Código Penal.

En esta misma línea, se ha suprimido del artículo 26 el requisito de renunciar a la nacionalidad anterior, puesto que el mismo suponía en la práctica un obstáculo insuperable para la recuperación de la nacionalidad española. De esta forma, se atiende a la exigencia contenida en el punto seis de la moción aprobada por el Pleno del Congreso de los Diputados el 18 de octubre de 2000, sobre medidas para mejorar, jurídica y económicamente, la situación de los emigrantes españoles.

III

Por otro lado, se ha considerado conveniente hacer en los textos vigentes las mejoras técnicas que la experiencia acumulada en la aplicación de los mismos, la actividad legislativa acaecida desde su aprobación o la jurisprudencia han hecho aconsejables y que tienen un desigual alcance.

Así, la modificación introducida en el artículo 22.3 tiene por objeto dejar sentado que la residencia, a efectos de servir de base para la adquisición de la nacionalidad española, ha de ser efectiva, resolviendo así las dudas acerca de cómo había de interpretarse la necesidad de que fuera legal y si ello comprendía o no la residencia física. Por otro lado, la reforma es acorde con los planteamientos de la sentencia del Tribunal Supremo de 19 de noviembre de 1998, que concibe el requisito de residir como la prueba de que existe, en el ánimo del interesado, la voluntad de integrarse en la comunidad española.

También ha desaparecido del artículo 26.2 el requisito previo de la habilitación del Gobierno para la recuperación de la nacionalidad española cuando no se ha cumplido el servicio militar o la prestación civil sustitutoria.

La disposición adicional primera tiene por finalidad adecuar los procedimientos relativos a la nacionalidad española a la normativa de la Ley 30/1992, de 26 de noviembre, de Régimen Jurídico de las Administraciones Públicas y del Procedimiento Administrativo Común, señalándose un plazo máximo de un año para la resolución de los expedientes, habida cuenta de la complejidad que entraña su tramitación y resolviéndose el silencio administrativo en sentido negativo, en consideración a los efectos perjudiciales que la solución contraria habría de tener.

Por último, la presente Ley se dicta al amparo de la competencia que en exclusiva corresponde al Estado conforme a la regla 2.ª del artículo 149.1 de la Constitución Española.

Artículo único. Los artículos 20, 22, 23, 24, 25 y 26 del Código Civil quedarán redactados de la forma siguiente:

....

DISPOSICIONES ADICIONALES

1.ª Las solicitudes de adquisición por residencia y de dispensa del requisito de residencia legal para recuperar la nacionalidad española habrán de ser resueltas en el plazo máximo de un año desde que hubieran tenido entrada en el órgano competente para resolver, transcurrido el cual, sin que hubiera recaído resolución expresa, habrán de entenderse desestimadas, de acuerdo con lo dispuesto en la disposición adicional segunda de la Ley de Registro Civil.

2.ª La causa de pérdida prevista en el artículo 24.3 del Código Civil sólo será de aplicación a quienes lleguen a la mayoría de edad o emancipación después de la entrada en vigor de la presente Ley.

DISPOSICIÓN DEROGATORIA

Quedan derogadas las disposiciones de igual o inferior rango que se opongan a lo dispuesto en la presente Ley.

DISPOSICIÓN FINAL

Única. La presente Ley entrará en vigor a los tres meses de su publicación en el *Boletín Oficial del Estado.*

LEY 41/2003, DE 18 DE NOVIEMBRE, DE PROTECCIÓN PATRIMONIAL DE LAS PERSONAS CON DISCAPACIDAD Y DE MODIFICACIÓN DEL CÓDIGO CIVIL, DE LA LEY DE ENJUICIAMIENTO CIVIL Y DE LA NORMATIVA TRIBUTARIA CON ESTA FINALIDAD

(*B.O.E.* núm. 277, de 19 de noviembre de 2003)

EXPOSICIÓN DE MOTIVOS

Son múltiples los mecanismos que, en cumplimiento del mandato que a los poderes públicos da el artículo 49 de la Constitución, tratan de responder a la especial situación de las personas con discapacidad, ordenando los medios necesarios para que la minusvalía que padecen no les impida el disfrute de los derechos que a todos los ciudadanos reconocen la Constitución y las leyes, logrando así que la igualdad entre tales personas y el resto de los ciudadanos sea real y efectiva, tal y como exige el artículo 9.2 de la Constitución.

Hoy constituye una realidad la supervivencia de muchos discapacitados a sus progenitores, debido a la mejora de asistencia sanitaria y a otros factores, y nuevas formas de discapacidad como las lesiones cerebrales y medulares por accidentes de tráfico, enfermedad de Alzheimer y otras, que hacen aconsejable que la asistencia económica al discapacitado no se haga sólo con cargo al Estado o a la familia, sino con cargo al propio patrimonio que permita garantizar el futuro del minusválido en previsión de otras fuentes para costear los gastos que deben afrontarse.

Esta ley tiene por objeto regular nuevos mecanismos de protección de las personas con discapacidad, centrados en un aspecto esencial de esta protección, cual es el patrimonial.

Efectivamente, uno de los elementos que más repercuten en el bienestar de las personas con discapacidad es la existencia de medios económicos a su disposición, suficientes para atender las específicas necesidades vitales de los mismos.

En gran parte, tales medios son proporcionados por los poderes públicos, sea directamente, a través de servicios públicos dirigidos a estas personas, sea indirectamente, a través de distintos instrumentos como beneficios fiscales o subvenciones específicas.

Sin embargo, otra parte importante de estos medios procede de la propia persona con discapacidad o de su familia, y es a esta parte a la que trata de atender esta ley.

II

De esta forma, el objeto inmediato de esta ley es la regulación de una masa patrimonial, el patrimonio especialmente protegido de las personas con discapacidad, la cual queda inmediata y directamente vinculada a la satisfacción de las necesidades vitales de una persona con discapacidad, favoreciendo la constitución de este patrimonio y la aportación a título gratuito de bienes y derechos a la misma.

Los bienes y derechos que forman este patrimonio, que no tiene personalidad jurídica propia, se aíslan del resto del patrimonio personal de su titular-beneficiario, sometiéndolos a un régimen de administración y supervisión específico.

Se trata de un patrimonio de destino, en cuanto que las distintas aportaciones tienen como finalidad la satisfacción de las necesidades vitales de sus titulares.

Beneficiarios de este patrimonio pueden ser, exclusivamente, las personas con discapacidad afectadas por unos determinados grados de minusvalía, y ello con independencia de que concurran o no en ellas las causas de incapacitación judicial contempladas en el artículo 200 del Código Civil y de que, concurriendo, tales personas hayan sido o no judicialmente incapacitadas.

La regulación contenida en esta ley se entiende sin perjuicio de las disposiciones que pudieran haberse aprobado en las comunidades autónomas con derecho civil propio, las cuales tienen aplicación preferente de acuerdo con el artículo 149.1.8.ª de la Constitución española y los diferentes estatutos de autonomía, siéndoles de aplicación esta ley con carácter supletorio, conforme a la regla general contenida en el artículo 13.2 del Código Civil.

III

Esta constitución del patrimonio corresponde a la propia persona con discapacidad que vaya a ser beneficiaria del mismo o, en caso de que ésta no tenga capacidad de obrar suficiente, a sus padres, tutores o curadores de acuerdo con los mecanismos generales de sustitución de la capacidad de obrar regulados por nuestro ordenamiento jurídico, o bien a su guardador de hecho, en el caso de personas con discapacidad psíquica.

La constitución requiere, inexcusablemente, de una aportación originaria de bienes y derechos, si bien una vez constituido el patrimonio cualquier persona con interés legítimo puede realizar aportaciones a dicho patrimonio, previéndose incluso la posibilidad de que tanto las aportaciones simultáneas a la constitución del patrimonio protegido como las posteriores puedan hacerse a pesar de la oposición de los padres, tutores o curadores, cuando así lo estime el juez por convenir al beneficiario del patrimonio. En todo caso, las aportaciones de terceros deberán realizarse siempre a título gratuito.

Sin embargo, cuando la persona con discapacidad tenga capacidad de obrar suficiente, y de acuerdo con el principio general de autonomía personal y libre desarrollo de la personalidad que informa nuestro ordenamiento jurídico (artículo 10.1 de la Constitución), no se podrá constituir un patrimonio protegido en su beneficio o hacer aportaciones al mismo en contra de su voluntad.

Asimismo, cuando la aportación es realizada por un tercero, y por tercero se entiende cualquier persona distinta del beneficiario del patrimonio, incluidos los padres, tutores o curadores, constituyentes del mismo, el aportante podrá establecer el destino que a los bienes o derechos aportados deba darse una vez extinguido el patrimonio protegido, determinando que tales bienes o derechos reviertan en el aportante o sus herederos o dándoles cualquier otro destino lícito que estime oportuno. Sin embargo, esta facultad del aportante tiene un límite, ya que la salida del bien o derecho aportado del patrimonio protegido tan sólo podrá producirse por extinción de éste, lo que elimina la posibilidad de afecciones de bienes y derechos a término.

Por otro lado, la existencia de este patrimonio, y el especial régimen de administración al que se somete el mismo, en nada modifican las reglas generales del Código Civil o, en su caso, de los derechos civiles autonómicos, relativas a los distintos actos y negocios jurídicos, lo cual implica que, por ejemplo, cuando un tercero haga una aportación a un patrimonio protegido mediante donación, dicha donación podrá rescindirse por haber sido realizada en fraude de acreedores, revocarse por superveniencia o supervivencia de hijos del donante o podrá reducirse por inoficiosa, si concurren los requisitos que para ello exige la legislación vigente.

IV

En cuanto a la administración del patrimonio, y el término administración se emplea aquí en el sentido más amplio, comprensivo también de los actos de disposición, se parte de la regla general de que todos los bienes y derechos, cualquiera que sea su procedencia, se sujetan al régimen de administración establecido por el constituyente del patrimonio, el cual tiene plenas facultades para establecer las reglas de administración que considere oportunas, favoreciéndose de esta forma que la administración pueda corresponder a entidades sin ánimo de lucro especializadas en la atención a las personas con discapacidad, si bien ello con una distinción, ya que:

Cuando el constituyente del patrimonio protegido sea el beneficiario del mismo, y a la vez tenga capacidad de obrar suficiente, se aplica sin más la regla general expresada.

En todos los demás casos, las reglas de administración deberán prever que se requiera autorización judicial en los mismos supuestos que el tutor la requiere respecto de los bienes del tutelado, si bien se permite que el juez pueda flexibilizar este régimen de la forma que se estime oportuna cuando las circunstancias concurrentes en el caso concreto así lo hicieran conveniente y en todo caso sin que sea preciso acudir al procedimiento de subasta pública contemplado en la Ley de Enjuiciamiento Civil.

Dado el especial régimen de administración al que se sujeta el patrimonio protegido, es perfectamente posible que, a pesar de que su beneficiario tenga capacidad de obrar suficiente, la administración del patrimonio no le corresponda a él, sino a una persona distinta, sea porque así lo ha querido la propia persona con discapacidad, cuando ella misma haya constituido el patrimonio, sea porque lo haya dispuesto así el constituyente del patrimonio y lo haya aceptado el beneficiario, cuando el constituyente sea un tercero.

En cambio, cuando el beneficiario del patrimonio protegido no tenga capacidad de obrar suficiente, el o los administradores del patrimonio protegido pueden no ser los padres, tutores o curadores a los que legalmente corresponde la administración del resto del patrimonio de la persona con discapacidad, lo cual hace conveniente que la ley prevea expresamente que la representación legal de la persona con discapacidad para todos los actos relativos al patrimonio protegido corresponda, no a los padres, tutores o curadores, sino a los administradores del mismo, si bien la representación legal está referida exclusivamente a los actos de administración.

Asimismo, la ley regula la extinción del patrimonio protegido, la cual, dejando al margen el caso especial de que el juez pueda acordar la extinción del mismo cuando así convenga al interés de la persona con discapacidad, sólo se produce por muerte o declaración de fallecimiento de su beneficiario o al dejar éste de padecer una minusvalía en los grados establecidos por la ley.

En estos casos, se presta especial atención a los bienes y derechos aportados por terceros, los cuales se aplicarán a la finalidad prevista por el aportante al realizar la aportación, si bien cuando fuera material o jurídicamente imposible cumplir esta finalidad se les dará otra, lo más análoga y conforme posible a la voluntad del aportante, en técnica similar a la conmutación modal regulada por el artículo 798 del Código Civil y atendiendo, si procede, a la naturaleza de los bienes y derechos que integran el patrimonio protegido en el momento de su extinción y en proporción a las diferentes aportaciones.

V

Aspecto fundamental del contenido de la ley es el de la supervisión de la administración del patrimonio protegido de las personas con discapacidad.

El primer aspecto que destaca de esta supervisión es que el constituyente puede establecer las reglas de supervisión y fiscalización de la administración del patrimonio que considere oportunas.

En segundo lugar, la supervisión institucional del patrimonio protegido corresponde al Ministerio Fiscal, respecto del cual se prevén dos tipos de actuaciones, a saber:

a) Una supervisión permanente y general de la administración del patrimonio protegido, a través de la información que, periódicamente, el administrador debe remitirle.

b) Una supervisión esporádica y concreta, ya que cuando las circunstancias concurrentes en un momento determinado lo hicieran preciso, el Ministerio Fiscal puede solicitar del juez la adopción de cualquier medida que se estime pertinente en beneficio de la persona con discapacidad. A estos efectos, el Ministerio Fiscal puede actuar tanto de oficio como a solicitud de cualquier persona, y será oído en todas las actuaciones judiciales que afecten al patrimonio protegido, aunque no sean instadas por él.

Por otro lado, la ley crea la Comisión de Protección Patrimonial de las Personas con Discapacidad, cuya función básica es ser un órgano externo de apoyo, auxilio y asesoramiento del Ministerio Fiscal en el ejercicio de sus funciones, sin perjuicio de las demás que reglamentariamente pudieran atribuírsele.

Dada la importancia de esta Comisión, y la especialización que sus funciones pueden requerir, se prevé que en ella participen, en todo caso, representantes de la asociación de utilidad pública, más representativa en el ámbito estatal, de los diferentes tipos de discapacidad.

Por último, se adoptan dos medidas de publicidad registral importantes, ya que:

De un lado, cuando la administración del patrimonio protegido no corresponde ni al propio beneficiario ni a sus padres, tutores o curadores, la representación legal que el administrador ostenta sobre el beneficiario del patrimonio para todos los actos relativos a éste debe de hacerse constar en el Registro Civil.

De otro, se prevé que en el Registro de la Propiedad conste la condición de un bien o derecho real inscrito como integrante de un patrimonio protegido.

VI

Sin embargo, el contenido de la ley no acaba en la regulación del patrimonio protegido de las personas con discapacidad, sino que además se incorporan distintas modificaciones de la legislación vigente que tratan de mejorar la protección patrimonial de estas personas, aumentando las posibilidades jurídicas de afectar medios económicos a la satisfacción de las necesidades de estas personas o que, en general, mejoran el tratamiento jurídico de las personas con discapacidad. Estas modificaciones se realizan siguiendo las pautas aconsejadas por la Comisión General de Codificación.

De ellas, destaca en primer lugar la regulación de la autotutela, es decir, la posibilidad que tiene una persona capaz de obrar de adoptar las disposiciones que estime convenientes en previsión de su propia futura incapacitación, lo cual puede ser especialmente importante en el caso de enfermedades degenerativas.

Efectivamente, si ya los padres pueden adoptar las medidas que consideren oportunas respecto de la persona y bienes de sus hijos menores o incapacitados, no se ven obstáculos para que esta misma posibilidad corresponda a una persona con capacidad de obrar suficiente respecto de sí mismo, para el caso de ser incapacitado.

Esta autotutela se regula introduciendo unos cambios mínimos en el Código Civil, consistentes en habilitar a las personas capaces para adoptar las disposiciones que considere oportunas en previsión de su propia incapacitación, y ello en el mismo precepto que regula las facultades parentales respecto de la tutela, y en alterar el orden de delación de la tutela, prefiriendo como tutor en primer lugar al designado por el propio tutelado, si bien sin modificar la facultad genérica que corresponde al juez de alterar el orden de delación cuando así convenga al interés del incapacitado pero siempre que hayan sobrevenido circunstancias que no fueron tenidas en cuenta al efectuar la designación.

Además, se garantiza, mediante los mecanismos oportunos que el juez que estuviera conociendo de la constitución de la tutela pueda conocer la eventual existencia de disposiciones relativas a la misma, sean de los padres, sean del propio incapaz.

Complemento de esta regulación de la autotutela es la reforma del artículo 1.732 del Código Civil, con objeto de establecer que la incapacitación judicial del mandante, sobrevenida al otorgamiento del mandato, no sea causa de extinción de éste cuando el mandante haya dispuesto su continuación a pesar de la incapacitación, y ello sin perjuicio de que dicha extinción pueda ser acordada por el juez en el momento de constitución de la tutela sobre el mandante o, en un momento posterior, a instancia del tutor.

Por último, se legitima al presunto incapaz a promover su propia incapacidad, modificándose, por tanto, el artículo 757.1 de la Ley 1/2000, de 7 de enero, de Enjuiciamiento Civil.

VII

En segundo lugar, se introducen distintas modificaciones del derecho de sucesiones. De esta forma:

a) Se configura como causa de indignidad generadora de incapacidad para suceder *ab intestato* el no haber prestado al causante las atenciones debidas durante su vida, entendiendo por tales los alimentos regulados por el Título VI del Libro I del Código Civil, y ello aunque el causahabiente no fuera una de las personas obligadas a prestarlos.

b) Se permite que el testador pueda gravar con una sustitución fideicomisaria la legítima estricta, pero sólo cuando ello beneficiare a un hijo o descendiente judicialmente incapacitado. En este caso, a diferencia de otros regulados en la ley, como se aclara a través de una nueva disposición adicional del Código Civil, se exige que concurra la incapacitación judicial del beneficiado, y no la minusvalía de éste en el grado establecido en el artículo 2.2 de la ley.

c) Se reforma el artículo 822 del Código Civil, dando una protección patrimonial directa a las personas con discapacidad mediante un trato favorable a las donaciones o legados de un derecho de habitación realizados a favor de las personas con discapacidad que sean legitimarias y convivan con el donante o testador en la vivienda habitual objeto del derecho de habitación, si bien con la cautela de que el derecho de habitación legado o donado será intransmisible.

Además, este mismo precepto concede al legitimario con discapacidad que lo necesite un legado legal del derecho de habitación sobre la vivienda habitual en la que conviviera con el causante, si bien a salvo de cualquier disposición testamentaria de éste sobre el derecho de habitación.

d) Se reforma el artículo 831 del Código Civil, con objeto de introducir una nueva figura de protección patrimonial indirecta de las personas con discapacidad. De esta forma, se concede al testador amplias facultades para que en su testamento pueda conferir al cónyuge supérstite amplias facultades para mejorar y distribuir la herencia del premuerto entre los hijos o descendientes comunes, lo que permitirá no precipitar la partición de la herencia cuando uno de los descendientes tenga una discapacidad, y aplazar dicha distribución a un momento posterior en el que podrán tenerse en cuenta la variación de las circunstancias y la situación actual y necesidades de la persona con discapacidad. Además, estas facultades pueden concedérselas los progenitores con descendencia común, aunque no estén casados entre sí.

e) Se introduce un nuevo párrafo al artículo 1.041 del Código Civil a fin de evitar traer a colación los gastos realizados por los padres y ascendientes, entendiendo por éstos cualquier disposición patrimonial, para cubrir las necesidades especiales de sus hijos o descendientes con discapacidad.

VIII

En tercer término, se introduce dentro del Título XII del Libro IV del Código Civil, dedicado a los contratos aleatorios, una regulación sucinta pero suficiente de los alimentos convencionales, es decir, de la obligación alimenticia surgida del pacto y no de la ley, a diferencia de los alimentos entre parientes regulados por los artículos 142 y siguientes de dicho cuerpo legal.

La regulación de este contrato, frecuentemente celebrado en la práctica y examinado en ocasiones por la jurisprudencia del Tribunal Supremo, amplía las posibilidades que actualmente ofrece el contrato de renta vitalicia para atender a las necesidades económicas de las personas con discapacidad y, en general, de las personas con dependencia, como los ancianos, y permite a las partes que celebren el contrato cuantificar la obligación del alimentante en función de las necesidades vitales del alimentista.

Su utilidad resulta especialmente patente en el caso de que sean los padres de una persona con discapacidad quienes transmitan al alimentante el capital en bienes muebles o inmuebles en beneficio de su hijo con discapacidad, a través de una estipulación a favor de tercero del artículo 1.257 del Código Civil.

IX

El capítulo III de la Ley está dedicado a las modificaciones de la normativa tributaria, mediante las que se adoptan una serie de medidas para favorecer las aportaciones a título gratuito a los patrimonios protegidos, reforzando de esta manera los importantes beneficios fiscales que, a favor de las personas con discapacidad, ha introducido la Ley 46/2002, de 18 de diciembre, de reforma parcial del Impuesto sobre la Renta de las Personas Físicas y por la que se modifican las Leyes del Impuesto sobre Sociedades y sobre la Renta de no Residentes.

De este modo, la ley procede a modificar la Ley 40/1998, de 9 de diciembre, del Impuesto sobre la Renta de las Personas Físicas y otras Normas Tributarias, la Ley 43/1995, de 27 de diciembre, del Impuesto sobre Sociedades, y el Real Decreto Legislativo 1/1993, de 24 de septiembre, por el que se aprueba el texto refundido de la Ley del Impuesto sobre Transmisiones Patrimoniales y Actos Jurídicos Documentados, al objeto de regular el régimen tributario aplicable al discapacitado titular del patrimonio protegido por las aportaciones que se integren en éste y a los aportantes a dicho patrimonio por las aportaciones que realicen.

En cuanto al régimen tributario aplicable al discapacitado titular del patrimonio protegido por las aportaciones que se reciban en dicho patrimonio, la ley establece que tales aportaciones tendrán la consideración de rendimiento de trabajo hasta el importe de 8.000 euros anuales por cada aportante y 24.250 euros anuales en conjunto cuando el aportante sea contribuyente del Impuesto sobre la Renta de las Personas Físicas o que haya sido gasto deducible en el Impuesto sobre Sociedades de los aportantes con el límite de 8.000 euros anuales, cuando el aportante sea sujeto pasivo de ese Impuesto. No obstante, sólo se integrarán en la base imponible del titular del patrimonio protegido por el importe en que la suma de tales rendimientos de trabajo y las prestaciones recibidas en forma de renta a que se refiere el apartado 3 del artículo 17 de la Ley 40/1998, exceda del doble del salario mínimo interprofesional.

Lógicamente, cuando la aportación se realice por sujetos pasivos del Impuesto sobre Sociedades a favor de los patrimonios protegidos de los parientes, cónyuges o personas a cargo de los trabajadores del aportante, únicamente tendrán la consideración de rendimiento del trabajo para el titular del patrimonio protegido.

En cualquier caso, estos rendimientos de trabajo no quedan sujetos a retención o ingreso a cuenta.

Tratándose de aportaciones no dinerarias, el discapacitado titular del patrimonio protegido quedará subrogado en la posición del aportante respecto de las fechas y el valor de adquisición del bien o derecho aportado, exceptuándose la posibilidad de aplicar la disposición transitoria novena de la Ley

40/1998 cuando el bien o derecho se transmita con posterioridad a la aportación al patrimonio protegido.

El régimen tributario aplicable al titular del patrimonio protegido se completa con una norma de no sujeción al Impuesto sobre Sucesiones y Donaciones por la parte de las aportaciones que tengan para el perceptor la consideración de rendimientos del trabajo.

En lo que se refiere al régimen aplicable al aportante al patrimonio protegido de la persona discapacitada, se distinguen dos supuestos según que el aportante sea contribuyente por el Impuesto sobre la Renta de las Personas Físicas o sujeto pasivo del Impuesto sobre Sociedades.

De este modo, en el primer supuesto, se prevé que las aportaciones realizadas por los parientes en línea directa o colateral hasta el tercer grado, el cónyuge y los tutores o acogedores, den derecho a practicar una reducción de la base imponible del aportante que podrá alcanzar, para estas aportaciones, un importe máximo de 8.000 euros anuales.

Las reducciones practicadas en la base imponible de los aportantes tendrán, asimismo, un límite conjunto, de manera que el total de las reducciones practicadas por todas las personas que efectúen aportaciones a favor de un mismo patrimonio protegido no podrá exceder de 24.250 euros anuales. A estos efectos, se introduce una cláusula de disminución proporcional de la reducción aplicable en caso de que la concurrencia de varios aportantes supere el límite conjunto establecido.

En cualquier caso, se establece que las aportaciones que excedan de los límites anteriores puedan dar derecho a reducir la base imponible del aportante en los cuatro períodos impositivos siguientes, regla ésta que resulta de aplicación tanto a las aportaciones dinerarias como a las no dinerarias.

En el segundo de los supuestos, esto es, cuando las aportaciones han sido realizadas por sujetos pasivos del Impuesto sobre Sociedades a los patrimonios protegidos de sus trabajadores o de los parientes o cónyuges de los trabajadores, o de las personas acogidas por los trabajadores en régimen de tutela o acogimiento, se preve que tales aportaciones dan derecho a la deducción del 10 por 100 de la cuota íntegra prevista en el artículo 36 quáter de la Ley 43/1995, de 27 de diciembre, del Impuesto sobre Sociedades. La aportación anual deberá respetar, además de los requisitos generales establecidos en el citado artículo 36 quáter, el límite de

8.000 euros anuales por cada trabajador o persona discapacitada, estando previsto que si excede de este límite, la deducción que corresponda podrá aplicarse en los cuatro períodos impositivos siguientes.

En cuanto a la valoración de las aportaciones no dinerarias al patrimonio protegido, la norma remite a las reglas previstas en el artículo 18 de la Ley 49/2002, de 23 de diciembre, de régimen fiscal de las entidades sin fines lucrativos y de los incentivos fiscales al mecenazgo, que se ocupa de regular la base de las deducciones por donativos, donaciones y aportaciones realizadas a las entidades beneficiarias del mecenazgo.

En los casos de aportaciones no dinerarias, y en concordancia con la finalidad perseguida en la constitución de los patrimonios protegidos, la ley declara exentas del Impuesto sobre la Renta de las Personas Físicas y del Impuesto sobre Sociedades, respectivamente, las ganancias patrimoniales y las rentas positivas generadas con ocasión de la realización de dichas aportaciones.

Por otro lado, la ley se ocupa de las consecuencias fiscales derivadas de la realización de actos de disposición de los bienes o derechos integrantes del patrimonio protegido cuando tales actos de disposición se realicen en el plazo comprendido entre el período impositivo de la aportación y los cuatro siguientes, distinguiendo en función de la naturaleza jurídica del aportante.

De este modo, si quien realizó las aportaciones al patrimonio protegido del discapacitado fue un contribuyente del Impuesto sobre la Renta de las Personas Físicas, dicho contribuyente vendrá obligado a integrar en la base imponible del período impositivo en que se produzca el acto de disposición, las cantidades reducidas en la base imponible correspondientes a las disposiciones realizadas más los intereses de demora que procedan.

Si las aportaciones al patrimonio protegido fueron realizadas por un sujeto pasivo del Impuesto sobre Sociedades, éste habrá de ingresar en el período impositivo en que se produce la disposición, la cantidad deducida en la cuota en el período impositivo en que se realizó la aportación.

En ambos casos, el titular del patrimonio habrá de integrar en su base imponible correspondiente al período impositivo en que se produce la disposición, la cantidad que hubiera dejado de integrar en el período impositivo en que recibió la aportación. Esta obligación se traslada al trabajador cuando la aportación la hubiera realizado un sujeto pasivo del Impuesto sobre Sociedades al patrimonio protegido de un pariente de aquél.

Finalmente, al objeto de asegurar un adecuado control de los patrimonios protegidos de las personas discapacitadas, se establece la obligación para el contribuyente titular de un patrimonio protegido de presentar una declaración en la que se indique la composición del patrimonio, las aportaciones recibidas y las disposiciones realizadas durante el período impositivo, remitiéndose en este punto a un posterior desarrollo reglamentario.

El conjunto de modificaciones en la normativa tributaria se completa con un nuevo supuesto de exención en el Impuesto sobre Transmisiones Patrimoniales y Actos Jurídicos Documentados que será aplicable a las aportaciones a los patrimonios protegidos de las personas con discapacidad.

CAPÍTULO PRIMERO

Patrimonio protegido de las personas con discapacidad

Artículo 1.º *Objeto y régimen jurídico.*—1. El objeto de esta ley es favorecer la aportación a título gratuito de bienes y derechos al patrimonio de las personas con discapacidad y establecer mecanismos adecuados para garantizar la afección de tales bienes y derechos, así como de los frutos, productos y rendimientos de éstos, a la satisfacción de las necesidades vitales de sus titulares.

Tales bienes y derechos constituirán el patrimonio especialmente protegido de las personas con discapacidad.

2. El patrimonio protegido de las personas con discapacidad se regirá por lo establecido en esta Ley y en sus disposiciones de desarrollo, cuya aplicación tendrá carácter preferente sobre lo dispuesto en el Título XI del Libro I del Código Civil.

Art. 2.º *Beneficiarios.*—1. El patrimonio protegido de las personas con discapacidad tendrá como beneficiario, exclusivamente, a la persona en cuyo interés se constituya, que será su titular.

2. A los efectos de esta Ley únicamente tendrán la conside-

Art. 1.º2: Modificado según art. 5.º de la Ley 8/2021, de 2 de junio, por la que se reforma la legislación civil y procesal para el apoyo a las personas con discapacidad en el ejercicio de su capacidad jurídica (*B.O.E.* n. 132, de 3 de junio).

Art. 2.º: Modificado según art. 5.º de la Ley 8/2021, de 2 de junio, por la que se reforma la legislación civil y procesal para el apoyo a las personas con discapacidad en el ejercicio de su capacidad jurídica (*B.O.E.* n. 132, de 3 de junio).

ración de personas con discapacidad:

a) Las que presenten una discapacidad psíquica igual o superior al 33 por 100.

b) Las que presenten una discapacidad física o sensorial igual o superior al 65 por 100.

3. El grado de discapacidad se acreditará mediante certificado expedido conforme a lo establecido reglamentariamente o por resolución judicial firme.

Art. 3.º *Constitución.*—1. 1. Podrán constituir un patrimonio protegido:

a) La propia persona con discapacidad beneficiaria.

b) Quienes presten apoyo a las personas con discapacidad.

c) La persona comisaria o titular de la fiducia sucesoria, cuando esté prevista en la legislación civil, autorizada al respecto por el constituyente de la misma.

2. Cualquier persona con interés legítimo podrá solicitar de la persona con discapacidad, con el apoyo que requiera, la constitución de un patrimonio protegido, ofreciendo al mismo tiempo una aportación de bienes y derechos adecuados, suficiente para ese fin.

En caso de negativa injustificada de la persona encargada de prestar aquel apoyo, el solicitante podrá acudir al Ministerio Fiscal, quien instará de la autoridad judicial lo que proceda atendiendo a la voluntad, deseos y preferencias de la persona con discapacidad. Si la autoridad judicial autorizara la constitución del patrimonio protegido, la resolución judicial determinará el contenido a que se refiere el apartado siguiente. El cargo de administrador no podrá recaer, salvo justa causa, en la persona encargada de prestar el apoyo que se hubiera negado injustificadamente a la constitución del patrimonio protegido.

3. El patrimonio protegido se constituirá en documento público, o por resolución judicial en el supuesto contemplado en el apartado anterior.

Dicho documento público o resolución judicial tendrá, como mínimo, el siguiente contenido:

a) El inventario de los bienes y derechos que inicialmente constituyan el patrimonio protegido.

b) La determinación de las reglas de administración y, en su caso, de fiscalización, incluyendo los procedimientos de designación de las personas que hayan de integrar los órganos de

---

Art. 3.º: Modificado según art. 5.º de la Ley 8/2021, de 2 de junio, por la que se reforma la legislación civil y procesal para el apoyo a las personas con discapacidad en el ejercicio de su capacidad jurídica (*B.O.E.* n. 132, de 3 de junio).

administración o, en su caso, de fiscalización. Dicha determinación se realizará conforme a lo establecido en el artículo 5 de esta Ley.

c) Cualquier otra disposición que se considere oportuna respecto a la administración o conservación del patrimonio protegido.

Asimismo, el documento público o resolución judicial podrá establecer las medidas u órganos de control que estime oportunos para garantizar el respeto de los derechos, deseos, voluntad y preferencias del beneficiario, así como las salvaguardas necesarias para evitar abusos, conflicto de intereses e influencia indebida.

Los Notarios comunicarán inmediatamente la constitución y contenido de un patrimonio protegido por ellos autorizado al fiscal de la circunscripción correspondiente al domicilio de la persona con discapacidad, mediante firma electrónica avanzada. Igual remisión efectuarán de las escrituras relativas a las aportaciones de toda clase, que se realicen con posterioridad a su constitución.

El fiscal que reciba la comunicación de la constitución de un patrimonio protegido y no se considere competente para su fiscalización lo remitirá al fiscal que designe el Fiscal General del Estado, de acuerdo con su Estatuto Orgánico.

Art. 4.º *Aportaciones al patrimonio protegido.*—1. Las aportaciones de bienes y derechos posteriores a la constitución del patrimonio protegido estarán sujetas a las mismas formalidades establecidas en el artículo anterior para su constitución.

2. Cualquier persona con interés legítimo, con el consentimiento de la persona con discapacidad con el apoyo que requiera, podrá aportar bienes o derechos al patrimonio protegido. Estas aportaciones de bienes o derechos deberán realizarse siempre a título gratuito, incluso a través de pacto sucesorio en aquellas legislaciones civiles vigentes que la permitan, y no estarán sujetas a término. Las aportaciones podrán efectuarse por la persona comisaria o titular de una fiducia sucesoria en nombre del comitente ya fallecido, en los supuestos regulados en las legislaciones civiles vigentes que lo permitan.

3. Al hacer la aportación de un bien o derecho al patrimonio

Art. 4.º2: Modificado según art. 5.º de la Ley 8/2021, de 2 de junio, por la que se reforma la legislación civil y procesal para el apoyo a las personas con discapacidad en el ejercicio de su capacidad jurídica (*B.O.E.* n. 132, de 3 de junio).

protegido, los aportantes podrán establecer el destino que deba darse a tales bienes o derechos o, en su caso, a su equivalente, una vez extinguido el patrimonio protegido conforme al artículo 6, siempre que hubieran quedado bienes y derechos suficientes y sin más limitaciones que las establecidas en el Código Civil o en las normas de derecho civil, foral o especial, que, en su caso, fueran aplicables.

Art. 5.º *Administración.*— 1. Cuando el constituyente del patrimonio protegido sea el propio beneficiario del mismo, su administración, cualquiera que sea la procedencia de los bienes y derechos que lo integren, se sujetará a las reglas establecidas en el documento público de constitución.

2. En los demás casos, las reglas de administración quedarán sujetas a lo dispuesto en el documento público de constitución o aportación, pudiendo establecerse los apoyos o salvaguardas que se consideren convenientes, ya sea por el propio constituyente o aportante o por la autoridad judicial, de oficio o a solicitud del Ministerio Fiscal o de aquellas personas legitimadas para promover la adopción de medidas de apoyo respecto del titular del patrimonio protegido.

En ningún caso será necesaria la subasta pública para la enajenación de los bienes o derechos que integran el patrimonio protegido.

En todo caso, y en consonancia con la finalidad propia de los patrimonios protegidos de satisfacción de las necesidades vitales de sus titulares, con los mismos bienes y derechos en él integrados, así como con sus frutos, productos y rendimientos, no se considerarán actos de disposición el gasto de dinero y el consumo de bienes fungibles integrados en el patrimonio protegido, cuando se hagan para atender las necesidades vitales de la persona beneficiaria.

3. No obstante lo dispuesto en el apartado anterior, los constituyentes o el administrador podrán instar al Ministerio Fiscal que solicite de la autoridad judicial competente la excepción de la autorización judicial en determinados supuestos, en atención a la composición del patrimonio, las circunstancias personales de su beneficiario, las necesidades derivadas de su discapacidad, la

---

Art. 5.º: Modificado según art. 5.º de la Ley 8/2021, de 2 de junio, por la que se reforma la legislación civil y procesal para el apoyo a las personas con discapacidad en el ejercicio de su capacidad jurídica (*B.O.E.* n. 132, de 3 de junio).

solvencia del administrador o cualquier otra circunstancia de análoga naturaleza.

4. Todos los bienes y derechos que integren el patrimonio protegido, así como sus frutos, rendimientos o productos, deberán destinarse a la satisfacción de las necesidades vitales de su beneficiario o al mantenimiento de la productividad del patrimonio protegido.

5. En ningún caso podrán ser administradores las personas o entidades que no puedan ser curadores, conforme a lo establecido en el Código Civil o en las normas de derecho civil, foral o especial que, en su caso, fueran aplicables.

6. Cuando no se pudiera designar administrador conforme a las reglas establecidas en el documento público o resolución judicial de constitución, la autoridad judicial competente proveerá lo que corresponda, a solicitud del Ministerio Fiscal, teniendo en cuenta los deseos, voluntad y preferencias del beneficiario.

Art. 6.º *Extinción.*—1. El patrimonio protegido se extingue por la muerte o declaración de fallecimiento de su beneficiario o por dejar éste de tener la condición de persona con discapacidad de acuerdo con el artículo 2.2 de esta ley.

2. Si el patrimonio protegido se hubiera extinguido por muerte o declaración de fallecimiento de su beneficiario, se entenderá comprendido en su herencia.

Si el patrimonio protegido se hubiera extinguido por dejar su beneficiario de cumplir las condiciones establecidas en el artículo 2.2 de esta ley éste seguirá siendo titular de los bienes y derechos que lo integran, sujetándose a las normas generales del Código Civil o de derecho civil, foral o especial, que, en su caso, fueran aplicables.

3. Lo dispuesto en el apartado anterior se entiende sin perjuicio de la finalidad que, en su caso, debiera de darse a determinados bienes y derechos, conforme a lo establecido en el artículo 4.3 de esta ley.

En el caso de que no pudiera darse a tales bienes y derechos la finalidad prevista por sus aportantes, se les dará otra, lo más análoga y conforme a la prevista por éstos, atendiendo, cuando proceda, a la naturaleza y valor de los bienes y derechos que integren el patrimonio protegido y en proporción, en su caso, al valor de las diferentes aportaciones.

Art. 7.º *Supervisión.*—1. La supervisión de la administración del patrimonio protegido corresponde al Ministerio Fiscal, quien instará del juez lo que proceda respetando la voluntad, deseos y preferencias de la persona con discapacidad, incluso la sustitución del administrador, el cambio de las reglas de administración, el establecimiento de medidas especiales de fiscalización, la adopción de cautelas, la extinción del patrimonio protegido o cualquier otra medida de análoga naturaleza.

El Ministerio Fiscal actuará de oficio o a solicitud de cualquier persona y será oído en todas las actuaciones judiciales relativas al patrimonio protegido.

2. Cuando no sea la propia persona con discapacidad beneficiaria del patrimonio, el administrador del patrimonio protegido deberá rendir cuentas de su gestión al Ministerio Fiscal cuando lo determine este y, en todo caso, anualmente, mediante la remisión de una relación de su gestión y un inventario de los bienes y derechos que lo formen, todo ello justificado documentalmente.

El Ministerio Fiscal podrá requerir documentación adicional y solicitar cuantas aclaraciones estime pertinentes.

3. Como órgano externo de apoyo, auxilio y asesoramiento del Ministerio Fiscal en el ejercicio de las funciones previstas en este artículo, se crea la Comisión de Protección Patrimonial de las Personas con Discapacidad, adscrita al Ministerio competente en materia de servicios sociales y en la que participarán, en todo caso, el Ministerio Fiscal y representantes de la asociación de utilidad pública más representativa en el ámbito estatal de los diferentes tipos de discapacidad.

La composición, funcionamiento y funciones de esta Comisión se determinarán reglamentariamente.

Art. 8.º *Constancia registral.*—1. La representación legal a la que se refiere el artículo 5.7 de esta ley se hará constar en el Registro Civil, en la forma determinada por su Ley reguladora.

Art. 7.º: Modificado según art. 5.º de la Ley 8/2021, de 2 de junio, por la que se reforma la legislación civil y procesal para el apoyo a las personas con discapacidad en el ejercicio de su capacidad jurídica (*B.O.E.* n. 132, de 3 de junio).

Art. 8.º: Modificado por Ley 1/2009, de 25 de marzo, de reforma de la L.R.C. en materia de incapacitaciones, cargos tutelares y administradores de patrimonios protegidos, y de la Ley 41/2003, de 18 de noviembre (*B.O.E.* n. 73, de 26 de marzo).

2. Cuando el dominio de un bien inmueble o derecho real sobre el mismo se integre en un patrimonio protegido, se hará constar esta cualidad en la inscripción que se practique a favor de la persona con discapacidad en el Registro de la Propiedad correspondiente, conforme a lo previsto en la legislación hipotecaria. Si el bien o derecho ya figurase inscrito con anterioridad a favor de la persona con discapacidad se hará constar su adscripción o incorporación al patrimonio protegido por medio de nota marginal.

La misma constancia registral se practicará en los respectivos Registros respecto de los restantes bienes que tengan el carácter de registrables. Si se trata de participaciones en fondos de inversión o instituciones de inversión colectiva, acciones o participaciones en sociedades mercantiles que se integren en un patrimonio protegido, se notificará por el notario autorizante o por el juez, a la gestora de los mismos o a la sociedad, su nueva cualidad.

3. Cuando un bien o derecho deje de formar parte de un patrimonio protegido se podrá exigir por quien resulte ser su titular o tenga un interés legítimo la cancelación de las menciones o notas marginales a que se refiere el apartado anterior.

4. La publicidad registral de los asientos a que se refiere este precepto se deberá realizar, en los términos que reglamentariamente se determinen, con pleno respeto a los derechos de la intimidad personal y familiar y a la normativa sobre protección de datos de carácter personal.

CAPÍTULO II

MODIFICACIONES DEL CÓDIGO CIVIL Y DE LA LEY DE ENJUICIAMIENTO CIVIL

Art. 9.º *Modificaciones del Código Civil en materia de autotutela.*—Uno. El artículo 223 del Código Civil quedará redactado en los siguientes términos:

....

Dos. El párrafo primero del artículo 234 del Código Civil pasa a tener la siguiente redacción:

....

Tres. Se añade un nuevo párrafo al artículo 239 con el contenido siguiente:

....

Art. 10. *Modificación del Código Civil en materia de régimen sucesorio.*—Uno. Se añade un apartado 7.º al artículo 756 del Código Civil con la siguiente redacción:

....

Dos. Se modifica el artículo 782 del Código Civil que queda redactado en los siguientes términos:

....

Tres. Se añade un tercer párrafo al artículo 808 del Código Civil con la siguiente redacción, pasando a ser cuarto el actual párrafo tercero:

....

Cuatro. Se modifica el artículo 813 del Código Civil, quedando redactado su segundo párrafo del siguiente modo:

....

Cinco. Los artículos 821 y 822 del Código Civil quedarán redactados en los siguientes términos:

....

Seis. El artículo 831 del Código Civil quedará redactado en los siguientes términos:

....

Siete. Se añade un segundo párrafo al artículo 1.041 del Código Civil con la siguiente redacción:

....

Art. 11. *Modificación del Código Civil en materia del mandato.*—El artículo 1.732 del Código Civil quedará redactado en los siguientes términos:

....

Art. 12. *Modificación del Código Civil en materia del contrato de alimentos.*—Uno. Se crea un nuevo capítulo II dentro del Título XII del Libro IV del Código Civil, bajo la rúbrica «Del contrato de alimentos», que engloba los artículos 1.791 a 1.797.

Dos. Los artículos 1.791 a 1.797 del Código Civil quedarán redactados en los siguientes términos:

....

Art. 13. *Incorporación de una disposición adicional en el Código Civil.*—Se añade una disposición adicional cuarta en el Código Civil.

....

Art. 14. *Modificación de la Ley 1/2000, de 7 de enero, de Enjuiciamiento Civil, en materia de procesos sobre la capacidad de las personas.*—El apartado 1 del artículo 757 de la Ley 1/2000, de 7 de enero, de Enjuiciamiento Civil, tendrá la siguiente redacción:

....

CAPÍTULO III

MODIFICACIÓN DE LA NORMATIVA TRIBUTARIA

....

monial de las personas con discapacidad, de modificación del Código Civil, de la Ley de Enjuiciamiento Civil y de la normativa tributaria con esta finalidad.

DISPOSICIONES ADICIONALES

1.ª *Actos de jurisdicción voluntaria.*—Las actuaciones judiciales previstas en el capítulo I de esta ley se tramitarán como actos de jurisdicción voluntaria sin que la oposición que pudiera hacerse a la solicitud promovida transforme en contencioso el expediente.

2.ª *Exención en el Impuesto sobre el Patrimonio.*—Las comunidades autónomas podrán declarar la exención en el Impuesto sobre el Patrimonio, de los bienes y derechos referidos en la Ley de protección patri-

DISPOSICIONES FINALES

1.ª *Título competencial.*—Esta ley se dicta al amparo de lo dispuesto en el artículo 149.1.6.ª, 8.ª y 14.ª de la Constitución.

2.ª *Desarrollo reglamentario.*—El Gobierno aprobará las disposiciones reglamentarias necesarias para el desarrollo de esta ley en el plazo de seis meses desde su entrada en vigor.

3.ª *Entrada en vigor.*—La presente ley entrará en vigor al día siguiente de su publicación en el *Boletín Oficial del Estado*.

LEY 42/2003, DE 21 DE NOVIEMBRE, DE MODIFICACIÓN DEL CÓDIGO CIVIL Y DE LA LEY DE ENJUICIAMIENTO CIVIL EN MATERIA DE RELACIONES FAMILIARES DE LOS NIETOS CON LOS ABUELOS

(*B.O.E.* núm. 280, de 22 de noviembre de 2003)

EXPOSICIÓN DE MOTIVOS

Los abuelos desempeñan un papel fundamental de cohesión y transmisión de valores en la familia, que es el agente de solidaridad por excelencia de la sociedad civil. Los poderes públicos han de fomentar la protección integral del menor y la familia en cumplimiento del mandato constitucional del artículo 39 de nuestra Carta Magna.

El interés del hijo, principio rector en nuestro derecho de familia, vertebra un conjunto de normas de protección, imprescindibles cuando las estructuras familiares manifiestan disfunciones, ya sea por situaciones de crisis matrimonial, ya sea por abandono de relaciones familiares no matrimoniales o por cumplimiento defectuoso de los deberes por parte de los progenitores.

En este ámbito, la intervención de los poderes públicos debe tender a asegurar el mantenimiento de un espacio de socialización adecuado que favorezca la estabilidad afectiva y personal del menor, a tenor del mandato contemplado en el artículo 39 de la Constitución, que asegura la protección social, económica y jurídica de la familia.

En este sentido, las normas vigentes del Código Civil dispensan un tratamiento exiguo a un elemento de significativa importancia en el desarrollo personal de los menores, esto es, las relaciones de los nietos con sus abuelos.

El legislador no puede olvidar que el ámbito familiar no se circunscribe únicamente a las relaciones paterno-filiales que, aunque prioritarias, no pueden aislarse del resto de relaciones familiares. Tampoco se puede considerar que la mención residual del actual artículo 160 del Código Civil ponga suficientemente de manifiesto la importancia de las relaciones de los abuelos con sus nietos.

En efecto, cabe entender que los abuelos, ordinariamente ajenos a las situaciones de ruptura matrimonial, pueden desempeñar un papel crucial para la estabilidad del menor. En este sentido, disponen de una autoridad moral y de una distancia con respecto a los problemas de la pareja que puede ayudar a los nietos a racionalizar situaciones de conflicto familiar, favoreciendo en este sentido su estabilidad y su desarrollo. Contrarrestar situaciones de hostilidad o enfrentamiento entre los progenitores y dotar al menor de referentes necesarios y seguros en su entorno son circunstancias que pueden neutralizar los efectos negativos y traumáticos de una situación de crisis.

Esta situación privilegiada, junto con la proximidad en el parentesco y su experiencia, distingue a los abuelos de otros parientes y allegados, que también pueden coadyuvar al mismo fin.

De acuerdo con todo lo anterior, la modificación legislativa que se aborda en esta ley persigue un doble objetivo. En primer lugar, singularizar desde un aspecto sustantivo, de forma más explícita y reforzada, el régimen de relaciones entre los abuelos y los nietos, tanto en caso de ruptura familiar, como en el caso de simple dejación de obligaciones por parte de los progenitores. En segundo lugar, se atribuye a los abuelos una función relevante en el caso de dejación por los padres de las obligaciones derivadas de la patria potestad.

A estos fines, la modificación que se propugna introduce un nuevo párrafo B) en el artículo 90 del Código Civil, de acuerdo con el cual el convenio regulador podrá contemplar, en la forma más adecuada al interés del hijo, el régimen de visitas y comunicación de éste con sus abuelos.

Por su parte, el artículo 94 del Código Civil queda modificado con el fin de recoger la posibilidad de pronunciamiento judicial sobre el régimen de visitas con los abuelos.

Asimismo, el artículo 103 del Código Civil, coherentemente con la modificación del artículo 90, prevé la decisión jurisdiccional, cuando falte el acuerdo entre los cónyuges, de encomendar en primer lugar a los abuelos la tutela de los hijos, de forma excepcional, pero antepuesta a la posibilidad de otorgar este cuidado a otros parientes u otras personas o instituciones.

Igualmente es objeto de atención el artículo 160 del Código Civil, cuya aplicación no sólo se circunscribe al caso de las rupturas matrimoniales, y pretende articular una salvaguarda frente a otras situaciones como el mero desinterés de los progenitores o la ausencia de uno de ellos que en tales circunstancias perjudicase las relaciones de los nietos con sus abuelos.

También, en la redacción del artículo 161 del Código Civil se hace explícito y singular el régimen de visitas y relaciones de los abuelos con los nietos sometidos a acogimiento.

Por último, se modifica la Ley de Enjuiciamiento Civil en materia de relaciones familiares de los nietos con los abuelos, de manera que la efectividad de los derechos reconocidos en el artículo 160 del Código Civil se sustanciará por los trámites y los recursos del juicio verbal, con las peculiaridades dispuestas en el capítulo I, Título I, Libro IV de la Ley de Enjuiciamiento Civil.

Artículo 1.º *Modificación del Código Civil en materia de relaciones familiares de los nietos con los abuelos.*—Se modifican los siguientes artículos del Código Civil:

Uno. Se introduce un nuevo párrafo B) en el artículo 90 con la siguiente redacción, pasando los actuales párrafos B), C), D) y E) a ser, respectivamente, C), D), E) y F):

....

Dos. El antepenúltimo párrafo del artículo 90 quedará redactado como sigue:

....

Tres. Se introduce un segundo párrafo en el artículo 94, que tendrá la siguiente redacción:

....

Cuatro. Se modifican los dos párrafos de la medida 1.ª del artículo 103, que quedan redactados de la siguiente manera:

....

Cinco. Los párrafos segundo y tercero del artículo 160 quedarán redactados de la siguiente forma:

....

Seis. El artículo 161 queda redactado como sigue:

....

Art. 2.º *Modificación de la Ley de Enjuiciamiento Civil en materia de relaciones familiares de los nietos con los abuelos.*—Se añade un ordinal más al apartado 1 del artículo 250 de la Ley 1/2000, de 7 de enero, de Enjuiciamiento Civil, con la siguiente redacción:

....

DISPOSICIÓN TRANSITORIA

Única. *Procesos pendientes de resolución.*—Lo dispuesto en esta ley será de aplicación en los procesos de separación, nulidad y divorcio que se incoen con posterioridad a su entrada en vigor.

DISPOSICIONES FINALES

1.ª *Título competencial.*—Esta ley se dicta al amparo de la competencia que corresponde al Estado conforme al artículo 149.1.6.ª y 8.ª de la Constitución.

2.ª *Entrada en vigor.*—La presente ley entrará en vigor el día siguiente al de su publicación en el *Boletín Oficial del Estado.*

LEY 13/2005, DE 1 DE JULIO, POR LA QUE SE MODIFICA EL CÓDIGO CIVIL EN MATERIA DE DERECHO A CONTRAER MATRIMONIO

(*B.O.E.* núm. 157, de 2 de julio de 2005)

I

La relación y convivencia de pareja, basada en el afecto, es expresión genuina de la naturaleza humana y constituye cauce destacado para el desarrollo de la personalidad, que nuestra Constitución establece como uno de los fundamentos del orden político y la paz social. En consonancia con ello, una manifestación señalada de esta relación, como es el matrimonio, viene a ser recogida por la Constitución, en su artículo 32, y considerada, en términos de nuestra jurisprudencia constitucional, como una institución jurídica de relevancia social que permite realizar la vida en común de la pareja.

Esta garantía constitucional del matrimonio tiene como consecuencia que el legislador no podrá desconocer la institución, ni dejar de regularla de conformidad con los valores superiores del ordenamiento jurídico, y con su carácter de derecho de la persona con base en la Constitución. Será la ley que desarrolle este derecho, dentro del margen de opciones abierto por la Constitución, la que, en cada momento histórico y de acuerdo con sus valores dominantes, determinará la capacidad exigida para contraer matrimonio, así como su contenido y régimen jurídico.

La regulación del matrimonio en el derecho civil contemporáneo ha reflejado los modelos y valores dominantes en las sociedades europeas y occidentales. Su origen radica en el Código Civil francés de 1804, del que innegablemente trae causa el español de 1889. En este contexto, el matrimonio se ha configurado como una institución, pero también como una relación jurídica que tan sólo ha podido establecerse entre personas de distinto sexo; de hecho, en tal diferencia de sexo se ha encontrado tradicionalmente uno de los fundamentos del reconocimiento de la institución por el derecho del Estado y por el derecho canónico. Por ello, los códigos de los dos últimos siglos, reflejando la mentalidad dominante, no precisaban prohibir, ni siquiera referirse, al matrimonio entre personas del mismo sexo, pues la relación entre ellas en forma alguna se consideraba que pudiera dar lugar a una relación jurídica matrimonial.

Pero tampoco en forma alguna cabe al legislador ignorar lo evidente: que la sociedad evoluciona en el modo de conformar y reconocer los diversos modelos de convivencia, y que, por ello, el legislador puede, incluso debe, actuar en consecuencia, y evitar toda quiebra entre el Derecho y los valores de la sociedad cuyas relaciones ha de regular. En este sentido, no cabe duda de que la realidad social española de nuestro tiempo deviene mucho más rica, plural y dinámica que la sociedad en que surge el Código Civil de 1889. La convivencia como pareja entre personas del mismo sexo basada en la afectividad ha sido objeto de reconocimiento y aceptación social creciente, y ha superado arraigados prejuicios y estigmatizaciones. Se admite hoy sin dificultad que esta convivencia en pareja es un medio a través del cual se desarrolla la personalidad de un amplio número de personas, convivencia mediante la cual se prestan entre sí apoyo emocional y económico, sin más trascendencia que la que tiene lugar en una estricta relación privada, dada su, hasta ahora, falta de reconocimiento formal por el Derecho.

Esta percepción no sólo se produce en la sociedad española, sino también en ámbitos más amplios, como se refleja en la Resolución del Parlamento Europeo, de 8 de febrero de 1994, en la que expresamente se pide a la Comisión Europea que presente una propuesta de recomendación a los efectos de poner fin a la prohibición de contraer matrimonio a las parejas del mismo sexo, y garantizarles los plenos derechos y beneficios del matrimonio.

II

La Historia evidencia una larga trayectoria de discriminación basada en la orientación sexual, discriminación que el legislador ha decidido remover. El establecimiento de un marco de realización personal que permita que aquellos que libremente adoptan una opción sexual y afectiva por personas de su mismo sexo puedan desarrollar su personalidad y sus derechos en condiciones de igualdad se ha convertido en exigencia de los ciudadanos de nuestro tiempo, una exigencia a la que esta ley trata de dar respuesta.

Ciertamente, la Constitución, al encomendar al legislador la configuración normativa del matrimonio, no excluye en forma alguna una regulación que delimite las relaciones de pareja de una forma diferente a la que haya existido hasta el momento, regulación que dé cabida a las nuevas formas de relación afectiva. Pero, además, la opción reflejada en esta ley tiene unos fundamentos constitucionales que deben ser tenidos en cuenta por el legislador. Así, la promoción de la igualdad efectiva de los ciudadanos en el libre desarrollo de su personalidad (artículos 9.2 y 10.1 de la Constitución), la preservación de la libertad en lo que a las formas de convivencia se refiere (artículo 1.1 de la Constitución) y la instauración de un marco de igualdad real en el disfrute de los derechos sin discriminación alguna por razón de sexo, opinión o cualquier otra condición personal o social (artículo 14 de la Constitución) son valores consagrados constitucionalmente cuya plasmación debe reflejarse en la regulación de las normas que delimitan el estatus del ciudadano, en una sociedad libre, pluralista y abierta.

Desde esta perspectiva amplia, la regulación del matrimonio que ahora se instaura trata de dar satisfacción a una realidad palpable, cuyos cambios ha asumido la sociedad española con la contribución de los colectivos que han venido defendiendo la plena equiparación en derechos para todos con independencia de su orientación sexual, realidad que requiere un marco que determine los derechos y obligaciones de todos cuantos formalizan sus relaciones de pareja.

En el contexto señalado, la ley permite que el matrimonio sea celebrado entre personas del mismo o distinto sexo, con plenitud e igualdad de derechos y obligaciones cualquiera que sea su composición. En consecuencia, los efectos del matrimonio, que se mantienen en su integridad respetando la configuración objetiva de la institución, serán únicos en todos los ámbitos con independencia del sexo de los contrayentes; entre otros, tanto los referidos a derechos y prestaciones sociales como la posibilidad de ser parte en procedimientos de adopción.

Asimismo, se ha procedido a una imprescindible adaptación terminológica de los distintos artículos del Código Civil que se refieren o traen causa del matrimonio, así como de una serie de normas del mismo Código que contienen referencias explícitas al sexo de sus integrantes.

En primer lugar, las referencias al marido y a la mujer se han sustituido por la mención a los cónyuges o a los consortes. En virtud de la nueva redacción del artículo 44 del Código Civil, la acepción jurídica de cónyuge o de consorte será la de persona casada con otra, con independencia de que ambas sean del mismo o de distinto sexo.

Subsiste no obstante la referencia al binomio formado por el marido y la mujer en los artículos 116, 117 y 118 del Código, dado que los supuestos de hecho a que se refieren estos artículos sólo pueden producirse en el caso de matrimonios heterosexuales.

Por otra parte, y como resultado de la disposición adicional primera de la presente ley, todas las referencias al matrimonio que se contienen en nuestro ordenamiento jurídico han de entenderse aplicables tanto al matrimonio de dos personas del mismo sexo como al integrado por dos personas de distinto sexo.

Artículo único. *Modificación del Código Civil en materia de derecho a contraer matrimonio*.—El Código Civil se modifica en los siguientes términos:

Uno. Se añade un segundo párrafo al artículo 44, con la siguiente redacción:

....

Dos. El artículo 66 queda redactado en los siguientes términos:

....

Tres. El artículo 67 queda redactado en los siguientes términos:

....

Cuatro. El primer párrafo del artículo 154 queda redactado en los siguientes términos:

....

Cinco. El primer párrafo del artículo 160 queda redactado en los siguientes términos:

....

Seis. El párrafo 2.º del artículo 164 queda redactado en los siguientes términos:

....

Siete. El apartado 4 del artículo 175 queda redactado en los siguientes términos:

....

Ocho. El apartado 2 del artículo 178 queda redactado en los siguientes términos:

....

Nueve. El párrafo segundo del artículo 637 queda redactado en los siguientes términos:

....

Diez. El artículo 1.323 queda redactado en los siguientes términos:

....

Once. El artículo 1.344 queda redactado en los siguientes términos:

....

Doce. El artículo 1.348 queda redactado en los siguientes términos:

....

Trece. El artículo 1.351 queda redactado en los siguientes términos:

....

Catorce. El artículo 1.361 queda redactado en los siguientes términos:

....

Quince. El párrafo 2.º del artículo 1.365 queda redactado en los siguientes términos:

....

Dieciséis. El artículo 1.404 queda redactado en los siguientes términos:

....

Diecisiete. El artículo 1.458 queda redactado en los siguientes términos:

....

DISPOSICIONES ADICIONALES

1.ª *Aplicación en el ordenamiento.*—Las disposiciones legales y reglamentarias que contengan alguna referencia al matrimonio se entenderán aplicables con independencia del sexo de sus integrantes.

2.ª *Modificación de la Ley de 8 de junio de 1957, sobre el Registro Civil.*—Uno. El artículo 46 queda redactado en los siguientes términos:

«*Art. 46.* La adopción, las modificaciones judiciales de

capacidad, las declaraciones de concurso, ausencia o fallecimiento, los hechos relativos a la nacionalidad o vecindad y, en general, los demás inscribibles para los que no se establece especialmente que la inscripción se haga en otra Sección del Registro, se inscribirán al margen de la correspondiente inscripción de nacimiento.

Cuantos hechos afectan a la patria potestad, salvo la muerte de los progenitores, se inscribirán al margen de la inscripción de nacimiento de los hijos.»

Dos. El artículo 48 queda redactado en los siguientes términos:

«*Art. 48.* La filiación paterna o materna constará en la inscripción de nacimiento a su margen, por referencia a la inscripción de matrimonio de los padres o por inscripción del reconocimiento.»

Tres. El artículo 53 queda redactado en los siguientes términos:

«*Art. 53.* Las personas son designadas por su nombre y apellidos, correspondientes a ambos progenitores, que la Ley ampara frente a todos.»

DISPOSICIONES FINALES

1.ª *Título competencial.*—Esta ley se dicta al amparo de la competencia exclusiva del Estado en materia de legislación civil reconocida por el artículo 149.1.8.ª de la Constitución española sin perjuicio de la conservación, modificación y desarrollo por las Comunidades Autónomas de los derechos civiles, forales o especiales, allí donde existan y de las normas aprobadas por éstas en desarrollo de sus competencias en Derecho Civil.

2.ª *Entrada en vigor.*—La presente ley entrará en vigor el día siguiente al de su publicación en el *Boletín Oficial del Estado.*

LEY 15/2005, DE 8 DE JULIO, POR LA QUE SE MODIFICAN EL CÓDIGO CIVIL Y LA LEY DE ENJUICIAMIENTO CIVIL EN MATERIA DE SEPARACIÓN Y DIVORCIO

(*B.O.E.* núm. 163, de 9 de julio de 2005)

EXPOSICIÓN DE MOTIVOS

La Constitución de 1978 contiene en su artículo 32 un mandato al legislador para que regule los derechos y deberes de los cónyuges con plena igualdad jurídica, así como las causas de separación y disolución del matrimonio y sus efectos.

La Ley 30/1981, de 7 de julio, modificó la regulación del matrimonio en el Código Civil, así como el procedimiento seguido en las causas de nulidad, separación y divorcio, de conformidad con los entonces nuevos principios. Ello suponía promover y proteger la dignidad de los cónyuges y sus derechos, y procurar que mediante el matrimonio se favoreciera el libre desarrollo de la personalidad de ambos.

A tal fin, la ley habría de tener en consideración que, sistemáticamente, el derecho a contraer matrimonio se configuraba como un derecho constitucional, cuyo ejercicio no podía afectar, ni desde luego, menoscabar la posición jurídica de ninguno de los esposos en el matrimonio, y que, por último, daba lugar a una relación jurídica disoluble, por las causas que la ley dispusiera.

La determinación de tales causas y, en concreto, la admisión del divorcio como causa de disolución del matrimonio constituyó el núcleo de la elaboración de la ley, en la que, tras un complejo y tenso proceso, aún podían advertirse rasgos del antiguo modelo de la separación-sanción.

El divorcio se concebía como último recurso al que podían acogerse los cónyuges y sólo cuando era evidente que, tras un dilatado período de separación, su reconciliación ya no era factible. Por ello, se exigía la demostración del cese efectivo de la convivencia conyugal, o de la violación grave o reiterada de los deberes conyugales, una suerte de pulso impropio tendido por la ley a los esposos, obligados bien a perseverar públicamente en su desunión, bien a renunciar a tal expresión reconciliándose. En ningún caso, el matrimonio podía disolverse como consecuencia de un acuerdo en tal sentido de los consortes.

Estas disposiciones han estado en vigor durante casi un cuarto de siglo, tiempo durante el que se han puesto de manifiesto de modo suficiente tanto sus carencias como las disfunciones por ellas provocadas. Sirvan sólo a modo de ejemplo los casos de procesos de separación o de divorcio que, antes que resolver la situación de crisis matrimonial, han terminado agravándola o en los que su duración ha llegado a ser superior a la de la propia convivencia conyugal.

El evidente cambio en el modo de concebir las relaciones de pareja en nuestra sociedad ha privado paulatinamente a estas normas de sus condicionantes originales.

Los tribunales de justicia, sensibles a esta evolución, han aplicado en muchos casos la ley y han evitado, de un lado, la inconveniencia de perpetuar el conflicto entre los cónyuges, cuando en el curso del proceso se hacía patente tanto la quiebra de la convivencia como la voluntad de ambos de no continuar su matrimonio, y de otro, la inutilidad de sacrificar la voluntad de los individuos demorando la disolución de la relación jurídica por razones inaprensibles a las personas por ella vinculadas.

La reforma que se acomete pretende que la libertad, como valor superior de nuestro ordenamiento jurídico, tenga su más adecuado reflejo en el matrimonio. El reconocimiento por la Constitución de esta institución jurídica posee una innegable trascendencia, en tanto que contribuye al orden político y la paz social, y es cauce a través del cual los ciudadanos pueden desarrollar su personalidad.

En coherencia con esta razón, el artículo 32 de la Constitución configura el derecho a contraer matrimonio según los valores y principios constitucionales. De acuerdo con ellos, esta ley persigue ampliar el ámbito de libertad de los cónyuges en lo relativo al ejercicio de la facultad de solicitar la disolución de la relación matrimonial.

Con este propósito, se estima que el respeto al libre desarrollo de la personalidad, garantizado por el artículo 10.1 de la Constitución, justifica reconocer mayor trascendencia a la voluntad de la persona cuando ya no desea seguir vinculado con su cónyuge. Así, el ejercicio de su derecho a no continuar casado no puede hacerse depender de la demostración de la concurrencia de causa alguna, pues la causa determinante no es más que el fin de esa voluntad expresada en su solicitud, ni, desde luego, de una previa e ineludible situación de separación.

En este último sentido, se pretende evitar la situación actual que, en muchos casos, conlleva un doble procedimiento, para lo cual se admite la disolución del matrimonio por divorcio sin necesidad de la previa separación de hecho o judicial, con un importante ahorro de coste a las partes, tanto económico como, sobre todo, personales.

No obstante, y de conformidad con el artículo 32 de la Constitución, se mantiene la separación judicial como figura autónoma, para aquellos casos en los que los cónyuges, por las razones que les asistan, decidan no optar por la disolución de su matrimonio.

En suma, la separación y el divorcio se conciben como dos opciones, a las que las partes pueden acudir para solucionar las vicisitudes de su vida en común. De este modo, se pretende reforzar el principio de libertad de los cónyuges en el matrimonio, pues tanto la continuación de su convivencia como su vigencia depende de la voluntad constante de ambos.

Así pues, basta con que uno de los esposos no desee la continuación del matrimonio para que pueda demandar el divorcio, sin que el demandado pueda oponerse a la petición por motivos materiales, y sin que el Juez pueda rechazar la petición, salvo por motivos personales. Para la interposición de la demanda, en este caso, sólo se requiere que hayan transcurrido tres meses desde la celebración del matrimonio, salvo que el interés de los hijos o del cónyuge demandante justifique la suspensión o disolución de la convivencia con antelación, y que en ella se haga solicitud y propuesta de las medidas que hayan de regular los efectos derivados de la separación.

Se pretende, así, que el demandado no sólo conteste a las medidas solicitadas por el demandante, sino que también tenga la oportunidad de proponer las que considere más convenientes, y que, en definitiva, el Juez pueda propiciar que los cónyuges lleguen a un acuerdo respecto de todas o el mayor número de ellas.

De esta forma, las partes pueden pedir en cualquier momento al Juez la suspensión de las actuaciones judiciales para acudir a la mediación familiar y tratar de alcanzar una solución consensuada en los temas objeto de litigio.

La intervención judicial debe reservarse para cuando haya sido imposible el pacto, o el contenido de las propuestas sea lesivo para los intereses de los hijos menores o incapacitados, o uno de los cónyuges, y las partes no hayan atendido a sus requerimientos de modificación. Sólo en estos casos deberá dictar una resolución en la que imponga las medidas que sean precisas.

La ley prevé, junto a la anterior posibilidad, que ambos cónyuges soliciten conjuntamente la separación o el divorcio. En este caso, los requisitos que deben concurrir, así como los trámites procesales que deberán seguirse, son prácticamente coincidentes con los vigentes hasta ahora, pues sólo se ha procedido a reducir a tres meses el tiempo que prudentemente debe mediar entre la celebración del matrimonio y la solicitud de divorcio. Por lo demás, las partes, necesariamente, deben acompañar a su solicitud una propuesta de convenio regulador redactada de conformidad con lo dispuesto en el artículo 90 del Código Civil. Por último, esta reforma legislativa también ha de ocuparse de determinadas cuestiones que afectan al ejercicio de la patria potestad y la guarda y custodia de los hijos menores o incapacitados, cuyo objeto es procurar la mejor realización de su beneficio e interés, y hacer que ambos progenitores perciban que su responsabilidad para con ellos continúa, a pesar de la separación o el divorcio, y que la nueva situación les exige, incluso, un mayor grado de diligencia en el ejercicio de la potestad.

Se pretende reforzar con esta ley la libertad de decisión de los padres respecto del ejercicio de la patria potestad. En este sentido, se prevé expresamente que puedan acordar en el convenio regulador que el ejercicio se atribuya exclusivamente a uno de ellos, o bien a ambos de forma compartida. También el Juez, en los procesos incoados a instancia de uno solo de los cónyuges, y en atención a lo solicitado por las partes, puede adoptar una decisión con ese contenido.

Con el fin de reducir las consecuencias derivadas de una separación y divorcio para todos los miembros de la familia, mantener la comunicación y el diálogo, y en especial garantizar la protección del interés superior del menor, se establece la mediación como un recurso voluntario alternativo de solución de los litigios familiares por vía de mutuo acuerdo con la intervención de un mediador, imparcial y neutral.

En el antiguo modelo de la separación-sanción, la culpabilidad del cónyuge justificaba que éste quedase alejado de la prole. Al amparo de la Ley 30/1981, de 7 de julio, de modo objetivamente incomprensible, se ha desarrollado una práctica coherente con el modelo pretérito, que materialmente ha impedido en muchos casos que, tras la separación o el divorcio, los hijos continúen teniendo una relación fluida con ambos progenitores. La consecuencia de esta práctica ha sido que los hijos sufran innecesariamente un perjuicio que puede evitarse.

Así pues, cualquier medida que imponga trabas o dificultades a la relación de un progenitor con sus descendientes debe encontrarse amparada en serios motivos, y ha de tener por justificación su protección ante un mal cierto, o la mejor realización de su beneficio e interés.

Consiguientemente, los padres deberán decidir si la guarda y custodia se ejercerá sólo por uno de ellos o bien por ambos de forma compartida. En todo caso, determinarán, en beneficio del menor, cómo éste se relacionará del mejor modo con el progenitor que no conviva con él, y procurarán la realización del principio de corresponsabilidad en el ejercicio de la potestad.

Artículo 1.º *Modificación del Código Civil en materia de separación y divorcio.*—El Código Civil se modifica en los siguientes términos:

Uno. El artículo 68 queda redactado de la siguiente forma:

....

Dos. El artículo 81 queda redactado de la siguiente forma:

....

Tres. El artículo 82 queda sin contenido.

Cuatro. Se modifica el párrafo primero del artículo 84, que tendrá la siguiente redacción:

....

Cinco. El artículo 86 queda redactado del siguiente modo:

....

Seis. El artículo 87 queda sin contenido.

Siete. El primer párrafo del artículo 90 y su apartado *a*) quedan redactados en los siguientes términos:

....

Ocho. Se da una nueva redacción al artículo 92, que queda redactado de la siguiente forma:

....

Nueve. El artículo 97 queda redactado de la siguiente forma:

....

Diez. El párrafo primero de la medida 1.ª del artículo 103

del Código Civil quedará redactado como sigue:

....

Art. 2.º *Modificación de la regulación de los derechos del cónyuge viudo en el Código Civil.*—El Código Civil se modifica en los siguientes términos:

Uno. Los artículos 834 y 835 quedan redactados de la siguiente forma:

....

Dos. Se suprime el párrafo 2.º del artículo 837.

Tres. Se modifica el artículo 840 que queda redactado en los siguientes términos:

....

Cuatro. Se modifica el artículo 945, que queda redactado en los siguientes términos:

....

DISPOSICIÓN ADICIONAL

Única. *Fondo de garantía de pensiones.*—El Estado garantizará el pago de alimentos reconocidos e impagados a favor de los hijos e hijas menores de edad en convenio judicialmente aprobado o en resolución judicial, a través de una legislación específica que concretará el sistema de cobertura en dichos supuestos.

DISPOSICIÓN TRANSITORIA

Única. *Procesos pendientes de resolución.*—1. Los procesos de separación o divorcio iniciados con anterioridad a la entrada en vigor de esta ley continuarán sustanciándose durante la instancia conforme a las normas procesales vigentes en la fecha de la presentación de la demanda.

2. Lo dispuesto en el artículo primero, en cuanto a las causas de separación y divorcio y en cuanto al plazo mínimo para interponer la acción a contar desde la fecha de celebración del matrimonio, será de aplicación a los procesos que estén tramitándose en el momento de su entrada en vigor. A este efecto, se otorgará a las partes un plazo común extraordinario de cinco días para que soliciten el divorcio y aleguen cuanto a su derecho convenga. El Juez resolverá las alegaciones formuladas dentro del tercer día.

3. Si la entrada en vigor de la ley tuviera lugar durante el plazo para dictar sentencia, lo previsto en el artículo primero, en cuanto a las causas de separación y divorcio y en cuanto al plazo mínimo para interponer la acción a contar desde la fecha de celebración del matrimonio, será de aplicación a la resolución del litigio. En este caso, el Juez, previa suspensión del plazo para dictar sentencia, acordará otor-

gar a las partes un plazo común extraordinario de cinco días para que soliciten y aleguen cuanto a su derecho convenga.

DISPOSICIONES FINALES

1.ª *Modificación de la Ley 1/2000, de 7 de enero, de Enjuiciamiento Civil.*—La Ley 1/2000, de 7 de enero, de Enjuiciamiento Civil, se modifica en los siguientes términos:

Uno. La regla 2.ª del artículo 770 queda redactada del siguiente modo:

....

Dos. Se añade un nuevo párrafo al final de la regla 4.ª del artículo 770, con la siguiente redacción:

....

Tres. Se introduce una nueva regla 7.ª al artículo 770 con la siguiente redacción:

....

Cuatro. El párrafo primero del apartado 2 del artículo 771 queda redactado del siguiente modo:

....

Cinco. Se modifica el apartado 2 del artículo 775, que queda redactado del siguiente modo:

....

Seis. Se modifica el apartado 2 del artículo 777, que queda redactado del siguiente modo:

....

Siete. Se modifica el apartado 5 del artículo 777, que queda redactado del siguiente modo:

....

2.ª *Modificación de la Ley de 8 de junio de 1957, reguladora del Registro Civil.*—El párrafo 1.º del artículo 20 de la Ley de 8 de junio de 1957, reguladora del Registro Civil, queda redactado del siguiente modo:

....

3.ª El Gobierno remitirá a las Cortes un proyecto de ley sobre mediación basada en los principios establecidos en las disposiciones de la Unión Europea, y en todo caso en los de voluntariedad, imparcialidad, neutralidad y confidencialidad y en el respeto a los servicios de mediación creados por las Comunidades Autónomas.

4.ª *Entrada en vigor.*—La presente ley entrará en vigor el día siguiente al de su publicación en el *Boletín Oficial del Estado*.

LEY 54/2007, DE 28 DE DICIEMBRE, DE ADOPCIÓN INTERNACIONAL

(*B.O.E.* núm. 312, de 29 de diciembre de 2007)

EXPOSICIÓN DE MOTIVOS

I

Las circunstancias económicas y demográficas de determinados países, en los que muchos niños no han podido encontrar un ambiente propicio para su desarrollo, unido al descenso de la natalidad en España, han originado que en los últimos años el número de menores extranjeros adoptados por españoles o residentes en España se haya incrementado notablemente. En dicha situación surgen nuevas necesidades y demandas sociales de las que se han hecho eco numerosas instituciones tanto públicas como privadas, que han trasladado al Gobierno la necesidad de adecuar el ordenamiento jurídico a la realidad social actual.

El aumento de adopciones constituidas en el extranjero supone, a su vez, un desafío jurídico de grandes proporciones para el legislador, que debe facilitar los instrumentos normativos precisos para que la adopción tenga lugar con las máximas garantías y respeto a los intereses de los menores a adoptar, posibilitando el desarrollo armónico de la personalidad del niño en el contexto de un medio familiar propicio. Todo ello en el marco de la más escrupulosa seguridad jurídica que redunda siempre en beneficio de todos los participantes en la adopción internacional, especialmente y en primer lugar, en beneficio del menor adoptado. El transcurso de los años ha proporcionado perspectiva suficiente para apreciar la oportunidad de una Ley que pusiera fin a la dispersión normativa característica de la legislación anterior y reuniera una regulación completa de las cuestiones de derecho internacional privado necesariamente presentes en todo proceso de adopción internacional.

II

La presente Ley conjuga los principios y valores de nuestra Constitución con las disposiciones de los instrumentos internacionales en materia de adopción que son parte de nuestro ordenamiento jurídico. En especial, es preciso poner de manifiesto la trascendencia que tienen en esta nueva ordenación los principios contenidos en el Convenio de las Naciones Unidas sobre los Derechos del Niño, de 20 de noviembre de 1989, en la Declaración de Naciones Unidas sobre los principios sociales y jurídicos aplicables a la protección y al bienestar de los niños, considerados sobre todo desde el ángulo de las prácticas en materia de adopción y de colocación familiar en los planos nacional e internacional (Resolución de la Asamblea General 41/1985, de 3 de diciembre de 1986), en el Convenio relativo a la protección del niño y a la cooperación en materia de adopción internacional, hecho en La Haya el 29 de mayo de 1993, ratificado por España mediante Instrumento de 30 de junio de 1995.

Un referente de gran importancia en España ha sido el trabajo llevado a cabo en la Comisión del Senado sobre adopción internacional, cuyas conclusiones, elaboradas con las aportaciones de autoridades y expertos en la materia, han marcado una línea y camino a seguir en el enfoque de este fenómeno social.

En aplicación de la Constitución y de los instrumentos legales internacionales en vigor para España, esta nueva norma concibe la adopción internacional como una medida de protección de los menores que no pueden encontrar una familia en sus países de origen y establece las garantías necesarias y adecuadas para asegurar que las adopciones internacionales se realicen, ante todo, en interés superior del niño y con respeto a sus derechos. Asimismo, se pretende evitar y prevenir la sustracción, la venta o el tráfico de niños, asegurando al mismo tiempo la no discriminación del menor por razón de nacimiento, nacionalidad, raza, sexo, deficiencia o enfermedad, religión, lengua, cultura, opinión o cualquier otra circunstancia personal, familiar o social.

Cabe añadir que la presente Ley debe ser siempre interpretada con arreglo al principio del interés superior de los menores, que prevalecerá sobre cualquier otro interés legítimo que pudiera concurrir en los procesos de adopción internacional.

III

La Ley tiene por objeto una regulación normativa sistemática, coherente y actualizada que permite dar respuesta al fenómeno de la adopción internacional en España.

El articulado se divide en tres títulos. Bajo la rúbrica «Disposiciones generales», el Título I establece el ámbito de aplicación y la intervención de las Entidades Públicas competentes en materia de protección de menores, con especial detenimiento en la especificación de las funciones que desarrollan las Entidades Colaboradoras en la adopción internacional.

Así, en el Capítulo I se establece el ámbito de aplicación de la norma, el objetivo pretendido por esta Ley de establecimiento de garantías de las adopciones tomando siempre como guía el interés superior de los menores, y se señala cuáles son los principios que informan la adopción internacional en consonancia con la Convención de los Derechos del Niño de 20 de noviembre de 1989 y el Convenio de La Haya de 29 de mayo de 1993 sobre la protección de los derechos del niño y cooperación en materia de adopción internacional. Cierra este Capítulo la determinación de las circunstancias que impiden la adopción, en esa línea de procurar que las adopciones tengan lugar únicamente cuando existen las garantías mínimas suficientes.

En el Capítulo II se recoge la intervención de las Entidades Públicas de Protección de Menores en el procedimiento de adopción y las funciones de intermediación que únicamente podrán llevarse a cabo por Entidades Colaboradoras previamente acreditadas por la Entidad Pública española competente y por la autoridad correspondiente del país de origen de los menores.

La función intermediadora que se atribuye en exclusiva a estas Entidades Colaboradoras ha impuesto al legislador la tarea de configurar un marco jurídico que conjugue la prestación integral del servicio que tienen encomendado con unos mecanismos básicos para su acreditación y control, que deberá ser ejercido por las Entidades Públicas competentes.

En este marco relativo a la acreditación, seguimiento y control de las Entidades Colaboradoras, se aborda otra serie de cuestiones como la posibilidad de formalizar acuerdos de cooperación entre estas entidades ante situaciones especiales, la posibilidad de establecer la coordinación entre las Entidades Públicas de Protección de Menores competentes, la decisión sobre el número de Entidades Colaboradoras de Adopción Internacional en países concretos, los supuestos de suspensión o retirada de la acreditación a Entidades Colaboradoras acreditadas en varias Comunidades Autónomas, la concreción del carácter de la relación de las Entidades Colaboradoras con sus representantes en el país de origen de los menores y la responsabilidad de aquéllas por los actos que éstos realicen en las funciones de intermediación.

Por otra parte, el Capítulo III regula la idoneidad de los adoptantes partiendo de la definición de su concepto, de la determinación de las cuestiones y aspectos a que debe referirse y del establecimiento de su plazo máximo de vigencia.

También en este Capítulo se impone a los adoptantes una serie de obligaciones postadoptivas y se reconoce el derecho de los adoptados a conocer sus orígenes biológicos. Consciente el legislador de la trascendencia de esta cuestión desde la perspectiva del libre desarrollo de la personalidad de las personas adoptadas, se ha conjugado el ejercicio de este derecho con las necesarias cautelas para proteger la intimidad de las personas afectadas. De esta forma se establecen dos limitaciones fundamentales: por una parte, la legitimación restringida a la persona del adoptado una vez alcanzada la mayoría de edad o bien con anterioridad si está representada por sus padres y, por otra parte, el asesoramiento e intervención necesaria de las Entidades Públicas competentes para facilitar el acceso a los datos requeridos.

Concluye el Capítulo con un precepto específicamente destinado a la protección de los datos de carácter personal, de conformidad con el informe de la Agencia Española de Protección de Datos.

La segunda parte de la Ley se destina a regular las normas de Derecho Internacional Privado relativas a la adopción internacional. Así, el Título II consta de tres partes bien diferenciadas.

En primer lugar, ofrece una regulación completa de la competencia de las autoridades españolas para la constitución, modificación, conversión y declaración de nulidad de la adopción internacional. Inspirada en el principio de «conexión mínima», una autoridad española no debe proceder a la constitución, modificación o declaración de nulidad de una adopción internacional si el supuesto no aparece mínimamente conectado con España. De ese modo, se evita la penetración de foros exorbitantes en la legislación española, foros que pueden provocar la constitución de adopciones válidas en España pero ineficaces o inexistentes en otros países, especialmente en el país de origen del menor.

En segundo lugar, la Ley regula la legislación aplicable a la constitución de la adopción internacional por autoridades españolas, así como a la conversión, modificación y declaración de nulidad de la misma. Con el fin de lograr una mejor sistemática, el Capítulo relativo a la «Ley aplicable a la adopción» distingue dos supuestos. Cuando el adoptando posea su residencia habitual en España o la vaya a adquirir próximamente, se opta por disponer la aplicación de la ley española a la constitución de la adopción. Sin embargo, cuando el adoptando no resida habitualmente en España, ni vaya a ser trasladado a España para establecer en España su centro social de vida, se ha preferido que la adopción se rija por la ley del país en cuya sociedad va a quedar integrado. En ambos casos, la Ley incorpora las necesarias cautelas y se otorga en el segundo un margen de discrecionalidad judicial más amplio para dar entrada puntual a otras leyes estatales diferentes y procurar la mayor validez internacional de la adopción constituida en España.

En tercer lugar, contiene una regulación exhaustiva de los efectos jurídicos que pueden surtir en España las adopciones constituidas ante autoridades extranjeras competentes. Estas disposiciones revisten una importancia particular, visto que el número de adopciones constituidas en el extranjero por ciudadanos residentes en España es, en la actualidad, manifiestamente superior al número de adopciones constituidas en España. En este punto, la Ley arranca del necesario respeto al entramado legal, compuesto por los Tratados y Convenios internacionales y otras normas internacionales de aplicación para España, que resultan aplicables para concretar los efectos legales que surten en España las adopciones constituidas en el extranjero.

Con base en lo anterior, la Ley establece un régimen para el reconocimiento en España de las adopciones constituidas por autoridades extranjeras en defecto de normativa internacional aplicable. Dicho régimen gira en torno a una idea elemental: la adopción sólo será reconocida en España si se ha constituido válidamente en el Estado de origen y si, además, satisface determinadas exigencias de regularidad jurídica o que giren en torno al interés del adoptando. De ese modo, se evita que una adopción que no haya sido regularmente constituida en un país extranjero, pueda desplegar efectos legales en España y que las adopciones constituidas sin un respeto suficiente a los mínimos niveles de justicia, con especial atención al interés del menor, surtan efectos en España.

A tal efecto, las autoridades españolas y en especial, los Encargados del Registro Civil, deberán controlar, en todo caso, que la adopción haya sido constituida por autoridad extranjera competente, que dicha autoridad respetó sus propias normas de Derecho Internacional Privado y constituyó, por tanto, una adopción válida en dicho país. Deberá constatar asimismo que la adopción constituida en país extranjero surte, según la ley aplicada a su constitución, los mismos efectos sustanciales que la adopción regulada en la legislación española, que los adoptantes han sido declarados idóneos para adoptar, y que, en el caso de adoptando español, se haya emitido el consentimiento de la Entidad Pública correspondiente a la última residencia del adoptando en España y, finalmente, que el documento presentado en España y que contiene el acto de adopción constituida ante autoridad extranjera, reúna las suficientes garantías formales de autenticidad.

La Ley incorpora igualmente, una regulación, hasta ahora inexistente en nuestro Derecho positivo, relativa a los efectos en España de la adopción simple o menos plena legalmente constituida por autoridad extranjera, así como la posibilidad de conversión en una adopción con plenitud de efectos, estableciendo los factores que deben concurrir en cada caso para que la autoridad española competente acuerde la transformación.

Concluye el articulado de la Ley con un Título III en el que se regula el régimen jurídico-privado de los casos internacionales de acogimiento familiar y otras medidas de protección de menores.

IV

Se completa la Ley con la modificación de determinados artículos del Código Civil. En primer lugar, la que impone el contenido del Título II de la Ley en el artículo 9.5 del Código Civil, que pasa a cumplir una mera función de remisión a la Ley de adopción internacional.

Por otro lado se aprovecha el evidente vínculo que une la adopción con la protección de los menores para abordar la reforma de los artículos 154, 172, 180 y 268 del Código Civil. Además de mejorarse la redacción de estos preceptos, se da respuesta de este modo a los requerimientos del Comité de Derechos del Niño, que ha mostrado su preocupación por la posibilidad de que la facultad de corrección moderada que hasta ahora se reconoce a los padres y tutores pueda contravenir el artículo 19 de la Convención sobre los Derechos del Niño de 20 de noviembre de 1989.

Estas reformas serán de aplicación supletoria respecto del derecho propio de aquellas Comunidades Autónomas que lo posean.

TÍTULO PRIMERO

Disposiciones generales

CAPÍTULO PRIMERO

ÁMBITO DE APLICACIÓN

Artículo 1.º *Objeto y ámbito de aplicación de la ley.*—1. La presente ley regula la intervención de la Administración General del Estado, de las Entidades Públicas y de los Organismos acreditados para la adopción internacional, la capacidad y requisitos que deben reunir las personas que se ofrecen para adoptar, así como las normas de Derecho internacional privado relativas a la adopción y otras medidas de protección internacional de menores en los supuestos en que exista algún elemento extranjero.

2. A los efectos del Título I de esta ley se entiende por adopción internacional aquella en la que un menor considerado adoptable por la autoridad extranjera competente y con residencia habitual en el extranjero, es o va a ser desplazado a España por adoptantes con residencia habitual en España, bien después de su adopción en el Estado de origen, bien con la finalidad de constituir tal adopción en España.

Art. 2.º *Objeto y finalidad de la Ley.*—1. La presente Ley establece el marco jurídico y los instrumentos básicos para garantizar que todas las adopciones internacionales tengan lugar en consideración al interés superior del menor.

2. La finalidad de esta ley es proteger los derechos de los menores que van a ser adoptados, considerando también los de las personas que se ofrecen para la adopción y demás personas implicadas en el proceso de adopción internacional.

Art. 1.º: Redactado por el art. 3.1 de la L.Prot.Inf.
Art. 2.º2: Redactado por el art. 3.2 de la L.Prot.Inf.

Art. 3.º *Principios informadores.*—La regulación contenida en esta ley, así como en el resto de normas del ordenamiento jurídico español relativas a la adopción y otras medidas de protección internacional de menores, respetarán los principios inspiradores de la Convención de Derechos del Niño, de 20 de noviembre de 1989, del Convenio de La Haya, de 29 de mayo de 1993, relativo a la protección de derechos del niño y a la cooperación en materia de adopción internacional, del Convenio de La Haya, de 19 de octubre de 1996, relativo a la competencia, la ley aplicable, el reconocimiento, la ejecución y la cooperación en materia de responsabilidad parental y de medidas de protección de los niños, del Convenio del Consejo de Europa en materia de adopción de menores hecho en Estrasburgo el 27 de noviembre de 2008, y del Reglamento (CE) n.º 2201/2003 del Consejo, de 27 de noviembre de 2003, relativo a la competencia, el reconocimiento y la ejecución de resoluciones judiciales en materia matrimonial y de responsabilidad parental.

El Estado, en la medida de lo posible, incluirá los estándares y salvaguardas previstos en dichos instrumentos en los acuerdos o convenios bilaterales relativos a la adopción y protección internacional de menores que suscriba con Estados no contratantes u obligados por los mismos.

Art. 4.º *Política Exterior.*—1. La Administración General del Estado, en colaboración con las Entidades Públicas, determinará la iniciación de la tramitación de adopciones con cada país de origen de los menores, así como la suspensión o paralización de la misma.

2. No se tramitarán ofrecimientos para la adopción de menores nacionales de otro país o con residencia habitual en otro Estado en las siguientes circunstancias:

a) Cuando el país en que el menor adoptando tenga su residencia habitual se encuentre en conflicto bélico o inmerso en un desastre natural.

b) Si no existe en el país una autoridad específica que controle y garantice la adopción y que remita a las autoridades españolas la propuesta de asignación con información sobre la adoptabilidad del menor y el resto de la información recogida en el párrafo *e*) del artículo 5.1.

Art. 3.º: Redactado por el art. 3.1 de la L.Prot.Inf.
Art. 4.º: Redactado por el art. 3.4 de la L.Prot.Inf.

c) Cuando en el país no se den las garantías adecuadas para la adopción y las prácticas y trámites de la misma no respeten el interés del menor o no cumplan los principios éticos y jurídicos internacionales referidos en el artículo 3.

3. La Administración General del Estado, en colaboración con las Entidades Públicas, determinará en cada momento qué países están incursos en alguna de las circunstancias previstas en el apartado anterior a efectos de decidir si procede iniciar o suspender la tramitación de adopciones en ellos.

4. La tramitación de ofrecimientos para la adopción de aquellos menores extranjeros que hayan sido desplazados a España en programas humanitarios de estancia temporal por motivo de vacaciones, estudios o tratamiento médico, requerirá que tales estancias hayan finalizado y que en su país de origen hayan sido declarados adoptables.

5. La Administración General del Estado, en colaboración con las Entidades Públicas, establecerá el número de expedientes de adopción internacional que remitirá anualmente a cada país de origen de los menores, teniendo en cuenta la media de adopciones constituidas en los últimos dos años y el número de expedientes que se encuentran pendientes de asignación de un menor.

A tal efecto, no podrá tramitarse con cada país un número de expedientes superior a tres veces la media de adopciones constituidas en dicho período, salvo que los cambios de legislación, prácticas y políticas sobre adopción internacional de los países de origen lo justifiquen.

En el supuesto de inicio de la tramitación con un nuevo país, se fijará este número en función de la información disponible sobre expectativas de adopción con ese país.

La distribución de este número máximo entre comunidades autónomas y Organismos acreditados se fijará por acuerdo con las Entidades Públicas.

No se establecerá cupo alguno para la tramitación de adopciones de menores con necesidades especiales, salvo que existan circunstancias que lo justifiquen.

Lo dispuesto en el presente apartado se realizará con los criterios y con el procedimiento que reglamentariamente se determinen.

6. La Administración General del Estado, antes de determinar la iniciación, suspensión o paralización de la tramitación de adopciones con cada país de origen de los me-

nores, recabará información de los Organismos acreditados, si los hubiera. También podrá recabar información de aquellos terceros países que hayan iniciado, suspendido o paralizado la tramitación de adopciones con el citado país de origen, así como con la Oficina Permanente de la Conferencia de La Haya de Derecho Internacional Privado.

CAPÍTULO II

ENTIDADES PÚBLICAS Y ORGANISMOS ACREDITADOS*

Art. 5.º *Intervención de las Entidades Públicas*.—1. En materia de adopción internacional corresponde a las Entidades Públicas:

a) Organizar y facilitar la información sobre legislación, requisitos y trámites necesarios en España y en los países de origen de los menores, velando para que esa información sea lo más completa, veraz y actualizada posible y de libre acceso para las familias interesadas y por los organismos acreditados.

b) Facilitar a las familias la formación necesaria a lo largo de todo el proceso que les permita comprender y afrontar las implicaciones de la adopción internacional, preparándolas para el adecuado ejercicio de sus responsabilidades parentales una vez constituida aquélla. Podrán delegar esta función en Organismos acreditados o en instituciones o entidades debidamente autorizadas.

c) Recibir los ofrecimientos para la adopción en todo caso, y su tramitación, ya sea directamente o a través de Organismos acreditados.

d) Expedir, en todo caso, los certificados de idoneidad, previa elaboración, bien directamente o a través de instituciones o entidades debidamente autorizadas, del informe psicosocial de las personas que se ofrecen para la adopción, y, cuando lo exija el país de origen del adoptando, el compromiso de seguimiento.

e) Recibir la asignación del menor de las autoridades competentes del país de origen en la que figure información sobre su identidad, su adoptabilidad, su medio social y familiar, su historia médica y necesidades particulares; así como la información relativa al otorgamiento de los consentimientos de personas, instituciones y autoridades

* Rúbrica redactada por el art. 3.5 de la L.Prot.Inf.

Art. 5.º: Redactado por el art. 3.6 de la L.Prot.Inf.

requeridas por la legislación del país de origen.

f) Dar la conformidad respecto a la adecuación de las características del menor asignado por el organismo competente del país de origen con las que figuren en el informe psicosocial que acompaña al certificado de idoneidad.

g) Ofrecer a lo largo del proceso de adopción internacional apoyo técnico dirigido a los menores y a las personas que se ofrecen para la adopción, prestándose particular atención a las personas que vayan a adoptar o hayan adoptado menores con características o necesidades especiales. Durante la estancia de los adoptantes en el extranjero podrán contar con la colaboración del Servicio Exterior.

h) Realizar los informes de los seguimientos requeridos por el país de origen del menor, que podrán encomendarse a los Organismos acreditados o a otras entidades autorizadas.

i) Establecer recursos cualificados de apoyo postadoptivo y de mediación para la búsqueda de orígenes, para la adecuada atención de adoptados y adoptantes, que podrán encomendarse a Organismos acreditados o a entidades autorizadas.

j) Informar preceptivamente a la Administración General del Estado sobre la acreditación de los Organismos, así como controlar, inspeccionar y elaborar las directrices de seguimiento de los Organismos que tengan su sede en su ámbito territorial para aquellas actividades de intermediación que se lleven a cabo en su territorio.

2. En sus actuaciones en materia de adopción internacional, las Entidades Públicas promoverán medidas para lograr la máxima coordinación y colaboración entre ellas. En particular, procurarán la homogeneización de procedimientos, plazos y costes.

3. Las Entidades Públicas facilitarán a la Administración General del Estado información estadística sobre la tramitación de expedientes de adopción internacional.

Art. 6.º *La actividad de intermediación en la adopción internacional.*—1. Se entiende por intermediación en adopción internacional toda actividad que tenga por objeto intervenir poniendo en contacto o en relación a las personas que se ofrecen para la adopción con las autoridades, organizaciones e instituciones del país

Art. 6.º: Redactado por el art. 3.7 de la L.Prot.Inf.

de origen o residencia del menor susceptible de ser adoptado y prestar la asistencia suficiente para que la adopción se pueda llevar a cabo.

2. La función de intermediación en la adopción internacional podrá efectuarse por las Entidades Públicas directamente con las autoridades centrales en los países de origen de los menores que hayan ratificado el Convenio de La Haya, de 29 de mayo de 1993, relativo a la protección del niño y a la cooperación en materia de adopción internacional, siempre que en la fase de tramitación administrativa en el país de origen no intervenga persona física o jurídica u organismo que no haya sido debidamente acreditado.

La función de intermediación en la adopción internacional podrá efectuarse por los Organismos debidamente acreditados.

Ninguna otra persona o entidad podrá intervenir en funciones de intermediación para adopciones internacionales.

No obstante, la Administración General del Estado, en colaboración con las Entidades Públicas, podrá establecer que, con respecto a un determinado Estado, únicamente se tramiten ofrecimientos de adopción internacional a través de Organismos acreditados o autorizados por las autoridades de ambos Estados.

3. Las funciones que deben realizar los Organismos acreditados para la intermediación serán las siguientes:

a) Información a los interesados en materia de adopción internacional.

b) Asesoramiento, formación y apoyo a las personas que se ofrecen para la adopción en el significado e implicaciones de la adopción, en los aspectos culturales relevantes y en los trámites que necesariamente deben realizar en España y en los países de origen de los menores.

c) Intervención en la tramitación de expedientes de adopción ante las autoridades competentes, tanto españolas como extranjeras.

d) Intervención en la tramitación y realización de las gestiones correspondientes para el cumplimiento de las obligaciones postadoptivas establecidas para los adoptantes en la legislación del país de origen del menor adoptado, que les serán encomendadas en los términos fijados por la Entidad Pública española donde resida la familia que se ofrece para la adopción.

4. Los Organismos acreditados intervendrán en los términos y con las condiciones establecidas en esta ley y en las normas de las comunidades autónomas.

5. Los Organismos acreditados podrán establecer entre ellos acuerdos de cooperación para solventar situaciones sobrevenidas o para un mejor cumplimiento de sus fines.

6. En las adopciones internacionales nunca podrán producirse beneficios financieros distintos de aquellos que fueran precisos para cubrir estrictamente los gastos necesarios de la intermediación y aprobados por la Administración General del Estado y por las Entidades Públicas.

Art. 7.º *Acreditación, seguimiento y control de los Organismos acreditados.*—1. Sólo podrán ser acreditadas para la adopción internacional las entidades sin ánimo de lucro inscritas en el registro correspondiente, que tengan como finalidad en sus estatutos la protección de menores, dispongan en territorio nacional de los medios materiales y equipos pluridisciplinares necesarios para el desarrollo de las funciones encomendadas y estén dirigidas y administradas por personas cualificadas por su integridad moral, por su formación y por su experiencia en el ámbito de la adopción internacional.

2. Competerá a la Administración General del Estado, en los términos y con el procedimiento que reglamentariamente se establezca, la acreditación de los Organismos anteriormente referenciados, previo informe de la Entidad Pública en cuyo territorio tengan su sede, así como su control y seguimiento respecto a las actividades de intermediación que vayan a desarrollar en el país de origen de los menores.

En la Administración General del Estado existirá un registro público nacional específico de Organismos acreditados, cuyo funcionamiento será objeto de desarrollo reglamentario.

3. El control, inspección y seguimiento de estos Organismos con respecto a las actividades que se vayan a desarrollar en el territorio de cada comunidad autónoma corresponderá a la Entidad Pública competente en cada una de ellas, de acuerdo con la normativa autonómica aplicable.

Las Entidades Públicas competentes procurarán la mayor homogeneidad posible en los requisitos básicos para la realización de esa actividad de control, inspección y seguimiento.

4. Los Organismos acreditados designarán a la persona que actuará como su represen-

---

Art. 7.º: Redactado por el art. 3.8 de la L.Prot.Inf.

tante y de las familias ante la autoridad del país de origen del menor. Los profesionales empleados por los Organismos acreditados en los países de origen de los menores se considerarán personal adscrito al Organismo, que será responsable de los actos de dichos profesionales en el ejercicio de sus funciones de intermediación. Estos profesionales deberán ser evaluados por la Administración General del Estado, previa información de las Entidades Públicas.

5. En el supuesto de que el país extranjero para el que se prevé la autorización fije un número limitado de Organismos acreditados, la Administración General del Estado, en colaboración con las Entidades Públicas y con las autoridades de dicho país, determinará cuáles son los Organismos que deben ser acreditados para actuar en el mismo.

Si algún país de origen de menores susceptibles de adopción estableciera un límite en el número de expedientes a tramitar por cada Organismo acreditado y resultase que alguno de ellos con cupo asignado no tuviera expedientes que tramitar en dicho país, los mismos podrán tramitar, previa autorización de la Administración General del Estado en colaboración con las Entidades Públicas y con el consentimiento de las personas que se ofrecen para la adopción, expedientes que estuvieran tramitándose por otros Organismos acreditados.

6. La Administración General del Estado, en colaboración con las Comunidades Autónomas, podrá establecer un número máximo de Organismos acreditados para intermediación en un país concreto, en función de las necesidades de adopción internacional en ese país, las adopciones constituidas u otras cuestiones sobre la previsión de posibilidades de adopción internacional en el mismo.

7. La Administración General de Estado, a iniciativa propia o a propuesta de las Entidades Públicas en su ámbito territorial, podrá suspender o retirar, mediante expediente contradictorio, la acreditación concedida a aquellos Organismos que dejen de cumplir las condiciones que motivaron su concesión o que infrinjan en su actuación el ordenamiento jurídico. Esta suspensión o retirada de la acreditación podrá tener lugar con carácter general para todos los países autorizados o sólo para algún país concreto. En estos casos se podrá determinar, si procede, la necesaria finalización de los expedientes pendientes por

parte del Organismo acreditado objeto de pérdida de habilitación.

8. Para el seguimiento y control de los Organismos acreditados se establecerá la correspondiente coordinación de la Administración General del Estado con las Entidades Públicas.

9. Los Organismos acreditados facilitarán a la Administración General del Estado información estadística sobre la tramitación de expedientes de adopción internacional.

10. La Administración General del Estado ejercerá las competencias previstas en los apartados 2, 4, 5, 6, 7 y 8 del presente artículo, en los términos y con el procedimiento que reglamentariamente se determinen.

Art. 8.º *Relación de las personas que se ofrecen para la adopción y los Organismos acreditados.*—1. Las personas que se ofrecen para la adopción podrán contratar los servicios de intermediación de cualquier Organismo que se encuentre acreditado por la Administración General del Estado.

2. El Organismo y las personas que se ofrecen para la adopción formalizarán un contrato referido exclusivamente a las funciones de intermediación que aquélla asume con respecto a la tramitación del ofrecimiento de adopción.

El modelo básico de contrato ha de ser previamente homologado por la Administración General del Estado y las Entidades Públicas, en la forma en que se determine reglamentariamente.

3. Para el exclusivo cumplimiento de las competencias establecidas en los artículos 5.1.*j*) y 7.2, la Administración General del Estado y las Entidades Públicas llevarán un registro de las reclamaciones y de incidencias sobre procesos de adopción internacional, cuyo funcionamiento será objeto de desarrollo reglamentario.

4. Los Organismos acreditados deberán llevar un registro único de procedimientos de adopción en el que figuren todas aquellas personas que se ofrecen para la adopción para cuya tramitación tengan firmado un contrato, independientemente de cual sea la comunidad autónoma de residencia.

Art. 9.º *Comunicación entre autoridades competentes españolas y autoridades competentes de otros Estados.*—La comunica-

---

Art. 8.º: Redactado por el art. 3.9 de la L.Prot.Inf.
Art. 9.º: Redactado por el art. 3.10 de la L.Prot.Inf.

ción entre las autoridades centrales españolas competentes y las autoridades competentes de otros Estados se coordinará de acuerdo con lo previsto en el Convenio de La Haya, de 29 de mayo de 1993, relativo a la protección del niño y a la cooperación en materia de adopción internacional, aunque no sean parte del mismo.

CAPÍTULO III

Capacidad y requisitos para la adopción internacional

Art. 10. *Idoneidad de los adoptantes.*—1. Se entiende por idoneidad la capacidad, aptitud y motivación adecuadas para ejercer la responsabilidad parental, atendiendo a las necesidades de los menores a adoptar, y para asumir las peculiaridades, consecuencias y responsabilidades que conlleva la adopción.

2. A tal efecto, la declaración de idoneidad requerirá una valoración psicosocial sobre la situación personal, familiar y relacional de las personas que se ofrecen para la adopción, su capacidad para establecer vínculos estables y seguros, sus habilidades educativas y su aptitud para atender a un menor en función de sus particulares circunstancias, así como cualquier otro elemento útil relacionado con la singularidad de la adopción internacional. Asimismo, en dicha valoración psicosocial se deberá escuchar a los hijos de quienes se ofrecen para la adopción, de conformidad con lo establecido en el artículo 9 de la Ley Orgánica 1/1996, de 15 de enero, de Protección Jurídica del Menor, de modificación parcial del Código Civil y de la Ley de Enjuiciamiento Civil.

Las Entidades Públicas procurarán la necesaria coordinación con el fin de homogeneizar los criterios de valoración de la idoneidad.

3. La declaración de idoneidad y los informes psicosociales referentes a la misma tendrán una vigencia máxima de tres años desde la fecha de su emisión por la Entidad Pública, siempre que no se produzcan modificaciones sustanciales en la situación personal y familiar de las personas que se ofrecen para la adopción que dieron lugar a dicha declaración, sujeta a las condiciones y a las limitaciones establecidas, en su caso, en la legislación autonómica aplicable en cada supuesto.

Art. 10: Redactado por el art. 3.11 de la L.Prot.Inf.

4. Corresponde a las Entidades Públicas la declaración de idoneidad de las personas que se ofrecen para la adopción a partir de la valoración psicosocial a la que se refiere el apartado 2, que estará sujeta a las condiciones, requisitos y limitaciones establecidos en la legislación correspondiente.

5. Las personas que se ofrecen para la adopción podrán ser valoradas y, si corresponde, ser declaradas idóneas simultáneamente para la adopción nacional y la adopción internacional, siendo compatible la tramitación de su ofrecimiento para los dos ámbitos.

Art. 11. *Obligaciones preadoptivas y postadoptivas de los adoptantes.*—1. Las personas que se ofrecen para la adopción deben asistir a las sesiones informativas y de preparación organizadas por la Entidad Pública o por el Organismo acreditado con carácter previo y obligatorio a la solicitud de la declaración de idoneidad.

2. Los adoptantes deberán facilitar, en el tiempo previsto, la información, documentación y entrevistas que la Entidad Pública, Organismo acreditado o entidad autorizada precisen para la elaboración de los informes de seguimiento postadoptivo exigidos por la Entidad Pública o por la autoridad competente del país de origen. La no colaboración de los adoptantes en esta fase podrá dar lugar a sanciones administrativas previstas en la legislación autonómica y podrá ser considerada causa de no idoneidad en un proceso posterior de adopción.

3. Los adoptantes deberán cumplir en el tiempo previsto los trámites postadoptivos establecidos por la legislación del país de origen del menor adoptado, recibiendo para ello la ayuda y asesoramiento preciso por parte de las Entidades Públicas y los Organismos acreditados.

Art. 12. *Derecho a conocer los orígenes biológicos.*—Las personas adoptadas, alcanzada la mayoría de edad o durante su minoría de edad a través de sus representantes legales, tendrán derecho a conocer los datos que sobre sus orígenes obren en poder de las Entidades Públicas, sin perjuicio de las limitaciones que pudieran derivarse de la legislación de los países de procedencia de los menores. Este derecho se hará efectivo con el asesoramiento, la ayuda y me-

---

Art. 11: Redactado por el art. 3.12 de la L.Prot.Inf.
Art. 12: Redactado por el art. 3.13 de la L.Prot.Inf.

diación de los servicios especializados de la Entidad Pública, los Organismos acreditados o entidades autorizadas para tal fin.

Las Entidades Públicas competentes asegurarán la conservación de la información de que dispongan relativa a los orígenes del niño, en particular la información respecto a la identidad de sus progenitores, así como la historia médica del niño y de su familia.

Los Organismos acreditados que hubieran intermediado en la adopción deberán informar a las Entidades Públicas de los datos de los que dispongan sobre los orígenes del menor.

Art. 13. *Protección de datos de carácter personal.*—1. El tratamiento y la cesión de datos derivados del cumplimiento de las previsiones de la presente ley se encontrarán sometidos a lo dispuesto en la Ley Orgánica 15/1999, de 13 de diciembre, de Protección de Datos de Carácter Personal.

2. Los datos obtenidos por las Entidades Públicas o por los Organismos acreditados únicamente podrán ser tratados para las finalidades relacionadas con el desarrollo, en cada caso, de las funciones descritas para cada una de ellas en los artículos 5 y 6.3 de la presente ley.

3. La transferencia internacional de los datos a autoridades extranjeras de adopción únicamente se efectuará en los supuestos expresamente previstos en esta ley y en el Convenio de La Haya, de 29 de mayo de 1993, relativo a la protección del niño y a la cooperación en materia de adopción internacional y demás legislación internacional.

Art. 13: Redactado por el art. 3.14 de la L.Prot.Inf.

TÍTULO II

Normas de Derecho Internacional Privado relativas a la adopción internacional

CAPÍTULO PRIMERO

COMPETENCIA PARA LA CONSTITUCIÓN DE LA ADOPCIÓN INTERNACIONAL

Art. 14. *Competencia judicial internacional para la constitución de adopción en supuestos internacionales.*—1. Con carácter general, los Juzgados y Tribunales españoles serán competentes para la constitución de la adopción en los siguientes casos:

a) Cuando el adoptando sea español o tenga su residencia habitual en España.

b) Cuando el adoptante sea español o tenga su residencia habitual en España.

2. La nacionalidad española y la residencia habitual en España se apreciarán, en todo caso, en el momento de la presentación del ofrecimiento para la adopción a la Entidad Pública.

Art. 15. *Competencia judicial internacional para la declaración de nulidad o conversión en adopción plena de una adopción no plena en supuestos internacionales.*—1. Los Juzgados y Tribunales españoles serán competentes para la declaración de nulidad de una adopción en los siguientes casos:

a) Cuando el adoptado sea español o tenga su residencia habitual en España en el momento de presentación de la solicitud.

b) Cuando el adoptante sea español o tenga su residencia habitual en España en el momento de presentación de la solicitud.

c) Cuando la adopción haya sido constituida por autoridad española.

2. Si la ley aplicada a la adopción prevé la posibilidad de adopción simple, los Juzgados y Tribunales españoles serán competentes para la conversión de adopción simple en adopción plena en los casos señalados en el apartado anterior.

3. A efectos de lo establecido en esta ley, se entenderá por adopción simple o no plena aquella constituida por autori-

---

Art. 14.2: Redactado por el art. 3.15 de la L.Prot.Inf.

Art. 15: Rúbrica redactada por el art. 3.16 de la L.Prot.Inf., que también ha suprimido el apartado 3 original, renumerando el 4 como 3.

dad extranjera competente cuyos efectos no se correspondan sustancialmente con los previstos para la adopción en la legislación española.

Art. 16. *Competencia objetiva y territorial del órgano jurisdiccional.*—1. La determinación del concreto órgano jurisdiccional competente objetiva y territorialmente para la constitución de la adopción internacional se llevará a cabo con arreglo a las normas de la jurisdicción voluntaria.

2. En el caso de no poder determinarse la competencia territorial con arreglo al párrafo anterior, ésta corresponderá al órgano judicial que los adoptantes elijan.

Art. 17. *Competencia de los cónsules en la constitución de adopciones internacionales.*—1. Siempre que el Estado local no se oponga a ello ni lo prohíba su legislación, de conformidad con los Tratados internacionales y otras normas internacionales de aplicación, los Cónsules podrán constituir adopciones en el caso de que el adoptante sea español, el adoptando tenga su residencia habitual en la demarcación consular correspondiente y no sea necesaria la propuesta previa de la Entidad Pública de acuerdo con lo establecido en las circunstancias 1.ª, 2.ª y 4.ª del artículo 176.2 del Código Civil. La nacionalidad del adoptante y la residencia habitual del adoptando se determinarán en el momento de inicio del expediente de adopción.

2. En la tramitación y resolución de este expediente de adopción será de aplicación la legislación sobre jurisdicción voluntaria.

CAPÍTULO II*

Ley aplicable a la adopción

Art. 18. *Ley aplicable a la constitución de la adopción.*—La constitución de la adopción por la autoridad competente española se regirá por lo dispuesto en la ley material española en los siguientes casos:

a) Cuando el adoptando tenga su residencia habitual en España en el momento de constitución de la adopción.

b) Cuando el adoptando haya sido o vaya a ser traslada-

Art. 17: Redactado por el art. 3.17 de la L.Prot.Inf.

* La anterior división de este capítulo en secciones ha sido suprimida por el art. 3.18 de la L.Prot.Inf.

Art. 18: Redactado por el art. 3.19 de la L.Prot.Inf.

do a España con la finalidad de establecer su residencia habitual en España.

Art. 19. *Capacidad del adoptando y consentimientos necesarios.*—1. La capacidad del adoptando y los consentimientos necesarios de todos los sujetos intervinientes en la adopción, se regirán por la ley nacional del adoptando y no por la ley sustantiva española, en los siguientes casos:

a) Si el adoptando tuviera su residencia habitual fuera de España en el momento de la constitución de la adopción.

b) Si el adoptando no adquiere, en virtud de la adopción, la nacionalidad española, aunque resida en España.

2. La aplicación de la ley nacional del adoptando prevista en el párrafo primero de este artículo procederá, únicamente, cuando la autoridad española competente estime que con ello se facilita la validez de la adopción en el país correspondiente a la nacionalidad del adoptando.

3. No procederá la aplicación de la ley nacional del adoptando prevista en el párrafo primero de este artículo cuando se trate de adoptandos apátridas o con nacionalidad indeterminada.

4. En el caso de menores cuya ley nacional prohíba o no contemple la adopción se denegará la constitución de la adopción, excepto cuando el menor se encuentre en situación de desamparo y tutelado por la Entidad Pública.

Art. 20. *Consentimientos, audiencias y autorizaciones.*—Sin perjuicio de lo establecido en el artículo 18, la autoridad española competente para la constitución de la adopción podrá exigir, además, los consentimientos, audiencias o autorizaciones requeridas por la ley nacional o por la ley de la residencia habitual del adoptante o del adoptando, siempre que concurran estas circunstancias:

a) Que la exigencia de tales consentimientos, audiencias o autorizaciones repercuta en interés del adoptando. Se entenderá que concurre «interés del adoptando», particularmente, si la toma en consideración de las leyes extranjeras facilita, según criterio judicial, la validez de la adopción en otros países conectados con el supuesto y sólo en la medida en que ello sea así.

b) Que la exigencia de tales consentimientos, audiencias o autorizaciones sea solicitada

---

Art. 19.4: Añadido por el art. 3.20 de la L.Prot.Inf.

por el adoptante o por el Ministerio Fiscal.

Art. 21. *Ley aplicable a la constitución de la adopción.*—[...]

Art. 22. *Ley aplicable a la conversión y nulidad de la adopción.*—La ley aplicable a la conversión de la adopción no plena en plena y a la nulidad de la adopción será la aplicada para su constitución.

Art. 23. *Orden público internacional español.*—En ningún caso procederá la aplicación de una ley extranjera cuando resulte manifiestamente contraria al orden público internacional español. A tal efecto se tendrá en cuenta el interés superior del menor y los vínculos sustanciales del supuesto con España. Los aspectos de la adopción que no puedan regirse por un Derecho extranjero al resultar éste contrario al orden público internacional español, se regirán por el Derecho sustantivo español.

Art. 24. *Cooperación internacional de autoridades.*—Cuando la autoridad extranjera que va a constituir la adopción, siendo el adoptante español y residente en dicho país, solicite información sobre él a las autoridades españolas, el Cónsul podrá recabarla de las autoridades del último lugar de residencia en España, o facilitar la información que obre en poder del Consulado o pueda obtener por otros medios.

CAPÍTULO III

Efectos en España de la adopción constituida por autoridades extranjeras

Art. 25. *Normas internacionales.*—La adopción constituida por autoridades extranjeras será reconocida en España con arreglo a lo establecido en los Tratados y Convenios internacionales y otras normas de origen internacional en vigor para España, y, en especial, con arreglo al Convenio de La Haya de 29 de mayo de 1993, relativo a la protección del niño y a la cooperación en materia de adopción internacional. Tales normas prevalecerán, en todo caso, sobre las reglas contenidas en esta Ley.

Art. 21: Suprimido por el art. 3.21 de la L.Prot.Inf.
Art. 22: Redactado por el art. 3.22 de la L.Prot.Inf.
Art. 24: Redactado por el art. 3.23 de la L.Prot.Inf.

Art. 26. *Requisitos para la validez en España de adopciones constituidas por autoridades extranjeras en defecto de normas internacionales.*—1. En defecto de Tratados y Convenios internacionales y otras normas de origen internacional en vigor para España que resulten aplicables, la adopción constituida por autoridades extranjeras será reconocida en España como adopción si se cumplen los siguientes requisitos:

1.º Que haya sido constituida por autoridad extranjera competente. Se considerará que la autoridad extranjera es competente si el supuesto presenta vínculos razonables con el Estado extranjero cuyas autoridades la han constituido. Se presumirá, en todo caso, que son competentes aplicando de forma recíproca las normas de competencia previstas en el artículo 14 de esta Ley.

2.º Que la adopción no vulnere el orden público.

A estos efectos se considerará que vulneran el orden público español aquellas adopciones en cuya constitución no se ha respetado el interés superior del menor, en particular cuando se ha prescindido de los consentimientos y audiencias necesarios, o cuando se constate que no fueron informados y libres o se obtuvieron mediante pago o compensación.

2. Cuando el adoptante o el adoptado sea español, la adopción constituida por autoridad extranjera debe surtir los efectos jurídicos que se corresponden, de modo sustancial, con los efectos de la adopción regulada en Derecho español.

Será irrelevante el nombre legal de la institución en el Derecho extranjero.

En particular, las autoridades españolas controlarán que la adopción constituida por autoridad extranjera produzca la extinción de vínculos jurídicos sustanciales entre el adoptado y su familia anterior, que haga surgir los mismos vínculos de filiación que los de la filiación por naturaleza y que sea irrevocable por los adoptantes.

Cuando la ley extranjera admita que la adopción constituida a su amparo pueda ser revocada por el adoptante, será requisito indispensable que éste, antes del traslado del menor a España, renuncie al ejercicio de la facultad de revocarla. La renuncia deberá formalizarse en documento público o mediante comparecencia ante el Encargado del Registro Civil.

3. Cuando el adoptante sea español y residente en España,

Art. 26.1: Redactado por el art. 3.24 de la L.Prot.Inf.

la Entidad Pública española competente deberá declarar su idoneidad previamente a la constitución de la adopción por el órgano competente extranjero. No se exigirá dicha declaración de idoneidad en los casos en los que de haberse constituido la adopción en España no se hubiera requerido la misma.

4. Si el adoptando fuera español en el momento de constitución de la adopción ante la autoridad extranjera competente, será necesario el consentimiento de la Entidad Pública correspondiente a la última residencia del adoptando en España.

5. El documento en el que conste la adopción constituida ante autoridad extranjera deberá reunir los requisitos formales de autenticidad consistentes en la legalización o apostilla y en la traducción a idioma oficial español. Se exceptúan los documentos eximidos de legalización o traducción en virtud de otras normas vigentes.

Art. 27. *Control de la validez de la adopción constituida por autoridad extranjera.*—La autoridad pública española ante la que se suscite la validez de una adopción constituida por autoridad extranjera y, en especial, el Encargado del Registro Civil en el que se inste la inscripción de la adopción constituida en el extranjero para su reconocimiento en España, controlará, incidentalmente, la validez de dicha adopción en España con arreglo a las normas contenidas en el Convenio de La Haya, de 29 de mayo de 1993, relativo a la protección del niño y a la cooperación en materia de adopción internacional, a través de la presentación del certificado de conformidad con lo previsto en su artículo 23 y de que no se ha incurrido en la causa de no reconocimiento prevista en el artículo 24 de dicho Convenio.

En los casos de menores que provengan de países no signatarios del mismo, el Encargado del Registro Civil realizará dicho control incidental verificando si la adopción reúne las condiciones de reconocimiento previstas en los artículos 5.1.*e*), 5.1.*f*) y 26.

Art. 28. *Requisitos para la validez en España de decisiones extranjeras de conversión o nulidad de una adopción.*—Las decisiones de la autoridad pública extranjera en cuya virtud se establezca la conversión o nulidad de una adopción surtirán efec-

---

Art. 27: Redactado por el art. 3.25 de la L.Prot.Inf.
Art. 28: Redactado por el art. 3.26 de la L.Prot.Inf.

tos legales en España con arreglo a las exigencias recogidas en el artículo 26.

Art. 29. *Inscripción de la adopción en el Registro Civil.*— Cuando la adopción internacional se haya constituido en el extranjero y los adoptantes tengan su residencia habitual en España deberán solicitar la inscripción de nacimiento del menor y de adopción conforme a las normas contenidas en la Ley de Registro Civil para que la adopción se reconozca en España.

Art. 30. *Adopción simple o no plena legalmente constituida por autoridad extranjera.*— 1. La adopción simple o no plena constituida por autoridad extranjera surtirá efectos en España, como adopción simple o no plena, si se ajusta a la ley designada por el artículo 9.4 del Código Civil.

2. La ley designada por el artículo 9.4 del Código Civil determinará la existencia, validez y efectos de tales adopciones, así como la atribución de la patria potestad.

3. La adopción simple o no plena no será objeto de inscripción en el Registro Civil español como adopción ni comportará la adquisición de la nacionalidad española con arreglo al artículo 19 del Código Civil.

4. La adopción simple o no plena constituida por autoridad extranjera competente podrá ser convertida en la adopción regulada por el Derecho español cuando se den los requisitos previstos para ello, a través de un expediente de jurisdicción voluntaria. La conversión se regirá por la ley determinada con arreglo a la ley de su constitución.

Para instar el correspondiente expediente judicial no será necesaria la propuesta previa de la Entidad Pública competente.

En todo caso, para la conversión de una adopción simple o no plena en una adopción plena el Juez competente deberá examinar la concurrencia de los siguientes extremos:

a) Que las personas, instituciones y autoridades cuyo consentimiento se requiera para la adopción hayan sido convenientemente asesoradas e informadas sobre las consecuencias de su consentimiento, sobre los efectos de la adopción y, en concreto, sobre la extinción de los vínculos jurídicos entre el menor y su familia de origen.

b) Que tales personas hayan manifestado su consentimiento libremente, en la forma legal-

---

Art. 29: Redactado por el art. 3.27 de la L.Prot.Inf.
Art. 30: Redactado por el art. 3.28 de la L.Prot.Inf.

mente prevista y que este consentimiento haya sido prestado por escrito.

c) Que los consentimientos no se hayan obtenido mediante pago o compensación de clase alguna y que tales consentimientos no hayan sido revocados.

d) Que el consentimiento de la madre, cuando se exija, se haya prestado tras el nacimiento del menor.

e) Que, teniendo en cuenta la edad y el grado de madurez del menor, éste haya sido convenientemente asesorado e informado sobre los efectos de la adopción y, cuando se exija, de su consentimiento a la misma.

f) Que, teniendo en cuenta la edad y el grado de madurez del menor, éste haya sido oído.

g) Que, cuando haya de recabarse el consentimiento del menor en la adopción, se examine que éste lo manifestó libremente, en la forma y con las formalidades legalmente previstas, y sin que haya mediado precio o compensación de ninguna clase.

Art. 31. *Orden público internacional.*—En ningún caso procederá el reconocimiento de una decisión extranjera de adopción simple o no plena si produce efectos manifiestamente contrarios al orden público internacional español. A tal efecto, se tendrá en cuenta el interés superior del menor.

TÍTULO III

Otras medidas de protección de menores

CAPÍTULO PRIMERO

COMPETENCIA Y LEY APLICABLE

Art. 32. *Competencia para la constitución de otras medidas de protección de menores.*—La competencia para la constitución de las demás medidas de protección de menores se regirá por los criterios recogidos en los Tratados y Convenios internacionales y otras normas de origen internacional en vigor para España, en particular por el Reglamento (CE) n.º 2201/2003 del Consejo, de 27 de noviembre de 2003, relativo a la competencia, el reconocimiento y la ejecución de resoluciones judiciales en materia matrimonial y de responsabilidad parental, y por el Convenio de La Haya, de 19 de octubre de

---

Art. 31: Redactado por el art. 3.29 de la L.Prot.Inf.
Art. 32: Redactado por el art. 3.30 de la L.Prot.Inf.

1996, relativo a la competencia, la ley aplicable, el reconocimiento, la ejecución y la cooperación en materia de responsabilidad parental y de medidas de protección de los niños.

Art. 33. *Ley aplicable a otras medidas de protección de menores.*—La ley aplicable a las demás medidas de protección de los menores se determinará con arreglo a los Tratados y Convenios internacionales y otras normas de origen internacional en vigor para España, en particular por el Convenio de La Haya, de 19 de octubre de 1996, relativo a la competencia, la ley aplicable, el reconocimiento, la ejecución y la cooperación en materia de responsabilidad parental y de medidas de protección de los niños.

CAPÍTULO II

EFECTOS DE LAS DECISIONES EXTRANJERAS EN MATERIA DE PROTECCIÓN DE MENORES

Art. 34. *Efectos legales en España de las decisiones relativas a instituciones de protección de menores que no produzcan vínculos de filiación acordadas por autoridades extranjeras.*—1. Las instituciones de protección de menores constituidas por autoridad extranjera y que, según la ley de su constitución, no determinen ningún vínculo de filiación se equipararán al acogimiento familiar o, en su caso, a una tutela, regulados en el derecho español, si concurren los requisitos siguientes:

1.º Que los efectos sustanciales de la institución extranjera sean equivalentes a los del acogimiento familiar o, en su caso, a los de una tutela, previstos por la ley española.

2.º Que las instituciones de protección hayan sido acordadas por autoridad extranjera competente, sea judicial o administrativa. Se considerará que la autoridad extranjera que constituyó la medida de protección era internacionalmente competente si el supuesto presenta vínculos razonables con el Estado extranjero cuyas autoridades la han constituido.

No obstante lo establecido en la regla anterior, en el caso de que la institución de protección no presentare conexiones razonables de origen, de antecedentes familiares o de otros órdenes similares con el país cuya autoridad ha constituido esa institu-

Art. 33: Redactado por el art. 3.31 de la L.Prot.Inf.
Art. 34: Redactado por el art. 3.32 de la L.Prot.Inf.

ción se estimará que la autoridad extranjera carecía de competencia internacional.

3.º Que los efectos de la institución de protección extranjera no vulneren el orden público español atendiendo al interés superior del menor.

4.º Que el documento en el que consta la institución constituida ante autoridad extranjera reúna los requisitos formales de autenticidad consistentes en la legalización o apostilla y en la traducción al idioma español oficial. Se exceptúan los documentos eximidos de legalización o traducción en virtud de otras normas vigentes.

2. La autoridad pública española ante la que se suscite la cuestión de la validez de una medida de protección constituida por autoridad extranjera y, en especial, el Encargado del Registro Civil en el que se inste la anotación de la medida de protección constituida en el extranjero para su reconocimiento en España, controlará, incidentalmente, la validez de dicha medida en España con arreglo a este artículo.

DISPOSICIÓN ADICIONAL

Única. *Entidades Públicas de Protección de Menores.*—[...]

DISPOSICIÓN DEROGATORIA

Única. *Ley Orgánica de Protección Jurídica del Menor.*—Queda derogado el artículo 25 de la Ley Orgánica 1/1996, de 15 de enero, de Protección Jurídica del Menor y de modificación parcial del Código Civil y de la Ley de Enjuiciamiento Civil.

DISPOSICIONES FINALES

1.ª *Modificación de determinados artículos del Código Civil.*—Uno. El apartado 5 del artículo 9 queda redactado en los siguientes términos:

....

Dos. El artículo 154 queda redactado en los siguientes términos:

....

Tres. Se modifican los apartados 3 y 6 y se adicionan dos nuevos apartados séptimo y octavo al artículo 172, que pasan a tener la siguiente redacción:

....

Cuatro. Se adiciona un nuevo número al artículo 180 que

Disp. Adic. única: Derogada por la L.Prot.Inf.

queda redactado en los siguientes términos:

....

Cinco. El artículo 268 queda redactado en los siguientes términos:

....

2.ª Se modifican determinados artículos de la Ley 1/2000, de 7 de enero, de Enjuiciamiento Civil.

Uno. Se añade un nuevo artículo 141 bis a la Ley de Enjuiciamiento Civil con el siguiente texto:

....

Dos. Se añade un nuevo párrafo final al artículo 164 de la Ley de Enjuiciamiento Civil con el siguiente texto:

....

Tres. El artículo 779 queda redactado en los siguientes términos:

....

Cuatro. El apartado 1 del artículo 780 queda redactado en los siguientes términos:

....

Cinco. El apartado 1.º del artículo 781 queda redactado en los siguientes términos:

....

3.ª *Ley de Demarcación y de Planta Judicial.*—El primer inciso del artículo 25 de la Ley 38/1988, de 28 de diciembre, de Demarcación y de Planta Judicial queda redactado de la forma siguiente:

....

4.ª *Ley del Registro Civil.*—Se modifica el apartado 2 del artículo 63 de la Ley de 8 de junio de 1957, del Registro Civil, que tendrá la siguiente redacción:

....

5.ª *Título competencial.*—1. Los artículos 5, 6, 7, 8, 10, 11 y la disposición final primera se dictan al amparo de la competencia exclusiva del Estado en materia de legislación civil reconocida por el artículo 149.1.8.ª de la Constitución Española, sin perjuicio de la conservación, modificación y desarrollo por las Comunidades Autónomas de los derechos civiles, forales o especiales, allí donde existan y de las normas aprobadas por éstas en ejercicio de sus competencias en esta materia.

2. El artículo 12 se dicta al amparo de lo dispuesto en el artículo 149.1.1.ª de la Constitución Española. Los restantes artículos de esta Ley se dictan al amparo de las competencias exclusivas del Estado en materia de relaciones internacionales, administración de justicia y legislación civil reconocidas por

el artículo 149.1.3.ª, 5.ª y 8.ª de la Constitución Española.

6.ª *Entrada en vigor.*— 1. La presente Ley entrará en vigor el día siguiente al de su publicación en el *Boletín Oficial del Estado*.

2. Se habilita al Gobierno para la aprobación de las normas reglamentarias necesarias para su aplicación.

LEY 8/2021, DE 2 DE JUNIO, POR LA QUE SE REFORMA LA LEGISLACIÓN CIVIL Y PROCESAL PARA EL APOYO A LAS PERSONAS CON DISCAPACIDAD EN EL EJERCICIO DE SU CAPACIDAD JURÍDICA

(*B.O.E.* núm. 132, de 3 de junio de 2021)

PREÁMBULO

I

La presente reforma de la legislación civil y procesal pretende dar un paso decisivo en la adecuación de nuestro ordenamiento jurídico a la Convención internacional sobre los derechos de las personas con discapacidad, hecha en Nueva York el 13 de diciembre de 2006, tratado internacional que en su artículo 12 proclama que las personas con discapacidad tienen capacidad jurídica en igualdad de condiciones con las demás en todos los aspectos de la vida, y obliga a los Estados Partes a adoptar las medidas pertinentes para proporcionar a las personas con discapacidad acceso al apoyo que puedan necesitar en el ejercicio de su capacidad jurídica. El propósito de la convención es promover, proteger y asegurar el goce pleno y en condiciones de igualdad de todos los derechos humanos y libertades fundamentales por todas las personas con discapacidad, así como promover el respeto de su dignidad inherente.

Con la manifestación de este objetivo, la convención introduce importantes novedades en el tratamiento de la discapacidad, además de exigir a los Estados Partes que en todas las medidas relativas al ejercicio de la capacidad jurídica se proporcionen salvaguardias adecuadas y efectivas para impedir los abusos de conformidad con el Derecho internacional en materia de derechos humanos. Esas salvaguardias asegurarán que las medidas relativas al ejercicio de la capacidad jurídica respeten los derechos, la voluntad y las preferencias de la persona, que no haya conflicto de intereses ni influencia indebida, que sean proporcionales y adaptadas a las circunstancias de la persona, que se apliquen en el plazo más corto posible y que estén sujetas a exámenes periódicos por parte de una autoridad o un órgano judicial competente, independiente e imparcial. Las salvaguardias serán proporcionales al grado en que dichas medidas afecten a los derechos e intereses de las personas.

Se impone así el cambio de un sistema como el hasta ahora vigente en nuestro ordenamiento jurídico, en el que predomina la sustitución en la toma de las decisiones que afectan a las personas con discapacidad, por otro basado en el respeto a la voluntad y las preferencias de la persona quien, como regla general, será la encargada de tomar sus propias decisiones.

La reforma del ordenamiento jurídico español, que es consecuencia de la ratificación por España de dicho tratado, se inició con la Ley 26/2011, llamada precisamente de adaptación normativa a la Convención internacional sobre los derechos de las personas con discapacidad, y que se encargó de modificar numerosos cuerpos legales de nuestro Derecho interno. La reforma continuó con el Real Decreto Legislativo 1/2013, de 29 de noviembre, por el que se aprobó el Texto Refundido de la Ley General de derechos de las personas con discapacidad y de su inclusión social, a la que han de sumarse la reforma del Código penal llevada a cabo por la Ley Orgánica 1/2015, de 30 de marzo, la nueva legislación de jurisdicción voluntaria (Ley 15/2015, de 2 de julio, modificada por la Ley 4/2017, de 24 de junio, precisamente en relación con el derecho de las personas con discapacidad a contraer matrimonio en igualdad de condiciones) o las más recientes Ley Orgánica 1/2017, de 13 de diciembre, de modificación de la Ley Orgánica 5/1995, de 22 de mayo, del Tribunal del Jurado, para garantizar la participación de las personas con discapacidad sin exclusiones, y Ley Orgánica 2/2018, de 5 de diciembre, para la modificación de la Ley Orgánica 5/1985, de 19 de junio, del Régimen Electoral General para garantizar el derecho de sufragio de todas las personas con discapacidad.

La presente Ley supone un hito fundamental en el trabajo

de adaptación de nuestro ordenamiento a la Convención de Nueva York, así como en la puesta al día de nuestro Derecho interno en un tema, como es el del respeto al derecho de igualdad de todas las personas en el ejercicio de su capacidad jurídica, que viene siendo objeto de atención constante en los últimos años, tanto por parte de las Naciones Unidas, como por el Consejo de Europa o por el propio Parlamento Europeo y, como lógica consecuencia, también por los ordenamientos estatales de nuestro entorno.

La nueva regulación está inspirada, como nuestra Constitución en su artículo 10 exige, en el respeto a la dignidad de la persona, en la tutela de sus derechos fundamentales y en el respeto a la libre voluntad de la persona con discapacidad, así como en los principios de necesidad y proporcionalidad de las medidas de apoyo que, en su caso, pueda necesitar esa persona para el ejercicio de su capacidad jurídica en igualdad de condiciones con los demás. Al respecto, ha de tomarse en consideración que, como ha puesto en evidencia la Observación General del Comité de Expertos de las Naciones Unidas elaborada en 2014, dicha capacidad jurídica abarca tanto la titularidad de los derechos como la legitimación para ejercitarlos.

II

Esta Ley consta de ocho artículos, dos disposiciones adicionales, seis disposiciones transitorias, una disposición derogatoria y tres disposiciones finales.

El artículo primero modifica la Ley del Notariado con ocho apartados; el artículo segundo, con sesenta y siete apartados, modifica el Código Civil; el artículo tercero afecta a la Ley Hipotecaria y consta de nueve apartados; el artículo cuarto reforma la Ley 1/2000, de 7 de enero, de Enjuiciamiento Civil, con veintinueve apartados; el artículo quinto modifica la Ley 41/2003, de 18 de noviembre, de protección patrimonial de las personas con discapacidad y de modificación del Código Civil, de la Ley de Enjuiciamiento Civil y de la Normativa Tributaria con esta finalidad, y se distribuye en seis apartados; el artículo sexto modifica la Ley 20/2011, de 21 de julio, del Registro Civil, y se distribuye en diez apartados; el artículo séptimo, referido a la Ley 15/2015, de 2 de julio, de la Jurisdicción Voluntaria, se estructura en veinte apartados; finalmente, el artículo octavo, referido al Código de Comercio, se estructura en tres apartados.

III

La reforma que el artículo segundo introduce en el Código Civil es la más extensa y de mayor calado, pues sienta las bases del nuevo sistema basado en el respeto a la voluntad y las preferencias de la persona con discapacidad, el cual informa toda la norma y se extrapola a través de las demás modificaciones legales al resto de la legislación civil y la procesal.

El Título XI del Libro Primero del Código Civil se redacta de nuevo y pasa a rubricarse «De las medidas de apoyo a las personas con discapacidad para el ejercicio de su capacidad jurídica», de suerte que el elemento sobre el que pivota la nueva regulación no va a ser ni la incapacitación de quien no se considera suficientemente capaz, ni la modificación de una capacidad que resulta inherente a la condición de persona humana y, por ello, no puede modificarse. Muy al contrario, la idea central del nuevo sistema es la de apoyo a la persona que lo precise, apoyo que, tal y como la ya citada Observación General de 2014 recuerda, es un término amplio que engloba todo tipo de actuaciones: desde el acompañamiento amistoso, la ayuda técnica en la comunicación de declaraciones de voluntad, la ruptura de barreras arquitectónicas y de todo tipo, el consejo, o incluso la toma de decisiones delegadas por la persona con discapacidad. Cabe añadir, incluso, que en situaciones donde el apoyo no pueda darse de otro modo y solo ante esa situación de imposibilidad, este pueda concretarse en la representación en la toma de decisiones. Es importante señalar que podrá beneficiarse de las medidas de apoyo cualquier persona que las precise, con independencia de si su situación de discapacidad ha obtenido algún reconocimiento administrativo. Es también relevante que, a diferencia de lo que hacían los códigos decimonónicos, más preocupados por los intereses patrimoniales de la persona que por la protección integral de esta, la nueva regulación trata de atender no solo a los asuntos de naturaleza patrimonial, sino también a los aspectos personales, como pueden ser los relativos a decisiones sobre las vicisitudes de su vida ordinaria —domicilio, salud, comunicaciones, etc.—.

No se trata, pues, de un mero cambio de terminología que relegue los términos tradicionales de «incapacidad» e «incapacitación» por otros más precisos y respetuosos, sino de un nuevo y más acertado enfoque de la realidad, que advierta algo que ha pasado durante mucho tiempo desapercibido: que las personas con discapacidad son titulares del derecho a la toma de sus propias decisiones, derecho que ha de ser respetado; se trata, por tanto, de una cuestión de derechos humanos. Y es que muchas limitaciones vinculadas tradicionalmente a la discapacidad no han procedido de las personas afectadas por ella, sino de su entorno: barreras físicas, comunicacionales, cognitivas, actitudinales y jurídicas que han cercenado sus derechos y la posibilidad de su ejercicio. La reforma normativa impulsada por esta Ley debe ir unida, por ello, a un cambio del entorno, a una transformación de la mentalidad social y, especialmente, de la de aquellos profesionales del Derecho —jueces y magistrados, personal al servicio de la Administración de Justicia, notarios, registradores— que han de prestar sus respectivas funciones, a requerimiento de las personas con discapacidad, partiendo de los nuevos principios y no de visiones paternalistas que hoy resultan periclitadas.

Siguiendo los precedentes de otros ordenamientos europeos y las directrices del Consejo de Europa, a la hora de concretar los apoyos la nueva regulación otorga preferencia a las medidas voluntarias, esto es, a las que puede tomar la propia persona con discapacidad. Dentro de las medidas voluntarias adquieren especial importancia los poderes y mandatos preventivos, así como la posibilidad de la autocuratela. Fuera de ellas conviene destacar el reforzamiento de la figura de la guarda de hecho, que se transforma en una propia institución jurídica de apoyo, al dejar de ser una situación provisional cuando se manifiesta como suficiente y adecuada para la salvaguarda de los derechos de la persona con discapacidad. La realidad demuestra que en muchos supuestos la persona con discapacidad está adecuadamente asistida o apoyada en la toma de decisiones y el ejercicio de su capacidad jurídica por un guardador de hecho —generalmente un familiar, pues la familia sigue siendo en nuestra sociedad el grupo básico de solidaridad y apoyo entre las personas que la componen, especialmente en lo que atañe a sus miembros más vulnerables—, que no precisa de una investidura judicial formal que la persona con discapacidad tampoco desea. Para los casos en que se requiera que el guardador realice una actuación representativa, se prevé la necesidad de que obtenga una autorización judicial *ad hoc*, de modo que no será preciso que se abra todo un procedimiento general de provisión de apoyos, sino que será suficiente con la autorización para el caso, previo examen de las circunstancias.

La institución objeto de una regulación más detenida es la curatela, principal medida de apoyo de origen judicial para las personas con discapacidad. El propio significado de la palabra curatela —cuidado—, revela la finalidad de la institución: asistencia, apoyo, ayuda en el ejercicio de la capacidad jurídica; por tanto, como principio de actuación y en la línea de excluir en lo posible las actuaciones de naturaleza representativa, la curatela será, primordialmente, de naturaleza asistencial. No obstante, en los casos en los que sea preciso, y solo de manera excepcional, podrá atribuirse al curador funciones representativas.

El valor del cuidado, en alza en las sociedades democráticas actuales, tiene particular aplicación en el ejercicio de la curatela. Todas las personas, y en especial las personas con discapacidad, requieren ser tratadas por las demás personas y por los poderes públicos con cuidado, es decir, con la atención que requiera su situación concreta.

Siguiendo este mismo criterio, se eliminan del ámbito de la discapacidad no sólo la tutela, sino también la patria potestad prorrogada y la patria potestad rehabilitada, figuras demasiado rígidas y poco adaptadas al sistema de promoción de la autonomía de las personas adultas con discapacidad que ahora se propone. En este sentido, conviene recordar que las nuevas concepciones sobre la autonomía de las personas con discapacidad ponen en duda que los progenitores sean siempre las personas más adecuadas para favorecer que el hijo adulto con discapacidad logre adquirir el mayor grado de independencia posible y se prepare para vivir en el futuro sin la presencia de sus progenitores, dada la previsible supervivencia del hijo; a lo que se añade que cuando los progenitores se hacen mayores, a veces esa patria potestad prorrogada o rehabilitada puede convertirse en una carga demasiado gravosa. Es por ello que, en la nueva regulación, cuando el menor con discapacidad llegue a la mayoría de edad se le prestarán los apoyos que necesite del mismo modo y por el mismo medio que a cualquier adulto que los requiera.

En el nuevo texto se recoge también la figura del defensor judicial, especialmente prevista para cierto tipo de situaciones, como aquella en que exista conflicto de intereses entre la figura de apoyo y la persona con discapacidad, o aquella en que exista imposibilidad coyuntural de que la figura de apoyo habitual lo ejerza.

Todas las medidas de apoyo adoptadas judicialmente serán revisadas periódicamente en un plazo máximo de tres años o, en casos excepcionales, de hasta seis. En todo caso, pueden ser revisadas ante cualquier cambio en la situación de la persona que pueda requerir su modificación.

Desde el punto de vista procedimental, cumple señalar que el procedimiento de provisión de apoyos solo puede conducir a una resolución judicial que determine los actos para los que la persona con discapacidad requiera el apoyo, pero en ningún caso a la declaración de incapacitación ni, mucho menos, a la privación de derechos, sean estos personales, patrimoniales o políticos.

Finalmente, se suprime la prodigalidad como institución autónoma, dado que los supuestos contemplados por ella encuentran encaje en las normas sobre medidas de apoyo aprobadas con la reforma.

Una reforma tan profunda como la que aquí se realiza ha obligado a un notable número de modificaciones legislativas tanto en el Código Civil como en otras leyes de indudable importancia.

IV

Dentro del Código, la reubicación en los Títulos XI y XII del Libro Primero de la materia que nos ocupa obliga a la reordenación del tema de la minoría de edad, la mayoría de edad y la emancipación, de suerte que el Título IX del mencionado Libro pasa a referirse a la tutela y la guarda de los menores, mientras que el Título X se destina a la mayoría de edad y la emancipación. En consonancia con lo dicho, la tutela, con su tradicional connotación representativa, queda reservada para los menores de edad que no estén protegidos a través de la patria potestad, mientras que el complemento de capacidad requerido por los emancipados para el ejercicio de ciertos actos jurídicos será atendido por un defensor judicial.

Fuera ya de este marco, son muchas las normas jurídicas que en toda la extensión del Código Civil requieren de la oportuna adaptación a la nueva regulación de la capacidad jurídica de las personas con discapacidad. Así, las normas afectadas por esta reforma van desde algunas relativas al Derecho internacional privado, la nacionalidad, ciertas reglas sobre los efectos de las crisis matrimoniales cuando hay hijos mayores de edad con discapacidad que precisen apoyo, lo cual puede tener repercusiones, por ejemplo, en la atribución de la vivienda familiar, o las reglas sobre el establecimiento de la filiación cuando hay implicados progenitores o hijos con discapacidad; también experimentan modificaciones puntuales algunos preceptos relativos a la sociedad de gananciales cuando uno de los cónyuges precisare de medidas de apoyo. Particularmente afectadas van a resultar algunas reglas relativas al Derecho de sucesiones y al Derecho de contratos, cuestiones estas en las que la capacidad de ejercicio de los derechos implica la posibilidad de realizar actos jurídicos de gran transcendencia, cuya celebración, validez y eficacia debe ser tratada de conformidad con la nueva perspectiva. Asimismo, la comprensión de las personas con discapacidad como sujetos plenamente capaces, en la doble dimensión de titularidad y ejercicio de sus derechos, ha de repercutir también de modo ineluctable en la idea de responsabilidad, lo que ha de conllevar el correlativo cambio en el concepto de imputación subjetiva en la responsabilidad civil por hecho propio y en una nueva y más restringida concepción de la responsabilidad por hecho ajeno. Para mantener la coherencia del sistema, la reforma hace también necesaria la modificación de dos preceptos del Código penal en materia de responsabilidad civil derivada del ilícito penal cuando dicha responsabilidad recae sobre persona distinta del autor del hecho delictivo, y la disposición adicional primera para adaptarla a la nueva regulación. Se aprovecha la reforma para corregir el error que implicaba la referencia a los imputables. Adicionalmente, se reforman los artículos 4, 5 y 234 del Código de Comercio para adaptarlos a la nueva regulación del Código Civil. En todos ellos se omite cualquier referencia a las personas con discapacidad con medidas de apoyo por considerarla innecesaria, dado que esta cuestión se regirá por las normas generales previstas en el Código Civil.

En el ámbito del Registro de la Propiedad, se modifican los preceptos de la Ley Hipotecaria que se refieren a la incapacitación o los incapacitados y se suprime el Libro de incapacitados para adecuar la terminología y contenidos normativos a la Convención de Nueva York de la que trae causa esta reforma. Por otra parte, se elimina el artículo 28 de la Ley Hipotecaria, dado que los supuestos que eventualmente este artículo está llamado a proteger son muy residuales en comparación con el perjuicio que ocasiona en la sucesión de colaterales y extraños y la perturbación del tráfico, generando situaciones antieconómicas.

El Registro Civil se convierte en una pieza central, pues hará efectiva la preferencia que el nuevo sistema atribuye a las medidas voluntarias previstas por una persona respecto de sí misma o de sus bienes. No obstante, el necesario respeto a los derechos fundamentales de la persona con discapacidad, incluida su intimidad y la protección de sus datos personales, han llevado a considerar que las medidas de apoyo accedan al Registro como datos sometidos al régimen de publicidad restringida.

V

La adaptación normativa a la Convención también debe extenderse al ámbito procesal, de modo que se sustituyen los tradicionales procesos de modificación de la capacidad por los dirigidos a proveer de apoyos a las personas con discapacidad. Tal circunstancia permite asimismo introducir algunas modificaciones en la regulación de los procesos en que se ejercita una pretensión de esas características, dirigidas a solucionar algunos problemas que se han detectado en la práctica forense y que dan lugar a interpretaciones diferentes entre los tribunales.

La Ley 1/2000, de 7 de enero, de Enjuiciamiento Civil, se ha sometido a una revisión de conjunto en la que, más allá de las necesarias revisiones terminológicas, se han introducido los ajustes requeridos por la adaptación a la Convención en el ejercicio de las acciones de determinación o impugnación de la filiación, en los procedimientos de separación y divorcio y en el procedimiento para la división de la herencia.

La primera modificación relevante se encuentra en el artículo 7 bis, que se introduce también en la Ley de Jurisdicción voluntaria. En este artículo se regulan las adaptaciones y ajustes en los procedimientos en que participen personas con discapacidad, con independencia de si lo hacen en calidad de parte o en otra distinta y que se llevarán a cabo en todas las fases y actuaciones procesales en las que resulte necesario, incluyendo los actos de comunicación. Adicionalmente, se menciona expresamente que se permitirá que la persona con discapacidad, si lo desea y a su costa, se valga de un profesional experto que a modo de facilitador realice tareas de adaptación y ajuste.

Es también importante el apartado 1 del artículo 756 de la Ley de Enjuiciamiento Civil, que establece que en los supuestos en los que, de acuerdo con la legislación civil, sea pertinente el nombramiento de curador y se haya formulado oposición en el previo expediente de jurisdicción voluntaria o cuando el expediente no haya podido resolverse, los procesos de adopción de medidas judiciales de apoyo a personas con discapacidad se regirán por lo dispuesto en dicho Capítulo. En caso de inexistencia de oposición, la provisión judicial de apoyos se regirá por lo dispuesto en la legislación de jurisdicción voluntaria.

Se trata, por tanto, de una reforma ambiciosa que opta por el cauce de la jurisdicción voluntaria de manera preferente, considerando de manera esencial la participación de la propia persona, facilitando que pueda expresar sus preferencias e interviniendo activamente y, donde la autoridad judicial interese la información precisa, ajustándose siempre a los principios de necesidad y proporcionalidad. Todo ello sin perjuicio de que el procedimiento se transforme en uno contradictorio. Por su parte, en el apartado 3 de ese mismo precepto se da solución al problema derivado del cambio de residencia habitual de la persona con discapacidad cuando se encuentra pendiente el proceso de provisión de apoyos. Siguiendo el criterio sentado por la Sala de lo Civil del Tribunal Supremo, en esos casos las actuaciones deberían remitirse al juez de la nueva residencia, siempre que no se haya celebrado aún la vista. Así se facilita el desarrollo del proceso y se acerca este al lugar donde efectivamente se encuentra la persona con discapacidad.

El artículo 757 de la Ley de Enjuiciamiento Civil, en sus apartados 3 y 4, también da respuesta a situaciones que estaban originando prácticas diversas en los tribunales. Por un lado, se permite la presentación de alegaciones por aquella persona que en la demanda aparezca propuesta como curador de la persona con discapacidad, lo que posibilita contar con más datos acerca de su disponibilidad e idoneidad para asumir tal encomienda. Por otro, se admite la intervención a su costa en el proceso de cualquiera de los legitimados que no sea promotor del procedimiento o de cualquier sujeto con interés legítimo, evitando así que se generen situaciones de desigualdad entre los familiares de la persona con discapacidad, como sucedía con anterioridad, donde unos podían actuar con plenitud en el proceso dada su condición de parte y otros, en cambio, solo podían ser oídos en fase de prueba.

Las siguientes modificaciones se contienen en el artículo 758 de la Ley de Enjuiciamiento Civil y se refieren al momento de admisión de la demanda y a la personación del demandado. En primer lugar, se establece que, una vez admitida la demanda, se debe obtener de los Registros públicos la información existente sobre las medidas de apoyo adoptadas, para respetar la voluntad de la persona con discapacidad. Y, en segundo lugar, se prescribe el nombramiento de un defensor judicial cuando la persona interesada, esto es, la persona con discapacidad, no comparezca, en el plazo concedido para contestar a la demanda, con su propia defensa y representación. Con ello se consigue que siempre exista alguien que defienda en el proceso los intereses de la persona con discapacidad.

La regulación de las pruebas que preceptivamente deben practicarse en este tipo de procesos se reordena en el nuevo texto y, además, se introduce en el artículo 759.2 de la Ley de Enjuiciamiento Civil la posibilidad de que puedan no llevarse a cabo las audiencias preceptivas cuando la demanda la presente la propia persona interesada y aquellas puedan invadir su privacidad, al dar a conocer a su familia datos íntimos que ella prefiera mantener reservados. Adicionalmente, el proceso debe alejarse del esquema tradicional para pasar a orientarse hacia un sistema de colaboración interprofesional o «de mesa redonda», con profesionales especializados de los ámbitos social, sanitario y otros que puedan aconsejar las medidas de apoyo que resulten idóneas en cada caso. Por último, a diferencia de lo que sucedía en la normativa anterior, el contenido de la sentencia que ha de dictar el juez se remite a las normas de Derecho Civil que resulten de aplicación, al considerarse una cuestión más de Derecho sustantivo que procesal.

VI

La reforma de la Ley 15/2015, de 2 de julio, de la Jurisdicción Voluntaria, queda justificada tanto por la introducción del nuevo expediente de provisión de medidas judiciales de apoyo a personas con discapacidad, como por la necesidad de que no haya discrepancia entre los diversos textos legales, todo ello en aras de una eficaz tutela de los derechos de las personas.

De esta manera, se establece un ajuste entre la Ley de la Jurisdicción Voluntaria y la legislación civil material en lo que respecta al nombramiento del defensor judicial de menores o personas con discapacidad.

En segundo término, se incorpora un nuevo Capítulo III bis relativo al expediente de provisión de medidas judiciales de apoyo a personas con discapacidad para los supuestos en los que, de acuerdo con las normas civiles, sea pertinente la previsión de alguna medida judicial de apoyo de carácter estable y no exista oposición. Podrá promover este expediente el Ministerio Fiscal, la propia persona interesada, su cónyuge no separado de hecho o legalmente o quien se encuentre en una situación de hecho asimilable, y sus descendientes, ascendientes, o hermanos.

En relación con el expediente para el nombramiento de tutor (para el menor) o curador (para la persona con discapacidad), además de algunas adaptaciones terminológicas, se modifica el procedimiento para la rendición de cuentas del tutor o curador, para solucionar algunas disfunciones detectadas durante estos casi tres años de vigencia de la Ley de la Jurisdicción Voluntaria. Por un lado, la comparecencia ante el juez no siempre debe tener lugar, sino solo cuando algún interesado lo solicite, con lo que se evita la actual proliferación de vistas que en la mayoría de las ocasiones carecen de sentido ante la ausencia de complejidad y oposición a las cuentas presentadas. Por otro lado, se permite que el tribunal ordene de oficio, a costa del patrimonio del tutelado o asistido, una prueba pericial contable o de auditoría aun cuando nadie haya solicitado la comparecencia, si en el informe se describieran operaciones complejas o que requieran una justificación técnica. Esto responde a una necesidad que los tribunales han puesto de manifiesto en reiteradas ocasiones, en la línea de alcanzar una mayor protección de los intereses del menor o de la persona con discapacidad.

También se modifica un aspecto del expediente de autorización o aprobación judicial de actos de enajenación o gravamen de bienes pertenecientes a menores o personas con discapacidad. De acuerdo con la nueva regulación del artículo 62.3 de la Ley de la Jurisdicción Voluntaria, la intervención de abogado y procurador ya no será preceptiva en todos los casos en que la cuantía de la operación supere los 6.000 euros, sino solo cuando así resulte necesario por razones de complejidad de la operación o por la existencia de intereses contrapuestos. De esta manera se pretende ahorrar costes al menor y a la persona con discapacidad en relación con actos que carecen de dificultad técnica o jurídica, habida cuenta de que en este tipo de actuaciones siempre va a existir un control judicial en el momento de decidir sobre la aprobación de lo solicitado.

VII

Por último, cabe destacar la reforma de la Ley del Notariado y de la Ley 41/2003, de 18 de noviembre, de protección patrimonial de las personas con discapacidad y de modificación del Código Civil, de la Ley de Enjuiciamiento Civil y de la Normativa Tributaria, con el objeto de acompasar su regulación al cambio de paradigma que introduce esta reforma.

VIII

En cuanto al régimen transitorio, se ha optado por una fórmula flexible, según la cual como regla general, las funciones de apoyo se ejercerán conforme a la nueva Ley desde su entrada en vigor y se establece una amplia legitimación para solicitar de la autoridad judicial, en cualquier momento, la revisión de las medidas que se hubiesen establecido con arreglo al sistema anterior. La revisión también se podrá producir de oficio.

Finalmente, se fija un plazo de tres meses para la entrada en vigor de la norma, atendiendo a la necesidad de que se tome conocimiento de la nueva legislación con tiempo suficiente para que puedan afrontarse los cambios introducidos.

Artículo 1.º *Modificación de la Ley del Notariado, de 28 de mayo de 1862*.—La Ley del Notariado, de 28 de mayo de 1862, queda modificada como sigue:

Uno. Se modifica la letra *a*) del artículo 23 con la siguiente redacción:

....

Dos. Se añade un nuevo párrafo al final del artículo 25 con la siguiente redacción:

....

Tres. Se modifica el apartado 1 del artículo 54, que queda redactado como sigue:

....

Cuatro. Se modifica el párrafo tercero del apartado 1 del artículo 56, que queda redactado como sigue:

....

Cinco. Se modifica el segundo párrafo del apartado 3 del artículo 57, que queda redactado como sigue:

....

Seis. Se modifica el apartado 3 del artículo 62, que queda redactado como sigue:

....

Siete. Se modifica la letra *c*) del apartado 1 del artículo 70, que queda redactada como sigue:

....

Ocho. Se modifica la letra *a*) del apartado 2 del artículo 81, que queda redactada como sigue:

....

Art. 2.º *Modificación del Código Civil.*—El Código Civil queda modificado como sigue:

Uno. El segundo párrafo del artículo 9.6 pasa a tener la siguiente redacción:

....

Dos. El apartado 8 del artículo 10 queda redactado de la siguiente forma:

....

Tres. El segundo párrafo del artículo 15.1 queda redactado en los siguientes términos:

....

Cuatro. El apartado 2 del artículo 20 se redacta del siguiente modo:

....

Cinco. Se modifican las letras *c*) y *d*) del artículo 21.3 con el siguiente texto:

....

Seis. La letra *c*) del artículo 22.2 se redacta del siguiente modo:

....

Siete. Se modifica el párrafo primero del artículo 81, que queda redactado así:

....

Ocho. El artículo 82 queda redactado con el siguiente tenor:

....

Nueve. Se añade un nuevo segundo párrafo al artículo 91, que queda redactado así:

....

Diez. Se da nueva redacción al artículo 94, que queda redactado así:

....

Once. El artículo 96 se redacta del siguiente modo:

....

Doce. Se da nueva redacción al párrafo segundo del artículo 112, con el siguiente tenor:

....

Trece. El artículo 121 se redacta con el siguiente texto:

....

Catorce. El artículo 123 queda redactado así:

....

Quince. El artículo 124 se redacta conforme se indica a continuación:

....

Dieciséis. El artículo 125 se redacta del siguiente modo:

....

Diecisiete. El apartado 1 del artículo 133 se redacta del siguiente modo:

....

Dieciocho. Se da nueva redacción a los apartados 1 y 2 del artículo 137, que quedan del siguiente tenor:

....

Diecinueve. Se modifica el artículo 156 tal y como se indica:

....

Veinte. Se suprime el artículo 171.

Veintiuno. Se modifica el Título IX del Libro Primero, que queda con la siguiente rúbrica y contenido:

....

Veintidós. Se modifica el Título X del Libro Primero, que queda con la siguiente rúbrica y contenido:

....

Veintitrés. Se modifica el Título XI del Libro Primero, que queda con la siguiente rúbrica y contenido:

....

Veinticuatro. Se suprime el actual Título XII del Libro Primero.

Veinticinco. Se introduce un nuevo Título XII en el Libro Primero, con la siguiente rúbrica y contenido:

....

Veintiséis. Se da nueva redacción al artículo 443, con el siguiente texto:

....

Veintisiete. El artículo 663 se redacta como se indica a continuación:

....

Veintiocho. El artículo 665 se redacta con el siguiente texto:

....

Veintinueve. El artículo 695 pasa a tener la redacción que se indica:

....

Treinta. Se suprime el ordinal 2.º del artículo 697, pasando el ordinal 3.º a ser 2.º

Treinta y uno. Se da nueva redacción al párrafo tercero del artículo 706, del modo siguiente:

....

Treinta y dos. El artículo 708 se redacta con el siguiente tenor:

....

Treinta y tres. Se modifica el inciso inicial del artículo 709 y se añade un último párrafo, en los términos siguientes:

....

Treinta y cuatro. Se modifica el segundo párrafo del artículo 742 con el sentido que se indica a continuación:

....

Treinta y cinco. Se da nueva redacción al artículo 753, con el siguiente texto:

....

Treinta y seis. Se da nueva redacción al párrafo tercero del ordinal 2.º y al ordinal 7.º del artículo 756, que quedan redactados así:

....

Treinta y siete. Se suprime el artículo 776.

Treinta y ocho. El artículo 782 se redacta conforme se indica a continuación:

....

Treinta y nueve. Se suprime el tercer párrafo del artículo 808, pasando el actual cuarto párrafo a ocupar el tercer lugar, y se añaden a continuación dos nuevos párrafos, de forma que queda con la siguiente redacción:

....

Cuarenta. Se da nueva redacción al segundo párrafo del artículo 813, según se indica:

....

Cuarenta y uno. Se da nueva redacción a los párrafos primero y segundo del artículo 822, con el siguiente texto:

....

Cuarenta y dos. Se da nueva redacción al artículo 996, que queda redactado así:

....

Cuarenta y tres. Se redacta el artículo 1.041 con el siguiente tenor:

....

Cuarenta y cuatro. Se da nueva redacción al artículo 1.052 según se indica a continuación:

....

Cuarenta y cinco. Se modifica el párrafo tercero y se añade un cuarto párrafo al artículo 1.057, con la siguiente redacción:

....

Cuarenta y seis. Se redacta el artículo 1.060 como se indica a continuación:

....

Cuarenta y siete. Se sustituye el primer párrafo del artículo 1.163 por el que se indica a continuación:

....

Cuarenta y ocho. El artículo 1.263 se redacta con el siguiente tenor:

....

Cuarenta y nueve. Se da nueva redacción al ordinal 1.º del artículo 1.291, con el siguiente tenor:

....

Cincuenta. Se sustituye el segundo párrafo del artículo 1.299 por el que figura a continuación:

....

Cincuenta y uno. El artículo 1301 se redacta conforme se indica a continuación:

....

Cincuenta y dos. El artículo 1.302 se redacta con el siguiente tenor:

....

Cincuenta y tres. El artículo 1.304 se redacta con el siguiente tenor:

....

Cincuenta y cuatro. El artículo 1.314 queda redactado como sigue:

....

Cincuenta y cinco. Se suprime el artículo 1.330.

Cincuenta y seis. El artículo 1.387 se redacta con el siguiente tenor:

....

Cincuenta y siete. Se da nueva redacción al ordinal 1.º del artículo 1.393, en los siguientes términos:

....

Cincuenta y ocho. El ordinal 1.º del artículo 1.459 se sustituye por el que figura a continuación:

....

Cincuenta y nueve. El artículo 1.548 se redacta con el siguiente tenor:

....

Sesenta. Se da nueva redacción al ordinal 3.º del artículo 1.700, se añade un nuevo ordinal 5.º y se modifica el párrafo final, en los siguientes términos:

....

Sesenta y uno. Se da nueva redacción al artículo 1.732, con el texto que se indica:

....

Sesenta y dos. El artículo 1.764 se redacta con el siguiente tenor:

....

Sesenta y tres. El artículo 1.765 se redacta del siguiente modo:

....

Sesenta y cuatro. El artículo 1.773 se redacta con el siguiente tenor:

....

Sesenta y cinco. El artículo 1.811 se redacta conforme se indica a continuación:

....

Sesenta y seis. Se modifica el párrafo tercero del artículo 1.903 y se introduce un párrafo cuarto, con el texto que se indica a continuación:

....

Sesenta y siete. Se modifica la disposición adicional cuarta, que queda redactada como sigue:

....

Art. 3.º *Modificación de la Ley Hipotecaria, aprobada por Decreto de 8 de febrero de 1946.*—La Ley Hipotecaria queda modificada como sigue:

Uno. El ordinal cuarto del artículo 2 queda redactado del siguiente modo:

....

Dos. Se suprime el artículo 28.

Tres. El apartado quinto del artículo 42 se redacta con el siguiente tenor:

....

Cuatro. Se modifica el artículo 165, dando nueva redacción al párrafo inicial e introduciendo una nueva regla sexta con el siguiente tenor:

....

Cinco. El supuesto cuarto del artículo 168 queda redactado del siguiente modo:

....

Seis. El artículo 192 queda redactado del siguiente modo:

....

Siete. El apartado 9 del artículo 222 queda redactado como sigue:

....

Ocho. El último párrafo del apartado 5 del artículo 222 bis se redacta con el siguiente tenor:

....

Nueve. Se incorpora un artículo 242 bis, que queda redactado como sigue:

....

Art. 4.º Modificación de la Ley 1/2000, de 7 de enero, de Enjuiciamiento Civil.—La Ley 1/2000, de 7 de enero, de Enjuiciamiento Civil queda modificada como sigue:

Uno. Se modifican los apartados 1 y 2 del artículo 7, que quedan redactados como sigue:

....

Dos. Se introduce un nuevo artículo 7 bis con la siguiente rúbrica y contenido:

....

Tres. Se modifica la redacción del ordinal 5.º del artículo 52.1, según se indica a continuación:

....

Cuatro. Se da nueva redacción al apartado 3 del artículo 162, según se indica a continuación:

....

Cinco. Se da nueva redacción al segundo párrafo del apartado 3 del artículo 222, según se indica a continuación:

....

Seis. Se modifica la rúbrica del Título I del Libro IV como se indica:

....

Siete. Queda modificado el ordinal 1.º del artículo 748 con el siguiente tenor:

....

Ocho. Los apartados 1 y 2 del artículo 749 se redactan como se indica a continuación:

....

Nueve. El ordinal 1.º del artículo 751.2 se redacta como se indica a continuación:

....

Diez. Los apartados 1 y 3 del artículo 753 se redactan con el siguiente tenor:

....

Once. El artículo 755 queda redactado con el siguiente texto:

....

Doce. Se modifica la rúbrica del Libro IV, Título, Capítulo II, como sigue:

....

Trece. El artículo 756 queda redactado con el siguiente texto:

....

Catorce. El artículo 757 se redacta como se indica a continuación:

....

Quince. Se da nueva redacción al artículo 758, con el siguiente tenor:

....

Dieciséis. El artículo 759 se redacta como se indica a continuación:

....

Diecisiete. El artículo 760 se modifica como se indica a continuación:

....

Dieciocho. El artículo 761 se redacta con el siguiente tenor:

....

Diecinueve. Se da nueva redacción al artículo 762, con el siguiente texto:

....

Veinte. En el artículo 765 se modifica la rúbrica y se da nueva redacción al apartado 1 con el texto que se indica:

....

Veintiuno. En el artículo 770 se modifica la regla 4.ª y se introduce una nueva regla 8.ª con la redacción que se indica:

....

Veintidós. Se da nueva redacción al apartado 2 del artículo 771, según se indica a continuación:

....

Veintitrés. Se modifica la redacción del apartado 1 del artículo 775 en el sentido que se indica:

....

Veinticuatro. Los apartados 5, 8 y 10 del artículo 777 se redactan con el siguiente texto:

....

Veinticinco. Se da nueva redacción al apartado 4 del artículo 783 en el sentido que se indica:

....

Veintiséis. Se da nueva redacción al artículo 790 en el sentido que se indica:

....

Veintisiete. El ordinal 5.º del artículo 793.3 se redacta como se indica a continuación:

....

Veintiocho. El ordinal 4.º del artículo 795 se redacta con el siguiente tenor:

....

Veintinueve. Se da nueva redacción al apartado 2 del artículo 796 en el sentido que se indica a continuación:

....

Art. 5.º *Modificación de la Ley 41/2003, de 18 de noviembre, de protección patrimonial de las personas con discapacidad y de modificación del Código Civil, de la Ley de Enjuiciamiento Civil y de la Normativa Tributaria con esta finalidad.*—La Ley 41/2003, de 18 de noviembre, de protección patrimonial de las personas con discapacidad y de modificación del Código Civil, de la Ley de Enjuiciamiento Civil y de la Normativa Tributaria con esta finalidad, queda modificada como sigue:

Uno. Se modifica el apartado 2 del artículo 1, que queda redactado como sigue:

....

Dos. Se modifica el artículo 2, que queda redactado como sigue:

....

Tres. Se modifica el artículo 3, que queda redactado como sigue:

....

Cuatro. Se modifica el apartado 2 del artículo 4, que queda redactado como sigue:

....

Cinco. Se modifica el artículo 5, que queda redactado como sigue:

....

Seis. Se modifica el artículo 7, que queda redactado como sigue:

....

Art. 6.º *Modificación de la Ley 20/2011, de 21 de julio, del Registro Civil.*—La Ley 20/2011, de 21 de julio, del Registro Civil, queda modificada como sigue:

Uno. Se modifica la redacción de los ordinales 10.º a 14.º del artículo 4 con el tenor que se indica, pasando a identificarse con el ordinal 15.º el actual supuesto 14.º y con el ordinal 16.º el actual supuesto 15.º:

....

Dos. La letra *i*) del artículo 11 se redacta como se indica a continuación:

....

Tres. Se modifica la redacción del primer párrafo del artículo 44.7 con el siguiente texto:

....

Cuatro. Se modifica el apartado 2 del artículo 71, que queda redactado como sigue:

....

Cinco. Se modifica el título y el apartado 1 del artículo 72:

....

Seis. El artículo 73 queda redactado del siguiente modo:

....

Siete. Se modifica el texto del artículo 75 con el tenor que se indica a continuación:

....

Ocho. El artículo 77 queda modificado como sigue:

....

Nueve. Se introduce un nuevo literal *b*) en el apartado 1 del artículo 83 con la siguiente redacción, pasando las actuales letras *b*) a *e*) a ser *c*) a *f*):

....

Diez. El primer párrafo del artículo 84 queda modificado como sigue:

....

Art. 7.º *Modificación de la Ley 15/2015, de 2 de julio, de la Jurisdicción Voluntaria.*—La Ley 15/2015, de 2 de julio, de la Jurisdicción Voluntaria queda modificada como sigue:

Uno. Se añade un nuevo artículo 7 bis con el contenido siguiente:

....

Dos. Se da nueva redacción al artículo 27, que queda del siguiente tenor:

....

Tres. Se incorpora un nuevo Capítulo III bis al Título II con la siguiente rúbrica y contenido:

....

Cuatro. Se modifica el texto del artículo 43 en los siguientes términos:

....

Cinco. Se modifica la redacción del artículo 44 con el texto que se indica:

....

Seis. En el artículo 45, se modifican el apartado 1, el segundo párrafo del apartado 2, el segundo párrafo del apartado 4, el apartado 5 y el segundo párrafo del apartado 6, con el texto que se indica a continuación:

....

Siete. En el artículo 46 se modifican el apartado 2, el apartado 3 y el apartado 4, con el texto que se indica:

....

Ocho. Se modifica el apartado 1 del artículo 48 con la siguiente redacción:

....

Nueve. Se modifica el párrafo primero del apartado 1 del artículo 49:

....

Diez. Los apartados 1, 2 y 3 del artículo 51 se modifican con el texto que se indica:

....

Once. Se añade un artículo 51 bis con la siguiente redacción:

....

Doce. En el artículo 52, se modifican los apartados 1 y 2 y se añade un nuevo apartado 3, según se indica a continuación:

....

Trece. Se modifica el artículo 61 con el texto que se indica a continuación:

....

Catorce. Se modifica el artículo 62 con el siguiente texto:

....

Quince. Se modifica el artículo 64, con el siguiente texto:

....

Dieciséis. Se suprime el apartado 2 y se modifica el apartado 4 del artículo 65, con el texto que se indica:

....

Diecisiete. Se da nueva redacción a la Sección 3.ª del Capítulo II del Título III con el texto que se indica:

....

Dieciocho. Se modifica la letra *b*) del artículo 93.2 como sigue:

....

Diecinueve. Se modifica el apartado 2 del artículo 94 como sigue:

....

Veinte. Sustitución de términos.

1. En el apartado X, párrafo 10 de la Exposición de Motivos, en la rúbrica del Capítulo VII del Título II y en los artículos 4, 18.2.4.ª, 19, 23, 26, 40.2, 59, 60, 65.1 y 85, las expresiones «persona con capacidad modificada judicialmente» y «persona con la capacidad modificada judicialmente» se sustituyen por «persona con discapacidad con medidas de apoyo para el ejercicio de su capacidad jurídica».

2. En los artículos 28, 29 y 30 la expresión «personas con capacidad modificada judicialmente o a modificar» se sustituye por «persona con discapacidad».

3. En la rúbrica del Capítulo VIII del Título II y en los artículos 2.3, 5, y 90.5, la expresión «personas con capacidad modificada judicialmente» se sustituye por «personas con discapacidad con medidas de apoyo para el ejercicio de su capacidad jurídica».

4. En el artículo 139.2 la expresión «personas con capacidad modificada judicialmente para la libre administración de sus bienes» se sustituye por «personas con discapacidad con medidas de apoyo para el ejercicio de su capacidad jurídica.»

Art. 8.º *Modificación del Código de Comercio.*—El Código de Comercio queda modificado como sigue:

Uno. El artículo 4 queda redactado como sigue:

....

Dos. El artículo 5 queda redactado como sigue:

....

Tres. El artículo 234 queda redactado como sigue:

....

DISPOSICIONES ADICIONALES

1.ª *Régimen de colaboración entre la Administración de Justicia y las entidades del Tercer Sector de Acción Social.*—1. El Ministerio de Justicia o las Comunidades Autónomas que tengan transferidos los servicios en materia de administración de justicia podrán reconocer como entidades del Tercer Sector de Acción Social colaboradoras de la Administración de Justicia a aquellas organizaciones o entidades que reúnan los siguientes requisitos:

a) Estar legalmente constituidas como entidades de ámbito estatal o autonómico y, cuando proceda, debidamente inscritas en el correspondiente Registro administrativo de ámbito estatal o autonómico en función del tipo de entidad de que se trate.

b) Carecer de fines de lucro o invertir la totalidad de sus beneficios en el cumplimiento de sus fines institucionales no comerciales.

c) Desarrollar actividades de interés general, considerando como tales, a estos efectos, el impulso del reconocimiento y el ejercicio de los derechos civiles, así como de los derechos económicos, sociales o culturales de las personas y grupos que sufren condiciones de vulnerabilidad o que se encuentran en riesgo de exclusión social, de acuerdo con lo establecido en el artículo 2.1 de la Ley 43/2015, de 9 de octubre, del Tercer Sector de Acción Social.

d) Cualquier otro que se disponga legal o reglamentariamente.

2. Las entidades del Tercer Sector de Acción Social colaboradoras con la Administración de Justicia podrán desempeñar las siguientes actuaciones:

a) Informar, auxiliar, asistir, aportar conocimiento experto y, en general, cooperar con la Administración de Justicia en las materias propias de su ámbito, en los términos que se determine reglamentariamente.

b) Actuar como interlocutores ante el departamento ministerial o autonómico responsable de la Justicia a través de sus órganos de participación y consulta, en los términos previstos en la normativa que resulte de aplicación.

c) Colaborar con la Administración de Justicia en el diseño, desarrollo y aplicación de todo tipo de iniciativas, programas, medidas y acciones que redunden en la mejora del servicio público de la Justicia y de la percepción que la ciudadanía tiene del mismo.

d) Cualquier otra que se determine reglamentariamente.

3. El procedimiento para el reconocimiento como entidades

del Tercer Sector de Acción Social colaboradoras de la Administración de Justicia y la concreción de los derechos y obligaciones que dicho reconocimiento comporta se regulará reglamentariamente.

En todo caso, la resolución de reconocimiento como entidad del Tercer Sector de Acción Social colaboradora con la Administración de Justicia, así como su revocación serán objeto de publicación en el «Boletín Oficial del Estado» o en el diario oficial de la Comunidad Autónoma correspondiente.

2.ª *Formación en medidas de apoyo a las personas con discapacidad para el ejercicio de su capacidad jurídica*.—1. El Ministerio de Justicia, el Ministerio del Interior, el Consejo General del Poder Judicial, la Fiscalía General del Estado, las Comunidades Autónomas y las entidades locales, en el ámbito de sus respectivas competencias, asegurarán una formación general y específica, en medidas de apoyo a las personas con discapacidad para el ejercicio de su capacidad jurídica, en los cursos de formación de jueces y magistrados, fiscales, letrados de la Administración de Justicia, fuerzas y cuerpos de seguridad, médicos forenses, personal al servicio de la Administración de Justicia y, en su caso, funcionarios de la Administración General del Estado, de las Comunidades Autónomas o de las entidades locales que desempeñen funciones en esta materia.

2. Los Colegios de Abogados, de Procuradores y de Graduados Sociales impulsarán la formación y sensibilización de sus colegiados en las medidas de apoyo a las personas con discapacidad para el ejercicio de su capacidad jurídica. Asimismo, el Consejo General del Notariado y el Colegio de Registradores de la Propiedad, Mercantiles y Bienes Muebles de España impulsarán la formación y sensibilización en dichas medidas de Notarios y Registradores respectivamente.

DISPOSICIONES TRANSITORIAS

1.ª *Privaciones de derechos actualmente existentes*.—A partir de la entrada en vigor de la presente Ley las meras privaciones de derechos de las personas con discapacidad, o de su ejercicio, quedarán sin efecto.

2.ª *Situación de tutores, curadores, defensores judiciales y guardadores de hecho. Situación de la patria potestad prorrogada o rehabilitada. Situación de las declaraciones de prodigalidad*.—Los tutores, curadores, con excepción de los curadores de los declarados pródigos, y defensores judiciales nombrados bajo el régimen de la legislación anterior ejercerán su cargo conforme a las disposiciones de esta Ley a partir de su entrada en vigor. A los tutores de las personas con discapacidad se les aplicarán las normas establecidas para los curadores representativos, a los curadores de los emancipados cuyos progenitores hubieran fallecido o estuvieran impedidos para el ejercicio de la asistencia prevenida por la ley y de los menores que hubieran obtenido el beneficio de la mayor edad se les aplicarán las normas establecidas para el defensor judicial del menor.

Quienes vinieran actuando como guardadores de hecho sujetarán su actuación a las disposiciones de esta Ley.

Quienes ostenten la patria potestad prorrogada o rehabilitada continuarán ejerciéndola hasta que se produzca la revisión a la que se refiere la disposición transitoria quinta.

Las medidas derivadas de las declaraciones de prodigalidad adoptadas de acuerdo con la legislación anterior continuarán vigentes hasta que se produzca la revisión prevista en la disposición transitoria quinta. Hasta ese momento, los curadores de los declarados pródigos continuarán ejerciendo sus cargos de conformidad con la legislación anterior.

3.ª *Previsiones de autotutela, poderes y mandatos preventivos.*—Las previsiones de autotutela se entenderán referidas a la autocuratela y se regirán por la presente Ley.

Los poderes y mandatos preventivos otorgados con anterioridad a la entrada en vigor de la presente Ley quedarán sujetos a esta. No obstante, cuando, en virtud del artículo 259, se apliquen al apoderado las reglas establecidas para la curatela, quedarán excluidas las correspondientes a los artículos 284 a 290 del Código Civil.

Cuando la persona otorgante quiera modificarlos o completarlos, el Notario, en el cumplimiento de sus funciones, si fuera necesario, habrá de procurar que aquella desarrolle su propio proceso de toma de decisiones ayudándole en su comprensión y razonamiento y facilitando que pueda expresar su voluntad, deseos y preferencias.

4.ª *Sustituciones realizadas en virtud del artículo 776 del Código Civil.*—Cuando se hubiera nombrado sustituto en virtud del artículo 776 del Código Civil, en el caso de que la persona sustituida hubiera fallecido con posterioridad a la entrada en vigor de la presente Ley, se aplicará lo previsto en esta y, en consecuencia, la sustitución dejará de ser ejemplar, sin que pueda suplir el testamento de la persona sustituida. No obstante, la sustitución se entenderá como una sustitución fideicomisaria de residuo en cuanto a los bienes que el sustituyente hubiera transmitido a título gratuito a la persona sustituida.

5.ª *Revisión de las medidas ya acordadas.*—Las personas con capacidad modificada judicialmente, los declarados pródigos, los progenitores que ostenten la patria potestad prorrogada o rehabilitada, los tutores, los curadores, los defensores judiciales y los apoderados preventivos podrán solicitar en cualquier momento de la autoridad judicial la revisión de las medidas que se hubiesen establecido con anterioridad a la entrada en vigor de la presente Ley, para adaptarlas a esta. La revisión de las medidas deberá producirse en el plazo máximo de un año desde dicha solicitud.

Para aquellos casos donde no haya existido la solicitud mencionada en el párrafo anterior, la revisión se realizará por parte de la autoridad judicial de oficio o a instancia del Ministerio Fiscal en un plazo máximo de tres años.

7.ª *Procesos en tramitación.*—Los procesos relativos a la capacidad de las personas que se estén tramitando a la entrada en vigor de la presente Ley se regirán por lo dispuesto en ella, especialmente en lo que se refiere al contenido de la sentencia, conservando en todo caso su validez las actuaciones que se hubieran practicado hasta ese momento.

DISPOSICIÓN DEROGATORIA

Única. *Derogación normativa.*—1. Quedan derogadas cuantas disposiciones de igual o inferior rango contradigan, se opongan o resulten incompatibles con lo dispuesto en la presente Ley.

2. En particular, queda derogada toda regulación de la prodigalidad contenida en cualquier norma del ordenamiento jurídico.

3. Así mismo, quedan derogados expresamente los artículos 299 bis y 301 a 324 del Código Civil.

DISPOSICIONES FINALES

1.ª *Modificación de la Ley Orgánica 10/1995, de 23 de noviembre, del Código Penal.*—Se modifica la Ley Orgánica 10/1995, de 23 de noviembre, del Código Penal en los siguientes términos:

Uno. Se modifica el primer párrafo de la regla 1.ª del artículo 118, que queda redactado como sigue:

....

Dos. Se modifica el ordinal 1.º del artículo 120, que queda redactado como sigue:

....

Tres. Se modifica la disposición adicional primera, que queda redactada como sigue:

....

2.ª *Títulos competenciales.*—La presente Ley se dicta al amparo de los siguientes títulos competenciales:

Los artículos primero, tercero y sexto se dictan al amparo de la competencia que corresponde al Estado en materia de ordenación de los registros e instrumentos públicos, conforme al artículo 149.1.8.ª de la Constitución.

Los artículos segundo y quinto y las disposiciones transitoria primera, segunda y tercera se dictan al amparo de la competencia que corresponde al Estado en materia de legislación civil, conforme al artículo 149.1.8.ª de la Constitución.

Los artículos cuarto y séptimo, así como las disposiciones transitorias quinta y sexta se dictan al amparo de la competencia que corresponde al Estado en materia de legislación procesal, de acuerdo con el artículo 149.1.6.ª de la Constitución.

Las disposiciones adicionales se dictan al amparo de la competencia que corresponde al Estado en materia de Administración de Justicia, de acuerdo con el 149.1.5.ª de la Constitución.

La disposición final primera se dicta al amparo de la competencia que corresponde al Estado en materia de legislación penal, de acuerdo con el artículo 149.1.6.ª de la Constitución.

3.ª *Entrada en vigor.*—La presente Ley entrará en vigor a los tres meses de su publicación en el *Boletín Oficial del Estado*.

LEY ORGÁNICA 8/2021, DE 4 DE JUNIO, DE PROTECCIÓN INTEGRAL A LA INFANCIA Y LA ADOLESCENCIA FRENTE A LA VIOLENCIA

(*B.O.E.* núm. 134, de 5 de junio de 2021)

PREÁMBULO

I

La lucha contra la violencia en la infancia es un imperativo de derechos humanos. Para promover los derechos de los niños, niñas y adolescentes consagrados en la Convención sobre los Derechos del Niño es esencial asegurar y promover el respeto de su dignidad humana e integridad física y psicológica, mediante la prevención de toda forma de violencia.

La protección de las personas menores de edad es una obligación prioritaria de los poderes públicos, reconocida en el artículo 39 de la Constitución Española y en diversos tratados internacionales, entre los que destaca la mencionada Convención sobre los Derechos del Niño, adoptada por la Asamblea General de las Naciones Unidas el 20 de noviembre de 1989 y ratificada por España en 1990.

Los principales referentes normativos de protección infantil circunscritos al ámbito de Naciones Unidas son los tres protocolos facultativos de la citada Convención y las Observaciones Generales del Comité de los Derechos del Niño, que se encargan de conectar este marco de Derecho Internacional con realidades educativas, sanitarias, jurídicas y sociales que atañen a niños, niñas y adolescentes. En el caso de esta ley orgánica, son especialmente relevantes la Observación General número 12, de 2009, sobre el derecho a ser escuchado, la Observación General número 13, de 2011, sobre el derecho del niño y la niña a no ser objeto de ninguna forma de violencia y la Observación General número 14, de 2014, sobre que el interés superior del niño y de la niña sea considerado primordialmente.

La Unión Europea, por su parte, expresa la «protección de los derechos del niño» a través del artículo 3 del Tratado de Lisboa y es un objetivo general de la política común, tanto en el espacio interno como en las relaciones exteriores.

El Consejo de Europa, asimismo, cuenta con estándares internacionales para garantizar la protección de los derechos de las personas menores de edad como son el Convenio para la protección de los niños contra la explotación y el abuso sexual (Convenio de Lanzarote), el Convenio sobre prevención y lucha contra la violencia contra la mujer y la violencia doméstica (Convenio de Estambul), el Convenio sobre la lucha contra la trata de seres humanos o el Convenio sobre la Ciberdelincuencia; además de incluir en la Estrategia del Consejo de Europa para los derechos del niño (2016-2021) un llamamiento a todos los Estados miembros para erradicar toda forma de castigo físico sobre la infancia.

Esta ley orgánica se relaciona también con los compromisos y metas del Pacto de Estado contra la violencia de género, así como de la Agenda 2030 en varios ámbitos, y de forma muy específica con la meta 16.2: «Poner fin al maltrato, la explotación, la trata y todas las formas de violencia y tortura contra los niños.» dentro del Objetivo 16 de promover sociedades, justas, pacíficas e inclusivas. Las niñas, por su edad y sexo, muchas veces son doblemente discriminadas o agredidas. Por eso esta ley debe tener en cuenta las formas de violencia que las niñas sufren específicamente por el hecho de ser niñas y así abordarlas y prevenirlas a la vez que se incide en que solo una sociedad que educa en respeto e igualdad será capaz de erradicar la violencia hacia las niñas.

Con arreglo a la Convención sobre los Derechos del Niño y los otros referentes mencionados, España debe fomentar todas las medidas legislativas, administrativas, sociales y educativas necesarias para garantizar el derecho del niño, niña o adolescente a desarrollarse libre de cualquier forma de violencia, perjuicio, abuso físico o mental, descuido o negligencia, malos tratos o explotación.

El cuerpo normativo español ha incorporado importantes avances en la defensa de los derechos de las personas menores de edad, así como en su protección frente a la violencia. En esta evolución encaja la reforma operada en la Ley Orgánica 1/1996, de 15 de enero, de Protección Jurídica del Menor, de modificación parcial del Código Civil y de la Ley de Enjuiciamiento Civil, por la Ley Orgánica 8/2015, de 22 de julio, y la Ley 26/2015, de 28 de julio, ambas de modificación del sistema de protección de la infancia y la adolescencia, que introduce como principio rector de la actuación administrativa el amparo de las personas menores de edad contra todas las formas de violencia, incluidas las producidas en su entorno familiar, de género, la trata y el tráfico de seres humanos y la mutilación genital femenina, entre otras. Con acuerdo a la ley, los poderes públicos tienen la obligación de desarrollar actuaciones de sensibilización, prevención, asistencia y protección frente a cualquier forma de maltrato infantil, así como de establecer aquellos procedimientos necesarios para asegurar la coordinación entre las administraciones públicas competentes y, en este orden, revisar en profundidad el funcionamiento de las instituciones del sistema de protección a las personas menores de edad y constituir así una protección efectiva ante las situaciones de riesgo y desamparo.

En este contexto, el Pleno del Congreso de los Diputados, en su sesión del 26 de junio de 2014, acordó la creación de una Subcomisión de estudio para abordar el problema de la violencia sobre los niños y las niñas. Dicha Subcomisión adoptó ciento cuarenta conclusiones y propuestas que dieron lugar, en 2017, a la aprobación de la Proposición no de ley, por la que se instaba al Gobierno, en el ámbito de sus competencias y en colaboración con las comunidades autónomas, a iniciar los trabajos para la aprobación de una ley orgánica para erradicar la violencia sobre la infancia.

Sin embargo, a pesar de dichos avances, el Comité de Derechos del Niño, con ocasión del examen de la situación de los derechos de la infancia en España en 2018, reiteró a nuestro país la necesidad de la aprobación de una ley integral sobre la violencia contra los niños y niñas, que debía resultar análoga en su alcance normativo a la aprobada en el marco de la violencia de género.

Por supuesto, la aprobación de una ley integral sobre la violencia contra los niños, niñas y adolescentes no solo responde a la necesidad de introducir en nuestro ordenamiento jurídico los compromisos internacionales asumidos por España en la protección integral de las personas menores de edad, sino a la relevancia de una materia que conecta de forma directa con el sano desarrollo de nuestra sociedad.

Como indica el Comité de los Derechos del Niño en la citada Observación General número 13, las graves repercusiones de la violencia y los malos tratos sufridos por los niños, niñas y adolescentes son sobradamente conocidas. Esos actos, entre otras muchas consecuencias, pueden causar lesiones que pueden provocar discapacidad; problemas de salud física, como el retraso en el desarrollo físico y la aparición posterior de enfermedades; dificultades de aprendizaje incluidos problemas de rendimiento en la escuela y en el trabajo; consecuencias psicológicas y emocionales como trastornos afectivos, trauma, ansiedad, inseguridad y destrucción de la autoestima; problemas de salud mental como ansiedad y trastornos depresivos o intentos de suicidio, y comportamientos perjudiciales para la salud como el abuso de sustancias adictivas o la iniciación precoz en la actividad sexual.

La violencia sobre personas menores de edad es una realidad execrable y extendida a pluralidad de frentes. Puede pasar desapercibida en numerosas ocasiones por la intimidad de los ámbitos en los que tiene lugar, tal es el caso de las esferas familiar y escolar, entornos en los que suceden la mayor parte de los incidentes y que, en todo caso, debieran ser marcos de seguridad y desarrollo personal para niños, niñas y adolescentes. Además, es frecuente que en estos escenarios de violencia confluyan variables sociológicas, educativas, culturales, sanitarias, económicas, administrativas y jurídicas, lo que obliga a que cualquier aproximación legislativa sobre la cuestión requiera un amplio enfoque multidisciplinar.

Cabe destacar que los niños, niñas y adolescentes con discapacidad son sujetos especialmente sensibles y vulnerables a esta tipología de violencia, expuestos de forma agravada a sus efectos y con mayores dificultades para el acceso, en igualdad de oportunidades, al ejercicio de sus derechos.

Esta ley combate la violencia sobre la infancia y la adolescencia desde una aproximación integral, en una respuesta extensa a la naturaleza multidimensional de sus factores de riesgo y consecuencias. La ley va más allá de los marcos administrativos y penetra en numerosos órdenes jurisdiccionales para afirmar su voluntad holística. Desde una perspectiva didáctica, otorga una prioridad esencial a la prevención, la socialización y la educación, tanto entre las personas menores de edad como entre las familias y la propia sociedad civil. La norma establece medidas de protección, detección precoz, asistencia, reintegración de derechos vulnerados y recuperación de la víctima, que encuentran su inspiración en los modelos integrales de atención identificados como buenas prácticas a la hora de evitar la victimización secundaria.

Esta ley es propicia a la colaboración con las comunidades autónomas y evita el fraccionamiento operativo que venía existiendo en una materia tan importante. Abre paso a un nuevo paradigma de prevención y protección común en todo el territorio del Estado frente a la vulneración de derechos de las personas menores de edad y favorece que el conjunto de las administraciones públicas, en el marco de sus respectivas competencias, refuercen su implicación en un objetivo de alcance general como es la lucha contra la violencia sobre los niños, niñas y adolescentes, del todo consecuente con los compromisos internacionales del Estado.

La ley, en definitiva, atiende al derecho de los niños, niñas y adolescentes de no ser objeto de ninguna forma de violencia, asume con rigor los tratados internacionales ratificados por España y va un paso más allá con su carácter integral en las materias que asocia a su marco de efectividad, ya sea en su realidad estrictamente sustantiva como en su voluntad didáctica, divulgativa y cohesionadora.

II

La ley se estructura en sesenta artículos, distribuidos en un título preliminar y cinco títulos, nueve disposiciones adicionales, una disposición derogatoria y veinticinco disposiciones finales.

El título preliminar aborda el ámbito objetivo y subjetivo de la ley, recogiendo la definición del concepto de violencia sobre la infancia y la adolescencia, así como el buen trato, y estableciendo los fines y criterios generales de la ley. Asimismo, regula la formación especializada, inicial y continua, de los y las profesionales que tengan un contacto habitual con personas menores de edad, y recoge la necesaria cooperación y colaboración entre las administraciones públicas, estableciéndose a tal efecto la creación de la Conferencia Sectorial de la infancia y la adolescencia, y la colaboración público-privada.

El título I recoge los derechos de los niños, niñas y adolescentes frente a la violencia, entre los que se encuentran su derecho a la información y asesoramiento, a ser escuchados y escuchadas, a la atención integral, a intervenir en el procedimiento judicial o a la asistencia jurídica gratuita.

El título II está dedicado a regular el deber de comunicación de las situaciones de violencia. En este sentido, se establece un deber genérico, que afecta a toda la ciudadanía, de comunicar de forma inmediata a la autoridad competente la existencia de indicios de violencia ejercida sobre niños, niñas o adolescentes. Este deber de comunicación se configura de una forma más exigente para aquellos colectivos que, por razón de su cargo, profesión, oficio o actividad, tienen encomendada la asistencia, el cuidado, la enseñanza o la protección de personas menores de edad: personal cualificado de los centros sanitarios, centros escolares, centros de deporte y ocio, centros de protección a la infancia y de responsabilidad penal de menores, centros de acogida, de asilo y atención humanitaria y establecimientos en los que residan habitualmente niños, niñas o adolescentes. En estos supuestos, se establece la obligación de las administraciones públicas competentes de facilitar mecanismos adecuados de comunicación e intercambio de información.

Por otro lado, se prevé la dotación por parte de las administraciones públicas competentes de los medios necesarios y accesibles para que sean los propios niños, niñas y adolescentes víctimas de violencia, o que hayan presenciado una situación de violencia, los que puedan comunicarlo de forma segura y fácil. En relación con esto, se reconoce legalmente la importancia de los medios electrónicos de comunicación, tales como líneas telefónicas de ayuda a niños, niñas y adolescentes, que habrán de ser gratuitas y que las administraciones deberán promover, apoyar y divulgar.

Además, se regula de forma específica el deber de comunicación de la existencia de contenidos en Internet que constituyan una forma de violencia o abuso sobre los niños, niñas o adolescentes, sean o no constitutivos de delito, en tanto que el ámbito de Internet y redes sociales es especialmente sensible a estos efectos.

En todo caso, la ley garantiza la protección y seguridad, de las personas que cumplan con su deber de comunicación de situaciones de violencia, con el objetivo de incentivar el cumplimiento de tal deber.

El título III, que regula la sensibilización, prevención y detección precoz, recoge en su capítulo I la obligación por parte de la Administración General del Estado de disponer de una Estrategia de erradicación de la violencia sobre la infancia y la adolescencia, con especial incidencia en los ámbitos familiar, educativo, sanitario, de los servicios sociales, de las nuevas tecnologías, del deporte y el ocio y de las Fuerzas y Cuerpos de Seguridad.

El capítulo II recoge los diferentes niveles de actuación, incidiendo en la sensibilización, la prevención y la detección precoz. En concreto, profundiza en la necesidad de que las administraciones públicas establezcan planes y programas específicos de prevención de la violencia sobre la infancia y la adolescencia, identificando grupos de riesgo y especificando los recursos presupuestarios para llevarlos a cabo. También se apunta la necesidad de establecer medidas de sensibilización, prevención y detección precoz frente a los procesos de radicalización y adoctrinamiento que conducen a la violencia. En cuanto a detección precoz, se incide en la adopción de medidas que garanticen la comunicación de las situaciones de violencia que hayan sido detectadas.

El capítulo III, dedicado al ámbito familiar, parte de la idea de la familia, en sus múltiples formas, como unidad básica de la sociedad y medio natural para el desarrollo de los niños, niñas y adolescentes, debe ser objetivo prioritario de todas las administraciones públicas, al ser el primer escalón de la prevención de la violencia sobre la infancia, debiendo favorecer la cultura del buen trato, incluso desde el momento de la gestación.

Para ello, la ley refuerza los recursos de asistencia, asesoramiento y atención a las familias para evitar los factores de riesgo y aumentar los factores de prevención, lo que exige un análisis de riesgos en las familias, que permita definir los objetivos y las medidas a aplicar. Todos los progenitores requieren apoyos para desarrollar adecuadamente sus responsabilidades parentales, siendo una de sus implicaciones la necesidad de procurarse dichos apoyos para ejercer adecuadamente su rol. Por ello, antes que los apoyos con finalidad reparadora o terapéutica, deben prestarse aquellos que tengan una finalidad preventiva y de promoción del desarrollo de la familia. Todas las políticas en el ámbito familiar deben adoptar un enfoque positivo de la intervención familiar para reforzar la autonomía y capacidad de las familias y desterrar la idea de considerar a las familias más vulnerables como las únicas que necesitan apoyos cuando no funcionan adecuadamente.

Destaca en la ley la referencia al ejercicio positivo de la responsabilidad parental, como un concepto integrador que permite reflexionar sobre el papel de la familia en la sociedad actual y al mismo tiempo desarrollar orientaciones y recomendaciones prácticas sobre cómo articular sus apoyos desde el ámbito de las políticas públicas de familia.

Por ello, la ley establece medidas destinadas a favorecer y adquirir tales habilidades, siempre desde el punto de vista de la individualización de las necesidades de cada familia y dedicando una especial atención a la protección del interés superior de la persona menor de edad en los casos de ruptura familiar y de violencia de género en el ámbito familiar.

El capítulo IV desarrolla diversas medidas de prevención y detección precoz de la violencia en los centros educativos que se consideran imprescindibles si se tiene en cuenta que se trata de un entorno de socialización central en la vida de los niños, niñas y adolescentes. La regulación propuesta profundiza y completa el marco establecido en el artículo 124 de la Ley Orgánica 2/2006, de 3 de mayo, de Educación, al establecer junto al plan de convivencia recogido en dicho artículo, la necesidad de protocolos de actuación frente a indicios de abuso y maltrato, acoso escolar, ciberacoso, acoso sexual, violencia de género, violencia doméstica, suicidio, autolesión y cualquier otra forma de violencia. Para el correcto funcionamiento de estos protocolos se constituye un coordinador o coordinadora de bienestar y protección, en todos los centros educativos. También se refleja la necesaria capacitación de las personas menores de edad en materia de seguridad digital.

El capítulo V regula la implicación de la Educación Superior y del Consejo de Universidades en la lucha contra la violencia sobre la infancia y la adolescencia.

Las medidas contenidas en el capítulo VI respecto al ámbito sanitario se orientan desde la necesaria colaboración de las administraciones sanitarias en el seno del Consejo Interterritorial del Sistema Nacional de Salud. En este marco, se establece el compromiso de crear una nueva Comisión frente a la violencia en los niños, niñas y adolescentes con el mandato de elaborar un protocolo común de actuación sanitaria para la erradicación de la violencia sobre la infancia y la adolescencia. Además, en el marco de la atención universal a todas aquellas personas menores de edad en situación de violencia, se garantiza una atención a la salud mental integral y adecuada a su edad.

El capítulo VII refuerza el ejercicio de las funciones de protección de los niños, niñas y adolescentes por parte de los funcionarios que desarrollan su actividad profesional en los servicios sociales. En este sentido, se les atribuye la condición de agentes de la autoridad, en aras de poder desarrollar eficazmente sus funciones en materia de protección de personas menores de edad, debido a la posibilidad de verse expuestos a actos de violencia o posibles situaciones de alta conflictividad, como las relacionadas con la posible retirada del menor de su familia en casos de desamparo.

Además, se establece la necesidad de diseñar un plan de intervención familiar individualizado, con la participación del resto de administraciones, judicatura y agentes sociales implicados, así como un sistema de seguimiento y registro de casos que permita evaluar la eficacia de las distintas medidas puestas en marcha.

El capítulo VIII, regula las actuaciones que deben realizar y promover las administraciones públicas para garantizar el uso seguro y responsable de Internet por parte de los niños, niñas y adolescentes, familias, personal educador y profesionales que trabajen con personas menores de edad.

El capítulo IX dedicado al ámbito del deporte y el ocio establece la necesidad de contar con protocolos de actuación frente a la violencia en este ámbito y establece determinadas obligaciones a las entidades que realizan actividades deportivas o de ocio con personas menores de edad de forma habitual, y entre la que destaca el establecimiento de la figura del Delegado o Delegada de protección.

El capítulo X se centra en el ámbito de las Fuerzas y Cuerpos de Seguridad y consta de dos artículos. El primero de ellos asegura que todas las Fuerzas y Cuerpos de Seguridad, en todos sus niveles (estatal, autonómico, local), dispongan de unidades especializadas en la investigación y prevención, detección y actuación de situaciones de violencia sobre personas menores de edad y preparadas para una correcta y adecuada actuación ante tales casos, así como que todos los integrantes de los Cuerpos Policiales reciban formación específica para el tratamiento de este tipo de situaciones.

El segundo artículo establece cuáles han de ser los criterios de actuación policial en casos de violencia sobre la infancia y la adolescencia, la cual debe estar presidida por el respeto a los derechos de los niños, niñas y adolescentes y por la consideración de su interés superior. Sin perjuicio de los protocolos de actuación a que están sujetos los miembros de las Fuerzas y Cuerpos de Seguridad, la ley recoge una relación de criterios de actuación obligatorios, cuya principal finalidad es lograr el buen trato al niño, niña o adolescente víctima de violencia y evitar la victimización secundaria.

Entre esos criterios de actuación obligatorios, es especialmente relevante la obligación de evitar, con carácter general, la toma de declaración a la persona menor de edad, salvo en aquellos supuestos que sea absolutamente necesaria. Ello es coherente con la reforma de la Ley de Enjuiciamiento Criminal, aprobada por Real Decreto de 14 de septiembre de 1882, por la que se pauta como obligatoria la práctica de prueba preconstituida por el órgano instructor. El objetivo de esta ley es que la persona menor de edad realice una única narración de los hechos, ante el Juzgado de Instrucción, sin que sea necesario que lo haga ni con anterioridad ni con posterioridad a ese momento.

El capítulo XI regula las competencias de la Administración General del Estado en el Exterior en relación con la protección de los intereses de los menores de nacionalidad española que se encuentren en el extranjero.

Por último, el capítulo XII recoge el papel de la Agencia Española de Protección de Datos en la protección de datos personales, garantizando los derechos digitales de las personas menores de edad al establecer un canal accesible y la retirada inmediata de los contenidos ilícitos.

El título IV sobre actuaciones en centros de protección de personas menores de edad, establece la obligatoriedad de los centros de protección de aplicar protocolos de actuación, cuya eficacia se someterá a evaluación, y que recogerán las actuaciones a seguir en aras de prevenir, detectar precozmente y actuar ante posibles situaciones de violencia. Asimismo, se establece una atención reforzada, en el marco de los protocolos anteriormente citados, a las actuaciones específicas de prevención, detección precoz e intervención en posibles casos de abuso, explotación sexual y trata de seres humanos que tengan como víctimas a personas menores de edad sujetas a medida protectora y que residan en centros residenciales.

Además, se establece la oportuna supervisión por parte del Ministerio Fiscal de los centros de protección de menores y se prevé la necesaria conexión informática con las entidades públicas de protección a la infancia, así como la permanente comunicación de estas con el Ministerio Fiscal y, en su caso, con la autoridad judicial que acordó el ingreso.

El título V dedicado a la organización administrativa recoge en su capítulo I el compromiso para la creación de un Registro Central de información sobre la violencia contra la infancia y la adolescencia, al que deberán remitir información las administraciones públicas, el Consejo General del Poder Judicial y las Fuerzas y Cuerpos de Seguridad.

El capítulo II, por su parte, introduce una regulación específica en relación a la certificación negativa del Registro Central de Delincuentes Sexuales, que pasa a denominarse Registro Central de Delincuentes Sexuales y de Trata de Seres Humanos, desarrollando y ampliando la protección de las personas menores de edad a través del perfeccionamiento del sistema de exigencia del requisito de no haber cometido delitos contra la libertad o indemnidad sexuales o de trata de seres humanos para desarrollar actividades que supongan contacto habitual con personas menores de edad.

Se introduce una definición acerca de qué ha de entenderse, a los efectos de la ley, por profesiones, oficios y actividades que implican contacto habitual con personas menores de edad, limitándolo a aquellas que por su propia esencia conllevan un trato repetido, directo y regular, y no meramente ocasional, con niños, niñas y adolescentes, quedando en todo caso incluidas aquellas actividades o servicios que se dirijan específicamente a ellos.

A fin de ampliar la protección, se extiende la obligación de acreditar el requisito de no haber cometido delitos contra la libertad e indemnidad sexuales a todos los trabajadores y trabajadoras, por cuenta propia o ajena, tanto del sector público como del privado, así como a las personas voluntarias.

Además, se establece el sentido negativo del silencio administrativo en los procedimientos de cancelación de antecedentes por delitos de naturaleza sexual iniciados a solicitud de la persona interesada.

Por lo que respecta a las disposiciones adicionales, se establece en ellas la necesaria dotación presupuestaria en el ámbito de la Administración de Justicia y los servicios sociales para luchar contra la victimización secundaria y cumplir las nuevas obligaciones encomendadas por la ley respectivamente, el mandato a las administraciones públicas, en el ámbito de sus competencias, para priorizar las soluciones habitacionales ante los desahucios de familias en el que alguno de sus integrantes sea una persona menor de edad, el seguimiento de los datos de opinión pública sobre la violencia hacia la infancia y adolescencia, a través de la realización de encuestas periódicas, el cumplimiento de la normativa vigente en materia de gastos de personal, la actualización de las referencias al Registro Central de Delincuentes Sexuales y al Registro Unificado de Maltrato Infantil. Asimismo, la disposición adicional sexta encomienda al Gobierno, en el plazo de un año, a establecer los mecanismos necesarios para realizar la comprobación automatizada de la existencia de antecedentes por las administraciones, empresas u otras entidades. Por su parte, la disposición adicional séptima recoge el compromiso para la creación de una Comisión de seguimiento encargada de analizar la puesta en marcha de la ley, sus repercusiones jurídicas y económicas y evaluación de su impacto. La disposición adicional octava garantiza a los niños y niñas en necesidad de protección internacional el acceso al territorio y a un procedimiento de asilo con independencia de su nacionalidad y de su forma de entrada en España, en los términos establecidos en la Ley 12/2009, de 30 de octubre, reguladora del derecho de asilo y de protección subsidiaria. Por último, la disposición adicional novena mandata al Gobierno para regular el régimen de Seguridad Social de las personas acogedoras especializadas de dedicación exclusiva.

Por último, cabe destacar la modificación llevada a cabo de diferentes cuerpos normativos a través de las disposiciones finales de la ley.

La disposición final primera está dedicada a la modificación de la Ley de Enjuiciamiento Criminal.

En los apartados primero y segundo se otorga una mayor seguridad jurídica tanto a las víctimas como a las personas perjudicadas por un delito. Así, se modifican los artículos 109 bis y 110 reflejando la actual jurisprudencia que permite la personación de las mismas, una vez haya transcurrido el término para formular el escrito de acusación, siempre que se adhieran al escrito de acusación formulado por el Ministerio Fiscal o por el resto de las acusaciones personadas. De esta forma, se garantiza el derecho a la tutela judicial efectiva de las víctimas del delito a la vez que se respeta el derecho de defensa de las personas investigadas.

En el tercer apartado se modifica el artículo 261 y se establece una excepción al régimen general de dispensa de la obligación de denunciar, al determinar la obligación de denunciar del cónyuge y familiares cercanos de la persona que haya cometido un hecho delictivo cuando se trate de un delito grave cometido contra una persona menor de edad o con discapacidad necesitada de especial protección, adaptando nuestra legislación a las exigencias del Convenio de Lanzarote. Igualmente, en el apartado cuatro se modifica el artículo 416, de forma que se establecen una serie de excepciones a la dispensa de la obligación de declarar, con el fin de proteger en el proceso penal a las personas menores de edad o con discapacidad necesitadas de especial protección.

Los apartados quinto a decimocuarto regulan de forma completa y sistemática la prueba preconstituida, fijándose los requisitos necesarios para su validez. Además, se modifica la regulación de las medidas cautelares con carácter penal y de naturaleza civil que pueden adoptarse durante el proceso penal y que puedan afectar de cualquier modo a personas menores de edad o con discapacidad necesitadas de especial protección.

En relación con la prueba preconstituida es un instrumento adecuado para evitar la victimización secundaria, particularmente eficaz cuando las víctimas son personas menores de edad o personas con discapacidad necesitadas de especial protección. Atendiendo a su especial vulnerabilidad se establece su obligatoriedad cuando el testigo sea una persona menor de catorce años o una persona con discapacidad necesitada de especial protección. En estos supuestos la autoridad judicial, practicada la prueba preconstituida, solo podrá acordar motivadamente su declaración en el acto del juicio oral, cuando, interesada por una de las partes, se considere necesario.

Por tanto, se convierte en excepcional la declaración en juicio de los menores de catorce años o de las personas con discapacidad necesitadas de especial protección, estableciéndose como norma general la práctica de la prueba preconstituida en fase de instrucción y su reproducción en el acto del juicio evitando que el lapso temporal entre la primera declaración y la fecha de juicio oral afecten a la calidad del relato, así como la victimización secundaria de víctimas especialmente vulnerables.

La disposición final segunda modifica el artículo 92 del Código Civil para reforzar el interés superior del menor en los procesos de separación, nulidad y divorcio, así como para asegurar que existan las cautelas necesarias para el cumplimiento de los regímenes de guarda y custodia.

Asimismo, se modifica el artículo 154 del Código Civil, a fin de establecer con claridad que la facultad de decidir el lugar de residencia de los hijos e hijas menores de edad forma parte del contenido de la potestad que, por regla general, corresponde a ambos progenitores. Ello implica que, salvo suspensión, privación de la potestad o atribución exclusiva de dicha facultad a uno de los progenitores, se requiere el consentimiento de ambos o, en su defecto, autorización judicial para el traslado de la persona menor de edad, con independencia de la medida que se haya adoptado en relación a su guarda o custodia, como así se ha fijado ya explícitamente por algunas comunidades autónomas. Así, se aclaran las posibles dudas interpretativas con los conceptos autónomos de la normativa internacional, concretamente, el Reglamento 2201/2003 del Consejo, de 27 de noviembre de 2003, relativo a la competencia, el reconocimiento y la ejecución de resoluciones judiciales en materia matrimonial y de responsabilidad parental, por el que se deroga el Reglamento (CE) n.º 1347/2000, y el Convenio relativo a la competencia, la ley aplicable, el reconocimiento, la ejecución y la cooperación en materia de responsabilidad parental y de medidas de protección de los niños, hecho en La Haya el 19 de octubre de 1996, en sus artículos 2, 9 y 3 respectivamente, ya que en la normativa internacional la custodia y la guarda comprenden el derecho de decidir sobre el lugar de residencia de la persona menor de edad, siendo un concepto autónomo que no coincide ni debe confundirse con el contenido de lo que se entiende por guarda y custodia en nuestras leyes internas. Ese cambio completa la vigente redacción del artículo 158 del Código Civil, que contempla como medidas de protección «Las medidas necesarias para evitar la sustracción de los hijos menores por alguno de los progenitores o por terceras personas y, en particular, el sometimiento a autorización judicial previa de cualquier cambio de domicilio del menor».

Se modifica el artículo 158 del Código Civil, con el fin de que el Juez pueda acordar la suspensión cautelar en el ejercicio de la patria potestad y/o el ejercicio de la guarda y custodia, la suspensión cautelar del régimen de visitas y comunicaciones establecidos en resolución judicial o convenio judicialmente aprobado y, en general, las demás disposiciones que considere oportunas, a fin de apartar al menor de un peligro o de evitarle perjuicios en su entorno familiar o frente a terceras personas, con la garantía de la audiencia de la persona menor de edad.

Por último, se modifica el artículo 172.5 del Código Civil, que regula los supuestos de cesación de la tutela y de la guarda provisional de las entidades públicas de protección, ampliando de 6 a 12 meses el plazo desde que el menor abandonó voluntariamente el centro.

La disposición final tercera correspondiente a la modificación de la Ley Orgánica 1/1979, de 26 de septiembre, General Penitenciaria, establece programas específicos para las personas internas condenadas por delitos relacionados con la violencia sobre la infancia y adolescencia a fin de evitar la reincidencia, así como el seguimiento de las mismas para la concesión de permisos y la libertad condicional.

La disposición final cuarta se destina a la modificación de la Ley Orgánica 6/1985, de 1 de julio, del Poder Judicial. Mediante esta modificación se regula la necesidad de formación especializada en las carreras judicial y fiscal, en el cuerpo de letrados y en el resto de personal al servicio de la Administración de Justicia, exigida por toda la normativa internacional, en la medida en que las materias relativas a la infancia y a personas con discapacidad se refieren a colectivos vulnerables. Asimismo, se establece la posibilidad de que, en las unidades administrativas, entre las que se encuentran los Institutos de Medicina Legal y Ciencias Forenses y las Oficinas de Asistencia a las Víctimas, dependientes del Ministerio de Justicia, se incorporen como funcionarios otros profesionales especializados en las distintas áreas de actuación de estas unidades, reforzando así el carácter multidisciplinar de la asistencia que se prestará a las víctimas.

La disposición final quinta modifica la Ley 34/1988, de 11 de noviembre, General de Publicidad, con el objeto de declarar ilícita tanto a la publicidad que incite a cualquier forma de violencia o discriminación sobre las personas menores de edad como aquella que fomente estereotipos de carácter sexista, racista, estético, homofóbico o transfóbico o por razones de discapacidad.

La disposición final sexta relativa a la modificación de la Ley Orgánica 10/1995, de 23 de noviembre, del Código Penal, incorpora diferentes modificaciones de importante calado.

Se da una nueva regulación a los delitos de odio, comprendidos en los artículos 22.4, 314, 511, 512 y 515.4 del Código Penal. Para ello, la edad ha sido incorporada como una causa de discriminación, en una vertiente dual, pues no solo aplica a los niños, niñas y adolescentes, sino a otro colectivo sensible que requiere amparo, como son las personas de edad avanzada. Asimismo, dentro del espíritu de protección que impulsa este texto legislativo, se ha aprovechado la reforma para incluir la aporofobia y la exclusión social dentro de estos tipos penales, que responde a un fenómeno social en el que en la actuación delictiva subyace el rechazo, aversión o desprecio a las personas pobres, siendo un motivo expresamente mencionado en el artículo 21 de la Carta de Derechos Fundamentales de la Unión Europea.

Se extiende el tiempo de prescripción de los delitos más graves cometidos contra las personas menores de edad, modificando el día de comienzo de cómputo del plazo: el plazo de prescripción se contará a partir de que la víctima haya cumplido los treinta y cinco años de edad. Con ello se evita la existencia de espacios de impunidad en delitos que estadísticamente se han probado de lenta asimilación en las víctimas en el plano psicológico y, muchas veces, de tardía detección.

Se elimina el perdón de la persona ofendida como causa de extinción de la responsabilidad criminal, cuando la víctima del delito sea una persona menor de dieciocho años, completando de este modo la protección de los niños, niñas y adolescentes ante delitos perseguibles a instancia de parte.

Se configura como obligatoria la imposición de la pena de privación de la patria potestad a los penados por homicidio o por asesinato en dos situaciones: cuando el autor y la víctima tuvieran en común un hijo o una hija y cuando la víctima fuera hijo o hija del autor.

Se incrementa la edad a partir de la que se aplicará el subtipo agravado del delito de lesiones del artículo 148.3, de los doce a los catorce años, puesto que resulta una esfera de protección más apropiada en atención a la vulnerabilidad que se manifiesta en la señalada franja vital.

Se modifica la redacción del tipo agravado de agresión sexual, del tipo de abusos y agresiones sexuales a menores de dieciséis años y de los tipos de prostitución y explotación sexual y corrupción de menores (artículos 180, 183, 188 y 189) con el fin de adecuar su redacción a la realidad actual y a las previsiones de la presente ley. Además, se modifica el artículo 183 quáter, para limitar el efecto de extinción de la responsabilidad criminal por el consentimiento libre del menor de dieciséis años, únicamente a los delitos previstos en los artículos 183, apartado 1, y 183 bis, párrafo primero, inciso segundo, cuando el autor sea una persona próxima a la persona menor por edad y grado de desarrollo o madurez física y psicológica, siempre que los actos no constituyan un atentado contra la libertad sexual de la persona menor de edad.

Se modifica el tipo penal de sustracción de personas menores de edad del artículo 225 bis, permitiendo que puedan ser sujeto activo del mismo tanto el progenitor que conviva habitualmente con la persona menor de edad como el progenitor que únicamente lo tenga en su compañía en un régimen de estancias.

Por último, se crean nuevos tipos delictivos para evitar la impunidad de conductas realizadas a través de medios tecnológicos y de la comunicación, que producen graves riesgos para la vida y la integridad de las personas menores edad, así como una gran alarma social. Se castiga a quienes, a través de estos medios, promuevan el suicidio, la autolesión o los trastornos alimenticios entre personas menores de edad, así como la comisión de delitos de naturaleza sexual contra estas. Además, se prevé expresamente que las autoridades judiciales retirarán estos contenidos de la red para evitar la persistencia delictiva.

La disposición final séptima modifica la Ley 1/1996, de 10 de enero, de asistencia jurídica gratuita, reconociendo el derecho a la asistencia jurídica gratuita a las personas menores de edad y las personas con discapacidad necesitadas de especial protección cuando sean víctimas de delitos violentos graves con independencia de sus recursos para litigar.

La disposición final octava correspondiente a la modificación de la Ley Orgánica 1/1996, de 15 de enero, de Protección Jurídica del Menor, de modificación parcial del Código Civil y de la Ley de Enjuiciamiento Civil, viene a completar la revisión del sistema de protección de la infancia y adolescencia llevada a cabo en el año 2015 con la descripción de los indicadores de riesgo para la valoración de la situación de riesgo. Asimismo, se introduce un nuevo artículo 14 bis para facilitar la labor de los servicios sociales en casos de urgencia. Por último, se establece un sistema de garantías en los sistemas de protección a la infancia, de las que deben cuidar las entidades públicas de protección, en especial respecto de niños, niñas y adolescentes en situación de vulnerabilidad, como es el caso de los niños o niñas que llegan solos a España o de los niños, niñas y adolescentes privados de cuidado parental.

La reforma operada en la citada Ley Orgánica 1/1996, de 15 de enero, se completa con la introducción de los artículos 20 ter a 20 quinquies a fin de regular las condiciones y el procedimiento aplicable a las solicitudes de acogimiento transfronterizo de menores procedentes de un Estado miembro de la Unión Europea o de un Estado parte del Convenio de La Haya de 1996. La Autoridad Central Española debe garantizar el cumplimiento en estos casos de los derechos del niño y asegurarse que la medida de protección que se pretende ejecutar en España proteja su interés superior. También se regula el procedimiento para la transmisión de las solicitudes de acogimiento transfronterizo desde España a otro Estado miembro de la Unión Europea, conforme a los Reglamentos (CE) n.º 2201/2003 del Consejo, de 27 de noviembre de 2003, relativo a la competencia, el reconocimiento y la ejecución de resoluciones judiciales en materia matrimonial y de responsabilidad parental, por el que se deroga el Reglamento (CE) n.º 1347/2000 y (UE) 2019/1111 del Consejo, de 25 de junio de 2019, relativo a la competencia, el reconocimiento y la ejecución de resoluciones en materia matrimonial y de responsabilidad parental, y sobre la sustracción internacional de menores, o a un Estado parte del citado Convenio de La Haya de 1996.

De este modo, se da cumplimiento no solo a las obligaciones derivadas de Convenios internacionales, sino que se adecúa la nueva redacción a los últimos criterios jurisprudenciales tanto del Tribunal Constitucional en la sentencia del Pleno 64/2019, de 9 de mayo de 2019, como del Tribunal Europeo de Derechos Humanos en la sentencia de 11 de octubre de 2016.

La disposición final novena modifica los artículos 779 y 780 de la Ley 1/2000, de 7 de enero, de Enjuiciamiento Civil, para fijar un plazo máximo de tres meses, desde su iniciación, en los procedimientos en los que se sustancie la oposición a las resoluciones administrativas en materia de protección de menores. Además, se prevé que las personas menores de edad podrán elegir, ellos mismos, a sus defensores, se reducen los plazos del procedimiento, y se contempla la posibilidad de que se adopten medidas cautelares.

La disposición final décima modifica el artículo 1 de la Ley Orgánica 1/2004, de 28 de diciembre, de Medidas de Protección Integral contra la Violencia de Género, para hacer constar que la violencia de género a que se refiere dicha ley también comprende la violencia que con el objetivo de causar perjuicio o daño a las mujeres se ejerza sobre sus familiares o allegados menores de edad.

La disposición final undécima modifica el artículo 4 de la Ley Orgánica 5/2000, de 12 de enero, reguladora de la responsabilidad penal de los menores, referido a los derechos de las víctimas de los delitos cometidos por personas menores de edad, a fin de configurar nuevos derechos de las víctimas de delitos de violencia de género cuando el autor de los hechos sea una persona menor de dieciocho años, adaptando lo previsto en el artículo al artículo 7.3 de la Ley 4/2015, de 27 de abril, del Estatuto de la víctima del delito.

La disposición final duodécima modifica el texto refundido de la Ley sobre Infracciones y Sanciones en el Orden Social, aprobado por Real Decreto Legislativo 5/2000, de 4 de agosto, introduciendo una nueva infracción en el orden social por el hecho de dar ocupación a personas con antecedentes de naturaleza sexual en actividades relacionadas con personas menores de edad.

La disposición final decimotercera por la que se modifica la Ley 41/2002, de 14 de noviembre, básica reguladora de la autonomía del paciente y de derechos y obligaciones en materia de información y documentación clínica, establece que los registros relativos a la atención de las personas menores de edad víctimas de violencia deben constar en la historia clínica. Esto permitirá hacer un mejor seguimiento de los casos, así como estimar la magnitud de este problema de salud pública y facilitar su vigilancia.

La disposición final decimocuarta modifica la Ley 44/2003, de 21 de noviembre, de ordenación de las profesiones sanitarias, en relación con la expedición de los títulos de especialista en Ciencias de la Salud.

La disposición final decimoquinta modifica la Ley 15/2015, de 2 de julio, de la Jurisdicción Voluntaria, con el fin de asegurar el derecho del niño, niña y adolescente a ser escuchado en los expedientes de su interés, salvaguardando su derecho de defensa, a expresarse libremente y garantizando su intimidad.

La disposición final decimosexta modifica la Ley Orgánica 7/2015, de 21 de julio, por la que se modifica la Ley Orgánica 6/1985, de 1 de julio, del Poder Judicial, para actualizar la denominación de la especialidad en Medicina Legal y Forense.

La disposición final decimoséptima mandata al Gobierno para que, en el plazo de seis meses desde la aprobación de esta ley, proceda a la creación del Consejo Estatal de Participación de la Infancia y de la Adolescencia.

La disposición final decimoctava establece el título competencial, indicando que esta ley se dicta al amparo de lo previsto en el artículo 149.1, 1.ª, 2.ª, 5.ª, 6.ª, 7.ª, 8.ª, 16.ª, 18.ª, 27.ª, 29.ª y 30.ª de la Constitución Española.

La disposición final decimonovena establece el carácter ordinario de determinadas disposiciones.

La disposición final vigésima contempla un mandato al

Gobierno para la elaboración de dos proyectos de ley con el fin de establecer la especialización de la jurisdicción penal y civil, así como del Ministerio Fiscal. Igualmente, se establece que las administraciones competentes regularán en idéntico plazo la composición y funcionamiento de los Equipos Técnicos que presten asistencia especializada a los órganos judiciales especializados en infancia y adolescencia para la consecución de la mejora en la respuesta judicial, desde un enfoque multidisciplinar, y la protección igualitaria, adecuada y uniforme de los derechos de la infancia y de las personas con discapacidad.

La disposición final vigésima primera, regula la autorización al Consejo de Ministros y a los titulares de Derechos Sociales y Agenda 2030, Justicia e Interior a dictar cuantas normas sean necesarias para su desarrollo, con una especial referencia al régimen aplicable a las medidas de contención y seguridad en los centros de protección y reforma de menores.

Las disposiciones finales vigésima segunda y vigésima tercera regulan la necesaria adaptación de la normativa incompatible con lo previsto en la misma y la incorporación del Derecho de la Unión Europea, respectivamente.

La disposición final vigésima cuarta mandata al Gobierno, en el plazo de doce meses desde la aprobación de esta ley, para que proceda al desarrollo normativo del procedimiento para la determinación de la edad de los menores.

Por último, la disposición final vigésima quinta regula la entrada en vigor de esta ley.

III

Durante la tramitación de la ley se ha recabado informe del Consejo Económico y Social, el Consejo Fiscal, la Agencia Española de Protección de Datos, el Consejo Nacional de la Discapacidad, el Consejo Estatal de Organizaciones no Gubernamentales de Acción Social y la Comisión para el Diálogo Civil con la Plataforma del Tercer Sector. Asimismo, se ha consultado a las comunidades autónomas, así como a las entidades locales a través de la Federación Española de Municipios y Provincias. Finalmente, la ley ha sido informada por el Consejo Territorial de Servicios Sociales y Sistema para la Autonomía y Atención a la Dependencia, así como por su Comisión Delegada, y por el Consejo Interterritorial del Sistema Nacional de Salud y su Comité Consultivo.

Esta ley es coherente con los principios de buena regulación establecidos en el artículo 129 de la Ley 39/2015, de 1 de octubre, del Procedimiento Administrativo Común de las administraciones públicas. De lo expuesto en los párrafos anteriores se pone de manifiesto el cumplimiento de los principios de necesidad y eficacia, toda vez que mediante esta ley se da respuesta a la necesidad de contar con un marco normativo que regule un sistema de protección integral y uniforme en todo el territorio del Estado frente a la vulneración de derechos que significa la violencia sobre la infancia y la adolescencia, frente a la fragmentación del modelo actual, garantizando de esta forma una mayor protección de las personas menores de edad. Asimismo, la ley es acorde al principio de proporcionalidad, al contener la regulación imprescindible para la consecución de los objetivos previamente mencionados, e igualmente se ajusta al principio de seguridad jurídica en tanto que la ley es coherente con el ordenamiento jurídico nacional, e internacional, cumpliendo con lo establecido en el artículo 19 de la Convención sobre los Derechos del Niño que señala la obligación de los Estados Partes de proteger a los niños, niñas y adolescentes contra toda forma de maltrato y con las recomendaciones hechas por el Comité de los Derechos del Niño a España en 2010 y 2018. En cuanto al principio de transparencia, durante la tramitación de la norma se ha realizado el trámite de consulta pública previa, así como el trámite de información pública de conformidad con lo previsto en el artículo 26, apartados 2 y 6, de la Ley 50/1997, de 27 de noviembre, del Gobierno. Por último, con respecto al principio de eficiencia, si bien supone un aumento de las cargas administrativas, estas son las mínimas imprescindibles para la consecución de los objetivos de la ley y en ningún caso innecesarias.

Como se menciona, la reforma completa la incorporación al derecho español de los artículos 3, apartados 2 a 4, 6 y 9, letras *a*), *b*) y *g*) de la Directiva 2011/93/UE del Parlamento Europeo y del Consejo, de 13 de diciembre de 2011, relativa a la lucha contra los abusos sexuales y la explotación sexual de los menores y la pornografía infantil y por la que se sustituye la Decisión marco 2004/68/JAI del Consejo.

Artículo 1.º *Objeto.*—1. La ley tiene por objeto garantizar los derechos fundamentales de los niños, niñas y adolescentes a su integridad física, psíquica, psicológica y moral frente a cualquier forma de violencia, asegurando el libre desarrollo de su personalidad y estableciendo medidas de protección integral, que incluyan la sensibilización, la prevención, la detección precoz, la protección y la reparación del daño en todos los ámbitos en los que se desarrolla su vida.

2. A los efectos de esta ley, se entiende por violencia toda acción, omisión o trato negligente que priva a las personas menores de edad de sus derechos y bienestar, que amenaza o interfiere su ordenado desarrollo físico, psíquico o social, con independencia de su forma y medio de comisión, incluida la realizada a través de las tecnologías de la información y la comunicación, especialmente la violencia digital.

En cualquier caso, se entenderá por violencia el maltrato físico, psicológico o emocional, los castigos físicos, humillantes o denigrantes, el descuido o trato negligente, las amenazas, injurias y calumnias, la explotación, incluyendo la violencia sexual, la corrupción, la pornografía infantil, la prostitución, el acoso escolar, el acoso sexual, el ciberacoso, la violencia de género, la mutilación genital, la trata de seres humanos con cualquier fin, el matrimonio forzado, el matrimonio infantil, el acceso no solicitado a pornografía, la extorsión sexual, la difusión pública de datos privados así como la presencia de cualquier comportamiento violento en su ámbito familiar.

3. Se entiende por buen trato a los efectos de la presente ley aquel que, respetando los derechos fundamentales de los niños, niñas y adolescentes, promueve activamente los principios de respeto mutuo, dignidad del ser humano, convivencia democrática, solución pacífica de conflictos, derecho a igual protección de la ley, igualdad de oportunidades y prohibición de discriminación de los niños, niñas y adolescentes.

Art. 2.º *Ámbito de aplicación.*—1. La presente ley es de aplicación a las personas menores de edad que se encuentren en territorio español, con independencia de su nacionalidad y de su situación administrativa de residencia y a los menores de nacionalidad española en el exterior en los términos establecidos en el artículo 51.

2. Las obligaciones establecidas en esta ley serán exigibles a todas las personas físicas o jurídicas, públicas o privadas, que actúen o se encuentren en territorio español. A estos efectos, se entenderá que una persona jurídica se encuentra en territorio español cuando tenga domicilio

social, sede de dirección efectiva, sucursal, delegación o establecimiento de cualquier naturaleza en territorio español.

Art. 3.º *Fines.*—Las disposiciones de esta ley persiguen los siguientes fines:

a) Garantizar la implementación de medidas de sensibilización para el rechazo y eliminación de todo tipo de violencia sobre la infancia y la adolescencia, dotando a los poderes públicos, a los niños, niñas y adolescentes y a las familias, de instrumentos eficaces en todos los ámbitos, de las redes sociales e Internet, especialmente en el familiar, educativo, sanitario, de los servicios sociales, del ámbito judicial, de las nuevas tecnologías, del deporte y el ocio, de la Administración de Justicia y de las Fuerzas y Cuerpos de Seguridad.

b) Establecer medidas de prevención efectivas frente a la violencia sobre la infancia y la adolescencia, mediante una información adecuada a los niños, niñas y adolescentes, la especialización y la mejora de la práctica profesional en los distintos ámbitos de intervención, el acompañamiento de las familias, dotándolas de herramientas de parentalidad positiva, y el refuerzo de la participación de las personas menores de edad.

c) Impulsar la detección precoz de la violencia sobre la infancia y la adolescencia mediante la formación interdisciplinar, inicial y continua de los y las profesionales que tienen contacto habitual con los niños, niñas y adolescentes.

d) Reforzar los conocimientos y habilidades de los niños, niñas y adolescentes para que sean parte activa en la promoción del buen trato y puedan reconocer la violencia y reaccionar frente a la misma.

e) Reforzar el ejercicio del derecho de los niños, niñas y adolescentes a ser oídos, escuchados y a que sus opiniones sean tenidas en cuenta debidamente en contextos de violencia contra ellos, asegurando su protección y evitando su victimización secundaria.

f) Fortalecer el marco civil, penal y procesal para asegurar la tutela judicial efectiva de los niños, niñas y adolescentes víctimas de violencia.

g) Fortalecer el marco administrativo para garantizar una mejor tutela administrativa de los niños, niñas y adolescentes víctimas de violencia.

h) Garantizar la reparación y restauración de los derechos de las víctimas menores de edad.

i) Garantizar la especial atención a los niños, niñas y adolescentes que se encuentren en situación de especial vulnerabilidad.

j) Garantizar la erradicación y la protección frente a cualquier tipo de discriminación y la superación de los estereotipos de carácter sexista, racista, homofóbico, bifóbico, transfóbico o por razones estéticas, de discapacidad, de enfermedad, de aporofobia o exclusión social o por cualquier otra circunstancia o condición personal, familiar, social o cultural.

k) Garantizar una actuación coordinada y colaboración constante entre las distintas administraciones públicas y los y las profesionales de los diferentes sectores implicados en la sensibilización, prevención, detección precoz, protección y reparación.

l) Abordar y erradicar, desde una visión global, las causas estructurales que provocan que la violencia contra la infancia tenga cabida en nuestra sociedad.

m) Establecer los protocolos, mecanismos y cualquier otra medida necesaria para la creación de entornos seguros, de buen trato e inclusivos para toda la infancia en todos los ámbitos desarrollados en esta ley en los que la persona menor de edad desarrolla su vida. Se entenderá como entorno seguro aquel que respete los derechos de la infancia y promueva un ambiente protector físico, psicológico y social, incluido el entorno digital.

n) Proteger la imagen del menor desde su nacimiento hasta después de su fallecimiento.

Art. 4.º *Criterios generales.*—1. Serán de aplicación los principios y criterios generales de interpretación del interés superior del menor, recogidos en el artículo 2 de la Ley Orgánica 1/1996, de 15 de enero, de Protección Jurídica del Menor, de modificación parcial del Código Civil y de la Ley de Enjuiciamiento Civil, así como los siguientes:

a) Prohibición de toda forma de violencia sobre los niños, niñas y adolescentes.

b) Prioridad de las actuaciones de carácter preventivo.

c) Promoción del buen trato al niño, niña y adolescente como elemento central de todas las actuaciones.

d) Promover la integralidad de las actuaciones, desde la coordinación y cooperación interadministrativa e intradministrativa, así como de la cooperación internacional.

e) Protección de los niños, niñas y adolescentes frente a la victimización secundaria.

f) Especialización y capacitación de los y las profesionales que tienen contacto habitual con los niños, niñas y adolescentes para la detección precoz de posibles situaciones de violencia.

g) Reforzar la autonomía y capacitación de las personas menores de edad para la detección precoz y adecuada reacción ante posibles situaciones de violencia ejercida sobre ellos o sobre terceros.

h) Individualización de las medidas teniendo en cuenta las necesidades específicas de cada niño, niña o adolescente víctima de violencia.

i) Incorporación de la perspectiva de género en el diseño e implementación de cualquier medida relacionada con la violencia sobre la infancia y la adolescencia.

j) Incorporación del enfoque transversal de la discapacidad al diseño e implementación de cualquier medida relacionada con la violencia sobre la infancia y la adolescencia.

k) Promoción de la igualdad de trato de niños y niñas mediante la coeducación y el fomento de la enseñanza en equidad, y la deconstrucción de los roles y estereotipos de género.

l) Evaluación y determinación formal del interés superior del menor en todas las decisiones que afecten a una persona menor de edad.

m) Asegurar la supervivencia y el pleno desarrollo de las personas menores de edad.

n) Asegurar el ejercicio del derecho a la participación de los niños, niñas y adolescentes en toda toma de decisiones que les afecte.

ñ) Accesibilidad universal, como medida imprescindible, para hacer efectivos los mandatos de esa Ley a todos los niños, niñas y adolescentes, sin excepciones.

2. Adoptar todas las medidas necesarias para promover la recuperación física, psíquica, psicológica y emocional y la inclusión social de los niños, niñas y adolescentes víctimas de violencia, así como su inclusión social.

3. Las personas menores de edad que hayan cometido actos de violencia deberán recibir apoyo especializado, especialmente educativo, orientado a la promoción del buen trato y la prevención de conductas violentas con el fin de evitar la reincidencia.

Art. 5.º *Formación.*—1. Las administraciones públicas, en el ámbito de sus respectivas competencias, promoverán y garantizarán una formación especializada, inicial y continua en materia de derechos fundamentales de la infancia y la adolescencia a los y las profesionales que tengan un contacto habitual con las personas menores de edad. Dicha formación comprenderá como mínimo:

a) La educación en la prevención y detección precoz de toda forma de violencia a la que se refiere esta ley.

b) Las actuaciones a llevar a cabo una vez que se han detectado indicios de violencia.

c) La formación específica en seguridad y uso seguro y responsable de Internet, incluyendo cuestiones relativas al uso intensivo y generación de trastornos conductuales.

d) El buen trato a los niños, niñas y adolescentes.

e) La identificación de los factores de riesgo y de una mayor exposición y vulnerabilidad ante la violencia.

f) Los mecanismos para evitar la victimización secundaria.

g) El impacto de los roles y estereotipos de género en la violencia que sufren los niños, niñas y adolescentes.

2. Además de lo dispuesto en el apartado anterior, las administraciones públicas, en el ámbito de sus competencias, deberán garantizar que el personal docente y educador recibe formación específica en materia de educación inclusiva.

3. Los colegios de abogados y procuradores facilitarán a sus miembros el acceso a formación específica sobre los aspectos materiales y procesales de la violencia sobre la infancia y la adolescencia, tanto desde la perspectiva del Derecho interno como del Derecho de la Unión Europea y Derecho Internacional, así como a programas de formación continua en materia de lucha contra la violencia sobre la infancia y la adolescencia.

4. El diseño de las actuaciones formativas a las que se refiere este artículo tendrán especialmente en cuenta la perspectiva de género, así como las necesidades específicas de las personas menores de edad con discapacidad, con un origen racial, étnico o nacional diverso, en situación de desventaja económica, personas menores de edad pertenecientes al colectivo LGTBI o con cualquier otra opción u orientación sexual y/o identidad de género y personas menores de edad no acompañadas.

Art. 6.º *Colaboración y cooperación entre las administraciones públicas*.—1. Las distintas administraciones públicas, en el ámbito de sus respectivas competencias, deberán colaborar entre sí, en los términos establecidos en el artículo 141 de la Ley 40/2015, de 1 de octubre, de Régimen Jurídico del Sector Público, al objeto de lograr una actuación eficaz en los ámbitos de la prevención, detección precoz, protección y reparación frente a la violencia sobre los niños, niñas y adolescentes.

2. Las administraciones públicas promoverán la colaboración institucional a nivel nacional e internacional mediante acciones de intercambio de información, conocimientos, experiencias y buenas prácticas.

3. Para garantizar la necesaria cooperación entre todas las administraciones públicas, los asuntos relacionados con la aplicación de esta ley serán abordados en el seno de la Conferencia Sectorial de infancia y adolescencia.

Art. 7.º *Conferencia Sectorial de infancia y adolescencia.*—1. La Conferencia Sectorial de infancia y adolescencia es el órgano de cooperación entre las administraciones públicas en materia de protección y desarrollo de la infancia y la adolescencia.

2. Las funciones de la citada Conferencia se dirigirán a conseguir los siguientes objetivos:

a) La coherencia y complementariedad de las actividades que realicen las administraciones públicas en el ámbito de la protección y desarrollo de los derechos de la infancia y la adolescencia, y especialmente en la lucha frente a la violencia sobre estos colectivos.

b) El mayor grado de eficacia y eficiencia en la identificación, formulación y ejecución de las políticas, programas y proyectos impulsados por las distintas administraciones públicas en aplicación de lo previsto en esta ley.

c) La participación de las administraciones públicas en la formación y evaluación de la Estrategia de erradicación de la violencia sobre la infancia y la adolescencia.

3. La Conferencia Sectorial aprobará su reglamento de organización y funcionamiento interno de acuerdo con lo establecido en el artículo 147.3 de la Ley 40/2015, de 1 de octubre, garantizándose la presencia e intervención de las comunidades autónomas, entidades locales y del Alto Comisionado para la lucha contra la pobreza infantil.

Art. 8.º *Colaboración público-privada.*—1. Las administraciones públicas promoverán la colaboración público-privada con el fin de facilitar la prevención, detección precoz e intervención en las situaciones de violencia sobre la infancia y la adolescencia, fomentando la suscripción de convenios con los medios de comunicación, los agentes sociales, los colegios profesionales, las confesiones religiosas, y demás entidades privadas que desarrollen su actividad en contacto habitual con niños, niñas y adolescentes o en su ámbito material de relación.

2. Asimismo, las administraciones públicas competentes adoptarán las medidas necesarias con el fin de asegurar el adecuado desarrollo de las acciones de colaboración con el sector de las nuevas tecnologías contempladas en el capítulo VIII del título III.

En especial, se fomentará la colaboración de las empresas de tecnologías de la información y comunicación, las Agencias de Protección de Datos de las distintas administraciones públicas, las Fuerzas y Cuerpos de Seguridad y la Administración de Justicia con el fin de detectar y retirar, a la mayor brevedad posible, los contenidos ilegales en las redes que supongan una forma de violencia sobre los niños, niñas y adolescentes.

3. Las administraciones públicas fomentarán el intercambio de información, conocimientos, experiencias y buenas prácticas con la sociedad civil relacionadas con la protección de las personas menores de edad en Internet, bajo un enfoque multidisciplinar e inclusivo.

4. En los casos de violencia sobre la infancia, la colaboración entre las administraciones públicas y los medios de comunicación pondrá especial énfasis en el respeto al honor, a la intimidad y a la propia imagen de la víctima y sus familiares, incluso en caso de fallecimiento del menor. En esta situación, la difusión de cualquier tipo de imagen deberá contar con la autorización expresa de herederos o progenitores.

TÍTULO PRIMERO

Derechos de los niños, niñas y adolescentes frente a la violencia

Art. 9.º *Garantía de los derechos de los niños, niñas y adolescentes víctimas de violencia.*—1. Se garantiza a todos los niños, niñas y adolescentes víctimas de violencia los derechos reconocidos en esta ley.

2. Las administraciones públicas pondrán a disposición de los niños, niñas y adolescentes víctimas de violencia, así como de sus representantes legales, los medios necesarios para garantizar el ejercicio efectivo de los derechos previstos en esta ley, teniendo en consideración las circunstancias personales, familiares y sociales de aquellos que pudieran tener una mayor dificultad para su acceso. En todo caso, se tendrán en consideración las necesidades de las personas menores de edad con discapacidad, o que se encuentren

en situación de especial vulnerabilidad.

3. Los niños, niñas y adolescentes tendrán derecho a que su orientación sexual e identidad de género, sentida o expresada, sea respetada en todos los entornos de vida, así como a recibir el apoyo y asistencia precisos cuando sean víctimas de discriminación o violencia por tales motivos.

4. Con la finalidad de garantizar el adecuado ejercicio de los derechos previstos en esta ley, los niños, niñas y adolescentes víctimas de violencia contarán con la asistencia y apoyo de las Oficinas de Asistencia a las Víctimas, que actuarán como mecanismo de coordinación del resto de recursos y servicios de protección de las personas menores de edad.

A estos efectos, el Ministerio de Justicia y las comunidades autónomas con competencias transferidas, promoverán la adopción de convenios con otras administraciones públicas y con las entidades del tercer sector, para la eficaz coordinación de la ayuda a las víctimas.

Art. 10. *Derecho de información y asesoramiento.*—1. Las administraciones públicas proporcionarán a los niños, niñas y adolescentes víctimas de violencia de acuerdo con su situación personal y grado de madurez, y, en su caso, a sus representantes legales, y a la persona de su confianza designada por él mismo, información sobre las medidas contempladas en esta ley que les sean directamente aplicables, así como sobre los mecanismos o canales de información o denuncia existentes.

2. Los niños, niñas y adolescentes víctimas de violencia serán derivados a la Oficina de Asistencia a las Víctimas correspondiente, donde recibirán la información, el asesoramiento y el apoyo que sea necesario en cada caso, de conformidad con lo previsto en la Ley 4/2015, de 27 de abril, del Estatuto de la víctima del delito.

3. La información y el asesoramiento a la que se refieren los apartados anteriores deberá proporcionarse en un lenguaje claro y comprensible, en un idioma que puedan entender y mediante formatos accesibles en términos sensoriales y cognitivos y adaptados a las circunstancias personales de sus destinatarios, garantizándose su acceso universal. Cuando se trate de territorios con lenguas cooficiales el niño, niña o adolescente podrá recibir dicha información en la lengua cooficial que elija.

Art. 11. *Derecho de las víctimas a ser escuchadas.*—1. Los poderes públicos garantizarán que las niñas, niños y adolescentes sean oídos y escuchados con todas las garantías y sin límite de edad, asegurando, en todo caso, que este proceso sea universalmente accesible en todos los procedimientos administrativos, judiciales o de otra índole relacionados con la acreditación de la violencia y la reparación de las víctimas. El derecho a ser oídos de los niños, niñas y adolescentes solo podrá restringirse, de manera motivada, cuando sea contrario a su interés superior.

2. Se asegurará la adecuada preparación y especialización de profesionales, metodologías y espacios para garantizar que la obtención del testimonio de las víctimas menores de edad sea realizada con rigor, tacto y respeto. Se prestará especial atención a la formación profesional, las metodologías y la adaptación del entorno para la escucha a las víctimas en edad temprana.

3. Los poderes públicos tomarán las medidas necesarias para impedir que planteamientos teóricos o criterios sin aval científico que presuman interferencia o manipulación adulta, como el llamado síndrome de alienación parental, puedan ser tomados en consideración.

Art. 12. *Derecho a la atención integral.*—1. Los poderes públicos proporcionarán a los niños, niñas y adolescentes víctimas de violencia una atención integral, que comprenderá medidas de protección, apoyo, acogida y recuperación.

2. Entre otros aspectos, la atención integral, en aras del interés superior de la persona menor, comprenderá especialmente medidas de:

a) Información y acompañamiento psicosocial, social y educativo a las víctimas.

b) Seguimiento de las denuncias o reclamaciones.

c) Atención terapéutica de carácter sanitario, psiquiátrico y psicológico para la víctima y, en su caso, la unidad familiar.

d) Apoyo formativo, especialmente en materia de igualdad, solidaridad y diversidad.

e) Información y apoyo a las familias y, si fuera necesario y estuviese objetivamente fundada su necesidad, seguimiento psicosocial, social y educativo de la unidad familiar.

f) Facilitación de acceso a redes y servicios públicos.

g) Apoyo a la educación e inserción laboral.

h) Acompañamiento y asesoramiento en los procedimientos judiciales en los que deba intervenir, si fuera necesario.

i) Todas estas medidas deberán tener un enfoque inclusivo y accesible para que puedan atender a todos los niños, niñas y adolescentes sin excepción.

3. Las administraciones públicas deberán adoptar las medidas de coordinación necesarias entre todos los agentes implicados con el objetivo de evitar la victimización secundaria de los niños, niñas y adolescentes con los que en cada caso, deban intervenir.

4. Las administraciones públicas procurarán que la atención a las personas menores víctimas de violencia se realice en espacios que cuenten con un entorno amigable adaptado al niño, niña o adolescente.

5. Las administraciones sanitarias, educativas y los servicios sociales competentes garantizarán de forma universal y con carácter integral la atención temprana desde el nacimiento hasta los seis años de edad de todo niño o niña con alteraciones o trastornos en el desarrollo o riesgo de padecerlos en el ámbito de cobertura de la ley, así como el apoyo al desarrollo infantil.

Art. 13. *Legitimación para la defensa de derechos e intereses en los procedimientos judiciales que traigan causa de una situación de violencia.*—1. Los niños, niñas y adolescentes víctimas de violencia están legitimados para defender sus derechos e intereses en todos los procedimientos judiciales que traigan causa de una situación de violencia.

Dicha defensa se realizará, con carácter general, a través de sus representantes legales en los términos del artículo 162 del Código Civil. También podrá realizarse a través del defensor judicial designado por el Juzgado o Tribunal, de oficio o a instancia del Ministerio Fiscal, en los supuestos previstos en el artículo 26.2 de la Ley 4/2015, de 27 de abril.

En el caso de los niños, niñas o adolescentes bajo la guarda y/o tutela de una entidad pública de protección que denuncian a esta o al personal a su servicio por haber ejercido violencia contra ellos, se entenderá, en todo caso, que existe un conflicto de intereses entre el niño y su tutor o guardador.

2. Incoado un procedimiento penal como consecuencia de una situación de violencia sobre un niño, niña o adolescente, el Letrado de la Administración de Justicia derivará a la persona menor de edad víctima de violencia a la Oficina de Atención a la Víctima competente, cuando ello resulte necesario en atención a la gravedad del delito, la vulnerabilidad de la víctima o en aquellos casos en los que la víctima lo solicite, en cumplimiento de lo dispuesto en el artículo 10 de la Ley 4/2015, de 27 de abril.

Art. 14. *Derecho a la asistencia jurídica gratuita.*—1. Las personas menores de edad víctimas de violencia tienen derecho a la defensa y representación gratuitas por abogado y procurador de conformidad con lo dispuesto en la Ley 1/1996, de 10 de enero, de asistencia jurídica gratuita.

2. Los Colegios de Abogados, cuando exijan para el ejercicio del turno de oficio cursos de especialización, asegurarán una formación específica en materia de los derechos de la infancia y la adolescencia, con especial atención a la Convención sobre los Derechos del Niño y sus observaciones generales, debiendo recibir, en todo caso, formación especializada en materia de violencia sobre la infancia y adolescencia.

3. Igualmente, los Colegios de Abogados adoptarán las medidas necesarias para la designación urgente de letrado o letrada de oficio en los procedimientos que se sigan por violencia contra menores de edad y para asegurar su inmediata presencia y asistencia a las víctimas.

4. Los Colegios de Procuradores adoptarán las medidas necesarias para la designación urgente de procurador o procuradora en los procedimientos que se sigan por violencia contra menores de edad cuando la víctima desee personarse como acusación particular.

5. El abogado o abogada designado para la víctima tendrá también habilitación legal para la representación procesal de aquella hasta la designación del procurador o procuradora, en tanto la víctima no se haya personado como acusación conforme a lo dispuesto en el apartado siguiente. Hasta entonces cumplirá el abogado o abogada el deber de señalamiento de domicilio a efectos de notificaciones y traslados de documentos.

6. Las personas menores de edad víctimas de violencia podrán personarse como acusación particular en cualquier momento del procedimiento si bien ello no permitirá retrotraer ni reiterar las actuaciones ya practicadas antes de su personación, ni podrá suponer una merma del derecho de defensa del acusado.

TÍTULO II

Deber de comunicación de situaciones de violencia

Art. 15. *Deber de comunicación de la ciudadanía.*—Toda persona que advierta indicios de una situación de violencia ejercida sobre una persona menor de edad, está obligada a comunicarlo de forma inmediata a la autoridad competente y, si los hechos pudieran ser constitutivos de delito, a las Fuerzas y Cuerpos de Seguridad, al Ministerio Fiscal o a la autoridad judicial, sin perjuicio de prestar la atención inmediata que la víctima precise.

Art. 16. *Deber de comunicación cualificado.*—1. El deber de comunicación previsto en el artículo anterior es especialmente exigible a aquellas personas que por razón de su cargo, profesión, oficio o actividad, tengan encomendada la asistencia, el cuidado, la enseñanza o la protección de niños, niñas o adolescentes y, en el ejercicio de las mismas, hayan tenido conocimiento de una situación de violencia ejercida sobre los mismos.

En todo caso, se consideran incluidos en este supuesto el personal cualificado de los centros sanitarios, de los centros escolares, de los centros de deporte y ocio, de los centros de protección a la infancia y de responsabilidad penal de menores, centros de acogida de asilo y atención humanitaria de los establecimientos en los que residan habitualmente o temporalmente personas menores de edad y de los servicios sociales.

2. Cuando las personas a las que se refiere el apartado anterior tuvieran conocimiento o advirtieran indicios de la existencia de una posible situación de violencia de una persona menor de edad, deberán comunicarlo de forma inmediata a los servicios sociales competentes.

Además, cuando de dicha violencia pudiera resultar que la salud o la seguridad del niño, niña o adolescente se encontrase amenazada, deberán comunicarlo de forma inmediata a las Fuerzas y Cuerpos de Seguridad y/o al Ministerio Fiscal.

3. Cuando las personas a las que se refiere el apartado 1 adviertan una posible infracción de la normativa sobre protección de datos personales de una persona menor de edad, deberán comunicarlo de forma inmediata a la Agencia Española de Protección de Datos.

4. En todo caso, las personas a las que se refiere el apartado 1 deberán prestar a la vícti-

ma la atención inmediata que precise, facilitar toda la información de que dispongan, así como prestar su máxima colaboración a las autoridades competentes.

A estos efectos, las administraciones públicas competentes establecerán mecanismos adecuados para la comunicación de sospecha de casos de personas menores de edad víctimas de violencia.

Art. 17. *Comunicación de situaciones de violencia por parte de niños, niñas y adolescentes.*—1. Los niños, niñas y adolescentes que fueran víctimas de violencia o presenciaran alguna situación de violencia sobre otra persona menor de edad, podrán comunicarlo, personalmente, o a través de sus representantes legales, a los servicios sociales, a las Fuerzas y Cuerpos de Seguridad, al Ministerio Fiscal o a la autoridad judicial y, en su caso, a la Agencia Española de Protección de Datos.

2. Las administraciones públicas establecerán mecanismos de comunicación seguros, confidenciales, eficaces, adaptados y accesibles, en un lenguaje que puedan comprender, para los niños, niñas y adolescentes, que podrán estar acompañados de una persona de su confianza que ellos mismos designen.

3. Las administraciones públicas garantizarán la existencia y el apoyo a los medios electrónicos de comunicación, tales como líneas telefónicas gratuitas de ayuda a niños, niñas y adolescentes, así como su conocimiento por parte de la sociedad civil, como herramienta esencial a disposición de todas las personas para la prevención y detección precoz de situaciones de violencia sobre los niños, niñas y adolescentes.

Art. 18. *Deberes de información de los centros educativos y establecimientos residenciales.*—1. Todos los centros educativos al inicio de cada curso escolar, así como todos los establecimientos en los que habitualmente residan personas menores de edad, en el momento de su ingreso, facilitarán a los niños, niñas y adolescentes toda la información, que, en todo caso, deberá estar disponible en formatos accesibles, referente a los procedimientos de comunicación de situaciones de violencia regulados por las administraciones públicas y aplicados en el centro o establecimiento, así como de las personas responsables en este ámbito. Igualmente, facilitarán desde el primer momento información sobre los medios electrónicos de comunicación, tales como las líneas telefónicas de ayuda a los niños, niñas y adolescentes.

2. Los citados centros y establecimientos mantendrán permanentemente actualizada esta información en un lugar visible y accesible, adoptarán las medidas necesarias para asegurar que los niños, niñas y adolescentes puedan consultarla libremente en cualquier momento, permitiendo y facilitando el acceso a esos procedimientos de comunicación y a las líneas de ayuda existentes.

Art. 19. *Deber de comunicación de contenidos ilícitos en Internet.*—1. Toda persona, física o jurídica, que advierta la existencia de contenidos disponibles en Internet que constituyan una forma de violencia contra cualquier niño, niña o adolescente, está obligada a comunicarlo a la autoridad competente y, si los hechos pudieran ser constitutivos de delito, a las Fuerzas y Cuerpos de Seguridad, al Ministerio Fiscal o a la autoridad judicial.

2. Las administraciones públicas deberán garantizar la disponibilidad de canales accesibles y seguros de denuncia de la existencia de tales contenidos. Estos canales podrán ser gestionados por líneas de denuncia nacionales homologadas por redes internacionales, siempre en colaboración con las Fuerzas y Cuerpos de Seguridad.

Art. 20. *Protección y seguridad.*—1. Las administraciones públicas, en el ámbito de sus competencias, establecerán los mecanismos oportunos para garantizar la confidencialidad, protección y seguridad de las personas que hayan puesto en conocimiento de las autoridades situaciones de violencia sobre niños, niñas y adolescentes.

2. Los centros educativos y de ocio y tiempo libre, así como los establecimientos en los que habitualmente residan personas menores de edad adoptarán todas las medidas necesarias para garantizar la protección y seguridad de los niños, niñas y adolescentes que comuniquen una situación de violencia.

3. La autoridad judicial, de oficio o a instancia de parte, podrá acordar las medidas de protección previstas en la normativa específica aplicable en materia de protección a testigos, cuando lo estime necesario en atención al riesgo o peligro que derive de la formulación de denuncia conforme a los artículos anteriores.

TÍTULO III

Sensibilización, prevención y detección precoz

CAPÍTULO PRIMERO

ESTRATEGIA PARA LA ERRADICACIÓN DE LA VIOLENCIA SOBRE LA INFANCIA Y LA ADOLESCENCIA

Art. 21. *Estrategia de erradicación de la violencia sobre la infancia y la adolescencia.*—1. La Administración General del Estado, en colaboración con las comunidades autónomas, las ciudades de Ceuta y Melilla, y las entidades locales elaborará una Estrategia nacional, de carácter plurianual, con el objetivo de erradicar la violencia sobre la infancia y la adolescencia, con especial incidencia en los ámbitos familiar, educativo, sanitario, de los servicios sociales, de las nuevas tecnologías, del deporte y el ocio y de las Fuerzas y Cuerpos de Seguridad. Esta Estrategia se aprobará por el Gobierno a propuesta de la Conferencia Sectorial de infancia y adolescencia y se acompañará de una memoria económica en la que los centros competentes identificarán las aplicaciones presupuestarias con cargo a las que habrá de financiarse.

Dicha Estrategia se elaborará en consonancia con la Estrategia Nacional de Infancia y Adolescencia, y contará con la participación del Observatorio de la Infancia, las entidades del tercer sector, la sociedad civil, y, de forma muy especial, con los niños, niñas y adolescentes.

Su impulso corresponderá al departamento ministerial que tenga atribuidas las competencias en políticas de infancia.

En la elaboración de la Estrategia se contará con la participación de niños, niñas y adolescentes a través del Consejo Estatal de Participación de la Infancia y de la Adolescencia.

2. Anualmente, el órgano al que corresponda el impulso de la Estrategia elaborará un informe de evaluación acerca del grado de cumplimiento y la eficacia de la Estrategia de erradicación de la violencia sobre la infancia y la adolescencia. Dicho informe, que deberá ser elevado al Consejo de Ministros, se realizará en colaboración con los Ministerios de Justicia, Interior, Sanidad, Educación y Formación Profesional y el Alto Comisionado para la lucha contra la pobreza infantil.

Los resultados del informe anual de evaluación, que contendrá los datos estadísticos disponibles sobre violencia hacia la infancia y la adolescencia, se harán públicos para general conocimiento, y deberán ser tenidos en cuenta para la elaboración de las políticas públicas correspondientes.

CAPÍTULO II

Niveles de actuación

Art. 22. *De la sensibilización.*—1. Las administraciones públicas promoverán, en el ámbito de sus competencias, campañas y acciones concretas de información evaluables y basadas en la evidencia, destinadas a concienciar a la sociedad acerca del derecho de los niños, niñas y adolescentes a recibir un buen trato. Dichas campañas incluirán medidas contra aquellas conductas, discursos y actos que favorecen la violencia sobre la infancia y la adolescencia en sus distintas manifestaciones, incluida la discriminación, la criminalización y el odio, con el objetivo de promover el cambio de actitudes en el contexto social.

Asimismo, las administraciones públicas impulsarán campañas específicas de sensibilización para promover un uso seguro y responsable de Internet, desde un enfoque de aprovechamiento de las oportunidades y su uso en positivo, incorporando la perspectiva y opiniones de los propios niños, niñas y adolescentes.

2. Estas campañas se realizarán de modo accesible, diferenciando por tramos de edad, de manera que se garantice el acceso a las mismas a todas las personas menores de edad y especialmente, a aquellas que por razón de su discapacidad necesiten de apoyos específicos.

Art. 23. *De la prevención.*—1. Las administraciones públicas competentes establecerán planes y programas de prevención para la erradicación de la violencia sobre la infancia y la adolescencia.

Estos planes y programas comprenderán medidas específicas en los ámbitos familiar, educativo, sanitario, de los servicios sociales, de las nuevas tecnologías, del deporte y el ocio y de las Fuerzas y Cuerpos de Seguridad, en el marco de la estrategia de erradicación de la violencia sobre la infancia y la adolescencia, y deberán ser evaluados en los términos que establezcan las administraciones públicas competentes.

2. Los planes y programas de prevención para la erradicación de la violencia sobre la infancia y la adolescencia identificarán, conforme a los factores de riesgo, a los niños, niñas y

adolescentes en situación de especial vulnerabilidad, así como a los grupos específicos de alto riesgo, con el objeto de priorizar las medidas y recursos destinados a estos colectivos.

3. En todo caso, tendrán la consideración de actuaciones en materia de prevención las siguientes:

a) Las dirigidas a la promoción del buen trato en todos los ámbitos de la vida de los niños, niñas y adolescentes, así como todas las orientadas a la formación en parentalidad positiva.

b) Las dirigidas a detectar, reducir o evitar las situaciones que provocan los procesos de exclusión o inadaptación social, que dificultan el bienestar y pleno desarrollo de los niños, niñas y adolescentes.

c) Las que tienen por objeto mitigar o compensar los factores que favorecen el deterioro del entorno familiar y social de las personas menores de edad.

d) Las que persiguen reducir o eliminar las situaciones de desprotección debidas a cualquier forma de violencia sobre la infancia y la adolescencia.

e) Las que promuevan la información dirigida a los niños, niñas y adolescentes, la participación infantil y juvenil, así como la implicación de las personas menores de edad en los propios procesos de sensibilización y prevención.

f) Las que fomenten la conciliación familiar y laboral, así como la corresponsabilidad parental.

g) Las enfocadas a fomentar tanto en las personas adultas como en las menores de edad el conocimiento de los principios y disposiciones de la Convención sobre los Derechos del Niño.

h) Las dirigidas a concienciar a la sociedad de todas las barreras que sitúan a los niños, niñas y adolescentes en situaciones de desventaja social y riesgo de sufrir violencia, así como las dirigidas a reducir o eliminar dichas barreras.

i) Las destinadas a fomentar la seguridad en todos los ámbitos de la infancia y la adolescencia.

j) Las dirigidas al fomento de relaciones igualitarias entre los niños y niñas, en las que se identifiquen las distintas formas de violencia contra niñas, adolescentes y mujeres.

k) Las dirigidas a formar de manera continua y especializada a los profesionales que intervienen habitualmente con niños, niñas y adolescentes, en cuestiones relacionadas con la atención a la infancia y adolescencia, con particular atención a los colectivos en situación de especial vulnerabilidad.

l) Las encaminadas a evitar que niñas, niños y adolescentes abandonen sus estudios para asumir compromisos laborales y familiares, no acordes con su edad, con especial atención al matrimonio infantil, que afecta a las niñas en razón de sexo.

m) Cualquier otra que se recoja en relación a los distintos ámbitos de actuación regulados en esta ley.

4. Las actuaciones de prevención contra la violencia en niños, niñas y adolescentes, tendrán una consideración prioritaria. A tal fin, los Presupuestos Generales del Estado se acompañarán de documentación asociada al informe de impacto en la infancia, en la adolescencia y en la familia en la que los distintos centros gestores del presupuesto individualizarán las partidas presupuestarias consignadas para llevarlas a cabo.

Art. 24. *Prevención de la radicalización en los niños, niñas y adolescentes.*—Las administraciones públicas competentes adoptarán las medidas de sensibilización, prevención y detección precoz necesarias para proteger a las personas menores de edad frente a los procesos en los que prime el aprendizaje de modelos de conductas violentas o de conductas delictivas que conducen a la violencia en cualquier ámbito en el que se manifiesten, así como para el tratamiento y asistencia de las mismas en los casos en que esta llegue a producirse. En todo caso, se proporcionará un tratamiento preventivo que incorpore las dimensiones de género y de edad.

Art. 25. *De la detección precoz.*—1. Las administraciones públicas, en el ámbito de sus competencias, desarrollarán anualmente programas de formación inicial y continua destinada a los profesionales cuya actividad requiera estar en contacto habitual con niñas, niños y adolescentes con el objetivo de detectar precozmente la violencia ejercida contra los mismos y que esta violencia pueda ser comunicada de acuerdo con lo previsto en los artículos 15 y 16.

2. En aquellos casos en los que se haya detectado precozmente alguna situación de violencia sobre una persona menor de edad, esta situación deberá ser inmediatamente comunicada por el o la profesional que la haya detectado a los progenitores, o a quienes ejerzan funciones de tutela, guarda o acogimiento, salvo que existan indicios de que la mencionada violencia haya sido ejercida por estos.

3. Las administraciones públicas competentes promoverán la capacitación de personas me-

nores de edad para que cuenten con herramientas para detectar situaciones de violencia.

CAPÍTULO III

Del ámbito familiar

Art. 26. *Prevención en el ámbito familiar.*—1. Las administraciones públicas, en el ámbito de sus respectivas competencias, deberán proporcionar a las familias en sus múltiples formas, y a aquellas personas que convivan habitualmente con niños, niñas y adolescentes, para crear un entorno seguro, el apoyo necesario para prevenir desde la primera infancia factores de riesgo y fortalecer los factores de protección, así como apoyar la labor educativa y protectora de los progenitores, o de quienes ejerzan funciones de tutela, guarda o acogimiento, para que puedan desarrollar adecuadamente su rol parental o tutelar.

2. A tal fin, dentro de los planes y programas de prevención previstos en el artículo 23, las administraciones públicas competentes deberán incluir, como mínimo, un análisis de la situación de la familia en el territorio de su competencia, que permita identificar sus necesidades y fijar los objetivos y medidas a aplicar.

3. Las medidas a las que se refiere el apartado anterior deberán estar enfocadas a:

a) Promover el buen trato, la corresponsabilidad y el ejercicio de la parentalidad positiva. A los efectos de esta ley, se entiende por parentalidad positiva el comportamiento de los progenitores, o de quienes ejerzan funciones de tutela, guarda o acogimiento, fundamentado en el interés superior del niño, niña o adolescente y orientado a que la persona menor de edad crezca en un entorno afectivo y sin violencia que incluya el derecho a expresar su opinión, a participar y ser tomado en cuenta en todos los asuntos que le afecten, la educación en derechos y obligaciones, favorezca el desarrollo de sus capacidades, ofrezca reconocimiento y orientación, y permita su pleno desarrollo en todos los órdenes.

En ningún caso las actuaciones para promover la parentalidad positiva deben ser utilizadas con otros objetivos en caso de conflicto entre progenitores, separaciones o divorcios, ni para la imposición de la custodia compartida no acordada. Tampoco debe ser relacionada con situaciones sin aval científico como el síndrome de alienación parental.

b) Promover la educación y el desarrollo de estrategias básicas y fundamentales para la adquisición de valores y competencias emocionales, tanto en los progenitores, o en quienes ejerzan funciones de tutela, guarda o acogimiento, como en los niños y niñas de acuerdo con el grado de madurez de los mismos. En particular, se promoverá la corresponsabilidad y el rechazo de la violencia contra las mujeres y niñas, la educación con enfoque inclusivo y el desarrollo de estrategias durante la primera infancia destinadas a la adquisición de habilidades para una crianza que permita el establecimiento de un lazo afectivo fuerte, recíproco y seguro con sus progenitores, o con quienes ejerzan funciones de tutela, guarda o acogimiento.

c) Promover la atención a las mujeres durante el periodo de gestación y facilitar el buen trato prenatal. Esta atención deberá incidir en la identificación de aquellas circunstancias que puedan influir negativamente en la gestación y en el bienestar de la mujer, así como en el desarrollo de estrategias para la detección precoz de situaciones de riesgo durante el embarazo y de preparación y apoyo.

d) Proporcionar un entorno obstétrico y perinatal seguro para la madre y el recién nacido e incorporar los protocolos, con evidencia científica demostrada, para la detección de enfermedades o alteraciones genéticas, destinados al diagnóstico precoz y, en su caso, al tratamiento y atención sanitaria temprana del o la recién nacida.

e) Desarrollar programas de formación a adultos y a niños, niñas y adolescentes en habilidades para la negociación y resolución de conflictos intrafamiliares.

f) Adoptar programas dirigidos a la promoción de formas positivas de aprendizaje, así como a erradicar el castigo con violencia física o psicológica en el ámbito familiar.

g) Crear los servicios necesarios de información y apoyo profesional a los niños, niñas y adolescentes a fin de que tengan la capacidad necesaria para detectar precozmente y rechazar cualquier forma de violencia, con especial atención a los problemas de las niñas y adolescentes que por género y edad sean víctimas de cualquier tipo de discriminación directa o indirecta.

h) Proporcionar la orientación, formación y apoyos que precisen las familias de los niños, niñas y adolescentes con discapacidad, a fin de permitir una atención adecuada de estos en su entorno familiar, al tiempo que se fomenta su grado de autonomía, su participación activa en la familia y su inclusión social en la comunidad.

i) Desarrollar programas de formación y sensibilización a adultos y a niños, niñas y adolescentes, encaminados a evitar la promoción intrafamiliar del matrimonio infantil, el abandono de los estudios y la asunción de compromisos laborales y familiares no acordes con la edad.

Art. 27. *Actuaciones específicas en el ámbito familiar.*—1. Las administraciones públicas impulsarán medidas de política familiar encaminadas a apoyar los aspectos cualitativos de la parentalidad positiva en progenitores o quienes ejerzan funciones de tutela, guarda o acogimiento. En particular, las destinadas a prevenir la pobreza y las causas de exclusión social, así como la conciliación de la vida familiar y laboral en el marco del diálogo social, a través de horarios y condiciones de trabajo que permitan atender adecuadamente las responsabilidades derivadas de la crianza, y el ejercicio igualitario de dichas responsabilidades por hombres y mujeres.

Dichas medidas habrán de individualizarse en función de las distintas necesidades de apoyo específico que presente cada unidad familiar, con especial atención a las familias con niños, niñas o adolescentes con discapacidad, o en situación de especial vulnerabilidad. Y las dirigidas a prevenir la separación del entorno familiar.

2. Las administraciones públicas elaborarán y/o difundirán materiales formativos, en formato y lenguaje accesibles en términos sensoriales y cognitivos, dirigidos al ejercicio positivo de las responsabilidades parentales o tutelares. Estos materiales contendrán formación en materia de derechos y deberes de los niños, niñas y adolescentes, e incluirán contenidos específicos referidos a combatir roles y estereotipos de género que sitúan a las niñas en plano de desigualdad, contenidos sobre la diversidad sexual y de género, como medida de prevención de conductas discriminatorias y violentas hacia los niños, niñas y adolescentes.

Art. 28. *Situación de ruptura familiar.*—Las administraciones públicas deberán prestar especial atención a la protección del interés superior de los niños, niñas y adolescentes en los casos de ruptura familiar, adoptando, en el ámbito de sus competencias, medidas especialmente dirigidas a las familias en esta situación con hijos y/o hijas menores de edad, a fin de garantizar que la ruptura de los progenitores no implique consecuencias perjudiciales para el bienestar y el pleno desarrollo de los mismos.

Entre otras, se adoptarán las siguientes medidas:

a) Impulso de los servicios de apoyo a las familias, los puntos de encuentro familiar y otros recursos o servicios especializados de titularidad pública que permitan una adecuada atención y protección a la infancia y adolescencia frente a la violencia.

b) Impulso de los gabinetes psicosociales de los juzgados así como de servicios de mediación y conciliación, con pleno respeto a la autonomía de los progenitores y de los niños, niñas y adolescentes implicados.

Art. 29. *Situación de violencia de género en el ámbito familiar.*—1. Las administraciones públicas deberán prestar especial atención a la protección del interés superior de los niños, niñas y adolescentes que conviven en entornos familiares marcados por la violencia de género, garantizando la detección de estos casos y su respuesta específica, que garantice la plena protección de sus derechos.

2. Las actuaciones de las administraciones públicas deben producirse de una forma integral, contemplando conjuntamente la recuperación de la persona menor de edad y de la madre, ambas víctimas de la violencia de género. Concretamente, se garantizará el apoyo necesario para que las niñas, niños y adolescentes, de cara a su protección, atención especializada y recuperación, permanezcan con la mujer, salvo si ello es contrario a su interés superior.

Para ello, los servicios sociales y de protección de la infancia y adolescencia asegurarán:

a) La detección y la respuesta específica a las situaciones de violencia de género.

b) La derivación y la coordinación con los servicios de atención especializada a menores de edad víctimas de violencia de género.

Asimismo, se seguirán las pautas de actuación establecidas en los protocolos que en materia de violencia de género tienen los diferentes organismos sanitarios, policiales, educativos, judiciales y de igualdad.

CAPÍTULO IV

DEL ÁMBITO EDUCATIVO

Art. 30. *Principios.*—El sistema educativo debe regirse por el respeto mutuo de todos los miembros de la comunidad educativa y debe fomentar una educación accesible, igualitaria, inclusiva y de calidad que permita el desarrollo pleno de los niños, niñas y adolescentes y su participación en una escuela segura y libre de violencia, en la que se garantice el respeto, la igualdad y la promoción de todos sus derechos fundamentales y libertades públicas, empleando métodos pacíficos de comunicación, negociación y resolución de conflictos.

Los niños, niñas y adolescentes en todas las etapas educativas e independientemente de la titularidad del centro, recibirán, de forma transversal, una educación que incluya su participación, el respeto a los demás, a su dignidad y sus derechos, especialmente de aquellos menores que sufran especial vulnerabilidad por su condición de discapacidad o de algún trastorno del neurodesarrollo, la igualdad de género, la diversidad familiar, la adquisición de habilidades para la elección de estilos de vida saludables, incluyendo educación alimentaria y nutricional, y una educación afectivo sexual, adaptada a su nivel madurativo y, en su caso, discapacidad, orientada al aprendizaje de la prevención y evitación de toda forma de violencia y discriminación, con el fin de ayudarles a reconocerla y reaccionar frente a la misma.

Art. 31. *De la organización educativa.*—1. Todos los centros educativos elaborarán un plan de convivencia, de conformidad con el artículo 124 de la Ley Orgánica 2/2006, de 3 de mayo, de Educación, entre cuyas actividades se incluirá la adquisición de habilidades, sensibilización y formación de la comunidad educativa, promoción del buen trato y resolución pacífica de conflictos por el personal del centro, el alumnado y la comunidad educativa sobre la resolución pacífica de conflictos.

2. Asimismo, dicho plan recogerá los códigos de conducta consensuados entre el profesorado que ejerce funciones de tutor/a, los equipos docentes y el alumnado ante situaciones de acoso escolar o ante cualquier otra situación que afecte a la convivencia en el centro educativo, con independencia de si estas se producen en el propio centro educativo o si se producen, o continúan, a través de las tecnologías de la información y de la comunicación.

El Claustro del profesorado y el Consejo Escolar tendrán entre sus competencias el impulso de la adopción y seguimiento de medidas educativas que fomenten el reconocimiento y protección de los derechos de las personas menores de edad ante cualquier forma de violencia.

3. Las administraciones educativas velarán por el cumplimiento y aplicación de los principios recogidos en este capítulo. Asimismo, establecerán las pautas y medidas necesarias para el establecimiento de los

centros como entornos seguros y supervisarán que todos los centros, independientemente de su titularidad, apliquen los protocolos preceptivos de actuación en casos de violencia.

Art. 32. *Supervisión de la contratación de los centros educativos.*—Las administraciones educativas y las personas que ostenten la dirección y titularidad de todos los centros educativos supervisarán la seguridad en la contratación de personal y controlarán la aportación de los certificados obligatorios, como son los recogidos en el capítulo II del título V, tanto del personal docente como del personal auxiliar, contrato de servicio, u otros profesionales que trabajen o colaboren habitualmente en el centro escolar de forma retribuida o no.

Art. 33. *Formación en materia de derechos, seguridad y responsabilidad digital.*—Las administraciones públicas garantizarán la plena inserción del alumnado en la sociedad digital y el aprendizaje de un uso de los medios digitales que sea seguro y respetuoso con la dignidad humana, los valores constitucionales, los derechos fundamentales y, particularmente con el respeto y la garantía de la intimidad personal y familiar y la protección de datos personales, conforme a lo previsto en el artículo 83 de la Ley Orgánica 3/2018, de 5 de diciembre, de Protección de Datos Personales y garantía de los derechos digitales.

Específicamente, las administraciones públicas promoverán dentro de todas las etapas formativas el uso adecuado de Internet.

Art. 34. *Protocolos de actuación.*—1. Las administraciones educativas regularán los protocolos de actuación contra el abuso y el maltrato, el acoso escolar, ciberacoso, acoso sexual, violencia de género, violencia doméstica, suicidio y autolesión, así como cualquier otra manifestación de violencia comprendida en el ámbito de aplicación de esta ley. Para la redacción de estos protocolos se contará con la participación de niños, niñas y adolescentes, otras administraciones públicas, instituciones y profesionales de los diferentes sectores implicados en la prevención, detección precoz, protección y reparación de la violencia sobre niños, niñas y adolescentes.

Dichos protocolos deberán ser aplicados en todos los centros educativos, independientemente de su titularidad y evaluarse periódicamente con el fin de valorar su eficacia. Deberán iniciarse cuando el personal docente o educador de los centros educativos, padres o madres del alumnado o cualquier miembro de la comunidad educativa, detecten indicios de violencia o por la mera comunicación de los hechos por parte de los niños, niñas o adolescentes.

2. Entre otros aspectos, los protocolos determinarán las actuaciones a desarrollar, los sistemas de comunicación y la coordinación de los y las profesionales responsables de cada actuación. Dicha coordinación deberá establecerse también con los ámbitos sanitario, de las Fuerzas y Cuerpos de Seguridad del Estado y judicial.

Asimismo, deberán contemplar actuaciones específicas cuando el acoso tenga como motivación la discapacidad, problemas graves del neurodesarrollo, problemas de salud mental, la edad, prejuicios racistas o por lugar de origen, la orientación sexual, la identidad o expresión de género. De igual modo, dichos protocolos deberán contemplar actuaciones específicas cuando el acoso se lleve a cabo a través de las nuevas tecnologías o dispositivos móviles y se haya menoscabado la intimidad, reputación o el derecho a la protección de datos personales de las personas menores de edad.

3. Las personas que ostenten la dirección o titularidad de los centros educativos se responsabilizarán de que la comunidad educativa esté informada de los protocolos de actuación existentes así como de la ejecución y el seguimiento de las actuaciones previstas en los mismos.

4. Se llevarán a cabo actuaciones de difusión de los protocolos elaborados y formación especializada de los profesionales que intervengan, a fin de que cuenten con la formación adecuada para detectar situaciones de esta naturaleza.

Art. 35. *Coordinador o Coordinadora de bienestar y protección.*—1. Todos los centros educativos donde cursen estudios personas menores de edad, independientemente de su titularidad, deberán tener un Coordinador o Coordinadora de bienestar y protección del alumnado, que actuará bajo la supervisión de la persona que ostente la dirección o titularidad del centro.

2. Las administraciones educativas competentes determinarán los requisitos y funciones que debe desempeñar el Coordinador o Coordinadora de bienestar y protección. Asimismo, determinarán si estas funciones han de ser desempeñadas por personal ya existente en el centro escolar o por nuevo personal.

Las funciones encomendadas al Coordinador o Coordinadora de bienestar y protección deberán ser al menos las siguientes:

a) Promover planes de formación sobre prevención, detección precoz y protección de los niños, niñas y adolescentes, dirigidos tanto al personal que trabaja en los centros como al alumnado. Se priorizarán los planes de formación dirigidos al personal del centro que ejercen de tutores, así como aquellos dirigidos al alumnado destinados a la adquisición por estos de habilidades para detectar y responder a situaciones de violencia.

Asimismo, en coordinación con las Asociaciones de Madres y Padres de Alumnos, deberá promover dicha formación entre los progenitores, y quienes ejerzan funciones de tutela, guarda o acogimiento.

b) Coordinar, de acuerdo con los protocolos que aprueben las administraciones educativas, los casos que requieran de intervención por parte de los servicios sociales competentes, debiendo informar a las autoridades correspondientes, si se valora necesario, y sin perjuicio del deber de comunicación en los casos legalmente previstos.

c) Identificarse ante los alumnos y alumnas, ante el personal del centro educativo y, en general, ante la comunidad educativa, como referente principal para las comunicaciones relacionadas con posibles casos de violencia en el propio centro o en su entorno.

d) Promover medidas que aseguren el máximo bienestar para los niños, niñas y adolescentes, así como la cultura del buen trato a los mismos.

e) Fomentar entre el personal del centro y el alumnado la utilización de métodos alternativos de resolución pacífica de conflictos.

f) Informar al personal del centro sobre los protocolos en materia de prevención y protección de cualquier forma de violencia existentes en su localidad o comunidad autónoma.

g) Fomentar el respeto a los alumnos y alumnas con discapacidad o cualquier otra circunstancia de especial vulnerabilidad o diversidad.

h) Coordinar con la dirección del centro educativo el plan de convivencia al que se refiere el artículo 31.

i) Promover, en aquellas situaciones que supongan un riesgo para la seguridad de las personas menores de edad, la comunicación inmediata por parte del centro educativo a las Fuerzas y Cuerpos de Seguridad del Estado.

j) Promover, en aquellas situaciones que puedan implicar un tratamiento ilícito de datos de carácter personal de las personas menores de edad, la comunicación inmediata por parte del centro educativo a las Agencias de Protección de Datos.

k) Fomentar que en el centro educativo se lleva a cabo una alimentación saludable y nutritiva que permita a los niños, niñas y adolescentes, en especial a los más vulnerables, llevar una dieta equilibrada.

3. El Coordinador o Coordinadora de bienestar y protección actuará, en todo caso, con respeto a lo establecido en la normativa vigente en materia de protección de datos.

CAPÍTULO V

De la Educación Superior

Art. 36. *Implicación de la Educación Superior en la erradicación de la violencia sobre la infancia y la adolescencia.*—1. Los centros de Educación Superior promoverán en todos los ámbitos académicos la formación, docencia e investigación en derechos de la infancia y adolescencia en general y en la lucha contra la violencia ejercida sobre los mismos en particular.

2. En concreto, los ciclos formativos de grado superior, de grado y posgrado y los programas de especialización de las profesiones sanitarias, del ámbito social, del ámbito educativo, de Periodismo y Ciencias de la Información, del derecho, y de aquellas otras titulaciones conducentes al ejercicio de profesiones en contacto habitual con personas menores de edad, promoverán la incorporación en sus planes de estudios de contenidos específicos dirigidos a la prevención, detección precoz e intervención de los casos de violencia sobre la infancia y la adolescencia teniendo en cuenta la perspectiva de género.

Art. 37. *Actuaciones del Consejo de Universidades en la lucha contra la violencia sobre la infancia y la adolescencia.*—Entre las actividades y publicaciones anuales del Consejo de Universidades se promoverá la inclusión en el mundo académico del estudio y la investigación de los derechos de la infancia y la adolescencia en general y de la violencia sobre los mismos en particular, y más específicamente en aquellos estudios orientados al ejercicio de profesiones que impliquen el contacto habitual con personas menores de edad.

CAPÍTULO VI

Del ámbito sanitario

Art. 38. *Actuaciones en el ámbito sanitario.*—1. Las administraciones sanitarias, en el seno del Consejo Interterritorial del Sistema Nacional de Salud, promoverán e impulsarán actuaciones para la promoción del buen trato a la infancia y la adolescencia, así como para la prevención y detección precoz de la violencia sobre los niños, niñas y adolescentes, y de sus factores de riesgo, en el marco del protocolo común de actuación sanitaria previsto en el artículo 39.2.

2. Sin perjuicio de lo dispuesto en el apartado anterior, las administraciones sanitarias competentes promoverán la elaboración de protocolos específicos de actuación en el ámbito de sus competencias, que faciliten la promoción del buen trato, la identificación de factores de riesgo y la prevención y detección precoz de la violencia sobre niños, niñas y adolescentes, así como las medidas a adoptar para la adecuada asistencia y recuperación de las víctimas, y que deberán tener en cuenta las especificidades de las actuaciones a desarrollar cuando la víctima de violencia sea una persona con discapacidad, problemas graves del neurodesarrollo, problemas de salud mental o en la que concurra cualquier otra situación de especial vulnerabilidad. Se promoverá, así mismo, la coordinación con todos los agentes implicados.

3. Las administraciones sanitarias competentes facilitarán el acceso de los niños, niñas y adolescentes a la información, a los servicios de tratamiento y recuperación, garantizando la atención universal y accesible a todos aquellos que se encuentren en las situaciones de desprotección, riesgo y violencia a las que se refiere esta ley. Especialmente, se garantizará una atención a la salud mental integral reparadora y adecuada a su edad.

Art. 39. *Comisión frente a la violencia en los niños, niñas y adolescentes.*—1. De acuerdo con lo previsto en el artículo 74 de la Ley 16/2003, de 28 de mayo, de cohesión y calidad del Sistema Nacional de Salud, el Consejo Interterritorial del Sistema Nacional de Salud acordará en el plazo de un año a contar desde la entrada en vigor de esta ley, la creación de una Comisión frente a la violencia en los niños, niñas y adolescentes. Dicha Comisión contará con expertos de los Institutos de Medicina Legal y Ciencias Forenses designados por el Ministerio de Justicia, junto con expertos de las profesiones sanitarias implicadas en la prevención, valoración y tratamiento de las víctimas de violencia contra los niños, niñas y adolescentes.

2. La Comisión frente a la violencia en los niños, niñas y adolescentes apoyará y orientará la planificación de las medidas con incidencia sanitaria contempladas en la ley, y elaborará en el plazo de seis meses desde su constitución un protocolo común de actuación sanitaria, que evalúe y proponga las medidas necesarias para la correcta aplicación de la ley y cualesquiera otras medidas que se estimen precisas para que el sector sanitario contribuya a la erradicación de la violencia sobre la infancia y la adolescencia. Dicho protocolo establecerá los procedimientos de comunicación de las sospechas o evidencias de casos de violencia sobre la infancia y la adolescencia a los servicios sociales correspondientes, así como la colaboración con el Juzgado de Guardia, las Fuerzas y Cuerpos de Seguridad, la entidad pública de protección a la infancia y el Ministerio Fiscal. Para la redacción del mencionado protocolo se procurará contar con la participación de otras administraciones públicas, instituciones y profesionales de los diferentes sectores implicados en la prevención, detección precoz, protección y reparación de la violencia sobre la infancia y la adolescencia.

3. Asimismo, la citada Comisión emitirá un informe anual, que incluirá los datos disponibles sobre la atención sanitaria de las personas menores de edad víctimas de violencia, desagregados por sexo y edad, así como información sobre la implementación de las medidas con incidencia sanitaria contempladas en la ley. Este informe será remitido al Consejo Interterritorial del Sistema Nacional de Salud y al Observatorio Estatal de la infancia, y sus resultados serán incluidos en el informe anual de evaluación de la Estrategia de erradicación de la violencia sobre la infancia y la adolescencia previsto en el artículo 21.2.

Art. 40. *Actuaciones de los centros y servicios sanitarios ante posibles situaciones de violencia.*—1. Todos los centros y servicios sanitarios, en los que se preste asistencia sanitaria a una persona menor de edad como consecuencia de cualquier tipo de violencia, deberán aplicar el protocolo común de actuación sanitaria previsto en el artículo 39.2, incluido al alta hospitalaria.

2. Los registros relativos a la atención de las personas menores de edad víctimas de violencia quedarán incorporados en su historia clínica y su protección estará a lo dispuesto en el artículo 16.3 de esta ley.

CAPÍTULO VII

DEL ÁMBITO DE LOS SERVICIOS SOCIALES

Art. 41. *Actuaciones por parte de los servicios sociales.*—1. El personal funcionario que desarrolle su actividad profesional en los servicios sociales, en el ejercicio de sus funciones relativas a la protección de los niños, niñas y adolescentes, tendrá la condición de agente de la autoridad y podrá solicitar en su ámbito geográfico correspondiente la colaboración de las Fuerzas y Cuerpos de Seguridad, de los servicios sanitarios y de cualquier servicio público que fuera necesario para su intervención.

2. Con el fin de responder de forma adecuada a las situaciones de urgencia que puedan presentarse y en tanto no se pueda derivar el caso a la Entidad Pública de Protección a la infancia, cada comunidad autónoma determinará el procedimiento para que los funcionarios que desarrollan su actividad profesional en los servicios sociales de atención primaria, puedan adoptar las medidas oportunas de coordinación para garantizar la mejor protección de las personas menores de edad víctimas de violencia.

Sin perjuicio de lo anterior y del deber de comunicación cualificado previsto en el artículo 16, cuando los servicios sociales de atención primaria tengan conocimiento de un caso de violencia en el que la persona menor de edad se encuentre además en situación de desprotección, lo comunicarán inmediatamente a la Entidad Pública de Protección a la infancia.

3. Cuando la gravedad lo requiera, los y las profesionales de los servicios sociales o las Fuerzas y Cuerpos de Seguridad podrán acompañar a la persona menor de edad a un centro sanitario para que reciba la atención que precise, informando a sus progenitores o a quienes ejerzan funciones de tutela, guarda o acogimiento, salvo que se sospeche que la mencionada violencia haya sido ejercida por estos, en cuyo caso se pondrá en conocimiento del Ministerio Fiscal.

Art. 42. *De los equipos de intervención.*—1. Las administraciones públicas competentes dotarán a los servicios sociales de atención primaria y especializada de profesionales y equipos de intervención familiar y con la infancia y la adolescencia, especialmente entrenados en la detección precoz, valoración e intervención frente a la violencia ejercida sobre las personas menores de edad.

2. Los equipos de intervención de los servicios sociales que trabajen en el ámbito de la violencia sobre las personas menores de edad, deberán estar constituidos, preferentemente, por profesionales de la educación social, de la psicología y del trabajo social, y cuando sea necesario de la abogacía, especializados en casos de violencia sobre la infancia y la adolescencia.

Art. 43. *Plan de intervención.*—1. En todos los casos en los que exista riesgo o sospecha de violencia sobre los niños, niñas o adolescentes, los servicios sociales de atención primaria establecerán, de forma coordinada con la entidad pública de protección a la infancia, las vías para apoyar a la familia en el ejercicio positivo de sus funciones parentales de protección. En caso necesario, los servicios sociales diseñarán y llevarán a cabo un plan de intervención familiar individualizado de forma coordinada y con la participación del resto de ámbitos implicados.

2. La valoración por parte de los servicios sociales de atención primaria de los casos de violencia sobre la infancia y la adolescencia deberá realizarse, siempre que sea posible, de forma interdisciplinar y coordinada con la entidad pública de protección a la infancia y con aquellos equipos y profesionales de los ámbitos de la salud, la educación, la judicatura, o la seguridad existentes en el territorio que puedan aportar información sobre la situación de la persona menor de edad y su entorno familiar y social.

En aquellas situaciones que se consideren de especial gravedad por la tipología del acto violento, especialmente en los casos de delitos de naturaleza sexual, se requerirá de la intervención de un profesional especializado desde la comunicación o detección del caso.

3. Corresponderá a los servicios sociales de atención primaria la recogida de la información sobre los posibles casos de violencia, y de concretar, con la participación de los y las profesionales correspondientes, el análisis interdisciplinar del caso, recabando siempre que sea necesario, el apoyo o intervención de la entidad pública de protección a la infancia, así como, en su caso, de los servicios de atención a mujeres víctimas de violencia de género de la comunidad autónoma correspondiente. Las actuaciones desarrolladas por los servicios sociales de atención primaria en el marco del plan de intervención sobre casos de riesgo o sospecha de maltrato infantil se notificarán a los servicios so-

ciales especializados de protección de menores.

4. Los poderes públicos garantizarán a los niños, niñas y adolescentes víctimas de delitos violentos y, en todo caso, de delitos de naturaleza sexual, de trata o de violencia de género una atención integral para su recuperación a través de servicios especializados.

Art. 44. *Seguimiento y registro de los casos de violencia sobre las personas menores de edad.*—1. Los servicios sociales de atención primaria deberán establecer, de conformidad con el procedimiento que se regule en cada comunidad autónoma, un sistema de seguimiento y registro de los casos de violencia sobre la infancia y la adolescencia en el que consten las notificaciones y comunicaciones recibidas, los casos confirmados y las distintas medidas puestas en marcha en relación con la intervención de dichos servicios sociales.

2. La información estadística de casos de violencia sobre la infancia y la adolescencia procedente de los servicios sociales de atención primaria, junto con la procedente de la entidad pública de protección a la infancia, será incorporada, con la desagregación establecida, en el Registro Unificado de Maltrato Infantil al que se refiere el artículo 22 ter de la Ley Orgánica 1/1996, de 15 de enero, y que pasa a denominarse Registro Unificado de Servicios Sociales sobre Violencia contra la Infancia (en adelante RUSSVI).

CAPÍTULO VIII

DE LAS NUEVAS TECNOLOGÍAS

Art. 45. *Uso seguro y responsable de Internet.*—1. Las administraciones públicas desarrollarán campañas de educación, sensibilización y difusión dirigidas a los niños, niñas y adolescentes, familias, educadores y otros profesionales que trabajen habitualmente con personas menores de edad sobre el uso seguro y responsable de Internet y las tecnologías de la información y la comunicación, así como sobre los riesgos derivados de un uso inadecuado que puedan generar fenómenos de violencia sexual contra los niños, niñas y adolescentes como el *ciberbullying*, el *grooming*, la ciberviolencia de género o el *sexting*, así como el acceso y consumo de pornografía entre la población menor de edad.

Asimismo, fomentarán medidas de acompañamiento a las familias, reforzando y apoyando el rol de los progenitores a través del desarrollo de competencias y habilidades que favorezcan el cumplimiento de sus obligaciones legales y, en particular, las establecidas en el artículo 84.1 de la Ley Orgánica 3/2018, de 5 de diciembre, de Protección de Datos Personales y garantía de los derechos digitales.

2. Las administraciones públicas pondrán a disposición de los niños, niñas y adolescentes, familias, personal educador y otros profesionales que trabajen habitualmente con personas menores de edad un servicio específico de línea de ayuda sobre el uso seguro y responsable de Internet, que ofrezca a los usuarios asistencia y asesoramiento ante situaciones potenciales de riesgo y emergencia de las personas menores de edad en Internet.

3. Las administraciones públicas deberán adoptar medidas para incentivar la responsabilidad social de las empresas en materia de uso seguro y responsable de Internet por la infancia y la adolescencia.

Asimismo, fomentarán en colaboración con el sector privado que el inicio y desarrollo de aplicaciones y servicios digitales tenga en cuenta la protección a la infancia y la adolescencia.

4. Las campañas institucionales de prevención e información deben incluir entre sus objetivos la prevención sobre contenidos digitales sexuales y/o violentos que pueden influir y ser perjudiciales para la infancia y adolescencia.

Art. 46. *Diagnóstico y control de contenidos.*—1. Las administraciones públicas, en el ámbito de sus competencias, deberán realizar periódicamente diagnósticos, teniendo en cuenta criterios de edad y género, sobre el uso seguro de Internet entre los niños, niñas y adolescentes y las problemáticas de riesgo asociadas, así como de las nuevas tendencias.

2. Las administraciones públicas fomentarán la colaboración con el sector privado, para la creación de entornos digitales seguros, una mayor estandarización en el uso de la clasificación por edades y el etiquetado inteligente de contenidos digitales, para conocimiento de los niños, niñas y adolescentes y apoyo de los progenitores, o de quienes ejerzan funciones de tutela, guarda o acogimiento, en la evaluación y selección de tipos de contenidos, servicios y dispositivos.

Además, las administraciones públicas fomentarán la implementación y el uso de mecanismos de control parental que ayuden a proteger a las personas menores de edad del riesgo de exposición a contenidos y contactos nocivos, así como de los mecanismos de denuncia y bloqueo.

3. Las administraciones públicas, en colaboración con el sector privado y el tercer sector, fomentarán los contenidos positivos en línea y el desarrollo de contenidos adaptados a las necesidades de los diferentes grupos de edad, impulsando entre la industria códigos de autorregulación y corregulación para el uso seguro y responsable en el desarrollo de productos y servicios destinados al público infantil y adolescente, así como fomentar y reforzar la incorporación por parte de la industria de mecanismos de control parental de los contenidos ofrecidos o mediante la puesta en marcha de protocolos de verificación de edad, en aplicaciones y servicios disponibles en Internet para impedir el acceso a los reservados a adultos.

4. Las administraciones públicas trabajarán para conseguir que en los envases de los instrumentos de las nuevas tecnologías deba figurar un aviso mediante el que se advierta de la necesidad de un uso responsable de estas tecnologías para prevenir conductas adictivas específicas. Así mismo, se recomienda a las personas adultas responsables de la educación de la infancia y adolescencia la vigilancia y responsabilidad en el uso adecuado de estas tecnologías.

CAPÍTULO IX

DEL ÁMBITO DEL DEPORTE Y EL OCIO

Art. 47. *Protocolos de actuación frente a la violencia en el ámbito deportivo y de ocio.*—Las administraciones públicas, en el ámbito de sus competencias, regularán protocolos de actuación que recogerán las actuaciones para construir un entorno seguro en el ámbito deportivo y de ocio y que deben seguirse para la prevención, detección precoz e intervención, frente a las posibles situaciones de violencia sobre la infancia y la adolescencia comprendidas en el ámbito deportivo y de ocio.

Dichos protocolos deberán ser aplicados en todos los centros que realicen actividades deportivas y de ocio, independientemente de su titularidad y, en todo caso, en la Red de Centros de Alto Rendimiento y Tecnificación Deportiva, Federaciones Deportivas y Escuelas municipales.

Art. 48. *Entidades que realizan actividades deportivas o de ocio con personas menores de edad de forma habitual.*—1. Las entidades que realizan de forma habitual actividades deportivas o de ocio con personas menores de edad están obligadas a:

a) Aplicar los protocolos de actuación a los que se refiere el artículo anterior que adopten las administraciones públicas en el ámbito deportivo y de ocio.

b) Implantar un sistema de monitorización para asegurar el cumplimiento de los protocolos anteriores en relación con la protección de las personas menores de edad.

c) Designar la figura del Delegado o Delegada de protección al que las personas menores de edad puedan acudir para expresar sus inquietudes y quien se encargará de la difusión y el cumplimiento de los protocolos establecidos, así como de iniciar las comunicaciones pertinentes en los casos en los que se haya detectado una situación de violencia sobre la infancia o la adolescencia.

d) Adoptar las medidas necesarias para que la práctica del deporte, de la actividad física, de la cultura y del ocio no sea un escenario de discriminación por edad, raza, discapacidad, orientación sexual, identidad sexual o expresión de género, o cualquier otra circunstancia personal o social, trabajando con los propios niños, niñas y adolescentes, así como con sus familias y profesionales, en el rechazo al uso de insultos y expresiones degradantes y discriminatorias.

e) Fomentar la participación activa de los niños, niñas y adolescentes en todos los aspectos de su formación y desarrollo integral.

f) Fomentar y reforzar las relaciones y la comunicación entre las organizaciones deportivas y los progenitores o quienes ejerzan funciones de tutela, guarda o acogimiento.

2. Asimismo, además de la formación a la que se refiere el artículo 5, quienes trabajen en las citadas entidades deberán recibir formación específica para atender adecuadamente las diferentes aptitudes y capacidades de los niños, niñas y adolescentes con discapacidad para el fomento y el desarrollo del deporte inclusivo de estos.

CAPÍTULO X

DE LAS FUERZAS Y CUERPOS DE SEGURIDAD

Art. 49. *Unidades especializadas.*—1. Las Fuerzas y Cuerpos de Seguridad del Estado, de las comunidades autónomas y de las entidades locales actuarán como entornos seguros para la infancia y la adolescencia. Con tal finalidad, contarán con unidades especializadas en la investigación y prevención, detección y actuación de situaciones de violencia sobre la infancia y la adolescencia y preparadas para una correcta y adecuada intervención ante tales casos.

Las administraciones competentes adoptarán las medidas necesarias para garantizar que en los procesos de ingreso, formación y actualización del personal de las Fuerzas y Cuerpos de Seguridad se incluyan contenidos específicos sobre el tratamiento de situaciones de violencia sobre la infancia y la adolescencia desde una perspectiva policial.

2. Las distintas Fuerzas y Cuerpos de Seguridad que actúen en un mismo territorio colaborarán, dentro de su ámbito competencial, para lograr un eficaz desarrollo de sus funciones en el ámbito de la lucha contra la violencia ejercida sobre la infancia y la adolescencia, en los términos previstos en la Ley Orgánica 2/1986, de 13 de marzo, de Fuerzas y Cuerpos de Seguridad.

3. Las administraciones públicas, en el ámbito de sus competencias, potenciarán la labor de las Fuerzas y Cuerpos de Seguridad mediante el desarrollo de herramientas tecnológicas interoperables que faciliten la investigación de los delitos.

Art. 50. *Criterios de actuación.*—1. La actuación de los miembros de las Fuerzas y Cuerpos de Seguridad en los casos de violencia sobre la infancia y la adolescencia, se regirá por el respeto a los derechos de los niños, niñas y adolescentes y la consideración de su interés superior.

2. Los miembros de las Fuerzas y Cuerpos de Seguridad actuarán de conformidad con los protocolos de actuación policial con personas menores de edad, así como cualesquiera otros protocolos aplicables. En este sentido, las Fuerzas y Cuerpos de Seguridad estatales, autonómicas y locales contarán con los protocolos necesarios para la prevención, sensibilización, detección precoz, investigación e intervención en situaciones de violencia sobre la infancia y la adolescencia, a fin de procurar una correcta y adecuada intervención ante tales casos.

En todo caso, procederán conforme a los siguientes criterios:

a) Se adoptarán de forma inmediata todas las medidas provisionales de protección que resulten adecuadas a la situación de la persona menor de edad.

b) Solo se practicarán diligencias con intervención de la persona menor de edad que sean estrictamente necesarias. Por regla general la declaración del menor se realizará en una sola ocasión y, siempre, a través de profesionales específicamente formados.

c) Se practicarán sin dilación todas las diligencias imprescindibles que impliquen la intervención de la persona menor de edad, una vez comprobado que se encuentra en disposición de someterse a dichas intervenciones.

d) Se impedirá cualquier tipo de contacto directo o indirecto en dependencias policiales entre la persona investigada y el niño, niña o adolescente.

e) Se permitirá a las personas menores de edad, que así lo soliciten, formular denuncia por sí mismas y sin necesidad de estar acompañadas de una persona adulta.

f) Se informará sin demora al niño, niña o adolescente de su derecho a la asistencia jurídica gratuita y, si así lo desea, se requerirá al Colegio de Abogados competente la designación inmediata de abogado o abogada del turno de oficio específico para su personación en dependencias policiales.

g) Se dispensará un buen trato al niño, niña o adolescente, con adaptación del lenguaje y las formas a su edad, grado de madurez y resto de circunstancias personales.

h) Se procurará que el niño, niña o adolescente se encuentre en todo momento en compañía de una persona de su confianza designada libremente por él o ella misma en un entorno seguro, salvo que se observe el riesgo de que dicha persona podría actuar en contra de su interés superior, de lo cual deberá dejarse constancia mediante declaración oficial.

CAPÍTULO XI

De la Administración General del Estado en el Exterior

Art. 51. *Embajadas y Consulados.*—1. Corresponde a las Embajadas y a las Oficinas Consulares de España en el exterior, de acuerdo con lo establecido en artículo 5.*h*) del Convenio de Relaciones Consulares de Viena y demás normativa internacional en este ámbito, la protección de los intereses de los menores de nacionalidad española que se encuentren en el extranjero. Dicha protección se guiará por los principios generales recogidas en la misma.

2. El Ministerio de Asuntos Exteriores, Unión Europea y Cooperación, a través de la Dirección General de Asuntos Consulares y Españoles en el Exterior, coordinará con la Dirección General de Derechos de la Infancia y de la Adolescencia del Ministerio de Derechos Sociales y Agenda 2030 o con la

Unidad que se determine, las actuaciones de los menores españoles en el exterior, especialmente en los casos en los que se prevea el retorno a España de los mismos.

CAPÍTULO XII

De la Agencia Española de Protección de Datos

Art. 52. *De la Agencia Española de Protección de Datos.*—1. La Agencia Española de Protección de Datos ejercerá las funciones y potestades que le corresponden de acuerdo con lo previsto en el artículo 47 de la Ley Orgánica 3/2018, de 5 de diciembre, de Protección de Datos de Carácter Personal, con el fin de garantizar una protección específica de los datos personales de las personas menores de edad en los casos de violencia ejercida sobre la infancia y la adolescencia, especialmente cuando se realice a través de las tecnologías de la información y la comunicación.

2. La Agencia garantizará la disponibilidad de un canal accesible y seguro de denuncia de la existencia de contenidos ilícitos en Internet que comportaran un menoscabo grave del derecho a la protección de datos personales.

3. Se permitirá a las personas menores de edad, que así lo soliciten, formular denuncia por sí mismas y sin necesidad de estar acompañadas de una persona adulta, siempre que el funcionario público encargado estime que tiene madurez suficiente.

4. Las personas mayores de catorce años podrán ser sancionadas por hechos constitutivos de infracción administrativa de acuerdo con la normativa sobre protección de datos personales.

5. Cuando la autoría de los hechos cometidos corresponda a una persona menor de dieciocho años, responderán solidariamente con ella de la multa impuesta sus progenitores, tutores, acogedores y guardadores legales o de hecho, por este orden, en razón al incumplimiento del deber de cuidado y vigilancia para prevenir la infracción administrativa que se impute a las personas menores de edad.

TÍTULO IV

De las actuaciones en centros de protección

Art. 53. *Protocolos de actuación en los centros de protección de personas menores de edad.*—1. Todos los centros de protección de personas menores de edad serán entornos seguros e, independientemente de su titularidad, están obligados a aplicar los protocolos de actuación que establezca la Entidad Pública de Protección a la infancia, y que contendrán las actuaciones que deben seguirse para la prevención, detección precoz e intervención frente a las posibles situaciones de violencia comprendidas en el ámbito de aplicación de esta ley. Estas administraciones deberán aprobar estándares e indicadores que permitan evaluar la eficacia de estos protocolos en su ámbito de aplicación.

Entre otros aspectos, los protocolos:

a) Determinarán la forma de iniciar el procedimiento, los sistemas de comunicación y la coordinación de los y las profesionales responsables de cada actuación.

b) Establecerán mecanismos de queja y denuncia sencillos, accesibles, seguros y confidenciales para informar, de forma que los niños, niñas y adolescentes sean tratados sin riesgo de sufrir represalias. Las respuestas a estas quejas serán susceptibles de ser recurridas. En todo caso las personas menores de edad tendrán derecho a remitir quejas de forma confidencial al Ministerio Fiscal, a la autoridad judicial competente y al Defensor del Pueblo o ante las instituciones autonómicas homólogas.

c) Garantizar que, en el momento del ingreso, el centro de protección facilite a la persona menor de edad, por escrito y en idioma y formato que le resulte comprensible y accesible, las normas de convivencia y el régimen disciplinario que rige en el centro, así como información sobre los mecanismos de queja y de comunicación existentes.

d) Deberán contemplar actuaciones específicas cuando el acoso tenga como motivación la discapacidad, el racismo o el lugar de origen, la orientación sexual, la identidad o expresión de género. De igual modo, dichos protocolos deberán contemplar actuaciones específicas cuando el acoso se lleve a cabo a través de las nuevas tecnologías de las personas menores de edad o dispositivos móviles y se haya menoscabado la intimidad y reputación.

e) Deberán tener en cuenta las situaciones en las que es aconsejable el traslado de la persona menor de edad a otro centro para garantizar su interés superior y su bienestar.

2. Lo previsto en este artículo se entiende sin perjuicio de lo señalado en capítulo IV del título II de la Ley Orgánica 1/1996, de 15 de enero, y en el artículo 778 bis de la Ley 1/2000, de 7 de enero, de Enjuiciamiento Civil, con respecto a centros específicos de protección de menores con problemas de conducta.

Art. 54. *Intervención ante casos de explotación sexual y trata de personas menores de edad sujetas a medidas de protección.*—Los protocolos a los que se refiere el artículo anterior deberán contener actuaciones específicas de prevención, detección precoz e intervención en posibles casos de abuso, explotación sexual y trata de seres humanos que tengan como víctimas a personas menores de edad sujetas a medida protectora y que residan en centros residenciales bajo su responsabilidad. Se tendrá muy especialmente en cuenta para la elaboración de estas actuaciones la perspectiva de género, así como las medidas necesarias de coordinación con el Ministerio Fiscal, las Fuerzas y Cuerpos de Seguridad y el resto de agentes sociales implicados.

Art. 55. *Supervisión por parte del Ministerio Fiscal.*—1. El Ministerio Fiscal visitará periódicamente de acuerdo con lo previsto en la normativa interna de los centros de protección de personas menores de edad para supervisar el cumplimiento de los protocolos de actuación y dar seguimiento a los mecanismos de comunicación de situaciones de violencia, así como escuchar a los niños, niñas y adolescentes que así lo soliciten.

2. Las entidades públicas de protección a la infancia mantendrán comunicación de carácter permanente con el Ministerio Fiscal y, en su caso, con la autoridad judicial que acordó el ingreso, sobre las circunstancias relevantes que puedan producirse durante la estancia en un centro que afecte a la persona menor de edad, así como la necesidad de mantener el mismo.

TÍTULO V

De la organización administrativa

CAPÍTULO PRIMERO

Registro Central de información

Art. 56. *Registro Central de información sobre la violencia contra la infancia y la adolescencia.*—1. Con la finalidad de compartir información que permita el conocimiento uniforme de la situación de la violencia contra la infancia y la adolescencia, el Gobierno establecerá, mediante real decreto la creación del Registro Central de información sobre la violencia contra la infancia y la adolescencia, así como la información concreta y el procedimiento a través del cual el Consejo General del Poder Judicial, las Fuerzas y Cuerpos de Seguridad, el RUSSVI y las distintas administraciones públicas deben suministrar los datos requeridos al registro.

El real decreto señalará la información que debe notificarse anonimizada al Registro que, como mínimo, comprenderá los siguientes aspectos:

a) Con respecto a las víctimas: edad, sexo, tipo de violencia, gravedad, nacionalidad y, en su caso, discapacidad.

b) Con respecto a las personas agresoras: edad, sexo y relación con la víctima.

c) Información policial (denuncias, victimizaciones, etc.) y judicial.

d) Medidas puestas en marcha, frente a la violencia sobre la infancia y adolescencia.

2. El Registro Central de información sobre la violencia contra la infancia y la adolescencia quedará adscrito orgánicamente al departamento ministerial que tenga atribuidas las competencias en políticas de infancia.

3. Con los datos obtenidos por el Registro se publicará anualmente un informe de la situación de la violencia contra la infancia y la adolescencia al que se dará la mayor publicidad posible.

CAPÍTULO II

De la certificación negativa del Registro Central de Delincuentes Sexuales y de Trata de Seres Humanos

Art. 57. *Requisito para el acceso a profesiones, oficios y acti-*

vidades que impliquen contacto habitual con personas menores de edad.—1. Será requisito para el acceso y ejercicio de cualesquiera profesiones, oficios y actividades que impliquen contacto habitual con personas menores de edad, el no haber sido condenado por sentencia firme por cualquier delito contra la libertad e indemnidad sexuales tipificados en el título VIII de la Ley Orgánica 10/1995, de 23 de noviembre, del Código Penal, así como por cualquier delito de trata de seres humanos tipificado en el título VII bis del Código Penal. A tal efecto, quien pretenda el acceso a tales profesiones, oficios o actividades deberá acreditar esta circunstancia mediante la aportación de una certificación negativa del Registro Central de delincuentes sexuales

2. A los efectos de esta ley, son profesiones, oficios y actividades que implican contacto habitual con personas menores de edad, todas aquellas, retribuidas o no, que por su propia naturaleza y esencia conllevan el trato repetido, directo y regular y no meramente ocasional con niños, niñas o adolescentes, así como, en todo caso, todas aquellas que tengan como destinatarios principales a personas menores de edad.

3. Queda prohibido que las empresas y entidades den ocupación en cualesquiera profesiones, oficios y actividades que impliquen contacto habitual con personas menores de edad a quienes tengan antecedentes en el Registro Central de Delincuentes Sexuales y de Trata de Seres Humanos.

Art. 58. *Consecuencias de la existencia de antecedentes en caso de personas trabajadoras o aquellas que realicen una práctica no laboral que conlleve el alta en la Seguridad Social.*—1. La existencia de antecedentes en el Registro Central de Delincuentes Sexuales y de Trata de Seres Humanos al inicio de la actividad en aquellos trabajos o actividades que impliquen contacto habitual con personas menores conllevará la imposibilidad legal de contratación.

2. La existencia sobrevenida de antecedentes en el Registro Central de Delincuentes Sexuales y de Trata de Seres Humanos conllevará el cese inmediato de la relación laboral por cuenta ajena o de las prácticas no laborales. No obstante, siempre que fuera posible, en atención a las circunstancias concurrentes en el centro de trabajo y a la actividad desarrollada en el mismo, la empresa podrá efectuar un cambio de puesto de trabajo siempre que la nueva ocupación impida el contacto habitual con personas menores de edad.

De conformidad con lo anterior, el trabajador por cuenta ajena deberá comunicar a su empleador cualquier cambio que se produzca en dicho Registro respecto de la existencia de antecedentes, aun cuando estos se deriven de hechos anteriores al inicio de su relación laboral. La omisión de esta comunicación será considerada como incumplimiento grave y culpable a los efectos de lo dispuesto en el artículo 54.2.*d*) del Estatuto de los Trabajadores.

Esta obligación de comunicación, así como las consecuencias de su incumplimiento, deberán incluirse también en los acuerdos que se suscriban entre las empresas y los beneficiarios de las prácticas no laborales que se formalicen al amparo del Real Decreto 1.543/2011, de 31 de diciembre, por el que se regulan las prácticas no laborales en empresas.

Art. 59. *Consecuencias del incumplimiento del requisito en caso de personas que realicen actividades en régimen de voluntariado*.—1. La existencia de antecedentes en el Registro Central de Delincuentes Sexuales y de Trata de Seres Humanos al inicio de la actividad en aquellas actividades de voluntariado que impliquen el contacto habitual con personas menores de edad obliga a la entidad de voluntariado a prescindir de forma inmediata del voluntario o voluntaria. A tal efecto, quien pretenda el acceso a tales actividades deberá acreditar esta circunstancia mediante la aportación de una certificación negativa del Registro Central de delincuentes sexuales.

2. La existencia sobrevenida de antecedentes en el Registro Central de Delincuentes Sexuales y de Trata de Seres Humanos conllevará el fin inmediato de la participación de la persona voluntaria en las actividades que impliquen el contacto habitual con personas menores. No obstante, siempre que fuera posible, en atención a las circunstancias concurrentes en la entidad y a la actividad desarrollada en el mismo, la entidad podrá efectuar un cambio de actividad de voluntariado siempre que la misma no suponga el contacto habitual con personas menores de edad.

3. Las comunidades autónomas establecerán mediante norma con rango de ley el régimen sancionador correspondiente al incumplimiento de las obligaciones establecidas en el artículo 57.1.

Art. 60. *Cancelación de antecedentes en el Registro Central de Delincuentes Sexuales y de Trata de Seres Humanos*.—1. Los antecedentes que figuren como cancelados en el Registro Central de Delincuentes Sexuales y de Trata de Seres Humanos no se tomarán en consideración a los efectos de limitar el acceso y ejercicio de profesiones, oficios y actividades que impliquen contacto habitual con menores de edad.

2. Instada por la persona interesada la cancelación de antecedentes en el Registro Central de Delincuentes Sexuales y de Trata de Seres Humanos, y transcurrido el plazo máximo de tres meses sin que por la Administración se haya dictado resolución, la petición se entenderá desestimada por silencio administrativo, sin que sea de aplicación a estos supuestos lo establecido en el artículo 3 del Real Decreto 1.879/1994, de 16 de septiembre, por el que se aprueban determinadas normas procedimentales en materia de justicia e interior.

DISPOSICIONES ADICIONALES

1.ª *Dotación presupuestaria.*—El Estado y las comunidades autónomas, en el ámbito de sus respectivas competencias, deberán dotar a los Juzgados y Tribunales de los medios personales y materiales necesarios para el adecuado cumplimiento de las nuevas obligaciones legales. Asimismo, se deberá dotar a los Institutos de Medicina Legal, Oficinas de Atención a las Víctimas, órganos técnicos que prestan asesoramiento pericial o asistencial y servicios sociales de los medios personales y materiales necesarios para el adecuado cumplimiento de los fines y obligaciones previstas en esta ley.

2.ª *Soluciones habitacionales y de apoyo psicosocial.*—Las administraciones públicas, en el ámbito de sus competencias, priorizarán las soluciones habitacionales ante los desahucios de familias en el que alguno de sus miembros sea una persona menor de edad, y promoverán medidas de apoyo psicosocial con el fin de reducir el posible impacto emocional, sin perjuicio de la consideración de otras situaciones graves de vulnerabilidad.

3.ª *Mejora de los datos de opinión pública.*—El Centro de Investigaciones Sociológicas realizará anualmente una encuesta acerca de las opiniones de la población, tanto adulta como infantil y adolescente, con respecto a la violencia ejercida sobre los niños, niñas y adolescentes y la utilidad de las medidas establecidas en la ley, que permita establecer series temporales para valorar los cambios sociales más relevantes sobre la violencia hacia la infancia y la adolescencia.

La encuesta tendrá perspectiva de discapacidad y género; garantizará que los niños, niñas y adolescentes con discapacidad estén representados entre las personas encuestadas.

Los resultados de este análisis deberán ser incluidos en el informe anual de evaluación de la Estrategia de erradicación de la violencia sobre la infancia y la adolescencia previsto en el artículo 21.2.

4.ª *Gastos de personal.*—Las actuaciones derivadas de la aplicación y desarrollo de esta ley que tengan incidencia sobre el personal de las administraciones públicas, se ajustarán a las normas básicas sobre gastos de personal que sean de aplicación.

5.ª *Referencias normativas.*—Las referencias realizadas en el ordenamiento jurídico al Registro Central de Delincuentes Sexuales deberán entenderse realizadas al Registro Central de Delincuentes Sexuales y de Trata de Seres Humanos.

Asimismo, las referencias realizadas en el ordenamiento jurídico al Registro Unificado de Maltrato Infantil deberán entenderse realizadas al Registro Unificado de Servicios Sociales sobre Violencia contra la infancia.

6.ª *Procedimiento de comprobación automatizada de los antecedentes regulados en los artículos 57 a 60.*—1. En el plazo de un año, el Gobierno establecerá los mecanismos necesarios que permitan la comprobación automática de la inexistencia de antecedentes, en los casos en que la actividad conlleve el alta en la Seguridad Social o en mutualidades de Previsión Social, mediante el cruce de la información existente en las bases de datos de trabajadores por cuenta ajena, por cuenta propia y de quienes realicen una práctica no laboral, y la recogida en el Registro Central de Delincuentes Sexuales y de Trata de Seres Humanos.

2. Asimismo, el Gobierno establecerá los mecanismos necesarios que permitan, para las personas que desarrollen actividades de voluntariado, la comprobación de la inexistencia de antecedentes mediante el cruce de la información recopilada por las asociaciones en las que desarrollen su actividad voluntaria y la recogida en el Registro Central de Delincuentes Sexuales y de Trata de Seres Humanos.

3. En el mismo sentido, el Gobierno establecerá los mecanismos necesarios que permitan la comprobación automática de la inexistencia de antecedentes en el Registro Central de Delincuentes Sexuales y de Trata de Seres Humanos de aquellas personas que realicen prácticas no laborales que no precisen el alta en la Seguridad Social.

7.ª *Comisión de seguimiento.*—1. Por orden de los Ministros de Justicia, Interior y de Derechos Sociales y Agenda 2030, a propuesta de la Dirección General de los Derechos de la Infancia y de la Adolescencia, se creará una Comisión de seguimiento en el plazo máximo de un año a partir de la aprobación de esta ley, con el objeto de analizar su puesta en marcha, sus repercusiones jurídicas y económicas y la evaluación de su impacto.

La Comisión de seguimiento podrá requerir la colaboración de todos los departamentos ministeriales y en especial de los Ministerios de Sanidad, Consumo, Educación y Formación Profesional e Igualdad mediante la participación en los asuntos que se estime de su competencia.

2. La Comisión deberá emitir en el plazo máximo de dos años, contados a partir de la entrada en vigor de esta ley, un informe razonado que incluya el análisis mencionado en el apartado anterior y sugerencias para la mejora del sistema.

3. A la luz de dicho informe los Ministros de Justicia, Interior y de Derechos Sociales y Agenda 2030 promoverán, en su caso, las modificaciones que consideren convenientes.

8.ª *Acceso al territorio a los niños y niñas solicitantes de asilo.*—Las autoridades competentes garantizarán a los niños y niñas en necesidad de protección internacional el acceso al territorio y a un procedimiento de asilo con independencia de su nacionalidad y de su forma de entrada en España, en los términos establecidos en la Ley 12/2009, de 30 de octubre, reguladora del derecho de asilo y de protección subsidiaria.

9.ª *Seguridad Social de las personas acogedoras especializadas de dedicación exclusiva.*—Reglamentariamente el Gobierno determinará en el plazo de un año de la entrada en vigor de la presente ley orgánica, el alcance y condiciones de la incorporación a la Seguridad Social de las personas que sean designadas como acogedoras especializadas de dedicación exclusiva, previstas en el artículo 20.1 de la Ley Orgánica 1/1996, de

15 de enero, de Protección Jurídica del Menor, de modificación parcial del Código Civil y de la Ley de Enjuiciamiento Civil, en el Régimen que les corresponda, así como los requisitos y procedimiento de afiliación, alta y cotización.

DISPOSICIÓN DEROGATORIA

Única. *Derogación normativa.*—Quedan derogadas todas las normas de igual o inferior rango en lo que contradigan o se opongan a lo dispuesto en esta ley.

DISPOSICIONES FINALES

1.ª *Modificación de la Ley de Enjuiciamiento Criminal, aprobada por Real Decreto de 14 de septiembre de 1882.*—La Ley de Enjuiciamiento Criminal, aprobada por Real Decreto de 14 de septiembre de 1882, queda modificada en los siguientes términos:

Uno. Se modifica el primer párrafo del apartado 1 del artículo 109 bis, que queda redactado como sigue:

....

Dos. Se modifica el artículo 110 que queda redactado como sigue:

....

Tres. Se modifica el artículo 261, que queda redactado como sigue:

....

Cuatro. Se modifica el apartado primero del artículo 416, que queda redactado como sigue:

....

Cinco. Se suprime el párrafo cuarto del artículo 433.

Seis. Se suprime el párrafo tercero del artículo 448.

Siete. Se introduce un artículo 449 bis con el siguiente contenido:

....

Ocho. Se introduce un artículo 449 ter con el siguiente contenido:

....

Nueve. Se modifican los apartados 6 y 7 del artículo 544 ter, que quedan redactados como sigue:

....

Diez. Se introduce un artículo 703 bis con el siguiente contenido:

....

Once. Se modifica el párrafo segundo del artículo 707, que queda redactado como sigue:

....

Doce. Se modifica el artículo 730, que queda redactado como sigue:

....

Trece. Se adiciona un apartado 3 al artículo 777, con el siguiente contenido:

....

Catorce. Se adiciona un apartado 2 y se reenumeran los apartados del 2 al 6, que pasan a ser del 3 al 7, en el artículo 788, con el siguiente contenido:

....

2.ª *Modificación del Código Civil, aprobado por Real Decreto de 24 de julio de 1889.*—Uno. Se modifica el artículo 92 del Código Civil, aprobado por Real Decreto de 24 de julio de 1889, que queda redactado como sigue:

....

Dos. Se modifica el artículo 154 del Código Civil, aprobado por Real Decreto de 24 de julio de 1889, que queda redactado como sigue:

....

Tres. Se modifica el artículo 158 del Código Civil, aprobado por Real Decreto de 24 de julio de 1889, que queda redactado como sigue:

....

Cuatro. Se modifica el apartado 5 del artículo 172 del Código Civil, aprobado por Real Decreto de 24 de julio de 1889, que queda redactado como sigue:

....

3.ª *Modificación de la Ley Orgánica 1/1979, de 26 de septiembre, General Penitenciaria.*—Se introduce un artículo sesenta y seis bis en la Ley Orgánica 1/1979, de 26 de septiembre, General Penitenciaria, con el siguiente contenido:

....

4.ª *Modificación de la Ley Orgánica 6/1985, de 1 de julio, del Poder Judicial.*—La Ley Orgánica 6/1985, de 1 de julio, del Poder Judicial, queda modificada de la forma siguiente:

Uno. Se modifica el apartado 2 del artículo 307, que queda redactado en los siguientes términos:

....

Dos. Se modifica el artículo 310, que queda redactado en los siguientes términos:

....

Tres. Se modifica el apartado 5 del artículo 433 bis, que queda redactado en los siguientes términos:

....

Cuatro. Se modifica el apartado 2 del artículo 434, que queda redactado en los siguientes términos:

....

Cinco. Se modifican los apartados 3 y 4 del artículo 480 que quedan redactados como sigue:

....

5.ª *Modificación de la Ley 34/1988, de 11 de noviembre, General de Publicidad.*—Se modifica el párrafo *a*) del artículo 3 de la Ley 34/1988, de 11 de noviembre, General de Publicidad, que queda redactado en los siguientes términos:

....

6.ª *Modificación de la Ley Orgánica 10/1995, de 23 de noviembre, del Código Penal.*—Se modifica la Ley Orgánica 10/1995, de 23 de noviembre, del Código Penal, que queda redactada en los siguientes términos:

Uno. Se modifica la circunstancia 4.ª del artículo 22, que queda redactada como sigue:

....

Dos. Se modifica el párrafo *b*) del artículo 39, que queda redactado como sigue:

....

Tres. Se modifica el artículo 45, que queda redactado en los siguientes términos:

....

Cuatro. Se modifica el artículo 46, que queda redactado en los siguientes términos:

....

Cinco. Se modifica el párrafo introductorio del artículo 49, que queda redactado en los siguientes términos:

....

Seis. Se modifica el apartado 1 del artículo 57, que queda redactado como sigue:

....

Siete. Se modifica el párrafo 6.ª del apartado 1 del artículo 83, que queda redactado como sigue:

....

Ocho. Se modifica el artículo 107, que queda redactado como sigue:

....

Nueve. Se modifica el párrafo 5.º del apartado 1 del artículo 130, que queda redactado como sigue:

....

Diez. Se modifica el apartado 1 del artículo 132, que queda redactado como sigue:

....

Once. Se modifica el artículo 140 bis, que queda redactado como sigue:

....

Doce. Se introduce un artículo 143 bis, con el siguiente contenido:

....

Trece. Se modifica el apartado 3.º del artículo 148, que queda redactado como sigue:

....

Catorce. Se modifica el artículo 156 ter, que queda redactado como sigue:

....

Quince. Se introduce el artículo 156 quáter, con el siguiente contenido:

....

Dieciséis. Se introduce el artículo 156 quinquies, con el siguiente contenido:

....

Diecisiete. Se modifica el apartado 1 del artículo 177 bis, que queda redactado como sigue:

....

Dieciocho. Se modifican las circunstancias 3.ª y 4.ª del apartado 1 del artículo 180, que quedan redactadas como sigue:

....

Diecinueve. Se modifican las letras *a*) y *d*) del apartado 4 del artículo 183, que quedan redactadas como sigue:

....

Veinte. Se modifica el artículo 183 quáter, que queda redactado como sigue:

....

Veintiuno. Se modifican las letras *a*) y *b*) del apartado 3 del artículo 188, que quedan redactadas como sigue:

....

Veintidós. Se modifican las letras *b*), *c*) y *g*) del apartado 2 del artículo 189, que quedan redactadas como sigue:

....

Veintitrés. Se modifica el artículo 189 bis, que queda redactado como sigue:

....

Veinticuatro. Se introduce el artículo 189 ter, con el siguiente contenido:

....

Veinticinco. Se modifica el apartado 3 del artículo 192, que queda redactado como sigue:

....

Veintiséis. Se modifica el artículo 201, que queda redactado como sigue:

....

Veintisiete. Se modifica el apartado 3 del artículo 215, que queda redactado como sigue:

....

Veintiocho. Se modifica el apartado 2 del artículo 220, que queda redactado como sigue:

....

Veintinueve. Se modifica el apartado 2 del artículo 225 bis, que queda redactado como sigue:

....

Treinta. Se modifica el párrafo tercero del artículo 267, que queda redactado como sigue:

....

Treinta y uno. Se modifica el artículo 314, que queda redactado como sigue:

....

Treinta y dos. Se introduce un nuevo artículo 361 bis, que queda redactado como sigue:

....

Treinta y tres. Se modifica el artículo 511, que queda redactado como sigue:

....

Treinta y cuatro. Se modifica el artículo 512, que queda redactado como sigue:

....

Treinta y cinco. Se modifica el apartado 4.º del artículo 515, que queda redactado como sigue:

....

7.ª *Modificación de la Ley 1/1996, de 10 de enero, de asistencia jurídica gratuita.*—Se modifica el párrafo *g*) del artículo 2 de la Ley 1/1996, de 10 de enero, de asistencia jurídica gratuita que queda redactado como sigue:

....

8.ª *Modificación de la Ley Orgánica 1/1996, de 15 de enero, de Protección Jurídica del Menor, de modificación parcial del Código Civil y de la Ley de Enjuiciamiento Civil.*—La Ley Orgánica 1/1996, de 15 de enero, de Protección Jurídica del Menor, de modificación parcial del

Código Civil y de la Ley de Enjuiciamiento Civil, queda modificada en los siguientes términos:

Uno. Se modifica el primer párrafo y la letra *c*) del apartado 5 del artículo 2, que quedan redactados como sigue:

....

Dos. Se modifica el artículo 12, que queda redactado como sigue:

....

Tres. Se modifica el apartado 1, que queda redactado como sigue, y se suprimen los apartados 4 y 5 del artículo 13:

....

Cuatro. Se introduce un artículo 14 bis con el siguiente contenido:

....

Cinco. Se modifican los apartados 1 y 2 del artículo 17, que quedan redactados como sigue:

....

Seis. Se añade un nuevo artículo 17 bis con el siguiente contenido:

....

Siete. Se modifica el apartado 1 del artículo 20, que queda redactado como sigue:

....

Ocho. Se añade un artículo 20 ter con el siguiente contenido:

....

Nueve. Se añade un artículo 20 quater con el siguiente contenido:

....

Diez. Se añade un nuevo artículo 20 quinquies con el siguiente contenido:

....

Once. Se añade un nuevo artículo 21 ter con el siguiente contenido:

....

Doce. Se modifica el artículo 27, que queda redactado como sigue:

....

Trece. Se modifica el artículo 28, que queda redactado como sigue:

....

Catorce. Se modifica el artículo 29, que queda redactado como sigue:

....

Quince. Se modifica el artículo 30, que queda redactado como sigue:

....

9.ª *Modificación de la Ley 1/2000, de 7 de enero, de Enjui-*

ciamiento Civil.—Se modifican los artículos 779 y 780 con la siguiente redacción:

....

10.ª *Modificación de la Ley Orgánica 1/2004, de 28 de diciembre, de Medidas de Protección Integral contra la Violencia de Género*.—La Ley Orgánica 1/2004, de 28 de diciembre, de Medidas de Protección Integral contra la Violencia de Género queda modificada en los siguientes términos:

Se añade un apartado nuevo 4 al artículo 1, con la siguiente redacción:

....

11.ª *Modificación de la Ley Orgánica 5/2000, de 12 de enero, reguladora de la responsabilidad penal de los menores*.—Se modifica la Ley Orgánica 5/2000, de 12 de enero, reguladora de la responsabilidad penal de los menores, que queda redactado en los siguientes términos:

Uno. Se modifica el artículo 4, que queda redactado como sigue:

....

Dos. Se modifica el artículo 59, que queda redactado como sigue:

....

12.ª *Modificación del Real Decreto Legislativo 5/2000, de 4 de agosto, por el que se aprueba el texto refundido de la Ley sobre Infracciones y Sanciones en el Orden Social*.—Se añade un apartado 19 al artículo 8 del texto refundido de la Ley sobre Infracciones y Sanciones en el Orden Social, aprobado por Real Decreto Legislativo 5/2000, de 4 de agosto con la siguiente redacción:

....

13.ª *Modificación de la Ley 41/2002, de 14 de noviembre, básica reguladora de la autonomía del paciente y de derechos y obligaciones en materia de información y documentación clínica*.—Se añade un nuevo apartado 5 al artículo 15 de la Ley 41/2002, de 14 de noviembre, básica reguladora de la autonomía del paciente y de derechos y obligaciones en materia de información y documentación clínica, en los siguientes términos:

....

14.ª *Modificación de la Ley 44/2003, de 21 de noviembre, de ordenación de las profesiones sanitarias*.—La Ley 44/2003, de 21 de noviembre, de ordenación de las profesiones sanitarias, queda modificada en los siguientes términos:

Uno. Se modifica el apartado 1 del artículo 17 que queda redactado de la siguiente manera:

....

Dos. Se añade una nueva disposición transitoria séptima con la siguiente redacción:

....

15.ª *Modificación de la Ley 15/2015, de 2 de julio, de la Jurisdicción Voluntaria.*—Se modifica la especialidad 4.ª del apartado 2 del artículo 18 de la Ley 15/2015, de 2 de julio, de la Jurisdicción Voluntaria, que queda redactada como sigue:

....

16.ª *Modificación de la Ley Orgánica 7/2015, de 21 de julio, por la que se modifica la Ley Orgánica 6/1985, de 1 de julio, del Poder Judicial.*—Se modifica la disposición transitoria séptima de la Ley Orgánica 7/2015, de 21 de julio, por la que se modifica la Ley Orgánica 6/1985, de 1 de julio, del Poder Judicial, que queda redactada como sigue:

....

17.ª *Creación del Consejo Estatal de Participación de la Infancia y de la Adolescencia.*—El Gobierno, en el plazo de seis meses desde la aprobación de esta ley, procederá a la creación del Consejo Estatal de Participación de la Infancia y de la Adolescencia, de modo que se garantice el ejercicio efectivo del derecho de participación en la formulación, aplicación y evaluación de planes, programas y políticas nacionales que afectan a los niños, niñas y adolescentes.

18.ª *Título competencial.*—La presente ley orgánica se dicta al amparo de lo previsto en el artículo 149.1, 1.ª, 2.ª y 18.ª de la Constitución española (en adelante CE), que atribuye al Estado la competencia exclusiva en materia de regulación de las condiciones básicas que garanticen la igualdad de todos los españoles en el ejercicio de los derechos y en el cumplimiento de los deberes constitucionales, nacionalidad, inmigración, emigración, extranjería y derecho de asilo, y bases del régimen jurídico de las administraciones públicas, respectivamente, y sin perjuicio de las competencias que puedan ostentar las comunidades autónomas, en virtud de los Estatutos de Autonomía que forman parte del cuerpo constitucional, que deberán respetarse en cualquier caso. De manera particular, los capítulos II, III, VII y IX del Título III de esta Ley Orgánica se entenderán sin perjuicio de la legislación que dicten las comunidades autónomas en virtud de sus competencias en materia de política familiar, asistencia social y deporte y ocio.

No obstante, los artículos 13 y 14 y la disposición final séptima se dictan al amparo de las competencias que corresponden al Estado en materia de administración de justicia y legislación procesal, sin perjuicio de las necesarias especialidades que en este orden se deriven de las particularidades del derecho sustantivo de las comunidades autónomas, de conformidad con lo previsto en los apartados 5.ª y 6.ª del artículo 149.1 CE.

Las disposiciones finales primera y decimoquinta se dictan al amparo de las competencias del Estado sobre legislación procesal, sin perjuicio de las necesarias especialidades que en este orden se deriven de las particularidades del derecho sustantivo de las comunidades autónomas, de conformidad con lo previsto por el artículo 149.1.6.ª CE.

La disposición final tercera se dicta al amparo de la competencia que el artículo 149.1.6.ª CE atribuye al Estado sobre legislación penitenciaria.

La disposición final sexta se dicta al amparo de la competencia que el artículo 149.1.6.ª CE atribuye al Estado sobre legislación penal.

La disposición final undécima se dicta al amparo de las competencias que el artículo 149.1.6.ª CE atribuye al Estado sobre legislación penal, procesal y penitenciaria.

La disposición adicional sexta se dicta al amparo de las competencias estatales que el artículo 149.1.5.ª CE atribuye al Estado sobre administración de justicia.

La disposición adicional novena se dicta al amparo del artículo 149.1.17.ª de la CE.

Los capítulos IV y V del título III se dictan al amparo del artículo 149.1.30.ª CE, que atribuye al Estado la competencia exclusiva sobre normas básicas para el desarrollo del artículo 27 CE.

El capítulo VI del título III y las disposiciones finales decimotercera y decimocuarta se dictan al amparo del artículo 149.1.16.ª CE, que atribuye al Estado la competencia exclusiva sobre bases y coordinación general de la sanidad, respetando, en todo caso, las competencias atribuidas a las comunidades autónomas en este ámbito por sus respectivos Estatutos de Autonomía.

El capítulo X del título III se dicta al amparo del artículo 149.1.29.ª CE, que atribuye al Estado la competencia exclusiva sobre seguridad pública, sin perjuicio de la posibilidad de creación de policías por las comunidades autónomas en la forma que se establezca en los respectivos Estatutos en el marco de lo que disponga una ley orgánica.

El artículo 55, así como las disposiciones finales cuarta, decimosexta y vigésima se dictan al amparo del artículo 149.1.5.ª CE, que atribuye al Estado la competencia exclusiva sobre Administración de Justicia.

El capítulo II del título V y la disposición final duodécima se dictan al amparo del artículo 149.1.7.ª CE, que atribuye al Estado la competencia exclusiva sobre legislación laboral, sin perjuicio de su ejecución por los órganos de las comunidades autónomas.

La disposición final segunda se dicta al amparo del artículo 149.1.8.ª CE, que atribuye al Estado la competencia exclusiva sobre legislación civil, sin perjuicio de la conservación, modificación y desarrollo por las comunidades autónomas de los derechos civiles, forales o especiales, allí donde existan.

La disposición final quinta se dicta al amparo del artículo 149.1.27.ª CE, que atribuye al Estado la competencia exclusiva sobre las normas básicas del régimen de prensa, radio y televisión y, en general, de todos los medios de comunicación social, sin perjuicio de las facultades que en su desarrollo y ejecución correspondan a las comunidades autónomas.

19.ª *Carácter ordinario de determinadas disposiciones.*—La presente ley tiene el carácter de ley orgánica, a excepción de los artículos 5, 6, 7 y 8 del título preliminar; de los artículos 10, 11, 12, 13 y 14 del título I; de los títulos II, III y IV; de los artículos 57 a 60 del título V; así como de las disposiciones adicionales primera, segunda, tercera, cuarta, quinta, sexta y novena y de las disposiciones finales primera, segunda, quinta, séptima, novena, duodécima, decimotercera, decimocuarta, decimoquinta y decimonovena.

20.ª *Especialización de los órganos judiciales, de la fiscalía y de los equipos técnicos que presten asistencia especializada a los Juzgados y Tribunales.*—1. En el plazo de un año a contar desde la entrada en vigor de esta ley, el Gobierno remitirá a las Cortes Generales los siguientes proyectos de ley:

a) Un proyecto de modificación de la Ley Orgánica 6/1985, de 1 de julio, del Poder Judicial, dirigido a establecer, a través de los cauces previstos en la citada norma, la especialización tanto de los órganos judiciales como de sus titulares, para la instrucción y enjuiciamiento de las causas penales por delitos cometidos contra personas menores de edad. Tal especialización se realizará en orden a los principios y medidas establecidos en la presente ley. Con este propósito se planteará la inclusión de Juzgados de Violencia contra la Infancia y la

Adolescencia, así como la especialización de los Juzgados de lo Penal y las Audiencias Provinciales. También serán objeto de adaptación, en el mismo sentido, las pruebas selectivas que permitan acceder a la titularidad de los órganos especializados, sin perjuicio de lo dispuesto en el artículo 312.4 de la citada Ley Orgánica 6/1985, de 1 de julio.

Del mismo modo, el mencionado proyecto de ley orgánica dispondrá las modificaciones necesarias para garantizar la especialización dentro del orden jurisdiccional civil en Infancia, Familia y Capacidad.

b) Un proyecto de ley de modificación de la Ley 50/1981, de 30 de diciembre, reguladora del Estatuto Orgánico del Ministerio Fiscal, a los efectos de establecer la especialización de fiscales en el ámbito de la violencia sobre la infancia y la adolescencia, conforme a su régimen estatutario.

2. Las administraciones competentes regularán en idéntico plazo la composición y funcionamiento de los equipos técnicos que presten asistencia especializada a los órganos judiciales especializados en infancia y adolescencia, y la forma de acceso a los mismos de acuerdo con los criterios de especialización y formación recogidos en esta ley.

21.ª *Desarrollo normativo y ejecución de la ley*.—Se autoriza al Consejo de Ministros y a los titulares de los Ministerios de Derechos Sociales y Agenda 2030, Justicia e Interior, en el ámbito de sus competencias, para dictar cuantas disposiciones reglamentarias sean necesarias para el desarrollo de esta ley, así como para acordar las medidas necesarias para garantizar su efectiva ejecución e implantación.

22.ª *Adaptación normativa*.—En el plazo de un año a partir de la entrada en vigor de la ley, se deberán adecuar a la misma las normas reguladoras estatales, autonómicas y locales que sean incompatibles con lo previsto en esta ley.

23.ª *Incorporación de derecho de la Unión Europea*.—Mediante esta ley se completa la incorporación al Derecho español de los artículos 3, apartados 2 a 4, 6 y 9, párrafos *a*), *b*) y *g*) de la Directiva 2011/93/UE del Parlamento Europeo y del Consejo, de 13 de diciembre de 2011, relativa a la lucha contra los abusos sexuales y la explotación sexual de los menores y la pornografía infantil y por la que se sustituye la Decisión marco 2004/68/JAI del Consejo.

24.ª *Procedimiento para la determinación de edad*.—El

Gobierno, en el plazo de doce meses desde la aprobación de esta ley, procederá al desarrollo normativo del procedimiento para la determinación de la edad de los menores, de modo que se garantice el cumplimiento de las obligaciones internacionales contraídas por España, así como la prevalencia del interés superior del menor, sus derechos y su dignidad.

25.ª *Entrada en vigor.*—Esta ley entrará en vigor a los veinte días de su publicación en el *Boletín Oficial del Estado*.

No obstante, lo previsto en los artículos 5.3, 14.2, 14.3, 18, 35 y 48.1.*b*) y *c*) producirán efectos a los seis meses de la entrada en vigor de la ley.

Lo previsto en la disposición final decimocuarta producirá efectos a partir del 1 de enero de 2022.

LEY 17/2021, DE 15 DE DICIEMBRE, DE MODIFICACIÓN DEL CÓDIGO CIVIL, LA LEY HIPOTECARIA Y LA LEY DE ENJUICIAMIENTO CIVIL, SOBRE EL RÉGIMEN JURÍDICO DE LOS ANIMALES

(*B.O.E.* núm. 300, de 16 de diciembre de 2021; corrección de errores en *B.O.E.* núm. 313, de 30 de diciembre de 2021)

PREÁMBULO

I

La actual regulación de los bienes del Código Civil dota a los animales del estatuto jurídico de cosas, en concreto con la condición de bienes muebles. Resulta paradójico que el Código Penal ya distinguiera en 2003 entre los daños a los animales domésticos y a las cosas, reforma sobre la que se profundizó en 2015, mientras que el Código Civil sigue sin reconocer que los animales son seres vivos dotados de sensibilidad.

La reforma del régimen jurídico de los animales en el Código Civil español sigue las líneas que marcan otros ordenamientos jurídicos próximos, que han modificado sus Códigos Civiles para adaptarlos a la mayor sensibilidad social hacia los animales existente en nuestros días, y también para reconocer su cualidad de seres vivos dotados de sensibilidad: la reforma austriaca de 10 de marzo de 1986; la reforma alemana de 20 de agosto de 1990, seguida de la elevación de la protección de los animales a rango constitucional en 2002 al introducir en su Ley Fundamental el artículo 20.*a*); la regulación en Suiza, país que también incluye en su Constitución la protección de los animales y que modificó el Código Civil y el Código de las Obligaciones a este objeto; la reforma belga de 19 de mayo de 2009; y las dos más recientes: la reforma francesa de 16 de febrero de 2015 y, de manera muy especial por la proximidad con esta que ahora se presenta, la Ley portuguesa de 3 de marzo de 2017, que estableció un estatuto jurídico de los animales y modificó tanto su Código Civil como el Código Procesal Civil y el Código Penal.

Por otra parte, el artículo 13 del Tratado de Funcionamiento de la Unión Europea exige que los Estados respeten las exigencias en materia de bienestar de los animales como «seres sensibles». Por ello, también aplica este criterio el Derecho español en numerosas normas, entre las que debe destacarse la Ley 32/2007, de 7 de noviembre, para el cuidado de los animales, en su explotación, transporte, experimentación y sacrificio. Cabe destacar, igualmente, la ratificación por el Reino de España, mediante instrumento publicado en el *Boletín Oficial del Estado* de 11 de octubre de 2017, del Convenio Europeo sobre protección de animales de compañía, hecho en Estrasburgo el 13 de noviembre de 1987.

Aunque en las primeras reformas de los Códigos Civiles europeos (Austria, Alemania y Suiza) se utilizaba la formulación «negativa», en el sentido de que los animales no son cosas o no son bienes, se ha optado por las fórmulas más recientes de los Códigos Civiles francés y portugués, que prefieren una descripción «positiva» de la esencia de estos seres que los diferencia, por un lado, de las personas y, por otro, de las cosas y otras formas de vida, típicamente de las plantas.

II

La reforma afecta, en primer lugar, al Código Civil, con vistas a sentar el importante principio de que la naturaleza de los animales es distinta de la naturaleza de las cosas o bienes, principio que ha de presidir la interpretación de todo el ordenamiento.

De esta forma, junto a la afirmación del actual artículo 333, según el cual «todas las cosas que son o pueden ser objeto de apropiación se consideran como bienes muebles o inmuebles», se concreta que los animales son seres vivos dotados de sensibilidad, lo que no excluye que en determinados aspectos se aplique supletoriamente el régimen jurídico de los bienes o cosas.

De este modo, los animales están sometidos solo parcialmente al régimen jurídico de los bienes o cosas, en la medida en que no existan normas destinadas especialmente a regular las relaciones jurídicas en las que puedan estar implicados animales, y siempre que dicho régimen jurídico de los bienes sea compatible con su naturaleza de ser vivo dotado de sensibilidad y con el conjunto de disposiciones destinadas a su protección. Lo deseable *de lege ferenda* es que ese régimen protector vaya extendiéndose progresivamente a los distintos ámbitos en que intervienen los animales, y se vaya restringiendo con ello la aplicación supletoria del régimen jurídico de las cosas.

En nuestra sociedad los animales son, en general, apropiables y objeto de comercio. Sin perjuicio de ello, la relación de la persona y el animal (sea este de compañía, doméstico, silvestre o salvaje) ha de ser modulada por la cualidad de ser dotado de sensibilidad, de modo que los derechos y facultades sobre los animales han de ser ejercitados atendiendo al bienestar y la protección del animal, evitando el maltrato, el abandono y la provocación de una muerte cruel o innecesaria.

A partir de las anteriores premisas y en consonancia con el principio que inspira la reforma y con el nuevo marco jurídico configurado por la legislación administrativa sobre convivencia y protección de animales, se adecuan, entre otras, las tradicionales nociones de ocupación, frutos naturales, hallazgo, responsabilidad por daños y vicios ocultos, aplicadas, de una manera distinta a la actualmente vigente, a los animales.

Esta reforma se hace precisa no sólo para adecuar el Código Civil a la verdadera naturaleza de los animales, sino también a la naturaleza de las relaciones, particularmente las de convivencia, que se establecen entre estos y los seres humanos. En base a lo anterior, se introducen en las normas relativas a las crisis matrimoniales preceptos destinados a concretar el régimen de convivencia y cuidado de los animales de compañía, cuestión que ya ha sido objeto de controversia en nuestros tribunales. Para ello se contempla el pacto sobre los animales domésticos y se sientan los criterios sobre los que los tribunales deben tomar la decisión de a quién entregar el cuidado del animal, atendiendo a su bienestar.

Asimismo, se incorporan disposiciones en materia de sucesiones, relativas al destino de los animales en caso de fallecimiento de su propietario, que, en ausencia de voluntad expresa del causahabiente, también deberán articular previsiones en base al criterio de bienestar de los animales.

Por otro lado, atendiendo al vínculo existente y la concurrencia entre los malos tratos a animales y la violencia doméstica y de género y el maltrato y abuso sexual infantil, se contemplan limitaciones a la guarda y custodia en casos de antecedentes por maltrato animal ejercido como forma de violencia o maltrato psicológico contra aquellos.

III

Con el mismo criterio protector que inspira la reforma, mediante la modificación del apartado primero del artículo 111 de la Ley Hipotecaria se impide que se extienda la hipoteca a los animales colocados o destinados en una finca dedicada a la explotación ganadera, industrial o de recreo y se prohíbe el pacto de extensión de la hipoteca a los animales de compañía.

Por último, se modifica el artículo 605 de la Ley 1/2000, de 7 de enero, de Enjuiciamiento Civil, para declarar absolutamente inembargables a los animales de compañía en atención al especial vínculo de afecto que les liga con la familia con la que conviven. Esta previsión rige sin perjuicio de la posibilidad de embargar las rentas que dichos animales puedan generar.

Artículo 1.º *Modificación del Código Civil, publicado por Real Decreto de 24 de julio de 1889.*—El Código Civil, publicado por Real Decreto de 24 de julio de 1889, queda modificado en los siguientes términos:

Uno. Se introduce en el apartado 1 del artículo 90 una nueva letra *b*) bis y se modifican los apartados 2 y 3 en los siguientes términos:

....

Dos. El artículo 91 queda redactado del siguiente modo:

....

Tres. Se modifica el apartado 7 del artículo 92, que queda redactado como sigue:

....

Cuatro. Se introduce un nuevo artículo 94 bis con el siguiente contenido:

....

Cinco. Se introduce una nueva medida 1.ª bis en el artículo 103 en los siguientes términos:

....

Seis. Se modifican las rúbricas del Libro Segundo y de su Título I, en los términos siguientes:

....

Siete. En el Libro Segundo, Título I, se sustituye la rúbrica «Disposición preliminar» por «Disposiciones preliminares», en la que se incluirán los artículos 333 y 333 bis, con la siguiente redacción:

....

Ocho. Se suprime el contenido del numeral 6.º del artículo 334. El contenido actual del artículo pasa a integrar su apartado 1 y se añade un apartado 2 con la siguiente redacción:

....

Nueve. El párrafo segundo del artículo 346 queda redactado del siguiente modo:

....

Diez. El artículo 348 queda redactado como sigue:

....

Once. Se modifica el párrafo primero del artículo 355 en los siguientes términos:

....

Doce. El artículo 357 queda redactado como sigue:

....

Trece. Se añaden dos párrafos segundo y tercero al artículo 404, con la siguiente redacción:

....

Catorce. El artículo 430 queda redactado de la siguiente manera:

....

Quince. El artículo 431 queda redactado de la siguiente manera:

....

Dieciséis. El artículo 432 queda redactado de la siguiente manera:

....

Diecisiete. El artículo 437 queda redactado como sigue:

....

Dieciocho. El artículo 438 queda redactado como sigue:

....

Diecinueve. El artículo 460 queda redactado como sigue:

....

Veinte. El artículo 465 queda redactado del modo que se indica:

....

Veintiuno. Se da nueva redacción al artículo 499 en los términos siguientes:

....

Veintidós. Se modifica el artículo 610, que pasa a tener el siguiente contenido:

....

Veintitrés. Se modifica el artículo 611, que queda redactado como sigue:

....

Veinticuatro. Se suprime el párrafo tercero del artículo 612.

....

Veinticinco. Se añade un nuevo artículo 914 bis con la siguiente redacción:

....

Veintiséis. Se modifica el numeral 1.º del artículo 1.346, que queda redactado como sigue:

....

Veintisiete. El contenido actual del artículo 1.484 pasa a numerarse como apartado 1 y se añade un nuevo apartado 2 con la siguiente redacción:

....

Veintiocho. Se modifica el artículo 1.485, que queda redactado como sigue:

....

Veintinueve. Se modifica el artículo 1.492, que queda redactado como sigue:

....

Treinta. Se modifica el artículo 1.493, que queda redactado como sigue:

....

Treinta y uno. Se modifica el artículo 1.864, que queda redactado como sigue:

....

Art. 2.º *Modificación de la Ley Hipotecaria, aprobada por Decreto de 8 de febrero de 1946.*—Se introduce un nuevo apartado primero en el artículo 111 de la Ley Hipotecaria, aprobada por Decreto de 8 de febrero de 1946, en los términos siguientes, pasando el actual apartado primero a ser primero bis:

....

Art. 3.º *Modificación de la Ley 1/2000, de 7 de enero, de Enjuiciamiento Civil.*—Uno. Se introduce un nuevo numeral 1.º en el artículo 605, en los términos siguientes, pasando el actual numeral 1.º a ser 1.º bis:

....

Dos. Se modifica el párrafo segundo del apartado 2 del artículo 771, en los términos siguientes:

....

Tres. Se modifica el apartado 4 del artículo 774, en los términos siguientes:

....

DISPOSICIÓN ADICIONAL

Única. Las disposiciones de esta Ley se entenderán sin perjuicio de la conservación, modificación y desarrollo por las Comunidades Autónomas de los derechos civiles, forales o especiales, allí donde existan.

DISPOSICIÓN FINAL

Única. *Título competencial.*—Los artículos primero y segundo se dictan al amparo de la competencia que corresponde al Estado en materia de legislación civil y ordenación de los registros e instrumentos públicos conforme al artículo 149.1.8.ª de la Constitución.

El artículo tercero se dicta al amparo de la competencia que corresponde al Estado en materia de legislación procesal, de acuerdo con el artículo 149.1.6.ª de la Constitución.

ÍNDICE ANALÍTICO

A

ABANDONO
—De aguas alumbradas: art. 419.
—Cauces de ríos; accesión: art. 370.
—De cosas; pérdida de la posesión: art. 460, núm. 1.º
—Derecho adquirido; renuncia prescripción: art. 1.935.
—Finca, por el censatario al censualista por inutilización finca: art. 1.625.
—Finca por impago pensiones censo consignativo: arts. 1.659 y 1.660.
ABEJAS
—Enjambre; ocupación: art. 612.
ABINTESTATO
—Véase «Sucesión intestada o legítima».
ABOGADOS
—Adquisición por compra de bienes y derechos en litigio: prohibición: art. 1.459, núm. 5.º
—Prescripción de honorarios y derechos: art. 1.967.1.ª
ABONOS
—Destinados a cultivo: bienes inmuebles: art. 334, núm. 7.º
ABORTOS
—Incapacidad para suceder de criaturas abortivas: art. 745.
ABREVADERO
—Véase «Servidumbre de abrevadero».
ABUELOS
—Abintestato: arts. 935 y ss.
—Alimentos: art. 144.
—Colación: art. 1.038.
ABUSO
—De cosa en derechos de uso y habitación: art. 529.
—De cosa usufructuada: art. 520.
ABUSO DE DERECHO
—Art. 7.º, núm. 2.º
ACCESIÓN
—Árboles arrancados por fuerza del río; propiedad: art. 369.
—Bienes inmuebles: arts. 358 y ss.
—Bienes muebles: arts. 375 y ss.
—Ídem: buena o mala fe de propietarios de cosas incorporadas: art. 379.
—Ídem: indemnización de daños y perjuicios: arts. 379 y 380.
—Concepto: art. 353.
—Derecho del enfiteuta: art. 1.632.
—Derecho de usufructuario: art. 479.
—Efecto de corriente o fuerza de río: arts. 366 y ss.
—Extensión de la hipoteca: art. 1.877.
—Obras, plantaciones y siembras: arts. 358 y ss.
—Propiedad de frutos: art. 354.
—Segregaciones y agregaciones en terrenos ribereños: art. 368.
—Terrenos descubiertos por disminución del caudal de estanques y lagunas: art. 367.
—Variación de curso de río: cauces abandonados: art. 370.
ACCIÓN DE ANULABILIDAD
—Véase «Contratos» y «nulidad».
ACCIÓN DE NULIDAD
—Véase «Contratos» y «nulidad».
ACCIONES
—Acogimiento de menores: arts. 173 y 173 bis.
—Acreedor contra deudor: art. 1.111.
—Acreedor contra tercer poseedor de bienes hipotecarios: art. 1.879.
—Acreedor contra terceros en el contrato de prenda: art. 1.869, párr. 2.º
—Adopción, extinción e impugnación: arts. 179 y 180.
—Complemento de legítima: art. 815.

—Cómputo tiempo para ejercitarlas: arts. 1.969 y ss.
—Contra heredero para que acepte o repudie la herencia; plazo: art. 1.004.
—Declarar incapacidad de heredero: art. 762.
—Derivadas de la compraventa; prescripción: art. 1.472.
—Deslinde de propiedades: art. 1.965.
—División de cosa común: art. 1.965.
—Ejercicio, por personas jurídicas, de civiles y penales: art. 38.
—Exigir cumplimiento de obligaciones declaradas por sentencia: art. 1.971.
—Exigir rendición de cuentas: art. 1.972.
—Exigir responsabilidad civil por injuria o calumnia: art. 1.968.
—Extinción por prescripción; efectos: art. 1.932.
—Hipotecaria: art. 1.964.
—Impugnación de maternidad: art. 139.
—Impugnación de paternidad: arts. 136, 137 y 140.
—Interrupción de la prescripción: art. 1.973.
—Del mandante contra mandatario menor de edad: art. 1.716.
—Del mandante contra sustituto del mandatario: art. 1.722.
—Nacidas y no ejercitadas antes de regir el Código; subsistencia; ejercicio; Disp. Trans. 4.ª
—Nulidad de actos, otorgados por cónyuge: art. 1.322.
—Nulidad de contratos: arts. 1.301, 1.302, 1.309 y 1.314.
—Nulidad de matrimonio: art. 73.
—Obligaciones solidarias; interrupción de la prescripción: art. 1.974.
—Partición de herencia: art. 1.965.
—Patria potestad, privación: art. 170.
—Personal en promesa de constituir prenda o hipoteca: art. 1.862.
—Personales: art. 1.964.
—Petición de entrega de legado: art. 885.
—De petición de herencia a la que estuviera llamado un ausente: art. 192.
—Que prescriben; por el transcurso de cinco años: art. 1.966.
—Ídem; por el transcurso de un año: art. 1.968.
—Ídem; por el transcurso de tres años: art. 1.967.
—Prescripción: art. 1.961.
—Propietario contra tenedor y poseedor de la cosa: art. 348, párr. 2.º
—Real y personal en censos: art. 1.623.
—Reales sobre bienes inmuebles: art. 1.963.
—Ídem; muebles: art. 1.962.
—Reales en censo consignativo pago pensiones: arts. 1.659 y 1.660.
—Reales o no; ejercicio por usufructuario: art. 486.
—Reclamar lo ganado en juego: arts. 1.798 y 1.799.
—Reclamación de filiación matrimonial: art. 132.
—Reclamación de filiación no matrimonial: art. 133.
—Reivindicatoria de cosa poseída que se haya perdido: art. 464.
—Reivindicatoria: cosa mueble perdida o de la que fue despojado: arts. 1.955 y 1.962.
—Ídem; depósito por persona capaz en otra incapaz: art. 1.765.
—Resarcimiento de gastos por incumplimiento de promesa de matrimonio: art. 43.
—Rescisión de contratos: arts. 1.294 y 1.299.
—Rescisoria por lesión en la partición: arts. 1.076 a 1.079.
—Retener o recobrar la posesión: art. 1.968.
—Retracto convencional en compraventa: arts. 1.510, 1.517 y 1.537.
—Revocación de donaciones por ingratitud; renuncia; transmisión: arts. 652 y 653.
—Revocación de donaciones por superveniencia de hijos; irrenunciabilidad: art. 646.
—Que tienen por objeto reclamar cumplimiento de obligaciones de capital; cómputo de la prescripción: art. 1.970.
—Transacción sobre las civiles provenientes de delito: art. 1.813.

—Transmisión; efecto contra tercero: art. 1.527.
—Por vicios o defectos ocultos de la cosa vendida; plazo: art. 1.490.
ACEPTACIÓN
—Contratos: art. 1.262.
—Donaciones: arts. 623, 625 a 627, 629 a 633.
ACEPTACIÓN Y REPUDIACIÓN DE HERENCIA
—Véase «Beneficio de inventario».
—Acción contra heredero: art. 1.004.
—Aceptación con el derecho de deliberar: art. 1.016.
—Aceptación por acreedores de heredero que repudia la herencia: art. 1001.
—Aceptación a beneficio de inventario: arts. 1.010 y ss.
—Acto voluntario y libre: art. 988.
—Por acreedores de heredero que repudia la herencia: art. 1.001.
—Asociaciones, corporaciones y fundaciones: art. 993.
—Certeza de la muerte del causante: art. 991.
—Clases: art. 998.
—Costas de inventario: art. 1.033.
—Cuándo se entiende hecha: art. 1.000.
—Documento público: art. 1.280, núm. 4.º
—Establecimientos públicos oficiales: art. 994.
—Expresa: art. 999.
—Herederos que han sustraído u ocultado efectos de la herencia: art. 1.002.
—Incapacitados: por sí o asistidos del curador: art. 996.
—Irrevocabilidad: casos impugnación: art. 997.
—Muerte del heredero sin aceptar ni repudiar: art. 1.006.
—Persona casada: art. 995.
—Plazo para declaración por heredero: art. 1.005.
—Pura y simple; expresa o tácita: art. 999.
—Ídem; responsabilidades del heredero: art. 1.003.
—Quiénes pueden aceptar o repudiar: art. 992.
—Repudiación; forma: arts. 990 y 1.008.
—Ídem; no posesión de bienes hereditarios: art. 440, párr. 2.º
—Ídem; llamamiento testamentario y abintestato: art. 1.009.
—Retroacción de efectos: art. 989.
—Tácita: art. 999.
—Varios herederos llamados a la herencia: art. 1.007.
ACEQUIAS
—Aguas de dominio privado: art. 408, núm. 5.º
—Aprovechamiento, venta o permuta: art. 424.
—Medianeras: art. 574.
ACOGIMIENTO DE MENORES
—Véanse «Tutela» y «Menores abandonados o desamparados».
—Acogimiento familiar: art. 173 bis.
—Cesación: art. 173.
—Consentimiento: art. 173.
—Constitución judicial: arts. 103 y 173.
—Control y vigilancia: art. 174.
—Derecho de visita, padres: art. 161.
—Efectos: arts. 173 y 173 bis.
—Entidades públicas, intervención: arts. 103.1.º, 172 y 173.
—Inserción en la propia familia: arts. 172 y 173.
—Ministerio Fiscal, intervención: arts. 173 y 174.
—Obligaciones: art. 173.
—Responsabilidad de entidades públicas: art. 174.
ACREEDORES
—De coherederos: intervención en partición de herencia: arts. 1.082 a 1.084.
—Convenio sobre quita y espera: arts. 1.912 y 1.917.
—Cuándo puede citar el fiador: art. 1.834.
—Derecho a frutos: art. 1.095.
—Derecho en caso de insolvencia del fiador: art. 1.829.
—Ejercicio de derechos y acciones contra el deudor: art. 1.111.
—Del enfiteuta; derechos en comiso de finca: art. 1.650.
—Negligencia en la excusión de bienes del deudor: art. 1.833.
—De partícipes de cosa común: división de ésta: art. 403.

—Liquidación de la sociedad de gananciales: arts. 1.373 y 1.402.
—Particulares de heredero: art. 1.034.
—Oposición a partición de herencia: art. 1.082.
—Rescisión de contratos en fraude de sus derechos: art. 1.291.4.º
—Utilización de prescripción renunciada por deudor: art. 1.937.
—Del vendedor; uso del retracto convencional: art. 1.512.

ACREEDORES DE LA HERENCIA
—Aceptación en nombre del heredero: art. 1.001.
—Oposición a la partición de la herencia: art. 1.082.
—Preferencia de créditos: art. 1.028.
—Presencia en inventario de bienes de la herencia: art. 1.014.
—Reclamación contra legatarios: art. 1.029.
—Responsabilidad del administrador: art. 1.031.
—Venta de bienes hereditarios para pago: art. 1.030.

ACTAS
—Registro Civil; prueba de la filiación: art. 113.
—Ídem; prueba del matrimonio: art. 61.

ACTO DE CONCILIACIÓN
—Interrumpe la posesión a efectos de prescripción: art. 1.947.

ACTOS
—Formalidades legales de la adopción: art. 9, núms. 4.º y 5.º
—Jurídicos: ley aplicable: art. 11.
—Jurídicos autorizados por diplomáticos o cónsules de España en el extranjero: arts. 11, núm. 3.º y 9.5.º

ACTOS CONTRARIOS A LA LEY
—Fraude de ley: art. 6.º, núm. 4.º
—Normas imperativas y prohibitivas: art. 6.º, núm. 3.º

ACTOS ILÍCITOS
—Fuente de las obligaciones: art. 1.089.

ACTOS NULOS
—Véanse «Acciones», «Anulabilidad», «Nulidad» y «Nulidad de los contratos».
—Normas imperativas y prohibitivas: art. 6.º, núm. 3.º

ACTOS PROPIOS
—Abuso de derecho: art. 7.º

ACTOS TOLERADOS
—Véase «Precario».
—Art. 444.
—Adquisición de la posesión: art. 438.
—No aprovechan para la usucapión: art. 1.942.
—Precario: art. 1.750.

ACUEDUCTO
—De aguas de dominio privado: art. 408, núm. 5.º
—Construcción cerca de pared ajena; distancias: art. 590.
—Servidumbre de: arts. 557 a 561.

ACUSACIÓN CALUMNIOSA
—Contra donante por donatario; efectos: art. 648.
—Contra testador; indignidad para suceder: arts. 756, núm. 3.º y 757.

ADMINISTRACIÓN
—Véase «Gestión de negocios ajenos».
—Arrendamiento de fincas por el administrador; duración: art. 1.548.
—Bienes del ausente: arts. 188 a 191.
—Bienes de los hijos por padres: art. 164.
—Bienes del matrimonio en régimen de separación de bienes: arts. 1.437, 1.439.
—Bienes sociedad conyugal: arts. 1.375 y ss.
—Bienes en usufructo por falta de fianza del usufructuario: art. 494.
—Comunidad de bienes: art. 398.
—Sociedad: arts. 1.692 a 1.695.

ADMINISTRACIÓN DE HERENCIA
—Actos de administración no implican aceptación: art. 999.
—Costas del inventario y gastos: art. 1.033.
—Cuentas: responsabilidad: arts. 1.031 y 1.032.
—Durante formación de inventario hasta aceptación: art. 1.020.
—Hasta pago de acreedores y legatarios: arts. 1.026 y 1.027.
—Sustitución bajo condición suspensiva: arts. 801 a 804.
—Viuda encinta: arts. 965 a 967.

ADOPCIÓN
—Aprobación judicial: art. 176.
—Asentimiento: art. 177.

—Audiencia del adoptando: art. 177.3, párr. 3.º
—Capacidad: art. 175.
—Consentimiento: art. 177.
—Deber de obediencia y respeto de hijos: art. 155.
—Determinación filiación, no afecta a la adopción: art. 180.
—Efectos: art. 178.
—Entidades públicas, intervención: arts. 176 y 177.
—Exclusión o suspensión: art. 179.
—Expedientes no resueltos a la entrada en vigor del Código civil: Disp. Trans. 11.ª del C.c.; Disp. Trans. 1.ª de la Ley 21/1987, de reforma del C.c.; Disp. Trans. única de la L.Men.
—Expresión genérica de hijos en testamento: art. 772, párr. 3.º
—Extinción, personas que pueden pedir: arts. 179 y 180.
—Extinción de la patria potestad: arts. 169 y 178.
—Idoneidad de los adoptantes: arts. 176 y 177.
—Impedimento matrimonial: arts. 47 y 178.3.
—Internacional, legislación aplicable: art. 9, núms. 4.º y 5.º
—Irrevocabilidad: art. 180.
—Matrimonio, adopción por dos personas: art. 175.4.
—Ministerio Fiscal: art. 179.
—Nacionalidad: arts. 19 y 180.
—Prohibiciones: art. 175.3 y 4.
—Requisitos: arts. 175 a 177.
—Uniones de hecho, equiparación matrimonio a efectos adopción: art. 175.4, Disp. Adic. 3.ª de la Ley 21/1987, de 11 de noviembre, de reforma del C.c. en materia de adopción.

AERONAVE DESAPARECIDA
—Declaración de fallecimiento de tripulantes y pasajeros: art. 194, núm. 3.º

AERONAVES
—Actos y contratos de inmuebles a bordo de: art. 11, núm. 1.º, párr. 2.º
—Ley aplicable: art. 10, núm. 2.º

AGENTES
—Prescripción de honorarios, derechos y gastos: art. 1.967.1.ª

AGENTES DIPLOMÁTICOS Y CONSULARES
—Aceptación herencia, ante él, a beneficio de inventario: art. 1.012.
—Adopción: art. 9.5.
—Autorización de contratos, testamentos e instrumentos públicos: Ley aplicable: art. 11, núm. 3.º
—Domicilio: art. 40, párr. 2.º
—De España en el extranjero, testamento de españoles ante él: arts. 734 a 736.
—De España: entrega testamento abierto o cerrado por Comandante o Capitán de buques: art. 725.
—Funciones de Juez del Registro Civil en matrimonio de españoles en el extranjero: art. 51.

AGRICULTURA
—Frutos industriales; definición: arts. 355 y 357.
—Unidades mínimas; partición: art. 1.051.

AGUAS
—Álveos de aguas pluviales: art. 413.
—Aprovechamiento de las públicas: arts. 409 y ss.
—Bienes inmuebles: art. 334, núm. 8.º
—De dominio privado: art. 408.
—Ídem; aprovechamiento: arts. 412 a 416.
—Ídem; derechos de propietarios de predios inferiores: art. 415.
—Ídem; facultades del dueño: art. 416.
—Ídem; licencia de propietarios para buscarlas: art. 414.
—De dominio público: art. 407.
—Ídem; subterráneas alumbradas abandonadas: art. 419.
—Expropiación forzosa: art. 423.
—Obligación de predios inferiores: art. 552.
—Obras defensivas: arts. 420 a 422.
—Paso para riego por predios intermedios: arts. 557 y ss.
—Pluviales: depósitos para conservarlas: art. 416.
—Ídem; dominio de álveos: art. 413.
—Ídem; de dominio privado: art. 408.
—Privadas; aprovechamiento dentro del predio en el que nacen: art. 412.

—Públicas; aprovechamiento: arts. 409 y ss.
—Idem; sobrantes de las privadas: art. 412.
—Regulación por Ley especial: art. 425.
—Respeto a derechos adquiridos: art. 424.
—Servidumbres: arts. 552 y ss.
AGUAS PÚBLICAS
—Bienes de uso público: art. 344.
AGUAS SUBTERRÁNEAS
—Abandono de las alumbradas; dominio público: art. 419.
—Investigación: art. 417.
—Propiedad de las alumbradas: art. 418.
ÁLAVA
—Véase «Derecho Foral».
ALBACEAS
—Aceptación de nombramiento, obligación de desempeñarlo: art. 899.
—Aceptación de nombramiento; plazo para excusa: art. 898.
—Adquisición por compra de bienes a su cargo: art. 1.459, núm. 3.º
—No aceptación o renuncia; pérdida de lo dejado por testador: art. 900.
—Capacidad: art. 893.
—Clases: art. 894.
—No delegabilidad sin autorización del testador: art. 909.
—Disposiciones piadosas del testador; actuación: art. 747.
—Facultades: arts. 901 y 902.
—Gratuidad del cargo, señalamiento de retribución por testador: art. 908.
—Mancomunados: arts. 894 a 897.
—Muerte o imposibilidad: arts. 910 y 911.
—Nombramiento por testador, número: art. 892.
—Pago de funerales y legados: arts. 902 y 903.
—Plazo para cumplir encargo: prórroga: arts. 904 a 906.
—Rendición de cuentas: art. 907.
—Renuncia o remoción: arts. 910 y 911.
—Terminación: arts. 910 y 911.
—Voluntariedad del cargo: art. 898.
ALCALDES
—Competencia para la autorización de matrimonio civiles: arts. 51, 57 y 73.3.
—Ejecución de disposiciones testamentarias en favor de pobres: art. 749.
—Facultades en hallazgos de cosas muebles: art. 615.
ALHAJAS
—No se comprenden cuando se use sólo la palabra muebles: arts. 346 y 347.
—Ocultas, tesoro: art. 352.
ALIMENTOS
—A cónyuge e hijos durante proceso de separación o nulidad de matrimonio: arts. 93,103 y 104.
—Acogimiento de menores: art. 173.1.
—Adopción: arts. 108, 153, 169 y 178.
—Casos de aplicabilidad de disposiciones: art. 153.
—Cese de la obligación: arts. 150, 152 y 153.
—Compensación renuncia, transmisión: arts. 151, 153 y 1.200, párr. 2.º
—A cónyuge superviviente e hijos, de la masa común de bienes gananciales: art. 1.408.
—Cuantía: arts. 146, 147 y 153.
—Deber de; efecto de la patria potestad: art. 154, núm. 1.º
—Derechos de los hijos legítimos y legitimados: arts. 114 y 122.
—Durante juicio del concurso, preferencia de créditos: art. 1.924, núm. 2.ºG).
—Elección, por obligado a darlos de la forma de hacerlo: arts. 149 y 153.
—Entre cónyuges: art. 68.
—Entre parientes: Leyes que los regulan: art. 9, núm. 7.º
—Forma de pago: arts. 148, 149 y 153.
—Legado de; duración; cuantía: art. 879.
—Nacimiento de la obligación: arts. 148 y 153.
—Negación por donatario o donante; revocación de la donación: art. 648, núm. 3.º
—Negativa del obligado; causa de desheredación: arts. 853, causa 1.ª, 854, causa 2.ª, 855, causa 3.ª
—No son colacionables: art. 1.041.
—Obligación de tutor con tutelado: art. 228.1.º
—Orden de reclamación: arts. 144, 145, 146, 147 y 153.

—Pensión alimentista; pago por usufructuario: art. 508.
—Personas obligadas recíprocamente: arts. 143, 146 y 147.
—Prescripción de la acción: art. 1.966.
—Prestación por extraño sin conocimiento del obligado: art. 1.894.
—Reducción o aumento proporcional a necesidades: arts. 147 y 153.
—Renuncia y transmisión a tercero del derecho a: arts. 151 a 153.
—Transacción sobre alimentos futuros, prohibición: art. 1.814.
—Varios obligados; reparto del pago: arts. 145 y 153.
—Viuda encinta: art. 964.

ALMA DEL TESTADOR
—Disposiciones en su favor: obligación de los albaceas: art. 747.

ALQUILERES
—Créditos por; clasificación: art. 1.922, núm. 7.º
—Ídem; prelación: art. 1.926.
—Obligación de pago por el arrendatario: art. 1.555.1.º
—Presunción de duración: art. 1.581.

ALUMNOS
—Responsabilidad de personas o entidades titulares de centro docente de enseñanza no superior: art. 1.903, párr. 6.º

ALUVIÓN
—Conceptos y efectos: arts. 366 y 367.

ÁLVEOS
—Aguas de dominio privado: arts. 407, 408 y 413.

AMENAZAS
—Al testador: Indignidad para suceder: arts. 756, núms. 5.º y 6.º y 757.
—Al testador: causa de desheredación: arts. 852, 854 y 855.

AMIGABLES COMPONEDORES
—Compromiso: arts. 1 a 4 L.Arb.
—División de cosa común: art. 402.

AMOJONAMIENTO
—Véase «Deslinde y amojonamiento».

ANALOGÍA
—Aplicación normas jurídicas: art. 4.º, núm. 1.º y Disp. Trans. 3.ª

ANIMALES
—Adquisición de la propiedad por ocupación: art. 610.
—De compañía, en caso de separación o divorcio: art. 90.1.*b*) bis.
—De compañía, atribución por Juez: art. 94 bis.
—Salvajes o asilvestrados: posesión: art. 465.
—Frutos: art. 357.
—Perjuicios causados por; responsabilidad del dueño: art. 1.905.
—Régimen jurídico: art. 333 bis.
—Responsabilidad del vendedor por muerte; plazo: art. 1.497.
—Servidumbre de paso; normas: art. 570.
—Venta; vicio redhibitorio: art. 1.491.

ANTICRESIS
—Aseguramiento toda clase obligaciones: arts. 1.860, 1.861 y 1.886.
—Concepto: art. 1.881.
—Contribuciones, cargas y gastos: art. 1.882.
—Disposiciones aplicables: art. 1.886.
—Falta de pago de la deuda; no transmite propiedad al acreedor, nulidad de pacto en contrario: art. 1.884.
—Obligaciones del acreedor: art. 1.882.
—Ídem; liberación: art. 1.883, párr. 2.º
—Pacto de compensación de intereses con frutos: art. 1.885.
—Readquisición del inmueble por el deudor, pago de la deuda: art. 1.883.

ANULABILIDAD
—Véase «Nulidad».

AÑO AGRÍCOLA
—Al venderse una finca; recogida de frutos: art. 1.571.
—Subsistencia de arrendamiento de finca rústica por usufructuario: art. 480.

AÑOS
—Cómputo legal: art. 5.º, núm. 1.º

APARCERÍA
—Disposiciones por las que se rige: art. 1.579.

APELLIDOS
—Filiación; los determina: art. 109.

APREMIO
—En transacción: art. 1.816.

APROBACIÓN JUDICIAL
—Enajenación o disposición por los padres de bienes de sus hijos: art. 166.
—Partición de herencia: art. 1.060.

—Repudiar herencias por asociaciones, corporaciones y fundaciones: art. 993.
—Transacción de padres en bienes de su hijo: art. 1.810.
APROVECHAMIENTO DE AGUAS
—Privadas: arts. 412 a 416.
—Públicas; adquisición: art. 409.
—Ídem; adquisición sin perjuicio de tercero: art. 410.
—Ídem; extinción del derecho: art. 411.
APUESTA
—Véase «Juego y apuesta».
ARAGÓN
—Véase «Derecho Foral».
—Derecho de viudedad: art. 16.
ARBITRAJE DE DERECHO PRIVADO
—División de cosa común: art. 402.
—Intereses del sujeto a tutela y curatela; autorización judicial: arts. 271.3 y 290.
—Mandato facultad transigir: art. 1.713, párr. 3.º
ARBITRIO
—De un contratante; validez y cumplimiento contrato; ineficacia: art. 1.256.
—Fijación de precio en compraventa; prohibición: art. 1.449.
ÁRBOLES
—Accesión: art. 396.
—Amenazan caerse: arts. 390 y 391.
—Arrancados por corriente de su propiedad: art. 369.
—Bienes inmuebles: art. 334, núm. 2.º
—Plantación cerca de heredad ajena; distancias: art. 591.
—Ramas sobre heredad ajena: art. 592.
—Responsabilidad por daños producidos por su caída: art. 1.908, núm. 3.º
—En seto medianero, presunción de medianeros: art. 593.
—Usufructo: art. 485.
ARGENTINA
—Véase «Doble nacionalidad».
ARMAS
—No se comprenden, cuando se usa sólo la palabra «muebles»: arts. 346 y 347.
ARQUITECTO
—Ajuste a precio alzado; petición de aumento: art. 1.593.
—Repetición daños causados por ruina de edificios: art. 1.909.
—Responsabilidad por ruina de edificio: art. 1.591.
ARRAS
—En la compraventa: art. 1.454.
ARRENDAMIENTO
—Bienes fungibles; no son materia de este contrato: art. 1.545.
—Clases: art. 1.542.
—Cosas: art. 1.543.
—Créditos por alquileres y rentas; clasificación y prelación en concurrencia: arts. 1.922 y 1.926.
—Cuándo debe constar en documento público el de bienes inmuebles: art. 1.280, núm. 2.º
—Derecho de usufructo: responsabilidadusufructuario: art. 498.
—Fincas por usufructuario: arts. 473 y 480.
—Gravámenes establecidos sobre fincas después de promulgarse el Código civil: art. 1.655.
—Progenitores, tutores y Administradores no pueden por más de seis años: art. 1.548.
—Precio del: art. 356.
—Prescripción de la acción sobre rentas: art. 1.966, núm. 2.º
ARRENDAMIENTO DE FINCAS RÚSTICAS Y URBANAS
—Bienes raíces, efecto con relación a tercero: art. 1.549.
—Causas de desahucio: art. 1.569.
—Compra de la finca por un tercero; terminación del contrato: art. 1.571.
—Compraventa con pacto de retro; desahucio del arrendatario: art. 1.572.
—Conceptos de arrendador y arrendatario: art. 1.546.
—Desahucio del arrendatario: arts. 1.569 y 1.570.
—Deterioro o pérdida de la finca; responsabilidad del arrendatario: arts. 1.563 y 1.564.
—Devolución de la finca: art. 1.561.
—Duración: art. 1.570.
—Inscritos en Registro Propiedad frente a terceros: art. 1.549.
—Lugar y tiempo del pago: art. 1.574.

—Mejoras útiles y voluntarias; derecho del arrendatario: art. 1.573.
—Obligaciones del arrendador: arts. 1.554 y 1.556.
—Obligaciones del arrendatario: arts. 1.555 y 1.556.
—Pérdida de la finca o incumplimiento de lo estipulado: art. 1.568.
—Perturbaciones de mero hecho por tercero: art. 1.560.
—Presunción de buen estado de la finca al tiempo de arrendarla: art. 1.562.
—Reparaciones urgentes: art. 1.558.
—Resolución por incumplimiento de obligaciones; daños y perjuicios: art. 1.556.
—Subarriendo; no prohibido expresamente: art. 1.553.
—Subarriendo, obligaciones del subarrendatario: arts. 1.551 y 1.552.
—Subarriendo: no prohibido expresamente, facultad del arrendatario: art. 1.550.
—Terminación; táctica reconducción: arts. 1.566 y 1.567.
—Ídem; en compra de finca, frutos, daños y perjuicios: arts. 1.571 y 1.572.
—Tiempo determinado: art. 1.565.
—Usurpaciones o novedades dañosas; notificación por arrendatario a arrendador: art. 1.559.
—Variación por el arrendador de la forma de la cosa arrendada: art. 1.557.
—Verbal; falta de prueba del precio: efectos: art. 1.547.

ARRENDAMIENTO DE OBRAS
—Acción contra el dueño de la obra por trabajo y materiales: art. 1.597.
—Conceptos: arts. 1.544 y 1.545.
—Contratante que se obliga a poner el material: art. 1.589.
—Contratista que se obliga a poner sólo su trabajo: art. 1.590.
—Contrato por condiciones personales del contratista; rescisión por muerte de éste: art. 1.595.
—Convenio de ejecución a satisfacción del propietario, efectos: art. 1.598.
—Desistimiento por el dueño indemnización al contratista: art. 1.594.
—Forma de contratación: art. 1.588.
—Obra ejecutada en cosa mueble; retención en prenda hasta el pago del precio: art. 1.600.
—Obra por piezas o por medida; pago proporcional: art. 1.592.
—Obra a la vista de plano convenido con el propietario: art. 1.593.
—Pago del precio: art. 1.599.
—Responsabilidad del contratista por personas a su servicio: art. 1.596.
—Ruina del edificio por vicios de la construcción o falta del contratista: art. 1.591.

ARRENDAMIENTO DE PREDIOS RÚSTICOS
—Aparcería: art. 1.579.
—Duración: art. 1.577.
—Esterilidad de la tierra; no rebaja de la renta: art. 1.575.
—Obligaciones recíprocas de arrendatarios saliente y entrante: art. 1.578.
—Pérdida de frutos separados: art. 1.576.
—Usufructuario: art. 480.

ARRENDAMIENTO DE PREDIOS URBANOS
—Arrendamiento de muebles: art. 1.582.
—Plazo de duración: art. 1.581.
—Reparaciones; costumbre del lugar en defecto de pacto: art. 1.580.

ARRENDAMIENTO DE SERVICIOS
—Conceptos: arts. 1.544, 1.546.
—Criado doméstico: arts. 1.584 y 1.585.
—Criados de labranza: arts. 1.586 y 1.587.
—Criados, menestrales, artesanos, trabajadores asalariados: arts. 1.586 y 1.587.
—Forma de contratación: art. 1.583.
—Prestaciones personales por hijos menores: art. 162.

ARROYOS
—Aprovechamiento de sus aguas: art. 412.
—Aguas de dominio privado: art. 408.
Aguas de dominio público: art. 407, núm. 2.º

ASCENDIENTES
—Alimentos; reciprocidad; gradación: arts. 143, núm. 2, 144, 146, 147 y 153.

—Asentimiento para la adopción, progenitores: art. 177.2.
—Causas de desheredación: art. 854.
—Colación en su herencia: art. 1.039.
—Desheredación: arts. 756, 852 y 854.
—Exención deberes del adoptado por razón de parentesco: art. 178.
—Herederos forzosos: art. 807, núm. 2.º
—Impedimento matrimonial: art. 47.
—Legítima hereditaria: arts. 809 y 810.
—Nombramiento de sustitutos para menores: arts. 775, 776 y 777.
—Petición de extinción de adopción de hijo: art. 180.2.
—Representación y defensa del descendiente ausente: art. 184, núm. 3.º
—Reserva lineal: art. 811.
—Sucesión abintestato: arts. 935 a 938.
—Sucesión de sus hijos o descendientes: art. 812.

ASEGURAMIENTO DE BIENES LITIGIOSOS

—Art. 1.785.

ASISTENCIA MÉDICA

—Incluida en concepto de alimentos: art. 142.

ASOCIACIONES

—Aceptación y repudiación de herencia: art. 993.
—Autorizadas, adquisición por testamento: art. 746.
—Capacidad civil: art. 37.
—Domiciliadas en el extranjero: art. 28.
—Extinción: art. 39.
—Nacionalidad: art. 28.
—No permitidas por la Ley; incapacidad para suceder: art. 745.
—Personas jurídicas: art. 35.
—Régimen por normas del contrato de sociedad: art. 36.
—Religiosas; personalidad jurídica: arts. 35 y 38.

ATENTADO

—Contra la vida del cónyuge, desheredación: art. 855, regla 4.ª
—Indignidad para suceder: art. 756.
—Un padre contra el otro, desheredación: art. 854.

AUSENCIA

—Administración de bienes del ausente: art. 184.
—Aparición del ausente; restitución de bienes: art. 187, párr. 2.º
—Aparición del declarado fallecido, recuperación de bienes: art. 197.
—Apertura de la sucesión por prueba de muerte del ausente: art. 188.
—Cese de la situación por declaración de fallecimiento: art. 195.
—Concepto a efectos de la prescripción: art. 1.958.
—Contratos celebrados en representación del ausente: art. 1.291, núm. 2.º
—Cónyuge del ausente: art. 189.
—Cónyuge; separación de bienes; administración: arts. 1.435 y 1.393.
—Cumplimiento de obligaciones del ausente: art. 184.
—Declaración: arts. 181 a 192.
—Declaración de fallecimiento, apertura de la sucesión: art. 196.
—Declaración; representación y defensa: art. 181.
—Entrega del patrimonio a sucesores por muerte probada del ausente: art. 188.
—Inscripción de declaración de fallecimiento: art. 179.
—Llamamiento del ausente a sucesión; acrece a coherederos: art. 191.
—Muerte del ausente durante posesión temporal o representación dativa; apertura de la sucesión: art. 188.
—Objeto de inscripción: art. 198, núm. 6.º
—Obligaciones del cónyuge del ausente: art. 189.
—Obligaciones del representante: art. 185.
—Patrimonio del ausente; conservación y defensa: art. 185, núm. 3.º
—Personas obligadas a instar la declaración: art. 182.
—Pesquisa del ausente: art. 184.
—Petición de partición de herencia: art. 1.052, párr. 2.º
—Posesión temporal del patrimonio del ausente: art. 186.
—Posesión temporal del patrimonio del ausente; derecho preferente de tercero: art. 187.
—Presunción legal: art. 183.

—Presunción de muerte y efectos: art. 34.
—Presunción de vida hasta declaración de fallecimiento: art. 195.
—Protección de bienes del ausente: art. 184.
—Reclamación de derechos en nombre del ausente: art. 190.
—Registro Central de ausentes: art. 198.
—Representación y defensa del declarado ausente: art. 184.
—Reserva de la herencia a que está llamado el ausente: arts. 191 y 192.
—Situación legal de: art. 183.
—Suspensión de patria potestad de padre o madre: art. 156.

AUTONOMÍA DE LA VOLUNTAD
—Contratos: art. 1.255.
—Evicción: arts. 1.475 a 1.477.

AUTORIDADES
—Auxilio a los padres: art. 154.
—Aviso de calicatas o excavaciones; descubrir minerales: art. 426.
—Privación de propiedad, previa indemnización: art. 349.

AUTORIZACIÓN JUDICIAL
—Administración y disposición de bienes gananciales: arts. 1.376 y 1.377.
—Disposición de la vivienda común de los cónyuges: art. 1.320.
—Para enajenación o gravamen de bienes de hijo no emancipado: art. 166.
—Para matrimonio: art. 48.
—Partición de herencia: art. 1.053.

AUXILIARES DEL NOTARIO
—Testigos testamentarios: art. 681, núm. 5.º

AVERÍAS
—En transporte de cosas: art. 1.602.

AVULSIÓN
—Segregación y agregación de terrenos ribereños: art. 368.

AYUNTAMIENTOS
—Adquisición por testamento: art. 746.
—Capacidad jurídica: art. 35.

B

BALCONES
—Apertura sobre finca del vecino; distancias; medición: arts. 582, 583, 584 y 585.

BALEARES
—Véase «Derecho Foral».

BARRERAS DE ACCESIBILIDAD
—Nota al art. 17 de la L.P.H.

BENEFICENCIA
—Asignación de herencias del Estado; aceptación: arts. 956 y 957.
—Cargas benéficas en herencias: art. 788.
—Contratos de; causa: art. 1.274.
—Establecimientos; capacidad para suceder: art. 746.
—Entidades públicas, menores desamparados: arts. 172, 239, 242 y Disp. Adic. 1.ª de la Ley 21/1987, de 11 de noviembre de reforma del C.c. en materia de adopción.

BENEFICIO DE DIVISIÓN
—Contra cofiadores: art. 1.837, párr. 2.º

BENEFICIO DE EXCUSIÓN
—Fianza: arts. 1.830 a 1.834, 1.836 y 1.856.
—Retracto convencional: art. 1.512.

BENEFICIO DE INVENTARIO
—Aceptación de herencia: art. 992 y 998.
—Aceptación de herencias del Estado, por provincias y municipios: arts. 956 y 957.
—Aceptación de herencia por persona casada: art. 995.
—Aceptación o repudiación de herencia por persona con discapacidad: art. 996.
—Administración y custodia de bienes hereditarios: art. 1.020.
—Culpa o negligencia del heredero: art. 1.018.
—Derecho de herederos a aceptar herencia contra prohibición del testador: art. 1.010.

—Efectos en favor de heredero: art. 1.023.
—Forma: arts. 1.011 y 1.013.
—Heredero en el extranjero: arts. 1.012 y 1.013.
—Heredero que tenga en su poder bienes de la herencia: art. 1.014.
—Inventario hecho por quien después repudia la herencia: art. 1.022.
—Pérdida del derecho: art. 1.024.
—Plazos para principiar y concluir inventario: art. 1.017.
—Plazos de herencia poseída por otro: art. 1.021.
—Reclamaciones de legatarios: art. 1.025.

BIENES
—Véase «Ausencia».
—Adquiridos por hijo no emancipado; propiedad y usufructo: arts. 164 y 165.
—Ajenos; usufructo: arts. 467 y ss.
—Clasificación: art. 333.
—Clasificación según la pertenencia: art. 338.
—Comprendidos en la herencia: art. 659.
—Comunes: administración en matrimonio: art. 1.375.
—De Corporaciones, asociaciones y fundaciones extinguidas; destino: art. 39.
—Derecho de accesión: arts. 353 y ss.
—Hereditarios; posesión: art. 440.
—De hijos no emancipados; administración por padres: art. 164.
—De tutelados; administración por tutor: art. 228.4.º
—Del patrimonio Real; regulación: art. 342.
—De propiedad privada: art. 345.
—Propios de cada cónyuge: art. 1.346.

BIENES DE DOMINIO PÚBLICO
—Aguas, ríos, lagunas, fuentes, etc.: art. 407.
—Comunidad de pastos: art. 601.
—Enumeración: art. 339.
—Pase a propiedad del Estado: art. 341.

BIENES DEL ESTADO
—Propiedad privada: arts. 340 y 341.

BIENES FUNGIBLES
—Compraventa; imputación de riesgos: art. 1.452.
—Daño o provecho de la cosa vendida: art. 1.452.
—Enumeración: art. 337.
—No son materia de contrato de arrendamiento: art. 1.545.
—Precio cierto en contratos de compraventa: art. 1.448.
—Préstamo: arts. 1.753 y 1.754, párr. 2.º
—Usufructo: art. 482.

BIENES FUTUROS
—Concepto; donación: art. 635.
—Donaciones por razón de matrimonio: art. 1.341.
—Venta de cosa futura: art. 1.271.

BIENES GANANCIALES
—Véase «Sociedad de gananciales».
—Regulación: arts. 1.347 a 1.361.

BIENES INCORPORALES
—Entrega en la compraventa: art. 1.464.

BIENES INDIVISIBLES
—Comunidad: art. 404.

BIENES INMUEBLES
—Accesión: arts. 358 y ss.
—Aportados a Sociedad: art. 1.668.
—Censos: arts. 1.604 y ss.
—Compra y venta; sujeción a la Ley Hipotecaria: art. 1.537.
—Cosas que se entienden comprendidas: arts. 346 y 347.
—Depósito judicial: arts. 1.785 a 1.789.
—Deslinde y amojonamiento: arts. 385 y ss.
—Donación; requisitos: art. 633.
—Enumeración: art. 334.
—Fincas rústicas; derecho de cerrar o cercar: art. 388.
—Inscripción en Registro de la separación de bienes: art. 1.436.
—Legado de cosa no determinada: art. 875.
—Ley aplicable: art. 10, núms. 1 y 5, párr. 2.º
—Objeto de hipoteca: art. 1.874.
—Pérdida de la posesión: art. 462.
—Prescripción de las acciones reales: art. 1.963.
—Registro de la propiedad: arts. 605 a 608.
—Transmisión; efectos desde inscripción en el Registro: arts. 1.526 y 1.537.
—Validez de actos y contratos: art. 11.

—Venta a diferentes compradores: arts. 1.473 y 1.537.
—Venta con expresión de cabida y calidad; diferencia en menos o más: arts. 1.469, 1.470 y 1.537.
—Venta por precio aplazado: art. 1.471.

BIENES MUEBLES
—Abandonados; adquisición: art. 610.
—Accesión: arts. 375 a 383.
—Concepto: arts. 335 y 336.
—Cosas que se entienden comprendidas: arts. 346 y 347.
—Cosas empeñadas en Montes de Piedad: art. 464, párr. 3.º
—Cosas hurtadas o robadas; adquisición del dominio por prescripción: art. 1.956.
—Depósito judicial: arts. 1.785 a 1.789.
—Donación: art. 632.
—Enajenaciones antes de segundo matrimonio: art. 976.
—Entrega en la compraventa: art. 1.463.
—Fungibles o no fungibles: art. 337.
—Hallazgo; consignación; adjudicación; premio: arts. 615 y 616.
—Legado de cosa genérica: art. 875.
—Ley aplicable: art. 10, núms. 1.º y 5.º, párr. 2.º
—Objeto de depósito: art. 1.761.
—Objetos arrojados al mar o a la playa: art. 617.
—Pérdida de la posesión: art. 461.
—Prenda sobre ellos: art. 1.864.
—Prescripción de las acciones reales: art. 1.962.
—Prescripción del dominio: arts. 1.955 y 1.962.
—Reivindicación de cosa perdida: arts. 1.955, párr. 3.º y 1.962.
—Venta por albaceas para gastos: art. 903.

BIENES PRIVATIVOS
—De los cónyuges, propiedad: art. 1.386.
—Ídem; frutos: art. 1.347.
—Ídem; responsabilidad: arts. 1.372 y 1.373.
—Enumeración: art. 1.346.

BIENES DE PROVINCIAS Y PUEBLOS
—División; cuáles son: arts. 343 y 344.

BIENES RAÍCES
—Véase «Bienes inmuebles».
—Arrendamiento; efecto con respecto a tercero: art. 1.549.

BIENES EN TRÁNSITO
—Constitución o cesión de derechos: art. 10, núm. 1.º

BIENES DE USO PÚBLICO
—De provincias y pueblos: art. 344.

BIGAMIA
—No puede contraer matrimonio: art. 46.

BINUBO
—Véase «Segundas nupcias».

BOLIVIA
—Véase «Doble nacionalidad».

BUENA FE
—Adopción, extinción: art. 180.2.
—Cobro de lo indebido: arts. 1.897 y 1.899.
—Cumplimiento de contratos, de acuerdo con: art. 1.258.
—Daños y perjuicios por deudor: art. 1.107.
—Derechos de un tercero en pérdida por evicción de una cosa permutada: art. 1.540.
—Deterioro o pérdida de la cosa poseída: art. 457.
—Edificación, plantación o siembra: art. 361.
—Efectos de matrimonio: arts. 78 y 79.
—Efectos de la posesión heredada: art. 442.
—Efectos en venta o cesión de créditos: arts. 1.529 y 1.530.
—Ejercicio de derechos: art. 7, núm. 1.º
—Empleo de materia ajena en obra: art. 383.
—Frutos en la posesión: arts. 451 y 452.
—Gastos en la posesión: arts. 453 y 454.
—Mezcla o confusión de cosas: art. 382.
—Obligaciones contraídas por socio para negocios sociales: art. 1.688.
—Pago a poseedor de crédito: art. 1.164.
—Del poseedor: arts. 433 a 436, 1.950 y 1.951.
—Posesión de bienes muebles: art. 464.
—Renuncia de socio; disolución sociedad: art. 1.705.
—Requisito para la prescripción ordinaria: art. 1.940.

—Venta de cosa depositada por el heredero del depositario: art. 1.778.
BUENAS COSTUMBRES
—Condiciones contrarias en herencias: art. 792.
—Condiciones contrarias; anulan la obligación: art. 1.116.
—Estipulaciones matrimoniales contrarias a: art. 1.328.
—Servicios no contrarios a: objeto de contrato: art. 1.271, párr. 3.º
BUQUES
—Actos y contratos sobre inmuebles a bordo de: art. 11, núm. 1, párr. 2.º
—Ídem; a bordo de los militares: art. 11, núm. 1, párr. 2.º
—Ley aplicable: art. 10, núm. 2.º
—Testamentos otorgados en ellos: arts. 722 y ss.

C

CABALLERÍAS
—No se comprenden, cuando se usa sólo la palabra «muebles»: arts. 346, 347.
CABEZAS DE FAMILIA
—Responsabilidad por daños: art. 1.910.
CABILDOS ECLESIÁSTICOS
—Arts. 746 y 752.
CADUCIDAD
—Acción por defectos ocultos de la cosa vendida: art. 1.490.
—Acción de impugnación de enajenaciones en régimen de participación: art. 1.434.
—Acción de impugnación de reconocimiento de filiación realizado mediante error, violencia o intimidación: art. 141.
—Acción de nulidad: art. 1.301.
—Acción de nulidad del matrimonio: convalidación: arts. 75 y 76.
—Acción de rescisión: art. 1.299.
—Concesión de aprovechamiento de aguas públicas: art. 411.
—Concesiones por carta de naturaleza o por residencia: art. 21.4.
—Derecho de opción por la nacionalidad española: art. 20.2.*c*).
—Esponsales: art. 43.
—Legado de perdón o liberación de deuda: art. 871.
—Testamentos: art. 743.
—Testamento; efecto de revocación: art. 740.
—Testamento militar: art. 719.
—Testamentos marítimos: art. 730.
CAJAS DE AHORROS
—Intereses por mora: art. 1.109.
—Prenda: art. 1.873.
CAL
—Extracción por usufructuario: art. 476.
CALAMIDAD
—Depósito necesario: arts. 1.781, núm. 2.º y 1.782.
CALICATAS
—Art. 426.
CALUMNIA
—Causa desheredación: arts: 852 y 853.
—Indignidad para suceder: art. 756.
—Prescripción de la acción por responsabilidad civil: art. 1.968, núm. 2.º
CALLES
—Bienes de uso público: art. 344.
CAMINO DE SIRGA
—Servidumbre de predios ribereños: art. 553, párr. 2.º
CAMINOS
—Bienes de dominio público: art. 339, núm. 1.º
—Bienes inmuebles: art. 334, núm. 1.º
—Provinciales y vecinales: uso público: art. 344.
CAMPAÑA
—Desaparecidos en; declaración de fallecimiento: art. 194, párr. 1.º
CANALES
—Bienes de dominio público: art. 339, núm. 1.º
CANTERAS
—Aprovechamiento por usufructuario: art. 476.

—Bienes inmuebles: art. 334, núm. 8.º
CAÑADAS
—Paso de ganados: art. 570.
CAPACIDAD
—Véase «Derecho Foral».
—Adopción: 175.1.
—Adquirir bienes o derechos por prescripción: art. 1.931.
—Comprar y vender: art. 1.457.
—Contraer matrimonio: arts. 46 y 47.
—Corporaciones, asociaciones y fundaciones: art. 37.
—Donación y aceptación: arts. 624, 625 y 626.
—Incapacitación de concursado: art. 1.914.
—Ley que la rige: art. 9, núm. 1.º
—Personas jurídicas para adquirir y disponer: art. 38.
—Suceder: art. 744.
—Testador: arts. 662 a 666.
—Ídem; conocimiento por notario y testigos: arts. 685 y 686.
CAPACIDAD JURÍDICA
—Véanse «Personalidad» y «Personas jurídicas».
—Comienzo: arts. 29 y 30.
—Sociedad: art. 1.669.
CAPACIDAD DE OBRAR
—De personas jurídicas: art. 38.
—Restricciones: arts. 222, 286 y 247.
CAPITAL
—Usufructo; destino: art. 507.
CAPITÁN DE BUQUE MERCANTE
—Autorización de testamento marítimo: arts. 722 y ss.
CAPITULACIONES MATRIMONIALES
—Alteraciones: arts. 1.326 y 1.331.
—Capacidad: arts. 1.329 y 1.330.
—Delegación de la facultad de mejorar: art. 831.
—Estipulaciones bajo futuro matrimonio: art. 1.334.
—Forma: arts. 1.280.3.º y 1.327.
—Inscripción en el Registro civil y Registro de la propiedad: art. 1.333.
—Invalidez: arts. 1.334 y 1.335.
—Otorgamientos: arts. 1.325 y 1.326.
—Promesa de mejorar: arts. 825 y 827.
CARGAS
—Anticresis; pago: art. 1.882.
—De comunidad de bienes: art. 393.
—Sobre cosa legada para seguridad de deuda: art. 867.
—De herencia: arts. 780, 788, 818, 867, 1.003, 1.021, 1.023, 1.086 y 1.534.
—Signo contrario a medianería: art. 573, núm. 4.º
—De sociedad de gananciales: arts. 1.362 a 1.374.
CARRERA PROFESIONAL O ARTÍSTICA
—Gastos, colación hereditaria: art. 1.042.
—Al menor e incapaz: art. 269.
—Gastos comprendidos en los alimentos: art. 142.
CARRUAJES
—No se comprenden, cuando se usa sólo la palabra «muebles»: arts. 346 y 347.
CARTA
—Aceptación de oferta de contrato: art. 1.262.
CARTA DE NATURALEZA
—Para adquisición de nacionalidad, concesión discrecional por R.D.: art. 21.
CASAS BARATAS
—Herencia: art. 834.
CASAS DE EXPÓSITOS
—Tutela de los acogidos: art. 239.
CASAS DE PRÉSTAMOS
—Sujeción a reglamentos: art. 1.757.
CASO FORTUITO
—Extraordinario, definición: art. 1.573, párr. 2.º
—Gestión de negocios ajenos: art. 1.891.
—Pérdida de la cosa debida: art. 1.183.
—Pérdida de la cosa en obligaciones alternativas: art. 1.136.
—Pérdida de cosa prestada: arts. 1.744 y 1.745.
—Pérdida o deterioro de cosas muebles de los cónyuges: art. 1.425.
—Pérdida de frutos de finca arrendada: art. 1.575.
—Pérdida de finca gravada con censo: arts. 1.625 y 1.626.
—Transporte de cosas por agua o tierra: art. 1.602.
CATALUÑA
—Véase «Derecho Foral».

CAUCES
—De aguas de dominio privado: art. 408, núm. 5.º
CAUCES DE LOS RÍOS
—Abandonados por variar las aguas del cauce: art. 370.
—Abiertos en propiedad privada: art. 372.
—Dominio público: art. 407, núm. 1.º
CAUCIÓN JURATORIA
—En usufructo: art. 495.
CAUDAL RELICTO
—Véase «Partición de herencia».
CAUSA EN LOS CONTRATOS
—Causa falsa, nulidad del contrato: art. 1.276.
—Causa ilícita: concepto: art. 1.275.
—Concepto: art. 1.274.
—Ilícita o torpe: arts. 1.305 y 1.306.
—Presunción de existencia: art. 1.277.
—Requisito esencial: art. 1.261, núm. 3.º
—Simulada: art. 1.276.
CAZA
—Adquisición por ocupación: arts. 610 y 611.
—Heredades de; responsabilidad del propietario por daños en fincas vecinas: art. 1.906.
—Régimen por Ley especial: art. 611.
CENSO
—Acción real sobre la finca gravada y personal para pago de pensiones: art. 1.623.
—Adjudicación a varios herederos de la finca gravada sin consentimiento del censualista: art. 1.619.
—Constitución: art. 1.604.
—Contribuciones e impuestos: pago por censatario: art. 1.622.
—Derechos de adquisición preferente, tanteo y retracto: arts. 1.636 a 1.646.
—Determinación de la pensión o canon: art. 1.613.
—División de las fincas gravadas; consentimiento expreso del censualista: art. 1.618.
—Expropiación de la finca gravada: art. 1.627.
—Gastos de redención y liberación: art. 1.612.
—Naturaleza: art. 1.608.
—Pacto sobre redención: art. 1.608, párr. 2.º
—Pago de dos pensiones consecutivas para suponer pagadas las anteriores: art. 1.621.
—Pago de pensiones; lugar: art. 1.615.
—Ídem; plazos: art. 1.614.
—Pérdida de la finca; causas y efectos: arts. 1.624, 1.625.
—Pérdida de finca asegurada; afección del valor del seguro: art. 1.626.
—Perdón o remisión de la pensión por esterilidad de la finca: art. 1.624.
—Prescriptibilidad del capital y pensiones: art. 1.620.
—Recibo de la pensión y resguardo: art. 1.616.
—Redención; aviso a censualista; plazo: art. 1.609.
—Redención por censatario a su voluntad: art. 1.608.
—Redención de los constituidos antes de la promulgación del Código civil: art. 1.611.
—Redención parcial o contra la voluntad del censualista; requisitos: art. 1.610.
—Transmisión de las fincas gravadas y del derecho a pensión: art. 1.617.
CENSO CONSIGNATIVO
—Cómputo del tiempo de la prescripción: art. 1.970, párr. 2.º
—Concepto: art. 1.606.
—Normas reguladoras: arts. 1.657 a 1.660.
—Pensión en frutos: art. 1.657.
—Plazo pactado para redención: arts. 1.608 y 1.609.
—Procedimiento por acción real contra finca acensuada, derechos del censualista: arts. 1.659 y 1.660.
—Redención; en qué consiste: art. 1.658.
CENSO ENFITÉUTICO
—Abono de mejoras en caso de comiso o rescisión del contrato: art. 1.652.
—Comiso de la finca; devolución al dueño directo: art. 1.648.
—Ídem; liberación: art. 1.650.
—Ídem; requerimiento previo de pago al enfiteuta: art. 1.649.
—Cómputo del tiempo de la prescripción: art. 1.970, párr. 3.º

—Concepto: art. 1.605.
—Contrato de subenfiteusis; supresión: art. 1.654.
—Derechos del enfiteuta sobre frutos, accesiones, tesoros y minas: art. 1.632.
—Derechos de tanteo y retracto de dueños, directo y útil: arts. 1.636 a 1.642.
—Determinación de la pensión: art. 1.630.
—Disposición por enfiteuta por actos entre vivos o de última voluntad: art. 1.633.
—Donación o permuta de finca por enfiteuta: art. 1.635.
—Enajenación de la finca a título oneroso; pago de laudemio al dueño directo: art. 1.644.
—Enfiteusis anteriores a la promulgación del Código sujetas al pago de laudemio: art. 1.644.
—Establecimiento sobre bienes inmuebles y en escritura pública: art. 1.628.
—Expropiación forzosa de la finca: art. 1.631.
—Facultad disposición del enfiteuta: art. 1.633.
—Fijación del valor de la finca y de la pensión anual bajo pena de nulidad: art. 1.629.
—Naturaleza: art. 1.608.
—Pago de laudemio: arts. 1.644 a 1.646.
—Pensión en frutos: aviso al dueño directo del comienzo de la recolección: art. 1.630.
—Pensión en parte alícuota de frutos; servidumbre y cargas: art. 1.634.
—Perturbación del enfiteuta por un tercero: art. 1.643.
—Plazo pactado para redención: arts. 1.608 y 1.609.
—Reconocimiento de la posesión por dueño directo cada 29 años: art. 1.647.
—Redención; en qué consiste: art. 1.651.
—Reversión finca al dueño directo: art. 1.653.
—Tiempo indefinido en foros: art. 1.655.
—Venta judicial de la finca, derecho de tanteo: art. 1.640.
—Venta de varias fincas sujetas a un mismo censo; tanteo y retracto: art. 1.641.

CENSO A PRIMERAS CEPAS
—Art. 1.656.

CENSO RESERVATIVO
—Constitución: art. 1.661.
—Cómputo del tiempo de la prescripción: art. 1.970, párr. 3.º
—Concepto: art. 1.607.
—Normas: arts. 1.661 a 1.664.
—Pensión en frutos: fijación de especie, cantidad y calidad: art. 1.663.
—Plazo pactado para redención: arts. 1.608 y 1.609.
—Redención: arts. 1.662 y 1.664.

CENTROS DOCENTES DE ENSEÑANZA
—Responsabilidad de titulares por actos de alumnos: arts. 1.903.5, 1.904.

CERCADO
—Cercas; presunción medianería: art. 572, núm. 3.º
—Fincas en comunidad de pastos: art. 602.
—Fincas rústicas: derecho del propietario: art. 338.

CESIÓN
—Bienes en pago de deuda: arts. 460, núm. 2.º y 1.175.
—Derechos por acreedor a tercero: art. 1.198.

CESIÓN DE CRÉDITOS, DERECHOS Y ACCIONES
—Acciones: art. 1.528.
—Créditos litigiosos: arts. 1.535 y 1.536.
—Derechos: art. 1.523.
—Efectos frente a terceros: art. 1.526.
—Notificación al deudor: art. 1.527.
—Saneamiento: arts. 1.529 y 1.532.
—Solvencia del deudor: art. 1.530.
—Venta de herencia: art. 1.531.

CHEQUE
—Pago: art. 1.170.

CHILE
—Véase «Doble nacionalidad».

CHIMENEAS
—Construcción cerca de pared ajena; distancias: art. 590.

CIEGOS
—Testamento abierto; lectura: art. 699.
—Testamento cerrado: art. 708.

—Testigos testamentarios: art. 681, núm. 2.º

CITACIÓN JUDICIAL

—A efectos prescripción: arts. 1.945 a 1.947.

CLÁUSULA FIDEICOMISARIA

—Se tiene por no escrita en nulidad sustitución fideicomisaria: art. 786.

CLÁUSULA PENAL

—Véase «Obligaciones con cláusula penal».

CLÁUSULA *AD CAUTELAM*

—Validez de las puestas en testamentos otorgados antes de la vigencia del Código civil: Disp. Trans. 2.ª

CLÁUSULA DE LOS CONTRATOS

—Interpretación: arts. 1.284, 1.285 y 1.288.

CLOACAS

—Construcción cerca de pared ajena; distancias: art. 590.

—Responsabilidad por daños por emanaciones: arts. 1.908, núm. 4.º y 1.909.

COACCIÓN

—Contratos: arts. 1.265, 1.267, 1.268 y 1.301.

—Matrimonio: arts. 45 y 73.

—Testamento: arts. 673, 674 y 756.

COBRO DE LO INDEBIDO

—Abono de gastos y mejoras por quien indebidamente cobró: art. 1.898.

—Aceptación de buena fe: art. 1.897.

—Aceptación de mala fe: art. 1.896.

—Exención de restituir en supuestos de buena fe: art. 1.899.

—Obligación de restitución: art. 1.895.

—Presunción de error: art. 1.901.

—Prueba del pago; cargo: art. 1.900.

CÓDIGO CIVIL

—Véase «Derecho Foral».

—Ámbito de obligatoriedad del Título Preliminar: art. 13.

—Derogación de cuerpos legales, usos y costumbres: art. 1.976.

—Irretroactividad de disposiciones que perjudiquen derechos adquiridos bajo la legislación anterior: Disp. Trans. 1.ª del C.c.

—Supletoriedad en regiones de derecho foral: art. 13.

—Supletorio de otras leyes: art. 4, núm. 3.º

—Vecindad: art. 14.

CÓDIGO DE COMERCIO

—Aplicación en cuestiones de transportes por agua y tierra: art. 1.601.

—Aplicación de sus disposiciones a sociedades civiles: art. 1.670.

—Formas de sociedades civiles: art. 1.670.

—Reivindicación de cosa mueble adquirida en Bolsa, feria o mercado o de comerciante establecido: art. 464, párr. 4.º

—Venta de valores cotizables dados en prenda: art. 1.872, párr. 2.º

CÓDIGO PENAL

—Aplicación en contratos con causa u objeto ilícitos: art. 1.305.

—Condena penal: art. 111.

—Obligaciones civiles nacidas de delito o falta: art. 1.092.

COFIADORES

—Véase «Fianza».

COHEREDEROS

—Véanse «Herederos», «Herencia» y «Partición de herencia».

COLACIÓN HEREDITARIA

—Bienes dejados en testamento: art. 1.037.

—Bienes recibidos por renuncia o transacción: art. 816.

—Casos en que no tiene lugar entre herederos forzosos: art. 1.036.

—Cantidades para pagar deudas o conseguir título de honor: art. 1.043.

—Concepto: art. 1.035.

—Concurrencia de nietos con tíos y primos: art. 1.038.

—Contienda entre coherederos: art. 1.050.

—Cuándo no tiene lugar: art. 1.036.

—Donaciones hechas al consorte del hijo: art. 1.040.

—Donación hecha por ambos cónyuges: art. 1.046.

—Efectos de la donación: arts. 1.047 y 1.048.

—Fijación de la legítima: art. 818.

—Forma de hacer la colación: art. 1.045.

—Frutos e intereses de bienes sujetos a colación: art. 1.049.

—Gastos de alimentos, educación y curación: art. 1.041.

—Gastos para carrera profesional o artística: art. 1.042.
—Nietos herederos en representación del padre: art. 1.038.
—Padres en herencia de ascendientes de lo donado a sus hijos: art. 1.039.
—Regalos de boda: art. 1.044.

COLATERALES

—Impedimento matrimonial: art. 47, núm. 2.º
—Prohibición adopción: art. 175.3.
—Representación y defensa del declarado ausente: art. 184, núm. 4.º
—Sucesión intestada: arts. 946 y ss.

COLECCIONES

—No se comprenden, cuando se usa sólo la palabra «muebles»: arts. 346 y 347.

COLINDANTES

—Deslinde: arts. 384 y 385.
—Retracto legal de propietarios: arts. 1.523, 1.524 y 1.537.

COLMENAS

—Bienes inmuebles: art. 334, núm. 6.º
—Ocupación: art. 612.

COMANDANTE DE BUQUE

—Testamento marítimo: arts. 722 y ss.

COMERCIO

—Cosas objeto de contrato: art. 1.271.
—Legado de cosas fuera de; nulidad: art. 865.
—Minorista: nota al Título IV del Libro IV.

COMISARIO DE GUERRA

—Autorización de testamento militar en campaña: art. 717.

CONTADOR-PARTIDOR

—Designado por el testador: art. 1.057.

COMISO

—De finca enfitéutica: arts. 1.648 y ss.

COMODATO

—Concepto: art. 1.740.
—Derechos y obligaciones, transmisión a herederos: art. 1.742.
—Deterioros de la cosa prestada: art. 1.746.
—Duración: art. 1.750.
—Entrega de la cosa con tasación; pérdida: art. 1.745.
—Gastos de conservación de la cosa prestada: art. 1.751.
—Naturaleza, propiedad y uso de la cosa prestada: art. 1.741.
—Obligaciones del comodante: arts. 1.749 a 1.752.
—Obligaciones del comodatario: arts. 1.743 a 1.748.
—Reclamación por comodante de la cosa prestada: art. 1.749.
—Responsabilidad por pérdida de la cosa prestada: art. 1.744.
—Responsabilidad solidaria de comodatarios: art. 1.748.
—Retención por comodatario, de la cosa prestada: art. 1.747.
—Uso de cosa depositada; contrato: art. 1.768.
—Uso de la cosa prestada: plazo: art. 1.750.
—Vicios de la cosa prestada: art. 1.752.

COMPARECENCIA EN JUICIO

—Menor emancipado: art. 247.
—Menor no emancipado: arts. 162 y 163.

COMPENSACIÓN

—Cesión de derechos por acreedor a tercero: art. 1.198.
—Cuándo tiene lugar: art. 1.195.
—Deuda alimenticia: arts. 151 y 1.200, párr. 2.º
—Depósito o comodato: art. 1.200.
—Diferentes lugares; gastos de transporte: art. 1.199.
—Extinción de deudas en la cantidad concurrente: art. 1.202.
—Extingue las obligaciones: art. 1.156.
—Intereses de la prenda: art. 1.868.
—Obligaciones solidarias: art. 1.143.
—Obligaciones condicionales: art. 1.120.
—Oposición del fiador: art. 1.197.
—Persona con varias deudas contra sí: art. 1.201.
—Requisitos: art. 1.196.
—Usufructuario, de desperfectos, con mejoras: art. 488.

COMPILACIONES

—Véanse arts. 13 a 16.

COMPILACIÓN ARAGONESA

—Véase «Derecho de viudedad».

COMPRA Y VENTA

—Véanse «Establecimiento mercantil», «Retracto convencional» y «Retracto legal».

—Acción redhibitoria por vicios o defectos de animales: arts. 1.491 a 1.499.
—Acciones por vicios o defectos de la cosa vendida: arts. 1.484 a 1.490.
—Aguas frutos o manantiales: art. 424.
—Alzadamente o en globo de derechos, rentas o productos: art. 1.532.
—Arras o señal; rescisión del contrato: art. 1.454.
—Bienes del declarado ausente: art. 186, párr. 3.º
—Bienes inmuebles: sujeción a la Ley Hipotecaria: art. 1.537.
—Bienes inmuebles con expresión de cabida: arts. 1.469, 1.470 y 1.537.
—Bienes de hijo no emancipado: art. 166.
—Bienes inmuebles por precio alzado: art. 1.471.
—Bienes muebles e inmuebles: Ley aplicable: art. 10, núm. 5.º, párr. 2.º
—A calidad de ensayo o prueba de la cosa vendida: art. 1.453.
—Calificación del contrato por la naturaleza del precio: art. 1.446.
—Capacidad legal: arts. 1.457 a 1.459.
—Compra por tutor de bienes de aquellos a quienes representen, prohibición: art. 1.459.1.
—Cosas fungibles; imputación de riesgos: art. 1.452.
—Crédito litigioso: arts. 1.535 y 1.536.
—Créditos de buena y mala fe; efectos: arts. 1.529 y 1.530.
—Daño o provecho de la cosa vendida: art. 1.452.
—Definición del contrato: art. 1.445.
—Efectos del contrato en caso de pérdida de la cosa vendida: art. 1.460.
—Enajenación forzosa por causa de utilidad pública: art. 1.456.
—Entre cónyuges: arts. 1.323 y 1.458.
—Entrega de bienes incorporales: art. 1.464.
—Entrega de bienes muebles: art. 1.463.
—Entrega de la cosa: aplazamiento de pago: art. 1.467.
—Ídem; cuándo se entiende hecha: art. 1.462.
—Ídem; frutos: art. 1.468.
—Ídem; contra pago del precio: art. 1.466.
—Ídem; reglas: art. 1.469.
—Escrituras; gastos de otorgamiento: art. 1.455.
—Evicción; contestación a la demanda por comprador; suspensión del término: art. 1.482.
—Ídem; cuándo tiene lugar: arts. 1.475 y 1.537.
—Ídem; efectos; derechos del comprador: art. 1.478.
—Ídem; finca gravada sin mencionarlo la escritura; rescisión; plazo: art. 1.483.
—Ídem; notificación de la demanda al vendedor: arts. 1.481 y 1.482.
—Ídem; nulidad de pacto en contrario: art. 1.476.
—Ídem; renuncia del comprador al saneamiento: art. 1.477.
—Ídem; rescisión del contrato a petición del comprador; requisitos: art. 1.479.
—Finca arrendada; terminación del contrato: art. 1.571.
—Gastos de la entrega de la cosa: art. 1.465.
—De herencia: arts. 1.531, 1.533 y 1.534.
—Intereses del precio: art. 1.501.
—Menor emancipado: art. 247.
—Obligaciones del comprador: arts. 1.500 a 1.505.
—Obligaciones del vendedor: arts. 1.461 y ss.
—Ídem; saneamiento por evicción: arts. 1.475 a 1.483.
—Ídem; saneamiento por gravámenes o defectos ocultos: arts. 1.484 a 1.499.
—Otorgamiento de escritura; equivale a entrega de la cosa: arts. 1.462, párr. 2.º, y 1.537.
—Pago del precio después de expirado el plazo en venta de bienes inmuebles: arts. 1.504 y 1.537.
—Pérdida de la cosa por vicios ocultos: arts. 1.487 y 1.488.
—Perfeccionamiento; obligatoriedad: art. 1.450.
—Personas que no pueden adquirir por compra: arts. 1.459 y 1.537.
—Precio cierto: art. 1.447.
—Ídem; venta de valores, granos y líquidos: art. 1.448.
—Precio; señalamiento: art. 1.449.

—Promesa de vender o comprar efectos: art. 1.451.
—Prescripción de acciones: art. 1.472.
—Pública subasta: art. 464.
—Referencia a bienes muebles o inmuebles; cosas que comprende: art. 347.
—Rescisión contrato: arts. 1.469 y ss.
—Resolución; causas: art. 1.506.
—Ídem; por temor de pérdida de la cosa inmueble vendida y el precio: arts. 1.503 y 1.537.
—Ídem; en venta de bienes muebles: art. 1.505.
—Retracto convencional: arts. 869.2.º y 1.507 y ss.
—Retracto legal: arts. 1.521 a 1.525.
—Saneamiento: arts. 1.461 y 1.474.
—Saneamiento en caso de evicción: arts. 1.475 a 1.483.
—Ídem; por defectos o gravámenes ocultos de la cosa vendida: arts. 1.484 a 1.499.
—Suspensión de pago del precio por perturbación en la posesión o dominio de la cosa comprada: arts. 1.502 y 1.537.
—Tiempo y lugar de pago del precio: art. 1.500.
—Venta de bienes por albaceas para cumplir disposiciones piadosas del testador: art. 747.
—Venta conjunta de varios animales: vicio redhibitorio: art. 1.491.
—Venta de cosa depositada, por el heredero de depositario y de buena fe: art. 1.778.
—Venta de la misma cosa a diferentes compradores: art. 1.473.
—Ventas judiciales: no ha lugar a responsabilidad por daños y perjuicios: art. 1.489.

COMPROMISOS
—Mandato: art. 1.713.
—Tutela: art. 271.3.º

COMPUTACIÓN DE GRADOS
—Líneas recta y colateral: arts. 918 y 919.

CÓMPUTO DEL TIEMPO
—Art. 5.º

COMUNIDAD DE BIENES
—Acción de división; no prescribe: art. 1.965.
—Administración y disfrute; acuerdos: art. 398.
—Alteraciones; consentimiento: art. 397.
—Componentes de una sociedad: art. 1.674.
—Concepto: art. 392.
—Concurso de participar en beneficios y cargas: art. 393.
—Cosa indivisible, venta: art. 404.
—División; reglas de la de herencia: art. 406.
—Ídem; concurrencia de acreedores o cesionarios: art. 403.
—Ídem; derecho de petición: arts. 400 y 401.
—Ídem; derechos de tercero: art. 405.
—Ídem; que hace inservible la cosa: art. 401.
—Ídem; por interesados o árbitros: art. 402.
—Ídem; de animales de compañía: art. 404, párr. 2º.
—Edificio poseído en común; adjudicación de pisos o locales: art. 401.
—Efectos de la enajenación o hipoteca de participaciones: art. 399.
—Enajenación de parte por condueño: art. 399.
—Gastos de conservación: art. 395.
—No obligatoriedad de permanencia en la comunidad: art. 400.
—Pacto de indivisión; por tiempo determinado: art. 400, párr. 2.º
—Prescripción ganada por un comunero aprovecha a los demás: art. 1.933.
—Propiedad horizontal: art. 396.
—Propiedad plena de cada condueño en su parte: art. 399.
—Regulación: art. 392, párr. 2.º
—Sociedad con pactos secretos: art. 1.669.
—Retracto legal: arts. 1.522, 1.524 y 1.537.
—Servidumbre voluntaria; consentimiento de copropietarios: art. 597.
—Sociedad universal de todos los bienes presentes: art. 1.674.
—Uso de cosas comunes: art. 394.
—Usufructo de parte de cosa poseída en común: art. 490.

—Venta con pacto de retro de finca indivisa: arts. 1.513 a 1.516 y 1.537.
COMUNIDAD DE PASTOS
—Entre vecinos de uno o más pueblos: art. 602.
—Establecimiento; régimen: art. 600.
—Redención de finca gravada: arts. 603 y 604.
—En terrenos públicos: art. 601.
CONCEBIDO
—Efectos favorables: art. 29.
—No nacido; aceptación donación: art. 627.
—Viuda encinta: arts. 959 a 967.
CONCESIONES ADMINISTRATIVAS
—Aprovechamiento de aguas públicas: arts. 409 y 410.
—Bienes inmuebles: art. 334, núm. 10.
CONCURRENCIA Y PRELACIÓN DE CRÉDITOS
—Acreedores de herencia: art. 1.028.
—Clasificación de créditos: arts. 1.921 a 1.925.
—Normas reguladoras: arts. 1.911 y ss.
CONCURSO DE ACREEDORES
—Acción del fiador contra deudor: art. 1.843.
—Censatario censo consignativo: art. 1.660.
—Excusión de bienes del deudor impide: art. 1.831, núm. 3.º
CONDENA PENAL
—Pérdida de patria potestad: art. 170.
CONDENADOS
—Causa de desheredación: art. 853, regla 4.ª
—Indignidad para suceder: arts. 756, núm. 2.º, 757.
—Inhábiles para tutor y curador: arts. 217 y 275.
—A pérdida de la nacionalidad: art. 24.
—Recobro de nacionalidad perdida por sentencia: art. 26.
CONDICIÓN
—Véanse «Herederos» y «Obligaciones condicionales».
—Aceptación y repudiación de herencia, no cabe: art. 990.
—Cumplimiento si el obligado lo impide: art. 1.119.
—Heredero bajo ella; partición de herencia: art. 1.054.
—Imposibles y contrarias a las buenas costumbres: art. 1.116.
—Incumplimiento de la impuesta a institución de heredero, apertura de la sucesión intestada: art. 912.
—Institución de heredero o legatario: arts. 790 y ss.
—Institución testamentaria en favor de establecimiento público: art. 748.
—Muerte de heredero o legatario antes de su cumplimiento: art. 759.
—De no contraer matrimonio: art. 793.
—Nula en testamento: art. 794.
—Potestativa impuesta a heredero o legatario: arts. 795 y 800.
—Resolutoria en obligaciones: arts. 1.113 y 1.124.
—Resolutoria en usufructo; cumplimiento, extinción: art. 513, núm. 2.º
—Sobre legítima; nulidad: art. 813.
—Suspensiva impuesta por testador: efectos: arts. 799 y 801 a 803.
—Suspensiva; venta a ensayo o prueba y a calidad de gustar o probar: art. 1.453.
—Sustitución hereditaria; subrogación: art. 780.
CONDÓMINOS
—Véase «Comunidad de bienes».
CONDONACIÓN DE DEUDA
—Condonación de principal extingue las accesorias: art. 1.190.
—Documento de crédito en poder del deudor; presunción de entrega voluntaria: art. 1.189.
—Entrega de documento justificativo del crédito; implica renuncia: art. 1.188.
—Expresa o tácita: art. 1.187.
—Extingue obligaciones: art. 1.156.
—Presunción de remisión de obligación accesoria de prenda: art. 1.191.
CONDUCTORES
—En transportes por agua y tierra; responsabilidades: arts. 1.601 a 1.603.
CONDUEÑOS
—Véase «Comunidad de bienes».
CONEJOS
—Ocupación: art. 613.

CONFIRMACIÓN DE LOS CONTRATOS
—Efectos: art. 1.313.
—Negocios confirmables: art. 1.310.
—Supuestos: arts. 1.311 y 1.312.
CONFLICTO DE INTERESES
—Con el tutelado, imposibilita para ser tutor: art. 217.5.º
—Existente entre menores o incapacitados y representantes legales o curador: art. 275.3.2.º
—Existente entre padre y madre, por un lado, e hijo, por otro: art. 163.
CONFLICTOS DE LEYES
—Véase «Derecho Foral».
—Formas y solemnidades de contratos e instrumentos públicos: art. 11.
—Nacionalidad: arts. 22, 23.
—Norma aplicable: art. 12.
—Remisión a la legislación de un Estado con diferentes sistemas legislativos: art. 12, núm. 5.º
—Resolución: art. 16.
CONMIXTIÓN
—Arts. 381, 382.
CONFUSIÓN DE DERECHOS
—Aprovecha a fiadores: art. 1.193.
—De acreedor y deudor; extingue las obligaciones: arts. 1.156 y 1.192.
—Entre deudor y fiador por herencia; extinción de la fianza: art. 1.848.
—No extingue deuda mancomunada: art. 1.194.
—En obligaciones solidarias: art. 1.143.
CONMORIENCIA
—Personas llamadas a suceder; prueba; presunción: art. 33.
CONSENTIMIENTO
—Apertura ventana en pared medianera: art. 580.
—Casos de nulidad: art. 1.265.
—Cómo se manifiesta: art. 1.262.
—Medianeros para edificar: art. 579.
—Perfeccionamiento de los contratos: art. 1.258.
—Perfeccionamiento en contratos vía telemática: art. 1.262.
—Personas que no pueden prestarlo: arts. 1.263 y 1.264.
—Prestado por coacción o miedo; nulidad de matrimonio: art. 73, núm. 5.º
—Requisito para validez de contrato: arts. 1.261, núm. 1.º y 1.262 y ss.
CONSERVACIÓN
—De cosa por el obligado a darla: art. 1.094.
CONSIGNACIÓN DE LA COSA DEBIDA
—Anuncio a interesados: art. 1.177.
—Autorización por acreedor a deudor para retirarla; efectos: art. 1.181.
—Depósito a disposición de autoridad judicial; notificación a interesados: art. 1.178.
—Efectos: art. 1.176, párr. 2.º
—Gastos: art. 1.179.
—Petición por deudor al Juez de cancelación de la deuda: art. 1.180.
CONSIGNACIÓN DE LA COSA DEPOSITADA
—Art. 1.776.
CONSTRUCCIONES
—Véase «Accesión».
—Bienes inmuebles: art. 334, núm. 1.º
—Distancias y obras intermedias: arts. 589 a 593.
—Materiales ajenos en suelo propio: art. 360.
—Obras defensivas para contener el agua: arts. 420 a 422.
—Predios ajenos: arts. 358 y 359.
—Responsabilidad por daños: art. 1.909.
CONSTRUCCIONES FLOTANTES
—Bienes inmuebles: art. 334, núm. 9.º
CÓNSULES
—Véase «Agentes diplomáticos y consulares».
—Contratos, testamentos y actos jurídicos: art. 11.
CONTADORES DE BUQUES DE GUERRA
—Testamento marítimo: arts. 722 y ss.
CONTRATISTA
—Véase «Arrendamiento de obras».
CONTRATO DE OBRAS
—Por ajuste o precio alzado: arts. 1.588 a 1.600.
CONTRATO DE RENTA VITALICIA
—Véase «Renta vitalicia».
CONTRATO DE SOCIEDAD
—Véase «Sociedad».

—Asociaciones que deben regirse por este contrato: art. 36.
CONTRATO DE TRABAJO
—Véase «Arrendamiento de servicios».
—Ley aplicable en obligaciones derivadas del: art. 10, núm. 6.º
CONTRATO DE TRANSPORTE
—Véase «Transportes».
CONTRATOS
—Véanse los epígrafes de «Contrato», «Contratos...» y los de «Anticresis», «Causa en los contratos», «Censo», «Censo consignativo», «Censo enfitéutico», «Censo reservativo», «Comodato», «Compra y venta», «Compromisos», «Confirmación de los contratos», «Consentimiento», «Depósito», «Fianza», «Hipoteca», «Interpretación de los contratos», «Mandato», «Nulidad de los contratos», «Objeto de los contratos», «Obligaciones», «Permuta», «Prenda», «Préstamo», «Rescisión», «Sociedad» y «Transacción».
—Aceptación de oferta por carta: art. 1.262.
—Anulabilidad: arts. 1.300 y ss.
—Aplica su régimen a donaciones entre vivos y a las de causa onerosa: art. 622.
—Causa en los: arts. 1.274 a 1.277.
—Celebrados bajo la legislación anterior al Código; efectos: Disp. Trans. 2.ª
—Concepto: art. 1.254.
—Confirmación: arts. 1.310 a 1.313.
—Consentimiento: arts. 1.261 y ss.
—Contratación a nombre de otro; requisitos: art. 1.259.
—Cuasi contratos: arts. 1.887 y ss.
—Documento público: art. 1.280.
—Efectos: art. 1.257.
—Eficacia: art. 1.278.
—Enriquecimiento sin causa: art. 10, núm. 9.º
—Por escrito, si prestaciones de más de 1.500 pesetas: art. 1.280, núm. 6.º
—Estipulaciones en favor de terceros: art. 1.257, párr. 2.º
—Expresión de causa falsa; nulidad: art. 1.276.
—Extensión leyes reguladoras: art. 10, núm. 10.
—Extranjero incapaz en su país capaz en España: art. 10, núm. 8.º
—Facultades de los contratantes: art. 1.255.
—Forma y obligatoriedad de los contratos: arts. 1.258, 1.279 y 1.280.
—Formas y solemnidades: arts. 1.278 y 1.279.
—Fuente de las obligaciones: art. 1.089.
—Fuerza de ley de obligaciones entre contratantes: art. 1.091.
—Funcionarios diplomáticos o consulares de España en el extranjero: art. 11, núm. 3.º
—Interpretación: arts. 1.281 y ss.
—Juramento; inadmisión: art. 1.260.
—Ley de obligaciones contractuales: art. 10, núm. 5.º
—Lugar del: art. 1.262.
—Nulidad: arts. 6.º3, 1.300 y ss.
—Objeto: arts. 1.271 y ss.
—Oneroso; causa: art. 1.274.
—Perfeccionamiento: art. 1.258.
—Pura beneficencia; causa: art. 1.274.
—Remuneratorios; causa: art. 1.274.
—Requisitos para su validez: art. 1.261.
—Rescisión: arts. 1.290 y ss.
—Resolución: art. 1.124.
—Sin causa o con causa ilícita: art. 1.275.
—Por usufructuario, terminación: art. 480.
—Validez y cumplimiento: art. 1.256.
CONTRATOS ALEATORIOS O DE SUERTE
—Véanse «Juego y apuesta» y «Renta vitalicia».
—Concepto: art. 1.790.
CONTRATOS SIMULADOS
—Donación: art. 623.
—Causa: art. 1.276.
CONTRIBUCIONES
—En redención de censos; pago por censatario: art. 1.622.
—Pago por acreedor en la anticresis: art. 1.882.
—Pago por usuario: art. 527.
—Sobre bienes en usufructo: arts. 504, 505.
CONVENIOS INTERNACIONALES
—Véase «Tratados internacionales».

CONVENIO REGULADOR
—En caso de separación o divorcio: art. 90.
CONVERSIÓN ACTOS NULOS
—Testamento cerrado; conversión en ológrafo: art. 715.
CONVIVENCIA
—Obligación de los cónyuges: art. 68.
CÓNYUGES
—Véanse «Adopción», «Ausencia», «Derecho Foral», «Hipoteca legal», «Matrimonio», «Partición de herencia», «Revocación», «Separación de bienes de los cónyuges» y «Separación matrimonial».
—Acción de nulidad de matrimonio: art. 74.
—Adopción: asentimiento: art. 177.2.
—Alimentos: arts. 143, 144 a 147 y 153.
—Anulación de actos de un cónyuge sin consentimiento del otro: art. 1.322.
—Casado con extranjero/a: art. 22.2.*d*).
—Causas de desheredación: art. 855.
—Compra y venta recíproca: art. 1.458.
—Consentimiento para adopción: arts. 175.4 y 177.1.
—Derechos legitimarios de cónyuge viudo: arts. 814 y 834.
—Derechos y obligaciones recíprocos: arts. 66 a 71.
—Divorcio: arts. 85 a 89.
—Extranjero con español/a: art. 22.2*d*).
—Leyes que rigen sus relaciones personales y matrimoniales: art. 9.°, núms. 2.° y 3.°
—Matrimonio; separación: arts. 81 y ss.
—Mayores de edad pueden modificar régimen del matrimonio: art. 1.325.
—Nombramiento de curador: art. 276.1°.
—Nombramiento de tutor: arts. 213, 214.
—Del Notario, testigos testamentarios: art. 681, núm. 5.°
—Obligación de promover declaración de ausencia: art. 182.
—Participación de bienes; régimen: arts. 1.411 a 1.434.
—Representación y defensa del declarado ausente: art. 184, núm. 1.°
—Representación y defensa del desaparecido: art. 181.
—Residencia: art. 70.
—Separación de bienes: arts. 1.435 y ss.
—Sucesión: arts. 807, 809, 834 a 839, 852 y 853.
—Suspensión de vida común por separación y divorcio: art. 102.
—Usufructo; fianza, sustitución por renta vitalicia: arts. 492 y 839.
COPIAS DE DOCUMENTOS PÚBLICOS
—Fuerza probatoria: art. 1.220.
COPOSESIÓN
—Véase «Posesión».
COPROPIEDAD
—Véase «Comunidad de bienes».
CORDEL
—Servidumbre de paso de ganados; regulación: art. 570.
CORPORACIONES
—Aceptación y repudiación de herencia: art. 993.
—Capacidad civil: art. 37.
—Domicilio: art. 41.
—Extinción: art. 39.
—Nacionalidad: art. 28.
—No permitidas por la Ley; incapacidad para suceder: art. 745.
—Personas jurídicas: art. 35.
—Provinciales y municipales; adquisición por testamento: art. 746.
—Transacción: art. 1.812.
—Usufructo en favor de; extinción: art. 515.
CORRAL
—Paso aguas pluviales: art. 588.
COSA COMÚN
—Véase «Comunidad de bienes».
COSA JUZGADA
—En la transacción: art. 1.816.
COSA MUEBLE
—Véase «Bienes».
COSA RAÍZ
—Posesión: art. 449.
COSAS
—Véase «Bienes».
COSAS FUNGIBLES
—Véase «Bienes fungibles».
COSAS FUTURAS
—Objeto de los contratos: art. 1.271.
COSAS HURTADAS O ROBADAS
—Depósito: art. 1.771.
—Prescripción: art. 1.956.

COSAS LITIGIOSAS
—Contratos que se refieren a; rescindibles: art. 1.291, núm. 4.º
COSTA RICA
—Véase «Doble nacionalidad».
COSTAS
—Pleitos sobre usufructo: art. 512.
COSTAS MARÍTIMAS
—Propiedad de islas: art. 371.
COSTUMBRE
—Véase «Buenas costumbres».
—Aplicación en servidumbres de paso para ganado: art. 570.
—Arrendamiento rústico; cambio arrendatario, labores: art. 1.578.
—Arriendo de finca retraída por pacto de retro: art. 1.520.
—Que constituyen derecho civil; derogación: art. 1.976.
—Desagüe de edificios: art. 587.
—Fuentes de Derecho: art. 1.º, núms. 1.º y 3.º
—Interpretación de contratos: art. 1.287.
—Reparaciones en arrendamientos urbanos: art. 1.580.
—Servidumbre de medianería: art. 571.
—Uso bienes de sociedad por socios: art. 1.695, regla 2.ª
COTEJO DE LETRAS
—Copias impugnadas de documentos públicos: art. 1.220.
—Testamento ológrafo: arts. 691 y 692.
CRÉDITO HIPOTECARIO
—Enajenabilidad: art. 1.878.
—Enajenación o cesión: art. 1.878.
—Preferencia sobre bienes hipotecados; prelación: arts. 1.923, núm. 3.º y 1.927.
CRÉDITO LITIGIOSO
—Concepto; derecho del deudor; excepciones; venta: arts. 1.535 y 1.536.
CRÉDITO PIGNORATICIO
—Excluye a los demás: arts. 1.926, regla 1.ª
CRÉDITO REFACCIONARIO
—Preferencia sobre bienes objeto de la refacción, prelación: arts. 1.923, núm. 3.º y 1.927.
CRÉDITOS
—Adjudicación en partición de herencia: art. 1.072.
—Anotados preventivamente en el Registro Propiedad: art. 1.923, núm. 4.º
—Anticresis: arts. 1.881 y ss.
—Clasificación: art. 1.921.
—Concurrencia de dos o más respecto a determinados bienes inmuebles o derechos reales: art. 1.927.
—Concurrencia y prelación: art. 1.911.
—De cónyuges pagaderos en años; calificación: arts. 1.356 y 1.357.
—Cuándo se entienden comprendidos en la expresión muebles: arts. 346 y 347.
—No preferentes; orden de prelación: arts. 1.925 y 1.929.
—Pago por deudor sin conocimiento de la cesión: art. 1.527.
—Preferentes con relación a bienes muebles del deudor: art. 1.922.
—Preferentes con relación a bienes muebles y derechos reales del deudor: arts. 1.923 y 1.927.
—Preferentes con relación a otros bienes muebles o inmuebles del deudor: arts. 1.924 y 1.928.
—Prelación de créditos: arts. 1.926 a 1.929.
—De terceros contra sociedad y socios: art. 1.699.
—Transmisión; efecto contra tercero: arts. 1.526, 1.537.
—Vencidos del usufructo; reclamación: art. 507.
—Venta o cesión: art. 1.528.
—Ídem; duración de la responsabilidad del cedente de buena fe: art. 1.530.
—Ídem; efectos de la buena o mala fe del vendedor: art. 1.529.
CRIADEROS
—De animales, palomares, colmenas, estanques de peces, etc.: art. 334, núm. 6.º
CRIADOS
—Domésticos y de labranza; derechos y deberes; despidos: arts. 1.584 a 1.587.
—Preferencia de los créditos devengados en el último año: art. 1.924.2.ºD.
—Prescripción del importe de sus servicios: art. 1.967.3.ª
CUASI CONTRATOS
—Cobro de lo indebido: arts. 1.895 a 1.901.

—Concepto: art. 1.887.
—Fuente de las obligaciones: art. 1.089.
—Gestión de negocios ajenos: arts. 1.888 a 1.894.
CUENTAS
—De la administración de la herencia: art. 1.032.
—De la patria potestad: art. 168.
—Del albacea; rendición: art. 907.
—Prescripción de la acción para exigir rendición: art. 1.972.
—De la tutela: arts. 232 y 233.
—Impedimento adopción, cuentas tutela: art. 175.3.3.º
CULPA
—Concepto: art. 1.104.
—Contratos; nulidad: art. 1.306.
—Depositario de cosa; presunción: art. 1.769.
—Del deudor; concepto: art. 1.104.
—Deudor en obligaciones solidarias: art. 1.147.
—Extracontractual: art. 1.093 y 1.902 a 1.910.
—Fuente de obligaciones: art. 1.089.
—Gestión de negocios ajenos: art. 1.889.
—Del heredero en el comienzo del inventario; aceptación pura y simple de herencia: art. 1.018.
—Obligaciones alternativas: arts. 1.135 y 1.136.
—Obligaciones de dar: art. 1.122.
—Obligaciones solidarias: art. 1.137.
—Pérdida de la cosa debida; presunción: art. 1.183.
—Pérdida de finca acensuada: art. 1.625.
—Prescripción de acción: art. 1.968, núm. 2.º
—Responsabilidad por daños producidos por un animal: art. 1.905.
—Responsabilidad de mandatario: art. 1.726.
CULTIVOS
—Créditos por anticipos de semillas, gastos y recolección: art. 1.926, regla 3.ª
CURA PÁRROCO
—Intervención en disposiciones testamentarias en favor de pobres: art. 749.
CURATELA
—Autocuratela: art. 271.
—Constitución: art. 269.
—Ejercicio: arts. 282 y siguientes.
—Extinción: art. 291 y siguientes.
—Nombramiento: arts. 275 y 276.
—Remoción: art. 278.
CUSTODIA
—Compartida: art. 92, apartados 5 y 8.
—Del tutelado: art. 228.1.
—Determinación en convenio regulador: art. 90.1.*a*).
—Ejercicio por los progenitores: art. 154.

D

DACIÓN EN PAGO
—Efectos: art. 1.175.
—Fianza: art. 1.849.
—Retracto: art. 1.521.
DAÑO EMERGENTE
—Art. 1.106.
DAÑOS Y PERJUICIOS
—Veánse «Responsabilidad», «Responsabilidad civil», «Responsabilidad contractual», «Responsabilidad criminal» y «Responsabilidad extracontractual».
—Abono, entre coherederos, en partición herencia: art. 1.063.
—Accesión de bienes muebles: arts. 360, 379, 380 y 383.
—Acción u omisión culposa o negligente, reparación: arts. 1.902 y 1.903.
—Aguas, obras defensivas: arts. 420 a 422.
—A arrendatario en venta de finca arrendada: art. 1.571.
—Arriendo; incumplimiento obligaciones; negligencia: arts. 1.556 y 1.559.
—Caída de árboles: art. 1.908, núm. 3.º
—Construcción de parada o partidor: art. 562.

—Contratista por desistir de construcción de la obra: art. 1.594.
—Contratos en fraude de acreedores: art. 1.298.
—En defecto de rescisión de contrato: art. 1.295.
—Depósito de cosa cerrada o sellada: art. 1.769.
—Derribo de edificio apoyado en pared medianera: art. 576.
—Dolo en cumplimiento de obligaciones: arts. 1.101, 1.106 y 1.107.
—Dolo incidental en contratos: art. 1.270.
—Emanaciones de cloacas o depósitos: arts. 1.908, núm. 4.º y 1.909.
—En rescisión de contratos: art. 1.295, párr. 3.º
—Evicción en compraventa: art. 1.479.
—Por explosiones de máquinas: arts. 1.908, núm. 1.º y 1.909.
—A finca enfitéutica; comiso: art. 1.648.
—En finca enfitéutica en rescisión contrato: art. 1.652.
—En fincas vecinas a heredades de caza: art. 1.906.
—Gestión de negocios ajenos: arts. 1.889 y 1.893.
—Por humos excesivos: arts. 1.908, núm. 2.º y 1.909.
—Incumplimiento de obligaciones en arrendamiento: art. 1.556.
—Indemnización a acreedor por pérdida de cosas en obligaciones alternativas: art. 1.135.
—Indemnización de mandante o mandatario: arts. 1.718, 1.729 y 1.736.
—Notarios por actuación con malicia o negligencia testamento cerrado: art. 715.
—Obligaciones con cláusula penal: art. 1.152.
—Obligaciones indivisibles mancomunadas; resolución: art. 1.150.
—Obligaciones que nacen de culpa o negligencia: arts. 1.902 y ss.
—Obligaciones recíprocas: art. 1.124.
—Obligaciones solidarias: art. 1.147.
—Pago por depositante a depositario: art. 1.780.
—Pago por deudor al fiador: art. 1.838, núm. 4.º
—Pérdida por evicción de la cosa recibida en permuta: art. 1.540.
—Pérdida de finca gravada con censo por culpa del censatario: art. 1.625.
—A personas sujetas a tutela: art. 234.
—A tutores; sin culpa por su parte: art. 230.
—Por no inscripción o depósito de fianza para tutela: art. 258.
—Por no presentación en plazo de testamento ológrafo: art. 690.
—Producidos por animal; responsabilidad del dueño: art. 1.905.
—Responsabilidad de administrador de herencia: art. 1.031.
—Responsabilidad de Notario en testamento abierto y cerrado: arts. 705, 712 y 715.
—Por ruina de edificios: arts. 1.571, 1.907 y 1.909.
—Servidumbre de paso: art. 564.
—Sociedad causados por culpa de socio: art. 1.686.
—Socio que no aportó lo prometido: art. 1.682.
—Trabajadores que ponen materiales en obra ajustada por contratista: art. 1.597.
—Uso de la cosa depositada: art. 1.767.
—Usufructo: art. 511.
—Vendedor, de créditos, de mala fe: art. 1.529.
—Ventas judiciales: art. 1.489.
—Vicios o defectos ocultos de la cosa vendida conocidos y no manifestados por el vendedor: arts. 1.486 y 1.499.

DEBER DE OBEDIENCIA
—Hijos no emancipados: art. 155.

DECLARACIÓN
—De opción de nacionalidad: arts. 19 y 20.
—Recobro de nacionalidad por retorno: art. 26 y Disps. Trans. de la Ley 29/1995, de reforma del C.c. en materia de nacionalidad.
—De voluntad de recuperar la nacionalidad: art. 26.

DECLARACIÓN DE AUSENCIA
—Véase «Ausencia».

DECLARACIÓN DE FALLECIMIENTO
—Véase «Ausencia».

DECLARACIÓN JUDICIAL DE HEREDEROS
—En sucesión intestada del Estado: art. 958.
DEFECTOS OCULTOS
—Compraventa: arts. 1.484 a 1.499.
DEFENSOR JUDICIAL
—Atribuciones: art. 235.
—De desaparecido: art. 181.
—De hijos no emancipados en casos de intereses opuestos entre padres e hijos: art. 163.
—Ejercicio: art. 236.
DELACIÓN
—De la sucesión: art. 658.
—De la tutela: art. 211.
DELITOS
—Acción civil proveniente de; transacción: art. 1.813.
—De ambos contratantes: art. 1.305.
—Autores que no pueden contraer matrimonio: art. 47, núm. 3.º
—Contratos nulos por ilicitud de causa u objeto: art. 1.305.
—Deuda de cosa que procede de él: art. 1.185.
—Inhabilitan para ser tutores y curadores: arts. 216, 217 y 275.
—Obligaciones civiles derivadas: art. 1.092.
—De donatario contra donante; revocación de donación: art. 648, núm. 1.º
DEMANDAS
—Cumplimiento de esponsales de futuro; inadmisibilidad: art. 42.
—En solicitud de inhabilitación: Disp. Adic. de la Ley 13/1983, de 24 de octubre, de reforma del C.c. en materia de tutela.
—Investigación de paternidad, admisión: art. 127.
—Judicial a efectos prescripción: art. 1.946.
—Separación, nulidad o divorcio de matrimonio; medidas provisionales: arts. 102 y ss.
—Sobre saneamiento por evicción: arts. 1.482 y ss.
—Separación de bienes de matrimonio: anotación en Registro propiedad de los inmuebles: art. 1.436.
DEMOLICIÓN
—Definición, pared, etc., ruinoso: arts. 389 y 391.
—Obras en terreno ajeno, de mala fe: art. 363.
DEPENDIENTES
—Responsabilidad: arts. 1.903 y 1.904.
—Testigos en los testamentos: art. 681.
—Cosa propia del mandante: art. 1.717.
DEPORTES
—Juegos no prohibidos: art. 1.800.
DEPÓSITO
—Clases: art. 1.759.
—Compensación de deuda que proviene de depósito: art. 1.200.
—Cosa en coposesión: art. 445.
—Consignación, para pago, de cosa debida: art. 1.178.
—Constitución: art. 1.758.
—Cosa hurtada: art. 1.771.
—Cosas muebles: art. 1.761.
—Devolución: art. 1.770.
—Ídem; lugar: art. 1.774.
—Dinero; devolución; intereses: art. 1.770.
—Efectos públicos por usufructuario: art. 494, párr. 1.º
—Entrega de la cosa cerrada y sellada: art. 1.769.
—Extrajudicial; necesario o voluntario: art. 1.762.
—Fianza pignoraticia en tutela: art. 260.
—Gratuidad: art. 1.760.
—Guarda y restitución; pérdida: art. 1.766.
—Obligaciones del depositario: arts. 1.766 y ss.
—Obligaciones del depositante: arts. 1.779 y 1.780.
—Pérdida de cosa depositada, por fuerza mayor, por el depositante: art. 1.777.
—Pérdida por depositario de capacidad de contratar; no devolución depósito: art. 1.773.
—Persona capaz en otra que no lo es: art. 1.765.
—Persona incapaz en persona capaz: art. 1.764.
—Prueba de propiedad en cosa depositada: art. 1.771.

—Restitución: art. 1.775.
—Restitución por voluntad del depositario: art. 1.776.
—Uso autorizado de la cosa depositada: art. 1.768.
—Uso no autorizado de la cosa: art. 1.767.
—Valores o efectos públicos en usufructo: art. 494.
—Valores mobiliarios de hijo no emancipado: art. 166.
—Varios depositantes; división de la cosa depositada: art. 1.772.
—Venta de la cosa; de buena fe por heredero de depositario: art. 1.778.
—Voluntario; concepto: art. 1.763.

DEPÓSITO JUDICIAL
—Aplicación de disposiciones de Ley de Enjuiciamiento Civil: art. 1.789.
—Bienes muebles e inmuebles: art. 786.
—Obligaciones del depositario: arts. 1.787 y 1.788.
—Posesión litigiosa: art. 445.
—Supuestos: art. 1.785.

DEPÓSITO MATERIAS CORROSIVAS
—Art. 590.

DEPÓSITO MATERIAS INFECTANTES
—Arts. 1.908 y 1.909.

DEPÓSITO NECESARIO
—Efectos introducidos por viajeros en fondas y mesones: arts. 1.783 y 1.784.
—Normas por las que se rige: arts. 1.782 a 1.784.
—Supuestos: art. 1.781.

DERECHO
—Véanse «Abuso del derecho» y «Error de derecho».
—Buena fe: art. 7.º, núm. 1.º
—Expresión causa contraria en instituir heredero o nombrar legatario: art. 767.
—Principios generales de: art. 1.º, núm. 4.º

DERECHO DE ACRECER
—Coherederos del ausente: arts. 191 y 192.
—Cuándo tiene lugar: arts. 196, 197, 922 y 982.
—Cuándo no tiene lugar; posesión del instituido: art. 986.
—Designación por partes: art. 983.
—Donaciones conjuntas: art. 637.
—Entre herederos forzosos: art. 985.
—Entre legatarios y usufructuarios: art. 987.
—Repudiación de legados: art. 888.
—Requisitos en la sucesión testamentaria: art. 982.
—Sucesión legítima: art. 981.
—Sucesión en todos los derechos y obligaciones: art. 984.

DERECHO DE CAZA Y PESCA
—Régimen por leyes especiales: art. 611.

DERECHO CIVIL COMÚN
—Vecindad: art. 14.

DERECHO DE DELIBERAR
—Aceptación de herencia: arts. 1.014 y 1.016.
—Aceptación o repudiación de herencia; plazo para manifestar: arts. 1.019 y 1.022.
—Efectos de la prescripción sobre herencia no aceptada: art. 1.934.
—Heredero que tenga en su poder bienes de la herencia: art. 1.014.
—Plazos para solicitar: arts. 1.014 a 1.016.
—Reclamaciones de legatarios: art. 1.025.

DERECHO EXTRANJERO
—Véase «Extranjeros».
—Invocación, contenido y vigencias; remisión, etc.: art. 12.

DERECHO FORAL
—Véanse «Título Preliminar» y «Vecindad civil».
—Capacidad: art. 9.º, núm. 1.º y 16.
—Capitulaciones matrimoniales: art. 9.º, núm. 3.º
—Código civil, supletorio: art. 13, núm. 2.º
—Conflictos de Leyes: art. 16.
—Derecho de viudedad en Aragón: art. 16.
—Estado civil: art. 9.º, núm. 1.º
—Extranjero nacionalizado español: art. 15.
—Familia: derechos y deberes: art. 9.º, núm. 1.º
—Legítima en Aragón: art. 16.
—Orden público: art. 16.

—Régimen económico matrimonial: art. 13, núm. 1.º
—Sucesión por causa de muerte: art. 9.º, núm. 1.º
—Usufructo viudal aragonés: art. 16.

DERECHO DE HABITACIÓN
—Véanse «Habitación» y «Uso».

DERECHO DE REPRESENTACIÓN
—Concurrencia de hijos de hermanos con tíos: art. 927.
—Cónyuge: art. 71.
—Cuándo tiene lugar: art. 925.
—Descendientes de hijos fallecidos: art. 934.
—División de herencia por estirpes: art. 926.
—Hijos de desheredados: art. 857.
—Nietos y demás descendientes: art. 933.
—Persona viva: art. 929.
—Renuncia a herencia, no se pierde: art. 928.
—Sucesión intestada: art. 922 a 929.
—Sucesión testada: art. 814.

DERECHO DE RETENCIÓN
—Acreedor en contrato de prenda: art. 1.866.
—Acreedores particulares del heredero: art. 1.034.
—Anticresis: arts. 1.866 y 1.886.
—Depositario de cosa: art. 1.780.
—Gastos reintegrables al usufructuario: art. 522.
—Mandatario de cosas objeto de mandato: art. 1.730.
—Obras en cosa mueble: art. 1.600.
—Poseedor de buena fe: art. 453.
—Reembolso al poseedor por propietario: párrafos 2 y 3 del art. 464.
—Usufructuario que no preste fianza: art. 494.

DERECHO DE SUPERFICIE
—Redención: art. 1.611, párr. 3.º

DERECHO SUPLETORIO
—Art. 12.

DERECHO TRANSITORIO
—Véase «Disposiciones transitorias».

DERECHO DE USO
—Véase «Uso».

DERECHO DE VIUDEDAD
—Véase «Derecho Foral».
—Aragón: art. 16, núm. 2.º

DERECHOS
—Comprendidos en la herencia: art. 659.
—Ejercicio con buena fe: art. 7.º, núm. 1.º
—Extinción por prescripción: art. 1.932.
—De hijos: arts. 108, 109 y 180.
—Nacidos y no ejercitados antes de regir el Código: Disp. Trans. 4.ª
—Nacidos de hechos realizados bajo la legislación anterior al Código: Disp. Trans. 1.ª
—Objeto de posesión: art. 437.
—Usufructo sobre ellos: art. 469.
—Del usufructuario: arts. 470 y ss.

DERECHOS ADQUIRIDOS
—Según la legislación anterior; irretroactividad de variaciones del Codigo civil: párr. 1.º de Disps. Trans.

DERECHOS DE ADQUISICIÓN PREFERENTE
—Véanse «Retracto» y «Tanteo».

DERECHOS DE AUTOR
—Arts. 428 y 429.

DERECHOS INCORPORALES
—Arts. 1.526 a 1.537.

DERECHOS REALES
—Adquisición y extinción por prescripción: arts. 1.930 y 1.963.
—Adquisición y transmisión: art. 609.
—Conservación en división de cosa común: art. 405.
—Contratos que deben constar en documento público: art. 1.280, núm. 1.º
—Objeto de hipoteca: art. 1.874, núm. 2.º
—Pérdida de la posesión: art. 462.
—Prescripción ordinaria; requisitos: art. 1.940.
—Registro de la Propiedad; inscripción: art. 605.
—Sobre inmuebles; derecho de deslinde: art. 384.
—Ídem; prescripción con título y buena fe: art. 1.957.
—Ídem; prescripción sin título ni buena fe: art. 1.959.
—Sobre bienes inmuebles: art. 334, núm. 10.

DEROGACIÓN
—Véase «Leyes».

—Cuerpos legales, usos y costumbres: art. 1.976.
DERRIBO
—Edificio apoyado en pared medianera: art. 576.
DESAGÜE
—De edificios: arts. 586 y 587.
DESAHUCIO
—Arrendatario en venta finca: arts. 1.571 y 1.572.
—Arrendaticio por arrendador: arts. 1.569 y 1.570.
—Finca cedida a primeras cepas: art. 1.656, regla 9.ª
DESAMPARO DE MENORES
—Arts. 161, 172 y 222.
DESAPARECIDOS EN CAMPAÑA
—Declaración de fallecimiento: art. 194, núm. 1.º
DESCENDIENTES
—Alimentos; reciprocidad; gradación; mala conducta de alimentista: arts. 143, núm. 2, 144, 146, 147, 152, núms. 5.º y 153.
—Causas de desheredación: art. 853.
—Derecho de representación sucesión intestada: art. 925.
—Ídem; sucesión testada: art. 814.
—De excluido herencia por incapacidad; legítima: art. 761.
—Herederos forzosos: art. 807, núm. 1.º
—Legítima: art. 808.
—Orden de suceder: arts. 930 a 934.
—Reserva lineal: art. 811.
—Sucesión en primer lugar: art. 930.
DESCUBRIDOR
—Tesoro oculto: arts. 351 y 614.
DESHEREDACIÓN
—Causas: arts. 848 y 852 a 855.
—Cónyuge: art. 855.
—Derecho de representación: art. 857.
—Hijos y descendientes: art. 853.
—Padres y ascendientes: art. 854.
—Prueba de la causa: art. 850.
—Reconciliación entre ofensor y ofendido; anulación: art. 856.
—Requisitos: arts. 848 y 849.
—Sin causa; anulación de la institución de heredero: art. 851.
DESISTIMIENTO
—Arrendatario de obra: art. 1.594.
—Depósito: art. 1.776.
—Esponsales: arts. 42 y 43.
—Mandato: art. 1.732.
—Sociedad: arts. 1.700 y 1.705 a 1.707.
DESLINDE Y AMOJONAMIENTO
—Derecho de todo propietario: art. 384.
—Forma de hacerlo: arts. 385, 386 y 387.
—Imprescriptibilidad del derecho: art. 1.965.
DESTRUCCIÓN
—De la cosa; pérdida de la posesión: art. 460, núm. 3.º
DETERIORO DE LA COSA
—Arrendamiento; responsabilidad: arts. 1.563 y 1.564.
—Bienes de sociedad de gananciales: art. 1.362, núm. 2.º
—Poseedor de buena fe: art. 457.
—Prenda: art. 1.867.
—Uso y habitación: art. 528.
—Usufructo: art. 481.
DEUDA PÚBLICA
—Asignación de herencias del Estado a Caja de amortización; aceptación: arts. 956 y 957.
DEUDAS
—Contraídas durante el matrimonio; cargo de sociedad de gananciales: arts. 1.365 a 1.372.
—Contraídas por marido o mujer: art. 1.373.
—Donante; pago por donatario: arts. 642 y 643.
—Hipotecarias de finca en usufructo: art. 509.
—Deudor del menor; no puede ser tutor ni curador: art. 217.5.º
—Fianza: arts. 1.825 y 1.841.
—De herencia; efectos beneficio inventario: art. 1.023.
—Legado de perdón o liberación: arts. 870 a 872.
—Obstativas al ejercicio de la tutela y curatela: art. 217.5.º
—Orden de prelación en liquidación de sociedad de gananciales: arts. 1.398 y ss.
—Pago por el padre; colación hereditaria: art. 1.043.
—A plazo; vencen por declaración de concurso: art. 1.915.

—Presunción de remisión de obligación accesoria de prenda: art. 1.191.
—Propietario al constituirse usufructo: art. 506.

DEUDAS FUTURAS
—Fianzas: art. 1.825.

DEUDAS DE LA HERENCIA
—Heredero acreedor; reclamación a coherederos: art. 1.087.
—Finca gravada con renta o carga real: art. 1.086.
—Pago: arts. 1.082 y ss.

DEUDOR
—Responsabilidad con todos sus bienes: art. 1.911.

DÍA CIERTO
—Concepto; exigibilidad de obligaciones: art. 1.125.

DÍAS
—Cómputo legal: art. 5.º, núm. 1.º
—Cómputo en la prescripción: art. 1.960, núm. 3.º
—Designación para efecto de institución de heredero: art. 805.
—En obligaciones a plazo; cómputo: art. 1.130.
—Inhábiles: art. 5.º, núm. 2.º

DILIGENCIA DE UN BUEN PADRE DE FAMILIA
—Arrendamiento: art. 1.555.
—Culpa: art. 1.903.
—Gestión de negocios: art. 1.889.
—Tutela: art. 270.
—Usufructo: art. 497.

DINERO
—Bienes muebles: art. 336.
—Depósito: art. 1.770.
—Interés legal: art. 1.108.
—Legado: art. 886.
—Préstamo: arts. 1.740 y 1.753 y ss.
—Tesoro oculto: art. 352.
—No se considera bien mueble: art. 346.

DIPLOMÁTICOS
—Véase «Agentes diplomáticos y consulares».
—Contratos, testamentos y actos jurídicos: art. 11.

DIPUTACIONES PROVINCIALES
—Adquisición por testamento: art. 746.
—Capacidad jurídica: art. 35.

DIQUES
—Bienes inmuebles: art. 334, núm. 9.º

DISOLUCIÓN
—Matrimonio: art. 85.
—Sociedad de gananciales: arts. 95, 1.392 y 1.393.

DISPOSICIONES TESTAMENTARIAS
—Véase «Testamentos».
—Cómo pueden hacerse: art. 790.
—Presunción de cosa juzgada: art. 1.252, párr. 2.º

DISTANCIAS Y OBRAS INTERMEDIAS
—Construcciones y plantaciones: arts. 589 a 593.

DIVISIÓN
—Véanse «Comunidad de bienes», «Fianza» y «Partición de herencia».
—Censos: art. 1.618.
—De predio a efectos servidumbre: art. 535.

DIVORCIO
—Véase «Matrimonio».
—Causas: art. 86.
—Acción; extinción: art. 88.
—Convenio: art. 90.
—Efectos: arts. 91 y ss.
—Disolución régimen económico del matrimonio: art. 95.
—Patria potestad: art. 92.
—Pensión: arts. 97 a 101.

DOBLE NACIONALIDAD
—Leyes que la rigen: art. 9.º, núm. 9.º
—Países Iberoamericanos y Filipinas: art. 24.

DOBLE VENTA
—Art. 1.473.

DOBLE VÍNCULO
—Concepto parentesco: art. 920.

DOCUMENTO PRIVADO
—Fecha respecto a terceros: art. 1.227.
—Fuerza probatoria de asientos registros y papeles privados: art. 1.228.
—Hechos para alterar lo pactado en escritura pública: art. 1.230.
—Nota del acreedor a continuación, al margen o dorso; valor probatorio: art. 1.229.
—Reconocido; valor probatorio: art. 1.225.

DOCUMENTO PÚBLICO
—Véase «Escritura pública».

—Actos y contratos en que es necesario: art. 1.280.
—Capitulaciones matrimoniales y sus alteraciones: art. 1.327.
—Concepto; prueba obligaciones: art. 1.216.
—Copias impugnadas; fuerza probatoria: art. 1.220.
—Desaparecido inscrito en Registro público: art. 1.222.
—Desaparición de escritura matriz, protocolo o expediente: art. 1.221.
—Escritura defectuosa por incompetencia de Notario: art. 1.223.
—Escritura hecha para desvirtuar otra anterior entre los mismos interesados: art. 1.219.
—Fuerza probatoria: art. 1.218.
—Notarios; régimen: art. 1.217.
—Reconocimiento de hijo no matrimonial: art. 120.

DOLO
—Acción de nulidad de contrato: art. 1.301.
—Acción para reclamar lo ganado en juego: art. 1.798.
—En el consentimiento; nulidad: art. 1.265.
—En los contratos; concepto; entidad: arts. 1.269 y 1.270.
—Ídem; requisitos para que produzca nulidad: art. 1.270.
—Presentar al Juez testamento cerrado fuera de plazo: art. 713.
—Responsabilidad de mandatario: art. 1.726.
—Responsabilidad en obligaciones: arts. 1.101 y 1.102.
—En los testamentos: arts. 673 y 674.
—En la transacción; nulidad: art. 1.817.

DOMICILIO
—Conyugal: arts. 69 y 70.
—Diplomáticos, residentes en el extranjero: art. 40.
—Personas jurídicas: art. 41.
—Personas naturales: art. 40.
—Testigos testamentarios de no domiciliados: art. 681, núm. 2.º

DOMINIO
—Véase «Propiedad».

DONACIONES
—Aceptación: arts. 625 a 627 y 629 a 633.
—Adquisición y transmisión de la propiedad: art. 609.
—De bienes futuros: art. 635.
—Bienes inmuebles: art. 633.
—Con causa onerosa: art. 622.
—Colación hereditaria: arts. 1.035, 1.036 y 1.045 a 1.048.
—A concebidos y no nacidos; aceptación: art. 627.
—Concepto: arts. 618 y 619.
—Conjuntamente a marido y mujer: arts. 637, 1.339 y 1.353.
—Consorte del hijo; no colacionable: art. 1.040.
—De cosa mueble: art. 632.
—Efecto desde la aceptación: art. 629.
—Efectos: arts. 634 y ss.
—Facultad de disposición del donante de bienes donados: art. 639.
—Finca por enfiteuta: art. 1.635.
—Fraude de acreedores: art. 643.
—A hijos: art. 819.
—A hijos comunes: arts. 1.363.
—Inoficiosas: art. 636.
—Ídem; reducción: arts. 654, 655 y 819, párr. 3.º
—Ídem; supresión o reducción: art. 656.
—*Inter vivos*: art. 621.
—Ley nacional del donante: art. 10, núm. 7.º
—Limitaciones: arts. 634 y ss.
—Notificación de aceptación: art. 633, párr. 3.º
—Nulidad por falta de aceptación: art. 630.
—Con obligación de pagar deudas del donante: arts. 642 y 643.
—Por razón de matrimonio: art. 1.343.
—Por méritos o servicios prestados por donatario: art. 619.
—Perfeccionamiento: art. 623.
—A personas inhábiles; nulidad: art. 628.
—A personas que no pueden contratar; aceptación: art. 626.
—*Post mortem*; régimen: art. 620.
—De propiedad a una persona y usufructo a otra: art. 640.
—Quién puede aceptar: art. 625.
—Quién puede hacer: art. 624.
—Reducción de inoficiosas: arts. 654 a 656.

—Referencia a bienes muebles o inmuebles, cosas que comprende: art. 347.
—Remuneratoria: art. 622.
—Reversión: arts. 641 y 812.
—Revocación; frutos: art. 651.
—Ídem; por incumplimiento de condiciones: art. 647.
—Ídem; por ingratitud: arts. 648 a 653.
—Ídem; por superveniencia de hijos del donante: arts. 644 a 646 y 651.
—Saneamiento de cosas donadas: art. 638.
—Subrogación de donatario en derechos y acciones del donante: art. 638.
—A varias personas conjuntamente: art. 637.

DONACIONES POR RAZÓN DE MATRIMONIO
—Concepto: art. 1.336.
—Cuantía máxima: arts. 636 y 1.044.
—Irrevocabilidad; excepciones: art. 1.343.
—Menores de edad: art. 1.338.
—Reglas por que se rige: art. 1.337.

DUDAS
—Interpretación de los contratos: art. 1.289.

DUEÑO
—Véase «Propiedad».

DUEÑO DIRECTO
—Derechos de tanteo y retracto en venta de finca enfitéutica: arts. 1.636 a 1.642.
—Petición de devolución de la finca enfitéutica: arts. 1.648 y 1.649.
—Reclamación de pago del laudemio: art. 1.646.
—Finca enfitéutica: reconocimiento de su derecho; plazo: art. 1.647.

E

ECUADOR
—Véase «Doble nacionalidad».

EDAD
—Véanse «Mayor de edad» y «Menor de edad».
—Adquirir nacionalidad: arts. 19, 21 y 22.
—De una persona; usufructo; extinción: art. 516.
—Emancipación: art. 239.
—Excusarse de la tutela: art. 244, núm. 1.º
—Mayoría a los 18 años: art. 239.
—Para contraer matrimonio: arts. 16.1.º, 48.
—Terminación de la tutela: art. 231, 1.º
—Para testar: art. 663.
—Para testamento ológrafo: art. 688.

EDIFICACIÓN
—De buena fe en terreno ajeno: art. 361.
—De mala fe en terreno ajeno: arts. 362 y 363.
—Con material de tercero: art. 365.
—Con materiales ajenos: art. 360.
—En predio sirviente vistas; distancia: art. 585.
—Servidumbre de desagüe: art. 587.
—En suelo ajeno; mala fe mutua: art. 364.
—En suelo ajeno; propiedad: arts. 358 y 359.
—Que amenaza ruina: arts. 389 y 391.

EDIFICIOS
—Bienes inmuebles: art. 334, núm. 1.º
—Comunes, división: art. 401.
—Daños que resulten de su ruina: arts. 1.907 y 1.909.
—Desagües: arts. 586 a 588.
—En usufructo; pérdida: arts. 517 a 519.

EDIFICIOS RUINOSOS
—Responsabilidad del propietario por los daños que resulten: art. 1.907.
—Obligación de demolición: arts. 389 y 391.
—Sanción por no reparación: art. 389.

EDUCACIÓN E INSTRUCCIÓN
—Acogimiento de menores: art. 173.1.
—Efecto de la patria potestad: art. 154.
—Gastos, comprendidos en los alimentos: art. 142.
—Gastos de; no son colacionables: art. 1.041.
—De hijos; cargo de la sociedad de gananciales: art. 1.362.1.º

—Legado de; duración: art. 879.
—Obligación de tutor con tutelado: art. 228.
EJERCICIO
—De los derechos: art. 7.1.º
—De la tutela: arts. 259 a 275.
ELECCIÓN
—Por deudor cumplimiento obligaciones alternativas: arts. 1.132 a 1.134.
EMANACIONES
—Responsabilidad: art. 1.908.
EMANCIPACIÓN
—Adopción, supuesto excepcional: art. 175.2.
—Beneficio de la mayor edad: art. 245.
—Causas: art. 239.
—Comparecencia en juicio: art. 247.
—Concesión de padres: art. 241.
—Concesión del Juez: art. 224.
—Cuándo tiene lugar: art. 314.
—Ejercicio de la patria potestad sobre hijos del menor emancipado: art. 157.
—Expedientes no resueltos a la entrada en vigor del Código civil: Disp. Trans. 11.ª
—Extinción de la patria potestad: art. 169.
—Hijos al empezar a regir el Código civil: Disps. Trans. 5.ª y 6.ª
—Por matrimonio: art. 316.
—Nacionalidad española: art. 20.
—Pérdida de nacionalidad: causas: art. 24.
—Recobro de nacionalidad: arts. 25, 26.
EMBARAZO
—De la mujer antes del matrimonio: art. 117.
—Viuda encinta: arts. 959 a 967.
EMBARGO
—Bienes litigiosos: arts. 1.785 a 1.789.
—De cosa depositada: art. 1.775, párr. 2.º
—De parte de cosa en copropiedad: art. 396.
—Renta vitalicia no sujeta: art. 1.807.
EMIGRANTES
—Véanse «Doble nacionalidad» y «Nacionalidad».
—Causa de dispensa de residencia en la recuperación de la nacionalidad española: art. 26.1.*a*); Disps. Trans. 1.ª y 2.ª de la Ley 29/1995, de modificación del C.c. en materia de nacionalidad.
EMPLEADOS PÚBLICOS
—Compra de bienes públicos a su cargo: art. 1.459, núm. 4.º
EMPRESAS
—Responsabilidad de directores por acciones u omisiones de empleados: arts. 1.903, párr. 4.º, 1.904.
ENAJENACIÓN
—Bienes donados; nulidad: art. 647.
—Bienes herencia; pago deudas: art. 1.030.
—Bienes inmuebles reservables por cónyuge sobreviviente, antes de segundas bodas: arts. 974 a 976.
—Bienes por el nudo propietario: art. 489.
—Comunidad de bienes: art. 399.
—Cosa legada: art. 869, núm. 2.º
—Cosa pignorada por falta de pago de la deuda: art. 1.872.
—Crédito hipotecario: art. 1.878.
—Donatario de bienes donados; nulidad por revocación de la donación: arts. 647, 649 y 650.
—Enajenabilidad de cosa dada en prenda o hipoteca: art. 1.858.
—Forzosa por causa de utilidad pública; régimen: art. 1.456.
—Mandato expreso: art. 1.713, párr. 2.º
—Por el cónyuge, de bienes de la sociedad: arts. 1.320, 1.376 y 1.377.
—Por padres: de bienes inmuebles de hijo no emancipado: art. 166.
—De partes de cosa en copropiedad: art. 396.
—A tercero de derecho hereditario, subrogación coherederos: art. 1.067.
ENFERMEDAD
—Colación de los gastos por: art. 1.041.
—Prelación de créditos por gastos de: art. 1.924.
ENFERMOS
—Excusa de tutela: art. 251.
—Causa de incapacitación: art. 200.
ENFITEUSIS
—Véase «Censo enfitéutico».
ENJAMBRE DE ABEJAS
—Ocupación: art. 612.
ENJUICIAMIENTO CIVIL
—Véase «Leyes Procesales».

ENMIENDAS
—Testamento ológrafo: art. 688.
—Testamento cerrado: art. 706.
ENRIQUECIMIENTO SIN CAUSA
—Véanse «Cobro de lo indebido», «Nulidad», «Restitución» y art. 10.9.
ENSAYO O PRUEBA
—Ventas en calidad de: art. 1.453.
ENSEÑANZA
—Asignación de herencias del Estado; aceptación: arts. 956 y 957.
—Alimentos: arts. 142 y 143.
—Patria potestad: art. 154.
ENTIDADES LOCALES
—Transacción: art. 1.812.
EPIDEMIA
—Testamento ante testigos: arts. 701 a 703.
EQUIDAD
—Aplicación normas: art. 3.º, núm. 2.º
ERROR
—Acción de nulidad de contratos: art. 1.301.
—En el consentimiento; nulidad de éste: arts. 1.265 y 1.266.
—De cuenta en contrato; corrección: art. 1.266, párr. 3.º
—Entrega indebida de alguna cosa: art. 1.895.
—En el nombre, apellido o cualidades del heredero; efectos: art. 773.
—En la persona; acción de nulidad de matrimonio civil: arts. 73.4 y 76.
—Ídem; invalidación del contrato: art. 1.266, párr. 2.º
—Presunción en el pago: art. 1.901.
—Prueba cobro de lo indebido: art. 1.900.
—En transacción nulidad: art. 1.817.
ERROR DE DERECHO
—Véase «Leyes».
—Efectos: art. 6.º, núm. 1.º, párr. 2.º
ESCALERAS
—Propiedad horizontal: art. 396.
ESCORIALES
—Bienes inmuebles: art. 334, núm. 8.º
ESCRIBANOS
—Prescripción de honorarios y derechos: art. 1.967.1.ª
ESCRITURA PÚBLICA
—Actos que deben constar: art. 1.280.
—Capitulaciones matrimoniales: arts. 1.280 y 1.327.
—Compraventa; gastos de otorgamiento: art. 1.455.
—Ídem; su otorgamiento equivale a entrega de la cosa: arts. 1.462, párr. 2.º y 1.537.
—Constitución de censo enfitéutico: art. 1.628.
—Constitución de sociedad civil: art. 1.667.
—Contrato de prenda para efecto contra tercero: art. 1.865.
—Defectuosa; concepto de documento privado: art. 1.223.
—Donación de bienes inmuebles: art. 633.
—Emancipación por concesión de padres: art. 317.
—Hecha para desvirtuar otra anterior: art. 1.219.
—Ineficacia de las de reconocimiento de un acto o contrato contra documento en que fueron consignadas: art. 1.224.
—Otorgamiento en contratos: art. 1.279.
—Reconocimiento de servidumbre por dueño de predio sirviente: art. 540.
—Para repudiación de herencia: art. 1.008.
—Testamentos otorgados sin autorización de Notario: art. 704.
ESCULTURAS
—Accesión; partes principal y accesoria: art. 377.
ESPAÑOLES
—Adquisición de nacionalidad española: arts. 18 a 22.
—Conservación de nacionalidad: arts. 23 y 25.
—Pérdida y recuperación de nacionalidad: arts. 22 a 26 y Disps. Trans. de la Ley 29/1995, de reforma del C.c. en materia de nacionalidad.
—De origen: art. 17.
ESPERA
—Véase «Quita y espera».
ESPONSALES DE FUTURO
—Efectos: art. 42.
—Incumplimiento; indemnización: art. 43.
ESPOSOS
—Véanse «Cónyuges», «Marido», «Matrimonio» y «Mujer».

ESTABLECIMIENTO MERCANTIL
—Compraventa: art. 10, núm. 5.º
—Usufructo sobre beneficios: art. 475.
ESTABLECIMIENTOS
—Véanse «Centros docentes» y «Empresas».
ESTABLECIMIENTOS DE BENEFICENCIA E INSTRUCCIÓN
—Adquisición por testamento: art. 746.
—Capacidad para adquirir y disponer; régimen: art. 38.
—Derechos en la sucesión del Estado: arts. 956 y 957.
—Destinatario de ganancias de sociedades disueltas: art. 1.666.
—Entrega de menor; abandono: art. 172 y Disp. Adic. 1.ª Ley 21/1987, de reforma del C.c. en materia de adopción.
ESTABLECIMIENTOS DE PRÉSTAMOS
—Sujeción a reglamentos: art. 1.757.
ESTABLECIMIENTOS PÚBLICOS
—Aceptación o repudiación de la herencia: art. 994.
—Adquisición por testamento: art. 746.
—Institución testamentaria condicional: art. 748.
ESTABLOS
—Construcción cerca de pared ajena; distancias: art. 590.
ESTADO
—Adquisición de efectos encontrados: art. 351.
—Bienes de dominio público: arts. 338 a 341.
—Bienes de propiedad privada: art. 345.
—Hipoteca legal en garantía de tributos: art. 1.875, párr. 2.º
—Preferencia de créditos a su favor: art. 1.923, núm. 1.º
—Propiedad de islas en mares adyacentes y ríos navegables: art. 371.
—Responsabilidad por acciones u omisiones de agentes: arts. 1.903, párr. 5.º, 1.904.
—Sucesión intestada: arts. 956 a 958.
ESTADO CIVIL
—Véase «Derecho Foral».
—Leyes relativas a: art. 9.º, núm. 1.º
—No se puede transigir: art. 1.814.
ESTANQUES
—Disminución de caudal; propiedad del terreno descubierto: art. 367.
ESTATUAS
—Bienes inmuebles: art. 334, núm. 4.º
ESTIRPES
—Derecho de representación: art. 926.
—División de herencia: art. 926.
—Sucesión de colaterales: art. 946.
ESTRIBO DE PRESA
—Servidumbre: arts. 554, 562 y 563.
EURO
—Nota al art. 1.170.
EVICCIÓN
—Compra y venta: arts. 1.475 y ss.
—Cosas aportadas a sociedad por socio: art. 1.681.
—Donaciones: art. 638.
—Fianza: pérdida de inmueble por acreedor: art. 1.849.
—Legado de cosa indeterminada: art. 860.
—Partición de herencia: arts. 1.069 a 1.071.
—Pérdida de cosa recibida en permuta; opción: art. 1.540.
EXCAVACIONES
—Derecho del propietario del suelo: art. 350.
—Para minas; derecho general: art. 426.
EXCEPCIONES
—En fianza: arts. 1.840 y 1.853.
—En obligaciones solidarias: art. 1.148.
EXCLUSIÓN VOLUNTARIA
—De la ley: art. 6.º, núm. 2.º
EXCUSIÓN
—Bienes de fiador: arts. 1.830 a 1.837.
—Fiador judicial no puede pedirla: art. 1.856.
EXPLOTACIÓN AGRÍCOLA, INDUSTRIAL O FABRIL
—Indivisión por voluntad del testador: art. 1.056, párr. 2.º
EXPÓSITOS
—Véase «Acogimiento» y «Desamparo de menores».
—Adopción: art. 172.
EXPROPIACIÓN FORZOSA
—De aguas: art. 423.
—Finca gravada con censo; afección del precio: arts. 1.627, 1.631 y 1.636.
—De finca en usufructo: art. 519.

—Privación de la propiedad: art. 349.
EXTINCIÓN
—Véanse «Fianza», «Obligaciones» y «Servidumbres».
EXTRANJERO
—Véase «Derecho Foral».
—Actos y contratos otorgados en: art. 11, núms. 2.º y 3.º
—Actos procesales: art. 8.º, núm. 2.º
—Adoptados: obtención de nacionalidad española: arts. 19 y 180.
—Adquisición de nacionalidad española: arts. 18 a 22.
—Conflicto leyes remisión al derecho extranjero: arts. 12 y 16.
—Derechos civiles: art. 27.
—Domiciliados en España; nacionalidad de hijos: art. 17.
—Incapaz en su país, capaz en España: art. 10, núm. 8.º
—Matrimonio: arts. 50 y 107.
—Nacionalidad por matrimonio con español/a: art. 22.2.*d*).
—No residentes, inhábiles para tutela: art. 244.1.º
—Testamento; intérpretes: art. 684.
—Testamento ológrafo: art. 688.
—Testamento otorgado en buque español: art. 728.

F

FÁBRICAS
—Construcción; distancias: art. 590.
FACULTATIVOS
—Reconocimiento de incapacitado para otorgar testamento: art. 665.
—Reconocimiento para contraer matrimonio: art. 56.
FALSEDAD
—Acción de nulidad de contrato: art. 1.301.
—De documentos en la transacción; nulidad: art. 1.817.
—Expresión causa falsa en institución heredero: art. 767.
FALTAS
—Del alimentista; cesa obligación de dar alimentos: arts. 152, núm. 4.º y 153.
—Deuda de cosa que proceda de ellas; pérdida de la cosa: art. 1.185.
—Obligaciones civiles derivadas: art. 1.092.
FALLECIMIENTO
—Véanse «Ausencia» y «Muerte».
—Sucesión por causa de: art. 9.º, núm. 8.º
FAMILIA
—Véase «Derecho Foral».
—Actos de cónyuges para necesidades familiares: art. 1.319.
—Derecho de habitación: arts. 524, 525 527 y 528.
—Interés de la familia: art. 67.
—Leyes relativas a derechos y deberes de; obligatoriedad: art. 9.º, núm. 1.º
—Reinserción de hijos en la propia familia: art. 172.4.
—Separación de hermanos, evitar: arts. 172.4 y 159.
FARMACÉUTICOS
—Prescripción del precio de medicinas suministradas: art. 1.967.2.ª
FECHA
—Documento privado; cómputo respecto de terceros: art. 1.227.
—Documento público, hace fe de la misma: art. 1.218.
FERIAS
—Compraventa en: art. 1.493.
—Cosas perdidas y sustraídas, adquisición en: art. 464.
—Prescripción, acción reivindicatoria, cosa adquirida en: art. 1.955.
FERROCARRIL
—Véase «Transportes».
FETO
—Requisitos para efectos civiles: art. 30.
FIANZA
—Aceptación, dación en pago; extinción de la fianza: art. 1.849.
—Accesoriedad de la fianza: art. 1.824.

—Beneficio de división contra cofiadores: art. 1.837, párr. 2.º
—Capacidad para obligarse y bienes suficientes del obligado a darla: art. 1.828.
—Clases: art. 1.823.
—Cofiadores: arts. 1.844 y 1.845.
—Confusión de derechos aprovecha a fiadores: art. 1.193.
—Confusión por herencia entre fiador y deudor: art. 1.848.
—Constituida en favor de más de un acreedor: art. 1.926, regla 2.ª
—Contienda entre coherederos sobre colación: art. 1.050.
—Cuándo puede el fiador proceder contra el deudor principal: art. 1.843.
—Demanda del acreedor contra deudor principal: art. 1.834.
—Demanda contra deudor; apertura de la acción del fiador: art. 1.843, núm. 1.º
—Deuda a plazo; pago por fiador antes del vencimiento: arts. 1.825 y 1.841.
—Deudas de la herencia: art. 1.082.
—Efectos entre los cofiadores: arts. 1.844 y 1.845.
—Efectos entre deudor y fiador: arts. 1.838 a 1.843.
—Efectos entre fiador y acreedor: arts. 1.830 a 1.837.
—Excepciones del fiador al acreedor: art. 1.853.
—Excusión de bienes del deudor antes del pago por fiador: art. 1.830.
—Excusión de bienes del deudor; en qué casos no tiene lugar: art. 1.831.
—Ídem; negligencia del acreedor: art. 1.833.
—Ídem; requisitos: art. 1.832.
—Extinción de la obligación del fiador: arts. 1.847 a 1.853.
—En favor de otro fiador: art. 1.823, párr. 2.º
—Fiador de un fiador; beneficio de excusión: art. 1.836.
—Fiador que viene a estado de insolvencia: art. 1.829.
—Fiador; sustitución por prenda o hipoteca: art. 1.855.
—Fiadores en consignación de cosa debida: arts. 1.180 y 1.181.
—Heredero o legatario condicional: arts. 800 a 803.
—Indemnización al fiador por el deudor: art. 1.838.
—Insolvencia de cofiador: arts. 1.844, párr. 2.º y 1.845.
—Insolvencia del fiador: art. 1.846.
—Interrupción de la prescripción contra el deudor: art. 1.975.
—Jurisdicción competente: art. 1.828.
—Legal y judicial: art. 1.854.
—Ídem; excusión de bienes del deudor: art. 1.856.
—Ídem; prenda o hipoteca: art. 1.855.
—Liberación por acreedor a un fiador: art. 1.850.
—Liberación de fiadores por hechos del acreedor: art. 1.852.
—Límite de la obligación del fiador: art. 1.826.
—Litigio entre coherederos sobre colación: art. 1.050.
—Naturaleza: art. 1.822.
—No se presume; alcance: art. 1.827.
—Obligación solidaria de fiador con deudor principal: art. 1.822, párr. 2.º
—Obligaciones sobre las que puede recaer: art. 1.824.
—Oposición de compensación por fiador en deudas: art. 1.197.
—Pago por fiador sin ponerlo en conocimiento del deudor: arts. 1.840 y 1.842.
—Préstamo hecho al hijo de familia: art. 1.824.
—Prórroga del acreedor al deudor sin consentimiento del fiador: art. 1.851.
—Quiebra o insolvencia del deudor: art. 1.843, núm. 2.º
—Simple o indefinida: art. 1.827.
—Sobre deudas futuras: art. 1.825.
—Subfiador en insolvencia del fiador: art. 1.846.
—Subrogación, por el pago del fiador, en derechos del acreedor: art. 1.839.
—Transacciones: arts. 1.835 y 1.839.
—Por usufructuario: arts. 491 a 496 y 522.
—Varios fiadores de un mismo deudor y por una misma deuda: art. 1.837.
—Vencimiento del plazo de la deuda: art. 1.843, núm. 4.º

FIDEICOMISOS
—Véase «Sustitución hereditaria».
—Validez de los instituidos antes de la entrada en vigor del Código civil: Disp. Trans. 2.ª
FIDELIDAD
—Obligación de los cónyuges: art. 68.
FIDUCIARIO
—Obligaciones: art. 783.
FILIACIÓN POR ADOPCIÓN
—Véase «Adopción».
—Art. 108.
FILIACIÓN POR NATURALEZA
—Matrimonial; determinación: arts. 115, 118 y 119.
—Ídem; presunción y excepciones: art. 116.
—Ídem; efectos: arts. 108 a 110.
—Ídem; reclamación: art. 132.
—Ídem; impugnación: arts. 136 a 141.
—No matrimonial; determinación: arts. 120 a 126.
—Ídem; consentimiento o aprobación del hijo: arts. 123 y 124.
—Ídem; efectos: arts. 108 a 110.
—Ídem; impugnación: arts. 136 a 141.
—Ídem; reclamación: art. 133.
FILIPINAS
—Doble nacionalidad: art. 24.2.
—Nacionales de; obtención de nacionalidad española: art. 22.
FINCAS COLINDANTES
—No prescribe acción de deslinde: art. 1.965.
FINCAS RÚSTICAS
—Véanse «Arrendamiento», «Arrendamiento de fincas rústicas y urbanas» y «Deslinde y amojonamiento».
—Arrendamiento por usufructuario: art. 480.
—Derecho de cerrar o cercar: art. 388.
FINCAS URBANAS
—Véanse «Arrendamientos» y «Arrendamiento de fincas rústicas y urbanas».
FIRMA
—Sobre firma electrónica: nota al art. 1.225.
—Testador en testamento abierto: art. 695.
FONDAS
—Depósito necesario, efectos introducidos por viajeros: arts. 1.783 y 1.784.
—Preferencia de los créditos de hospedaje: art. 1.922.5.º
FORMA
—Arrendamientos: art. 1.280.
—Capitulaciones matrimoniales: arts. 1.280 y 1.327.
—Censo enfitéutico: arts. 1.622 y 1.628.
—Cesión de herencia: art. 1.280.
—Contratos: arts. 1.278 a 1.280.
—Derechos reales: art. 1.280.
—Donaciones: arts. 632 y 633.
—Hipoteca: art. 1.875.
—Matrimonio por poder: art. 55.
—Poder general y especiales para pleitos: art. 1.280.
—Repudiación herencia y renuncia sociedad conyugal: art. 1.280.
—Prenda: art. 1.865.
FOROS
—Establecidos desde la promulgación del Código; disposiciones por que se rigen: art. 1.655.
—Reducción: art. 1.611, párr. 3.º
—Tiempo indefinido, naturaleza censos: 1.655.
—Tiempo limitado, naturaleza arrendamientos: art. 1.655.
FORTALEZAS
—Bienes de dominio público: art. 339, núm. 2.º
—Construcciones y plantaciones cercanas: art. 589.
FORTUNA
—Del obligado a dar alimentos; cese de obligación: arts. 152, núm. 2.º y 153.
FRAGUAS
—Construcción cerca de pared ajena; distancias: art. 590.
FRAUDE
—De acreedores en contratos: arts. 1.291, núm. 3, 1.297 y 1.298.
—De acreedores en donaciones: art. 643.
—De Ley: arts. 6.º, núm. 4.º, 12, núm. 4.º
—Al testador; indignidad para suceder: arts. 756, núms. 5.º y 6.º y 757.
—En testamento: arts. 673 y 674.
FRUTOS
—Abono, entre coherederos, en partición de herencia: art. 1.063.

—Abono, por perceptor, de gastos hechos por tercero: art. 356.
—Anticresis: arts. 1.881 y ss.
—Bienes de ausente: art. 186.
—Bienes de ausente aparecido después de declaración de fallecimiento: art. 197.
—Bienes donados; revocación de la donación: art. 651.
—Bienes sujetos a colación: art. 1.049.
—Cobro de lo indebido procediendo de mala fe: art. 1.896.
—Compraventa y retracto de finca: art. 1.519.
—Cosa vendida: art. 1.468, párr. 2.º
—Cosas objeto de contrato rescindido: art. 1.295.
—Derecho del acreedor: art. 1.095.
—Derecho del enfitetuta: art. 1.632.
—Derecho de uso: art. 527.
—Derechos del usuario: arts. 524, 527 y 528.
—Derechos del usufructuario: arts. 469, 471, 472 y 474.
—Legado de cosa específica: art. 882.
—Legado genérico o de cantidad: art. 884.
—Manifiestos o nacidos: art. 357.
—Naturales, industriales y civiles; concepto: arts. 354, 355 y 357.
—Objeto de sociedad particular: art. 1.678.
—Pago indebido y aceptado: art. 1.896.
—Pendientes; bienes inmuebles: art. 334, núm. 2.º
—Ídem; extensión de la hipoteca: art. 1.877.
—Pensión de censos consignativo y reservativo: arts. 1.657 y 1.663.
—Pensión en censo enfitéutico: art. 1.630.
—Percibidos por vendedor de herencia: art. 1.533.
—Posesión de buena fe: art. 451.
—Posesión de mala fe: arts. 452 y 455.
—Productos de animales: art. 357.
—Propiedad por accesión: art. 354.
—Restitución por anulación de contrato: arts. 1.303 y 1.307.

FUENTES
—Aguas sobrantes; dominio público: art. 407, núm. 9.º
—Bienes de uso público: art. 344.

FUENTES DE DERECHO
—Véanse «Actos contrarios a la Ley», «Analogía», «Conflictos de leyes», «Costumbre», «Derecho Foral», «Equidad», «Interpretación», «Jueces», «Jurisprudencia», «Leyes», «Principios generales del Derecho», «Tratados internacionales», «Tribunales de justicia» y «Usos jurídicos».
—Art. 1.º

FUERZA
—Irresistible; consentimiento contrato; nulidad: art. 1.267.

FUERZA MAYOR
—Pérdida de cosa depositada: art. 1.777.
—Ídem; pérdida de finca gravada con censo: arts. 1.625 y 1.626.
—Ídem; pérdida o avería de cosas por transportista: art. 1.602.
—Ídem; responsabilidad de daños producidos por un animal: art. 1.905.

FUERZAS ARMADAS
—Desaparecidos en campaña; declaración de fallecimiento: art. 194, núm. 1.º

FUNDACIONES
—Aceptación o repudiación de herencia: art. 993.
—Capacidad civil; regulación: art. 37.
—Extinción; destino de sus bienes: art. 39.
—Nacionalidad: art. 28.
—Personas jurídicas: art. 35.

FUNERALES
—Del deudor y su familia; preferencia de crédito por los gastos: art. 1.924, núm. 2.ºB).
—Pago: arts. 840, 902 y 903.

G

GALICIA
—Véase «Derecho foral».
GANADO
—Véase «Rebaño».
—Acción redhibitoria por vicios o defectos; plazo: art. 1.496.
—Enfermedades contagiosas; nulidad de compraventa: art. 1.494.
—Muerte a los tres días de venta; responsabilidad del vendedor: art. 1.497.
—Resolución de compraventa por defectos ocultos; devolución: art. 1.498.
—Uso de rebaño o piara: art. 526.
—Usufructo de rebaño o piara: art. 499.
—Venta conjunta de varios; vicio redhibitorio: art. 1.491.
—Ventas en ferias o subastas públicas; vicios ocultos: art. 1.493.
—Vicios ocultos no obstante reconocimiento facultativo: art. 1.495.
GANANCIALES
—Véase «Bienes gananciales».
GANANCIAS
—Véase «Sociedad».
GARANTÍAS
—Representante del declarado ausente: art. 185, núm. 2.º
GASTOS
—Abono por quien recibió indebidamente una cosa: art. 1.898.
—Acogimiento de menores, remuneración: art. 173.2.
—Conservación de cosa común: art. 395.
—Conservación de cosa depositada; abono por depositante a depositario: arts. 1.779 y 1.780.
—Conservacion de cosa encontrada: art. 615.
—Conservación y reparación en la anticresis: art. 1.882.
—Conservación de servidumbres: art. 544.
—Consignación de la cosa debida: art. 1.179.
—Devolución de cosa depositada: art. 1.774.
—En ejercicio de la tutela: art. 229.
—Entrega de cosa legada: art. 886.
—Entrega de la cosa vendida: art. 1.465.
—De esponsales: art. 43.
—Escritura de arrendamiento: art. 1.555, núm. 3.º
—Escritura de compraventa: art. 1.455.
—Explotación minas por usufructuario: art. 477.
—Fianza: pago por deudor al fiador: art. 1.838, núm. 3.º
—Funerales del deudor; preferencia de crédito: art. 1.924, núm. 2.ºB).
—Funerarios; pago por obligados a alimentos: art. 1.894, párr. 2.º
—Inventario y administración de herencia: art. 1.033.
—Judiciales: obligación del fiador: art. 1.827.
—Judiciales y extrajudiciales en pago de obligaciones: art. 1.168.
—Necesarios, útiles y de lujo o recreo en la posesión: arts. 453 y 454.
—No colacionables: arts. 1.041 y 1.042.
—Obras defensivas contra aguas: art. 422.
—Partición: art. 1.064.
—Pleitos sobre usufructo: art. 512.
—Producción, recolección y conservación de frutos: art. 356.
—Producción de frutos por poseedor de buena fe: art. 452.
—Recogida de árboles arrastrados por las aguas: art. 369.
—Reconocimiento de posesión de finca enfitéutica: art. 1.647.
—Reducción y liberación de censos: art. 1.612.
—En retracto convencional del vendedor: art. 1.518.
—Retracto legal: art. 1.525.
—Servidumbre de medianería: arts. 575 a 577.
—Tutela cuentas: art. 233.
—De última enfermedad: art. 1.924, núm. 2.ºC).
—Uso y conservación de cosa prestada: art. 1.743.
—Usufructo: art. 472.
GENERACIONES
—Parentesco; proximidad: arts. 915 y 918.

GESTIÓN DE NEGOCIOS AJENOS
—Caso fortuito; responsabilidad del gestor: art. 1.891.
—Deberes del gestor: art. 1.889.
—Delegación en otra persona; responsabilidad del gestor: art. 1.890.
—Ley aplicable: art. 10, núm. 9.º
—Obligaciones que crea: art. 1.888.
—Obligaciones del dueño del negocio: art. 1.893.
—Prestación de alimentos por extraño sin conocimiento del obligado: art. 1.894.
—Ratificación por el dueño: art. 1.892.
—Varios gestores; responsabilidad solidaria: art. 1.890, párr. 2.º
GOBERNADOR CIVIL
—Entrega por albaceas para establecimientos benéficos: art. 747.
—Intervención en mandas benéficas testamentarias: art. 788.
GOBIERNO
—Aprobación institución testamentaria en favor establecimiento público: arts. 748 y 994.
GRABADOS
—Accesión; parte principal y accesoria: art. 377.
GRADO
—De parentesco sucesión intestada; uno por generación: arts. 915, 918 y 919.
GRADUACIÓN DE CRÉDITOS
—Arts. 1.921 a 1.925.
GRANOS
—No se comprenden, cuando se usa sólo la palabra «muebles»: arts. 346 y 347.
GRATUIDAD
—Cargo de albacea: art. 908.
—Comodato: art. 1.740.
—Depósito: art. 1.760.
—Fianza: art. 1.823.
—Mandato: arts. 1.711 y 1.726.
—Préstamo: art. 1.740.
GRAVAMEN
—Bienes inmuebles de menor emancipado: art. 247.
—Finca vendida sin mencionarlo la escritura: arts. 1.483 y 1.537.
—Herencia distribuida en legados; prorrateo: art. 891.
—De legítima; nulidad: art. 813.
—Mejora hereditaria: art. 824.
GUARDA DE HECHO
—Circunstancias: art. 237.
GUARDA DE MENORES
—Véase «Acogimiento», «Desamparo de menores» y «Tutela».
—Arts. 161, 172 y 237.
GUATEMALA
—Véase «Doble nacionalidad».
GUERRA
—Caso fortuito en arrendamientos rústicos: art. 1.575.
—Nacionalidad española no se pierde: art. 24.
—Testamentos en campaña: arts. 716 y ss.

H

HABITACIÓN (DERECHO DE)
—Aplicación de disposiciones sobre usufructo: art. 528.
—Contenido: arts. 523, 524, párr. 2.º, 525, 527 y 528.
—Cosa legada; respeto: art. 868.
—Extinción: art. 529.
HALLAZGO
—Animal perdido: art. 611.
—Cosa mueble; consignación; adjudicación, premio: arts. 615 y 616.
—Cosas arrojadas y que arroje el mar: art. 617.
HALLAZGOS
—Tesoro oculto: arts. 351, 352 y 614.
HEREDADES DE CAZA
—Responsabilidad del propietario por daños en fincas vecinas: art. 1.906.
HEREDEROS
—Véase «Institución de herederos».
—Acreedor del causante; reclamación a coherederos: art. 1.087.

—Adquisición cosa ajena legada por testador: art. 861.
—Ausente declarado fallecido; disposición de bienes: art. 196.
—Calificación de la capacidad: art. 758.
—Concepto: art. 660.
—Condicionales: art. 1.054.
—Condiciones que no le perjudican: art. 792.
—Deberes con los legatarios: art. 886.
—De depositario; venta de buena fe de cosa depositada: art. 1.778.
—Derecho de acrecer: art. 922.
—Designación por nombre y apellidos: art. 772.
—Efecto de los contratos: art. 1.257.
—Forzosos: art. 807.
—Gravamen de legado a heredero: art. 859.
—Hijos o descendientes de excluidos por incapacidad: art. 761.
—Impugnación de filiación de hijo: art. 136.
—Incapacidades de suceder: art. 745.
—Incapacidad del instituido; apertura de la sucesión intestada: art. 912, núm. 4.º
—Incapaz, que entre en posesión de herencia; restitución: art. 760.
—Institución de: arts. 763 y ss.
—Institución condicional: art. 758, párr. 3.º
—Institución condicional o término: arts. 790 y ss.
—Instituido en cosa cierta y determinada; consideración de legatario: art. 768.
—Instituidos sin designación de partes: art. 765.
—Legatarios al mismo tiempo; renuncia: art. 890, párr. 2.º
—Mayores de edad; partición de herencia: arts. 1.058 y 1.059.
—Muerte sin aceptar ni repudiar la herencia: art. 1.006.
—Muerto antes de cumplirse la condición: art. 759.
—Nombramiento por tercero, prohibición: art. 670.
—Pérdida de la facultad de repudiar la herencia: art. 1.002.
—Responsabilidades del que acepta la herencia: art. 1.003.
—De socio fallecido en la sociedad; derechos: art. 1.704.
—Sucesor por el hecho de la muerte del causante: art. 661.
—Sustitución hereditaria: arts. 774 y ss.
—Testigo en testamento abierto: art. 682.
—Venta de herencia; obligación de que responda: art. 1.531.

HERENCIA

—Véanse «Aceptación y repudiación de herencia», «Beneficio de inventario», «Partición de herencia», «Sucesión», «Sucesión del Estado», «Sucesión intestada o legítima» y «Sucesión testamentaria».
—Acción del hijo para reclamar su filiación: arts. 132 y 133.
—Acción de partición; no prescribe: art. 1.965.
—Administración hasta pago de acreedores y legatarios: art. 1.026.
—Aplica sus normas de división a la de comunidad de bienes: art. 406.
—Bienes que comprende: art. 659.
—Cargas imponibles al heredero: art. 788.
—Cesión, repudiación y renuncia de derechos; documento público: art. 1.280, núm. 4.º
—Confusión de derechos por este título: art. 1.192.
—Del declarado ausente; apertura de la sucesión: art. 188.
—Derecho de fideicomisario: art. 784.
—Derechos de hijos por naturaleza: arts. 108, 807, 837 y 930 a 934.
—Derechos de hijos por adopción: arts. 108 y 178.1.
—Devolución prenda o hipoteca por heredero del acreedor: art. 1.860.
—Disposición del predio por el enfiteuta: art. 1.633.
—Disposiciones que no surten efecto: art. 785.
—Efectos en cuanto al sucesor de la posesión viciosa del causante: art. 442.
—Efectos jurídicos de la prescripción en favor y en contra: art. 1.934.

—Fianza; confusión entre fiador y deudor: art. 1.848.
—Futura; no puede ser objeto de contrato: art. 1.271, párr. 2.º
—Institución condicional; administración de los bienes: arts. 801 a 804.
—Legado de cosa empeñada o hipotecada para seguridad deuda: art. 867.
—De legados puros y simples: art. 881.
—Pariente más próximo excluye al más remoto: art. 921.
—Partición: arts. 1.051 y ss.
—Posesión de bienes hereditarios: art. 440.
—Reclamación de la poseída por otro; inventario: art. 1.021.
—Representación; división por estirpes: art. 926.
—Repudiación: art. 923.
—Seguridad y administración de bienes en caso de viuda encinta: art. 965.
—Tercio de mejora; sustitución fideicomisaria: art. 782.
—Usufructo de; pago deudas: art. 510.
—Venta; deudas y cargas pagadas por vendedor; abono por comprador: art. 1.534.
—Ídem; frutos percibidos por vendedor: art. 1.533.
—Venta sin enumerar las cosas de que se compone; obligación del vendedor: art. 1.531.

HERENCIA YACENTE
—Véanse «Aceptación y repudiación herencia» y «Herencia».
—Art. 1.934.

HERMANOS
—Alimentos; reciprocidad: arts. 143, 146, 147 y 153.
—Constituidos herederos; cómo heredan: art. 770.
—Representación y defensa del hermano ausente: art. 184, núm. 4.º
—Sucesión intestada: arts. 946 a 950.
—Tutela: art. 234.4.º

HIJO PÓSTUMO
—Véase «Póstumos».
—Adopción tras fallecimiento de adoptante: art. 176.3.

HIJOS
—Abandono: Causas de desheredación: art. 853.
—Administración de sus bienes: art. 164.
—Adoptivo; sucesión: arts. 108 y 178.1.
—Adoptivos de españoles; nacionalidad: art. 19.
—Alimentos; reciprocidad: arts. 143, 146, 147 y 153.
—Contribución a las cargas familiares: arts. 155 y 165.
—Del desheredado ocupan su lugar: art. 857.
—De excluido herencia por incapacidad: legítima: art. 761.
—Efectos separación, divorcio y nulidad de matrimonio: arts. 90, 92 y 94.
—Efectos de la reconciliación conyugal: arts. 84 y 88.
—De familia: fianza por préstamo: art. 1.824.
—Herederos forzosos: art. 807.
—Impugnación filiación por naturaleza: arts. 136 a 141.
—De medio hermanos; sucesión intestada: art. 951.
—Nacidos dentro de matrimonio; presunción paternidad: art. 116.
—Ídem; dentro de los 180 días a la celebración; destrucción presunción: art. 117.
—Nacionalidad: arts. 17, 19 y 20.
—Orden de suceder abintestato: arts. 930 y ss.
—De padres extranjeros; adquisición de nacionalidad española: art. 17.
—Patria potestad; conjunta; régimen: arts. 154 a 161.
—Propiedad y administración de sus bienes: arts. 164 a 168.
—Reclamación filiación por naturaleza: arts. 131 a 134.
—Relaciones paternofiliales: art. 9, núm. 4.º
—Renuncia de bienes al contraer su padre o madre segundo matrimonio: art. 970.
—Representación; menores no emancipados; excepciones y defensor judicial: arts. 162 y 163.
—Sostenimiento durante separación matrimonial: arts. 103 y 104.
—Sucesión intestada; concurrencia con descendientes de otros hijos: art. 934.

—Ídem; orden de suceder: arts. 930 y ss.
—Supervivencia a efecto donaciones: arts. 644 a 646 y 651.
HIJOS ADOPTIVOS
—Véanse «Adopción» e «Hijos».
HIJOS ILEGÍTIMOS NO NATURALES, NATURALES Y LEGÍTIMOS
—Véanse Disps. Trans. 1.ª a 10.ª de la Ley 11/1981, de 13 de mayo, de modificación del Código civil en materia de matrimonio.
HIJOS MATRIMONIALES Y NO MATRIMONIALES
—Véanse «Filiación por naturaleza» e «Hijos».
HIJOS DE VIDA INDEPENDIENTE
—Arts. 164 y 165.
HIPOTECA
—Acción del acreedor contra tercer poseedor de bienes hipotecados: art. 1.879.
—Aseguramiento de toda clase de obligaciones: art. 1.861.
—Bienes y derechos hipotecables: art. 1.874.
—Comunidad de bienes; división: arts. 399 y 405.
—Cosa hipotecada; legado: art. 867.
—Donatario sobre bienes donados, nulidad por revocación de la donación: arts. 647, 649 y 650.
—Efectos que produce: art. 1.876.
—Enajenabilidad de la cosa dada en hipoteca: art. 1.858.
—Enajenación de crédito hipotecario: art. 1.878.
—Extensión a accesiones, mejoras, frutos, rentas e indemnizaciones: art. 1.877.
—Facultad del acreedor: art. 1.859.
—Fincas gravadas, dándolas como libres: art. 1.862.
—Indivisibilidad: art. 1.860.
—Inscripción en el Registro de la Propiedad: art. 1.875.
—Legal; bienes muebles e inmuebles al repetir matrimonio: art. 977.
—Liberación de bienes donados: art. 645.
—Mandato expreso: art. 1.713, párr. 2.º
—Marido y mujer menores de 18 años: art. 324.
—Menor emancipado: art. 247.
—De partes de casa en copropiedad: art. 396.
—Promesa de constituir; acción personal entre contratantes: art. 1.862.
—Requisitos esenciales: arts. 1.857, 1.858 y 1.875.
—Sobre bienes del declarado ausente: art. 186, párr. 3.º
—Sometimiento a prescripciones de la Ley Hipotecaria: art. 1.880.
—Sustituye a fianza legal y judicial: arts. 1.854 y 1.855.
—Usufructo de finca hipotecada; deudas: arts. 509 y 522.
HIPOTECA LEGAL
—Bienes reservables en favor de hijos del primer matrimonio: art. 978.
—Derechos de la persona a cuyo favor se establece: art. 1.875, párr. 2.º
—Padres o administradores de bienes de hijo no emancipado: art. 164.
HOMICIDIO
—Causa de desheredación: arts. 854 y 855.
—Impedimento matrimonial: arts. 47 y 48.
—Indignidad para suceder: arts. 756 y 758.
HONDURAS
—Véase «Doble nacionalidad».
HONORARIOS
—Prescripción: art. 1.967.
HORNOS
—Construcción cerca de pared ajena; distancias: art. 590.
HOSPEDAJE
—Créditos preferentes: art. 1.922, núm. 5.º
HOTELES
—Depósito necesario; efectos introducidos por viajeros: arts. 1.783 y 1.784.
HUECOS
—Véase «Servidumbre de luces y vistas».
HUMOS EXCESIVOS
—Responsabilidad por daños que causen: arts. 1.908, núm. 2.º y 1.909.
HURTO
—De cosa mueble; adquisición del dominio por prescripción: art. 1.956.

I

IBEROAMÉRICA
—Doble nacionalidad: art. 24.
—Nacionales de: obtención de nacionalidad española: art. 22.
IDIOMAS
—Del testador; testigos deben entenderlo: art. 681, núm. 4.º
IGLESIA
—Adquisición por testamento: art. 746.
—Capacidad para adquirir y disponer; régimen: art. 38.
—Matrimonio canónico, régimen: arts. 60 y 63.
IGNORANCIA DE LAS LEYES
—Véase «Leyes».
—Cumplimiento; no la excusa: art. 6.º, núm. 1.º, párr. 1.º
IMPEDIMENTOS ADOPCIÓN
—Art. 175.3 y 4.
IMPEDIMENTOS MATRIMONIALES
—Enumeración: arts. 46 y 47.
—Dispensa: art. 48.
IMPRESOS
—Accesión partes principal y accesoria: art. 377.
IMPUESTOS
—En censos: pago por censatario: art. 1.622.
—Clasificación de créditos en favor del Estado: art. 1.923, núm. 1.º
IMPUGNACIÓN
—De filiación: arts. 136 y 141.
—De paternidad: art. 137.
—De maternidad: art. 139.
—Testamento: art. 675.
IMPUTACIÓN DE DELITO
—Revocación de donación: art. 648, núm. 2.º
IMPUTACIÓN DE PAGOS
—Compensación: art. 1.201.
—Reglas: arts. 1.172 a 1.174.
—Sociedad: art. 1.684.
INCAPACIDAD
—Aceptación o repudiación de herencia: art. 992.
—Del deudor por declaración de concurso; rehabilitación: art. 1.914.
—Extranjero: art. 10, núm. 8.º
—Leyes que la rigen: art. 9.º, núm. 6.º
—Nulidad disposición testamentaria en favor incapaz: art. 755.
—Patria potestad, prórroga: art. 171.
—Suceder: arts. 745 y 760.
—Suceder por causa de indignidad: arts. 756 y 757.
—Sustitución hereditaria: arts. 776 y 777.
—Testar: art. 663.
INCENDIO
—Caso fortuito en arrendamientos rústicos: art. 1.575.
—Depósito necesario: arts. 1.781, núm. 2.º y 1.782.
INCOMPATIBILIDAD
—Obligaciones para novación: art. 1.205.
INCOMPETENCIA
—De Juez; citación al poseedor, a efectos de prescripción: art. 1.945.
INCUMPLIMIENTO
—Donaciones: art. 647.
—Mora: art. 1.100.
—Obligaciones recíprocas: art. 1.124.
—Resarcimiento de daños: arts. 1.101 a 1.107.
INDEMNIZACIÓN
—Véase «Daños y perjuicios».
—Acreedor por pérdida de cosas en obligaciones alternativas: art. 1.135.
—Contratos en fraude de acreedores: art. 1.298.
—Daños y perjuicios en cumplimiento de obligaciones: arts. 1.101, 1.106 y 1.107.
—Por elevación de pared medianera: art. 577.
—Establecer servidumbres de saca de agua y abrevadero: arts. 555 y 556.
—No se da en determinada servidumbre de paso: art. 567.
—Ocupación para servidumbres: arts. 553 y 554.
—Por paso materiales para construir o reparar edificios: art. 569.
—A privado de su propiedad: art. 349.
—Servidumbre de paso: arts. 564 a 570.

—Servidumbre de saca de agua y abrevadero: art. 556.
—Enajenación de bienes muebles, antes de contraer segundo matrimonio: art. 976.
INDIGNIDAD
—Causa de desheredación: art. 852.
—Incapacidades para suceder: arts. 756 y 757.
INDIVISIBILIDAD
—De las obligaciones: art. 1.149.
—De la prenda e hipoteca: art. 1.860.
—De las servidumbres: art. 535.
INDIVISIÓN
—En comunidad de bienes: arts. 400 y 401.
—En comunidad hereditaria: art. 1.051.
INDUSTRIA
—Véase «Explotación agrícola, industrial o fabril».
—Frutos; definición: arts. 355, párr. 2.º y 357.
—Máquinas, etc.; bienes inmuebles: art. 334, núm. 5.º
—Usufructo sobre beneficios: art. 475.
INEFICACIA
—Véanse «Acción de anulabilidad», «Nulidad» y «Rescisión».
—De testamentos: art. 743.
—De contratos: arts. 1.300 y ss.
INGRATITUD
—Acción del donante por esta causa; prescripción: art. 652.
—Revocación de donaciones: arts. 648 a 653.
INHABILIDAD
—Para ser tutor y curador: arts. 216, 217 y 275.2.
INJURIAS
—Causa de desheredación: art. 853, núm. 2.º
INMUEBLES
—Véase «Bienes inmuebles».
INOFICIOSAS
—Véase «Donaciones».
INSCRIPCIÓN
—Véanse «Registro Civil» y «Registro de la Propiedad».
—En Registro público, documento desaparecido; fuerza probatoria: art. 1.222.
INSCRIPCIÓN EN EL REGISTRO DE LA PROPIEDAD
—Véase «Registro de la Propiedad».
—Actos y contratos: art. 605.
—Anotaciones e inscripción de demanda y sentencia de separación de bienes de los cónyuges: art. 1.436.
—Bienes inmuebles que acrezcan a coherederos en sucesión en la que está llamado un ausente: art. 192.
—Compra de bien inmueble a varios; prioridad: arts. 1.473 y 1.537.
—Efectos de la de cesión de crédito, derecho o acción: arts. 1.526 y 1.537.
—De hipoteca: art. 1.875.
—Prescripción contra título inscrito: art. 1.949.
—Títulos no inscritos; no perjudican a tercero: art. 606.
INSOLVENCIA
—Censatario; censo consignativo: art. 1.660, núm. 3.º
—De cofiadores: art. 1.844.
—De coheredero en partición de herencia: arts. 1.071 y 1.072.
—De comprador: art. 1.467.
—De deudor: art. 1.129.
—De deudor en obligaciones mancomunadas: art. 1.139.
—De deudor en obligaciones solidarias: art. 1.145.
—De deudor a sociedad: art. 1.685.
—Del fiador: art. 1.829.
—Del mandante o mandatario: art. 1.732, núm. 3.º
—Del nuevo deudor en novación de obligaciones: art. 1.206.
—Rescisión de pago hecho en estado de insolvencia: art. 1.292.
—Socio; extinción de la sociedad: art. 1.700, núm. 3.º
INSTITUCIÓN DE HEREDERO
—Anulación por desheredación sin causa: art. 851.
—Cargas imponibles al heredero: art. 788.
—Condicional o a término: arts. 790 y ss.
—Cosa cierta y determinada; consideración de legatario: art. 768.
—Derecho del testador: arts. 763 y 764.

—Designación de día o de tiempo de efectos de la institución: art. 805.
—Designación de unos herederos individualmente y de otros colectivamente: art. 769.
—Designación por nombre y apellidos: art. 772.
—Sin designación de partes: art. 765.
—Expresión de causa falsa: art. 767.
—Expresión genérica de hijos: art. 772.
—Expresión de objeto de la institución: arts. 797 y 798.
—Heredero y usufructuario de los mismos bienes; validez: art. 787.
—A hermanos: art. 770.
—Incapaz para heredar muerto antes que el testador: art. 766.
—Incumplimiento de condición; apertura de sucesión intestada: art. 912, núm. 3.º
—Preterición de éstos: art. 814.
—Referencia a cédulas o papeles privados: art. 672.
—Renunciante a herencia, muerto antes que el testador: art. 766.
—Testamento sin institución; validez: art. 764.
—A una persona y a sus hijos; institución simultánea: art. 771.
—Validez en caso de nulidad de sustitución fideicomisaria: art. 786.
—Voluntario muerto antes que el testador: art. 766.

INSTITUCIONES RELIGIOSAS
—Personalidad jurídica: art. 35.

INSTRUMENTOS PÚBLICOS
—Véase «Documentos públicos».
—Normas aplicables: art. 11.
—Prueba obligaciones: arts. 1.216 a 1.224.

INTERESES
—Anticresis: arts. 1.881 y 1.885.
—Bienes sujetos a colación: art. 1.049.
—Cantidad que debió aportar un socio a sociedad o tomó de ella: art. 1.682.
—Cantidades aplicadas por mandatario a usos propios: art. 1.724.
—Cantidades desembolsadas por socio a sociedad: art. 1.688.
—Cobro de lo indebido procediendo de mala fe: art. 1.896.
—Compensación en obligaciones condicionales: art. 1.120.
—Cosas muebles, efectos y valores en usufructo: arts. 494 y 495.
—Debe abonar el propietario al usufructuario: arts. 517 a 519.
—Debe abonar el usufructuario: arts. 502, 505 y 510.
—De intereses: art. 1.109.
—Dinero en depósito: art. 1.770, párr. 2.º
—Legado de cantidad: art. 884.
—Legados de crédito, de perdón o liberación de deuda: art. 870.
—Mora en pago de cantidad: arts. 1.108 y 1.110.
—Obligaciones con cláusula penal: art. 1.152.
—Obligaciones a plazo: art. 1.126.
—Obligaciones recíprocas: art. 1.124.
—Pago por deudor a fiador: art. 1.838, núm. 2.º
—Pago indebido y aceptado: art. 1.896.
—Precio en la compraventa: art. 1.501.
—Precio en contrato anulado: art. 1.303.
—Precio en contratos rescindidos: art. 1.295.
—Prenda; compensación: art. 1.868.
—Préstamo: arts. 1.755 y 1.756.
—Saldo de cuentas de la tutela: arts. 282 a 284.
—Usufructo; pérdida del edificio: art. 517.

INTERPRETACIÓN
—De normas jurídicas: art. 3.º, núm. 1.º

INTERPRETACIÓN DE LOS CONTRATOS
—Cláusula que admite diversos sentidos: art. 1.284.
—Cláusulas oscuras: art. 1.268.
—Cómo se entienden sus términos: art. 1.281.
—Generalidad de los términos; cosas y casos comprendidos: art. 1.283.
—Intención de los contratantes: arts. 1.281 y 1.282.
—Imposibilidad de resolver dudas: art. 1.289.
—Interpretación de cláusulas las unas por las otras: art. 1.285.

—Palabras de distintas acepciones: art. 1.286.
—Uso o costumbre del país: art. 1.287.
INTERPRETACIÓN DE TESTAMENTO
—Art. 675.
INTÉRPRETES
—Para testar en lengua extranjera: art. 684.
INTERRUPCIÓN
—Posesión de cosa común; efectos: art. 450.
—Posesión indebidamente perdida: art. 466.
—Posesión; natural o civil: arts. 1.943 a 1.948.
INTIMIDACIÓN
—Acción de nulidad de contratos: art. 1.301.
—Anula el consentimiento: art. 1.265.
—Anula la obligación: art. 1.268.
—Calificación; cuándo existe: art. 1.267.
INUNDACIÓN
—Caso fortuito en arrendamientos rústicos: art. 1.575.
INVALIDEZ
—Véanse «Acción de anulabilidad», «Ineficacia» y «Nulidad».
INVENTARIO
—Véanse «Beneficio de inventario» y «Derecho de deliberar».
—Aceptar o repudiar herencia: arts. 1.010, 1.017 y 1.018.
—Bienes del ausente: art. 185, núm. 1.º
—Bienes gananciales, liquidación: art. 1.396.
—Bienes de herencia aceptada a beneficio de: arts. 1.013 a 1.015 y 1.017.
—Bienes de la herencia por comisario partidor: art. 1.057, párr. 2.º
—Bienes inmuebles aportados a sociedad: art. 1.668.
—Bienes en sucesión a la que estuviera llamado un ausente: art. 191.
—Herencia; gastos: art. 1.033.
—Obligación de sucesores de ausente declarado fallecido: art. 196.
—Usufructuario: arts. 491, núm. 1.º y 493. Viudo o viuda al repetir matrimonio: art. 977.
INVESTIGACIÓN
—Aguas subterráneas: art. 417.
IRRETROACTIVIDAD
—Véase «Leyes».
—Art. 2.º3.
ISLAS
—Formadas por acumulación de arrastres; propiedad: art. 373.
—Formadas en mares adyacentes y ríos navegables; propiedad: art. 371.

J

JEFE DEL ESTADO
—Véase «Nacionalidad».
—Juramento o promesa de fidelidad al Rey; nacionalidad: art. 23.*a*).
JORNALEROS
—Arrendamiento de servicios: arts. 1.584 a 1.587.
—Concurrencia y prelación de créditos: art. 1.924.
—Prescripción del importe de sus servicios: art. 1.967.3.º
JUECES
—Adopción de medidas para disfrute de cosa común: art. 398.
—Adquisición por compra, de bienes y derechos en litigio: art. 1.459, núm. 5.º
—Amparo y reintegro de la propiedad: art. 349.
—Aprobación de expediente de adopción: art. 176.
—Autorización del matrimonio: art. 51.
—Constancia declaraciones de ausencia y fallecimiento en Registro central de ausentes: art. 198.
—Deber de resolver: art. 1.º, núm. 7.º
—Dispensa de impedimentos matrimoniales: art. 48.

—Herencias, medidas a adoptar en caso de viuda encinta: arts. 960 y 961.
—Intervención en la celebración del matrimonio: arts. 51 y ss.
—Intervención herencias en favor de pobres: art. 749.
—Nombramiento defensor de desaparecido: art. 181.
—Prescripción de honorarios y derechos: art. 1.967, núm. 1.º

JUEGO Y APUESTA
—Acción para reclamar lo ganado en juego, repetición de lo pagado: art. 1.798.
—Apuestas prohibidas: art. 1.799.
—Cantidades perdidas y no pagadas por marido o mujer; no están a cargo de gananciales: art. 1.372.
—Cantidades perdidas y pagadas por cónyuges; no disminuyen sus gananciales: art. 1.371.
—Ganancias obtenidas por marido o mujer; bienes gananciales: art. 1.351.
—Juegos no prohibidos: art. 1.800.
—Pérdida en juego no prohibido: art. 1.801.

JUICIO DE REVISIÓN
—Eficacia de la sentencia contra presunción de cosa juzgada: art. 1.251.

JURAMENTO
—En contratos; inadmisión: art. 1.260.
—De fidelidad y obediencia a leyes para adquirir nacionalidad: art. 23.

JURISPRUDENCIA
—Complementa Ordenamiento jurídico: art. 1.º, núm. 6.º

JUSTO TÍTULO
—Adquisición servidumbre: arts. 537 a 542.
—Adquisición o pertenencia fincas, en partición: arts. 1.065 y 1.066.
—Concepto a efectos de prescripción: art. 1.952.
—Innecesario en prescripción dominio y derechos reales por treinta años: art. 1.959.
—Presunción en la posesión: arts. 448 y 464.
—Prueba; no se presume: art. 1.954.
—Requisitos para la prescripción: art. 1.953.

L

LAGOS Y LAGUNAS
—Aguas de dominio público: art. 407, núm. 4.º
—Disminución de caudal; propiedad del terreno descubierto: art. 367.

LANGOSTA
—Caso fortuito en arrendamientos rústicos: art. 1.575.

LAUDEMIO
—Censo enfitéutico: arts. 1.631 y 1.644 a 1.646.

LECTURA
—Véase «Testamento abierto».

LEGADOS
—Aceptación: arts. 889 y 890.
—Acción de petición de entrega: art. 885.
—A acreedor: art. 873.
—De alimentos: art. 879.
—Alternativos: art. 874.
—Cosa ajena: arts. 861 y 862.
—Cosa empeñada o hipotecada: art. 867.
—Cosa específica y determinada: art. 882.
—Cosa inmueble no determinada: art. 875, párr. 2.º
—Cosa mueble genérica: art. 875.
—Cosa poseída en común: art. 864.
—Cosa propia del heredero a un tercero: art. 863.
—Cosa propia del legatario: arts. 866 y 878.
—Cosa sujeta a usufructo, uso o habitación: art. 868.
—Cosas que están fuera del comercio: art. 865.
—Crédito contra tercero: arts. 870 y 871.
—Cuándo queda sin efecto: art. 869.

—Distribución por tercero: art. 671.
—Educación: art. 879.
—Elección por heredero o legatario: arts. 876 y 877.
—Entrega: arts. 883 y 886.
—Facultad del testador: art. 858.
—Frutos e intereses: art. 884.
—Gastos de entrega: art. 886, párr. 3.º
—Genérico de perdón o liberación de deuda: arts. 870 a 872.
—Inadmitidos: art. 888.
—Orden de prelación: art. 887.
—Pago por administrador previo pago a acreedores: art. 1.027.
—Pago en dinero: art. 886, párr. 2.º
—Pago por usufructuario: art. 508.
—Parte alícuota: art. 655.
—Pensión o cantidad periódica: art. 880.
—Perdón o liberación de deuda: arts. 870 a 872.
—Perecimiento de la cosa: art. 869, núm. 1.º
—Personas gravadas: art. 859.
—Preferentes: art. 820.
—Prorrateo de deudas y gravámenes: art. 891.
—Puros y simples: art. 881.
—Referencia a bienes muebles o inmuebles: art. 347.
—Referencia a cédulas o papeles privadas: art. 672.
—Renuncia: arts. 889 y 890.
—Responsabilidad en caso de evicción: art. 860.
—Temporal del usufructo, uso o habitación: art. 793.

LEGATARIO
—Aceptación y repudiación de legado: arts. 889 y 890.
—De ausente declarado fallecido, disposición de bienes: art. 196.
—Calificación de la capacidad: art. 758.
—Concepto: arts. 660 y 668.
—Derecho de acrecer: art. 987.
—Derechos en los legados de cosa genérica o de cantidad: art. 884.
—Derechos en los legados puros y simples: art. 881.
—Heredero instituido en cosa cierta y determinada: art. 768.
—Incapaz que entra en posesión del legado: art. 760.
—Institución condicional o a término: arts. 790 y ss.
—Muerto antes de cumplirse la condición: art. 759.
—Nombramiento por tercero: art. 670.
—Ocupación de la cosa legada: art. 885.
—Pago de deuda hereditaria: art. 867.
—Presencia en inventario de bienes de la herencia: art. 1.014.
—Prueba en legado de cosa ajena: art. 861.
—Reclamación contra ellos por acreedores herencia: art. 1.029.
—Reclamaciones de pago durante inventario y término para deliberar: art. 1.025.
—Reducción de donaciones: art. 655.
—Respeto de derechos de usufructo, uso y habitación sobre cosa legada: art. 868.
—Sustituciones: art. 789.
—Testigo en testamento abierto: art. 682.

LEGISLACIÓN ANTERIOR
—Actos y contratos celebrados bajo su régimen: Disp. Trans. 2.ª
—Derechos nacidos de hechos realizados bajo su régimen: Disp. Trans. 1.ª

LEGÍTIMA HEREDITARIA
—Véase «Derecho Foral».
—Acción de complemento: art. 815.
—De albacea: art. 900.
—Concepto: art. 806.
—Concurrencia de viudo con ascendientes: art. 837.
—Concurrencia del cónyuge viudo con hijos de su consorte, nacidos constante matrimonio: art. 837.
—Entrega de legado no la perjudica: art. 886.
—Fijación; valor: art. 818.
—Herederos forzosos: arts. 806, 807 y 863.
—Hijos adoptivos: arts. 108, 178.1, 806 y 807.
—Hijos cuando testador haga partición de bienes: art. 1.056.
—Hijos y descendientes: art. 808.
—Hijos del desheredado, herederos forzosos: art. 857.

—Imputación de donaciones. arts. 819 y 849.
—Ley sucesoria: art. 9.º, núm. 8.º y 16, núm. 2.º
—Mejora: arts. 808, párr. 2.º, 823 y 831.
—De padres o ascendientes: arts. 809 y 810.
—Pago a cónyuge viudo: arts. 839 y 840.
—Preterición: art. 814.
—Privación; causas determinadas por la Ley: art. 813.
—Reducción de disposiciones inoficiosas: art. 817.
—Reducciones; reglas: arts. 820 a 822.
—Renuncia o transacción sobre legítima futura: art. 816.
—Reserva lineal: art. 811.
—Sustitución hereditaria: art. 777.
—Viudo: arts. 834 y ss.

LENGUA EXTRANJERA
—Testamento en: art. 684.

LESIÓN
—En los contratos; rescisión: arts. 1.291 y 1.293 a 1.296.
—Derechos de propiedad en usufructo: art. 511.
—En partición de herencia; rescisión; ejercicio de la acción; plazo: arts. 1.074 a 1.079.

LETRA DE CAMBIO
—Entrega en pago de deuda: art. 1.170, párr. 2.º

LETRADOS
—Véase «Abogados».

LEY EXTRANJERA
—Conflicto de leyes: art. 12.

LEY HIPOTECARIA
—Vigencia; aplicación: art. 1.880.

LEY PERSONAL
—De personas físicas: art. 9.º, núm. 1.º
—Vecindad civil: art. 16.

LEYES
—Véanse «Abuso de derecho», «Adopción», «Derecho Foral», «Interpretación», «Ley extranjera» y «Tutela».
—Actos contrarios: art. 6.º, núms. 3.º y 4.º
—Cláusulas contrarias en un contrato: art. 1.255.
—Constitución del usufructo: art. 468.
—Derogación: art. 2.º, núm. 2.º
—Entrada en vigor: art. 2.º, núm. 1.º
—Error de derecho: art. 6.º, núm. 1.º, párr. 2.º
—Establecer servidumbres: art. 536.
—Estipulaciones matrimoniales contrarias a: art. 1.328.
—Excepcionales: art. 14, núm. 2.º
—Exclusión voluntaria: art. 6.º, núm. 2.º
—Fuentes de Derecho: art. 1.º, núm. 1.º
—Fuentes de las obligaciones: art. 1.089.
—Ignorancia: art. 6.º, núm. 1.º, párr. 2.º
—Juramento de obediencia para adquirir la nacionalidad: art. 23.*a*).
—Norma de conflicto aplicable: arts. 12 y 16.
—Obligaciones de ella derivadas no se presumen: art. 1.090.
—Penales, de policía y de seguridad pública: art. 8.º, núm. 1.º
—Rango superior: art. 1.º, núm. 2.º
—Retroactividad: art. 2.º, núm. 3.º
—Servicios no contrarios a; objeto de contrato: art. 1.271, párr. 3.º
—Vigencia: art. 2.º

LEYES ESPECIALES
—Aguas: art. 425.
—Caza y pesca: arts. 610 y 611.
—Derechos civiles de extranjeros: art. 27.
—Minas: art. 427.
—Montes de Piedad: art. 1.873.
—Objetos arrojados al mar y playas: art. 617.
—Propiedad intelectual: art. 429.
—Servidumbres en materia de aguas: art. 563.
—Servidumbres para utilidad pública o comunal: art. 550.

LEYES DE EXCEPCIÓN
—Aplicación restringida: art. 4.º, núm. 2.º

LEYES PENALES
—Contrato trabajo: art. 10, núm. 6.º
—Aplicación restringida: art. 4.º, núm. 2.º
—Obligatoriedad: art. 8.º, núm. 1.º

LEYES DE POLICÍA Y DE SEGURIDAD PÚBLICA
—Obligatoriedad: arts. 8.º, núms. 1.º y 10, núm. 6.º

LEYES TEMPORALES
—Aplicación restringida: art. 4.º, núm. 2.º

LIBERTAD
—Contractual: art. 1.255.
—De testar: art. 763.
LIBROS
—No se comprenden, cuando se usa sólo la palabra «muebles»: arts. 346 y 347.
LICENCIA ADMINISTRATIVA
—Para investigación de aguas subterráneas: art. 417.
LIGAMEN
—Acción de nulidad matrimonio: art. 73.2.
—Impedimento matrimonial: art. 46.
LÍNEAS
—En el parentesco, sucesión intestada: arts. 915 y ss.
—Derecho de representación sucesión intestada: art. 925.
LINDEROS
—Fincas con cauce, abandonado, de río: art. 370.
LIQUIDACIÓN
—De la sociedad de gananciales: arts. 1.396 y ss.
LITERATURA
—Véase «Propiedad intelectual».
LITIS EXPENSAS
—En proceso de separación, divorcio o nulidad de matrimonio: art. 103, núm. 3.º
LITOGRAFÍAS
—Accesión; partes principal y accesorias: art. 377.
LLAVES
—Su entrega equivale a entrega de bienes muebles: art. 1.463.
LLUVIA
—Aguas caídas en predios privados: art. 408, núm. 4.º
LOTES
—Partición hereditaria: art. 1,061.
LUGAR DE CELEBRACIÓN DEL CONTRATO
—Art. 1.262.
LUGAR DE PAGO
—Arrendamiento: art. 1.574.
—Censos: art. 1.615.
—Compraventa: art. 1.500.
—Obligaciones: art. 1.171.
LUCES Y VISTAS
—Véase «Servidumbre de luces y vistas».
LUJO
—Gastos en la posesión: art. 454.

M

MADRE
—Véanse «Ascendientes», «Padres» y «Patria potestad».
—Acción de impugnación de su maternidad: art. 139.
—Posible cuidado de los hijos menores de edad en caso de separación: art. 159.
—Relaciones materno-filiales: art. 9.º, núm. 4.º
MAESTROS
—Prescripción de honorarios y estipendios: art. 1.967, núm. 2.º
—Responsabilidad por acciones u omisiones de alumnos: art. 1.903, párr. 6.º
MAGISTRADOS
—Adquisición por cambio de bienes y derechos en litigio: art. 1.459, núm. 5.º
MALA FE
—Accesión de bienes: arts. 360, 362 a 365, 379, 382 y 383.
—Aceptación de cobro de lo indebido: arts. 1.896 y 1.897.
—Administrador de sociedad; revocación del poder: art. 1.692.
—Adquisición de cosas enajenadas en fraude de acreedores: art. 1.298.
—Empleo materia ajena para formar obra nueva: art. 383.
—Pacto que exime al vendedor de responder de evicción: art. 1.476.
—Posesión; prueba: art. 434.
—Renuncia de socio a sociedad: art. 1.706.
—Restitución de patrimonio al ausente: art. 187.

—Transacción; nuevos documentos: art. 1.818.
—Venta o cesión de crédito: art. 1.529.
—Venta de cosa con vicio oculto: art. 1.488.
MANANTIALES
—Aguas de dominio privado: art. 408.
—Aguas de dominio público: art. 407, núm. 2.º
—Derechos adquiridos: art. 424.
MANCOMUNIDAD
—Véanse «Comunidad de bienes», «Obligaciones mancomunadas» y «Testamento mancomunado».
—Albaceas: arts. 894 a 897.
MANDAS
—Véase «Legados».
MANDATO
—Acción del mandante contra sustituto del mandatario: art. 1.722.
—Aceptación; expresa o tácita: art. 1.710.
—Aceptación de donación: art. 630.
—Actuación del mandatario en nombre propio: art. 1.717.
—Actuación del mandatario ignorando muerte del mandante: art. 1.738.
—Anticipación de cantidades por mandante a mandatario: art. 1.728.
—Ausencia legal del mandatario: art. 183.
—Compra por mandatario de bienes del mandato: art. 1.459, núm. 2.º
—Concepto del contrato: art. 1.079.
—Cuentas del mandato: art. 1.720.
—Daños y perjuicios por incumplimiento: art. 1.718.
—Diligencia de buen padre de familia: art. 1.719.
—Documento público: art. 1.280.
—Ejecución: art. 1.719.
—Especial para matrimonio: art. 55.
—Expreso o tácito: art. 1.710.
—Facultad de transigir: art. 1.713, párr. 3.º
—General: art. 1.713, párr. 1.º
—General o especial: art. 1.712.
—Gestión de negocio ajeno ratificada por el dueño: art. 1.892.
—Indemnización de daños y perjuicios a mandatario: art. 1.729.
—Indemnización de daños y perjuicios por renuncia del mandatario: art. 1.736.
—Intereses debidos por mandatario: art. 1.724.
—Límites de la actuación del mandatario: arts. 1.714 y 1.715.
—Menor emancipado: art. 1.716.
—Modos de acabarse: arts. 1.732 a 1.739.
—Muerte de mandatario: art. 1.739.
—Obligaciones del mandante: arts. 1.727 a 1.731.
—Obligaciones del mandatario: arts. 1.718 a 1.726.
—Presunción gratuidad: art. 1.711.
—Renuncia del mandatario: art. 1.736.
—Ídem; continuación de la gestión: art. 1.737.
—Responsabilidad de dos o más mandatarios: art. 1.723.
—Responsabilidad del mandante: art. 1.727.
—Responsabilidad del mandatario: arts. 1.725 y 1.726.
—Retención en prenda por mandatario de cosas objeto del mandato: art. 1.730.
—Retribución: art. 1.711, párr. 2.º
—Revocación: arts. 1.733 a 1.735.
—Socio administrador de sociedad; irrevocabilidad: art. 1.692.
—Socios apoderados: art. 1.695, regla 1.ª
—Sustituto del mandatario: art. 1.721.
—Testar; validez de los otorgados antes de la entrada en vigor del Código civil: Disp. Trans. 2.ª
—Varios mandatarios para un negocio común: art. 1.731.
MANUTENCIÓN
—Véase «Alimentos».
—De alimentista; a elección obligado a prestar alimentos: arts. 149 y 153.
MAQUINACIONES
—Insidiosas en contratos, los anulan: art. 1.269.
MÁQUINAS
—Bienes inmuebles: art. 334, núm. 5.º
—Daños por explosión; responsabilidad del dueño: arts. 1.908, núm. 1.º y 1.909.

MAR
—Objetos arrojados a él o a la playa por las olas: art. 617.
—Propiedad de islas formadas: art. 371.
MARIDO
—Véase «Cónyuges».
—Acción de nulidad contra actos otorgados por un cónyuge, sin consentimiento del otro: arts. 1.320, 1.322 y 1.376 a 1.378.
—Destrucción presunción de paternidad: art. 117.
—Impugnación de filiación: arts. 117 y 136 a 141.
MATRIMONIO
—Véanse «Beneficio de inventario», «Capitulaciones matrimoniales», «Cónyuges», «Derecho Foral», «Divorcio», «Matrimonio», «Nulidad de los contratos», «Nulidad del matrimonio», «Régimen de participación», «Separación de bienes de los cónyuges», «Separación matrimonial» y «Sociedad de gananciales».
—Acción de nulidad de contratos de un cónyuge sin consentimiento del otro: arts. 1.301 y 1.322.
—Actos para necesidades ordinarias de la familia: art. 1.319.
—Administración de los bienes: arts. 1.375 a 1.391, 1.412 y 1.437.
—Adopción de menores por: art. 175.1 y 4.
—Capacidad de obrar cónyuges: arts. 66 y 1.322.
—Capitulaciones: arts. 1.325 y 1.326.
—De casados: art. 46.
—Competencia para la autorización de matrimonios civiles: arts. 49 y 51.
—Compraventas recíprocas entre cónyuges: art. 1.458.
—Consentimiento de un cónyuge para actuación del otro: art. 1.322.
—Contraído en el extranjero: art. 49.
—Cónyuge del ausente: art. 189.
—Cuestiones matrimoniales; no se puede transigir: art. 1.814.
—Declarado nulo; efectos del contraído de buena fe: art. 79.
—Demanda de nulidad, separación y divorcio; medidas provisionales: arts. 102 y ss.
—Disolución; disolución de sociedad de gananciales: arts. 1.392 y ss.
—Disposición de vivienda común: art. 1.320.
—Donaciones: arts. 1.336 a 1.343.
—Donaciones conjuntas a marido y mujer: art. 637.
—Emancipación y limitaciones: art. 248.
—Esponsales de futuro: art. 42.
—Formas: arts. 49, 59 y 60.
—Gastos urgentes; realización: art. 1.386.
—Herencia aceptada por persona casada sin beneficio inventario: art. 995.
—Inscripción en Registro de la Propiedad: art. 1.333.
—Leyes que rigen las relaciones patrimoniales entre cónyuges: art. 9.º, núm. 3.º
—Leyes que rigen las relaciones personales entre cónyuges: art. 9.º, núm. 2.º
—De menor no emancipado: art. 46.
—Nacionalidad de los cónyuges: arts. 22.2.*d*) y 66.
—Necesidades ordinarias: art. 1.319.
—Nulidad: arts. 73 a 80.
—Ídem; efectos: arts. 89 y 91 a 101.
—Obligaciones de los cónyuges: arts. 66 y ss.
—Obligatoriedad del Título Preliminar y excepciones a la misma: art. 13.
—De padres de hijos no matrimoniales: art. 119.
—Partición de herencia: art. 1.053.
—Personas a quienes está prohibido: arts. 46 y 47.
—Poder para contraer; documento público: art. 1.280, núm. 5.º
—Prometido; incumplimiento; resarcimiento de gastos: art. 43.
—Representación de un cónyuge por otro: art. 71.
—Domicilio: art. 70.
—Separación: arts. 81 a 83.
—Ídem; efectos: arts. 90 a 101.
MATRIMONIO CANÓNICO
—Demanda, nulidad, separación y divorcio, medidas provisionales: arts. 102 y ss.
—Efectos civiles: art. 60.
—Forma del matrimonio: arts. 49 y 59.

—Inscripción Registro: arts. 63 y 65.
—Sentencias dictadas por Tribunales eclesiásticos: ajuste al Derecho del Estado: art. 80.
MAYOR EDAD
—Véase «Edad».
—A los 18 años: art. 240.
—Ídem; adquisición de otra nacionalidad: art. 22.
—Acción rendición cuentas a los padres: arts. 167 y 168.
—Ídem; patria potestad: art. 169, núm. 2.º
—Consentimiento para reconocimiento como hijo: art. 123.
—Cónyuge; modificación régimen económico matrimonial: art. 1.331.
—Ídem; adquisición de otra nacionalidad: art. 22.
—Mayor de 25 años; adopción: art. 175.
—Nacionalidad española adquisición: arts. 20, 21.
—No le afecta el cambio de ley personal: art. 9.º, núm. 1.º, párr. 2.º
—Otorgar testamento ológrafo: art. 688.
MAYORES DE CATORCE AÑOS
—Capacidad para testar: art. 663.
—Ídem; para testificar: art. 1.246.
—Matrimonio; dispensa: art. 48.
MEDALLAS
—No se comprenden, cuando se usa sólo la palabra «muebles»: arts. 346 y 347.
MEDIANERÍA
—Véase «Servidumbre de medianería».
MEDIDAS DE APOYO
—Casos en que procede: art. 249.
—Curatela: art. 268.
—Defensor judicial: art. 295.
—Guarda de hecho: art. 263.
—Medidas voluntarias: art. 254.
—Prohibiciones a quien desempeñe alguna: art. 251.
—Tipos: art. 250.
MEDIDAS PROVISIONALES
—Separación, nulidad y divorcio de matrimonio: arts. 102 y ss.
MEDIO HERMANOS
—Arts. 949 y 951.
MEJORA HEREDITARIA
—En bienes reservables en favor de hijos de primer matrimonio: arts. 972 y 973.
—Concepto: arts. 808 y 823.
—Contrato entre vivos: art. 825.
—En cosa determinada: art. 829.
—Facultad no delegable: art. 830.
—Gravámenes: art. 824.
—Manda o legado a hijo o descendiente: art. 828.
—Pactos en capitulaciones matrimoniales o testamento: art. 831.
—Pago: art. 832.
—Promesa de mejorar o no mejorar: art. 826.
—Renuncia a herencia y admisión de mejora: art. 833.
—Revocabilidad: art. 827.
MEJORAS
—Derecho de arrendatario: art. 1.573.
—Finca cedida a primeras cepas: art. 1.656, regla 8.ª
—Finca enfitéutica: art. 1.652.
—Hechas por quien recibió indebidamente la cosa: art. 1.898.
—Hechas por usufructuario: art. 487.
—En la posesión: arts. 456 y 458.
—Por propietario en finca usufructuada: art. 503.
MEMORIAS TESTAMENTARIAS
—Validez de las anteriores a la entrada en vigor del Código civil: Disp. Trans. 2.ª
MENESTRALES
—Prescripción del importe de sus servicios y suministros: art. 1.967.
MENOR DE EDAD
—Véanse «Alimentos», «Edad», «Hijos», «Patria potestad» y «Tutela».
—Abandonado; adopción: arts. 172, 173, 175 y 176.
—Abandonados en territorio español: arts. 9.º, núm. 6.º y 17.1.*d*).
—Acción de nulidad de contratos: art. 1.301.
—Acción de nulidad de matrimonio: art. 75.
—Aceptación o repudiación de herencia: art. 992.
—Administración de bienes de sociedad conyugal: art. 1.375.
—Adquisición de la posesión: art. 443.
—Albacea: art. 893.
—Autorización judicial para reconocimiento hijo: art. 121.

—Capacidad: arts. 154, 162, 164, 199, 222 y 1.263.
—Capitulaciones matrimoniales, requisitos para su validez: art. 1.329.
—Defensor judicial: art. 163.
—Derechos de la personalidad: arts. 162 del C.c. y 4 de la L.Men.
—Donaciones por razón de matrimonio: art. 1.338.
—Emancipado: arts. 239 y siguientes.
—Incapaces: arts. 171 y 199.
—Menor de 14 años; incapacidad para testar: art. 663.
—Ministerio Fiscal: nota a Tít. VII, Libro I, y a su Cap. II, y art. 199.
—No emancipado, consentimiento en contratos: arts. 1.263 y 1.264.
—Obediencia a padres: art. 155.
—Partición de herencia de los sujetos a patria potestad: art. 1.060.
—Patria potestad: art. 154.
—Petición de partición de herencia: art. 1.052, párr. 2.º
—Prescripción extintiva de derechos por negligencia del representante legal: art. 1.932, párr. 2.º
—Prohibición de matrimonio: art. 46.
—Protección, medidas cautelares: art. 158 del C.c. y Disps. Adics. 1.ª y 3.ª de la L.Men.
—Régimen económico matrimonial, modificaciones: art. 1.329.
—Repetición de lo pagado por pérdidas de juego: arts. 1.798 y 1.799.
—Representación legal, interés del menor: arts. 154, 162.
—Restricción de la personalidad civil: art. 32 y L.Men.
—Sustracción: nota al art. 90.1.*a*).
—Testigo en testamento: art. 681, núm. 1.º

MENORES ABANDONADOS O DESAMPARADOS
—Véanse «Acogimiento de menores», «Adopción», «Desamparo de menores» y «Tutela».
—Arts. 103.1, 160, 161, 172, 173, 176 y 199.

MERCADERES
—Prescripción del precio de los géneros vendidos: art. 1.967.

MERCANCÍAS
—No se comprenden, cuando se usa sólo la palabra «muebles»: arts. 346 y 347.

MESES
—Cómputo: art. 5.º

MESONES
—Depósito necesario; efectos introducidos por viajeros: arts. 1.783 y 1.784.

MEZCLA O CONFUSIÓN DE COSAS
—Véase «Accesión».

MIEDO GRAVE
—Nulidad de matrimonio: arts. 73 y 76.

MILITARES
—Testamento en campaña: arts. 716 a 721.

MINAS
—Bienes de dominio público: art. 339, núm. 2.º
—Bienes inmuebles: art. 334, núm. 8.º
—Derecho de calicatas o excavaciones: art. 426.
—Derechos del enfiteuta: art. 1.632.
—Derechos del usufructuario: arts. 476 a 478.
—Predio en usufructo; derechos del usufructuario: arts. 476 a 478.
—Regulación por su Ley especial: art. 427.

MINISTERIO DE ASUNTOS EXTERIORES
—Envío de testamento de extranjero otorgado en buque español: art. 728.

MINISTERIO FISCAL
—Acción de nulidad del matrimonio: art. 74.
—Acción medidas de seguridad en administración por los padres de los bienes del hijo: art. 167.
—Adquisición por compra de bienes y derechos en litigio: art. 1.459, núm. 5.º
—Audiencia en capitalización de cargas impuestas a un heredero: art. 788.
—Audiencia para enajenación o gravamen de bienes de hijo no emancipado: art. 166.
—Audiencia en nombramiento de defensor del ausente: art. 163.

—Audiencia en repudiación de herencia por asociaciones, corporaciones y fundaciones: art. 993.
—Citación para apertura de testamento militar: art. 718.
—Citación para apertura de testamento ológrafo; protocolización: art. 692.
—Informe en representación del ausente: art. 185.
—Intervención en acogimiento y adopción: arts. 174 y 179.
—Inventario de bienes en herencia a la que estuviere llamado un ausente: arts. 191 y 192.
—Persona desaparecida; petición de nombramiento de defensor: arts. 181 y 182.
—Petición de defensor judicial de hijos en caso de interés opuesto con sus padres: art. 163.
—Petición de extinción de la adopción: arts. 180 y 7.º de la Ley 21/1987 de reforma del C.c. en materia de adopción.

MIRADORES
—Servidumbres de luces y vistas: art. 585.

MOJONES
—Deslinde: arts. 384 a 387.
—Medianería: art. 593.

MONTES
—De propiedad particular; servidumbres: art. 604.
—Usufructo; derechos: art. 485.

MONTES DE PIEDAD
—Intereses por mora: art. 1.109.
—Posesión de cosas empeñadas; restitución: art. 464.
—Préstamos sobre prendas: art. 1.873.

MORA
—En el cumplimiento de obligaciones: art. 1.100.
—De mandatario: art. 1.724.
—En obligación de entrega de cosa determinada: arts. 1.096 y 1.182.
—Pago de cantidad; intereses: art. 1.108.
—Pago de precio de cosa vendida: art. 1.501, núm. 3.º

MORAL
—Cláusulas contrarias, en contratos: art. 1.255.
—Costumbres: art. 1.º, núm. 3.º
—Ilicitud de causa en contratos: art. 1.275.

MUDOS
—Véase «Sordomudos».

MUEBLES
—Véase «Bienes muebles».
—Contenidas en una cosa raíz; posesión: art. 449.

MUERTE
—Del adoptante, constitución de adopción: art. 176.3.
—Del alimentista; cese obligación de dar alimentos: arts. 152, núm. 1.º y 153.
—Apertura de la sucesión: art. 657.
—Del ausente; presunción: art. 34.
—Declaración de fallecimiento: arts. 193 y ss.
—Disolución de matrimonio: art. 80.
—Extinción de la patria potestad: art. 169.
—Extinción de la personalidad civil: art. 32.
—Heredero sin aceptar ni repudiar la herencia: art. 1.006.
—Mandante: art. 1.718.
—Marido: impugnación de filiación: art. 136.
—Persona asegurada de renta vitalicia: art. 1.804.
—Personas llamadas a suceder: premoriencia: art. 33.
—Socio: extinción de la sociedad: art. 1.700, núm. 3.º
—Testador con testamento cerrado: art. 712.
—Usufructuario: art. 513, núm. 1.º

MUJER
—Véanse «Capitulaciones matrimoniales» y «Matrimonio».
—Respeto y protección recíprocos de marido y mujer: art. 67.
—Separación de bienes: arts. 1.435 a 1.444.

MULTAS
—Cargo de sociedad de gananciales: art. 1.366.

MUNICIPIOS
—Adquisición por testamento: art. 746.
—Asignación herencias del Estado o beneficencia, acción social, etc.: aceptación: arts. 956 y 957.

—Preferencia de créditos por impuestos: art. 1.924, núm. 1.º
MURALLAS
—Bienes de dominio público: art. 339, núm. 2.º
MUTUALIDADES LABORALES
—Preferencia de créditos por cuotas: art. 1.924, núm. 2.ºE).

N

NACIMIENTO
—Determina la personalidad: art. 29.
—Prioridad en partos dobles: art. 31.
—Requisitos del feto: art. 30.
—Vecindad civil: art. 14, núm. 5.º
NACIONALIDAD
—Véase «Doble nacionalidad».
—Adquisición de la española no presupone la vecindad civil común: art. 15, núm. 1.º
—Adquisición por adopción de extranjero, menor de 18 años: art. 19.
—Adquisición por carta de naturaleza: discrecional; por R.D.; requisitos: arts. 21 y 23.
—Adquisición por extranjeros, menores: art. 20.
—Adquisición por opción: arts. 17.2, 20, 19.2 y Disp. Trans. 2.ª de la Ley 18/1990, de reforma del C.c.; Disp. Trans. 1.ª de la Ley 29/1995, de modificación del C.c. en materia de nacionalidad.
—Adquisición por posesión de estado: art. 18.
—Adquisición por residencia; concesión M. J.; denegación motivada por razones de orden público: arts. 21, 22 y 23.
—Autorización del Juez, encargado del Registro Civil: arts. 20.2.*a*) y 21.3.
—Conservación de la española por menores: arts. 24, 26 y Disps. Trans. 1.ª y 2.ª de la Ley 29/1995, de reforma del C.c. en materia de nacionalidad.
—Corporaciones, asociaciones y fundaciones: art. 28.
—Determina ley personal: arts. 9.º, núms. 1.º y 3.º, 10 y 11.
—Emigrantes: arts. 24, 26 y Disps. Trans. 1.ª y 2.ª de la Ley 29/1995, de reforma del C.c. en materia de nacionalidad.
—Española de origen: arts. 17 y 19.
—Filiación desconocida y menores hallados en territorio español: art. 17, núms. 1.*d*) y 2.
—Hijos de españoles nacidos en el extranjero: art. 22, núm. 2.º
—Iberoamérica, Andorra, Filipinas, Guinea Ecuatorial y Portugal: arts. 22 y 24.
—Informe del Ministerio Fiscal: arts. 20.2.*a*) y 21.3.
—Inscripción en el Registro civil: arts. 18, 23.
—Opción a la nacionalidad española por menores y emancipados; forma de efectuar la declaración y plazos: art. 20.
—Pérdida, por españoles de origen: art. 24.
—Pérdida, por españoles, no de origen: art. 25.
—Recuperación; residencia; excepciones; arts. 26, párr. 1.º, 15, núm. 2.º, y Disps. Trans. 1.ª y 2.ª de la Ley 29/1995, de reforma del C.c. en materia de nacionalidad.
—Recuperación para casos especiales; previa habilitación del Gobierno: art. 26, párr. 2.º y Disp. Trans. 2.ª de la Ley 18/1990, de reforma del C.c. en materia de nacionalidad.
—Sefardíes; adquisición por residencia: art. 22.1.
—Solicitud de la nacionalidad española por residencia por menores y emancipados; forma de realizarla: art. 21.
NAUFRAGIO
—Declaración de fallecimiento de pasajeros y tripulantes: art. 194, núm. 2.º

—Depósito necesario: arts. 1.781, núm. 2.º y 1.782.
—Testamento en peligro de: art. 731.

NAVARRA
—Véase «Derecho Foral».

NAVEGACIÓN
—Servidumbre de riberas de ríos: art. 553.

NEGLIGENCIA
—Arrendatario: art. 1.559.
—Deudor; concepto: art. 1.104.
—Fuente de obligaciones: art. 1.089.
—Gestor oficioso: art. 1.889.
—Heredero en la formación de inventario: art. 1.018.
—Indemnización de daños y perjuicios: arts. 1.101, 1.103 y 1.104.
—Régimen de las obligaciones que nacen de ella: arts. 1.093 y 1.902 a 1.910.
—Responsabilidad en obligaciones: art. 1.103.

NEGOCIOS
—Véase «Gestión de negocios ajenos».
—Ley en la gestión de: art. 10, núm. 9.º

NICARAGUA
—Véase «Doble nacionalidad».

NIETOS
—Heredan por representación: art. 933.
—Colación herencia abuelo: art. 1.038.

NOMBRES Y APELLIDOS
—Véase «Apellidos».
—En institución de heredero: arts. 772, 773.

NORMAS JURÍDICAS
—Véase «Fuentes del Derecho».

NOTARIOS
—Alteraciones en copias de capitulaciones matrimoniales; incorporación: art. 1.332.
—Autorización de aceptación de herencia: art. 1.011.
—Autorización de enajenación de prenda: art. 1.872.
—Auxiliares, cónyuge y parientes, testigos testamentarios: art. 681, núm. 5.º
—Capitulaciones matrimoniales: art. 1.327.
—Conocimiento del testador y de su capacidad: arts. 685 y 686.
—Convalidación testamentos no autorizados por él: art. 704.
—Daños y perjuicios caso testamento cerrado si actuó con malicia o negligencia: art. 715.
—Datos de declaraciones de ausencia y fallecimiento para el Registro central de ausentes: art. 198.
—Depositario de testamento cerrado: arts. 711 y 712.
—Disposiciones testamentarias en su favor: art. 754.
—Documentos públicos: arts. 1.216 a 1.224.
—Funciones de Notario, del Comisario de Guerra en campaña, para testamentos: art. 717.
—Prescripción de honorarios y derechos: art. 1.967, núm. 1.º
—Régimen legal de documentos en que intervienen: art. 1.217.
—Requerimiento de pago al enfiteuta: art. 1.649.
—Responsabilidad por inobservancia de formalidades en testamento abierto o cerrado: arts. 705, 712 y 715.
—Testamento abierto: arts. 694 y 699.
—Testamento cerrado; actuación: arts. 707 y 709 a 715.
—Testamento de incapacitado: art. 665.

NOTICIAS
—Falta de; para declaración de fallecimiento: art. 193, párr. 1.º, núm. 1.º

NOTIFICACIÓN
—En consignación: art. 1.177.
—En donaciones: art. 631.
—En obligaciones alternativas: art. 1.133.

NOVACIÓN
—De deuda en obligaciones solidarias: art. 1.143.
—Por deudor sin consentimiento del acreedor: art. 1.211.
—Extinción obligaciones: arts. 1.156 y 1.204 y 1.207.
—Formas: art. 1.203.
—Insolvencia del nuevo deudor; no revive acción contra el primitivo: art. 1.206.
—Modificación obligaciones: art. 1.203.
—Nulidad: art. 1.208.
—Pago parcial, derecho preferente del acreedor: art. 1.213.
—Requisitos: art. 1.204.
—Subrogación: arts. 1.209 a 1.213.

—Sustitución de deudor primitivo por otro: art. 1.205.
—Transferencia al subrogado del crédito y derechos anexos: art. 1.212.

NUDO PROPIETARIO
—Reparaciones extraordinarias en la cosa usufructuada: arts. 501 y 502.

NULIDAD
—Aceptación verbal de donación cosa mueble: art. 632.
—Actos contrarios a la Ley: art. 4.º
—Cláusula penal en obligaciones: art. 1.155.
—Compraventa de ganado enfermo: art. 1.494.
—Constitución de censo enfitéutico: art. 1.629.
—Disposición testamentaria a favor persona incierta: art. 750.
—Donación por falta aceptación: art. 630.
—Donaciones a confesor, sus parientes y otras personas: arts. 752 y ss.
—Donaciones a persona inhábil: art. 628.
—Enajenación bienes donados e hipotecas por no cumplir condiciones el donatario: art. 647.
—Estipulaciones sobre régimen bienes matrimonio: art. 1.328.
—Gravamen sobre legítima: art. 813.
—De lo hecho por sustituto del mandatario: art. 1.721.
—Legado de cosa ajena: art. 862.
—Legado de cosas fuera del comercio: art. 865.
—Novación: art. 1.208.
—Obligaciones; condiciones que la anulan: art. 1.116.
—Partición de herencia: art. 1.081.
—Testamento por inobservancia de formalidades: arts. 687 y 705.

NULIDAD ABSOLUTA
—Véanse «Acción de nulidad» y «Nulidad».

NULIDAD DE LOS CONTRATOS
—Acción de nulidad; duración: art. 1.301.
—Ídem; extinción: arts. 1.309 y 1.314.
—Ídem; quien puede ejercitar: art. 1.302.
—Causa falsa: art. 1.276.
—Causa torpe: art. 1.306.
—Cuáles pueden ser anulados: art. 1.300.
—En los que no puede conocerse la intención o voluntad de contratantes: art. 1.289.
—Pacto exclusión de socios de pérdidas o ganancias: art. 1.691.
—Pacto que exime a vendedor responder de la evicción: art. 1.476.
—Procedente de ilicitud de causa u objeto: arts. 1.305 y 1.306.
—Procedente de la minoría de edad de uno de los contratantes o su discapacidad: art. 1.304.
—Renta vitalicia: art. 1.804.
—Restituciones recíprocas: arts. 1.303 y 1.308.
—De sociedad: art. 1.668.
—Transacción por error, dolo, violencia o falsedad: art. 1.817.

NULIDAD DE MATRIMONIO
—Acción para pedirla: art. 74.
—Canónico: efectos civiles de sentencia eclesiástica: art. 80.
—Disolución de la sociedad de gananciales: art. 1.392.
—Efectos del contraído de buena fe: art. 79.
—Efectos de la sentencia firme: arts. 90 y ss.
—Medidas provisionales: arts. 103 y ss.

NULIDAD PARCIAL
—Arts. 741, 1.255, 1.256, 1.285 y 1.289.

NULIDAD RELATIVA
—Véanse «Anulabilidad» y «Nulidad».

O

OBEDIENCIA
—A las leyes: juramento para adquirir nacionalidad: art. 23.
—De los hijos a los padres: art. 155.

OBJETO DE LOS CONTRATOS
—Cosa determinada: art. 1.273.
—Cosas que pueden ser: arts. 1.271 y 1.272.
—Herencia futura: art. 1.271, párr. 2.º
—Indeterminación de la cantidad: art. 1.273.
—Requisito de validez: art. 1.261, núm. 2.º

OBLIGACIONES
—Civiles nacidas de delito o faltas: art. 1.092.
—Clases: arts. 1.113 y ss.
—Compensación: arts. 1.156 y 1.195 a 1.202.
—Comprendidas en la herencia: art. 659.
—Concepto: art. 1.088.
—Condonación de la deuda: arts. 1.156 y 1.187 a 1.191.
—Confusión de derechos de acreedor y deudor: arts. 1.150 y 1.192 a 1.194.
—Contractuales, Ley aplicable: art. 10, núm. 5.º
—Contraídas durante el matrimonio; cargo de la sociedad de gananciales: arts. 1.365 a 1.369.
—Contraídas por socios, con buena fe; responsabilidad: art. 1.688.
—Contrato; definición: art. 1.254.
—De dar o hacer en contrato aleatorio: art. 1.790.
—De dar: art. 1.094.
—Declaradas por sentencia: cómputo de la prescripción: art. 1.971.
—Depositante y depositario de una cosa: arts. 1.766 a 1.780.
—Derivadas de actos u omisiones no punibles: art. 1.093.
—De entregar cosa determinada, indeterminada o genérica: arts. 1.096 y 1.097.
—Exigibilidad: art. 1.090.
—Extinción: art. 1.156.
—Fianza: sobre cuáles puede recaer: art. 1.824.
—De hacer o no hacer: arts. 1.098 y 1.099.
—Indemnizar daños y perjuicios: art. 1.101.
—Ley reguladora: art. 10, núm. 10.
—Nacimiento: art. 1.089.
—Nacimiento: rescisión obligaciones: art. 1.295.
—Naturaleza y efectos: arts. 1.094 y ss.
—No contractuales, Ley aplicable: art. 10, núm. 9.º
—Pago de cantidad; mora; intereses: art. 1.108.
—Pago o cumplimiento: arts. 1.157 a 1.181.
—Pérdida de la cosa debida: arts. 1.156, 1.182 y 1.183.
—Presunción: art. 1.090.
—Que nacen de los contratos; fuerza de ley entre partes: art. 1.091.
—Que se contraen sin convenio: arts. 1.887 y ss.
—Recibo por acreedor de capital sin reserva: extingue obligación de intereses: art. 1.110.
—Responsabilidad del deudor con todos sus bienes: art. 1.911.
—Responsabilidad por dolo: art. 1.102.
—Responsabilidad por negligencia: art. 1.103.
—Transmisibilidad de derechos: art. 1.112.
—Del usufructuario: art. 470.

OBLIGACIONES ACCESORIAS
—Fianza respecto a obligación principal: art. 1.824.
—Cuáles subsisten al extinguirse la principal por novación: art. 1.207.

OBLIGACIONES ALTERNATIVAS
—Cumplimiento: art. 1.131.
—Efecto de la elección: art. 1.133.
—Elección atribuida al acreedor; responsabilidad del deudor: art. 1.136.
—Elección por el deudor: art. 1.132.
—Indemnización a acreedor por daños y perjuicios: art. 1.135.

—Pérdida por deudor del derecho a elección: art. 1.134.

OBLIGACIONES CIVILES

—Nacidas de delito o falta: art. 1.092.

OBLIGACIONES CON CLÁUSULA PENAL

—Efectividad de la pena: art. 1.152, párr. 2.º

—Modificación de la pena por el Juez: art. 1.154.

—Naturaleza: art. 1.152.

—Nulidad de cláusula: art. 1.155.

—Nulidad de obligación: art. 1.155, párr. 2.º

—Pago de pena por deudor: art. 1.153.

—Sustitución de indemnización por pena: art. 1.152.

OBLIGACIONES CONDICIONALES

—A día incierto: art. 1.125.

—Condición de que no acontezca algún suceso en tiempo determinado: art. 1.118.

—Condiciones imposibles, contrarias a buenas costumbres y prohibidas por la Ley: art. 1.116.

—Condiciones puestas para suspender eficacia de obligación de dar: art. 1.122.

—Condiciones que tienen por objeto resolver obligación de dar: art. 1.123.

—Ejercicio de acciones por acreedor: art. 1.121.

—Naturaleza: art. 1.114.

—Nulidad y validez: art. 1.115.

—Obligado que impide cumplimiento de condición: art. 1.119.

—Realización o no de suceso en tiempo determinado: arts. 1.117 y 1.118.

—Retroacción de efectos en las obligaciones de dar: art. 1.120.

OBLIGACIONES DE DAR

—Conservación de la cosa: art. 1.094.

—Cosa determinada: comprende accesorias: art. 1.097.

—Derechos del acreedor: arts. 1.095 y 1.096.

—Indivisibilidad: art. 1.151.

—Pago no válido: art. 1.160.

OBLIGACIONES DIVISIBLES O INDIVISIBLES

—Cuáles se reputan indivisibles y cuáles divisibles: art. 1.151.

—Efectos de divisibilidad o indivisibilidad de las cosas: art. 1.149.

—Obligación indivisible mancomunada; cómo se resuelve: art. 1.150.

OBLIGACIONES DE HACER O NO HACER

—Concepto de obligación: art. 1.088.

—Efecto retroactivo de las condicionales: arts. 1.120, párr. 2.º y 1.123.

—Ejecución de lo prohibido: art. 1.099.

—Incumplimiento de la de hacer: art. 1.098.

—Indivisibilidad: art. 1.151.

—Mora: art. 1.100.

—Pérdida de la cosa en imposibilidad de cumplirlas: art. 1.136.

—Prestación imposible: art. 1.184.

—Sustitución de un hecho por otro: art. 1.166, párr. 2.º

OBLIGACIONES ESPECÍFICAS

—Arts. 1.096, 1.097, 1.166 y 1.182.

OBLIGACIONES GENÉRICAS

—Art. 1.167.

OBLIGACIONES MANCOMUNADAS

—Concurrencia de varios acreedores o varios deudores en una sola obligación: art. 1.137.

—División de créditos y deudas: arts. 1.138 y 1.139.

—Efectos de la confusión: art 1.194.

—Interrupción de la prescripción: art. 1.974.

—Obligación indivisible: art 1.150.

OBLIGACIONES QUE NACEN DE CULPA O NEGLIGENCIA

—Daños por acción u omisión, reparación: art. 1.902.

—Repetición de lo pagado por daño causado por empleado: art. 1.904.

—Responsabilidad de padres, tutores, profesores, etc.: art. 1.903.

OBLIGACIONES QUE SE CONTRAEN SIN CONVENIO

—Véanse «Cobro de lo indebido», «Cuasi contratos» y «Gestión de negocios ajenos».

OBLIGACIONES A PLAZO

—Cómputo del plazo: exclusión del *dies a quo*: art. 1.130.

—Designación de término beneficio: recíproco deudor y acreedor: art. 1.127.

—Exigibilidad; día cierto o incierto: art. 1.125.
—Fijación por Tribunales, de su duración: art. 1.128.
—Pago anticipado; ignorancia de existencia de plazo: art. 1.126.
—Pérdida por deudor de derecho a utilizar el plazo: art. 1.129.
OBLIGACIONES PRINCIPALES
—Arts. 1.190 y 1.207.
OBLIGACIONES PURAS
—Exigibilidad: art. 1.113.
OBLIGACIONES RECÍPROCAS
—Facultad de resolver: art. 1.124.
—Mora: arts. 1.100 y 1.101.
OBLIGACIONES SOLIDARIAS
—Albaceas: arts. 894 y 897.
—Comodatarios: art. 1.748.
—Culpa de un deudor: responsabilidad de codeudores: art. 1.147.
—Depósito de cosa por dos o más: art. 1.772.
—Ejercicio de acciones por acreedores: arts. 1.141 y 1.144.
—Existencia de la solidaridad: art. 1.140.
—Fiador con deudor principal: art. 1.822, párr. 2.º
—Fiadores; liberación de obligación: art. 1.852.
—Insolvencia de deudor: prorrateo entre codeudores: art. 1.145, párr. 3.º
—Novación, compensación, confusión o remisión de la deuda: art. 1.143.
—Pago: art. 1.142.
—Pago por un deudor extingue la obligación; reclamación a codeudores: art. 1.145.
—Perecimiento de la cosa o imposibilidad de pago; extingue la obligación: art. 1.147.
—Prescripción de acciones; interrupción: art. 1.974.
—Quita o remisión por acreedor a uno de los deudores: art. 1.146.
—Reclamaciones: art. 1.144.
—Reclamaciones por acreedor; utilización de excepciones por deudor: art. 1.148.
—Responsabilidad de gestores de negocios ajenos: art. 1.890.
—Responsabilidad de varios mandatarios: art. 1.723.
—De socios por deudas de sociedad: art. 1.698.
—Varios mandatarios para un negocio común: art. 1.731.
OBRAS
—Véase «Arrendamiento de obras».
—Ajuste o precio alzado: arts. 1.588 a 1.599.
—Defensa contra aguas: arts. 420 a 422.
—Defensa del territorio, bienes de dominio público: art. 339, núm. 2.º
—Por propietario de un terreno: art. 350.
—Por propietario en finca usufructuada: art. 503.
—Servidumbre de aguas; prohibición: art. 552.
—Uso y conservación de servidumbres: arts. 543 y 544.
OBRAS LITERARIAS, CIENTÍFICAS O ARTÍSTICAS
—Explotación y disposición por su autor: arts. 428 y 429.
OBRAS PIADOSAS
—Disposiciones en su favor por el testador: obligaciones de albaceas: art. 747.
OCUPACIÓN
—Adquisición de la posesión: art. 438.
—Adquisición de la propiedad: arts. 610 a 618.
OFICIALES DE JUSTICIA
—No adquisición por compra de bienes y derechos en litigio: art. 1.459, núm. 5.º
OFICIALES DE NOTARIO
—Testigos testamentarios: art. 681, núm. 5.º
OFRECIMIENTO DE PAGO
—Negativa del acreedor; efectos: arts. 1.176 a 1.181.
OLIVARES
—Derechos de usufructuario: art. 483.
OLÓGRAFO
—Véase «Testamento ológrafo».
OMISIONES
—Nacimiento de obligaciones: art. 1.089.
ORDEN PÚBLICO
—Cláusulas contrarias a, en contratos: art. 1.255.
—Costumbres: art. 1.º, núm. 3.º

—Denegación de concesión de nacionalidad por motivos de: art. 21.
—Inaplicación ley extranjera contraria al: art. 12, núm. 3.º
—Renuncia derechos: art. 6.º, núm. 2.º

ORDEN DE SUCEDER
—Línea recta ascendente: arts. 935 y ss.
—Línea recta descendente: arts. 930 a 934.

ORDENAMIENTO JURÍDICO
—Véanse «Costumbre», «Fuentes del Derecho», «Jueces», «Jurisprudencia», «Leyes», «Principios generales del Derecho», «Tratados internacionales», «Tribunales de justicia» y «Usos jurídicos».

P

PACTO
—Anticresis: art. 1.884.
—De indivisión: art. 400.

PACTOS SUCESORIOS
—Contratos sobre herencia futura: art. 1.271, párr. 2.º
—Validez: art. 9.º, núm. 8.º

PADRES
—Véanse «Ascendientes» y «Patria potestad».
—Administración de bienes de sociedad conyugal: art. 1.375.
—Administradores de hijos sujetos a su potestad: art. 164.
—Adoptivos: v. arts. 108, 169, 178, 179 y 180.
—Alimentos: arts. 143, 146, 147 y 153.
—Arrendamiento de bienes de hijos menores; plazo de duración: art. 1.548.
—Autorización necesaria, al menor emancipado; para préstamos, gravamen venta de bienes inmuebles: art. 247.
—Colación de bienes: arts. 1.039 y 1.040.
—Concesión de emancipación a hijos: art. 239.
—Desheredados no tienen administración bienes: art. 857.
—Disposición de una parte de la legítima, llamada mejora: art. 823.
—Efectos de la desheredación: art. 857.
—Incapacidad para suceder por causa de indignidad: arts. 756, núm. 1.º y 757.
—Nacionalidad; adquisición por hijos: arts. 20 y 22.2.*f*).
—Nombramiento de tutor para hijos: arts. 201 y 202.
—Patria potestad: arts. 154 y ss.
—Pérdida de la patria potestad: arts. 169 y 170.
—Presunción de paternidad de hijos: arts. 116 y 117.
—Privación de la patria potestad por Tribunales: art. 170.
—Reconocimiento en filiación no matrimonial: arts. 120 a 126.
—Relaciones paterno-filiales: art. 9.º, núm. 4.º
—Representación de hijos menores en la partición de herencia: art. 1.060.
—Responsabilidad por daños causados por hijos: art. 1.903.
—Sucesión intestada de hijos: arts. 935 a 938.
—Suspensión de la patria potestad: art. 170.
—Transacción sobre bienes y derechos de hijos: art. 1.810.
—Usufructuarios de los bienes de sus hijos, sin fianza: art. 492.

PAGARÉS
—Entrega en pago de deuda: art. 1.170, párr. 2.º

PAGO
—Véanse «Censo» y «Compraventa».
—Del arrendamiento: art. 1.574.
—Cesión de bienes: art. 1.175.
—Consignación de cosa debida: arts. 1.176 a 1.181.
—Cuándo se entiende hecho: art. 1.157.
—Por cuenta de otro: art. 1.158, párr. 2.º

—Dación en: retracto legal: arts. 1.521 y 1.537.
—Deuda en parte líquida y en parte ilíquida: art. 1.169, párr. 2.º
—Deuda que produce interés: art. 1.173.
—Deudas de dinero: art. 1.170.
—Deudas hereditarias: arts. 1.082 a 1.087.
—Donatario, deudas del donante: arts. 642 y 643.
—Lugar de: art. 1.171.
—Entrega de la cosa debida: art. 1.166.
—Entrega de pagarés y letras de cambio: art. 1.170, párr. 2.º
—Extingue obligaciones: art. 1.156.
—Gastos judiciales y extrajudiciales: art. 1.168.
—Hecho de buena fe a poseedor de crédito: art. 1.164.
—Hecho después de orden judicial de retención de deuda: art. 1.165.
—Imputación de pagos: arts. 1.172 a 1.174.
—De lo indebido: arts. 1.895 y ss.
—Legado: art. 873.
—A nombre de deudor ignorándolo éste: art. 1.159.
—Obligaciones de dar: art. 1.160.
—Obligaciones de entregar cosa indeterminada o genérica: art. 1.167.
—Obligaciones de hacer: art. 1.161.
—Ofrecimiento de efectos: art. 1.176.
—Parcial de prestaciones: art. 1.169.
—Pensiones de censos: arts. 1.614 a 1.616.
—A persona incapacitada para administrar: art. 1.163.
—Precio de venta: art. 1.500.
—A quién debe hacerse: art. 1.162.
—Quién puede hacerlo: art. 1.158.
—Rescisión de los hechos en estado de insolvencia: art. 1.292.
—A tercero: art. 1.163, párr. 2.º
—Usufructuario de deudas de la herencia: art. 510.
—Usufructuario de deuda hipotecaria: art. 509.

PALOMAS
—Ocupación: art. 613.

PARADA O PARTIDOR
—Para toma de aguas para riego: art. 562.

PARAGUAY
—Véase «Doble nacionalidad».

PARED DIVISORIA
—Presunción de medianería: arts. 572 y 573.

PARED MEDIANERA
—Véase «Servidumbre de medianería».

PARENTESCO
—Véase «Alimentos».
—Acción de nulidad de matrimonio: art. 73.
—Citación apertura testamento ológrafo para protocolizarlo: art. 692.
—Cómputo de grados sucesión intestada: arts. 918 y 919.
—Derechos del adoptado: arts. 108, 169 y 178.
—Determinación de la proximidad en sucesión intestada: art. 915.
—Disposición testamentaria genérica en favor de parientes: art. 751.
—Disposición testamentaria; favor parientes Notario autorizante: art. 754.
—Doble vínculo; concepto: art. 920.
—Grados y líneas: art. 916.
—Grados para la legítima: art. 810.
—Impedimento matrimonial: art. 47.
—Ídem; dispensa: art. 48.
—Línea recta descendente y ascendente: art. 917.
—Pariente más próximo excluye al más remoto en herencias: art. 921.
—Parientes del Notario; testigos testamentarios: art. 681, núm. 5.º
—Obligación de promover declaración de ausencia: art. 182.
—Representación y defensa de desaparecido: art. 181.
—Sucesión intestada: art. 913.
—Testigos en testamento abierto: art. 682.
—De tutor en relación con el testamento del tutelado: art. 753.

PARTICIÓN
—Entre socios de una sociedad: art. 1.708.
—Fallecimiento de socio: art. 1.704.

PARTICIÓN DE HERENCIA
—Abono recíproco de rentas y frutos entre coherederos: art. 1.063.
—Acción rescisoria por lesión: arts. 1.076 y 1.078.

—Adjudicación de crédito: art. 1.072.
—Adjudicación por testador o por contador-partidor de todos o parte de los bienes de la herencia: arts. 841 y ss.
—Por comisario nombrado por el testador o Juez: art. 1.057.
—Cónyuges pueden pedirla: art. 1.053.
—Cosa indivisible o que desmerezca por su división: art. 1.062.
—Derecho de los coherederos: art. 1.051.
—Efectos: arts. 1.068 y ss.
—Entrega de títulos de adquisición o pertenencia: arts. 1.065 y 1.066.
—Evicción y saneamiento recíprocos: arts. 1.069 a 1.071.
—Explotación agrícola, industrial o fabril: art. 1.056, párr. 2.º
—Finca gravada con renta o carga real perpetua: art. 1.086.
—Gastos: art. 1.064.
—Hecha por el testador: art. 1.056.
—Ídem; impugnación por lesión: art. 1.075.
—Herederos mayores de edad: arts. 1.058 y 1.059.
—Igualdad: art. 1.061.
—Indemnización por lesión: art. 1.077.
—Intervención de acreedores de coherederos: arts. 1.082 a 1.084.
—Legitimación y capacidad para pedir: arts. 1.051 a 1.055, 1.059 y 1.060.
—Menores de edad sujetos a patria potestad: art. 1.060.
—Nueva partición por lesión: art. 1.077.
—Nulidad: art. 1.081.
—Omisión de bienes o valores: art. 1.079.
—Pago de deudas hereditarias: art. 1.082 y ss.
—Petición por ausentes e incapacitados: art. 1.052, párr. 2.º
—Ídem; por herederos bajo condición: art. 1.054.
—Petición por heredero de coheredero fallecido: art. 1.055.
—Preterición de heredero: art. 1.080.
—Propiedad exclusiva de bienes adjudicados: art. 1.068.
—Rescisión: arts. 1.073 y ss.
—Suspensión en caso de viuda encinta: art. 966.
—Venta de derecho hereditario a tercero: art. 1.067.

PARTICIPACIÓN

—Véase «Régimen de participación».
—Descubridor de tesoro oculto: art. 351.

PARTO

—Precauciones respecto a la viuda encinta: arts. 959 y ss.

PARTOS DOBLES

—Prioridad de nacimiento; primogénito: art. 31.

PASAJEROS

—De nave o avión siniestrado; declaración de fallecimiento: art. 194, núms. 2.º y 3.º

PASEOS

—Bienes de uso público: art. 344.

PASO

—Véase «Servidumbre de paso».

PATERNIDAD

—Reconocida, en sentencia o documento: arts. 115 y 120.

PATIO

—Desagüe: art. 588.

PATRIA POTESTAD

—Véanse «Alimentos», «Ascendientes», «Nacionalidad» y «Padres».
—Adoptante sobre adoptado: arts. 108, 154, 169 y 178.
—Auxilio de la Autoridad: art. 154.
—Concepto: art. 154.
—Efectos respecto de los bienes de los hijos: arts. 164 y ss.
—Efectos sobre los hijos: arts. 154 a 162.
—Ejercicio, conjunto por ambos cónyuges: art. 156; interés del hijo: art. 154 y L.Men.; respeto a los derechos de la personalidad del hijo: art. 162 y L.Men.
—Emancipación de hijos de 23 años al empezar a regir el Código civil: Disp. Trans. 5.ª
—Extinción: arts. 111, 169 y 170.
—Nacionalidad española de hijos bajo patria potestad: arts. 17, 19 y 20.
—Nulidad separación matrimonial: art. 79.
—Partición de herencia de sujetos a ella: art. 1.060.

—Privación por incumplimiento de los deberes inherentes a la misma: art. 170.
—Prórroga, de la: art. 171.
—Domicilio cónyuges: art. 70.
—Responsabilidad por acciones u omisiones de los hijos menores: art. 1.903, párr. 2.º
—Suspensión: arts. 170 y 179.
—Transacción sobre bienes y derechos de hijos: art. 1.810.

PATRIMONIO DEL ESTADO
—Regulación: arts. 340 y 341.
—Transacción: art. 1.812.

PATRIMONIO NACIONAL
—Véase «Patrimonio Real».

PATRIMONIO REAL
—Bienes del; regulación: art. 342.

PECES
—Ocupación: art. 613.

PELIGRO DE MUERTE
—Declaración de fallecimiento de ausente: art. 193, núm. 3.º
—Testamento en: arts. 700 a 703.

PENA
—Obligaciones con cláusula penal: arts. 1.152 a 1.155.

PENALIDAD CIVIL O PRIVACIÓN DE DERECHOS
—Actos u omisiones que carecían de sanción en leyes anteriores al Código: Disp. Trans. 3.ª

PENAS
—No presentación o sustracción testamento cerrado: art. 713.

PENSIÓN
—Separación o divorcio: arts. 97, 100 y 101.
—Legado de: art. 880.
—De uno de los cónyuges; bienes propios o gananciales: art. 1.349.

PENSIÓN ALIMENTICIA
—Véase «Alimentos».

PENSIONES
—Véase «Censo».
—Bienes muebles: art. 336.
—Legado de pensión alimenticia: art. 508.
—Usufructo sobre: art. 475.

PÉRDIDA DE LA COSA
—Véase «Censo».
—Beneficio de inventario: art. 1.024.
—Cosa legada: art. 882.
—De finca acensada: arts. 1.625 y 1.626.
—De frutos en arrendamientos rústicos: art. 1.575.
—Frutos de finca sujeta a censo: art. 1.624.
—De obra antes de ser entregada: arts. 1.589 y 1.590.
—Posesión de cosa mueble: art. 461.
—Posesión de inmuebles y derechos reales: art. 462.
—Objeto de arrendamiento: arts. 1.563 y 1.568.
—Objeto de comodato: art. 1.744.
—Objeto de contrato de sociedad: arts. 1.700, núm. 2.º, 1.701.
—Objeto de contrato de transporte: art. 1.602.
—Objeto de depósito: art. 1.777.
—Objeto de posesión; reivindicación: art. 464.
—Objeto de prenda: art. 1.867.
—Objeto de uso y habitación: art. 529.
—Objeto de usufructo: arts. 513, núm. 5.º, 514.
—Obligaciones alternativas: art. 1.136.
—Obligaciones de dar: arts. 1.122 y 1.123.
—Usufructo: art. 517.
—Vendida: art. 1.460.
—Ídem; vicios ocultos: art. 1.487.

PÉRDIDA DE LA COSA DEBIDA
—Acciones contra terceros: art. 1.186.
—Deuda procedente de delito o falta: art. 1.185.
—Extingue obligaciones: art. 1.156.
—En poder del deudor: art. 1.183.
—Obligación de entregar cosa determinada; extingue la obligación: arts. 1.182 y 1.183.
—Obligaciones de hacer: art. 1.184.

PÉRDIDA DE NACIONALIDAD
—Véase «Nacionalidad».
—Por adquisición voluntaria de otra: art. 24.
—Recuperación por retorno a territorio español: art. 26, párr. 1.º
—Por servicio de armas: arts. 25 y 26.

PÉRDIDAS Y GANANCIAS
—De sociedades; normas: art. 1.691.
—De sociedad; reparto: art. 1.689.
—Deducción de las obligaciones del cónyuge en el régimen de participación: art. 1.419.

—Determinación en el régimen de participación: art. 1.417.
—En régimen de bienes gananciales: arts. 1.371 y 1.372.
—En régimen de participación: art. 1.411.
PERECIMIENTO
—Cosa legada, queda sin efecto el legado: art. 869, núm. 1.º
PERFECCIÓN
—Compraventa: art. 1.450.
—Contratos: arts. 1.258 y 1.262.
—Donación: arts. 623 y 629.
PERITOS
—Aprobación de obra construida mediante peritos: art. 1.598.
—Compra de cosas objeto de tasación: art. 1.459.
—Cotejo de letras en testamento ológrafo: art. 691.
—Prescripción de honorarios: art. 1.967, núm. 1.º
PERJUICIOS
—Véase «Daños y perjuicios».
PERMUTA
—Aguas, acequias, fuentes o manantiales: art. 424.
—Aplicación de disposiciones sobre venta: art. 1.541.
—Bienes adquiridos por cónyuges: art. 1.346, núm. 3.º
—Concepto: art. 1.538.
—Cosa recibida no propia del que la dio: art. 1.539.
—Diferencia de la compraventa: art. 1.446.
—Evicción de la cosa recibida: art. 1.540.
—Finca por enfiteuta: art. 1.635.
PERSONA INCIERTA
—Institución de heredero: art. 750.
PERSONA INTERPUESTA
—Donación: art. 628.
—Sucesión: art. 755.
PERSONALIDAD
—Véanse «Capacidad», «Capacidad jurídica» y «Capacidad de obrar».
—Extinción: art. 32.
—Nacimiento: arts. 29 y 30.
PERSONAS FÍSICAS
—Ley personal: art. 9.º, núm. 1.º
PERSONAS JURÍDICAS
—Aceptación y repudiación de herencia: art. 993.
—Adquisición por testamento: art. 746.
—Capacidad para adquirir, poseer, disponer, ejercitar acciones, etc.: art. 38.
—Definición: art. 35.
—Disposiciones por que se rigen: art. 36.
—Domicilio: art. 9.º, núm. 11.
—Sociedades con pactos secretos: art. 1.669.
PERSONAS NATURALES
—Domicilio: art. 40.
—Nacimiento: art. 29.
—A quién se reputa nacido: art. 30.
PERTURBACIÓN
—De mero hecho en el arrendamiento: art. 1.560.
—En la posesión o dominio de cosa comprada: arts. 1.502 y 1.537.
PERÚ
—Véase «Doble nacionalidad».
PESCA
—Régimen por Ley especial: art. 611.
—Servidumbre de uso público en riberas de ríos: art. 553.
PESTE
—Caso fortuito en arrendamientos rústicos: art. 1.575.
PIARA DE GANADO
—Derecho de uso: arts. 526 a 529.
—Usufructo sobre: art. 499.
PINTURAS
—Accesión; partes principal y accesoria: art. 377.
—Cuándo se reputan bienes inmuebles: art. 334, núm. 4.º
PLANTACIONES
—En su terreno por el propietario: art. 350.
—De buena fe en terreno ajeno: art. 361.
—Cerca de heredad ajena: art. 591.
—De mala fe en terreno ajeno: arts. 362 y 363.
—Con material de tercero: art. 365.
—Con materiales ajenos: art. 360.
—Presunción de hechas por propietario del suelo: art. 359.
—Ramas de árboles sobre heredad ajena: art. 592.
—En suelo ajeno: arts. 358 y 359.
—En terreno ajeno; mala fe mutua: art. 364.
PLANTAS
—Bienes inmuebles: art. 334, núm. 2.º

PLAYAS
—Bienes de dominio público: art. 339, núm. 1.º
PLAZAS PÚBLICAS
—Bienes de uso público: art. 344.
PLAZAS FUERTES
—Construcciones y plantaciones cercanas; distancias: art. 589.
PLAZO
—Acción contra heredero para que acepte o repudie la herencia: art. 1.004.
—Acción de nulidad de contratos: art. 1.301.
—Acción reclamación filiación por naturaleza: arts. 130 y 131 a 135.
—Acción de rescisión de contratos: art. 1.299.
—Acción impugnación filiación por naturaleza: arts. 136 a 141.
—Acción redhibitoria por vicio o defectos de animales: art. 1.496.
—Acción resarcimiento de gastos por incumplir promesa de matrimonio: art. 43.
—Acción rescisoria contrato compraventa finca gravada con carga o servidumbre: arts. 1.483 y 1.537.
—Acción rescisoria de partición de herencia por lesión: art. 1.076.
—Acción revocar donación por superveniencia de hijos: art. 646.
—Acción; cómputo: arts. 1.969 y ss.
—Aceptación o repudiación de herencia con derecho a deliberar: arts. 1.019 y 1.022.
—Aceptación o repudiación herencia por heredero: art. 1.005.
—Adjudicación de cosa mueble encontrada: art. 615, párr. 4.º
—Adquisición por prescripción de servidumbres continuas y aparentes: arts. 537 y 538.
—Ausencia: art. 1.958.
—Aviso a censatario de realización del censo: art. 1.609.
—Beneficio de inventario o derecho a deliberar: arts. 1.005 y 1.014 a 1.017.
—Caducidad de acción de nulidad de matrimonio: arts. 75 y 76.
—Caducidad de derecho de aprovechamiento de aguas públicas: art. 411.
—Caducidad de testamento militar: art. 719.
—Caducidad de testamentos marítimos: art. 730.
—Cesión finca o primeras cepas: art. 1.656, regla 1.ª
—Comiso de finca enfitéutica: art. 1.649.
—Cómputo de días, meses o años: art. 5.º
—Cómputo de tiempo a efectos prescripción: art. 1.960.
—Considerar en situación de ausencia legal al desaparecido de su domicilio: art. 183.
—Cumplimiento de encargo por albaceas: arts. 904 a 906.
—Declaración de ausencia legal: art. 183.
—Declaración de fallecimiento de ausente: arts. 193 y 194.
—Declarar incapacidad de heredero: art. 762.
—Declaración de opción de nacionalidad: arts. 19.2.º, 20; Disp. Trans. 2.ª de la Ley 18/1990 y Disp. Trans. 1.ª de la Ley 29/1995, ambas de reforma del C.c. en materia de nacionalidad.
—Derecho de retracto en venta de finca enfitéutica: arts. 1.638 y 1.639.
—Derecho de tanteo en venta de finca enfitéutica: art. 1.637, párr. 2.º
—Días inhábiles: art. 5.º, núm. 2.º
—Disposición de bienes por herederos de ausente declarado fallecido: art. 196.
—Duración de arrendamiento rústico: arts. 1.569 y 1.577.
—Duración de arrendamiento urbano: arts. 1.569, 1.577 y 1.581.
—Duración de arrendamiento concertado por cónyuge, padres, tutores y administradores: art. 1.548.
—Duración comodato: art. 1.750.
—Duración de la responsabilidad del cedente de crédito de buena fe: art. 1.530.
—Duración de sociedad: art. 1.680.
—Duración de retracto convencional en compraventa: art. 1.508.
—Ejercicio de retracto legal: art. 1.524.

—Elevación a escritura pública de testamento abierto en peligro de muerte o epidemia: art. 703, párr. 2.º
—Entrada en vigor de Leyes: art. 1.º
—Exclusión facultades adoptante, acción de: art. 179.
—Excusas de albaceas: art. 898.
—Extinción crédito litigioso por deudor: arts. 1.535 y 1.536.
—Extinción de acciones por vicios o defectos ocultos de la cosa vendida: art. 1.490.
—Extinción adopción, acción de: art. 180.
—Extinción aprovechamiento de aguas: art. 411.
—Fiador pueda proceder contra el deudor: art. 1.843, núm. 5.º
—Interrupción natural de la posesión: art. 1.944.
—Nacimiento de hijo para presunción de legitimidad: art. 116.
—Nulidad renta vitalicia: art. 1.804.
—Obligaciones a: arts. 1.125 a 1.130.
—Ocupación de enjambre de abejas: art. 612.
—Pactado para redención de censos: arts. 1.608 y 1.609.
—Pago de pensiones vencidas en censo enfitéutico: art. 1.650.
—Posesión para la prescripción: arts. 1.940 y ss.
—Prescripción acción hipotecaria: art. 1.964.
—Prescripción acción de revocación de donación por ingratitud: art. 652.
—Prescripción acciones; cómputo día inicial: art. 1.969.
—Prescripción acciones que nacen de la compraventa: art. 1.472.
—Prescripción acciones personales: art. 1.964.
—Prescripción acciones sobre posesión injuria, calumnia, culpa o negligencia: art. 1.968.
—Prescripción acciones reales sobre bienes inmuebles: art. 1.963.
—Prescripción acciones reales sobre bienes muebles: art. 1.962.
—Prescripción del dominio sobre bienes inmuebles y derechos reales: arts. 1.957 y 1.959.
—Prescripción del dominio sobre bienes muebles: arts. 1.955 y 1.962.
—Prescripción en perjuicio de tercero: art. 1.949.
—Presentación al Juez testamento cerrado: arts. 712 y 713.
—Presentación demanda sobre posesión o dominio de la cosa, efectos prescripción: art. 1.947.
—Presentación testamento ológrafo para protocolizar: arts. 689 y 690.
—Presunción de naufragio de nave desaparecida: art. 194, núm. 2.º
—Presunción de siniestro de avión desaparecido: art. 194, núm. 3.º
—Reclamación de animales amansados: art. 612.
—Reclamación laudemio por dueño directo de finca enfitéutica: art. 1.646.
—Reglas para el cómputo del tiempo en la prescripción: art. 1.960.
—Rescisión de compraventa por gravamen no mencionado en escritura: art. 1.483.
—Residencia para adquirir y recuperar nacionalidad: arts. 22 y 26.
—Servidumbre; no uso, extinción: art. 546.
—Tanteo o retracto por enfiteuta en venta línea: arts. 1.637 a 1.639.
—Usufructo: arts. 469 y 513, núm. 2.º
—Validez de testamento abierto en peligro de muerte y epidemia: art. 703.
—Vencimiento deudas a, por declaración de concurso: art. 1.915.

PLEITOS
—Poder para; documento público: art. 1.280, núm. 5.º
—Transacción: art. 1.809.

POBRES
—Aceptación o repudiación de herencia en su favor: art. 992.
—Disposiciones testamentarias genéricas: art. 749.

PODER
—Véase «Mandato».
—Ausencia: art. 183.
—En documento público: art. 1.280.
—Matrimonio por: art. 55.

POSADEROS
—Prescripción del importe de comida y habitación: art. 1.967, núm. 4.º

—Responsabilidad por efectos introducidos por viajeros: arts. 1.783 y 1.784.

POSESIÓN

—Acción para retener o recobrar; prescripción: art. 1.968.
—Actos del tenedor, no perjudican al dueño: art. 463.
—Actos tolerados y ejecutados clandestinamente: art. 444.
—Adquisición: arts. 438 y ss.
—Adquirida de buena fe: art. 435.
—Adquisición de buena fe en venta pública: art. 464, párr. 2.º
—Adquisición por menores e incapacitados: art. 443.
—Adquisición violenta: art. 441.
—Animales: art. 465.
—Apta para adquirir el dominio: art. 447.
—Bienes hereditarios: arts. 440 y 442.
—Bienes inmuebles: art. 10, núm. 1.º
—Bienes en institución de heredero o del legado: art. 805.
—Bienes muebles adquiridos de buena fe: art. 464.
—Buena fe: arts. 433, 464, 1.950 y 1.951.
—Coposesión: arts. 445, 450 y 452.
—Cosa comprada: art. 1.502.
—Cosa mueble perdida: art. 461.
—Cosa raíz: art. 449.
—De cosa vendida: arts. 1.473 y 1.474.
—Cosas adquiridas en Bolsa, feria o mercado: art. 464, párr. 4.º
—Cosas y derechos objeto de: art. 437.
—Cosas empeñadas en Montes de Piedad: art. 464, párr. 3.º
—Cosas inmuebles; pérdida: art. 462.
—Deterioro o pérdida de lo poseído: art. 457.
—Efectos: arts. 446 y ss.
—Efectos en deslindes: arts. 385 y 386.
—Ejercicio: art 431.
—Finca enfitéutica: art. 1.647.
—Frutos: arts. 451 y 452.
—Herencia por más de un año; reclamación; beneficio inventario: art. 1.021.
—Interrupción para los efectos de la prescripción: arts. 1.943 a 1.948.
—Justo título: arts. 464 y 1.952 a 1.954.
—De mala fe; frutos: art. 455.
—Mejoras: arts. 456 y 458.
—Natural y civil: art. 430.
—Pérdida: art. 460.
—Preferencias en caso de coposesión: art. 445.
—Presunción de buena fe: art. 434.
—Presunción en cuanto al tiempo: art. 459.
—Presunción de disfrute en el mismo concepto en que se adquirió: art. 436.
—Presunción legal de justo título: arts. 448 y 464.
—Prueba de la mala fe: art. 434.
—Ratificación de la adquisición por representante o mandatario: art. 439.
—Recuperación: art. 466.
—Reintegro de propiedad por el Juez: art. 349.
—Requisitos para la prescripción: arts. 1.940 a 1.942.
—Respeto, amparo y restitución: art. 446.
—Retracto de vendedor contra todo poseedor: art. 1.510.
—Temporal del patrimonio del ausente: art. 186.
—Ídem; derecho preferente de tercero: art. 187.
—A título de dueño o tenedor: art. 432.
—Transmisión en la prenda: art 1.863.
—De treinta años para adquirir dominio y derechos reales sin título ni buena fe: art. 1.959.

POSESIÓN DE ESTADO

—Adquisición de nacionalidad: art. 18.
—Impugnación filiación no matrimonial: art. 140.
—Prueba de filiación: arts. 132, 133 y 135.

PÓSTUMOS

—Adopción, tras fallecimiento adoptante: art. 176.3.
—Efectos en la donación: arts. 644, núm. 1.º y 645.
—Impugnación de filiación: art. 136.

POZOS

—Construcción cerca de pared ajena; distancias: art. 590.

PRECARIO

—Véase «Actos tolerados».

PRECIO

—Véanse «Arrendamiento» y «Compra y venta».

PRECONTRATO

—Compraventa: art. 1.451.

—Esponsales: arts. 42 y 43.
—Prenda e hipoteca: art. 1.862.

PREDIOS DOMINANTE Y SIRVIENTE

—Servidumbre: art. 530.

PREFERENCIA

—En posesión por dos personas: art. 445.

PRELACIÓN DE CRÉDITOS

—Véase «Concurrencia y prelación de créditos».

PREMIOS

—Hallazgo de bien mueble: art. 616.

PREMORIENCIA

—Personas llamadas a suceder: art. 33.

PRENDA

—Véanse «Antricresis», «Hipoteca».
—Acciones del acreedor contra terceros: art. 1.869, párr. 2.º
—Aseguramiento de toda clase de obligaciones: art. 1.861.
—Bienes del declarado ausente: art. 186, párr. 3.º
—Cosa mueble ejecutada, hasta el pago de la obra: art. 1.600.
—Cosas que pueden darse: art. 1.864.
—Derecho de retención: art. 1.866.
—Diligencia del acreedor en el cuidado de la cosa: art. 1.867.
—Efecto contra tercero; instrumento público: art. 1.865.
—Enajenabilidad de la cosa dada en prenda: art. 1.858.
—Enajenación por falta de pago de la deuda: art. 1.872.
—Fincas gravadas dándolas como libres o fingiendo ser dueño: art. 1.862.
—Gastos de conservación: art. 1.867.
—Indivisibilidad: art. 1.860.
—Intereses; compensación: art. 1.868.
—Montes de Piedad; observancia de leyes y reglamentos especiales: art. 1.873.
—Pérdida o deterioro de la cosa: art. 1.867.
—Presunción de remisión de obligación accesoria de prenda: art. 1.191.
—Prohibición de dar en prenda a animales de compañía: art. 1.864, párr. 2.º
—Promesa de constituir: art. 1.862.
—Propiedad de la cosa pignorada: art. 1.869.
—Requisitos: arts. 1.857 y 1.858.
—Restitución contra voluntad del acreedor: art. 1.871.
—Retención de cosa depositada: art. 1.780.
—Retención por mandatario de cosas objeto de mandato: art. 1.730.
—Sustituye a fianza legal o judicial: arts. 1.854 y 1.855.
—Transmisión de la posesión: art. 1.863.
—Uso por acreedor de la cosa pignorada: art. 1.870.

PREÑEZ

—De esposa que queda viuda: art. 963.

PRESA

—Servidumbre de: art. 554.

PRESCRIPCIÓN

—Acción de nulidad: art. 1.301.
—Acción hipotecaria: art. 1.964.
—Aguas: art. 409.
—Censos: art. 1.620.
—Compraventa: arts. 1.472, 1.490 y 1.496.
—Derecho transitorio: art. 1.939.
—Donación: arts. 646 y 652.
—Modos de adquirir: art. 609.
—Objeto: art. 1.930.
—Servidumbre: arts. 537, 538, 540, 547, 548 y 598.

PRESCRIPCIÓN ADQUISITIVA

—Véase «Prescripción».
—Actos tolerados: art. 1.942.
—Bienes muebles: arts. 1.955 y 1.956.
—Buena fe: arts. 1.950 y 1.951.
—Capacidad: art. 1.931.
—Copropiedad: art. 1.933.
—Cómputo: art. 1.960.
—Del dominio y derechos reales sobre inmuebles: arts. 1.957 a 1.959.
—Herencia: art. 1.934.
—Interrupción: arts. 1.943 a 1.948.
—Justo título: arts. 1.952 a 1.954.
—Posesión: art. 1.941.
—Registro de la Propiedad: art. 1.949.
—Renuncia: arts. 1.935 y 1.937.
—Requisitos: art. 1.940.

PRESCRIPCIÓN EXTINTIVA

—Véase «Prescripción».
—Acciones reales sobre inmuebles: art. 1.963.

—Acciones reales sobre muebles: art. 1.962.
—Alimentos: art. 1.966.
—Capacidad: art. 1.932.
—Censos: art. 1.970.
—Cómputo: art. 1.967.
—Comunidad: art. 1.965.
—Deslinde: art. 1.965.
—Farmacéuticos: art. 1.967.
—Fianza: art. 1.975.
—Herencia: art. 1.934.
—Honorarios: art. 1.967.
—Iniciación: art. 1.969.
—Interrupción: arts. 1.973 a 1.975.
—Interrupción en las obligaciones: art. 1.974.
—Jornales: art. 1.967.
—Partición de herencia: art. 1.965.
—Posaderos y mercaderes: art. 1.967.
—Posesión: art. 1.968.
—Rendición de cuentas: art. 1.972.
—Renta de arrendamientos: art. 1.966.
—Renuncia: arts. 1.935 y 1.937.
—Responsabilidad civil: art. 1.968.
—Sentencia firme: art. 1.971.

PRESTACIONES IMPOSIBLES
—Obligaciones de hacer: art. 1.184.
—Obligaciones solidarias: art. 1.147.
—Objeto de los contratos; art. 1.271.

PRESTACIONES PERIÓDICAS
—Usufructo: art. 506.

PRÉSTAMO
—Véase «Comodato».
—Comodato: arts. 1.741 a 1.752.
—Concepto; clases: art. 1.740.
—Dinero, obligaciones del prestatario: art. 1.754.
—Dinero o cosa fungible, devolución: art. 1.753.
—Establecimientos de préstamos, sujeción a reglamentos: art. 1.757.
—Hecho al hijo de familia; fianza: art. 1.824.
—Intereses: arts. 1.755 y 1.756.
—Menor emancipado: art 247.
—Metal no amonedado: art. 1.754, párr. 2.º
—Montes de Piedad: observancia de leyes y reglamentos especiales: art. 1.873.
—Simple: arts. 1.753 a 1.757.
—Uso de cosa depositada: art. 1.768.

PRESUNCIONES
—De buen estado de la finca al tiempo de arrendarla: art. 1.562.
—De buena fe en el matrimonio: art. 79.
—De buena fe en la posesión: art. 434.
—Cómputo de tiempo de posesión a efectos prescripción: art. 1.960.
—En cuanto al tiempo de posesión: art. 459.
—Culpa en el depositario: art. 1.769, párr. 2.º
—Culpa del deudor en pérdida de la cosa debida: art. 1.183.
—Disfrute de la posesión en el mismo concepto en que se adquirió: art. 436.
—Donaciones en fraude de acreedores: art. 643.
—Entrega voluntaria de documento de crédito: art. 1.189.
—Error en cobro de lo indebido: art. 1.901.
—Existencia de causa en los contratos: art. 1.277.
—Fianza no se presume: art. 1.827.
—Filiación por naturaleza: arts. 116 y 117.
—Fraude de acreedores en contratos: art. 1.297.
—Gratuidad de mandato: art. 1.711.
—Ganancialidad de bienes del matrimonio: art. 1.361.
—Igualdad de participaciones en comunidad de bienes: art. 393.
—Justo título en la posesión: arts. 448 y 464.
—Legales: art. 1.251.
—Lugar del contrato: art. 1.262.
—Medianería de árboles: art. 593.
—Muerte del ausente: art. 34.
—Naufragio o siniestro de nave o avión: art. 194, núms. 2.º y 3.º
—Obligación de retribuir a mandatario: art. 1.711, párr. 2.º
—Obligaciones que no se presumen: art. 1.090.
—Ocultación de venta de finca enfitéutica: art. 1.638, párr. 3.º
—Permiso de uso de cosa depositada: art. 1.768.
—Propiedad de obras, siembras y plantaciones en predio ajeno: art. 359.

—Remisión de obligación accesoria de prenda: art. 1.191.
—Revocación de testamento cerrado: art. 742.
—Servidumbre de medianería: art. 572.
—Simultaneidad de muerte de personas llamadas a suceder: art. 33.
—Subrogación: art. 1.210.
—Violencia para declaración de fallecimiento: art. 193, párr. 3.º

PRETERICIÓN DE HEREDERO
—Efectos: art. 814.
—En partición de herencia: art. 1.080.

PRIMERAS CEPAS
—Cesión de terreno para plantación de viñas; régimen: art. 1.656.

PRINCIPIOS GENERALES DE DERECHO
—Fuentes de Derecho: art. 1.º, núms. 1.º y 4.º

PRIORIDAD
—De muerte de personas llamadas a suceder: art. 33.
—De nacimiento en partos dobles, primogénito: art. 31.

PRISIONEROS DE GUERRA
—Testamento: arts. 716 a 721.

PROCURADORES DE LOS TRIBUNALES
—Adquisición por compra de bienes y derechos en litigio: art. 1.459, núm. 5.º
—Poder para pleitos; documento público: art. 1.280, núm. 5.º

PROFESORES
—Prescripción de honorarios: art. 1.967, núm. 2.º
—Responsabilidad de: art. 1.904.

PROHIBICIÓN PERPETUA DE ENAJENAR
—En disposición testamentaria; nulidad de: art. 785, núm. 2.º

PROMESA
—De constituir prenda o hipoteca: art. 1.862.
—De matrimonio: art. 43.
—De mejorar o no, hecha en capitulaciones matrimoniales: art. 826.
—De vender o comprar: art. 1.451.

PROPIEDAD
—Véanse «Aguas», «Comunidad de bienes» y «Posesión».
—Accesión: arts. 353 y ss.
—Acción de propietario contra tenedor y poseedor: art. 348.
—Acreedor inmueble, en anticresis: art. 1.884.
—Actos del tenedor de una cosa; no perjudican al dueño: art. 463.
—Adquisición: art. 609.
—Adquisición por ocupación: arts. 610 a 618.
—Adquisición y extinción por prescripción: arts. 1.930 y 1.963.
—Aguas; expropiación forzosa: art. 423.
—Bienes adquiridos por hijo no emancipado: art. 165.
—Bienes componentes de sociedad de ganancias: art. 1.675.
—Bienes de dominio público: arts. 338, 339, 341, 343 y 344.
—Bienes de dominio privado: arts. 338, 340, 341 y 345.
—Bienes inmuebles: art. 10, núm. 1.º
—Concepto: art. 348.
—Derecho de deslinde; modo de hacerlo: arts. 384 y 385.
—Directa de uno y útil de otro sobre una finca: arts. 596 y 1.605.
—Donación a una persona y usufructo a otra: art. 640.
—Exclusiva bienes adjudicados a herederos: art. 1.068.
—Facultad del propietario para establecer servidumbres: art. 594.
—Frutos: art. 354.
—Inmuebles; prescripción con título y buena fe: art. 1.957.
—Ídem; prescripción sin título ni buena fe: art. 1.959.
—Islas que por arrastre se forman en los ríos: art. 373.
—Modos de adquirir: arts. 609 y ss.
—Obras, plantaciones o siembras con materiales ajenos: art. 360.
—Plena de inmueble: art. 1.607.
—Predio sirviente en servidumbre: art. 533.
—Prescripción ordinaria; requisitos: art. 1.940.
—Privación; requisitos: art. 349.
—Privada del Estado: arts. 340 y 341.

—Privada; reconocimiento por constitución: art. 345.
—Registro de; inscripción: arts. 605 a 608.
—Sobre bienes muebles; prescripción: art. 1.955.
—Suelo y subsuelo: art. 350.
—Título de posesión para adquirirla: art. 447.
—Transmisión: art. 609.

PROPIEDAD HORIZONTAL
—Alteraciones en elementos comunes; consentimiento: art. 398.
—Regulación: art. 396.

PROPIEDAD INDUSTRIAL
—Ley aplicable: art. 10, núm. 4.º

PROPIEDAD INTELECTUAL
—Determinación de personas y derechos por su Ley especial: art. 429.
—Extranjeros; reciprocidad: art. 27.
—Ley aplicable: art. 10, núm. 4.º
—Obras literarias, científicas o artísticas: art. 428.

PROPIEDADES CONTIGUAS
—Acción de deslinde: art. 1.965.

PROPIEDADES ESPECIALES
—Aguas: arts. 407 y ss.
—Minas, calicatas o excavaciones: art. 426.

PRÓRROGA
—Arrendamiento: art. 1.566.
—Sociedad por acuerdo de socios: art. 1.702.

PROTECCIÓN
—Hijos y pupilos: arts. 108, 154, 173 y 269.
—Posesión: arts. 349 y 446.
—Mutua entre cónyuges: art. 68.

PROTOCOLIZACIÓN
—Testamento marítimo: art. 727.
—Testamento militar: arts. 718 y 721.
—Testamento otorgado sin intervención de Notario: art. 704.
—Testamento cerrado: art. 714.
—Testamento ológrafo: arts. 689 a 693.

PROVINCIAS
—Adquisición de bienes por testamento: art. 746.
—Asignación herencias del Estado a beneficencia, acción social, etc.: arts. 956 y 957.
—Clasificación de sus bienes: arts. 343 y 344.
—Hipoteca legal en garantía de tributos: art. 1.875, párr. 2.º
—Preferencia de créditos por impuestos, art. 1.924, núm. 1.º

PROVINCIAS FORALES
—Véase «Derecho Foral».
—Aplicación de normas del Código civil: art. 15.

PRUEBA
—Buena o mala fe en la posesión: art. 434.
—Causa de desheredación: arts. 850 y 851.
—Naturalización: art. 330.
—Contratos en que no se exprese la causa: art. 1.277.
—Documentos públicos: arts. 1.216 a 1.224.
—Filiación: arts. 113 y 114.
—Identidad del testador: art. 686, párr. 2.º
—Obligaciones; documentos privados: art. 1.229.
—Del pago de lo indebido: art. 1.900.
—Prioridad en muerte de personas llamadas a suceder: art. 33.
—Propiedad de cosa depositada: art. 1.771.

PUBLICIDAD
—Bienes inmuebles: art. 10, núm. 1.º
—Registro de la Propiedad: art. 607.

PUEBLOS
—Clasificación de sus bienes: arts. 343 y 344.
—Hipoteca legal en garantía de tributos: art. 1.875, párr. 2.º
—Usufructo en favor de; plazo: art. 515.

PUENTES
—Del Estado: bienes de dominio público: art. 339, núm. 1.º

PUERTOS
—Bienes de dominio público: art. 339, núm. 1.º

Q

QUIEBRA
—Del censatario: art. 1.660.3.ª
—Del deudor: art. 1.843, núm. 2.º
—Efectos de la del deudor: art. 1.831, núm. 3.º
QUITA Y ESPERA
—Véase «Insolvencia».
—Convenio con acreedores de una misma clase: art. 1.918.
—Cumplimiento del convenio por el deudor: art. 1.919.
—Obligaciones solidarias: art. 1.146.
—Obligatoriedad de convenios celebrados judicialmente: art. 1.917.
—Petición por deudor: art. 1.912.

R

RADAS
—Bienes de dominio público: art. 339, núm. 1.º
RAÍCES
—De árboles extendidas en suelo de otro: art. 592.
RAMAS
—De árboles sobre heredad ajena: art. 592.
RANGO
—Véase «Leyes».
RATIFICACIÓN
—Contrato a nombre de otro: art. 1.259.
—Mandato: art. 1.727.
—Gestión negocios ajenos: art. 1.892.
REBAÑO
—Derecho de uso: arts. 526 a 528.
—Usufructo sobre; art. 499.
RECONCILIACIÓN
—De cónyuges; efectos: arts. 84, 88 y 1.443.
—De ofensor y ofendido en desheredación: art. 856.
RECONDUCCIÓN
—Tácita en el contrato de arrendamiento: arts. 1.566 y 1.567.
RECONOCIMIENTO
—Acto o contrato en escritura, valor de ésta: art. 1.224.
—Derecho del dueño directo de finca enfitéutica: art. 1.647.
—Hijo en testamento: art. 741.
—Hijos no matrimoniales: arts. 120 a 126.
—Interrupción prescripción: arts. 1.948 y 1.973.
—Preñez de esposa, por marido en documento público: arts. 117 y 963.
RECREO
—Gastos en la posesión: art. 454.
RECUPERACIÓN
—De nacionalidad: art. 26 y Disp. Trans. 2.ª de la Ley 29/1995, de reforma del C.c. en materia de nacionalidad.
REDENCIÓN
—Censo consignativo: arts. 1.658 a 1.660.
—Censo enfitéutico: art. 1.651.
—Censo reservativo: arts. 1.661 a 1.664.
—Censos en general: arts 1.608 a 1.612.
—Servidumbre de pastos y leñas: arts. 603 y 604.
—Servidumbres: art. 546, núm. 6.º
REDUCCIÓN
—De donaciones: arts. 654 a 656.
—De disposiciones testamentarias: arts. 820 a 822.
REGALOS DE BODA
—Véase «Donaciones por razón de matrimonio».
—Reducción por inoficiosos: colación: art, 1.044.
REGÍMENES DE PARTICIPACIÓN
—Véase «Capitulaciones matrimoniales».
—Concepto y efectos: arts. 1.411 y 1.412.
—Extinción: arts. 1.415 y 1.416.
—Impugnación de enajenación por cónyuges: art. 1.433.
—Idem; caducidad: art. 1.434.

—Liquidación: arts. 1.417 a 1.432.
REGIONES FORALES
—Véase «Derecho Foral».
REGISTRADORES
—Prescripción de honorarios: art. 1.967, núm. 1.º
REGISTRO CENTRAL DE AUSENTES
—Circunstancias o datos que han de constar: art. 198.
—Inscripción de declaración de ausencia: alcance: art. 183.
REGISTRO CIVIL
—Capitulaciones matrimoniales: art. 1.333.
—Corrección de infracciones de normas sobre Registro Civil: art. 331.
—Inscripción de matrimonio canónico: arts. 60 y 63.
—Inscripción matrimonios secretos: art. 64.
—Inscripción para adquirir nacionalidad: arts. 20 a 22.
—Inscripción de matrimonio: arts. 61 a 65.
—Nacionalidad española; recuperación: art. 26 y Disp. Trans. 2.ª de la Ley 29/1995, de reforma del C.c. en materia de nacionalidad.
—Vecindad civil: adquisición: art. 14.
—Vecindad civil: residencia: art. 14, núm. 3.º
REGISTRO DE LA PROPIEDAD
—Véase «Inscripción en el Registro de la Propiedad».
—Capitulaciones matrimoniales referidas a inmuebles: art. 1.333.
—Objeto: art. 605.
—Publicidad: art. 607.
—Regulación por Ley Hipotecaria: art. 608.
—Separación de bienes, demanda: art. 1.436.
REHABILITACIÓN
—Concursado: art. 1.914.
REHENES
—Testamento militar: arts. 716 a 721.
RELACIONES PATERNO-FILIALES
—Véanse «Patria potestad», «Filiación», «Divorcio» y «Separación matrimonial».
—Leyes: art. 9.º, núm. 4.º
RELACIONES PATRIMONIALES
—Entre cónyuges: art. 9.º, núm. 3.º
RELACIONES PERSONALES
—Cónyuges: art. 9.º, núm. 2.º
RELIEVES
—Bienes inmuebles: art. 334, núm. 4.º
REMISIÓN DE LA DEUDA
—Véase «Condonación de deuda».
—En obligaciones solidarias: art. 1.143.
REMOCIÓN
—De albaceas: art. 910.
RENDICIÓN DE CUENTAS
—Del tutor: art. 232.
—Exigencia a los padres por parte de los hijos: art. 168.
—Prescripción de la acción para exigirla: art. 1.972.
RENTA
—Véase «Arrendamiento de fincas rústicas y urbanas».
RENTA VITALICIA
—Constitución: art. 1.803.
—Constitución a título gratuito: art. 1.807.
—Falta de pago de pensiones vencidas: art. 1.805.
—Manda de: art. 820, núm. 3.º
—Naturaleza de: art. 1.802.
—Nulidad de: art. 1.804.
—Pago por plazos anticipados: art. 1.806.
—Reclamación: art. 1.808.
—Renta correspondiente al año en que muere el que la disfruta: art. 1.806.
RENTAS
—Véase «Arrendamiento de fincas rústicas y urbanas».
—Abono, entre coherederos, en partición herencia: art. 1.063.
—Arrendamiento fincas rústicas y urbanas: reparaciones; reducción: arts. 1.558 y 1.559.
—De bienes de ausente aparecido después de declaración de fallecimiento: art. 197.
—De bienes del declarado ausente: art. 186.
—Bienes muebles: art. 336.
—Extensión de la hipoteca: art. 1.877.
—Frutos civiles: art. 355.
—Legado de: art. 508.

—De legado de cosa específica y determinada: art. 882.
—Usufructo sobre: art. 475.
—Venta alzada o en globo: art. 1.532.
RENUNCIA
—Acción de revocación de donaciones: arts. 646 y 652.
—Acción exigir responsabilidad por dolo: art. 1.102.
—Albacea: arts. 899, 900, 910 y 911.
—Derecho de reducción de donaciones: art. 655.
—Derechos concedidos por la Ley: art. 6.º, núm. 2.º
—Extinción de la servidumbre: art. 546 núm. 5.º
—General de derechos: art. 1.815, párr. 2.º
—Herencia: no se pierde derecho de representación: art. 928.
—Herencia por heredero: art. 1.000.
—Legados: arts. 889 y 890.
—De legítima futura: art. 815.
—De mandatario: arts. 1.736 y 1.737.
—Medianería: arts. 575 y 576.
—Nacionalidad anterior para adquirir la española: arts. 23 y 26.
—Parte del dominio de comunidad de bienes: art. 395.
—Prescripción ganada: arts. 1.935 y 1.937.
—De socio: art. 1.705.
—De usufructo: art. 513, núm. 4.º
REPARACIONES
—En cosa arrendada: arts. 1.554, 1.558 y 1.580.
—En predios ajenos; accesión: art. 358.
—Ordinarias y extraordinarias en usufructo: arts. 500 y 502.
REPRESENTACIÓN
—Véanse «Derecho de representación» y «Mandato».
—Contratar a nombre de otro: art. 1.259.
—Cónyuges: art. 71.
—Herencias en administración: art. 1.026.
—Directa: art. 1.717.
—Indirecta: art. 1.717.
—Legal: leyes reguladoras: art. 10, núm. 11.
—Menor o incapaz, por el tutor: arts. 162 y 267.
—Menores e incapaces para adquirir posesión: art. 443.
—Voluntaria: arts. 1.709 a 1.717.
REPRODUCCIÓN ASISTIDA
—Nota al Título V del Libro I.
REPÚBLICA DOMINICANA
—Véase «Doble nacionalidad».
REPUDIACIÓN DE HERENCIA
—Véanse «Aceptación y repudiación de herencia» y «Herencia».
RESCISIÓN
—Acción recisoria: art. 1.294.
—Casos en que pueden rescindirse los contratos: art. 1.290.
—Contrato arrendamiento por incumplimiento obligaciones y por obras: arts. 1.556 y 1.558.
—Contrato de compra y venta: arts. 1.469 y ss.
—Contrato de enfiteusis: abono mejoras y deterioros: art. 1.652.
—Contrato de obra por muerte del que la efectuaba: art. 1.595.
—Contratos celebrados en fraude de acreedores: arts. 1.291, núm. 3.º y 1.297.
—Contratos por lesión: art. 1.293.
—Contratos: obligaciones que crea: art. 1.295.
—Ídem; pagos hechos en estado de insolvencia: art. 1.292.
—Contratos rescindibles: arts. 1.291 y 1.292.
—Duración de la acción de rescisión: art. 1.299.
—Partición de herencia: arts. 1.073 y ss.
—Subsidiariedad: art. 1.294.
—Transacción: art. 1.818.
RESERVA
—Bienes donados: arts. 634, 639 y 643.
RESERVA HEREDITARIA
—Lineal: art. 811.
—Viudo o viuda que pase a segundo matrimonio: arts. 968 y ss.
RESIDENCIA
—Adquirir nacionalidad: arts. 22 y 26.
—Pérdida de nacionalidad por: art. 24.
RESOLUCIÓN DE CONTRATOS
—Al terminar el usufructo: art. 480.

—Compraventa bienes inmuebles: arts. 1.504, 1.506 y 1.537.
—Compraventa de bienes muebles: art. 1.505.
—Obligaciones recíprocas: art. 1.124.
RESPONSABILIDAD
—Por dolo en obligaciones: art. 1.102.
—Por negligencia en obligaciones: art. 1.103.
RESPONSABILIDAD AQUILIANA
—Véase «Responsabilidad extracontractual».
RESPONSABILIDAD CIVIL
—Por injuria o calumnia: prescripción de la acción: art. 1.968.
RESPONSABILIDAD CONTRACTUAL
—Véanse «Contratos» y «Daños y perjuicios».
—Arts. 1.106, 1.107, 1.108 y 1.258.
RESPONSABILIDAD CRIMINAL
—En promesa de prenda o hipoteca: art. 1.862.
RESPONSABILIDAD EXTRACONTRACTUAL
—Véase «Daños y perjuicios».
—Arts. 1.902 a 1.910.
—Arquitectos y contratistas: arts. 1.591 y 1.902.
—Cabeza de familia: art. 1.910.
—Carga de la prueba, inversión: art. 1.903.6.
—Culpa o negligencia: art. 1.902.
—Defecto de construcción: arts. 1.591 y 1.909.
—Diligencia del buen padre de familia, exención de: arts. 1.104 y 1.903.6.
—Directores o dueños de establecimientos o empresas: art. 1.903.4.
—Padres por actos de los hijos: art. 1.903.2.
—Poseedor de un animal: art. 1.905.
—Prescripción de acción: art. 1.968.
—Propietarios, por explosión de máquinas, inflamación de sustancias, humos excesivos, caída de árboles y emanaciones de cloacas o depósitos de materias: arts. 1.101, 1.105, 1.575, 1.908 y 1.909.
—Propietarios de heredad de caza: art. 1.906.
—Propietarios de un edificio: art. 1.907.
—Titulares de Centros docentes de enseñanza no superior, por actos de alumnos menores: art. 1.903.5.
—Tutores por actos de menores o incapacitados: art. 1.903.3.
RESTITUCIÓN
—Bienes reservables: art. 978.
—En comodato: arts. 1.747, 1.749 y 1.750.
—En depósito: arts. 1.766, 1.769 y 1.774 a 1.776.
—En donaciones: arts. 645 a 647.
—En nulidad de contratos: arts. 1.303 a 1.306.
—En obligaciones condicionales resolutorias: art. 1.123.
—De prenda: art. 1.871.
—En rescisión de contratos: art. 1.295.
—Del patrimonio al ausente, si apareciese: art. 187.
RETENCIÓN
—Véase «Derecho de retención».
—De cosa dada en comodato: art. 1.747.
RETRACTO
—Bienes adquiridos por cónyuges: art. 1.396, núm. 3.º
—Finca arrendada: art. 1.572.
—Finca cedida a primeras cepas: art. 1.656, regla 6.ª
—Resolución de la venta: art. 1.506.
—Venta de finca enfitéutica: arts. 1.636 a 1.642.
—Venta varias fincas sujetas a censo enfitéutico: art. 1.641.
RETRACTO CONVENCIONAL
—Acción del vendedor contra herederos del comprador: art. 1.517.
—Acción del vendedor contra todo poseedor: art. 1.510.
—Adquisición del dominio por el comprador: arts. 1.509 y 1.537.
—Cuando tiene lugar en compraventa: art. 1.507.
—Duración del derecho: art. 1.508.
—Ejercicio por acreedores del vendedor: art. 1.512.
—Finca esencialmente indivisa: arts. 1.513, 1.516 y 1.537.
—Frutos al tiempo de la venta o del retracto: art. 1.519.
—Gastos: art. 1.518.
—Herederos del comprador: art. 1.517.

—Recuperación de la cosa vendida libre de cargas: art. 1.520.
—Requisitos para hacer uso del derecho por vendedor: art. 1.518.
—Sustitución del comprador en derechos y acciones del vendedor: art. 1.511.
—Venta de finca indivisa por varios en un solo contrato: arts. 1.514, 1.515 y 1.537.
—Venta separada por copropietarios de finca indivisa: arts. 1.516 y 1.537.

RETRACTO LEGAL
—Concepto: art. 1.521.
—Copropietario de cosa común vendida a extraño: art. 1.522.
—Gastos: art. 1.525.
—Plazo en que puede ejercitarse: art. 1.524.
—Propietarios de tierras colindantes: arts. 1.523 y 1.537.
—Retracto de comuneros excluye al de colindantes: arts. 1.524, párr. 2.º y 1.537.
—Sustitución del comprador en derechos y acciones del vendedor: art. 1.525.

RETROACTIVIDAD
—Véase «Leyes».

REVERSIÓN
—De donaciones: art. 641.

REVOCACIÓN
—Donaciones: arts. 644 a 651.
—Donaciones por incumplir condiciones: art. 647.
—Donaciones por razón de matrimonio: art. 1.343.
—Emancipación: art. 318.
—Mandato: arts. 1.732 a 1.735.
—Mejora: art. 827.
—Testamento: arts. 737 y ss.

RIBERAS
—Véase «Ríos».
—Bienes de dominio público: art. 339, núm. 1.º
—De ríos: art. 553.

RIESGOS
—Arrendamiento de obra: arts. 1.589 y 1.590.
—Colación hereditaria: art. 1.045.
—Compraventa: art. 1.452.
—Entrega de cosa determinada: art. 1.096.
—Entrega de cosa indeterminada: art. 1.096.
—Legado de cosa específica: art. 882.
—Obligaciones alternativas: arts. 1.135 y 1.136.
—Obligaciones condicionales: arts. 1.122 y 1.123.
—Obligaciones específicas: art. 1.182.
—Obligaciones solidarias: art. 1.147.
—Pérdida de la cosa debida: art. 1.183.
—Sociedad: arts. 1.687 y 1701.
—Transporte: arts. 1.601 y 1.602.

RÍOS
—Accesión en heredades ribereñas: arts. 366 y ss.
—Bienes de dominio público: art. 339, núm. 1.º
—División en brazos: art. 374.
—Dominio público: art. 407, núm. 1.º
—Islas formadas por acumulación de arrastres: art. 373.
—Navegables: art. 371.
—Ídem; nuevo cauce en heredad privada: art. 372.
—Segregaciones y agregaciones de terrenos: art. 368.
—Servidumbre de estribo de presa: art. 554.
—Servidumbres de sus riberas: art. 553.
—Variación de curso; propiedad de cauces abandonados: art. 370.

ROBO
—De cosa mueble; adquisición del dominio por prescripción: arts. 1.956 y 1.962.

ROPAS
—No se comprenden, cuando se usa sólo la palabra «muebles»: arts. 346 y 347.
—Ajuar vivienda: art. 1.321.

RUINA
—Depósito necesario: arts. 1.781, núm. 2.º y 1.782.
—De edificio, pared o columnas: arts. 389 y 391.
—De finca en construcción por vicios: art. 1.591.

S

SACA DE AGUA
—Servidumbre de: arts. 555 y 556.
SALARIOS Y SUELDOS DE TRABAJADORES Y SERVICIO DOMÉSTICO
—Preferencias de créditos: art. 1.924, núm. 2.ºD).
SALVAMENTO
—Servidumbres de riberas de ríos: art. 553.
SANCIONES PENALES
—En anulación de contrato por ilicitud de causa u objeto: art. 1.305.
SANEAMIENTO
—Aplicación de normas al contrato de arrendamiento: art. 1.553.
—Compraventa: arts. 1.461 y 1.480.
—Cosas donadas: art. 638.
—Defectos o gravámenes ocultos de la cosa vendida: arts. 1.484 a 1.499.
—Efectos en compraventa: arts. 1.474 y ss.
—Obligación del vendedor: art. 1.461.
—En partición de herencia: arts. 1.069 y 1.070.
—Renuncia por el comprador: art. 1.477.
—En venta alzada de derechos: art. 1.532.
—Por vicios ocultos de animales y ganados: art. 1.493.
SANTA SEDE
—Personalidad jurídica: art. 38, nota.
SAQUEO
—Depósito necesario: arts. 1.781, núm. 2.º y 1.782.
SECRETARIOS DE JUZGADOS Y TRIBUNALES
—Adquisición por compra de bienes y derechos en litigio: art. 1.459, núm. 5.º
SECUESTRO
—Véase «Depósito judicial».
—Normas: arts. 1.785 a 1.789.
SEGUNDAS NUPCIAS
—Anotación en el Registro de la Propiedad de inmuebles sujetos a reserva: art. 977.
—Disolución matrimonio: arts. 46 y 85.
—Inventario de bienes sujetos a reserva: art. 977.
—Mejora de bienes reservables a hijos del primer matrimonio: art. 972.
—Reserva de bienes en favor de hijos del primer matrimonio: arts. 968 y ss.
—Sucesión de hijos del primer matrimonio en bienes sujetos a reserva: art. 973.
—Validez de enajenación de bienes inmuebles reservables hecha antes de celebrarlas: art. 974.
SEGURIDAD
—Leyes de policía y seguridad pública: art. 8.º, núm. 1.º
SEGUROS SOCIALES
—Preferencia de crédito por cuotas: art. 1.924, núm. 2.ºE).
SEMILLAS
—Créditos por: clasificación; prelación: arts. 1.922, núm. 6.º y 1.926, núm. 3.º
SEMOVIENTES
—Véanse «Animales» y «Ganado».
SENTENCIAS
—Créditos que constan en sentencia; preferencia: art. 1.924, núm. 3.ºB).
—Dictada en juicio de revisión: art. 1.251.
—Eclesiástica de nulidad de matrimonio canónico: art. 80.
—Exigir saneamiento en compraventa: art. 1.480.
—De nulidad de matrimonio: art. 83.
—Pérdida de nacionalidad: art. 25, núm. 1.º
—Pérdida de patria potestad: art. 170.
—Reconocimiento de hijos: arts. 115 y 120.
—De separación de bienes de cónyuges; inscripción en el Registro de la Propiedad: art. 1.436.
—Suple título constitutivo de servidumbre: art. 540.
SEPARACIÓN DE BIENES DE LOS CÓNYUGES
—Arts. 1.435 y ss.
—Atención de sostenimiento mutuo y de los hijos: art. 1.438.
—Cuándo tiene lugar: art. 1.435.

—Demanda y sentencia de separación: anotación e inscripción en Registro de la Propiedad: art. 1.436.
—Disolución de sociedad de gananciales: art. 1.392.
—Obligaciones: art. 1.440.
—Reconciliación o desaparición de la causa de separación: arts. 1.443 y 1.444.
—A solicitud de los cónyuges: art. 1.435.

SEPARACIÓN MATRIMONIAL
—Véase «Separación de bienes de los cónyuges».
—Causa de desheredación: art. 855.
—Efectos: arts. 83 y 90 y ss.
—Medidas durante sustanciación del proceso: art. 102.
—Pérdida de patria potestad: art. 170.
—Petición: art. 81.
—Reconciliación: art. 84.

SERVICIO
—Véase «Arrendamiento de servicios».
—Objeto de contrato: arts. 1.271 y 1.272.
—Prestación: mandato: art. 1.709.

SERVICIO DE ARMAS
—Pérdida de nacionalidad: art. 25.1.º*b*).
—Ídem; recobro de la nacionalidad: art. 26, párr. 2.º

SERVIDUMBRES
—Aparentes: adquisición por prescripción: arts. 537 y 538.
—Aparentes y no aparentes: art. 532.
—Bienes inmuebles: art. 334, núm. 10.
—Cierre o cercado de predio sirviente: art. 388.
—Clasificación: art. 532.
—Comunidad de bienes; conservación: art. 405.
—Concepto: art. 530.
—Continuas; adquisición por prescripción: arts. 537 y 538.
—Continuas no aparentes, adquisición sólo por título: art. 539.
—Continuas y discontinuas: art. 532.
—Derechos del dueño del predio dominante: arts. 543 y 544.
—Derechos necesarios para su uso: art. 542.
—Derechos de usufructuario: art. 479.
—Discontinuas; adquisición sólo por título: art. 539.
—Escritura de reconocimiento sentencia: art. 540.
—Extinción: art. 546.
—Inseparabilidad de la finca: art. 534.
—Indivisibilidad: art. 535.
—Legales: art. 536.
—Ídem; modificación por convenio: art. 551.
—Ídem; objeto: arts. 549 y ss.
—Ídem; regulación: arts. 550 y 551.
—Materia de aguas: arts. 552 y ss.
—Ídem; Ley especial: art. 563.
—Negativa; cómputo del tiempo de prescripción: art. 538.
—No aparentes: art. 532.
—Obligaciones del dueño del predio sirviente; variación: art. 545.
—Obras para su uso y conservación: arts. 543 y 544.
—Positivas: cómputo del tiempo de prescripción adquisitiva: art. 538.
—Positivas o negativas: art. 533.
—Predio dominante de varios en común: art. 544.
—Predios dominante y sirviente: art. 530, párr. 2.º
—Prescripción de la forma de prestarla: art. 547.
—El provecho de persona o comunidad: art. 531.
—Signo aparente: art. 541.
—Temporales: art. 546, núm. 4.º
—Voluntarias: arts. 536 y 594 y ss.

SERVIDUMBRES LEGALES
—Véase «Servidumbres».
—Arts. 549 a 551.

SERVIDUMBRE DE ABREVADERO
—Véase «Servidumbres».
—Disposiciones por que se rige: art. 570.
—Imposición; indemnización: arts. 555 y 556.

SERVIDUMBRE DE ACUEDUCTO
—Véase «Servidumbres».
—Agua para riego: arts. 557 y ss.
—Consideración de continua y aparente: art. 561.
—Facultades del dueño del predio sirviente: art. 560.
—Obligaciones: art. 558.
—Sobre edificios, patios, etc.: art. 559.

SERVIDUMBRE DE CAMINO DE SIRGA
—Véase «Servidumbres».
—Servicio exclusivo para navegación y flotación: art. 553, párr. 2.º
SERVIDUMBRE DE DESAGÜE
—Paso de aguas de corral o patio por predios contiguos: art. 588.
—Tejados o cubiertas de edificios: arts. 586 a 588.
SERVIDUMBRE DE ESTRIBO DE PRESA
—Véase «Servidumbres».
—Establecimiento; indemnización: art. 554.
—Para riego; construcción: art. 562.
SERVIDUMBRE DE LUCES Y VISTAS
—Véase «Servidumbres».
—Distancias: arts. 582 a 585.
—Pared medianera: art. 580.
—Pared no medianera: art. 581.
SERVIDUMBRE DE MEDIANERÍA
—Véase «Servidumbres».
—De árboles en seto; presunción: art. 593.
—Construcción, reparación y mantenimiento de: art. 575.
—Derribo de edificio: art. 576.
—Elevación de pared: arts. 577 y 578.
—Presunción: art. 572.
—Regulación: arts. 571 y ss.
—Signo exterior contrario: art. 573.
—Uso de pared medianera proporcional al derecho: art. 579.
—Zanjas o acequias: art. 574.
SERVIDUMBRE DE PASO
—Véase «Servidumbres».
—Anchura: art. 566.
—Constitución: art. 564.
—Derivada de las de saca de agua y abrevadero: art. 556.
—Extinción por unión de la finca a camino público: art. 568.
—Para ganados: art. 570.
—De materiales para reparar edificio: art. 569.
—Requisitos: art. 565.
SERVIDUMBRE DE SACA DE AGUA
—Véase «Servidumbres».
—Imposición e indemnización: arts. 555 y 556.
SERVIDUMBRE VOLUNTARIA
—Véase «Servidumbres».
—Comunidad de pastos: arts. 600 a 604.
—Determinación de derechos y obligaciones: art. 598.
—Finca de dominio directo de uno y domino útil de otro: art. 596.
—Finca indivisa; consentimiento de todos los copropietarios: art. 597.
—Finca en usufructo: art. 595.
—Obras para uso y conservación del predio sirviente: art. 599.
SERVIDUMBRE DE LEÑAS Y OTROS PRODUCTOS DE MONTES
—Redención: art. 604.
SETOS VIVOS
—Presunción de medianería: art. 572, núm. 3.º
—Signo exterior contrario a medianería: art. 573, núm. 7.º
SIEMBRAS
—De buena fe en terreno ajeno: art. 361.
—De mala fe en terreno ajeno: arts. 362 y 363.
—En suelo ajeno: arts. 358 y 359.
—En terreno ajeno; mala fe mutua: art. 364.
—Se presumen hechas por el propietario: art. 359.
SIGNO
—Aparente en servidumbre: art. 541.
—Contrario a medianería: art. 573.
SINIESTRO
—Declaración de fallecimiento de ausente: art. 193, núm. 3.º
SOBRINOS
—Sucesión intestada: arts. 946 y 948.
SOCIEDAD
—Acreedores, preferencia: art. 1.699.
—Administración; reglas a falta de estipulaciones: art. 1.695.
—Aportación de inmuebles: nulidad del contrato por falta de inventario: art. 1.668.
—Aportaciones de dinero; intereses: art. 1.682.
—Asociación de cada socio con un tercero en su parte: art. 1.696.
—Civil: forma de constitución: art. 1.667.
—Clases: art. 1.671.
—Concepto del contrato de: art. 1.665.

—Cuándo comienza: art. 1.679.
—Deuda de cada socio de lo prometido aportar: art. 1.681.
—Deudas; obligación no solidaria de los socios: art. 1.698.
—Disolución por pérdida de cosa específica prometida aportar por socio: art. 1.701.
—Disolución por voluntad o renuncia de socio: art. 1.705.
—Duración: art. 1.680.
—Evicción de lo aportado por socios: art. 1.681.
—Expiración de término: arts. 1.702 y 1.703.
—Formas que pueden revestir: art. 1.670.
—Fusión de; ley personal: art. 9.º, núm. 11.
—Ilícita; disolución: art. 1.666, párr. 2.º
—Incapacitación o insolvencia de socio; extinción: art. 1.700, núm. 3.º
—Ingreso de asociado particular de socio: art. 1.696.
—Ley personal: art. 9.º, núm 11.
—Modos de extinguirse: arts. 1.700 a 1.708.
—Muerte de socio; extinción de la sociedad: art. 1.700, núm. 3.º
—Objeto lícito e interés común de los socios: art. 1.666.
—Obligaciones de los socios entre sí: arts. 1.679 y ss.
—Obligaciones de los socios con un tercero: arts. 1.697 a 1.699.
—Pacto de continuidad a la muerte de socio: art. 1.704.
—Pactos secretos; no tiene personalidad: art. 1.669.
—Particular; objeto: art. 1.678.
—Partición entre socios: art. 1.708.
—Pérdida de la cosa; extinción de la sociedad: art. 1.700, núm. 2.º
—Pérdida de cosa específica prometida aportar; disolución: art. 1.701.
—Pérdidas y ganancias: art. 1.691.
—Ídem; reparto: art. 1.689.
—Ídem; reparto por un tercero nombrado por los socios: art. 1.690.
—Personas jurídicas: art. 35.
—Reclamación de disolución: art. 1.707.
—Renuncia socio de mala fe o en tiempo inoportuno: art. 1.706.
—Responsabilidad de socio por daños y perjuicios por su culpa: art. 1.686.
—Responsabilidad ante socios de cantidades desembolsadas por ellos: art. 1.688.
—Riesgo de las cosas ciertas y determinadas: art. 1.687.
—Socio administrador: art. 1.692.
—Socio autorizado para administrar: art. 1.684.
—Socio industrial, derechos en la partición: art. 1.708.
—Ídem; exención responsabilidad en pérdidas: art. 1.691, párr. 2.º
—Ídem; ganancias: art. 1.683.
—Ídem; participación en pérdidas y ganancias: art. 1.689.
—Socio que ha cobrado por entero su parte de un crédito social: art. 1.685.
—Socios administradores sin determinar sus funciones: art. 1.693.
—Socios administradores que no hayan de funcionar sin consentimiento mutuo: art. 1.694.
—Terminación del negocio: extinción de la sociedad: art. 1.700, núm. 2.º
—Universal: art. 1.677.
—Universal de todos los bienes presentes: art. 1.674.
—Universal; de todos los bienes presentes o de todas las ganancias: arts. 1.671 a 1.673.
—Universal sin determinar su especie: art. 1.676.
—Universal de todas las ganancias: arts. 1.675 y 1.676.
—Usufructo en favor de; plazo: art. 515.

SOCIEDAD DE GANANCIALES

—Véanse «Bienes gananciales» y «Separación de bienes de los cónyuges».
—Administración: arts. 1.375 y 1.376.
—Alimentos a cónyuge sobreviviente e hijos: art. 1.408.
—Bienes donados o dejados en testamento a los esposos: art. 1.353.
—Bienes gananciales; definición: arts. 1.347 a 1.361.
—Bienes propios de cada cónyuge: art. 1.346.
—Cabezas de ganado que excedan de los aportados al matrimonio: art. 1.350.

—Cargas y obligaciones: arts. 1.362 y ss.
—Concepto y efectos: art. 1.344.
—Cuándo empieza: art. 1.345.
—Deudas, del marido o de la mujer: art. 1.373.
—Disolución: art. 1.392.
—Disolución por anulación o separación del matrimonio: art. 1.392.
—Disolución por separación de bienes: art. 1.435.
—Disposición en testamento: arts. 1.379 y 1.380.
—División del remanente entre los cónyuges o herederos: art. 1.404.
—Donaciones hechas o prometidas a hijos comunes: art. 1.363.
—Edificios construidos durante el matrimonio: art. 1.359.
—Ganancias de juego: art. 1.351.
—Haber de la sociedad: art. 1.404.
—Liquidación: arts. 1.396 y ss.
—Liquidación simultánea de dos o más matrimonios de una misma persona: art. 1.409.
—Orden de pago en su liquidación: arts. 1.399 a 1.404.
—Pérdidas de juego: arts. 1.371 y 1.372.
—Presunción de gananciales de los bienes del matrimonio: art. 1.361.
—Régimen de bienes en matrimonio: arts. 1.315 y 1.316.
—Usufructo o pensión perteneciente a uno de los cónyuges: art. 1.349.

SOCIOS
—Véase «Sociedad».

SOCORRO MUTUO
—Obligación de los cónyuges: arts. 67 y 68.

SOLIDARIDAD
—Véanse «Mancomunidad» y «Obligaciones solidarias».

SOLTERÍA
—Legado de usufructo, uso o habitación si permanece en ella el legatario: art. 793.

SORDOMUDOS
—Aceptación o repudiación de herencia: art. 996.
—Testamento abierto por testador sordo: art. 697.
—Testamento cerrado: art. 709.
—Testigos testamentarios: art. 681, núm. 2.º

SUBALTERNOS DEL NOTARIO
—Testigos testamentarios: art. 681, núm. 5.º

SUBARRIENDO
—Véase «Arrendamiento de fincas rústicas y urbanas».

SUBASTA PÚBLICA
—Colación hereditaria: art. 1.048.
—Cosa mueble encontrada: art. 615.
—Cosas indivisibles en partición de herencia: art. 1.062.
—Enajenación de la prenda: art. 1.872.
—De finca no divisible para pago de legítimas: art. 822.

SUBENFITEUSIS
—Supresión: art. 1.654.

SUBFIADOR
—Véase «Fianza».

SUBFOROS
—Redención: art. 1.611, párr. 3.º

SUBROGACIÓN
—Véase «Partición de herencia».
—Cuándo se presume: art. 1.210.
—Deudor sin consentimiento del acreedor: art. 1.212.
—Fiador que paga: art. 1.839.
—Pago parcial; derecho preferente del acreedor: art. 1.213.
—Tercero en derechos de acreedor; cuándo se presume: art. 1.209.
—Transferencia al subrogado del crédito y derechos anexos: art. 1.212.

SUCESIÓN
—Véanse «Aceptación y repudiación de herencia», «Administración de la herencia», «Albaceas», «Beneficio de inventario», «Colación hereditaria», «Desheredación», «Herederos», «Herencia», «Institución de herederos», «Legados», «Legítima hereditaria», «Mejora hereditaria», «Partición de herencia», «Sucesión intestada o legítima», «Sustitución hereditaria», «Testamento», «Testamento abierto», «Testamento cerrado», «Testamento hecho en país extranjero», «Testamento militar» y «Testamento ológrafo».
—Apertura por declaración de fallecimiento de ausente: art. 196.

—Aplica reglas a donaciones *mortis causa*: art. 620.
—Calificación de la capacidad de heredero o legatario: art. 758.
—Capacidad para suceder: art. 744.
—Cómo se defiere: art. 658.
—Conmoriencia o premoriencia de personas llamadas a suceder: art. 33.
—Del declarado ausente; apertura: art. 188.
—Disposiciones generales: arts. 657 y ss.
—Hijo adoptivo: arts. 108 y 178.
—Incapacidad por causa de indignidad: arts. 756 y 757.
—Incapacidades para suceder: art. 745.
—Incapaz que entra en posesión de la herencia: art. 760.
—Institución de herederos: arts. 763 y ss.
—Ley aplicable: art. 9.º, núms. 1.º y 8.º
—Llamamiento de ausente a sucesión: art. 191.
—Personas fallecidas antes de la entrada en vigor del Código civil: Disp. Trans. 12.ª
—Precauciones que deben adoptarse cuando la viuda queda encinta: arts. 959 y ss.
—Testamentaria y legítima: art. 658.

SUCESIÓN DEL ESTADO
—Cuándo procede: art. 956.
—Derechos y obligaciones: art. 957.
—Previa declaración judicial de heredero: art. 958.

SUCESIÓN INTESTADA O LEGÍTIMA
—Aprovechamiento inventario hecho por heredero: art. 1.022.
—Capacidad para suceder: art. 744.
—Colaterales: arts. 943 y ss.
—Cómo se defiere la herencia: art. 913.
—Concurrencia de hermanos con sobrinos: art. 948.
—Concurrencia de hermanos de doble vínculo con medio hermanos: art. 949.
—Concurrencia de hijos y descendientes de otros hijos: art. 934.
—Cónyuges: arts. 944 y 945.
—Cuándo tiene lugar: art. 912.
—Declaración de fallecimiento: arts. 196 y 197.
—Del Estado: arts. 956 a 958.
—Hermanos de doble vínculo: art. 947.
—Hijos de medio hermanos: art. 951.
—Incapacidad para suceder: art. 914.
—Línea recta ascendente: arts. 935 y ss.
—Línea recta descendente: arts. 930 y ss.
—Nietos y demás descendientes: art. 933.
—Orden de suceder según las líneas: arts. 930 y ss.
—Parentesco: arts. 915 y ss.
—Personas fallecidas antes de la entrada en vigor del Código civil: Disp. Trans. 12.ª
—Precauciones que deben adoptarse cuando la viuda queda encinta: arts. 959 y ss.
—Repudiación de herencia: art. 1.009.

SUCESIÓN TESTAMENTARIA
—Véase «Sucesión».
—Conflictos de Leyes: art. 15.
—Derecho de acrecer: arts. 982 y ss.
—Venta a tercero de derecho hereditario: art. 1.067.

SUELO Y SUBSUELO
—Propiedad: art. 350.
—Utilización por el usufructuario: art. 517.

SUERTE
—Véase «Contratos aleatorios».

SUMISIÓN EXPRESA
—Obligaciones contractuales: art. 10, núm. 5.º

SUPERFICIE
—Derecho de: arts. 1.611 y 1.655.

SUPERVENIENCIA DE HIJOS
—Revocación de donaciones: arts. 644, 646 y 651.

SUPLETORIEDAD
—Del Código civil: art. 4.º, núm. 3.º

SUSPENSIÓN
—De la patria potestad: art. 170.

SUSTITUCIÓN
—De tutores de hijos: art. 223 a 225.

SUSTITUCIÓN HEREDITARIA
—Cargas impuestas al instituido: art. 780.
—Conceptos: art. 774.
—Derecho de padres y ascendientes: art. 775.
—Descendiente incapaz: arts. 776 y 777.

—Dos o más personas a una sola y viceversa: art. 778.
—Error en el nombre, apellidos o cualidad: art. 773.
—Fideicomisaria; adquisición de derecho por fideicomisario: art. 784.
—Ídem; llamamientos expresos: art. 783.
—Ídem; no perjudica a legítima: art. 782.
—Ídem; nulidad: art. 786.
—Ídem; obligaciones del fiduciario: art. 783, párr. 2.º
—Ídem; validez y efectos: art. 781.
—Legatarios: art. 789.
—Recíproca de herederos instituidos en partes desiguales: art. 779.
—Repudiación de legados: art. 888.
—Sustituciones que no surten efecto: art. 785.
—Sustituido que tiene herederos forzosos: art. 777.

SUSTRACCIÓN
—Testamento cerrado: art. 713.
—Bienes embargados: art. 1.922.
—Efectos de herencia: art. 1.002.

T

TÁCITA RECONDUCCIÓN
—En arrendamiento: arts. 1.566 y 1.567.

TACHADURAS
—Testamento ológrafo: art. 688.

TANTEO
—Finca cedida a primeras cepas: art. 1.656, regla 6.ª
—Venta de finca enfitéutica: arts. 1.636 a 1.642.

TENENCIA
—Véase «Posesión».
—Cosa; privación con auxilio de Autoridad: art. 441.

TERCEROS
—Acciones de acreedor en pérdida de la cosa debida: art. 1.186.
—Acciones del acreedor prendario: art. 1.869, párr. 2.º
—Acreedores de socios de sociedad: art. 1.699.
—Adquisiciones de la posesión: art. 439.
—Alteraciones en capitulaciones: art. 1.322.
—Anticresis: arts. 1.857, párr. último y 1.886.
—Aprovechamientos de aguas privadas: arts. 413, 415 y 416.
—Arrendamientos de bienes raíces no inscritos en Registro de la Propiedad: art. 1.549.
—Asociación con socio de sociedad: art. 1.696.
—Cesión de crédito, derecho o acción: art. 1.526.
—Concesión de aguas sin perjuicio de: art. 410.
—Contrato de obra a precio alzado: art. 1.598.
—Cuasi contratos: art. 1.887.
—Derechos adquiridos de buena fe, en pérdida por evicción de cosa permutada: art. 1.540.
—Efecto de la prenda contra él: art. 1.865.
—Enajenación o cesión de crédito hipotecario: art. 1.878.
—Exclusión voluntaria y renuncia derechos legales: art. 6, núm. 2.º
—En finca usufructuada: art. 471.
—Estipulaciones, en su favor, en contratos: art. 1.257.
—Extensión de la hipoteca: art. 1.877.
—Fecha de documento privado, respeto de: art. 1.227.
—Garantías contrato arriendo; tácita reconducción: art. 1.567.
—Legado de crédito contra: arts. 870 y 871.
—Nombrar heredero o distribuir cantidades: art. 671.
—Oposición a restitución o traslación de cosa depositada: art. 1.775.
—Perjuicio en servidumbres legales: art. 551.
—Perturbaciones a enfiteuta: art. 1.643.

—Perturbaciones por, en finca arrendada: art. 1.560.
—Poseedor de bienes hipotecados: art. 1.879.
—Posesión de la cosa dada en prenda: art. 1.863.
—Prescripción, en su perjuicio, con título inscrito en Registro de la Propiedad: art. 1.949.
—Reclamación de bienes por donante al donatario: art. 650.
—Renta vitalicia: art. 1.803.
—Reparto de pérdidas o ganancias de sociedad: art. 1.690.
—Resolución obligaciones recíprocas: art. 1.124.
—Retracto de vendedor contra todo poseedor, sin perjuicio de: arts. 1.510 y 1.537.
—Reversión donación en su favor: art. 641.
—Sociedad obligada por actos de un socio: arts. 1.697 y 1.698.
—Subrogación; novación: art. 1.209.
—Títulos no inscritos en Registro de la Propiedad no le perjudican: art. 606.
—Usufructo: arts. 472 y 516.
—Violencia o intimidación en obligaciones: art. 1.268.

TERREMOTO

—Caso fortuito en arrendamientos rústicos: art. 1.575.

TERRITORIOS FORALES

—Véase «Derecho Foral».

TESORO

—Concepto: art. 352.
—Derechos del enfiteuta: art. 1.632.
—Derechos del usufructuario: art. 471.
—Oculto: adquisición por ocupación: art. 610.
—Ocupación; propiedad: arts. 351, 352 y 614.

TESTAMENTARIOS

—Véase «Albaceas».

TESTAMENTO

—Acto personalísimo: art. 670.
—Amenaza, fraude o violencia: art. 756, núm. 6.º
—Animales de compañía: art. 914 bis.
—Apreciación de la capacidad del testador: art. 666.
—Autorizados por funcionarios diplomáticos: art. 11.
—Caducidad o ineficacia: art. 743.
—Calificación de la capacidad de heredero o legatario: art. 758.
—Capacidad para testar: art. 662.
—Cláusulas derogatorias de testamentos posteriores: art. 737, párr. 2.º
—Por comisario o mandatario: art. 670.
—Concepto: art. 667.
—Condición de no contraer matrimonio: art. 793.
—Condiciones casuales o mixtas: art. 796.
—Condiciones imposibles y contrarias a leyes: art. 792.
—Condiciones potestativas: arts. 795 y 800.
—Condiciones suspensivas: arts. 799, 801 y 802.
—Desheredación y causas: arts. 849 a 857.
—Disposición de bienes a título de herencia o legado: art. 668.
—Disposición contraria a promesa de mejorar: art. 826, párr. 2.º
—Disposición en favor de incapaz: art. 755.
—Disposición en favor de Notario autorizante y parientes: art. 754.
—Disposición en favor de persona incierta: art. 750.
—Disposición en favor de pobres en general: art. 749.
—Disposición en favor de sacerdote durante última enfermedad: art. 752.
—Disposición genérica en favor de parientes: art. 751.
—Disposición, por cónyuges, de bienes gananciales: arts. 1.379 y 1.380.
—Disposición para sufragios y obras piadosas: art. 747.
—Disposición de tutelado en favor del tutor: art. 753.
—Disposiciones bajo condición: art. 790.
—Disposiciones inoficiosas: art. 817.
—Especiales: art. 677.
—Expresión del objeto de institución o legado: arts. 797 y 798.
—Facultad de disposición del enfiteuta: art. 1.633.

—Forma: arts. 676 y ss.
—Formas y solemnidades; Ley aplicable: art. 11.
—Funcionarios diplomáticos o consulares de España en el extranjero: art. 11, núm. 3.º
—Identificación de la persona del testador: art. 686.
—Impugnación: art. 675, párr. 2.º
—Incapaces para testar: art. 663.
—Incapacidades para suceder por indignidad: arts. 756 y 757.
—Incapacitado: requisitos de validez: art. 665.
—Institución bajo condición en favor de establecimiento público: art. 748.
—Institución de heredero: arts. 763 y ss.
—Institución de heredero sin designación de partes: art. 765.
—Interpretación: art. 675.
—Lengua extranjera: art. 684.
—Ley aplicable: art. 11.
—Nulidad, apertura de la sucesión intestada: art. 912.
—Nulidad por inobservancia de formalidades: art. 687.
—Reconocimiento de hijo: art. 120.
—Referencia a cédulas o papeles privados: art. 672.
—Repudiación de herencia: art. 1.009.
—Revocabilidad: art. 737.
—Revocación; efectos: arts. 740 y 741.
—Ídem; solemnidades: art. 738.
—Ídem; subsistencia del reconocimiento de hijos: art. 741.
—Revocación de derecho por testamento posterior: art. 739.
—Sin institución de heredero; apertura de sucesión intestada: art. 912, núm. 2.º
—Ídem; validez: art. 764.
—Testigos: arts. 681 y 682.
—Ídem; declaración de inhábil: art. 683.
—Validez: art. 9, núm. 8.º
—Validez; quebrantamiento de sellos: art. 742.
—Violencia, dolo o fraude: nulidad: arts. 673 y 674.

TESTAMENTO ABIERTO
—Caso de epidemia: arts. 701 a 703.
—Concepto: art. 679.
—Escritura; peligro de muerte y epidemia: art. 702.
—Expresión de voluntad; redacción: firma: art. 695.
—Fe de capacidad por Notario: art. 695, párr. 3.º
—Fe del Notario de observancia de formalidades: art. 699.
—Lectura por testador enteramente sordo: art. 697.
—Hecho por español en extranjero; remisión al Ministerio de Asuntos Exteriores: arts. 735 y 736.
—Marítimo: caducidad: art. 730.
—Ídem; formalidades: art. 722.
—Notario hábil: art. 694.
—Nulidad por no observancia de formalidades; responsabilidad del Notario: art. 705.
—Otorgado sin intervención de Notario; requisitos para su validez: art. 704.
—País extranjero ante Agente diplomático: art. 734.
—Peligro de muerte: arts. 700 a 703.
—Presentación al Notario por escrito por testador de su disposición testamentaria: art. 696.
—Testador ciego: art. 698.
—Testador enteramente sordo: art. 697.
—Testador que no sabe o no puede firmar: art. 695, párr. 2.º
—Testigos: arts. 682, 695, 700 y 701.
—Unidad de acto: art. 699.

TESTAMENTO CERRADO
—Apertura y protocolización: art. 714.
—Autorización por Notario: art. 710.
—Concepto: art. 680.
—Conservación por testador; depósito: art. 711.
—En campaña; requisitos: arts. 717, 718 y 721.
—Formalidades en su otorgamiento: art. 707.
—Marítimos; caducidad: art. 730.
—Ídem; fallecimiento del testador durante el viaje: art. 729.
—Ídem; formalidades: arts. 772 y 724.
—Nulidad por inobservancia de formalidades; responsabilidad del Notario: art. 715.

—Nulo; validez como testamento ológrafo: art. 715.
—Personas que no pueden expresarse verbalmente: art. 709.
—Personas que no pueden hacer: art. 708.
—En país extranjero ante Agente diplomático: art. 734.
—Presentación al Juez al fallecimiento del testador: arts. 712 y 713.
—Presunción de revocación: art. 742.
—Requisitos: arts. 706 a 715.

TESTAMENTO EN LENGUA EXTRANJERA
—Requisitos: art. 684.

TESTAMENTO HECHO EN PAÍS EXTRANJERO
—Abierto o cerrado ante Agente diplomático: art. 734.
—Consideración de especial: art. 677.
—Fallecimiento del testador; publicación en el *B.O.E.*: art. 736.
—Mancomunado: invalidez en España: art. 733.
—Remisión al Ministerio de Estado: arts. 735 y 736.
—Sujeción a leyes del país: art. 732.

TESTAMENTO MANCOMUNADO
—Hecho en país extranjero; inválido en España: art. 733.
—Prohibición: art. 669.
—Validez de los otorgados bajo el régimen anterior al Código: Disp. Trans. 2.ª

TESTAMENTO MARÍTIMO
—Abierto en alta mar; custodia; mención en Diario de Navegación: art 724.
—Abierto o cerrado; formalidades: art. 722.
—Arribada a puerto extranjero; entrega: art. 725.
—Arribada a puerto nacional; entrega a Autoridad marítima: art. 726.
—En buque extranjero: art. 732, párr. 2.º
—Caducidad de los abiertos y cerrados: art. 730.
—Consideración de especial: art. 677.
—Del Contador del buque de guerra y del Capitán del mercante; autorización: art. 723.
—Fallecimiento del testador; formalidades: art. 727.
—Normas: arts. 722 a 731.
—Ológrafo; fallecimiento del testador durante el viaje: art. 729.
—Ídem; custodia; mención en Diario de Navegación: art. 724, párr. 2.º
—Otorgado por extranjero en buque español: art. 728.
—Peligro de naufragio: art. 731.

TESTAMENTO MILITAR
—Caducidad: art. 719.
—Cerrado; formalidades en guerra: art. 721.
—Consideración de especial: art. 677.
—De palabra ante testigos de asalto, batalla, combate: art. 720.
—Personas que lo pueden otorgar y ante quién: arts. 716 y 717.
—Remisión al Cuartel general; formalidades al fallecimiento del testador: arts. 718 y 721.

TESTAMENTO OLÓGRAFO
—Concepto: art. 678.
—Cotejo pericial de letras: art. 691.
—Hecho en país extranjero: art. 732, párr. 3.º
—Marítimo; fallecimiento del testador durante el viaje: art. 729.
—Presentación por depositario del testamento para protocolización: art. 690.
—Protocolización: arts. 689 a 693.
—Requisitos para su otorgamiento: art. 688.
—Testamento cerrado, válido como ológrafo: art. 715.
—Testigos para protocolización: art. 691.

TESTIGOS
—Véase «Testamento abierto».
—Matrimonio: art. 57.
—Protocolización de testamento ológrafo: art. 691.
—En testamento: arts. 681 y 682.
—Testamento abierto: arts. 697 y 698.
—Testamento abierto en caso de epidemia: art. 701.
—Testamento cerrado: art. 707, núm. 5.º
—Testamento en guerra: art. 716.
—Testamento marítimo: art. 722.

—Testamento militar: arts. 716, 720 y 721.
—Testamento en peligro de muerte: arts. 700 a 703.
—Testamentos; conocimiento del testador: arts. 685 y 686.
—Testamentos; declaración de inhábil: art. 683.
—Testamentos; disposición en su favor; nulidad: art. 754.

TIEMPO
—Véase «Plazo».

TIERRAS
—Bienes inmuebles: art. 334, núm. 1.º

TÍOS
—Concurrencia con nietos en herencia; colación: art. 1.038.

TÍTULO
—Véase «Justo título».

TÍTULO PRELIMINAR
—Aplicación: art. 13.

TÍTULOS-VALORES
—Ley aplicable: art. 10, núm. 3.º

TOLERANCIA
—Actos meramente tolerados o clandestinos no afectan a la posesión: art. 444.

TORRENTES
—Bienes de dominio público: art. 339, núm. 1.º

TRADICIÓN
—Adquisición de la propiedad: art. 609.
—Compraventa: arts. 1.461 a 1.465.

TRANSACCIÓN
—Autoridad de cosa juzgada para las partes: art. 1.816.
—Bienes y derechos de hijos sometidos a patria potestad: art. 1.810.
—Concepto: art. 1.809.
—Corporaciones con personalidad jurídica: art. 1.812.
—En contrato de fianza: arts. 1.835 y 1.839.
—Descubrimiento de nuevos documentos: art. 1.818.
—Error, dolo, violencia o falsedad de documentos: art. 1.817.
—Mandato expreso: art. 1.713, párr. 2.º
—Materias sobre las que no se puede transigir: art. 1.814.
—Objetos que comprende: art. 1.815.
—Pleito decidido por sentencia firme: art. 1.819.
—Renuncia general de derechos: art. 1.815, párr. 2.º
—Rescisión por quien ignora existencia de sentencia firme: art. 1.819.
—Sobre acción civil proveniente de delito: art. 1.813.
—Sobre legítima futura: art. 816.
—Por tutor: forma en que puede transigir: art. 1.811.

TRANSFORMACIÓN
—Cosa legada: art. 869.1.º

TRÁNSITO
—Véase «Bienes en tránsito».

TRANSMISIÓN
—Alimentos: art. 151.
—Créditos y demás derechos incorporales: arts. 1.526 a 1.536.
—Derechos hereditarios: arts. 759, 766 y 799.
—Obligaciones: art. 1.112.
—Cesión de créditos, derechos o acciones: arts. 1.526 y ss.

TRANSPORTES
—Véase «Bienes en tránsito».
—Carretera; ley aplicable: art. 10, núm. 2.º
—Créditos preferentes en concurrencia: art. 1.922, núm. 4.º
—Por agua y tierra, obligaciones de los conductores: arts. 1.601 y 1.602.
—Ídem; régimen por leyes especiales: art. 1.603.
—Ferrocarril, ley aplicable: art. 10, núm. 2.º

TRANSPORTES MILITARES
—Formas y solemnidades de contratos, testamentos y actos jurídicos: art. 11, núm. 1.º, párr. 2.º

TRASPASO
—Derecho de uso y habitación; prohibición: art. 525.

TRATADOS INTERNACIONALES
—Aplicación: art. 1.º, núm. 5.º
—Derechos civiles de extranjeros: art. 27.
—Derechos de Propiedad intelectual e industrial: art. 10, núm. 4.º
—Doble nacionalidad: arts. 9.o, núm. 9.o; 24.

TRIBUNAL SUPREMO
—Doctrina reiterada: art. 1, núm. 6.º

—Memoria sobre deficiencias y dudas en la aplicación del Código civil: Disp. Adic. 1.ª

TRIBUNALES DE JUSTICIA

—Afianzamiento de heredero condicional: art. 803.
—Apreciación de confesión extrajudicial: art. 1.239.
—Apreciación de fuerza probatoria de copias de documentos: art. 1.221.
—Deber de resolver: art. 1.º, núm. 7.º
—Determinación del efecto retroactivo en obligaciones condicionales: art. 1.120.
—Determinación de gastos en litigios sobre pago de obligaciones: art. 1.168.
—Ejecución de sentencia de Jurisdicción Eclesiástica: art. 80.
—Ejercicio de acciones: art. 1.973.
—Estimación de la responsabilidad del mandatario: art. 1.726.
—Inadmisión de demanda sobre esponsales de futuro: art. 42.
—Moderación de la responsabilidad por negligencia en obligaciones: art. 1.103.
—Normas conflicto del derecho español: aplicación oficio: art. 12, núm. 6.º
—Obligaciones a plazo: art. 1.128.
—Privación o suspensión de la patria potestad: art. 170.
—Residencia de cónyuges: art. 70.
—Resolución obligada: art. 1.º, núm. 7.º

TRIPULANTES

—De nave o avión siniestrado; declaración de fallecimiento: art. 194, núms. 2.º y 3.º

TUTELA

—Véanse «Curatela», «Defensor judicial», «Delación», «Donaciones», «Ejercicio», «Guarda de hecho», «Inventario» y «Remoción».
—Acción nulidad contratos de menores o incapaces: art. 1.301.
—Actos prohibidos al tutor: art. 226.
—Causas y procedimientos de remoción y excusa de la tutela: art. 223.
—Delación de la tutela: art. 211.
—Ejercicio conjunto de la tutela: arts. 218, 219, 220 y 221.
—Extinción: art. 231.
—Indemnización del tutor: art. 230.
—Jurisdicción voluntaria: art. 208.
—Nombramiento en testamento: art. 201.
—Obligación del tutor: art. 228.
—Obligación de promoverla: art. 206.
—Preferencia de nombramiento: art. 213.
—Prohibición de ser tutor: arts. 216 y 217.
—Rendición de cuentas: art. 232.
—Representante del menor: art. 225.
—Responsabilidad del tutor: art. 234.
—Retribución: art. 229.
—Sujetos: art. 199.
—Tutela de menores en situación de desamparo: art. 222.
—Vigilancia por Ministerio Fiscal: art. 209.

U

UNIDAD

—De acto en testamento abierto: art. 699.

UNIONES DE HECHO

—Art. 175.4.
—Adopción, equiparadas al matrimonio: Disp. Adic. 3.ª de la Ley 21/1987, de 11 de noviembre, de reforma del C.c. en materia de adopción.

USO

—Abuso de cosa, extingue: art. 529.
—Acreedor de cosa pignorada: art. 1.870.
—Aplicación disposiciones sobre usufructo: art. 528.
—Comodato: arts. 1.740 y 1.741.
—Cosa depositada: arts. 1.767 y 1.768.
—Cosa legada: art. 868.

—Cosas en arrendamiento: arts. 1.543 y 1.546.
—Extinción: art. 529.
—Extinción de servidumbres por imposibilidad: art. 546, núm. 3.º
—Frutos: arts. 523, 524 y 527.
—Objeto de sociedad particular: art. 1.678.
—Prohibición de arriendo y traspaso: art. 525.
—Pared medianera por propietario: art. 579.
—Rebaño o piara de ganado: art. 526.
—Regulación: art. 523.
—No uso de aguas públicas: extingue derecho aprovecharlas: art. 411.
—No uso de servidumbres; extinción: art. 546, núm. 2.º

USOS JURÍDICOS
—Considerados costumbre: art. 1.º núm. 3.º, párr. 2.º

USOS LOCALES
—Interpretación de contratos: art. 1.287.
—Servidumbre de medianería: art. 571.
—Servidumbre de paso de ganado: art. 570.

USUCAPIÓN
—Véase «Prescripción adquisitiva».

USUFRUCTO
—Véase «Usufructo vidual».
—Abuso de cosa; no extingue: art. 520.
—De acciones para reclamar derechos: art. 486.
—Actos de tercero contra la propiedad: art. 511.
—Árboles: art. 485.
—Arrendamiento de fincas por usufructuario: arts. 473 y 480.
—Aumentos por accesión de cosa usufructuada: art. 479.
—Cargas y contribuciones: arts. 504 y 505.
—Compensación de desperfectos con mejoras: art. 488.
—Concedido por tiempo determinado: art. 516.
—Concepto: derechos: art. 467.
—Constitución: arts. 468 y 469.
—Constituido en favor de varias personas: art. 521.
—Cónyuges: bienes propios o gananciales: art. 1.349.
—Cosas fungibles: art. 482.
—Cosas particulares: art. 508.
—Cosas que se deterioran por el uso: art. 481.
—Créditos vencidos: art. 507.
—Derecho de acrecer: art. 987.
—Derechos del nudo propietario: art. 489.
—Derechos del usufructuario: arts. 470 y ss.
—Deudas o prestaciones periódicas del propietario al constituirse: art. 506.
—Diligencia de un buen padre de familia: art. 497.
—Embargo o venta de finca hipotecada: art. 509.
—Enajenación de bienes por nudo propietario: art. 489.
—Enajenación o arrendamiento por usufructuario: art. 498.
—Expropiación forzosa de cosa usufructuada: art. 519.
—En favor de pueblo, Corporación o Sociedad: art. 515.
—Entrega de muebles y asignación de vivienda a usufructuario: art. 495.
—Extinción: arts. 513 a 522.
—Fianza: arts. 491, núm. 2.º, 492 a 496 y 522.
—De finca hipotecada: art 509.
—Frutos civiles: percepción: art. 474.
—De herencia: pago de deudas hereditarias: art. 510.
—Imposición de servidumbres por propietario: art. 595.
—Inventario: arts. 491, núm. 1.º y 493.
—Llamamiento simultáneo o sucesivo en testamento: art. 787.
—Mal uso de la cosa usufructuada: art. 520.
—Mejoras por usufructuario: art. 487.
—De monte: derechos del usufructuario: art. 485.
—Nudo propietario: retención de bienes: art. 494.
—Obligaciones del usufructuario: arts. 470 y 491 y ss.
—Obras y mejoras por propietario: art. 503.

—Sobre qué elementos puede constituirse: art. 469.
—Pago por usufructuario de legados de renta o pensión alimenticia: art. 508.
—De parte alícuota de herencia: art. 508, párr. 2.º
—Parte de cosa poseída en común: art. 490.
—Pleitos: gastos, costas y condenas: art. 512.
—Productos mineros de predio en usufructo: arts. 476 a 478.
—Producto al usufructuario: art. 496.
—Reparaciones: arts. 500 a 502.
—Responsabilidad de usufructuario por menoscabos: art. 498.
—Seguro de finca usufructuada: art. 518.
—Sobre beneficios industriales o mercantiles: art. 475, párr. 2.º
—Sobre derecho a percibir renta o pensión: art. 475.
—Sobre finca edificada: art. 517.
—Sobre rebaño o piara de ganado: art. 499.
—Terminación: art. 522.
—Universal: art. 508.
—Viñas y olivares desaparecidos por siniestro: art. 484.

USUFRUCTO VIDUAL
—Véase «Derecho Foral».
—Art. 16, núm. 2.º, párr. último.
—Derechos legitimarios: arts. 834 a 840.

UTENSILIOS
—Bienes inmuebles: art. 334.

UTILIDAD PÚBLICA
—Objeto de servidumbres legales: arts. 549 y 551.

UTILIDADES
—Explotación de minas por usufructuario: art. 477.

V

VALORES
—Véase «Títulos-valores».
—De sujeto a tutela: depósito: art. 265.

VALORES MOBILIARIOS
—Usufructo sobre intereses: art. 475.
—De hijos; venta: art. 166.

VECINDAD CIVIL
—Véase «Derecho Foral».
—Adquisición: arts. 14.2.º y 3.º y 15.
—Adquisición por opción: por hijos desde los 14 años; por extranjero que adquiere la nacionalidad española; por el cónyuge: arts. 14.4 y 15.1.º; Disp. Trans. de la Ley 11/1990, de reforma del C.c. en materia de nacionalidad.
—Adquisición por residencia: art. 14.5.º
—Atribución por los padres o uno de ellos: art. 14.3.º
—Determina la ley personal: arts. 9.o y 16.
—Determina la sujeción al Derecho común o al especial o foral: art. 14.1.º
—Prevalencia del lugar del nacimiento para atribuirla en caso de duda: art. 14.6.º
—Recuperación en supuesto de recuperación de la nacionalidad española: art. 15.3.º

VENDEDOR
—Véase «Compra y venta».

VENTA
—Véase «Compra y venta».

VENTANAS
—Véase «Servidumbre de luces y vistas».
—Apertura en pared medianera: art. 580.
—Distancia al abrirlas sobre finca del vecino: arts. 582 a 585.
—En pared no medianera: art. 581.
—En pared divisoria de edificios; medianería: art. 573.

VENTAS JUDICIALES
—No ha lugar a responsabilidad por daños y perjuicios: art. 1.489.

VESTIDO
—Ajuar vivienda: art. 1.321.

—Inclusión en el concepto de alimentos: art. 142.
VICIOS
—De la construcción causante de ruina de finca: responsabilidad: art. 1.591.
—Nulidad de contratos: art. 1.300.
VICIOS DEL CONSENTIMIENTO
—Aceptación y repudiación de herencia: art. 997.
—Dolo: arts. 1.269 y 1.270.
—Error: art. 1.266.
—Intimidación: arts. 1.265, 1.267 y 1.268.
—Nulidad de los contratos: art. 1.265.
—Prescripción: art. 1.301.
—Testamentos: arts. 673 y 674.
—Transacción: art. 1.817.
—Violencia: arts. 1.265, 1.267 y 1.268.
—Matrimonio: arts. 45 y 73.
VICIOS OCULTOS
—De animales y otras cosas vendidas: redhibición: arts. 1.491, 1.492 y 1.495.
—Saneamiento en la compraventa: arts. 1.484 y ss.
VIDA COMUN
—Matrimonio, presunción: arts. 67, 68, 103, núm. 2.º y 105.
—Suspensión: arts. 83 y 102.
VIDA INDEPENDIENTE
—Menor, de: art. 319.
VIGENCIA
—Véase «Leyes».
VÍNCULO MATRIMONIAL
—Prohibición de los ligados por él, de contraer nuevo matrimonio: art. 46.
VIÑAS
—Cesión de suelo para plantación a primeras cepas; reglas: art. 1.656.
—Usufructuario de: derechos: art. 483.
VIOLENCIA
—Acción de nulidad de contrato: duración: art. 1.301.
—Adquisición de la posesión: art. 441.
—En la adquisición de la posesión: art. 444.
—En el consentimiento, fuerza irresistible: art. 1.267.
—En el consentimiento: nulidad: arts. 1.265, 1.267 y 1.268.
—Contra la vida: declaración de fallecimiento de ausente: art. 193, núm. 3.º
—Sobre el testador; indignidad para suceder: arts. 756, núms. 5.º y 6.º y 757.
—En testamento: arts. 673 y 674.
—En la transacción: nulidad: art. 1.817.
VISTAS DIRECTAS
—Véase «Servidumbre de luces y vistas».
VIUDA
—Véase «Derecho Foral» y «Derecho de viudedad».
—Precauciones que deben adoptarse cuando queda encinta: arts. 959 y ss.
VIUDOS
—Véase «Derecho Foral».
—Condición de no contraer ulterior matrimonio: art. 793.
—Derechos legitimarios: arts. 834 y ss.
—Derecho viudedad de la Compilación aragonesa: art. 16, núm. 2.º
—Herederos forzosos: art. 807, núm. 3.º
—Hijo en estado de viudez; reserva bienes: art. 980.
—Preterición: art. 814.
—Reserva de bienes al pasar a segundo matrimonio: arts. 968 y ss.
—Sucesión intestada: arts. 945 y 946.
VIVEROS DE ANIMALES
—Bienes inmuebles: art. 334, núm. 6.º
VIVIENDA
—Uso en separación, nulidad de matrimonio: arts. 90 y 96.
—Disposición: art. 1.320.
VIZCAYA
—Véase «Derecho Foral».
VOLUNTARIOS
—Testamento en tiempo guerra: arts. 716 a 721.
VOTACIÓN
—Comunidad de bienes: art. 398.

Y

YESO
— Extracción por usufructuario: art. 476.

YUNTA
—Compraventa: art. 1.419.

Z

ZANJAS
—Medianeras: art. 574.

NOTAS

NOTAS

NOTAS

NOTAS

NOTAS

NOTAS

NOTAS

NOTAS

NOTAS

NOTAS

NOTAS

NOTAS

NOTAS

NOTAS

NOTAS

NOTAS

NOTAS

NOTAS

British Library Cataloguing in Publication Data

Allen, Eleanor
Emily in the news.
I. Title   II. Spenceley, Annabel
823'.914 [J]   PZ7

ISBN 0-340-42283-1

First published 1988

Published by Hodder and Stoughton Children's Books,
a division of Hodder and Stoughton Ltd,
Mill Road, Dunton Green, Sevenoaks, Kent TN13 2YJ

Printed in Great Britain by T.J. Press (Padstow) Ltd,
Padstow, Cornwall

1 The Blue Album

On the bookshelves in Emily Jones's house were two big albums, one red, one blue.

The red album said PHOTOGRAPHS.

It was crammed with snapshots. All the family were in there and many of their friends. But most snaps were of Emily and her younger brother, James; on the swings at the park, in the sandpit at home, opening presents under the Christmas tree, splashing in the bath, learning to walk – there were even photos of them lying in their hospital cots on the day they were born.

Emily liked to take down the photograph album when she felt bored. 'Is that me or James?' she would ask, pointing at a round-faced baby sitting in a pram. Sometimes it

was hard to tell because they had both used the same pram and the same stretch suits. Emily knew Mum wasn't always sure which baby was which herself, though she said she was.

Emily enjoyed the photo album best when Mum looked at it with her. 'The day your Dad took that photo, he'd spun you round too fast on the wooden roundabout down at the rec. You were so dizzy you fell flat on your face on the gravel and grazed your nose – see what I mean?'

Emily loved the photo album.

All those photos of HER made Emily feel like a really important person.

Sometimes she would day-dream about what it would be like to be famous. It was her big ambition to become the new presenter on *Blue Peter* when she grew up. If I do, she thought, I wonder which of my baby photos I'll show to the children at home?

The blue album, which stood next to the red, said CUTTINGS.

Like the red album, it had photos of the Jones family. But all these photos were cut from newspapers.

One thing the Jones family were very good at was being in the news.

On the first page there was a photo of Mum and Dad, dressed up as a bride and groom. That was from the Wedding Bells page. There was another photo of Mum – 'the delighted winner of a refrigerator' – in a competition run by an electrical firm.

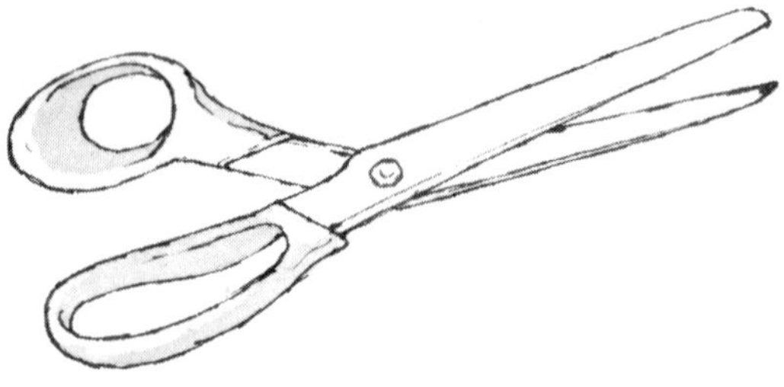

Grandpa and Grandma were there, being presented with a clock when Grandpa retired from work.

Uncle Billy was there, grinning sheepishly under a headline which said: LOCAL HERO RESCUES DOG FROM ICY RIVER.

Cousin Rachel, who danced, was there, when she got an audition for a London pantomime.

Emily's cat, Blackie, was there, showing a bandaged leg. Some yob had shot him with an air-gun pellet.

Even Emily's little brother James was there.

And there was no good reason for JAMES to be there at all!

In his photo, James was grinning stickily from behind some candy floss at a local church fête.

Emily had been at the fête too. She had also been grinning at the newspaper photographer from behind some candy floss.

But when the newspaper printed the photo, she wasn't in it. There was just a dark smudge to the left of James's ear that Emily thought might be a bit of her cardigan. But that didn't really count.

The fact was, Emily wasn't in the blue album.

Out of all the close members of the family, she was the only one whose photo wasn't there.

Emily minded dreadfully. So, she hardly ever looked at the blue album.

Emily was desperate to have her photo in the paper so she could join the rest of the family in the Cuttings book. She didn't tell anyone – especially not James. But maybe Mum suspected.

'You know, Emily,' Mum pointed out one day, 'I was having you when I won the refrigerator. So really you could say you are in that photo, inside my tummy.'

Mum's attempt to help did no good at all. When Emily looked she found even Mum's tum wasn't in the photo – it was hidden behind the machine.

'Big deal!' she groaned. 'I'm inside a tummy that's behind a fridge! I don't think that counts,' she muttered.

She banged shut the album and felt even more Left Out than ever.

2 **Christmas Concert**

As Christmas drew near, Emily began to pin her secret hopes on the school concert. She knew the local paper sometimes sent their photographer. Last year she had been in the choir. But this time she was a star in a long white gown with a tinsel headdress.

Emily got very excited on the afternoon of the concert. Cameras were clicking and flashbulbs popping right left and centre, especially when the stars came on.

Emily peered into the gloom beyond the stage. Somewhere out there in the audience, apart from Mum and James and all the other proud parents, there might be the photographer from the *Evening Chronicle.* She put on her most dazzling smile, just in case.

Goodness gracious, there he was!

Emily trembled all over with anticipation as she recognised the photographer from the summer fête. He was kneeling in the centre of the aisle – same beard, same corduroy trousers. Suddenly there was an extra big flash. He had taken a photo of the stars!

Would he take another? No. He was getting to his feet and dusting his knees.

Now the photographer was bending down to speak to someone. Emily stood on tiptoes to see who it was. Then she gave a little squeak of horror.

Oh no! Not HIM! Not her ghastly little brother James! Not that pesty-pants!

What on earth was James doing wandering in the centre aisle, getting in the photographer's way, when he should have been sitting safely on Mum's lap?

Emily flushed with embarrassment as she saw the photographer take James by the hand and lead him back to Mum.
She frowned hard, hoping Mum would see how cross she felt. But Mum just smiled at her and gave her a thumbs-up sign.

'I don't want you to get too excited,' said Mum afterwards, 'but I think you just might be going to have your photo in the newspaper at last! That photographer man asked me what your name was. He wrote it down in his notebook.'

'Yippee!' Emily cried. 'Great! After tea can I go to the shop for an *Evening Chronicle?*'

'Steady on,' laughed Mum. 'The photo won't be ready until tomorrow.'

3 **Not in the News**

All next day Emily felt really important.

'I'm going to be in the paper,' she told all her friends at school. 'Did the photographer from the *Evening Chronicle* ask you for your names?'

No. The only star who had been singled out to have her name written down was Emily. Better and better!

Emily began to dream of a close-up photo, just of her...

'Can I fetch a newspaper, Mum?' Emily cried eagerly as soon as she got home.

'OK,' said Mum. 'But don't expect your photo to be plastered all over the front page!'

Emily ran all the way to the newsagent's.

But as she stepped inside she turned a little shy. Maybe the woman behind the counter would recognise her from the photo?

She hardly dared glance up as she took a folded newspaper from the pile and handed over the money.

A quick look told her Mum was right. Her photo wasn't on the front page. It was a photo of a car accident. There was a strong wind blowing, so Emily decided to wait until she got inside her front door before she opened the paper and looked on the middle pages.

'Oh NO!'

Emily's scream of horror brought Mum running from the kitchen. 'Whatever's the matter? Aren't you in it?'

Emily was staring at the newspaper as though it contained a photo of the ugliest witch in the world.

Mum took a peek over Emily's shoulder and muttered, 'Oh dear, oh dear...'

Because it wasn't a close-up photo of Emily she saw. It wasn't even a close-up of the ugliest witch in the world.

It was a beautiful close-up photo of Emily's little brother – JAMES!

MY SISTER'S A STAR! announced the headline.

'Little Jamie Jones, aged three and a half, tries to spot his sister Melanie in the glittering galaxy at Petersham Road Primary School's Christmas concert.'

Behind James were two rows of stars. Mum ran her eyes anxiously along them.

No Emily.

'Worse and worse!' groaned Mum. 'Where were you?' she asked.

'Next to Sarah Attwood,' muttered Emily, biting her lip.

'There's Sarah Attwood,' said Mum. 'So you were...'

'Cut off!' cried Emily, bursting into tears. 'Cut off again!'

'Then that must be a bit of your headdress...' said Mum, but she knew that wouldn't help.

'Why did he have to take that fat little freak instead of me!' Emily raged. 'Why?'

'Now, now,' said Mum, 'I know you're disappointed and upset, but that is no way to talk about your brother ... and after all, he does look rather sweet, doesn't he?'

That did it!

Emily flung the paper down on to the floor in a crumpled heap and slammed off to her room.

'And he didn't even get my name right!' she shouted over her shoulder.

Things got even worse when Dad came home. Dad was so proud of James's photo that he took him round to the newsagent's and bought three more copies of the *Evening Chronicle.* One was for Grandma and Grandpa, one for Uncle Billy and one for the album because Emily had creased the first. Dad had showed James's photo to everybody in the shop and everybody agreed how nice it was. Emily learned all this from James, who shouted it through her bedroom door with great glee.

'Show-off!' Emily shouted back. 'Glad it wasn't me – I'd have died of embarrassment!' I would too, she thought, I really think I would . . .

4 **A Big Shock**

A few days later, very shortly before Christmas, Emily and her mum and James went late-night shopping in town. All the shops were decorated for Christmas and strings of coloured lights hung across the main street. On the traffic island near the supermarket stood the big town Christmas tree. It looked so beautiful against the dark outline of St Martin's Church that Emily and James stopped to look.

'See who's there!' cried James suddenly, tugging at Emily's sleeve. He pointed to a duffle-coated figure on the island.

It was the photographer from the *Evening Chronicle*.

As usual he was taking photographs. But this time he wasn't taking photos of people, he was very busy trying to get a good shot of the Christmas tree.

'Yes – him!' Emily bristled. 'He didn't even manage to get my name right! I've a good mind to tell him so!'

Emily didn't really mean that. She was far too shy and, in any case, she wasn't sure it would be polite.

Imagine her surprise and horror when James cried, 'I'll tell him, shall I?'

And before either Emily or her mother could stop him, James went darting away through the late-night shoppers to do just that.

'Stop him!' cried Mum, whose thoughts were on the busy road James was about to cross.

'Come back, you beast!' cried Emily, whose thoughts were only on stopping James getting to the photographer and showing her up.

James was smaller than Emily, but he had a couple of seconds start. He reached the road just ahead of her and started to dart across. He didn't stop to look left and right first because he knew Emily was closing in behind him. Emily didn't stop either.

She leapt off the pavement and stretched out her hand. She grasped the hood of James's anorak and yanked it as hard as she could.

Then all sorts of things seemed to happen all at once. There was a wild squealing of brakes; James toppled backwards against Emily, knocking her off balance; Emily fell backwards with James sprawling on top of her. Then she could hear voices shouting. As she struggled to get up, she was startled to see the huge black wheel of a Hopper Bus, menacingly close. A peculiar taste came into Emily's mouth and her knees felt trembly.

What a commotion broke out!

All the late-night shoppers gathered round and all the passengers got off the Hopper Bus to stare at the two white-faced children. Even the photographer came across.

'Please don't tell him,' Emily whispered. 'Promise you won't tell him about my name, James!'

5 In the News – at Last!

The following day there was a large photograph of the town Christmas tree on the front page of the *Evening Chronicle.* But the tree was only in the background. In front of the tree stood Emily and James.

BRAVE EMILY SNATCHES BROTHER FROM PATH OF HOPPER BUS, said the headline.

'A late-night Christmas shopping spree nearly ended in tragedy when little Jamie Jones, aged three and a half, darted into the path of a Hopper Bus,' the story began. '"I was running to get a closer look at the Christmas tree lights," said Jamie . . .'

James hadn't told about her name and Emily was thankful.

The problem was, Emily found she had been described as a heroine who had maybe saved her brother's life. And she knew it hadn't been like that at all. She hadn't been giving a thought to the traffic, or James's safety, or anything like that when she'd grabbed his anorak hood. James knew the truth and Mum knew it too, but they kept quiet.

So everybody made a big fuss of Emily. For a day or two she was a really important person. Even complete strangers would come up to her and say, 'Aren't you the little girl whose photo was in the paper?'

Emily found it all very embarrassing.

If I hadn't made such a silly fuss about wanting to be in the paper, Emily thought glumly, James wouldn't have nearly got himself run over...

Mum quietly cut out the photo of Emily and James and the Christmas tree and stuck it in the blue album. Emily's face was there at last.

But Emily got no thrill from being in the blue album. She never bothered to take it down and look. Maybe she didn't like to be reminded.

All the fuss over being front-page news taught Emily something. It taught her that she wouldn't really enjoy being an important person, after all.

She changed her mind about wanting to become famous as a presenter on *Blue Peter* when she grew up. I'd be too shy and embarrassed and I didn't really enjoy being recognised in the street, she thought.

Instead Emily decided it might be rather fun to become the owner of a boarding kennel for cats. Then the only times her name would apppear in the paper would be in the advertisement section, under the heading, EMILY'S CATTERY. And that would be very nice.